Abhandlungen zum schweizerischen Recht · Heft 766

Kurt Pärli   Vertragsfreiheit, Gleichbehandlung und
              Diskriminierung im privatrechtlichen Arbeitsverhältnis

Abhandlungen zum schweizerischen Recht

Neue Folge

Begründet von † Prof. Dr. Max Gmür
Fortgesetzt durch † Prof. Dr. Theo Guhl
und † Prof. Dr. Hans Merz

Herausgegeben von

Dr. Dr. h.c. Heinz Hausheer

em. Professor an der Universität Bern

Stämpfli Verlag AG Bern · 2009

Kurt Pärli

PD Dr. iur.

Vertragsfreiheit, Gleichbehandlung und Diskriminierung im privatrechtlichen Arbeitsverhältnis

Völker- und verfassungsrechtlicher Rahmen und Bedeutung des Europäischen Gemeinschaftsrechts

Stämpfli Verlag AG Bern · 2009

Habilitationsschrift der Universität St. Gallen.

Bibliografische Information der Deutschen Nationalbibliothek
Die Deutsche Nationalbibliothek verzeichnet diese Publikation in der Deutschen Nationalbibliografie; detaillierte bibliografische Daten sind im Internet über http://dnb.d-nb.de abrufbar.

Alle Rechte vorbehalten, insbesondere das Recht der Vervielfältigung, der Verbreitung und der Übersetzung. Das Werk oder Teile davon dürfen ausser in den gesetzlich vorgesehenen Fällen ohne schriftliche Genehmigung des Verlags weder in irgendeiner Form reproduziert (z. B. fotokopiert) noch elektronisch gespeichert, verarbeitet, vervielfältigt oder verbreitet werden.

© Stämpfli Verlag AG Bern · 2009

Gesamtherstellung:
Stämpfli Publikationen AG, Bern
Printed in Switzerland

ISBN 978-3-7272-0028-1

Vorwort

Die Arbeit an dieser Studie hat mich während mehr als vier Jahren beschäftigt. Finanzielle Unterstützung des Schweizerischen Nationalfonds und des Grundlagenfonds der Universität St. Gallen erlaubten mir eine zeitweilige Reduktion meiner Erwerbstätigkeit. Ohne diese Erleichterung wäre mir nicht möglich gewesen, den umfangreichen Stoff zu bewältigen. Den beiden Institutionen gebührt entsprechender Dank.

Zahlreichen Personen habe ich zudem für Ihre Hilfe und ihren Beistand zu danken, vorab meiner Partnerin, Beatrice Pärli und unseren Kindern Rea, Johanna und Jonathan. Besonders erwähnen möchte ich weiter Prof. Dr. THOMAS GEISER, der mich nach erfolgreicher Dissertation ermutigt hat, auch diese letzte universitäre Hürde in Angriff zu nehmen und der auch eines der drei Habilitationsgutachten verfasst hat, Prof. Dr. YVO SCHWANDER, der mich in einer Phase des Zweifels in meinem Vorhaben bekräftigte und Frau Prof. Dr. SUSANNE BAER, an deren Lehrstuhl für öffentliches Recht und Geschlechterstudien ich eine wunderbare Zeit als Gastforscher verbringen durfte. Prof. Dr. CHRISTA TOBLER und Prof. Dr. PASCAL MAHON danke ich für die zügige Erstellung ihrer Habilitationsgutachten.

Zahlreichen weiteren Personen bin ich zu Dank verpflichtet, namentlich Prof. Dr. NATHALIE AMSTUTZ, Dr. oec. et lic. iur. JENS LEHNE, Dr. iur. ISABELLE WILDHABER, Ref. iur. MICHAEL WRASE und lic. iur. TAREK NAGUIB für ihre kritischen Rückmeldungen, lic. iur. DANIELA NEUMANN für ihre Lektoratsarbeiten und Prof. Dr. BERNHARD WALDMANN für seine wohlwollende Unterstützung meiner Finanzierungsgesuche.

Rechtsprechung und Schrifttum sind bis zum 30. Juni 2008 umfassend berücksichtigt. Spätere Literatur und Urteile wurden nur noch vereinzelt eingearbeitet.

Bern, Juli 2009

Inhaltsübersicht

Vorwort		V
Inhaltsverzeichnis		IX
Abkürzungsverzeichnis		XXXIII
Literaturverzeichnis		XLV
Teil I:	**Diskriminierungsschutzrecht und Vertragsfreiheit im Arbeitsrecht – eine Annäherung**	**1**
1. Kapitel:	Problemstellung	1
2. Kapitel:	Fragestellung, Vorgehen und Methode	19
3. Kapitel:	Tatsächliche Diskriminierung im Lebenszyklus eines Arbeitsverhältnisses	30
Teil II:	**Arbeitsrechtlicher Diskriminierungsschutz und Vertragsfreiheit im Völker- und Verfassungsrecht**	**51**
4. Kapitel:	Arbeitsvölkerrechtlich Diskriminierungsverbote und ihre Durchsetzung	53
5. Kapitel:	Abkommen der Internationalen Arbeitsorganisation (IAO)	77
6. Kapitel:	Übereinkommen der UN	121
7. Kapitel:	Abkommen des Europarates	186
8. Kapitel:	Verfassungsrechtliche Vertragsfreiheit und Diskriminierungsschutz	214
9. Kapitel:	Fazit zum völker- und verfassungsrechtlichen Diskriminierungsschutz	283
Teil III:	**Diskriminierungsschutz im Europäischen Arbeitsrecht**	**303**
10. Kapitel:	Konzeptionen des gemeinschaftsrechtlichen Diskriminierungsschutzes	305
11. Kapitel:	Arbeitsrechtliches Diskriminierungsverbot aufgrund der Staatsangehörigkeit	334

12. Kapitel:	Arbeitsrechtliches Diskriminierungsverbot aufgrund des Geschlechts	379
13. Kapitel:	Arbeitsrechtliche Diskriminierungsverbote nach RL 2000/78/EG und 2000/43/EG	430
Teil IV:	**Privatrechtliche Vertragsfreiheit und ihre Schranken durch Gleichbehandlungs- und Diskriminierungsschutzrecht**	**483**
14. Kapitel:	Treu und Glauben und Persönlichkeitsrecht als arbeitsrechtlicher Gleichbehandlungs- und Diskriminierungsschutz	484
15. Kapitel:	Zwingende Inhaltsnormen und Generalklauseln als Schranke vertraglicher Diskriminierung	579
Teil V:	**Zusammenfassende Ergebnisse**	**607**
16. Kapitel:	Zusammenfassende Betrachtung völker-, verfassungs- und europarechtlicher Aspekte	607
17. Kapitel:	Inhalt und Grenzen des arbeitsrechtlichen Diskriminierungsverbotes	621
Sachregister		**633**
Entscheidverzeichnis		**639**

Inhaltsverzeichnis

Vorwort	V
Inhaltsübersicht	VII
Inhaltsverzeichnis	IX
Abkürzungsverzeichnis	XXXIII
Literaturverzeichnis	XLV

Teil I:		**Diskriminierungsschutzrecht und Vertragsfreiheit im Arbeitsrecht – eine Annäherung**	**1**
1. Kapitel:		**Problemstellung**	**1**
	I.	Vielfalt, Ungleichheit und Diskriminierung in der Arbeitswelt	1
	II.	Heutiger rechtlicher Schutz vor Diskriminierung: Ein summarischer Überblick	3
	III.	Gleichheitsrechtliche Grundfragen	5
		1. Privatautonomie/Vertragsfreiheit versus Gleichbehandlung/Diskriminierungsschutz	5
		2. Gleichheit, Vielfalt, Differenz	10
	IV.	Begriffsklärungen und Abgrenzungen	12
		1. Bedeutung des Begriffs «Diskriminierung»	12
		1.1 Alltagssprache und sozialwissenschaftliche Bedeutung	12
		1.2 Rechtliche Bedeutung	13
		1.2.1 Herkunft und Entwicklung	13
		1.2.2 Direkte und indirekte Diskriminierung	15
		1.2.3 Diskriminierungsmerkmale	16
		2. Privatrechtliche Arbeitsverhältnisse	17
2. Kapitel:		**Fragestellung, Vorgehen und Methode**	**19**
	I.	Fragestellung	19
	II.	Gang der Untersuchung	21
	III.	Rechtstheoretisches Verständnis und methodisches Vorgehen	23
		1. Vorbemerkungen	23
		2. Rechtstheoretisches Verständnis	24
		3. Methodisches Vorgehen	27

3. Kapitel: Tatsächliche Diskriminierung im Lebenszyklus eines Arbeitsverhältnisses ... 30

I. Einleitung ... 30
　1. Gründe für einen vertieften Blick auf die Lebenswirklichkeit ... 30
　2. Daten zur Diskriminierung ... 32
　　2.1 Notwendigkeit, Probleme und Methoden der Datenbeschaffung ... 32
　　2.2 Vorgehen in dieser Studie ... 34
II. Formen und Häufigkeit von Diskriminierungen ... 34
　1. Überblick zum Forschungsstand ... 34
　2. Rassistische und ethnisch motivierte Diskriminierung ... 36
　　2.1 (Ungenügende) Datenlage ... 36
　　2.2 Schlechtere Bewerbungschancen, Belästigungen, Lohnunterschiede ... 37
　3. Diskriminierung aufgrund des Geschlechts ... 38
　　3.1 Datenlage ... 38
　　3.2 Frauen in Führungspositionen ... 39
　　3.3 Lohnungleichheit ... 40
　　3.4 Frauen in Teilzeitbeschäftigungsverhältnissen .. 41
　4. Diskriminierung aufgrund einer Behinderung oder Krankheit ... 41
　　4.1 Datenlage ... 41
　　4.2 Diskriminierung beim Zugang zum Arbeitsmarkt ... 43
　　4.3 Diskriminierung beim Zugang zu Arbeitnehmerversicherungen ... 44
　　4.4 Krankmachende Arbeitsbedingungen ... 44
　5. Diskriminierung aufgrund des Alters ... 45
　　5.1 Begriffsklärung und Datenlage ... 45
　　5.2 Die Ergebnisse des European Working Condition Survey ... 46
　　5.3 Diskriminierungsfelder ... 47
　6. Diskriminierung aufgrund sexueller Orientierung ... 48
　　6.1 Datenlage ... 48
　　6.2 Ausgewählte Ergebnisse europäischer Studien .. 48
　　6.3 Belästigungen und Mobbing ... 49

Teil II:	Arbeitsrechtlicher Diskriminierungsschutz und Vertragsfreiheit im Völker- und Verfassungsrecht	51
4. Kapitel:	Arbeitsvölkerrechtlich Diskriminierungsverbote und ihre Durchsetzung...	53
I.	Einleitung...	53
	1. Zum Begriff Arbeitsvölkerrecht	53
	2. Völkerrechtliche Diskriminierungsverbote und Gleichbehandlungsgebote..	54
	3. Völkerrechtliche Rechtsquellen arbeitsrechtlicher Diskriminierungsverbote	55
	4. Bedeutung der Diskriminierungsverbote im Arbeitsvölkerrecht	57
II.	Völkerrechtliche Dimension	58
	1. Die staatlichen Verpflichtungen	58
	1.1 Das Konzept der Dreiteilung staatlicher Verpflichtungen	58
	1.2 Die Verpflichtungsschichten im Einzelnen........	59
	1.2.1 Das Verbot rechtlicher Diskriminierung (obligations to respect)...	59
	1.2.2 Schutzpflichten des Staates und Verpflichtungen Privater (obligations to protect)..	60
	1.2.3 Staatliche Leistungspflichten (obligations to fulfil).............................	61
	2. Die völkerrechtliche Durchsetzung	61
	2.1 Die Problematik	61
	2.2 Die Formen der Vertragsdurchsetzung	62
	2.2.1 Das Staatenberichtsverfahren...............	62
	2.2.2 Die Staatenbeschwerde	63
	2.2.3 Das Individualbeschwerdeverfahren.....	63
	2.2.4 Auslegung der Abkommen	64
III.	Innerstaatliche Geltung der völkerrechtlichen Diskriminierungsverbote	65
	1. Verhältnis Völkerrecht und Landesrecht.....................	65
	1.1 Die allgemeinen Regeln.....................................	65
	1.2 Konsequenzen für die völkerrechtlichen Diskriminierungsverbote	67
	2. Grundfragen der Anwendung völkerrechtlicher Gleichheitsnormen...	68
	2.1 Adressaten der völkerrechtlichen Diskriminierungsschutz- und Gleichbehandlungsnormen	68

		2.2	Unmittelbare oder mittelbare Anwendbarkeit....	68
			2.2.1 Begriffliches und Problematik	68
			2.2.2 Unmittelbar anwendbare Bestimmungen («self-executing»).............	69
			2.2.3 Nicht unmittelbar anwendbare Normen	70
			2.2.4 Methode der Ermittlung der Anwendbarkeit	71
		2.3	Unmittelbare Anwendbarkeit von Gleichbehandlungs- und Diskriminierungsschutzbestimmungen........................	72
	3.	Innerstaatliche Justiziabilität von Gesetzgebungsaufträgen		73
IV.	Zwischenbilanz und Prüfprogramm....................			74

5. Kapitel: Abkommen der Internationalen Arbeitsorganisation (IAO) 77

I.	Bedeutung der IAO-Abkommen............................			77
II.	Die Internationale Arbeitsorganisation IAO			78
	1.	Entstehung und Zielsetzung der IAO............		78
	2.	Organisation und Struktur der IAO		79
	3.	Norm- und Normsetzung der IAO................		80
	4.	Durchsetzungsmechanismen der IAO-Normen		81
		4.1 Das Berichtsverfahren........................		81
		4.2 Beschwerde und Klageverfahren		82
		4.3 Würdigung........................		83
	5.	Erklärung der IAO über grundlegende Prinzipien und Rechte bei der Arbeit........................		84
	6.	Die IAO und die Vertragsfreiheit		85
	7.	Die IAO und die Schweiz........................		86
		7.1 Zurückhaltende Ratifikationspraxis		86
		7.2 Die Schweiz im Spiegel der IAO-Normenkontrolle............		87
		7.3 Auswirkungen der IAO auf die Schweiz		88
			7.3.1 Effekte auf die Gesetzgebung	88
			7.3.2 Gerichtspraxis	89
		7.4 Würdigung		90
III.	Gleichbehandlungs- und Diskriminierungsschutz der IAO			91
	1.	IAO-Übereinkommen Nr. 100............................		91
		1.1 Entstehung und Verbreitung des Abkommens...		91
		1.2 Sachlicher und persönlicher Geltungsbereich des Abkommens...............		91
		1.3 Verpflichtungscharakter des Übereinkommens .		92

	1.4	Entwicklung des Übereinkommens durch die IAO-Organe	93
	1.5	IAO-Übereinkommen 100 und die Schweiz	94
		1.5.1 Der Weg bis zur Ratifikation	94
		1.5.2 Behördliche und gerichtliche Umsetzung in der Schweiz	95
		1.5.3 Beobachtungen der IAO zur Schweiz	97
	1.6	Bilanz	97
2.	Das Übereinkommen Nr. 111		98
	2.1	Entstehung und Verbreitung	98
	2.2	Sachlicher und persönlicher Geltungsbereich des Abkommens	99
		2.2.1 Definition der Diskriminierung	99
		2.2.2 Anwendungsbereich «Beschäftigung und Beruf»	100
		2.2.3 Ausnahmen	101
	2.3	Verpflichtungen des Staates	102
	2.4	Entwicklung des Übereinkommens durch die IAO-Organe	104
		2.4.1 Forderungen an die Umsetzung der Diskriminierungsverbote	104
		2.4.2 Geltung im privatrechtlichen Arbeitsverhältnis	105
		2.4.3 Ausdehnung der Diskriminierungsgründe	105
		2.4.4 Die einzelnen Diskriminierungsgründe und ihr Verhältnis untereinander	106
	2.5	Beschwerdeverfahren wegen Anstellungsdiskriminierung	108
	2.6	Die Anwendung des IAO-Übereinkommen Nr. 111 durch nationale Gerichte	109
		2.6.1 Allgemeines	109
		2.6.2 Konflikt Landesrecht – IAO-Übereinkommen	110
		2.6.3 Auslegung oder direkte Anwendung?	110
	2.7	Ratifikation und Umsetzung des Übereinkommens durch die Schweiz	111
		2.7.1 Erstaunlich rasche Ratifikation	111
		2.7.2 Applikationskontrolle durch IAO	112
		2.7.3 Bundesgericht lehnt direkte Anwendung ab	114
3.	Ausgewählte weitere IAO-Übereinkommen mit Diskriminierungsschutzelementen		115

		3.1	IAO-Übereinkommen Nr. 156 zu Arbeitnehmern mit Familienpflichten..............	115
		3.2	IAO-Überkommen Nr. 158 über den Kündigungsschutz...........................	115
		3.3	IAO-Übereinkommen Nr. 175 über die Teilzeitarbeit.........................	116
		3.4	Schutz vor Diskriminierung durch Datenschutz	117
	IV.	Zwischenergebnis...		117

6. Kapitel: Übereinkommen der UN 121
- I. Einleitung... 121
- II. Internationaler Pakt über wirtschaftliche, soziale und kulturelle Rechte 123
  - 1. Der Pakt im Überblick.................................... 123
    - 1.1 Die Ratifikation..................................... 123
    - 1.2 Die einzelnen Rechte 123
    - 1.3 Akzessorisches Diskriminierungsverbot........... 124
    - 1.4 Die Frage der unmittelbaren Anwendbarkeit..... 124
  - 2. Völkerrechtliche Durchsetzungsmechanismen........... 126
  - 3. Arbeitsrechte des Paktes im Lichte der Diskriminierungsverbote 127
    - 3.1 Das Recht auf Arbeit................................ 127
    - 3.2 Gewährleistung des Rechts auf gerechte und günstige Arbeitsbedinungen........................ 129
      - 3.2.1 Arbeitsbedingungen und Entgelt........... 129
      - 3.2.2 Unmittelbarer und drittwirksamer Anspruch auf diskriminierungsfreies Entgelt und diskriminierungsfreie Arbeitsbedingungen 130
      - 3.2.3 Bestimmungen ohne unmittelbare Anwendbarkeit......................... 131
    - 3.3 Vertragsfreiheit als Schranke............... 132
  - 4. Bilanz... 132
- III. Internationaler Pakt über bürgerliche und politische Rechte 133
  - 1. Der Pakt im Überblick.................................. 133
    - 1.1 Ratifikation durch die Schweiz...................... 133
    - 1.2 Die einzelnen Rechte 134
    - 1.3 Schutz der Vertragsfreiheit durch den IPbpR 135
    - 1.4 Die staatlichen Verpflichtungen..................... 136
  - 2. Völkerrechtlicher Durchsetzungsmechanismus............ 136
  - 3. Arbeitsrechtliche Bedeutung des allgemeinen Diskriminierungsverbotes............................... 137

		3.1	Inhalt und Struktur des Diskriminierungsverbotes	137
		3.2	Arbeitsprivatrechtliche Diskriminierungsfälle...	139
		3.3	Staatliche Schutzpflichten aufgrund des Diskriminierungsverbotes	141
		3.4	Bedeutung des allgemeinen Diskriminierungsverbotes für die Schweiz	143
	4.	Bilanz		144
IV.	Internationales Übereinkommen zur Beseitigung jeder Form von Rassendiskriminierung			145
	1.	Das Übereinkommen im Überblick		145
		1.1	Die Ratifikation durch die Schweiz	145
		1.2	Die wichtigsten Inhalte	146
			1.2.1 Diskriminierungsmerkmale	146
			1.2.2 Diskriminierungsformen	147
			1.2.3 Anwendungsbereich «öffentliches Leben»	148
			1.2.4 Ausnahmen	149
			1.2.5 Sondermassnahmen	150
			1.2.6 Weitere Rechtfertigungsgründe	150
		1.3	Die staatlichen Verpflichtungen	150
	2.	Völkerrechtliche Durchsetzungsmechanismen		152
	3.	Arbeitsprivatrechtliche bedeutende Inhalte		153
		3.1	Allgemeine Verpflichtung zu strafrechtlichem Schutz	153
		3.2	Schutz gegen Anstellungsdiskriminierung	154
			3.2.1 Beschränkter Schutz durch das schweizerische Strafrecht	154
			3.2.2 Anstellungsdiskriminierung vor dem RDK-Ausschuss	157
		3.3	Anspruch auf gleiche Arbeitsbedingungen	158
			3.3.1 Diskriminierungsfreie Gewährung bestehender Rechte	158
			3.3.2 Entgeltgleichheit	160
		3.4	Wirksamer Rechtsschutz gegen rassistische Diskriminierung	162
	4.	Bilanz		163
		4.1	Unverzügliche Umsetzung – Unmittelbar drittwirksame Entgeltgleichheit	163
		4.2	Keine Verstärkung des strafrechtlichen Diskriminierungsschutzes	164
		4.3	Perspektive durch das Mitteilungsverfahren	165

V.	Das Übereinkommen zur Beseitigung jeder Form von Diskriminierung der Frau		165
	1. Das Übereinkommen im Überblick		165
		1.1 Die Ratifikation durch die Schweiz	165
		1.2 Die wichtigsten Inhalte	166
		1.2.1 Gleichberechtigung der Frau	166
		1.2.2 Verbot der Diskriminierung der Frau	167
		1.2.3 Sondermassnahmen und andere Rechtfertigungsgründe	168
		1.3 Staatliche Verpflichtungen	169
		1.3.1 Unverzügliche Beseitigung der Benachteiligung der Frau	169
		1.3.2 Unmittelbare Anwendbarkeit	170
	2. Völkerrechtliche Durchsetzungsmechanismen		171
	3. Arbeitsprivatrechtliche Inhalte		172
		3.1 Die einzelnen Rechte	172
		3.2 Drittwirkung der Arbeitsrechte	173
		3.3 Stellenwert der Arbeitsrechte	174
	4. Bilanz		175
VI.	UN-Konvention über die Rechte von Menschen mit Behinderung		175
	1. Einleitung		175
	2. Diskriminierungsverbote im Bereich Arbeit		176
		2.1 Gleichbehandlung und Diskriminierungsverbot	176
		2.2 Behinderungsbegriff	177
		2.3 Arbeitsrechte	178
	3. Bilanz		179
VII.	Zwischenergebnis		180

7. Kapitel: Abkommen des Europarates 186
    I. Einleitung 186
        1. Arbeitsrechtlicher Diskriminierungsschutz in Verträgen und Empfehlungen 186
        2. Die Europäische Menschenrechtskonvention 187
        3. Die Europäische Sozialcharta 188
    II. Bedeutung der EMRK für den arbeitsprivatrechtlichen Diskriminierungsschutz 189
        1. Wirkung der EMRK-Rechte unter Privaten im Allgemeinen 189
        2. Schutz vor Diskriminierung 191
            2.1 Die Diskriminierungsmerkmale 191

	2.2	Diskriminierungsbegriff	192
		2.2.1 Fokus auf direkter Diskriminierung	192
		2.2.2 Mehr als ein Verbot formaler Diskriminierung	192
		2.2.3 Rechtfertigung der Diskrimininierung	193
	2.3	Akzessorisches Diskriminierungsverbot	194
	2.4	Das Diskriminierungsverbot gemäss dem 12. Zusatzprotokoll	195
3.	Drittwirkung des Diskriminierungsschutzes		196
	3.1	Nach Art. 14 EMRK	196
	3.2	Nach Zusatzprotokoll 12	197
	3.3	Verletzung des Diskriminierungsverbotes durch staatliche Passivität	198
4.	Arbeitnehmerdiskriminierungsschutz durch Freiheits- und Verfahrensrechte		200
	4.1	Die Rechtsprechung zu den Freiheitsrechten in privaten Arbeitsverhältnissen	200
	4.2	Bedeutung von Art. 6 EMRK für das Diskriminierungsverbot im Arbeitsverhältnis	203
III. Gewährleistung der Vertragsfreiheit durch die EMRK			205
	1.1	Vorbemerkungen	205
	1.2	Privatautonomie und Vertragsfreiheit in der EMRK	206
		1.2.1 Relevanter Schutzbereich von Art. 8 EMRK	206
		1.2.2 Vertragsfreiheit als Teil der Berufsfreiheit	207
	1.3	Vertragsfreiheit als Bestandteil der Eigentumsfreiheit	208
	1.4	Diskriminierungsschutz als rechtfertigender Eingriff in die Vertragsfreiheit	209
IV. Zwischenergebnis			211

8. Kapitel: Verfassungsrechtliche Vertragsfreiheit und Diskriminierungsschutz ... 214

I.	Ausgangslage: Die Frage der so genannten Drittwirkung der Grundrechte im Arbeitsverhältnis		214
	1. Die Grundlagen in der Wirtschafts-, Sozial- und Arbeitsverfassung		214
	2. Grundrechte im Arbeitsverhältnis		216
	2.1	Die Problematik	216
		2.1.1 Grundrechtssensiblität der Arbeitsverhältnisse	216

		2.1.2	Abwehrrechtliches Grundrechtsverständnis	218
	2.2		Direkte Drittwirkung	219
	2.3		Indirekte Drittwirkung	221
	2.4		Schutzpflichtenlehre	223
		2.4.1	Allgemeines	223
		2.4.2	Verhältnis Schutzpflichten und Drittwirkung	224
		2.4.3	Justiziabilität der Schutzpflichten	226
	2.5		Drittwirkungseignung der Grundrechte	227
		2.5.1	Geeignete Freiheits- und Gleichheitsrechte	227
		2.5.2	Bedeutung der Schrankenregelung	229
3.	Erstes Zwischenergebnis: Diskriminierungsschutz durch Gesetzgeber und Richter – verfassungsrechtliche Schranken			230
4.	Verfassung und Diskriminierungsschutz: Die deutsche Debatte			232
	4.1		Grundgesetzlicher Streit über zivilrechtliche Diskriminierungsverbote	232
	4.2		Bedeutung der Debatte für die Schweiz	235

II. Grundrechtliche Schranken von Diskriminierungsverboten im Arbeitsverhältnis 236

1.	Privatautonomie und Vertragsfreiheit: Verfassungsrechtliche Standortbestimmung		236
	1.1	Vorbemerkungen	236
	1.2	Der Status der Privatautonomie	237
	1.3	Die Vertragsfreiheit in der BV	239
	1.4	Verfassungsbezug der arbeitsvertraglichen Vertragsfreiheit	240
2.	Die Vertragsfreiheit als Teilgehalt der Wirtschaftsfreiheit		241
	2.1	Genese, Gegenstand und persönlicher Schutzbereich der Wirtschaftsfreiheit	241
	2.2	Schutzbereich der arbeitsvertraglichen Vertragsfreiheit	243
3.	Einschränkungen der Wirtschaftsfreiheit		244
	3.1	Massnahmen gegen den Grundsatz der Wirtschaftsfreiheit	244
	3.2	Einschränkungsvoraussetzungen grundsatzkonformer Massnahmen	246
		3.2.1 Übersicht und Vorbemerkungen	246
		3.2.2 Kernbereich und gesetzliche Grundlage	246

		3.2.3	Öffentliches Interesse und Schutz von Grundrechten Dritter	248
		3.2.4	Verhältnismässigkeit	248
		3.2.5	Gleichbehandlung der Konkurrenten	249
	4.	Drittwirkung der Vertragsfreiheit		250
		4.1	Keine direkte Drittwirkung	250
		4.2	Bedeutung der indirekten Drittwirkung	251
III.	Eignung der Gleichheitsrechte für die Drittwirkung im Arbeitsverhältnis			252
	1.	Vorbemerkungen		252
	2.	Eignung von Willkürverbot, Treu und Glauben und Verhältnismässigkeitsgrundsatz		253
		2.1	Die verfassungsrechtliche Ausgangslage	253
		2.2	Willkürverbot	254
		2.3	Anspruch auf Behandlung nach Treu und Glauben	256
		2.4	Verhältnismässigkeit	257
	3.	Eignung des Rechtsgleichheitsgebots (Art. 8 Abs. 1 BV)		258
		3.1	Inhalt der Rechtsgleichheit	258
		3.2	Bedeutung für das privatrechtliche Arbeitsverhältnis	260
	4.	Eignung des Diskriminierungsverbotes nach Art. 8 Abs. 2 BV		262
		4.1	Das Diskriminierungsverbot als Grundrecht	262
		4.2	Die (sich entwickelnde) Diskriminierungsschutzdoktrin	263
			4.2.1 Bundesgerichtliche Praxis	263
			4.2.2 Diskriminierung durch Gleichbehandlung	265
			4.2.3 Prüfprogramm	266
		4.3	Förderauftrag – kein Egalisierungsgebot	266
		4.4	Die Diskriminierungskriterien	267
		4.5	Übertragung auf privatrechtliche Arbeitsverhältnisse	269
			4.5.1 Allgemeines	269
			4.5.2 Der Übertragungsvorgang	270
			4.5.3 Bedeutung der einzelnen Diskriminierungsmerkmale	272
	5.	Gleichstellungsauftrag und Lohngleichheit (Art. 8 Abs. 3 BV)		274
		5.1	Übersicht	274
		5.2	Der Lohngleichheitsanspruch	275

		5.3	Positive Massnahmen..	277
		6.	Gesetzgebungsauftrag zur Gleichstellung aufgrund einer Behinderung (Art. 8 Abs. 4 BV)......................	279
	IV.	Zwischenergebnis...		279

9. Kapitel: Fazit zum völker- und verfassungsrechtlichen Diskriminierungsschutz... 283

	I.	Legitimation und Grenzen völker- und verfassungsrechtlicher Diskriminierungsschutzpflichten....			283
	II.	Diskriminierungsmerkmale...			285
		1.	Empirische Übersicht..		285
		2.	Diskussion		289
	III.	Schutzbereich, Diskriminierungsformen und Rechtfertigungsgründe..			290
		1.	Sachlicher Anwendungsbereich................................		290
		2.	Diskriminierungsformen...		291
		3.	Rechtfertigungsgründe..		292
			3.1	Rechtfertigung und Arbeitgeberinteressen........	292
			3.2	Positive Massnahmen..	293
	IV.	Umsetzungspflichten und ihre Adressaten........................			294
		1.	Verbot rechtlicher Diskriminierung..........................		294
			1.1	Staatsgerichtete Verpflichtungen	294
			1.2	Kollektivvertragsparteien..................................	295
			1.3	Unmittelbare Drittwirkung – zwingende Inhaltsbestimmungen des Privatrechts...............	296
		2.	Schutzpflichten		297
			2.1	Adressat Gesetzgeber...	297
			2.2	Adressat Gerichte...	298
				2.2.1 Rechtsschutz gegen passive Diskriminierung des Staates.................	298
				2.2.2 (Horizontale) Richterliche Rechtsfortbildung..............................	300
				2.2.3 Gerichtliches Vorgehen.......................	300

Teil III:	**Diskriminierungsschutz im Europäischen Arbeitsrecht**	**303**
10. Kapitel:	**Konzeptionen des gemeinschaftsrechtlichen Diskriminierungsschutzes**	**305**
I.	Einleitung	305
	1. Europäisches Arbeitsrecht	305
	2. Komplexität des Diskriminierungsschutzes	307
II.	Rechtsquellen gemeinschaftsrechtlicher Arbeitsgleichheitsrechte	309
	1. Übersicht	309
	2. Unterschiedliche Verpflichtungen von Verordnungen und Richtlinien	312
	3. Drittwirkung des Gemeinschaftsrechts	313
III.	Strukturelemente des Diskriminierungsschutzes	315
	1. Ausgangslage	315
	2. Besondere Diskriminierungsverbote	317
	2.1 Terminologie	317
	2.2 Konkretisierte Gleichbehandlung	318
	2.3 Grundfreiheiten als Diskriminierungsverbote	319
	3. Diskriminierungsbegriff	320
	3.1 Diskriminierungsformen	320
	3.2 Rechtfertigungsgründe	321
	3.3 Rechtsfolgen	322
IV.	Drittwirkung der arbeitsrechtlich relevanten Diskriminierungsverbote	322
	1. Ausgangslage und Fragestellung	322
	2. Durch Diskriminierungsverbote betroffene Grundrechtspositionen	323
	2.1 Gemeinschaftsrechtlicher Schutz der Handlungsfreiheit und der Vertragsfreiheit	323
	2.2 Einschränkungen der Vertragsfreiheit durch Diskriminierungsvorschriften	325
	3. Drittwirkung der Entgeltgleicheit und der Arbeitnehmerfreizügigkeit	326
	3.1 Entgeltgleichheit	326
	3.2 Arbeitnehmerfreizügigkeit	326
	4. Drittwirkung gemeinschaftsgrundrechtlicher Diskriminierungsverbote	328
	4.1 Diskriminierungsverbote der Grundrechtscharta	328
	4.2 Diskriminierungsverbote als allgemeine Rechtsgrundsätze	329
V.	Fazit	331

		1.	Antidiskriminierung als Strategie	331
		2.	Freiheit für Ungleiche	332

11. Kapitel: Arbeitsrechtliches Diskriminierungsverbot aufgrund der Staatsangehörigkeit ... **334**

    I. Kontext und Vorgehen ... 334
        1. Arbeitnehmerfreizügigkeit und Marktintegration ... 334
        2. Grundrechtliche Dimension ... 335
        3. Arbeitsrechtlicher Fokus ... 335
    II. Persönlicher Anwendungsbereich ... 336
        1. Arbeitnehmerstatus ... 336
           1.1 Bedeutung des Arbeitnehmerbegriffs ... 336
           1.2 Die Kriterien des Arbeitnehmerbegriffs ... 337
           1.3 Arbeitgeber und Arbeitsvermittler ... 339
           1.4 Familienangehörige ... 341
        2. Schutz für europäische Wanderarbeitnehmer/innen ... 342
           2.1 Grenzüberschreitender Sachverhalt ... 342
           2.2 Arbeitnehmende aus Drittstaaten ... 343
                2.2.1 Schutz durch Drittstaatenabkommen ... 343
                2.2.2 Schutz durch den Status Angehörige von freizügigkeitsberechtigten Arbeitnehmenden ... 344
           2.3 Das Problem der Inländerdiskriminierung ... 345
        3. Ausnahmen für Beschäftigte der öffentlichen Verwaltung ... 346
    III. Sachlicher Anwendungsbereich ... 348
        1. Vorbemerkungen ... 348
        2. Diskriminierungs- und Beschränkungsverbot ... 349
           2.1 Verbot unmittelbarer Diskriminierung ... 349
           2.2 Verbot mittelbarer Diskriminierung ... 350
           2.3 Beschränkungsverbot ... 352
        3. Diskriminierungs- und beschränkungsfreier Zugang zum Arbeitsmarkt ... 355
        4. Diskriminierungsverbot im Beschäftigungsverhältnis.. 356
           4.1 Gleiche Einstellungschancen ... 356
           4.2 Ausgestaltung des Arbeitsverhältnisses ... 357
    IV. Drittwirkung des Diskriminierungs- und Beschränkungsverbots ... 359
        1. Die relevanten Fragen ... 359
        2. Regeln staatlicher und kollektiver Akteure ... 359
        3. Massnahmen einzelner Arbeitgebender ... 361
        4. Die Drittwirkung des Diskriminierungsverbots ... 364

		4.1	Beim Zugang zum Arbeitsmarkt und im Bewerbungsverfahren	364
		4.2	Bei den Beschäftigungsbedingungen	365
	5.	Drittwirkung des Beschränkungsverbots		366
	6.	Drittwirkung des Diskriminierungsverbots in Assoziationsabkommen		366
V.	Arbeitsrechtliches Diskriminierungsverbot im Freizügigkeitsabkommen Schweiz und EU/Mitgliedstaaten			369
	1.	Das FZA und die wichtigsten arbeitsrechtliche Inhalte		369
	2.	Das FZA als Teil des Gemeinschaftsrechts		371
		2.1	Rechtsnatur und Auslegung des FZA	371
		2.2	Unmittelbare Anwendbarkeit und Drittwirkung des FZA	372
	3.	Das FZA als Teil des schweizerischen Rechts		373
		3.1	Auslegung des FZA	373
		3.2	Unmittelbare Drittwirksamkeit des FZA im schweizerischen Recht	375
VI.	Zusammenfassendes Ergebnis			376
	1.	Diskriminierungsschutz für europäische Wanderarbeitnehmende nach EU-Recht.....................		376
	2.	Diskriminierungsschutz nach dem FZA		377

12. Kapitel: Arbeitsrechtliches Diskriminierungsverbot aufgrund des Geschlechts 379

I.	Einleitung		379
	1.	Übersicht zu den Gleichheitsrechtsquellen	379
	2.	Bedeutung und Begründung der Geschlechtergleichheit im Arbeitsleben	382
II.	Anspruch auf Entgeltgleichheit nach Art. 141 EGV und Richtlinien		384
	1.	Persönlicher und räumlicher Anwendungsbereich	384
		1.1 Arbeitnehmer- und Arbeitgebereigenschaft.......	384
		1.2 Räumlicher Anwendungsbereich	385
	2.	Unmittelbare Anwendbarkeit.......................................	385
		2.1 Staatsgerichtete Anwendbarkeit........................	385
		2.2 Bindung privater Arbeitgeber	386
	3.	Vergleichbarkeit, Gleichwertigkeit und Entgelt	387
		3.1 Vergleichbarkeit..	387
		3.2 Gleichwertige Arbeit...	388
		3.3 Der Engeltbegriff..	390
		3.3.1 Leistungen aus einem Arbeitsvertrag....	390
		3.3.2 Betriebliche Altersvorsorge	391
	4.	Diskriminierungsformen...	393

XXIII

		4.1	Anknüpfungskriterium «Geschlecht»	393
		4.2	Unmittelbare Diskriminierung	394
		4.3	Mittelbare Diskriminierung	395
			4.3.1 Herleitung und Prüfung einer mittelbaren Diskriminerung	395
			4.3.2 Die Vergleichbarkeit als Hürde	397
			4.3.3 Grad der Betroffenheit	398
		4.4	Rechtfertigungsgründe	399
			4.4.1 Bei unmittelbarer Diskriminierung	399
			4.4.2 Bei mittelbarer Diskriminierung	400
	5.	Problemfelder		402
		5.1	Teilzeitbeschäftige	402
		5.2	Dienstalter	404
	6.	Bedeutung, Inhalt und Wirkung der Entgeltrichtlinie 75/117/EWG		405
	7.	Verfahrensfragen und Rechtsfolgen		407
		7.1	Beweislastrichtlinie	407
		7.2	Rechtsfolgen der Entgeltdiskriminierung	408
III.	Anspruch auf (übrige) arbeitsrechtliche Gleichbehandlung			409
	1.	Primärrechtliche Verankerung eines arbeitsrechtlichen Gleichbehandlungsgrundsatzes aufgrund des Geschlechts		409
	2.	Die Gleichbehandlungsrichtlinie 76/207/EWG		410
		2.1	Vorbemerkungen	410
		2.2	Ziele	410
		2.3	Persönlicher und sachlicher Anwendungsbereich	411
			2.3.1 Umfassender Diskriminierungsschutz	411
			2.3.2 Ausgewählte EuGH-Entscheide	412
		2.4	Untersagte Diskriminierungsformen	414
		2.5	Rechtsfolgen und Sanktionen	416
			2.5.1 Vorgaben der RL 76/207/EWG	416
			2.5.2 Kontrahierungszwang und Nichtigkeit der Kündigung	417
	3.	Positive Massnahmen		418
		3.1	Begriff und Problematik	418
		3.2	Wegweisende EuGH-Entscheidungen	418
		3.3	Primärrechtliche Verankerung positiver Massnahmen	419
IV.	Bilanz			420
V.	Auswirkungen auf die Schweiz			423
	1.	Autonomer Nachvollzug des EU-Gleichstellungsrechts		423

2. Die Anwendung von autonom nachvollzogenem EU-Recht im Allgemeinen 424
3. Die Anwendung von nachvollzogenem EU-Gleichstellungsrecht 426
   3.1 Übersicht 426
   3.2 Indirekte Diskriminierung und Rechtfertigung .. 427

13. Kapitel: Arbeitsrechtliche Diskriminierungsverbote nach RL 2000/78/EG und 2000/43/EG 430
I. Konzeption und Legitimation der Richtlinien 430
   1. Die primärrechtliche Grundlagen 430
      1.1 Art. 13 EGV 430
      1.2 Art. 136/137 EGV 432
      1.3 Ungeschriebene primärrechtliche Diskriminierungsverbote 433
      1.4 Drittwirkung der primärrechtlichen Diskriminierungsverbote 435
   2. Konzept und Umsetzung der Rahmenrichtlinien 437
      2.1 Ein allgemeiner Rahmen zur Diskriminierungsbekämpfung 437
      2.2 Auslegung der Richtlinien 438
      2.3 Mitgliedstaatliche Umsetzung 439
      2.4 Unmittelbare Anwendbarkeit 441
II. Diskriminierungsmerkmale 441
   1. Rasse, ethnische Herkunft 441
   2. Alter 445
   3. Behinderung 446
   4. Sexuelle Ausrichtung 449
   5. Religion oder Weltanschauung 451
   6. Unzulängliche Auflistung 453
      6.1 Hierarchie der Merkmale 453
      6.2 Verhältnis zum Merkmal Geschlecht und Mehrfachdiskriminierungen 454
      6.3 (Kein) Freipass für Diskriminierung aus anderen Gründen 455
III. Inhalt und Reichweite der arbeitsrechtlichen Diskriminierungsverbote 456
   1. Diskriminierungsformen 456
      1.1 Unmittelbare Diskriminierung 456
      1.2 Mittelbare Diskriminierung 458
      1.3 Belästigung als Form der Diskriminierung 461
      1.4 Fehlende angemessene Vorkehrungen als Diskriminierung 463

    2. Geltungsbereich 465
        2.1 Persönlicher Geltungsbereich 465
        2.2 Sachlicher Anwendungsbereich........................ 466
            2.2.1 Übersicht... 466
            2.2.2 Bewerbungsphase 467
            2.2.3 Arbeitsbedingungen 467
            2.2.4 Abgrenzung zur Sozialen Sicherheit..... 468
        2.3 Private Arbeitgeber als Adressaten 469
    3. Ausnahmebestimmungen.. 470
        3.1 Übersicht der Ausnahmetatbestände 470
        3.2 Ausgewählte Problemzonen.............................. 473
        3.3 Positive Massnahmen.. 474
    4. Verfahren, Rechtsfolgen, Sanktion............................... 475
        4.1 Diskriminierungsschutz durch Verfahren 475
        4.2 Rechtsfolgen und Sanktionen 476
    5. Umsetzungsmassnahmen... 477
 IV. Bilanz.. 477
 V. Auswirkungen auf die Schweiz... 480

Teil IV: **Privatrechtliche Vertragsfreiheit und ihre Schranken durch Gleichbehandlungs- und Diskriminierungsschutzrecht** 483

14. Kapitel: **Treu und Glauben und Persönlichkeitsrecht als arbeitsrechtlicher Gleichbehandlungs- und Diskriminierungsschutz**.. 484
 I. Schutz vor Diskriminierung durch Art. 2 ZGB................. 484
    1. Neuere Gerichtspraxis 484
    2. Die Grundidee(n) des Artikels 2 ZGB 486
        2.1 Definitionen 486
        2.2 Potenzial und Grenze der Bestimmung............. 486
        2.3 Anwendungsbereich.. 489
    3. Bedeutung von Art. 2 ZGB im Lebenszyklus eines Arbeitsverhältnisses.. 490
        3.1 Im Bewerbungsverfahren.................................. 490
            3.1.1 Die Rechtsfigur der Culpa in contrahendo... 490
            3.1.2 Diskriminierung als Verstoss gegen Treu und Glauben 491
            3.1.3 Das so genannte «Notwehrrecht der Lüge» als Diskriminierungsschutz........ 493

		3.1.4	Diskriminierende Ablehnung einer Offerte als Verstoss gegen das Rechtsmissbrauchsverbot.............................	495
	3.2	Während des Arbeitsverhältnisses		497
	3.3	Bei Kündigungen		498
		3.3.1	Ausgangslage	498
		3.3.2	Zusammenhang Art. 2 ZGB und Art. 336 OR..	499
		3.3.3	Weitere missbräuchliche Kündigungsgründe...................................	501

II. Schutz vor Diskriminierung durch Persönlichkeitsrecht..... 502
   1. Vorbemerkungen.. 502
   2. Das Konzept des Persönlichkeitsschutzes in Art. 27 und 28 ZGB 504
      2.1 Ein wegweisendes Konzept 504
      2.2 Die Bedeutung der Grundrechte und Menschenrechte für die Konkretisierung des privatrechtlichen Persönlichkeits- und Diskriminierungsschutzes.................................... 508
   3. Die Bestimmung der Diskriminierungsmerkmale im Begriff «Persönlichkeit» bzw. der «Arbeitnehmerpersönlichkeit» 512
      3.1 Persönlichkeitsrechte nach Art. 28 ZGB............ 512
      3.2 Recht auf diskriminierungsfreie Behandlung als Persönlichkeitsrecht 513
          3.2.1 Lehrmeinungen 513
          3.2.2 Materialien und Gerichtspraxis............ 516
      3.3 Schutz vor Diskriminierung durch das Persönlichkeitsrecht auf wirtschaftliche Entfaltung.. 517
      3.4 Diskriminierende Persönlichkeitsmerkmale in den Bestimmungen zum arbeitsrechtlichen Persönlichkeitsschutz.. 520
          3.4.1 Sonderregelung im Bereich der Diskriminierung aufgrund des Geschlechts 520
          3.4.2 Art. 28 ZGB, Art. 328 OR und 336 OR: Unterschiede und Gemeinsamkeiten.................................. 521
          3.4.3 Materialien 523
          3.4.4 Lehre und Praxis: Übersicht................. 524
          3.4.5 Erhöhte Sensibilität gegenüber dem Merkmal «Alter»................................... 526

		3.4.6	Krankheit und krankheitsbedingte Arbeitsunfähigkeit..................................	528
		3.4.7	Charaktereigenschaften als geschützte Persönlichkeitsmerkmale?.....................	530
		3.4.8	Persönlichkeitschutz durch Beschränkung der zulässigen Datenbearbeitung..	531
	4.	\multicolumn{2}{l	}{Ergebnis: Diskriminierungsmerkmale und arbeitsrechtlicher Persönlichkeitsbegriff....}	535
		4.1	Völker- und verfassungsrechtliche Wertungen als Ausgangspunkt und Orientierung................	535
		4.2	Arbeitsrechtliche Präzisierungen und Verweis auf die Rechtfertigungsgründe..........................	538
	5.	\multicolumn{2}{l	}{Persönlichkeitsverletzung durch Diskriminierung........}	539
		5.1	Fragestellungen und Vorgehen........................	539
		5.2	Diskriminierende Persönlichkeitsverletzungen im Bewerbungsverfahren...............................	540
		5.2.1	Kein Diskriminieren nach Belieben, keine Vorwirkung von Art. 328 OR......	540
		5.2.2	Vertragsverweigerung als diskriminierende Persönlichkeitsverletzung ..	541
		5.2.3	Indirekte Anstellungsdiskriminierung als Persönlichkeitsverletzung...............	543
		5.2.4	Zusammenfassende Würdigung...........	544
		5.3	Diskriminierende Persönlichkeitsverletzungen im laufenden Arbeitsverhältnis......................	545
		5.3.1	Verhältnis der willkürlichen Ungleichbehandlung zur Diskriminierung...........	545
		5.3.2	Ungleichbehandlung aus bestimmten Gründen als Diskriminierung...............	546
		5.3.3	Anwendungsbereich des Verbots diskriminierender Ungleichbehandlung	547
		5.3.4	Bisherige Gerichtspraxis zum Schutz vor Diskriminierung durch Art. 328 OR.................................	549
		5.4	Diskriminierende (missbräuchliche) Kündigungen..	551
	6.	\multicolumn{2}{l	}{Rechtfertigungsgründe..}	552
		6.1	Ausgangslage..	552
		6.2	Arbeitsplatzbezogene und überwiegende Arbeitgeberinteressen	553
		6.3	Gerichtspraxis	555
		6.3.1	Rechtfertigung von Anstellungdiskriminierungen	555

		6.3.2	Rechtfertigungsgründe bei Kündigungen....................................	556
	6.4		Vergleich: Rechtfertigungsgründe und Ausnahmen vom Diskriminierungsverbot im EU-Recht	558
	6.5		Ergebnis	559
7.	Verfahrensfragen und Rechtsfolgen einer Diskriminierung..			560
	7.1		Vorbemerkungen	560
	7.2		Der (schwierige) Beweis der Diskriminierung ..	561
		7.2.1	Die Grundregel und ihre Anwendung im Diskriminierungsprozess	561
		7.2.2	Beweislasterleichterung und Beweislastumkehr	562
	7.3		(Keine) Wirksame Sanktionen gegen Diskriminierung	563
	7.4		Kontrahierungspflicht bei diskriminierender Anstellungsverweigerung	564

III. Der arbeitsrechtliche Gleichbehandlungsgrundsatz 567
   1. Herleitung, Inhalt und Anwendungsbereich 567
      1.1   Anerkennung des Grundsatzes im deuschen Arbeitsrecht.. 567
      1.2   Entwicklung und Diskussion in der schweizerischen Lehre 568
   2. Gerichtspraxis 570
      2.1   Übersicht.. 570
      2.2   Begründung der Gleichbehandlungspflicht........ 571
      2.3   BGE 129 III 276: Analyse und Kritik 572
   3. Notwendige Klarstellungen 574
      3.1   Zusammenfassende Darstellung der (herrschende) Lehre und Rechtsprechung.......... 574
      3.2   Die Schwächen der gegenwärtigen Gleichbehandlungsdogmatik 575
           3.2.1   Übersicht... 575
           3.2.2   Schutz vor Diskriminierung und Willkür – (kein)Anspruch auf Gleichbehandlung... 576
           3.2.3   Stillschweigende vertragliche Vereinbarung der Gleichbehandlung 577

15. Kapitel: Zwingende Inhaltsnormen und Generalklauseln als Schranke vertraglicher Diskriminierung 579
I. Ausgangslage 579
II. Inhaltsschranken nach Art. 19/20 OR und Art. 27 ZGB 581
1. Inhaltsfreiheit in den Schranken des Gesetzes 581
   1.1 Die Grundregel in Art. 19 Abs. 1 OR 581
   1.2 Zusammenhang zwischen Art. 19/20 OR und Art. 27 ZGB 582
       1.2.1 Übersicht und Hinweise auf Kontroversen 582
       1.2.2 Rechtsfolgen bei Verstössen gegen die Inhaltsfreiheit 582
       1.2.3 Verhältnis Art. 19/20 OR zu Art. 27 ZGB 584
       1.2.4 Bedeutung des Terminus «öffentliche Ordnung» 585
   1.3 Eigene Position 586
2. Zwischenergebnis: Modell zur Beseitigung diskriminierender Vertragsinhalte 588
   2.1 Methodisches Vorgehen 588
   2.2 Offene Fragen 591
3. Gleichbehandlungsvorschriften als zwingende Inhaltsnormen 591
   3.1 Das Gleichstellungsgesetz 591
   3.2 Arbeitsrechtliche Gleichbehandlungsvorschriften für ausländische Arbeitnehmende 593
       3.2.1 Motive für Gleichbehandlungsschutz ... 593
       3.2.2 Diskriminierungsverbot nach FZA 594
       3.2.3 Gleichbehandlung im Ausländergesetz. 595
       3.2.4 Diskriminierungsverbot im Entsendegesetz 596
   3.3 Anspruch auf gleichen Lohn nach dem Heimarbeitsgesetz 597
   3.4 Diskriminierungsverbot im Gesetz über genetische Untersuchung am Menschen 597
   3.5 Gleichbehandlungsansprüche aus unmittelbar anwendbaren Völkerrechts- und Verfassungsbestimmungen 599
4. Generalklauseln des Art. 19 Abs. 2 OR als Schranke vertraglicher Diskriminierung 600
   4.1 Die guten Sitten und die öffentliche Ordnung ... 600

		4.1.1	Gemeinsamkeiten und Abgrenzung	600
		4.1.2	Diskriminierung als Verstoss gegen die guten Sitten	601
		4.1.3	Diskriminierung als Verstoss gegen die öffentliche Ordnung	601
	4.2		Das Recht der Persönlichkeit	603
	4.3		Exkurs: Übervorteilung als Diskriminierungsschranke	604

Teil V: Zusammenfassende Ergebnisse 607

16. Kapitel: Zusammenfassende Betrachtung völker-, verfassungs- und europarechtlicher Aspekte 607

    I. Völkerrechtliche Verpflichtungen zum Schutz vor Diskriminierung 607
        1. Die untersuchten Menschenrechtsverträge 607
        2. Diskriminierungsmerkmale 608
        3. Diskriminierungsformen, Rechtfertigung und Anwendungsbereich der Diskriminierungsverbote 609
        4. Die staatliche Verpflichtungen 610
        5. Durchsetzung und Umsetzung völkerrechtlicher Diskriminierungsverbote 611
        6. Schutz der Vertragsfreiheit als Schranke der Diskriminierungsverbote 612
    II. Verfassungsrechtliche Dimension: Dynamisches Verhältnis zwischen Vertragsfreiheit und Diskriminierungsschutz 612
    III. Die wichtigsten Erkenntnisse aus der völker- und verfassungsrechtlichen Analyse 614
        1. Unmittelbar anwendbar und drittwirksame völkerrechtliche Diskriminierungsbestimmungen 614
        2. Rechtsfolgen passiver Diskriminierung 615
    IV. Diskriminierungsschutzrecht des Europäischen Gemeinschaftsrechts 616
        1. Übersicht zum arbeitsrechtlichen Diskriminierungsschutz 616
        2. Diskriminierungsschutz im Rahmen der Arbeitnehmerfreizügigkeit 617
        3. Schutz vor Diskriminierung aufgrund des Geschlechts 618
        4. Diskriminierungsschutz nach den Beschäftigungsrichtlinien 2000/78/EG und 2000/43/EG 619

17. Kapitel: Inhalt und Grenzen des arbeitsrechtlichen Diskriminierungsverbotes ... **621**
I. Allgemeines Diskriminierungsverbot ... 621
1. Herleitung und Inhalt ... 621
2. Abgrenzung ... 623
    - 2.1 Arbeitsrechtliches Gleichbehandlungsgebot ... 623
    - 2.2 Vertragsinhaltsdiskriminierungen ... 623
3. Rechtsfolgen ... 624
4. Verfahrensaspekte ... 625
5. Grenzen des arbeitsrechtlichen Diskriminierungsverbotes ... 626

II. Besondere Diskriminierungsverbote ... 627
1. Das GlG als einziges umfassendes Diskriminierungsverbot ... 627
2. Partielle Diskriminierungsverbote ... 627
    - 2.1 Schutz ausländischer Arbeitnehmender ... 627
    - 2.2 Schutz vor Diskriminierung aufgrund des Erbgutes ... 628
    - 2.3 Lohngleichheitsschutz für Heimarbeitende ... 629
3. Strafrechtlicher Diskriminierungsschutz ... 629

III. Schlussbetrachtungen ... 629

Sachregister ... **633**

Entscheidverzeichnis ... **639**

Abkürzungsverzeichnis

ABl.	Amtsblatt der Europäischen Union
Abs.	Absatz
aBV	Bundesverfassung der Schweizerischen Eidgenossenschaft vom 29. Mai 1874
AcP	Archiv für civilistische Praxis (Tübingen)
ADAK	Arbeitsgruppe Datenschutz und Analysenliste / Krankenversicherung
AEMR	Allgemeine Erklärung der Menschenrechte
AGG	Allgemeines Gleichbehandlungsgesetz vom 14. August 2006 (BGBl) I. S. 1897), geändert durch Art. 8 des Gesetzes zur Änderungs des Betriebsrentengesetzes und anderer Gesetze vom 2. Dezember 2006 (BGBl. I S. 2742).
AHV	Alters- und Hinterlassenenversicherung
AHVG	Bundesgesetz vom 20. Dezember 1946 über die Alters- und Hinterlassenenversicherung (SR 831.10)
Aids	Aquired immune deficiency syndrom
AISUF	Arbeiten aus dem Seminar der Unversität Freiburg
AJP	Aktuelle Juristische Praxis (St. Gallen)
ALV	Arbeitslosenversicherung
a.M.	anderer Meinung
Amtl. Bull.	Amtliches stenographisches Bulletin der Bundesversammlung
AöR	Archiv des öffentlichen Rechts (Tübingen)
AP	Arbeitsrechtliche Praxis
ArbR	Mitteilungen des Instituts für Schweizerisches Arbeitsrecht
ArbuR	Arbeit und Recht (Frankfurt a.M.)
ArG	BG vom 13. März 1964 über die Arbeit in Industrie, Gewerbe und Handel (Arbeitsgesetz), (SR 822.11)
ARS	Arbeitsrechtssammlung
ARSP	Archiv für Rechts- und Sozialphilosophie, Stuttgart

Art.	Artikel
ARV	Zeitschrift für Arbeitsrecht und Arbeitslosenversicherung (Zürich)
AS	Amtliche Sammlung des Bundesrechts
ASR	Abhandlungen zum schweizer Recht (Bern)
ATSG	Bundesgesetz vom 6. Oktober 2000 über den Allgemeinen Teil des Sozialversicherungsrechts (SR 830.01)
Aufl.	Auflage
AuG	Bundesgesetz über die Ausländerinnen und Ausländer vom 16. Dezember 2005 (SR 142.20).
AVIG	Bundesgesetz vom 25. Juni 1982 über die obligatorische Arbeitslosenversicherung und die Insolvenzentschädigung (SR 837.0)
AVIV	Verordnung über die obligatorische Arbeitslosenversicherung und die Insolvenzentschädigung vom 31. August 1983 (Arbeitslosenversicherungsverordnung) (SR 837.02)
AZR	Aktenzeichen von Entscheidungen des BAG
BAG	Bundesarbeitsgericht
BAT	Bundesangestelltentarifvertrag
BBl	Bundesblatt
Bd.	Band
BDK	Behindertendiskriminierungskonvention
BFS	Bundesamt für Statistik
BehiG	Bundesgesetz vom 13. Dezember 2002 über die Beseitigung von Benachteiligungen von Menschen mit Behinderungen (SR 151.3)
BG	Bundesgesetz
BGE	Entscheidungen des Schweizerischen Bundesgerichts
Bger	Bundesgericht
BGSA	Bundesgesetz über Kmassnahmen zur Bekämpfung der Schwarzarbeit vom 17. Juni 2005 (SR 822.41)
BJM	Basler Juristische Mitteilungen (Basel)

BoeB	Bundesgesetz über das öffentliche Beschaffungswesen (SR 172.056.1)
BPV	Bundesamt für Privatversicherung
BRV	Verordnung des Bundesrates
Bsw.	Beispielsweise
Bst.	Buchstabe
BStatG	Bundesstatistikgesetz vom 9. Oktober 1992 (SR 431.01)
BSV	Bundesamt für Sozialversicherung
bsw.	Beispielsweise
BTJP	Berner Tage für juristische Praxis
BV	Bundesverfassung der Schweizerischen Eidgenossenschaft vom 18. April 1999 (SR 101)
BVerfGE	Bundesverfassungsgericht der Bundesrepublik Deutschland
BVG	Bundesgesetz vom 25. Juni 1982 über die berufliche Alters-, Hinterlassenen- und Invalidenvorsorge (SR 831.40)
BVO	Verordnung über die Begrenzung der Zahl der Ausländer (SR 823.21), aufgehoben per 01.01.2008
BVV	Verordnung über die berufliche Alters-, Hinterlassenen- und Invalidenvorsorge vom 18. April 1984 (SR 831.441.1)
BYIL	British Yearbook of International Law (Oxford)
bzw.	beziehungsweise
CCPR	International Covenant on Civil and Political Rights vgl. IPbpR
CEACR	Committee of Experts on the Application of Conventions and Recommendations
CEDAW	Komitee für die Beseitigung der Diskriminierung der Frauen
CESCR	Committee on Economic, Social and Cultural rights
CH	Schweiz
CHR	Committee on Human Rights
CHSS	Soziale Sicherheit (Bern, Bundesamt für Sozialversicherung)
CLJ	Cambridge Law Journal (Cambridge)
CO	vgl. OR

Co	Company
Diss.	Dissertation
Doc.	Dokument
Dr.	Doktor
Dr. h.c.	Doktor honoris causae
DSG	Bundesgesetz vom 19. Juni 1992 über den Datenschutz (SR 235.1)
DuR	Demokratie und Recht (Hamburg)
DVBL	Deutsches Verwaltungsblatt (Köln)
EC	European Community
ECHR	European Convention on Human Rights
ECOSOC	Economic und Social Council
ECRI	European Commission against Racism and Intolerance
Ed.	Edition
EDMZ	Eidgenössische Drucksachen- und Materialzentrale
EDSB	Eidgenössischer Datenschutzbeauftragter
EG	Europäische Gemeinschaft
EGMR	Europäischer Gerichtshof für Menschenrechte
EGV	Vertrag zur Gründung der Europäischen Gemeinschaft
eidg.	Eidgenössisch
EKR	Eidg. Kommission gegen Rassismus
EL	Ergänzungsleistungen
ELG	Bundesgesetz vom 19. März 1965 über Ergänzungsleistungen zur AHV und IV (SR 831.30)
ELR	European Law Reporter (Luxemburg)
ELRev	European Law Review
EMRK	Konvention vom 4. November 1950 zum Schutze der Menschenrechte und Grundfreiheiten (SR 0.101)
EntsG	Bundesgesetz über die minimalen Arbeits- und Lohnbedingungen für in die Schweiz entstandte

	Arbeitnehmerinnen und Arbeitnehmer, Entsendegesetz (SR 823.20).
EpiG	BG vom 18. Dezember 1970 über die Bekämpfung übertragbarer Krankheiten des Menschen (SR 818.101)
Erw.	Erwägung
ESC	Europäische Sozial Charta
EU	Europäische Union
EuGH	Europäischer Gerichtshof
EUGRZ	Europäische Grundrechte Zeitschrift (Kehl am Rhein)
EuZ	Zeitschrift für Europarecht (Zürich)
EuZW	Europäische Zeitschrift für Wirtschaftsrecht (München)
Et al.	und weitere
ev.	eventuell
EVG	Eidgenössisches Versicherungsgericht, Luzern
f./ff.	und folgende (Seite/Seiten)
FDK	Internationales Übereinkommen zur Beseitigung jeder Form der Diskriminierung der Frau
Fn	Fussnote
Fr.	(Schweizer) Franken
FS	Festschrift
FZA	Personenfreizügigkeitsabkommen vom 21. Juni 1999 (SR 0.142.112.681)
FZG	BG vom 17. Dezember 1993 über die Freizügigkeit in der beruflichen Alters-, Hinterlassenen- und Invalidenvorsorge (SR 831.42)
FZV	Verordnung über die Freizügigkeit in der beruflichen Alters-, Hinterlassenen- und Invalidenvorsorge (Freizügigkeitsverordnung) vom 3. Oktober 1994 (SR 831.425)
GA	Generalanwältin, Generalanwalt
GAV	Gesamtarbeitsvertrag
GG	Grundgesetz (BGBl. I 1949, S. 1)

GIG	Bundesgesetz über die Gleichstellung von Mann und Frau (Gleichstellungsgesetz) vom 24. März 1995 (SR 151.1)
GRC	Europäische Grundrechtscharta
GUMG	Bundesgesetz über genetische Untersuchungen beim Menschen vom 8. Oktober 2004 (SR 810.12)
Halbbd.	Halbband
HArG	Heimarbeitsgesetz vom 20. März 1981(SR 822.31)
HaVe	Zeitschrift für Haftpflicht und Versicherung
HGF	Handels- und Gewerbefreiheit
HIV	Human immunodeficiency virus
h.L.	herrschende Lehre
HRLJ	Human Rights Law Journal (Baden-Württemberg)
HRQ	Human Rights quartly (Baltimore, U.S.A.)
Hrsg.	Herausgeber
IAA	Internationales Arbeitamt
IAI	Internationales Ausbildungs Institut (Basel)
IAK	Internationale Arneitskonferenz
IAO	Internationale Arbeitsorganisation
IAO Ü	Internationale Arbeitsorganisation Übereinkommen
ICCPR	International Convent on Civil and Political Rights
ICERD	International Convention on the Elimination of all Forms of Racial Discrimination
ICF	International Classification of Functioning, Disabilities and Health
ICIDH	International Classification of Impairments, Disabilities and Handicaps
IDAGEN	Interdepartementale Arbeitsgruppe für Gentechnologie
IGH	Internationaler Gerichtshof
ILC	International Labour Conference
ILJ	Industrial Law Journal
ILO	International Labour Organisation

insbes.	insbesondere
IPbpR	Internationaler Pakt über über bürgerliche und politische Rechte vom 16. Dezember 1966 (SR 0.103.1)
IPwskR	Internationaler Pakt über wirtschaftliche, soziale und kulturelle Rechte vom 19. Dezember 1966 (SR 0.103.2)
IV	Invalidenversicherung
IVG	Bundesgesetz vom 19. Juni 1959 über die Invalidenversicherung (SR 831.20)
IVV	Verordnung vom 17. Januar 1961 über die Invalidenversicherung (SR 831.201)
JAR	Jahrbuch des schweizerischen Arbeitsrechts (Bern)
JuS	Juristische Schulung (München)
JZ	Juristenzeitung
KG	Bundesgesetz über Kartelle und andere Wettbewerbsbeschränkungen vom 6. Oktober 1995 (Kartellgesetz, SR 251)
KRK	Übereinkommen vom 20. November 1989 über die Rechte des Kindes (SR 0.107)
KritV	Kritische Vierteljahresschrift für Gesetzgebung und Rechtswissenschaft (Frankfurt a.M.)
KVG	Bundesgesetz vom 13. Juni 1911 über die Krankenversicherung (SR 832.10)
KVL	Verordnung vom 29. September 1995 über Leistungen in der obligatorischen Krankenpflegeversicherung (Krankenpflege-Leistungsverordnung) (SR 832.112.31)
KVV	Verordnung vom 27. Juni 1995 über die Krankenversicherung (SR 832.102)
LeGes	Mitteilungsblatt der Schweizerischen Gesellschaft für Gesetzgebung (SGG) und der Schweizerischen Evaluationsgesellschaft (SEVAL)
LGVE	Luzerner Gerichts- und Verwaltungsentscheide
lic. iur.	licentiatus iuris
lit.	Buchstabe
LSE	Lohnstrukturerhebung

LSHPD	longstanding health problem or disability
M&A	Merger and Acquisition
m.E.	meines Erachtens
MJ	Maastricht Journal of European and Comparative Law (Maastricht)
MVG	Bundesgesetz vom 19. Juni 1992 über die Militärversicherung (SR 833.1)
m.w.H.	mit weiteren Hinweisen
N	Note, Randnote
NAV	Normalarbeitsvertrag
NF	Neue Folge
NGO	Non-Governmental Organization
NJW	Neue Juristische Wochenschrift (München/Frankfurt a.M.)
No.	Number
Nr.	Nummer
NZZ	Neue Zürcher Zeitung (Zürich)
o.ä.	oder ähnlich
OCIRT	Office Cantonal de l'Inspection et des Relations du travail (Genf)
öff.	öffentlich
OG	Bundesgesetz vom 16.12.1943 über die Organisation der Bundesrechtspflege (SR 173.110)
OIT	Organização Internacional do Trabalho / Organización Internacional del Trabajao vgl. ILO
OJ	Loi fédérale du 16.12.1943 vgl. OG
OR	Bundesgesetz vom 30. März 1911 betreffend die Ergänzung des Schweizerischen Zivilgesetzbuches, Fünfter Teil: Obligationenrecht (SR 220)
PKBV	Verordnung über die Versicherung im Kernplan der Pensionskasse des Bundes (SR 172.222.034.1)
pp.	pages
Pra	Die Praxis des Bundesgerichtes (Basel)

XL

RAS	Reichsarbeitsgericht
RAV	Regionale Arbeitsvermittlungszentren
RDA	Recht der Arbeit (München)
RDK	Internationales Übereinkommen zur Beseitigung jeder Form von Rassendiskriminierung vom 21. Dezember 1965 (SR 0.104)
RIW	Recht der Internationalen Wirtschaft (Frankfurt)
RKUV	Revue der Kranken- und Unfallversicherung, Rechtsprechung und Verwaltungspraxis, hrsg. vom BSV (früher RSKV)
RL	Richtlinie
Rn	Randnote
Rs	Rechtssache
RSKV	Krankenversicherung, Rechtsprechung und Verwaltungspraxis, hrsg. vom BSV (heute RKUV)
Rz	Randziffer
S.	Seite
s.	siehe
SAKE	Schweizerische Arbeitskräfteerhebung
Seco	Staatssekretariat für Wirtschaft
SJ	Semaine judicaire (Genf)
SJZ	Schweizerische Juristen-Zeitung (Zürich)
SKOS	Schweizerische Konferenz für Sozialhilfe
Slg.	Sammlung der Entscheidungen des EuGH
sog.	sogenannt
Soz. Vers.	Soziale Versicherung
SPR	Schweizerisches Privatrecht
SR	Systematische Rechtssammlung des Bundes
St.	Sankt
StGB	Schweizerisches Strafgesetzbuch vom 21. Dezember 1937 (SR 311.0)

Abkürzungsverzeichnis

SVA	Entscheidungen schweizerischer Gerichte in privaten Versicherungsstreitigkeiten, hrsg. vom BPV
SZIER	Schweizerische Zeitschrift für internationales und europäisches Recht (Zürich)
SZS	Schweizerische Zeitschrift für Sozialversicherung und berufliche Vorsorge (Bern)
SZW	Schweizerische Zeitschrift für Wirtschaftsrecht (Zürich)
Tlbd.	Teilband
u.a.	und andere, unter anderem (anderen)
u.ä.	und ähnlich(e)
Ü	Übereinkommen
UN	United Nations
UNO	United Nations Organisation
UNO-Charta	Charta der Vereinten Nationen, abgeschlossen in San Francisco am 26. Juni 1945, für die Schweiz in Kraft getreten am 10. September 2002
UNO Pakt I	vgl. IPbpR
UNO Pakt II	vgl. IPwskR
USA	Vereinigten Staaten von Amerika
UVG	Bundesgesetz vom 20. März 1981 über die Unfallversicherung (SR 832.20)
UVV	Verordnung vom 20. Dezember 1982 über die Unfallversicherung (SR 832.202)
usw.	und so weiter
v.	gegen
VAG	Bundesgesetz betreffend die Aufsicht über die privaten Versicherungseinrichtungen (SR 961.01)
VDSG	Verordnung zum Bundesgesetz über den Datenschutz vom 14. Juni 1993 (SR 235.11)
VerfR	Verfassungsrecht
VG	Bundesgesetz über die Verantwortlichkeit des Bundes sowie seiner Behördenmitglieder und Beamten vom 14. März 1958 (SR 170.32)

vgl.	vergleiche
VN	Vereinte Nationen
VO	Verordnung
Vol.	volume
VR	Völkerrecht
VRK	Wiener Übereinkommen über das Recht der Verträge vom 23. Mai 1969, (SR.0.111), andere Bezeichnung: Wienervertragsrechtkonvention
vs.	gegen
VUV	Verordnung über die Verhütung von Berufsunfällen vom 19. Dezember 1983 (SR 832.39)
VVDStrRL	Veröffentlichungen der Vereinigung Deutscher Staatsrechtslehrer (Würzburg)
VVG	BG vom 7. April 1908 über den Versicherungsvertrag (SR 221.229.1)
VwVG	BG vom 20.12.1968 über das Verwaltungsverfahren (SR 172.021)
VZAE	Verordnung über Zulassung, Aufenthalt und Erwerbstätigkeit vom 24. Oktober 2007 (SR 142.201)
WHO	Weltgesundheitsorganisation
WTO	World Trade Organization
www.	World Wide Web
ZAK	Zeitschrift für die Ausgleichskasse der AHV (1993 ersetzt durch CHSS)
ZaöRV	Zeitschrift für ausländisches öffentliches Recht und Völkerrecht (Heidelberg)
z.B.	zum Beispiel
ZBl	Schweizerisches Zentralblatt für Staats- und Verwaltungsrecht (Zürich)
ZBJV	Zeitschrift des bernischen Juristenvereins (Bern)
ZESAR	Zeitschrift für europäisches Sozial- und Arbeitsrecht (Berlin)
ZeSo	Zeitschrift für Sozialhilfe (Monatsschrift für Sozialhilfe. Beiträge und Entscheide aus den Bereichen Fürsorge,

	Sozialversicherung, Jugendhilfe und Vormundschaft). Offizielles Organ der Schweizerischen Konferenz für Sozialhilfe.
ZeuP	Zeitschrift für Europäisches Privatrecht (München)
ZeuS	Zeitschrift für Europarechtliche Studien (Berlin)
ZGB	Schweizerisches Zivilgesetzbuch vom 10. Dezember 1907 (SR 210)
ZIAS	Zeitschrift für ausländisches und internationales Arbeits- und Sozialrecht (Heidelberg)
zit.	Zitiert
ZP	Zusatzprotokoll
ZRP	Zeitschrift für Rechtspolitik (München)
ZSR	Zeitschrift für Sozialreform (Kassel)
zugl.	zugleich

Literaturverzeichnis

ABEGG ANDREAS

– Die Ausdifferenzierung der Vertragsfreiheit im Wirtschaftsrecht, KritV, 2/2004, S. 197-208 (zit.: Ausdifferenzierung),

– Rechtsfolgen zwingender Inhaltsnormen im System von Art. 19 und 20 OR – eine historisch evolutorische Perspektive, AJP 2005, S. 113-1125 (zit.: Rechtsfolgen),

– Die zwingenden Inhaltsnormen des Schuldvertragsrechts, Freiburg 2004 (zit.: Inhaltsnormen).

ACHERMANN ALBERTO

Der umstrittene Rang des Völkerrechts, in: COTTIER/ACHERMANN/ WÜGER/ZELLWEGER, Der Staatsvertrag im schweizerischen Verfassungsrecht, Beiträge zu Verhältnis und methodischer Angleichung von Völkerrecht und Bundesrecht, Bern 2001, S. 33 ff.

ACHERMANN ALBERTO, CARONI PIO, KÄLIN WALTER

Bedeutung des UNO-Paktes über bürgerliche und politische Rechte für das schweizerische Recht, in: KÄLIN/ MALINVERNI/ NOWAK (Hrsg.), Die Schweiz und die UNO-Menschenrechtspakte – zweite, stark erweiterte Auflage, Basel, Frankfurt, Büssel 1997, S. 155ff.

AEBI-MÜLLER REGINA

– Die «Persönlichkeit» im Sinne von Art. 28 ZGB, in: GEISER et. al (Hrsg.), Festschrift Heinz Hausheer, Bern 2002, S. 99-116 (zit.: Persönlichkeit),

– Die Privatsphäre des Arbeitnehmers, in: SCHMID/GIRSBERGER (Hrsg.), Neue Rechtsfragen rund um die KMU, Zürich 2006, S. 24-38 (zit.: Privatspähre),

– Personenbezogene Informationen im System des zivilrechtlichen Persönlichkeitsschutzes, Bern 2005 (zit.: Informationen),

– Kommentar zu Art. 27/28 ZGB, in: AMSTUTZ et. al, (Hrsg.), Handkommentar zum Schweizer Privatrecht, Zürich, Basel, Genf 2007 (zit.: N zu Art.).

AHTELA KAROLINA

The Revised Provisions on Sex Discrimination in European Law: A Critical Assessment, European Law Journal, Vol. 11, No. 1, S. 57-78, 2005.

ALBRECHT ANDREAS C.

Der Begriff der gleichwertigen Arbeit im Sinne des Lohngleichheitssatzes «Mann und Frau haben Anspruch auf gleichen Lohn für gleichwertige Arbeit» (Art. 4 Abs. 2 BV), Diss. Basel 1998.

ALLEN ROBIN

Article 13 EC, evolution and currents contexts, in: MEENAN HELEN (Hrsg.), Equality Law in an enlarged European Union. Understanding the Article 13 Directives, Cambridge 2007.

ALSTON PHILIPPE, QUINN GERARD

The Nature and Scope of States Parties' Obligations under the International Covenant on Economic, Social and Cultural Rights, Human Rights Quarterly 9 (1987), S. 156-229.

AMSTUTZ MARC

Interpretatio multiplex. Zur Europäisierung des schweizerischen Privatrechts im Spiegel von BGE 129 III 335, in: EPINEY/RIVIÈRE, Auslegung und Anwendung von «Integrationsverträgen». Zur Übernahme des gemeinschaftlichen Besitzstandes durch Drittstaaten, insbesondere die Schweiz, Zürich 2005, S. 92 ff.

AMSTUTZ MARC, ABEGG ANDREAS, KARAVAS VAIOS

Soziales Vertragsrecht. Eine rechtsevolutorische Studie mit einem Vorwort von Peter Gauch, Bibliothek zur Zeitschrift für Schweizerisches Recht, Beiheft 44, Basel, Genf, München.

AMSTUTZ MARC, NIGGLI ALEXANDER

- Recht und Wittgenstein I – Wittgensteinsphilosophie als Bedrohung der rechtswissenschaftlichen Methodenlehre, in: TERCIER ET AL. (Hrsg.), Gauchs Welt, Festschrift zum 65. Geburtstag von Peter Gauch, Zürich, 2005, S. 3-21, (zit.: Wittgenstein I),

- Recht und Wittgenstein II – Über Parallelen zur Wittgensteinschen Philosophie in der rechtswissenschaftlichen Methodenlehre, in: TERCIER ET AL. (Hrsg.), Gauchs Welt, Festschrift zum 65. Geburtstag von Peter Gauch, Zürich, 2005, S. 161-183, (zit.: Wittgenstein II),

- Recht und Wittgenstein III – Vom Gesetzeswortlaut und seiner Rolle in der rechtswissenschaftlichen Methodenlehre, in: FORSTMOSER/HONSELL/ WIEGAND (Hrsg.), Richterliche Rechtsfortbildung in Theorie und Praxis, Methodenlehre und Privatrecht, Zivilprozess- und Wettbewerbsrecht, Festschrift für Hans Peter Walter, Bern 2004, S. 9-36 (zit.: Wittgenstein III),

- Recht und Wittgenstein IV -: Zur sprachtheoretischen Unmöglichkeit der Gewaltenteilung, in: ZEN-RUFFINEN (Hrsg.), Du monde pénal, Mélanges en l'honneur de Pierre-Henri Bolle, Basel u.a. 2006, S. 157-171 (zit.: Wittgenstein IV).

AMSTUTZ MARC, REINERT MANI

Vertikale Preis- und Gebietsabreden – Eine kritische Analyse von Art. 8 Abs. 4 KG, in: STOFFEL/KAECH (Hrsg.), Kartellgesetzrevision 2003, Zürich, Basel, Genf, 2004.

ANDO NISUKE

The Evolution and Problems of the Jurisprudence of the Human Committee's Views concerning Article 26, in: ANDO (Hrsg.), Towards Implementing Universal Human Rights – Festschrift for the Twenty-Fifth Anniversery of the Human Rights Committee, Leiden/Bosten, 2004, S. 205-224.

ARIOLI KATHRIN

Frauenförderungsmassnahmen im Erwerbsleben unter besonderer Berücksichtigung der Verfassungsmässigkeit von Quotenregelungen, Zürich 1992.

ARIOLI KATHRIN, EGG BIBIANE

Arbeitswissenschaftliche Gutachten in Lohngleichheitsprozessen, AJP 2001, S. 1299 ff.

ARNET RUTH

- Freiheit und Zwang beim Vertragsabschluss, Bern 2007 (zit.: Freiheit),

- Die Schweizerische Post: Pflicht der Post zur Beförderung unadressierter Massensendungen, AJP 2003, 593 ff. (zit: Post).

AUBERT GABRIEL

- L'internationalisation du droit suisse du travail, in: GEISER, SCHMID/ WALTER-BUSCH (Hrsg.) Arbeit in der Schweiz des 20. Jahrhunderts – Wirtschaftliche, rechtliche und soziale Perspektiven, Bern 1998, S. 455-469 (zit.: Internationalisation),

- Le droit au salaire en cas d'empêchement de travailler, in: Journée 1991 de droit du travail et de la sécurité sociale, Zürich 1991, S. 82-136 (zit. : empêchement),
- La protection des données dans les rapports de travail, in: AUBERT (Hrsg.), Journée de droit de travail et de la sécurité sociale 1995, Zürich 1999, S. 145 ff (zit : protection),
- 700 arrêts sur le contrat de travail, Manuskript, noch nicht erschienen, Nachweis bei STREIF/VONKAENEL (siehe Literaturliste), N 5 zu Art. 336 OR, (zit. : 700).

AUBERT JEAN-FRANÇOIS

Bundestaatsrecht der Schweiz, Bd. II, Fassung von 1967 und neu bearbeiteter Nachtrag bis 1994, Basel, Frankfurt a.M.

AUBERT JEAN-FRANÇOIS, MAHON PASCAL

Petit Commentaire de la Constitution fédérale de la Confédération Suisse, Zürich 2003.

AUBRY GIRARDIN FLORENCE

Licenciement abusiv et jurisprucence récente, SJ 2007 II, S. 51-74.

AUER ANDREAS

Die schweizerische Verfassungsgerichtsbarkeit, Basel, Frankfurt a.M. 1984.

AUER ANDREAS, MALINVERNI GIORGIO, HOTTELIER MICHEL

Droit constitutionnel suisse, volume II, Les droits fondamentaux, Deuxième édition, Bern 2006.

BAATRUP SØREN

Denmark, in: European Group of Experts, Combating sexual orientation discrimination in employment, S. 5.2.2.

BAER SUSANNE

- »Ende der Privatautonomie" oder grundrechtliche fundierte Rechtssetzung? – Die deutsche Debatte um das Antidiskriminierungsrecht, in: ZRP 7/2002, S. 290 – 294 (zit.: Privatautonomie),
- Würde oder Gleichheit? Zur angemessenen grundrechtlichen Konzeption von Recht gegen Diskriminierung am Beispiel sexueller Belästigung am Arbeitsplatz in der Bundesrepublik Deutschland und den USA, Baden-Baden 1995 (zit.: Würde),

- Geschlechterstudien/Gender Studies: Transdisziplinäre Kompetenz als Schlüsselqualifikation in Wissensgesellschaften, in: KAHLERT/THIESSEN/ WELLER (Hrsg.), Quer denken – Strukturen verändern. Gender Studies zwischen Disziplinen, Wiesbaden 2005, S. 143-162 (zit.: Kompetenz).

BAEURLE MICHAEL

Vertragsfreiheit und Grundgesetz, Normativität und Faktizität individueller Vertragsfreiheit in verfassungsrechtlicher Perspektive, Studien und Materialien zur Verfassungsgerichtsbarkeit, Baden-Baden 2001.

BAIR JOHANN

The International Covenant on Civil and Political Rights and ist (First) Optional Protocol, Frankfurt am Main 2005.

BANTON MICHAEL

- Discrimination Entails Comparison, in: LOENEN/ RODRIQUES, Non-Discrimination Law: Comparative Perspectives, S. 107-118 (zit. : Comparison).
- International Action against Racial Discrimination, Oxford 1996 (zit. : Racial).

BARBEY RICHARD

Les congés abusifs selon l'art. 336 alinéa 1 CO, Le droit du travail en pratique, Heft 8, Zürich 1994, S. 71-96.

BARNARD CATHERINE, HEPPLE BOB

Indirect Discrimination: Interpreting Seymour-Smith, CLJ (1999) 58, S. 399-412.

BARNAY THOMAS

L'état de santé comme facteur de cessation d'activité en Europe, Revue Santé, Societé et Solidarité, N 2, 2006, S. 119-131.

BARTOLOMEI DE LA CRUZ HECTOR, VON POTOBSKY GERALDO, SWEPSTON LEE

The International Labor Organization. The International Standarts System and Basic Human Right, Oxford 1996.

BATES MICHAEL, ESTE DAVID

Creating Workplace Environments that reflects Human Rights Values, Calgary 2000.

BAUDENBACHER CARL

Wirtschafts-, schuld- und verfahrensrechtliche Grundprobleme der Allgemeinen Geschäftsbedingungen, Zürich 1983.

BAUDENBACHER CARL, KAEMPF MARKUS

Die Rechtsprechung der Europäischen Gerichtshöfe zum Immaterialgüterrecht und ihre Relevanz für die Rechtsanwendung in der Schweiz, in: EPINEY/THEUERKAUF/RIVIÈRE (Hrsg.), Bern, Zürich 2003, S. 393 ff.

BAUER STEPHAN

Arbeiterschutz und Völkergemeinschaft, Zürich 1918.

BAUER TOBIAS, STRUB SILVIA

Markt und Lohngleichheit: Was zeigen die Fakten? Eine ökonomische Analyse von BGE 126 II 217, AJP 11/2001 (Sondernummer Lohngleichheit), S. 1308-1313.

BAUMANN MAX

in: Kommentar zum Schweizerischen Zivilgesetzbuch, 1. Band, Einleitung, Das Personenrecht, 3. Auflage, Zürich 1998, Art. 1 – 7 ZGB.

BAUMANN ROBERT

- Der Einfluss des Völkerrechts auf die Gewaltenteilung, Diss. Zürich 2002 (zit.: Diss.),
- Urteilsbesprechung BGE 130 I 113, AJP 11/2004, S. 1402-1407 (zit.: Urteilsbesprechung).

BECKER ULRICH, SCHULZ BERND

Die Eingliederung von Menschen mit Behinderung als Gegenstand des Sozialrechtsvergleichs, in: Jahrbuch des Max Plank Instituts, Bericht des Instituts für ausländisches und internationales Sozialrecht, München 2003 (Internetversion ohne Seitenangabe).

BELL MARK

- The Right to Equality and Non-Discrimination, in: HERVEY/ KENNER, Economic and Social Rights unter der EU Charter of Fundamental Rights – A legal Perspektive, Oxford, Portland Oregon 2003, S. 91-110 (zit.: Right to Equality),
- Anti-Discrimination Law and the European Union, Oxford 2002 (zit.: Anti-Discrimination Law),

- The New Article 13. a sound Basis for European Anti-Discrimination Law, MJ 1999, S. 5 ff. (zit.: Basis),
- EU anti-racism policy: the leader of the pack?, in: MEENAN (Hrsg.), Equality Law in an Enlarged European Union. Understanding the Article 13 Directives, (zit.: anti-racism).

BELSER EVA MARIA

- Freiheit und Gerechtigkeit im Vertragsrecht, Diss. Freiburg 2000 (zit.: Freiheit),
- Grundrechte, Grundfreiheiten und Verträge: Wie sich die EMRK und der Binnenmarkt auf das Vertragsrecht auswirken, in : WERRO (Hrsg.), Zivilrecht und europäische Menschenrechtskonvention, Zürich 2006, 133-159 (zit. : EMRK),
- The White Man's Burden. Arbeit und Menschenrechte in der globalisierten Welt, Bern 2007 (zit.: Menschenrechte).

BERCUSSON BRIAN

Introduction, in: BERCUSSON (Hrsg.), European labour Law and the EU-Charter of Fundamental Rights, Baden-Baden 2006.

BERCUSSON BRIAN, CLAUWAERT STEFAN, SCHÖMANN ISABELLE

Legal prospects and legal effects ot the EU-Charter, in: BERCUSSION (Hrsg.), European Labour Law and the EU-Charter of Fundamental Rights, S. 41-84.

BERENSTEIN ALEXANDRE

- Le travailleur et sa protection par l'OIT, in: JAGMETTI/ SCHLUEP (Hrsg.), Festschrift Walter Hug, Bern 1968, S. 167-177 (zit. : Protection),
- L'influence des conventions internationales du travail sur le législation interne, in : Revue internationale du Travail, vol. 77 (1958), S. 553-578 (zit. : L'influence).

BERENSTEIN ALEXANDRE, MAHON PASCAL

Labour Law in Switzerland, Den Haag, London, Bosten, Bern 2001.

BERNIER GAETAN, LÜTHI DORIS, QUIQUEREZ BRICE

Teilnahme an Weiterbildung in der Schweiz. Erste Ergebnisse des Moduls «Weiterbildung» der Schweizerischen Arbeitskräfteerhebung 2006, Neuenburg 2007.

BESSON SAMANTHA
- L'égalité horizontale: l'égalité de traitement entre particuliers: des fondements théorique au droit privé suisse, Diss. Fribourg 1999 (zit.: L'égalité),
- Les obligations positives de protection des droits fondamentaux. Un essai en dogmatique comparative', Revue de Droit Suisse, 2003, S. 49-96 (zit.: obligations),
- Comment humaniser le droit privé sans commodifier les droits de l'homme, in : WERRO (Hrsg.), Droit civil et Convention européenne des droit de l'homme, Zürich 2005, S. 1-52 (zit. : humaniser).

BEZZENBERGER TILMANN

Ethnische Diskriminierung, Gleichheit und Sittenordnung im bürgerlichen Recht, AcP 196 (1996), S. 394 – 434.

BIAGGINI GIOVANNI
- Verfassung und Richterrecht, Verfassungsrechtliche Grenzen der Rechtsfortbildung im Wege der bundesgerichtlichen Rechtsprechung, Basel/Frankfurt am Main 1991, zugleich Diss. Basel 1989 (zit.: Verfassung),
- Methodik in der Rechtsanwendung, in: PETERS/SCHEFER, Grundprobleme der Auslegung aus Sicht des öffentlichen Rechts, Symposium zum 60. Geburtstag von René Rhinow, Bern 2004, S. 7 ff. (zit.: Rechtsanwendung),
- Das Verhältnis der Schweiz zur internationalen Gemeinschaft, AJP 8/1999, S. 722 ff. (zit.: Verhältnis),
- Kommentar Bundesverfassung der Schweizerischen Eidgenossenschaft, Zürich 2007 (zit.: N zu Art.).

BIEBER ROLAND, EPINEY ASTRID, HAAG MARCEL

Die Europäische Union – Europarecht und Politik, 6. Auflage, Baden-Baden 2005.

BIELEFELDT HEINER

Zum Innovationspotenzial der UN-Behindertenkonvention, Deutsches Institut für Menschenrechte, Berlin 2007.

BIELEFELDT HEINER, FOLLMAR-OTTO PETRA

Diskriminierungsschutz in der politischen Diskussion, Deutsches Institut für Menschenrechte, Berlin 2005.

BIGLER-EGGENBERGER MARGRITH
- Die Rechtsprechung des Bundesgerichts zur Gleichstellung von Frau und Mann, Basel, Genf, München 2003 (zit.: Justitias Waage),
- Art. 8 Abs. 3 BV, in: EHRENZELLER/ MASTRONARDI/ SCHWEIZER/ VALLENDER/ (Hrsg.), St. Galler Kommentar zur Bundesverfassung, Sankt Gallen 2002, S.117–123 (zit.: BV).

BIRCHMEIER URS

Die Zweitkarriere nach 50. Möglichkeiten, Wege und Perspektiven, Diskussionspapier des Staatssekretariat für Wirtschaft (seco), Bern 2002.

BIRK ROLF
- Münchner Handbuch zum Arbeitsrecht, Bd. 1, 2000, München 2000 (zit.: Handbuch),
- Perspektiven des Internationalen Arbeitsrechts, ZIAS 1/2007, S. 91 ff. (zit.: Perspektiven).

BLANKE THOMAS

Fair and just working conditions, in: BERCUSSON, European Labour Law and the EU Charter of Fundamental Rights, Baden-Baden 2006.

BLANPLAIN ROGER

European Labour Law, 9. Auflage, Den Haag, London, New York, 2003.

BLÜTHNER ANDREAS

Welthandel und Menschenrechte in der Arbeit, Frankfurt am Main, 2004, zugl. Diss. Mannheim 2004.

BÖHMERT SABINE

Das Recht der ILO und sein Einfluss auf das deutsche Arbeitsrecht im Zeichen der europäischen Integration, Baden-Baden 2002 (zugleich Diss. Würzburg 2001).

BÖTTICHER EDUAR

Der Anspruch auf Gleichbehandlung im Arbeitsrecht, RDA 1953, S. 161-169.

BOUCHOUAF SSOUFIAN, RICHTER TOBIAS

Reichweite und Grenzen des Art. 13 EGV – unmittelbar anwendbares Diskriminierungsverbot oder lediglich Kompetenznorm?, JURA 9/2006, S. 651 ff.

BORCHARD KLAUS-DIETER

Kommentar zu Art. 220 EGV, in: LENZ/BORCHARD (Hrsg.), EU- und EG-Vertrag, Kommentar, 3. Auflage, Köln, Basel, Genf, München, Wien 2003.

BOVENKERK FRANK

Testing discrimination in natural experiments. A manual for international comparative research on discrimination on the grounds of «race» and ethnic origin, ILO: World Employment Programme, Migration and Population Branch, Genf 1992.

BRECHMANN WINFRIED

Artikel 39-42 EGV, in: CALLIES/ RUFFERT (Hrsg.), Kommentar zu EU-Vertrag und EG-Vertrag, 3. Auflage, Neuwiedt und Kriftel, 2007, S. 708-767.

BREITENMOSER STEPHAN

Privat- und Familienleben, in: : GROTE/MARAUHN (Hrsg.), EMRK/GG, Konkordanzkommentar, Tübingen 2006, S. 746 ff.

BREITENMOSER STEPHAN, ISLER MICHAEL

Der Rechtsschutz im Personenfreizügigkeitsabkommen zwischen der Schweiz und der EG sowie den EU-Mitgliedstaaten, AJP 2002, S. 1003-1021.

BRIGOLA ALEXANDER

Das System der EG-Grundfreiheiten. Vom Diskriminierungsverbot zum spezifischen Beschränkungsverbot, München 2004.

BRITZ GABRIELA

Diskriminierungsschutz und Privatautonomie, 64, VVDStRL (2004), S. 357 ff.

BRITZ GABRIELA, RICHTER TOBIAS

Zur Einschränkung des Rechts auf Familienzusammenführung bei Kindern, die älter sind als 12 Jahre, JZ 1/2007, S. 43 ff.

BROGGINI GERARDO

Ordine pubblico e norme imperative quali limiti alla liberta contrattuale in diritto svizzero, UNIVERSITÄT FREIBURG (Hrsg.), Festgabe Schönenberger, Freiburg 1968.

BRORS CHRSTIANE

Zulässige unterschiedliche Behandlung wegen beruflichen Anforderungen, in: DÄUBLER/BETZBACH (Hrsg.), Allgemeines Gleichbehandlungsgesetz AGG, Handkommentar, 2. Auflage, Baden-Baden 2008, S. 393 ff.

BRÜCKNER CHRISTIAN

Das Personenrecht des ZGB, Zürich 2000.

BRÜHWILER JÜRG

Kommentar zum Einzelarbeitsvertrag, Hrsg. vom Zentralverband schweizerischer Arbeitgeber-Organisationen, 2. vollständig überarbeitete Auflage, Bern, Stuttgart, Wien 1996.

BRUNNER ANDREAS A.

Die ausserordentliche Kündigung des Arbeitsvertrages, Bern 1979.

BRUNNER CHRISTIANE, BÜHLER JEAN-MICHEL, WAEBER JEAN-BERNHARD

Kommentar zum Arbeitsvertragsrecht, Deutsche Fassung der 2. nachgeführten Auflage, Basel und Frankfurt am Main 1998.

BRUNNER CHRISTIANE, BÜHLER JEAN-MICHEL, WAEBER JEAN-BERNHARD, BRUCHEZ CHRISTAN

Kommentar zum Arbeitsvertrag, 3. aktualisierte und ergänzte Auflage, Basel, Genf, München 2005.

BRUPBACHER STEFAN

Fundamentale Arbeitsnormen der Internationalen Arbeitsorganisation – Eine Grundlage der sozialen Dimension der Globalisierung, Diss. Zürich 2002.

BUCHER ANDREAS

Natürliche Personen und Persönlichkeitsschutz, 2. Auflage, Basel 1995.

BUCHER EUGEN

– «Drittwirkung der Grundrechte»? Überlegungen zu «Streikrecht» und «Drittwirkung» i.S. von BGE 111 II 245-259 , SJZ 83 (1987), S. 37-47 (zit.: Drittwirkung),

– Schweizerisches Obligationenrecht Allgemeiner Teil, 2. Auflage, Zürich 1988 (zit.: Obligationenrecht),

– Kommentar zu Art. 27 ZGB, in: Berner Kommentar, Kommentar zum schweizerischen Privatrecht, Band I: Einleitung und Pesonen

- Nicht «Kontrahierungspflicht» – schon eher Schutz vor Boykott, recht 2003, S. 101 ff. (zit.: Kontrahierungspflicht).

BUCKEL SONJA, CHRISTENSEN RALPH, FISCHER-LESCANO ANDREAS

Einleitung: Neue Theoriepraxis des Rechts, in: BUCKEL/FISCHER-LESCANO (Hrsg.) Neue Theorien des Rechts Stuttgart 2006, S. VII – XVII.

BÜCHLER ANDREA

Islam und Schweizerisches Arbeitsrecht – Diskriminierungsverbot, Religionsindifferenz und Glaubensausübung am Arbeitsplatz, in: PAHUD DE MORTANGES/TANNER (Hrsg.), Muslime und schweizerische Rechtsordnung, Freiburg 2002, S. 427 ff., (zit.: Islam),

- Legal Gender Studies. Die Kategorie Geschlecht im Recht: Eine Einführung, Jusletter vom 5. Januar 2004 (zit.: Gender).

BUNDESAMT FÜR STATISTIK

Wichtigste Ergebnisse der Schweizerischen Arbeitskräfteerhebung. SAKE 2005 in Kürze, BFS, Neuchâtel 2006.

BUSCHE JAN

Privatautonomie und Kontrahierungszwang, Tübingen 1999.

BYDLINSKI FRANZ

Juristische Methodenlehre und Rechtsbegriff, 2. Auflage, Wien, New York 1991.

BYRNE-SUTTON PASCALE

Le contrat de travail à temps partiel, thèse Genève 2001.

BYTHEWAY BILL, JOHNSON JULIA

On defining ageism, in: Critical Social Policy 29 (1990), S. 27-39.

CAMASTRAL CLAUDIA

Grundrechte im Arbeitsverhältnis, Diss., Zürich 1996.

CANARIS CLAUS-WILHELM

- Grundrechte und Privatrecht, AcP 184 (1984), S. 201-246 (zit.: Grundrechte),
- Verfassungs- und europarechtliche Aspekte der Vertragsfreiheit in der Privatrechtsgesellschaft, in: BADURA/ SCHOLZ (HRSG.), Wege und Ver-

fahren des Verfassungslebens, Festschrift Lerche zum 65. Geburtstag, München 1993, S. 873-891 (zit.: Vertragsfreiheit).

CAPLAZI ALEXANDRA, NAGUIB TAREK

Schutz vor ethnisch-kultureller Diskriminierung in der Arbeitswelt trotz Vertragsfreiheit – Ein Diskussionsbeitrag zur Frage der Notwendigkeit, Nützlichkeite und der inhaltliche Ausgestaltung eines verstärkten Schutzes vor und bei ethnisch-kultureller Diskriminierung in der Arbeitswelt, in: Jusletter 2. Februar 2005.

CARNEGIE HENRY, MEANS JOHN E.

Equality of Opportunity and Pluralism in a Federal System: the Canadien Experiment, in: International Labour Rewiev, Vol. 95, No. 5, 1967, S. 381-416.

CARDINAUX BASILE

Entscheidung der Kommission vom 5.12.2003, Anmerkungen, in: SZS 2004, S. 380 ff.

CARONI PIO

– Einleitungstitel des Zivilgesetzbuches, Basel, Frankfurt 1996 (zit.: Einleitungstitel),
– Privatrecht: Eine sozialhistorische Einführung, Basel 1988 (zit.: Privatrecht).

CAMPRUBI MADELEINE

Kontrahierungszwang gemäss BGE 129 III 35: Ein Verstoss gegen die Wirtschaftsfreiheit. Zugleich ein Beitrag zur Diskussion über die Grundrechtsbindung von öffentlichen Unternehmen, AJP 2004, S. 384-404.

CHEREDNYCHENKO OLHA

EU-Fundamental Rights, EC Fundamental Freedoms and Private Law, in: European Review of Private Law 1-2006, S. 23-61.

CHOPPARD JAQUELINE

Die Einstellung der Anspruchsberechtigung, Diss. Zürich 1998.

CHRISTENSEN RALPH, KUDLICH HANS

Die Auslegungslehre als implizite Sprachtheorie der Juristen, in: ARSP 2/2002, S. 230 ff.

CIRKEL JOHANNES
: Gleichheitsrechte im Gemeinschaftsrecht, in: NJW 1998, S. 3332 f.

CLAPMAN ANDREW
: Human Rights in the Private Sphere, Oxford 1993.

COEN MARTIN
: Kommentar zu Art. 141 EGV, in: LENZ/ BORCHARD (Hrsg.), EU- und EG-Vertrag, Kommentar, 3. Auflage, Köln, Basel, Genf, München, Wien 2003.

CONSTANTINESCO LÉONTIN-JEAN
: Das Recht der EG – Band 1, Baden-Baden, 1977.

CORMACK JEANNETTE, BELL MARK
: Entwicklung des Antidiskriminierungsrechts in Europa – Ein Vergleich in den 25 EU-Mitgliedstaaten, Europäisches Netzwerk unabhängiger Sachverständiger im Bereich der Nichtdiskriminierung, 2005.

CORNU GÉRARD
: Vocabulaire juridique, 7ème edition, Paris 1998.

COTTIER THOMAS, CAPLAZI ALEXANDRA
: Labour standards and World Trade Law: Interfacing Legitimate Concerns, in: GEISER/SCHMID/WALTER-BUSCH (Hrsg.), Arbeit in der Schweiz des 20. Jahrhunderts – Wirtschaftliche, rechtliche und soziale Perspektiven, Bern 1998, S. 469-510.

COTTIER THOMAS, DZAMKO DANIEL, EVTIMOV ERIK
: Die europakompatible Auslegung des schweizerischen Rechts, in: EPINEY/ THEUERKAUF/ RIVIÈRE (Hrsg.), Schweizerisches Jahrbuch für Europarecht, Bern, Zürich 2004.

COTTIER THOMAS, HERTIG MAYA
: Das Völkerrecht in der neuen Bundesverfassung: Stellung und Auswirkungen, in: ZIMMERLI (Hrsg.), Die neue Bundesverfassung, Berner Tage für die juristische Praxis, Bern 1999, S. 1 ff.

COX TOM, RIAL-GONZÁLEZ EUSEBIO
: Work-related stress: the European picture, Magazine of the European Agency for Safety and Health at Work, 2002, S. 4–6.

CRAMER CONRADIN

Der Bonus im Arbeitsvertrag, Bern 2007.

Craven MATTHEW

The International Convenant on economic, social and cultural rights – a perspetive on ist Development, Oxford 1995.

DÄHLER EMIL

Die Sozialpolitik der Internationalen Arbeitsorganisation und ihr Einfluss auf die Sozialgesetzgebung der Schweiz, Diss. St. Gallen 1976.

DÄUBLER WOLFGANG

- Das unbekannte Arbeitsrecht, in: NJW 1999, S. 3537 ff. (zit: Arbeitsrecht),
- Einleitung zum AGG, in: DÄUBLER/BETZBACH (Hrsg.), Allgemeines Gleichbehandlungsgesetz AGG, Handkommentar, 2. Auflage, Baden-Baden 2008, S. 19-102, (zit.: Einleitung),
- Allgemeines Gleichbehandlungsgesetz (AGG), Allgemeiner Teil, in: DÄUBLER/BETZBACH (Hrsg.), Allgemeines Gleichbehandlungsgesetz AGG, Handkommentar, 2. Auflage, Baden-Baden 2008, S. 103-260, (zit.: Allgemeiner Teil),
- Schutz der Beschäftigten vor Benachteiligung, Benachteiligungsverbot, in: DÄUBLER/BETZBACH (Hrsg.), Allgemeines Gleichbehandlungsgesetz AGG, Handkommentar, 2. Auflage, Baden-Baden 2008, S. 301 – 323.

DAHINDEN JANINE, FIBBI ROSITA, MORET JOELLE, CATTACIN SANDRO

Integration am Arbeitsplatz in der Schweiz, Neuenburg 2004.

DAMM SVEN MIRKO

Menschenwürde, Freiheit, komplexe Gleichheit: Dimensionen grundrechtlichen Gleichheitsschutzes, Schriften zum Internationalen Recht, Band 156, Berlin 2006.

DAVID LUCAS, MARK A. REUTTER

Schweizerisches Wettbewerbsreht, Zürich 2001.

DE COULON AUGUSTIN, FALTER JEAN-MARC, FLÜCKIGER YVES, RAMIREZ JOSE

Analyse der Lohnunterschiede zwischen der schweizerischen und der ausländischen Bevölkerung, in: WICKER/FIBBI/HAUGG (HRSG.), Migration in der Schweiz, Zürich 2001, S. 275 ff.

DEGEN BERNHARD

Entstehung und Entwicklung des schweizerischen Sozialstaates, in: SchweizerischesBundesarchiv (Hrsg.) Geschichte der Sozialversicherungen; Zürich, 2006, S. 17-48.

DEGENER THERESIA
- Definition of Disability, Brüssel 2004 (zit.: Definition),
- Eine UN-Menschenrechtskonvention für Behinderte als Beitrag zur ethischen Globalisierung, Politik und Zeitgeschichte, B 08/2003, S. 37 ff. (zit.: Menschenrechtskonvention).

DELBRÜCK JOST
- Die Rassenfrage als Problem des Völkerrechts und nationaler Rechtsordnungen, Kiel 1971 (zit.: Rassenfrage),
- Die Konvention der Vereinten Nationen zur Beseitigung jeder Form der Diskriminierung der Frau von 1979 im Kontext der Bemühungen um einen völkerrechtlichen Schutz der Menschenrechte, in: VON MÜNCH (Hrsg.), Staatsrecht – Völkerrecht – Europarecht: Festschrift für Hans-Jürgen Schlochauer zum 75. Geburtstag, Berlin / New York, 1981, S. 247-270 (zit.: Konvention).

DESCHENAUX HENRI, STEINAUER PAUL-HENRI

Personnes physiques et tutelles, Bern 2001.

DESCHENAUX HENRI

Der Einleitungstitel, in: GUTZWILER et. al. , Schweizerisches Privatrecht, Zweiter Band, Einleitung und Personenrecht, Basel 1967.

DESCHUTTER OLIVER

Reasonable Accomodations and Positive Obligations in the European Convention on Human Rights, in: LAWSON/GOODING (Hrsg.), Disability Rights in Europe, Oxford, Portland 2005, S. 35- 65.

DETRICK CHARLES R.

The Effects of the Granger Acts, The Journal of Political Economy, Vol. 11, No. 2 (Mar., 1903), S. 237-256.

DIETRICH PETER

Der Schutz vor missbräuchlichen Lohn- und Arbeitsbedingungen durch die flankierenden Massnahmen zum Freizügigkeitsabkommen Schweiz-EG, Zürich, Basel, Genf, 2003.

DIETZ JÖRG, PETERSEN LARC ERIC

Diversity Management als Management von Stereotypen und Vorurteilen am Arbeitsplatz. In: STAHL/MAYRHOFER/KÜHLMANN (Hrsg.): Internationales Personalmanagement. München und Mering, 2005, S. 249-269.

DONNELLY JACK

Universal Human Rights in Theory & Practice, second edition, New York 2003.

DOOSE STEFAN

Unterstützte Beschäftigung im Kontext von internationalen, europäischen und deutschen Entwicklungen in der Behindertenpolitik, impulse (2003), H. 27, S. 4.

DRÖGE CORDULA

Positive Verpflichtungen der Staaten in der Europäischen Menschenrechtskonvention, Berlin, Heidelberg, New York 2003, zugleich Diss. Heidelberg 2002.

DRZEWICKI KRZYSZTOF

The Right to Work and Rights in Work, in: EIDE /KRAUSE/ ROSAS (Hrsg.), Economic Rights as Human Rights, a Textbook, 2. überarbeitete Auflage, Dordrecht, Boston, London 2001, S. 223-245.

DÜRG GÜNTER

Grundrechte und Privatrechtsprechung, in: MAUNZ THEODOR, Festschrift Nawiasky, München 1956.

DÜRR DAVID

Vorbemerkungen zu Art. 1 und 4 ZGB, in: GAUCH/ SCHMID (Hrsg.), Kommentar zum Schweizerischen Zivilgesetzbuch, I. Bd.: Einleitung – Personenrecht, 1. Teilbd.: Art. 1-7 ZGB, Zürich 1998.

DUPUY PIERRE-MARIE

Equality under the 1966 Covenants and in the 1948 Declaration, in: WOLFRUM (Hrsg.), Gleichheit und Nichtdiskriminierung im nationalen und internationalen Menschenrechtsschutz, Berlin, Heidelberg, New York 2003, S. 149-160.

DUNAND JEAN-PHILIPPE

Le code civil de Eugen Huber: une loi conçue dans l'esprit de la démocratie?, in: TSCHANNEN PIERRE, La démocratie comme idée directrice de l'ordre juridique suisse, Zürich 2005.

EGGER AUGUST

- Kommentar zum Schweizerischen Zivilgesetzbuch, I. Bd: Einleitung zum Personenrecht, 2. Auflage, Zürich 1930 (zit.: N zu Art.),
- Die Freiheitsidee in der Gegenwart, in: HUG WALTER (Hrsg.), August Egger – Ausgewählte Schriften und Abhandlungen, Bd. I: Beiträge zur Grundlegung des Privatrechts, Zürich 1930 (zit.: Freiheitsidee).

EGGER THERESE, BAUER TOBIAS, KÜNZI KILIAN

Möglichkeiten von Massnahmen gegen rassistische Diskriminierung in der Arbeitswelt. Eine Bestandesaufnahme von Problemlagen und Handlungsmöglichkeiten, im Auftrag der Fachstelle für Rassismusbekämpfung des EDI, Bern, März 2003.

EGLI PATRICIA

Drittwirkung von Grundrechten – Zugleich ein Beitrag zur Dogmatik der grundrechtlichen Schutzpflichten im Schweizer Recht, Diss. Zürich 2002.

EHLERS DIRK

Allgemeine Lehre, in: EHLERS (Hrsg.), Europoäische Grundrechte und Grundfreiheiten, 2. Auflage, Berlin New York, 2005, S. 185 ff.

EICHENHOFER EBERHARD

- Kommentar zu Art. 141 EGV, in: STREINZ (Hrsg.), EUV/EGV, Vertrag über die Europäische Union und Vertrag zur Gründung der Europäischen Gemeinschaften, München 2003 (zit.: N zu Art. 141 EGV),
- Diskriminierung wegen der Rasse, ethnischen Herkunft, des Alters und der Behinderung. Vieldeutigkeiten und Operationalisierungsprobleme aus gemeinschaftsechtlicher Sicht, in: RUST/DÄUBLER/FALKE/LANGE/PLETT/SCHEIWE/SIEVEKING (Hrsg.): Die Gleichbehandlungsrichtlinien der EU und ihre Umsetzung in Deutschland, Rehburg-Coccum, 2003, S. 73-92 (zit.: Diskriminierung),
- Diskriminierungsschutz und Privatautonomie, in: DVBL 2004, S. 1079 – 1086 (zit.: Diskriminierungsschutz).

EIDE ASBJORN

– The Right to adequat standart of living including the Right to food, in: EIDE/KRAUSE/ROSAS (Hrsg.), Economic Rights as Human Rights, a Textbook, 2. überarbeitete Auflage, Dordrecht, Boston, London 2001, S. 89-107 (zit.: Right to Food),

– Economic, Social and Cultural Rights as Human Rights, in: EIDE/ KRAUSE/ROSAS (HRSG.) Economic Rights as Human Rights, a Textbook, 2. überarbeitete Auflage, Dordrecht, Boston, London 2001, S. 9-28 (zit.: Human Rights),

– Realization of Social and Economic Rights and the minimum threshold approach, HRLJ, Vol. 10 (No 1-2), 1989, S. 35 ff. (zit.: Realization).

ELLIS EVELYN

EU-Antidiscrimination Law, Oxford 2005.

ELSUNI SARAH

Feministische Rechtstheorie, in: BUCKEL/CHRISTENSEN/FISCHER-LESCANO (Hrsg.), Neue Theorien des Rechts, Stuttgart, 2006, S. 163-186.

EMBERLAND MARIUS

The Human Rights of Companies. Exploring the Structure of ECHR Protection, Oxford, 2005.

ENGELBERGER LUKAS

Die unmittelbare Anwendbarkeit des WTO-Rechts in der Schweiz, Diss. Bern 2004.

ENGELS MARKUS

Verbesserter Menschenrechtsschutz durch Individualbeschwerdeverfahren? Zur Frage der Einführung eines Fakultativprotokolls für den Internationalen Pakt über wirtschaftliche, soziale und kulturelle Rechte, Diss., München 2000.

EPINEY ASTRID

– Das Primat des Völkerrechts als Bestandteil des Rechtsstaatsprinzips. Ein Diskussionsbeitrag zur Stellung des Völkerrechts im Verhältnis zum innerstaatlichen Recht, ZBl 95 (1994), S. 537 f. (zit.: Primat),

– Kommentar zu Art. 13 EGV, in: CALLIESS/RUFFERT (Hrsg.), Kommentar zu EU-Vertrag und EG-Vertrag, 2. Auflage, Neuwied, Kriftel 2007 (zit.: N zu Art. 13 EGV),

- Freizügigkeit von Personen, in: BIEBER/EPINEY/HAAG (Hrsg.) Die Europäische Union – Europarecht und Politik, 6. Auflage, Baden-Baden 2005, S. 359-388 (zit.: Freizügigkeit),
- Zur Bedeutung der Rechtsprechung des EuGH für Anwendung und Auslegung des Personenfreizügigkeitsabkommens, in: ZBJV, Bd. 141, 2005, S. 1-31 (zit.: Bedeutung).

EPINEY ASTRID, DUTTWILER MICHAEL

Das Recht der Gleichstellung von Mann und Frau im europäischen Gemeinschaftsrecht und schweizerischen Recht – Konvergenzen und Divergenzen, ZBl 1/2004, S. 37 ff.

EPINEY ASTRID, FREIERMUTH ABT MARIANNE
- Gleichstellungsrecht in der EU: Grundlagen, Meilensteine und neuere Entwicklungen, in: EPINEY/VON DANCKELMANN (Hrsg.), S. 53 ff. (zit.: Grundlagen),
- Das Recht der Gleichstellung von Mann und Frau in der EU, Baden-Baden 2003 (zit.: Recht).

EPINEY ASTRID, MOSTERS ROBERT, THEUERKAUF SARAH

Die Rechtsprechung des EuGH zur Personenfreizügigkeit, in: EPINEY/RHEUERKAUF/RIVIÈRE (Hrsg.) Schweizerisches Jahrbuch für Europarecht 2004/2005, Zürich, Basel, Genf 2005, S. 41 ff.

ERMACORA FELIX

Diskriminierungsschutz und Diskriminierungsverbote in der Arbeit der Vereinten Nationen, Wien, Stuttgart 1971.

EUROPÄISCHE KOMMISSION
- European handbook on equality data, Brüssel 2006 (zit: equality data),
- Gleichbehandlung und Antidiskriminierung – Jahresbericht 2006 (zit.: Jahresbericht),
- Das Diskriminierungsverbot nach dem Europäischen Menschenrechtsgesetz – Seine Bedeutung für die »Rassengleichbehandlungsrichtlinie" und die Richtlinie zur Gleichbehandlung in der Beschäftigung (Autor: OLIVIER DE SCHUTTER), Brüssel 2005 (zit.: Diskriminierungsverbot),
- Grünbuch «Gleichheit und Antidiskriminierung in einer erweiterten EU», Brüssel 2004 (zit.: Grünbuch),

- Baseline Study, Disability Discrimination Law in the EU Member States, EU Network of Independent Experts on Disability Discrimination, 2004 (zit.:experts),
- Überblick über die gesetzlichen Antidiskriminierungsbestimmungen der Mitgliedstaaten, Brüssel 2000 (zit: Überblick),
- Vergleichende Studie über die Sammlung von Daten mit dem Ziel der Bemessung des Ausmasses und der Auswirkung von Diskriminierung in den Vereinigten Staaten, Kanada, Australien, Grossbritannien und den Niederlanden (Autor: PATRICK SIMON), Brüssel 2004 (zit.: Sammlung),
- Nichtdiskriminierung und Chancengleichheit für alle – eine Rahmenstrategie, Brüssel 2005 (zit.: Nichtdiskriminierung),
- Aktionsprogramm der Gemeinschaft im Kampf gegen die Diskriminierung aus rassischen, oder Gründen der ethnischen Herkunft, aus Gründen der Religion oder der Überzeugungen, einer Behinderung, des Alters, oder der sexuellen Ausrichtung, Ratsbeschluss vom 27.11.2000 (zit.: Aktionsprogramm),
- Diskriminierung in Europa, Eurobarometer 57.0, Zusammenfassung der Ergebnisse, Brüssel 2003 (zit.: Eurobarometer 57.0),
- Diskriminierung in Europa, Spezialeurobarometer 263, Zusammenfasung der Ergebnisse, Brüssel 2007 (zit.: Eurobarometer 263).

EUROPEAN FOUNDATION FOR THE IMPROVEMENT OF LIVING AND WORKING CONDITIONS (EUROFOUND)

Fourth Working Conditions Surveys, Dublin 2005.

EUROPEAN COMMISSION AGAINST RACISM AND INTOLERANCE (ECRI)

Third report on Switzerland, CRI (2004) 5, Strassburg 2004.

EUROSTA

(Statistisches Amt der Europäischen Gemeinschaften), Employment of disabled people in Europe 2002, Luxenburg 2003.

FARNER MARTIN

Missbräuchliche Kündigung, Kritik am Vorgesetzten, Bundesgericht, I. Zivilabteilung, 19.12.2000, m.C.R. Berufung, AJP 6/2001, S. 711 ff.

FAVRE ANTOINE

Droit constitutionel, 2. Auflage, Freiburg 1970.

FAVRE PASCAL G.

Le transfert conventionnel du contrat (zit.: Favre P.).

FENSKE ANTJE

Das Verbot der Altersdiskriminierung im US-amerikanischen Arbeitsrecht, Berlin 1998.

FIBBI ROSITA, KAYA BÜLENT, PIQUET ETIENNE
- Nomen est Omen: Quand s'appeler Pierre, Afrim ou Mehmet fait la différence, Bern 2003 (zit.: Nomen),
- Le passeport ou le diplôme? Etude des discriminations à l'embauche des jeunes issus de la migration, Forum suisse pour l'étude des migrations et de la population (FSM), Rapport de recherche 31/2003, Neuenburg 2003 (zit.: passeport).

FLUECKIGER YVES

Macht Arbeit krank? Eine Analyse der Gründe für den Anstieg der Fälle psychischer Invalidität in der Schweiz, Pro Menta Sana, Zürich 2007.

FLUME WERNER

Allgemeiner Teil des Bürgerlichen Rechts, Zweiter Band, Das Rechtsgeschäft, 4. Auflage, Berlin, Heidelberg, 1992.

FORGO NIKOLAUS, SOMEK ALEXANDER

Nachpositivistisches Rechtsdenken, in: BUCKEL/CHRISTENSEN/FISCHER-LESCANO (Hrsg.) Neue Theorien des Rechts, Stuttgart, 2006, S. 263 – 291.

FORSTHOFF ULLRICH

Drittwirkung der Grundfreiheiten, RIW 2000, S. 389 ff.

FRANZEN MARTIN
- Kommentar zu Art. 39-41 EGV, in: STREINZ (Hrsg.) EUV/EGV – Vertrag über die Europäische Union und Vertrag zur Gründung der Europäischen Gemeinschaft, München 2003, S. 564 ff. (zit.: N zu Art.)
- Privatrechtsangleichung durch die Europäische Gemeinschaft, Berlin/ New York 1999 (zit.: Privatrechtsangleichung).

FREDMAN SANDRA
- Discrimination Law, Oxford 2002 (zit.: Law),
- The Age of Equality, in: SPENCER (Hrsg.), Age as an Equality Issue, Oxford 2003, S. 21-69 (zit.: age).

FREIVOGEL ELISABETH

Lücken und Tücken in der Anwendung des Gleichstellungsgeseztes, AJP 2006, S. 1343 ff.

FREY ERICH

Konkrete Ordnung und Übung im Betrieb als versuchte Dogmatisierung des Grundsatzes der Gleichbehandlung im Arbeitsrecht, ArbuR 1962, S. 234-243.

FRIED EDBERT

Rechtsvereinheitlichung im Internationalen Arbeitsrecht – Eine Untersuchung zur Methode der Rechtsvereinheitlichung am Beispiel der Internationalen Arbeitsorganisation, Frankfurt a.M./Berlin 1965.

FRITSCH HUBERT

Klage des Schweizerischen Gewerkschaftsbundes gegen den Bundesrat, in: ARV 2/2005, S. 41-42.

FRÖHLICH ANITA

Sind Privatpersonen an die Menschenrechte gebunden? Vergleich der Verfassungsrechtsprechung in Deutschland, USA und Kolumbien zur Grundrechtseinwirkung im Privatrecht, Beiträge Nürnberger Menschenrechtszentrum, S. 1-29.

FROWEIN JOCHEN, PEUKERT WOLFGANG

EMRK – Kommentar, 2. vollst. neu bearb. Auflage unter Berücksichtigung des 11. ZP zur Gründung eines ständigen Gerichtshofes, Kehl 1996.

FUCHS MAXIMILIAM

Europäisches Sozialrecht – eine Einführung, in: FUCHS, (Hrsg.), Europäisches Sozialrecht Baden-Baden, Basel, Wien 2005, S. 1-43.

FUCHS MAXIMILIAM, HÖLLER EDWYN

Das Sozialrecht in den Assoziationsabkommen der EG mit Drittstaaten, in: FUCHS (Hrsg.), Europäisches Sozialrecht Baden-Baden, Basel, Wien 2005, S. 684 ff.

FUCHS MAXIMILIAN, MARHOLD FRANZ

Europäisches Arbeitsrecht, 2. vollständig überarbeitete und erweiterte Auflage, Wien, New York 2006.

GAECHTER THOMAS

Rechtsmissbrauch im öffentlichen Recht, Unter besonderer Berücksichtigung des Bundessozialversicherungsrechts. Ein Beitrag zu Treu und Glauben, Methodik und Gesetzeskorrektur im öffentlichen Recht, Zürich 2005.

GAENSEWEIN OLIVIER

Die richtlinienkonforme Auslegung vor Ablauf der Umsetzungsfrist (Konstantinos Adeneler u.a. ./. Ellinkikos Organismus Galaktos, EuGH v. 4. Juli 2006, C-212/04, ELR 11/2006, S. 438 ff.

GAERTNER LUDWIG, FLUECKIGER YVES

Probleme des Sozialstaates: Ursachen, Hintergründe, Perspektiven. Zürich 2005.

GANTEN TED OLIVIER

Die Drittwirkung der Grundfreiheiten: die EG-Grundfreiheiten als Grenze der Handlungsfreiheit im Verhältnis zwischen Privaten, Untersuchungen zum Europäischen Privatrecht, Bd. 3, Berlin, 2000 (zugleich Diss. Augsburg 1999).

GASSER URS

Vom privaten Grundrecht zum kulturell-monetären Schutzrecht? Zur Entwicklung des Persönlichkeitsschutzes des Zivilgesetzbuches, in: GYSIN/SCHUHMACHER/STREBEL (Hrsg.), 96 Jahre ZGB, Zürich 2006, S. 77-111.

GAUCH PETER

– Das Versicherungsvertragsgesetz: alt und revisionsbedürftig, recht 1990, S. 65 ff. (zit.: VVG),
– Vertrag und Parteiwille, in: Hundert Jahre Schweizerisches Obligationenrecht, Le Centenaire du Code des Obligations, Freiburg 1982, S. 343 ff (zit.: Vertrag).

GEIGER RUDOLF

Kommentar über die Europäische Union und Vertrag zur Gründung der Europäischen Gemeinschaft, 4. Auflage, München 2004.

GEISER THOMAS

– Die Persönlichkeitsverletzung insbesondere durch Kunstwerke, Basel 1990 (zit.: Persönlichkeitsverletzung),

- Diskriminierung am Arbeitsplatz: Die Rechtslage in der Schweiz, in: Tangram Nr. 11 / September 2001, S. 4-21 (zit.: Diskriminierung),
- Gibt es ein Verfassungsrecht auf einen Mindestlohn?, in: EHRENZELLER/ MASTRONARDI/SCHAFFHAUSER/SCHWEIZER/VALLENDER (Hrsg.) Der Verfassungsstaat vor neuen Herausforderungen, St. Gallen, Lachen 1998, S. 809 ff. (zit.: Mindestlohn),
- Entwicklungen im Arbeitsrecht, SJZ 93 (1997), S. 281-283 (zit.: Entwicklungen 1997),
- Gibt es ein Gleichbehandlungsgebot im schweizerischen Arbeitsrecht?, in: BECKER/HILTY/STÖCKLI/WÜRTENBERGER (Hrsg.) Recht im Wandel seines sozialen und technologischen Umfeldes, FS für Manfred Rehbinder, München/Bern 2002, S. 37-49 (zit.: Gleichbehandlung),
- Der neue Kündigungsschutz im Arbeitsrecht, BJM 1994, S. 169-196 (zit.: Kündigungsschutz),
- Die Regeln über die Anstellungsdiskriminierung und die Beförderungsdiskriminierung im Gleichstellungsgesetz, in: ZBJV 1996 S. 555-578 (zit.: Anstellungsdiskriminierung)

GEISER THOMAS, KÄGI-DIENER REGINA

Zwei Gutachten zu unterschiedlichen Umwandlungssätzen von Mann und Frau in der beruflichen Vorsorge, Diskussionspapier Nr. 101 des Forschungsinstituts für Arbeit und Arbeitsrecht, St. Gallen 2004 (zit.: Geiser-Gutachten oder Kägi-Diener-Gutachten).

GEMPER PHILIPPE

Arbeitsrechtliche Aspekte der Ausübung verfassungsmässiger Rechte, Diss., Basel, Frankfurt am Main 1993.

GIGER HANS

Die Rechtsfolgen norm- und sittenwidriger Verträge: Ein Beitrag zur Lehre über das Sanktionssystem im schweizerischen Obligationenrecht, Zürich 1989.

GLOOR WERNER

Kopftuch an der Kasse – Religionsfreiheit im privaten Arbeitsverhältis, ARV 2006, S. 1 ff.

GÖKSU TARKAN

- Rassendiskriminierung beim Vertragsabschluss als Persönlichkeitsverletzung, Diss. Freiburg, 2003 (zit.: Rassendiskriminierung),
- Drittwirkung der Grundrechte im Bereich des Persönlichkeitsschutzes, SJZ 98 (2002), S. 89-101 (zit.: Drittwirkung).

GOLDBERG ANDREAS, MOURINO DORA, KULKE URSULA,

Arbeitsmarkt-Diskriminierung gegenüber ausländischen Arbeitnehmern in Deutschland, ILO, Genf 2002.

GUHL THEO, KOLLER ALFRED, SCHNYDER ANTON K., DRUEY JEAN NICOLAS

Das Schweizerische Obligationenrecht – Mit Einschluss des Handels- und Wertpapierrechts, 9. Auflage, Zürich 2000.

GRABENWARTER CHRISTOPH

Europäische Menschenrechtskonvention, 2. Auflage, München, Wien 2005.

GRABER HASSO

Die unmittelbare Drittwirkung der Grundfreiheiten, Diss. München 2002.

GRAF MAGGIE, KRIEGER RALPH

Arbeitsbedingungen in der Schweiz – ein Vergleich mit EU-Ländern, Die Volkswirtschaft 4/2007, S. 4 ff.

GRAF MAGGIE, PEKRUHL ULRICH

4. Europäische Erhebung über die Arbeitsbedingungen 2005 Ausgewählte Ergebnisse aus Schweizer Perspektive, Bern 2007.

GRASER ALEXANDER

Kommentar zu Art. 20 bis 23 Grundrechtscharta, in: Schwarze/Beck (Hrsg.), EU-Kommentar, Auflage, 2. Auflage, Baden-Baden 2008, S. 2244 ff.

GRISEL ETIENNE

Egalité, garanties de la Constitution fédérale du 18 avril 1999, Bern 2000 (zit.: Egalité),

Liberté économique. Libéralisme et droit économique en Suisse, Berne 2006 (zit.: Liberté).

GROLIMUND PASCAL, BALMELLI MARCO

Auswirkungen des Personenfreizügigkeitsabkommens auf Ausländerklauseln im Schweizer Spitzensport, in: Spurt 4/2002.

GROSSEN JACQUES-MICHEL

Das Recht der Einzelpersonen, Schweizerisches Privatrecht, Zweiter Band, Einleitung und Personenrecht, Basel und Stuttgart 1967.

GROSSEN DIETER W., DE PALÉZIEUX CLAIRE

Abkommen über die Freizügigkeit, in: Thürer/Weber/Zäch (Hrsg.), Bilaterale Verträge Schweiz – EG, ein Handbuch, Zürich 2002, S. 85-139.

GUBURAN E, USEL M.

Mortalité prématurée et invalidité selon la profession et la classe sociale à Genève, OCIRT, Genf 2000.

GUILLOD OLIVIER

Cent ans de sollicitude: un code civil soucieux de la personne humaine, ZSR 126 (2007) II, S. 51-164.

GYGI FRITZ

Die schweizerische Wirtschaftsverfassung, in: ZSR 1970 II (Nr. 89), S. 265 ff.

GYGI FRITZ, RICHLI PAUL

Wirtschaftsverfassungsrecht, Bern 1997, S. 40 ff.

HAAS RAPHAEL

Die Einwilligung in eine Persönlichkeitsverletzung nach Art. 28 Abs. 2 ZGB, Zürich 2007.

HAASE WINFRIED

Die Internationale Arbeitsorganisation zwischen Politik und Fachkompetenz – Erinnerungen, in: BUNDESMINISTERIUM FÜR ARBEIT UND SOZIALORDNUNG (Hrsg.), Weltfriede durch soziale Gerechtigkeit, 75 Jahre Internationale Arbeitsorganisation, Baden-Baden 1994, S. 152-162.

HÄBERLIN URS, IMDORF CHRISTIAN, KRONIG WINFRIED

Von der Schule in die Berufslehre. Untersuchungen zur Benachteiligung von ausländischen und von weiblichen Jugendlichen bei der Stellensuche, Bern, Stuttgart, Wien 2004.

HAEFELIN ULRICH

Die verfassungskonforme Auslegung und ihre Grenzen, in: Recht als Prozess und Gefüge, Festschrift für Hans Huber zum 80. Geburtstag, Bern 1981, S. 241 ff.

HAEFELIN ULRICH, HALLER WALTER, KELLER HELENE

Schweizerisches Bundesstaatsrecht, 7. Auflage 2008.

HAEFELIN ULRICH, MÜLLER GEORG

Allgemeines Verwaltungsrecht, 4. Aufl., Zürich, Basel, Genf 2002.

HAEFLIN ULRICH, MÜLLER GEORG, FELIX UHLMANN

Allgemeines Verwaltungsrecht, 5. vollst. überarb. Auflage, Zürich 2006.

HAEFLIGER ARTHUR, SCHÜRMANN FRANK

Die Europäische Menschenrechtskonvention und die Schweiz – Die Bedeutung der Konvention für die schweizerische Rechtspraxis, 2. Auflage, Bern 1999.

HAENER ISABELLE

Grundrechte im öffentlichen Personalrecht, in: HELBLING/ POLEDNA (Hrsg.), Personalrecht des öffentlichen Dienstes, Bern 1999.

HAENNI PETER

Das öffentliche Dienstrecht der Schweiz. Dargestellt anhand der Gerichts- und Verwaltungspraxis in Bund und Kantonen. Eine Fallsammlung, Zürich 2002.

HAESLER PHILIPPE

Geltung der Grundrechte für öffentliche Unternehmen, Diss. Bern 2005.

HAHN OLIVIER

Auswirkungen der europäischen Regelungen zur Altersdiskriminierung im deutschen Arbeitsrecht. Mit rechtsvergleichenden Hinweisen zum U.S.-amerikanischen Recht, Baden-Baden 2006.

HAILBRONNER KAY

Freizügigkeit nach EU-Recht und dem bilateralen Abkommen mit der Schweiz über die Freizügigkeit von Personen, in: EuZ 2003, S. 48,

HAKENBERG WALTRAUT, SEYR SIBYLLE

Gemeinschaftsrecht und Privatrecht – Zur Rechtsprechung des EuGH im Jahre 2003, ZEuP 2004.

HALLER WALTER

Art. 113 BV, in: AUBERT/EICHENBERGER/MÜLLER/RHINOW/SCHINDLER (Hrsg.), Commentaire de la Constitution de la Confédération suisse du 29 mai 1874, Basel 1987-1995.

HANAU HANS

Der Grundsatz der Verhältnismässigkeit als Schranke privater Gestaltungsmacht, Tübingen 2003.

HANAU PETER, STEINMEYER HEINZ-DIETRICH, WANK ROLF

Handbuch des europäischen Arbeits- und Sozialrechts, München 2002.

HANGARTNER IVO

- Art. 5 BV, in: Ehrenzeller/Mastronardi/Schweizer/Vallender (Hrsg.), St. Galler Kommentar zur Bundesverfassung, Sankt Gallen 2002, S. 48-66 (zit.: N zu Art.),
- Art. 191 BV, in: Ehrenzeller/Mastronardi/Schweizer/Vallender (Hrsg.), St. Galler Kommentar zur Bundesverfassung, Sankt Gallen 2002, S. 1927-1940 (zit.: N zu Art.),
- Diskriminierung, ein neuer verfassungsrechtlicher Begriff, ZSR, 1. Heft. I. Halbband, 2003, S. 97 ff. (zit.: Diskriminierung),
- Der Grundsatz der Nichtdiskriminierung wegen der Staatsangehörigkeit im Freizügigkeitsabkommen der Schweiz mit der Europäischen Gemeinschaft, AJP 2003, S. 257-269 (zit.: Freizügigkeitsabkommen),
- Besprechung BGE 129 III 35, AJP 2003, S. 690 ff. (zit.: BGE 129 III 35),
- Unmittelbare Anwendbarkeit völker- und verfassungsrechtlicher Normen, ZSR 126 (2007), I, Heft 2, S. 137 – 158 (zit.: Anwendbarkeit),
- Besprechung BGE 131 II 361, AJP 2006, S. 1414 (zit: Besprechung).

HANGARTNER IVO, KLEY ANDREAS

Die demokratischen Rechte im Bund und Kantonen der Schweizerischen Eidgenossenschaft, Zürich 2000.

HARATSCH ANDREAS

Allgemeine Handlungsfreiheit, in: HESELHAUS/NOWAK, Handbuch der Europäischen Grundrechte, München, 2006, S. 558-573.

HARRIS DAVID JOHN, O'BOYLE MICHAEL, WABRICK COLIN

Law of the European Convention on Human Rights, London 1995.

HARTWIG MATTHIAS

Der Gleichheitssatz und die Universalisierung der Menschenrechte, in: WOLFRUM (Hrsg.), Gleichheit und Nichtdiskriminierung im nationalen und internationalen Menschenrechtsschutz, Berlin, Heidelberg, New York 2003, S. 273-288.

HAUSAMMANN CHRISTINA

Menschenrechte – Impulse für die Gleichstellung von Frau und Mann in der Schweiz, Basel, Genf, München 2002.

HAUSAMMANN CHRISTINA, SCHLÄPPI ERIKA

Menschenrechte sind Frauenrechte: Das UNO-Übereinkommen zur Beseitigung jeder Form von Diskriminierung der Frau und seine Bedeutung für die Schweiz, AJP 1995, S. 32-46.

HAUSHEER HEINZ, AEBI-MÜLLER REGINA

Das Personenrecht des Schweizerischen Zivilgesetzbuches, Bern 1999.

HAUSHEER HEINZ, JAUN MANUEL

Die Einleitungstitel des Schweizerischen Zivilgesetzbuches, Bern 2003.

HEINZE ERIC

The logic of equaliy: A formal Analysis of Non-Discrimination Law, London 2003.

HEIZ ROMAN

Das Arbeitsverhältnis im Konzern, Bern 2004.

HELBING GIANFRANCO

Das völkerrechtliche Verbot der Geschlechterdiskriminierung in einem plurikulturellen Kontext. Das Beispiel des Schutzes der Menschenrechte muslimer Frauen in westlichen Ländern, Diss. Zürich 1999.

HELBLING PETER

– Entwicklungen im Personalrecht des Bundes- Anmerkungen zum Bundespersonalgesetz (BPG), in: HELBLING/ POLEDNA (Hrsg.), Personalrecht des öffentlichen Dienstes, Bern 1999, S. 1 ff. (zit.: Personalrecht),
– Der öffentliche Dienst auf dem Weg ins OR, AJP 2004, S. 242-252 (zit.: Dienst).

HEPPLE BOB

Labour Laws and Global Trade, Oxford, Portland 2005.

HERDEGEN MATTHIAS

Europarecht, 9. Auflage, München 2007.

HERINGA AALT-WILLEM

International and national legal instruments, in: Gerards/Heringa/Janssen (Hrsg.), Genetic Discrimination and Genetic Privacy in a Comparative Perspective, Antwerpen, Oxford, New York 2005, S. 27–45.

HERINGA AALT WILHELM, VAN HOOF FRIED

Prohibition of Discrimination (Art. 14), in: Van Dijk/Von Hoof/Van Rijn/Zwaak (Hrsg.), Theory and Practice of the European Convention on Human Rights, 4. Auflage, Antwerpen, Oxford 2006, S. 1027-1051.

HERINGA AALT WILHELM, ZWAAK LEO

Right to respect for privacy (Art. 8), in : Van Dijk/Von Hoof/Van Rijn/Zwaak (Hrsg.), Theory and Practice of the European Convention on Human Rights, 4. Auflage, Antwerpen, Oxford 2006, S. 664-750.

HERRMANN CHRISTOPH

Richtlinienumsetzung durch die Rechtsprechung, Berlin 2003, zugleich Diss. Bayreut 2002/2003.

HESELHAUS SEBASTIAN

Grundrechtsschutz im Europäischen Verfassungsrecht, Verhältnis zu wetieren internationalen Menschenrechtsverbürgungen, in: HESELHAUS/ NOWAK (Hrsg.), Handbuch der Europäischen Grundrechte, München, Wien, Bern, 2006.

HETMEIER HEINZ

Kommentar zu Art. 249 EGV, in: LENZ/BORCHARD (Hrsg.), EU- und EG-Vertrag, Kommentar, 3. Auflage, Köln, Basel, Genf, München, Wien 2003.

HILBRANDT CHRISTIAN

Arbeitsrechtliche Freiheiten, in: HESELHAUS/NOWAK (Hrsg.), Handbuch der Europäischen Grundrechte, München, Wien, Bern 2009.

HEUSSER PIERRE

Gesundheitsfragen in Versicherungsformularen anlässlich des Stellenantrittes – Rechtliche Probleme für Arbeitssuchende mit HIV und anderen vorbestehenden chronischen Krankheiten, AJP 2002, S. 1278 – 1286.

HÖLSCHEIDT SVEN

Kommentar zu Art. 20 in: MEYER JÜRGEN (Hrsg.), Kommentar zur Charta der Grundrechtscharta der euroäischen Union, Baden-Baden 2003.

HOEHN ERNST

– Praktische Methodik der Gesetzesauslegung, Zürich 1993 (zit.: Methodik),
– Die Bedeutung der Verfassung für die Auslegung der Gesetze (zit: Bedeutung).

HOEL H., COOPER C.L.

Destructive Conflict and Bullying at Work, Institute of Science and technology, Manchester 2000.

HOEPFLINGER FRANÇOIS

Demografische Alterung und Erwerbsbeteiligung älterer Arbeitskräfte in der Schweiz, in: Clemens Wolfgang/Höpflinger François/Winkler Ruedi (Hrsg.): Arbeit in späteren Lebensphasen. Sackgassen, Perspektiven, Visionen, Haupt Verlag, Bern 2005, S. 15-35.

HÖEPFLINGER FRANÇOIS, STUCKELBERGER ASTRID

Alter, Zusammenfassung der Hauptergebnisse aus dem Nationalen Forschungsprogramm 32, Bern 1999.

HOFER SIBYLLE

Freiheit ohne Grenzen?, Tübingen 2001.

HOFMANN DAVID

La clause du besoin pour les médecins et la Constitution fédérale, AJP 2003 S. 789 ff.

HOLOUBEK MICHAEL

Kommentar zu Art. 13 EGV, in: Schwarze (Hrsg.), EU-Kommentar, Baden-Baden 2000.

HONEGGER ZOE

Die unmittelbare Drittwirkung der Grundfreiheiten, jus.full 6/2005, S. 254 ff.

HONSELL HEINRICH

- Kommentierung von Art. 1-4 ZGB, in: Honsell/Vogt/Geiser (Hrsg.), Basler Kommentar zum Schweizerischen Privatrecht, Art. 1-456 ZGB, 3. Auflage, Basel, Genf, München 2006 (zit.: N zu Art.),
- Die Zukunft des Privatrechts, ZSR 126 (2007) I, Heft 3, S. 219 ff. (zit.: Zukunft).

HOLZER EDGAR

Die Ermittlung der innerstaatlichen Anwendbarkeit völkerrechtlicher Vertragsbestimmungen, Diss. Bern 1998.

HUBER HANS

Das Menschenbild des Rechts, in: EICHENBERGER ET. AL. (Hrsg.), Rechtstheorie – Verfassungsrecht- Völkerrecht, Ausgewählte Aufsätze von Hans Huber (1950-1979), Bern 1971, S. 79-95.

HUBER, ERNST RUDOLF

Die verfassungsrechtliche Bedeutung der Vertragsfreiheit, Berlin 1966 (zit.: Huber E.R).

HUBER GERHARD

Der fachliche weisungsfreie Arbeitnehmer. Das Direktionsrecht des Arbeitgebers unter besonderer Berücksichtigung fachlicher Weisungsfreiheit, Zürich 1975 (zit.: Huber G.)

HÜRLIMANN BRIGITTE

Prostitution – ihre Regelung im schweizerischen Recht und die Frage der Sittenwidrigkeit, Freiburg 2004.

LXXVII

HUWILER BRUNO

Aequitas und bona fides als Faktoren der Rechtsverwirklichung: Zur Gesetzgebungsgeschichte des Rechtsmissbrauchsverbotes (Art. 2 Abs. 2 ZGB), ZSR-Beiheft 16, Basel 1994, S. 57 ff.

HUMBERT DENIS

Der neue Kündigungsschutz im Arbeitsrecht, Diss. Zürich 1991.

HUSMANN MANFRED

Die EG-Gleichbehandlungs-Richtlinien 2000/2002 und ihre Umsetzung in das deutsche, englische und französische Recht, in: Zesar 4/2005, S. 167 ff.

HUGUENIN CLAIRE

- Obligationenrecht Allgemeiner Teil, 2. Auflage, Zürich 2006 (zit.: Obligationenrecht)
- Kommentar zu Art. 27 ZGB, in: HONSELL/VOGT/GEISER (Hrsg.), Kommentar zum schweizerischen Privatrecht, ZGB I, 3. Auflage, Basel, Genf, München 2006 (zit.: N zu Art.)

IKEN JAN-GERRIT

Personenfreizügigkeit: Tendenzen und Entwicklungen in den Rechtskreisen der Schweiz und der EU, Diss. Zürich 2002.

IMHOF EDGAR

- Das bilaterale Abkommen über den freien Personenverkehr und die Soziale Sicherheit, SZS 44/2000, S. 22-55 (zit.: bilaterale Abkommen),
- Die Bedeutung menschenrechtlicher Diskriminierungsverbote für die Soziale Sicherheit, in: Jusletter 2. Februar 2005 (zit.: Diskriminierungsverbote),
- Schweizerische Leistungen bei Mutterschaft und FZA/Europarecht, in: GÄCHTER (Hrsg.), Das europäische Koordinationsrecht der sozialen Sicherheit und die Schweiz – Erfahrungen und Perspektiven, Zürich 2006, S. 87-222 (zit.: Mutterschaft),
- Sozialrechtliche Gleichbehandlungsgebote und Rentenexportgebote in den Übereinkommen der Internationalen Arbeitsorganisation und des Europarates, in: Jusletter 22. Mai 2005 (zit.: Sozialrechtliche Gleichbehandlungsgebote),
- Internationalrechtliche und landesrechtliche Ansatzpunkte zur Kritik gewisser Bestimmungen der 5. IV-Revision, in: Jusletter vom 24. Oktober 2005 (zit.: Internationalrechtliche Kritik),

- Das Freizügigkeitsabkommen EG-Schweiz und seine Auslegungsmethode (Teile 1 und 2), ZESAR 5/07 und 6/2007, S. 155 ff. und S. 217-229, zit: Freizgügigkeitsabkommen),
- Das Freizügigkeitsabkommen EG – Schweiz und seine Auslegungsmethode: Ist das Beschränkungsverbot in seinem Rahmen anwendbar?, ZESAR 10/2008, S. 425 – 435 (zit.: Beschränkungsverbot),
- Der Europäisierte Arbeitsvertrag, in: WERRO (Hrsg.), L'Européanisation du droit privé? – Vers un code civil européen?, Fribourg 1998, S. 329 ff. (zit: Arbeitsvertrag).

INTERNATIONAL LABOUR ORGANIZATION (ILO)

- Special national procedures concerning non-discrimination in employment (with particular reference to the private sector); a practical guide, 1973 (zit.: private sector),
- Report of the Committee of Experts on the Application of Conventions and Recommendations, ILO 74th Session, 1977, Report III (Part 1A), Genf 1977 (zit.: Report 1977),
- Equal remuneration: General survey of the Reports on the Equal Remuneration Convention (No. 100, 1951) and Recommendation (No. 90, 1951), Report III (4B), International Labour Conference, 72nd Session, Genf 1986 (zit.: General survey 1986),
- Equality in employment and occupation, General Survey of the Reports on the Discrimination (Employment and Occupation) Convention (No. 111) and Recommendation (No. 111), 1958, ILC, 75th Session, 1988, Report III (Part 4B) (zit.: General survey 1988),
- Report of the Committee of Experts on the Application of Conventions and Recommendations, 78th Session, Report III (zit.: Report 1991),
- Individual Observations concerning Convention No. 111, Discrimination (Employment and Occupation), 1958, Switzerland (CEACR), 1991, 1993, 1996, 2003 (zit.: CEACR Switzerland),
- Equality in employment and occupation, Special Survey on equality in employment and occupation in respect of Convention 111, ILC, 83rd Session, 1996, Report III (Part 4B), S. 18-22 (zit.: Special survey 1996),
- Protection of workers personal data, an ILO Code of praxis, 1997 (zit.: personal data),
- Report of the Committee of Experts on the Application of Convention and Recommendations, ILC, 89th Session, 2001, Report III (Part 1A), Genf 2001 (zit.: Report 2001),

- Report of the Committee of Experts on the Application of Convention and Recommendations, ILC, 90th Session, 2002, Report III (Part 1A), Genf 2002 (zit.: Report 2002),
- Time for equality at Work, global report under the Follow-up to the ILO Declaration on Fundamental Principles and Rights at Work, Internaternational Labour Conference, 91st. Session 2003, Genf 2003 (zit.: Global report 2003),
- Equality at work: Tackling the Challenges, Global report under the follow up to the ILO-Declaration on Fundamental Principles and Rights at Work, Genf 2007 (zit.: Global report 2007).

IPSEN KNUT

Völkerrecht, 5. Auflage, München 2004.

JAAG TOBIAS

Institutionen und Verfahren, in: THÜRER/WEBER/ZÄCH (HRSG.), Bilaterale Verträge Schweiz-EG, Zürich 2002, S. 44 ff.

JAAG TOBIAS, MÜLLER GEORG, TSCHANNEN PIERRE, ZIMMERLI URLICH

Ausgewählte Gebiete des Bundesverwaltungsrechts, 2. überarb. Auflage, Basel 2006.

JÄGGI PETER

Bemerkungen zum Fall Seelig, SJZ 50/1954 S. 353 ff.

JAECKEL LIV

Schutzpflichten im deutschen und europäischen Recht. Eine Untersuchung der deutschen Grundrechte, der Menschenrechte und Grundfreiheiten der EMRK sowie der Grundrechte und Grundfreiheiten der Europäischen Gemeinschaft, Baden-Baden 2001, zugleich Diss. Leipzig 2000.

JAENICKE GÜNTHER

Der Begriff der Diskriminierung im modernen Völkerrecht, Berlin 1940.

JAENSCH MICHAEL

Die unmittelbare Drittwirkung der Grundfreiheiten, Untersuchung der Verpflichtung von Privatpersonen durch Art. 30, 48, 52, 59, 73b EGV, Baden-Baden 1997.

JAUN MANUEL

Diskriminierungsschutz durch Privatrecht – Die Schweiz im Schatten der europäischen Rechtsentwicklung, ZBJV 8/2007, S. 457 ff.

JESTAEDT MATTHIAS

Diskriminierungsschutz und Privatautonomie, VVDStR 64 (2004), S. 298 ff.

JHERING RUDOLF

Culpa in Contrahendo oder Schadenersatz bei nichtigen oder nicht zur Perfection gelangten Verträgen, in: Gesammelte Aufsätze aus den Jahrbüchern für die Dogmatik des heutigen römischen und deutschen Privatrechts, Bd. 1, Jena 1881, S. 327 ff.

JOSEFH SARAH, SCHULTZ JENNY, CASTAN MELISSA

The International Covenant on Civil and Political Rights, Second Edition, Oxford 2004.

JUNKER ABBO, ZÖLTSCH CHRISTIANA

Europäisches Arbeitsrecht 2006/2007, Recht der Internationalen Wirtschaft 12/2007, S. 881 ff.

KADDOUS CHRISTINE, TOBLER CHRISTA

Europarecht: Schweiz-Europäische Union, in: SZIER 2005, S. 611-640.

KÄGI-DIENER REGULA

– Von Olympe de Gouges zum UNO-Übereinkommen gegen jede Form der Diskriminierung der Frau, in: VEREIN PRO FRI – SCHWEIZERISCHES FEMINISTISCHES RECHTSINSTITUT (Hrsg.), Recht Richtung Frauen, Lachen, St. Gallen 2001, S. 239-265 (zit.: Diskriminierung),

– Neue Modelle in der Beruflichen Vorsorge – und die Gleichstellung von Mann und Frau?, in: AJP 2003, S. 1011-1016 (zit.: Neue Modelle),

– Zum Urteil des Bundesgerichts betreffend Erwerbsquoten (BGE 131 II 361) i.S. *Balmelli* und zu dessen Besprechung durch YVO HANGARTNER in AJP/PJA 2005, 1414 (zit.: Besprechung),

– Impulse des CEDAW-Übereinkommens für die Gleichstellung im Erwerbsleben inbesondere in der Quotenfrage, AJP 2006, S. 1451 – 1463 (zit.: Impulse).

KÄLIN WALTER
- Das Verfahren der staatsrechtlichen Beschwerde, 2. vollständig überarbeitete und ergänzte Auflage, Bern 1994 (zit.: Verfahren),
- Grundrechte im Kulturkonflikt, Zürich 2000 (zit.: Kulturkonflikt),
- Der Geltungsgrund des Grundsatzes «Völkerrecht bricht Landesrecht», in: Die schweizerische Rechtsordnung in ihren internationalen Bezügen, Festgabe zum schweizerischen Juristentag 1988, S. 45 ff. (zit.: Geltungsgrund).

KÄLIN WALTER, MALINVERNI GIORGIO, NOWAK MANFRED

Die Schweiz und die UNO-Menschenrechtspakte – zweite, stark erweiterte Auflage, Basel, Frankfurt, Brüssel 1997.

KAUFMANN CLAUDIA
- Hintergrund und Entstehung des Gesetzes, in: BIGLER-EGGENBERGER / KAUFMANN (Hrsg.), Kommentar zum Gleichstellungsgesetz, Basel und Frankfurt am Main 1997, S. 1-31 (zit.: Hintergrund),
- Art. 1 Gleichstellungsgesetz, in: BIGLER-EGGENBERGER / KAUFMANN (Hrsg.), Kommentar zum Gleichstellungsgesetz, Basel und Frankfurt am Main 1997, 32 ff. (zit: N zu Art. 1 GlG).

KAUFMANN CHRISTINE

Globalisation and Labour Rights, Portland 2007 (zit.: Kaufmann Ch.)

KEILICH JOCHEN A.

Die Auswirkungen der Grundrechte/Menschenrechte für das Arbeitsrecht in Deutschland und England, Hamburg 2004.

KELLER HELEN

Rezeption des Völkerrechts, Berlin, Heidelberg, New York 2003.

KELLER MAX / SCHÖBI CHRISTIAN

Allgemeine Lehren des Vertragsrechts, 3. Auflage, Basel 1988.

KELLER MAX/GABI SONJA

Das Schweizerische Schuldrecht, Bd. II: Haftpflichtrecht, 2. Aufl., Basel/Frankfurt a.M. 1988, S. 37 ff.

KELLERSON H. HILARY

The ILO-Declaration of 1998 on Fundamental Principles and Rights: A Challenge for the Future, in: International Labour Review, Vol. 137, Nr. 2, Geneva 1998, S. 223- 227.

KENNER JEFF

- EU-Employment Law – From Rome to Amsterdam and beyond, Oxford und Portland, 2003 (zit.: Law),
- Economic and Social Rights in the EU Legal Order: The Mirage of indivisiblitiy, S. 1 ff. (zit.: Economic).

KIENER ALAIN

Mobbing und andere psychosoziale Spannungen am Arbeitsplatz in der Schweiz, Staatssekretariat für Wirtschaft (seco), Bern 2002.

KIENER REGINA, KÄLIN WALTER

Grundrechte, Bern 2007.

KIESER UELI

- ATSG-Kommentar – Kommentar zum Bundesgesetz über den Allgemeinen Teil des Sozialversicherungsrechts vom 6. Oktober 2000, Zürich 2003 (zit.: ATSG-Kommentar),
- Schweizerisches Sozialversicherungsrecht, Zürich, St.Gallen 2008 (zit.: Sozialversicherungsrecht).

KINGREEN THORSTEN

- Die Struktur der Grundfreiheiten des Gemeinschaftsrechts, Berlin 1999 (zit. Struktur),
- Kommentar zu Art. 6 Abs. 2 EUV, in: CALLIESS/RUFFERT (Hrsg.), Kommentar zu EU-Vertrag und EG-Vertrag, 3. Auflage, Neuwied, Kriftel, 2007,
- Kommentar zu Art. 51 GRC in: CALLIESS/RUFFERT (Hrsg.), Kommentar zu EU-Vertrag und EG-Vertrag, 3. Auflage, Neuwied, Kriftel 2007,
- Gleichheitsgrundrechte und soziale Rechte, in: EHLERS DIRK (Hrsg.), Europäische Grundrechte und Grundfreiheiten, Berlin, New York 2005, S. 479 ff. (zit: Gleichheitsgrundrechte).

KIRGIS FREDERIC L.

Specialized Law-Making Processes, in: SCHACHTER/JOYNER (Hrsg.), United Nationals Legal Ordner, Vol. 1 Cambringe 1995, S. 109 ff.

KISCHEL UWE

Zur Dogmatik des Gleichheitssatzes in der Europäischen Union, EuGRZ, 1997, S. 1-11.

KITTNER, MICHAEL, THOMAS C. KOHLER

Kündigungsschutzrecht in den USA und Deutschland unter Berücksichtigung ökonomischer Aspekte, in: Betriebsberater 2000, Beilage zu Heft 13.

KLEIN ECKART

- General Comments, Zu einem eher unbekannten Instrument des Menschenrechtsschutzes, in: IPSEN/SCHMIDT-JORTZIG (Hrsg.), Recht – Staat – Gemeinwohl. Festschrift für Dietrich Rauschning, Köln 2001, S. 301-311 (zit.: general comments),

- Die Allgemeinen Bemerkungen und Empfehlungen der VN-Organe, in: DEUTSCHES INSTITUT FÜR MENSCHENRECHTE, Die «General Comments» zu den VN-Menschenrechtsverträgen, Deutsche Übersetzung und Kurzeinführungen, Baden-Baden 2005, S. 19-32 (zit.: Allgemeine Bemerkungen).

KLETT KATHRIN

- Inspiration des Bundesgerichts durch das EU-Recht im Bereich der Gleichstellung der Geschlechter, in: EPINEY/VON DANCKELMANN (Hrsg.), Gleichstellung von Frauen und Männern in der Schweiz und in der EU, Zürich 2004 (Inspiration),

- Vertragsfreiheit und Kontrahierungszwang, BJM 2005, S. 161 ff. (zit.: Vertragsfreiheit).

KLEY ANDREAS

Drittwirkung der Grundrechte im Arbeitsverhältnis, in: GEISER/ SCHMID/WALTER-BUSCH (Hrsg.), Arbeit in der Schweiz des 20. Jahrhunderts – Wirtschaftliche, rechtliche und soziale Perspektiven, Bern 1998, S. 433-355.

KNEUBÜHLER HELEN

Die Schweiz als Mitglied der Internationalen Arbeitsorganisation, Diss. Zürich 1982.

KLOTZ VALENTIN

Das Aufsichtssystem der internationalen Arbeitsorganisation, in: DuR 1986, S. 409-421.

KLUTH WINFRIED

Die Bindung privater Wirtschaftsteilnehmer an die Grundfreiheiten des EG-Vertrag, in: AöR 1997, S. 557 - 582.

KOEBLER GERHARD

Etymologisches Wörterbuch, Tübingen 1995.

KOERBER TORSTEN

Innerstaatliche Anwendung und Drittwirkung der Grundfreiheiten, EuR 2000, S. 932.

KOENIG DORIS, PETERS ANNE

Das Diskriminierungsverbot, in: GROTE/MARAUHN (Hrsg.), EMRK/GG, Konkordanzkommentar, Tübingen 2006, S. 1114-1222.

KOKOTT JULIANE, EGLI PATRICIA

Rechtsfragen zu positiven Massnahmen in Staat und Unternehmen, AJP 2000, S. 1485 ff.

KOLLER ALFRED

Schweizerisches Obligationenrecht, Allgemeiner Teil – Grundlagen des Obligationenrechts – Entstehung der Obligation, Bern 2006.

KRAMER ERNST A.

Juristische Methodenlehre, 2. Auflage, Bern 2005.

KRAVARITOU YOTA

Equality between men and women, in: BERCUSSION (Hrsg.), European Labour Law and the EU-Charter of Fundamental Rights, Baden-Baden 2006, S. 220 ff.

KREBBER SEBASTIAN

Kommentar zu Art. 141 EGV, in: CALLIESS/RUFFERT (Hrsg.), Kommentar zu EU-Vertrag und EG-Vertrag, 3. Auflage, Niewied, Kriftel 2007, S. 1645 ff.

KRIEGER HEIKE, FUNKTION VON GRUND- UND MENSCHENRECHTEN

in: GROTE/MARAUHN (Hrsg.), EMRK/GG, Konkordanzkommentar, Tübingen 2006, S. 266-332.

KRIMPHOVE DIETER

Europäisches Arbeitsrecht, 2. Auflage, München 2001.

KÜNNEMANN ROLF

A coherent Approach to Human Rights, HRQ 1995, 223 ff.

KÜNZLI JÖRG

- Zwischen Rigidität und Flexibilität: Der Verpflichtungsgrad internationaler Menschenrechte – Ein Beitrag zum Zusammenspiel von Menschenrechten, humanitärem Völkerrecht und dem Recht der Staatenverantwortlichkeit, Berlin 2001, zugleich Diss., Bern 1999 (zit.: Verpflichtungsgrad),
- Soziale Menschenrechte: Blosse Gesetzgebungsaufträge oder individuelle Rechtsansprüche?, Überlegungen zur direkten Anwendbarkeit des UNO-Sozialpaktes in der Schweiz, AJP 1996, S. 527 ff. (zit.: Menschenrechte).

KÜNZLI JÖRG, KÄLIN WALTER

Die Bedeutung des UNO-Paktes über wirtschaftliche, soziale und kulturelle Rechte für das schweizerische Recht, in: Kälin/Malinverni/Nowak (Hrsg.), Die Schweiz und die UNO-Menschenrechtspakte, 2. Auflage, Basel und Frankfurt am Main 1997, S. 105-154.

KUMMER PIERRE

Umsetzungsanforderungen der neuen arbeitsrechtlichen Antidiskriminierungsrichtlinie (RL 2000/78/EG), Frankfurt/M., Berlin, Bern, Bruxelles, New York, Oxford, Wien 2003.

KUSTER ZÜRCHER SUSANNE

Streik und Aussperrung – Vom Verbot zum Recht – Das Recht auf Streik und Aussperrung nach Art. 28 Abs. 2-4 BV, Diss. Zürich 2003.

LADEUR KARL HEINZ

The German Proposal of an «Anti-Discrimination»-Law: Anticonstitutional and Anti-Common Sense, The German Law Journal Nr. 5/2002.

LANDOLT HARDY

Die Grundrechtshaftung für grundrechtswidriges Verhalten unter besonderer Berücksichtigung der Rechtsgleichheitsgarantie (Art. 8 BV), AJP 2005, S. 379-412.

LANGENFELD CHRISTINE

Der EuGh als Motor für die Gleichberechtigung von Mann und Frau in Europa?, in: ZIMMERMANN/GIEGERICH, Gender und Internationales Recht, Berlin 2007.

LANGER ROSE

Art. 39-42 EG – Die Arbeitskräfte, in: FUCHS (Hrsg.), Europäisches Sozialrecht, BadenBaden, Basel, Wien 2005, S. 43 ff.

LANZ RAPHAEL

Die wirtschaftliche Betrachtungsweise im schweizerischen Privatrecht, Diss. Bern 2001.

LARSEN STEIN UGELVIK, ZIMMERMANN ECKHART

Theorien und Methoden in den Sozialwissenschaften, Wiesbaden 2004.

LATRAVERSE SOPHIE

Antidiskriminierungsrecht in Frankreich: Eine neue Herausforderung für den Gleichheitssatz, in: RUDOLF/MAHLMANN (Hrsg.), Gleichbehandlungsrecht, Handbuch, Baden-Baden 2007, S. 167-185.

LENZ CARL OTTO

Kommentar zu Art. 13 und 39 EGV, in: Lenz/Borchard, EU- und EG-Vertrag, Kommentar, 3. Auflage, Köln, Basel, Genf, München, Wien 2003

LETSCH THOMAS

Rechtliche Aspekte von Work-Life-Balance, Bern 2008 (zugleich Diss. Zürich 2007).

LEU DANIEL, VON DER CRONE CASPAR

Übermässige Bindung und die guten Sitten. Zum Verhältnis von Art. 27 ZGB und Art. 20 OR. Entscheid des Schweizerischen Bundesgerichts 129 III 209 vom 30. Oktober 2002, SZW 2003, S. 222 ff.

LIEBENBERG SANDRA

The Protection of Economic and Social Rights in Domestic Legal Systems, in: EIDE/KRAUSE/ROSAS (Hrsg.), Economic Rights as Human Rights, a Textbook, 2. überarbeitete Auflage, Dordrecht, Boston, London 2001, S. 55-84.

LIMBACH JUTTA

Das Rechtsverständnis in der Vertragslehre, JuS 1985, Heft 1, S. 10-15.

LINDSCHEIDT ANJA

Antidiskriminierung im Arbeitsrecht, Neue Entwicklungen im Gemeinschaftsrecht auf Grund der Richtlinien 2000/43/EG und 2000/78/EG und ihre Einfügung in das deutsche Gleichbehandlungsrecht, Diss., Köln 2004.

LINK BRUCE, PHELAN JO

Conceptualizing stigma, in: Annual Review of Sociology 85 (2001), S. 363-385.

LIVER PETER

Der gesetzliche Schutz der Persönlichkeit in der Rechtsentwicklung, in: Revue de la Societé des juristes bernois 103/1967, S. 80-85.

LOBINGER THOMAS

Vertragsfreiheit und Diskriminierungsverbote, Privatautonomie im modernen Zivil- und Arbeitsrecht, in: REPGEN/LOBINGER/HENSE, Vertragsfreiheit und Diskriminierung, Berlin 2007, S. 99-180.

LOMBARDI ALDO, THÜRER DANIEL

Kommentar zu Art. 140/141 BV, in: EHRENZELLER/MASTRONARDI/ SCHWEIZER/VALLENDER (Hrsg.), St. Galler Kommentar zur Bundesverfassung, St. Gallen 2002, S. 1479 ff.

LOSER PETER

Die Vertrauenshaftung im schweizerischen Schuldrecht, Bern 2006.

LOTMAR PHILIPP

Der Arbeitsvertrag nach dem Privatrecht des Deutschen Rechts (1902, 1908), 2. Auflage, hrsg. von MANFRED REHBINDER, Schriftenreihe zur Rechtssoziologie und Rechtstatsachenforschung, Bd. 81, 2001.

MC KEAN WARWICK

The Meaning of Discrimination in International and Municipal Law, BYIL 44 (1970), S. 177.

MACKLEM TIMOTHY

Beyond Comparison – Sex and Discrimination, Cambridge 2003.

MACNICOL JOHN

Age Discrimination. An historical and Contemporary Analysis, Cambridge 2006.

MADER LUZIUS

Artikel 170 der Bundesverfassung: Was wurde erreicht, was ist noch zu tun?, LeGes 2005 (1) S. 29-37.

MAEDER CHRISTOPH

Die Durchsetzung des unternehmerischen Selbst und neue Formen sozialer Ausschliessung, in: WOLTRON/KNOFLACHER/ROSIK-KÖBL (Hrsg.), Wege in den Postkapitalismus, Wien 204, S. 228-245.

MAHLMANN MATTHIAS

- Gleichheitsschutz und Privatautonomie – Probleme und Perspektiven der Umsetzung der Richtlinie 2000/43/EG gegen Diskriminierungen aufgrund der Rasse und ethnischer Herkunft, in: ZEuS, Heft 3, 2002, S. 407-425 (zit.: Privatautonomie),
- Gerechtigkeitsfragen im Gemeinschaftsrecht, in: RUST/DÄUBLER/FALKE/ LANGE/PLETT/SCHEIWE/SIEVEKING (Hrsg.): Die Gleichbehandlungsrichtlinien der EU und ihre Umsetzung in Deutschland, Rehburg-Loccum, 2003, S. 47-73 (zit.: Gerechtigkeitsfragen),
- Die Ethik des Gleichbehandlungsrechts, in: MAHLMANN/ RUDOLF (Hrsg.), Gleichbehandlungsrecht, Handbuch, Baden-Baden 2007, S. 23-55, (zit.: Ethik),
- Gleichheitsschutz im Europäischen Rechtskreis, in: MAHLMANN/ RUDOLF (Hrsg.), Gleichbehandlungsrecht, Handbuch, Baden-Baden 2007, S. 87 – 134 (zit.: Gleichheitsschutz).

MAIHOFER ANDREA

Gleichheit nur für Gleiche?, in: UTE et. al (Hrsg.), Differenz und Gleichheit. Menschenrechte haben kein Geschlecht, Frankfurt a.M. 1990, S. 351-365.

MAKKONEN TIMO

Hauptursachen, Formen und Folgen von Diskriminierung, in: INTERNATIONALE ORGANISATION FÜR MIGRATION (Hrsg.), Handbuch zur rechtlichen Bekämpfung von Diskriminierung, Helsinki 2003, S. 8-32.

MALIK MALEIHA

Antidiscrimination Law in Britain, in: Rudolf/Mahlmann (Hrsg.), Gleichbehandlungsrecht, Baden-Baden 2007.

MALINVERNI GIORGIO

Les réserves de la Suisse, in: KÄLIN/MALINVERNI/NOWAK (HRSG.), Die Schweiz und die UNO-Menschenrechtspakte, 2. Auflage, Basel und Frankfurt am Main 1997, S. 83 ff.

MARAU THILO, MELJNIK KONSTANTIN

Privat- und Familienleben, in: GROTE/MARAUHN (HRSG.), EMRK/GG, Konkordanzkommentar, Tübingen 2006, S. 744-816.

MARTENET VINCENT

- La protection contre des discrimination émanant de particuliers, ZSR 125 (2006) I, Heft 4, S. 419-459 (zit.: protection),
- Géométrie de l'égalité, Zürich, Basel, Genf 2003 (zit.: Géométrie).

MARTI ARNOLD

Zürcher Kommentar zum Schweizerischen Zivilgesetzbuch, Band I/1, Art. 1 –7 ZGB, 3. Auflage, Zürich 1998.

MASTRONARDI PHILIPPE

Menschenwürde als materielle «Grundnorm» des Rechtsstaates, in: THÜRER/AUBERT/MÜLLER, Bern 2001, S. 233-247.

MAYR KLAUS

Besser mit Berufserfahrung? (B.F.Cadman ./. Health & Safety Executive, EuGH vom 3. Oktober 2006, C-17/05, European Law Reporter, S. 512 ff.

MEDER STEPHAN

Rezension «Allgemeine Rechtslehre als juristische Strukturtheorie, Entwicklung und gegenwärtige Bedeutung der Rechtstheorie um 1900, Tübingen 2004 (Funke Andreas), Zeitschrift der Savigny-Stiftung für Rechtsgeschichte (Germanistische Abteilung)123, 2006, S. 655 f.

MEIER-SCHATZ CHRISTIAN

- Art. 110 BV, in: EHRENZELLER/MASTRONARDI/SCHWEIZER/VALLENDER (Hrsg.), St. Galler Kommentar zur Bundesverfassung, Sankt Gallen 2002, S. 1148 – 1160 (zit.: N zu Art.),
- Über Entwicklung, Begriff und Aufgaben des Wirtschaftsrechts, in: ZSR 1982 I 267 ff. (zit. Wirtschaftsrecht).

MERZ HANS

- Privatautonomie heute – Grundsatz und Rechtswirklichkeit, Karlsruhe 1970 (zit.: Privatautonomie),
- Berner Kommentar zu Art. 2 ZGB, Bern 1966 (zit: N zu Art. 2 ZGB),
- Vertrag und Vertragsabschluss, Freiburg 1988 (zit.: Vertrag).

MEIER KURT

Arbeitsrecht, in: GYSIN/SCHUHMACHER/STREBEL (Hrsg.), 96 Jahre ZGB, Zürich 2003.

MEYER-LADEWIG

Europäische Menschenrechtskonvention, 2. Auflage, Baden-Baden 2006.

METZGER AXEL

Extra legem, intra jus: Allgemeine Rechtsgrundsätze im Europäischen Privarecht, Tübingen 2008.

MEYER MICHAEL

Das Diskriminierungsverbot des Gemeinschaftsrechts als Grundsatznorm und Gleichheitsrecht, Frankfurt am Main, Berlin, Bern, Bruexelles, New York, Oxford, Wein 2002 (zit.: MEYER).

MEYER DANIEL

Der Gleichbehandlungsgrundsatz im schweizerischen Arbeitsrecht, Diss. Bern 1976 (zit.: MEYER D.).

MICHEL MATTHIAS

Beamtenstatus im Wandel. Vom Amtsdauersystem zum öffentlichrechtlichen Gesamtarbeitsvertrag, Zürich 1998.

MJÖLL ARNARDOTTIR ODDNY

Equality and Non-Discrimination under the European Convention on Human Rights, The Hague, London, New York 2003.

MNOW MARTHA

Making All the difference, Exclusion, Inclusion and American Law, London, Ithaka 1991.

MOHR JOCHEN

Schutz vor Diskriminierungen im Europäischen Arbeitsrecht – Die Rahmenrichtlinie 2000/78/EG vom 27. November 2000 – Religion, Weltanschaung, Behinderung, Alter oder sexuelle Ausrichtung, Berlin 2004.

MOLO ROMOLO

Die Gewerkschaftsrechte gehören zu den Menschenrechten, in: Plädoyer 1/2005, S. 32-33.

MOONEY-COTTER, ANNE-MARIE

>This Ability. An International Legal Analysis of Disability Discrimination, Burlington 2007.

MORHARD TILO

>Die Rechtsnatur der Übereinkommen der Internationalen Arbeitsorganisation. Zugleich ein Beitrag zur Lehre vom «soft Law», Schriften zum Staats- und Völkerrecht, Bd. 25, Frankfurt am Main 1998.

MORAND CHARLES-ALBERT

>Le droit de grève dans tous ses états, in: Mélanges Alexandre Berenstein, Lausanne 1989, S. 45-69.

MOSIMANN HANS-JAKOB

>Arbeitsrechtliche Minimal Standarts für die öffentliche Hand, ZBl 99/1997, S. 449 ff.

MÜHL AXEL

>Diskriminierung und Beschränkung. Grundansätze einer einheitlichen Dogmatik der wirtschaftlichen Grundfreiheiten des EG-Vertrages, Berlin 2004.

MÜLLER FRIEDRICH, CHRISTENSEN RALPH

>Juristische Methodik, Band I – Grundlagen Öffentliches Recht, neunte neu bearbeitete und stark erweiterte Auflage, Berlin 2004.

MÜLLER GEORG

>Gleichbehandlung der Geschlechter und Vertragsfreihcit bei der Bemessung der Prämien für Krankenversicherung, in: EHRENZELLER/ MASTRONARDI /SCHAFFHAUSER/SCHWEIZER/VALLENDER (Hrsg.), Der Verfassungsstaat vor neuen Herausforderungen, St. Gallen, Lachen 1998, S. 627 ff. (zit.: Müller G.).

MÜLLER JÖRG PAUL

- Elemente einer schweizerischen Grundrechtstheorie, Bern 1982 (zit.: Elemente),
- Verfassung und Privatrecht: Die Grundrechte der Verfassung und der Persönlichkeitsschutz des Privatrechts, Diss., ASR NF, Band 360, Bern 1964 (zit.: Privatrecht),
- Grundrechte in der Schweiz – im Rahmen der Bundesverfassung von 1999, der UNO-Pakte und der EMRK, 3. Auflage, Bern 1999 (zit.: Grundrechte),

- Die Diskriminierungsverbote nach Art. 8 Abs. 2 der neuen Bundesverfassung, in: ZIMMERLI, Die neue Bundesverfassung, Bern 2000, S. 103-130 (zit.: Diskriminierungsverbote),
- Allgemeine Bemerkungen zu den Grundrechten, in: THÜRER/AUBERT/ MÜLLER, Bern 2001, S. 621-646 (zit.: Bemerkungen),
- Juristische Methodenlehre in der rechtsstaatlichen Demokratie, in: PETERS/SCHEFER (Hrsg.), Grundprobleme der Auslegung aus Sicht des öffentlichen Rechts, Symposium zum 60. Geburtstag von René Rhnow, Bern 2004, S. 53 ff. (zit.: Methodenlehre).

MÜLLER JÖRG PAUL, WILDHABER LUZIUS

Praxis des Völkerrechts, 3. Auflage, Bern 2001.

MURER ERWIN

Wohnen, Arbeit, Soziale Sicherheit, in: THÜRER/AUBERT//MÜLLER (Hrsg.), Bern 2001, S. 967-987.

NAGUIB TAREK

- Monitoring der Wirksamkeit des Rechts, Tangram20, 12/2007, S. 98 – 102 (zit.: Monitoring),
- Die Schweiz ist zur Beobachtung von Rassismus verpflichtet, Tangram20, 12/2007, S. 31-21 (zit.: Rassismus).

NAGUIB TAREK, ZANNOL FABIENNE

Zehn Jahre Strafnorm gegen Rassendiskriminierung (Art. 261bis StGB, Art. 171c MStG) : ein Rückblick unter Einbeziehung der nicht publizierten Praxis, Recht, Zeitschrift für juristische Ausbildung und Praxis, 24(2006), H. 5., S. 161-179.

NAUCK BERNHARD

Diskriminierung, in: ENDRUWEI /TROMMESDORFF (Hrsg.), Wörterbuch der Soziologie, 2. völlig neu bearbeitete und erweiterte Auflage, Stuttgart 2002.

N'DIAYE MOMAR

Annual Review and the promotion of the 1998 ILO Declaration on Fundamental Principles and Rights at Work: Developments and initial impact assessment, in: JAVILLIER/GERNIGON (Hrsg.), Les normes internationales du travail: un patrimoine pour l'avenir, Mélanges en l'honneur de Nicolas Valticos, Genf 2004, S. 411 ff.

NEBIKER-PEDROTTI PIA, KELLER ULRICH, ISELIN HANS-ULRICH, RUIZ JUAN, PÄRLI KURT, CAPLAZI ALEXANDRA, PUDER JARDENA J.

Discrimination of diabetic subjects in the workplace and in work-related insurances in Switzerland, Swiss Medical Week 2009, S.103-109.

NEISSER HEINRICH

Der Schutz der Menschenrechte in der Europäischen Union, Die Union (Vierteljahreszeitschrift für Integrationsfragen), 1/00.

NEUNER JÖRG

Diskriminierungsschutz durch Privatrrecht, JZ 2003, S. 57 – 66.

NICKEL RAINER

Gleichheit und Differenz in der vielfältigen Republik. Plädoyer für ein erweitertes Antidiskriminierungsrecht, Baden-Baden 1999.

NIELSEN RUTH

The right to direct and allocate work – from the employer prerogatives to objective grounds, comments on Mia Rönnmar's article, in: NUMHAUSER-HENNING (ed.), Legal Perspectives on Equal Treatment and Non-Discrimination, Den Haag 2001, S. 289 ff.

NIGGLI MARCEL ALEXANDER

Rassendiskriminierung – Ein Kommentar zu Art. 261bis StGB und Art. 171c MStG, Zürich 1996.

NICOLAYSEN GERT

– Historische Entwicklungslinien, in: HESELHAUS/NOWAK (Hrsg.), Handbuch der Europäischen Grundrechte, München, Wien, Bern, 2006, S. 1 ff.

NII ADDY DAVID

Diskriminierung und Rassismus – Internationale Verpflichtungen und nationale Herausforderung für die Menschenrechtsarbeit in Deutschland, Berlin 2003.

NIPPERDEY HANS CARL

Gleicher Lohn für gleiche Arbeit, RdA 1950, 121 ff.

NOLTE GEORG

Gleichheit und Nichtdiskriminierung, in: WOLFRUM (Hrsg.), Gleichheit und Nichtdiskriminierung im nationalen und internationalen Menschenrechtsschutz, Berlin, Heidelberg, New York 2003, S. 235-253.

NORBERG PER

Non-Discrimination as a Social and a Free Market Value, in: NUMHAUSER-HENNING (Hrsg.), Legal Perspectives on Equal Treatment and Non-Discrimination, Den Haag 2001, S. 65-91.

NORDMANN PHILIPPE

Die missbräuchliche Kündigung im schweizerischen Arbeitsvertragsrecht unter besonderer Berücksichtigung des Gleichstellungsgesetzes, Diss. Basel 1998.

NOWAK CARSTEN

- Berufsfreiheit und das Recht zu arbeiten, in: HESSELHAUS/NOWAK (Hrsg.), Handbuch der Europäischen Grundrechte, München, Wien, Bern 2006, S. 824 ff. (zit.: N zu Art. in der Grundscharta)
- Grundrechtsberechtige und Grundrechtsadressaten, in: HESSELHAUS/ NOWAK (Hrsg.), Handbuch der Europäischen Grundrechte, München, Wien, Bern 2006, S. 212 ff. (zit.: Grundrechtsberechtigte)

NOWAK MANFRED

- UNO-Pakt über bürgerliche und politische Rechte und Fakultativprotokoll: CCPR-Kommentar, Kehl am Rhein 1989 (zit.: CCPR-Kommentar),
- Inhalt, Bedeutung und Durchsetzungsmechanismen der beiden UNO-Menschenrechtespakte, in: KÄLIN/MALINVERNI/NOWAK (Hrsg.), Die Schweiz und die UNO-Menschenrechtspakte, Basel und Frankfurt am Main 1991, S. 3-32 (zit.: Inhalt),
- Inhalt, Bedeutung und Durchsetzungsmechanismen der beiden UNO-Menschenrechtespakte, in: KÄLIN / MALINVERNI/NOWAK (Hrsg.), Die Schweiz und die UNO-Menschenrechtspakte, Basel und Frankfurt am Main, zweite, stark erweiterte Auflage, 1997, S. 3-40 (zit.: Inhalt, 2. Aufl.),
- Introduction to the International Human Rights Regime, Leiden, Boston 2003 (zit.: Introduction),.

NUSSBERGER ANGELIKA

Sozialstandarts im Völkerrecht, Berlin 2005.

OATES STEVEN

International Labour Standarts: The challenges of the 21th century, in: BLANPAIN /, ENGELS (Hrsg.), The ILO and the Social Challenges of the 21st Century – The Geneva lectures, The Hague, London, Boston 2001, S. 93-101.

ODENDAHL KERSTIN

- Gleichheit vor dem Gesetz, in: HESELHAUS/NOWAK (Hrsg.), Handbuch der Europäischen Grundrechte, München, Wien, Bern, 2006, S. 1141 ff. (zit.: Gleichheit),
- Diskriminierungsverbote, in: HESELHAUS/NOWAK (Hrsg.), Handbuch der Europäischen Grundrechte, München, Wien, Bern, 2006, S. 1198 ff. (zit.: Diskriminierungsverbote),
- Gleichheit von Männern und Frauen, in: HESELHAUS/NOWAK (Hrsg.), Handbuch der Europäischen Grundrechte, München, Wien, Bern, 2006, S. 1198 ff. (zit.: Diskriminierungsverbote), S. 1161 ff.

OECD

Krankheit, Invalidität und Arbeit: Hemmnisse abbauen. Serie 1: Norwegen, Polen und Schweiz. Forschungsbericht Nr. 1/06, Bundesamt für Sozialversicherung, Bern 2006.

OFTINGER KARL

- Die Vertragsfreiheit, in: Festgabe zur Hundertjahrfeier der Bundesverfassung, herausgegeben von der Juristischen Fakultät der schweizerischen Universitäten, Zürich 1948, S. 315-333 (zit.: Vertragsfreiheit),
- Über den Zusammenhang von Privatrecht und Staatstruktur, SJZ 1940/41, S. 225 ff.

OGOREK REGINA

Alltagstheorien/Sonntagstheorien. Zum Einsatz 'ungewissen Wissens' bei der Rechtsanwendung, in: FORSTMOSER/HONSELL/WIEGAND (Hrsg.), Richterliche Rechtsfortbildung in Theorie und Praxis. Methodenlehre und Privatrecht, Zivilprozess- und Wettbewerbsrecht. Festschrift für Hans Peter Walter, Bern 2005, S. 123 - 146.

OPITZ PETER J.

Menschenrechte und Internationaler Menschenrechtsschutz im 20. Jahrhundert, München 2002.

OSER HUGO, SCHÖNENBERGER WILHELM
Zürcher Kommentar zum Schweizerischen Zivilgesetzbuch, V. Band: Das Obligationenrecht, Erster Halbband: Art. 1- 183 OR, Zürich 1929 (zit.: N zu Art.).

PAWLOWSKI
Methodenlehre für Juristen, 3. überarbeitete und erweiterte Auflage, Heidelberg 1999.

PÄRLI KURT
- Arbeitsrechtliche Aspekte des Diversitymanagements, im Erscheinen (Jusletter), (zit.: Diversity),
- Auswirkungen des Allgemeinen Gleichbehandlungsgesetzes (AGG) auf das Arbeitsrecht, ARV 3/2007, S. 134 ff (zit.: AGG),
- Arbeitsrechtliches Diskriminierungsverbot europäischer Wanderarbeitnehmer nach Gemeinschaftsrecht und nach dem Personenfreizügigkeitsrecht mit der Schweiz, ZESAR 1/2007, S. 21-30 (zit.: Arbeitsrechtliches Diskriminierungsverbot),
- Die arbeits- und versicherungsrechtlichen Bestimmungen des Bundesgesetzes über genetische Untersuchungen (GUMG), AJP 2/2007, S. 79-88,
- Wirksamkeit und Wirkung ausgewählter Massnahmen im Rahmen der fünften IV-Revision, in: Jusletter vom 24. Oktober 2005 (zit.: Wirksamkeit),
- Anstellungsdiskriminierungen. Besprechung von Tribunal de Prud'Hommes de l'Arrondissement de Lausanne, Arêt du 10 Octobre 2005 und Arbeitsgericht Zürich vom 13. Januar 2006, ARV 2006, S. 23-26 (zit.: Anstellungsdiskriminierungen),
- Verweigerter Abschluss einer Zusatzversicherung, Urteil des Bundesgerichts 5P.97/2006 vom 1. Juni 2006, HAVE 1/2007, S. 351-357 (zit.: Verweigerter Abschluss),
- Besprechung der Rechtssache Mangold, EuGH, Rs C-144/04, in: Aktuelle Juristische Praxis AJP 7/2006, S. 888-891, (zit.: Mangold),
- Bedeutung der EuGH-Rechtsprechung für die arbeitsrechtlichen Gleichbehandlungsansprüche nach dem Personenfreizügigkeitsabkommen, in: Jusletter vom 14. August 2006 (zit: Gleichbehandlungsansprüche),
- Der Persönlichkeitsschutz im privatrechtlichen Arbeitsverhältnis, ARV 4/2005, S. 225-235 (zit.: Persönlichkeitsschutz),

- Behinderungsbegriff im Kontext der Richtlinie 2000/78/EG: Von der Notwendigkeit eines offenen und weiten Verständnisses (Eine Nachlese und Reflexion zu Sonja Chacon Navas ./. Euret Colctividades SA, EuGH vom 11. Juli 2006, C-13-052), European Law Reporter No 9/2006, S. 383 ff. (zit. Behinderungsbegriff),

- Arbeitnehmerfreizügigkeit: Vermittlungsgebühr auch bei einer Tätigkeit im Ausland geschuldet, European Law Reporter 2/2006, S. 76 ff. (zit: Arbeitnehmerfreizügigkeit),

- Die Person in Staat und Recht, in: MARTI/MÖSCH/PÄRLI/SCHLEICHER/ SCHWANDER (Hrsg.), Recht für die Soziale Arbeit, Bern 2007, S. 75-136 (zit.: Recht),

- Anspruch auf Hinterbliebenenrente für Partner aus gleichgeschlechtlicher Partnerschaft (Tadao Maruko, Schlussanträge vom 6. September 2007, C-276/06), European Law Reporter 12/2006, S. 455 ff. (zit.: Anspruch)

- Datenaustausch zwischen Arbeitgeber und Versicherung, Probleme der Bearbeitung von Gesundheitsdaten der Arbeitnehmer bei der Begründung des privatrechtlichen Arbeitsverhältnisses, Bern 2003, zugleich Diss. St. Gallen 2003 (zit.: Datenaustausch).

PÄRLI KURT, MÜLLER KARIN, SPYCHER STEFAN

Aids, Recht und Geld. Eine Untersuchung der rechtlichen und wirtschaftlichen Probleme von Menschen mit HIV/Aids, Zürich 2003.

PÄRLI KURT, CAPLAZI ALEXANDRA, SUTER CAROLINE

Recht gegen HIV/Aids-Diskriminierung im Arbeitsverhältnis. Eine rechtsvergleichende Untersuchung zur Situation in Kanada, Grossbritannien, Frankreich, Deutschland und der Schweiz, Bern 2007.

PÄRLI KURT, LICHTENAUER ANNETTE, CAPLAZI ALEXANDRA

Literaturanalyse «Integration in die Arbeitswelt durch Gleichstellung», Eidgenössisches Büro für die Gleichstellung von Menschen mit Behinderung EBGB, Bern 2007.

PEDRAZZINI MARIO, OBERHOLZER NIKLAUS

Grundriss des Personenrechts, Bern 1993.

PETERMANN FRANK

Rechte und Pflichten des Arbeitgebers gegenüber physisch und psychisch labilen oder kranken Arbeitnehmern, ARV 2005, S. 1-15.

PETERS ANNE

- Einführung in die Europäische Menschenrechtskonvention, München 2003 (zit.: Einführung),
- Wie funktioniert das Völkerrecht?, Basler Juristische Mitteilungen BJM, 2004, S. 1-24 (zit.: Völkerrecht).

PETITPIERRE, GILLES

Une proposition de lecture systématique des Art. 19 et 20 CO, SJZ 97 (2001), S. 73-78.

PETROVIC, D.

L'effet direct des accords internationaux de la Communauté européenne: à la recherche d'un concept, Paris 2000, S. 155 ff.

PICKER EDUARD

Antidiskriminierung als Zivilrechtsprogramm?, JZ 11/2003, S. 540-545.

PLÖTSCHER STEFAN

Der Begriff der Diskriminierung im Europäischen Gemeinschaftsrecht, Berlin 2003.

POLITAKIS GEORG P., KROUM MARKOV

Les recommandations internationales du travail: instruments mal exploités ou maillon faible du système normatif ?, in: JAVILLIER/ GERNIGON (Hrsg.), Les normes internationales du travail: un patrimoine pour l'avenir, Mélanges en l'honneur de Nicolas Valticos, Genf 2004, S. 477-526.

PORTMANN WOLFGANG

- Individualarbeitsrecht, Zürich 2000 (zit.: Individualarbeitsrecht),
- Der Einfluss der neuen Bundesverfassung auf das schweizerische Arbeitsrecht – Insbesondere ein Beitrag zu Art. 28 BV, in: BECKER/ HILTY/STÖCKLI/WÜRTENBERGER (Hrsg.): Recht im Wandel seines sozialen und technologischen Umfeldes, Festschrift für Manfred Rehbinder, München, Bern 2002, S. 73 ff. (zit.: Einfluss),
- Die flankierenden Massnahmen zum Freizügigkeitsabkommen der Schweiz und der EG und ihren Mitgliedstaaten, ARV 2001, S. 179-185 (zit.: Freizügigkeitsabkommen),
- Eine Würdigung der schöpferischen Leistungen in der neueren Rechtsprechung des Bundesgerichts, ArbR 2005, S. 13 ff. (zit.: Würdigung),

- Bindung von Berufssportlern an die ausbildenden Clubs. Schranken des Schweizerischen Arbeits-, Vereins- und Persönlichkeitsrecht im Lichte der französischen Rechtsordnung, CaS 2004, S. 220-230 (zit.: Bindung),
- Das Streikrecht – Recht des Individuums oder des Verbandes? Eine Betrachtung des wilden Streikes nach schweizerischem Recht im Licht des UNO-Paktes über wirtschaftliche, soziale und kulturelle Rechte, AJP 2007, S. 352 – 362 (zit.: Streikrecht),
- Kommentar zum Zehnten Titel des Schweizerischen Obligationenrechts: Der Arbeitsvertrag, Art. 319 – 362 OR, neu bearbeitete und stark erweiterte Auflage, in: HONSELL/VOGT/WIEGAND (Hrsg.): Basler Kommentar, Obligationenrecht I, Art. 1 – 529 OR, 4. Aufl., Basel 2007, S. 1735 – 2167 (zit.: N zu Art.),
- Einseitige Optionsklauseln in Arbeitsverträgen von Fussballspielern – Eine Beurteilung aus der Sicht der internationalen Schiedsgerichtsbarkeit im Sport, in: causa sport – Die Sport–Zeitschrift für nationales und internationales Recht sowie für Wirtschaft, Band 2006, Heft 2, S. 200 ff (zit.: Optionsklauseln),
- Stresshaftung im Arbeitsverhältnis, ARV 1/2008, S. 1-13 (zit.: Stresshaftung).

PORTMANN WOLFGANG, PETROVIC CHRISTINE

Kommentar zu Art. 20a ArG, in: GEISER/VON KAENEL/WYLER, Handkommentar zum Arbeitsgesetz, Bern 2005.

PORTMANN WOLFGANG, STÖCKLI JEAN-FRITZ

Schweizerisches Arbeitsrecht, 2. vollständig überarbeitete Auflage, Lachen 2007.

POSCHER RALF

Grundrechte als Abwehrrechte, Tübingen 2003.

POTTSCHMIDT DANIELA

Arbeitnehmerähnliche Personen in Europa, Baden-Baden 2006.

POULTER SEBASTIAN

Ethnicity, Law and Human Rights: The English Experience, Oxford 1998.

PREEDY KARA

Die Bindung Privater an die europäischen Grundfreiheiten – Zu sogenannten Drittwirkung im Europarecht, Berlin 2005 (zugleich Diss. Frankfurt 2003).

PREIS ULRICH, MALLOSSEK KIRSTEN

Überblick über das Recht der Gleichbehandlung von Frauen und Männern im Gemeinschaftsrecht, in: OETKER/PREIS, Recht der Gleichbehandlung von Frauen und Männern in der Europäischen Union, Kurzausgabe aus Europäisches Arbeits- und Sozialrecht (EAS), Heidelberg 1996, S. 3 ff.

PRIESTLY MARK

Worum geht es bei den Disablity Studies? Eine Britische Sichtweise, in: WALDSCHMIDT (Hrsg.), Kulturwissenschaftliche Perspektiven der Disability Studies, Tagungsdokumentation, Kassel 2003, S. 23-35.

PROBST THOMAS

– Die Grenze des möglichen Wortsinns: methodologische Fiktion oder hermeneutische Realität?, in: HONSELL/ZÄCH/HASENBÖHLER/RHINOW (Hrsg.), Privatrecht und Methode, Festschrift für Ernst A. Kramer, Basel, Genf, München 2004 (zit.: Grenze),

– Die Rechtsprechung des Europäischen Gerichtshofes als neue Herausforderung für die Praxis und die Wissenschaft im schweizerischen Privatrecht, BJM 2004, S. 225-260 (zit.: Rechtsprechung).

PULVER BERNHARD

Die Verbindlichkeit staatlicher Schutzpflichten – am Beispiel des Arbeitsrechts, AJP 2005, S. 413 – 423.

QUINN GERARD

Disability discrimination law in the European Union, in: MEENAN HELEN (ed.), Equality Law in an Enlarged European Union. Unterstanding the Article 13 Directives, Cambridge 2007.

RAIMONDI GUIDO

Réserves et conventions internationales du travail, in : JAVILLIER/ GERNIGON (Hrsg.), Les normes internationales du travail: un patrimoine pour l'avenir, Mélanges en l'honneur de Nicolas Valticos, Genf 2004, S. 527 ff.

RAMACIOTTI DANIEL, PERRIARD JULIEN

Die Kosten des Stresses in der Schweiz, Studie im Auftrag des seco, Bern 2003.

RAMCHARAN BERTRAND G.

Equality and Non-discrimination, in: HENKIN (Hrsg.), The International Bill of Rights, New York 1981, S. 246 ff.

RAMIREZ CARLOS, EIGEN-ZUCCHI CHRISTIAN

Understanding the Clayton Act of 1914: An Analysis of the Interest Group Hypothesis, Public Choice, Volume 106, Nr. 1-2, 2001, S. 157-181.

REBHAHN ROBERT

Kommentar zu Art. 141 EGV, in: SCHWARZE (Hrsg.), EU-Kommentar, Baden-Baden 2000, S. 1497 ff.

REHOF LARS ADAM

Guide to the *Travaux Préparatoires* of the United Nations Convention on the Elimination of All Forms of Discrimination against Women, Dordrecht, Boston, London 1993, S. 42 ff.

REHBERG JÜRG

Strafrecht IV, Delikte gegen die Allgemeinheit, 2. Auflage, Zürich 1996.

REHBINDER MANFRED

- Schweizerisches Arbeitsrecht, 15. Auflage, Bern 2002 (zit.: Arbeitsrecht),
- Berner Kommentar zum schweizerischen Privatrecht, Bd VI/2/2/1, Der Arbeitsvertrag, OR 329-330a, Bern 1985 (zit: N zu Art.),
- Rechtssoziologie, 6. neu bearbeitete Auflage, München 2007 (zit.: Rechtssoziologie),
- Über die Geburt des Arbeitsrechts aus dem Geiste der Rechtssoziologie – Die Pionierarbeit von Philipp Lotmar, in: ArbR 2002, S. 9 ff. (zit.: Geburt).

REICHEGGER HEIDI

Die Auswirkungen der Richtlinie 2000/78/EG auf das kirchliche Arbeitsrecht unter Berücksichtigung von Gemeinschaftsgrundrechten als Auslegungsmaxime, Frankfurt 2005.

REICHOLD HERMANN

- Arbeitsrechtsstandards als «Aufenthaltsmodalitäten», ZEuP 1998, S. 438-459 (zit: Arbeitsrechtsstandarts),
- Gleichbehandlung in Beschäftigung und Beruf / Altersdiskriminierung, Richtlinie 2000/78/EG, ZESAR 1/2008, S. 42 ff. (zit: Gleichbehandlung).

REITER CATHERINE

- Die Reformbedürftigkeit des Rechts der missbräuchlichen Kündigung im Lichte des Menschenrechtsschutzes, AJP 2006, S. 1087-1092 (zit.: Reformbedürftigkeit),
- Missbräuchlichkeit einer Kündigung zufolge Führungsmangel, AJP 2008, S. 542-549 (zit.: Führungsmangel).

RENGELIN HANS WERTER, SCZCEKALLA PETER

Grundrechte in der Europäischen Union, Köln 2004.

REMIEN OLIVER

Zwingendes Vertragsrecht und Grundfreiheiten des EG-Vertrages, Tübingen 2003.

REPGEN TILMANN

Antidiskriminierung – die Totenglocke des Privatrechts läutet, in: REPGEN/LOBINGER/HENSE, Vertragsfreiheit und Diskriminierung, Berlin 2007, S. 11-98.

RHINOW RENÉ

- Rechtsetzung und Methodik: rechtstheoretische Untersuchungen zum gegenseitigen Verhältnis von Rechtsetzung und Rechtsanwendung, Basel, Stuttgart 1979 (zit.: Methodik),
- So nicht! Zum Stil wissenschaftlicher Kritik – Anmerkungen zum Aufsatz von Eugen Bucher, «Drittwirkung der Grundrechte»?, SJZ 83 (1987), S. 99/100 (zit.: Stil),
- Schlusswort, in: PETERS/ SCHEFER (Hrsg.), Grundprobleme der Auslegung aus Sicht des öffentlichen Rechts, Symposium zum 60. Geburtstag von René Rhinow, Bern 2004, S. 93 ff.. (zit.: Schlusswort),
- Grundzüge des Schweizerischen Verfassungsrechts, Basel, Genf, München 2003 (zit.: Grundzüge),

- Wirtschafts- und Eigentumsverfassung, in: THÜRER/AUBERT/MÜLLER (Hrsg.), Verfassungsrecht der Schweiz, S. 565 ff., Zürich 2001 (zit.: Wirtschafts- und Eigentumsverfassung).

RHINOW RENÉ, SCHMID GEHARD, BIAGGINI GIOVANNI

Öffentliches Wirtschaftsrecht, Basel 1998.

RICHARDSON CHARLES

A new Dictionary of the English language, new ed., London 1867.

RICHTER DAGMAR

Lücken der EMRK und lückenloser Grundrechtsschutz, in: GROTE/ MARAUHN (Hrsg.), EMRK/GG, Konkordanzkommentar, Tübingen 2006, S. 402-435.

RIEDER ANDREAS

- Rassendiskriminierung und Strafrecht: Wie bewährt sich Art. 261bis StGB in der Rechtsanwendung?, in: NIGGLI (Hrsg.), Rassendiskriminierung, Gerichtspraxis zu Art. 261bis StGB, Zürich 1999, S. 201-223 (zit.: Strafrecht),

- Indirekte Diskriminierung – das Beispiel der Fahrenden, in: KÄLIN (Hrsg.), Das Verbot ethnisch-kultureller Diskriminierung, Verfassungs- und menschenrechtliche Aspekte, Basel, Genf, München 1999, S. 149 (Indirekte Diskriminierung).

RIESSELMANN-SAXER REBEKKA

Datenschutz im privatrechtlichen Arbeitsverhältnis, Bern 2002.

Riphan Regine, SHELDON GEORGE

Arbeit in der alternden Gesellschaft, Zürich 2006, S. 68.

RIVA ENRICO, MÜLLER-TSCHUMI THOMAS

Eigentumsgarantie, in: THÜRER/AUBERT/MÜLLER (Hrsg.), Verfassungsrecht der Schweiz, Zürich 2001.

ROBERTO VITO

- 100 Jahr Pesönlichkeitsschutz im ZGB, ZSR Band 126 (2007) II, S. 165-203 (zit.: Persönlichkeitsschutz),

- Schweizerisches Haftpflichtrecht, Zürich 2002, N 258 ff. (zit.: Haftpflichtrecht).

ROBERTO VITO, HRUBESCH-MILLAUER STEPHANIE

Offene und neue Fragestellungen im Bereich des Persönlichkeitsschutzes, in: SCHWEIZER ET AL., (Hrsg.) Festschrift für Nicolas Druey, Zürich 2002, S. 221-241.

ROM ROBERT

Die Behandlung der Rassendiskriminierung im schweizerischen Strafrecht, Diss. Zürich 1995.

RODRIQUEZ IGESIAS GIL CARLOS

Die Rechtsprechung des Europäischen Gerichtshofes zu Art. 141 EG-Vertrag und ihre Auswirkungen auf die Gleichberechtigung von Frauen und Männern in den Rechtsordnungen der Mitgliedstaaten, in: WOLFRUM (Hrsg.), Gleichheit und Nichtdiskriminierung im nationalen und internationalen Menschenrechtsschutz, Heidelberg, 2003, S. 135-149.

ROHNER CHRISTOPH

Art. 9 BV, in: EHRENZELLER/MASTRONARDI/SCHWEIZER/VALLENDER, St. Galler Kommentar zur Bundesverfassung, Sankt Gallen 2002, S. 126-147.

ROSSI MATTHIAS

Kommentar zu Art. 20–21 Grundrechtscharta, in: CALLIESS/RUFFERT (Hrsg.) EUV/EGV, Kommentar, 3. Auflage, München 2007.

RÖTHEL ANNE

Normkonkretisierung im Privatrecht, Tübingen 2004.

ROUILLER CLAUDE

Protection contre l'arbitraire et protection de la bonne foi, in: THÜRER/AUBERT/MÜLLER (Hrsg), Verfassungsrecht der Schweiz, Bern 2001, S. 677-690.

RUDOLF BEATE

- Völkerrechtliche Pflichten des Einzelnen und Drittwirkung von Menschenrechten, in: KOKOTT/RUDOLF (Hrsg.), Gesellschaftsgestaltung unter dem Einfluss von Grund- und Menschenrechten, Baden-Baden 2001 (zit.: Pflichten),

- Die völkerrechtlichen Diskriminierungsverbote, in: MAHLMANN/RUDOLF (Hrsg.), Gleichbehandlungsrecht, Handbuch, Baden-Baden 2007, S. 58-87 (zit.: Diskriminierungsverbote).

RUDOLPH ROGER

   Stellenbewerbung und Datenschutz, Bern 1997.

RUECKERT JOCHAIM

   Verfassungen und Vertragsfreiheit, in: Gesellschaftliche Freiheit und vertragliche Bindung in: KÉRVÉGAN/MOHNHAUPT (Hrsg.), Rechtsgeschichte und Philosophie, Frankfurt/M. 1999, S. 165-199.

ROULLIER NICOLAS

   Culpa in contrahendo et liberté de rompre les négactions: existet-il des devoir précontractuels hors de l'obligation d'information?, Jusletter vom 10. Juli 2006.

RUFFERT MATTHIAS

   Kommentar zu Art. 249 EGV, in: Calliess/Ruffert (Hrsg.), Kommentar zu EU-Vertrag und EG-Vertrag, 2. Auflage, Neuwied und Kriftel 2007, S. 2171 ff.

RUST URSULA

- Kommentar zu Art. 141 EGV, in: VON DER GROEBEN/ SCHWARZE (Hrsg.), Vertrag über die Europäische Union und Vertrag zur Gründung der Europäischen Gemeinschaft, Baden-Baden 2003, S. 897 ff.,
- Vorbemerkungen zu den Grundlagen, in: RUST/DÄUBLER/FALKE/ LANGE/PLETT/SCHEIWE/SIEVEKING (Hrsg.): Die Gleichbehandlungsrichtlinien der EU und ihre Umsetzung in Deutschland, Rehburg-Loccum 2003, S. 27 46 (zit.: Vorbemerkungen).

RÜTHERS BERND

   Die unbegrenzte Auslegung – zum Wandel der Privatrechtsordnung im Nationalsozialismus, Tübingen 1968, S. 277 ff.; insbes. zum Arbeitsverhältnis S. 379 ff.

SÄCKER FRANZ-JÜRGEN

- Vernunft statt Freiheit, Zum Referentenentwurf eines privatrechtlichen Diskriminierungsgesetzes, ZRP 2002, S. 286 ff. (zit.: Vernunft),
- Vertragsfreiheit und Schutz vor Diskriminierung, in: ZEuP 1/2006, S. 1-5 (zit.: Vertragsfreiheit).

SALADIN PETER

- Grundrechte und Privatrechtsordnung, Zum Streit um die sog. «Drittwirkung» der Grundrechte, SJZ 84 (1988), S. 373-384 (zit.: Drittwirkung),

- Grundrechte im Wandel, 3. Aufl. Bern 1982 (zit.: Wandel).

SALZWEDEL JÜRGEN

Gleichheitssatz und Drittwirkung, in: KARSTEN/PETERS (Hrsg.), Festschrift für Hermann Jahreiss, Köln 1964.

SAMSON KLAUS

The «*Berufsverbot*» problem revisited – Views from Geneva and Strasbourg, in: JAVILLIER /GERNIGON (Hrsg.), Les normes internationales du travail: un patrimoine pour l'avenir, Mélanges en l'honneur de Nicolas Valticos, Genf 2004, S. 21-46.

SCAVARDA-TAESLER NICOLE

Der Einfluss der Normen der Internationalen Arbeitsorganisation auf die Gesetzgebung der Bundesrepublik Deutschland zum Arbeitsverhältnis der Frau, Diss. Chemnitz 2005.

SCHEFER MARKUS

- Die Kerngehalte von Grundrechten, Geltung, Dogmatik, inhaltliche Ausgestaltung, Bern 2001 (zit.: Kerngehalte),
- Grundrechtliche Schutzpflichten und die Auslagerung staatlicher Aufgaben, AJP 2002, S. 1131 ff. (zit.: Schutzpflichten).

SCHEIDEGGER JÜRG

Bemerkungen zu BGE 124 V 225, in: AJP 1998, S. 1510-1512.

SCHEININ MARTIN

Economic and Social Rights as Legal Rights, in: EIDE/KRAUSE/ROSAS (Hrsg.), Economic Rights as Human Rights, a Textbook, 2. überarbeitete Auflage, 133-148, Dordrecht, Boston, London 2001, S. 29-54.

SCHEURER ALEXANDER

Art. 39-42 EGV, in: LENZ/BORCHARDT(Hrsg.), EU- und EG-Vertrag, Kommentar, 3. Auflage Köln 2003, S. 536-610.

SCHIEK DAGMAR

- Europäisches Arbeitsrecht, 2. Auflage, Baden-Baden 2005 (zit.: Arbeitsrecht),
- Differenzierte Gerechtigkeit, Diskriminierungsschutz und Vertragsrecht, Baden-Baden 1999 (zit: Gerechtigkeit),

- Einleitung zum AGG, in: SCHIEK (Hrsg.), Allgemeines Gleichbehandlungsgesetz (AGG), Ein Kommentar aus europäischer Perspektive, München 2007, S. 1-60 (zit.: Einleitung),
- Allgemeiner Teil AGG, in: SCHIEK (Hrsg.), Allgemeines Gleichbehandlungsgesetz (AGG), Ein Kommentar aus europäischer Perspektive, München 2007, S. 61-170 (zit.: Allgemeiner Teil),
- Indirect Discrimination, in: SCHIEK/WADDINGTON/BELL (Hrsg.), Non-Discrimination Law. Cases, Materials, Oxford, Portland 2007 (zit.: indirect discrimination).

SCHILLING THEODOR

Internationaler Menschenrechtsschutz, Tübingen 2004.

SCHINDLER DIETRICH

Gleichberechtigung von Individuen als Problem des Völkerrechts, Zürich 1957.

SCHLACHTER MONIKA

Casebook Europäisches Arbeitsrecht, Baden-Baden 2005.

SCHLUEP WALTER

- Was ist Wirtschaftsrecht?, in: JAGMETTI/SCHLUEP (Hrsg.), Festschrift für Walter Hug zum 70. Geburtstag, Bern 1968, S. 25 ff. (zit: Wirtschaftsrecht),
- Einladung zur Rechtstheorie, Bern 2006 (zit.: Rechtstheorie).

SCHMIDT ANGELIKA

Europäische Menschenrechtskonvention und Sozialrecht – Die Bedeutung der Strassburger Rechtsprechung für das europäische und deutsche Sozialrecht, Baden-Baden 2003, zugleich Diss. München 2002.

SCHMID JÖRG

Einleitungstitel des ZGB und Personenrecht, Zürich 2001.

SCHMITT CARL

Über die drei Arten des rechtswissenschaftlichen Denkens, Hamburg 1934.

SCHMUGGE SUSANNE, KÜNZI KILIAN, GUGGISBERG JUERG

Wirkungsvolle Massnahmen für Erwerbslose über 50, Studie im Auftrag des Kantons St. Gallen, Bern 2007.

SCHNEEBERGER A., RAUCHFLEISCH U., BATTEGAY R.

Psychosomatische Folgen und Begleitphänomene der Diskriminierung am Arbeitsplatz bei homosexuellen Menschen [Psychosomatic consequences and phenomena of discrimination at work against people with homosexual orientation.] Schweiz Arch Neurol Psychiatr 2002; 153:137–143.

SCHNYDER BERNHARD

- «Das ZGB lehren», Gesammelte Schriften, Freiburg 2000 (zit.: ZGB),
- Vertragsfreiheit als Privatrechtsbegriff, Diss. Freiburg 1960 (zit.: Vertragsfreiheit).

SCHOKKENBROEK JEROEN

A New European Standard against Discrimination: Negotiating Protocol No. 12 to the European Convention on Human Rights, in: NIELSEN/ CHOPIN (Hrsg.), The Development of Legal Instruments to Combat Racism in a Diverse Europe, Leiden, Boston 2004, S. 61–80.

SCHÖBENER BURKHARD, STORK FLORIAN

Anti-Diskriminierungsregelungen der Europäischen Union im Zivilrecht – zur Bedeutung der Vertragsfreiheit und des Rechts auf Privatleben, ZEuS, Heft Nr. 1/2004, S. 45-61.

SCHÖNENBERGER BEAT

Die dritte Widerrechtlichkeitstheorie, HAVE 2004, S. 3 ff.

SCHÖPP-SCHILLING HANNA BEATE

Die Allgemeinen Empfehlungen des Ausschusses für die Beseitigung der Diskriminierung der Frau, in: DEUTSCHES INSTITUT FÜR MENSCHENRECHTE (Hrsg.), Die «General Comments» zu den VN-Menschenrechtsverträgen, Deutsche Übersetzung und Kurzeinführungen, Baden-Baden 2005, S. 413-426.

SCHUHMACHER RAINER

Vertragsgestaltung, Systemtechnik für die Praxis, Zürich 2005.

SCHWABE JÜRGEN

Die sogenannte Drittwirkung der Grundrechte, München 1971.

SCHWARZE JÜRGEN

Kommentar zu Art. 15 Grundrechtscharta, in: SCHWARZE/BECK (Hrsg.), EU-Kommentar, 2. Auflage, Baden-Baden 2008.

SCHWEINGRUBER EDWIN

Sozialgesetzgebung der Schweiz, 2. Auflage, Zürich 1977.

SCHWEIZER RAINER J.
- Art. 35 BV, in: EHRENZELLER/MASTRONARDI/SCHWEIZER/VALLENDER (Hrsg.), St. Galler Kommentar zur Bundesverfassung, Sankt Gallen 2002, S. 478– 489 (zit.: BV),
- Art. 36 BV, in: EHRENZELLER/MASTRONARDI/SCHWEIZER/VALLENDER (Hrsg.), St. Galler Kommentar zur Bundesverfassung, Sankt Gallen 2002, S. 490-501 (zit: BV).

SCHWENZER INGEBORG

Schweizerisches Obligationenrecht, Allgemeiner Teil, dritte, überarbeitete Auflage, Bern 2003.

SECO

Erhöhung der Partizipation älterer Erwerbstätiger im Arbeitsmarkt, Bern 2007.

SENTI CHRISTOPH

Urteilsbesprechung Bundesgerichtsentscheid vom 20.12.2005, 4. Zivilabteilung, 4C.215/2005, Missbräuchlichkeit der Kündigung bei einer Betriebszugehörigkeit von 44 Jahren, 10 Monate vor der geplanten Pensionierung, AJP 2006, S. 611 ff. (zit.: Senti Ch.)

SENTI MARTIN

Die Effektivität der Internationalen Arbeitsorganisation (ILO) im Industrieländervergleich, Bern 2002 (zit: Senti M.).

SHAW MALCOLM N.

International Law, 5. Auflage, Cambrigde 2003.

SHUE HENRY

Basic Rights, Subsidence, Affluence and U.S. Foreign Policy, Princeton, 2. Auflage, 1996.

SIMON THOMAS

«Grundrechtstotalitarismus» oder «Selbstbehauptung des Zivilrechts»?, in: Archiv für die civilistische Praxis, 2004, S. 264 ff.

SIMONIUS AUGUST

- Ein verkanntes Freiheitsrecht, in : Juristische Fakultät der Universität Basel (Hrsg.), Festgabe für Erwin Ruck, Basel, 1952, S. 261-282 (Freiheitsrecht),
- Zur Erinnerung an die Entstehung des Zivilgesetzbuches, ZSR NF 76 (1957) I S. 293-319.

SKIDMORE PAUL

EC Framework Directive on Equal Treatment in Employment: Towards a Comprehensive Community Anti-Discrimination Policy, ILJ 2001, S. 126 ff.

SNIJDERS HENRICUS J.

Privacy of Contract, in: ZIEGLER, Human Rights and Private Law, Oxford, Portland 2007, S. 105 ff.

SOMEK ALEXANDER

- Rationalität und Diskriminierung – Zur Bindung der Gesetzgebung an das Gleichheitsrecht, Wien 2001 (zit.: Rationalität),
- Rechtliches Wissen, Frankfurt a.M. 2006 (zit.: Wissen),
- Neoliberale Gerechtigkeit. Zur Problematik des Antidiskriminierungsrechts, Deutsche Zeitschrift für Philosophie, 51/2003, S. 49-59 (zit.: Gerechtigkeit),
- Grenzen der Anpassung, in: FORGE/SOMEK (Hrsg.), Vienna Working Papers in Legal Theory, Political Philosophie and Applied Ethics, No. 11, Wien 1998 (zit.: Anpassung).

SOPP ALEXANDER

Drittstaatsangehörige und Sozialrecht, Diss. Hagen 2005.

SPENLÉ CHRISTOPH

- Das Mitteilungsverfahren nach dem Internationalen Übereinkommen zur Beseitigung jeder Form von Rassendiskriminierung, in: Jusletter vom 15. Juli 2002 (zit.: Rassendiskriminierung),
- Alternativen zur EMRK? – Die für die Schweiz verbindlichen Mitteilungsverfahren der UNO-Menschenrechtskonvention, in: Jusletter vom 7. Februar 2004 (zit.: Mitteilungsverfahren),
- Der internationale Schutz der Menschenrechte und deren Durchsetzung, in: Jusletter vom 7. Oktober 2002 (zit.: Schutz).

- SPIESS KATHARINA, Die Wanderarbeitnehmerkonvention der Vereinten Nationen, DEUTSCHES INSTITUT FÜR MENSCHENRECHTE (Hrsg.), Berlin 2007.

STAEHELIN ADRIAN

- Die Gleichbehandlung der Arbeitnehmer im schweizerischen Arbeitsrecht, BJM 1982, S. 57 ff. (zit.: Gleichbehandlung),
- OR – Art. 319-330a, Der Arbeitsvertrag (Der Einzelarbeitsvertrag), Zürcher Kommentar, V2c., 4. Aufl., Zürich 2006 (zit.: N zu Art.),
- OR – Art. 319-362, Der Arbeitsvertrag (Der Einzelarbeitsvertrag), Zürcher Kommentar, Vc., 3. Auflage Zürich, 1996 (zit.: N zu Art.).

STAUBER-MOSER SUSY

Lohngleichheit und bundesgerichtliche Rechtsprechung, AJP 2006, S. 1352 ff.

STEIGER-SACKMANN SABINE

Kommentar zu Art. 6 Gleichstellungsgesetz, in: Bigler-Eggenberger/ Kaufmann (Hrsg.), Kommentar zum Gleichstellungsgesetz, Basel 1997.

STÖCKLI JEAN-FRITZ

- Das Kündigungsrecht als Hindernis für betriebliche Strukturveränderungen, ArbR 2007, 121 – 131 (zit.: Hindernis),
- Das Streikrecht in der Schweiz, BJM 1997, S. 169 f. (zit.: Streikrecht),
- Arbeitsrecht im Zeichen der Globalisierung, ArbR 1997, 7 – 28 (zit.: Globalisierung).

STOLLEIS MICHAEL

Historische und ideengeschichtliche Entwicklung des Gleichheitssatzes, in: Wolfrum Rüdiger (Hrsg.), Gleichheit und Nichtdiskriminierung im nationalen und internationalen Menschenrechtsschutz, Heidelberg 2003, S. 7- 22.

STRAUSS GERHARD, HASS ULRIKE, HARRAS GISELA

Brisante Wörter von Agitation bis Zeitgeist. Ein Lexikon zum öffentlichen Sprachgebrauch, Berlin, New York 1989.

STRAUSS ROLAND

Das Verbot der Rassendiskriminierung – Völkerrecht, Internationales Übereinkommen und schweizerische Rechsordnung, Diss. Basel 1991.

STREIFF ULLIN, VON KAENEL ADRIAN

Arbeitsvertrag, Praxiskommentar zu Art. 319-362 OR, 6. vollst. überarb. und stark erw. Aufl., Zürich 2006.

STREINZ RUDOLF, LEIBLE STEFAN

Die unmittelbare Drittwirkung der Grundfreiheiten: Überlegungen aus Anlass vom EuGH, EuZW 2000, 468 – Angonese, in: EuZW, 459 ff.

STREINZ RUDOLF

- Europarecht, 5., völlig neubearbeitete Auflage, Heidelberg 2001 (zit.: Europarecht),
- Die Kompetenz der EG zur Verwirklichung des Gleichbehandlungsgrundsatzes im Zivilrecht, in: LEIBLE/SCHACHTER, Diskriminierungsschutz durch Privatrecht, München, 2006, S. 11-36 (zit.: Kompetenz),
- EUV/EGV Vertrag über die Europäische Union und Vertrag zur Gründung der Europäischen Gemeinschaft, München 2003.

STRUB SILVIA

Methodisches Vorgehen zur Überprüfung der Lohngleichheit zwischen Frau und Mann im Beschaffungswesen des Bundes Anleitung zur Durchführung der standardisierten Überprüfung, Bern 2005.

SULZER STEFAN

Zweckstörungen im schweizerischen Vertragsrecht, Diss. St. Gallen 2002.

SUTTER THOMAS

«Mann und Frau haben Anspruch auf gleichen Lohn für gleichwertige Arbeit», recht 1986, S. 120-125.

TEMMING FELIPE

- Das Kind wird nicht beim Namen genannt – Die Scheu des EuGH vor der Grundrechtscharta, ELR 3/2006, S. 134 f. (zit.: Grundrechtscharta),
- The Palacios Case: Turning Point in Age Discrimination Law?, ELR 11/2007, S. 382 ff. (zit.: The Palacios Case).

TERCIER PIERRE

Les contrats spéciaux, 2ème édition, Zurich 1995.

TEUBNER GUNTHER

Reflexives Recht, Rechtsmodelle des Rechs in vergleichender Perspektive, Archiv für Rechts- und Sozialphilosophie Jahrgang 68, 1982, S. 13-59.

TEUBNER GUNTHER, WILLKE HELMUT

Kontext und Autonomie, gesellschaftliche Steuerung durch reflexives Recht, Zeitschrift für Rechtssoziologie Jahrgang 6, Nr. 1, 1984, S. 4-35.

THOMAS CONSTANCE, HORII YUKI

Non-discrimination and Equalitiy of Opportunity and Treatment in Employment and Occupation, in: International Labour standarts – a global approach, 75th anniversary of the Committee of Experts on the Application of Conventions and Redommendations, Genf 2001, S. 77-102.

THOMAS CONSTANCE, OELZ MARTIN, BEAUDONNET XAVIER

The use of international labour law in domestic courts: Theory, recent jurisprudence, and practical implications, in: JAVILLIER/GERNIGON (Hrsg.), Les normes internationales du travail: un patrimoine pour l'avenir, Mélanges en l'honneur de Nicolas Valticos, Genf 2004, S. 251-285.

THÜRER DANIEL

Verfassung und Völkerrecht, in: THÜRER/AUBERT/MÜLLER (Hrsg.), Bern 2001, S. 176-206.

THÜSING GREGOR

– Europäisches Arbeitsrecht, München 2008 (zit.: Arbeitsrecht),

– Arbeitsrechtlicher Diskriminierungsschutz. Das neue Allgemeine Gleichbehandlungsgesetz und andere arbeitsrechtliche Benachteiligungsverbote, München 2006 (zit.: Diskriminierungsschutz),

– Following the U.S. Example: European Employment Discrimination Law and the Impact of Council Directives 2000/43/EC and 2000/78/EC, The International Journal of comparative Labour Law and Industrial Relations, Volume 19/2, 187-218, 2003, S. 187 ff. (zit.: Employment).

TOBLER CHRISTA

– Der Diskriminierungsbegriff und seine Auwirkungen auf die Gleichstellung von Mann und Frau, in: EPINEY/VON DANCKELMANN (Hrsg.), Gleichstellung von Frauen und Männern in der Schweiz und der EU, Zürich 2004, S. 27-53 (zit.: Diskriminierungsbegriff),

- Indirect Discrimination, A Case Study into the Development of the Legal Concept of Indirect Discrimination under EC Law, Antwerpen, Oxford 2005 (zit.: Indirect Discrimination),
- Rechtsbehelfe und Sanktionen im Antidiskriminierungsrecht der EG, «Wirksame, verhältnismässige und abschreckende Sanktionen und Rechtsbehelfe auf einzelstaatlicher Ebene, mit besonderem Hinweis auf Entschädigungshöchstgrenzen für Opfer von Diskriminierungen», Europäische Gemeinschaften, Brüssel 2005 (zit.: Rechtsbehelfe),
- Quoten zum Dritten: Gesetzliche Grundlagen für Frauenförderungsmassnahmen und Entschädigungen für Diskriminierungen, recht 2005, S. 220 ff. (zit.: recht).

TOBLER CHRISTA, DELLI CHANTAL

Beschränkungsverbot im Personenfreizügigkeitsabkommen?, AJP 11/ 2007, S. 1367 ff.

TOMUSCHAT CHRISTIAN

- Equality and Non-Discrimination under the International Covenant on Civil and Political Rights, in: VON MÜNCH INGO (Hrsg.), Staatsrecht – Völkerrecht – Europarecht, Festschrift für Hans-Jürgen Schlochauer, Berlin, New York 1981, S. 691 ff. (zit.: Equality),
- Grundpflichten des Individuums nach Völkerrecht, in: Archiv des Völkerrechts 21 (1983), S. 289-315 (zit.: Grundpflichten),
- The Human Rights Committee's Jurisprudence on Article 26 – A Phyrric Victory?, in: ANDO NISUKE (Hrsg.), Towards Implementing Universal Human Rights – Festschrift for the Twenty-Fifth Anniversary of the Human Rights Committee, Leiden, Boston 2004, S. 225-250 (zit.: Victory).

TORRIENTE A.L.

Workers with family responsibilites, in: International Labour standards – a global approach, 75th anniversary of the Committee of Experts on the Application of Conventions and Redommendations, Genf 2001, S. 102-114.

Trachsler Herbert

- Das privatrechtliche Gleichbehandlungsgebot – Funktionaler Aspekt der Persönlichkeitsrechte gemäss Art. 28 ZGB, Diss. St. Gallen 1991 (zit.: Gleichbehandlungsgebot),
- Welches Antidiskriminierungs-Gesetz braucht die Schweiz?, AJP 1992, S. 1473 ff. (zit.: Antidiskriminierungsgesetz).

TREBILCOCK ANNE

The ILO-Declaration on fundamental pinciples and rights at work: a new Tool, in: BLANPAIN / ENGELS (Hrsg.), The ILO and the Social Challenges of the 21st Century – The Geneva lectures, The Hague, London, Boston 2001, S. 105-114.

TRECHSEL STEFAN

- Schweizerisches Strafgesetzbuch, Kurzkommentar, Zürich 1997 (zit.: N zu Art. StGB)
- Verhältnis zwischen Art. 14 EMRK und dem 12. Zusatzprotokoll, in: RÜDIGER (Hrsg.), Gleichheit und Nichtdiskriminierung im nationalen und internationalen Menschenrechtsschutz, Heidelberg 2003 (zit.: Verhältnis).

TRIDIMAS TAKIS

The general principles of EU-Law, Oxford 2007

TRIEBEL MATTHIAS

Das europäische Religionsrecht am Beispiel der arbeitsrechtlichen Antidiskriminierungsrichtlinie 2000/78/EG, Frankfurt, 2004.

TROXLER DIETER M.

Der sachliche Kündigungsschutz nach Schweizer Arbeitsvertragsrecht, Zürich 1993.

TRUTTMANN VERENA

Zum Persönlichkeitsschutz im Arbeitsrecht, in: Festschrift für Frank Vischer, Zürich 1983.

TSCHANNEN PIERRE

Staatsrecht der Schweizerischen Eidgenossenschaft, Bern 2007.

TSCHUDI HANSPETER

- Vom kantonalen zum globalen Arbeitsrecht in der Schweiz, in: GEISER/ SCHMID/WALTER-BUSCH (Hrsg.), Arbeit in der Schweiz des 20. Jahrhunderts – Wirtschaftliche, rechtliche und soziale Perspektiven, Bern 1998, S. 275-292 (zit.: Arbeitsrecht),
- Verstärkung des Persönlichkeitsschutzes der Arbeitnehmer, ArR 1993, S. 13 ff. (zit.: Verstärkung).

TYSON ADAM

The Negotiation of the European Community Directive on Racial Discrimination, in: Niessen/Chopin (Hrsg.), The Development of Legal Instruments to Combat Racism in a Diverse Europe, S. 126 ff.

UEBERSAX PETER

STAND UND ENTWICKLUNG DER SOZIALVERFASSUNG DER SCHWEIZ, AJP 1998, S. 3 FF.

UHLMANN FELIX

DAS WILLKÜRVERBOT (ART. 9 BV), BERN 2005.

ULRICH, PETER

- Gleichheit und Marktwirtschaft, Welche Bedeutung kommt der materiellen Gleichheit in der republikanisch verfassten Gesellschaft zu?. In: Denknetz-Jahrbuch 2005: Der neue Glanz der Gleichheit. Analysen und Impulse zur Politik, Zürich 2005, S. 13-25 (zit.: Gleichheit),
- Führungsethik – Ein grundrechtsorientierter Ansatz, Institut für Wirtschaftsethik, Beiträge und Berichte Nr. 68, St. Gallen 2003 (zit.: Führungsethik),
- Zivilisierte Marktwirtschaft. Wirtschaftsbürgerrechte als sozioökonomische Voraussetzung einer voll entfalteten Bürgergesellschaft, in: Ethica – Wissenschaft und Verantwortung 13 (2005), Nr. 1, S. 13-34 (zit.: Marktwirtschaft).

VALLENDER KLAUS A.

Art. 27 BV in: EHRENZELLER /MASTRONARDI/SCHWEIZER/VALLENDER (Hrsg.), St. Galler Kommentar zur Bundesverfassung, Sankt Gallen 2002, S. 353 ff.

VALLENDER KLAUS, HETTICH PETER, LEHNE JENS

Wirtschaftsfreiheit und begrenzte Staatsverantwortung. Grundzüge des Wirtschaftsverfassungs- und Wirtschaftsverwaltungsrechts, 4. Auflage, Bern 2006.

VALTICOS NICOLAS

- Droit international du travail, 2. édition, Paris 1983 (zit.: Droit du travail),
- Once more about the ILO System of supervision: In what respect is it still a model?, in: BLOKKER/MULLER (Hrsg.), Towards more effective

supervision by international organisations, Essays in honour of Henry Schermers, Gromingen 1994, S. 99-113 (zit.: ILO-Supervison),

- L'attitude de la Suisse à l'égard des conventions internationales du travail sur la législation suisse, Revue internationale du travail 1958, S. 653 ff.. (zit.: L'attitude).

VALTICOS NICOLAS, GERADLO VON POTOBSKY
International Labour Law, Deventer, Boston 1995.

VAN HOOF FRIED
General Prohibition of Discrimination (Art. 1 of Protocol No. 12), in: VAN DIJK/VON HOOF/VAN RIJN/ZWAAK (Hrsg.), Theory and Practice of the European Convention on Human Rights, 4. Auflage, Antwerpen, Oxford 2006, S. 989-992.

VENEZIANI BRUNO
Non-discrimination, in: BERCUSSON (Hrsg.), European Labour Law and the EU-Charter of Fundamental Rights, Baden-Baden 2006.

VIERDAG EGBERT WILLERN
The Concept of Discrimination in International Law, The Hague, 1973.

VIGNEAU CHRISTOPHE
Freedom to choose an occupation and right to engage in work, in: BERCUSSON (Hrsg.), European Labour Law and the EU-Charter of Fundamental Rights, Baden-Baden 2006, S. 171 ff.

VILLIGER MARK E.
Handbuch der Europäischen Menschenrechtskonvention (EMRK), 2. Auflage, Zürich 1999.

VISCHER FRANK
Der Arbeitsvertrag, 3. erweiterte Auflage, Basel 2005.

VISCHER GEORG
Privatrechtliche Arbeitsverhältnisse bei staatlichen Organisationen, Diss. Basel 1989 (zit.: Vischer G.).

VÖGELI NICOLE
Sexuelle Belästigung am Arbeitsplatz, Chur/Zürich 1996 (zit.: Vögeli N.).

VÖGELI PETER

Völkerrecht und Berufsverbote in der Bundesrepublik Deutschland 1976-1992: die Kontrollverfahren der internationalen Arbeitsorganisation in Theorie und Praxis, Berlin 1995.

VON TUHR ANDREAS, PETER, HANS

Allgemeiner Teil des Schweizerischen Obligationenrechts, Band I, 3. Aufl., Zürich 1984.

VOSS GÜNTER G., HANS J. PONGRATZ

Der Arbeitskraftunternehmer. Eine neue Grundform der Ware Arbeitskraft?, in: BRÖCKLING/HORN (Hrsg.), Antropologie der Arbeit, Tübingen 2002.

VON BERNSTORFF JOCHEN

Menschenrechte und Betroffenenrepräsentation: Entstehung und Inhalt eines UN-Antidiskriminierungsübereinkommens über die Rechte von behinderten Menschen, ZaöRV 67/4, 2007, S. 1041 ff.

VON KAENEL ADRIAN

Neue gesetzliche Gleichbehandlungsansprüche?, in: Mitteilungen des Instituts für Schweizerisches Arbeitsrecht ArbR, Bern 2005, S. 39-58.

VON KAENEL B.

La Suisse et l'organisation internationale du travail (1919-1930), Mémoire de licence, Lausanne 1997, S. 10 ff.

VUKAS BUDISLAV

Some remarks concerning the Commissions of Inquiry established under the Constitution of the International Labour Organization, in: JAVILLIER/GERNIGON (Hrsg.), Les normes internationales du travail: un patrimoine pour l'avenir, Mélanges en l'honneur de Nicolas Valticos, Genf 2004, S. 75 – 82.

WADDINGTON LISA

Implementing and Interpreting the Reasonable Accommodation Provision of the Framework Employment Directive: Learning from Experience and Achieving Best Practice, Brüssel 2004.

WAGNER NIKLAS DOMINIK

Internationaler Schutz sozialer Rechte – Die Kontrolltätigkeit des Sachverständigenausschusses der IAO, Baden-Baden, 2002.

WALDBURGER MARTIN

Die Gleichbehandlung von Mitgliedern des Verwaltungsrates, Diss. St. Gallen, 2002.

WALDMANN BERNHARD

Das Diskriminierungsverbot von Art. 8 Abs. 2 BV als besonderer Gleichheitssatz – unter besonderer Berücksichtigung der völkerrechtlichen Diskriminierungsverbote einerseits und der Rechtslage in den USA, in Deutschland, Frankreich sowie im europäischen Gemeinschaftsrecht andererseits, Bern 2003 (zit.: Diskriminierungsverbot),

– Das neue Diskriminierungsverbot von Art. 8 Abs. 2 BV: Neue Ansätze für die Dogmatik der Rechtsgleichheit, in: EPINEY/VON DANCKELMANN (Hrsg.), Gleichstellung von Frauen und Männern in der Schweiz und in der EU, Zürich, Basel, Genf 2004, S. 1-26, (zit.: Neue Ansätze),

– Gleichheitssatz und Diskriminierungsverbot, jus.full 6/2003, S. 252 ff, (zit.: Gleichheitssatz).

– Nationalitätsbedingte Erhöhung der Autoversicherungsprämien, in: Jusletter 22. Januar 2007 (zit.: Autoversicherungsprämien).

WALTER JEAN-PHILIPPE

– La Loi fédérale du 19 juin 1992 sur la protection des données, AJP 1993, S. 52-57 (zit. : protection),

– Kommentar zu Art. 17 DSG, in: MAURER/VOGT (Hrsg.), Kommentar zum Schweizerischen Datenschutzgesetz, Basel 1995 (zit.: N zu Art. DSG).

WALTER REGULA

Kommentar zu Art. 13 KG, in: HOMBURGER/SCHMIDHAUER/HOFFET/ DUCREY (Hrsg.), Kommentar zum schweizerischen Kartellgesetz vom 6. Oktober 1995 und zu den dazugehörenden Verordnungen, Zürich 1997.

WEBER-DÜRLER BEATRICE

Grundrechtseingriffe, in: BTJP 1999, S. 131 ff.

WEBER-SCHERRER

Rechtliche Aspekte der Information zwischen den Arbeitsvertragsparteien, unter besonderer Berücksichtigung des Notwehrrechts der Lüge, Diss. Zürich 1999.

WEGENER BERNHARD W.
Kommentar zu Art. 220 EGV, in: CALLIESS/RUFFERT (Hrsg.), Kommentar zu EU-Vertrag und EG-Vertrag, 2. Auflage, Neuwied und Kriftel 2007.

WEICHSELBAUMER DORIS
Sexual orientation discrimination in hiring' Labour Economics 10 (2003), S. 629-642.

WENNUBST GABRIELA
Mobbing, Le harcèlement psychologique analysé sur le lieu de travail, Lausanne 1999, S. 172-174.

WEISS NORMAN
Die neue UN-Konvention über die Rechte von Menschen mit Behinderung – weitere Präzisierung des Menschenrechtsschutzes, Menschenrechtsmagazin, 11. Jahrgang 2006, Heft 3, S. 293 – 300.

WEISS WOLFGANG
Die Personenfreizügigkeiten von Staatsangehörigen assozierter Staaten in der EU, Frankfurt 1998.

WELLS KATIE
The Impact of the Framework Employment Directive on UK Disablity Law, 2003, 32 ILJ, S. 253.

WERNICKE STEPHAN
Die Privatwirkung im Europäischen Gemeinschaftsrecht – Strukturen und Kategorien der Pflichtenstellung Privater aus dem primären Gemeinschaftsrecht unter besonderer Berücksichtigung der Privatisierungsfolgen, Baden-Baden 2002, zugl. Diss. Berlin 2000.

WHITTLE RICHARD
The Framework Directive for Equal Treatment in Employment and Occupation: an Analysis from a Disability Rights Perspective (2002), ELRrev vol. 27, issue 3, S. 303 ff.

WIEDERKEHR RENÉ
Rechtfertigung von Ungleichbehandlungen: Gilt Art. 36 BV auch bei der Einschränkung der Rechtsgleichheit ?, AJP 2008, S. 394 ff.

WIEDEMANN, HERBERT
- Die Gleichbehandlungsgebote im Arbeitsrecht, Tübingen 2001 (zit.: Gleichbehandlungsgebote),
- Neuere Rechtsprechung zur Verteilungsgerechtigkeit und zu den Benachteiligungsverboten, in: Recht der Arbeit, Zeitschrift für die Wissenschaft und Praxis des gesamten Arbeitsrechts, Heft 4, Juli/August 2005, S. 193-256 (zit.: Neue Rechtsprechung).

WIEDMER ROLF, MÜHLEISEN SIBYLLE

Behindertenstatistik: Berichterstattung zur sozialen und ökonomischen Lage der behinderten Menschen in der Schweiz. Schlussbericht eines Projektes im Auftrag und Zusammenarbeit mit dem Schweizerischen Nationalfonds (SNF) und dem Bundesamt für Statistik (BFS), Bern 2002.

WIEGAND WOLFGANG

Zur Anwendung von autonom nachvollzogenem EU-Privatrecht, in: Jusletter 17. Juni 2002.

WIESBROCK KATJA

Internationaler Schutz der Menschenrechte vor Verletzungen durch Private, Potsdam 1999, zugleich Diss. Göttingen 1999.

WILDHABER LUZIUS

Wechselspiel zwischen Innen und Aussen. Schweizer Landesrecht, Rechtsvergleichung, Völkerrecht. Basel, Frankfurt a.M. 1996.

WILLEKENS HARRY

Das belgische allgemeine Antidiskriminierungsgesetz und die Umsetzung der EU-Richtlinien 2000/43, 2000/78 und 2002/43: Zwischen politischer Korrektheit und dubioser Wirksamkeit, in: RUST et. al. (Hrsg.), Die Gleichbehandlungsrichtlinien der EU und ihre Umsetzung in Deutschland, Loccum 2003.

WINNER TERESA

Die Europäische Grundrechtscharta und ihre soziale Dimension, Frankfurt, Berlin, Bern, Brüssel, New York, Oxford, Wien 2004, zugleich Diss. München 2004.

WIRT LINDA

Breaking Through the Glass ceiling, Women in Management, International Labour Organization, Genf 2001.

WÖLKER ULRICH, GRILL GERHARD

Kommentar zu Art. 39 EGV, in: VON DER GROEBEN/SCHWARZE (Hrsg.), Vertrag über die Europäische Union und Vertrag zur Gründung der Europäischen Gemeinschaft, Baden-Baden 2003.

WOLF BURKHARD J.

Vertragsfreiheit – das verkannte Verfassungsrecht, AJP 1/2002, s. 8 ff.

WOLF ERNST

Vertragsfreiheit – Eine Illussion? In: Festschrift für Max Keller zum 65. Geburtstag, Beiträge zum Familien- und Vormundschaftsrecht, Schuldrecht, Internationalen Privatrecht, Verfahrens-, Banken-, Gesellschafts- und Unternehmensrecht, zur Rechtsgeschichte und zum Steuerrecht, Zürich 1989, S. 359-388, (zit.: Wolf E.).

WOLFRUM RÜDIGER

Das Verbot der Rassendiskriminierung im Völkerrecht, in: WOLFRUM (Hrsg.), Gleichheit und Nichtdiskriminierung im nationalen und internationalen Menschenrechtsschutz, Berlin, Heidelberg, New York 2003, S. 215-231.

WRASE MICHAEL

Rechtssoziologie und *Law and Society* – Die deutsche Rechtssoziologie zwischen Krise und Neuaufbruch, Zeitschrift für Rechtssoziologie (ZfRSoz), Heft 02/2006, S. 289-312.

WÜGER DANIEL

– Die direkte Anwendbarkeit staatsvertraglicher Normen, in: COTTIER/ACHERMANN/WÜGER/ZELLWEGER, Der Staatsvertrag im schweizerischen Verfassungsrecht, Beiträge zu Verhältnis und methodischer Angleichung von Völkerrecht und Bundesrecht, Bern 2001, S. 93 ff. (zit.: Anwendbarkeit),

– Anwendbarkeit und Justiziablität völkerrechtlicher Normen im schweizerischen Recht: Grundlagen, Methoden und Kriterien, Bern 2005 (zit.: Justiziabilität).

WUNDERER ROLF

Führung und Zusammenarbeit, eine unternehmerische Führungslehre, 7. überarb. Aufl. Köln 2007.

WYLER RÉMY

Droit du travail, 2. Auflage, Bern, 2008.

Wyss Martin Philipp

Öffentliche Interessen – Interessen der Öffentlichkeit?, Bern 2001.

Yoshino, Kenji

Assimilationist Bias in Equal Protection: The Visibility Presumption and the Case of «Don't Ask, Don't Tell», in: 108 Yale Law Journal 1998, S. 485 ff.

Zäch Roger

Der Einfluss von Verfassungsrecht auf das Privatrecht bei der Rechtsanwendung, SIZ 1989, S. 12 und S. 25-27.

Zelger Ulrich

Die Schweiz und die EMRK. Eine rechtshistorische Einführung, in : Sutter/Zelger (Hrsg.), 30 Jahre EMRK-Beitritt der Schweiz – Erfahrungen und Perspektiven, Bern 2005.

Zerr, Herbert

Der Begriff der Diskriminierung im Vertrag über die Europäische Gemeinschaft für Kohle und Stahl, Diss. Heidelberg 1961.

Zoss Marie-Gisèle

La résiliation abusive du contrat, Diss. Lausanne 1997.

Zimmer Anja

Hate Speech im Völkerrecht, Frankfurt am Main, Berlin, Bern, Brüssel, New York, Oxford, Wien 2001.

Zimmerling Jürgen

Kommentar zu Art. 6 EUV, in: Lenz/Borchard (Hrsg.), EU- und EG-Vertrag, Kommentar, 3. Auflage, Köln, Basel, Genf, München, Wien 2003, S. 21 ff.

Zufferey-Werro Jean-Baptiste

Le contrat contraire aux bonnes mœurs, Etude systématique de la jurisprudence et de la doctrine relatives aux bonnes mœurs en droit suisse des contrats, Diss., AISUF, Band 89, Freiburg/Schweiz 1988.

Zuleeg Manfred

– Kommentar zu Art.13 EGV, in: Von der Groeben/Schwarze (Hrsg.), Kommentar zum Vertrag über die Europäische Union und zur Gründung der Europäischen Gemeinschaft, 6. Auflage, Baden-Baden, 2003 (zit.: N zu Art. 13 EGV),

– Der Inhalt des Artikels 13 EGV in der Fassung des Vertrags von Amsterdam, in: EUROPAFORUM WIEN (Hrsg.), Bekämpfung der Diskriminierungen: Orientierungen für die Zukunft, Wien 1999, S. 104 ff. (zit.: Inhalt).

ZWAAK LEO

General Survey of the European Convention, in: VAN DIJK/VON HOOF/VAN RIJN/ZWAAK (Hrsg.), Theory and Practice of the European Convention on Human Rights, 4. Auflage, Antwerpen, Oxford 2006, S. 1-94.

ZWEIGERT KONRAD, KÖTZ HEIN

Einführung in die Rechtsvergleichung, 3. Auflage, Tübingen, 1996.

Teil I: Diskriminierungsschutzrecht und Vertragsfreiheit im Arbeitsrecht – eine Annäherung

1. Kapitel: Problemstellung

I. Vielfalt, Ungleichheit und Diskriminierung in der Arbeitswelt

Die Arbeitswelt hat sich in den letzten Jahren massiv verändert, sie ist, wie die Gesellschaft als Ganzes, vielfältiger geworden. Immer mehr sind Arbeitnehmende aus verschiedenen Kulturen, unterschiedlichen Alters, mit unterschiedlicher Sprache und anderen Wertvorstellungen im gleichen Betrieb, in der gleichen Institution oder in gleichen organisationellen Zusammenhängen beschäftigt und zur Zusammenarbeit gefordert[1]. Die Arbeitswelt bildet dabei lediglich ein Abbild der auch in der Schweiz vielfältiger gewordenen Gesellschaft[2]. Mit der Vielfalt steigt auch das Potenzial möglicher *Diskriminierungen* einzelner Mitarbeitenden oder Gruppen von Mitarbeitenden *aufgrund bestimmter identitätsbestimmender Merkmale* wie dem Geschlecht, dem ethnisch-kulturellen Hintergrund, der Hautfarbe, einer Behinderung, dem Alter, der sexuellen Orientierung oder der Glaubensvorstellung.

Die Arbeitsorganisation wird komplexer und die Arbeitsintensität nimmt zu. An Unternehmen und Mitarbeitende werden höhere Anforderungen gestellt[3]. Neue Formen der Arbeitsorganisation wie das Mitunternehmertum fördern die Entwicklung der Mitarbeitenden[4], sie fördern gleichzeitig den Konkurrenzdruck, verlagern Markt und Wettbewerb in den Betrieb bis hin zu den einzelnen Mitarbeiterinnen und Mitarbeitern[5]. Das erzeugt Druck, kann zu

---

[1] Dieser Herausforderung versuchen Unternehmen mit modernen Diversity-Management Konzepten zu begegnen, siehe dazu statt vieler Dietz/Petersen, S. 249-269. Zum Zusammenhang und zum Spannungsfeld zwischen Anti-Diskriminierungsrecht und Diversity-Management siehe Pärli (Diversity).

[2] Rainer Nickel hat dazu für die Bundesrepublik Deutschland Ende der 90er Jahre den Begriff der «vielfältigen Republik» geprägt und aus seiner Analyse der Gleichheits- und Differenzfragen ein Plädoyer für ein erweitertes Antidiskriminierungsrecht abgeleitet, siehe Nickel, S. 16 ff.

[3] Zu den damit verbundenen Schwierigkeiten der Arbeitnehmenden, eine angemessene Work-Life-Balance aufrecht zu erhalten siehe Letsch, N 48 ff.

[4] Wunderer, S. 122.

[5] Voss/Pongratz, S. 131 ff., Maeder, S. 228 ff.

1. Kapitel: Problemstellung

Spannungen im Team, in der Belegschaft, im Kader, zwischen Vorgesetzten und Untergebenen, zu systematischer Ausgrenzung unliebsamer Mitarbeitenden oder Vorgesetzter (Mobbing) und damit zusammenhängend zu *diskriminierenden Handlungen* gegen einzelne Mitarbeitende oder Gruppen von Mitarbeitenden führen[6]. Als negative Folgen solcher psychosozialen Belastungen zeigen sich erhöhtes Aufkommen so genannter arbeitsassoziierter Krankheiten wie Stresssyndrome und Burnout[7].

3   Längst nicht alle Arbeitssuchenden finden Zugang zur vielfältigeren Arbeitswelt mit ihren gesteigerten Anforderungen[8]. Studien belegen den Zusammenhang zwischen ausländisch klingenden Namen und Schwierigkeiten beim Zugang zum Arbeitsmarkt[9]. Gleiche Fähigkeiten führen nicht zu gleichen Chancen. Ähnliches gilt für Arbeitnehmende, die ein bestimmtes Alter überschritten haben oder noch sehr jung und wenig berufserfahren sind[10]. Besonders gross sind zudem die Hürden für die Integration oder Reintegration in den Arbeitsmarkt für Menschen, die mit einer Behinderung oder einer chronischen Krankheit leben[11].

4   Selbst wenn die Integration in den Arbeitsmarkt gelingt: Es ist oft nicht die Leistung und das Verhalten massgebend, ob Arbeitnehmende *Gleichbehandlung* erfahren. Löhne von Frauen sind im Durchschnitt trotz anders lautender gesetzlicher Grundlage noch immer tiefer als diejenigen von Männern in vergleichbaren Positionen[12]. Das trifft im Grundsatz weiter zu für den Vergleich zwischen den Löhnen ausländischer und inländischer Arbeitnehmer/innen[13]. Weiter sind die Karrierechancen ungleich verteilt. Frauen sind in Kaderpositionen trotz zunehmend gleicher Qualifikation klar untervertreten[14]. Alter, Geschlecht, ausländische Herkunft oder nur schon ausländischer klingender Name sind Merkmale, die sich nachteilig auf die Integration in den Arbeitsmarkt bzw. den beruflichen Aufstieg auswirken können.

---

[6]   WENNUBST, S. 172 ff., siehe auch die Studie des Staatssekretariats für Wirtschaft seco, Mobbing und andere psychosoziale Spannungen am Arbeitsplatz in der Schweiz, Bern 2002. Zur Haftung des Arbeitgebers für die Folgen des Stresses siehe PORTMANN (Stresshaftung), S. 1 ff.
[7]   KIENER, S. 50 ff., RAMACIOTTI/PERRIARD, S. 46 ff.
[8]   Siehe dazu ausführlich im 3. Kapitel, S. 30 ff.
[9]   FIBBI/KAYA/PIGUET (Nomen), S. 80 f. Zum Ganzen ausführlich 3. Kapitel, S. 36 ff.
[10]   Siehe dazu ausführlich: 3. Kapitel, S. 45 ff.
[11]   Siehe dazu ausführlich: 3. Kapitel, S. 41 ff.
[12]   Siehe z.B. BAUER/STRUB, S. 1308 ff., mehr dazu im 3. Kapitel, S. 38 ff.
[13]   Siehe 3. Kapitel, S. 37 ff.
[14]   Siehe 3. Kapitel, S. 39.

II. Heutiger rechtlicher Schutz vor Diskriminierung: Ein summarischer Überblick

Diskriminierungsschutz und *Gleichbehandlung* sind Themen, die traditionellerweise im *öffentlichen Recht* verortet werden. Der grundsätzliche Anspruch auf Gleichbehandlung im Sinne eines Anspruchs auf rechtsgleiche Behandlung war bereits in Art. 4 der Bundesverfassung von 1848 verankert[15]. Mit der Nachführung der Bundesverfassung von 1999 wurde in Art. 8 Abs. 2 BV ein Diskriminierungsverbot nach dem Vorbild *internationaler Menschenrechtsverträge* aufgenommen. Adressaten des Rechtsgleichheitsgebotes und des Diskriminierungsverbotes sind in erster Linie staatliche Behörden. Eine *direkte Drittwirkung* im Sinne, dass Private gegenüber anderen Privaten einen direkt auf die Verfassung gestützten Anspruch auf Gleichbehandlung und Diskriminierungsschutz geltend machen können, ist mit Ausnahme des Anspruchs auf gleichen Lohn von Frauen und Männern für gleichwertige Arbeit (Art. 8 Abs. 3 Satz 3 BV) nicht vorgesehen. Der Verfassungsgeber hat indes das Konzept der *indirekten Drittwirkung* durch Art. 35 Abs. 1 BV (Die Grundrechte sollen in der ganzen Rechtsordnung zur Geltung kommen) und Art. 35 Abs. 3 BV (Die Behörden sorgen dafür, dass die Grundrechte, soweit sie sich eignen, auch unter Privaten wirksam werden) verankert.

Das für die vorliegend interessierenden privatrechtlichen Arbeitsverhältnisse massgebende *Arbeitsvertragsrecht* enthält verschiedene Normen zum Schutz vor Diskriminierung und Anspruch auf Gleichbehandlung. Ausführlich werden diese Bestimmungen im vierten Teil dieser Studie bearbeitet[16]. An dieser Stelle folgt lediglich ein summarischer Überblick ohne Anspruch auf Vollständigkeit.

Art. 328 OR schützt vor *diskriminierender Persönlichkeitsverletzung* während des Arbeitsverhältnisses. Wie weit dieser Bestimmung auch eine Schutzwirkung im Bewerbungsverfahren zukommt, ist umstritten. Ein Diskriminierungsschutz im Bewerbungsverfahren lässt sich auch über die Datenschutznorm in Art. 328b OR herleiten[17]. Schutz vor diskriminierender Kündigung gewährt Art. 336 Abs. 1 Bst. a und b OR. Dem *arbeitsrechtlichen Gleichbehandlungsgrundsatz* wird in der schweizerischen Gerichtspraxis und Doktrin nur ein bescheidener Anwendungsbereich zugesprochen[18]. Anwen-

---

[15] SCHWEIZER, N 1 zu Art. 8 BV.
[16] Siehe S. 483 ff.
[17] PÄRLI (Persönlichkeitsschutz), S. 229.
[18] Grundlegend dazu: GEISER (Gleichbehandlung), S. 37 ff., STAEHELIN (Gleichbehandlung), S. 57 ff., MEYER D., S. 1 ff., ausführlich siehe hinten, 14. Kapitel, III. Der arbeitsrechtliche Gleichbehandlungsgrundsatz, S. 567 ff.

dungsfälle finden sich bei freiwilligen Leistungen des Arbeitgebers[19] sowie im Bereich des Weisungsrechts[20]. Einen *allgemeinen Gleichbehandlungsgrundsatz* kennt das schweizerische Arbeitsrecht, so die wohl herrschende Lehre[21], jedoch nicht. Der privatrechtliche *Grundsatz der Vertragsfreiheit* gehe dem Gleichbehandlungsgrundsatz vor[22]. Ausfluss der auch im Arbeitsrecht geltenden Vertragsfreiheit sei, dass der Arbeitgeber bei der Einstellung nach Belieben diskriminieren dürfe[23]. Auch eine nicht geschlechtsspezifische *vertragliche Schlechterstellung*, ohne dass dafür sachliche Gründe geltend gemacht werden können, ist gemäss der herrschenden Lehre durch die Vertragsfreiheit gedeckt. Es gehöre zum Wesen der privatautonomen Vertragsfreiheit, selbst zu bestimmen, welche Motive als sachgemäss (für eine Ungleichbehandlung) anzusehen seien[24].

8 Angesichts der grossen sozial- und gesellschaftspolitischen Bedeutung der abhängigen Arbeit hat der Gesetzgeber der Vertragsfreiheit im Arbeitsrecht substantielle *Grenzen* gesetzt[25]. Arbeitsrechtliche Schutzvorschriften schränken die Vertragsfreiheit per se ein[26]. Das betrifft in besonderem Mass zu auf *gesetzliche Regelungen zur Gleichbehandlung* bzw. zum *Schutz vor Diskriminierung*. Zu nennen ist in erster Linie das Gleichstellungsgesetz (GlG) über die Gleichstellung von Frauen und Männer in der Arbeitswelt. Das GlG schränkt die Vertragsfreiheit des Arbeitgebers während des ganzen «Lebenszykluses» eines Arbeitsverhältnisses, also von der Bewerbung über den Anstellungsentscheid zu den Arbeitsbedingungen bis hin zur Kündigungsfreiheit ein. Der Anwendungsbereich des GlG ist indes auf *Ungleichbehandlungen zwischen den Geschlechtern* beschränkt. Einen beschränkten gesetzlichen

---

[19] Siehe z.B. Gerichtskreis VIII Bern – Laupen, Urteil vom 11.06.2001, JAR 2002, S. 219. Siehe weiter Judikatur hinten in Kapitel 14, III. Der arbeitsrechtliche Gleichbehandlungsgrundsatz, S. 567 ff.
[20] STREIFF/VON KAENEL, N 3 zu Art. 321d OR, VISCHER, S. 144.
[21] GEISER (Gleichbehandlungsgebot), S. 48, STREIFF/VON KAENEL, N 12 zu Art. 328 OR, BGE 129 III 282. Siehe zum Ganzen ausführlich 14. Kapitel, III. Der arbeitsrechtliche Gleichbehandlungsgrundsatz, S. 567.
[22] PORTMANN, N 29 zu Art. 328 OR.
[23] GEISER (Gleichbehandlungsgebot), S. 38, STAEHELIN (Gleichbehandlung), S. 68, REHBINDER N 8 ff. zu Art. 328 OR.
[24] GEISER (Gleichbehandlung), S. 39, BGE 129 III 276, Erw. 3.1.
[25] Zu den Grenzen der Vertragsfreiheit gehört das gesamte öffentliche Arbeitsrecht, also diejenigen öffentlichrechtlichen Bestimmungen, die ungeachtet allenfalls anders lautender vertraglicher Vereinbarungen zwischen den Parteien Anwendung erheischen. Dazu gehört z.B. das Sozialversicherungsrecht. Über das öffentliche Arbeitsrecht hinaus finden sich im Obligationenrecht in den Art. 319 ff. zahlreiche ganz oder relativ zwingende Bestimmungen, die nicht oder nur zu Gunsten der Arbeitnehmenden abgeändert werden dürfen.
[26] JESTAEDT, S. 300.

Schutz vor Ungleichbehandlung gewährt das Personenfreizügigkeitsabkommen der Schweiz mit der Europäischen Gemeinschaft und den Mitgliedstaaten (FZA). Europäische *Wanderarbeitnehmer/innen* haben gegenüber dem Arbeitgeber einen Anspruch auf Gleichbehandlung mit inländischen Beschäftigten. Das FZA kommt indes nur zur Anwendung, wenn ein grenzüberschreitender Sachverhalt vorliegt[27]. Erwähnt werden können zudem das Heimarbeitsgesetz (HArG), das für gewerbliche und industrielle *Heimarbeit* den so genannten *Paritätslohn garantiert*[28] und das Bundesgesetz über genetische Untersuchungen beim Menschen (GUMG), das im Arbeitsbereich und bei Arbeitnehmerversicherungen die Arbeitnehmenden vor Diskriminierung aufgrund ihrer *genetischen Veranlagung* schützt[29]. *Ausländerrechtlich* ist Art. 22 des Ausländergesetzes (AuG) beachtlich. Die Erteilung einer Bewilligung für die Beschäftigung ausländischer Arbeitskräfte ist an die Voraussetzung geknüpft, dass Arbeitgebende den ausländischen Arbeitnehmenden bei gleicher Arbeit die gleichen Lohn- und Arbeitsbedingungen gewährt wird wie den schweizerischen Arbeitnehmenden.

Die in der für die Schweiz *verbindlichen* völkerrechtlichen Verträgen verankerten *menschenrechtlichen Diskriminierungsverbote*, etwa in Art. 14 der Europäischen Menschenrechtskonvention (EMRK), die Rassendiskriminierungskonvention (RDK) oder im Abkommen Nr. 111 der Internationalen Arbeitsorganisation IAO enthalten über die allgemeinen Verpflichtungen zu einer Politik des Diskriminierungsabbaus hinaus zum Teil justiziable, unmittelbar anwendbare Normen. Noch ist dogmatisch wenig bearbeitet, wie weit diese auch im privatrechtlichen Arbeitsverhältnis anwendbar sind[30].

III. Gleichheitsrechtliche Grundfragen

1. *Privatautonomie/Vertragsfreiheit versus Gleichbehandlung/Diskriminierungsschutz*

Kernpunkt der vorliegenden Studie bildet das *Verhältnis* zwischen *Privatautonomie, Vertragsfreiheit* und *Diskriminierung*. Die in diesem Verhältnis angelegte Spannung zwischen Freiheit und Gleichheit prägt auch die Gestaltungsfreiheit der Beziehungen zwischen Arbeitgebenden und Arbeitnehmenden im privatrechtlichen Arbeitsverhältnis.

---

[27] PÄRLI (Arbeitsrechtliches Diskriminierungsverbot), S. 21 ff. Siehe weiter: 10. Kapitel, S. 334 ff.
[28] GEISER (Gleichbehandlungsgebot), S. 42, VON KAENEL, S. 41.
[29] PÄRLI (GUMG), S. 79 ff.
[30] Siehe aber immerhin MARTENET (protection), S. 432 f.

1. Kapitel: Problemstellung

11 Gleichbehandlungsansprüche und Diskriminierungsschutz im Privatrecht werden regelmässig kontrovers diskutiert. Ganz offensichtlich berühren Diskriminierungsverbote das Selbstverständnis des liberalen Rechtsstaates. Besonders intensiv gestaltet(e) sich die Debatte in einzelnen EU-Staaten, namentlich der Bundesrepublik Deutschland, im Kontext der Umsetzung der Anti-Diskriminierungsrichtlinien 2000/78/EG[31] und 2000/43/EG[32]. Diese Debatte wird im verfassungsrechtlichen[33] und europarechtlichen Teil[34] nachgezeichnet und für die schweizerische Diskussion fruchtbar gemacht[35].

12 Die Privatautonomie wird allgemein als das Prinzip der Selbstgestaltung der Rechtsverhältnisse durch den Einzelnen nach seinem Willen bezeichnet[36]. Grundlage der Privatautonomie ist die dem Menschen angeborene Würde und das daraus abgeleitete Selbstbestimmungsrecht[37]. Der Vertrag ist die Hauptform privatautonomer Gestaltung[38]. Die Vertragsfreiheit beinhaltet nach geläufiger Terminologie die Abschlussfreiheit, die Inhaltsfreiheit und die Kündigungsfreiheit[39]. In der Doktrin und in der Bundesgerichtspraxis werden arbeitsrechtliche Gleichbehandlungsansprüche und Diskriminierungsschutz der auf der Privatautonomie fussenden Vertragsfreiheit gegenübergestellt[40]. Dabei gehe die *Vertragsfreiheit dem Diskriminierungsschutz* vor[41].

13 Weder Privatautonomie noch Vertragsfreiheit sind *naturgegeben*, sie sind vielmehr das Ergebnis eines philosophischen und politisch-rechtlichen Ent-

---

[31] Richtlinie 2000/78/EG des Rates vom 27. November 2000 zur Festlegung eines allgemeinen Rahmens für die Verwirklichung der Gleichbehandlung in Beschäftigung und Beruf, ABl. vom 2.12.2000, L 303/16.

[32] Richtlinie 2000/43/EG des Rates vom 29. Juni 2000 zur Anwendung des Gleichbehandlungsgrundsatzes ohne Unterschied der Rasse oder der ethnischen Herkunft, ABl. vom 29.06.2000, L 180/22.

[33] Siehe 8. Kapitel, S. 232 ff.

[34] Siehe 13. Kapitel, S. 303 ff.

[35] Siehe 14. bis 16. Kapitel, S. 483ff.

[36] FLUME, S. 1, 15, MERZ (Privatautonomie) S. 1 ff., KRAMER, N 18 zu Art. 19-20 OR, OFTINGER (Vertragsfreiheit), S. 315 ff., BUSCHE, S. 13-44. Eine kritische Auseinandersetzung mit einem Verständnis von Privatautonomie als «Selbstherrlichkeit» der Einzelnen (FLUME, S. 7) folgt hinten im 8. Kapitel, S. 236 ff.

[37] Diese Aussage geht auf die Kant'sche These von der Autonomie des Menschen aus (Nach Kant ist die Freiheit das einzige angeborene Recht des Menschen, siehe KANT, 1791, S. 237 f.). Zum Ganzen: MAHLMANN (Ehtik), N 11, MASTRONARDI, N 21.

[38] Zur Privatautonomie gehören weiter die Testierfreiheit, die Assoziationsfreiheit, Eigentumsfreiheit und Freiheit der Person, siehe zum Ganzen KRAMER, N 20 zu Art. 19/20 OR.

[39] Statt vieler: SCHWENZER, N 25.01 ff.

[40] GEISER (Gleichbehandlungsgebot), S. 38 ff., BGE 129 III 276, Ew. 3.1., siehe dazu ausführlich in Kapitel 8, 14 und 15.

[41] Siehe dazu ausführlich in Kapitel 8, 14 und 15.

scheidungsprozesses[42]. Die Vertragsfreiheit ist *normativ konstituiert*[43], sie bildet nach schweizerischem Verfassungsverständnis Teil der grundrechtlichen gewährten Wirtschaftsfreiheit als Ausdruck der Privatautonomie[44]. Auch der Anspruch auf Gleichbehandlung und Diskriminierungsschutz ist *normativ*[45]. Der Satz «Alle Menschen sind gleich» beschreibt kein Faktum sondern ein Sollen, stellt einen Wertungsentscheid dar, der nicht zu allen Zeiten gleich ausgefallen ist. Der grundsätzliche Anspruch auf Gleichheit der Menschen ist in historischer Perspektive ein relativ neues Phänomen[46]. Wie die Privatautonomie, hat auch der Anspruch auf Gleichheit und Diskriminierungsschutz die Wurzeln in der Würde des Menschen. Diese Würde steht allen Menschen zu.

Antidiskriminierung hat zum Ziel, Benachteiligungen von Menschen durch Verletzung ihrer Würde zu bekämpfen[47]. Indem der Staat Rechtsschutz gegen Würdeverletzungen Privater gewährt, erfüllt der Diskriminierungsschutz eine Rechtsgüterschutzfunktion. Wie weit Diskriminierungsrecht darüber hinaus auch eine sozialstaatlich ausgleichende Funktion (Ausgleich tatsächlicher Benachteiligung) hat bzw. haben soll, ist umstritten[48]. Auf diese Problematik wird noch (und wiederholt) zurückzukommen sein[49].

Die Frage nach der Legitimität von Antidiskriminierungsgesetzen und -massnahmen im Privatrecht und vorliegend im privatrechtlichen Arbeitsverhältnis steht im Kontext des grundsätzlichen Spannungsverhältnisses zwischen Freiheit und Gleichheit[50]. Ergreift der Staat zum Diskriminierungsschutz der Arbeitnehmenden Massnahmen, bedeutet dies notwendigerweise eine Einschränkung der Vertragsfreiheit der Arbeitgebenden. Damit stellt sich die Frage der Abwehrfunktion der grund- und menschenrechtlich verankerten

---

[42] Siehe dazu grundsätzlich BÄUERLE, S. 41-67, BELSER (Freiheit), S. 11-49.
[43] HÖPFLINGER, S. 20 ff.
[44] Dazu ausführlich im 7. Kapitel, S. 236 ff.
[45] MAHLMANN (Ethik), S. 37.
[46] Interessanterweise nimmt in historischer und ideengeschichtlicher Perspektive der Streit um die Gleichheit in dem Masse zu, wie die Gleichheit verwirklicht wird, je mehr Gleichheit, desto sensibler werden offensichtlich verbleibende Ungleichheiten wahrgenommen, siehe dazu STOLLEIS, S. 8.
[47] SCHEFER (Kerngehalte), S. 30, BAER (Privatautonomie), S. 290.
[48] Siehe dazu die differenzierten Äusserungen von NEUNER, S. 58 und SOMEK (Gerechtigkeit), S. 45 ff., insbes. S. 50. Pointiert gegen die Verwirklichung sozialer Teilhaberechte durch die Mittel des Privatrechts äusseren sich JAUN, S. 457 ff., insbes. S. 489 f, HONSELL (Zukunft), S. 226 f, LOBINGER, S. 151 f, REPGEN, S. 80 f; vgl. zur Problematik im Zusammenhang mit einem aufgrund einer Behinderung verweigerten Versicherungsvertrag für eine Krankenzusatzversicherung PÄRLI (Verweigerter Abschluss), S. 355 f.
[49] Siehe dazu in Kapitel 8, S. 266, S. 277 und in Kapitel 14, S. 484 ff.
[50] Dazu grundlegend DAMM, S. 417 ff.

Privatautonomie[51]. Kritische Stimmen in der Lehre argumentieren, staatliches Eingreifen in privatautonome Entscheidungen zum Zwecke des Diskriminierungsschutzes habe paternalistischen Charakter[52], fördere einen eigentlichen Grundrechtstotalitarismus[53], trage Züge einer robespierristischen Tugendlehre[54] oder läute die Totenglocke des Privatrechts ein[55]. Antidiskriminierungsrecht wird vorgeworfen, es verrechtliche moralische Pflichten[56].

16 Dem ist zu entgegnen, dass die Rechtsordnung auch unabhängig vom Diskriminierungsschutz unzählige verrechtlichte moralische Pflichten enthält. Zudem sind die Grenzen zwischen Recht und Moral nicht für ein und allemal festgezogen[57], sie sind vielmehr wandelbar und rechtspolitisch gestaltbar. Im Vorwurf der Verrechtlichung moralischen Verhaltens steckt die urliberale Idee, der Staat habe sich gegenüber privatem Verhalten, auch wenn es andere diskriminiert, neutral zu verhalten. Kritisch ist hierzu zu fragen, ob der Staat mit einer Duldung diskriminierenden Verhaltens tatsächlich neutral ist oder genau damit nicht vielmehr Stellung *für die Diskriminierenden* bezieht[58]. So betrachtet entpuppt sich die Neutralität des Staates als Illusion. Denn, der Staat handelt auch wenn er nicht handelt[59]. Diskriminierungsschutz stellt gerade den Versuch dar, die «automiegefährdenden Konsequenzen liberaler Neutralität»[60] zu bekämpfen.

17 Die Grundgedanken des *Antidiskriminierungsrechts* – Würdeschutz aber auch sozialer Ausgleich – können aus der *Leitidee der Privatautonomie* selbst abgeleitet werden. Kennzeichen der Privatautonomie ist, dass der einzelne Mensch in Selbstbestimmung seine Rechtsverhältnisse gestaltet. Diskriminierung aber führt dazu, dass bestimmte Personengruppen keine Gelegenheit zur

---

51 WIESBROCK, S.185.
52 ZWEIGERT/KÖTZ, S. 324.
53 SIMON, S. 264. Der Autor erwähnt den Begriff nicht unmittelbar im Zusammenhang mit Diskriminierungsverboten, vielmehr thematisiert er ganz grundsätzlich die Frage, wieweit die grundrechtliche Geltung im Zivilrecht gelten soll. In dieser Debatte werde eine eigentliche Konstitutionalisierung der Rechtsordnung registriert.
54 SÄCKER (Vernunft), S. 289, SÄCKER (Vertragsfreiheit), S. 1 ff., PICKER, S. 540 f.
55 REPGEN, S. 11 ff.
56 PICKER, S. 540 f.
57 BRITZ, S. 374.
58 BRITZ, S. 375.
59 BAER (Würde), S. 235. Zur angeblichen Neutralität des liberalen Staates schreibt HEPPLE, S. 257: «The liberal constitutional states which emerged in Europe in the 19th century actively promoted liberal doctrines, purporting to leave the economy alone (*laissez-faire*). This was, of course, a form of intervention in the sense that it gave uncontrolled support to the power of liberal contractual ideas, the formal equality of employer and employee was proclaimed (…)».
60 SOMEK (Wissen), S. 209.

Gestaltung ihrer Rechtsverhältnisse in Selbstbestimmung haben, da so gut wie niemand mit ihnen einen Vertrag abschliessen will oder bloss Verträge mit diskriminierenden Bestimmungen. Das Selbstbestimmungsrecht als wesentlicher Teil der Menschenwürde kann von den Diskriminierten gar nicht wahrgenommen werden[61]. Verfassungsrechtlich wird argumentiert, die aus den Grundrechten fliessenden Schutzpflichten umfassten auch die Schaffung faktischer Voraussetzungen der Privatautonomie[62].

Antidiskriminierung lässt sich über den Würdeschutz hinaus mit *marktwirtschaftlichen* Argumenten begründen. In einer arbeitsteiligen Gesellschaft bildet der Vertrag ein wichtiges Medium des Zugangs zu Gütern und Dienstleistungen. Der Vertrag vermittelt im Ergebnis die Teilhabe am wirtschaftlichen, gesellschaftlichen und kulturellen Reichtum[63]. Werden nun Personen aufgrund bestimmter Merkmale durch andere Marktteilnehmende systematisch vom Zugang zum (Arbeits)Vertrag ausgeschlossen, besteht eine marktsystemkonforme Korrektur darin, den Betroffenen ihre Vertragsteilhabe durch eigenverantwortliche Mobilisierung des Rechts zu ermöglichen. Durch solch «privatrechtliches Empowerment»[64] eröffnen sich sozialpolitisch interessante Perspektiven. In dem Masse wie es gelingt, durch privatrechtlichen Diskriminierungsschutz soziale Ausgrenzung zu vermeiden, müssen die Kosten für die sozialen Ausgleichsmassnahmen nicht vom Staat bzw. den Sozialversicherungen und Institutionen der Sozialen Hilfe getragen werden[65].

Zwischen Freiheit und Gleichheit besteht ein innerer Zusammenhang, nicht notwendigerweise ein Widerspruch. Die heute von den Verteidigern der Vertragsfreiheit beschworene «Zwei-Welten-Konzeption Freiheit – Gleichheit»[66] trägt ideologische Züge. Die *Möglichkeit zur Freiheit* ist ein entscheidender Grund für die Berechtigung der Forderung nach Gleichheit in Kernaspekten der Existenz[67]. Diskriminierungsschutz muss die Voraussetzungen gleicher Freiheit sichern[68]. Zwischen mit den mit Diskriminierungsschutz verfolgten Zielen und der Vertragsfreiheit besteht kein grundsätzlicher Widerspruch.

---

61 SCHIEK (Gerechtigkeit), S. 350.
62 WALDMANN (Autoversicherungsprämien), N 45.
63 SCHIEK (Gerechtigkeit), S. 23.
64 Der Begriff stammt von SCHIEK (Gerechtigkeit), S. 23 (Sie schreibt von «Empowerment durch privatrechtliche Rechtsetzung).
65 BECKER/SCHULZ, S. 10, PÄRLI/LICHTENAUER/CAPLAZI, N 1.4, N 4.20, N 4.21. Siehe dazu auch die Schlussanträge des GA Maduro v. 12.03.2008 in der Rechtssache C-54/07, Feryn, N 14 und N 18.
66 ULRICH (Marktwirtschaft), S. 14.
67 MAHLMANN (Gerechtigkeitsfragen), S. 63
68 NICKEL, S. 66.

Antidiskriminierungsschutz ist vielmehr ein wichtiger Verbündeter und Ermöglicher der Freiheit[69].

2. Gleichheit, Vielfalt, Differenz

20 Gleichbehandlungs- und Antidiskriminierungsrecht im privaten Arbeitsverhältnis muss sich nicht nur Fragen des Verhältnisses zur Privatautonomie stellen. Es geht nicht bloss um Freiheit oder Gleichheit, es geht auch um Fragen zwischen *Vielfalt* und *Gleichheit*. Gleichbehandlungs- und Antidiskriminierungsrecht muss Lösungen zur Frage bereitstellen, ob und wie Differenz gleichheitsrechtlich anzuerkennen sind[70].

21 Besonders offensichtlich manifestieren sich diese Fragen in der Arbeitswelt bei Fragen religiöser Bekleidung oder Einhaltung religiöser Vorschriften. Die einzigen möglichen Konfliktfelder sind dies indes nicht. Sollen Rauchende einen Anspruch darauf haben, ihre Gewohnheiten auch während der vertraglichen Arbeitszeit auszuüben? Welche Anpassung darf von gesundheitlich angeschlagenen Arbeitnehmenden zumutbarerweise gefordert werden? Rein formal ausgerichtetes Gleichheitsrecht löst diese Probleme nicht bzw. es löst sie durch Negation der Differenz. Eine Regel, die jede religiöse Bekleidung am Arbeitsplatz verbietet, verstösst nicht gegen ein formal verstandenes Gleichbehandlungsrecht. Gesetzliche und betriebliche Arbeitszeitvorschriften sind formal nicht diskriminierend, sie gebieten nicht, dass Frauen oder ältere Arbeitnehmende generell länger zu arbeiten oder weniger Anspruch auf Absenzen haben. Hingegen wird mit einer für alle gleich geltenden Arbeitszeit möglicherweise ignoriert, dass Frauen trotz rechtlicher Gleichstellung mehrheitlich die Kinderbetreuung übernehmen. Es liegt deshalb kein Verstoss gegen ein rein formal verstandenes Diskriminierungsverbot vor, wenn einer Arbeitnehmerin mit Verweis auf ihre häufigen Absenzen gekündigt wird, auch dann nicht, wenn die Absenzen auf notwendige Kinderbetreuung (bei Krankheit der Kinder) zurückzuführen sind. Bei einer solchen Kündigung wird nicht an das Geschlecht angeknüpft, sondern an das Faktum der häufigen Absenzen.

22 Ein ausschliesslich und vorwiegend individualistisch ausgerichtetes Gleichbehandlung- und Diskriminierungsschutzrecht vernachlässigt gruppenspezifi-

---

[69] So im Ergebnis auch TRACHSLER (Gleichbehandlungsgebot), S. 233, PÄRLI (AGG), S. 133 ff.
[70] NICKEL, S. 56 ff., MACKLEM, S. 4 ff., 79-91, 192 ff.

sche Dimensionen und führt zu einer «Gleichheit nur für Gleiche»[71]. Und bei einer rein formalen Ausrichtung des Gleichbehandlungsrechts besteht die Gefahr, dass im Ergebnis die alten Ungleichheiten reproduziert werden, weil der Vergleichsmassstab für die Gleichbehandlung sich an der dominanten Gruppe orientiert[72]. In der feministischen Rechtstheorie[73] etwa wird kritisiert, dass ökonomische oder soziale Ungleichheit nicht als eine Frage unterschiedlicher Identität oder Eigenschaften verstanden wird. Herkömmliches Gleichheitsrecht übernimmt so unreflektiert patriarchale Abwertung des Weiblichen, gefordert wird die Anerkennung von Differenz[74] bzw. die Entkoppelung von Differenz von Dominanz[75]. Antidiskriminierungsrecht muss so ausgestaltet sein, dass ein Anspruch auf Gleichbehandlung bei gleichzeitiger Anerkennung der Differenz besteht. Oder mit anderen Worten: Mit Gleichbehandlungs- und Antidiskriminierungsrecht ist rechtlich bzw. rechtspolitisch auch über die *Grenzen der zumutbaren Anpassung* zu entscheiden. Wie flexibel müssen die Arbeitnehmenden in der Ausübung ihrer Religion umgehen, ist es Ihnen zuzumuten, bsw. die Zeiten für das religiös vorgeschriebene Gebet in Arbeitspausen zu verlegen? Ist für strenggläubige Personen ein anderer Massstab anzulegen? Soll die Arbeitgeberin bei der Ausgestaltung von Arbeitsbedingungen geschlechtsspezifischen Lebenslagen Rechnung tragen müssen?

Die Anerkennung von Differenz kann auch paradoxe Effekte haben. Durch die Anerkennung der Differenz besteht die Gefahr der Zuschreibung stereotyper Rollenbilder, Vorurteile können zementiert werden[76]. Die Anerkennung von Differenz stellt ein Dilemma dar: Sowohl Ignoranz und Akzeptanz von Differenz können stigmatisieren[77]. Gleichbehandlungs- und Antidiskriminierungsrecht muss sich diesem Dilemma stellen[78].

Die praktische Bedeutung der hier bloss bruchstückhaft umrissenen Thematik für die vorliegende Untersuchung wurde angesprochen. Gleichbehandlungsfragen im Arbeitsverhältnis bewegen sich im Spannungsfeld zwischen Gleichheit, Vielfalt und Differenz. Diese Ausgangslage liegt den meisten betriebswirtschaftlichen Diversity-Management-Konzepten zu Grunde. Die

---

[71] So der Titel eines Beitrages von MAIHOFER, S. 351 ff., siehe auch SCHIEK (Gerechtigkeit), S. 47, SOMEK (Wissen), S. 201 f. Zur Problematik siehe weiter: MACKLEM, insbes. S. 10 ff.
[72] SCHIEK (Gerechtigkeit), S. 45 ff.
[73] Siehe dazu den Überblick zur feministischen Rechtstheorie ELSUNI, S. 163 ff.
[74] ELSUNI, S. 167.
[75] BAER (Würde), S. 237.
[76] So WALDMANN (Diskriminierungsverbot), S. 241, SCHIEK (Gerechtigkeit), S. 46.
[77] MINOW, S. 20 f.
[78] Siehe dazu Teil II, 8. Kapitel, 4.2.2 Diskriminierung durch Gleichbehandlung, S. 265.

dort geforderte und geförderte Vielfalt darf indes aus (arbeits)rechtlicher Sicht nicht auf eine rein betriebswirtschaftliche Optik reduziert werden[79].

IV. Begriffsklärungen und Abgrenzungen

1. Bedeutung des Begriffs «Diskriminierung»

1.1 Alltagssprache und sozialwissenschaftliche Bedeutung

25 Die Ursprünge des Begriffs «Diskriminierung» finden sich in der lateinischen Sprache. Das lateinische Nomen «discrimen» kann mit «Unterschied», «Unterscheidung», aber auch «Entscheidung» übersetzt werden. Das Verb «discernere» meint «unterscheiden», «trennen» und das Verb «cernere» bedeutet «scheiden»[80]. Das Wort «diskriminieren» hat im lateinischen ursprünglichen Sinne eher eine neutrale Bedeutung. Anders verhält es sich dagegen im Alltagssprachgebrauch, zumindest in der deutschen Sprache. Hier haben die Worte «diskriminieren» und «Diskriminierung» eindeutig eine negative Konnotation. Wer sagt «das ist diskriminierend», gibt zu verstehen, «benachteiligend», «herabsetzend» oder gar «herabwürdigend» behandelt zu werden[81]. Auch in anderen europäischen Sprachen ist der Begriff «Diskriminierung» primär negativ besetzt[82].

26 Nach dem *sozialwissenschaftlichen* Sprachverständnis stellt Diskriminierung eine Ungleichbehandlung aufgrund bestimmter sozialbedeutsamer Merkmale wie rassisch-ethnische, nationale, religiöse Zugehörigkeit, Körpermerkmale wie Hautfarbe, Behinderung, Geschlecht, Alter, soziale oder regionale Her-

---

[79] PÄRLI (Diversity).
[80] KÖBLER (Stichwort: «diskriminieren»).
[81] STRAUSS/HASS/HARRAS, S. 128.
[82] Im englischen Sprachgebrauch ist das Wort «discrimination» nicht immer negativ besetzt, der Begriff stand vielmehr synonym für «Differenz». Siehe dazu RICHARDSON, A new Dictionary of the English Language, I. Bd., 1935, Stichwort «discrimination». Auch in der zweiten Ausgabe des Oxford Disctionary of English, Oxford 2003, sind für den Begriff «discrimination» mehrere Bedeutungen aufgeführt, vorab jedoch «discrimination against», was bedeute «the unjust or prejudicial treatment of different categories of people, especially on the grounds of race, age or sex. Als zweite Bedeutung wird erwähnt: »recogonition and understanding of the difference between one thing and another". Im »vocabulaire juridique" wird erwähnt, der Begriff »Discrimination" werde »plus rarement dans un sense neutre» im Sinne eines Synonyms für «distinction non nécessairement odieuse» verwendet (GÉRARD CORNU, vocabulaire juridique, 7ème edition, Paris 1998, S. 286). Zum Ganzen ausführlich PLÖTSCHER, S. 27, MOHR, S. 241.

kunft dar. Die Ungleichbehandlung zielt auf den Zugang zu Ressourcen und auf soziale Partizipation[83].

Die gerade gemachten Aussagen zur alltagssprachlichen und sozialwissenschaftlichen Bedeutung des Begriffes «Diskriminierung» sind im Lichte sprachphilosophischer Erkenntnisse zu relativieren[84]. Die Bedeutung der Sprache ergibt sich aus ihrem Gebrauch und ist nach Zeit, Ort und Kontext unterschiedlich. So sind denn auch Lexika und Wörterbücher keine Interpretationsmaschinen, die eine Bedeutung beliebiger Äusserungen ausspucken können[85].

1.2 Rechtliche Bedeutung

1.2.1 Herkunft und Entwicklung

In rechtlicher Hinsicht hat die Verwendung des Begriffs «Diskriminierung» seit der erstmaligen Verwendung im US-amerikanischen Recht des 19. Jahrhundert eine negative Bedeutung. Gegenstand bildeten sowohl Fälle menschenrechtlicher Diskriminierungsverbote[86] wie auch die Gesetze im Eisenbahnsektor, die so genannten «Granger-Laws», die erstmals Verbote diskriminierender Preisgestaltung enthielten[87]. Weitere Erlasse betreffend unfairer Preisdiskriminierung waren der «Interstate Commerce Act» von 1887[88] und der «Clayton-Act» von 1914[89]. Diese Diskriminierungsverbote waren Vorbilder für die Diskriminierungsverbote im europäischen Wettbewerbsrecht und Marktordnungsrecht[90].

Im Völkerrecht tauchte der Begriff «Diskriminierung» nach dem ersten Weltkrieg in den Minderheitenschutzverträgen und Friedensverträgen auf[91]. Er fand weiter bei den Grundsätzen des völkerrechtlichen Fremdenrechts An-

---

[83] NAUCK, S. 82-83.
[84] Zur Bedeutung sprachphilosophischer Erkenntnisse für die juristische Auslegung siehe hinten, III. Rechtstheoretisches Verständnis, S. 23 ff.
[85] CHRISTENSEN/KUDLICH, S. 234.
[86] Der Begriff «discrimination» findet sich bereits in der Entscheidung «Virgina v. Rives», 100 US. 313 (1879). Weitere Fälle: «Strauder v. West Virginia, Case 100 US. 303 (1879), «civil rights cases 109», US. 3 (1883). Quelle für alle zitierten Fälle: http://www.findlaw.com (link: cases and codes).
[87] Zu den Granges Law's siehe DETRICK, S. 237 ff.
[88] Ein Auszug aus dem «Interstate Act von 1887 findet sich unter: http://www.historicaldocuments.com/InterstateCommerceAct.htm (Zugriff: 30.06.2008).
[89] Zum Clayton Act von 1914 siehe RAMIREZ/EIGEN-ZUCCHI, S. 157 ff.
[90] ZERR, S. 3.
[91] JAENICKE, S. 8 ff.

wendung[92]. Nach Ende des zweiten Weltkrieges wurde der völkerrechtliche Schutz des Einzelnen eine zentrale Aufgabe der neu gegründeten Vereinten Nationen[93]. In der Präambel der UNO-Charta werden Menschenwürde, Freiheit und Gleichheit für alle «ohne Unterschied der Rasse, des Geschlechts, der Sprache oder der Religion» als Ziel anerkannt. In zahlreichen völkerrechtlichen Menschenrechtsverträgen wurde der Diskriminierungsschutz seither verfeinert. Die einzelnen Abkommen enthalten Präzisierungen, was als Diskriminierung zu verstehen ist und wer vor Diskriminierung wie geschützt ist[94]. Eine *einheitliche Legaldefinition* des völkerrechtlichen Diskriminierungsverbotes gibt es nicht. Allgemein gilt jedoch, dass Diskriminierungsverbote den Wertungsspielraum eines Staates, Ungleichbehandlungen an bestimmte Merkmale anzuknüpfen, verbieten[95].

30 Diskriminierungsverbote enthalten auch die meisten nationalen Verfassungen[96], in der Regel ergänzen diese allgemeine Gleichbehandlungsgebote. NOLTE konstatiert aufgrund seiner Analyse nationaler Verfassungstexte eine Bewegung von allgemeinen Gleichheitsgeboten zu besonderen Diskriminierungsverboten[97]. Auch verfassungsrechtlich ist der Diskriminierungsbegriff nicht legaldefiniert[98].

31 Besondere Bedeutung haben Diskriminierungsverbote, gerade auch für das Arbeitsrecht, im Europäischen Gemeinschaftsrecht[99] erlangt. Der europäische Gesetzgeber hat mit Art. 12 (Verbot der Diskriminierung aufgrund der Staatsangehörigkeit), Art. 13 (Kompetenznorm zum Erlass von Massnahmen zum Schutz vor Diskriminierung aufgrund des Geschlechts, der Rasse, der ethnischen Herkunft, der Religion oder der Weltanschauung, einer Behinderung, des Alters oder der sexuellen Ausrichtung) und Art. 141 (Verbot der Entgeltungleichheit aufgrund des Geschlechts bei gleicher und gleichwertiger Arbeit) EGV den allgemeinen Gleichheitssatz für den Arbeitsbereich materiell konkretisiert[100].

---

[92] SCHINDLER, S. 14 ff.
[93] Zur Entstehungsgeschichte und Entwicklung der völkerrechtlichen (menschenrechtlichen) Diskriminierungsverbote siehe die umfassende Studie von ERMACORA aus dem Jahre 1971.
[94] Die Bedeutung dieser völkerrechtlichen Diskriminierungsverbote für den Gleichbehandlungsgrundsatz und den Diskriminierungsschutz im privatrechtlichen Arbeitsverhältnis wird in Teil II untersucht, S. 51 ff.
[95] RUDOLF (Diskriminierungsverbote), N 17.
[96] WALDMANN (Diskriminierungsverbot), S. 19-21, 110.
[97] NOLTE, S. 233 ff., insbes. S. 239-241.
[98] WALDMANN (Diskriminierungsverbot), S. 226.
[99] Siehe dazu umfassend die Studie von PLÖTSCHER und die Kapitel 10 bis 13, S. 303 ff.
[100] MEYER, S. 75.

Der Rechtsbegriff «Diskriminierung» wirft sowohl völkerrechtlich, verfassungsrechtlich wie bei den gesetzlichen Diskriminierungsverboten zahlreiche Probleme und Anwendungsfragen auf. Im Einzelnen wird darauf im Verlaufe dieser Arbeit eingegangen. Der Fokus bleibt dabei auf die arbeitsrechtlichen Gleichbehandlungsgebote und Diskriminierungsverbote gerichtet.

1.2.2 Direkte und indirekte Diskriminierung

Diskriminierungsverbote können sowohl die *direkte* wie auch die *indirekte* Diskriminierung erfassen. Die Terminologie ist hier nicht einheitlich[101]. Im Kontext des europäischen Gemeinschaftsrechts wird die direkte Diskriminierung oft als *unmittelbare* oder als *offene* und die indirekte als *mittelbar* Diskriminierung oder *versteckte* Diskriminierung bezeichnet[102]. Indirekte Diskriminierung, verstecke Diskriminierung oder mittelbare Diskriminierung sind synonym zu verstehen. Zuweilen wird diese Form der Diskriminierung auch als faktische Diskriminierung bezeichnet[103]. Synonym zu verstehen sind direkte Diskriminierung, offene Diskriminierung und unmittelbare Diskriminierung.

Eine direkte oder eben unmittelbare bzw. offene Diskriminierung liegt dann vor, wenn eine benachteiligende Ungleichbehandlung unter unzulässiger Anknüpfung an ein sensibles Kriterium erfolgt. Demgegenüber besteht die indirekte, mittelbare oder versteckte Diskriminierung darin, dass eine Ungleichbehandlung an vordergründig neutrale Kriterien anknüpft, sich aber in besonders nachteiliger Weise auf Angehörige einer vor Diskriminierung geschützten Personengruppe auswirkt[104].

Sowohl bei der direkten und insbesondere bei der indirekten Diskriminierung stellen sich Fragen, unter welchen Voraussetzungen benachteiligende Ungleichbehandlungen unter Anknüpfung an Diskriminierungsmerkmale bzw. benachteiligende Auswirkungen bei Verwendung diskriminierungsneutraler Merkmale ausnahmsweise gerechtfertigt sind. Die Rechtfertigungsgründe sind je im Kontext der völker-, verfassungs- und gemeinschaftsrechtlichen Diskriminierungsschutzrechtsquellen sowie in den gesetzlichen Diskriminierungsverboten zu erfassen. In dieser Studie wird dies je an den einschlägigen Stellen bearbeitet.

---

[101] WALDMANN (Diskriminierungsverbot), S. 308, MEYER, S. 35.
[102] PLÖTSCHER, S. 53 ff. Siehe ausführlich Teil III, S. 303 ff.
[103] RUDOLF (Diskriminierungsverbote), N 26.
[104] RUDOLF (Diskriminierungsverbote), N 26.

1.2.3 Diskriminierungsmerkmale

36 *Diskriminierungsmerkmale* stellen Tatbestände dar, aufgrund derer eine nicht durch explizite Rechtfertigungsgründe gerechtfertigte benachteiligende Ungleichbehandlung unzulässig ist. Diskriminierungsmerkmale bilden zentrale Aspekte der menschlichen Identität[105]. Mit der Verankerung von Diskriminierungsverboten werden Grenzen der zumutbaren Anpassung gezogen[106]. Die Menschen werden in ihrem Anspruch auf ein «So-Sein» geschützt[107], ohne dass sie jedoch auf ein «So-Sein» verpflichtet werden[108].

37 Die Festlegung der Diskriminierungsmerkmale in den jeweiligen Rechtsquellen (völker-, verfassungs- oder einfachgesetzliche Diskriminierungsverbote) ist eine vom zuständigen rechtsetzenden Organ zu treffende Wertungsentscheidung. Eine empirische Analyse völker-, verfassungs- und gesetzesrechtlicher Diskriminierungsmerkmale zeigt, dass der Schutz vor Diskriminierung aufgrund Geschlecht und Rasse am Stärksten verankert ist[109]. Darüber hinaus finden sich in den völkerrechtlichen Menschenrechtsverträgen zahlreiche weitere Diskriminierungsmerkmale wie «ethnische Herkunft», «Abstammung und Geburt», «Soziale Herkunft», «Familienstand», «Sprache», «Zugehörigkeit zu einer Minderheit», Religion oder Weltanschauung oder , «Behinderung». In Art. 8 Abs. 2 BV enthält die nicht abschliessende Liste der verbotenen Diskriminierungsmerkmale «Herkunft», «Geschlecht», «Rasse», «Alter», «Sprache», soziale Stellung», «Lebensform», «religiöse, weltanschauliche oder politischen Überzeugung» und «körperliche, geistige oder psychische Behinderung».

---

[105] DAMM, S. 403.
[106] SOMEK (Anpassung), S. 43-44, fragt im Kontext des Gleichheitsrechts nach den Grenzen der zumutbaren Anpassung im Berufsleben, die «gnadenlose Anpassung an Bedingungen einer effizienten gesellschaftlichen Zusammenarbeit wird durch die Gleichheit abgewehrt. Ansonsten würde unter dem Deckmantel einer liberal ausgedeuteten Gleichheit die subtile Dominanz der ökonomischen Anpassungsfähigen unterstützt».
[107] SOMEK (Rationalität), S. 573.
[108] Siehe zu dieser Problematik weiter oben, 2. Gleichheit, Vielfalt, Differenz, S. 10 ff.
[109] BANTON (Comparison), S. 115, WALDMANN (Diskriminierungsverbot), S. 327 und insbesondere GRISEL (Egalité), N 147 ff. weisen auf die höheren Hürden der Rechtfertigung einer Ungleichbehandlung aufgrund der Rasse (und Hautfarbe, Herkunft) sowie aufgrund des Geschlechts im Vergleich zu anderen Diskriminierungskriterien hin. Eine Zusammenstellung der völkerrechtlichen Diskriminierungsmerkmale findet sich in Kapitel 9, S. 285, Tabelle 1: Diskriminierungsmerkmale in Völker- und Verfassungsrecht.

2. Privatrechtliche Arbeitsverhältnisse

Gegenstand der Studie bilden der Gleichbehandlungsgrundsatz und Diskriminierungsschutz im *privatrechtlichen Arbeitsverhältnis*. Es geht nicht «nur» um Gleichbehandlung und Diskriminierung *im* Arbeitsvertrag. Es wird vielmehr auch untersucht, wie weit eine Gleichbehandlung bzw. ein Schutz vor Diskriminierung bereits im Bewerbungsverfahren Wirkung entfalten soll.

Privatrechtliche Arbeitsverhältnisse sind von öffentlichrechtlichen Arbeitsverhältnissen abzugrenzen. Diese Unterscheidung hat nichts gemein mit der allgemein verbreiteten Aufteilung des Arbeitsrechts in privates Arbeitsrecht und öffentliches Arbeitsrecht[110]. Die Differenzierung zwischen öffentlichrechtlichen oder privatrechtlichen Anstellungen hat vielmehr mit der Frage zu tun, ob sich die Arbeitnehmenden mit dem Arbeitgeber in einem öffentlichrechtlichen Verhältnis befinden oder ob es sich um eine privatrechtliche Beziehung handelt. Ein öffentlichrechtliches Arbeitsverhältnis liegt nur dann vor, wenn es sich beim Arbeitgeber um eine öffentlichrechtliche Institution, sei es der Staat selbst oder eine öffentlichrechtliche Anstalt, öffentlichrechtliche Stiftung oder eine Genossenschaft des öffentlichen Rechts, handelt[111]. Privatrechtliche Arbeitsverhältnisse öffentlichrechtlicher Institutionen sind nur ausnahmsweise zulässig. Voraussetzung dafür ist eine entsprechende Regelung in einem formellen Gesetz[112]. Die Legitimation solcher privatrechtlicher Arbeitsverhältnisse bleibt indes öffentlichrechtlich[113]. Ein privatrechtliches Arbeitsverhältnis liegt demgegenüber bei einem Arbeitsverhältnis zwischen einer Arbeitnehmerin und einem Arbeitgeber vor, der entweder als natürliche Person oder aber als juristische Person des Privatrechts auftritt.

Mit der Unterscheidung «öffentlichrechtliches Arbeitsverhältnis» bzw. «privatrechtliches Arbeitsverhältnis» ist noch nichts darüber ausgesagt, in welchen Rechtsquellen die konkreten Rechte und Pflichten zwischen den am Arbeitsverhältnis beteiligten Parteien geregelt sind. Für privatrechtliche Arbeitsverhältnisse sind Obligationenrecht, zahlreiche öffentlichrechtliche Erlasse wie das Arbeitsgesetz oder die relevanten Sozialversicherungsbestimmungen sowie das Datenschutz- und das Gleichstellungsgesetz massgebend. Für das Arbeitsverhältnis im öffentlichen Dienst hält Art. 342 Abs. 1 Bst. a OR fest, dass Vorschriften des Bundes, der Kantone und der Gemeinden vorbehalten sind. Davon betroffen sind rund 400 000 Arbeitsverhältnisse bei Bund, Kantonen und Gemeinden, während die Bestimmungen der Art. 319 ff.

---

[110] Für eine kritische Auffassung gegenüber der Aufrechterhaltung der Dualität von öffentlichem und privatem Arbeitsrecht vgl. MICHEL, S. 219.
[111] Siehe zum ganzen Themenkomplex HELBLING, S. 3.
[112] HELBLING (Personalrecht), S. 3, MOSIMANN, S. 454 ff.
[113] VISCHER G., S. 5.

1. Kapitel: Problemstellung

OR für etwas über 3 000 000 privatrechtliche Arbeitsverhältnisse massgeblich sind[114]. Die Regelung dieser Anstellungen erfolgt heute vielfach mittels verwaltungsrechtlicher Verträge[115], welche im Gegensatz zur Verfügung den Parteien mehr Gestaltungsspielraum lassen und deren Abschluss auf übereinstimmenden Willenserklärungen beruhen[116]. Immer mehr finden sich im dafür massgebenden öffentlichrechtlichen Personalrecht Verweise auf das privatrechtliche Obligationenrecht. Die Bestimmungen zum (privatrechtlichen) Arbeitsvertrag in den Art. 319 ff. OR und die Allgemeinen Bestimmungen des OR im öffentlichen Personalrecht kommen auch lückenfüllend zur Anwendung[117].

41   Eine präzise Unterscheidung zwischen privatrechtlichen und öffentlichrechtlichen Arbeitsverhältnissen ist notwendig, um den Anwendungsbereich völker- und verfassungsrechtlicher Gleichbehandlungs- und Diskriminierungsschutznormen richtig zu bestimmen. Völker- und verfassungsrechtliche Diskriminierungsverbote verpflichten den Staat[118]. In ihrer Rolle als Arbeitgeber sind der Staat und ihm zuzurechnende Organisationen an das Legalitätsprinzip gebunden. Das bedeutet: Die Grundrechte, vorliegend relevant insbesondere das Rechtsgleichheitsgebot (Art. 8 Abs. 1 BV), das Diskriminierungsverbot (Art. 8 Abs. 2 BV) und das Willkürverbot (Art. 9 BV) sind im öffentlichrechtlichen Arbeitsverhältnis unmittelbar anwendbar[119]. Auf das privatrechtliche Arbeitsverhältnis hingegen trifft dies im Grundsatz nicht zu. Private Arbeitgeber sind, soweit nicht ausnahmsweise eine direkte Drittwirkung einer Verfassungsbestimmung anzunehmen ist, nicht unmittelbar an die Grundrechte und damit auch nicht an die Rechtsgleichheit, das Diskriminierungsverbot und das Willkürverbot gebunden. Bedeutungslos sind die völker- und verfassungsrechtlichen Diskriminierungsverbote indes für das privatrechtliche Arbeitsverhältnis nicht[120]

---

[114] HELBLING (Dienst), S. 243.
[115] JAAG/MÜLLER/TSCHANNEN/ZIMMERLI, S. 6.
[116] HÄFELIN/MÜLLER, Rn 1052 ff.
[117] BGE 132 II 161, Erw. 3.1.
[118] Zum Umfang der Verpflichtungen und die Diskussion um eine Drittwirkung (oder in anderer Terminologie Privatwirkung) von völkerrechtlichen Diskriminierungsverboten siehe hinten, 4. Kapitel, S.68 ff., und 9. Kapitel, S. 296f. und S. 298 f.
[119] HÄNER, S. 395 ff., Rechtsprechungsübersicht bei HÄNNI, S. 73 ff.
[120] Wie sich diese auf die Auslegung einfachen Gesetzesrechts auswirken und welcher rechtspolitischer Handlungsbedarf sich aus den völkerrechtlichen Verpflichtungen zu einem aktiven Diskriminierungsschutz ergibt, bildet einen zentralen Aspekt der vorliegenden Studie, siehe 8. Kapitel, S. 252 ff.

2. Kapitel: Fragestellung, Vorgehen und Methode

I. Fragestellung

Das Ziel der vorliegenden Studie besteht in der Klärung der Fragen, wie Arbeitnehmende im Arbeitsverhältnis nach geltendem schweizerischen Recht vor Diskriminierung geschützt sind und welche Tragweite dem arbeitsrechtlichen Gleichbehandlungsgrundsatz zukommt. Geklärt werden soll weiter, ob die heutige einfachgesetzliche Rechtslage den völker- und verfassungsrechtlichen Anforderungen an die staatlichen Verpflichtungen zum Diskriminierungsschutz genügt.

42

Die Klärung der genannten Fragen bezieht sich dabei auf sämtliche Phasen des privatrechtliche Arbeitsverhältnisses:

43

- die Bewerbungsphase und der Anstellungsentscheid,

- die vertragliche Vereinbarung über die Inhalte des Arbeitsverhältnisses, insbesondere Lohn und Sozialleistungen,

- die Konkretisierung von Arbeitsinhalt und Verhalten der Arbeitnehmenden durch Ausübung des Weisungsrechts des Arbeitgebers,

- die Ausrichtung vertraglich nicht vereinbarter Entschädigungen,

- die Gestaltung weiterer Arbeitsbedingungen wie Weiterbildung, Beförderung,

- die Wahrnehmung des Gestaltungsrechts der Kündigung des Arbeitsverhältnisses.

Mit zur Fragestellung der Studie gehört die Frage nach Art und Ausmass der in der sozialen Realität vorkommenden Diskriminierungen entlang des «Lebenszyklusses»[121] eines Arbeitsverhältnisses. (Bewerbung, Anstellung, Kündigung). Die ungleichen Chancen beim Zugang zum Arbeitsmarkt und tatsächlichen Ungleichbehandlungen aufgrund sensibler Diskriminierungsmerkmale bei den Arbeitsbedingungen stehen zur dogmatischen Bearbeitung der Rechtsprobleme in engem Zusammenhang. Soweit bsw. empirisch festgestellt wird, dass die Zugangschancen zum Arbeitsmarkt von Arbeitnehmenden aus bestimmten Kulturkreisen aufgrund ihrer Herkunft erheblich eingeschränkt ist, stellt sich über die *rechtspolitische* Frage nach einer Verstärkung des gesetzlichen Diskriminierungsschutzes hinaus die *rechtsdogmatische* Frage, ob die bestehenden Normen des Gesetzes- wie Verfassungs- und Völ-

44

---

[121] Zum Begriff siehe PÄRLI/CAPLAZI/SUTER, S. 87.

kerrecht den rechtsanwendenden Behörden *im konkreten Einzelfall* erlauben, den Diskriminierten *rechtsfortbildend* Schutz zu gewähren[122]. Die *Rechtswirklichkeit* wird deshalb in die vorliegende Untersuchung einbezogen[123]. Auf die Durchführung eigener empirischer Untersuchungen muss verzichtet werden. Ziel ist jedoch, mittels einer Literaturanalyse die bestehenden aktuellen sozialwissenschaftlichen Untersuchungen über Diskriminierung in der Arbeitswelt in der Schweiz möglichst vollständig zu erfassen und die Ergebnisse in geraffter Form darzustellen[124].

45 Aufgabe der Rechtswissenschaft ist (auch), der wachsenden Rechtsquellenvielfalt durch dogmatische Einordnung der empirischen Befunde zu begegnen und Strukturen offen zu legen[125]. Diesem Anspruch soll in der vorliegenden Untersuchung dadurch gerecht werden, dass die Rechtsquellen, die einen Einfluss auf die Gleichbehandlung und Diskriminierung im privatrechtlichen Arbeitsverhältnis haben, umfassend erkannt und bearbeitet werden. Für die Gleichbehandlung und den Diskriminierungsschutz im privatrechtlichen Arbeitsverhältnis bilden die obligationenrechtlichen Bestimmungen des allgemeinen Teils der OR und die Bestimmungen zum Arbeitsvertrag in den Art. 319 bis 362 OR die massgebenden Bestimmungen. Das Privatrecht bildet jedoch kein vom übrigen Recht abgeschottetes, geschlossenes System. Generalklauseln wie «Treu und Glauben» (Art. 2 ZGB), «Schutz der Persönlichkeit» (Art. 27/28 ZGB) oder «die guten Sitten» (Art. 19/20 OR) oder «Schutz der Persönlichkeit des Arbeitnehmers» (Art. 328 OR) bilden Eingangstore für die Berücksichtigung von ausserhalb des Privatrechts anzusiedelnden Wertungsentscheidungen[126].

46 Für die vorliegende Untersuchung stellen dafür die völker- und verfassungsrechtlichen Diskriminierungsverbote den Referenzrahmen dar. Auch im Privatrecht selbst finden sich indes Gleichbehandlungswertungen, denen im Rahmen dieser Studie nachzugehen ist[127]. Die für die Schweiz nicht unmittelbar anwendbaren gemeinschaftsrechtlichen Diskriminierungsverbote im Be-

---

[122] MARTENET (protection), S. 434, 457-458. Siehe auch hinten, III. Rechtstheoretisches Verständnis, S. 23.
[123] MÜLLER (Methodenlehre), S. 69. Siehe auch hinten, III. Rechtstheroetisches Verständnis, S. 23.
[124] Das geschieht im diesen ersten Teil der Studie abschliessenden gleich folgenden dritten Kapitel, siehe S. 30 ff.
[125] MEDER, S. 655.
[126] REHBINDER (Arbeitsrecht), N 222, bezeichnet Art. 328 OR als «legitimes Einfallstor» für die Grundrechte im Arbeitsverhältnis. Zur Kritik an dieser Aussage siehe PÄRLI (Persönlichkeitsschutz), S. 228.
[127] Siehe dazu ausführlich Teil IV, S. 483 ff.

Teil I: Diskriminierungsschutzrecht und Vertragsfreiheit im Arbeitsrecht – Annäherung

reich Beschäftigung und Beruf stellen als rechtsethische Prinzipien ebenfalls eine wichtige Orientierungsquelle dar[128].

Eine arbeitsrechtsspezifische Scharnierfunktion zwischen Privatrecht und öffentlichem Recht nimmt Art. 342 OR wahr. Die Bestimmung statuiert einen Vorbehalt öffentlichen Rechts und einen Vorbehalt zivilrechtlicher Wirkungen des öffentlichen Rechts. Für den Arbeitsvertrag bleiben nach Art. 342 Abs. 1 Bst. a vorbehalten «Vorschriften des Bundes, der Kantone und Gemeinden über das öffentliche Dienstverhältnis, soweit sie die Art. 331 Abs. 5 und 331a – 331e betreffen» und nach Bst. b «öffentlich-rechtliche Vorschriften des Bundes und der Kantone über die Arbeit und die Berufsbildung». Art. 342 Abs. 2 OR gewährt den Arbeitnehmenden einen zivilrechtlichen Erfüllungsanspruch, wenn Vorschriften des Bundes oder der Kantone dem Arbeitgeber eine öffentlich-rechtliche Verpflichtung auferlegen, die Inhalt des Einzelarbeitsvertrages sein könnte. Sofern und soweit Arbeitnehmende sich auf öffentlichrechtliche Gleichbehandlungsansprüche berufen können, gehen diese allfälligen anderslautenden vertraglichen Vereinbarungen vor[129]. 47

II. Gang der Untersuchung

Verpflichtungen zu rechtsgestaltenden Massnahmen zum Schutze vor Diskriminierungen ergeben sich aus zahlreichen *völkerrechtlichen* Menschenrechtsabkommen. Ausgangspunkt bildet die These, dass das schweizerische Gleichbehandlungs- und Diskriminierungsschutzrecht im internationalen Vergleich, insbesondere im arbeitsrechtlichen Bereich, eher unterentwickelt ist. Es ist fraglich, ob die Schweiz ihren völkerrechtlichen Verpflichtungen zur Umsetzung des Diskriminierungsschutzes in privaten Rechtsverhältnissen ausreichend nachkommt[130]. Die für die Schweiz verbindlichen völkerrechtlichen Diskriminierungsverbote werden deshalb dahingehend untersucht, welche Verpflichtungen sich daraus im Zusammenhang mit privatrechtlichen Arbeitsverhältnissen für die Politik und die Rechtsanwendung ergeben[131]. 48

Sowohl Privatautonomie und Vertragsfreiheit wie auch Diskriminierungsschutz sind in der *Bundesverfassung* verankert. Die Auswirkungen dieser Ausgangslage auf Diskriminierungen im «Lebenszyklus» eines privatrechtlichen Arbeitsverhältnisses werden im Anschluss an die völkerrechtlichen Ka- 49

---

[128] Siehe dazu ausführlich Teil III, S. 303 ff.
[129] GEISER (Entwicklungen 1997), S. 281, mit Verweis auf BGE 122 III 110.
[130] MARTENET (protection), S. 433, CAPLAZI/NAGUIB, Rz 134, PÄRLI (Persönlichkeitsschutz), S. 235, PÄRLI (Mangold), S. 880. Keinen gesetzgeberischen Handlungsbedarf sehen JAUN, S. 457 ff., inbes. S. 484 f. und HONSELL (Zukunft), S. 226 f.
[131] Siehe Teil II, Kapitel 3-7 und 9.

2. Kapitel: Fragestellung, Vorgehen und Methode

pitel analysiert[132]. In diesem Kontext ist bezogen auf den Diskriminierungsschutz unter Privaten u.a. das Verhältnis zwischen Schutzpflicht und Drittwirkungslehre zu analysieren. Die Drittwirkungsdebatte im Kontext des Diskriminierungsschutzes wird in Deutschland besonders kontrovers geführt. Aus diesem Grunde wird rechtsvergleichend auf diese Debatte eingegangen und es werden Rückschlüsse auf die Rechtslage in der Schweiz gezogen. Der zweite Teil der Untersuchung wird mit einem zusammenfassenden völker- und verfassungsrechtlichen Fazit abgeschlossen[133]. Aus der völker- und verfassungsrechtlichen Analyse soll der normative Rahmen für die privatrechtliche Gestaltung des Verhältnisses zwischen Vertragsfreiheit und Diskriminierungsschutz im privatrechtlichen Arbeitsverhältnis abgeleitet werden.

50 Im dritten Teil der Studie werden das für das Arbeitsverhältnis relevante gemeinschaftliche Gleichbehandlungsrecht und dessen Grenzen durch die gemeinschaftsrechtliche Vertragsfreiheit dargestellt. Es geht um die Diskriminierungsverbote im Rahmen der Arbeitnehmerfreizügigkeit (Art. 39 EGV), die Entgeltgleichheit (Art. 141 EGV) und Gleichbehandlungsrichtlinien aufgrund des Geschlechts sowie die gestützt auf Art. 13 EGV erlassenen Rahmenrichtlinien.

51 Im Bereich der Diskriminierungsverbote im Rahmen der Arbeitnehmerfreizügigkeit hat die Schweiz durch das Personenfreizügigkeitsabkommen mit der EU und den EU-Mitgliedstaaten die gemeinschaftsrechtliche Rechtslage übernommen (mit Einschränkungen hinsichtlich Geltung der EuGH-Rechtsprechung nach der Unterzeichnung des Abkommens). Die daraus folgenden Konsequenzen werden vertieft analysiert. Bezüglich Gleichbehandlungsrecht aufgrund des Geschlechts stellt sich die Frage, welche Bedeutung der Tatsache zu kommt, dass die Schweiz mit dem Gleichstellungsgesetz (GlG) die europäische Rechtslage in diesem Bereich autonom nachvollzogen hat (Autonomer Nachvollzug der EuGH-Rechtsprechung bei autonom nachvollzogenen Gesetzen[134]). Für den Anwendungsbereich der RL 2000/43/EG und RL 2000/43/EG bildet die Nichtmitgliedschaft in der EU den Ausgangspunkt für die Feststellung, dass diese Richtlinien für die Schweiz keine Geltung haben. Als Rechtserkenntnisquelle ist die Auseinandersetzung mit den Gleichbehandlungsrichtlinien und den darauf gesetzten EuGH-Entscheiden dennoch sinnvoll[135].

---

[132] Siehe 8. Kapitel, S. 214 ff.
[133] Siehe 9. Kapitel, S. 283 ff.
[134] BGE 129 III 350, Erw. 6, BGer vom 26. 11. 2003, 4C.233/2003, Erw. 5.5.1. Siehe zur dieser «Europäisierung» des Schweizerischen Privatrechts AMSTUTZ, S. 67 ff.
[135] Siehe dazu II. Gang der Untersuchung, S. 21 und III. Rechtstheoretisches Verständnis, S. 23.

Im vierten Teil der Studie[136] wird ein Perspektivenwechsel vollzogen. Diskriminierungsschutz und Gleichbehandlung und das Verhältnis zur Vertragsfreiheit werden aus der Optik des Privatrechts untersucht. Dabei fliessen die vorgängig gewonnen Erkenntnisse über die völker- und verfassungsrechtlichen Diskriminierungsschutzpostulate in die privatrechtliche Wertung ein. Im abschliessenden fünften Teil[137] werden die Ergebnisse zusammenfassend präsentiert.

III. Rechtstheoretisches Verständnis und methodisches Vorgehen

1. Vorbemerkungen

Eine rechtswissenschaftliche Arbeit kann sich auf einer eher rechtstheoretischen, eher rechtsmethodischen oder eher rechtsdogmatischen Ebene bewegen. Nach herkömmlichem Verständnis befindet sich die *Rechtstheorie* in ihrem für die dogmatische Arbeit relevanten Ausschnitt der Rechtsphilosophie auf einer Metaebene[138]. Sie trohnt über der mehr der *Rechtspraxis* zugeneigten Methodik und Dogmatik[139]. Dogmatik und Methodik dagegen sind zur Praxisorientierung angehalten.

Dieses Drei-Ebenen-Modell «Rechtstheorie-Rechtsmethodik-Rechtsdogmatik» birgt die Gefahr in sich, dass die Theorie in der *praktischen* Rechtslehre als entbehrlich betrachtet wird[140]. Theorielos ist die Praxis nicht. An die Stelle der wissenschaftlich begründeten Theorie tritt die nicht offengelegte *Alltagstheorie* der Rechtsanwendenden[141]. Rechtstheorie aber, die sich dem Ist-Zustand der Rechtspraxis analytisch nähert, hilft dieser, sich (selbst)kritisch fortzuentwickeln[142]. «Nichts ist so praktisch wie eine gute Theorie», diese dem Begründer der Sozialpsychologie Karl Lewin zugeschriebene Aussage[143] ist auch auf die Rechtspraxis zutreffend. Rechtspraxis braucht Rechtstheorie. Rechtstheorie muss die blinden Flecken der Dogmatik beleuchten, sich den gesellschaftlichen Herausforderungen im Kontext der

---

[136] Siehe S. 483 ff.
[137] Siehe S. 607 ff.
[138] Kritisch dazu SOMEK (Wissen), S. 104, BUCKEL/CHISTENSEN/FISCHER-LESCANO, S. XI.
[139] Diese Vorstellung findet sich in vielen Grundlagewerken juristischer Methodenlehre, siehe etwa PAWLOWSKI, N 227, BYDLINSKI, S. 83 f.
[140] SOMEK (Wissen), S. 111.
[141] Siehe dazu illustrativ OGAREK, S. 129.
[142] MÜLLER/CHRISTENSEN, N 536-542.
[143] Zitiert nach LARSEN/ZIMMERMANN, S. 11.

Globalisierung stellen[144]. Rechtstheorie muss auch fragen, wie rechtliches Wissen entsteht und wie es verwertet wird[145].

55 Mit der vorliegenden Arbeit wird nicht der Anspruch verfolgt, einen originären *rechtstheoretischen* Beitrag zur Gleichbehandlung/Diskriminierung zu leisten. Das haben andere getan, deren Werke hier angemessen berücksichtigt werden[146]. Es geht vielmehr um *Rechtsfindung,* verstanden als Ergebnis eines am Normtext bzw. Normbereich orientierten hermeneutischen Verstehensprozesses. Jede Auslegung ist zugleich auch Rechtsschöpfung[147]. Im Ergebnis wird ein Beitrag zur *Dogmatik* der Gleichbehandlung und Diskriminierung im privatrechtlichen Arbeitsverhältnis geleistet.

56 Jedes rechtsdogmatische Arbeiten basiert auf einem bestimmten rechtstheoretischen und rechtsmethodischen (Vor)Verständnis[148]. Das trifft auf die rechtsanwendende Richterin genau so zu wie auf den Rechtswissenschaftler[149]. In der Folge wird deshalb das rechtstheoretische Verständnis des Autors in groben Zügen dargelegt.

2. *Rechtstheoretisches Verständnis*

57 Rechtstheoretisches Verständnis und methodischer Zugang zu einer Thematik bzw. methodisches Vorgehen stehen zueinander in einem logischen Verhältnis. Wer Rechtswissenschaft im Sinne des klassischen *Rechtspositivismus* betreibt, versteht die Aufgabe der juristischen Methodenlehre darin, durch richtigen Umgang mit den klassischen Auslegungselemente (grammatikalisch, systematisch, teleologisch, historisch) im Rechtsstoff den wahren Sinn einer Norm zu erkennen[150]. Auch für das Bundesgericht ist die Ermittlung des (im Gesetz «verstecken») Sinngehalts einer Bestimmung Ziel jeder Auslegung[151]. Ausgangspunkt jeder Auslegung bilde dabei der Wortlaut einer Be-

---

144 BUCKEL/CHRISTENSEN/FISCHER-LESCANO, S. X f.
145 SOMEK (Wissen), S. 24.
146 Zu erwähnen sind insbesondere SOMEK ALEXANDER, Rationalität und Diskriminierung, Wien, 2001, HEINZE, The logic of equaliy: A formal Analysis of Non-Discrimination Law, London, 2003.
147 RHINOW (Methodik), S. 124. Siehe zur Problematik «Rechtsfortbildung durch Auslegung» aus der Bundesgerichtspraxis: BGE 125 V 356 Erw. 1b, 123 V 301 Erw. 6a mit Hinweisen, 121 III 224 Erw. 1d/aa, 115 II 163, Erw. 3a, 114 Ia 196 f., Erw. 3b/bb.
148 DÜRR, N 163.
149 GÄCHTER, S. 237.
150 KRAMER, S. 29.
151 BGE 128 I 34, Erw. 3b.

stimmung, doch könne dieser allein nicht massgebend sein. Vom Wortlaut könne abgewichen werden, wenn triftige Gründe für die Annahme beständen, dass er nicht den wahren Sinn der Vorschrift wiedergebe[152]. Kernelemente rechtspositivistischen Denkens bilden weiter die Lückenkonzeption[153] und das Konzept des Wortsinns als äussere Grenze der Auslegung[154]. Hintergrund bildet die dem formalen Rechtsstaat innewohnende Gewaltenteilung[155].

Ein als *nachpositivistisch* bezeichnetes Rechtsdenken[156] stellt in Frage, dass einem Rechtstext an sich eine Bestimmung innewohnen könne, die zu ermitteln auf dem Wege der Auslegung möglich ist. Diese Skepsis basiert auf der sprachwissenschaftlichen Erkenntnis, dass die Bedeutung von Worten sich (erst) aus ihrem Gebrauch ergibt[157]. Ein wie auch immer gearteter Sinn kann in einem Gesetz demnach gar nicht enthalten sein[158]. Radikal zu Ende gedacht führt dies dazu, dass sich die Theorie des Gesetzeswortlauts als primärer Orientierungspool für die Freiheit und Gebundenheit der Gerichte nicht (mehr) aufrechterhalten lässt[159].

Die *strukturierende Rechtslehre*, die in Deutschland von FRIEDRICH MÜLLER begründet und von ihm und insbesondere RALPH CHRISTENSEN weiterentwickelt wurde, hat ein Modell ausgearbeitet, wie juristisches Handeln jenseits des Gesetzespositivismus, aber rechtsstaatlichen Anforderungen genügend, vorzunehmen ist[160]. Dem Rechtsanwender vorgegeben ist in diesem Verständnis einzig der Normtext[161]. Auf dem Wege der Normkonkretisierung wird die *anzuwendende Rechtsnorm erst erzeugt*. Strukturierende Rechtsarbeit verlangt, in einem Normprogramm die auf dem Normtext basierenden *Sprachdaten* zu erarbeiten, auf deren Grundlage *Realdaten* herangezogen werden. Diese bilden den Normbereich. Normprogramm und Normbereich ergeben zusammen die abstrakt-generell zu formulierende Rechtsnorm («In

---

[152] BGE 131 II 13, Erw. 7.1.
[153] KRAMER, S. 164-204.
[154] KRAMER, S. 69, PROBST (Grenze), S. 249 ff.
[155] KRAMER (Methodenlehre), S. 37, BGE 128 I 34, Erw. 3b., 126 III 49, Erw. 2d, 121 III 219 Erw.1d/aa.
[156] Zum nachpositivistischen Rechtsdenken siehe FORGO/SOMEK, S. 263 – 290.
[157] Vgl. dazu ausführlich die Arbeiten von AMSTUTZ/NIGGLI (Wittgenstein I -IV) zur Bedeutung der Wittgensteinschen Philosophie in der rechtswissenschaftlichen Methodenlehre.
[158] AMSTUTZ/NIGGLI (Wittgenstein II), insbes. S. 166.
[159] AMSTUTZ/NIGGLI (Wittgenstein III), S. 12 ff.
[160] Das Werk «Juristische Methodik» von MÜLLER/CHRISTENSEN erschien 2004 bereits in der neunten (stark erweiterten) Auflage.
[161] Dem Normtext an sich wird keine Bedeutung zugemessen, MÜLLER/CHRISTENSEN, N 531, zum Unterschied Norm und Normtext N 163. Siehe dazu auch AMSTUTZ/NIGGLI (Wittgenstein II), S. 176.

einem Fall wie diesem gilt ...»), die zuletzt als Entscheidungsnorm (Entscheidungsformel, Urteil) individualisiert wird[162]. Dieses Modell erlaube die Problematik von «Recht und Wirklichkeit», von «Sein und Sollen» adäquat zu erfassen[163].

60 Welche Bedeutung haben die gerade dargelegten rechtstheoretischen Grundannahmen für die vorliegende Untersuchung? Mit Blick auf die Realien – darunter sind die im dritten Kapitel aufgeführten Fakten zu tatsächlichen Ungleichbehandlungen und Diskriminierungen im Arbeitsverhältnis zu verstehen – werden rechtsdogmatisch Gleichbehandlungs- und Diskriminierungsschutzanspruch entlang den verschiedenen Phasen des Arbeitsverhältnisses (Lebenszyklus) untersucht. Ein solches Vorgehen forderte vor über 100 Jahren schon PHILIPPE LOTMAR, dem zugeschrieben wird, das Arbeitsrecht als eigenständige wissenschaftliche Disziplin begründet zu haben[164]: «Wer nur von den Gesetzen und der Spruchpraxis aus die juristische Darlegung des Arbeitsvertrages unternimmt, wird bedeutende Erscheinungen und Probleme übersehen.»[165]. Die Realien bilden dabei einen (von vielen) Bezugspunkt(en) bei der Auslegung der für die Studie massgebenden Gesetzestexte[166].

61 In diesem Sinne wird eine Brücke zwischen «Sein» und «Sollen» geschlagen, verdichten sich die Gesetzestexte zu Normen im Sinne der strukturierenden Rechtslehre. Diese Theorie wird jedoch nicht einfach «übernommen». Das wäre angesichts deren Komplexität schlicht eine Anmassung. Vielmehr dienen die strukturierende Rechtslehre und die dem nachpositivistischen Rechtsdenken eigene Skepsis gegenüber der Annahme, über die Auslegung lasse sich dem Gesetz ein ihm innewohnender Sinn entnehmen, als eine wichtige Inspirationsquelle. Gleiches gilt für die Grundannahmen der «Basler-Schule» von RENÉ RHINOW und GIOVANNI BIAGGINI, wonach die Verfassung Spielräume für die legitime richterliche Rechtsfortbildung eröffne[167] und Rechtsanwendung nicht nur Erkenntnis von vorgegebenem Recht, sondern immer auch Entscheidung offener Rechtsfragen bedeute[168].

62 Eine rechtswissenschaftliche Arbeit kann offene Rechtsfragen – Gleichbehandlung und Diskriminierungsschutz im privatrechtlichen Arbeitsverhältnis sind *offene* Fragen – nicht autoritativ durch Urteil entscheiden, aber sie kann

---

[162] MÜLLER/CHRISTENSEN, N 281 – N 288, siehe insbes. auch die Visualisierung der Hauptphasen der Normkonkretisierung auf S. 258.
[163] MÜLLER/CHRISTENSEN, N 553.
[164] Zum Werk und Wirken Philippe Lotmars siehe REHBINDER (Geburt), S. 9 ff.
[165] LOTMAR, S. 56.
[166] Siehe dazu BGE 131 II 13, Erw. 7.1 «Zu ermitteln ist das aktuell geltende Recht, das ohne Realitätsbezüge nicht verstanden werden kann (...)».
[167] BIAGGINI (Rechtsanwendung), S. 45, RÖTHEL, S. 122.
[168] RHINOW (Methodik), S. 134, 164, BIAGGINI (Verfassung), S. 59, 68, 163.

und soll durch Auslegung der relevanten Normtexte den Gerichten rational begründete Entscheidnormen vorschlagen, auch solche, die in der Methodenlehre unter dem Terminus *richterliche Rechtsfortbildung* erfasst werden. WOLFGANG PORTMANN hat anhand einer Analyse jüngerer Bundesgerichtsentscheide eindrücklich aufgezeigt, wie das Bundesgericht im Bereich des Arbeitsrechts durch konkretisierende, ergänzende und korrigierende Rechtsfortbildung wichtige Beiträge zum «lebenden Recht» geleistet hat[169]. Auch an dieser Praxis ist für die vorliegende Untersuchung zur Gleichbehandlung und zum Diskriminierungsschutz anzuknüpfen. Aufzuzeigen ist dabei, ob ergänzend zur richterlichen Gestaltungsmacht rechtspolitischer Handlungsbedarf an die Adresse des Gesetzgebers besteht. Man mag bezweifeln, ob dies noch zur Aufgabe einer rechtswissenschaftlichen Studie gehört. Indes, die Übergänge zwischen juristischer Methodik und (rechts)politischer Arbeit sind fliessend, «Rechtshandeln ist rechtsnormorientiertes politisches Handeln – mag es als Normtextsetzung auftreten» oder als «Rechtskonkretisierung durch Verwaltung, Judikatur, Regierung, Rechtswissenschaft (...)»[170].

3. *Methodisches Vorgehen*

Über diese grundsätzlichen rechtstheoretischen Überlegungen hinaus gilt es den methodischen Zugang zum Forschungsgegenstand (Gleichbehandlung und Diskriminierung im privatrechtlichen Arbeitsverhältnis) darzulegen. Entsprechend dem Fokus auf privatrechtliche Arbeitsverhältnisse handelt es sich vorliegend um eine primär *privatrechtliche* Arbeit, die sich am äusseren und inneren Systems des Privatrechts[171] orientiert.

Die völker- und verfassungsrechtlichen Diskriminierungsverbote und öffentlichrechtliche Bestimmungen mit «Potenzial» zu privatrechtlicher Wirkung (über Art. 342 OR[172]) werden auf ihre Transformationsfähigkeit (Drittwirkung, Privatwirkung) bzw. auf ihre Ausstrahlung auf die Privatrechtsnormen (Art. 19/20 OR, Art. 319-362 OR, insbesondere auf Art. 2 und 27/28 ZGB sowie auf Art. 328 und 328b sowie Art. 336 OR) untersucht. Die Auslegung der massgebenden Normtexte erfordert die Bezugnahme auf die *vollständige* Rechtsordnung[173]. Dazu gehört auch das globale Umfeld, etwa die Entwicklung des Diskriminierungsschutzes in den menschenrechtlichen Völkerrechtsabkommen. Die für die Schweiz verbindlichen Abkommenstexte sind gelten-

---

[169] PORTMANN (Würdigung).
[170] MÜLLER/CHRISTENSEN, N 21.
[171] Siehe dazu KRAMER (Methode), S. 80.
[172] Siehe oben, II. Gang der Untersuchung, S. 21.
[173] DÜRR (Vorbemerkungen zu Art. 1 und 4 ZGB), N 164.

des schweizerisches Recht und so ohnehin auf dem Wege der völkerrechtskonformen Auslegung zu berücksichtigen[174]. Mit Bezug auf die Verankerung im Internationalen Pakt über wirtschaftliche, soziale und kulturelle Rechte (IPwsK) hat das Bundesgericht 1999 noch basierend auf der Verfassung von 1874 lückenfüllend im schweizerischen Arbeitsrecht ein Streikrecht anerkannt[175].

65 Einen besonderen Stellenwert nimmt in dieser Studie zudem die *verfassungskonforme Auslegung* ein. Im gängigen Tenor der herrschenden privatrechtlichen juristischen Methodenlehre sind einfachgesetzliche Normen *im Zweifel* verfassungskonform zu interpretieren[176]. Andere Autoren weichen mit ihrem Konzept der verfassungsbezogenen Auslegung insoweit von der verfassungskonformen Auslegung ab, als sie die Verfassung als anderen Auslegungselementen gleichwertiges Element für jede Auslegung berücksichtigen wollen[177].

66 Eine besondere Bedeutung hat die verfassungskonforme Auslegung im Zusammenhang mit der indirekten Wirkung von Grundrechten[178] und vorliegend relevant mit dem Grundrecht auf Diskriminierungsschutz. Dabei sind zwei Optiken zu unterscheiden. Aus der Perspektive des Verfassungsrechts fragt sich, welche *Auswirkungen* das «Grundrechtsverwirklichungsprogramm» in Art. 35 BV auf das Privatrecht und konkreter auf die Bestimmungen im OR zum Arbeitsvertrag sowie auf für das Bewerbungsverfahren anwendbare ZGB-Normen haben[179]. Aus der Perspektive des Privatrechts ist nach den *Einwirkungen* grundrechtlicher (und völkerrechtlicher) Diskriminierungsverbote) auf die privatrechtlichen Normen zu fragen.

67 Als «Einwirkungsgefässe» bieten sich insbesondere unbestimmte Rechtsbegriffe und Generalklauseln an: die Kontrollmassstäbe der Vertragsfreiheit, «Sittenwidrigkeit» und «Öffentliche Ordnung», die Bestimmungen zum Persönlichkeitsschutz in Art. 27/28 ZGB, die Bestimmung zum Schutz der Per-

---

[174] WALDMANN (Diskriminierungsverbot), S. 42 f., siehe auch BGE 128 III 113, Erw. 3a: «Der Prüfung einer eidgenössischen Gesetzesbestimmung auf ihre Vereinbarkeit mit der Europäischen Menschenrechtskonvention steht nach der ständigen Rechtsprechung des Bundesgerichts nichts entgegen.» (BGE 117 Ib 367 E. 2d f., 118 Ia 473 E. 5b/bb, 118 Ib 277 E. 3b, 122 II 485 E. 3, 125 II 417 E. 4d).
[175] BGE 125 III 277, Erw. 2e. Das Bundesgericht liess die Frage, ob der einschlägige Art. 8 Abs. 1 Bst. d IPwsKR «self-executing» sei, offen und bejahte das Streikrecht unter Bezugnahme auf die bisherige Praxis, die herrschende Lehre und auf die Verankerung des Streikrechts in der nachgeführten Bundesverfassung von 1999.
[176] KRAMER, S. 90, HAEFELIN, S. 241 ff, HAEFELIN/HALLER/KELLER, N 148 ff., BGE 95 I 330 Erw. 3, 99 Ia 630, Erw. 7, 102 IV 153, Erw. 1b, 107 V 214, Erw. 2b, 115 II 193, Erw.6d, 124 III 321, Erw. 2f.
[177] HÖHN (Methodik), S. 236, ders. (Bedeutung), S. 257 ff., inbes. S. 274, AUER, S. 91.
[178] Siehe dazu im 8. Kapitel, S. 221 f.
[179] Siehe dazu WALDMANN (Diskriminierungsverbot), S. 487-523.

sönlichkeit des Arbeitnehmers in Art. 328 OR sowie das Gebot des Handelns nach «Treu und Glauben» in Art. 2 ZGB.

Diese Begriffe sind nicht wegen ihrer Unbestimmtheit auslegungsbedürftig. Gibt es keinen «klaren Wortlaut», wie das mit Blick auf sprachwissenschaftliche Erkenntnisse behauptet wird, kann es auch keine «bestimmten» Rechtsbegriffe geben. Jeder Rechtsbegriff ist unbestimmt und bedarf deshalb der Auslegung. Das Besondere an Begriffen wie «die guten Sitten» oder «Schutz der Persönlichkeit» liegt folglich nicht der Auslegungsbedürftigkeit, sondern in der besonderen Nähe zu Wertungen, wie sie auch durch Grundrechte getroffen werden. Deshalb sind es *besonders* wertungsausfüllungsbedürftige Normen, die völker- und verfassungsrechtlicher Wertungen ebenso zugänglich sind[180] wie der Rezeption ausserrechtlicher sozialer Normen[181]. Durch die Gerichtspraxis wertungsausfüllend konkretisiert, gewinnen die Generalklauseln an inhaltlicher Schärfe. Es handelt sich um normative Begriffe, sie nehmen eine Schlüsselposition in der Steuerung der Privatrechts- und vorliegend der Arbeitsrechtsordnung[182] ein.

Der Fundus *privatrechtlicher* Rechtsprechung zum Persönlichkeitsschutz im Allgemeinen und zum Arbeitnehmerpersönlichkeitsschutz im Besonderen stellt in dieser Arbeit einen zentralen Anknüpfungspunkt für die Entwicklung einer Gleichbehandlungs- und Diskriminierungsschutzdogmatik dar.

---

[180] KRAMER (Methodenlehre), S. 92, CAMASTRAL, S. 155 ff.
[181] TEUBNER, S. 60 ff.
[182] RÖTHEL, S. 46 und 435.

3. Kapitel: Tatsächliche Diskriminierung im Lebenszyklus eines Arbeitsverhältnisses

I. Einleitung

1. Gründe für einen vertieften Blick auf die Lebenswirklichkeit

70 Ziel dieses Kapitels ist, das aus völker-, verfassungs- und arbeitsrechtlicher Perspektive geforderte *Sollen* an Diskriminierungsschutz und Gleichbehandlung mit einem Blick auf das *Sein* – die Rechtswirklichkeit – die in der sozialen Realität des Arbeitsmarktes und der Arbeitsverhältnisse tatsächlich vorkommenden Diskriminierungen von Arbeitnehmenden und Stellensuchenden – zu ergänzen. Ein allfälliger Bedarf an «mehr Diskriminierungsschutz» ist nicht nur normativ, sondern auch auf der Basis empirischer Daten zu ermitteln.

71 Informationen und Wissen über Art, Häufigkeiten und Ursachen von Diskriminierungen sind sowohl für die Rechtspraxis wie auch die Rechtspolitik erforderlich. *Gerichte* benötigen solche Hintergrundinformationen, um im konkreten Einzelfall den Sachverhalt richtig einschätzen und die in Frage kommenden Normen richtig auslegen und anwenden zu können. Die Beurteilung, ob ein bestimmtes Verhalten einer Arbeitgeberin eine Verletzung der Persönlichkeitsrechte des Arbeitnehmers darstellt, ist ohne Bezüge zu ausserrechtlichem Wissen nicht denkbar. Der *Gesetzgeber* ist auf fundierte Fakten über die tatsächlich vorkommenden Diskriminierungsphänomene angewiesen. Gesetzgebung erfordert nicht nur retrospektive Evaluationen sondern auch prospektive Auswirkungseinschätzungen. Gerade in den politisch sehr umstrittenen Fragen der Notwendigkeit und des richtigen Weges der Diskriminierungsbekämpfung, ist für den Gesetzgeber eine Orientierung an empirischen Fakten und ausserrechtlichem Wissen zum Themenkomplex «Diskriminierung in der Arbeitswelt» äusserst wichtig.

72 Das Erfordernis, einen vertieften Blick auf die Lebenswirklichkeit zu werfen, ist mehr als eine rhetorische Formel. Völkerrechtliche Diskriminierungsschutzabkommen, namentlich das UN-Übereinkommen vom 21. Dezember 1965 zur Beseitigung jeder Form von Rassendiskriminierung (RDK), verpflichten die Schweiz u.a. zu einer Beobachtung und systematischen Erhebung der Diskriminierungsvorkommnisse in der Praxis[183]. Auch die Europäische Kommission gegen Rassismus und Intoleranz (European Commission

---

[183] NAGUIB (Rassismus), S. 31 f., ders. (Monitoring), S. 98 ff.

against Racism and Intolerance ECRI) betont in ihren «Allgemeinen Empfehlungen» die Notwendigkeit zu einem regelmässigen Monitoring von rassistischen Vorfällen und der Wirksamkeit von Schutzmassnahmen[184].

Die Bundesverfassung (BV) enthält in Art. 8 Abs. 2 eine ausführliche Liste von Merkmalen, aufgrund derer niemand diskriminiert werden darf. Der sich an sämtliche Behörden richtende Auftrag zur Grundrechtsverwirklichung setzt Wissen um tatsächliche Diskriminierung voraus. Nach Art. 170 der Bundesverfassung (BV) wird das Parlament beauftragt, dafür zu sorgen, «dass die Massnahmen des Bundes auf ihre Wirksamkeit überprüft werden». Die Überprüfung ist nicht nur nachträglich zu verstehen, das ergibt sich allein schon aus dem französischen Wortlaut «évaluation». Evaluationen sind auch mit Blick auf zu treffende Massnahmen zu treffen[185]. Grundlage für gesetzgeberische Massnahmen bilden u.a. statistische Angaben. Weiter hat das Bundesamt für Statistik einen gesetzlichen Leistungsauftrag, dem Bund repräsentative Ergebnisse über den Zustand und die Entwicklung von Bevölkerung, Wirtschaft, Gesellschaft, Raum und Umwelt zu vermitteln (Art. 3 Abs. 1 BStatG). Als besonderer Auftrag sind Daten zur Gleichstellung von Frau und Mann zu erheben (Art. 3 II Bst. d BStatG). 73

Für die Behörden besteht folglich eine *rechtliche* Pflicht, Daten über die Diskriminierung, auch in der Arbeitswelt, zu erheben, entsprechende Aufträge an die Forschung zu erteilen und Forschungsergebnisse zu berücksichtigen. Wieweit dieser Verpflichtung in der Rechtspraxis und Rechtspolitik nachgekommen wird, wäre eine eigenständige Untersuchung wert. In der vorliegenden Untersuchung geht es nur darum, die rechtsdogmatische Auseinandersetzung zum Diskriminierungsschutz im Lebenszyklus eines Arbeitsverhältnisses auf der Basis eines Überblicks zum vorhandenen Wissen um tatsächliche Diskriminierung durchzuführen. Das macht Sinn, nicht zuletzt, weil in dieser Studie die rechtlichen Fragen des Diskriminierungsschutzes auch im Spannungsfeld zur Vertragsfreiheit bearbeitet werden. Ein Blick auf die Rechtswirklichkeit wird zeigen, wie es mit der *faktischen Vertragsfreiheit* von vor Diskriminierung geschützten Personen steht. 74

Für die Internationale Arbeitsorganisation (IAO) haben empirische Erhebungen zu Diskriminierungsphänomenen auch die Funktion, Diskriminierungsopfer zu ermutigen, ihre Situation zu erkennen und Schritte für Veränderungen vorzunehmen: «Die regelmässige Erfassung von Daten zur Diskriminierung ist eine Voraussetzung dafür, sie sichtbar zu machen und kostenwirksame 75

---

[184] Die Empfehlungen können hier heruntergeladen werden: http://www.coe.int/t/e/human_rights/ecri/1-ecri-3-general_themes/1Policy_Recommendations/_intro.asp# TopOfPage (Zugriff: 30.06.2008).

[185] MADER, S. 29.

3. Kapitel: Tatsächliche Diskriminierung im Lebenszyklus eines Arbeitsverhältnisses

Gegenmassnahmen zu entwickeln. Diskriminierung zu messen ist auch wichtig, weil sie das Stigma zu verringern hilft, das bestimmten Gruppen anhaftet. Wenn den Angehörigen dieser Gruppen klar gemacht wird, dass ihre Benachteiligung das Resultat von Rechtsverletzungen ist, trauen sie sich vielleicht, ihre Rechte einzufordern und Wiedergutmachung zu verlangen»[186].

2. *Daten zur Diskriminierung*

2.1 Notwendigkeit, Probleme und Methoden der Datenbeschaffung

76 Eine verbesserte Kenntnis von Diskriminierungsphänomenen gehört zu den Zielen des Aktionsprogramms der Europäischen Union zur Umsetzung der neuen rechtlichen Vorschriften zur Bekämpfung von Diskriminierung im Arbeitsverhältnis. Das Programm sieht vor, dass, «die Ausarbeitung und Verbreitung von vergleichbaren statistischen Serien über die Bandbreite der Diskriminierung» und «die Ausarbeitung und Verbreitung von Methoden und Indikatoren, welche die Bewertung der Wirksamkeit von Politikansätzen und Praktiken gegen die Diskriminierung ermöglichen» gefördert werden sollen[187].

77 Eine «vergleichende Studie über die Sammlung von Daten mit dem Ziel der Bemessung des Ausmasses und der Auswirkung von Diskriminierung in den Vereinigten Staaten, Kanada, Australien, Grossbritannien und den Niederlanden» zeigt die Schwierigkeiten auf, die mit der statistischen Erfassung von Diskriminierung einhergehen[188]. Damit Politik und Recht ein präzises Bild über tatsächliche, insbesondere auch versteckte Diskriminierung erlangen können, sind detaillierte Angaben über die Zusammensetzung der Belegschaften hinsichtlich Geschlechtes, ethnischer Herkunft, Behinderung, Alter, sexuelle Orientierung, Religion und Weltanschauung notwendig. In einigen Staaten sind Unternehmen gesetzlich verpflichtet, Statistiken zur Zusammensetzung ihrer Belegschaft nach Geschlecht oder Rasse zu erstellen. Damit kann ermittelt werden, ob Diskriminierung stattfindet, und es können allenfalls Gegenmassnahmen ergriffen werden[189].

78 Wesentlich heikler ist, Daten über die Religionszugehörigkeit oder zur sexuellen Orientierung der Arbeitnehmenden in einem konkreten Betrieb zu erheben. Es zeigt sich ein eigentliches Dilemma: die Informationen sind notwen-

---

[186] ILO (Global report 2007), Rz 40.
[187] EUROPÄISCHE KOMMISSION (Aktionsprogramm), S. 6.
[188] EUROPÄISCHE KOMMISSION (Sammlung), S. 96 ff.
[189] ILO (Global report 2007), N 46, siehe auch ANGST/SPENLÉ, S. 22 ff.

dig, um ein Bild über die tatsächliche Diskriminierung aus den genannten Gründen zu erhalten. Die Beschaffung dieser sensiblen Informationen über die Arbeitnehmenden setzt diese gerade wieder der Diskriminierungsgefahr aus[190]. Dennoch wird die Bedeutung regelmässiger Messung von Diskriminierung für den politischen Entscheidungsprozess als sehr hoch eingeschätzt. Nur so könnten adäquate Handlungskonzepte zur Beseitigung der Diskriminierung beschlossen werden. Solche Messungen müssen indes im Einklang mit den Datenschutzbestimmungen erfolgen[191].

Zur Messung von Diskriminierungsvorkommen bieten sich verschiedene Methoden an. Zum einen werden in statistischen Erhebungen, wie etwa derjenigen der schweizerischen Arbeitskräfteerhebung SAKE, diskriminierungssensible Merkmale erhoben und ausgewertet. Besonders anhand der Merkmale wie «Alter» «Geschlecht» und «Ausländerstatus» lassen sich strukturelle Diskriminierungen des Arbeitsmarktes erkennen.

Für die Feststellung, ob in einem einzelnen Betrieb diskriminierende Praktiken der Stellenbesetzung oder hinsichtlich Arbeits- und Entlassungsbedingungen vorkommen, sind andere Methoden notwendig. Bezüglich Lohngleichheit aufgrund des Geschlechts hat das schweizerische Bundesgericht die so genannte *Regressionsanalyse* anerkannt[192]. Diese wird üblicherweise für gesamtwirtschaftliche Diskriminierungsschätzungen verwendet, ist jedoch bei genügend grosser Anzahl von Mitarbeitenden auch auf eine einzelne Unternehmung anwendbar. Die Methode erlaubt, die Einflussfaktoren auf den Lohn zu identifizieren und damit Diskriminierung aufgrund des Geschlechts zu erkennen[193]. Besonders für die Messung der Diskriminierung beim Zugang zum Arbeitsmarkt bzw. zur konkreten Stelle eignen sich *«practice tests»*[194]. Die Methode funktioniert so, dass Arbeitgebende mit fiktiven Bewerbungen konfrontiert werden, bei grundsätzlich gleicher Qualifikation, Berufserfahrung werden der einen Gruppe ein oder mehrere Diskriminierungsmerkmale zugefügt während die Vergleichsgruppe der fiktiven Bewerbungen dieses Merkmal oder diese Merkmale nicht tragen[195]. Auf diese Weise kann festgestellt werden, ob und wie sich die Diskriminierungsmerkmale auf die Bewerbungschancen auswirken. Als weitere Methode kommen die *direkte Befragung von Arbeitnehmenden* nach ihren Diskriminierungserfahrungen in Be-

---

[190] ILO (Global report 2007), N 47.
[191] EUROPÄISCHE KOMMISSION (Sammlung), S. 101 ff.
[192] BGE 130 III 145, Erw. 3.
[193] Zur Regressionsanalyse als Instrument der Feststellung von Lohnungleichheit siehe STRUB, S. 1 ff.
[194] Siehe dazu grundlegend BOVENKERK.
[195] EGGER/BAUER/KÜNZI, S. 24 ff.

tracht[196] oder die *Befragung* bestimmter Zielgruppen oder der Gesamtbevölkerung über ihre *Einstellung zu Diskriminierung*.

2.2 Vorgehen in dieser Studie

81 Für die Erfassung der Diskriminierungsrealitäten auf dem Arbeitsmarkt und in den einzelnen Arbeitsverhältnissen wäre eine eigens für diese Studie konzipierte Datenerhebung optimal. Eine solche würde indes den Rahmen der vorliegenden rechtsdogmatischen Arbeit bei weitem sprengen. Deshalb erfolgt eine Beschränkung auf die Eruierung und *höchst summarische Auswertung* von Studien, die sich mit Diskriminierung in der Arbeitswelt beschäftigen. Fokus bildet der Blick auf die Situation in der Schweiz.

82 Berücksichtigt werden für die Untersuchung in erster Linie alle verfügbaren sozialwissenschaftlichen Untersuchungen. Spezifische Diskriminierungsstudien sind in der Schweiz eine Rarität. Darin spiegelt sich die im Vergleich zum europäischen Ausland mangelnde Sensibilität gegenüber der Diskriminierungsproblematik. In die Literaturanalyse einbezogen werden weiter vereinzelte Untersuchungsergebnisse und Policy-Dokumente internationaler Organisationen wie der IAO oder der European Foundation for the Improvement of Living and Working Conditions (Eurofound) und der Europäischen Kommission. Die spärlichen sozialwissenschaftlichen Forschungsergebnisse werden ergänzt mit Dokumentenanalysen von Beratungsstellen, die ihre Beratungsarbeit statistisch erfassen und mit Fallgeschichten illustrieren.

II. Formen und Häufigkeit von Diskriminierungen

1. *Überblick zum Forschungsstand*

83 Erstmals beteiligte sich die Schweiz 2005 an einer von der Stiftung zur Verbesserung der Arbeits- und Lebensbedingungen (European Foundation for better Living- and Workingconditions, Eurofound) durchgeführten europaweiten Befragung von Arbeitnehmenden zu verschieden Aspekten der Arbeitsbedingungen[197]. Unter anderem wurde nach Diskriminierung aufgrund des Geschlechts, der Religion, der ethnischen Herkunft, des Alters oder der sexuellen Orientierung gefragt. Die Bedeutung der Ergebnisse des European

---

[196] Für ein Beispiel einer solchen Form der Erhebung von Diskriminierungserfahrungen siehe PÄRLI/MÜLLER/SPYCHER, S. 31 ff.
[197] EUROFOUND, S. 35.

Working Condition Surveys für Fragen der Diskriminierung und der Belästigung/des Mobbings darf nicht überschätzt werden. Einfache Fragen nach «Haben Sie Diskriminierung erlebt?» tragen der Komplexität des Phänomens Diskriminierung nicht angemessen Rechnung.

Die Ergebnisse zeigen, dass Diskriminierungen aufgrund des Alters in der Schweiz mit 4 Prozenten häufiger vorkommen als in anderen untersuchten Ländern wie z.b. Deutschland (3 %), Italien (3 %) oder Frankreich (2 %). Die Schweiz liegt auch über dem europäischen Mittel (3 %) und dem europäischen Benchmark (1 %). Mobbing kommt vergleichsweise oft vor. Die Schweiz liegt mit 7 Prozent über dem europäischen Durchschnitt (5 %). In Deutschland gaben 4 Prozent, in Frankreich 8 Prozent der Befragten, an, mit einer Mobbing Situation konfrontiert gewesen zu sein. In Italien sind es nur 2 Prozent. Die Werte betreffend sexuelle Belästigung sind tief und liegen für alle Länder bei maximal 2 Prozent[198]. Nur 1 Prozent der Befragten gaben an, aufgrund ihrer ethnischen Herkunft Diskriminierung erfahren zu haben[199].

Über diese empirische Untersuchung hinaus sind in der Schweiz nur relativ wenig gesicherte Erkenntnisse über Art und Ausmass von Diskriminierung in der Arbeitswelt vorhanden. Am Besten erforscht ist die Rechtslage hinsichtlich Diskriminierung aufgrund des Geschlechts[200]. Regelmässig finden sich Studienergebnisse, die Lohndiskrepanzen zwischen Frauen und Männern belegen oder das Phänomen der so genannten «Gläsernen Decke»[201] feststellen und analysieren. Einige Untersuchungen der jüngeren Vergangenheit haben sich mit rassistischer Diskriminierung im Arbeitsverhältnis auseinandergesetzt. Die erhöhte Sensibilität gegenüber Diskriminierung aufgrund des Alters widerspiegelt sich in einem verstärkten Forschungsinteresse und der Bereitschaft der verantwortlichen Stellen, Forschung zu Altersdiskriminierung finanziell zu unterstützen. Weltweit recht gut erforscht sind Benachteiligungen von Arbeitnehmenden mit Behinderung; in der Schweiz indes fristet diese Forschung (noch) eher ein Schattendasein. Kaum empirische Daten lassen sich zu Diskriminierung aufgrund der Religion oder Weltanschauung und zur sexuellen Orientierung finden.

---

[198] GRAF/PEKRUHL, S. 40 ff.
[199] EUROFOUND, S. 93
[200] ILO (Global report 2007), N 51.
[201] Unter dem Begriff «gläserne Decke» wird die Tatsache verstanden, dass Frauen trotz gleicher oder gar besserer Qualifikation als Männer ab einer bestimmten Hierarchie nicht oder kaum mehr vertreten sind.

2. Rassistische und ethnisch motivierte Diskriminierung

2.1 (Ungenügende) Datenlage

86 Nationale wie regionale Anlauf- und Beratungsstellen, die Eidg. Kommission gegen Rassismus EKR, die Fachstelle zur Rassismusbekämpfung, wie auch Gewerkschaften verweisen in ihren Policy-Papieren, Jahresberichten, Fallstudien und Zeitschriften[202] regelmässig auf Fälle rassistischer Diskriminierung[203]. Dennoch sind Vorkommen und Ausmass rassistischer Diskriminierung im Arbeitsverhältnis relativ schlecht erforscht. Eine grössere Studie zu Mobbing und anderen psychosozialen Spannungen am Arbeitsplatz hat u.a. nach Unterschieden in der Mobbingbetroffenheit von Ausländer/innen und Schweizer/innen gesucht[204]. Mittels einer Aktionsforschung untersuchte DAHINDEN ET AL. Fragen der Integration von Mitarbeitenden mit Migrationshintergrund am Arbeitsplatz[205]. Mit dem Einfluss des Schweizerpasses auf die Lehrstellenchancen von Jugendlichen und die Bedeutung des Vornamens setzte sich FIBBI ET AL. auseinander[206]. EGGER ET AL. erforschten mögliche Massnahmen gegen rassistische Diskriminierung am Arbeitsplatz[207]. Im dritten Bericht der European Commission against racism and intolerance über die Schweiz wird das Fehlen relevanter Daten zur Diskriminierung auf dem Arbeitsmarkt kritisch beurteilt[208].

87 Die vorhandenen Studien erlauben kaum ein verlässliches Bild über Ausmass und Art rassistischer und ethnisch motivierter Diskriminierung in der Arbeitswelt[209]. Insbesondere sind die Daten des European Working Condition Survey 2005 nicht dazu geeignet, diese Lücke zu schliessen. Nötig wären einerseits Daten zu struktureller Diskriminierung und andererseits Untersuchungen, die konkrete Diskriminierung im Lebenszyklus eines Arbeitsverhältnisses erfassen. Die ethnische Herkunft, Hautfarbe oder andere Kriterien, die eine Diskriminierung aufgrund der Rasse oder ethnischen Herkunft aufzeigen, werden aus den thematisierten Datenschutzgründen in den gängigen

---

[202] Z.B. TANGRAM (Bulletin der Eidgenössischen Kommission gegen Rassismus) und terra cognita – Schweizer Zeitschrift zu Integration und Migration (Eidgenössische Ausländerkommission).
[203] Einen hervorragenden Überblick bietet die Internetseite des Vereins Menschenrechte Schweiz, http:www.humanrights.ch (Zugriff: 31.06.2008).
[204] KIENER, S. 46.
[205] DAHINDEN/MORET/FIBBI/CATTACIN.
[206] FIBBI/KAYA/PIGUET (Nomen) und FIBBI/KAYA/PIGUET (passeport).
[207] EGGER/BAUER/KÜNZI.
[208] EUROPEAN COMMISSION AGAINST RACISM AND INTOLERANCE (ECRI), S. 8 f.
[209] So auch NAGUIB (Monitoring), S. 98 f.

statistischen Erhebungen (Schweizerische Arbeitskräfteerhebung SAKE und die Lohnstrukturerhebung LSE) nicht erhoben. Auch bestehen keine Pflichten für die Arbeitgebenden, solche Daten zu erheben.

2.2   Schlechtere Bewerbungschancen, Belästigungen, Lohnunterschiede

Rassistische Diskriminierung kommt als direkte und indirekte Diskriminierung in den Bereichen Anstellung, Beförderung, Lohn, Berufsbildung, Lehrstellen, Weiterbildung, Arbeitsschutz, Belästigung, Mobbing und im Zusammenhang mit der Kündigung vor[210].

Es zeigen sich erhebliche Unterschiede zwischen verschiedenen ethnischen Gruppen[211]. So sind z.B. Menschen aus dem Kosovo beim *Zugang zum Arbeitsmarkt* stärkeren Diskriminierungen ausgesetzt als Menschen aus der Türkei oder Portugal. Besonders ausgeprägt seien Diskriminierungen gegen die in der Schweiz lebende Bevölkerung des ehemaligen Jugoslawiens in der deutschen Schweiz[212]. Bei gleichen ausbildungsmässigen Voraussetzungen sind die Zugangschancen auf dem Arbeitsmarkt gegenüber schweizerischen Mitbewerbenden geringer[213]. Ungleich verteilten Chancen beim Zugang zum Arbeitsmarkt zeigen sich bereits in der Phase der Lehrstellensuche: Jugendliche ausländischer Herkunft haben deutlich schlechtere Chancen auf eine Lehrstelle als ihre gleichaltrigen schweizerischen Kolleginnen und Kollegen[214]. Die Ergebnisse der (wenigen) schweizerischen Untersuchungen werden durch Studienergebnisse in anderen Staaten bestätigt. So zeigt eine empirische Untersuchung über die Arbeitsmarktdiskriminierung gegenüber ausländischen Arbeitnehmern in Deutschland, dass namentlich türkische Stellensuchende bei gleicher Qualifikation signifikant schlechtere Chancen auf eine Stelle haben[215].

Ausländer/innen und Doppelbürger/innen haben auch ein höheres *Mobbingrisiko* zu tragen[216]. Gemäss der einschlägigen Untersuchung geht das Mobbing dabei deutlicher als bei schweizerischen Mobbingopfern von Arbeitskollegen/innen aus[217]. Dokumentiert sind Fälle, in denen albanische Arbeitskollegen durch Witze am betriebsinternen Anschlagbrett lächerlich gemacht wor-

---

[210] EGGER/BAUR/KÜNZI, S. 16
[211] FIBBI/KAYA/PIGUET (Nomen), S. 80 f.
[212] FIBBI/KAYA/PIGUET (Nomen), S. 81.
[213] FIBBI/KAYA/PIGUET (Nomen), S. 83
[214] HÄBERLIN/IMDORF/KRONIG, S. 15.
[215] GOLDBERG/MOURINO/KULKE, S. 21 ff.
[216] KIENER, S. 46.
[217] KIENER, S. 50.

den sind oder schwarze Mitarbeiter mit Ausdrücken wie «Nigger» und anderen herabsetzenden Bemerkungen fertig gemacht wurden[218]. Der Eidg. Kommission gegen Rassismus ist der Fall eines in einer Sicherheitsfirma angestellten, akademisch ausgebildeten Mannes aus dem Kosovo bekannt, der von zwei Mitarbeitenden und einer vorgesetzten Person während Monaten subtilen Formen von rassendiskriminierendem Mobbing ausgesetzt war[219].

91 Aus den Ergebnissen der schweizerischen Arbeitskräfteerhebung SAKE lässt sich aufzeigen, dass ausländische Arbeitnehmende in Branchen und Berufen mit eher *ungünstigen Arbeitsbedingungen* überrepräsentiert sind[220]. Über die Feststellungen solcher eher struktureller Diskriminierung hinaus finden sich nur äusserst spärliche Anhaltspunkte über die Ungleichbehandlung in Bezug auf die Arbeitsbedingungen aufgrund der ethnischen Herkunft. In mehreren Studien wurden *Lohnunterschiede* zwischen ausländischen und schweizerischen Arbeitskräften festgestellt. Ausländer/innen verdienen in der Schweiz im Durchschnitt weniger als Schweizer/innen, was nur zum Teil durch unterschiedliche Qualifikationen und Arbeitserfahrung erklärt werden kann[221]. Die Lohnunterschiede zeigen sich auch bei vergleichbarer Qualifikation und bei ähnlichen beruflichen Positionen, was als Indiz für tatsächlich vorkommende Lohndiskriminierungen gewertet werden kann[222]. Gesicherte Daten über Lohndiskriminierungen im rechtlichen Sinne liegen jedoch nicht vor.

3. *Diskriminierung aufgrund des Geschlechts*

3.1 Datenlage

92 Die Diskriminierung im Erwerbsleben aufgrund des Geschlechts ist vergleichsweise gut erforscht. Einen wichtigen Beitrag dazu leisten periodische statistische Erhebungen zum Arbeitsmarkt und über die Beschäftigungs- und Lohnstruktur. Die umfangreichen Daten sind Gegenstand zahlreicher Studien, die auch die Situation in der Schweiz mit derjenigen in anderen Staaten ver-

---

[218] http://www.humanrights.ch; Dossier Diskriminierung in der Arbeitswelt, Fallbespiele aus der Praxis, Fälle 7 und 8 (Zugriff: 30.06.2008).
[219] Eidg. Kommission gegen Rassismus EKR, Fallgeschichten. Quelle: http://www.ekr-cfr.ch/ekr/beratung/00764/index.html?lang=de (Zugrif: 30.06.2008).
[220] Schweizerische Arbeitskräfteerhebung 2006, Arbeitsbedingungen nach Nationalität und Ausweis, su-b-03.2-sake-tb2006-t7.4, Atypische Arbeitsverhältnisse nach Nationalität und Ausweis, su-b-03.2-sake-tb2006-t7.5. Quelle: http://www.bfs. admin.ch/bfs/portal/de/index/themen/03/02/blank/data/03.html (Zugriff: 30.06.2008).
[221] DE COULON/FALTER/FLÜCKIGER/RAMIREZ, S. 109 ff.
[222] DAHINDEN/FIBBI/MORET/CATTACIN, S.41.

gleichen. Regelmässig resultiert dabei ein beachtlicher Rückstand der Schweiz in der tatsächlichen Gleichstellung zwischen den Geschlechtern im Erwerbsleben[223].

Aus den zahlreichen statistischen Daten wird im Folgenden auf drei Themen kurz eingegangen:

- Frauenanteile in Führungspositionen,
- Lohnungleichheiten,
- Frauenanteile bei Teilzeitbeschäftigungen.

Die statistischen Erhebungen belegen regelmässig eine Benachteiligung der Frau.

3.2 Frauen in Führungspositionen

Nach den Ergebnissen des Working Conditions Surveys 2005 sind Frauen in der Schweiz vergleichsweise wenig in *Führungspositionen* vertreten. Nur 20 % der Erwerbstätigen geben an, dass die unmittelbare Vorgesetzte eine Frau ist. Das europäische Mittel (24 %) sowie Österreich (23 %) und Frankreich (25 %) haben höhere Werte als die Schweiz. Die Benchmark von Finnland, Estland und Litauen liegt bei 37 %[224]. Diese Ergebnisse werden auch in der Evaluation des Gleichstellungsgesetzes (GlG) bestätigt. Besonders im Dienstleistungssektor stagniert die Karriereentwicklung von Frauen ab einem bestimmten Punkt[225]. Nach der Volkszählung aus dem Jahre 2000 beträgt der Frauenanteil gesamtschweizerisch knapp 15 % in den Unternehmensleitungen. Es zeigen sich riesige Unterschiede zwischen Regionen und Wirtschaftszweigen, je höher der Frauenanteil bei den Erwerbstätigen insgesamt, desto höher ist auch Frauenanteil in den Unternehmensleitungen. Im Gesundheits- und Sozialwesen, hier sind 80 Prozent der Erwerbstätigen weiblich – sind 31 Prozent der Unternehmensleitungen durch Frauen besetzt. Recht hohe Werte weisen ferner das Gastgewerbe, die persönlichen Dienstleistungen und das Unterrichtswesen auf. Anders ist die Situation in der Maschinen- und Holzindustrie oder im Baugewerbe: Hier sind vergleichsweise nur sehr wenige

---

[223] Dies zeigt bsw. eine OECD – Statistik des Jahres 2005 (OECD-Employment Outlook), wo die Schweiz unter 20 westlichen Industrienationen den zweitletzten Platz belegt: In der Schweiz betragen die Frauenlöhne gerade 75 Prozent der Männerlöhne während die «Spitzenländer» Werte von bis zu 95 Prozent erreichen. Quellen: http://www.lohngleichheit.ch (Zugriff: 30.06.2008).
[224] GRAF/KRIEGER, S. 7.
[225] Bericht des BUNDESRATES über die Evaluation des Gleichstellungsgesetzes, BBl 2006, S. 3179.

Frauen tätig und der Frauenanteil in den Direktionsetagen ist entsprechend minimal[226]. Im obersten Kader sind Frauen sogar sehr stark untervertreten: nur gerade 3 % der Geschäftleitungsmitglieder und 4 % der Verwaltungsratsmitglieder in börsenkotierten Schweizer Unternehmen sind Frauen[227].

3.3 Lohnungleichheit

96 Deutliche Hinweise auf *Lohnungleichheit* zeigt die Lohnstrukturerhebung (LSE), die alle zwei Jahre mittels schriftlicher Direkterhebung durchgeführt wird. Die Lohndifferenz zwischen Frauen- und Männern variiert je nach Branche. Im Durchschnitt beträgt die Lohnungleichheit jedoch 20 Prozent zu Ungunsten der Frauenlöhne[228]. Vertiefte Analysen des Bundesamtes für Statistik zeigen: Der Lohnrückstand der Frauen hat sich zwischen 1996 und 2002 gesamtschweizerisch von 23 Prozent auf 21 Prozent leicht verringert. Trotzdem verdienen Frauen nach wie vor im Durchschnitt deutlich weniger als Männer, dies auch bei gleichem Anforderungsniveau des Arbeitsplatzes. Die vergleichsweise grössten geschlechtsspezifischen Lohnungleichheiten treten dabei bei den am höchsten qualifizierten Arbeitnehmenden zu Tage, die vergleichsweise geringsten bei einem mittleren Anforderungsniveau des Arbeitsplatzes[229]. Allfällige Argumente, die Lohnunterschiede wären auf das unterschiedliche Qualifikationsniveau zurückzuführen, werden durch verschiedene Untersuchungen entkräftet. So zeigt eine Untersuchung über den Übergang von Absolventen und Absolventinnen von Schweizer Hochschulen in die Arbeitswelt, dass trotz theoretisch gleichem Rüstzeug ein Jahr nach Beendigung der Ausbildung das Geschlecht ein signifikant einkommensrelevantes Merkmal bildet[230].

97 Die Lohnungleichheit zeigt sich jedoch nicht nur strukturell, vielmehr lässt sie sich auch in zahlreichen Einzelfällen nachweisen. Dies bestätigt die Eva-

---

[226] Quelle: http://www.lohngleichheit.ch mit Hinweisen auf die Datenquellen des Bundesamtes für Statistik (Zugriff: 30.06.2008).
[227] Quelle: http://www.lohngleichheit.ch mit Hinweisen auf die Datenquellen des Bundesamtes für Statistik (Zugriff: 30.06.2008).
[228] BUNDESAMT FÜR STATISTK, Lohnstrukturerhebung 2004, Tabelle «Monatlicher Bruttolohn (Zentralwert) nach Anforderungsniveau», S. 4, Neuenburg, 2006.
[229] BUNDESAMT FÜR STATISTK, Indikatoren zur Gleichstellung von Frau und Mann, Neuenburg 2005.
[230] BUNDESAMT FÜR STATISTK, Gleiches Studium – gleicher Lohn? Geschlechtsspezifische Einkommensanalysen der Schweizer Hochschulabsolventenbefragung 2003, Neuenburg 2006.

luation des Gleichstellungsgesetzes GlG[231]. Die häufigsten Klagen aufgrund des GlG betrafen in dessen ersten zehn Jahren des Bestehens (1995-2005) *Lohngleichheitsbegehren*, die meisten davon betrafen Personen aus Pflege- und Lehrberufen, Kadern und Hochqualifizierten sowie Medienleuten. Aufschlussreich ist, dass nur[232] 40 Prozent der Arbeitsverhältnisse nach Klageeinreichung bestehen blieben[233].

3.4 Frauen in Teilzeitbeschäftigungsverhältnissen

Einen Hinweis auf vor allem strukturelle Diskriminierung zeigen die Daten zur Verteilung der *Teilzeitarbeit*. Die Teilzeitquote der Frauen ist wesentlich höher: Sechs von zehn erwerbstätigen Frauen arbeiten Teilzeit, während demgegenüber bloss jeder achte Mann eine Teilzeitanstellung inne hat[234]. Einschätzungen des Bundesamtes für Statistik zu Folge, zeichnet sich der schweizerische Arbeitsmarkt durch eine eigentliche Zweiteilung aus: Auf der einen Seite der mehrheitlich männlich geprägte Vollzeitsektor und auf der anderen Seite ein weiblich geprägter Teilzeitsektor[235]. Teilzeitstellen führen in aller Regel zu tieferen Löhnen und schlechteren Karrierechancen. Tiefe Teilzeitlöhne führen auch zu tiefen Sozialversicherungsleistungen im Alter oder bei Invalidität.

4. *Diskriminierung aufgrund einer Behinderung oder Krankheit*

4.1 Datenlage

Diskriminierung im Arbeitsleben kann sowohl aufgrund einer Behinderung wie auch wegen einer Krankheit erfolgen. In diesem Kapitel geht es um Art und Ausmass tatsächlicher Benachteiligungen, die Arbeitnehmende aufgrund gesundheitlicher Beeinträchtigungen oder einer Behinderung erleben. Es interessieren Daten zu Fragen, wie sich Krankheit und Behinderung auf den

---

[231] Siehe dazu STRUB, S. 1376 ff., STAUBER-MOSER, S. 1152 ff., SCHÄR MOSER/ BAILLOD, S. 1384 ff.

[232] Bericht des BUNDESRATES über die Evaluation des Gleichstellungsgesetzes, BBl 2006, S. 3170.

[233] Bericht des BUNDESRATES über die Evaluation des Gleichstellungsgesetzes, BBl 2006, S. 3170.

[234] BUNDESAMT FÜR STATISTIK, Auf dem Weg zur Gleichstellung, Frauen und Männer in der Schweiz, Neuenburg 2003, S. 38 ff.

[235] BUNDESAM FÜR STATISTIK, Frauen- und Gleichstellungsatlas 2005, Neuenberg 2005.

3. Kapitel: Tatsächliche Diskriminierung im Lebenszyklus eines Arbeitsverhältnisses

Zugang zum und den Verbleib im Arbeitsmarkt auswirken und ob bei den Arbeitsbedingungen diskriminierende Benachteiligungen in Kauf genommen werden müssen. Darüber hinaus interessieren auch Daten zu Gesundheitsproblemen, die im Zusammenhang mit der Arbeit entstehen.

100 Die Datenlage ist sowohl bezüglich Krankheit wie Behinderung unbefriedigend. Es finden sich insbesondere keine systematischen Erhebungen über krankheitsbedingte Diskriminierung im Arbeitsverhältnis, sieht man von der relativ gut erforschten Gruppe von Personen, die mit HIV/Aids leben, ab[236]. Auch im europäischen Umfeld sind empirische Studien zu Diskriminierung aufgrund von Krankheit selten[237]. Darin wiederspiegelt sich die Beschränkung der europarechtlichen Diskriminierungsverbote im Bereich Beschäftigung und Beruf auf Behinderung und damit verbunden die Vornahme einer rechtlichen Abgrenzung zwischen Krankheit und Behinderung[238]. In einzelnen Staaten wie etwa in Frankreich ist die Diskriminierung aufgrund einer Krankheit arbeitsrechtlich ausdrücklich verboten[239].

101 Etwas besser sieht die Situation bei den Daten über die Diskriminierung von Menschen mit Behinderung aus. In verschiedenen Studien wurde die Lage behinderter Menschen in der Schweiz untersucht, wobei Fragen der Arbeit- und Erwerbssituation regelmässig besonders beachtet wurden[240].

102 Die Datenlage wird sich in Zukunft möglicherweise verbessern. Im Jahre 2010 wird das neue Volkszählungsgesetz in Kraft treten. Ergänzend zur jährlichen Analyse bestehender Daten soll jährlich eine Strukturerhebung bei 200'000 Personen durchgeführt werden, bei der nach Sprache, Religion, Aus-

---

[236] Zur Diskriminierung von Arbeitnehmenden, die mit HIV/Aids leben, siehe PÄRLI/MÜLLER/SPYCHER, S. 46 ff., 251 ff., 285 ff. und PÄRLI/CAPLAZI/SUTER, S. 64-67.
[237] EUROPÄISCHE KOMMISSION (Eurobarometer 57.0), S. 11 (hier finden sich einige wenige Angaben zur Diskriminierung aufgrund einer Krankheit).
[238] Zur rechtlichen Abgrenzung zwischen Krankheit und Behinderung siehe EuGH v. 11.07.2006, Rs C-13/05, Chacon Navas. Siehe dazu weiter Fn 2270, 2277, 2300.
[239] In Art. 122-145 Code du travail sind u.a. genetische Merkmale, Gesundheitszustand und Behinderung als verbotene Diskriminierungsgründe aufgeführt. Die Diskriminierungsgründe «Gesundheit» und «Behinderung» wurden 1990 mit dem «loi no 90-602 du 12 juillet relative à la protection des personnes contre les Discriminations en raison de leur santé our de leur handicap» in Art. 122-145 Code du travail aufgenommen.
[240] Umfangreiches Zahlenmaterial findet bei WIEDMER/MÜHLEISEN. Im Rahmen des Nationalen Forschungsprogrammes NFP 45 «Sozialstaat» bildete die Thematik «Behinderung/Invalidität» eines der vier Forschungsfelder, siehe dazu GÄRTNER/FLÜCKIGER, Kapitel 3, Behinderung/Invalidität. Für weitere Hinweise auf Studien siehe die Literaturanalyse von PÄRLI/LICHTENAUER/CAPLAZI.

bildung, Arbeit, Pendlergewohnheiten und Miete gefragt wird[241]. Dabei bieten sich Möglichkeiten, auch Informationen über Benachteiligungen von Behinderten zu gewinnen[242].

4.2 Diskriminierung beim Zugang zum Arbeitsmarkt

Soweit ersichtlich gibt es keine empirische Untersuchungen über Diskriminierungspraktiken von Arbeitgebern gegenüber körperlich behinderten Menschen bei der Selektion von Stellenbewerbenden. Hingegen lassen sich aus der Erwerbsquote von Menschen mit Behinderung Mutmassungen über Zugangsbarrieren zum Arbeitsmarkt ableiten. Auf europäischer Ebene zeigt eine umfassend Studie aus dem Jahre 2002, dass jede sechste Person im Alter zwischen 16 und 64 Jahren ein lang andauerndes gesundheitliches Problem oder eine Behinderung hat (longstanding health problem or disability – LSHPD). Die Erwerbsquote von behinderten Personen im Sinne des LSHPD beträgt gerade 27 Prozent im Vergleich zu 78 Prozent der übrigen Bevölkerung[243].

In der Schweiz sind gemäss der Behindertenstatistik 2002 52 Prozent der Behinderten erwerbsfähig[244]. Diese Quote liegt höher als im europäischen Vergleich[245], jedoch substantiell tiefer als diejenige der Nichtbehinderten[246]. Die Erwerbsquote liegt bei den behinderten Frauen mit 44 Prozent sehr tief, während sie bei den Männern mit 61 Prozent deutlich höher ist[247]. Die Analyse unterschiedlicher Studien deutet im Weiteren daraufhin, dass der Zugang zum Arbeitsmarkt sich als wesentlich grössere Hürde erweist als der Verbleib darin[248]. Die Chancen, einer regulären Erwerbstätigkeit nachzugehen, hängen stark von der Art der Behinderung ab. Eine physische Behinderung ist eine weitaus günstigere Voraussetzung für eine Erwerbsbeteiligung als eine geistige Behinderung, eine Lernbehinderung oder eine Mehrfachbehinderung[249].

---

[241] Bundesgesetz über die Volkszählung vom 22. Juni 2007 (Geschäftsnummer 06.093). Siehe dazu Bundesamt für Statistik, http://www.bfs.admin.ch/bfs/portal/de/index/news/00/03.html (Zugriff: 30.06.2008).

[242] Egalité Handicap, politische Agenda des Gleichstellungsrecht, Stand Juli 2007, S. 3 ff. (Quelle: http://www.egalite-(handicap.ch/deutsch/download/2007/politische_agenda/Politische_Agenda_Public_Juli_2007.pdf (Zugriff: 30.06.2008).

[243] EUROSTAT (Employment).
[244] WIEDMER/MÜHLEISEN, S. 157.
[245] OECD, S. 60.
[246] WIEDMER/MÜHLEISEN, S. 157.
[247] WIEDMER/MÜHLEISEN, S. 158.
[248] PÄRLI/LICHTENAUER/CAPLAZI, N 2.17 – 2.21.
[249] PÄRLI/LICHTENAUER/CAPLAZI, N 2.20.

3. Kapitel: Tatsächliche Diskriminierung im Lebenszyklus eines Arbeitsverhältnisses

Länderübergreifend stellen Studien fest, dass Menschen mit einer psychischen Behinderung ebenfalls eine sehr geringe Wahrscheinlichkeit haben eine Arbeitstelle zu finden[250].

105 Schwierigkeiten beim Zugang zum Arbeitsmarkt haben auch Personen mit chronischen Erkrankungen. Dies zeigen Studien über die Benachteiligung von Menschen mit HIV/Aids[251], Diabetes[252] und wird von Patientenorganisationen verschiedener Krankheitsbilder bestätigt[253].

4.3 Diskriminierung beim Zugang zu Arbeitnehmerversicherungen

106 Eine gesundheitliche Einschränkung bzw. eine Behinderung berührt den Versicherungsstatus von Arbeitnehmenden, sofern und soweit im fraglichen Betrieb die Lohnausfallversicherung bei Krankheit und/oder die weitergehende berufliche Vorsorge vorbestehende gesundheitliche Beeinträchtigungen nicht oder zu erschwerten Bedingungen versichert. Diese Problematik wurde bezüglich HIV/Aids ausführlich untersucht. Nach den Ergebnissen der umfassenden Nationalfondsstudie «Rechtliche Regelungen bei HIV/Aids und ihre ökonomischen Konsequenzen» haben 30 Prozent aller Befragten mindestens einmal im Verlaufe ihrer beruflichen Karriere Benachteiligungen in der Taggeldversicherung und/oder beruflichen Vorsorge aufgrund der HIV-Infektion erlebt[254]. In einer Befragung von Patientenorganisationen erklärte eine deutliche Mehrheit der Befragten Akteure die Probleme des eingeschränkten Zugangs zur Taggeldversicherung und zur weitergehenden beruflichen Vorsorge als ein sehr grosses Problem ihrer Zielgruppe[255].

4.4 Krankmachende Arbeitsbedingungen

107 Verschiedene Studien weisen den Zusammenhang zwischen Arbeitsbedingungen und Invalidisierung nach[256]. Beruflich bedingte Invalidisierung ist dabei nachweislich von der sozialen Klasse abhängig[257]. Erkannt ist auch, dass die Partizipation älterer Menschen am Arbeitsmarkt wesentlich von der

---

250 Siehe z.B. OECD, S. 60.
251 PÄRLI/MÜLLER/SPYCHER, Tabelle 8, S. 37.
252 NEBIKER-PEDROTTI/KELLER/ISELIN/RUIZ/PÄRLI/CAPLAZI/PUDER.
253 PÄRLI/CAPLAZI/SUTER, S. 74 ff.
254 PÄRLI/MÜLLER/SPYCHER, Tabellen 9 und 10, S. 37 f.
255 PÄRLI/CAPLAZI/SUTER, Tabellen 2 und 3, S. 74 f.
256 BARNAY, S. 119-131, FLÜCKIGER, S. 5 ff.
257 GUBURAN/USEL.

gesundheitlichen Belastung durch die Arbeitsverhältnisse abhängt[258]. Zu den «krankmachenden» Arbeitsbedingungen gehören auch Stress und Mobbing. Für die Situation in der Schweiz wurden die schädlichen Folgen und insbesondere auch die finanziellen Konsequenzen von Stress und Mobbing in mehreren Untersuchungen nachgewiesen[259]. Ein hohes Mobbingaufkommen zeigen für die Schweiz auch die Ergebnisse des Working Conditions Survey 2005. Die Antwortquote von 7 Prozent liegt über dem europäischen Durchschnitt[260].

5. *Diskriminierung aufgrund des Alters*

5.1 Begriffsklärung und Datenlage

In der angloamerikanischen sozialwissenschaftlichen Literatur werden stereotype Einstellungen und diskriminierendes Verhalten gegenüber älteren Menschen unter dem Sammelbegriff des «Ageism» diskutiert[261]. Ageism kann sich gegen Menschen in allen Lebensaltern richten, auch Jüngere können aufgrund ihres Alters benachteiligt werden. Jede Person kann im Verlaufe ihres Lebens damit konfrontiert werden, aufgrund des Alters diskriminiert zu werden[262].

108

In den USA bilden Fragen der Altersdiskriminierung im Erwerbsleben Gegenstand zahlreicher ökonomischer, psychologischer, soziologischer und rechtlicher Studien[263]. Das hat unter anderem mit der Tatsache zu tun, dass in den USA das Verbot der Diskriminierung aufgrund des Alters bereits seit Jahrzehnten fest im Arbeitsrecht verankert ist[264]. Seit der Verankerung des Diskriminierungsverbotes aufgrund des Alters in Art. 13 EGV und in den

109

---

[258] SECO, S. 19 ff.
[259] KIENER, insbes. S. 50 ff. (Mobbing), RAMACIOTTI/PERRIARD, S. 46 ff. (Stress).
[260] GRAF/PEKRUHL, S. 5.
[261] LINK/PHELAN, S. 363 ff.
[262] BYTHEWAY, S. 27 ff.
[263] Eine Recherche beim US-amerikanischen Education Ressources Information Center (ERCI) bringt unter den Suchbegriffen «age discrimination in employment» nicht weniger als 645 Resultate mit Berichten über empirische Studien, Fachbeiträge aus soziologischer, psychologischer, rechtlicher und gerontologischer Sicht zu Tage. Quelle: http://www.eric.ed.gov (Zugriff: 30.06.2008).
[264] Dazu umfassend die Dissertation von FENSKE und die umfassende Studie über Altersdiskriminierung von MACNICOL, insbes. S. 207 ff. Zum Einfluss des US-amerikanischen Verbots der Diskriminierung aufgrund des Alters im Erwerbsleben auf die Entwicklung der europäischen Regelungen zur Altersdiskriminierung siehe HAHN, S. 61 ff. und THÜSING (Employment), S. 187 ff.

Beschäftigungsrichtlinien haben in den Mitgliedstaaten der Europäischen Union Studien zur Altersdiskriminierung im Erwerbsleben an Bedeutung zugenommen[265]. In der Schweiz dagegen sind Untersuchungen über Art und Ausmass von Diskriminierungen im Erwerbsleben aufgrund des Alters noch eine Ausnahmeerscheinung bzw. entsprechende Forschungsvorhaben betreten eigentliches Neuland[266]. Auf einige wenige Arbeiten zur Altersdiskriminierung im Erwerbsleben wird in der Folge kurz eingegangen.

5.2 Die Ergebnisse des European Working Condition Survey

110 Diskriminierung aufgrund des Alters kommt gerade auch in der Erwerbsarbeit vor. Das zeigen u.a. die Ergebnisse des Working Conditions Surveys 2005: Benachteiligungen aufgrund des Alters sind in der Schweiz mit 4 Prozent sogar häufiger als in anderen untersuchten Ländern (Deutschland (3 Prozent), Italien (3 Prozent) oder Frankreich (2 Prozent). Damit liegt die Schweiz über dem europäischen Mittel von 3 Prozent. Zehn Prozent der Erwerbstätigen, die 24 Jahre und jünger sind sehen sich aufgrund ihres jungen Alters benachteiligt. Bei den 25- bis 39-Jährigen und den 40- bis 54-Jährigen sind dies nur rund 3 Prozent, was nur leicht über der 4 Pozent der älteren Erwerbstätigen (55+) liegt. Ältere Arbeitnehmende haben häufig aufgrund ihres fortgeschrittenen Alters Schwierigkeiten, eine Stelle zu finden. Diejenigen älteren Arbeitnehmenden jedoch, die im Arbeitsmarkt integriert sind, machen nur selten Benachteiligungen aufgrund ihres Alters geltend[267].

111 Die eher tiefen Zahlen aus dem Europäischen Working Conditions Survey werden hinsichtlich der Chancen im Bewerbungsverfahren durch Ergebnisse der vom Personalvermittlungsunternehmen Kelly Services durchgeführten Studie «Global Workforce Index 2006» kontrastiert. Nach dieser Studie füh-

---

[265] Eine Übersicht zu einschlägigen Studien bieten im Wesentlichen drei Quellen. Erstens die umfassende Datenbank der Internationalen Arbeitsorganisation IAO in Genf (http://www.ilo.org), zweitens die Antidiskriminierungsstellen innerhalb der Kommission Beschäftigung und Soziales der EU in Brüssel (http://www.stop-discrimination.info und drittens die Europäische Stiftung zur Verbesserung der Arbeits- und Lebensbedingungen in Dublin (http://www.eurofound.europa.eu).

[266] Für eine aktuelle Studie der Hochschule für angewandte Wissenschaften Sankt Gallen siehe http://www.altersdiskriminierung.ch (Zugriff: 30.06.2008).

[267] GRAF/KRIEGER, S. 8.

len sich in der Schweiz 24 Prozent der Bevölkerung bei der Stellensuche aufgrund ihres Alters benachteiligt[268].

5.3 Diskriminierungsfelder

Mögliche Diskriminierungen älterer Arbeitnehmenden zeigen sich anhand der Arbeitslosenstatistik und in der Arbeitsmobilität. Nach einer Untersuchung aus dem Jahre 2006 liegt die Wahrscheinlichkeit, den Anstellungsbetrieb zu wechseln, bei den 46 bis 60-Jährigen bei 4,5 Prozent; bei den über 30-Jährigen beträgt sie demgegenüber 22 bis 26 Prozent[269]. Ältere Arbeitnehmende nehmen zudem weniger häufig an Weiterbildungsveranstaltungen teil[270]. Aufschlussreich ist eine Untersuchung über die Wirkung von Massnahmen der Arbeitslosenversicherung bei den über 50-Jährigen. So ist im Kanton Sankt Gallen jede vierte Person, die sich zur Arbeitsvermittlung meldet, älter als 50jährig. Als besondere Schwierigkeit erweist sich nach den Erkenntnissen dieser Studie die Re-Integration in den Arbeitsmarkt. Ältere Arbeitnehmende haben es bei der Stellensuche besonders schwer, was auch mit den hohen Sozialkosten für ältere Arbeitnehmende begründet wird[271].

112

Diskriminierung jüngerer Arbeitnehmenden im Vergleich zu den älteren Arbeitnehmenden findet sich in der Form schlechterer Bezahlung bei gleicher oder gleichwertiger Arbeit[272]. Die meisten Lohnsysteme honorieren den Faktor Berufserfahrung, selbst in Fällen, in denen diese nicht zu besserer Arbeitsleistung führt. Besondere Schwierigkeiten haben ganz junge und ältere Arbeitnehmende beim Zugang zum Arbeitsmarkt[273]. Während bei jüngeren Arbeitnehmenden fehlende Arbeitserfahrung einen wichtigen Grund für die schlechteren Chancen darstellt, führen bei älteren Arbeitnehmenden Vorurteile über abnehmende Leistungskraft sowie bereits genannte sozialversicherungsrechtliche Hürden – höhere Beiträge an die Systeme der beruflichen Vorsorge[274] – zu einer Verringerung der Zugangschancen zum Arbeitsmarkt.

113

Diskriminierungen aufgrund des Alters liegen gemäss sozialwissenschaftlicher Literatur dann vor, wenn ein Unternehmen wegen wirtschaftlichen Prob-

114

---

268 KELLYSERVICES, Discrimination emerging in new forms in the global jobs market, S. 5. Quelle: http://www.reports-and-materials.org/Kelly-discrimination-survey-2006.pdf (Zugriff: 30.06.2008).
269 RIPHAN/SHELDON, S. 1.
270 BERNIER/LÜTHI/QUIQUEREZ, S. 25 f.
271 SCHMUGGE/KÜNZI/GUGGISBERG, S. 7.
272 ILO (Global report 2007), S. 43.
273 ILO (Global report 2003), S. 41.
274 BIRCHMEIER, S. 70 f.

lemen Arbeitskräfte entlassen muss und überproportional ältere Arbeitnehmende von den Kündigungen betroffen sind, wobei oft das Mittel der Frühpensionierung angewendet wird, was als konfliktfreie und sozialverträgliche Regelung des Personalabbaus dargestellt wird[275]. Solche Phänomene sind häufig. Nach den Daten der schweizerischen Arbeitskräfteerhebung treten rund die Hälfte der Erwerbspersonen mindestens ein Jahr vor dem gesetzlichen Rentenalter in den Ruhestand, viele nicht freiwillig, sondern im Zusammenhang mit Umstrukturierungen[276].

6. Diskriminierung aufgrund sexueller Orientierung

6.1 Datenlage

115 In der Schweiz findet sich nur gerade eine einzige empirische Studie über Art, Ausmass und Folgen der Diskriminierung von Homosexuellen im Erwerbsleben[277]. Auf deren Ergebnisse wird noch im Einzelnen eingegangen. Das weitgehende Fehlen von verlässlichen Daten über Diskriminierung aufgrund sexueller Orientierung ist u.a. darauf zurückzuführen, dass die sexuelle Orientierung im Gegensatz zu den Diskriminierungsmerkmalen Alter, Geschlecht oder zum Teil auch Behinderung nicht sichtbar ist und die sexuelle Orientierung aufgrund datenschutzrechtlicher Schranken von den Betrieben auch nicht erfasst weden darf[278].

6.2 Ausgewählte Ergebnisse europäischer Studien

116 Nach den Ergebnissen des vierten European Working Condition Survey gaben europaweit weniger als ein Prozent der Befragten an, sie wären aufgrund ihrer sexuellen Orientierung diskriminiert worden[279]. Die Schweizerdaten sind nicht abweichend. Im ergänzenden Bericht zum genannten Survey wird auf die schmale Datenbasis hingewiesen. Die Zahlen über das Ausmass der Diskriminierung seien mit Vorsicht zu geniessen[280]. Ergebnisse kleinerer Untersuchungen in einzelnen EU-Staaten untermauern diese Aussage. In einer österreichischen Studie wurden die Bewerbungschancen von lesbischen Frau-

---

[275] HÖPFLINGER, S. 25.
[276] BUNDESAMT FÜR STATSTIK, S. 12.
[277] SCHNEEBERGER/RAUCHFLEISCH/BATTEGAY, S. 1337 ff.
[278] EUROPÄISCHE KOMMISSION (Sammlung), S. 91.
[279] EUROFOUND, S. 34.
[280] EUROFOUND, S. 35.

en getestet. Zu diesem Zwecke wurden für hochqualifizierte Stellen fiktive Bewerbungsdossiers mit vier unterschiedlichen Charakteristika gebildet (streng männlich, streng weiblich, weiblich-lesbisch, männlich-schwul). Die Typenbildung erfolgte durch das Aussehen, Hobbies, bisheriger Werdegang und Art des Bewerbungsschreibens. Die Ergebnisse zeigten, dass Indizien für eine lesbische sexuelle Orientierung die Bewerbungschancen um 12 bis 15 Prozent reduzieren[281].

Eine Untersuchung des europäischen Verbandes von Schwulen- Lesbenorganisationen zeigt, dass in allen zehn untersuchten EU-Mitgliedstaaten Personen aufgrund ihrer (homosexuellen) Orientierung Nachteile im Erwerbsleben in Kauf nehmen müssen. Zwischen 7 und 13 Prozent der Befragten gaben an, sie wären aufgrund ihrer sexuellen Orientierung entlassen worden, zwischen 4.6 und 28.5 Prozent machten geltend, sie wären wegen der sexuellen Orientierung nicht befördert worden und 14 bis 39.5 Prozent mussten Belästigungen am Arbeitsplatz in Kauf nehmen[282].

6.3 Belästigungen und Mobbing

Im Jahre 2002 wurde die soweit ersichtlich ausführlichste schweizerische Studie zur Arbeitsdiskriminierung von homosexuellen Menschen veröffentlicht. Von insgesamt 2450 verschickten Fragebögen konnten 880 ausgewertet werden[283]. Zwei Drittel der Befragten haben diskriminierende Erfahrungen im Erwerbsleben gemacht[284]. Nur wenige Befragte machten geltend, sie wären aufgrund ihrer sexuellen Orientierung nicht angestellt oder bezüglich Arbeitsbedingungen schlechter behandelt worden. Auch Kündigungen wegen der sexuellen Orientierung wurden nicht erwähnt. In erster Linie wurden verbale Belästigungen geschildert, gefolgt von Mobbing und offenen Aggressionen[285]. Bei Personen, die besonders stark belästigt oder gemobbt wurden, zeigten sich Auswirkungen auf die Arbeitsmotivation und es manifestierten sich gesundheitliche Probleme, die signifikant höher auftraten als in der Gruppe der Nichtdiskriminierten[286].

---

[281] WEICHSELBAUMER, S. 629 ff.
[282] EUROPÄISCHE KOMMISSION (equality data), S. 72 ff.
[283] SCHNEEBERGER/RAUCHFLEISCH/BATTEGAY, S. 138.
[284] SCHNEEBERGER/RAUCHFLEISCH/BATTEGAY, S. 140.
[285] SCHNEEBERGER/RAUCHFLEISCH/BATTEGAY, S. 141 f.
[286] SCHNEEBERGER/RAUCHFLEISCH/BATTEGAY, S. 140.

Teil II: Arbeitsrechtlicher Diskriminierungsschutz und Vertragsfreiheit im Völker- und Verfassungsrecht

Der Befund mag überraschen: Der Schutz der Vertragsfreiheit ist in keinem völkerrechtlichen Menschenrechtsverträgen ausdrücklich erwähnt. Insoweit ist der Titel dieses zweiten Teils der Studie «Vertragsfreiheit und Diskriminierungsschutz…» vielleicht etwas irreführend: Der Fokus liegt auf den Diskriminierungsverboten, dies ist nicht Ausdruck einer persönlichen Präferenz sondern empirischer Befund. 119

Wie zu zeigen sein wird, kann die Vertragsfreiheit in der EMRK indes aus dem Schutz der Privatautonomie als Teil des Rechts auf Privatleben (Art. 8 EMRK) sowie aus der in einem Zusatzprotokoll verankerten Eigentumsfreiheit abgeleitet werden[287]. Einen zentralen Stellenwert hat die Vertragsfreiheit zudem im schweizerischen Verfassungsrecht. Im entsprechenden Kapitel wird das Verhältnis der Vertragsfreiheit zum Diskriminierungsschutz ausgeleuchtet[288]. 120

In zahlreichen für die Schweiz verbindlichen völkerrechtlichen Verträgen finden sich Bestimmungen zur Gleichheit und Nichtdiskriminierung[289]. Der Schutz vor Diskriminierung und der Anspruch auf Gleichbehandlung bilden seit dem Ende des zweiten Weltkrieges mehr und mehr festen Bestand des internationalen (und nationalen) Menschenrechtsschutzes[290]. Ein Diskriminierungsverbot enthält weiter das Personenfreizügigkeitsabkommen[291], das im Rahmen der bilateralen Verträge der Schweiz mit den Europäischen Gemeinschaften und den Mitgliedstaaten abgeschlossen wurde[292]. 121

Dem völkerrechtlichen Gleichheits- und Diskriminierungsschutz kommt gegenüber dem Bundesprivatrecht eine ähnliche Bedeutung zu wie den verfas-

---

[287] Siehe S. 205 ff.
[288] Siehe 8. Kapitel, II. Grundrechtliche Schranken von Diskriminierungsverboten im Arbeitsverhältnis, S. 236 ff.
[289] Allgemein zur Konkretisierung des Gleichheitsprinzip im Völkerrecht siehe. WALDMANN (Diskriminierungsverbot) S. 126-131. Zur Entwicklung des Gleichheits- und Nichtdiskriminierungsprinzip in der Allgemeinen Erklärung der Menschenrechte von 1948 und in den UN-Pakten von 1966 siehe DUPUY, S. 149 ff., und inbes. die umfassende Studie von ERMACORA.
[290] HARTWIG, S. 279 ff., NII ADDY, S. 12, ERMACORA, S. 19 ff.
[291] VON KAENEL, S. 39 ff., PÄRLI (Arbeitsrechtliches Diskriminierungsverbot), S. 21 ff.
[292] Zur dynamischen Entwicklung im Gleichbehandlungsrecht *innerhalb* der Europäischen Gemeinschaften, siehe in den Kapitel 10-13, S. 303 ff.

sungsrechtlichen Grundrechten[293]. Aus diesem Grund werden in diesem Teil der Studie die völkerrechtlichen Gleichbehandlungs- und Diskriminierungsverbote zusammen mit dem verfassungsrechtlichen Diskriminierungsverbot (Art. 8 Abs. 2 BV) nach gemeinsamen Kriterien untersucht. Folgende Grundfragen stellen sich:

- Kommt den völker- und verfassungsrechtlichen Diskriminierungsverboten Wirkung im privatrechtlichen Arbeitsverhältnis zu (Drittwirkung)?
- Können sich Arbeitnehmende gegenüber Arbeitgebenden *unmittelbar* auf die Gleichbehandlungsansprüche und Diskriminierungsschutznormen des Völker- und Verfassungsrechts berufen? (Unmittelbare, direkte Drittwirkung)?
- Welche Pflichten lassen sich aus den völker- und verfassungsrechtlichen Diskriminierungsverboten für die staatlichen Behörden (Gesetzgeber, Gerichte, Verwaltung) ableiten (Schutzpflichten, indirekte Drittwirkung)?
- In welchem Verhältnis stehen der Anspruch auf Gleichbehandlung und Diskriminierungsschutz der Arbeitnehmenden zum verfassungsrechtlichen und allenfalls auch völkerrechtlichen Schutz der Vertragsfreiheit und Privatautonomie?

122 Im folgenden vierten Kapitel werden vorab die *Grundlagen* zum arbeitsrechtlichen Diskriminierungsschutz in völkerrechtlichen Verträgen dargestellt. Danach folgt in den Kapiteln fünf bis sieben die Analyse relevanter Übereinkommen der Internationalen Arbeitsorganisation IAO, der Vereinten Nationen und des Europarates. In Kapitel acht werden die verfassungsrechtlichen Gleichbehandlungsgebote und Diskriminierungsverbote und ihr Verhältnis zur verfassungsrechtlich geschützten Vertragsfreiheit bearbeitet. Im neunten Kapitel werden die Ergebnisse zusammengefasst und es wird zu den eingangs gestellten Grundfragen Stellung bezogen. Dabei wird deutlich werden, welche Merkmale im Lichte der völker- und verfassungsrechtlichen Wertung besonderen Schutz vor Diskriminierung verlangen sollen.

---

[293] MARTI, N 234, WALDMANN (Autorversicherungsprämien), S. 78.

4. Kapitel: Arbeitsvölkerrechtlich Diskriminierungsverbote und ihre Durchsetzung

I. Einleitung

1. Zum Begriff Arbeitsvölkerrecht

Der Begriff «Arbeitsvölkerrecht»[294] umfasst materiell-rechtliche Regelungen zum Arbeitsverhältnis auf völkerrechtlicher Ebene[295]. Er ist vom Begriff «Arbeitskollisionsrecht» zu unterscheiden. Dieser bezieht sich auf das internationale Privatrecht und regelt grenzüberschreitende Sachverhalte. In der Literatur werden teilweise das Arbeitskollisionsrecht und das Arbeitsvölkerrecht unter dem Oberbegriff «Internationales Arbeitsrecht» erfasst[296]. Grundgedanke des internationalen Arbeitsrechts ist die universale Geltung, arbeitsrechtliche Fragen sollen auf der ganzen Welt nach einer einheitlichen Rechtsquelle in gleicher Weise beurteilt werden[297].

123

In der schweizerischen Arbeitsrechtslehre wird der Begriff «Arbeitsvölkerrecht» bis heute nicht verwendet. Die Auseinandersetzung mit der Materie erfolgt meist unter dem Titel «Internationale Rechtsquellen» und ist mehr oder weniger auf die Beschreibung deren Existenz beschränkt[298].

124

---

[294] Die Begriffe «Arbeitsvölkerrecht» und «Völkerarbeitsrecht» werden synonym verwendet, BÖHMERT, S. 23 bsw. verwendet den Begriff «Völkerarbeitsrecht» während HANAU/STEINMEYER/WANK (Arbeitsvölkerrecht), N 1 ff. S. 1229 ff. den Begriff «Arbeitsvölkerrecht» verwenden.

[295] HANAU/STEINMEYER/WANK (Arbeitsvölkerrecht), N 1, S. 1229.

[296] BIRK (Handbuch) N 1.

[297] So BIRK (Pespektiven), S. 92, der darauf hinweist, wie gross die Diskrepanz zwischen dem normativem Anspruch des Arbeitsrechts und der sozialen Realität ist.

[298] WYLER, S. 50-55, vergleichsweise ausführlich BERENSTEIN/MAHON, S. 62-63 mit Hinweisen auf Rechtsprechung. Ganz ohne Berücksichtigung der arbeits*völkerrechtlichen* Dimension MEYER D. 1976 in seiner Dissertation den Gleichbehandlungsgrundsatz. Auch CAMASTRAL behandelt 1996 (!) die Grundrechte im Arbeitsverhältnis praktisch (Hinweise auf allfällige Drittwirkung der EMRK auf S. 39) ohne Hinweise auf internationale Arbeitsnormen. Vergleichsweise ausführlich behandelt TRACHSLER 1991 internationale Rechtsquellen in seiner Dissertation zum privatrechtlichen Gleichbehandlungsgebot (S.33-39). Auch in arbeitsrechtlichen Standardwerken werden völkerrechtliche Arbeitsrechtsnormen gar nicht thematisiert. (Vgl. aber die Hinweise auf die Internationalisierung des schweizerischen Arbeitsrechts in ver-

4. Kapitel: Arbeitsvölkerrechtliche Diskriminierungsverbote und ihre Durchsetzung

2. *Völkerrechtliche Diskriminierungsverbote und Gleichbehandlungsgebote*

125 Gleichbehandlungsgebote und Diskriminierungsverbote sind für den internationalen Menschenrechtsschutz zentral. *Arbeitsrechtliche* Gleichbehandlungsgebote und Diskriminierungsverbote bilden einen wichtigen Bestandteil internationaler Menschenrechtsverträge[299]. Im Völkerrecht finden sich weiter wettbewerbsrechtlich motivierte Diskriminierungsschutzvorschriften, namentlich im Welthandelsrecht der WTO. Auch diese enthalten zumindest ansatzweise menschenrechtliche Postulate[300].

126 Völkerrechtliche Diskriminierungsverbote stellen nicht einfach die Kehrseite von Gleichbehandlungsgeboten dar[301]. Andererseits besteht zwischen Gleichheit und Nichtdiskriminierung im Völkerrecht auch kein prinzipieller Unterschied[302]. Vielmehr erscheint der Anspruch auf Gleichbehandlung in verschiedenen völkerrechtlichen Menschenrechtsübereinkommen als eine *Konkretisierung menschlicher Würde*, die gemäss Art. 1 der Allgemeinen Erklärung der Menschenrechte von 1948 allen Menschen gleich zusteht. Die Konkretisierung erfolgt dabei in den verschiedenen Abkommen durch *besondere Diskriminierungsverbote* unterschiedlicher Tragweite und mit einem umfassenden oder eingeschränkten Anwendungsbereich[303]. In einzelnen Verträgen finden sich zudem mehr oder weniger ausführliche Legaldefinitionen des Begriffs «Diskriminierung»[304].

---

[299] einzelten Aufsätzen in Fn 333). Für eine ausführliche völkerrechtliche Auseinandersetzung mit dem Streikrecht siehe PORTMANN (Streikrecht), S. 352 ff.
SCHIEK (Arbeitsrecht), N 38.
[300] Dazu umfassend BLÜTHNER, KAUFMANN CH., BELSER (Menschenrechte).
[301] WALDMANN (Diskriminierungsverbot), S. 127 mit Verweis auf RAMCHARAN, S. 246, 252 ff..
[302] Dies postulierte in den 80iger Jahren des 20. Jahrhunderts TOMUSCHAT, der die These vertrat, Art. 7 der Allgemeinen Menschenrechtserklärung und Art. 26 des UN-Paktes I stellten einen allgemeinen Gleichheitssatz dar und wären auf die rechtsgleiche Rechtsanwendung beschränkt. Dagegen käme den besonderen Diskriminierungsverboten der Sinn zu, auch den Gesetzgeber zu binden, vgl. TOMUSCHAT (Equality), S. 691 ff. Die Auffassung TOMUSCHATS hat sich nicht durchsetzen können, vgl. NOWAK (CCPR-Kommentar), N 16 zu Art. 26 UN-Pakt I.
[303] WALDMANN (Diskriminierungsverbot), S. 126.
[304] Bsw. in der Präambel zu Übereinkommen Nr. 111 über die Diskriminierung in Beschäftigung und Beruf: «... dass ferner Diskriminierung eine Verletzung von Rechten bedeutet, die in der Allgemeinen Erklärung der Menschenrechte niedergelegt sind». Eine weitere Präzisierung erfolgt in Art. 1 Bst. a des genannten Übereinkommens.

Die Vertragsstaaten werden durch völkerrechtliche Diskriminierungsverbote 127
in ihrem Wertungsspielraum eingeschränkt[305]. Die Diskriminierungsverbote
benennen entweder ein oder mehrere sensible Merkmale, teilweise abschliessend und teilweise nicht abschliessend, aufgrund derer eine ungleiche Behandlung nicht zulässig ist[306]. Diskriminierungsverbote können einen umfassenden Anwendungsbereich haben oder es handelt sich um *akzessorische*
Diskriminierungsverbote; diese zielen auf einen diskriminierungsfreien Genuss der fraglichen Vertragsrechte ab[307].

3. Völkerrechtliche Rechtsquellen arbeitsrechtlicher Diskriminierungsverbote

Die Vereinten Nationen haben kein einheitliches und umfassendes Arbeits- 128
recht erlassen. Nur vereinzelt und zum Teil nur programmatisch haben einzelne Bestimmungen in einzelnen Menschenrechtsverträgen die Regelung der
Arbeit und damit zusammenhängend Fragen der Gleichbehandlung zum Gegenstand:

- Allgemeine Erklärung der Menschenrechte (AEMR) vom 10. Dezember 1948[308],
- Internationaler Pakt über die bürgerlichen und politischen Rechte vom 19. Dezember 1966 (IPbpR)[309],
- Internationalen Pakt über die wirtschaftlichen, sozialen und kulturellen Rechte vom 16. Dezember 1966 (IPwskR)[310],
- Übereinkommen zur Beseitigung jeder Form von Diskriminierung der Frau vom 18. Dezember 1979[311],
- Rassendiskriminierungskonvention (RDK) vom 21. Dezember 1965[312],
- Konvention über die Rechte von Menschen mit Behinderung vom 13. Dezember 2006[313],

---

[305] RUDOLF (Diskriminierungsverbote), N 17.
[306] So in Art. 26 Internationaler Pakt über bürgerliche und politische Rechte (UN-Pakt II).
[307] Bsw. Art. 14 EMRK.
[308] Resolution 217 A (III) der Generalversammlung vom 10. Dezember 1948.
[309] SR 0.103.2.
[310] SR 0.103.1.
[311] SR 0.108.
[312] SR 0.104.

- Internationale Konvention zum Schutz der Wanderarbeitnehmer und ihrer Familien vom 18. Dezember 1990[314].

Auf europäischer Ebene enthalten die folgenden Abkommen Inhalte mit Bezug zum eintrag :

- Europäische Menschenrechtskonvention EMRK vom 4. November 1950[315],
- die Europäische Sozialcharta vom 18. Dezember 1961[316].

129 Eine grosse Bedeutung für das Arbeitsvölkerrecht haben die Übereinkommen der Internationalen Arbeitsorganisation IAO. Gleichheitsrechtlich relevant sind besonders die beiden von der Schweiz ratifizierten Übereinkommen Nr. 100 über die Gleichheit des Entgelts zwischen Frauen und Männern für gleichwertige Arbeit von 1951[317] und Nr. 111 über die Diskriminierung in Beschäftigung und Beruf von 1958[318]. Postulate des arbeitsrechtlichen Gleichheitsschutzes enthalten auch die Übereinkommen Nr. 156 über die Chancengleichheit und die Gleichbehandlung männlicher und weiblicher Arbeitnehmer: Arbeitnehmer mit Familienpflichten von 1981[319], das Übereinkommen Nr. 175 über Teilzeitarbeit[320], das Übereinkommen Nr. 97 über Wanderarbeiter von 1949[321], das Übereinkommen Nr. 143 über Missbräuche bei Wanderungen und die Förderung der Chancengleichheit und der Gleichbehandlung der Wanderarbeitnehmer von 1975[322] und das IAO-Überein-

---

[313] UN Doc. A/61/611. Die Konvention über die Rechte von Menschen mit Behinderung wurde bis heute von der Schweiz nicht unterzeichnet.

[314] UN Doc. A/RES/45/158. Die Schweiz hat diese Konvention bis heute nicht unterzeichnet. Bis heute (30.06.2008) wurde die Konvention lediglich von 37 Staaten ratifiziert, darunter sind keine westlichen Industrienationen, dazu SPIESS, S. 28.

[315] SR 0.101.

[316] Die Sozialcharta wurde von der Schweiz zwar unterzeichnet nicht aber ratifiziert, siehe dazu ausführlich(er) im 7. Kapitel, 3.Die Europäische Sozialcharta, S. 188 f.

[317] SR 0.822.720.0.

[318] SR 0.822.721.1

[319] http://www.ilo.org/ilolex/cgi-lex/convde.pl?C156 (Zugriff: 30.06.2008). Das IAO-Übereinkommen Nr. 156 wurde von der Schweiz nicht ratifiziert.

[320] http://www.ilo.org/ilolex/cgi-lex/convde.pl?C175 (Zugriff: 30.06.2008). Das IAO-Übereinkommen Nr. 175 wurde von der Schweiz nicht ratifiziert.

[321] http://www.ilo.org/ilolex/english/convdisp1.htm (Zugriff: 30.06.2008). Das IAO-Übereinkommen Nr. 97 wurde von der Schweiz nicht ratifiziert.

[322] http://www.ilo.org/ilolex/english/convdisp1.htm (Zugriff: 30.06.2008). Das IAO-Übereinkommen Nr. 143 wurde von der Schweiz nicht ratifiziert.

kommen Nr. 158 über die Beendigung des Arbeitsverhältnisses durch den Arbeitgeber von 1986[323].

Nicht zum eigentlichen Arbeitsvölkerrecht zählt das Europäische Gemeinschaftsrecht, das eine hohe arbeitsrechtliche Normierung aufweist[324]. Die intensivierte gemeinschaftsrechtliche Gleichbehandlungs- und Nichtdiskriminierungsnormierung bei Arbeit und Erwerb und deren mögliche Auswirkung auf die Schweiz werden in einem eigenständigen Teil (Teil III) bearbeitet. Hier erfolgt auch die Bearbeitung der arbeitsrechtlichen Gleichbehandlungsansprüche nach dem Personenfreizügigkeitsabkommen der Schweiz mit der Europäischen Gemeinschaft und ihren Mitgliedstaaten (FZA)[325].

130

4. Bedeutung der Diskriminierungsverbote im Arbeitsvölkerrecht

Das Arbeitsvölkerrecht an sich wird als «Terra incognita» bezeichnet[326]. Damit ist die relativ schwache Resonanz der völkerarbeitsrechtlichen Normen in der arbeitsrechtlichen Doktrin und Judikatur angesprochen. Besonders die tripartite Zusammensetzung der Internationalen Arbeitsorganisation (Staaten, Arbeitgeber- und Arbeitnehmerorganisationen) sowie das eindrückliche und detaillierte Normengebilde und die ausgeklügelte Form der Normdurchsetzung hätten eine grössere Beachtung verdient[327].

131

Allgemein ist im schweizerischen Recht eine stärkere völkerrechtliche Orientierung festzustellen[328]. Das zeigt sich besonders in verschiedenen Bestimmungen der nachgeführten Bundesverfassung von 1999[329]. Das *Arbeitsvölker-*

132

---

[323] http://www.ilo.org/ilolex/cgi-lex/convde.pl?C158 Zugriff: 30.06.2008). Das IAO-Übereinkommen Nr. 158 wurde von der Schweiz nicht ratifiziert.
[324] Zum europäischen Arbeitsrecht siehe 10. Kapitel, S. 305 f.
[325] SR 0.142.112.681. Zum FZA grundlegend GROSSEN/DE PALÉZIEUX, S. 87 ff., Zu der arbeitsrechtichen Gleichbehandlungsansprüchen nach FZA siehe und VON KAENEL, S. 39 ff. und PÄRLI (Gleichbehandlungsansprüche), N 102 und ausführlich hinten in Kapitel 11, S. 334 ff.
[326] So DÄUBLER (Arbeitsrecht), S. 3538.
[327] MÜLLER/WILDHABER, S. 593-594, SHAW, S. 114, 312-315.
[328] Siehe statt vieler THÜRER, S. 181 ff.
[329] Vgl. u.a.: Abs. 2 der Präambel (... «im Bestreben, den Bund zu erneuern, um Freiheit und Demokratie, Unabhängigkeit und Frieden in Solidarität und Offenheit gegenüber der Welt zu stärken»), Art. 2 Abs. 4 BV: «Sie (die Schweizerische Eidgenossenschaft, Anm. Verf.) setzt sich ein für die dauerhafte Erhaltung der natürlichen Lebensgrundlagen und für eine friedliche und gerechte internationale Ordnung», Art. 5 Abs. 4 BV: «Bund und Kantone beachten das Völkerrecht», Art. 191 BV: «Bundesgesetze und Völkerrecht sind für das Bundesgericht und die anderen rechtsanwendenden Behörden verbindlich».

recht hat jedoch nicht oder noch nicht den ihm gebührenden Stellenwert erlangt. Das gilt auch und insbesondere für die Verpflichtungen zum Diskriminierungsschutz. Immerhin: In jüngerer Zeit wächst das Bewusstsein dafür, dass völkerrechtliche Verpflichtungen zu einem verstärkten Gleichheits- und Diskriminierungsschutz *innerstaatliche* Aufgaben nach sich ziehen[330] und nicht nur ein Instrument der Aussenpolitik sind[331]. Gefordert wird insbesondere eine Harmonisierung des *Bundeszivilrechts* mit den völkerrechtlich eingegangenen Verpflichtungen[332]. Die Wertungen der Völkerrechtsgemeinschaft über Gleichbehandlung und Diskriminierung fliessen mehr und mehr in die schweizerische Doktrin ein, auch in diejenige des Arbeitsrechts[333].

133 Die «Terra incognita» des Arbeitsvölkerrechts soll im Kontext der gerade skizzierten Entwicklung ausgeleuchtet werden. Die Studie ist auf die Gleichbehandlung und Nichtdiskriminierung im *privatrechtlichen Arbeitsverhältnis* beschränkt. Entsprechend interessieren in dieser Studie «nur» oder vielmehr *besonders* die völkerrechtlichen Verpflichtungen der Schweiz zu den *im privaten Arbeitsverhältnis* wirksamen Regelungen und Massnahmen. Als Ergebnis wird sichtbar, ob die heutige Rechtslage (Gesetzgebung und Rechtsprechung) in der Schweiz den völkerrechtlichen Anforderungen genügt und *wo* allenfalls *für wen* (Gesetzgeber, Verwaltung oder Gerichte) Handlungsbedarf besteht.

II. Völkerrechtliche Dimension

1. Die staatlichen Verpflichtungen

1.1 Das Konzept der Dreiteilung staatlicher Verpflichtungen

134 Mit der Unterzeichnung und Ratifikation völkerrechtlicher Menschenrechtsverträge erwachsen den Staaten völkerrechtliche Pflichten zur Umsetzung der im jeweiligen Völkerrechtsvertrag verankerten Menschenrechte. Besonders die Verwirklichung wirtschaftlicher und sozialer Rechte erfordert von den Staaten ein Tätigwerden auf verschiedenen Ebenen[334]. Am Beispiel des Rechts auf Nahrung (Art. 11 Internationaler Pakt für wirtschaftliche, soziale

---

[330] WALDMANN (Diskriminierungsverbot), S. 395.
[331] TRACHSLER, S. 1476 (Antidiskriminierungsgesetz).
[332] MARTI, N 252.
[333] VON KAENEL, S. 41-42, WYLER, S. 50 f, AUBERT G. (Internationalisation), S. 455 ff., COTTIER/CAPLAZZI, S. 469 ff., TSCHUDI (Arbeitsrecht), S. 281 ff., KLEY, S. 453.
[334] Grundlegend dazu: ALSTON/QUINN, S. 157 ff. und EIDE/KRAUSE/ROSAS. Siehe weiter die Nachweise bei: KÜNNEMANN, S. 327, ENGELS, S. 53 und WINNER, S. 130 ff.

und kulturelle Rechte) erläutert EIDE das Konzept einer eigentlichen «Trilogie der Verpflichtungsschichten». Diese enthalten die Verpflichtungen des Staates, die Menschenrechte nicht zu verletzen (obligations to respect), die Menschenrechte zu schützen (obligations to protect) und die Menschenrechte zu verwirklichen (obligations to fulfil)[335]. Für EIDE gilt dieses Konzept sowohl für wirtschaftliche, soziale und kulturelle Rechte wie für die bürgerlichen und politischen Rechte. Eine ähnliche Typologie staatlicher Verpflichtungen findet sich schon früher bei SHUE. Er argumentiert, alle Menschenrechte würden mit folgenden Verpflichtungen korrespondieren: Verpflichtungen zur Verhinderung von Deprivation von Rechten, Verpflichtungen zum Schutze von Deprivation und Verpflichtungen zur Hilfe an die Deprivierten[336]. Wie EIDE wendet sich auch SHUE gegen eine Dichotomie zwischen Freiheitsrechten und korrespondierenden negativen Verpflichtungen einerseits sowie Sozialrechten und korrespondierenden positiven Verpflichtungen anderseits[337].

Diese Dreiteilung der staatlichen Verpflichtungen wird für die weitere Untersuchung dazu verwendet, die konkreten staatlichen Pflichten herauszuarbeiten, die sich aus den völkerrechtlichen Diskriminierungsverboten ergeben. Zu beachten ist, dass die Umsetzungspflichten völkerrechtlicher Diskriminierungsverbote *sämtliche staatliche Behörden* betreffen[338]. Gefordert sind sowohl Verwaltung und Gerichte bei der Auslegung und Anwendung des Rechts wie auch der Gesetzgeber, soweit eine Anpassung des nationalen Rechts erforderlich ist, die nach den innerstaatlichen Vorschriften dem Gesetzgeber überlassen ist.

1.2 Die Verpflichtungsschichten im Einzelnen

1.2.1 Das Verbot rechtlicher Diskriminierung (obligations to respect)

Die «obligations of respect» betreffen das Verbot der rechtlichen Diskriminierung. Dieses bildet Ausgangspunkt und Minimalverpflichtung staatlicher Pflichten zugleich[339]. Die völkerrechtlichen Diskriminierungsverbote untersagen dem Staat die Vornahme jeder *rechtlicher Diskriminierung* aufgrund der

---

[335] EIDE (Right to Food), S. 138 ff., ders. (Realization), S. 35 ff. Eine umfassender Darstellung mit Hinweisen auf die Genese des Konzeptes vermittelt ENGELS in seiner Arbeit zur Frage der Einführung eines Fakultativprotokolls für den IPwskR. Vgl. dazu ENGELS, S. 53-82.
[336] SHUE, S. 51.
[337] MJÖLL ARNARDOTTIR, S. 98.
[338] ALSTON/QUINN, S. 166 ff.
[339] RUDOLF (Diskriminierungsverbote), N 31.

sensiblen Merkmale³⁴⁰. Kein Staat soll Menschen aufgrund des Geschlechts, der Rasse oder anderer Persönlichkeits- und Identitätsbestimmender Merkmale in der Rechtssetzung und Rechtsanwendung benachteiligen. Diesen Schutz vor rechtlicher Diskriminierung verwirklicht der Staat, indem er selbst eine ungerechtfertige Ungleichbehandlung oder Diskriminierung unterlässt.

1.2.2 Schutzpflichten des Staates und Verpflichtungen Privater (obligations to protect)

137 Die Staaten sind verpflichtet, die Gleichbehandlungsansprüche und Gleichstellungspostulate *wirksam zu schützen*. Das wirft Fragen auf. Ist der Staat zum Schutz vor *gesellschaftlicher Diskriminierung* verpflichtet, so hat dies auch einen Anspruch auf Schutz vor Diskriminierung durch Private zur Folge³⁴¹. Setzt der Staat die völkerrechtlichen Schutzpflichten zu Gunsten benachteiligter Gruppen durch, werden im Ergebnis Private zumindest *mittelbar* durch völkerrechtliche Normen verpflichtet.

138 Eine *unmittelbare Drittwirkung* würde bedeuten, dass sich Private gegenüber anderen Privaten unmittelbar auf die menschenrechtlichen Diskriminierungsverbote berufen könnten. Ein solches Verständnis bedeutet, dass aus Menschenrechten Pflichten Privater folgten. Damit würden nun eigentliche Grundpflichten (Menschenpflichten) statuiert³⁴². Dagegen spricht das grundsätzlich staatsgerichtete «Abwehrverständnis» völkerrechtlicher Menschenrechtsverträge³⁴³. Aus dem völkerrechtlichen Anspruch auf Schutz vor Diskriminierung entsteht *grundsätzlich* keine völkerrechtliche Pflicht des Individuums, Diskriminierung zu vermeiden. Ausnahmen bestehen, soweit sich die menschenrechtlichen Garantien *ausdrücklich* auf das Verhältnis zwischen Privaten beziehen³⁴⁴. Diesfalls liegt eine direkte Drittwirkung internationaler Menschenrechtsabkommen vor³⁴⁵. Indirekte Drittwirkung liegt vor, wenn die Schutzpflichten des Staates ein Tätigwerden des nationalen Gesetzgebers im Hinblick auf einen privatrechtlichen Diskriminierungsschutz vorsehen.

---

340 RUDOLF (Diskriminierungsverbote), N 17.
341 Zur Drittwirkung von Menschenrechten unter Privaten und den damit verbundenen Verpflichtungen des Staates vgl. grundsätzlich CLAPMAN, S. 341-356. In der schweiz. Lehre vgl. u.a.: EGLI (bezüglich EMRK-Rechte), S. 220 ff., TRACHSLER, S. 1474 (Antidiskriminierungsgesetz), WILDHABER, S. 454 ff.
342 RUDOLF (Pflichten), S. 115.
343 TOMUSCHAT (Grundpflichten), S. 307.
344 STRAUSS, S. 100.
345 Zur Drittwirkung der EMRK siehe ausführlich EGLI, S. 220 ff.

Eine (ausnahmsweise geltende) direkte Drittwirkung liegt dann vor, wenn der 139
fragliche Völkerrechtsvertrag self-executing-Charakter hat *und* vorsieht, dass
Gleichbehandlungsansprüche gegenüber Privaten eingefordert werden können. In einer solchen Konstellation liegt ein völkerrechtlich begründetes Verbot der Diskriminierung unter Privaten vor. Die Schutzpflicht des Staates
besteht diesfalls darin, den Rechtsschutz so auszugestalten, dass die Ansprüche auch tatsächlich eingefordert werden können.

1.2.3 Staatliche Leistungspflichten (obligations to fulfil)

Die dritte Schicht der Schutzpflichten umfasst die eigentlichen «Leistungs- 140
pflichten» («obligations to assist and fulfil») des Staates. Im Anwendungsbereich der Diskriminierungsverbote ist der Staat gefordert, *strukturgestaltend*
zur Vermeidung von Diskriminierung und Ungleichbehandlung einzugreifen[346].

Schutzpflichten und Leistungspflichten sind insoweit gleichartig, als sie posi- 141
tive staatliche Leistungen erfordern. Der Unterschied besteht darin, dass das
Ziel der Schutzpflichten in einem Unterlassen diskriminierenden Verhaltens
Privater besteht, während die Leistungspflichten dem Schutz vor struktureller
Diskriminierung dienen und somit eher eine (positive) Verhaltensänderung
Privater bezweckt.

Zu ergänzen ist, dass auch die erste Stufe, das Verbot rechtlicher Diskriminie- 142
rung, staatliche Leistungen notwendig macht. Zur wirksamen Realisierung
dieses Verbotes muss der Staat einen effektiven und effizienten Justizapparat
zur Verfügung stellen, der den Privaten erlaubt, gegen rechtliche Diskriminierung des Gesetzgebers und/oder der Behörden vorzugehen.

2. *Die völkerrechtliche Durchsetzung*

2.1 Die Problematik

Von der Schweiz ratifizierte völkerrechtliche Normen stellen geltendes Recht 143
dar, das von Behörden und Gerichten, aller Stufen angewendet werden
muss[347]. Von der Frage *innerstaatlicher* Geltung völkerrechtlicher Normen ist

---

[346] KÜNZLI, S. 212 (Verpflichtungsgrad).
[347] HAEFELIN/HALLER, N 1913, HANGARTNER, S. 141f. BGE 105 II 51, Erw. 3. Siehe dazu ausführlich weiter hinten in diesem Kapitel, III. Innerstaatliche Geltung der

die Frage der rechtlichen Durchsetzung durch die Völkerrechtsgemeinschaft zu unterscheiden[348]. Die Vereinten Nationen und andere internationale Organisationen haben rechtsverbindliche Massstäbe zum Gleichheits- und Diskriminierungsschutz geschaffen. Es ist nicht mehr nur Sache des einzelnen Staates zu entscheiden, wie Menschen aufgrund ihres Geschlechts, der Rasse oder anderen sensiblen Merkmalen vom Staat aber auch in der Gesellschaft behandelt werden[349]. Damit die völkerrechtliche Gleichbehandlungs- und Nichtdiskriminierungsnormen durchgesetzt werden können, hat die Staatengemeinschaft ein komplexes Kontrollsystem entwickelt.

144 In der Folge werden die *Grundlinien* der internationalen Durchsetzungsmechanismen erläutert. Dies geschieht mit dem Ziel, bei der späteren Bearbeitung der einzelnen Abkommen aufzuzeigen, welche Impulse aus den Arbeiten der internationalen Überwachungsorgane für die staatlichen Behörden gewonnen werden können.

2.2 Die Formen der Vertragsdurchsetzung[350]

2.2.1 Das Staatenberichtsverfahren

145 Die UN-Abkommen sehen Verpflichtungen der Staaten vor, regelmässig so genannte Staatenberichte abzuliefern. Hier müssen die Staaten über den Stand der Umsetzung der menschenrechtlichen Vertragspflichten berichten. Diese Staatenberichte werden von einem durch den jeweiligen Vertrag geschaffenen Überwachungsorgan überprüft. Aufgrund der Prüfung der Staatenberichte erarbeiten die Kontrollorgane konkrete Vorschläge zur effektiven Umsetzung der Menschenrechtsverträge im Berichtsstaat (suggestions). Das Berichtssystem kann nicht mit einem Gerichtsverfahren verglichen werden. Die Rückmeldungen zu den Staatenberichten sind rechtlich nicht verbindlich, vielmehr handelt es sich um ein diplomatisches Verfahren. Dieses zwingt die Staaten, in Menschenrechtsfragen Rechenschaft abzulegen und sich auf einen nicht selten sehr kritischen Dialog mit dem Vertragsorgan einzulassen.

146 Auf der Grundlage der Staatenberichte verfassen die Kontrollorgane weiter sogenannte allgemeine Bemerkungen (general recommendations), die der Konkretisierung der Vertragsinhalte dienen. Auch diese allgemeinen Empfeh-

---

völkerrechtlichen Diskriminierungsverbote, 1. Verhältnis Völkerrecht und Landesrecht, S. 65 f.
[348] Siehe dazu anschaulich PETERS (Völkerrecht), S. 6-8.
[349] SPENLÉ (Schutz), N 35.
[350] Zu den Verfahren der Menschenrechtssicherung im System der Vereinten Nationen allgemein siehe OPITZ, S. 74 ff., SCHILLING, S. 218 ff.

lungen sind rechtlich nicht verbindlich. Sie haben nicht den gleichen Verpflichtungscharakter wie die Menschenrechtsverträge selbst[351]. Dennoch darf ihre Bedeutung nicht unterschätzt werden, haben doch die allgemeinen Bemerkungen den Menschenrechtsschutz bereichert und zur differenzierten Ausgestaltung beigetragen[352]. Innerstaatliche Behörden, namentlich die Gerichte aber auch der Gesetzgeber, können und sollen sich durch die Arbeiten der Überwachungsorgane inspirieren lassen.

2.2.2 Die Staatenbeschwerde

Mit einer Staatenbeschwerde kann ein Vertragsstaat geltend machen, ein anderer Vertragsstaat komme seinen Verpflichtungen nicht nach. Die Staatenbeschwerde erlaubt einem Vertragsstaat, Beschwerde gegen einen anderen Vertragsstaat mit dem Inhalt zu erheben, letzterer habe die Vertragsgarantien verletzt. Ein solches Verfahren sehen die UN-Rassendiskriminierungskonvention und der UN-Zivilpakt (IPbpR) vor. Die Staatenbeschwerde wird kaum ergriffen, da regelmässig mit einen «Gegenbeschwerde» des beklagten Staates gerechnet werden muss[353]. 147

2.2.3 Das Individualbeschwerdeverfahren

Eine besondere Form der Durchsetzung menschenrechtlicher Gleichheitsansprüche und Diskriminierungsverbote besteht in einem *Individualbeschwerdeverfahren*. Ein Individualbeschwerdeverfahren bedeutet, dass Einzelpersonen dem zuständigen Überwachungsorgan des Vertrags eine Beschwerde mit dem Inhalt vorbringen können, ein Staat habe die im Vertrag garantierten Rechte der betreffenden Person verletzt. 148

Das herausragendste Beispiel eines Individualbeschwerdeverfahrens ist dasjenige in der EMRK. Art. 34 der EMRK gewährt jeder natürlichen Person, nicht staatlichen Organisation oder Personengruppe das Recht, sich nach erfolglosem innerstaatlichen Instanzenzug mit der Behauptung der Verletzung von EMRK-Rechten an den Europäischen Gerichtshof für Menschenrechte zu wenden. Die Urteile des Europäischen Gerichtshofes für Menschenrechte (EGMR) sind verbindlich. 149

Vom Individualbeschwerdeverfahren der EMRK sind die so genannten Mitteilungsverfahren zu unterscheiden, die einzelne UN-Übereinkommen ken- 150

---

[351] SCHÖPP-SCHILLING, S. 413, vgl. auch KLEIN (general comments), S. 307 ff.
[352] KLEIN, S. 31 (Allgemeine Bemerkungen).
[353] SPENLÉ (Schutz), N 23.

nen. Das Mitteilungsverfahren ist oft in einem Zusatzprotokoll enthalten und fakultativ, so namentlich im UN-Zivilpakt (IPbpR) und der Konvention zum Schutz vor Rassendiskriminierung (RDK). Gemeinsam mit der EMRK ist diesen Mitteilungsverfahren, dass Einzelpersonen nach durchlaufenen innerstaatlichen Instanzen vor internationalen Institutionen die Verletzung von im jeweiligen Menschenrechtsvertrag enthaltene Rechte geltend machen können. Zuständig für die Entgegennahme und Bearbeitung der Mitteilung ist das gleiche Gremium, das auch für die Kontrolle der Staatenberichte zuständig ist. Der Entscheid des Überwachungsgremiums stellt kein rechtsverbindliches Urteil dar. Es sind vielmehr Empfehlungen an den Vertragsstaat. Das Mitteilungsverfahren ist deshalb auch nicht ein eigentliches Rechtsmittel. Vielmehr sind die Verfahren eine Mischung zwischen rechtsförmigen Verfahren und diplomatischem Vermittlungsverfahren[354].

151 Die Bedeutung der Mitteilungsverfahren ist zunehmend, gerade auch für Fragen des Diskriminierungsschutzes im Arbeitsverhältnis. Die Mitteilungen im Rahmen der RDK betrafen mehrheitlich Verletzungen des Diskriminierungsverbotes, insbesondere im Zusammenhang mit dem Recht auf Arbeit[355].

2.2.4 Auslegung der Abkommen

152 Wie jeder Rechtssatz sind auch die Bestimmungen völkerrechtlicher Verträge auslegungsbedürftig. Auslegungsfragen stellen sich innerstaatlich. Davon ist später die Rede. Für die Überwachungsorgane sind die Auslegungsregeln in den Art. 31 bis 33 der Wiener Vertragskonvention (VRK) massgebend[356]. Ein Völkerrechtsvertrag ist demnach nach der objektiven Methode[357] anhand des Vertragstextes, anhand von Urkunden sowie späterer Übereinkünfte der Vertragsparteien, der Anwendungspraxis und allen übrigen zwischen den Vertragsparteien anwendbaren Völkerrechtssätzen «*im Lichte seines Zieles und Zweckes auszulegen*» (Art. 31 Abs. 1 VRK, 2. Halbsatz). Die so genannten «travaux préparatoires», die vorbereitenden Arbeiten zu einem Vertrag, kommen als ergänzende Auslegungsmittel unter den engen Voraussetzungen

---

[354] SPENLÉ (Schutz), N 23.
[355] Siehe die Fälle in Teil II, 5. Kapitel, 3.2.2 Anstellungsdiskriminierung vor dem RDK-Ausschuss, S. 157.
[356] Wiener Übereinkommen über das Recht der Verträge vom Konvention zum Vertragsrecht vom 23. Mai 1969, SR 0-111, AS 1990 1112. Zur Auslegung völkerrechtlichen Verträge im Allgemeinen siehe IPSEN, S. 112 ff., MÜLLER/WILDHABER, S. 127 ff., HOLZER, S. 56 ff.
[357] Der Streit zwischen Auslegung nach Parteiwille (subjektiver Ansatz) und Vertragstext (objektiver Ansatz) ist mit dem Inkrafttreten der Wiener Vertragsrechtskonvention im Jahre 1990 entschieden. Siehe zum Ganzen IPSEN, N 4-5, S. 139.

von Art. 32 VRK zum Tragen[358]. Überwachungsorgane völkerrechtlicher Menschenrechtesverträge tendieren zur einer restriktiven Auslegung nationalstaatlicher Einschränkungen menschenrechtlicher Garantien[359].

III. Innerstaatliche Geltung der völkerrechtlichen Diskriminierungsverbote

1. Verhältnis Völkerrecht und Landesrecht

1.1 Die allgemeinen Regeln

Völkerrechtliche Verpflichtungen müssen von den Staaten eingehalten werden[360]. Dieser Grundsatz gilt bereits völkergewohnheitsrechtlich. Für das Völkervertragsrecht ergibt er sich zudem aus Art. 26 und 27 der Wiener Vertragsrechtkonvention (VRK)[361]. Auch die Bundesverfassung bekennt sich zu diesem Prinzip[362]. Art. 5 Abs. 4 BV hält ausdrücklich fest: «*Bund und Kantone beachten das Völkerrecht*». 153

Eine andere Frage ist, *wie* das Völkerrecht innerhalb des Landesrechts Geltung beansprucht[363]. Das Völkerrecht regelt diese Frage nicht, sie ist vielmehr nach nationalem (Verfassungs)Recht zu entscheiden[364]. Die monistische Konzeption sieht eine Einheit von Völker- und Landesrecht während das dualistische Modell von zwei getrennten Rechtssystemen ausgeht[365]. Nach schweizerischer Rechtsauffassung werden völkerrechtliche Normen mit der Anerkennung durch die Schweiz direkt ins Landesrecht adaptiert, was dem monistischen Modell entspricht[366]. 154

Das Verhältnis zwischen Bundesgesetzen und Völkerrecht ist umstritten, wenn auch die Lehre allgemein für einen Vorrang des Völkerrechts vor den 155

---

[358] IPSEN, N 18.
[359] NOWAK (Introduction), S. 65.
[360] MÜLLER/WILDHABER, S. 13 ff., HOLZER, S. 15, ENGELBERGER, S. 16.
[361] Wiener Übereinkommen über das Recht der Verträge vom 23. Mai 1969, SR. 0.111.
[362] HANGARTNER, N 40 zu Art. 5 Abs. 4 BV.
[363] HANGARTNER, N 41 zu Art. 5 Abs. 4 BV.
[364] ACHERMANN, S. 36f., AUBERT, S. 1019, HANGARTNER, N 42, HOLZER, S. 3, KÄLIN (Geltungsgrund), S. 51 ff., RHINOW (Grundzüge), S. 656, VILLIGER, S. 41, WÜGER (Justiziabilität), S. 22.
[365] Zum Monismus und Dualismus siehe HANGARTNER/KLEY, N 523, MÜLLER/WILDHABER, S. 161, VILLIGER, S. 42, WÜGER (Justiziabilität), S. 24 ff.
[366] THÜRER, S. 187, N 21-23, HOLZER, S. 12 ff., MÜLLER/WILDHABER, S. 154, HANGARTNER (Anwendbarkeit), S. 141 f., verwendet den Begriff «Adoption».

Bundesgesetzen plädiert[367]. Bundesgericht[368] und Bundesrat[369] tendieren ebenfalls in diese Richtung. Nach Art. 191 BV sind Bundesgesetze *und* Völkerrecht für das Bundesgericht und die anderen rechtsanwendenden Behörden massgebend. In einem Konflikt zwischen Bundesgesetz und Völkerrecht geht der völkerrechtliche Erlass dem Bundesgesetz vor[370]. Das gilt insbesondere dann, wenn der fragliche Staatsvertrag bzw. die fragliche Staatsvertragsnorm menschenrechtlichen Gehalt hat[371]. In diesen Konstellationen ist auch der Grundsatz, wonach die völkerrechtliche Norm zurückzutreten hat, soweit der Gesetzgeber bewusst eine gesetzliche Abweichung von der völkerrechtlichen Norm vornimmt, überholt[372].

---

[367] HANGARTNER, N 25 ff. zu Art. 191 BV, MÜLLER/WILDHABER, S. 164 ff, RHINOW (Grundzüge), N 3201-3208, COTTIER/HERTIG, S. 23. Siehe weiter mit ausführlichen Hinweisen BAUMANN (Diss.), N 403 ff.

[368] Siehe z.b. BGE 122 II 234, Erw. 4e: «Die Eidgenossenschaft kann sich der völkerrechtlichen Verpflichtung nicht unter Berufung auf inländisches Recht entziehen; das Völkverrecht hat grundsätzlich Vorrang». In BGE 125 II 417 hält das Bundesgericht in den Regesten (zu Erw. 4c-4e) fest, dass: «im Konfliktfall das Völkerrecht dem Landesrecht prinzipiell vorgeht (...). Dies hat zur Folge, dass eine völkerrechtswidrige Norm des Landesrechts im Einzelfall nicht angewendet werden kann. Diese Konfliktregelung drängt sich umso mehr auf, wenn sich der Vorrang aus einer völkerrechtlichen Norm ableitet, die dem Schutz der Menschenrechte dient. Ob in anderen Fällen davon abweichende Konfliktlösungen in Betracht zu ziehen sind (vgl. BGE 99 Ib 39 E. 4 S. 44f [Schubert], ist vorliegend nicht zu prüfen». Eine Grenze des Vorrangs völkerrechtlicher Bestimmungen besteht für das Bundesgericht gemäss Entscheid vom 08.03.2000 (1A.74/2000, publiziert in Pra 2000 Nr. 130, S. 761) dann, wenn die völkerrechtliche Norm im Widerspruch zu einem fundamentalen landesrechtlichen Grundsatz steht.

[369] Siehe dazu exemplarisch die Botschaft des Bundesrates über die Genehmigung des Abkommens über den EWR, BBl 1991 IV 1, 91: «Die Organe des Bundes – hauptsächlich der Bundesrat und das Bundesgericht – haben, im Einklang mit der in der Schweiz herrschenden Lehre, den Vorrang des Völkerrechts wiederholt anerkannt und bestätigt. Die rechtsanwendenden Behörden des Bundes und der Kantone haben, wann immer möglich, nationales und internationales Recht auf dem Wege der Auslegung in Einklang zu bringen. (...) Im Konfliktfall gilt die Regel «Völkerrecht bricht Landesrecht», wodurch die landesrechtliche Norm nicht angewendet wird.» Siehe weiter die gemeinsame Stellungnahme des Bundesamtes für Justiz und der Direktion für Völkerrecht vom 26. April 1989, Verhältnis zwischen Völkerrecht und Landesrecht im Rahmen der schweizerischen Rechtsordnung, VPB 53 (1989), Nr. 54, S. 394.

[370] AUBERT, S. 1020, HAEFELIN/HALLER, S. 564, KELLER, S. 354, VILLIGER S. 44 f., WÜGER (Justiziabilität), S. 33 ff.

[371] BGE 133 V 367, Erw. 11, 125 II 417, Erw. 4c – 4e.

[372] Siehe BGE 99 Ib 39, in dem die so genannte «Schubert-Praxis» entwickelt wurde. In einem (m.E. problematischen) Entscheid vom 26. März 2004 hat die Eidg. Personal-

1.2 Konsequenzen für die völkerrechtlichen Diskriminierungsverbote

Die von der Schweiz ratifizierten völkerrechtlichen Abkommen – auch solche, die Fragen der Gleichbehandlung und der Nichtdiskriminierung im privatrechtlichen Arbeitsverhältnis berühren – bilden ohne einen weiteren Akt des Gesetzgebers Bestandteil schweizerischen Rechts[373].

Die Verpflichtung zur Anwendung völkerrechtlicher Diskriminierungsschutznormen richtet sich an alle in Frage kommenden rechtsanwendenden Behörden[374]. Zu den rechtsanwendenden Behörden gehören sowohl Justiz- wie Exekutivorgane von Bund und Kantonen[375]. Mit arbeitsrechtlichen (Gleichheits-) Streitigkeiten befasste Gerichte aller Stufen aber auch Vollzugsbehörden arbeitsrechtlicher Vorschriften wie das Seco oder kantonale Arbeitsinspektorate haben folglich die relevanten völkerrechtlichen Normen auf ihre unmittelbare Anwendbarkeit zu überprüfen und sie haben die Bestimmungen für die Auslegung nationalen Rechts zu berücksichtigen. Bürgerinnen und Bürger, vorliegend Arbeitnehmende und Arbeitgebende, können sich damit vor allen Behörden und Gerichten auf der Ebene der Kantone wie derjenigen des Bundes auf die Ansprüche berufen, die sich aus den massgebenden völkerrechtlichen Verträgen ergeben. Arbeitgebenden dagegen steht die Einrede zu, die Verpflichtungen zum Diskriminierungsschutz würden weniger weit gehen bzw. sie würden ebenfalls völkerrechtlich verankerte Ansprüche auf Schutz der Privatautonomie oder Vertragsfreiheit berühren. In völkerrechtlichen Verträgen verankerte Diskriminierungsschutzbestimmungen verleihen, sofern und soweit sie unmittelbar anwendbar sind, subjektive Rechte. Das Vorliegen subjektiver Rechte ist prozessrechtlich relevant, da für zivilrechtliche Klagen ein subjektives Recht geltend gemacht werden muss[376].

156

157

---

rekurskommission entschieden, der Ausschluss der Beschwerde gegen Mitarbeiterbeurteilungen und gegen Verfügungen über leistungsanhängige Lohnanteile, widerspreche zwar Art. 6 EMRK, der Gesetzgeber habe dies jedoch im Sinne der «Schubert-Praxis» bewusst in Kauf genommen (ZBL 2004, S. 679). Im Lichte von BGE 125 II 417 (siehe dazu oben, Fn 368) und neuerdings BGE 133 V 367, Erw. 11, hat die «Schubert-Praxis» bei menschenrechtlichen Bestimmungen zurückzutreten.

[373] BIAGGINI (Verhältnis), S. 727 ff., COTTIER/HERTIG, S. 10, EPINEY (Primat), S. 541 f., KÄLIN (Geltungsgrund), S.54, RHINOW (Grundzüge), S. 565, Viliger, S. 43, WÜGER (Justiziabilität), S. 33.

[374] BAUMANN (Diss.), N 403, HALLER, Art. 113, N 148, Botschaft über die neue Bundesverfassung, S. 429 (Separatdruck).

[375] HANGARTNER, N 8 zu Art. 191 BV, BAUMANN (Diss.), N 403.

[376] HANGARTNER (Anwendbarkeit), S. 146.

2. Grundfragen der Anwendung völkerrechtlicher Gleichheitsnormen

2.1 Adressaten der völkerrechtlichen Diskriminierungsschutz- und Gleichbehandlungsnormen

158 Soweit die Gleichheits- und Diskriminierungsschutzbestimmungen in einem Völkerrechtsabkommen den Schutz vor rechtlicher Diskriminierung gewähren («obligations of respect»), ist primär *der Staat Adressat* der Bestimmung. Staatliche Arbeitgeber dürfen ihre Arbeitnehmenden nicht diskriminieren. Weiter darf der Staat keine diskriminierenden arbeitsrechtlichen Bestimmungen erlassen. Diskriminierend wären etwa Kündigungsbestimmungen, die einem Arbeitgeber erlauben würden, Arbeitnehmende einer bestimmten Herkunft einfacher zu entlassen als andere.

159 Völkerrechtliche Diskriminierungsverbote enthalten regelmässig weitere staatliche Pflichten, namentlich auch zum Schutz vor Diskriminierung unter Privaten und zur Verwirklichung tatsächlicher Gleichstellung. Insofern werden Private zumindest mittelbar in die Pflicht genommen. Adressat der völkerrechtlichen Verpflichtungen bleibt jedoch der Staat. Wieweit *innerstaatlich* der in den Abkommen enthaltene Schutz vor rechtlicher Diskriminierung und allenfalls auch der Schutz vor Diskriminierung durch Private gerichtlich durchgesetzt werden kann, berührt die Frage der *unmittelbaren oder mittelbaren Anwendung* völkerrechtlicher Diskriminierungsschutznormen.

2.2 Unmittelbare oder mittelbare Anwendbarkeit

2.2.1 Begriffliches und Problematik

160 Beinhaltet der Völkerrechtsvertrag Bestimmungen, auf die sich Private für ihre Sache vor der Verwaltung oder dem Gericht unmittelbar berufen können, handelt es sich um so genannte «self-executing» Normen[377]. Das sind Bestimmungen, die *unmittelbar* anwendbar sind, ohne dass es vorgängig einen Akt des Gesetzgebers bedarf. Sieht der völkerrechtliche Vertrag hingegen nur die *Verpflichtung* zum Erlass bestimmter Normen oder zum staatlichen Tätigwerden in eine bestimmte Richtung vor, handelt es sich um bloss *mittelbar* anwendbare, um «non-self-executing» Bestimmungen.

---

[377] Zur Prolematik «self-executing» / «non-self-executing» siehe ENGELBERGER, S. 24 ff., HANGARTNER N 42 zur Art. 5 BV, HOLZER, 113 ff., MÜLLER/WILDHABER, S. 182 (mit Hinweisen auf zahlreiche Rechtsprechung auf S. 186), PORTMANN (Streikrecht), S. 357 ff., RHINOW (Grundzüge), N 3234 ff., WÜGER (Justiziabilität), S. 42 ff.

Die Begriffe «self-executing» und «unmittelbar anwendbar» oder auch «direkt anwendbar» werden in der Lehre und vom Bundesgericht meist synonym verwendet[378]. Gleiches gilt für die Termini «non-self-executing» und «mittelbar anwendbar» bzw. «indirekt anwendbar». Auch in dieser Arbeit werden die genannten Begriffe synonym verwendet.

Besonders in Rechtsordnungen mit einer monistischen innerstaatlichen Geltung des Völkerrechts betrifft die Frage der direkten Anwendbarkeit völkerrechtlicher Bestimmungen die Gewaltenteilung zwischen Gericht und Gesetzgeber[379].

2.2.2 Unmittelbar anwendbare Bestimmungen («self-executing»)

Nach der ständigen Praxis des Bundesgerichts ist eine Bestimmung unmittelbar anwendbar, wenn sie inhaltlich hinreichend bestimmt und klar ist, um im Einzelfall Grundlage eines Entscheides zu bilden. Die Norm muss justiziabel sein, Rechte und Pflichten des Einzelnen zum Inhalt haben, und Adressaten der Norm müssen die rechtsanwendenden Behörden sein[380]. Hauptkriterium für die Bejahung einer «self-executing» Norm ist demnach die *Justiziabilität*[381]. Ist eine Bestimmung justiziabel, kann sich eine rechtssuchende Person unmittelbar auf die Geltung der fraglichen Völkerrechtsnorm beziehen.

Den Kriterien an die Justiziabilität entspricht bsw. Art. 7 Abs. 1 der Kinderrechtskonvention (KRK). Der Text lautet: «Das Kind ist unverzüglich nach seiner Geburt in ein Register einzutragen und hat das Recht auf einen Namen von Geburt an, das Recht, eine Staatsangehörigkeit zu erwerben, und soweit möglich das Recht, seine Eltern zu kennen und von ihnen betreut zu werden». Das Bundesgericht hat die direkte Anwendbarkeit dieser Bestimmung in mehreren Entscheiden bestätigt[382].

Die bundesgerichtliche Justiziabilitätsformel beinhaltet das wichtige Element des Einzelfalles. Das Bundesgericht folgt in einzelnen Entscheiden der in der neueren Lehre geforderten flexiblen, kontextgebundene Betrachtungsweise der unmittelbaren Anwendbarkeit[383]. Deutlich kommt dies in BGE 111 Ib 68 zum Ausdruck. Eine Norm sei justiziabel, falls sie «(…) vom Richter in die

---

[378] Siehe dazu die Übersicht bei WÜGER (Justiziabilität), S. 44.
[379] BAUMANN (Diss.), S. 302.
[380] BGE 126 I 240.
[381] BGE 130 I 113, 126 I 240, 124 III 90, Erw. 3, 98 Ib 385.
[382] BGE 128 I 63, Erw. 3.2.2, 125 I 257 Erw. 3 c/bb. Auch Art. 12 KRK (erachtet das Bundesgericht als direkt anwendbar, vgl. BGE 124 III 90).
[383] PORTMANN (Streikrecht), S. 356, IMHOF (Diskriminierungsverbote), N 65, WÜGER (Anwendbarkeit), S. 93 ff.

4. Kapitel: Arbeitsvölkerrechtliche Diskriminierungsverbote und ihre Durchsetzung

Wirklichkeit umgesetzt werden kann (...). Grundsätzlich geht Art. 13 EMRK die unmittelbare Anwendbarkeit ab (...); es gib indessen Fälle, in welchen die direkte Anwendbarkeit von Art. 13 EMRK nicht ausgeschlossen ist.»[384] Für die vorliegende Untersuchung ist dies bedeutsam. Ein arbeitsrechtliches völkerrechtliches Diskriminierungsverbot kann bsw. für die Anwendung einer Anstellungsdiskriminierung *im konkreten Einzelfall* als unmittelbar anwendbar ausgelegt werden, ohne dass deswegen das fragliche Diskriminierungsverbot ganz generell unmittelbar anwendbar ist.

2.2.3 Nicht unmittelbar anwendbare Normen

166 Nicht unmittelbar anwendbar sind staatsvertragliche Bestimmungen dann, wenn sie lediglich ein Programm umschreiben oder Richtlinien für die Gesetzgebung der Vertragsstaaten oder einen ausdrücklichen Gesetzgebungsauftrag beinhalten[385]. Das Bundesgericht verneint die Justiziabilität bei Bestimmungen, die den Vertragsstaaten einen grossen Ermessensspielraum offen lassen, sei es, weil es sich um Programmbestimmungen oder blosse Leitideen handelt[386], oder sei es, dass die Vertragsbestimmungen Abweichungen zulassen[387]. Die Abweichungen können im Vertrag selber vorgesehen oder durch einen von einem Staat angebrachten Vorbehalt erlaubt sein[388]. Die Justiziabilität wird weiter dann verneint, wenn durch die direkte Anwendung der Vertragsbestimmung ein wichtiger Grundsatz des Landesrechts verletzt würde[389].

167 Nicht unmittelbar anwendbare Normen sind keinesfalls unwirksam[390]. Sie richten sich einerseits an den Gesetzgeber, der die Umsetzungsmassnahmen

---

[384] BGE 111 Ib 68, Erw. 3. Siehe dazu WÜGER (Justiziabilität), S. 223 ff., BAUMANN (Diss.), S. 313.
[385] BGE 120 Ia 1, Erw. 5, 112 I 183, 98 Ib 385.
[386] BGE 126 I 240, Erw. 2b.
[387] BGE 100 Ib 226, Erw. E.3.
[388] BAUMANN (Urteilsbesprechung), S. 1404.
[389] BGE 130 I 113, siehe dazu BAUMANN (Urteilsbesprechung), S. 1404.
[390] Siehe dazu die bundesrätliche Botschaft zum Abkommen Übereinkommen zur Beseitigung jeder Form von Diskriminierung der Frau vom 18. Dezember 1979: «Auch dort, wo die Bestimmungen des Übereinkommens keine subjektiven, gerichtlich durchsetzbaren Verpflichtungen zur Nichtdiskriminierung der Frau begründen, sind diese nicht etwa nur politische oder moralische Absichtserklärungen, sondern sie werden Teil der objektiven Rechtsordnung: die völkerrechtlichen Verpflichtungen bestehen, ob sie nun vor innerstaatlichen Behörden ohne weiteres gerichtlich durchgesetzt werden können oder nicht.» (BBl 1994 IV, S. 9424).

einzuleiten hat, die im Völkerrechtsvertrag vorgesehen sind[391]. Andererseits sind die rechtsanwendenden Behörden gehalten, landesrechtliche Normen völkerrechtskonform auszulegen[392].

2.2.4 Methode der Ermittlung der Anwendbarkeit

Um festzustellen, ob eine völkerrechtliche Norm unmittelbar anwendbar ist, sind völkerrechtliche *und* landesrechtliche Aspekte massgebend[393]. Die Vertragsparteien eines völkerrechtlichen Vertrages sind grundsätzlich befugt, auch die Frage der unmittelbaren oder bloss mittelbaren Anwendbarkeit zum Inhalt eines Völkerrechtsvertrages zu machen. In einem ersten Schritt ist deshalb im Sinne einer völkerrechtsorientierten Auslegung gemäss den Art. 31-33 VRK zu überprüfen, ob der Völkerrechtsvertrag selbst Regeln zur direkten Anwendbarkeit (self-executing) enthält[394]. Die *völkerrechtliche Bestimmung* unmittelbarer Anwendbarkeit ist selten[395]. Führt diese Prüfung zum Schluss, dass die Vertragsparteien die Frage der direkten Anwendbarkeit den Vertragsstaaten überlassen wollen, erfolgt die (weitere) Klärung «direkt anwendbar oder nicht direkt anwendbar» nach landesrechtlichen Kriterien[396].

168

Nach völkerrechtlichen Kriterien zu beurteilen bleibt immer die Frage, ob ein bestimmter Staat seinen völkerrechtsvertraglichen Verpflichtungen nachkommt. Konkret auf die vorliegende Thematik bezogen bedeutet dies: Ein völkerrechtlicher Vertrag, der das Arbeitsverhältnis betreffende Gleichbehandlungspostulate und Diskriminierungsverbote beinhaltet, kann den unterzeichnenden Staaten Massnahmen zum Diskriminierungsabbau vorschreiben, hingegen offen lassen, wie diese Massnahmen auszusehen haben. Ob die fraglichen Bestimmungen genügend bestimmt sind für ein richterliches Einzelfallurteil, bestimmt sich nach landesrechtlichen Kriterien, sofern und soweit im völkerrechtlichen Vertrag dazu keine Vereinbarungen vorliegen.

169

---

[391] Das ergibt sich zum Teil unmittelbar aus dem Vertragstext. Siehe z.B. Art. 4 Bst. a der Rassendiskriminierungskonvention RDK: «Die Vertragsstaaten verpflichten sich (…) jede Verbreitung von Ideen, die sich auf die Überlegenheit einer Rasse oder den Rassenhass gründen, (…) zu einer nach dem Gesetz strafbaren Handlung zu erklären».

[392] TSCHANNEN, S. 170 f., HAUSHEER/JAUN, S. 34 f, ENGELBERGER, S. 21. BGE 130 I 312, Erw. 1, 129 II 114 Erw. 4, 125 II 417, Erw. 4 c-e, 106 Ib 16, 94 I 669, Erw. 6.

[393] HOLZER, S. 55 ff., ENGELBERGER, S. 25 ff., WÜGER (Justiziabilität), S. 48 ff.

[394] HANGARTNER (Anwendbarkeit), S. 142, WÜGER (Justiziabilität), S. 48 ff. und S. 65 ff.

[395] WÜGER (Justiziabilität), S. 201.

[396] HOLZER, S. 52, 161, WÜGER (Justiziabilität), S. 48 ff. und S. 205 ff.

4. Kapitel: Arbeitsvölkerrechtliche Diskriminierungsverbote und ihre Durchsetzung

170 Dreh- und Angelpunkt der landesrechtlichen Elemente zur Feststellung der unmittelbaren Anwendbarkeit einer Völkerrechtsnorm bildet die in der bundesgerichtlichen Praxis verwendete «Justiziablilitätsformel». Eine Norm ist justiziabel, wenn sie «inhaltlich hinreichend bestimmt und klar ist, um im Einzelfall Grundlage eines Entscheides bilden zu können»[397]. Das Bundesgericht definiert die Justiziabilität durch Negation, indem es ausführt, die Justiziabilität gehe Programmartikeln ab oder fehle dann, wenn Bestimmungen eine Materie nur in Umrissen regle[398].

2.3 Unmittelbare Anwendbarkeit von Gleichbehandlungs- und Diskriminierungsschutzbestimmungen

171 Wie weit Diskriminierungsschutz- und Gleichbehandlungsbestimmungen in völkerrechtlichen Verträgen self-executing Charakter haben, ist umstritten[399]. Fest steht, dass dies nicht generell, sondern immer bezogen auf den konkreten Vertrag und die in Frage kommende Bestimmung beantwortet werden kann. Zudem kann wie ausgeführt wurde, einer Bestimmung im konkreten Einzelfall unmittelbare Anwendbarkeit zukommen und in einem anderen Fall nicht.

172 In den folgenden Kapiteln fünf bis sieben wird die Frage der unmittelbaren Anwendbarkeit beim jeweils bearbeiteten Völkerrechtsvertrag bearbeitet. An dieser Stelle folgt lediglich exemplarisch ein Hinweis auf eine aufschlussreiche Stellungnahme des Bundesrates. In der Botschaft zur Kinderrechtskonvention (KRK) hat der Bundesrat 1994 die Frage noch offen gelassen, welche Bestimmungen der Kinderrechtskonvention (KRK) direkt anwendbar wären[400]. 1999 erachtete der Bundesrat in einer Antwort auf eine parlamentarische Interpellation Diskriminierungsverbote, wie dasjenige in Art. 2 Abs. 1

---

[397] BGE 120 Ia 1, Erw. 5.
[398] Kritisch dazu WÜGER (Justiziabilität), S. 286 f. Nach WÜGER (Justiziabilität) tragen die vom Bundesgericht verwendeten negativen Konkretisierungen wenig zum besseren Verständnis der Justiziabilitätsformel bei. Es sei, so der Autor, nicht ersichtlich, wie Programmsätze, Leitlinien, Ermessensnormen und Normen, die nur Umrisse einer Materie regeln von nicht genügend bestimmten Normen zu unterscheiden sind» (WÜGER (Justiziabilität), S. 286).
[399] Vgl. dazu für das internationale Sozialrecht umfassend IMHOF (Diskriminierungsverbote), insbesondere N 64, 77 und 123.
[400] BBl 1994 V 20. Auch das Bundesgericht liess die Frage in BGE 123 III 445 Erw. b/bb bezogen auf Art. 2 Abs. 1 KRK mit Verweis auf die Differenzen in der Lehre offen.

KRK, «in vielen Fällen ausreichend präzise, um Grundlage für einen gerichtlichen Entscheid in einem konkreten Fall zu bilden»[401].

Wie weit diese bundesrätliche Aussage auf für das Arbeitsverhältnis relevante völkerrechtliche Diskriminierungsschutznormen zutrifft und wieweit sich ein rechtlich durchsetzbarer Schutz auch auf Diskriminierungen von privaten Arbeitgebern bezieht, gilt es zu klären.

173

3. Innerstaatliche Justiziabilität von Gesetzgebungsaufträgen

Von der Schweiz ratifizierte völkerrechtliche Abkommen stellen innerstaatliches Recht dar und sind für die Behörden verbindlich anwendbar. Damit eine Norm Grundlage einer konkreten gerichtlichen Entscheidung bilden kann, muss es sich um eine self-executing Bestimmung handeln. Benötigt die Umsetzung des völkerrechtlichen Auftrages ein Gesetz, ist der Gesetzgeber zur Umsetzung zuständig. Im Übrigen sind die rechtsanwendenden Behörden verpflichtet, in Frage kommende landesrechtliche Normen völkerrechtskonform auszulegen.

174

Wenn der Staat einen verbindlichen und klaren Gesetzgebungsauftrag nicht erfüllt, stellt sich die Frage des innerstaatlichen Rechtsschutzes. Die *völkerrechtlichen Konsequenzen* im Falle eines säumigen Gesetzgebers wurden bereits dargestellt (Staatenbeschwerde, Staatenbericht, Individualbeschwerdeverfahren). Für den *innerstaatlichen Rechtsschutz* drängt sich die Frage auf, ob das Gericht bei Vorliegen eines völkerrechtlich verbindlichen Gesetzgebungsauftrages und gleichzeitig fehlender oder fehlerhaften innerstaatlichen Gesetzgebung rechtsschöpferisch tätig sein darf.

175

Die *Problematik* eines Tätigwerdens des Richters liegt auf der Hand. Für die Gesetzgebung ist die Legislative und nicht die Judikative zuständig[402]. Zwar vermittelt Art. 1 ZGB dem Richter auch eine rechtsschöpfende Funktion. Diese setzt aber eine Gesetzeslücke voraus[403]. Die innerstaatliche Auslegung und Lückenfüllung orientiert sich am grundsätzlich *bestehenden* Gesetz. Insofern ist die Ausgangslage von *fehlender* Gesetzgebung aufgrund völkerrechtlicher Verpflichtungen zu unterscheiden.

176

In der Lehre und auch vom Bundesgericht wird allerdings die Justiziabilität bei Untätigkeit des Gesetzgebers bei *verfassungsrechtlichen* Gesetzgebungs-

177

---

[401] Amtl. Bull Nr 1999, S. 1339, 1441.
[402] Grundlegend dazu BIAGGINI (Verfassung).
[403] Dazu grundlegend KRAMER, S. 139 ff.

aufträgen unter ganz engen Voraussetzungen bejaht[404]. Die Gesetzgebungsaufträge müssten aber so präzise umschrieben sein, dass sie sich einem subjektiven Anspruch des Einzelnen auf gesetzgeberisches Handeln nähere[405]. Ähnliche Zurückhaltung postuliert die Lehre bei der richterlichen Rechtsschöpfung im Falle eines säumigen Gesetzgebers bei völkerrechtlichen innerstaatlichen Gesetzgebungsaufträgen[406]. Vorgeschlagen wird von einzelnen Autoren, das Gericht dürfe (oder müsse) dem säumigen Gesetzgeber eine verbindliche Frist zur Umsetzung der völkerrechtlichen Verpflichtung setzen[407]. Diese Frist müsste mit der Androhung verbunden sein, das Gericht würde nach untätig verstrichener Frist selbst eine im Einzelfall angemessene Entscheidung fällen[408]. Diskutiert wird auch, ob ein Gericht angesichts fehlender Umsetzung staatsvertraglicher Verpflichtungen einen «Appellentscheid» fällen könne, um dann das weitere Vorgehen dem Gesetzgeber zu überlassen[409].

IV. Zwischenbilanz und Prüfprogramm

178 Im von der Schweiz ratifizierten Arbeitsvölkerrecht verankerte Gleichbehandlungs- und Nichtdiskriminierungsnormen bilden ohne weiteres Bestandteil des schweizerischen Rechts[410]. Primär verpflichtet wird aus den Abkommen der Staat.

179 Der Staat selbst darf seine Arbeitnehmenden nicht diskriminieren und er hat das arbeitsrechtliche Normengeflecht frei von Diskriminierungen auszugestalten (Verbot rechtlicher Diskriminierung, obligations to respect).

180 Darüber hinaus hat der Staat dafür zu sorgen, dass ein effektiver Schutz vor Diskriminierung und Ungleichbehandlung besteht (Schutzpflichten, obligations to protect) und muss für gesellschaftliche Strukturen sorgen, die Diskriminierung und Ungleichbehandlung abbauen (Leistungspflichten, obligations to fulfil).

181 Diese völkerrechtlichen Pflichten treffen den Staat unabhängig von der Frage, ob die fraglichen Normen self-executing oder non-self-executing Charakter

---

404 Dazu ausführlich HOLZER, S. 140 ff. und im 8. Kapitel, S. 223 f., insbesondere die Hinweise in Fn 1205 sowie im 9. Kapitel, S. 297 f.
405 KÄLIN, (Verfahren), S. 149, WÜGER (Justiziabilität), S. 276 ff.
406 KÜNZLI (Menschenrechte) S. 539.
407 Vgl. HOLZER, S. 152.
408 HOLZER, S. 154.
409 COTTIER/HERTIG, S. 25 ff., siehe auch MARTENET (protection), S. 419 ff., S. 445.
410 Siehe oben, 1. Verhältnis Völkerrecht und Landesrecht, S. 65.

haben. Letztgenannte Unterscheidung betrifft die Frage, ob sich Private unmittelbar auf die völkerrechtlichen Diskriminierungsschutznormen berufen können oder ob es dafür einen gesetzgeberischen Umsetzungsakt bedarf. Unmittelbar anwendbare Diskriminierungsverbote können sowohl staatsgerichtet wie auch ausnahmsweise unmittelbar auf privatrechtliche Verhältnisse anwendbar sein.

Von der innerstaatlichen Rechtsdurchsetzung sind die völkerrechtlichen Durchsetzungsmechanismen (Individualbeschwerdeverfahren, Staatenberichtsverfahren, Staatenbeschwerde) zu unterscheiden.

182

In den folgenden Kapiteln werden die für die Schweiz verbindlichen völkerrechtlichen Verträge[411], soweit sie arbeitsrechtlich relevant sind, nach dem folgenden Raster untersucht:

183

- Enthält der völkerrechtliche Vertrag Bestimmungen zum Schutz der Vertragsfreiheit bzw. werden *Grenzen des Eingriffs in die Vertragsfreiheit* im Vertrag selbst geregelt?

- Welches ist der *sachliche und persönliche Geltungsbereich* der Diskriminierungsschutznormen?

- Welche *Diskriminierungsmerkmale* enthält der Vertrag? Besteht innerhalb dieser Merkmale eine Hierarchie?

- Welche Diskriminierungsformen (*direkte und indirekte Diskriminierung*) sind erfasst?

- Unter welchen Voraussetzungen sind Diskriminierungen gerechtfertigt (Rechtfertigungsgründe, Ausnahmen)?

- Wie erfolgt die Durchsetzung der Diskriminierungsschutzbestimmungen auf völkerrechtlicher Ebene und wie wird von den internationalen Organen die Umsetzungsarbeit der Schweiz gewürdigt?

- Welche *Umsetzungspflichten* erwachsen dem Vertragsstaat (konkret der Schweiz) im Lichte der Dreischichtenkonzeption (obligations of respect, to protect, to fulfil)?

- Sieht der Vertrag vor, dass die Diskriminierungsverbote (auch) in privaten Arbeitsverhältnissen zur Geltung kommen sollen (*Drittwirkung*)?

- Sind diese Drittwirkungsbestimmungen *unmittelbar anwendbar*?

- Welche Verpflichtungen treffen die Schweiz zur Umsetzung der Drittwirkung der Diskriminierungsverbote ins Landesrecht?

Als Ergebnis lässt sich aufzeigen, wie die arbeitsvölkerrechtlichen Gleichheits- und Diskriminierungsschutznormen auf die Rechtsanwendung einwir-

184

---

[411] Siehe die Liste in diesem Kapitel, S. 55.

4. Kapitel: Arbeitsvölkerrechtliche Diskriminierungsverbote und ihre Durchsetzung

ken (sollen) sowie ob und wenn ja inwiefern sich völkerrechtliche Verpflichtungen an den Gesetzgeber ergeben[412]. Im die Untersuchung abschliessenden Syntheseteil wird festzustellen sein, ob die bestehende Rechtslage im Lichte ausreichend bestimmter völkerrechtliche Gesetzgebungsaufträge und angesichts eines säumigen Gesetzgebers durch die Gerichte korrigiert werden darf.

---

[412] Ein ähnliches Prüfschema schlagen HANAU/STEINMEYER/WANK, N 104-107, S. 1285, für die Frage der Anwendung von Arbeitsvölkerrecht in Deutschland vor.

5. Kapitel: Abkommen der Internationalen Arbeitsorganisation (IAO)

I. Bedeutung der IAO-Abkommen

Angesichts ihrer internationalen Bedeutung, ihrer komplexen Struktur und ihrem umfassenden Normenkomplex (über 180 Übereinkommen) würde sich die Internationale Arbeitsorganisation IAO allein schon für eine umfassende rechtswissenschaftliche Untersuchung anbieten. An einer solchen fehlt es in der Schweiz. Immerhin tragen die Arbeiten von SENTI[413] zur Effektivität der IAO, von BRUPBACHER[414], KAUFMANN[415], BELSER[416] und BLÜTHNER[417] zur Rolle der IAO Normen in der Globalisierung dazu bei, die Existenz und die Bedeutung der IAO zu thematisieren, auch in der Schweiz.

185

In Ihrer rechtswissenschaftlichen Dissertation setzt sich KNEUBÜHLER[419] kritisch mit der Rolle der Schweiz als Mitglied der IAO auseinander. Sie kommt wie die wenigen Stimmen in der Doktrin, die sich in kleineren Beiträgen zur IAO äussern[420], zum Schluss, die zurückhaltende Ratifikationspraxis (die Schweiz hat weniger als ein Drittel der IAO-Übereinkommen ratifiziert) sei die Folge fehlender Bereitschaft, das schweizerische Arbeitsrecht, insbesondere das Kündigungsrecht, an die internationalen Normen anzupassen[421].

186

In Deutschland ist die dogmatische Auseinandersetzung mit den IAO-Normen intensiver. In einer umfassenden Studie untersuchte BÖHMERT im Jahre 2001 den Einfluss des IAO-Rechts auf das deutsche Arbeitsrecht[422]. WAGNER[423] untersucht in seiner Dissertation (2001) die Kontrolltätigkeit des Sachverständigenausschusses der IAO. Sein Fokus ist ebenso auf Deutschland konzentriert wie derjenige von SCAVARDA-TAESLER[424], die den Einfluss

187

---

[413] SENTI M.
[414] BRUPBACHER.
[415] KAUFMANN CH., S. 49 ff.
[416] BELSER (Menschenrechte), S. 431 ff.
[417] BLÜTHNER.
[419] KNEUBÜHLER.
[420] Z.b. REHBINDER (Arbeitsrecht), S. 19.
[421] KNEUBÜHLER, S. 84 ff., REITER (Reformbedürftigkeit), S. 1087 ff.
[422] BÖHMERT.
[423] WAGNER.
[424] SCAVARDA-TAESLER.

der IAO-Normen auf die Gesetzgebung der Bundesrepublik Deutschland zum Arbeitsverhältnis der Frau untersucht.

188 In der Schweiz fehlt es an einer aktuellen umfassenden dogmatischen Bearbeitung des IAO-Rechts. Auch in der vorliegenden Studie kann dies nicht geleistet werden. Es interessiert jedoch, welche IAO-Normen *Gleichbehandlungs- und Diskriminierungsschutzinhalte* haben. Damit die Wirkung auf das privatrechtliche Arbeitsverhältnis richtig eingeschätzt werden kann, wird in angemessener Kürze und Dichte die weitgehend unbekannten IAO–Struktur, die Normsetzungs- und Durchsetzungsprozeduren sowie das Verhältnis der Schweiz zur IAO vorgestellt. Erst anschliessend wird spezifisch auf die Diskriminierungs- und Gleichbehandlungsthematik eingegangen. Dieses Vorgehen ermöglicht, Potenzial und Grenzen für die Klärung offener Diskriminierungsschutzfragen im schweizerischen Recht adäquat zu erfassen.

II. Die Internationale Arbeitsorganisation IAO

1. Entstehung und Zielsetzung der IAO

189 Die Internationale Arbeitsorganisation IAO (International Labourorganization, ILO) wurde 1919 im Rahmen des Versailler Friedensvertrages mit dem Ziel der Verbesserung der sozialen Gerechtigkeit gegründet[425]. Weiteres Ziel war, den zunehmenden Wettbewerbsdruck durch harmonisierte Arbeitsschutznormen abzufedern[426]. Dabei spielte die Angst vor der erstarkten sozialistischen Arbeiterbewegung und vor der kommunistischen Revolution in Russland eine zentrale Rolle[427]. Staaten mit sozialpolitisch höherem Schutzniveau hatten aus wettbewerbspolitischen Gründen ein Interesse an einer Internationalisierung von Schutznormen[428].

190 Nach dem zweiten Weltkrieg etablierte sich die IAO als eigenständige internationale Organisation und ist seit 1946 eine Sonderorganisation der UN mit Sitz in Genf[429]. Heute hat die IAO 175 Mitgliedstaaten[430].

---

[425] VALTICOS (Droit du travail), S. 126, KNEUBÜHLER, S. 31. Zur Geschichte der IAO siehe weiter BAUER, S. 5-12, 131 ff., BIRK (Handbuch), § 17, N 30 ff., FRIED, S. 13 ff., BRUPBACHER, S. 46.
[426] FRIED, S. 17, BAUER, S. 6, BLÜTHNER, S. 27, MURER, S. 974, HEPPLE, S. 29 f.
[427] Brupbacher S. 47, Schweingruber, S. 23.
[428] SENTI M., S. 12.
[429] Die IAO ist die einzige internationale Organisation, die den mit Ausbruch des 2. Weltkrieges untergegangenen Völkerbund überlebt hat, Siehe BRUPBACHER, S. 48.
[430] Zum aktuellen Stand siehe http://www.ilo.org/.

Hauptaufgabe der IAO ist die Erarbeitung und Weiterentwicklung eines internationalen Normensystems zur Verbesserung der Arbeitssicherheit und der Arbeitsbedingungen[431]. Die Arbeitsinstrumente der IAO bilden die über 180 Konventionen und Empfehlungen im Bereich des Arbeits- und Sozialrechts[432].

191

2. Organisation und Struktur der IAO

Wesentliches Merkmal der Organisation der IAO ist ihre *tripartite* Struktur. An der Entscheidfindung sind neben den Regierungen der Mitgliedstaaten auch Vertreter/innen der Arbeitgeber- und Arbeitnehmerorganisationen beteiligt. Zwei stimmberechtigten Regierungsvertretenden stehen je eine Vertretung der Arbeitnehmer und Arbeitgeber gegenüber[433]. Die gleichberechtigte Beteiligung von Nichtregierungsorganisationen in einer völkerrechtlichen Organisation war im Gründungsjahr 1919 revolutionär[434] und hat sich trotz zeitweiligen politischen Schwierigkeiten[435] bewährt[436].

192

Nach Art. 2 ihrer Verfassung kennt die IAO für ihre Organisation drei Hauptorgane: die Internationale Arbeitskonferenz (International Labour Conference ILC), der Verwaltungsrat (Governing body) und das Internationale Arbeitsamt (International Labour Office ILO). Die Internationale Arbeitskonferenz (IAK) ist das legislative Organ der IAO und tagt jährlich jeweils im Juni am Hauptsitz der IAO in Genf. Der IAO-Verwaltungsrat[437] bildet das exekutive Organ und tagt dreimal jährlich. Das Internationale Arbeitsamt (IAA)[438] fungiert unter der Leitung des General-Direktors als ständiges ILO-Sekretariat.

193

---

[431] HANAU/STEINMEYER/WANK, N 61, S. 1282.
[432] Zu den Aufgaben und Instrumenten der IAO siehe BRUPBACHER, S.47-52, BERENSTEIN (Protection), S. 167 ff., KNEUBÜHLER, S. 44 ff., SENTI M., S. 15 ff.
[433] Nach BRUPBACHER, S. 48 f., haben die Sozialpartner nicht nur numerische Stärke sondern auch organisatorische Vorteile (landesübergreifende Interessenverbände) im Vergleich zu den Regierungsvertretenden.
[434] KNEUBÜHLER, S. 38.
[435] Umstritten war insbesondere die Unabhängigkeit der Nichtregierungsvertreter totalitärer Staaten, siehe dazu: HAASE, S. 152 ff.
[436] BÖHMERT, S. 55, HEPPLE, S. 47-56.
[437] Art. 7 der IAO-Verfassung.
[438] Art. 6 und 8 ff. der IAO-Verfassung.

3. Norm- und Normsetzung der IAO

194 Bei den Normen der IAO ist zwischen Übereinkommen und Empfehlungen zu unterscheiden. Bei den *Übereinkommen (conventions)* handelt es sich um völkerrechtliche Normen, die (erst) mit der Ratifikation durch die Mitgliedstaaten verbindlich werden[439]. Es zeigen sich einige wichtige Unterschiede zu herkömmlichen völkerrechtlichen Verträgen[440]. So sind die Staaten mit der Annahme eines Übereinkommens durch die IAK verpflichtet, die Vorlage innerhalb von zwölf Monaten den national zuständigen Instanzen zu unterbreiten[441]. Auch bei Nichtratifikation eines Abkommens sind die Staaten verpflichtet, in vom Verwaltungsrat festgelegten Abständen über die Gründe der Nichtratifikation zu berichten[442].

195 Als zusätzliche Besonderheit ist zu erwähnen, dass die Staaten bei der Ratifizierung von IAO-Abkommen *keine Vorbehalte* anbringen können, die nicht ausdrücklich im Abkommen selber erlaubt sind[443]. Weiter ist in der IAO-Verfassung vorgesehen, dass der Austritt eines Staates aus der IAO die Gültigkeit der von diesem Staat ratifizierten IAO-Abkommen nicht berührt[444].

196 Auch Empfehlungen (Recommendations) sind Rechtsakte der IAO[445]. Empfehlungen sind nicht ratifizierbare Normen, sie ergänzen die Übereinkommen, indem sie regelmässig geeignete Umsetzungsmassnahmen nennen[446].

197 In Ergänzung zu den Übereinkommen und Empfehlungen kennt die IAO weitere rechtlich nicht bindende Instrumente[447]. Es handelt sich um Deklarationen (declarations), Resolutionen (resolutions) und sogenannte Praxisleitfaden (codes of practice)[448]. Erklärungen und Resolutionen werden von der Internationalen Arbeitskonferenz (IAK) verabschiedet.

---

[439] HANAU/STEINMEYER/WANK, N 72, S. 1282.
[440] Zur Rechtsnatur der IAO-Übereinkommen siehe WAGNER, S. 27-36 sowie MORHARD, S. 82 ff, der die IAO-Normen als «soft Law» einordnet. Kritisch dazu BÖHMERT, S. 68.
[441] Art. 19 Abs. 5 Bst. b der IAO-Verfassung.
[442] Art. 19 Abs. 5 Bst. e der IAO-Verfassung.
[443] RAIMONDI, S. 66.
[444] Art. 1.5 der IAO-Verfassung.
[445] VALTICOS/VON POTOBSKY, N 75.
[446] BÖHMERT, S. 79 ff.
[447] VALTICOS/VON POTOBSKY, N 121-123.
[448] Eine Übersicht zu den IAO–Erklärungen und IAO–Resolutionen findet sich unter www.ilo.org.

4. Durchsetzungsmechanismen der IAO-Normen

4.1 Das Berichtsverfahren

Die Grundsätze der Normenkontrolle finden sich in der IAO-Verfassung und binden somit sämtliche Mitgliedstaaten[449]. Nach der IAO-Verfassung ist jeder Mitgliedstaat verpflichtet, dem IAA über den Stand der Gesetzgebung sowie über die Praxis zu Fragen der Übereinkommen zu berichten[450]. Die Berichte sind auch den massgebenden nationalen Arbeitgeber- und Arbeitnehmerverbänden zu übermitteln, die dazu Stellung nehmen können[451]. Die Staatenberichte werden von einem durch den Verwaltungsrat eingesetzten Sachverständigenausschuss (Committee of experts on the Application of Conventions and Recommandations) geprüft. Der Ausschuss besteht aus 20 unabhängigen, fachlich anerkannten Experten aus dem Bereich des Sozial- und Arbeitsrechts. In seiner Prüfung unterscheidet der Sachverständigenausschuss zwischen «Beobachtungen» (observations) und «Rückfragen» (direct requests) im Sinne von direkten Rückfragen an die Berichtsstaaten. Der Sachverständigenausschuss verfasst zu Händen des IAO-Konferenzausschuss (Committee on the Application of the Conventions and Recommandations) einen Schlussbericht. Der Bericht umfasst Angaben über länderspezifische Probleme bei den ratifizierten Übereinkommen und Empfehlungen des Sachverständigenausschusses zur Anpassung von Recht und Praxis eines Mitgliedstaates. Weiter ist im Bericht eine rechtsvergleichende Querschnittsanalyse (general survey) enthalten. Hier fliessen die mitgliedstaatlichen Ausführungen zu den nicht ratifizierten Übereinkommen ein.

198

Die Wirkung der Feststellungen des Sachverständigenausschusses werden unterschiedlich beurteilt. Zumindest ansatzweise wird den Aussagen des Sachverständigenausschusses vor allem von Vertretern der Arbeitnehmerorganisation eine Bindungswirkung zuerkannt[452]. Der Ausschuss tendiert ebenfalls in diese Richtung[453]. In wissenschaftlichen Veröffentlichungen der IAO selbst wird zurückhaltender aufgeführt, «certain principles relating at the application of the Conventions, which are not explicitly set out in the instruments, have also been developed in the comments of the Committee of Experts»[454]. In der Lehre wird die Bindungswirkung der Spruchpraxis des Aus-

199

---

[449] VALTICOS (ILO-Supervision), S. 100.
[450] Art. 22 der IAO-Verfassung.
[451] Art. 23 Abs. 2 der IAO-Verfassung.
[452] KIRGIS, S. 105 und 154 ff.
[453] ILO (Report 1991), S. 79.
[454] THOMAS/HORII, S. 91.

schusses hauptsächlich mit dem Argument abgelehnt, die Souveränität der Mitglieder würde verletzt[455].

200 Aufgabe des Konferenzausschusses ist, in bedeutenden Fällen von Konventionsverletzungen mit der Regierung und den Sozialpartnern des betroffenen Staates politische Gespräche mit dem Ziel zu führen, die pflichtgemässe Umsetzung der staatsvertraglich übernommenen Verpflichtungen zu erreichen[456]. Den Angaben in den Berichten des Konferenzausschusses kommt keine unmittelbare rechtliche Wirkung zu[457]. Die Berichte haben aber eine beachtliche politische Bedeutung[458].

4.2 Beschwerde und Klageverfahren

201 Das Staatenberichtsverfahren wird ergänzt durch eine *Beschwerde- und Klagesystem*. Die IAO-Verfassung verleiht den Arbeitgeber- und Arbeitnehmerverbänden ein *Beschwerderecht* gegen die unzureichende Umsetzung eines ratifizierten Übereinkommens[459]. Zuständigkeit für die Behandlung der Beschwerden ist ein vom Verwaltungsrat eingesetzter dreigliedriger Ausschuss und bei Beschwerde gegen die Übereinkommen zur Vereinigungsfreiheit[460] der *Ausschuss für die Vereinigungsfreiheit[461]*. Von der Regierung des Staates, gegen den sich die Beschwerde richtet, wird eine Stellungnahme gefordert. Der Verwaltungsrat entschied nach Abschluss der Prüfung über die Veröffentlichung des Resultats und der Empfehlungen[462]. Die Veröffentlichung erfolgt im offiziellen Publikationsorgan der IAO[463]. Eine unmittelbare rechtliche Wirkung haben die Empfehlungen nicht[464]. Die Veröffentlichung hat aber durchaus politische Effekte bzw. kann von den Interessengruppen für politische Zwecke instrumentalisiert werden[465].

---

[455] BÖHMERT, S. 86 f.
[456] Siehe die eingehende Darstellung zu den Kontrollen der Staatenberichte durch den Sachverständigenausschuss BÖHMERT, S. 89.
[457] BÖHMERT, S. 87 mit eingehender Begründung.
[458] HANAU/STEINMEYER/WANK, N 87, S. 1285.
[459] Art. 24 der IAO-Verfassung.
[460] IAO-Übereinkommen Nr. 87 und 98.
[461] Dieses Verfahren ist sehr bedeutend, bis 2001 sind gemäss HANAU/STEINMEYER/WANK, N 89, S. 1286, mehr als 1800 Verfahren erfolgt.
[462] Art. 25 der IAO-Verfassung.
[463] BÖHMERT, S. 89.
[464] BÖHMERT, S. 98, VÖGELI, S. 43.
[465] BIRK (Handbuch), N 63.

Jeder Vertragsstaat und der Verwaltungsrat haben das Recht gegen einen 202
Mitgliedstaat eine *Klage* wegen Verletzung eines Übereinkommens einzureichen[466]. Das Klageverfahren ist das förmlichste und strengste Mittel zur Durchsetzung der IAO-Übereinkommen[467]. Mit der Klage kann die Verletzung eines Übereinkommens durch ein Mitglied der IAO gerügt werden. Das entsprechende Übereinkommen muss sowohl vom klagenden Staat wie vom Staat, gegen den sich die Klage richtet, ratifiziert worden sein[468]. Die Klage wird beim IAA eingereicht, das sie an den Verwaltungsrat weiterleitet. Nach einem Vorverfahren setzt der Verwaltungsrat eine Untersuchungskommission ein[469]. Der Abschlussbericht des Untersuchungsausschusses wird den Beteiligten zugestellt und veröffentlicht[470]. Die betroffenen Regierungen haben dem Generaldirektor des IAA mitzuteilen, ob sie die im Bericht enthaltenen Vorschläge annehmen oder die Sache dem Internationalen Gerichtshof IGH unterbreiten wollen[471]. Zur Durchsetzung der Entscheidung des IAA oder des IGH sieht die IAO-Verfassung in Art. 33 die Möglichkeit von Sanktionen gegen einen Mitgliedstaat vor. Erst einmal in seiner bald 90jährigen Geschichte hat die IAO von dieser Möglichkeit Gebrauch gemacht und hat Sanktionen gegen Myanmar (früher Burma) wegen anhaltenden Verstössen gegen das Verbot der Zwangsarbeit (Übereinkommen Nr. 29) beschlossen[472].

4.3   Würdigung

Das Bild der verschiedenen Durchsetzungsmechanismen von IAO-Normen 203
zeigt auffällige Unterschiede zu anderen völkerrechtlichen Regelwerken[473]. Besonders bedeutend ist der Einfluss der Sozialpartner. Die tripartite Struktur zeigt ihre Wirkung nicht nur in der Normsetzung sondern durch das Beschwerderecht der Sozialpartner auch in der Normdurchsetzung[474]. Weiteres Strukturmerkmal bildet die Option «Klage an den IGH» und die Möglichkeit

---

[466] Art. 26 ff. der IAO-Verfassung.
[467] BÖHMERT, S. 91, BRUPBACHER, S. 57, KNEUBÜHLER, S. 49, KLOTZ, S. 409 ff.
[468] Dazu ausführlich MORHARD, S. 89 ff.
[469] Zur Arbeitsweise der Untersuchungskommission siehe VUKAS, S. 75 ff.
[470] Art. 29 Abs. 1 der IAO-Verfassung.
[471] Art. 29 Abs. 2 der IAO-Verfassung.
[472] Zur Durchsetzung von IAO-Normen am Beispiel Myanmar siehe BRUPBACHER, S. 60ff.
[473] Zur Bewertung der IAO-Normdurchsetzungsmechanismen siehe BÖHMERT, S. 88, 98.
[474] Zur Rolle der Sozialpartner in der Normsetzung und –durchsetzung der IAO siehe KLOTZ, S. 409 ff.

des Ausprechens von Sanktionen gegen einen fehlbaren Mitgliedstaat. Allerdings wurden diese Möglichkeiten bis heute kaum genutzt[475].

5. *Erklärung der IAO über grundlegende Prinzipien und Rechte bei der Arbeit*

204 Mit über 180 Übereinkommen und über 190 Empfehlungen zeichnet sich die IAO durch eine hohe Spezialisierung im Erlass internationaler Arbeitsschutznormen aus. In der Fülle von Regelungen zeigte sich immer wieder die Notwendigkeit, einen Kernbereich arbeitsrechtlicher Schutznormen herauszuschälen, dessen Geltung weltweit und dessen Schutzwirkung gross sein soll. Mit der Verabschiedung der «IAO Erklärung über die fundamentalen Rechte und Prinzipien bei der Arbeit» durch die Internationale Arbeitskonferenz IAK im Jahre 1998 (IAO-Erklärung von 1998) bekennen sich die Mitgliedstaaten zum Ziel, in den folgenden vier Bereichen Kernarbeitsnormen zu respektieren und deren Verwirklichung zu fördern[476]:

- die *Vereinigungsfreiheit und effektive Anerkennung des Rechts zur Kollektivverhandlung* durch IAO-Übereinkommen Nr. 87 von 1948 (Vereinigungsfreiheit und Schutz des Vereinigungsrechtes) und Nr. 98 von 1949 (Vereinigungsrecht und Recht zu Kollektivverhandlungen),
- die *Beseitigung aller Formen von Zwangs- oder Pflichtarbeit* durch IAO-Übereinkommen Nr. 29 von 1930 und 105 von 1957 (Abschaffung der Zwangsarbeit),
- die effektive Abschaffung der Kinderarbeit durch IAO-Übereinkommen Nr. 138 von 1973 (Mindestalter für die Zulassung zur Beschäftigung) und IAO-Übereinkommen Nr. 182 von 1999 (Verbot und unverzügliche Massnahmen zur Beseitigung der schlimmsten Formen der Kinderarbeit),
- die *Beseitigung der Diskriminierung in Beschäftigung und Beruf* durch IAO-Übereinkommen Nr. 100 von 1951 (Gleichheit des Entgelts männlicher und weiblicher Arbeitskräfte für gleichwertige Arbeit) und IAO-Übereinkommen Nr. 111 von 1958 (Diskriminierung in Beschäftigung und Beruf).

205 Alle Mitgliedstaaten der IAO werden in der Erklärung aufgefordert, die Kernarbeitsnormen als weltweite Grundrechte der Arbeitnehmerinnen und Arbeitnehmer anzuerkennen und umzusetzen, auch wenn sie diese acht Kon-

---

[475] WAGNER, S. 49.
[476] Art. 2 der IAO Erklärung über die fundamentalen Rechte und Prinzipien bei der Arbeit und ihr Folgemechanismus von 1998 (IAO-Erklärung 1998).

ventionen nicht oder nicht vollständig ratifiziert haben[477]. Die acht Kernabkommen bezwecken den Schutz fundamentaler Menschenrechte, was die menschenrechtliche Dimension dieser Arbeitsvölkerrechtsnormen und die Notwendigkeit eines weltweiten Sozialschutzstandards im Arbeitsbereich offensichtlich macht[478]. Alle 175 Mitgliedstaaten werden in der Erklärung verpflichtet, die Deklaration zu unterstützen, verpflichtet wird aber auch die IAO selber. Die Erklärung legt das Schwergewicht auf die Unterstützung der IAO zu Gunsten der einzelnen Staaten bei deren individuellen Umsetzung der acht Kernabkommen[479].

Bestandteil der IAO Erklärung von 1998 bildet die Etablierung eines Folgemechanismus, der gestützt auf Art. 19 Abs. 5 Bst. e der IAO-Verfassung die Mitgliedstaaten verpflichtet, über nicht ratifizierte Abkommen Bericht zu erstatten[480]. Weiter sieht der Folgemechanismus vor, dass durch das IAA auf der Grundlage offizieller Informationen und in bestehenden Verfahren beschafften und bewerteten Informationen jährlich ein *Gesamtbericht* zu einem der vier Bereiche der Kernarbeitsnormen erarbeitet wird[481]. Der Bericht soll ein globales und dynamisches Gesamtbild der Entwicklungen während der letzten vier Jahre vermitteln. Im Jahre 2003 befasste sich der globale Bericht mit Gleichheit und Diskriminierung bei der Arbeit, basierend auf den IAO-Übereinkommen Nr. 100 und Nr. 111. 2007 wurden die Fortschritte im Diskriminierungsschutz im Rahmen eines Gesamtberichts kritisch gewürdigt[482].

206

6. Die IAO und die Vertragsfreiheit

Diskriminierungsschutz schränkt formal die Vertragsfreiheit ein. In einem umfassenden und insbesondere materiellen Verständnis der Vertragsfreiheit, wird die Vertragsfreiheit durch Diskriminierungsschutz auch erst ermöglicht.

207

---

[477] Art. 2 der IAO-Erklärung von 1998.
[478] Zur Entstehungsgeschichte der IAO-Erklärung von 1998 siehe OATES, S. 97, TREBILCOCK, S. 105-114, KELLERSON, S. 223-227, KAUFMANN CH., S. 52 f.
[479] In Art. 3 der IAO Erklärung von 1998 verpflichtet sich die Internationale Arbeitskonferenz, die Mitgliedstaaten mit technischer Zusammenarbeit zu unterstützen und zwar durch (Bst. a) besondere Hilfe für Mitglieder, die zur vollständigen Ratifikation der Abkommen noch nicht in der Lage sind (Bst. b) und Unterstützung der Mitgliedstaaten bei ihren Bemühungen zur Schaffung eines wirtschaftlich und sozial günstigen Umfeldes (Bst.c).
[480] Anhang zur IAO-Erklärung von 1998, Teil II: Jährliche Folgemassnahmen betreffend nichtratifizierte grundlegende Übereinkommen. Siehe dazu TREBILCOCK, S. 108, N'DIAYE, S. 411 ff.
[481] N'DIAYE, S. 413, BRUPBACHER, S.71.
[482] International Labour Organisation (Ilo), (Global Report 2007).

5. Kapitel: Abkommen der Internationalen Arbeitsorganisation

208 Die Übereinkommen der Internationalen Arbeitsorganisation verfolgen in erster *Linie Sozialschutzziele*. Von ihrer Konzeption her ist die IAO deshalb nicht darauf ausgerichtet, sich spezifisch für den Schutz der (formalen) Vertragsfreiheit zu engagieren. Arbeitsschutzrecht schränkt die (formale) Vertragsfreiheit notwendigerweise ein. Aus anderen Menschenrechtsverträgen und aus der Bundesverfassung können Unternehmen einen Schutz der Vertragsfreiheit als Schranke gegenüber Verpflichtungen zum Diskriminierungsschutz einfordern. Die IAO-Übereinkommen Nr. 100 und 111 beinhalten weder einen Schutz der Vertragsfreiheit noch äussern sie sich zum Verhältnis von Diskriminierungsschutz und Vertragsfreiheit. Die Schweiz hat sich bei den Vorarbeiten zu IAO-Übereinkommen 111 vergeblich bemüht, einen Vorrang der Vertragsfreiheit vor dem Diskriminierungsschutz in das Übereinkommen einzubringen[483].

7. *Die IAO und die Schweiz*

7.1 Zurückhaltende Ratifikationspraxis

209 Bereits im 19. Jahrhundert hat die Schweiz das Bestreben um die Verankerung internationaler Arbeitsschutznormen aktiv mitgeprägt. Bundesrätliche Initiativen führten zu internationalen Arbeitskonferenzen 1905/1906 und 1913/1914 in Bern[484]. Die Schweiz hatte zu dieser Zeit den Ruf einer eigentlichen Pionierin des internationalen Arbeitsrechts[485].

210 Die anfänglich positive Einstellung von Bundesrat und Parlament zum internationalen Arbeitsrecht wich nach und nach einer grossen Zurückhaltung[486]. Diese äussert(e) sich insbesondere im äusserst zurückhaltendem Ratifikationsverhalten. Die Schweiz hat bis heute weniger als ein Drittel aller IAO-Übereinkommen ratifiziert. Die Änderung der nationalen Gesetzgebung mit dem Ziel, ein Übereinkommen abschliessen zu können, ist bis in die heutige Zeit nicht Merkmal der schweizerischen IAO-Politik[487]. Nach langjähriger Ratifikationspraxis werden IAO-Übereinkommen nur ratifiziert, wenn deren Bestimmungen mit der geltenden Gesetzgebung vereinbar sind[488]. Der Bun-

---

[483] BBl 1960 I 37.
[484] Zur Entwicklungsgeschichte der IAO bis zur ihrer Gründung im Jahre 1919 Siehe FRIED, S. 12 ff.
[485] BERENSTEIN/MAHON, N 129, TSCHUDI (Arbeitsrecht), S. 282, VON KAENEL B., S. 10 ff.
[486] AUBERT (Internationalisation), S. 457.
[487] VALTICOS (L'attitude), S. 136, KNEUBÜHLER, S. 66 ff.
[488] BBl 2000, S. 352, 1979, S. 749, 1974, S. 1654, 1969, S. 721.

desrat hielt die grundsätzliche Haltung der Schweiz wie folgt fest: «Unmittelbar anwendbare internationale Übereinkommen werden zur Genehmigung vorgeschlagen, wenn sie im grossen und ganzen mit der geltenden schweizerischen Gesetzgebung übereinstimmen. Allfällige Lücken unserer Gesetzgebung werden ohne weiteres durch die Bestimmungen des Übereinkommens geschlossen, da diese nach der Ratifikation als Bundesrecht gelten. Im gleichen Sinne bemühen wir uns auch bei nicht direkt anwendbaren Abkommen, die nur geringfügig von unserer Gesetzgebung abweichen, die Lücken in unserer Gesetzgebung baldmöglichst zu schliessen, dies jedenfalls dann, wenn die Materie in der Kompetenz des Bundes liegt»[489].

7.2 Die Schweiz im Spiegel der IAO-Normenkontrolle

Die Normenkontrollverfahren der IAO brachten der Schweiz verschiedentlich Rügen ein[490]. Immer wieder boten insbesondere das fehlende Streikrecht Anlass zu Bemerkungen des Sachverständigenausschusses in Bezug auf das Abkommen Nr. 87 (Vereinigungsfreiheit und Schutz des Vereinigungsrechts)[491]. Auch das schweizerische Kündigungsrecht führte oft zu Diskussionen über die Vereinbarkeit mit dem IAO-Normenkomplex. So reichte etwa der schweizerische Gewerkschaftsbund im Mai 2003 gestützt auf Art. 25 der IAO-Verfassung eine Beschwerde gegen die Schweiz ein. Angesichts häufiger Entlassung von gewerkschaftlich aktiven Arbeitnehmenden wurde gerügt, das schweizerische Kündigungsrecht und die schweizerische Kündigungspraxis würden den Anforderungen von IAO-Übereinkommen Nr. 98 über die Anwendung der Grundsätze des Vereinigungsrechts und des Rechtes zu Kollektivverhandlungen nicht genügen[492]. In seiner Replik vertrat der Bundesrat den Standpunkt, die schweizerische Rechtslage sei nicht im Widerspruch zu IAO-Übereinkommen Nr. 98, so garantiere Art. 22 BV die Versammlungsfreiheit und in Art. 336 Abs. 2 Bst. B OR würde gewählten Arbeitnehmervertretern sogar ein erhöhter Kündigungsschutz gewährt. Der Bundesrat wies weiter darauf hin, dass Übereinkommen Nr. 98 nicht ausdrücklich die Wiedereinstellung von missbräuchlich entlassenen Arbeitnehmern verlange. Nach Prüfung der Beschwerde empfahl der Verwaltungsrat der IAO in einer publizierten Entscheidung (gemäss Art. 25 IAO-Verfassung) die Rechtslage im Bereich des Kündigungsschutzes gemeinsam mit den Berufsverbänden zu

---

[489] BBl 1979, S. 749.
[490] BRUPBACHER, S. 77-80, SENTI (M.), S. 171 ff.
[491] KUSTER ZÜRCHER, S. 139 ff., MORAND, S. 46.
[492] ILO (case 2265), N 1270 ff.

überprüfen. Die Schweiz wurde aufgefordert, Massnahmen zu ergreifen, die einen wirksamen Schutz in der Praxis auch ermöglichen[493].

212 Verantwortlich für Normverstösse sind nicht nur eine ungenügende Vorprüfung der zu ratifizierenden Übereinkommen durch die Bundesverwaltung[494]. Die IAO-Übereinkommen selbst erfahren durch die Auslegungspraxis der IAO-Organe eine Weiterentwicklung.

7.3 Auswirkungen der IAO auf die Schweiz

7.3.1 Effekte auf die Gesetzgebung

213 Trotz zurückhaltender Ratifikationspraxis weisen Studien einen beachtlichen Einfluss der IAO-Übereinkommen auf die schweizerische Gesetzgebung und auch auf die Gerichts- und Verwaltungspraxis nach. Zu diesen Schlüssen kommen Untersuchungen von BERENSTEIN im Jahre 1958[495], VALTICOS 1976[496] und SENTI 2001[497]. SENTI stellt in seiner empirischen Untersuchung fest, dass in 72 Prozent aller von der Schweiz ratifizierten Übereinkommen eine Änderung der nationalen Politik erfolgt sei. In der Studie zeigt Senti exemplarisch auf, wie mit von der Schweiz ratifizierte IAO-Abkommen in der parlamentarischen Auseinandersetzung erfolgreich gegen Sozialabbau argumentiert wurde. Im Rahmen der zweiten Teilrevision des Bundesgesetzes über die Arbeitslosenversicherung (AVIG) schlug eine Minderheit die Einführung einer Karenzfrist zum Bezug von Arbeitslosentaggeldern von 30 Tagen vor. Eine solche Bestimmung hätte gegen Art. 18 Abs. 1 des IAO-Übereinkommen Nr. 168 verstossen. Die Parlamentsmehrheit widersetzte sich diesem Vorhaben[498].

---

[493] ILO (case 2265), N 1356. Zum Verfahren siehe MOLO, S. 32 und FRITSCH, S. 41-42. Siehe weiter die politische Aufarbeitung des Verfahrens in der Interpellation vom 16. Juni 2006 (Levrat Christian und 23 Mitunterzeichner) sowie die Antwort vom 16. Dezember 2006 (Geschäft Nr. 06.3566, Curia Vista, Geschäftsdatenbank des Nationalrates).
[494] BRUPBACHER, S. 77.
[495] BERENSTEIN (L'influence), S. 553.
[496] VALTICOS (L'attitude), S. 121 ff.
[497] SENTI M., S. 161-200, kritisch zu den Schlussfolgerungen BRUPBACHER, S. 79.
[498] Siehe dazu SENTI M. S. 340.

7.3.2 Gerichtspraxis

Das Bundesgericht nahm erstmals im Jahre 1977 in der berühmten Entscheidung zu ungleichen Löhnen von Lehrern und Lehrerinnen im Kanton Neuenburg ausdrücklich Bezug auf IAO-Übereinkommen (Nr. 100 und 111)[499]. Das Bundesgericht hielt fest, Personen in einem öffentlich-rechtlichen Arbeitsverhältnis hätten Anspruch auf gleiches Entgelt für gleichwertige Arbeit[500].

214

Eine Praxisänderung nahm das Bundesgericht in BGE 119 V 171 bezüglich IAO-Übereinkommen Nr. 128 über Leistungen bei Invalidität und Alter und an Hinterbliebene vor, das eine Kürzung von Invaliditätsleistungen wegen Grobfahrlässigkeit im Unterschied zum (damaligen) Art. 7 Abs. 1 IVG ausschloss. Im Gegensatz zu seiner früheren Rechtsprechung in BGE 111 V 187 erachtete das Bundesgericht, in Übereinstimmung mit der zur früheren Rechtsprechung kritischen Lehre, Art. 32 Abs. 1 Bst. E von IAO-Übereinkommen Nr. 128 als direkt anwendbar (self-executing)[501]. In der Folge war Art. 7 Abs. 1 IVG völkerrechtlich derogiert. Diese Rechtsprechung ist heute in Art. 21 ATSG integriert worden. Bei Fahrlässigkeit ist ausser bei der Arbeitslosenversicherung[502] keine Leistungskürzung vorgesehen[503].

215

In BGE 124 V 225 war streitig, ob Art. 30 Abs. 1 Bst. c AVIG dem IAO-Übereinkommen Nr. 168 über Beschäftigungsförderung und den Schutz gegen Arbeitslosigkeit widerspricht. Die genannte AVIG-Bestimmung erlaubt praxisgemäss eine Leistungskürzung oder –verweigerung auch bei fahrlässig verschuldeter Arbeitslosigkeit[504]. Strittig war insbesondere, ob die Verweigerung der Leistung nach dem «Grad des Verschuldens» im Sinne von Art. 30 Abs. 1 Bst. c AVIG mit Art. 20 Bst. f IAO-Übereinkommen Nr. 168 vereinbar ist. Das Eidgenössische Versicherungsgericht EVG kam zum Schluss, der Einstellungstatbestand der ungenügenden Arbeitsbemühungen gemäss Art. 30

216

---

[499] Zu diesem Entscheid siehe hinten, S. 95 f.
[500] BGE 103 Ia 517, Erw. 4.
[501] BGE 119 V 171, Erw. 3, Siehe auch BGE 118 V 305 (Hier entschied das Bundesgericht, IAO-Übereinkommen Nr. 128 sei nicht berührt, da es im zu beurteilenden Fall um die Kürzung einer Leistung aufgrund eines Nichtbetriebsunfalls ginge, und deshalb auch nicht IAO-Übereinkommen Nr. 102 zu Anwendung komme, siehe RKUV 1989, S. 56).
[502] In Art. 1 Abs. 2 AVIG wird die Anwendung von Art. 21 ATSG ausgeschlossen.
[503] KIESER (ATSG-Kommentar), N 14 zu Art. 21 ATSG.
[504] Art. 17 Abs. 1 AVIG statuiert die Pflicht der Versicherten, alles Zumutbare zu unternehmen, um Arbeitslosigkeit zu vermeiden oder zu verkürzen. Zur Durchsetzung dieser Norm sieht Art.30 Abs. 1 Bst. c AVIG Sanktionen bei ungenügenden Arbeitsbemühungen vor.

5. Kapitel: Abkommen der Internationalen Arbeitsorganisation

Abs. 1 Bst. c stehe sowohl systematisch wie vom Wortlaut her mit dem Übereinkommen Nr. 168 in Einklang und sei konventionskonform[505].

7.4 Würdigung

217 Die Schweiz hat den Aufbau der IAO mitgeprägt und mitgestaltet. Nach dieser Pionierphase folgte eine lange Phase der Stagnation. Das äusserte sich sowohl am Ratifikationsverhalten wie auch in der innenpolitischen Wahrnehmung der ratifizierten Abkommen und in der Zurückhaltung, um nicht zu sagen Ignoranz, der Rechtsprechung gegenüber IAO-Normen. Seit ungefähr mitte der Neunziger Jahre ist wieder eine etwas verstärkte Sensibilität gegenüber der IAO zu beobachten. Das äussert sich in der aktiven Rolle der Schweiz bei den Reformbestrebungen der IAO (weniger Übereinkommen, Verstärkung der Normenkontrolle bei den verbleibenden Übereinkommen)[506].

218 Eine teilweise Abkehr von der Grundhaltung der Schweiz, IAO-Übereinkommen nur dann zu ratifizieren, wenn deren Bestimmungen mit der geltenden Gesetzgebung vereinbar sind, wurde 1999 für den Bereich der Kernarbeitsnormen eingeleitet. In der bundesrätlichen Botschaft zum IAO-Übereinkommen Nr. 138 über das Mindestalter für die Zulassung zur Beschäftigung steht: «(...) Im vorliegenden Fall rechtfertigt sich eine Ausnahme zu dieser Regel, da es sich beim Übereinkommen Nr. 138 um ein fundamentales Übereinkommen handelt, dass alle Mitgliedstaaten ratifizieren sollten. Wir schlagen Ihnen deshalb eine Anpassung des ArG vor, womit das verbleibende Ratifikationshindernis beseitigt werden kann (...)»[507].

219 Augenfällig ist weiter die zunehmende Berücksichtigung von IAO-Normen in der innerstaatlichen Rechtsprechung. Bis zum oben erwähnten Fall der Neuenburger Lehrerinnen und Lehrer im Jahre 1977 wurden in keinem einzigen veröffentlichten Bundesgerichtsentscheid IAO-Übereinkommen zur Begründung herangezogen. Auch die Bemerkungen des Sachverständigenausschusses über die Berichte der Schweiz zu den ratifizierten Übereinkommen wurden in der Rechtsprechung nicht aufgenommen. Seit den neunziger Jahren ist jedoch seitens der Gerichte ein verstärktes Bewusstsein für eine Berücksichtigung von IAO-Recht festzustellen. Besonders die Sozialversicherungsgerich-

---

[505] BGE 124 V 225, Erw. 3d. Vgl. die Kritik an diesem Entscheid bei SCHEIDEGGER, S. 1511 mit Verweis auf CHOPPARD, S. 84ff. Die erwähnte Lehre stellt sich auf den Standpunkt, eine Einstellung der Arbeitslosenbezugsberechtigung wegen mangelnder Eigeninitiative einer arbeitslosen Person, wäre völkerrechtswidrig, zu Einstellungen dürften lediglich fehlende Kooperation mit bereitgestellten «Diensten» führen.
[506] Siehe dazu ausführlich BRUPBACHER, S. 81.
[507] BBl 1999, S. 552.

te prüfen vermehrt die Vereinbarkeit nationaler Regelungen mit IAO-Übereinkommen[508] bzw. ziehen die IAO-Übereinkommen zur Auslegung nationaler Bestimmungen bei[509]. Die innerstaatlichen Auswirkungen der IAO – Gleichheits- und Nichtdiskriminierungsübereinkommen Nr. 100 und Nr. 111 werden näher zu prüfen sein.

III. Gleichbehandlungs- und Diskriminierungsschutz der IAO

1. IAO-Übereinkommen Nr. 100

1.1 Entstehung und Verbreitung des Abkommens

Bereits in der Präambel zur IAO-Verfassung von 1919 ist die Forderung nach «gleichem Lohn für gleichwertige Arbeit» enthalten[510]. Mehr als drei Jahrzehnte später, im Jahre 1951 wurde das «Übereinkommen Nr. 100 über die Gleichheit des Entgelts männlicher und weiblicher Arbeitskräfte für gleichwertige Arbeit» von der Internationalen Arbeitskonferenz IAK verabschiedet. Das zu den Kernarbeitsnormen gehörende Übereinkommen Nr. 100 ist heute von 163 Staaten ratifiziert[511], darunter seit 1972 auch der Schweiz.

220

1.2 Sachlicher und persönlicher Geltungsbereich des Abkommens

Das Übereinkommen verbietet die ungleiche Entlöhnung für gleichwertige Arbeit aufgrund des Geschlechts. Damit ist der Anwendungsbereich des Übereinkommens in zweifacher Hinsicht limitiert. Zum einen ist «lediglich» eine Gleichbehandlung zwischen «Frauen und Männern» verlangt und zum anderen ist diese Gleichbehandlung auf das «Entgelt für gleichwertige Ar-

221

---

[508] Siehe z.B. Urteil des Eidg. Versicherungsgerichts (EVG) vom 31. August 2006 (B 63/05) i.S. Vorsorgestiftungder X. AG gegen K. zur Frage der Zulässig der Sistierung von Invaliditätsleistungen der beruflichen Vorsorge während des Strafvollzuges. Das EVG erachtet auch Art. 32 Ziff. 2 des Übereinkommens Nr. 128 der Internationalen Arbeitsorganisation (IAO) über Leistungen bei Invalidität und Alter und an Hinterbliebene (SR 0.831.105) auf diese Frage anwendbar.

[509] Siehe z.B. BGE 133 V 233. Hier legt das EVG Art. 2a AVIG u.a. im Lichte von Art. 6 des Übereinkommens der Internationalen Arbeitsorganisation IAO über Beschäftigungsförderung und den Schutz gegen Arbeitslosigkeit aus (BGE 133 V 233, Erw. 4).

[510] ILO (Global report 2003), S. 87,

[511] Quelle: Ilolex, Stand 31.12.2007.

beit» beschränkt. In Art. 1 des Übereinkommens Nr. 100 (IAO Ü 100) ist eine umfassende Definition des Betriffs «Entgelt» enthalten. Zum Entgelt gehören der Lohn sowie «die zusätzlichen Vergütungen, die der Arbeitgeber auf Grund des Dienstverhältnisses dem Arbeitnehmer mittelbar oder unmittelbar in bar oder in Sachleistungen zu zahlen hat». Zum Entgelt gehören auch Sozialversicherungsbeiträge der Arbeitgeber[512]. In einem Entgeltgleichheitsstreit hat das Solothurner Verwaltungsgericht im Jahre 1991 *mit Bezugnahme* auf das IAO-Abkommen Nr. 100 entschieden, der Ausdruck «Lohn» umfasse auch die Haushaltszulage[513].

222 Keinen Verstoss gegen das Entgeltgleichheitsübereinkommen stellen gemäss Art. 3 Ziff. 3 IAO Ü 100 Unterschiede zwischen den Entgeltsätzen dar, «die ohne Rücksicht auf das Geschlecht des Arbeitnehmers derart objektiv festgestellten Unterschieden der Arbeitsleistung entsprechen».

223 Die Verwirklichung des Grundsatzes der Entgeltgleichheit erfordern kritische Analysen von Gehaltssystemen und Methoden der Arbeitsplatzbewertung. Oft liegen hier mittelbare Diskriminierungen aufgrund des Geschlechts vor[514].

1.3 Verpflichtungscharakter des Übereinkommens

224 Das Übereinkommen verlangt in Art. 2 Abs. 1, die ratifizierenden[515] Staaten müssten die Anwendung des Grundsatzes des gleichen Entgelts von Frauen und Männern für gleichwertige Arbeit *fördern*. In den Artikeln 2 Abs. 2 bis Art. 4 IAO Ü 100 sind Vorschlage enthalten, wie diese Förderung aussehen könnte. Genannt werden «durch die innerstaatliche Gesetzgebung», «gesetzliche geschaffene oder anerkannte Einrichtungen zur Lohnfestsetzung», «Gesamtarbeitsverträge zwischen Arbeitnehmern und Arbeitgebern» oder «durch eine Kombination der genannten Verfahren». Die Staaten werden in Art. 3 IAO Ü 100 weiter aufgefordert, objektive Bewertungssysteme zur Ermittlung der Gleichwertigkeit der Arbeit zu entwickeln («...Massnahmen zu treffen, die einer objektiven Bewertung der Beschäftigungen auf Grund der dabei erforderlichen Arbeitsleistung dienlich sind»). In Art. 4 schliesslich werden die Staaten aufgefordert, «in geeigneter Weise mit den beteiligten Arbeitgeber und Arbeitnehmerverbänden bei der Durchführung der Bestimmungen dieses Übereinkommens zusammenzuarbeiten».

---

[512] THOMAS/HORII, S. 90.
[513] Verwaltungsgericht Solothurn, Urteil vom 1. Dezember 1989, JAR 1991, S. 172.
[514] ILO (Global report), S. 82.
[515] Art. 6 Ziff. 1 IAO-Übereinkommen Nr. 100.

Dem Übereinkommen wird in der Lehre lediglich der Charakter einer «promotional convention» zugesprochen[516]. Es handle sich um *nicht self-executing* Bestimmungen[517]. Das ist zu relativieren[518]. Art. 2 Ziff. 1 IAO Ü 100 sieht vor, die Entgeltgleichheit sei *sicherzustellen*, soweit es mit den bestehenden Verfahren zur Festsetzung der Entgeltsätze vereinbar ist. Wo der Staat selber die Arbeitsbedingungen festlegt, sei es als staatlicher Arbeitgeber oder bei der Ausgestaltung des Arbeitsrecht, ist er deshalb zur Gewährung der Entgeltgleichheit verpflichtet[519]. Eine solche Auslegung wird durch die Empfehlung Nr. 90 zu Entgeltgleichheitsrichtlinie gestützt. Diese weist präzisierend auf die Bedeutung der Verpflichtung hin, für Entgeltgleichheit im *Staatsdienst* zu sorgen sowie «nach und nach» darauf hinzuwirken, dass auch u.a. bei der Vergabe staatlicher Aufträge Entgeltgleichheitskriterien angewendet werden. Wo der Staat weder direkt noch indirekt das Entgelt der Arbeitnehmenden bestimmen kann, beschränkt sich die Verpflichtung des Übereinkommens auf die *Förderung* der Entgeltgleichheit[520]. Private Arbeitgeber sind nur mittelbar Adressaten des Übereinkommens, sie werden nicht direkt aus dem Übereinkommen verpflichtet. Der *Staat* muss dafür sorgen, dass die privaten Arbeitgeber die Entgeltgleichheit gewährleisten.

225

Zusammenfassend ist als Ergebnis festzuhalten: Die Bestimmungen zur Entgeltgleichheit des Übereinkommen Nr. 100 sind *für privatrechtliche Arbeitsverhältnisse* nicht unmittelbar anwendbar. Die Anwendung des Entgeltgleichheitsgrundsatzes in privatrechtlichen Arbeitsverhältnissen bedarf die konkretisierende Verankerung im innerstaatlichen Recht[521]. Dabei handelt es sich um eine für die Mitgliedstaaten *verbindliche* Verpflichtung. Verbindlich ist insbesondere auch die Verpflichtung, das bestehende Recht übereinkommenskonform auszulegen.

226

1.4 Entwicklung des Übereinkommens durch die IAO-Organe

Die Durchsetzungsorgane der IAO haben verschiedentlich grundsätzliche Fragen des Übereinkommens diskutiert und auch Schwächen erkannt. So hat bsw. der Sachverständigenausschuss zur Problematik der Durchsetzbarkeit der Entgeltgleichheit erweiterte Klagemöglichkeiten wie Klagen durch Ge-

227

---

[516] BARTOLOMEI DE LA CRUZ/VON POTOBSKY/SWEPSTON, S. 240, ILO (General Survey 1986), S. 24-30.
[517] VALTICOS/VON POTOBSKY, N 108.
[518] IMHOF (Sozialrechtliche Gleichbehandlungsgebote), N 3 und N 39.
[519] BÖHMERT, S. 119, KAUFMANN CH., S. 62 f.
[520] THOMAS/HORII, S. 90.
[521] BÖHMERT, S. 119, BGE 103 Ia 517, Erw. 4 f.

werkschaften vorgeschlagen[522]. Der Sachverständigenausschuss erkannte die Schwierigkeiten objektiver Beurteilungen der Gleichwertigkeit von Arbeiten[523] und forderte statistische Verfahren, die eine Vergleichbarkeit von Frauen- und Männerlöhnen möglich mach(t)en[524]. In der umfassenden Querschnittsuntersuchung (general survey) von 1986 wurde festgestellt, dass die Rechtsgleichheit allein keinen ausreichenden Schutz vor diskriminierenden Löhnen biete und deshalb die Mehrheit der Staaten den Entgeltgleichheitsgrundsatz in einem Gesetz verankert hätten[525]. Der Erfolg des Übereinkommens wird im gleichen Bericht zurückhaltend dargestellt, »*Although a great deal of progress has been made, it is by no means the case that discrimination has been eliminated or that changes have been permanently established. Social and economic factors such as the world recession, the move to informal sectors and to part-time employment can all lead to renewed problems. These pressures have to be resisted*"[526]

228 Im 2003 publizierten Gesamtbericht zur Kernarbeitsnorm «Beseitigung von Diskriminierung in Beschäftigung und Beruf» wird die Beseitigung der Diskriminierung beim Entgelt als eine entscheidende Voraussetzung für die Verwirklichung der Gleichstellung der Geschlechter und der Förderung sozialer Gerechtigkeit und menschenwürdiger Arbeit erachtet[527]. Hingewiesen wird in diesem Bericht und im Nachfolgebericht im Jahre 2007 aber auch darauf, dass die Lohnunterschiede zwischen den Geschlechtern zwar geringer geworden sind, aber noch immer grosse Unterschiede bestehen würden[528] und neue Massnahmen zur Überwindung notwendig wären[529].

1.5   IAO-Übereinkommen 100 und die Schweiz

1.5.1   Der Weg bis zur Ratifikation

229 Die Schweiz tat sich mit der Ratifizierung des Übereinkommens lange Zeit schwer. Erstmals wurde die Ratifikation des Übereinkommens 1952 geprüft. Bundesrat und Parlament lehnten den Beitritt damals noch ab[530]. Begründet wurde die Ablehnung ordnungspolitisch, die Löhne seien zwischen Arbeitge-

---

[522] ILO (General survey 1986), N. 176-177.
[523] THOMAS/HORII, S. 90.
[524] ILO (Report 2001), S. 45-46.
[525] ILO (General survey 1986), S. 40.
[526] ILO (General survey 1986), S. 194.
[527] ILO (Global report 2003), S. 48, N 150, ILO (Global report 2007), S. 18 ff.
[528] ILO (Global report 2003), S. 49, N 151, siehe auch ILO-Nachrichten 1/2003, S. 5.
[529] ILO (Global report 2007), S. 80 ff.
[530] BBl 1952 III, S. 859 ff.

bern und Arbeitnehmern auszuhandeln. Auch sei eine objektive Bewertung des Lohnes schwierig durchzuführen. 1960 wurde der Beitritt zu Übereinkommen Nr. 100 im Zusammenhang mit der Ratifikation des Übereinkommens Nr. 111 erneut geprüft. Nach der bundesrätlichen Botschaft war der Grundsatz des gleichen Entgelts bereits in Übereinkommen Nr. 111 enthalten[531]. Anders als der zustimmende Nationalrat[532] votierten Bundesrat[533] und Ständerat[534] gegen die Ratifizierung des Übereinkommens Nr. 100 mit dem Argument, sachliche begründete Lohnunterschiede wären nicht mehr zulässig[535]. Auf Empfehlung des Bundesrates stimmten National- und Ständerat der Ratifikation schliesslich im Jahre 1972 zu[536]. Der Bundesrat vertrat die Auffassung, die Anwendung des Übereinkommens mache keine Gesetzesänderungen notwendig[537] und die vorbereitende Nationalratskommission war der Ansicht, das Abkommen sei flexibel formuliert und die Umsetzung könne mit «landestypischen» Methoden erfolgen[538].

1.5.2 Behördliche und gerichtliche Umsetzung in der Schweiz

Auch nach der Ratifikation massen die involvierten Regierungsstellen dem Abkommen nicht all zu grosse Bedeutung zu[539]. Das Volkswirtschaftsdepartement empfahl den Kantonen, den Verpflichtungen aus dem Übereinkommen Rechnung zu tragen, eine Bindungswirkung wurde aber lediglich für Anstellungsverhältnisse des Bundes anerkannt[540]. Die Entlöhnung von Frauen und Männern für gleiche Arbeit blieb sowohl im privatrechtlichen wie im öffentlichrechtlichen Bereich ungleich[541]. Der Sachverständigenausschuss der IAO nahm von der Praxis in der Schweiz nicht vorbehaltlos zustimmend Kenntnis und verlangte 1977 detailliertere Informationen vor allem auch (über die Verhältnisse) im privaten Sektor[542].

230

---

[531] BBl 1960 I, S. 35.
[532] SB Nr 1960, 773 ff.
[533] BBl 1960 I, S. 29 ff.
[534] SB SR 1960, S. 6 ff.
[535] Siehe zur leidvollen Geschichte der Ratifizierung von IAO-Übereinkommen Nr. 100, ALBRECHT, S. 21 f., SENTI M., S. 242-243, KNEUBÜHLER, S. 76, DÄHLER, S. 124-130.
[536] BBl 1971, S. 1543 ff, AB NR 1972, S. 931-935, AB SR 1972, S. 172-177.
[537] BBl 1971, S. 1544.
[538] AB NR 1972, S. 932.
[539] SENTI M., S. 246.
[540] Siehe dazu die ausführlichen Ausführungen von KNEUBÜHLER, S. 77.
[541] BIGLER-EGGENBERGER (Justitias Waage), S. 22.
[542] ILO (Report 1977), N. 207.

5. Kapitel: Abkommen der Internationalen Arbeitsorganisation

231   1977 musste sich erstmals das Bundesgericht mit einem Lohngleichheitsprozess auseinandersetzen und dabei auch die Bindungswirkung des Übereinkommens Nr. 100 prüfen[543]. Ausgangslage des Falles bildete das tiefere jährliche Grundgehalt Neuenburger Primarlehrerinnen im Vergleich zu den neuenburger Primarlehrern. Die Beschwerdeführerin stützte sich auf die in Art. 4 der Bundesverfassung in der damaligen Fassung verankerte allgemeine Rechtsgleichheit. Das Bundesgericht stellte fest, die bisherige Rechtfertigung höherer Löhne für die gleiche Arbeit, männliche Lehrkräfte müssten im Gegensatz zu den weiblichen Lehrkräften für den Unterhalt der Familie aufkommen, sei nicht mehr aufrecht zu erhalten. Die geänderten Anschauungen hätten auch als Folge gleichgerichteter Entwicklungen auf internationaler Ebene dazu geführt, dass die Gleichheit der Gehälter für eidg. Beamte und die Gehälter auf kantonaler Ebene weitgehend verwirklicht worden seien[544]. Das Bundesgericht stellte weiter fest, dass die Schweiz durch die IAO-Übereinkommen Nr. 111 und Nr. 100 gebunden sei und prüfte, *«quelles sont les obligations qu'elle a juridiquement assumées par leur ratification, notamment par celle de la convention No 100»*.

232   Das Bundesgericht kam zum Schluss, das Abkommen sei nicht direkt anwendbar, die Anwendung bedingte die vorgängige Schaffung von Gesetzen oder Ausführungserlassen[545]. Trotz fehlender unmittelbarer Anwendbarkeit von IAO-Übereinkommen Nr. 100 verschaffte das Bundesgericht dem völkerrechtlichen Grundsatz der Entgeltgleichheit aber eine *indirekte Wirkung* auf die Auslegung des Rechtsgleichheitsgebots der Bundesverfassung[546]. Dem Neuenburger Primarlehrerinnen-Entscheid folgte eine vergleichbare Entscheidung im Kanton Freiburg[547]. Vergeblich argumentierte der Kanton, einer sofortigen Gleichstellung stünden finanzielle Schwierigkeiten entgegen[548].

233   Der Entscheid wurde in der Lehre kaum kontrovers diskutiert. Wohlwollend aufgenommen wurde die Entscheidung in der «Gleichstellungsliteratur»[549]. Der frühen Lohngleichheitsrechtsprechung wird ein nachhaltiger Einfluss auf den 1981 in die Bundesverfassung aufgenommen Artikel 4 Abs. 2 zuerkannt, das Terrain wurde für die Gleichstellung zwischen Mann und Frau und insbe-

---

[543] BGE 103 Ia 517.
[544] BGE 103 Ia 517, Erw. 3b.
[545] BGE 103 Ia 517, Erw. 4f.
[546] ALBRECHT, S. 36, BIGLER-EGGENBERGER (Justitias Waage), S. 23, HAUSAMMANN, S. 158.
[547] BGE 105 Ia 120.
[548] BGE 105 Ia 120, Erw. S. 122 (die Erwägung hat keine Nummer).
[549] KAUFMANN (Hintergrund), N 10, BIGLER-EGGENBERGER (Justitias Waage), S. 22 ff., FREIVOGEL, N 91 zu Art. 3 GlG, ALBRECHT, S. 35 ff., HAUSAMMANN, N 309.

sondere für den Gesetzgebungsauftrag zur Verwirklichung der Lohngleichheit vorbereitet[550].

1.5.3 Beobachtungen der IAO zur Schweiz

Der Sachverveständigenausschuss hat die schweizerische Entwicklung der Lohngleichheit zwischen Frauen und Männern aufmerksam beobachtet und kommentiert. 1977 verlangte der Ausschuss präzisere Informationen über im Privatbereich eingeleitete Massnahmen[551]. Regelmässig nahm der Ausschuss seither von den Fortschritten in der rechtlichen Verankerung der Lohngleichheit Kenntnis[552]. Mit gleicher Regelmässigkeit verlangte der Ausschuss von der Schweiz aber auch zusätzliche Informationen über tatsächliche Lohngleichheit und über Massnahmen zur Verwirklichung der tatsächlichen Gleichheit[553].

234

1.6 Bilanz

Das Entgeltgleichheitsabkommen der IAO war und ist für die Etablierung des heute mindestens theoretisch unbestrittenen Anspruchs auf gleichen Lohn für gleichwertige Arbeit von Frauen und Männern sowohl international wie national bedeutend. Namentlich wurde auch das Entgeltgleichheitsrecht der EG stark durch das IAO-Vorbild beeinflusst[554]. Vom IAO-Übereinkommen Nr. 100 ging auch ein beachtlicher Einfluss auf den ersten erfolgreichen Lohngleichheitsentscheid des Bundesgerichts und auf die Entwicklung des Gleichstellungsgesetzes GlG aus.

235

Mit dem GlG sind die hauptsächlichsten Forderungen von IAO-Übereinkommen Nr. 100 verwirklicht. Dieses verlangt einerseits die *Sicherstellung* der Entgeltgleichheit durch Gesetz, Gesamtarbeitsvertrag oder andere gesetzlich geschaffene Verfahren der Lohnfestsetzung (Art. 2 Ziff. 1

236

---

550 HAUSAMMANN, N 309, BIGLER-EGGENBERGER, N 79 und N 91 zu Art. 8 Abs. 3 BV. Zur Weiterentwicklung der bundesgerichtlichen Rechtsprechung nach dem BGE 103 Ia 517, siehe die Übersicht bei AUER/MALINVERNI/HOTTELIER, S. 526 ff.
551 ILO (CEACR Switzerland) 1977, S. 207 ff.
552 ILO (CEACR Switzerland) 1980, 1982, 1984,1986, 1988, 1990, 1996, 1998, 2002, 2002, 2004, 2006.
553 Siehe Fn 552.
554 Siehe dazu im 12. Kapitel, I. Einleitung, 2. Bedeutung und Begründung der Geschlechtergleichheit im Arbeitsleben, S. 381 f. , siehe auch die Literaturhinweise in Fn 1977.

und Ziff. 2 Bst. a-d IAO Ü 100) und andererseits die *Förderung* dieses Grundsatzes. Das GlG verbietet in Art. 3 Abs. 1 und 2 jede direkte oder indirekte Diskriminierung aufgrund des Geschlechts u.a. betreffend Entlöhnung. Art. 3 Abs. 3 GlG sieht dagegen vor, dass angemessene Massnahmen zur Verwirklichung der tatsächlichen Gleichheit keine Diskriminierung darstellen.

237 Der Effekt des Übereinkommens auf die Gleichstellung wird in der Lehre zum Teil zurückhaltend beurteilt[555]. Diese Zurückhaltung ist nur auf den ersten Blick gerechtfertigt. Ohne ausdrücklich auf die diesbezüglichen Empfehlungen des Sachverständigenausschusses der IAO Bezug zu nehmen, hat das Bundesgericht, wie in Empfehlung Nr. 90 zu IAO Ü 100 gefordert, statistische Methoden zur Feststellung von Lohnungleichheit anerkannt[556]. Auch die Bestimmung in Art. 8 Abs. 1 Bst. c des Beschaffungsgesetzes über das öffentliche Beschaffungswesen (BoeB), wonach ein Auftrag nur an Anbieterinnen vergeben wird, die den Grundsatz der Gleichbehandlung von Frau und Mann in Bezug auf die Lohngleichheit einhalten[557], wird von der IAO gefordert[558].

2. *Das Übereinkommen Nr. 111*

2.1 Entstehung und Verbreitung

238 Die Förderung von Chancengleichheit und Gleichbehandlung gehört seit der Gründung im Jahre 1919 zu den wichtigsten Anliegen der IAO[559]. In der Erklärung von Philadelphia von 1944, diese bildet heute Bestandteil der IAO-Verfassung, wurde in Art. 1 ein grundlegendes Postulat sozialer Gerechtigkeit wie folgt festgehalten:

«Alle Menschen, ungeachtet ihrer Rasse, ihres Glaubens und ihres Geschlechts, haben das Recht, materiellen Wohlstand und geistige Entwicklung in Freiheit und Würde, in wirtschaftlicher Sicherheit und unter gleich günstigen Bedingungen anzustreben».

239 Auf der Grundlage der Erklärung von Philadelphia folgt nach dem Erlass des IAO-Übereinkommens Nr. 100 über den Anspruch von Frauen und Männern

---

[555] SENTI M., S. 247, HAUSAMMANN, S. 158.
[556] BGE 130 III 145, 131 II 393.
[557] Der Grundsatz zur Gleichbehandlung von Frau und Mann bezüglich Lohngleichheit ist ebenfalls in den Verfahrensgrundsätzen der Allgemeinen Geschäftsbedingungen (AGB) des Bundes festgeschrieben.
[558] Siehe Fn 528.
[559] THOMAS/HORII, S. 77.

auf gleiches Entgelt für gleichwertige Arbeit im Jahre 1951 relativ kurze Zeit später das Übereinkommen Nr. 111 über die Diskriminierung in Beschäftigung und Beruf (IAO Ü 111). Dieses Übereinkommen hält in allgemeiner und umfassender Form den Grundsatz der Nichtdiskriminierung und Chancengleichheit fest. Über das Geschlecht, die Rasse und den Glauben hinaus wurden weitere Diskriminierungstatbestände (Hautfarbe, politische Meinung, soziale Herkunft und nationale Abstammung) verankert. Das IAO Ü 111 gehört zu den meist verbreitesten IAO-Normwerken[560]. Es wurde von 165 Staaten unterzeichnet[561]. Eine Reihe weiterer Übereinkommen nehmen das Diskriminierungsverbot und die Förderung von Chancengleichheit und Gleichbehandlung im Kontext ihrer jeweiligen, spezifischen Regelungsmaterie auf[562].

Wie IAO Ü. 100 gehört auch IAO Ü 111 zu den Kernarbeitsnormen der Erklärung über die grundlegenden Prinzipien und Rechte bei der Arbeit von 1998.

240

2.2 Sachlicher und persönlicher Geltungsbereich des Abkommens

2.2.1 Definition der Diskriminierung

Der Begriff «Diskriminierung» wird in Art. 1 Abs. 1 Bst. A IAO Ü 111 wie folgt definiert:

241

> «...jede Unterscheidung, Ausschliessung oder Bevorzugung, die auf Grund der Rasse, der Hautfarbe, des Geschlechts, des Glaubensbekenntnisses, der politischen Meinung, der nationalen Abstammung oder der sozialen Herkunft vorgenommen wird und die dazu führt, die Gleichheit der Gegebenheiten oder der Behandlung in Beschäftigung oder Beruf aufzugeben oder zu beinträchtigen.»

Diese Definition enthält drei Elemente[563]:

242

- ein faktisches Element (die Tatsache einer Unterscheidung, Ausschliessung oder Bevorzugung,

---

[560] ILO (Global report 2003), S. 20.
[561] Quelle: Ilolex (Stand 30.06.2007).
[562] Z.B. das Übereinkommen (Ü) von 1962 (IAO 117) über Sozialpolitik, Ü von 1964 (IAO 122) über Beschäftigungspolitik, Ü von 1989 (IAO 169) über eingeborene und in Stämmen lebende Völker. Eine umfassende Auflistung findet sich bei THOMAS/ HORII, S. 80.
[563] BARTOLOMEI DE LA CRUZ/VON POTOBSKY/SWEPSTON, S. 259.

5. Kapitel: Abkommen der Internationalen Arbeitsorganisation

- das verpönte Unterscheidungsmerkmal (die ausgezählten sieben Diskriminierungsverbotsgründe),
- und das Ergebnis der ungleichen Behandlung (Ungleiche Behandlung, Ungleichheit der Gelegenheiten in Beschäftigung und Beruf).

243 Im Lichte dieser drei Merkmale umfasst das Übereinkommen sowohl Diskriminierungen, die ihre Wurzeln in einem Gesetz haben wie auch faktische Diskriminierungen.

244 Nach der Lehre und den Expertenberichten der IAO ist in Übereinkommen Nr. 111 sowohl die direkte wie auch die indirekte Form von Diskriminierung erfasst. Unwesentlich ist, ob die Diskriminierung beabsichtigt ist, massgeblich ist vielmehr die diskriminierende Ungleichbehandlung als Ergebnis[564].

2.2.2 Anwendungsbereich «Beschäftigung und Beruf»

245 Das Diskriminierungsverbot schützt die Bereiche «Beschäftigung und Beruf». Nach Art. 1 Abs. 3 IAO-Übereinkommen Nr. 111 umfasst dies die «Zulassung zur Berufsausbildung, zur Beschäftigung und zu den einzelnen Berufen sowie die Beschäftigungsbedingungen». Diese Bestimmung hat durch die «Empfehlungen Nr. 111 betreffend die Diskriminierung in Beschäftigung und Beruf»[565] sowie durch die IAO-Experten eine weite Auslegung erfahren[566]. Zu «Beschäftigung und Beruf» gehören demnach folgende Aspekte:

- der Zugang zur Bildung, Berufsberatung und Berufsausbildung,
- der Zugang zur Beschäftigung und zum Beruf an sich, d.h., den Zugang zur selbständigen wie unselbsttätigen Erwerbstätigkeit im privaten wie im öffentlichrechtlichen Arbeitsverhältnis,
- der Zugang zur Arbeitsvermittlung,
- der Zugang zu Arbeitnehmer- und Arbeitgeberverbänden,
- das berufliche Fortkommen,
- die Sicherheit des Arbeitsplatzes,
- die Kollektivverhandlungen,
- der Anspruch auf gleiches Entgelt für gleichwertige Arbeit,

---

[564] THOMAS/HORII, S. 81, ILO (General Report 1988), N. 22-29, (Special Survey 1996), N. 23-26, (Global report 2003), S. 16, (Global report 2007), S. 25.
[565] Siehe insbesondere Art. 2 Bst. b, I bis VI der Empfehlung Nr. 111 betreffend die Diskriminierung in Beschäftigung und Beruf vom 25. Juni 1958 (SR 0.822.721.1).
[566] BARTOLOMEI DE LA CRUZ/VON POTOBSKY/SWEPSTON, S. 259.

- der Zugang zur sozialen Sicherheit sowie zu Sozialeinrichtungen und Leistungen im Zusammenhang mit der Beschäftigung,
- sowie die sonstigen Arbeitsbedingungen einschliesslich Arbeitsschutz, Arbeitszeit, Ruhezeiten und Urlaub.

Mit diesem weiten Geltungsbereich wird deutlich, dass das Übereinkommen Nr. 111 nicht nur die abhängige Arbeit, sondern jede Form der Erwerbstätigkeit, namentlich auch die selbständige Erwerbstätigkeit umfasst[567]. Relevant ist weiter der Anspruch auf diskriminierungsfreien Zugang zur sozialen Sicherheit. Das ist insbesondere für die Arbeitnehmerversicherungen (berufliche Vorsorge und Krankentaggeldversicherung) von Bedeutung. 246

2.2.3 Ausnahmen

In IAO-Übereinkommen sind drei voneinander zu unterscheidende Ausnahmetatbestände vorgesehen: 247

Nach Art. 1 Ziff. 1 Bst. c IAO Ü 111 liegt dann keine Diskriminierung vor, wenn die «Unterscheidung, Ausschliessung oder Bevorzugung» einer bestimmten Beschäftigung «in den Erfordernissen dieser Beschäftigung begründet ist. Nach den IAO Expertenberichten muss diese Ausnahme vom Diskriminierungsverbot restriktiv ausgelegt und angewendet werden[568]. Als Bereiche erlaubter Ungleichbehandlung aufgrund der grundsätzlich verbotenen Unterscheidungsmerkmale wird etwa die Religionszugehörigkeit für eine Stelle in einer religiösen Organisation genannt. Nicht mehr unter dem Ausnahmetatbestand «in den Erfordernissen dieser Beschäftigung begründet» sind Beschäftigungen für religiöse Organisationen wie Hausreinigung oder andere Tätigkeiten, die kein Glaubensbekenntnis erforderlich machen[569]. Auch die politische Meinung ist als Anknüpfungskriterium ausnahmsweise zulässig, aber nur bei massgeblich mit der Politikentwicklung vertrauten Positionen[570]. 248

Nicht als Diskriminierung gelten Massnahmen gegen Personen, die im begründeten Verdacht stehen, sich gegen die Sicherheit des Staates zu betätigen oder dies tatsächlichen tun. Voraussetzung ist, dass den betroffenen Personen 249

---

[567] Siehe zuletzt: ILO (Global report 2003), S. 18, N 48, Siehe auch ILO-Nachrichten 1/2003.
[568] THOMAS/HORII, S. 86, ILO (General survey 1988), N. 107-123, (Special survey 1996), N. 118-122.
[569] ILO (General survey 1988), N 121.
[570] ILO (General survey 1988), N 122.

das Recht zur Überprüfung der Massnahmen durch eine unabhängige nationale Instanzen zusteht (Art. 4 IAO Ü 111).

250 Ausgenommen vom Diskriminierungsverbot sind weiter besondere Schutz- und Hilfemassnahmen für bestimmte Gruppen, die in anderen IAO-Übereinkommen vorgesehen sind (Art. 5 Ziff. 1 IAO Ü 111). Den Mitgliedsstaaten überlassen ist, ob sie nach Anhörung der massgebenden Arbeitgeber- und Arbeitnehmerverbände Sondermassnahmen für die besonderen Bedürfnisse von Personen aus Gründen des Geschlechts, des Alters, der Behinderung oder Familienpflichten nicht als Diskriminierung gelten lassen wollen. Die massgebende Bestimmung (Art. 5 Ziff. 2 IAO Ü 111) nennt als weitere Personengruppe, für die Sondermassnahmen zulässig sind, «Personen, die aufgrund der sozialen oder kulturellen Stellung anerkanntermassen besonders schutz- oder hilfebedürftig sind».

2.3 Verpflichtungen des Staates

251 Die Mitgliedstaaten sind zur Umsetzung des Übereinkommens zur Festlegung und Verfolgung einer Politik verpflicht, die eine Gleichheit fördert und jede Diskriminierung ausschliesst. Die Politik soll durch Gesetz, Gesamtarbeitsverträge oder andere den innerstaatlichen Verhältnissen und Gepflogenheiten angepasste Weise verwirklicht werden (Art. 2 IAO Ü 111). Mit dieser in IAO-Übereinkommen üblicher Formulierung wird klargestellt, dass die völkerrechtlichen Verpflichtungen des Mitgliedstaates auch auf anderen Wegen als durch Gesetze und Verordnungen befolgt werden können, wenn dies der nationalen Praxis entspricht[571].

252 Die staatlichen Verpflichtungen werden in Art. 3 IAO Ü 111 und in der Empfehlung Nr. 111 betreffend die Diskriminierung in Beschäftigung und Beruf (Art. 2-10) konkretisiert.

253 Sehr präzise ist die Aufforderung an die Staaten formuliert, alle gesetzlichen Bestimmungen aufzuheben und alle Verwaltungsvorschriften oder -bestimmungen abzuändern, die mit dieser Politik (gemeint ist die Förderung der Gleichheit der Gelegenheiten und der Behandlung, Ausschaltung jeglicher Diskriminierung im Sinne des Art. 2 IAO Ü 111) nicht in Einklang stehen[572].

254 Es stellt sich die Frage, ob dieser Bestimmung self-executing Charakter zukommt, ob sie mit anderen Worten *genügend bestimmt ist, um Grundlage einer richterlichen Entscheidung im Einzelfall* bilden zu können. Eine rechtliche Bestimmung, die beispielsweise eine unterschiedliche Behandlung von

---

[571] BÖHMERT, S. 167.
[572] Art. 3 Bst. c IAO Ü 111.

Arbeitnehmenden aufgrund von im Übereinkommen als Diskriminierungsgründe aufgeführten Merkmalen vorsehen würde, ist direkt anwendbar. Das Gericht müsste die diskriminierende Gesetzesbestimmung im fraglichen Fall gestützt auf IAO-Übereinkommen Nr. 111 nicht anwenden bzw. im Einzelfall durch eine völkerrechtskonforme Regel ersetzen.

Weiter sind die Mitgliedstaaten zum Erlass von Gesetzen und Erziehungsprogrammen verpflichtet, die eine «Annahme und Befolgung dieser Politik» sichern. Hier handelt es sich um einen Gesetzgebungsauftrag, der dem nationalen Gesetzgeber sehr viel Freiraum belässt (Art. 2 Bst. b IAO Ü 111). Diese Formulierung ist zu allgemein, um Grundlage einer richterlichen Entscheidung im Einzelfall bilden zu können. Der Bestimmung geht folglich der self-executing Charakter ab. 255

Eine besonders ausgeprägte Verpflichtung zu einer Politik der Gleichbehandlung und Nichtdiskriminierung trifft die Mitgliedstaaten in der Beschäftigung staatlicher Organisationen (Art. 2 Bst. d IAO Ü 111). Gleiches gilt in Bezug auf Tätigkeiten der Stellen und Einrichtungen der Berufsberatung, Berufsausbildung und Arbeitsvermittlung, die der Aufsicht einer staatlichen Behörde unterstehen (Art. 2 Bst. d IAO Ü 111). 256

Ziel des Übereinkommens Nr. 111 ist die Nichtdiskriminierung im privaten wie im öffentlichen Arbeitsbereich[573]. Anders als staatliche Stellen werden *private Arbeitgeber* indes durch das Übereinkommen *nicht direkt* in die Pflicht genommen. Gefordert ist in erster Linie der Staat. Das Übereinkommen nimmt indes auch die Arbeitgeber- und Arbeitnehmerverbände in die Pflicht und verlangt von diesen Verbänden, «... die Annahme und Befolgung dieser Politik zu fördern» (Art. 2 Bst. d IAO Ü 111). Einen Appell an die Arbeitgeber (auch an private) richtet denn auch die *Empfehlung* zum Übereinkommen Nr. 111. Nach Art. 2 Bst. d der Empfehlung sollen die Arbeitgeber *weder bei Anstellung, Ausbildung, Beförderung oder Weiterbeschäftigung eines Arbeitnehmers oder bei den Beschäftigungsbedingungen Diskriminierungen ausüben oder dulden.* Eine gleiche Pflicht trifft nach der Empfehlung auch die Verhandlungspartner bei Kollektivverhandlungen, also Arbeitgeber- und Arbeitnehmerverbände. Als nicht ratifizierbare IAO-Normen haben Empfehlungen einen schwächeren Verpflichtungsgrad als die Übereinkommen an sich. Empfehlungen sind lediglich (aber immerhin) für die Auslegung von Übereinkommen heranzuziehen[574]. 257

---

[573] SAMSON, S. 44-45.
[574] BÖHMERT, S. 81.

2.4 Entwicklung des Übereinkommens durch die IAO-Organe

2.4.1 Forderungen an die Umsetzung der Diskriminierungsverbote

258 Für die IAO bildet der Kampf gegen Diskriminierung bei Arbeit und Beschäftigung eine zentrale Aufgabe. Das Übereinkommen Nr. 111 und die dazuhörende Empfehlung Nr. 111 wurde durch die Tätigkeit des Sachverständigenausschusses, durch zahlreiche wissenschaftliche Publikationen und Informationskampagnen intensiv bearbeitet und weiterentwickelt[575]. Die Feststellungen des Sachverständigenausschusses vermögen allerdings keine Bindungswirkung zu erzielen, dienen jedoch der Auslegung des Übereinkommens[576].

259 Das Übereinkommen Nr. 111 verpflichtet die Mitgliedstaaten zur Umsetzung einer Politik, die Diskriminierungen verhindert. Als IAO-Mindeststandart müssen alle sieben Diskriminierungsgründe gedeckt sein[577]. Zur Umsetzung würden sich sowohl Bestimmungen in der nationalen Verfassung, einem Anti-Diskriminierungsgesetz oder eine Regelung in Gesamtarbeitsverträgen eignen[578]. Der Sachverständigenausschuss der IAO hat wiederholt festgehalten, eine Verankerung eines Diskriminierungsverbotes und Gewährung rechtlichen Schutzes in der Verfassung allein genüge den Anforderungen des Übereinkommens Nr. 111 nicht. Die Forderung an die Mitgliedstaaten lautet: *«The implementation of a policy of equality of opportunity and treatment also presupposes the adoption of specific measures designed to correct inequalities observed in practice"*[579]. Auch wenn die Mitgliedstaaten in der Wahl der Mittel zur Umsetzung der Diskriminierungsrichtlinie einen grossen Handlungsspielraum haben, legt der Sachverständigenausschuss ausserordentlich grossen Wert auf die Verfolgung einer Politik, die rechtliche Massnahmen durch Promotionskampagnen unterstützt[580]. Weiter sieht der Sachverständigenausschuss grosse Vorteile für die Verwirklichung der Übereinkommensziele, wenn der nationale Gesetzgeber die Beweislastenregeln so ausgestaltet, dass der (vermutliche) Verursacher der Diskriminierung beweispflichtig ist[581].

---

[575] Siehe ILO (Global report 2003), (Special survey 1996), (Global servey 2007).
[576] Siehe dazu oben, S. 81 ff.
[577] ILO (Special survey 1996), N. 20.
[578] ILO (Special survey 1996), N. 20.
[579] ILO (Report 2001), N. 496.
[580] ILO (Report 2001), N. 496, Thomas/Horii, S. 99, Wirt, S. 154, Bartolomei de la Cruz/Von Potobsky/Swepston, S. 259.
[581] ILO (Special Survey 1996), N 29.

2.4.2 Geltung im privatrechtlichen Arbeitsverhältnis

Besonderes Interesse verdienen im Zusammenhang mit der Thematik «Gleichbehandlung und Nichtdiskriminierung im privatrechtlichen Arbeitsverhältnis» die Ausführungen des Sachverständigenausschusses zur Auswirkung des Übereinkommens auf die privaten Arbeitsverhältnisse.

Wiederholt hat der Sachverständigenausschuss festgehalten, sowohl staatliche Stellen wie private Arbeitgeber dürften Einzelpersonen oder Mitglieder von Gruppen nicht aus einem der im Übereinkommen genannten Gründe diskriminieren[582]. Es steht deshalb ausser Frage, dass Übereinkommen Nr. 111 nicht nur die Diskriminierung staatlicher sondern auch diejenige privater Arbeitgeber als unzulässig erachtet. In einem Praxisleitfaden fordert die IAO denn auch eine besondere Förderung der Nichtdiskriminierung im privaten Sektor[583]. Nicht zu verkennen ist allerdings auch, dass gemäss dem Übereinkommen den Mitgliedern die Wahl der Mittel für die Umsetzung offen gelassen wird[584]. Die Staaten können zur Umsetzung dieses Übereinkommensziels sowohl gesetzgeberisch tätig werden oder die Grundsätze der Nichtdiskriminierung in den Gesamtarbeitsverträgen verankern. Dabei muss der Schutz vor Diskriminierung in den Gesamtarbeitsverträgen konform mit den Übereinkommenszielen ausgestaltet sein[585]. Die Nichtdiskriminierung muss insbesondere auch den Zugang zum Arbeitsverhältnis umfassen[586]. Unmissverständlich hat der Sachverständigenausschuss klar gestellt, dass die diskriminierende Ungleichbehandlung nicht nur *während* einer Anstellung nicht zulässig ist und das Übereinkommen vielmehr auch den Schutz vor diskriminierender Behandlung *beim Zugang zur Arbeit*[587] deckt.

260

261

2.4.3 Ausdehnung der Diskriminierungsgründe

Die Diskriminierungsgründe sind in Art. 1 Ziff. 1 Bst. a *abschliessend* aufgezählt. Es sind: Rasse, Hautfarbe, Geschlecht, Glaubensbekenntnis, politische Meinung, nationale Abstammung und soziale Herkunft.

Art. 1 Ziff. 1 Bst. b Ü. 111 IAO sieht vor, dass die Mitgliedstaaten in Absprache mit Vertretern der massgeblichen Berufsverbände weitere Kriterien hin-

262

263

---

[582] ILO (Special Survey 1996), N 25.
[583] ILO (private sector), S. 2, N 4.
[584] THOMAS/HORII, S. 94.
[585] ILO (Special Survey 1996), N 214, ILO (Global report 2007), N 472.
[586] THOMAS/HORII, S. 84.
[587] ILO (General survey 1988), N 76, BARTOLOMEI DE LA CRUZ/POTOBSKY/SWEPTSON, S. 259.

zufügen können, die nicht Grundlage einer unterschiedlichen Behandlung sein dürfen. In vielen Mitgliedstaaten finden sich in den Verfassungen und alternativ oder konkretisierend auf Gesetzesstufe weitere Diskriminierungskriterien. Dies wiederum hat die Weiterentwicklung des Diskriminierungsschutzes in der IAO beeinflusst[588].

264 Die IAO stellt fest, dass heute neue Diskriminierungsfaktoren wie Alter, Behinderung, Langzeitarbeitslosigkeit, HIV/Aids, genetische Veranlagung, Lebensstil, sexuelle Belästigung oder Mobbing auftreten würden und ebenfalls schutzwürdig wären[589]. Eine Rolle für die Aufnahme in den Diskriminierungsgrundkatalog spielte für den Sachverständigenausschuss bei HIV/Aids auch das an sich rechtlich nicht bindende Instrument des «Code of Practice on HIV/Aids in the world of Work»[590]. Im Global report 2007 wird die anhaltende Stigmatisierung von Menschen mit HIV/Aids aufgegriffen[591].

265 Keine klaren Äusserungen des Sachverständigenausschusses gibt es zur Frage, ob auch die sexuelle Orientierung vom Diskriminierungsverbot aufgrund des Geschlechts erfasst ist[592].

2.4.4 Die einzelnen Diskriminierungsgründe und ihr Verhältnis untereinander

266 Der Abkommenstext enthält keine Hierarchie der Diskriminierungsgründe. Dennoch kommt in den Materialien der IAO deutlich zum Ausdruck, dass «Geschlecht» und «Rasse» als die Kriterien erachtet werden, die besonders häufig für eine diskriminierende Ungleichbehandlung verwendet werden. Im Global report 2003 zur «Beseitigung der Diskriminierung bei Beschäftigung und Beruf» kommt diese «Bedeutungshierarchie» klar zum Ausdruck. Die Schwerpunkte des Berichts liegen eindeutig im Bereich der «Gender-Aspekte»[593] und «Rassendiskriminierung»[594]. Hingewiesen wird auch auf die

---

[588] THOMAS/HORII, S. 81.
[589] THOMAS/HORII, S. 93, ILO (Global report 2003), S. 33 ff., ILO, (Global report 2007), S. 54 ff.
[590] Thomas/Oelz/Beaudonnet, S. 254.
[591] ILO I (Global report 2007), S. 50 ff.
[592] BARTOLOMEI DE LA CRUZ/VON POTOBSKY/SWEPSTON, S. 262. Auch im IAO Global report 2007 zur Gleichbehandlung in Beschäftigung und Beruf wird nicht deutlich Stellung bezogen, ob die sexuelle Orientierung unter die Diskriminierungskriterien des Abkommens fällt, es wird jedoch auf die zunehmend grössere Zahl von Staaten verwiesen, die in ihre nationale Gesetzgebung ein Verbot der Diskriminierung aufgrund sexueller Orientierung aufgenommen haben, siehe ILO (Global report 2007), N 40, 155.
[593] ILO (Gobal report 2003), S. 96-112.

Problematik der Mehrfachdiskriminierung. Die Diskriminierungsintensität hängt von der Anzahl und Wechselwirkung von Merkmalen ab, die einer ungleichen Behandlung zugänglich sind[595].

Verschiedentlich äusserte sich der Sachverständigenausschuss auch zu den einzelnen Diskriminierungsgründen. Die Diskriminierungsgründe «*Rasse*» und «*Hautfarbe*» liessen sich nicht klar trennen. Der Begriff «Rasse» sei in einem weiten Sinne zu verstehen, jede Diskriminierung gegen eine ethnische Gruppe würde unter den Tatbestand der nicht zulässigen Diskriminierung aufgrund der Rasse fallen[596].

267

Der Diskriminierungsgrund «*Nationale Herkunft*» bezieht sich nicht auf die Unterscheidung zwischen in- und ausländischen Staatsangehörigen[597]. Vielmehr bedeutet der Ausdruck, dass unterschiedliche Behandlung von Personen aufgrund ihrer Abstammung von Vorfahren anderer Nationalitäten oder der Geburt mit anderer Nationalität nicht erlaubt sind[598]. Die Gleichstellung von Ausländerinnen und Ausländern ist Gegenstand spezifischer IAO-Übereinkommen wie beispielsweise den Wanderarbeitnehmerkonventionen Nr. 97 und Nr. 141[599].

268

Das Kriterium «*Geschlecht*» umfasst auch Ungleichbehandlungen aufgrund des Zivilstandes. Nicht zulässig wäre also beispielsweise ein Anstellungskriterium «Verheiratet», das nur für Frauen oder nur für Männer gelten würde. Diesfalls würde eine direkte Diskriminierung aufgrund des Geschlechts vorliegen. Auch nicht zulässig wäre die Anknüpfung an den Zivilstand zur Festlegung unterschiedlicher Arbeitsbedingungen, wenn das eine Geschlecht mehrheitlich betroffen wäre, da eine indirekte Diskriminierung vorliegen würde[600]. Unterschiedliche Behandlungen aufgrund der Schwangerschaft verstossen gegen das Diskriminierungsverbot aufgrund des Geschlechts[601].

269

Zur *religiösen Diskriminierung* hat der Sachverständigenausschuss festgestellt, dass religiöse Diskriminierung in der Regel die Folge mangelnder Religionsfreiheit oder von Intoleranz gegenüber Personen eines bestimmten Glaubens ist[602]. Als diskriminierend erachtete der Sachverständigenausschuss

270

---

594 ILO (Global report 2003), S. 91-96.
595 ILO (Global report 2003), N 124.
596 THOMAS/HORII, S. 82, ILO (General survey 1988), N 30.
597 BÖHMERT, S. 120, BARTOLOMEI DE LA CRUZ/VON POTOBSKY/SWEPSTON, S. 266.
598 ILO (General survey 1988), N 36 , ILO (Special survey 1996), N 33-34, BÖHMERT, S. 120, VALTICOS/VON POTOBSKY, N 253.
599 Siehe zum Ganzen ausführlich VALTICOS/VON POTOBSKY, N 253.
600 Siehe dazu WIRT, S. 153 ff.
601 ILO (Special survey 1996), N 38.
602 ILO (General survey 1988), N 47 und 51, ILO (Special survey 1996), N 41 und 42, ILO (Global report 2003), N 101.

die Vorschrift für öffentliche Bedienstete des Schulwesens in der Türkei, die Kopfbedeckung im Rahmen der Arbeit abzunehmen[603]. Eine solche Regelung habe für muslimische Frauen schwerwiegende Folgen. Der Zugang zur Beschäftigung werde eingeschränkt oder ausgeschlossen[604].

271 Das verpönte Unterscheidungsmerkmal «*Soziale Herkunft*» tritt oft zusammen mit den Merkmalen «Rasse», «Hautfarbe» oder auch «politische Meinung» auf. Für sich alleine spielt das Kriterium in traditionellen Gesellschaften eine Rolle, die noch stark vom Kastendenken geprägt sind[605].

272 In den Bemerkungen zum Diskriminierungsverbot aus Gründen der *politischen Meinung* betonte der Ausschuss, dass diese Form der Diskriminierung besonders ausgeprägt bei staatlichen Stellen vorkomme, sie komme aber auch im privaten Bereich vor. Zudem würden sich die Grenzen zwischen dem privaten und dem öffentlichen Sektor mehr und mehr verwischen[606].

2.5 Beschwerdeverfahren wegen Anstellungsdiskriminierung

273 Das Verbot der Diskriminierung aus Gründen der politischen Überzeugung führte zu einem der bisher seltenen Verfahren nach Art. 26 der IAO-Verfassung[607]. Hintergrund des Falles bildete der sogenannte «Radikalenerlass» in Deutschland, der vorsah, dass Mitglieder von politischen Parteien dann nicht zum öffentlichen Dienst zugelassen wurden, wenn die Aktivitäten der Partei als verfassungsfeindlich eingestuft wurden[608]. Der «Radikalenerlass» richtete sich besonders gegen Mitglieder der deutschen Kommunistischen Partei (DKP)[609]. Es wurden keine Unterscheidungen nach Art der Tätigkeiten gemacht. Gegen diese Praxis richtete der Weltgewerkschaftsbund 1976 und 1984 je eine Beschwerde gestützt auf Art. 24 der IAO-Verfassung gegen die Bundesrepublik Deutschland[610].

274 Der mit der Beschwerde befasste Sachverständigenausschuss kam zum Schluss, die Haltung der Bundesrepublik Deutschland, die Mitgliedschaft alleine genüge für die Annahme verfassungsfeindlicher Aktivitäten und es fehle an der für Beamte besonders notwendigen Loyalität mit dem Arbeitge-

---

[603] ILO (Report 2002), S. 497.
[604] ILO (Global report 2003), N 101.
[605] ILO (Special survey 1996), N 44.
[606] ILO (Special Survey 1996), N 46.
[607] Zum Verfahren nach Art. 26 siehe oben, S. 81, ausführlich dazu VUKAS, S. 77 ff.
[608] Siehe zu den Berufsverboten im Zusammenhang mit dem Radikalenerlass ausführlich: BÖHMERT, S. 236 ff., VÖGELI, S. 1 ff. SAMSON, S. 21 ff.
[609] BÖHMERT, S. 236.
[610] Zum Hintergrund der Beschwerden siehe VÖGELI, S. 72.

ber, sei falsch. Die verfassungsfeindlichen Aktivitäten müssten vielmehr konkret nachgewiesen werden können. Weiter sei die Forderung nach besonderer Loyalität nur für Beamte mit politsicher Funktion und solchen, die hoheitliche Aufgaben erfüllten, von Nöten[611]. Die Bundesrepublik akzeptierte die Schlussfolgerungen des Sachverständigenausschuss nicht[612]. Der Verwaltungsrat der IAO leitete danach ein Verfahren nach Art. 26 IAO-Verfassung ein[613]. Zwei der drei Mitglieder des gebildeten Untersuchungsausschusses schlossen sich den Erkenntnissen des Sachverständigenausschusses an[614]. Gemäss Verfassung der IAO wären der Bundesrepublik Deutschland danach zwei Möglichkeiten offengestanden. Sie hätte die Empfehlungen des Untersuchungsausschusses annehmen oder nach Art. 29 Abs. 2 IAO-Verfassung Klage beim Internationalen Gerichtshof IGH einreichen können.

Deutschland setzte weder die Empfehlungen um noch gelangte es an den IGH. Das Verfahren blieb also zumindest rein juristisch folgenlos[615]. Die deutschen Gerichte aber nahmen mindestens teilweise auf die IAO-Rechtsprechung Bezug[616].

275

2.6 Die Anwendung des IAO-Übereinkommen Nr. 111 durch nationale Gerichte

2.6.1 Allgemeines

Der Sachverständigenausschuss hat mehrfach auf die Bedeutung der Gerichte bei der Implementierung internationaler Standards in die nationale Rechtswirklichkeit hingewiesen. So hat beispielsweise ein paraguaianisches Gericht ergänzend zum nationalen Recht Bezug auf IAO-Übereinkommen Nr. 111 genommen, um sexuelle Belästigung als sexuelle Diskriminierung zu identifizieren. Das Gericht stützte sich dabei weiter auf eine IAO-Resolution zur Gleichbehandlung von Frauen und Männern bei der Arbeit[617].

276

---

[611] ILO (Report 1987), N 11 und 395 ff.
[612] ILO (Report 1987), N 18.
[613] Dazu ausführlich VÖGELI, S. 112-122.
[614] SAMSON, S. 36.
[615] Dies kritisierend BÖHMERT, S. 239.
[616] Siehe eine Übersicht bei BÖHMERT, S. 239-241, ausgewählte Urteile finden sich auch bei VÖGELI, S. 133.
[617] Appelationshof Paraguay, Fall vom 26. Mai 2000, Carmen Sacheraridi Knutson v. Cooperativa Santisimo Redentor Limitada. Die Entscheidung ist beschrieben bei THOMAS/OELZ/BEAUDONNET, S. 268 ff.

277 In der Literatur wird eine wachsende Tendenz festgestellt, dass nationale Gerichte dann internationale Normen für Einzelfallentscheidungen heranziehen, wenn das nationale Verfassungs- und/oder Gesetzesrecht unklar ist oder Raum für die Heranziehung internationaler Normen lässt[618].

278 Bedeutend ist in diesem Zusammenhang die Wissensvermittlung über Inhalte und Bedeutung von ILO-Normen an Richter, Arbeitsinspektoren usw. Die IAO unterhält zu diesem Zweck u.a. das internationale Trainingszentrum in Turin. Besondere Bedeutung kommt der Bewusstseinsschärfung für neue Diskriminierungsformen zu.

2.6.2 Konflikt Landesrecht – IAO-Übereinkommen

279 Einen Kompetenzkonflikt zwischen nationalem Gesetzesrecht und IAO-Übereinkommen Nr. 111 hatte der bulgarische Verfassungsgerichtshof im Jahre 1992 zu klären. Das bulgarische Bankengesetz von 1992 sah in Art. 9 vor, dass frühere ranghohe Mitglieder der Kommunistischen Partei und anderer mit dem kommunistischen Staat verhängter Organisationen nicht in die Aufsichtsgremien der Banken gewählt werden können. Nach Auffassung des Verfassungsgerichts verletzte diese Bestimmung sowohl die bulgarische Verfassung wie das IAO-Übereinkommen Nr. 111 (Verbot der Diskriminierung aufgrund der politischen Meinung) und den UN-Pakt über die bürgerlichen und politischen Rechte. Das entsprechende Gesetz musste geändert werden, was der Sachverständigenausschuss der IAO befriedigend zur Kenntnis nahm[619].

2.6.3 Auslegung oder direkte Anwendung?

280 Der südafrikanische Verfassungsgerichtshof entschied im Fall eines aufgrund seiner HIV-Infektion nicht zur Anstellung zugelassenen HIV-Positiven Flight Attendant, die südafrikanische Verfassung und IAO-Übereinkommen Nr. 111 verpflichte nicht nur zur Vermeidung von Diskriminierung, sondern ebenso zur Eliminierung der Auswirkungen von Diskriminierung[620]. In der fraglichen Entscheidung wird nicht abschliessend deutlich, ob das IAO-Übereinkommen Nr. 111 als direkt anwendbar oder «nur» zur verfassungsmässig verpflichten-

---

[618] THOMAS/OELZ/BEAUDONNET, S. 251.
[619] ILO (CEACR, Bulgaria), 1993 und 1995.
[620] Jacques Charl Hoffmann v. South African Airlines, Case CCI 17/00, Judgment of 28 September 2000 (Quelle: THOMAS/OELZ/BEAUDONNET, S. 274).

den völkerrechtsfreundlichen Auslegung der südafrikanischen Grundrechte[621]. Bei Diskriminierungsfällen im Zusammenhang mit HIV/Aids nimmt der südafrikanische Gerichtshof häufig Bezug auf das IAO-Übereinkommen Nr. 111[622]. Artikel 3 des massgebenden «Employment Equity Act» hält ausdrücklich fest, dass dieses Gesetz in Übereinstimmung mit den internationalen Verpflichtungen ausgelegt werden muss, insbesondere mit dem IAO-Übereinkommen Nr. 111 über die Diskriminierung bei Arbeit und Beschäftigung[623].

2.7 Ratifikation und Umsetzung des Übereinkommens durch die Schweiz

2.7.1 Erstaunlich rasche Ratifikation

Die Schweiz hat das IAO-Übereinkommen Nr. 111 von 1958 relativ rasch, am 13. Juli 1961 ratifiziert. In der bundesrätlichen Botschaft zum Übereinkommen wurde bedauert, dass das Abkommen nicht nur die abhängige Arbeit sondern auch selbständige Erwerbstätigkeit berührt. Dennoch sah der Bundesrat darin kein Ratifikationshindernis, sei doch der Grundsatz, dass die selbständige Erwerbstätigkeit nicht im Sinne des Übereinkommens in diskriminierender Weise eingeschränkt werden dürfe, in der Schweiz selbstverständlich[624]. Obwohl der Bundesrat in der gleichen Botschaft die Ablehnung des Übereinkommens über die Entgeltgleichheit (IAO Übereinkommen Nr. 100) vorschlug, erachtete er die gleichzeitige Gutheissung von Übereinkommen Nr. 111 nicht als problematisch, obwohl dieses Abkommen gerade jede ungleiche Behandlung, unter anderem aufgrund des Geschlechts, verbietet. 281

Aufschlussreich ist der Hinweis in der Botschaft zum Verhältnis der Vertragsfreiheit und dem Diskriminierungsverbot, insbesondere der fraglichen Bestimmung in Art. 3 Buchstabe c des IAO-Übereinkommen Nr. 111. Vorerst weist die Botschaft darauf hin, dass die Schweiz bei den Verhandlungen darauf gedrängt habe, die privatrechtliche Freiheit erlaube es Arbeitgebern und Arbeitnehmern, Diskriminierungen im Sinne des Übereinkommens vorzunehmen. Entsprechende Vorschläge seien allerdings abgelehnt worden. Dennoch sah der Bundesrat die Vertragsfreiheit nicht in Gefahr, wie das folgende Zitat aus der Botschaft belegt: *« Art. 3, Buchstabe c kann vernünftigerweise* 282

---

[621] THOMAS/OELZ/BEAUDONNET, S. 274.
[622] Siehe die aufgeführten Entscheide bei THOMAS/OELZ/BEAUDONNET, Fn 617, 618, 620.
[623] Employment Equity Act No. 55 of 1998, siehe http://www.labour.gov.za/docs/legislation/eea/act 98-055.html (Zugriff: 31.06.2008).
[624] BBl 1960 I 35.

nur solche gesetzliche Bestimmungen meinen, die Diskriminierungen vorsehen oder fördern. Dies kann aber vom klassischen und auf einer langen Rechtstradition fussenden Privatrecht nicht gesagt werden»[625]. Keine Auseinandersetzung findet an dieser Stelle mit der Frage statt, ob und wie weit Art. 27/28 ZGB die Vertragsfreiheit aus Motiven, wie sie dem IAO-Übereinkommen Nr. 111 zugrunde liegen, zu beschränken vermögen[626].

283 Der Bundesrat stellte in der Botschaft weiter fest, dass Arbeitgeber- und Arbeitnehmerverbände eine Politik der Nichtdiskriminierung verfolgen. Diese Aussage ist (war) vermutlich im Konjunktiv zu verstehen, schreibt der Bundesrat doch weiter: *« Sollten sich Fälle von Diskriminierungen ergeben, so wäre im Sinne des Übereinkommens mit den Arbeitgeber- und Arbeitnehmerverbänden die Verbindung aufzunehmen»*[627]. Entsprechend wurde auch der Erlass von Gesetzen oder die Lancierung von Erziehungsprogrammen oder besonderer Stellen als entbehrlich erachtet. Die Verpflichtung zu solchen Massnahmen würden «nur» die Staaten betreffen, in denen rassische und ethnische Minderheiten lebten[628].

284 Zum Zeitpunkt dieser Äusserungen konnte der Bundesrat nicht ahnen, dass sich Fragen rassistischer Diskriminierung in der Arbeitswelt schon sehr bald auch in der Schweiz stellen würden. Für die Auslegung heutiger Fragen der Auswirkung von IAO-Übereinkommen Nr. 111 sind die Materialien entsprechend ihrer damaligen Bedeutung zu würdigen. Das bedeutet, die *damaligen Aussagen des Bundesrates* zur Notwendigkeit gesetzgeberischer Massnahmen und zu Erziehungsprogrammen sowie besonderen Stellen sind angesichts der geänderten Voraussetzungen *überholt*[629].

2.7.2 Applikationskontrolle durch IAO

285 Zwar beschäftigt sich der Bundesrat in der Botschaft mit der Frage, ob allenfalls Art. 3 Buchstabe c IAO-Übereinkommen Nr. 111 einer Ratifizierung im Wege stehen könnte. Diese Bestimmung verlangt, dass alle gesetzlichen Bestimmungen aufzuheben und alle Verwaltungsvorschriften abzuändern sind, die mit der Politik des Nichtdiskriminierung im Sinne des Übereinkommens nicht vereinbar sind. Auch die damalige beamtenrechtliche Regelung, wonach bei Beamtinnen die Heirat als Grund für die Auflösung des Dienstverhältnis-

---

[625] BBl 1960 I 37.
[626] TRACHSLER (Gleichbehandlungsgebot) S. 36.
[627] BBl I 1960 36.
[628] BBl 1960 I 38.
[629] Andere Staaten wurden viel früher mit Fragen der Diskriminierung aufgrund der Rasse, Hautfarbe und sozialer Herkunft konfrontiert.

ses gelten kann, wurde als mit dem Übereinkommen vereinbar erachtet[630]. Zu diesem Punkt haben sich dann allerdings die IAO-Überwachungsorgane wiederholt äusserst kritisch geäussert[631]. Schliesslich wurde die einschlägige beamtenrechtliche Regelung geändert. Weitere diskriminierende Regelungen im Beamtenrecht wurden im Verlaufe der achtziger Jahre revidiert[632].

In den jüngeren Berichten des Sachverständigenausschusses zur Umsetzung von IAO-Übereinkommen Nr. 111 wurden wiederholt die Fortschritte in der Gleichstellungspolitik der Schweiz befriedigend zur Kenntnis genommen[633]. Der Sachverständigenausschuss begrüsst im Lichte von IAO-Übereinkommen Nr. 111 auch ausdrücklich die Aufnahme weiterer Diskriminierungtatbestände in die Bundesverfassung von 1999 (Art. 8 Abs. 2 BV) und stellt die Verstärkung des Schutzes vor rassistischer Diskriminierung fest *(»The Committee notes from the Governments third report submitted under the International Convention on the Elimination of all Forms of Racial Discriminiation (ICERD) (CERD C /351/Add.2) that article 8 codifies the jurisprudence on equality of the Federal Court, thus reinforcing legal protection from discrimination»)*[634]. Die Schweiz wird aufgefordert, in ihren künftigen Jahresberichten über die Entwicklung in der Umsetzung und Wirkung von Art. 8 Abs. 2 BV in Gesetzgebung und Rechtsprechung zu informieren[635].

Sehr interessiert zeigte sich der Sachverständigenausschuss auch an den Massnahmen der Eidgenössischen Kommission gegen Rassismus und gegen rassistische Diskriminierung im Arbeitsmarkt und verlangt(e) von der schweizerischen Regierung statistische Daten über die Situation von Minderheiten im Arbeitsmarkt. Weiter wurde die Schweiz aufgefordert, dem Sachverständigenausschuss über die Massnahmen zur Förderung der Toleranz und der vollen Integration von Minderheiten in das soziale und wirtschaftliche Leben zu berichten[636]. Sehr kritisch verlangt der Ausschuss im Bericht 2006 von der Schweiz, dass sie die heute bestehenden gesetzlichen Regelungen in Art. 328 OR und 336 OR zum Schutz vor Diskriminierung aufgrund der Rasse, der Hautfarbe, der nationalen Herkunft und der Religion auf ihre Wirksamkeit für die Opfer rassistischer Diskriminierung überprüfe[637].

---

[630] BBl I 1960 37.
[631] KNEUBÜHLER, S. 75, SENTI M., S. 248.
[632] SENTI M., S. 249.
[633] ILO (CEACR Switzerland) 1991, 1993, 1996, 2003, 2006.
[634] ILO (CEACR Switzerland) 2003.
[635] ILO (CEACR, Switzerland), 2003.
[636] ILO (CEACR, Switzerland), 2003, siehe auch CAPLAZI/NAGUIB, N 8.
[637] ILO (CEACR, Switzerland), 2006, N 8.

5. Kapitel: Abkommen der Internationalen Arbeitsorganisation

2.7.3 Bundesgericht lehnt direkte Anwendung ab

288 Bildete BGE 103 Ia 517 die Leitentscheidung im Zusammenhang mit IAO Übereinkommen Nr. 100, so stellt BGE 106 Ib 182 die Leitentscheidung für IAO-Übereinkommen 111 dar. Der Bundesbeamte Dr. Otto Henggeler machte geltend, die Regelung der Eidgenössischen Versicherungskasse, wonach Beamtinnen mit 62, Beamte jedoch erst mit 65 Jahren rentenberechtigt sind, verletzte die Rechtsgleichheit und IAO-Übereinkommen Nr. 111. Das Bundesgericht verneint den self-executing Charakter von IAO-Übereinkommen Nr. 111. Art. 2 und 3 des Abkommens würde es an der notwendigen Bestimmtheit fehlen, um Grundlage eines Entscheides im Einzelfall bilden zu können. Auch wenn wie im zu beurteilenden Fall ein öffentliches Arbeitsverhältnis vorliege, verpflichte das Übereinkommen nur zu einer Politik zur Förderung einer Gleichbehandlungspolitik[638]. Das Bundesgericht knüpfte mit seinem Auslegungsergebnis an seine frühere Rechtsprechung bezüglich IAO-Übereinkommen Nr. 100 an. Hier wurde die direkte Anwendbarkeit der völkerrechtlichen Norm angesichts fehlender genügender Bestimmtheit verneint[639].

289 Die Äusserungen des Bundesgerichts zur Frage der direkten Anwendbarkeit des Übereinkommens überzeugen nicht. Nach Art. 3 Bst. c verpflichten sich die Vertragsstaaten, diskriminierende Gesetze *aufzuheben* sowie Verwaltungsvorschriften oder –gepflogenheiten abzuändern, die mit dieser Politik (der Nichtdiskriminierung) nicht im Einklang stehen. Die Verpflichtung zur Aufhebung einer diskriminierenden Gesetzesbestimmung, ist genügend präzise formuliert, um im konkreten Einzelfall Grundlage einer richterlichen Entscheidung bilden zu können. Die im diskutierten Fall zu beurteilende beamtenrechtliche Regelung sieht eine Unterscheidung aufgrund des Geschlechts vor, die zu einer ungleichen Behandlung führt. Nach Art. 1 IAO Ü Nr. 111 gilt dies als Diskriminierung und Art. 3 Bst. c IAO Ü Nr. 111 verpflichtet die Staaten zur Aufhebung diskriminierender Gesetzesbestimmungen.

290 Selbst bei der Annahme des self-executing Charakters von Art. 3 Bst. c IAO Ü Nr. 111 hätte das Bundesgericht sein Ergebnis in Übereinstimmung mit dem IAO-Übereinkommen begründen können. Das Bundesgericht rechtfertigt das frühere Pensionsalter der Frauen mit deren sozialem Bedürfnis nach deren Vorverlegung[640]. Das IAO-Übereinkommen Nr. 111 sieht in Art. 5 Abs. 2 vor, dass Sondermassnahmen, u.a. aus Gründen des Geschlechts, keine Diskriminierung darstellen. Das Bundesgericht hätte also argumentieren müssen, zwar verbiete das IAO die Ungleichbehandlung aufgrund des Geschlechts

---

[638] BGE 106 Ib 182, Erw. 3.
[639] BGE 106 Ib 182, Erw. 3 mit Hinwies auf 103 Ia 253.
[640] BGE 106 Ib 182, Erw. 4b.

und in diesem Punkt sei das fragliche Abkommen self-executing. Die Ungleichbehandlung der fraglichen beamtenrechtlichen Regelung stelle jedoch einen vom Übereinkommen gerechtfertigten Ausnahmetatbestand dar.

3. Ausgewählte weitere IAO-Übereinkommen mit Diskriminierungsschutzelementen

3.1 IAO – Übereinkommen Nr. 156 zu Arbeitnehmern mit Familienpflichten

Familiäre Verpflichtungen können einer effektiven Gleichbehandlung in Beschäftigung und Beruf entgegenstehen. Die Benachteiligung von Frauen auf dem Arbeitsmarkt steht in engem Zusammenhang mit traditionellen Formen der Rollenaufteilung zwischen Frauen und Männern bezüglich Familie und Beruf. 291

Das Übereinkommen Nr. 156 von 1986 sieht vor, dass Arbeitnehmer beiden Geschlechts wegen ihren Betreuungspflichten gegenüber Kindern bezüglich Ausbildung, Anstellung und beruflicher Förderung nicht diskriminiert werden dürfen[641]. Das Übereinkommen und die dazugehörende Empfehlung sehen verschiedene Massnahmen zur Förderung familienexterner Kinderbetreuung vor. Schutzziel des IAO-Übereinkommens Nr. 156 (IAO Ü Nr. 156) sind Arbeitnehmende mit Familienpflichten. Ausdrücklich sind also auch Männern im Schutzbereich des Abkommens. 292

Die Vertragsstaaten verpflichten sich in diesem Abkommen u.a. zu verhindern, dass Personen, die erwerbstätig sind oder erwerbstätig werden wollen, einer Diskriminierung ausgesetzt sind (Art. 3 IAO Ü Nr. 156). Art. 8 IAO Ü Nr. 156 sieht vor, dass Familienpflichten als solche keine Kündigungsgründe darstellen dürfen. Soweit möglich soll es auch zu keinem Konflikt zwischen Berufs- und Familienpflichten kommen. 293

Das Abkommen wurde bis heute nur von 37 Staaten unterzeichnet[642]. Die Schweiz gehört nicht dazu. 294

3.2 IAO-Überkommen Nr. 158 über den Kündigungsschutz

Das Postulat der Nichtdiskriminierung ist auch im «IAO-Übereinkommen Nr. 158 über die Beendigung des Arbeitsverhältnisses durch den Arbeitgeber von 295

---

[641] TORRIENTE, S. 102 ff.
[642] Quelle: Ilolex, Stand 30.06.2008.

1986» enthalten. Bloss 34 Staaten haben dieses Übereinkommen ratifiziert. Das Übereinkommen regelt sowohl die Beendigung des öffentlich- wie auch privatrechtlichen Arbeitsverhältnisses durch den Arbeitgeber und gilt für alle Wirtschaftszweige (Art. 2 Ziff. 1). Das Übereinkommen gewährt einen effektiven Schutz des Arbeitnehmers gegen missbräuchliche Kündigungen. Nach Art. 4 des Übereinkommens darf ein Arbeitsverhältnis nur dann beendigt werden, wenn ein triftiger Grund vorliegt, der im Zusammenhang mit der Fähigkeit oder dem Verhalten des Arbeitnehmers steht oder sich auf die Erfordernisse der Tätigkeit im Betrieb stützt. Als triftige Gründe ausgeschlossen sind Rasse, Hautfarbe, Geschlecht, Familienstand, Familienpflichten, Schwangerschaft, Glaubensbekenntnis, politische Meinung, nationale Abstammung, soziale Herkunft (Art. 5 Bst. d) und die vorübergehende Abwesenheit von der Arbeit wegen Krankheit oder Unfall (Art. 6 Ziff. 1).

296 Im Unterschied zur schweizerischen Gesetzgebung ist nach Art. 9 Ziff. 2 die Beweislast, dass die Beendigung des Arbeitsverhältnisses gerechtfertigt ist, dem Arbeitgeber zu übertragen (lit. a), oder die zuständigen Behörden können die von beiden Parteien vorgebrachten Beweise berücksichtigen und entsprechend über den Kündigungsgrund entscheiden (Bst. b). Schliesslich sieht Art. 10 vor, dass das Gericht bei missbräuchlicher Kündigung die Beendigung des Arbeitsverhältnisses für unwirksam erklärt, die Wiedereinstellung des Arbeitnehmers anordnet oder vorschlägt oder eine angemessene Entschädigung festlegen kann.

297 Die Schweiz hat das IAO-Übereinkommen Nr. 158 nicht ratifiziert. Der bestehende gesetzliche Kündigungsschutz würde eine Ratifikation auch nicht zulassen[643].

3.3 IAO-Übereinkommen Nr. 175 über die Teilzeitarbeit

298 Das Übereinkommen Nr. 175 über die Teilzeitarbeit garantiert Teilzeitangestellten die gleichen Rechte wie Vollzeitangestellten auf den Gebieten des Arbeitsrechts und der sozialen Sicherheit. Teilzeitarbeit hat eine grosse sozialpolitische Bedeutung, fördert sie doch die Chancengleichzeit zwischen Männern und Frauen und insbesondere die bessere Vereinbarkeit zwischen Beruf und Familie.

299 Die bis heute 11 unterzeichnenden Mitgliedstaaten[644] sind nach Art. 4 verpflichtet, dafür zu sorgen, dass Teilzeitangestellte den gleichen Schutz wie vergleichbare Vollzeitmitarbeitende erhalten. Dieser gleiche Schutz bezieht

---

[643] PÄRLI/CAPLAZI/SUTER, S. 64.
[644] Quelle: http://www.Ilolex.org (Stand 30.06.2008).

sich auf das Vereinigungsrecht, das Recht zu Kollektivverhandlungen, das Recht als Arbeitnehmervertreter tätig zu sein, den Arbeitsschutz und den Schutz gegen Diskriminierung in Beschäftigung und Beruf.

Die Schweiz hat das Übereinkommen Nr. 175 nicht unterzeichnet. 300

3.4 Schutz vor Diskriminierung durch Datenschutz

Diskriminierende Unterscheidungen haben ihre Ursachen oft in Verletzungen von Geboten des Datenschutzes[645]. Die IAO publizierte zu dieser Thematik ein Handbuch «Schutz der Arbeitnehmerdaten». In der Publikation wird ausdrücklich auf das IAO-Übereinkommen Nr. 111 Bezug genommen[646]. Datenschutz hat insbesondere die Funktion, Arbeitnehmende vor Diskriminierung als Folge missbräuchlicher Datenbearbeitung zu schützen. Insoweit stellen datenschutzrechtliche Prinzipien auch eine Grenze der nicht anonymisierten Erfassung von Diskriminierungsmerkmalen in Betrieben dar[647]. 301

IV. Zwischenergebnis

An dieser Stelle folgen zusammenfassend die Antworten zu den Fragen des im vierten Kapitel entwickelten Untersuchungsrasters[648]. 302

Die erste Frage des Rasters lautet: 303

- Enthält der völkerrechtliche Vertrag Bestimmungen zum Schutz der Vertragsfreiheit bzw. werden *Grenzen des Eingriffs in die Vertragsfreiheit* im Vertrag selbst geregelt?

Weder in IAO Ü 100 und 111 noch in den dazugehörenden Empfehlungen ist die *Vertragsfreiheit* als mögliche Schranke von Gleichheits- und Diskriminierungsschutzvorschriften ausdrücklich erwähnt[649]. Sowohl IAO Ü 100 wie 111 überlassen den Staaten bei der Umsetzung der Abkommen einen grossen Spielraum. Es obliegt deshalb den innerstaatlichen Instanzen, die völkerrechtlichen Verpflichtungen zur Verankerung von Gleichheitsschutzbestimmungen im privatrechtlichen Arbeitsverhältnis mit der innerstaatlich gewährten Vertragsfreiheit in Übereinstimmung zu bringen. Die *Berufung auf die inner-* 304

---

645 PÄRLI (Datenaustausch), S. 129 f.
646 ILO (Personal data), S. 14.
647 Siehe zur Problematik oben, 3. Kapitel, S. 32 f.
648 Siehe S. 74 f. Die für die Schweiz nicht anwendbaren IAO – Übereinkommen Nr. 156, 158 und 175 werden für diese Zwischenauswertung nicht berücksichtigt.
649 Siehe dazu die Ausführungen weiter vorne, N 119.

staatliche Vertragsfreiheit rechtfertigt jedoch nicht, staatsvertragliche Verpflichtungen nicht zu erfüllen[650].

- Welcher ist der *sachliche und persönliche Geltungsbereich* der Gleichheits- und Diskriminierungsschutznormen?

305 Der *Geltungsbereich* des Abkommens über die Entgeltgleichheit, IAO Ü 100, ist auf die Entgeltgleichheit zwischen den Geschlechtern beschränkt. Es ist von einem weiten Entgeltbegriff auszugehen, der insbesondere auch Sozialleistungen des Arbeitgebers miterfasst[651]. Das Diskriminierungsschutzabkommen IAO Ü 111 schützt vor Diskriminierung im ganzen «Lebenszyklus» eines Arbeitsverhältnisses[652]. Sowohl IAO Ü 100 wie 111 gelten für privat- wie für öffentlichrechtliche Arbeitsverhältnisse[653].

- Welche *Diskriminierungsmerkmale* enthält der Vertrag? Besteht innerhalb dieser Merkmale eine Hierarchie?

306 IAO Ü 100 ist auf die verbotene Ungleichbehandlung für gleichwertige Arbeit hinsichtlich des Geschlechts beschränkt. IAO Ü 111 verbietet die Ungleichbehandlung aufgrund der Rasse, der Hautfarbe, des Geschlechts, des Glaubensbekenntnisses, der politischen Meinung, der nationalen Abstammung oder der sozialen Herkunft. Die Liste der Diskriminierungsgründe ist nach Wortlaut des Abkommens abschliessend, nach den Arbeiten des Überwachungsausschusses ist der Schutz auf weitere Kriterien auszudehnen, namentlich Behinderung, den Status HIV-positiv und das Alter. Die Diskriminierungsmerkmalliste enthält keine Hierarchie, indes kommt in verschiedenen Stellungnahmen der IAO die prioritäre Bedeutung des Kampfes gegen Diskriminierung aufgrund des Geschlechts, der Rasse und damit zusammenhängenden Merkmalen (Hautfarbe, Herkunft) zum Ausdruck[654].

- Welche Diskriminierungsformen (*direkte und indirekte Diskriminierung*) sind erfasst?

---

[650] Siehe dazu in diesem Kapitel vorne, II. 6. Die IAO und die Vertragsfreiheit, S. 85.
[651] Siehe dazu in diesem Kapitel vorne, III. 1.2 Sachlicher und persönlicher Geltungsbereich des Abkommens (IAO Ü 100), S. 91.
[652] Siehe dazu in diesem Kapitel vorne, III. 2.2 Sachlicher und persönlicher Geltungsbereich des Abkommens (IAO Ü 111), S. 99 ff.
[653] Siehe dazu in diesem Kapitel vorne, III. 1.4 Entwicklung des Übereinkommens durch die IAO-Organe, S. 93 (IAO Ü 100) und III. 2.4.2 Geltung im privatrechtlichen Arbeitsverhältnis, S. 105 (IAO Ü 111).
[654] Siehe dazu in diesem Kapitel vorne, III. Ausdehung der Diskriminierungsgründe, S. 105 und III. 2.4.4 Die Diskriminierungsgründe und ihr Verhältnis untereinander, S. 106.

Sowohl IAO Ü 100 wie 111 verbieten die direkte und die indirekte Diskriminierung[655]. 307

- Unter welchen Voraussetzungen sind Diskriminierungen gerechtfertigt (Rechtfertigungsgründe, Ausnahmen)?

Sowohl IAO Ü 100 wie 111 enthalten im Abkommen selbst formulierte 308 Rechtfertigungsgründe. Eine Abweichung vom Grundsatz der Entgeltgleichheit für *gleichwertige* Arbeit ist nicht zulässig, möglich ist einzig eine ungleiche Entlöhnung aufgrund des Geschlechts, wenn die Arbeitsleistung *objektiv unterschiedlich* ist[656]. Das Diskriminierungsschutzabkommen IAO Ü 111 lässt Abweichungen vom Grundsatz der Gleichbehandlung in engen Grenzen dann zu, wenn die Ungleichbehandlung in den *Erfordernissen der Beschäftigung* begründet liegt[657]. Positive Massnahmen zur Förderung der tatsächlichen Gleichstellung sind ebenfalls zulässig[658].

- Wie erfolgt die Durchsetzung der Diskriminierungsschutzbestimmungen auf *völkerrechtlicher Ebene* und wie wird von den internationalen Organen die Umsetzungsarbeit der Schweiz gewürdigt?

Auf völkerrechtlicher Ebene erfolgt die Durchsetzung von IAO Ü 100 und 309 111 durch ein Staatenberichtsverfahren sowie die besonderen Beschwerdeverfahren gemäss der IAO-Ordnung. Die zuständigen Überwachungsorgane der IAO haben sich wiederholt kritisch zum Stand der Umsetzung der beiden Abkommen geäussert[659].

- Welche *Umsetzungspflichten* erwachsen dem Vertragsstaat (konkret der Schweiz) im Lichte der Dreischichtenkonzeption (obligations of respect, to protect, to fulfil)?
- Sieht der Vertrag vor, dass die Diskriminierungsverbote (auch) in privaten Arbeitsverhältnissen zur Geltung kommen sollen (*Drittwirkung*)?
- Sind diese Drittwirkungsbestimmungen *unmittelbar anwendbar*?
- Welche Verpflichtungen treffen die Schweiz zur Umsetzung der Drittwirkung der Diskriminierungsverbote ins Landesrecht?

---

[655] Siehe dazu in diesem Kapitel vorne, III. 2.2.1 Definition der Diskriminierung, S. 99 (IAO Ü 111) und III. 1.2 Sachlicher und persönlicher Geltungsbereich des Abkommens, S. 91 (IAO Ü 100).
[656] Siehe dazu in diesem Kapitel vorne, III. 1.2 Sachlicher und persönlicher Geltungsbereich des Abkommens, S. 91.
[657] Siehe dazu in diesem Kapitel vorne, III. 2.2.3 Ausnahmen, S. 101.
[658] Siehe dazu in diesem Kapitel vorne, III. 2.2.3 Ausnahmen, S. 101.
[659] Siehe dazu in diesem Kapitel vorne, III. 2.7.2 Applikationskontrolle durch IAO, S. 112 (IAO Ü 111) und III.1.5.3 Beobachtungen der IAO zur Schweiz, S. 97 (IAO Ü 100).

5. Kapitel: Abkommen der Internationalen Arbeitsorganisation

310 Sowohl IAO Ü 100 wie 111 sehen eine Drittwirkung der Gleichbehandlungs- und Diskriminierungsschutzvorschriften vor. Weder die Bestimmungen in IAO Ü 100 noch 111 sind im privaten Arbeitsverhältnis unmittelbar anwendbar. Die Staaten müssen jedoch für einen wirksamen Schutz vor Diskriminierung in privaten Arbeitsverhältnissen sorgen («obligations to protect»). Eine verfassungsrechtliche Verankerung des Diskriminierungsschutzes reicht dafür nicht aus[660]. Gefordert ist, mit Sensibilisierungskampagnen und anderen geeigneten Mitteln für den Abbau struktureller Diskriminierung zu sorgen («obligations to fulfil»).

311 Aus der Gesamtheit der IAO-Dokumente – also dem eigentlichen Abkommenstext, der Empfehlung Nr. 90, den allgemeinen Reporten, den umfassenden Berichten zur Diskriminierung in den Jahren 2003 und 2007 sowie den Beobachtungen und Bemerkungen des Überwachungsausschusses zur Schweiz –, lässt sich eine sehr starke Verpflichtung ableiten, den heute bestehenden Diskriminierungsschutz generell und spezifisch aufgrund der Merkmale Rasse, Hautfarbe und Herkunft zu verstärken. Diese Verpflichtung bezieht sich auf die ganze Dauer des Arbeitsverhältnisses, namentlich also auch auf die Bewerbungsphase.

---

[660] Siehe dazu in diesem Kapitel vorne, III. 1.3 Verpflichtungscharakter des Übereinkommens, S. 92, (IAO-100), III. 2.4.1 Forderungen an die Umsetzung der Diskriminierungsverbote, S, 104 (IAO Ü 111).

6. Kapitel: Übereinkommen der UN

I. Einleitung

Angesichts ihrer Bedeutung und Stellung als universelle Organisation ist die UNO die wichtigste Organisation bei der Entwicklung völkerrechtlicher Menschenrechtsnormen. Die völkerrechtlichen Menschenrechtsabkommen der UNO werden von der Generalversammlung beschlossen. Völkerrechtliche Verbindlichkeit entsteht erst durch die Ratifikation durch die Mitgliedstaaten.

312

1948 verabschiedete die UN-Generalversammlung die Allgemeine Erklärung der Menschenrechte (AEMR). Die AEMR ist rechtlich unverbindlich, bildet aber den ersten Schritt zur Verwirklichung der Menschenrechte[661]. Verschiedene Bestimmungen sind vom Geist der Nichtdiskriminierung und Gleichbehandlung getragen. So verbrieft Art. 2 AEMR einen Anspruch auf alle in der AEMR enthaltenen Rechte ohne Unterscheidung wie etwa Rasse, Farbe, Geschlecht, Sprache, Religion, politische oder sonstige Überzeugung, nationale oder soziale Herkunft, Eigentum oder sonstige Umstände. Art. 7 verankert den Anspruch auf Gleichheit vor dem Gesetz und Schutz durch das Gesetz. Art. 23 Ziff. 2 garantiert zudem allen Menschen ohne jede unterschiedliche Behandlung das Recht auf gleichen Lohn für gleiche Arbeit. Die AEMR enthält keine formellen Durchsetzungsregelungen[662].

313

Wegen fehlender Durchsetzungsmechanismen auf völkerrechtlichen Ebene wurden in einem zweiten Schritt 1966 die beiden Menschenrechtspakte, der Internationale Pakt über wirtschaftliche, soziale und kulturelle Recht (IPwskR) und der Internationale Pakt über bürgerliche und politische Rechte (IPbpR), geschlossen. Die beiden Pakte ergänzen sich gegenseitig, ihr gemeinsames Ziel ist die Konkretisierung der in der AEMR verankerten Menschenrechte. Unterschiede zeigen sich in der Durchsetzung der im jeweiligen Pakt verankerten Rechte. Während die bürgerlichen und politischen Rechte als Abwehrrechte oder Freiheitsrechte mehrheitlich unmittelbar anwendbar (self-executing) sind, werden die meisten Sozialrechten des IPwskR «nur» als programmatische Leistungsrechte bezeichnet[663]. Diesem Konzept wurde von der Doktrin gewichtig widersprochen[664]. Weder handle es sich bei den politischen Rechten um reine Abwehrrechte, noch könnten die Rechte des Sozial-

314

---

[661] OPITZ, S. 70.
[662] SCHILLING, N 5.
[663] So z.B. von HANAU/STEINMEYER/WANK, N 42, S. 1278.
[664] Statt vieler KÜNZLI (Menschenrechte), S. 535.

paktes auf blosse Leistungsrechte reduziert werden[665]. Insbesondere die Kommentatoren des Sozialpaktes erachten das Dreischichtenkonzept (Verbotspflichten, Schutzpflichten, Leistungspflichten) der staatlichen Verpflichtungen als sinnvolle Methode, den Gehalt der völkerrechtlichen Verpflichtungen angemessen zu erfassen[666]. Für beide Pakte sind insbesondere die Wirkungen unter Privaten zu beachten. Die Vertragsstaaten sind verpflichtet, durch geeignete gesetzliche Schutzmassnahmen sicherzustellen, dass die in den Pakten gewährten Rechte gegenüber Eingriffen Privater wirksam sind[667]. Das betrifft namentlich auch den Diskriminierungsschutz.

315 Die völkerrechtlichen Durchsetzungsmechanismen sind unterschiedlich. Im Sozialpakt ist bislang lediglich ein Staatenberichtsverfahren vorgesehen, während der Pakt über die bürgerlichen und politischen Rechte ergänzend ein Staatenbeschwerdeverfahren und ein Individualbeschwerdeverfahren vorsieht. Auch für den Sozialpakt ist ein Individualbeschwerdeverfahren in Vorbereitung[668].

316 Die Schweiz hat beide Pakte ratifiziert, wobei sie beim Pakt über bürgerliche und politische Rechte verschiedene Vorbehalte angebracht hat[669].

317 Der weiteren Präzisierung und Konkretisierung des Menschenrechtsschutzes dienen verschiedene UN-Übereinkommen zum Diskriminierungsschutz bestimmter Personengruppen. *Arbeitsrechtlich* bedeutsam sind das von der UN-Generalversammlung 1965 verabschiedete internationale Übereinkommen zur Beseitigung jeder Form von Rassismus (Rassendiskriminierungskonvention RDK), das internationale Übereinkommen zur Beseitigung jeder Form der Diskriminierung der Frau von 1979 (Frauendiskriminierungskonvention FDK) und die UN-Konvention über die Rechte von Menschen mit Behinderung von 2006 (Behindertendiskriminierungskonvention BDK).

---

[665] NOWAK (Inhalt, 2. Aufl.), S. 9 ff.
[666] Siehe dazu ausführlich II. Teil, 4. Kapitel, 1.1 Das Konzept der Dreiteilung staatlicher Verpflichtungen, S. 58.
[667] NOWAK (Inhalt, 2. Aufl.) , S. 12.
[668] Das Fakultativprotokoll zu einem Individualbeschwerdeverfahren wurde am 10.12. 2008 von der UN-Generalversammlung verabschiedet und zur Ratifikation vorgelegt (UN Doc A/Res/63/117).
[669] Siehe dazu MALINVERNI, S. 83 ff. , HAUSAMANN, S. 88.

II. Internationaler Pakt über wirtschaftliche, soziale und kulturelle Rechte

1. Der Pakt im Überblick

1.1 Die Ratifikation

Die Schweiz ratifizierte den IPwskR am 18. Juni 1992. In der Botschaft des Bundesrates wird die Unterzeichnung beider Menschenrechtspakte der UNO als Instrument der Aussenpolitik bezeichnet[670]. Einen Einfluss auf die schweizerische Rechtsordnung habe der IPwskR nicht, da die Schweiz alle gewährleisteten Rechte verwirkliche. Der Bundesrat war der dezidierten Auffassung, die Vorschriften des Paktes richteten sich ausschliesslich an die Gesetzgeber der Vertragsstaaten, Einzelpersonen würden keine subjektiven Rechte vermittelt. Allenfalls könne sich ein Richter «in einem gegebenen Fall zur Gesetzesauslegung an einer Vertragsvorschrift orientieren»[671]. Im Parlament war die Vorlage unbestritten.

318

1.2 Die einzelnen Rechte

Der Pakt enthält in seinem dritten Teil in den Art. 6 bis 15 eine Auflistung einzelner wirtschaftlicher, sozialer und kultureller Grundrechte. Das Recht auf soziale Sicherheit (Art. 9 IPwskR) wird ergänzt mit einem eigentlichen Subsistenzrecht (Art. 11 IPwskR), das einen Anspruch auf angemessenen Lebensstandard einschliesslich u.a. ausreichender Ernährung enthält[672]. Hervorzuheben ist weiter das Recht auf Bildung (Art. 13 und 14 IPwskR) sowie das Recht auf Gesundheit (Art. 12 IPwskR).

319

Mehrere Bestimmungen haben einen eindeutig arbeitsrechtlichen Bezug. In Art. 6 IPwskR ist das Recht auf Arbeit verankert. Dieses umfasst das Recht, seinen Lebensunterhalt durch frei gewählte angenommene Arbeit zu verdienen. Das Recht auf Arbeit wird in Art. 7 IPwskR ergänzt durch ein *Recht auf gerechte und günstige Arbeitsbedingungen*. Art. 8 IPwskR betrifft das Koalitionsrecht, das Recht zur Gewerkschaftsbildung und Betätigungsfreiheit der Gewerkschaften einschliesslich des Streikrechts[673].

320

---

[670] BBl 1991, S. 1195-1196.
[671] BBl 1991, S. 1202.
[672] Siehe dazu ausführlich KÜNZLI/KÄLIN, S. 127-139.
[673] Siehe dazu PORTMANN (Streikrecht), S. 352 ff. , KÜNZLI/KÄLIN, S. 123, STÖCKLI (Streikrecht), S. 172 f.

1.3 Akzessorisches Diskriminierungsverbot

321 Der Internationale Pakt über wirtschaftliche, soziale und kulturelle Rechte (IPwskR) enthält in Art. 2 die Verpflichtung der Vertragsstaaten, die in diesem Pakt verkündeten Rechte ohne Diskriminierung hinsichtlich der *Rasse, der Hautfarbe, des Geschlechts, der Sprache, der Religion, der politischen oder sonstigen Anschauung, der nationalen oder sozialen Herkunft, des Vermögens, der Geburt oder des sonstigen Status* zu gewähren. Unter «other status» sind nach dem für die Überwachung des Paktes zuständigen Committee on Economic, Social and Cultural Rights (CESCR) auch eine *Behinderung, der Gesundheitszustand einschliesslich HIV/Aids und sexuelle Orientierung* zu verstehen[674]. Erweitert wird das akzessorische Diskriminierungsverbot durch eine Garantie der Gleichberechtigung von Frau und Mann in Art. 3. des Paktes. Der Begriff «Diskriminierung» wurde bis jetzt vom CESCR nicht definiert. Es ist jedoch davon auszugehen, dass nicht jede an die Diskriminierungsmerkmale anknüpfende Ungleichbehandlung eine Diskriminierung darstellt. Eine Diskriminierung liegt erst dann vor, wenn für die fragliche Ungleichbehandlung keine ausreichenden sachlichen Rechtfertigungsgründe vorliegen[675].

322 Die Beschränkung der Diskriminierungsverbote auf die im IPwskR verankerten Rechte erfuhr durch die Rechtsprechung des Ausschusses für Menschenrechte zum Internationalen Pakt über bürgerliche und politische Rechte (IPbpR) eine Relativierung. Das allgemeine Diskriminierungsverbot gemäss Art. 26 IPbpR gilt nach den Vertretern und Vertreterinnen eines integrierten Ansatzes der beiden Menschenrechtspakte auch für die Rechte des IPwskR[676]. Das hat insofern eine Bedeutung, als der IPbpR ein Individualbeschwerdeverfahren vorsieht.

1.4 Die Frage der unmittelbaren Anwendbarkeit

323 Nach Art. 2 Ziffer 1 IPwskR verpflichtet sich jeder Vertragsstaat, «unter Ausschöpfung seiner Möglichkeiten Massnahmen treffen, um nach und nach mit allen geeigneten Mitteln, vor allem durch gesetzgeberische Massnahmen, die volle Verwirklichung der in diesem Pakt anerkannte Rechte zu erreichen». Zu den staatlichen Verpflichtungen gehören positive Gewährleistungspflich-

---

[674] So in General comment No. 18 zum Recht auf Arbeit. Siehe CESCR, General comment No. 18, N 12.
[675] RUDOLF (Diskriminierungsverbote), N 22 (für den IPbpR und die RDK).
[676] SCHEININ, S. 32, NOWAK (CCPR-Kommentar), N 7 zu Art. 26 IPbpR.

ten[677]. Insbesondere das Recht auf gerechte Arbeitsbedingungen (Art. 7 IPwskR) soll auch in horizontaler Richtung, also im privaten Arbeitsverhältnis, Wirkung entfalten[678].

Der zuständige Überwachungsausschuss des IPwskR teilt die Einschätzung der Schweiz in Ihrem Staatenbericht von 1996 nicht, wonach die Paktverpflichtungen lediglich programmatischer Natur wären[679]. Die schweizerische Regierung hält indes auch im zweiten und dritten Staatenbericht – beide Berichte wurden im April 2008 dem zuständigen Ausschuss eingereicht – *grundsätzlich* an ihrer Einschätzung von 1996 fest[680]. In der Begründung wird auf die einschlägige Bundesgerichtsrechtsprechung Bezug genommen, wonach der IPwskR insbesondere im Bereich der Sozialversicherungen nicht direkt angwendbar sei und sich folglich Einzelpersonen vor Gericht weder auf Art. 2 Abs. 2 noch auf Art. 3 IPwskR berufen könnten[681].

324

Die Annahme, der IPwskR habe lediglich programmatischen Charakter habe, geht fehl[682]. Insbesondere bedeutet die progressive (nach und nach) Verpflichtung zur Verwirklichung der Paktrechte nicht, dass einzelne Rechte nicht doch unmittelbar anwendbar sein können[683]. Die unmittelbare Anwendbarkeit ist für jede einzelne Bestimmung des Paktes einzeln zu untersuchen[684]. Nach dem Überwachungsausschuss liegt die unmittelbare Anwendbarkeit vor beim Streikrecht in Art. 8 IPwskR und beim Recht auf Bildung in Art. 13 IPwskR. Unmittelbar anwendbar sind zudem die Diskriminierungsverbote des IPwskR, zumindest auf der ersten Stufe der Verpflichtungsschichten, dem Verbot

325

---

677 NOWAK (Inhalt), S. 11.
678 CESCR, General comment Nr. 18, N 8, 28, 31b, 38, 43, 52.
679 CESCR, Concluding observations Switzerland, N 9.
680 Zweiter und dritter Bericht der Schweiz über die Umsetzung des Internationalen Paktes über die wirtschaftlichen, sozialen und kulturellen Rechte (UNO-Pakt I) vom April 2008 (zu beziehen beim Staatssekretariat für Wirtschaft seco), N 37 – N 41.
681 BGE 121 V 246, Erw. 2, 120 Ia 1, Erw. 5, 122 I 101, Erw. 2, 126 I 240, Erw. 2 und 3.
682 EIDE (Human Rights), S. 25, IMHOF (Diskriminierungsverbote), N 64 mit weiteren Hinweisen auf die internationale Sozialrechtslehre in Fn 149.
683 So steht es auch in Punkt 8 der sogenannten «Limburg Principles». Die «Limburg Principles» zur den staatlichen Verpflichtungen des IpwskR wurden 1986 von einer Expertengruppe der Internationalen Juristenkommission im niederländischen Limurg entwickelt. Siehe «The Limburg Principles on the Implementation of the International Covenant on Economic, Social and Cultural Rights, UN doc. E/CN.4.1987/17, Annex. Die »Limburg Principles" wurde auch publiziert in: Human Rights Quarterly, Vol. 9 (1987), S. 122-135.
684 So HANAU/STEINMEYER/WANK, N 42, S. 1278, PORTMANN/PETROVIC, N 20 zu Art. 20a ArG. Siehe dazu weiter grundlegend in II. Teil, 4. Kapitel, 2.2 Unmittelbare oder mittelbare Anwendbarkeit, S. 68.

rechtlicher Diskriminierung[685]. Das Verbot rechtlicher Diskriminierung gilt sowohl für Paktrechte, die bereits verwirklicht sind als auch für solche, die im Rahmen der progressiven Implementierungspflicht erst eingeführt werden[686].

2. Völkerrechtliche Durchsetzungsmechanismen

326 In Art. 16 IPwskR ist festgehalten, dass die Staaten dem UN-Generalsekretär einen Bericht über die Massnahmen und Fortschritte zur Verwirklichung der Paktziele vorzulegen haben. Zur Prüfung der Berichte ist der Wirtschafts- und Sozialrat (ECOSOC) zuständig. Im IPwskR selbst ist kein spezifischeres Gremium bestimmt, dass die sachliche Prüfung der Berichte vornehmen soll. 1985 wurde durch die ECOSOC der Ausschuss für wirtschaftliche, soziale und kulturelle Rechte (Committee on Economic, Social and Cultural Rights, CESCR) gebildet, der nun für die Berichtsprüfung zuständig ist[687]. Der Ausschuss umfasst 18 Mitglieder, die anerkannte Menschenrechtsexperten sein müssen.

327 Die Staaten sind verpflichtet, zwei Jahre nach Beitritt und anschliessend alle fünf Jahre einen Bericht abzulegen. Die Staatenberichte bilden zusammen mit ergänzenden Unterlagen Grundlage für die mündliche Aussprache zwischen dem Ausschuss und den Staatsvertretern. Am Anschluss an diese Aussprache erstellt der Ausschuss die sogenannten «Concluding Observations» zur Umsetzung der im IPwskR enthaltenen Rechte innerhalb des fraglichen Staates[688]. Auf der Basis der zahlreichen «Concluding Observations» zu den Staatenberichten verfasst der Ausschuss sogenannte «General comments» mit dem Ziel, die Verpflichtungen der Staaten aufgrund IPwskR zu konkretisieren[689].

328 Im Vergleich zum UN-Pakt über bürgerliche und politische Rechte ist die völkerrechtliche Durchsetzungsmacht des UN-Paktes über wirtschaftliche, soziale und kulturelle Rechte schwach. Seit längerer Zeit wird deshalb ein

---

[685] Siehe Punkt 35 Limburgprinciples (zu den Limburgprinciples siehe Fn 683), weiter CRAVEN, S. 181f., KÜNZLI/KÄLIN, S 113, KÜNZLI (Menschenrechte), S. 535. Offengelassen hat diese Frage das Bundesgericht in der Entscheidung 2P.77/2000 vom 30.11.2000, Erw. 5e: «(…) Damit stellt sich die Frage, ob das akzessorische Diskriminierungsverbot von Art. 2 Abs. 2 UNO-Pakte I selbstständig justiziabel ist, auch wenn es um die Handhabung einer nicht direkt anwendbaren Bestimmung des UNO-Pakt I geht (…). Dies kann jedoch vorliegend dahingestellt bleiben (…)».

[686] KÜNZLI/KÄLIN, S. 109 und 113 IMHOF (Diskriminierungsverbote), N 62-67.

[687] SPENLÉ (Schutz), N 20.

[688] Zum ganzen Verfahren der Berichtsprüfung siehe ENGELS, S. 21 ff.

[689] ENGELS, S. 24.

Fakultativprotokoll gefordert, das ein Individualbeschwerdeverfahren analog demjenigen des UN-Paktes vorsieht[690].

3. Arbeitsrechte des Paktes im Lichte der Diskriminierungsverbote

3.1 Das Recht auf Arbeit

In Art. 6 IPwskR anerkennen die Vertragsstaaten das Recht auf Arbeit an. Dieses Recht umfasst die Möglichkeit, den Lebensunterhalt durch frei gewählte oder angenommene Arbeit zu verdienen. Die Vertragsstaaten müssen geeignete Schritte zum Schutz dieses Rechts unternehmen. In Art. 6 Abs. 2 IPwskR werden die geeigneten Schritte präzisiert (Bildung, Ausbildung, Wirtschaftspolitik mit dem Ziel einer produktiven Vollbeschäftigung zum Zwecke des Schutzes der wirtschaftlichen und politischen Grundfreiheiten). 329

Sowohl nach der Doktrin wie gemäss dem General comment No. 18 zu Art. 6 IPwskR lässt sich aus den Paktgarantien *kein subjektiver Rechtsanspruch* auf Arbeit ableiten[691]. Die Verpflichtung des Staates besteht vielmehr in einer aktiven Arbeitsmarktpolitik. Das passive Dulden einer hohen Sockelarbeitslosigkeit würde eine Verletzung der Vertragspflichten darstellen[692]. So ist im Lichte der Diskriminierungsverbote des Paktes problematisch, wenn bestimmte Gruppen von Arbeitnehmenden besonders von Arbeitslosigkeit betroffen sind[693]. Den Rechten von Menschen mit Behinderung und älteren Arbeitnehmenden ist besondere Beachtung zu schenken. Für das privatrechtliche Arbeitsverhältnis erwähnt der Ausschuss, dass die Vertragsstaaten darauf zu achten hätten, dass Arbeitgeber invalide Arbeitnehmende nicht ungerechtfertigt geringer bezahlen würden[694]. Für ältere Arbeitnehmende sollen die Staaten angesichts der realen Schwierigkeiten im Zugang zum Arbeitsmarkt jegliche Diskriminierung aufgrund des Alters im Bereich von Arbeit und Beruf vermeiden. Den Staaten wird weiter empfohlen, dafür zu sorgen, dass die Kenntnisse älterer Arbeitnehmenden aufgewertet würden[695]. Aus 330

---

[690] Siehe dazu umfassend ENGELS und die Angaben in Fn 668.
[691] CESCR, General comment Nr. 18, N 6, CRAVEN, S. 195 ff., ENGELS, S. 85, KÜNZLI/KÄLIN, S. 117 ff., HANAU/STEINMEYER/WANK, N 30-31, S. 1277.
[692] CRAVEN, S. 205 f.
[693] ENGELS, S. 86.
[694] CESCR, General Comment No. 5, N 20. Siehe auch KÄLIN/MALINVERNI/NOWAK, S. 323.
[695] CESCR, General Comment No. 6, N 22-24. Siehe auch KÄLIN/MALINVERNI/NOWAK, S. 337.

diesen staatlichen Pflichten lassen sich indes *keine gegenübe privaten Arbeitgebern unmittelbar durchsetzbaren Ansprüche* ableiten.

331 Falsch ist, Art. 6 IPwskR *jede* unmittelbare Anwendbarkeit abzusprechen. Der *Zugang zum Arbeitsmarkt* und zur Berufsausbildung muss frei von *rechtlichen* Diskriminierungen im Sinne der Art. 2 und 3 IPwskR ausgestaltet sein[696]. Als Arbeitgeber ist der Staat selbst direkt an das Diskriminierungsverbot gebunden[697]. In diesen beiden Punkten kommt Art. 6 in Verbindung mit Art. 2 und 3 IPwskR unmittelbare Anwendbarkeit (im vertikalen Verhältnis) zu.

332 *Nicht unmittelbar anwendbar* ist das Verbot eines diskriminierenden *Zugangs* zu einem privatrechtlichen *Arbeitsverhältnis*[698]. Hingegen bildet die Verwirklichung eines diskriminierungsfreien Zugangs zum privatrechtlichen Arbeitsverhältnis Bestandteil *staatlicher Schutzpflichten*. Darauf weist der CESCR hin, wenn er in «Concluding Observations» zum Staatenbericht Polens schreibt, dass verbotene Diskriminierungspraktiken auch rechtlich wirksam durchgesetzt werden sollen[699]. Im «General comment» zum Recht auf Arbeit kommt an verschiedenen Stellen die Verpflichtung der Staaten zum Erlass wirksamer Diskriminierungsschutznormen im privatrechtlichen Arbeitsverhältnis zum Ausdruck. Die Staaten müssen den Zugang zum Arbeitsverhältnis auch mit gesetzlichen Massnahmen fördern, insbesondere bedeutet dies *«to take measures to combat discrimination and to promote equal access and opportunities»*[700]. Der CESCR hält in den concluding observation zum ersten Staatenbericht der Schweiz fest, *«that despite the existence of legislation providing protection against discrimination, de facto discrimination against women and ethnic minorities continues to exist»*[701]. Der CESCR empfiehlt der Schweiz, Massnahmen für gleichberechtigten Zugang von Frauen zum Arbeitsmarkt und für Lohngleichheit zu ergreifen.

333 Kontrovers ist die Frage, ob und inwieweit das Recht auf Arbeit gemäss Art. 6 IPwskR einen *Schutz vor willkürlicher Entlassung* biete. Im Text von Art. 6 IPwskR ist der Schutz vor willkürlicher Entlassung nicht ausdrücklich enthalten[702]. Ohne einen Schutz vor willkürlicher Entlassung, ist die Möglichkeit, im Sinne von Art. 6 IPwskR den Lebensunterhalt durch frei gewählte Arbeit

---

[696] DRZEWICKI, S. 234, CRAVEN, S. 218, ENGELS, S. 86.
[697] ENGELS, S. 87.
[698] So auch RUDOLF (Diskriminierungsverbote), N 32, dieselbe (Pflichten), S. 109 ff., DÄUBLER (Einleitung), N 173.
[699] CESCR, Concluding observations Polen, N 14 (UN Doc. E/C12/1/Add. 26, para 14).
[700] CESCR, General comment Nr. 18, N 22.
[701] CESCR, Concluding observations Switzerland, N 16.
[702] KÜNZLI/KÄLIN, S. 118. Nach PORTMANN (Optionsklauseln), S. 207, enthält der IPwskR keine Bestimmungen zur Kündigungsrechtsparität.

zu verdienen, nicht verwirklicht. Im Zusammenhang mit politisch motivierten Entlassungen in der früheren Tschechoslowakei erkannten einzelne Mitglieder der CESCR eine Verletzung von Art. 6 IPwskR in Verbindung mit dem Diskriminierungsverbot in Art. 2 IPwskR[703]. In den «Concluding Observations» zu Österreich wird der fehlende Schutz vor Entlassung wegen gewerkschaftlichen Aktivitäten in Kleinunternehmen hingewiesen[704]. Auch im «General comment No. 18» zum Recht auf Arbeit wird auf Bedeutung des Schutzes vor willkürlicher Entlassung hingewiesen[705].

Aus den dargestellten Äusserungen des CESCR lässt sich für die schweizerische Rechtslage zumindest eine *Verpflichtung zur paktkonformen Auslegung der Kündigungsschutzbestimmungen* nach den Art. 336 Abs. 1 Bst. a, b, c und d und Art. 336 Abs. 2 OR ableiten[706].

334

3.2 Gewährleistung des Rechts auf gerechte und günstige Arbeitsbedingungen

3.2.1 Arbeitsbedingungen und Entgelt

Während sich Art. 6 IPwskR mit dem Recht auf Arbeit an sich befasst, bezieht sich Art. 7 IPwskR auf die Bedingungen, unter denen gearbeitet wird[707]. Die Vertragsstaaten «anerkennen das Recht eines jeden auf gerechte und günstige Arbeitsbedingungen an».

335

Beispielhaft werden in Art. 7 Bst. a bis d IPwkR einige Schwerpunkte aufgezählt. Ein Arbeitsentgelt soll angemessen sein und muss dem Grundsatz «gleicher Lohn für gleichwertige Arbeit» entsprechen (Art. 7 Bst. a IPwskR). Die Entgeltgleichheit gilt allgemein (*«gleiches Entgelt für gleichwertige Arbeit ohne Unterschied»*). Die beruflichen Aufstiegschancen sollen gemäss Art. 7 Bst. c nicht von anderen Gesichtspunkten als Beschäftigungsdauer und Befähigung abhängig sein. Die Verpflichtung zum Schutz der Frauen geht über die Entgeltgleichheit hinaus, die Staaten müssen hier dafür sorgen, *«dass Frauen keine ungünstigeren Arbeitsbedingungen als Männer haben und dass sie für gleiche Arbeit gleiches Entgelt erhalten»*.

336

---

[703] CRAVEN, S. 222.
[704] UN Doc. E/C.12/1994/16, para 14. (ENGELS, Fn 363).
[705] CESCR, General comment No. 18, N 11.
[706] Siehe dazu in Kapitel 14. 3. Bedeutung von Art. 2 ZGB im Lebenszyklus eines Arbeitsverhältnisses, 3.3 Bei Kündigungen, S. 498 und 5. Persönlichkeitsverletzung durch Diskriminierung, 5.4 Diskriminierende (missbräuchliche) Kündigung, S. 551.
[707] ENGELS, S. 95.

337 Der Anspruch auf *diskriminierungsfreie* Gewährleistung gerechter und günstiger Arbeitsbedingungen führt zur Frage, wieweit Quoten zur Förderung bisher benachteiligter Gruppen das Diskriminierungsverbot verletzten. Quoten sind dann legitim, wenn sie als Massnahme zur Realisierung der Gleichberechtigung eingeführt werden[708], dies dient dem Ziel von Art. 7 Bst. c «... gleiche Möglichkeiten für jedermann, in seiner beruflichen Tätigkeit entsprechend aufzusteigen....»[709].

3.2.2 Unmittelbarer und drittwirksamer Anspruch auf diskriminierungsfreies Entgelt und diskriminierungsfreie Arbeitsbedingungen

338 Die in Art. 7 IPwskR von den Staaten zu gewährenden Rechte müssen allen Arbeitnehmenden zukommen. Frauen werden besonders geschützt[710]. Die Formulierung in Art. 7 Bst. a (i) «*... wird gewährleistet, dass Frauen keine ungünstigere Arbeitsbedingungen als Männer haben und dass sie für gleiche Arbeit gleiches Entgelt erhalten*» ist ausreichend präzise, um Grundlage einer gerichtlichen Entscheidung zu bilden[711]. Mit anderen Worten, Art. 7 Bst. a (i) ist unmittelbar anwendbar.

339 Der Anspruch auf *gleiches Entgelt für gleiche Arbeit ohne Unterschied* ist auf die anderen im IPwskR verbrieften Diskriminierungsmerkmale übertragbar. Die Formulierung «ohne Unterschied» ist im Kontext des akzessorischen Diskriminierungsverbotes nach Art. 2 IPwskR zu verstehen. Im Ergebnis bedeutet dies: Der Anspruch auf gleiches Entgelt für gleiche Arbeit ohne Unterschied gilt für die im Pakt aufgeführten Diskriminierungsgründe, *der Rasse, der Hautfarbe, des Geschlechts, der Sprache, der Religion, der politischen oder sonstigen Anschauung, der nationalen oder sozialen Herkunft, des Vermögens, der Geburt oder des sonstigen Status.*

340 Die unmittelbare Anwendbarkeit des Anspruchs auf gleiches Entgelt für gleiche Arbeit ohne Diskriminierung aufgrund der im IPwskR genannten Rechte bezieht sich sowohl auf staatliche wie auch privatrechtliche Arbeitsverhältnisse. Die unmittelbare Drittwirkung einzelner Bestimmungen des IPwskR wurde von der «Chambre d'appel des prud'hommes du Canton de Genève» anerkannt. Streitig war die Feiertagsentschädigung von im Stundenlohn beschäftigten Arbeitnehmer. Nach der herrschenden Lehre besteht nur dann ein Ent-

---

[708] CRAVEN, S. 231.
[709] So argumentiert auch ENGELS, S. 103 mit Verweis auf die EuGH-Rechtsprechung zur Quotenfrage.
[710] ENGELS, S. 95.
[711] CESCR, General Comment No. 3, N 5, KÜNZLI/KÄLIN, S. 121, KÄLIN/MALINVERNI/NOWAK, S. 304.

schädigungsanspruch, wenn dies im Einzel- oder Gesamtarbeitsvertrag vorgesehen ist. Das Genfer Gericht kommt zum Schluss, die herrschende Lehre übersehe Art. 7 Bst. d des IPwskR (Toutefois, la doctrine dominante fait l'impasse sur un texte international que la Suisse a ratifié en date du 18 septembre 1992, à savoir le *Pacte international relatif aux droits économiques, sociaux et culturels).* Diese Bestimmung anerkennt das Recht eines jeden auf gerechte und günstige Arbeitsbedingungen durch Gewährleistung von «*Arbeitspausen, Freizeit, eine angemessene Begrenzung der Arbeitszeit, regelmässiger bezahlter Urlaub sowie Vergütung gesetzlicher Feiertage*». Diese Bestimmung, so das Genfer Gericht mit Hinweis auf die neuere Lehre[712], sei genügend klar, um als «self-executing-Bestimmung» Anwendung zu finden[713].

Mit diesem Entscheid zeigt das Genfer Gericht das sozialgestaltende Potenzial der arbeitsrechtlichen Bestimmungen des IPwskR auf. Dieser Pfad kann auch für Lohnungleichheiten, die an Diskriminierungsmerkmale anknüpfen, weiterverfolgt werden. 341

3.2.3 Bestimmungen ohne unmittelbare Anwendbarkeit

Zu den gerechten und günstigen Arbeitsbedingungen nach Art. 7 IPwskR gehört u.a. der Anspruch auf einen «angemessenen» Lohn. Diese Bestimmung ist *nicht ausreichend klar*, um Grundlage einer richterlichen Entscheidung bilden zu können. Auch der Anspruch auf «sichere und gesunde Arbeitsbedingungen» bedarf der Konkretisierung durch den innerstaatlichen Gesetzgeber. Somit sind diese Bestimmungen nicht unmittelbar anwendbar. 342

Aus der fehlenden unmittelbaren Anwendbarkeit dürfen keine falschen Schlüsse hinsichtlich der Diskriminierungsverbote gezogen werden. Soweit der Staat im Rahmen seiner progressiven Umsetzungspflicht staatliche Lohnvorschriften zur Förderung eines angemessenen Lohnes und Bestimmungen zur Arbeitssicherheit und zum Gesundheitsschutz erlässt, müssen diese selbstverständlich diskriminierungsfrei ausgestaltet werden. Insoweit sind die Diskriminierungsverbote nach Art. 2 und 3 IPwskR gegenüber dem Staat auch hier unmittelbar anwendbar[714]. 343

---

[712] BYRNE-SUTTON S. 145 f.
[713] Chambre d'appel des prud'hommes du Canton de Genève, Urteil vom 18. April 2003 (JAR 2003, S. 283). Kritisch zu diesem Entscheid: STREIFF/VON KAENEL, N 14 zu Art. 329 OR.
[714] Siehe dazu auch IMHOF (Diskriminierungsverbote), N 64 mit Verweis auf die internationale Lehre in Fn 149.

3.3 Vertragsfreiheit als Schranke

344 Keine Erwähnung findet im IPwskR die Vertragsfreiheit. Im Zusammenhang mit dem Recht auf Arbeit ist ein Recht darauf, einen Arbeitsvertrag abschliessen zu können, notwendigerweise enthalten bzw. Voraussetzung dafür. Als eigenständige Garantie taucht die Vertragsfreiheit im IpwskR nicht auf. Weder in der Doktrin noch in den Berichten des CESCR werden Fragen der Vertragsfreiheit als Schranke staatlicher Massnahmen zum Schutze vor Diskriminierung aufgeworfen[715]. Auch garantiert der IPwskR nicht den Schutz des Eigentums[716]. Hier wäre ein naher Bezug zur Vertragsfreiheit gegeben[717].

4. Bilanz

345 Die Arbeitsrechte des IPwskR verpflichten den Staat. Er hat die entsprechenden Rahmenbedingungen zur Verwirklichung der im Pakt verankerten Rechte zu schaffen und durchzusetzen. Als Arbeitgeber ist der Staat selbst unmittelbar an die Paktrechte gebunden, soweit diese «self-executing» Charakter haben. Gegenüber einem privaten Arbeitgeber unmittelbar anwendbar ist nach der hier vertretenen Position der Anspruch auf gleiches Entgelt für gleiche Arbeit. Der auch in privaten Arbeitsverhältnissen geltende Entgeltgleichheitsanspruch bezieht sich auf alle im IPwskR genannten Diskriminierungsmerkmale.

346 In den übrigen Bereichen werden die privaten Arbeitgeber «nur» mittelbar verpflichtet. Sie sollen durch die Vertragsstaaten verpflichtet werden, diskriminierungsfrei gerechte und günstige Arbeitsbedingungen zu gewähren. In diesem Sinne handelt es sich bei Art. 7 IPwskR um eine völkerrechtliche Bestimmung mit *horizontaler Wirkungsintention*. Die Vertragsstaaten sind verpflichtet, durch geeignete Massnahmen, namentlich durch gesetzgeberi-

---

[715] Die Suche in der umfassendsten Datenbank zu den UN-Menschenrechtsverträgen, http://www.bayefsky.com, ergibt unter dem Stichwort «freedom of contract» keinen einzigen Treffer. Auch in der Doktrin findet sich kein Werk zum Schutz der Vertragsfreiheit durch UN-Völkerrecht. Zur Frage des Schutzes der Vertragsfreiheit durch die EMRK siehe jedoch im 7. Kapitel, 1.2Privatautonomie und Vertragsfreiheit in der EMRK, S. 206 und zum Schutz der Vertragsfreiheit im EU-Recht siehe in Teil III, 10. Kapitel, 2. Diskriminierungsverbote als Grundrechtsbeschränkung, S. 328 f. Zum Schutz der Vertragsfreiheit im Verfassungsrecht siehe im 8. Kapitel, 1. Privatautonomie und Vertragsfreiheit: Verfassungrechtliche Standortbestimmung, S. 236.

[716] KÜNZLI/KÄLIN, S. 421 ff.

[717] Siehe im 8. Kapitel zur Eigentumsfreiheit nach der EMRK und der Bedeutung für die Vertragsfreiheit, 1.3 Vertragsfreiheit als Bestandteil der Eigentumsfreiheit, S. 208.

sche Tätigkeiten im privatrechtlichen Arbeitsverhältnis, den Schutz dieser Rechte sicherzustellen[718].

Einen unmittelbar anwendbaren Schutz vor Diskriminierung beim *Zugang zum Arbeitsmarkt* enthält der IPwskR nicht. Die Schweiz ist jedoch verpflichtet, auf geeignete Weise, namentlich mit gesetzlichen Mitteln, sicherzustellen, dass Arbeitnehmende frei von Diskriminierung Zugang sowohl zu Arbeitsplätzen im öffentlichrechtlichen wie im privatrechtlichen Bereich haben. Mit strukturellen Massnahmen muss die Schweiz zudem besonders dem Ausschluss bedrohter Gruppen vorbeugen.

347

Weder die unmittelbar anwendbaren Teilgehalte des IPwskR noch die staatlichen Schutzpflichten sind angesichts des (noch) fehlenden Individualbeschwerdeverfahrens auf völkerrechtlicher Ebene individuell einklagbar.

348

III. Internationaler Pakt über bürgerliche und politische Rechte

1. Der Pakt im Überblick

1.1   Ratifikation durch die Schweiz

Die Schweiz hat den IPbpR wie auch den IPwskR vor allem aus aussenpolitischen Motiven ratifiziert[719]. Mit dem Beitritt zu den Pakten werde gemäss der bundesrätlichen Botschaft nicht das Ziel verfolgt, den Menschenrechtsschutz in der Schweiz auszubauen[720]. Da die Wirkung des IPbpR in einigen Teilen über die Rechte der Europäischen Menschenrechtskonvention EMRK hinausgeht, brachte die Schweiz verschiedene Vorbehalte an, unter anderem gegen das *allgemeine Diskriminierungsverbot* in Art. 26 IPbpR[721]. Ausdruck der vorwiegend aussenpolitisch motivierten Ratifikation bildet unter anderem die Nichtratifikation des Fakultativprotokolls zum Individualbeschwerdeverfahren. In der Botschaft des Bundesrates zum Paktbeitritt wird die Bedeutung des Individualverfahrens so dargestellt: *«Aus Gründen der Kohärenz und Glaubwürdigkeit sollte unser Land deswegen die Zuständigkeit des Ausschusses für Menschenrechte anerkennen, Mitteilungen von (...) Einzelpersonen über die behauptete Verletzung eines durch diesen Pakt gewährleisteten Rechts zu prüfen».* Dennoch schlug der Bundesrat vor, *«zuerst aufmerksam*

349

---

[718] So auch NOWAK (Inhalt), S. 10.
[719] Die Ratifikation erfolgte am 18. Juni 1992, der Pakt ist in Kraft seit dem 18. September 1992 (SR 0.103.2).
[720] Botschaft betreffend den Beitritt der Schweiz zu den beiden internationalen Menschenrechtspakten von 1966 vom 30. Januar 1991, Bundesblatt (BBl) 1991 I 1190.
[721] BBl 1991, 1207.

die Probleme zu klären, die ein Beitritt der Schweiz stellen könnte...»[722]. Der Bundesrat hat in der Legislaturplanung 1999 – 2003 vorgesehen, dem Parlament eine Botschaft zur Ratifikation des Fakultativprotokolls zu unterbreiten[723]. Dieser Absicht folgten keine Taten. In absehbarer Zukunft ist nicht damit zu rechnen, dass die Schweiz dem Fakultativprotokoll beitreten wird[724].

350   Mit dem Inkrafttreten des Paktes wurde dieser Teil der schweizerischen Rechtsordnung. Zur Frage der unmittelbaren Anwendung der Paktbestimmungen hielt der Bundesrat fest, diese müssten im Lichte des Gegenstandes und der Ziele des Paktes betrachtet werden. Eine direkte Anwendung sei möglich, soweit die Bestimmungen voraussetzungslos und genügend bestimmt wären, um Grundlage eines konkreten Urteils bilden zu können[725]. Nach der Lehre enthält der IPbpR eine Vielzahl von Bestimmungen, die wenigstens punktuell praktische Relevanz für die Rechtspraxis haben[726]. Das Bundesgericht hat seit Inkrafttreten des IPbpR in zahlreichen Entscheiden auf den Pakt Bezug genommen[727]. Im zweiten Staatenbericht der Schweiz zu Handen des Menschenrechtsausschusses wird deshalb die wachsende Bedeutung des Paktes hervorgehoben[728].

1.2 Die einzelnen Rechte

351   Der Internationale Pakt über bürgerliche und politische Rechte (IPbpR) garantiert auf völkerrechtlicher Ebene die bürgerlichen Freiheitsrechte und die

---

[722] BBl 1991, 1201. Der Vorbehalt richtet(e) sich auch gegen die Interpretation von Art. 26 IPbpR durch den Menschenrechtsausschuss. Siehe dazu TOMUSCHAT (Victory), S. 229.
[723] BBl 2000, 2284.
[724] In der Legislaturplanung 2004-2007 (BBl 2004, 1149 ff.) ist der Beitritt zum Fakultativprotokoll nicht thematisiert. Der Bericht über die Legislaturplanung enthält lediglich einen Hinweis auf die beabsichtigte stärkere Berücksichtigung des Zusammenhangs zwischen Menschenrechten, Handel und Umwelt (BBl 2004, 1183).
[725] BBl 1991, 1202. Auch im dritten Staatenbericht, den die Schweiz im Herbst 2007 zu Handen des Ausschusses für Menschenrechte eingereicht hat, wird lediglich festgestellt, die Ratifikation des Fakultativprotokolls bilde nicht Ziel der Legislaturplanung 2003-2007 (Quelle: Dritter Staatenbericht zum IPbpR, N 354. Der Bericht kann beim Bundesamt für Justiz bezogen werden, siehe: http://www.bj.admin.ch/bj/de/home/themen/staat_und_buerger/menschenrechte2/uno-sozialpakt_und.html (Zugriff: 30. 06.2008)).
[726] ACHERMANN/CARONI/KÄLIN, S. 156 ff.
[727] BGE 127 I 6 Erw. 5e, 126 I 50 Erw. 5a, 125 I 113, Erw. 2a, 123 I 97, Erw. 1b/ff.
[728] Zweiter Staatenbericht der Schweiz zu Handen des Menschenrechtsausschusses (17. September 1998 mit Ergänzungen vom 30. September 2001).

demokratischen politischen Rechte[729]. Es sind dies u.a. das Recht auf Leben (Art. 6 IPbpR), das Folter- und Sklavereiverbot (Art. 7 und 8 IPbpR), das Recht auf persönliche Freiheit (Art. 10 IPbpR), die Gedanken-, Gewissens- und Religionsfreiheit (Art. 18 IPbpR) sowie die Versammlungsfreiheit (Art. 21).

Arbeitsrechtlich besonders bedeutsam ist das Recht auf Koalitionsfreiheit (Art. 22 IPbpR). Zu kurz greift die in der Doktrin geäusserte Ansicht, die Koalitionsfreiheit bilde den einzigen arbeitsrechtlichen bedeutenden Inhalt des IPbpR[730]. Arbeitsrechtlich relevant sind vielmehr auch das akzessorische Diskriminierungsverbot in den Art. 2 und 3 sowie das allgemeine Diskriminierungsverbote in Art. 26 des IPbpR[731]. Die Diskriminierungsmerkmale sind mit denjenigen des IPwskR identisch, ebenso die besondere Verpflichtung zur Gleichbehandlung aufgrund des Geschlechts. 352

1.3 Schutz der Vertragsfreiheit durch den IPbpR

Die Vertragsfreiheit als solche ist im IPbpR nicht erwähnt. Eine Analyse der Paktrechte zeigt, dass die Vertragsfreiheit am ehesten aus der Garantie der persönlichen Freiheit (Art. 10 IpbpR) sowie allenfalls als Teilaspekt vom Anspruchs auf Schutz vor willkürlichen oder rechtswidrigen Eingriffen abgeleitet werden kann[732]. Weder in der Doktrin zum IPbpR noch in den Arbeiten der zuständigen UN-Organe finden sich Anhaltspunkte dafür, dass der IPbpR ausdrücklich dem Schutz der Vertragsfreiheit als Individualrecht verpflichtet ist[733]. Zwar wird das Recht auf Autonomie als Teilaspekt des Rechts auf Privatsphäre anerkannt[734]. Daraus fliesst z.B. das Recht, an eine private Party Personen wegen ihrer Rasse, Herkunft oder anderen vor Diskriminierung 353

---

[729] NOWAK (Introduction), N 3.
[730] HANAU/STEINMEYER/WANK, N 13, S. 1274.
[731] CAPLAZI/NAGUIB, N 8 mit dem Hinweis auf die eingeschränkte Wirkung von Art. 26 IPbpR angesichts des Vorbehaltes der Schweiz.
[732] In der Literatur, KÜNZLI/KÄLIN, S. 376 ff., JOSEFH/SCHULTZ/CASTAN, S. 476 ff., BAIR, S. 42 f. und 79 ff., finden sich keine Belege für diese Auslegung.
[733] Die Suche in der umfassendsten Datenbank zu den UN-Menschenrechtsverträgen, http://www.bayefsky.com, ergibt unter dem Stichwort «freedom of contract» keinen einzigen Treffer. Auch in der Doktrin findet sich kein Werk zum Schutz der Vertragsfreiheit durch UN-Völkerrecht. Zur Frage des Schutzes der Vertragsfreiheit durch die EMRK siehe jedoch im 7. Kapitel, 1.2 Privatautonomie und Vertragsfreiheit in der EMRK, S. 206 und zum Schutz der Vertragsfreiheit im EU-Recht siehe in Teil III, 10. Kapitel.
[734] NOWAK (CCPR-Kommentar), N 24 zu Art. 17 IPbpR.

geschützten Merkmalen nicht einzuladen[735]. Sobald jedoch die öffentliche und auch bereits die quasi-öffentliche Sphäre betreten wird, besteht kein Recht auf Diskriminierung[736]. Ein Recht Arbeitsverträge mit diskriminierendem Inhalt abzuschliessen oder Personen einen Arbeitsvertrag aus diskriminierenden Motiven zu verweigern, beinhaltet der Schutz der Privatsphäre also nicht[737].

1.4 Die staatlichen Verpflichtungen

354 Die im IPbpR verankerten Rechte stellen unbestrittenermassen mehr als blosse Programmbestimmungen dar. Der Staat ist mit der Ratifikation verpflichtet, die im Pakt aufgeführten Rechte *unverzüglich* zu gewähren[738].

355 Der Staat muss die Paktrechte nicht nur selber garantieren, er muss darüber hinaus dafür sorgen, dass die Paktrechte auch im Verhältnis unter Privaten (Horizontalwirkung) wirksam werden («obligations to protect»). Art und Ausmass dieser staatlichen Verpflichtungen ist wenig geklärt[739] und nicht für jede Bestimmung des IPbpR gleich[740]. Angesichts des Machtungleichgewichts im Arbeitsverhältnis erfordern der Schutz der persönlichen Freiheit, der Gedanken- und Gewissensfreiheit, der Versammlungsfreiheit und der Koalitionsfreiheit aktive Massnahmen des Staates, namentlich gesetzliche Diskriminierungsschutzbestimmungen. Adressat dieser Schutzpflichten ist der Staat. Die privaten Arbeitgeber werden nur mittelbar in die Pflicht genommen.

2. *Völkerrechtlicher Durchsetzungsmechanismus*

356 Ein aus 18 Mitgliedern bestehender Ausschuss für Menschenrechte (Committee on Human Rights, CHR) prüft die abzuliefernden Staatenberichte nach Massgabe «*eines konstruktiven Dialogs mit den Vertragsstaaten*»[741] und verfasst einen Bericht mit abschliessenden Stellungnahmen zu Handen des Ver-

---

[735] NOWAK (CCPR-Kommentar), N 57 zu Art. 26 IPbpR.
[736] TOMUSCHAT (Equality), S. 711, 748.
[737] Siehe dazu weiter hinten, 6. Kapitel, S. 137.
[738] JOSEPH/SCHULTZ/CASTAN, S. 38, IMHOF (Diskriminierungsverbote), N 40, DÄUBER (Einleitung), N. 165.
[739] JOSEPH/SCHULTZ/CASTAN, S. 36.
[740] NOWAK (Inhalt), S. 11.
[741] NOWAK (CCPR-Kommentar), N 31 zu Art. 40 IPbpR.

tragsstaates. Der Menschenrechtsausschuss veröffentlicht auf der Grundlage der Staatenberichte ihm geeignet erscheinende allgemeine Bemerkungen.

Während die Möglichkeit der Staatenbeschwerde (Art. 42 IPbpR) kaum genutzt wird, hat das Individualbeschwerdeverfahren grosse Praxisrelevanz. Der IPbpR selbst sieht kein Individualbeschwerdeverfahren vor. Einzelpersonen können aber gestützt auf Art. 1 des Fakultativprotokolls zum IPbpR den Ausschuss für Menschenrechte mit der Klage anrufen, ein Staat (der das Fakultativprotokoll unterzeichnet haben muss), habe Paktrechte verletzt[742]. Das Individualbeschwerdeverfahren wird intensiv genutzt. Über 1200 Fälle sind dem CHR zwischen 1976 und 2006 zur Entscheidung vorgelegt worden[744]. Rund einem Drittel der Beschwerden wird stattgegeben[745]. 357

3. Arbeitsrechtliche Bedeutung des allgemeinen Diskriminierungsverbotes

3.1 Inhalt und Struktur des Diskriminierungsverbotes

Nach Art. 26 IPbpR sind alle Menschen vor dem Gesetz gleich und haben Anspruch auf diskriminierungsfreien Schutz durch das Gesetz. Die erste Forderung (Gleichheit vor dem Gesetz) richtet sich an die vollziehenden Behörden. Die zweite Forderung wird im zweiten Satz des Art. 26 IPbpR präzisiert: «*In dieser Hinsicht hat das Gesetz jede Diskriminierung, wie insbesondere wegen der Rasse, der Hautfarbe, des Geschlechts, der Sprache, der Religion, der politischen oder sonstigen Anschauung, der nationalen oder sozialen Herkunft, des Vermögens, der Geburt oder des sonstigen Status, gleichen und wirksamen Schutz zu gewähren*». Das Gesetz muss also jede Diskriminierung verbieten und allen Menschen gegen Diskriminierung gleichen und *wirksamen Schutz* gewähren. Damit ist der Staat zur Verwirklichung materieller Gleichheit verpflichtet[746]. 358

Die Kriterien der diskriminierenden Unterscheidungen sind mit denjenigen in Art. 2 IPbpR identisch. Nicht jede Ungleichbehandlung stellt eine Diskriminierung dar, sie bedarf jedoch einer Stütze auf sinnvollen und objektiven 359

---

[742] Zum Grundmuster von Individualbeschwerdeverfahren im Rahmen der UN-Menschenrechtsabkommen siehe Spenlé (Rassendiskriminierung), N 25 ff
[744] Eine Übersicht findet sich bei Josefh/Schultz/Castan, Appendix I. Siehe auch die Entscheiddatenbank unter www.unhchr.ch/tbs/doc.nsf
[745] Siehe die Entscheiddatenbank (Fn 744) und Engels, S. 266.
[746] Imhof (Diskriminierungsverbote), N 28.

Kriterien zur Unterscheidung im Hinblick auf einen Zweck, der nicht im Widerspruch zum Pakt steht[747].

360 Nach Ansicht des Ausschusses für Menschenrechte bildet Art. 26 IPbpR autonomes Recht, d.h., es handelt sich um ein *allgemeines Diskriminierungsverbot*, das die gesamte staatliche Tätigkeit bindet. Untersagt ist jede rechtliche und faktische Diskriminierung aus allen genannten verpönten Unterscheidungsmerkmalen[748]. Auf dieser Grundlage entschied der Ausschuss für Menschenrechte mehrfach auch über im IPwskR verankerte Rechte. Er prüfte dabei, ob im Zusammenhang mit der Gewährung von Rechten des IPwskR das allgemeine Diskriminierungsverbot des Art. 26 IPbpR verletzt wurde. Berühmt geworden sind die Diskriminierungsfälle zum Recht auf Soziale Sicherheit gemäss Art. 9 IPwskR[749]. Der Ausschuss für Menschenrechte entschied dabei in Übereinstimmung mit der Doktrin, dass diskriminierende Bestimmungen in Bestimmungen, die den IPwskR betreffen, *unmittelbar* abzuändern sind und nicht «nach und nach» im Sinne der progressiven Implantierungspflichten des IPwskR[750].

361 Nur wenig Angaben können der Spruchpraxis des CHR zur Frage entnommen werden, ob sowohl die direkte wie die indirekte Diskriminierung vom Diskriminierungsverbot in Art. 26 IPbpR erfasst ist. Auch in der Literatur wird diese Frage wenig thematisiert[751]. Einige wenige Entscheidungen des CHR lassen indes den Schluss zu, dass Art. 26 IPbpR über ein formales Diskriminierungsverständnis hinausgeht[752], was die Berücksichtigung der indirekten Diskriminierung erforderlich macht[753].

Die Rechtsprechung des Ausschusses für Menschenrechte verstärkte die Attraktivität des Individualbeschwerdeverfahrens[754]. Die Entwicklung wird in

---

[747] NOWAK (CCPR-Kommentar), N 23 zu Art. 26 UN-Pakt II.
[748] HRC, General Comment No. 18 (non-discrimination), N 9 -11. Siehe auch ANDO, S. 205 ff.
[749] Insbesondere die beiden die Niederlande betreffenden Fälle «Broeks» (HRC, Communication No. 172/1984) und «Zwaan-deVries» (HRC, Communication No. 182/1984) betrafen Ungleichbehandlungen zwischen Frauen und Männern im niederländischen Sozialversicherungsrecht. Siehe dazu ANDO, S. 209 ff.
[750] HRC, Selected Decision of the Human Rights Committee under the Optional Protocol, Vol. II, 1990, S. 201, General Comment No. 18, N 9-11. Siehe auch die »Limburger Principles" (Fn 683), Punkt 35.
[751] Im Standardkommentar zum IPbpR von NOWAK taucht der Begriff indirekte Diskriminierung nicht auf, RUDOLF weist darauf hin, dass die indirekte Diskriminierung in der RDK, FDK und im IPwsR der Sache nach anerkannt seien, zum IPbpR äussert sie sich nicht, siehe RUDOLF (Diskriminierungsverbote), N 27.
[752] HRC, Communication No. 998/2001, Althammer and Others v. Austria, N 10.2.
[753] KÜNZLI/KÄLIN, S. 355.
[754] TOMUSCHAT (Victory), S. 225 ff.

der Doktrin teilweise kritisch kommentiert. Es wird befürchtet, die weite Anwendung des Diskriminierungsverbotes des Art. 26 IPbpR könnte die Akzeptanz des quasi-gerichtlichen Tätigkeit des Ausschusses für Menschenrechte langfristig gefährden[755].

3.2 Arbeitsprivatrechtliche Diskriminierungsfälle

Die Fälle wegen behaupteter Verletzung des Art. 26 IPbpR, mit denen sich der Ausschuss für Menschenrechte auseinandersetzen musste, betrafen hauptsächlich staatliche Arbeitgeber. Verschiedene Bemerkungen in den Mitteilungen des Ausschusses sind indes für die Fragen aufschlussreich, ob und wie eine staatliche Pflicht zum Schutz vor Diskriminierung privater Arbeitgeber besteht. 362

Im Falle «*Karakurt gegen Oesterreich*» erachtete der Ausschuss für Menschenrechte die gesetzliche Regelung, wonach ein sich rechtmässig in Österreich aufhaltender nichteuropäischer Ausländer nicht in den Betriebsrat gewählt werden durfte, als einen Verstoss gegen das allgemeine Diskriminierungsverbot von Art. 26 IPbpR[756]. 363

Eine Individualbeschwerde führten entlassene Seeleute einer privaten niederländischen Reederei (*F.G.G. v. Netherland*). Diese hatte aufgrund wirtschaftlicher Schwierigkeiten 223 Seeleute entlassen. Bei den Entlassenen handelte es sich ausnahmslos um Ausländer. Die Entlassungen wurden vom zuständigen Arbeitsamt gebilligt, womit die (allfällige) Diskriminierung als Quelle staatlichen Handelns zu beurteilen war. Wegen Nichtausschöpfung des innerstaatlichen Instanzenzuges behandelte der Ausschuss für Menschenrechte die Beschwerde materiell nicht[757]. 364

Im Beschwerdefall «*Nahlik vs. Austria*» beklagte sich der Beschwerdeführer über eine Änderung in der Rentenberechnung, die von seinem ehemaligen Arbeitgeber vorgenommen wurde[758]. Die Beschwerde wurde aus hier nicht näher interessierenden Gründen abgewiesen. Aufschlussreich sind aber die Äusserungen Österreichs und des Ausschusses für Menschenrechte bezüglich Horizontalwirkung des Diskriminierungsverbotes. Die österreichische Stellungnahme lautete dahingehend, dass es sich vorliegend um eine privatrechtliche Vereinbarungen handle, auf die der Staat keinen Einfluss habe. Folglich dürfe auf die Beschwerde gar nicht eingetreten werden: ...*The State party* 365

---

[755] DUPUY, S. 154 ff.
[756] HRC, Communication No. 965/2000, Karakurt v. Austria.
[757] HRC, Communication No. 209/1986, F.G.G. v. Netherland.
[758] HRC, Communication No. 608/1995, Nahlik v. Austria.

explains that collective agreements are contracts based on private law and exclusively within the discretion of the contracting parties. The State party concludes that the communication is therefore inadmissible under article 1 of the Optional Protocol, since one cannot speak of a violation by a state party"[759]. Der Ausschuss für Menschenrechte gab der Beschwerde nicht statt. Die Rentenänderung sei vernünftig und nachvollziehbar. Der Ausschuss korrigierte hingegen die österreichische Auffassung zur Nichtzulässigkeit der Beschwerde: *«The Committee observes that under articles 2 and 26 of the Covenant the State party is under the obligation to ensure that all individuals within its territory and subject to its jurisdiction are free from discrimination, and consequently the courts of State parties are under an obligation to protect individuals against discrimination, whether this occurs within the public sphere or among private parties in the quasi-public sector, for example, employment"*[760]. Mit dieser Aussage macht der Ausschuss deutlich, dass die Verantwortlichkeit des Staates im «quasiöffentlichen Bereich» der Arbeitsverhältnisse relevant ist. Mit dem Terminus «quasi-öffentlich» will der Ausschuss im Ergebnis wohl eine Abgrenzung zur «reinen» Privatsphäre vornehmen, die für eine rechtliche Diskriminierungsschutzregelung wenig geeignet scheint. Diskriminierung im privaten Bereich muss mit Erziehungsmassnahmen entgegnet werden[761].

366 In *«Love gegen Australien»* befasste sich der Ausschuss mit der Frage, ob eine obligatorische Pensionierung von Piloten mit 60 Jahren eine Diskriminierung aufgrund des Alters darstelle[762]. Der Ausschuss stellte fest, dass «Alter» nicht unter den Diskriminierungsgründen in Art. 26 Satz 2 IPbpR aufgeführt ist. «Alter» könne jedoch unter «other status» aufgeführt werden. Eine Altersdiskriminierung könne auch unter Art. 26 Satz 1 IpbpR fallen, wonach alle Menschen vor dem Gesetz gleich sind[763]. Nicht einverstanden mit der Subsumierung des Kriteriums «Alter» unter «other status» ist das Ausschussmitglied NISUKE ANDO. In seiner «Individual Opinion» gibt er der Überzeugung Ausdruck, das Kriterium «Alter» sei von den anderen Diskriminierungsgründen grundsätzlich verschieden. Während letztere immer nur auf bestimmte Menschen zuträfen, hätten alle Menschen ein «Alter»[764]. Der Ausschuss hielt fest, nicht jede an ein Diskriminierungskriterium anknüpfende Ungleichbehandlung stelle eine Diskriminierung dar. Unterscheidungen müssten durch sinnvolle (reasonable) und objektive Kriterien gerechtfertigt

---

[759] HRC, Communication No. 608/1995, Nahlik v. Austria, N 4.
[760] HRC, Communication No. 608/1995, Nahlik v. Austria, N 8.2.
[761] JOSEFH/SCHULTZ/CASTAN, N 23 zu Art. 26 IPbpR.
[762] HRC, Communication No. 983/2001, Love et al. v. Australia.
[763] HRC, Communication No. 983/2001, Love et al. v. Australia, N 8.2.
[764] HRC, Communication No. 983/2001, Individual Opinion Committee Member Mr. Nisuke Ando.

werden und müssten einen mit dem Pakt zu vereinbarenden legitimen Zweck verfolgen.

Diese Voraussetzungen würden bei der Zwangspensionierung mit 60 Jahren erfüllt[765]. Legitimes Ziel der Regelung sei eine maximale Sicherheit der Flugpassagiere. Die Altersgrenze von 60 Jahren stelle eine weitverbreitete Lösung dar und sei insbesondere dann nicht diskriminierend, wenn den Piloten nach der Pensionierung adäquate Sozialversicherungsleistungen zur Verfügung stehen würden. Im Übrigen habe auch das weit entwickelte Instrumentarium zur Bekämpfung von Diskriminierung im Arbeitsverhältnis der IAO die Festsetzung einer bestimmten Altersgrenze für die Pensionierung und darauf folgende Leistungen von Systemen sozialer Sicherheit nicht als Diskriminierung bezeichnet. Bei diesem Verfahrensausgang blieb die Frage offen, ob die allenfalls festgestellte Diskriminierung als staatliche Diskriminierung zu qualifizieren gewesen wäre oder als fehlender Schutz des Staates gegenüber einer Diskriminierung durch eine Drittpartei[766]. Hintergrund dieser Frage bildet die rechtliche Stellung der fraglichen Fluggesellschaft. Die australischen Behörden machten geltend, sie hätten auf die Entscheidungen der erst staatlichen und später privatisierten Airline hinsichtlich des Pensionierungsalters gar keinen Einfluss gehabt[767]. Dieser Einwand ist indes unbehelflich. Der Staat hat gegenüber Diskriminierungen Privater eine Schutzpflicht.

3.3 Staatliche Schutzpflichten aufgrund des Diskriminierungsverbotes

Das Diskriminierungsverbot in Art. 26 IPbpR enthält über ein negatorisches Diskriminierungsverbot im Sinne einer «obligation to respect» hinaus eine positive Verpflichtung der Vertragsstaaten zum aktiven Diskriminierungsschutz («obligations to protect»). Diese Verpflichtung ergibt sich bereits aus dem Wortlaut von Art. 26 IPbpR, wonach «das Gesetz jede Diskriminierung zu verbieten (hat)»[768]. Die Bestimmung verlangt von den Staaten, gleichen und effektiven Schutz zu gewähren[769]. Mit seiner bisherigen Praxis im Berichtsprüfungsverfahren bestätigt der Menschenrechtsausschuss die Horizontalwirkung des Diskriminierungsverbotes im Bereich des Arbeitslebens[770].

---

765 HRC, Communication No. 983/2001, Love et al. v. Australia, N 8.2 und 8.3.
766 HRC, Communication No. 983/2001, Love et al. v. Australia, N 8.4.
767 HRC, Communication No. 983/2001, Love et al. v. Australia, N 4.6 – 4.7.
768 ENGELS, S. 254, NOWAK (CCPR-Kommentar) N 27 zu Art. 26 IPbpR, DÄUBLER (Einleitung), N 158.
769 NOWAK (CCPR-Kommentar), N 28 zu Art. 26 IPbpR.
770 NOWAK (CCPR-Kommentar), N 32 zu Art. 26 IPbpR, JOSEFH/SCHULTZ/CASTAN, N 1.82 und 23.81.

Mit dieser staatsvertraglich übernommenen Verpflichtung nehmen die Staaten einen möglichen Konflikt mit individuellen Freiheitsrechten in Kauf[771]. Die Freiheit der privaten Arbeitgeber zur Diskriminierung von Arbeitnehmenden muss durch den Staat eingeschränkt werden. Mit welchen Mitteln dies innerstaatlich erfolgt, verbleibt in der Entscheidungsfreiheit der Vertragsstaaten.

369 Angesichts des in Art. 26 IPpbR geforderten Wirksamkeit des Schutzes, liegt bei Fehlen ausreichender Massnahmen eine Vertragsverletzung vor[772]. Hier stellt sich sogleich die Frage, ob eine solche Vertragsverletzung geeignet ist, im Rahmen des Individualbeschwerdeverfahrens gemäss Art. 1 Zusatzprotokoll zum IPbpR eingeklagt werden zu können. Im IPbpR selbst aufgeführte Rechte wie das Recht auf Leben (Art. 6) oder das Folterverbot (Art. 7) wirken auch horizontal. Der Staat muss diese Rechte gegen Verletzungen durch Private durch geeignete positive Massnahmen, insbesondere strafrechtliche Sanktionen, schützen. Vernachlässigt der Staat in diesem Bereich besonderer Gefährdung menschlichen Lebens und menschlicher Würde seine Schutzpflichten, ist eine Individualbeschwerde möglich[773].

370 Wie verhält es sich im Falle behaupteter Diskriminierung durch private Arbeitgeber? Eine Individualbeschwerde wegen behaupteter Verletzung von Vertragsrechten richtet sich gegen den Vertragsstaat. Die Diskriminierung privater Arbeitgeber kann folglich nicht mit einer Individualbeschwerde begegnet werden. Privatpersonen sind im Individualbeschwerdeverfahren nicht passivlegitimiert[774]. Bei der Umsetzung der staatlichen Pflichten zum Schutze der Arbeitnehmenden vor Diskriminierung privater Arbeitgeber haben die Staaten wie bereits erwähnt einen grossen Spielraum. Gänzliches Untätigsein könnte Anlass für eine Beschwerde gegen den Staat bilden. Erfüllt der Staat seine Schutzpflichten durch geeignete Massnahmen, dürfen diese selbst wiederum nicht diskriminierend sein.

371 Im Falle der entlassenen niederländischen Seeleute ging es nicht um ein IPbpR-Recht sondern das IPwskR-Recht auf Arbeit und die Diskriminierung ging von einem privaten Arbeitgeber aus. Dennoch hätte eine Verletzung von Art. 26 IPbpR vorliegen können, da nach niederländischem Arbeitsrecht die Entlassungen von einer staatlichen Behörde genehmigt werden müssen. Eine diskriminierende Ausübung dieser Kompetenz würde gegen Art. 26 IPbpR verstossen[775].

---

[771] JOSEPH/SCHULTZ/CASTAN, N 1.77.
[772] HRC, Communication No. 983/2001, N 8.4
[773] NOWAK (CCPR-Kommentar), N 5 zu Art. 1 Zusatzprotokoll IPbpR.
[774] SPENLÉ (Rassendiskriminierung), N 26.
[775] NOWAK (CCPR-Kommentar), N 5 u Art. 1 Zusatzprotokoll IPbpR.

3.4 Bedeutung des allgemeinen Diskriminierungsverbotes für die Schweiz

Bis heute hat die Schweiz dem Menschenrechtsausschuss drei Staatenberichte unterbreitet (1997, 2001 und 2007)[776]. Der Menschenrechtsausschuss hat sich u.a. zum Stand der Fortschritte in der Schweiz i.S. des Diskriminierungsschutz geäussert und insbesondere sein Bedauern über den Vorbehalt zu Art. 26 IPbpR und über die Nichtratifikation des Fakultativprotokolls ausgedrückt[777]. Die grösste arbeitsprivatrechtliche Bedeutung des Paktes liegt im allgemeinen Diskriminierungsverbot von Art. 26 IPbpR. Dieses beinhaltet das Verbot, das Arbeitsverhältnis betreffende diskriminierende rechtliche Bestimmungen zu erlassen. Dem Staat als Arbeitgeber ist es überdies versagt, seine Arbeitnehmenden aus den im Pakt enthaltenen Gründen zu diskriminieren. Darüber hinaus trifft den Staat eine Schutzpflicht, die auch Massnahmen gegen Diskriminierung Privater umfasst.

372

Die Schweiz hat zu Art. 26 IPbpR einen Vorbehalt angebracht. Er lautet: «Die Gleichheit aller Menschen vor dem Gesetz und ihr Anspruch ohne Diskriminierung auf gleichen Schutz durch das Gesetz werden nur in Verbindung mit anderen in diesem Pakt enthaltenen Rechten gewährleistet.» Der Vorbehalt der Schweiz richtet sich gegen die Auslegung des Menschenrechtsausschusses von Artikel 26 IPbpR hin zu einem allgemeinen Diskriminierungsverbot[778]. Damit geht der IPbpR auch weiter als Art. 14 EMRK. Diese Bestimmung gewährt «nur» ein akzessorisches Diskriminierungsverbot hinsichtlich der EMRK-Rechte. Der Vorbehalt zu Art. 26 IPbpR verhindert, dass diskriminierende und rechtsungleiche Bundesgesetze im Widerspruch mit dem Völkerrechts stehen würden[779]. Der Vorbehalt steht damit auch im Kontext des Vorrangs von Bundesgesetzen gegenüber der Verfassung[780].

373

Fraglich ist, ob der Vorbehalt der Schweiz zu Art. 26 IPbpR auch die staatlichen Schutzpflichten mit Horizontalwirkungen umfasst. Nach dem Wortlaut des Vorbehaltes ist die Schicht der positiven Verpflichtungen des Staates zum Schutz vor Diskriminierung Privater nicht erfasst. Die positiven Verpflichtungen leiten sich aus dem zweiten Satz in Art. 26 IPbpR ab[781]: «*In dieser*

374

---

[776] Der dritte Staatenbericht wurde im Oktober 2007 eingereicht, siehe unter: http://www.bj.admin.ch/bj/de/home/themen/staat_und_buerger/menschenrechte2/uno-sozialpakt_und.html , (Zugriff: 30.06.2008).
[777] HRC, concluding observations Switzerland (1996), N 19, 97 und 108.
[778] MALINVERNI, S. 100-101.
[779] ACHERMANN/CARONI/KÄLIN, S. 156, IMHOF (Diskriminierungsverbote) N 37, mit Hinweisen auf die autonome Bedeutung des akzessorischen Charakters des Diskriminierungsverbotes in Art. 2 Abs. 2 und Art. 3 IPbpR.
[780] MALINVERNI, S. 100.
[781] NOWAK (CCPR-Kommentar), N 27 zu Art. 26 IPbpR.

Hinsicht hat das Gesetz jede Diskriminierung zu verbieten und allen Menschen gegen jede Diskriminierung (...) gleichen und wirksamen Schutz zu gewähren. Aus den Materialien geht nicht hervor, dass die Schweiz auch diesen Aspekt des Diskriminierungsvorbehalts hätte unter Vorbehalt stellen wollen.

375 Trotz des Vorbehaltes der Schweiz zu Art. 26 IPbpR bleibt die völkerrechtliche Verpflichtung bestehen, die Rechtsunterworfenen gegen Diskriminierung durch Private wirksam zu schützen. Angesichts des durch den Menschenrechtsausschuss entwickelten Konzepts des «quasi-öffentlichen» Bereichs der (privaten) Arbeitsverhältnisse, betrifft diese Verpflichtung deshalb insbesondere auch die Sphäre privatrechtlicher Arbeitsverhältnisse. Wie ausgeführt wurde, hat der Staat jedoch einen breiten Ermessungsspielraum bei der Umsetzung der Schutzpflichten. Weil die Schweiz das Zusatzprotokoll betreffend Individualbeschwerdeverfahren nicht ratifiziert hat, kann diese allenfalls nicht eingehaltene staatsvertragliche Verpflichtung nicht gerügt werden.

4. Bilanz

376 Die im IPbpR verankerten typischen Freiheitsrechte – das Recht auf persönliche Freiheit, Meinungsäusserungsfreiheit, Religionsfreiheit – sind gegenüber dem Staat unmittelbar anwendbar. Das akzessorische Diskriminierungsverbot in Art. 2 und 3 IPbpR verpflichtet die Staaten, den diskriminierungsfreien Genuss dieser Rechte zu gewährleisten. Dazu gehören die staatliche Pflicht zu einem wirksamen Rechtsschutz und die Pflicht zum Schutz vor diskriminierender Beschränkung dieser Rechte durch Private. Dieser Schutzpflicht ist für das sich durch ein Unterordnungsverhältnis auszeichnende Arbeitsverhältnis besonders wichtig. Das zeigt sich u.a. darin, dass der Menschenrechtsausschuss in verschiedenen Entscheiden auf das IAO-Übereinkommen Nr. 111 zum Diskriminierungsschutz Bezug nimmt[782]. Die IAO-Diskriminierungsschutznormen erweisen sich somit als «Minimalstandard» und Orientierung für die Auslegung von arbeitsrechtlich relevanten Gleichheitsbestimmungen anderer Menschenrechtsabkommen.

377 Das allgemeine Diskriminierungsverbot nach Art. 26 IPbpR schliesst das Verbot ein, bei der Gewährung der Arbeitsrechte des IPwskR – namentlich dem Zugang zum Arbeitsmarkt und dem Anspruch auf faire Arbeitsbedingungen – zu diskriminieren. Auch dieses Verbot ist primär staatsgerichtet. Die Vertragsstaaten haben jedoch auch Schutzpflichten, die wirksame Mass-

---

[782] HCR, Communication No 983/2001, Love et. al. V. Australia, 8.2.

nahmen gegen die Diskriminierung Privater, vorliegend namentlich der Arbeitgeber, beinhalten.

Die Schweiz hat gegen Art. 26 IPbpR einen Vorbehalt angebracht. Der Vorbehalt bedeutet nach der hier vertretenen Position nicht, dass die Schweiz nicht zu aktivem Schutz gegen Diskriminierungen Privater, namentlich der Arbeitgeber, verpflichtet ist. Die Schutzpflicht umfasst den sachlichen Anwendungsbereich des akzessorischen Diskriminierungsverbotes in den Art. 2 und 3 IPbpR und darüber hinaus den Bereich der Schutzpflicht des allgemeinen Diskriminierungsverbotes nach Art. 26 IPbpR.

Eine allfällige Verletzung der staatlichen Schutzpflichten kann wegen der fehlenden Ratifikation des ersten Zusatzprotokolls (Mitteilungsverfahren) nicht vor dem Menschenrechtsausschuss geltend gemacht werden.

IV. Internationales Übereinkommen zur Beseitigung jeder Form von Rassendiskriminierung

1. Das Übereinkommen im Überblick

1.1   Die Ratifikation durch die Schweiz

Das Internationale Übereinkommen zur Beseitigung jeder Form von Rassendiskriminierung (Rassendiskriminierungskonvention, RDK) ist in der Schweiz seit dem 29. Dezember 1994 in Kraft[783]. Nachdem im damaligen Zeitpunkt noch auf die Anerkennung des fakultativen Mitteilungsverfahrens verzichtet wurde, ist die Erklärung der Schweiz zur Anerkennung des Individualbeschwerdeverfahrens am 19. Juni 2003 in Kraft getreten[784]. Bis heute ist kein Verfahren gegen die Schweiz nach Art. 14 RDK eingeleitet worden.

Die wichtigste Verpflichtung aus der RDK bildet(e) die Einführung von strafrechtlichen Massnahmen, u.a. gegen die Verbreitung von rassendiskriminierenden Ideen und gegen das Aufreizen zu Rassendiskriminierung (Art. 4 Bst. a – c RDK). Die Schweiz ist dieser Forderung mit der Einführung von Art. 261bis StGB nachgekommen, was im RDK–Ausschuss in den abschliessenden Bemerkungen zum ersten Staatenbericht positiv zur Kenntnis genommen wurde[785].

---

[783]   BBl 1992 III 269 ff.
[784]   Siehe zur Entstehungsgeschichte SPENLÉ (Mitteilungsverfahren).
[785]   CERD, Concluding Observations of the Committee on the Elimination of Racial Discrimination, Switzerland, 30/03/98, N 4.

1.2 Die wichtigsten Inhalte

1.2.1 Diskriminierungsmerkmale

382 Die RDK verbietet jede Diskriminierung aufgrund der Rasse. Unter «Rassendiskriminierung» im Sinne der RDK ist gemäss Art. 1 «jede auf der Rasse, der Hautfarbe, der Abstammung, dem nationalen Ursprung oder dem Volkstum beruhende Unterscheidung, Ausschliessung, Beschränkung oder Bevorzugung, die zum Ziel oder zur Folge hat, dass dadurch ein gleichberechtigtes Anerkennen, Geniessen oder Ausüben von Menschenrechten und Grundfreiheiten im politischen, wirtschaftlichen, sozialen, kulturellen oder jedem sonstigen Bereich des öffentlichen Lebens vereitelt oder beeinträchtigt wird», zu verstehen.

383 Das erste verbotene Unterscheidungsmerkmal, die *Rasse*, ist nicht biologisch sondern soziologisch zu verstehen. Rassen gibt es biologisch betrachtet gar nicht[786]. Das Verbot der Rassendiskriminierung bezieht sich denn folgerichtig auch darauf, die Existenz von Menschenrassen zu konstruieren[787]. Der ausdrücklichen Nennung der *Hautfarbe* als (weiteres) verbotenes Unterscheidungskriterium kommt keine über den Begriff der «Rasse» hinausgehende Bedeutung zu[788]. Die Hautfarbe ist indes eines der Hauptmerkmale, anhand derer Menschenrassen konstruiert werden[789].

384 Verboten ist weiter jede Unterscheidung aufgrund des *Nationalen Ursprungs*. Gemeint ist hier nicht die rechtlich-politische Staatsangehörigkeit. Der Begriff ist vielmehr soziolologisch zu verstehen[790]. Die Unterscheidung zwischen Staatsangehörigen und Nichtstaatangehörigen ist gemäss Art. 1 Abs. 2 und 3 RDK gerade von der Konvention ausgenommen[791]. Unter dem Begriff des nationalen Ursprungs ist die Zugehörigkeit eines Menschen zu einer Gruppe im ethnischen Sinne zu verstehen. Die Staatsangehörigkeit bildet dabei regelmässig einen konketen Anknüpfungspunkt[792]. Diskriminierungen gegen «Türken» oder «Albaner» sind deshalb vom Diskriminierungsverbot aufgrund des Nationalen Ursprungs erfasst. Ob die diskriminierten «Türken» auch türkische Staatsangehörige sind, ist nicht relevant[793].

---

[786] Zur Problematik des Begriffs «Rasse» siehe STRAUSS, S. 4 ff., GÖKSU (Rassendiskriminierung), S. 8 ff., KÜNZLI/KÄLIN, S. 365 f., DELBRÜCK, S. 13 ff.
[787] WOLFRUM, S. 221, RUDOLF (Diskriminierungsverbote), N 49.
[788] RUDOLF (Diskriminierungsverbote), N 50, FRIES, S. 47, VIERDAG, S. 97.
[789] FRIES, S. 47, RUDOLF (Diskriminierungsverbote), N49.
[790] STRAUSS, S. 94, FRIES, S. 48.
[791] Siehe dazu weiter unten in diesem Kapitel, 1.2.4 Ausnahmen.
[792] BANTON (Racial), S. 194.
[793] FRIES, S. 49.

Der Begriff «*Volkstum*» stellt die deutsche Übersetzung von «ethnic origin» (Englisch) bzw. «origine ethnique» (Französisch) dar. Insoweit wäre eine Übersetzung «ethnische Herkunft» oder «ethnischer Ursprung» passender[794]. Die ethnische Herkunft umfasst historische, soziale und kulturelle Aspekte einer Gruppe[795]. Dabei zeigt sich, dass die Abgrenzung zwischen dem nationalen Ursprung und der ethnischen Herkunft schwierig und wohl letztlich unergiebig ist[796]. Beim einen wie dem anderen Begriff geht es darum, Menschen vor Benachteiligung aufgrund von tatsächlichen oder zugeschriebenen Persönlichkeitsmerkmalen zu schützen.

385

Das Diskriminierungsverbot aufgrund der *Abstammung* wurde aufgrund eines indischen Vorschlags in die RDK aufgenommen[797]. Ziel war eine Klarstellung, dass die RDK auch das Verbot von Diskriminierungen aufgrund der Zugehörigkeit zu einer Kaste umfassen soll[798].

386

1.2.2 Diskriminierungsformen

Der Wortlaut der in der RDK verankerten staatlichen Pflichten zum Verbot und Beseitigung der Rassendiskriminierung lässt nicht ohne weiteres erkennen, ob die RDK sowohl vor direkter wie auch vor indirekter Diskriminierung schützt[799]. Der Titel der RDK, «Elimination of All Forms of Racial Discrimination» lässt jedoch den Schluss zu, dass die RDK sowohl die rechtliche wie faktische sowie die direkte und indirekte Diskriminierungsform erfasst (es ist *jede* Form der rassistischen Diskriminierung zu verbieten).

387

Auch für den RDK-Ausschuss ist das Verbot indirekter Diskriminierung notwendig, um rassistische Diskriminierung wirksam bekämpfen zu können[800]. In dem Entscheid *Ziab Ben Ahmed Habassi gegen Dänemark* hat der Ausschuss entschieden, die (dänischen) Kriterien zur Kreditvergabe an Ausländer/innen würden einer indirekten rassistischen Diskriminierung entsprechen. Der Zugang zu Krediten stelle eine wichtige Komponente der Integration der ausländischen Bevölkerung dar[801].

388

---

[794] PARTSCH, S. 430, Fn 5.
[795] FRIES, S. 50, RUDOLF (Diskriminierungsverbote), N 50.
[796] STRAUSS, S. 94, PARTSCH, S. 20 f., FRIES, S. 49.
[797] ZIMMER, S. 48 ff., FRIES, S. 54.
[798] MC KEAN, S. 156, FRIES, S. 54.
[799] KÄLIN (Kulturkonflikt), S. 93.
[800] CERD, General Comment No 25, POULTER, S. 381.
[801] CERD, Communication No. 10/1997, Habassi v. Denmark, N 3.1, 8.1 und 8.3. Siehe auch Communication No 28/2003, N 3.4, 3.7. und 5.5.

1.2.3 Anwendungsbereich «öffentliches Leben»

389 Der Anwendungsbereich der RDK beschränkt sich nach Art. 1 RDK auf das «öffentliche Leben». Damit ist vorerst der Bereich staatlichen Handelns erfasst. Staatliches Handeln darf nicht rassendiskriminierend sein. Der Begriff «öffentliches Leben» geht aber darüber hinaus. Das ergibt sich bereits aus Art. 2 Abs. 1 Bst. D RDK. Danach sind die Vertragsstaaten verpflichtet, jede durch Personen, Gruppen oder Organisationen ausgeübte Rassendiskriminierung zu verbieten und zu beendigen. Diese Verbote richten sich zwangsläufig auch an Private. Für die Auslegung des Begriffs «öffentliches Leben» ist weiter Art. 5 RDK heranzuziehen[802]. Diese Bestimmung verlangt von den Vertragsstaaten, Rassendiskriminierung zu verbieten und bestimmte Rechte (die in Art. 5 RDK nicht abschliessend aufgelistet werden) «ohne Unterschied der Rasse, der Hautfarbe, des nationalen Ursprungs oder des Volkstums (…) zu gewährleisten». Zum «öffentlichen Leben» gehören also diejenigen Bereiche des gesellschaftlichen Lebens, die rechtlich normiert sind[803].

390 Abzugrenzen ist dieser Begriff des «öffentlichen Lebens» vom «reinen» Privatleben, soweit dieses nicht rechtlich normiert ist. Zu denken ist hier etwa an die *Partnerwahl* in Liebesbeziehungen. Dieser Lebensbereich ist einer rechtlichen Regelung nicht sinnvoll zugänglich. Der Umgang der Partner untereinander hingegen zählt soweit zum «öffentlichen Leben», als er (der Umgang) rechtlich normiert ist (Ehegesetz, Partnerschaftsgesetz, ev. vertragliche Regelungen unter Konkubinatspartnern, straf- und zivilrechtlicher Schutz der Integrität und des Eigentums usw.).

391 Unklar ist, ob der Begriff «öffentliches Leben» wie auch der Begriff der Öffentlichkeit nach nationalem Recht ausgelegt werden darf[804]. Die Frage stellte sich im Verfahren von A.N. Sadic gegen den dänischen Staat[805]. Gegenstand der Mitteilung an den RDK-Ausschuss bildete eine rassistische Beschimpfung von A.N. Sadic durch dessen Arbeitgeber. Es waren zwei Zeugen zugegen. Das Geschehen spielte sich auf einer Baustelle ab. Das dänische «Advisory Center on Racial Discrimination» machte eine Strafanzeige gegen den Arbeitgeber von Herrn Sadic. Das Strafverfahren wurde u.a. mit dem Argument eingestellt, die rassistischen Äusserungen wären nicht in der Öffentlichkeit erfolgt, womit die Strafbarkeit gemäss Art. 266b des dänischen Strafrechts entfalle[806].

---

[802] DELBRÜCK (Rassenfrage), S. 65.
[803] STRAUSS, S. 99.
[804] CERD, Communication No. 25/2002, Sadic, v. Denmark, N 4.7 (Stellungnahme des Staates) N 5.4 (Stellungnahme des Klägers).
[805] CERD, Communication No. 25/2002, Sadic v. Denmark.
[806] CERD, Communication No. 25/2002, Sadic v. Denmark, N 2.7.

Der RDK – Ausschuss hielt zur Frage der Auslegung des Begriffs «Öffentlichkeit» fest, eine restriktive Anwendung des geltenden Art. 266b des dänischen Strafgesetzbuches bezüglich des Kriteriums «Öffentlichkeit» sei *nicht konform* mit den staatlichen Verpflichtungen nach Art. 4 und 6 der RDK[807]. Dennoch wurde die Mitteilung wegen des nicht ausgeschöpften innerstaatlichen Instanzenwegs als nicht zulässig erachtet. Der Kläger hatte es unterlassen, eine strafrechtliche Ehrverletzungsklage sowie eine haftungsrechtliche Schadenersatzklage gegen den Arbeitgeber einzureichen.

392

1.2.4 Ausnahmen

Der Anwendungsbereich der RDK umfasst fast alle Bereiche des öffentlichen Lebens. Nur gerade zwei Ausnahmen sind vorgesehen. Nach Art. 1 Abs. 2 RDK findet das Übereinkommen bei Ausschliessungen, Beschränkungen oder Bevorzugungen, die ein Vertragsstaat zwischen eigenen und fremden Staatsangehörigen vornimmt, keine Anwendung. Die Bedeutung dieser Bestimmung ist umstritten[808]. Sicher kann darauf nicht geschlossen werden, Vertragsstaaten dürften Ausländerinnen und Ausländer diskriminieren. Gemeint ist vielmehr, dass Vertragsstaaten in gewissen Bereichen wie Aufnahme in den öffentlichen Dienst oder Gewährung des Wahlrechts Unterscheidungen zwischen Staatsbürgerinnen und Staatsbürgern und Nichtstaatsbürger und Nichtstaatsbürgerinnen vornehmen dürfen, ohne deswegen gegen die RDK zu verstossen[809].

393

Die zweite Ausnahme betrifft das Recht des Staates, seine Einwanderung zu steuern. Nach Art. 1 Abs. 3 RDK steht dieses Recht unter dem Vorbehalt, Einwandernde aus bestimmten Staaten oder Regionen nicht diskriminieren zu dürfen[810].

394

Auf die genannten Ausnahmebestimmungen darf sich nur der Staat beziehen. Nicht zulässig sind diskriminierende Unterscheidungen aufgrund der Staatsangehörigkeit durch Private, also auch durch private Arbeitgeber[811].

395

---

[807] CERD, Communication No. 25/2002, Sadic v. Denmark, N 6.8.
[808] Siehe die Nachweise bei FRIES, S. 59 f., insbes. Fn 73, 76, 82 und 83.
[809] WOLFRUM, S. 223.
[810] WOLFRUM, S. 224, BANTON (Racial), S. 194.
[811] Im Ergebnis gleich für die Frage, ob sich Gastwirte für den Ausschluss bestimmter Nationen auf die Ausnahmebestimmung berufen dürfen FRIES, S. 62 f.

1.2.5 Sondermassnahmen

396 Die RDK sieht in Art. 1 Abs. 4 Sondermassnahmen zu Gunsten bestimmter Gruppen von Personen vor, die Schutz benötigen. Der Schutz ist zweckgebunden und zeitlich limitiert. Die Schutzmassnahmen dürfen nicht die Beibehaltung getrennter Rechte für verschiedene Rassengruppen zur Folge haben, ohne dass dafür eine Notwendigkeit besteht. Die positiven Massnahmen zur Beseitigung der Rassendiskriminierung sind nicht als Ausnahme vom Diskriminierungsverbot zu verstehen, sondern als integraler Bestandteil dessen[812].

1.2.6 Weitere Rechtfertigungsgründe

397 Unklar ist, ob über die in der RDK selbst verankerten Ausnahmen (Art. 1 Abs.2 RDK) und Sondermassnahmen (Art. 1 Abs. 4 RDK) weitere Rechtfertigungsgründe zulässig sind.

398 Nach KÄLIN stellt eine Anknüpfung an ein verpöntes Merkmal auch im Anwendungsbereich der RDK bloss den Verdacht einer unzulässigen Differenzierung dar, der sich durch rechtlich genügende Rechtfertigung entkräften lasse[813]. Allerdings sind die Anforderungen an eine Rechtfertigung bei den Kriterien Rasse, ethnische Herkunft und Hautfarbe besonders hoch[814]. Der RDK-Ausschuss verlangt, die Kriterien für die Rechtfertigung einer Ungleichbehandlung müssten an den Zielen und Zwecken der RDK gemessen legitim sein[815]. Der Sache nach kommt dies einer Verhältnismässigkeitsprüfung gleich[816].

1.3 Die staatlichen Verpflichtungen

399 Die Verpflichtungen der Vertragsstaaten werden in Art. 2 RDK allgemein beschrieben und in den Art. 3-7 konkretisiert. Zentral sind:

- das Verbot von rassistischen Handlungen und rassistischen Ideen durch staatliche Stellen und Private[817],

---

[812] STRAUSS, S. 101.
[813] KÄLIN (Kulturkonflikt), S. 99.
[814] KÄLIN (Kulturkonflikt), S. 102.
[815] CERD, General Comments, S. 371.
[816] RUDOLF (Diskriminierungsverbote), N 21.
[817] Art. 2 Abs. 1, Art. 3, 4 RDK.

- die Gewährung des Anspruchs auf Gleichheit vor dem Gesetz ohne Unterschied der Rasse, der Hautfarbe, des nationalen Ursprungs oder des Volkstums[818],
- die Gewährleistung eines wirksamen Rechtsschutzes einschliesslich angemessener Entschädigung[819],
- die Initierung sozialer, wirtschaftlicher und kultureller Fördermassnahmen für von Diskriminierung betroffenen Personengruppen[820],
- und das Ergreifen von Massnahmen zum Abbau von Vorurteilen und zu Förderung von Verständigung zwischen unterschiedlichen Bevölkerungsgruppen[821].

Die Vertragsstaaten haben für die Umsetzung der staatsvertraglichen Verpflichtungen einen Handlungsspielraum. Verschiedene Eckpunkte sind allerdings in der RDK selbst festgelegt. So verpflichten sich die Vertragsstaaten gemäss Art. 2 Abs. 1 RDK «unverzüglich eine Politik der Beseitigung der Rassendiskriminierung zu verfolgen». Und nach Art. 2 Abs. 1 Bst. d RDK beinhaltet die staatsvertragliche Verpflichtung, «jede durch Personen, Gruppen oder Personen ausgeübte Rassendiskriminierung mit allen geeigneten Mitteln einschliesslich der durch die Umstände erforderlichen Rechtsvorschriften» zu verbieten. Die RDK enthält für die Vertragsstaaten Verpflichtungen in allen drei Verpflichtungsschichten («obligations to respect», «obligations to protect», «obligations to fulfil»). Der Staat darf selbst nicht diskriminieren, er muss dafür sorgen, dass Private nicht durch Private diskriminiert werden und er muss diskriminierte Gruppen fördern.

400

Wieweit die RDK «self-executing» Bestimmungen enthält, ist zumindest für einzelne Regelungsbereiche des Art. 5 RDK umstritten. Klar ist hingegen der «non-self-executing» Charakter der Art. 1-4 und 6-7 (mit Ausnahme von Art. 2 Bst. a). Diese Normen richten sich unmissverständlich an die Staaten (… Die Vertragsstaaten verurteilen… gewährleisten…). Die RDK lässt ihnen bei der Wahl der Mitteln zur Umsetzung der staatsvertraglichen Ziele Freiräume (… mit allen geeigneten Mitteln….) und die Ziele sind zu unbestimmt, als dass sie individuelle Rechte verleihen und Grundlage einer richterlichen Entscheidung im Einzelfall bilden könnten[822].

401

Anders verhält es sich mit Art. 2 Bst. a RDK. Die Verpflichtung der Staaten im ersten Teil dieser Norm, selbst nicht zu diskriminieren, ist im Kontext des

402

---

[818] Art. 5 RDK.
[819] Art. 6 RDK.
[820] Art. 2 Abs. 2 RDK.
[821] Art. 7 RDK.
[822] So auch STRAUSS, S. 289-290.

Übereinkommens eine justiziable Norm[823]. Sie bedarf also keiner weiteren Konkretisierung durch den Gesetzgeber, um Grundlage einer richterlichen Entscheidung bilden zu können. Gleiches gilt auch bezüglich des Rechtsgleichheitsanspruchs in Art. 5 RDK, der in verschiedenen Teilbereichen konkretisiert wird (Art. 5 Bst. a bis f RDK)[824].

2. Völkerrechtliche Durchsetzungsmechanismen

403 Die völkerrechtlichen Durchsetzungsmechanismen beinhalten bei der RDK alle drei Elemente (Staatenberichtsverfahren, Staatenbeschwerdeverfahren und Individualbeschwerdeverfahren). Auf der Grundlage von Art. 8 RDK wird ein aus 18 Mitgliedern bestehender Ausschuss zur Beseitigung jeder Form von Rassendiskriminierung («Commitee on the Elimination of Racial Discrimination», RDK-Ausschuss) gebildet.

404 Nach Art. 9 RDK sind die Vertragsstaaten verpflichtet, dem Generalsekretär zur Beratung durch den RDK-Ausschuss einen Bericht über die zur Durchführung des Übereinkommens getroffenen Gesetzgebungsarbeiten, Gerichts-, Verwaltungs- und sonstige Massnahmen vorzulegen. Aufgrund der Prüfung der Staatenberichte verfasst der RDK-Ausschuss einerseits Empfehlungen, sogenannte «concluding observations» zu Handen der jeweiligen Berichtsstaaten und andererseits «general Recommendations» mit allgemeinen, nicht einen bestimmten Vertragsstaat betreffenden Empfehlungen (Art. 9 Abs. 2 RDK).

405 Die Staatenbeschwerde ist in den Art. 10 – 12 der RDK geregelt. Da sie für die vorliegende Arbeit nicht weiter von Belang ist, wird auf weitere Ausführungen verzichtet[825].

406 Der RDK-Ausschuss ist auch zur Behandlung der sogenannten Mitteilungen über Verletzung von RDK-Konventionsrechten zuständig, die nach Art. 14 RDK von Personen oder Personengruppen vorgebracht werden. Voraussetzung ist allerdings, dass der Vertragsstaat die Zuständigkeit des Ausschusses für Individualbeschwerden anerkannt hat[826]. Die Beschwerdeführenden müs-

---

[823] Siehe Botschaft des Bundesrates über den Beitritt der Schweiz zum Internationalen Übereinkommen von 1965 zur Beseitigung jeder Form von Rassendiskriminierung und über die entsprechende Strafrechtsnorm vom 2. März 1992, BBl 1992 III 288.
[824] STRAUSS, S. 291.
[825] Siehe dazu STRAUSS, S. 153 ff.
[826] In Art. 14 der RDK steht: «Ein Vertragsstaat kann jederzeit erklären, dass die Zuständigkeit des Ausschusses für die Entgegennahme und Erörterung von Mitteilungen einzelner (…) anerkennt.»

sen geltend machen können, Opfer einer Verletzung eines im Übereinkommen vorgesehenen Rechts zu sein.

Eine Rüge wegen Verletzung der RDK-Rechte durch Private ist möglich. Sie richtet sich nicht gegen die Diskriminierenden sondern gegen den Staat. Gerügt werden kann, der Staat habe seine *Schutzpflicht verletzt*, in dem er keinen oder keinen genügenden Diskriminierungsschutz geschaffen[827] habe oder der bestehende Diskriminierungsschutz sei nicht wirksam[828]. Die Aktivlegitimation steht Einzelpersonen und Gruppen zu, wobei eine direkte Betroffenheit Voraussetzung bildet[829]. Der RDK-Ausschuss befasst sich mit den Mitteilungen materiell nur, wenn dargelegt werden kann, dass der innerstaatliche Beschwerdeweg ausgeschöpft wurde[830]. Bis Dezember 2007 wurden 35 Beschwerden eingereicht[831] und 13 davon scheiterten an der Hürde des nicht ausgeschöpften innerstaatlichen Instanzenwegs. Das Verfahren endet mit der Feststellung, ob der Vertragsstaat eine Vertragsverletzung begangen hat oder nicht. Bei festgestellter Vertragsverletzung werden dem betreffenden Staat konkrete Empfehlungen unterbreitet[832]. Ein völkerrechtliches Gerichtsurteil stellen diese Feststellungen nicht dar[833]. 407

3. *Arbeitsprivatrechtliche bedeutende Inhalte*

3.1 Allgemeine Verpflichtung zu strafrechtlichem Schutz

Die RDK verpflichtet die Vertragsstaaten in Art. 4 Bst. a zum Erlass von Normen, welche die Verbreitung von Ideen, die sich auf die Überlegenheit einer Rasse oder auf Rassenhass gründen, als eine strafbare Handlung erklären. Bei der Umsetzung dieser staatsvertraglichen Verpflichtung in die nationalen Rechtsordnungen muss der Gesetzgeber diese Strafandrohung mit dem ebenfalls völkerrechtlich verankerten Schutz auf Meinungsfreiheit und dem 408

---

[827] SPENLÉ (Rassendiskriminierung), N 74.
[828] SPENLÉ (Rassendiskriminierung), N 76.
[829] SPENLÉ (Rassendiskriminierung), N 29.
[830] Art. 14 Abs. 7, Bst. a.
[831] Statistical survey of individual complaints considered under the procedure governed by article 14 of the International Convention on the Elimination of All Forms of Racial Discrimination. Quelle: http://www.ohchr.org/english/bodies/cerd/stat4.htm , (Zugriff: 30.06.2008).
[832] Art. 95 Ziff. 3 der Verfahrensordnung des Ausschusses für die Beseitigung der Rassendiskriminierung (UN Doc. CERD/C/35/Rev.).
[833] MÜLLER/WILDHABER, S. 574.

Recht auf ein Privatleben in Einklang bringen[834]. Aus diesem Grund sehen die meisten Strafgesetze vor, dass die Verbreitung rassistischer Ideen nur strafbar ist, wenn sie in der *Öffentlichkeit* erfolgt. Auch die Schweiz hat ihr Strafgesetzbuch mit Art. 261bis entsprechend ergänzt[835].

409 Für die Bestimmung des Begriffs «Öffentlichkeit» ist auf den Terminus «Öffentliches Leben» in Art. 1 RDK abzustellen. Das Arbeitsverhältnis ist rechtlich normiert. Eine Verbreitung rassistischer Ideen innerhalb eines Betriebs bzw. im Einflussbereich des Betriebes erfolgt deshalb in der Öffentlichkeit. Den gleichen Massstab bezüglich «Öffentlichkeit» gilt es auch auf das Bewerbungsverfahren anzuwenden.

410 Die fragliche Strafnorm im schweizerischen Strafgesetzbuch, Art. 261bis StGB, beschränkt die Strafbarkeit auf *öffentlich* vorgenommene Rassendiskriminierung[836]. Ein Aufruf zum Rassenhass (Art. 261bis Abs. 1 StGB) im Betrieb und im Rahmen des Bewerbungsverfahrens stellt nur dann keine strafbare Handlung dar, wenn dies im ganz kleinen Kreis mit einander vertrauter Personen geschieht[837]. In der Praxis kann auch der Tatbestand von Art. 261bis StGB Abs. 4 (öffentliche Herabsetzung oder Diskriminierung einer Person oder Gruppe) relevant sein. Eine solche (strafbare) Handlung kann sowohl während des Bewerbungsverfahrens[838] als auch im Arbeitsverhältnis selbst erfolgen[839].

3.2 Schutz gegen Anstellungsdiskriminierung

3.2.1 Beschränkter Schutz durch das schweizerische Strafrecht

411 Die RDK verlangt in Art. 5 Bst. f den rassendiskriminierungsfreien «Zugang zu jedem Ort oder Dienst, der für die Benutzung durch die Öffentlichkeit vorgesehen ist, wie Verkehrsmittel, Hotels, Gaststätten, Cafés, Theater und Parks». Die RDK verlangt dafür nicht die Verankerung einer Strafrechtsbestimmung[840]. In der aufgrund der RDK verankerten Strafrechtsnorm in

---

[834] TRECHSEL, N 8 zu Art. 261bis StGB, STRAUSS, S. 121, Kritisch dazu NIGGLI, N 541 ff., insbesondere N 560 bis 592.
[835] Dazu ausführlich NIGGLI.
[836] Art. 261bis Abs. 1, 2 und 4 StGB.
[837] Ähnlich (wenn auch etwas zurückhaltender was den Begriff «Öffentlichkeit» im Arbeitsverhältnis betrifft ist GEISER (Diskriminierung), S. 18. Zum Begriff der «Öffentlichkeit» in Art. 261bis StGB vergleiche BGE 130 IV 111 (Praxisänderung).
[838] CAPLAZI/NAGUIB, N 21.
[839] CAPLAZI/NAGUIB, N 42.
[840] Siehe dazu auch ROM, S. 140.

Art. 261bis StGB wurde in Absatz 5 die folgenden Handlungen unter Strafandrohung gestellt: «Wer eine von ihm angebotene Leistung, die für die Allgemeinheit bestimmt ist, einer Person oder einer Gruppe von Personen wegen ihrer Rasse, Ethnie oder Religion verweigert».

Die Auslegung und die Anwendung dieser Bestimmung bereiten für Schwierigkeiten. In der Botschaft zur RDK und zu Art. 261bis StGB wurde eine Arbeitsstelle zu den Leistungen gezählt, die bei Strafandrohung nicht aus rassendiskriminierenden Motiven verweigert werden dürften[841]. In den parlamentarischen Debatten waren die Stimmen in der Überzahl, die Arbeitsverhältnisse nicht unter Art. 261bis StGB erfasst haben wollten[842]. Auch in der (strafrechtlichen) Lehre wird diese Position vertreten[843]. Eine Minderheit dagegen argumentiert, die rassendiskriminierende Selektion von Bewerbenden bei einer öffentlich ausgeschriebenen Arbeitsstelle erfülle den Tatbestand von Art. 261bis Abs. 5 StGB[844]. Nicht haltbar ist dieser Argumentation folgend die in der Lehre in Bezug auf Arbeitsverhältnisse geäusserte Position, auch die erwiesenermassen rassendiskriminierende Selektion eines Arbeitgebers bleibe straflos, da hier die Vertragsfreiheit überwiege[845].

412

Nicht strafbar bleibt hingegen auch nach der Minderheitsmeinung die rassendiskriminierende Selektion dann, wenn sich die Stellenausschreibung nicht an die Allgemeinheit richtet. Schutzgut von Art. 261bis StGB ist der öffentliche Frieden, was die entsprechende Strafbarkeitsbeschränkung rechtfertigt[846].

413

Nicht vom Straftatbestand in Art. 261bis Abs. 5 StGB erfüllt ist eine Stellenausschreibung, die sich nur an eine bestimmte Gruppe richtet (z.B. nur «Schweizer»). Diesfalls liegt kein Angebot für die Allgemeinheit vor. Eine negative Einschränkung des Bestimmungskreises liegt vor, wenn in einem Stelleninserat stehen würde: «Keine Türken». Hier wird keine Leistung verweigert, die für die Allgemeinheit bestimmt ist, die Leistung wird nur einer partiellen Allgemeinheit angeboten. Zu prüfen gilt es in solchen Konstellationen aber die Strafbarkeit gestützt auf Art. 261bis Abs. 4 StGB (öffentliche gegen die Menschenwürde verstossende Diskriminierung von Personen aufgrund ihrer Rasse, Ethnie oder Religion)[847].

414

---

[841] BBl 1992 III 314.
[842] Amtl. Bulletin NR 1992, 2663, 2265 f., Amtl. Bulletin SR 1993, 98 ff.
[843] ROM, S. 142 f., REHBERG, S. 188 ff., ähnlich auch GEISER (Diskriminierung), S. 18.
[844] NIGGLI, N 1171.
[845] GEISER (Diskriminierung), S. 19.
[846] GÖKSU (Rassendiskriminierung), N 754.
[847] Siehe dazu anschaulich NIGGLI, N 1170 und die Grafik auf S. 313.

415 Eine Gerichtspraxis zu Art. 261bis Abs. 5 StGB ist bislang nicht auszumachen[848]. Vielfach führen Beweisgründe zur Einstellung der Verfahren oder es werden andere Gründe als Rasse, Ethnie oder Religion als Grund für die Leistungsverweigerung ins Feld geführt[849].

416 Zusammenfassend ist festzuhalten: Mit Art. 261bis StGB erfüllt die Schweiz ihre völkerrechtlichen Verpflichtungen zum Erlass strafrechtlicher Normen. Durch Art. 261bis Abs. 5 StGB geht sie insoweit darüber hinaus, als sie die rassendiskriminierend motivierte Verweigerung einer Leistung, die an die Allgemeinheit gerichtet ist, unter Strafandrohung stellt. Die Bedeutung dieser Strafnorm für den Abschluss von Arbeitsverträgen ist allerdings umstritten. Nach der hier vertretenen Position handelt es sich bei einer Stellenausschreibung um eine Leistung im Sinne von Art. 261bis Abs. 5 StGB. Richtet sich diese ohne Einschränkung an die Allgemeinheit und wird darauf hin einem Bewerber oder einer Bewerberin die Stelle ausschliesslich aus Gründen der Rasse, der Ethnie oder Religion verweigert, ist der Straftatbestand erfüllt. Wird die Stellenausschreibung einschränkend formuliert, so ist der Straftatbestand von Art. 261bis Abs. 4 StGB zu prüfen. Keine Anwendung finden die Strafnormen bei Spontanbewerbungen und anschliessenden rassistisch motivierten Absagen. Diesfalls fehlt es am Kriterium des Anbietens der Leistung für die Allgemeinheit.

417 Einen über die strafrechtliche Bestimmung hinaus gehenden Schutz vor rassistischer Diskriminierung beim Zugang zur Arbeit wollte der Gesetzgeber nicht verankern. In der bundesrätlichen Botschaft zur RDK und zur Ergänzung des Strafgesetzbuches wird betont, eine privatrechtliche Bestimmung, die Privatpersonen rassendiskriminierende Unterscheidungen generell verbieten würde, wäre nicht zuletzt aus beweisrechtlichen Gründen nicht praktikabel. Ungeachtet des Rassendiskriminierungsverbotes wären deshalb Private in ihrer Wahl des Vertragspartners auch bei Arbeitsverträgen frei, solange nicht strafrechtliche Bestimmungen verletzt würden. Die völkerrechtliche Verpflichtung des Rassendiskriminierungsverbotes bedeute jedoch einen dauerhaften Auftrag an den Gesetzgeber, bei künftigen Privatrechtsrevisionen das Anliegen zur Bekämpfung der Rassendiskriminierung in geeigneter Form zu berücksichtigen[850].

---

[848] Siehe dazu die Analyse der ersten zehn Jahre des Bestehens der Strafnorm gegen die Rassendiskriminierung von NAGUIB/ZANNOL, S. 161.
[849] RIEDER (Strafrecht), S. 220.
[850] BBl 1992 III 291.

3.2.2 Anstellungsdiskriminierung vor dem RDK-Ausschuss

Mehrere Male musste sich der Ausschuss mit Mitteilungen befassen, die eine Anstellungsdiskriminierung geltend gemacht haben. Diese Verfahren wurden alle als nicht zulässig erklärt, da der innerstaatliche Instanzenweg nicht eingehalten wurde[851]. Auf zwei besonders interessante Fälle wird nachfolgend dennoch eingegangen.

418

Der eine Fall betrifft die Stellenausschreibung eines privaten dänischen Unternehmens[852]. Die Anzeige lautete wie folgt: *«The construction company BAC SIA seeks Danish foremann».* Die dänischen Behörden traten nicht auf die Diskriminierungsklage ein, da die fragliche Stelle eine Arbeit in Lettland beinhaltete und aus ausländerrechtlichen Gründen eine dänische Niederlassungsbewilligung notwendig machte. Die Ausschreibung sei zwar unglücklich formuliert, doch bestehe kein Zweifel, dass die Stelle sowohl Dänen wie Nichtdänen offen stehe, solange das formelle Kriterium der Niederlassungsbewilligung erfüllt sei[853]. Daraufhin reichte das dänische «Advisory Centre on Racial Discrimination» eine Mitteilung an den RDK–Ausschuss ein und beklagte eine Verletzung von Art. 2 Abs. 1 Bst. d, Art. 4, 5 und 6 RDK. Der RDK–Ausschuss befasst sich nicht materiell mit der Mitteilung, da die Beschwerdeführer nicht aktivlegitimiert seien. Aus dem dänischen Diskriminierungsverbotsgesetz lasse sich nicht ableiten, dass alle nicht direkt und persönlich von einer Diskriminierung betroffenen Personen eine Diskriminierung geltend machen könnten.

419

Übertragen auf den zu entscheidenden Fall hielt der Ausschuss fest, dass sich kein Mitglied des dänischen «Advisory Centre on Racial Discrimination» um die fragliche Stelle beworben habe oder habe geltend machen können, über die erforderlichen Qualifikationen zu verfügen. Aus diesem Grunde könne auf die Mitteilung gestützt auf Art. 14 Abs. 1 RDK nicht eingetreten werden[854]. Mit dieser Entscheidung machte der RDK-Ausschuss deutlich, dass er keine Türe für eine uferlose Ausdehnung des Klagerechts will: *«Any other conclusion would open the door for popular actions (actio popularis) against the relevant legislation of States parties»*[855].

420

Im Fall «D.S. gegen Schweden» wurde eine Verletzung von Art. 2, Abs. 2, Art. 5 Bst. 4 Ziff. e und Art. 6 RDK geltend gemacht. Der Fall handelte von einer öffentlichrechtlichen Anstellung. Das schwedische Amt für Statistik hatte eine Stelle für einen Statistiker oder eine Statistikerin zu vergeben. Von

421

---

[851] CERD, Communication No. 9/1997, No 28/2003, No 21/2001, No 14/1998.
[852] CERD, Communication No. 28/2003.
[853] CERD, Communication No. 28/2003, N 2.3 – 2.5.
[854] CERD, Communication No. 28/2003, N 6.4 – N 6.7.
[855] CERD, Communication No. 28/2003, N 6.6.

89 Bewerbenden erhielt eine Person schwedischer Nationalität und Herkunft die Stelle, die nach Angaben der Klägerin weniger qualifiziert war als sie selbst. Teil der Klage bildete der Hinweis auf die allgemeine geringe Zahl schwedischer Migranten und Migrantinnen im schwedischen Arbeitsmarkt, was auf die Diskriminierung gegen Nichtschweden/innen zurückzuführen sei. Die Klägerin machte geltend, der schwedische Staat hätte keine ausreichenden Massnahmen zur Verbesserung der Arbeitsintegration von Migrantinnen und Migranten vorgesehen. Zur Ermöglichung des Zugangs zu besser qualifizierten Stellen müssten Quoten vorgesehen werden[856].

422 Zu seiner Verteidigung machte der schwedische Staat mit Verweis auf die Rechtsbehelfe im Gesetz über die öffentlichen Anstellungen und im Gesetz gegen ethnische Diskriminierung geltend, die Klägerin hätte die ihr zustehenden Rechtsbehelfe nicht in Anspruch genommen[857]. Mit Verweis auf Art. 7 Bst. a RDK trat der Ausschuss nicht auf die Mitteilung von D.S. ein. Nach dieser Bestimmung befasst sich der Ausschuss nur mit Mitteilungen, wenn alle verfügbaren innerstaatlichen Rechtsbehelfe erschöpft sind[858]. Aus diesem Grund ging der Ausschuss auch nicht materiell auf die Frage ein, ob die bestehenden Massnahmen des Staates zur Verbesserung der Arbeitsintegration von Migrantinnen und Migranten im Lichte der RDK ausreichen.

3.3 Anspruch auf gleiche Arbeitsbedingungen

3.3.1 Diskriminierungsfreie Gewährung bestehender Rechte

423 Art. 5 RDK verankert eine Gewährleistung der Rechtsgleichheit ohne rassendiskriminierende Unterscheidung. Die einleitende Formulierung lautet wie folgt: *«Im Einklang mit den in Artikel 2 niedergelegten grundsätzlichen Verpflichtungen werden die Vertragsstaaten die Rassendiskriminierung in jeder Form verbieten und beseitigen und das Recht jedes einzelnen, ohne Unterschied der Rasse, der Hautfarbe, des nationalen Ursprungs oder des Volkstums auf Gleichheit vor dem Gesetz gewährleisten.»* Anschliessend folgt eine nicht abschliessende Aufzählung einzelner Rechte. Arbeitsrechtlich bedeutend ist Art. 5 Bst. e Ziffer i RDK. Danach ist ohne Rassendiskriminierung zu gewähren: *«das Recht auf Arbeit, auf die freie Wahl des Arbeitsplatzes, auf gerechte und befriedigende Arbeitsbedingungen, auf Schutz gegen Arbeitslosigkeit, auf gleiches Entgelt für gleiche Arbeit, auf gerechte und befriedigende Entlöhnung.*

---

[856] CERD, Communication No. 14/1998, N 3.2.
[857] CERD, Communication No. 14/1998, N 4.8.
[858] CERD, Communication No. 14/1998, N 6.3.

Die Bedeutung des Diskriminierungsverbotes für die Arbeitsrechte besteht 424
vor allem darin, dass die genannten Rechte durch den Staat frei von Rassendiskriminierung gewährt werden müssen. Art. 5 RDK schafft indes keine selbständige Garantie der aufgeführten Rechte[859]. Die entsprechenden Verpflichtungen – meist «blosse» Umsetzungsaufträge – ergeben sich aus anderen Menschenrechtsabkommen[860]. Soweit die Arbeitsrechte des IPwskR und die für das Arbeitsverhältnis relevanten Garantien des IPbpR den Einzelnen unmittelbare Ansprüche verleihen, besteht der Anspruch auf diskriminierungsfreie Gewährung bereits auf völkerrechtlicher Ebene[861]. Folglich ist für jedes einzelne Tatbestandsmerkmale in Art. 5 Bst. e Ziffer i. gesondert zu analysieren, ob ein solches Recht besteht.

Enthält eine Rechtsordnung wie diejenige in der Schweiz kein justiziables 425
Recht auf Arbeit, ändert daran die RDK nichts. Die schweizerische Rechtsordnung garantiert ein Recht auf *freie Wahl des Arbeitsplatzes*[862]. Dies hat die folgenden Konsequenzen: Die Verpflichtungsschicht «obligation to respect» verlangt vom Staat, dass er dieses Recht frei von rassistischer Diskriminierung gewährt. In diesem engen Sinne verstanden ist die Bestimmung direkt anwendbar, «self-executing», und bedarf keiner weiteren gesetzlichen Konkretisierung. Zu einem gleichen Ergebnis, d.h. Verbot für den Staat, die freie Wahl des Arbeitsplatzes rechtlich in rassendiskriminierender Weise zu gestalten, ergibt sich bereits aus Art. 2 Abs. 1 Bst. a der RDK. Eine dem Staat zuzuschreibende rassendiskriminierende Einschränkung der freien Wahl des Arbeitsplatzes wäre somit unter Berufung auf Art. 2 Abs. 1 Bst. a und Art. 5 Bst. e Ziff. i RDK vor einem nationalen Gericht anfechtbar (sofern im fraglichen Staat das Völkerrecht im Sinne der monistischen Theorie unmittelbare Geltung erlangt). Verpflichtet zur Garantie der freien Wahl des Arbeitsplatzes wird nur der Staat («obligation to respect»). Der Staat muss gestützt auf die Verpflichtung in Art. 2 Abs. 1 Bst. a und Bst. b RDK mit geeigneten Mitteln, auch durch «die Umstände geforderte Rechtsvorschriften», darauf hinwirken, dass rassendiskriminierende Einschränkungen in der freien Wahl des Arbeitsplatzes durch Private nicht (mehr) vorkommen («obligations to protect»).

Die weiteren Tatbestandselemente in Art. 5 Bst. e Ziff. i RDK («*gerechte und* 426
befriedigende Arbeitsbedingungen, auf Schutz gegen Arbeitslosigkeit, gerechte und befriedigende Entlöhnung») sind mangels Bestimmtheit nicht unmit-

---

[859] Botschaft des Bundesrates zum IPwskR, BBl 1992 III 293, SPENLÉ (Rassendiskriminierung), N 59, KÜNZLI/KÄLIN, S. 367.
[860] WOLFRUM, S. 229.
[861] STRAUSS, S. 128.
[862] Die freie Wahl des Arbeitsplatzes bildet Bestandteil der in Art. 27 verfassungsrechtlich garantierten Wirtschaftsfreiheit, siehe dazu Teil II, 7. Kapitel, 3. Die Vertragsfreiheit als Teilgehalt der Wirtschaftsfreiheit, S. 241.

telbar anwendbar. Soweit «gerechte und befriedigende Arbeitsbedingungen» durch den Gesetzgeber konkretisiert worden sind, haben sowohl die Konkretisierung an sich wie auch die darauf fussenden Entscheide frei von rassendiskriminierenden Unterscheidungen zu erfolgen. In privatrechtlichen wie öffentlichrechtlichen Arbeitsverhältnissen sorgen die Bestimmungen des öffentlichen Arbeitsrecht (Arbeitsgesetz, Datenschutzgesetz usw.) für Rahmenbedingungen gerechter und befriedigender Arbeitsverhältnisse. Eine Bestimmung des Arbeitsgesetzes, die eine rassendiskriminierende Unterscheidung vornehmen würde (z.B. ungerechtfertige Kleidervorschrift, die im Ergebnis Personen mit einem bestimmten ethnisch-kulturellen Hintergrund diskriminieren würde), wäre mit Art. 5 Abs. 1 Bst. e Ziff. i RDK nicht zu vereinbaren.

427 Ein privater Arbeitgeber darf den ihm durch die Rechtsordnung gewährten Regelungsspielraum privatautonom ausschöpfen. Die in der RDK verankerten Schutzpflichten verlangen jedoch von den Vertragsstaaten, dafür zu sorgen, dass weder kollektiv- noch einzelarbeitsvertragliche Regelungen ungerechtfertige Ungleichbehandlungen aufgrund der Rasse enthalten dürfen («obligations to protect»). Wenn der Staat diesen Pflichten nicht nachkommt, so verletzt er die RDK[863].

3.3.2 Entgeltgleichheit

428 Wie sieht es beim Tatbestandselement «gleiches Entgelt für gleiche Arbeit» aus? In seiner bemerkenswerten Arbeit über Rassendiskriminierung beim Vertragsabschluss kommt GÖKSU zum Schluss, der in der RDK verankerte Anspruch auf gleiches Entgelt für gleiche Arbeit sei auch im Privatverhältnis anwendbar und überdies genügend bestimmt, um als «self-executing» Bestimmung eine direkte Wirkung auch unter Privaten erzeugen zu können[864]. Der Autor bezieht sich bei der Begründung auch auf Art. 8 Abs. 3 BV. Hier verleiht die gleiche Formulierung einen direkten Anspruch auf gleiches Entgelt für gleiche Arbeit auch unter Privaten[865].

429 Die Überlegungen des Autors sind auf den ersten Blick überzeugend, was die Qualifizierung als «self-executing» betrifft. Die Formulierung «gleiches Entgelt für gleiche Arbeit ist tatsächlich genügend bestimmt, eindeutig und klar, um Grundlage einer richterlichen Entscheidung im Einzelfall darstellen zu können. Zu beachten gilt es aber den allgemeinen Vorbehalt, wonach Art. 5 RDK keine neuen Rechte verschaffe, sondern lediglich die rassendiskrimie-

---

[863] SPENLÉ (Rassendiskriminierung), N 55.
[864] GÖKSU (Rassendiskriminierung), N 410.
[865] GÖKSU (Rassendiskriminierung), N 409.

rungsfreie Gewährung bestehender Rechte schützt[866]. Es ist deshalb zu prüfen, ob die bestehende Rechtsordnung ein solches Recht kennt. Für den staatlichen Arbeitgeber trifft dies ohne jeden Zweifel zu. Der Staat muss bereits gestützt auf das allgemeine Rechtsgleichheitsgebot und erst recht gestützt auf die besonderen Diskriminierungsverbote gleiches Entgelt für gleiche Arbeit ausrichten. Ein rassendiskriminierungsfreier Lohnanspruch lässt sich folglich gegenüber dem staatlichen Arbeitgeber direkt aus der RDK ableiten. Zum Ergebnis einer unmittelbaren Anwendbarkeit des Entgeltgleichheitsgrundsatzes kommt man auch, wenn die Entgeltgleichheit in Art. 5 Bst. e Ziff. i in Verbindung mit Art. 2 Abs. 1 Bst. a RDK liest. Die Vertragsstaaten werden hier verpflichtet, diskriminierende Handlungen oder Praktiken zu unterlassen. Man kann die «Entgeltgleichheit» als «ausreichend konkrete Konkretisierung» betrachten und so die direkte Anwendbarkeit begründen. Bei dieser Interpretation braucht es nicht den «Umweg» über das bereits bestehende Recht.

Entscheidend ist die Frage der *Drittwirkung* dieser Bestimmung. Im privatrechtlichen Arbeitsverhältnis ist das Entgelt Verhandlungssache zwischen den Vertragsparteien, soweit nicht gesamtarbeitsvertragliche Regelung oder ausnahmsweise öffentlichrechtliche Bestimmungen den Lohn oder den Lohnrahmen festlegen[867]. 430

Anders ist die Rechtslage bei Lohnunterschieden aufgrund des Geschlechts. Hier gewähren die Verfassung und das Gleichstellungsgesetz einen unmittelbaren Anspruch auf gleichen Lohn für gleichwertige Arbeit. Eine vergleichbar klare Rechtslage besteht für andere Diskriminierungsmerkmale nicht. 431

Immerhin ist auf den Anspruch auf gleichen Lohn für gleichwertige Arbeit ohne Unterschied nach Art. 7 Bst. c IPwskR hinzuweisen. Nach der in dieser Studie vertretenen Position ist diese Bestimmung angesichts ihrer ausreichenden Klarheit unmittelbar anwendbar[868]. Das hat Konsequenzen für die Anwendung der RDK. Der *Anspruch auf gleichen Lohn für gleiche Arbeit ist ein bestehendes Recht*. Die RDK verlangt, dass dieses Recht frei von ungerechtfertigter benachteiligender Unterscheidung aufgrund der Rasse und den anderen in der RDK genannten Merkmalen gewährt werden muss. Dieser Anspruch ist damit auch im privaten Arbeitsverhältnis unmittelbar anwendbar. 432

---

[866] KÜNZLI/KÄLIN, S. 367.
[867] Siehe dazu im 15. Kapitel, S. 593 f.
[868] Teil II 6. Kapitel, 3.2 Gewährleistung des Rechts auf gerechte und günstige Arbeitsbedingungen, S. 129.

3.4 Wirksamer Rechtsschutz gegen rassistische Diskriminierung

433 Art. 6 der RDK verlangt von den Vertragsstaaten, Opfern rassistischer Diskriminierung wirksamen Schutz und wirksame Rechtsbehelfe zu gewähren. In der ersten vom RDK-Ausschuss veröffentlichen Feststellung[869] zeigt sich die praktische Bedeutung dieser Bestimmung. *Yilmaz-Dogan* war nach längerer Krankheit von ihrem Arbeitgeber gekündigt worden. In der schriftlichen Begründung der Kündigung machte der Arbeitgeber geltend, «When a Netherlands girl marries and has a baby, she stops working. Our foreign women workers, on the other hand, take the child to neighbours or family and at the slightest setback disappear on sick leave under the terms of Sickness Act. They repeat that endlessly. Since we all must do our outmost to avoid going under, we cannot afford such goingson"[870].

434 Das für die Bewilligung der Kündigung zuständige Arbeitsgericht stimmte der Auflösung des Arbeitsverhältnisses zu. Sämtliche innerstaatlichen Instanzen stützten den Entscheid. Die Beschwerdeführerin gelangte darauf hin an den RDK-Ausschuss und machte eine Verletzung von Art. 5 Bst. e Ziff. i RDK sowie Art. 6 RDK geltend. Zum einen sei die Entlassung aus diskriminierenden Motiven erfolgt und zum anderen biete der niederländische Staat keinen ausreichenden Rechtsschutz gegen Verhinderung dieser Diskriminierung. Der Ausschuss gab der Klage von Frau Yilmaz-Dogan statt. Das diskriminierungsfreie Recht auf Arbeit sei verletzt worden, weil in der Entscheidung des für die Entlassungsbewilligung zuständigen Gerichts nicht *alle relevanten Kriterien, insbesondere auch nicht die diskriminierenden Äusserungen des Arbeitgebers* berücksichtigt worden seien[871]. Der Ausschuss schlug vor, dass sich die niederländische Regierung um eine neue Anstellung von Frau Yilmaz-Dogan kümmern solle[872].

435 In den Schlussbemerkungen zum ersten Staatenbericht der Schweiz hob der RDK-Ausschuss zwar die Einsetzung Eidgenössischen Kommission gegen Rassismus hervor[873] und stellte im übrigen verschiedene Mängel bei der Umsetzung der RDK-Verpflichtungen fest, die nicht den Bereich der privatrechtlichen Arbeitsverhältnisse betreffen (u.a. Kritik am Dreikreisemodell der Erteilung von ausländerrechtlichen Aufenthaltsbewilligungen). Besonders augenfällig war die Feststellung des RDK–Ausschusses über das Fehlen eines *gesetzlichen Schutzes vor Diskriminierung*. Eine solche Gesetzgebung müsste

---

[869] CERD, Communication No. 1/1984, Ylmaz Dogan v. Netherland.
[870] CERD, Communication No. 1/1984, Ylmaz Dogan v. Netherland, N 2.2.
[871] CERD, Communication No. 1/1984, Ylmaz Dogan v. Netherland, N 9.3.
[872] CERD, Communication No. 1/1984, Ylmaz Dogan v. Netherland, N 10.
[873] CERD, Concluding Observations of the Committee on the Elimination of Racial Discrimination, Switzerland, 30/03/98, N 3.

Massnahmen zur Bekämpfung rassistischer Diskriminierung in Arbeitsverhältnissen mit einschliessen[874]. Die Schlussbemerkungen vom 21. März 2002 zum letzten Staatenbericht der Schweiz enthalten die diplomatische Aufforderung, im nächsten Staatenbericht Informationen über die geltende Gesetzgebung hinsichtlich des Verbots der Rassendiskriminierung im Privatsektor, in Bereichen wie Beschäftigung, Unterkunft, Bildung, Gesundheitswesen und Zugang zu öffentlichen Einrichtungen zu geben[875]. Die erneute Thematisierung des (fehlenden) gesetzlichen Diskriminierungsschutzes kann als Anzeichen einer gewissen Unzufriedenheit des Ausschusses mit der Schweiz gewertet werden[876].

4. Bilanz

4.1 Unverzügliche Umsetzung – Unmittelbar drittwirksame Entgeltgleichheit

Die RDK verpflichtet die Vertragsstaaten zum Erlass von Anti-Rassismus- 436 strafnormen, die auch darauf abzielen, Rassismus am Arbeitsplatz und beim Zugang zur Arbeit zu sanktionieren. Im Lichte von Art. 2 Abs. 1 Bst. d RDK ist der Staat im Sinne einer «obligation to protect» verpflichtet, durch geeignete Massnahmen, insbesondere auch rechtliche, sicherzustellen, dass Private andere Private bei der Ausübung der ihnen grundsätzlich zustehenden Arbeitsrechte nicht aus rassendiskriminierenden Motiven stören bzw. ihnen die Ausübung dieser Rechte verweigern. Bemerkenswert ist, dass die Staaten die ihnen auferlegten Diskriminierungsschutzpflichten *unverzüglich* umzusetzen haben. Damit wird deutlich, dass die Staatengemeinschaft das Problem rassistischer Diskriminierung mit hoher Priorität bekämpfen will.

Eine direkte völkerrechtliche Verpflichtung der Privaten besteht wie aufge- 437 zeigt lediglich – aber immerhin- für die diskriminierungsfreie Gewährung gleichen Entgelts für gleichwertige Arbeit. Nur in diesem Punkt ist die RDK unmittelbar drittwirksam anwendbar.

---

[874] CERD, Concluding Observations of the Committee on the Elimination of Racial Discrimination, Switzerland, 30/03/98, N 5.
[875] CERD, Concluding Observations of the Committee on the Elimination of Racial Discrimination, Switzerland, 21/05/2002, Comments), N 16.
[876] SPENLÉ (Rassendiskriminierung), N 73.

4.2 Keine Verstärkung des strafrechtlichen Diskriminierungsschutzes

438 Die wichtigste «Umsetzungsleistung» der Schweiz betrifft die Einführung der strafrechtlichen Normen gegen rassistische Diskriminierung. Der Arbeitsbereich ist vom Anwendungsbereich der strafrechtlichen Normen nicht erfasst, sieht man von der allerdings umstrittenen Anwendung von Art. 261bis Abs. 5 StGB auf eine rassendiskriminierende Verweigerung einer Anstellung ab.

439 Es fragt sich, ob strafrechtliche Normen zur Bekämpfung rassistischer Diskriminierung für den Arbeitsbereich geeignet sind. Die Befunde in der Literatur sind eher zurückhaltend. So prüft NICKEL für das deutsche Recht, wieweit sich die Paragraphen 130 StGB (Volksverhetzung) oder Paragraph 185 ff. StGB (Beleidigungstatbestände) für die Bekämpfung der rassistischen Diskriminierung eignen. NICKEL kommt zu einem eher ernüchternden Ergebnis. Die Gerichtspraxis lasse «blosse Diskriminierungen» (aber nicht Volksverhetzung) nicht als einen Verstoss gegen Paragraph 185 StGB erscheinen[877]. Die Beleidigungstatbestände hingegen kämen an sich für die aus rassistischen Motiven erfolgte Nichtberücksichtigung von Kandidaten für Arbeitsverhältnisse in Frage. Ein solches Verhalten könne grundsätzlich als Missachtung im Sinne des Paragraphen 185 StGB gewertet werden, da der soziale Geltungsanspruch der Betroffnen in Zweifel gezogen und damit als minderwertig qualifiziert wird. NICKEL weist jedoch darauf hin, dass Paragraph 185 einen *Angriff* auf die Ehre verlange. Daraus folgt die Frage, ob eine persönliche Präferenz – so irrational sie sein mag – tatsächlich einen strafrechtlich relevanten Angriff auf die Ehre darstellt. NICKEL plädiert im Ergebnis für eine zurückhaltende Anwendung der strafrechtlichen Bestimmungen, Strafrecht verlangt einen gezielten Angriff auf die Ehre[878].

440 Das Hauptproblem der strafrechtlichen Diskriminierungstatbestände besteht darin, dass diese, wenn überhaupt, nur die eher seltenen ausdrücklichen, offenen Diskriminierungstatbestände erfassen. Für die in der Praxis sehr viel häufigeren versteckten und subtilen Diskriminierungen hingegen biete das Strafrecht keine Lösungen. Mehrere Studien belegen die zweifelhaften Wirkungen der französischen Tatbestände rassistischer Diskriminierung im Strafrecht[879]. Diese Bestimmungen haben sich nicht bewährt, sie werden kaum angewendet. Gegen den Einsatz des Strafrechts gegen rassistische Diskriminierung im Arbeitsverhältnis sprechen die hohen Beweisanforderungen und andere verfahrensrechtliche Hürden des Strafrechts bzw. des Strafprozesses. Das Rechtsstaatsprinzip, Analogieverbot und der strafrechtliche Grundsatz

---

[877] OLG Frankfurt NJW 1985, 1720, NICKEL, S. 185.
[878] NICKEL, S. 114.
[879] LATRAVERSE, N 1, PÄRLI/CAPLAZI/SUTER, S. 255 f.

«in dubio pro reo» stellen systembedingte Hürden zur Verwirklichung eines wirksamen Diskriminierungsschutzes dar[880].

4.3 Perspektive durch das Mitteilungsverfahren

Die RDK auferlegt der Schweiz eine klare Verpflichtung, für wirksamen Schutz vor rassistischer Diskriminierung auch im privatrechtlichen Arbeitsverhältnis zu sorgen. Die Ausführungen des RDK-Ausschuss zu den Staatenberichten der Schweiz zeigen, dass ernsthafte Zweifel am Genügen der innerstaatlichen Rechtslage zum Diskriminierungsschutz bestehen. 441

Aus den bisherigen Mitteilungen des RDK-Ausschusses in den Individualbeschwerdefällen zeigt sich die Bedeutung des Erfordernisses wirksamen Rechtsschutzes (Art. 6 RDK). Der Fall Yilmaz Dogan zeigt, dass der Ausschuss diese Frage sehr ernsthaft prüft und entsprechende innerstaatliche Mängel rügt. Mit der Unterzeichnung des Zusatzprotokolls für ein Individualbeschwerdeverfahren durch die Schweiz, ist der Weg für Opfer rassistischer Diskriminierung (im Arbeitsbereich) frei, nach Ausschöpfung des innerstaatlichen Instanzenzuges mit einer Mitteilung an den RDK-Ausschuss zu rügen, dass innerstaatliche Recht gewähre nicht ausreichenden Schutz. 442

V. Das Übereinkommen zur Beseitigung jeder Form von Diskriminierung der Frau

1. Das Übereinkommen im Überblick

1.1 Die Ratifikation durch die Schweiz

Die Schweiz hat das Übereinkommen zur Beseitigung jeder Form von Diskriminierung der Frau vom 18.12.1979 (Frauendiskriminierungskonvention, FDK) am 23. Januar 1987 unterzeichnet und am 27. März 1997 ratifiziert[881]. In der Botschaft zur FDK empfahl der Bundesrat die Ratifizierung des Abkommens als Beitrag zur tatsächlichen Gleichstellung von Frau und Mann. Gleichzeitig erachtete der Bundesrat die Anforderungen des Übereinkommens als in weiten Teilen erfüllt[882]. In der parlamentarischen Debatte war die 443

---

[880] NICKEL, S. 118.
[881] Die Schweiz hat drei Vorbehalte angebracht, die das Namens- und Familienrecht betreffen, siehe dazu u.a. KÄGI-DIENER (Impulse), S. 1458.
[882] Botschaft zur FDK, BBl 1996 IV 902.

Vorlage mehrheitlich unbestritten. Nur vereinzelt wurde moniert, mit der Ratifizierung des Abkommen sollten Anliegen durch die Hintertüre eingeführt werden, die ansonsten am Willen des Souveräns gescheitert wären[883]. Bedenken wurden auch gegen die unsicheren Einschätzungen hinsichtlich der Frage der direkten Anwendbarkeit einzelner FDK–Bestimmungen geäussert[884]. Eine überaus deutliche Mehrheit folgte jedoch der Argumentation, mit der FDK würden keine neuen Rechte sondern lediglich diskriminierungsfreier Genuss bestehender Rechte geschützt[885].

444 Die FDK bildet mit der Ratifikation Bestandteil schweizerischen Rechts[886]. Die staatsvertraglichen Verpflichtungen der FDK richten sich an den Gesetzgeber soweit gesetzliche Massnahmen und an die Verwaltungsbehörden, soweit andere als gesetzliche Massnahmen zur Verwirklichung der FDK-Postulate gefordert sind[887]. Die rechtsanwendenden Behörden haben die FDK–Normen zur Auslegung von Verfassungs- und Gesetzesrecht beizuziehen. Die rechtsanwendenden Behörden haben auch zu entscheiden, ob und wie weit einzelne Bestimmungen der FDK unmittelbar anwendbar sind[888].

1.2 Die wichtigsten Inhalte

1.2.1 Gleichberechtigung der Frau

445 Die FDK verlangt eine Konkretisierung der bereits in der Allgemeinen Erklärung der Menschenrechte geforderten Gleichberechtigung der Frau[889]. Das Abkommen wurde bis 2007 von 180 Staaten ratifiziert, wobei zahlreiche Staaten Vorbehalte gegen einzelne Bestimmungen angebracht haben[890]. Die FDK gehört zum Kernbestand internationaler Menschenrechtsabkommen.

---

[883] Votum Nationalrat Gusset Wilfried, Amtl. Bull. NR 1996, S. 1398. Grundsätzlicher Einwand von Ständerat Schmid Carlo, der sich aus staatspolitischen Gründen dagegen wehrte, dass die Gerichte entscheiden sollen, welche Bestimmungen direkt anwendbar sind und welche nicht, vgl. Votum Schmid, Amtl. Bull. SR 1996, S. 62 ff.
[884] Votum Ständerat Danioth Hans, Amtl. Bull. SR 1996, S. 69.
[885] Amtl. Bull. NR 1996, S. 1401.
[886] Siehe Teil II, 4. Kapitel, S. 65.
[887] KÄGI-DIENER (Impulse), S. 1457. Siehe auch Teil II, 4. Kapitel, IV. Zwischenbilanz und Prüfprogramm, S. 74.
[888] Botschaft des Bundesrates betreffend das Übereinkommen von 1979 zur Beseitigung jeder Form von Diskriminierung der Frau, BBl 1995 IV 924.
[889] HANAU/STEINMEYER/WANK, N 47, S. 1279.
[890] Vgl. zum Problem der Vorbehalte in der FDK siehe HELBLING G., S. 154 ff. und HAUSAMMANN, N 105-110.

Die Vertragsstaaten werden zur Unterbindung jeglicher Diskriminierung 446
aufgrund der Frauen verpflichtet. Sie müssen darüber hinaus Massnahmen zur
Gleichstellung von Frau und Mann in allen Lebensbereichen ergreifen, insbesondere auf politischem, sozialem, wirtschaftlichem und kulturellem Gebiet[891]. Die FDK schafft an sich keine originären materiellen Rechte. Vielmehr setzt sie solche Rechte im nationalen Verfassungsrecht oder in Menschenrechtskonventionen voraus[892]. Spezifisch an der FDK ist der Anspruch auf diskriminierungsfreie Gewährung und Teilhabe an andernorts bereits festgeschriebenen Grund- und Menschenrechten[893].

Das Diskriminierungsverbot der FDK geht über das Verbot rechtlicher Diskriminierung und den Schutz vor tatsächlicher Diskriminierung hinaus. Die 447
FDK verlangt nach der allgemeinen Empfehlung Nr. 25 des Ausschusses für die *Beseitigung* der Diskriminierung der Frau (RDK Ausschuss) die Gleichstellung durch konkrete und wirksame politische Richtlinien und Programme zu verbessern. Als eigentliches Programm zur Veränderung des Rollenverständnisses in der Gesellschaft fordert Art. 5 Bst. b FDK von den Vertragsstaaten geeignete Massnahmen «*um einen Wandel in den sozialen und kulturellen Verhaltensmustern von Mann und Frau zu bewirken, um so zu Beseitigung von Vorurteilen sowie von herkömmlichen und allen sonstigen auf der Vorstellung von Unterlegenheit oder Überlegenheit des einen oder anderen Geschlechts oder der stereotypen Rollenverteilung von Mann und Frau beruhenden Praktiken zu gelangen*».

1.2.2 Verbot der Diskriminierung der Frau

Wie die RDK schützt auch die FDK ausschliesslich vor diskriminierender 448
Ungleichbehandlung aufgrund eines bestimmten Kriteriums, vorliegend des Geschlechts. Schutzobjekt der FDK ist jedoch nicht das Geschlecht an sich, vielmehr schützt die FDK ausschliesslich die Frau vor Diskriminierung[894]. Männer können sich nicht auf den Schutz der FDK berufen[895]. Der FDK liegt damit eine Gleichheitskonzeption zu Grunde, die in der Lehre als «asymmetrisch» verstanden wird[896]. Die FDK geht von der Tatsache aus, dass Frauen

---

[891] Für eine kritische Würdigung der FDK siehe KÄGI-DIENER (Diskriminierung), S. 239 ff.
[892] IMHOF (Diskriminierungsverbote), N 114.
[893] HAUSAMANN/SCHLÄPPI, S. 38.
[894] Vorstösse, das Kriterium Geschlecht in Art. 1 FDK aufzunehmen, wurden abgelehnt. Vgl. die Diskussion dazu bei REHOF, S. 46 ff. und HELBLING G. S. 123.
[895] KÄGI-DIENER (Impulse), S. 1456.
[896] TOBLER (Diskriminierungsbegriff), S. 50, KÜNZLI/KÄLIN, S. 358 ff.

aufgrund ihres Geschlechts unter verschiedenen Formen von Diskriminierung gelitten haben und weiterhin darunter leiden[897].

449 Nach der Legaldefinition in Art. 1 FDK bedeutet Diskriminierung der Frau «jede mit dem Geschlecht begründete Unterscheidung, Ausschliessung oder Beschränkung, die zur Folge oder zum Ziel hat, das die auf der Gleichberechtigung von Mann und Frau gegründete Anerkennung, Inanspruchnahme oder Ausübung der Menschenrechte und Grundfreiheiten durch die Frau – ungeachtet ihres Zivilstandes – im politischen, wirtschaftlichen, sozialen, kulturellen, staatsbürgerlichen oder jedem sonstigem Bereich beeinträchtigt oder vereitelt wird». Bereits beim Diskriminierungsbegriff ist der Anspruch der Frauen auf rechtliche *und* tatsächliche Gleichbehandlung und Gleichstellung enthalten. Konkretisiert wird dieser Anspruch in den Art. 2 - 5 der FDK.

450 Der für die Überwachung der FDK zuständige Ausschuss (FDK-Ausschuss) anerkennt über die direkte Diskriminierung hinaus auch die indirekte Diskriminierung[898].

1.2.3 Sondermassnahmen und andere Rechtfertigungsgründe

451 Nach Art. 4 FDK gelten Sondermassnahmen der Vertragsstaaten zu Gunsten von Frauen unter bestimmten Voraussetzungen nicht als Diskriminierungen. Zu unterscheiden sind zeitweilige und ständige Massnahmen. In Art. 4 Abs. 1 wird den Vertragsstaaten erlaubt, zur beschleunigten Herführung von «De facto Gleichberechtigung» von Frau und Mann zeitweilige Sondermassnahmen vorzusehen. Diese Sondermassnahmen sind für alle im Übereinkommen aufgeführten Bereiche gefordert, solange sich dies als notwendig im Hinblick auf das Ziel tatsächlicher Gleichstellung erweist[899]. In BGE 125 I 21 nahm das Bundesgericht auf Art. 4 Abs. 1 FDK Bezug und begründete damit die grundsätzliche Zulässigkeit von Massnahmen der positiven Diskriminierung[900]. Nach dem zuständigen FDK-Ausschuss bildet Art. 4 FDK eine ausreichende Grundlage, um zeitweilige Sondermassnahmen auf Richtlinien und Policy-Dokumente abzustützen[901]. Im Widerspruch dazu genügte dem Bun-

---

[897] Deutsches Institut für Menschenrechte, Allgemeine Bemerkungen Nr. 25, Ziffer 6 (dt. Übersetzung), S. 504.
[898] Deutsches Institut für Menschenrechte, Allgemeine Bemerkungen Nr. 25, Ziffer 7 und Fn 13, S. 504.
[899] CEDAW, General Recommendation No. 25: Article 4, paragraph 1, of the Convention (temporary special measures), N 24.
[900] BGE 125 I 21, Erw. 4b.
[901] CEDW, General Recommendation No. 25: Article 4, paragraph 1 of the Convention (temporary special measures), N 31 und 32.

desgerichts in BGE 131 II 361 ein Bundesprogramm zur Förderung des akademischen Nachwuchses nicht als ausreichende gesetzliche Grundlage für eine sich ausschliesslich an Frauen richtende Stellenausschreibung für eine Assistenzprofessur[902].

Auch Staatliche Massnahmen zum Schutze der Mutterschaft gelten gemäss Art. 4 Abs. 2 FDK nicht als Diskriminierung. Im Unterschied zu Art. 4 Abs. 1 FDK basiert die nicht identische Behandlung von Frauen und Männern auf biologischen Unterschieden[903].

452

Ob die FDK über die genannten Ausnahmen hinaus weitere Rechtfertigungsgründe für eine Ungleichbehandlung von Frauen beinhaltet, lässt sich aus der bisherigen Arbeit des FDK-Ausschusses nicht ableiten[904]. Das Diskriminierungsverbot der FDK ist ähnlich formuliert wie in der RDK. Es drängt sich deshalb auf, an eine allfällige Rechtfertigung einer geschlechtsspezifischen Ungleichbehandlung vergleichbar strenge Anforderungen zu stellen[905].

453

1.3 Staatliche Verpflichtungen

1.3.1 Unverzügliche Beseitigung der Benachteiligung der Frau

Die zentrale Bestimmung zur Lokalisierung der staatlichen Verpflichtungen bildet Art. 2 FDK. Die Vertragsstaaten verpflichten sich «*mit allen geeigneten Mitteln unverzüglich eine Politik zur Beseitigung der Diskriminierung der Frau zu verfolgen (...)*». Gleich wie in der RDK hat die Verwirklichung der FDK unverzüglich zu erfolgen. Es handelt sich nicht um eine Verpflichtung zur sukzessiven Umsetzung wie im IPswkR. Diese allgemeinen Verpflichtungen zur Beseitigung der Frauendiskriminierung werden weiter konkretisiert.

454

Die Staaten verpflichten sich, durch geeignete gesetzgeberische und sonstige Massnahmen unter Einschluss von Sanktionen jeder Diskriminierung der Frau zu verbieten (Art. 2 Bst. b FDK). Nach Art. 2 Bst. d in Verbindung mit Art. 11 FDK haben die Staaten dafür zu sorgen, dass staatliche Behörden und Einrichtungen die Frauen in der Gewährung von Arbeitsrechten nicht benachteiligen. In der Rolle als Arbeitgebende sind also staatliche Arbeitge-

455

---

[902] BGE 131 II 361.
[903] CEDAW, General Recommendation No. 25: Article 4, paragraph 1 of the Convention (temporary special measures), Rn. 15.
[904] RUDOLF (Diskriminierungsverbot), N 24.
[905] Für DELBRÜCK ist unter Bezugnahme auf ERMACORA (S. 234) eine Rechtfertigung für Ungleichbehandlungen aus Gründen der Rasse, des Geschlechts, der Sprache und Religion immer eine *nicht zu rechtfertigende* Diskriminierung, siehe DELBRÜCK (Konvention), S. 264.

ber unmittelbar an diese Bestimmungen gebunden[906]. Weiter muss der Staat bestehende Gesetze, Verordnungen, Gepflogenheiten und Praktiken aufheben, die eine Diskriminierung der Frau darstellen.

456 Alle geeigneten Massnahmen zur Beseitigung der Diskriminierung der Frau durch «Personen, Organisationen oder Unternehmen» (Art. 2 Bst. e FDK) sind vom Staat zu ergreifen. Damit wird ohne weiteres deutlich, dass die FDK eine Horizontalwirkung beabsichtigt, mit anderen Worten auch die Diskriminierung im privaten Umfeld und besonders im quasi-öffentlichen Bereich, also auch im Arbeitsverhältnis, verbieten will[907]. Die Staaten müssen dafür sorgen, dass private Arbeitgeber die den Frauen gleichermassen wie den Männern zustehenden Arbeitsrechte nicht unter Bezugnahme auf das Kriterium «Frau» verletzen.

1.3.2 Unmittelbare Anwendbarkeit

457 Kommentatoren der FDK billigen dieser nur programmatischen Charakter zu[908]. In den Vorbereitungsarbeiten zur FDK wurde die Frage nicht thematisiert[909]. Einzelnen Rechten der FDK, namentlich Art. 4 der FDK (Rechtsschutz) wird vereinzelt unmittelbare Anwendbarkeit zugesprochen[910].

458 In Erinnerung zu rufen ist, dass die FDK keine neuen Rechte, sondern nur die diskriminierungsfreie Gewährung von Rechten garantiert. Für den Bereich der Arbeitsrechte bedeutet dies, dass das Recht auf Arbeit (Art. 11 Bst. a FDK) soweit ohne Diskriminierung der Frau zu gewähren ist, wie ein solches Recht auf Arbeit in der Rechtsordnung des Staates vorgesehen ist. Die gleiche Verpflichtung ergibt sich auch oder bereits durch das in Art. 2 Bst. d FDK vorgesehene Verbot diskriminierender Handlungen oder Praktiken durch staatliche Behörden. Im Ergebnis stellt das Recht auf Arbeit im Sinne einer nicht die Frau diskriminierenden Gewährleistung dieses Rechts eine «self-executing» Bestimmung dar.

459 Gleiches gilt auch für Art. 11 Bst. b FDK. Die Vertragsstaaten sind zur Gewährung des gleichen Rechts für Frauen beim *«Recht auf dieselben Arbeitsmöglichkeiten einschliesslich der Anwendung derselben Auswahlkriterien bei*

---

[906] So auch KÄGI-DIENER (Impulse), S. 1463.
[907] Dazu HELBLING G., S. 127.
[908] So HANAU/STEINMEYER/WANK, N 51, S. 1280, DELBRÜCK (Konvention), S. 269.
[909] HAUSAMMANN/SCHÄPPI, S. 42.
[910] So HAUSAMMANN/SCHÄPPI, S. 42, HELBLING G., S. 172, KÄGI-DIENER (Impulse), S. 1463, IMHOF, (Diskriminierungsverbote), N 123 f. Vorsichtig in Teilbereichen, eine direkte Anwendbarkeit nicht ausschliessend auch die bundesrätliche Botschaft zur FDK, BBl 1995 IV 925.

der Anstellung» verpflichtet. Auch diese Bestimmung ist zusammen mit Art. 2 Bst. d FDK direkt anwendbar, soweit eine *staatliche Behörde* die Arbeitsmöglichkeiten für Frauen einschränken würde, ohne dass diese Einschränkung als Sondermassnahme im Sinne von Art. 4 Abs. 2 FDK dem Schutz der Mutterschaft dienen würde. Gleiches gilt bezüglich Anwendung derselben Auswahlkriterien bei der Anstellung.

Das Verbot der Diskriminierung der Frau bei der Gewährleistung der Arbeitsrechte der FDK ist im Bereich staatlichen Handelns also direkt anwendbar, sofern und weit die einzelnen Bestimmungen genügend bestimmt sind, um Grundlage einer richterlichen Entscheidung im Einzelfall bilden zu können. In der Lehre wird bestritten, dass Bestimmungen auch eine *unmittelbare Wirkung* in *privatrechtlichen Arbeitsverhältnissen* erzeugen[911]. Hinzuweisen ist indes auf die staatsvertragliche Verpflichtung zum Erlass gesetzlicher Bestimmungen zur Diskriminierungsbeseitigung (Art. 2 Bst. b und e sowie Art. 3 FDK).

460

2. *Völkerrechtliche Durchsetzungsmechanismen*

Als Durchsetzungsinstrumentarium sieht die FDK in Art. 18 ein Staatenberichtsverfahren vor. Verantwortlich für die *«Fortschritte bei der Durchführung dieses Übereinkommens»* ist nach Art. 17 FDK ein Ausschuss (FDK–Ausschuss). Dieser prüft die Staatenberichte und berichtet jährlich an der Generalversammlung der Vereinten Nationen. Der FDK–Ausschuss kann aufgrund der Prüfung der von den Vertragsstaaten eingegangenen Berichte und Auskünfte Vorschläge (suggestions) und Allgemeine Empfehlungen (general recommendations) abgeben. Etwas seltsam mutet die Bestimmung in Art. 20 FDK an, wonach der FDK–Ausschuss in der Regel jährlich für höchstens zwei Wochen zur Prüfung der Staatenberichte zusammentritt. Diese Einschränkung führt dazu, dass der Ausschuss regelmässig mit der Bearbeitung der Berichte im Rückstand liegt[912].

461

Mit Verabschiedung eines Zusatzprotokolls am 6. Oktober 1999 durch die UN-Generalversammlung wurde die Möglichkeit geschaffen, gegen konkrete Fälle von Frauendiskriminierung beim FDK–Ausschuss Individualbeschwerde zu führen. Das Zusatzprotokoll trat am 22. Dezember 2000 in Kraft. Es

462

---

[911] RUDOLF (Diskriminierungsverbote), N 32, dies. (Pflichten), S. 91, 109-115, DÄUBNER (Einleitung), N 158, SCHÖBENER/STORK, S. 69.
[912] HAUSAMMANN, S. 50.

wurde bis Frühling 2008 von 91 Staaten ratifiziert[913]. Das Zusatzprotokoll ermächtigt den FDK–Ausschuss zur Entgegennahme und Prüfung von Mitteilungen (Beschwerden) von Einzelpersonen oder Personengruppen, die behaupten, Opfer einer Diskriminierung im Sinne der FDK geworden zu sein (Art. 2 Zusatzprotokoll FDK). Zulässigkeitsvoraussetzung einer Mitteilung ist die Ausschöpfung des innerstaatlichen Instanzenwegs (Art. 4 Abs. 1 Zusatzprotokoll FDK). Nach erfolgter Prüfung einer Mitteilung übermittelt der FDK–Ausschuss den Parteien seine Auffassungen und allfälligen Empfehlungen (Art. 7 Abs. 3 FDK Zusatzprotokoll). Der Vertragsstaat hat daraufhin innerhalb einer Frist von sechs Monaten schriftlich Stellung zu beziehen. Eine Besonderheit des FDK–Individualbeschwerdeverfahrens besteht in der Ermächtigung für den Ausschuss, in Fällen besonders schwerwiegenden und systematischen Verletzungen ein eigentliches Untersuchungsverfahren durchzuführen. Dieses in den Art. 8 und 9 FDK festgelegte Verfahren kann allerdings von den Vertragsstaaten mittels einer Erklärung wegbedungen werden.

3. *Arbeitsprivatrechtliche Inhalte*

3.1 Die einzelnen Rechte

463 Die FDK konkretisiert die gemäss Art. 1 FDK den Frauen gleichberechtigt zustehenden Menschenrechte und Grundfreiheiten in den Art. 7–9 FDK bezüglich Rechte an Teilhabe am politischen und öffentlichen Leben sowie in den Art. 10–14 FDK bezüglich wirtschaftlicher, sozialer und kultureller Menschenrechte.

464 Der unmittelbar arbeitsrechtlich relevante Teil beschränkt sich auf Art. 11 FDK. Diese Bestimmung bezweckt die Verwirklichung der Gleichstellung der Frau im Berufsleben. Die Vertragsstaaten sind verpflichtet, dafür zu sorgen, dass auch in privatrechtlichen Arbeitsverhältnissen die folgenden Gleichheitsrechte gewährt sind:

- Das Recht auf dieselben Arbeitsmöglichkeiten einschliesslich der Anwendung derselben Auswahlkriterien bei der Einstellung (Art. 11 Abs. 1 Bst. b FDK),
- das Recht auf (…) beruflichen Aufstieg, Arbeitsplatzsicherheit und alle Leistungen und Arbeitsbedingungen sowie das Recht auf (…) ständige Weiterbildung (Art. 11 Abs. 1 Bst. c FDK),

---

[913] Quelle: http://www.un.org/womenwatch/daw/cedaw/protocol/sigop.htm (Zugriff: 30.06.2008). In der Schweiz stimmten National- und Ständerat der Ratifikation in der Frühjahrssession 2008 zu (siehe Geschäft 06.096, http://www.parlament.ch)

- das Recht auf gleiches Entgelt, einschliesslich sonstiger Leistungen, und auf Gleichbehandlung bei gleichwertiger Arbeit sowie Gleichbehandlung bei der Bewertung der Arbeitsqualität (Art. 11 Abs. 1 Bst. d FDK).

In Art. 11 Abs. 2 Bst. a FDK ist zudem das Verbot der Entlassung wegen Schwangerschaft oder Mutterschaftsurlaub sowie das Verbot der Diskriminierung aufgrund des Familienstands bei Entlassungen zu erwähnen. Dieses Verbot soll mit einer Sanktion durchgesetzt werden. In einem weiten Sinne verstanden hat auch Art. 2 Bst. c FDK einen Bezug zu den Arbeitsrechten der FDK. Die Vertragsstaaten trifft hier die Verpflichtung zu einem *wirksamen Rechtsschutz* gegen Diskriminierung. Diese Verpflichtung umfasst selbstverständlich auch den Rechtsschutz bei der Durchsetzung der Arbeitsrechte.

3.2 Drittwirkung der Arbeitsrechte

Im Vergleich zu den anderen in dieser Studie behandelten Menschenrechtsabkommen der UN, IPbpR, IPwskR und RDK, enthält die FDK einen breiteren Katalog an Arbeitsrechten, die auf eine *Verwirklichung im privatrechtlichen Arbeitsverhältnis abzielen*. Zu aller erst betrifft dieser erweiterte Schutz das besondere Verbot der Diskriminierung aufgrund Schwangerschaft und Mutterschaftsurlaub sowie dem Familienstand. Eine solche Bestimmung ist in den anderen genannten völkerrechtlichen Menschenrechtsverträgen nicht enthalten. Weiter enthält ausschliesslich die FDK eine Vorschrift über die Einhaltung von nicht die Frau diskriminierenden Auswahlkriterien bei der Einstellung. Auch das in der FDK aufgeführte diskriminierungsfrei zu gewährende Recht auf ständige Weiterbildung bildete eine «Spezialität» der FDK-Arbeitsrechte.

Wie bereits erwähnt wurde, wird eine unmittelbar anwendbare Drittwirkung der Arbeitsrechte bestritten[914]. Gegen eine unmittelbare Drittwirkung spricht, dass die FDK selbst keine neue Rechte schafft, sondern lediglich die diskrimierungsfreie Gewährung bestehender Rechte verlangt. Bestehende Rechte können sich auch aus anderen völkerrechtlichen Verträgen ergeben. Im Kapitel über den IPwskR wurde herausgearbeitet, dass dem Anspruch auf Entgelt ohne Unterschied der im IPwskR genannten Diskriminierungsmerkmale (u.a. das Geschlecht) unmittelbare Drittwirkung zukommt. Auf diesem Hintergrund ist Art. 11 Abs. 1 Bst. d FDK (Entgeltgleichheit) ein bestehendes Recht

---

[914] Siehe weiter vorne in diesem Kapitel, 1.3.2 Unmittelbare Anwendbarkeit, S. 170 f.

und ist deshalb unmittelbar drittwirksam[915]. Bei den übrigen Arbeitsrechten ist die unmittelbare Drittwirkung indes zu verneinen.

3.3 Stellenwert der Arbeitsrechte

468 Zu den Arbeitsrechten gemäss Art. 11 FDK hat sich der FDK-Ausschuss bisher kaum geäussert[916]. In der Allgemeinen Empfehlung Nr. 13 empfiehlt der Ausschuss den Vertragsstaaten die Ratifikation des IAO-Übereinkommens Nr. 100 zu Entgeltgleichheit. Weiter sollen die Vertragsstaaten geschlechtsneutrale Evaluierungssysteme für Arbeitsplätze entwickeln[917]. Eine Empfehlung (Nr. 16) widmet sich dem Problem der unbezahlten weiblichen Arbeitskräften in ländlichen und städtischen Familienunternehmen[918]. Zu erwähnen ist weiter die Allgemeine Empfehlung Nr. 19, die «*Gewalt gegen Frauen*» zum Gegenstand hat und u.a. festhält, dass die Gleichbehandlung im Berufsleben ernsthaft gefährdet wird, wenn Frauen geschlechtsspezifischer Gewalt wie sexueller Belästigungen am Arbeitsplatz ausgesetzt sind[919].

469 Der FDK–Ausschuss befasste sich zuletzt im Januar 2003 mit den von der Schweiz eingereichten Berichten. In ihrem Bericht hob die Schweiz die Schaffung des Gleichstellungsgesetzes zur Verwirklichung der Gleichstellung in privat- und öffentlichrechtlichen Arbeitsverhältnissen hervor, wies jedoch auch darauf hin, dass kein Organ mit Kompetenzen zur Untersuchungen oder Klagen geschaffen wurde[920]. In der Würdigung des Schweizerberichtes empfiehlt der FDK-Ausschuss der Schweiz eine Übernahme des Diskriminierungsbegriffs im Sinne von Art. 1 FDK ins schweizerische Recht[921]. Der Ausschuss ersucht die Schweiz weiter dafür zu sorgen, dass die Chancengleichheit auf dem Arbeitsmarkt gewährleistet ist, insbesondere soll sie Sondermassnahmen im Sinne von Art. 4 Abs. 1 FDK ergreifen. Weiter soll die Schweiz wirksame Durchsetzungsinstrumente gegen die horizontale und vertikale Segregation des Arbeitsmarktes ergreifen. Zur Beseitigung von

---

[915] Siehe zum gleichen Ergebnis bei der RDK weiter vorne in diesem Kapitel, IV. Internationale Übereinkommen zur Beseitigung jeder Form von Rassendiskriminierung, 3.3.2 Entgeltgleichheit, S. 160.
[916] SCHÖPP-SCHILLING, S. 419.
[917] CEDAW, A/44/38, 7. März 1989, Allg. Empfehlung Nr. 13.
[918] CEDAW, A/46/38 – 2. Januar 1991, Allg. Empfehlung Nr. 16.
[919] CEDAW, A47/38, 29. Januar 1992, Allg. Empfehlung Nr. 19, Ziff. 17 und 18.
[920] CEDAW, Draft report, Consideration of reports of States parties, Switzerland, N 7.
[921] CEDAW, Draft report, Consideration of reports of States parties, Switzerland, N 23.

bestehenden Lohndifferenzen sollen zudem Arbeitsbewertungssysteme mit geschlechtsrelevanten Kriterien entwickelt werden[922].

4. Bilanz

Die FDK fordert von den Vertragsstaaten die unverzügliche Verwirklichung materieller Gleichheit der Frauen. Dies schliesst u.a. im Bereich der Arbeitswelt zeitweilige Sondermassnahmen zu Gunsten von Frauen ein. Die Arbeitsrechte in Art. 11 der FDK sind unmittelbar anwendbar im Verhältnis der Privaten zum Staat. Der Staat muss zudem unverzüglich dafür sorgen, dass diese Arbeitsgleichheitsrechte auch in privaten Arbeitsverhältnissen gewährleistet sind. 470

Der schweizerische Gesetzgeber hat mit dem Bundesgesetz über die Gleichstellung von Frauen und Männern wesentliche Forderungen der FDK grösstenteils erfüllt[923]. Bei der Verabschiedung des GlG können es die schweizerischen Behörden indes nicht bewenden lassen. Die FDK erfährt über die Praxis des FDK-Ausschusses eine inhaltliche Konkretisierung, die von den nationalen Gerichten nachvollzogen werden muss. Die Bestimmungen des GlG müssen deshalb immer (auch) im Kontext der FDK ausgelegt werden[924]. 471

VI. UN-Konvention über die Rechte von Menschen mit Behinderung

1. Einleitung

Die UN-Generalversammlung verabschiedete am 21. Dezember 2006 eine Konvention für die Rechte von Menschen mit Behinderung[925]. Gleichzeitig wurde ein Zusatzprotokoll verabschiedet, das ein Individualbeschwerdeverfahren vorsieht. Die Konvention wurde in enger Zusammenarbeit mit Nichtregierungsorganisationen und Selbsthilfeorganisationen von Menschen mit 472

---

[922] CEDAW, Draft report, Consideration of reports of States parties, Switzerland, N 45.
[923] Zum Einluss des RDK auf das GlG siehe KÄGI-DIENER (Impulse), S. 1456 (mit kritischen Bemerkungen bezüglicher der Auslegung des GlG hinsichtlich der Möglichkeit zu Quoten im öffentlichen Personalrecht).
[924] So auch KÄGI-DIENER (Impulse), S. 1456 f.
[925] UN, A/61/611. Für einen Überblick zur Behindertenkonvention siehe WEISS N., S. 293 ff. Zur Bedeutung im Zusammenhang mit HIV/Aids siehe PÄRLI/CAPLAZI/ SUTER, S. 92 f.

Behinderung erarbeitet[926]. Die Konvention steht zur Unterzeichnung und Ratifizierung offen. Das Inkrafttreten setzt die Ratifikation durch 20 Staaten voraus. Organisationen der Behindertenselbsthilfe haben die Forderung nach einer raschen Unterzeichnung und Ratifikation durch die Schweiz gefordert[927]. Bis Juni 2008 haben bereits 129 Staaten die Konvention und 71 Staaten das Zusatzprotokoll unterzeichnet. 28 Staaten haben die Konvention ratifiziert und 17 Staaten auch das Zusatzprotokoll[928].

473 Die UN-Behindertenkonvention ist noch nicht in Kraft und sie wurde von der Schweiz bis heute weder unterzeichnet noch ratifiziert[929]. Die in der Konvention verankerten Rechte von Menschen mit Behinderung bilden demzufolge *nicht* Bestandteil schweizerischen Rechts. Dennoch werden in der Folge die allerwichtigsten arbeitsrechtlich relevanten Bestimmungen vorgestellt. Genauere Betrachtung verdienen der Diskriminierungs- und Behinderungsbegriff der Konvention. Obwohl für die Schweiz wie erwähnt nicht bindend, lassen sich aus diesen Materialien wertvolle Auslegungshilfen für das schweizerische Recht gewinnen.

2. *Diskriminierungsverbote im Bereich Arbeit*

2.1 Gleichbehandlung und Diskriminierungsverbot

474 Die Konvention enthält in Art. 5 unter dem Titel «Gleichheit und Nichtdiskriminierung» ein umfassendes Diskriminierungsverbot aufgrund einer Behinderung. Im Sinne der Dreischichtenverpflichtungen (obligation to respect, to protect, to fulfil) dürfen die Staaten Menschen nicht aufgrund ihrer Behinderung diskriminieren (Abs. 1), müssen Diskriminierung aufgrund einer Behinderung verbieten und Menschen mit Behinderung einen wirksamen Schutz gegen Diskriminierung garantieren (Abs. 2). Zur vollen Verwirklichung der Gleichbehandlung von Menschen mit Behinderung müssen die Staaten adäquate Massnahmen einschliesslich so genannt «angemessener Massnahmen» vorkehren (Abs. 3). In Abs. 4 ist festgehalten, dass positive Massnahmen zur

---

[926] DEGENER (Menschenrechtskonvention), S. 109 f.
[927] Egalité Handicap – Gleichstellungsrat und Fachstelle, Pressemeldung v. 13.12.2006: http://www.agile.ch/t3/agile/fileadmin/user_upload/2006/UN_Konvention_PM_d.pdf
[928] Quelle: http://www.un.org/esa/socdev/enable/conventioninfo.htm (Zugriff: 30.06.2008, auf dieser Seite weitersuchen nach list of signatury states).
[929] Der Bundesrat lehnte eine Motion der Nationalrätin Pascale Bruderer ab, die eine sofortige Unterzeichnung und Ratifikation der Konvention gefordert hatte. Zurzeit (Juni 2008) wurde die Motion im Parlament noch nicht beraten (Geschäftsnummer 06.3820).

Verwirklichung der tatsächlichen Gleichstellung von Menschen mit Behinderung keine Diskriminierung im Sinne der Behindertenkonvention darstellen.

Der Begriff «Diskriminierung» wird in Art. 2 der Behindertenkonvention definiert. Unter Diskriminierung aufgrund einer Behinderung (Discrimination on the Basis of disability) sind *«jede Unterscheidung, jeder Ausschluss oder jede Einschränkung wegen einer Behinderung zu verstehen, die den Zweck oder den Effekt haben, die Anerkennung, Ausübung oder den Genuss aller Menschenrechte und Grundrechte im politischen, wirtschaftlichen, kulturellen, zivilen oder anderen Bereichen zu verhindern»*. Erfasst ist jede Form von Diskriminierung, also auch die indirekte Diskriminierung und Diskriminierung durch Belästigung, einschliesslich nicht gewährten angemessenen Vorkehrungen. Unter angemessenen Vorkehrungen sind nötige und angemessene und verhältnismässige Vorkehrungen zu verstehen, die einer Person mit Behinderung die gleiche Ausübung aller fundamentalen Rechte ermöglichen wie einer Person ohne Behinderung. Das Konzept der «angemessenen Vorkehrungen» zu Gunsten behinderter Arbeitnehmer/innen findet sich in den Diskriminierungsschutzvorschriften des europäischen Gemeinschaftsrechts. In diesem Kontext wird vertieft darauf eingegangen.

475

2.2 Behinderungsbegriff

Bislang existierte im Völkerrecht keine rechtsverbindliche Definition des Begriffs «Behinderung»[930]. In vielen nationalen Gesetzen finden sich Behinderungsbegriffe, die eine starke Defizitorientierung aufweisen[931]. Dieser Behinderungsbegriff basiert(e) auf einem Verständnis von Behinderung, wie es in der *International Classification of Impairments, Disabilities and Handicaps (ICIDH)* von 1980 zum Ausdruck kommt. Dieses dreistufige bio-psycho-soziale Modell unterscheidet zwischen Schädigung, Funktionsbeeinträchtigung und Behinderung und ist noch sehr stark defizitorientiert und personenbezogen. Die neue Definition der Weltgesundheitsorganisation (WHO), die *International Classification of Functioning, Disabilities and Health (ICF)* vom Mai 2001 erweitert dieses Verständnis. Behinderung ist demnach keine *Eigenschaft* einer Person, sondern beschreibt die Situation einer Person mit einer Schädigung in ihrer Umwelt. Damit wird ein fortschrittlicher Rahmen mit einem umfassenden Verständnis von Behinderung und Funktionsfähigkeit geschaffen[932].

476

---

[930] WEISS N., S. 293, PÄRLI (Behinderungsbegriff), S. 387.
[931] DEGENER (Definition), S. 11.
[932] Zum Ganzen ausführlich: PÄRLI/CAPLAZI/SUTER, S. 93 f., PÄRLI (Behinderungsbegriff), S. 387.

477 Die Behindertenkonvention nimmt diesen Rahmen auf. Behindert sind nach Art. 1 Abs. 2 der Konvention «Menschen mit langfristigen körperlichen, seelischen, geistigen oder Sinnesschädigungen, die sie im Zusammenwirken mit verschiedenen Barrieren daran hindern können, gleichberechtigt mit anderen uneingeschränkt und wirksam an der Gesellschaft teilzunehmen». Für die Auslegung des Begriffs ist auch auf die Präambel zurückzugreifen. In Bst. e der Präambel wird der soziale Aspekt der Behinderung noch deutlicher hervorgestrichen: «... disability results from the interaction between persons with impairments and attitudinal and environmental barriers that hinders their full and effective participation in society on equal basis with others». Damit wird deutlich: Der Behinderungsbegriff der Konvention anerkannt, dass Behinderung oft (erst) durch soziale Problemlagen definiert wird, unter denen Menschen mit Behinderung zu leiden haben[933]. Der rechtliche Behinderungsbegriff hat sich demzufolge am sozialwissenschaftlich anerkannten Konzept der «konstruierten Behinderung» zu orientieren[934].

2.3 Arbeitsrechte

478 In Art. 27 der Konvention werden die Rechte von Menschen mit Behinderung im Bereich Arbeit und Beschäftigung präzisiert. Die Staaten anerkennen das Recht von Menschen mit Behinderung auf Gleichberechtigung in der Arbeitswelt an. Zur Verwirklichung dieses Rechts verpflichten sich die Staaten in einer nicht abschliessenden Liste zu verschiedenen Massnahmen inklusive gesetzgeberischen Lösungen. In Art. 27 Bst. a bis k der Konvention sind verschiedene konkrete Massnahmen vorgesehen, u.a.:

- Bst. a: Diskriminierungsverbot wegen einer Behinderung bei allen Formen der Beschäftigung einschliesslich Einstellungsbedingungen, Anstellung und Entlassung, Beförderung sowie Gesundheitsvorschriften,

- Bst. b: Gleicher Schutz der Rechte behinderter Arbeitnehmer auf gerechte Arbeitsbedingungen einschliesslich Anspruch auf gleiche Entschädigung, sichere und gesunde Arbeitsbedingungen einschliesslich Schutz vor Belästigung,

- Bst. g: Anstellung von Personen mit Behinderung im öffentlichen Sektor,

- Bst. h: Förderung der Anstellung von Personen mit Behinderung im privaten Sektor durch angemessene Massnahmen, die auch spezielle Förderung (affirmative action programmes, inventives and other measures) vorsehen können.

---

[933] BIELEFELDT, S. 8, MOONEY-COTTER, S. 9.
[934] BIELEFELDT, S. 9, PÄRLI (Behinderungsbegriff), S. 387, VON BERNSTORFF, S. 1047.

3. Bilanz

Die dem Behinderungs- und Diskriminierungsbegriff zugrunde liegenden Werte sind Ausdruck eines eigentlichen Paradigmenwechsels in der staatlichen Behindertenpolitik. Anstelle eines dem medizinischen Modell der Behinderung verhafteten defizitorientierten klassischen sozialstaatlichen Umgangs mit Behinderung ermöglicht die Konvention ein menschenrechtliches Empowerment für eine «freiheitliche und gleichberechtigte soziale Inklusion»[935]. Dabei bilden die Arbeitsrechte der Konvention einen wichtigen Bestandteil.

Die Konvention ist wie bereits erwähnt (noch) nicht Teil des schweizerischen Rechts. Für eine allfällige Ratifikation der Schweiz ist nicht unbedeutend, dass im Bundesgesetz über die Gleichstellung von Menschen mit Behinderung der Bereich der privaten Arbeitsverhältnisse ausgeklammert wurde und für die Bundesverwaltung lediglich rudimentäre Vorschriften zur Vermeidung von Diskriminierung behinderter Arbeitnehmenden bestehen.

Wie weit die schweizerische Rechtslage den Anforderungen der Konvention im Bereich des Schutzes vor Diskriminierung aufgrund einer Behinderung genügt, ist zweifelhaft. Insbesondere würde die Schweiz im Falle einer Ratifikation verpflichtet, das gleichberechtigte Recht auf Menschen mit Behinderung auf Arbeit anzuerkennen. Zur Verwirklichung dieses Rechts müsste die Schweiz durch geeignete Schritte, namentlich Gesetzgebung, für alle Phasen im Lebenszyklus eines Arbeitsverhältnisses die Diskriminierung aufgrund einer Behinderung *verbieten* (Art. 27 Bst. a Behindertenkonvention). Weiter müsste die Schweiz die Beschäftigung Behinderter im privaten Sektor mit geeigneten Strategien, dazu gehörte auch Förderprogramme und Anreize, *fördern* (Art. 27 Bst. h Behindertenkonvention). Schliesslich müsste die Schweiz *sicherstellen,* dass am Arbeitsplatz angemessene Vorkehrungen für Menschen mit Behinderung getroffen werden (Art. 27 Bst. i Behindertenkonvention).

Einzelne Bestandteile der Arbeitsrechte sind für eine unmittelbare Anwendung geeignet. Das betrifft namentlich die Sicherung des Grundsatzes «gleiches Entgelt für gleichwertige Arbeit» (Art. 27 Bst. b Satz 2 Behindertenkonvention).

---

[935] BIELEFELDT, S. 10, VON BERNSTORFF, S. 1049.

VII. Zwischenergebnis

483 An dieser Stelle folgen zusammenfassend die Antworten zu den Fragen des im vierten Kapitel entwickelten Untersuchungsrasters[936].

- Enthält der völkerrechtliche Vertrag Bestimmungen zum Schutz der Vertragsfreiheit bzw. werden *Grenzen des Eingriffs in die Vertragsfreiheit* im Vertrag selbst geregelt?

484 Die Vertragsfreiheit ist in keinem der untersuchten völkerrechtlichen Diskriminierungsschutzabkommen als eigenständige Garantie aufgeführt. Insbesondere enthält der IPwskR kein Recht auf Eigentum und die damit verbundene Vertragsfreiheit[937]. Das Recht auf Schutz der Privatsphäre nach Art. 17 IPbpR ist auf die Privatsphäre im engeren Sinne beschränkt und berührt damit nicht den Bereich des Arbeitsvertrages[938]. Sofern und soweit die staatsvertraglichen Verpflichtungen erfüllt werden, ist die Abwägung zwischen den völkerrechtlichen Gleichheitsschutzverpflichtungen und der innerstaatlichen gewährten Vertragsfreiheit Sache des innerstaatlichen Gesetzgebers bzw. der Verwaltung oder der Gerichte.

- Welcher ist der *sachliche und persönliche* Geltungsbereich der Gleichheits- und Diskriminierungsschutznormen?

485 Keine der untersuchten Konventionen ist in ihrem Anwendungsbereich auf das Arbeitsverhältnis beschränkt, jede Konvention enthält jedoch Bestimmungen, die für den Diskriminierungsschutz im Arbeitsverhältnis relevant sind. Hervorzuheben ist der sowohl in der RDK, der FDK und im IPwskR verankerte Anspruch auf gleiches Entgelt für gleiche Arbeit[939]. Die FDK garantiert Frauen im ganzen Lebenszyklus des Arbeitsverhältnisses einen umfassenden Anspruch auf formelle und materielle Gleichbehandlung[940]. Umfassend ist auch der Anwendungsbereich des Diskriminierungsverbotes nach Art. 26 IPbpR. Die Bestimmung ist auch für die Arbeitsrechte des IPwskR

---

[936] Siehe S. 74 f. Die für die Schweiz (noch) nicht anwendbare Konvention zum Schutz von Menschen mit Behinderung wird in diesem Zwischenergebnis nicht berücksichtigt.

[937] Siehe dazu in diesem Kapitel vorne, II. 3.3 Vertragsfreiheit als Schranke, S. 132.

[938] Siehe dazu in diesem Kapitel vorne, III. 1.3 Schutz der Vertragsfreiheit durch den IpbpR, S. 135.

[939] Siehe dazu in diesem Kapitel vorne, FDK, V. 3. Arbeitsprivatrechtliche Inhalte, S. 172, RDK, IV: 3.3.2 Entgeltgleichheit, S. 160, IPwskR, II. 3.2 Gewährleistung des Rechts auf gerechte und günstige Arbeitsbedingungen, S. 129.

[940] Siehe dazu in diesem Kapitel vorne, V. 3. Arbeitsprivatrechtliche Inhalte, S. 172.

anwendbar[941]. Die Schweiz hat hierzu einen Vorbehalt angebracht, womit diese Bestimmung in der Schweiz nicht anwendbar ist[942]. Der sachliche Anwendungsbereich des Verbotes der Rassendiskriminierung nach der RDK ist auf die diskriminierungsfreie Gewährung bestehender Rechte beschränkt[943], soweit nicht die RDK die Staaten verpflichtet, rassendiskriminierendes Verhalten unter Strafe zu stellen[944].

- Welche *Diskriminierungsmerkmale* enthält der Vertrag? Besteht innerhalb dieser Merkmale eine Hierarchie?

Die beiden UN-Pakte IPbpR und IPwskR enthalten die identischen Diskriminierungsmerkmale: Rasse, Hautfarbe, Geschlecht, Sprache, Religion, politische oder sonstige Anschauung, nationale oder soziale Herkunft, Vermögen und Geburt. Die Liste ist jedoch nicht abschliessend, was sich aus dem Terminus «sonstiger Status» ergibt. Die Arbeit der Überwachungsorgane lässt erkennen, dass die Kriterien «Alter», «Behinderung» und «HIV-Infektion» unter «sonstiger Status» fallen[945]. IPwskR und IPbpR führen die Diskriminierungsmerkmale alle gleichwertig auf, erwähnen jedoch je die besondere Bedeutung der Gleichbehandlung aufgrund des Geschlechts[946]. Der Sonderstatus der Merkmale Rasse, Hautfarbe, der Abstammung, dem nationalen Ursprung oder dem Volkstum ergibt sich aus der Statuierung einer eigenständigen UN-Konvention. Gleiches gilt neuerdings für das Merkmal Behinderung[947] und das Verbot der Diskriminierung der Frau. Eine Hierarchie der Diskriminierungsmerkmale ergibt sich wenn überhaupt durch die strengeren Anforderungen an die Rechtfertigungsmöglichkeiten einer Ungleichbehandlung.

486

---

[941] Siehe dazu in diesem Kapitel vorne, II. 1.3 Akzessorisches Diskriminierungsverbot, S. 124 und III.3. Arbeitsrechtliche Bedeutung des allgemeinen Diskriminierungsverbotes, S. 137.

[942] Nach der hier vertretenen Position bezieht sich der Vorbehalt nicht auf die staatliche Verpflichtung zu positiven Massnahmen zum Abbau von Diskriminierung unter Privaten, siehe dazu in diesem Kapitel vorne, 3.3 Staatliche Schutzpflichten aufgrund des Diskriminierungsverbotes, S. 141.

[943] Siehe dazu in diesem Kapitel vorne, IV 3.3.1 Diskriminierungsfreie Gewährung bestehender Rechte, S. 158.

[944] Siehe dazu in diesem Kapitel ausführlich, IV. Schutz gegen Anstellungsdiskriminierung, S. 154.

[945] Siehe dazu in diesem Kapitel vorne II. 1.3 Akzessorisches Diskriminierungsverbot, S. 124 und III. 3.2 Arbeitsprivatrechtliche Diskriminierungsfälle, S. 139 (Fall Love et al).

[946] Siehe dazu in diesem Kapitel vorne, II. 1.3 Akzessorisches Diskriminierungsverbot, S. 124 und III. 1.2 Die einzelnen Rechte, S. 134

[947] Siehe dazu in diesem Kapitel vorne, S. 175 ff. Diese Konvention ist für die Schweiz (noch) nicht verbindlich.

- Welche Diskriminierungsformen (direkte und indirekte Diskriminierung) sind erfasst?

487 RDK und FDK enthalten eine Legaldefinition der Diskriminierung, die dem Typus der direkten entspricht[948]. Im IPbpR und im IPwskR ist der Begriff Diskriminierung nicht definiert. Aus den Arbeiten der Überwachungsorgane und gemäss Lehre ist davon auszugehen, dass alle UN-Konventionen sowohl die direkte wie die indirekte Diskriminierung verbieten[949]. Im Vergleich zum europäischen Gemeinschaftsrecht[950] und auch zur Rechtsprechung zur EMRK[951] ist der Diskriminierungsbegriff in den UN-Konventionen wenig dogmatisch entwickelt.

- Unter welchen Voraussetzungen sind Diskriminierungen gerechtfertigt (Rechtfertigungsgründe, Ausnahmen)?

488 Nicht jede an die Diskriminierungsmerkmale anknüpfende Ungleichbehandlung stellt eine Diskriminierung dar. Eine Diskriminierung liegt erst dann vor, wenn für die fragliche Ungleichbehandlung keine ausreichenden sachlichen Rechtfertigungsgründe vorliegen. Der Rechtfertigungsmassstab ist dabei bei den Merkmalen Rasse, Hautfarbe und ethnische Herkunft sowie dem Geschlecht besonders streng. Neben diesen eher allgemeinen Rechtfertigungsgründen enthalten insbesondere die RDK und die FDK Bestimmungen über Sondermassnahmen zu Gunsten benachteiligter Gruppen. Trotz direkter Anknüpfung an das Diskriminierungsmerkmal liegt hier keine Diskriminierung vor[952].

- Wie erfolgt die Durchsetzung der Diskriminierungsschutzbestimmungen auf *völkerrechtlicher Ebene* und wie wird von den internationalen Organen die Umsetzungsarbeit der Schweiz gewürdigt?

489 Alle analysierten Übereinkommen kennen das Staatenberichtsverfahren, bei der RDK, der FDK und dem IPbpR[953] haben Rechtssuchende die Möglichkeit,

---

[948] Siehe dazu in diesem Kapitel vorne, IV. S. 146 und V. 1.2.2 Verbot der Diskriminierung der Frau, S. 167.
[949] Siehe dazu in diesem Kapitel vorne, II.3.1 Inhalt und Struktur des Diskriminierungsverbotes, S. 137, III. 3.1 Diskriminierungsformen, S. 320.
[950] Siehe dazu in Teil III., 10. Kapitel III. 3.1 Diskriminierungsformen, S. 320 f. und in den Kapiteln 11-13, S. 334 ff.
[951] Siehe dazu in Kapitel 8, 2.1 Diskriminierungsmerkmale, S. 191 f.
[952] Siehe dazu in diesem Kapitel vorne, II. 1.3 Akzessorisches Diskriminierungsverbot, S. 124, III. 3.1 Inhalt und Struktur des Diskriminierungsverbotes, S. 137, V.1.2.5 Weitere Rechtfertigungsgründe, S.150, V. 1.2.3 Sondermassnahmen und andere Rechtfertigungsgründe, S. 168.
[953] Die Schweiz hat das Fakultativprotokoll zum Individualbeschwerdeverfahren im IPbpR nicht unterzeichnet. Für Näheres siehe III. 1.1 Ratifikation durch die Schweiz, S. 133.

Teil II: Diskriminierungsschutz und Vertragsfreiheit im Völker- und Verfassungsrecht

ihre Sache dem zuständigen Ausschuss vorzulegen (Individualbeschwerdeverfahren). Aus den Berichten der Überwachungsorgane zu den Staatenberichten der Schweiz ist einerseits das Bedauern über den Vorbehalt gegenüber dem allgemeinen Diskriminierungsverbot in Art. 26 IPbpR und andererseits die Unzufrieden der Organe mit dem Niveau der gesetzlichen Verankerung des Diskriminierungsschutzes, auch im Arbeitsverhältnis, zu erwähnen[954].

- Welche *Umsetzungspflichten* erwachsen dem Vertragsstaat (konkret der Schweiz) im Lichte der Dreischichtenkonzeption (obligations to respect, to protect, to fulfil)?
- Sieht der Vertrag vor, dass die Diskriminierungsverbote (auch) in privaten Arbeitsverhältnissen zur Geltung kommen sollen (*Drittwirkung*)?
- Sind diese Drittwirkungsbestimmungen *unmittelbar anwendbar*?
- Welche Verpflichtungen treffen die Schweiz zur Umsetzung der Drittwirkung der Diskriminierungsverbote ins Landesrecht?

In allen vier untersuchten für die Schweiz anwendbaren UN-Konventionen ist der Staat in all seinen Funktionen unmittelbar an das Verbot rechtlicher Diskriminierung gebunden. 490

Die Arbeitsrechte des IPwskR verpflichten den Staat auf mehreren Ebenen. Der Staat hat die entsprechenden Rahmenbedingungen zur Verwirklichung der im Pakt verankerten Rechte zu schaffen und durchzusetzen. Als Arbeitgeber ist der Staat selbst unmittelbar an die Paktrechte gebunden, soweit diese «self-executing» Charakter haben[955]. Gegenüber einem privaten Arbeitgeber unmittelbar anwendbar ist nach der hier vertretenen Position der Anspruch auf gleiches Entgelt für gleiche Arbeit[956]. 491

Die im IPbpR verankerten typischen Freiheitsrechte – das Recht auf persönliche Freiheit, die Meinungsäusserungsfreiheit sowie die Religionsfreiheit – sind gegenüber dem Staat unmittelbar anwendbar («obligations to respect»). Das akzessorische Diskriminierungsverbot in Art. 2 und 3 IPbpR verpflichtet die Staaten, den diskriminierungsfreien Genuss dieser Rechte zu gewährleisten. Dazu gehören die staatliche Pflicht zu einem wirksamen Rechtsschutz und die Pflicht zum Schutz vor diskriminierender Beschränkung dieser Rechte durch Private[957]. Dieser Schutzpflicht ist für das sich durch ein Unterordnungsverhältnis auszeichnende Arbeitsverhältnis besonders wichtig. Das zeigt 492

---

[954] Siehe dazu in diesem Kapitel vorne, III. 3.3 Staatliche Schutzpflichten aufgrund des Diskriminierungsverbotes, S. 141 und IV. 3.4 Wirksamer Rechtsschutz gegen rassistische Diskriminierung, S. 162.
[955] Siehe dazu in diesem Kapitel vorne, II. 1.4, S. 124.
[956] Siehe dazu in diesem Kapitel vorne, II. 3.2 Gewährleistung des Rechts auf gerechte und günstige Arbeitsbedingungen, S. 129.
[957] Siehe dazu in diesem Kapitel vorne, III. 1.4 Die staatlichen Verpflichtungen, S. 136.

sich u.a. darin, dass der Menschenrechtsausschuss in verschiedenen Entscheiden zum IAO-Übereinkommen Nr. 111 auf den Diskriminierungsschutz Bezug nimmt[958]. Die IAO-Diskriminierungsschutznormen erweisen sich somit als «Minimalstandard» und Orientierung für die Auslegung von arbeitsrechtlich relevanten Gleichheitsbestimmungen anderer Menschenrechtsabkommen.

493 Das allgemeine Diskriminierungsverbot nach Art. 26 IPbpR schliesst das Verbot ein, bei der Gewährung der Arbeitsrechte des IPwskR – namentlich dem Zugang zum Arbeitsmarkt und den Anspruch auf faire Arbeitsbedingungen – zu diskriminieren. Dieses Verbot ist primär staatsgerichtet. Die Vertragsstaaten tragen indes Schutzpflichten, die wirksame Massnahmen gegen die Diskriminierung Privater, vorliegend namentlich der Arbeitgeber, beinhalten[959]. Die Schweiz hat gegen Art. 26 IPbpR einen Vorbehalt angebracht. Der Vorbehalt bedeutet nach der hier vertretenen Position nicht, dass die Schweiz nicht zu aktivem Schutz gegen Diskriminierungen Privater, namentlich der Arbeitgeber, verpflichtet ist[960]. Die Schutzpflicht umfasst den sachlichen Anwendungsbereich des akzessorischen Diskriminierungsverbotes in den Art. 2 und 3 IPbpR und darüber hinaus den Bereich der Schutzpflicht des allgemeinen Diskriminierungsverbotes nach Art. 26 IPbpR. Eine allfällige Verletzung der staatlichen Schutzpflichten durch die Schweiz kann jedoch wegen der fehlenden Ratifikation des ersten Zusatzprotokolls (Mitteilungsverfahren) nicht vor dem Menschenrechtsausschuss geltend gemacht werden.

494 Die RDK verpflichtet den Staat zum Erlass von Anti-Rassismusstrafnormen, die auch darauf abzielen, Rassismus am Arbeitsplatz und beim Zugang zur Arbeit zu sanktionieren[961]. Der Staat ist zudem durch Art. 2 Abs. 1 Bst. d RDK im Sinne einer «obligation to protect» *unverzüglich* verpflichtet, dafür zu sorgen, dass Private andere Private bei der Ausübung der ihnen grundsätzlich zustehenden Arbeitsrechte aus rassendiskriminierenden Motiven stören bzw. ihnen die Ausübung dieser Rechte verweigern[962]. Private werden unmittelbar völkerrechtlich hinsichtlich der diskriminierungsfreien Gewährung gleichen Entgelts für gleichwertige Arbeit verpflichtet. In diesem Punkt ist die RDK unmittelbar anwendbar und drittwirksam[963].

---

[958] HCR, Communication No. 983/2001, Love et. al. V. Australia, 8.2.
[959] Siehe dazu vorne, III. 3.3 Staatliche Schutzpflichten aufgrund des Diskriminierungsverbotes, S. 141.
[960] Siehe dazu vorne, III. 3.4 Bedeutung des allgemeinen Diskriminierungsverbotes für die Schweiz, S. 143.
[961] Siehe dazu vorne, IV. 3.2 Schutz gegen Anstellungsdiskriminierung, S. 154 f.
[962] Siehe dazu vorne, IV. 1.3 Die staatlichen Verpflichtungen, S. 150.
[963] Siehe dazu vorne, IV. 4.1 Unverzügliche Umsetzung – Unmittelbar drittwirksame Entgeltgleichheit, S. 163.

Die FDK fordert von den Vertragsstaaten die unverzügliche Verwirklichung 495
materieller Gleichheit der Frauen. Dies schliesst u.a. im Bereich der Arbeitswelt zeitweilige Sondermassnahmen zu Gunsten von Frauen ein. Der Anspruch auf gleiches Entgelt für gleiche Arbeit nach Art. 11 Abs. 1 Bst. d FDK ist unmittelbar anwendbar *und* drittwirksam[964]. Der schweizerische Gesetzgeber mit dem Bundesgesetz über die Gleichstellung von Frauen und Männern die Forderungen der FDK grösstenteils erfüllt. Bei der Verabschiedung des GlG können es die schweizerischen Behörden indes nicht bewenden lassen. Die FDK erfährt über die Praxis des FDK-Ausschusses eine inhaltliche Konkretisierung, die von den nationalen Gerichten nachvollzogen werden muss. Die Bestimmungen des GlG müssen deshalb immer (auch) im Kontext der FDK ausgelegt werden.

---

[964] Siehe dazu vorne, V.3.2 Drittwirkung der Arbeitsrechte, S. 173.

7. Kapitel: Abkommen des Europarates

I. Einleitung

1. Arbeitsrechtlicher Diskriminierungsschutz in Verträgen und Empfehlungen

496 Das globale Arbeitsvölkerrecht wird durch spezifisch europäische Abkommen des Europarates überlagert. Dem Europarat gehören heute 47 Staaten an. Er hat keine supranationalen Kompetenzen. Er kann jedoch Empfehlungen an die Mitgliedstaaten abgeben. Von den unverbindlichen Empfehlungen sind die vom Europarat ausgearbeiteten völkerrechtlichen Verträge zu unterscheiden. Vorliegend relevant sind die Europäische Menschenrechtskonvention und die Europäische Sozialcharta. Diese stehen den Mitgliedstaaten zum Beitritt offen[965]. Eine gewisse Diskriminierungsschutzfunktion kommt der vom Europarat erlassene Europäische *Datenschutzkonvention*[966] zu[967]. Diese ist auf die automatische Datenverarbeitung gerichtet. Nach Art. 1 bildet der Schutz der Persönlichkeit bei der automatischen Verarbeitung personenbezogener Daten den Zweck der Konvention. Die Vertragsparteien verpflichten sich, dieses Übereinkommen sowohl im öffentlichen wie auch im privaten Bereich anzuwenden. Auch privatrechtliche Arbeitsverhältnisse sind somit erfasst. Angesichts des im Vergleich zur EMRK schwachen Durchsetzungsmechanismus[968] wird auf eine vertiefte Auseinandersetzung mit dieser Konvention verzichtet.

497 Mit Diskriminierungsschutz befasst sich weiter die *Empfehlung Nr. 7* der Europäischen Kommission gegen Rassismus und Intoleranz[969] (European Commission against Racism and Intolerance, ECRI). Den Mitgliedern des Europarates wird nahe gelegt, Gesetze zur Bekämpfung von Rassismus und

---

[965] VILLIGER, N 9.
[966] Europarat, Übereinkommen zum Schutz des Menschen bei der automatischen Verarbeitung personenbezogener Daten (Konvention Nr. 108) vom 28. Januar 1981. Die Schweiz hat das Übereinkommen unterzeichnet und ratifiziert. Das Übereinkommen bildet Teil des schweizerischen Recht (SR. 0.235.1).
[967] NIESSER, S. 117, Fn 25.
[968] NIESSER, S. 117, Fn 25.
[969] Europarat, Europäische Kommission gegen Rassismus und Intoleranz, Empfehlung Nr. 7 (Quelle: http://www.coe.int/t/e/human_rights/ecri/1-ecri/3-general_themes/1-policy_recommendations/recommendation_n7/cri03-8%20recommandation%20nr%207%20-%20allemand.pdf, Zugriff: 30.06.2008).

Rassendiskriminierung zu erlassen. In Art. 7 der Empfehlung wird verlangt, dass ein Verbot der Rassendiskriminierung auch den privaten Sektor und insbesondere *den Bereich Beschäftigung* umfassen soll. Diese Empfehlung stellt keine völkerrechtlich bindende Rechtsquelle dar. Es handelt sich vielmehr um so genanntes «Soft Law». An die Adresse der Schweiz gerichtet hat die ECRI im dritten Länderbericht darauf aufmerksam gemacht, dass es noch immer an einer gesetzlichen Grundlage für ein allgemeines Diskriminierungsverbot fehle, mit dem rassistische Diskriminierung im zivilrechtlichen Bereich sanktioniert werden könnte[970]. Die ECRI empfiehlt weiter einen Ausbau der Kompetenzen der Eidgenössischen Kommission gegen Rassismus[971]. Die Empfehlungen in den Länderberichten stellen keine rechtlich bindenden Verpflichtungen dar.

2. *Die Europäische Menschenrechtskonvention*

Die EMRK ist das «Paradepferd und Rückgrat» des Europarates[972]. Sie wurde am 4. November 1950 vom Europarat verabschied und trat nach der Ratifikation durch zehn Mitgliedstaaten 1953 in Kraft. Die EMRK lässt sich mit dem Internationalen Pakt über bürgerliche und politische Rechte (IPbpR) vergleichen[973]. Sie enthält zunächst die so genannten Freiheitsrechte (Recht auf Leben[974], Verbot der Folter[975], Recht auf Achtung des Privatlebens[976] usw.). Weiter garantiert die EMRK ausgewählte politische Rechte (Meinungsfreiheit[977], Versammlungs- und Vereinigungsfreiheit[978] sowie das Wahlrecht[979]). Besonders praxisrelevant sind die justizbezogenen Rechte[980], insbesondere auch das aus verschiedenen Einzelgarantien bestehende Recht auf ein faires Verfahren[981].

498

---

[970] EUROPEAN COMMISSION AGAINST RACISM AND INTOLERANCE (ECRI), Third report on Switzerland, 27. June 2003, N 14 – 15.
[971] EUROPEAN COMMISSION AGAINST RACISM AND INTOLERANCE (ECRI), Third report on Switzerland, 27. June 2003, N 22.
[972] VILLIGER, N 17.
[973] Zur Koexistenz der EMRK und dem IPbpR siehe ZWAAK, S. 89.
[974] Art. 2 EMRK.
[975] Art. 3 EMRK.
[976] Art. 8 EMRK.
[977] Art. 10 EMRK.
[978] Art. 11 EMRK.
[979] Art. 1 des 1. Zusatzprotokolls zur EMRK.
[980] PETERS (Einführung), S. 1.
[981] Art. 6 EMRK.

499 Einzigartig im System des internationalen Menschenrechtsschutzes ist das in den Art. 34 EMRK ff. vorgesehene Individualbeschwerdeverfahren. Die Entscheide des Europäischen Gerichtshofes für Menschenrechte (EGMR) sind rechtsverbindlich[982]. Die Arbeit des Gerichtshofes hat wesentlich zu einem demokratischen und den Menschenrechten und Grundfreiheiten verpflichteten Europa beigetragen[983].

500 Die EMRK ist für die Schweiz seit 1974 in Kraft. Im Jahre 2000 wurden die letzten Vorbehalte der Schweiz zurückgezogen[984]. Die materiellen Bestimmungen der EMRK sind für die Schweiz grösstenteils unmittelbar anwendbar[985]. Sie können als verfassungsmässige Rechte angerufen werden[986]. Die Ratifikation der EMRK und die Rechtsprechung der Strassburger Organe haben zu bedeutenden Änderungen in vielen Bereichen des schweizerischen Rechts geführt[987].

3. *Die Europäische Sozialcharta*

501 Die Europäische Sozialcharta (ESC) von 1961 und die revidierte Sozialcharta von 1996 stellt eine Ergänzung zur EMRK dar[988]. Die 1996 verabschiedete revidierte Sozialcharta fasst bisherige Änderungen und Ergänzungen der Charta in einem einzigen Text zusammen und gewährt zusätzliche Garantien, u.a. einen Anspruch auf diskriminierungsfreie Gewährung der Charta-Rechte. Auffallend ist hier die Erwähnung des Gesundheitszustandes als Diskriminierungsmerkmal[989]. Die ESC enthält die in der EMRK nicht enthaltenen *wirtschaftlichen, sozialen und kulturellen* Rechte. Sie bildet damit das Pendant zum Internationalen Pakt über wirtschaftliche, soziale und kulturelle Rechte[990]. Für das Arbeitsrecht relevant ist das Recht auf Arbeit. Die Vertragsstaaten sind verpflichtet, unentgeltliche Arbeitsvermittlungsbüros einzurichten (Art. 1 ESC) und das Vereinigungsrecht (Art. 2 ESC) sowie das Recht auf Kollektivverhandlung mit der Verpflichtung, das Streikrecht zu anzuerkennen (Art. 6 ESC), zu gewährleisten.

---

[982] Art. 46 EMRK.
[983] VILLIGER, N 16.
[984] BBl 1999, S. 3658 ff.
[985] HAEFLIGER/SCHÜRMANN, S. 37 ff., WÜGER (Justiziabilität), S. 379.
[986] HAEFELIN/HALLER, N 1078.
[987] Dazu grundsätzlich mit zahlreichen Nachweisen ZELGER, S. 18, HAEFLIGER/SCHÜRMANN.
[988] NUSSBERGER, S. 90.
[989] PÄRLI (GUMG), S. 80.
[990] NUSSBERGER, S. 86, Fn 182.

Die ESC enthält indes kein Individualbeschwerdeverfahren. Ein Berichtprüfungsverfahren ist für alle Vertragsstaaten verbindlich. Die periodisch abzuliefernden Staatenberichte werden vom Europäischen Ausschuss für Sozialrechte geprüft[991]. Gestützt auf das bis heute von 11. Staaten ratifizierte einschlägige Zusatzprotokoll besteht die Möglichkeit einer Kollektivbeschwerde durch Gewerkschaften und Nichtregierungsorganisationen[992]. Trotz dem schwachen Durchsetzungsmechanismus ist die ESC für die Vertragsstaaten bindend. Eine beachtliche arbeitsrechtliche Bedeutung kommt der ESC im europäischen Gemeinschaftsrecht zu. Nach Art. 136 EGV haben die Gemeinschaft und die Mitgliedstaaten eine Sozialpolitik im Einklang mit den sozialen Grundrechten, wie sie in der ESC zum Ausdruck kommen, zu betreiben.

502

Anders ist die schweizerische Rechtslage. Die Schweiz hat die ESC zwar unterzeichnet aber nicht ratifiziert. Eine Ratifikation wurde vom Parlament mehrfach abgelehnt[993]. Die ESC bildet nicht Teil des schweizerischen Rechts. Die Inhalte der ESC haben höchstens Bedeutung als rechtsethische Prinzipien. Das kann bei der Auslegung von wertungsabhängigen Bestimmungen wie die Generalklauseln zum Persönlichkeitsschutz eine Rolle spielen. Für die vorliegend spezifisch interessierende Frage der Gleichbehandlung und des Diskriminierungsschutzes bieten die vorgängig bearbeiteten arbeitsvölkerrechtlichen Diskriminierungsschutzbestimmungen, namentlich IAO-Übereinkommen Nr. 111, genügend Material zur Konkretisierung. Auf eine weitergehende Auseinandersetzung mit der ESC wird deshalb in dieser Arbeit verzichtet[994].

503

II. Bedeutung der EMRK für den arbeitsprivatrechtlichen Diskriminierungsschutz

1. Wirkung der EMRK-Rechte unter Privaten im Allgemeinen

Die EMRK entfaltet keine unmittelbare Drittwirkung[995]. Privatpersonen sind nicht unmittelbare Verpflichtungsadressaten[996]. Die Verpflichtungen zur Garantie der EMRK-Rechte richten sich primär an die Staaten.

504

---

[991] SCHIEK (Arbeitsrecht), S. 41.
[992] NUSSBERGER, S. 313 ff.
[993] Zu den Hintergründen siehe PÄRLI (Recht), S. 91 und Fn 273.
[994] Zur Bedeutung des ESC für den Diskriminierungsschutz im Arbeitsverhältnis siehe PÄRLI/CAPLAZI/SUTER, S. 103 f.
[995] Grundlegend dazu ZWAAK, S. 28 ff., JAECKEL, S. 120 mit Hinweisen auf seltene und überwiegend ältere anders lautende Positionen im Schrifttum. Siehe auch BESSON (humaniser), S. 16.

505 Die Garantien der EMRK gehen indes über den rein abwehrrechtlichen Gehalt hinaus. Die Staaten sind verpflichtet, mit aktiven Massnahmen den effektiven Genuss der Grundrechte zu sichern[997]. Diese als positive Verpflichtungen oder Schutzpflichten[998] genannten Aufgaben des Staates zielen auch, aber nicht nur, auf eine Wirkung unter Privaten ab. Der Staat hat in gewissen Situationen die Pflicht, Privatpersonen vor der Verletzung ihrer Konventionsrechte durch andere Privatpersonen mit geeigneten und angemessenen Mitteln zu schützen[999]. Das gilt angesichts des Machtgefälles zwischen Arbeitgeber und Arbeitnehmer insbesondere im Arbeitsverhältnis[1000]. Die Verletzung dieser Schutzpflichten kann vor dem EGMR eingeklagt werden, soweit das Opfer geltend machen kann, konkretes Opfer einer solchen EMRK-Verletzung zu sein[1001]. Damit wird ein *subjektives Recht auf Schutz* begründet. Die Rechtsprechung der Strassburger Organe lässt aber erkennen, dass eine übermässige Regulierung der privaten Sphäre nicht im Sinne der EMRK liegt[1002]. Der Gerichtshof anerkennt den Mitgliedstaaten generell einen grossen Ermessensspielraum bei der Umsetzung der Konventionsgarantien zu[1003]. Das trifft insbesondere auf die staatlichen Schutzpflichten zu[1004]. Zudem sind die Sanktionsmöglichkeit des Gerichtshofes bei verletzter Schutzpflicht beschränkt. Der Gerichtshof kann ein Feststellungsurteil erlassen und allenfalls der verletzten Partei einen Schadenersatz zubilligen. Es fehlt indes an einer Befugnis, konventionswidrige Akte der Vertragsstaaten aufzuheben oder zu ändern[1005].

---

[996] PETERS (Völkerrecht), S. 15, ZWAAK, S. 30.
[997] Vgl. z.B. EGMR v. 26.03.1985, X. und Y. ./. NL U, Appl. No 8978/80, Ser. A no 91, DRÖGE, S. 1.
[998] JAECKEL, S. 116 ff., MJÖLL, S. 95 ff., DRÖGE, S. 11 ff., RUDOLF (Pflichten), S. 100, BESSON (humaniser), S. 19 ff., HERINGA/ZWAAK, S. 743.
[999] DRÖGE, S. 12, BESSON (humaniser), S. 23, HERINGA/ZWAAK, S. 743, grundlegend schon 1993: CLAPHAM, insbes. S. 348 ff., KRIEGER N 64.
[1000] PULVER, S. 413 ff.
[1001] VILLIGER, N 175. Für eine Übersicht der Strassburger Rechtsprechungsorgane zu staatlichen Schutzpflichten siehe WIESBROCK, S. 102 ff. Zu relevanten Entscheidungen bei Konflikten in privaten Arbeitsverhältnissen siehe weiter hinten, 3. Drittwirkung des Diskriminierungsschutzes, S. 196, 4.Arbeitnehmerdiskriminierungsschutz durch Freiheits- und Verfahrensrechte, S. 200.
[1002] RUDOLF (Pflichten), S. 113, DRÖGE, S. 38f.
[1003] Siehe dazu WÜGER (Justiziabilität), S. 387 f.
[1004] Siehe dazu EGMR v. 28.05.1985, Abduzlaziz, Cabales und Balkandali ./. GB U, Appl. No. 9214/80, 9473/81, 9474/81, Ser. A no 94, N 67.
[1005] EGLI, S. 336.

2. Schutz vor Diskriminierung

2.1 Die Diskriminierungsmerkmale

Das Diskriminierungsverbot in Art. 14 EMRK verbietet jede Diskriminierung wegen des Geschlechts, der Rasse, der Hautfarbe, der Sprache, der Religion, der politischen oder sonstigen Anschauung, der nationalen oder sozialen Herkunft, der Zugehörigkeit zu einer nationalen Minderheit, des Vermögens, der Geburt oder eines sonstigen Status. Die Liste der Merkmale ist praktisch identisch mit denjenigen im IPbpR und IPwskR. Der Terminus «sonstiger Status» ermöglicht den Gerichten, auf neue Gefährdungslagen zu reagieren.

506

Nach der Rechtsprechung des EGMR fallen unter «sonstiger Status etwa «Behinderung»[1006], und «sexuelle Orientierung»[1007]. Zum Merkmal «Genetischer Status» existiert bis heute keine Rechtsprechung des EGMR. Ein Diskriminierungsverbot aufgrund genetischer Merkmale ist jedoch in Art. 11 der Biomedizin-Konvention des Europarates verankert[1008]. Angesichts des Diskriminierungspotenzials des genetischen Status ist dieses Merkmal unter «anderer Status» zu den ungeschriebenen Diskriminierungsmerkmalen der EMRK zu zählen[1009]. Dafür spricht weiter, dass «genetischer Status» zu den Diskriminierungsmerkmalen der Europäischen Grundrechtscharta zählt[1010].

507

Noch nicht auseinandergesetzt hat sich der EGMR bis heute mit dem Diskriminierungsmerkmal «Alter»[1011]. Nur in der Europäischen Sozialcharta wurde in ihrer revidierten Fassung von 1996 eine Verpflichtung der Vertragsstaaten aufgenommen, geeignete Massnahmen zu ergreifen oder zu fördern, um die wirksame Ausübung des Rechts älterer Menschen auf sozialen Schutz zu gewährleisten. Anders ist die Rechtslage im europäischen Gemeinschaftsrecht. Seit dem Vertrag von Amsterdam ist in Art. 13 EGV eine Kompetenznorm zur Bekämpfung von Diskriminierung u.a. aus Gründen des Alters er-

508

[1006] EGMR v. 24.02.1998, Botta ./. I U, Appl. No 153/1996/772/973, ECHR 1998-I, N 39 (Die Frage, ob «Behinderung» unter Art. 14 EMRK fällt, musste nicht entschieden werden, da in casu kein Verletzung von Art. 8 EMRK vorlag), EGMR v. 29.04.2002, Pretty ./. GB U, Appl. No 2346/02, ECHR 2002-III, N 87-90, HERINGA/VAN HOOF, S. 1050, KÖNIG/PETERS, N 164.

[1007] EGMR v. 21.12.1999, Salgueiro da Silva Mouta ./. P U, Appl. No 33290/96, ECHR 1999-IX, § 36, RUDOLF (Diskriminierungsverbote), S. 77, HERINGA/VAN HOOF, S. 1050.

[1008] Die Bioethik-Konvention wurde von der Schweiz unterzeichnet aber bis heute (2008) noch nicht ratifiziert (siehe http://www.parlament.ch, Geschäfts-Nr. 01.056).

[1009] HERINGA, S. 37, PÄRLI (GUMG), S. 80, KÖNIG/PETER, N 168.

[1010] Siehe dazu Teil III. 10. Kapitel, III. 2.2 Konkretisierte Gleichbehandlung, S. 318f.

[1011] KÖNIG/PETERS, N 166.

fasst. Auch die europäische Grundrechtscharta enthält ein Diskriminierungsverbot aufgrund des Alters[1012].

2.2 Diskriminierungsbegriff

2.2.1 Fokus auf direkter Diskriminierung

509 In seiner Rechtsprechung hat sich der EGMR bisher nicht zur Frage geäussert, ob Art. 14 EMRK nur vor direkter oder auch vor indirekter Diskriminierung schütze[1013]. Indirekte Diskriminierungen treten besonders im sozioökonomischen Bereich auf, in dem die EMRK weniger Bedeutung hat[1014]. Es ist damit zu rechnen, dass der EGMR in seiner künftigen Rechtsprechung zum Zusatzprotokoll Nr. 12 nicht darum herum kommen wird, auch die indirekte bzw. mittelbare Diskriminierung anzuerkennen.

2.2.2 Mehr als ein Verbot formaler Diskriminierung

510 Das Diskriminierungsverbot in Art. 14 EMRK geht über ein rein formales Diskriminierungsverständnis hinaus. Art. 14 EMRK lässt deshalb zu, dass staatliche Politik tatsächliche Ungleichheiten im Rahmen der Verhältnismässigkeit mit positiven Massnahmen zu Gunsten bisher benachteiligter Gruppen fördert[1015].

511 Eine Diskriminierung nach Art. 14 EMRK setzt voraus, dass sachlich vergleichbare oder ähnliche Sachverhalte[1016] ungleich resp. *(tatsächlich) Unglei-*

[1012] Zum Diskriminierungsverbot aufgrund des Alters im Gemeinschaftsrecht siehe ausführlich in Teil III. 13. Kapitel, II. 2.Alter, S. 445.
[1013] FREDMAN (Law), S. 108 ff.
[1014] KÖNIG/PETERS, N 63.
[1015] EGMR v. 23.07.1968, belgischer Sprachenfall ./. B U, Appl. No 1474/62, 1677/62, 1691/62, 1769/63, 1994/63, 2126/64, Ser. A no 6, Paragraph 10, KÖNIG/PETERS, N 69.
[1016] EGMR v. 23.07.1968, belgischer Sprachenfall ./. B U, Appl. No 1474/62, 1677/62, 1691/62, 1769/63, 1994/63, 2126/64, Ser. A no 6, EGMR v. 07.12.1976, Handyside ./. GB U, Appl. No. 5493/72, Ser. A no 24, EGMR v. 18.02.1991, Fredin ./. S U, Appl. No. 12033/86, Ser. A no 192, EGMR v. 05.11.1981, X. ./. GB U, Appl. No. 7215/75, Ser. A no 46, EGMR v. 26.03.1985, X. und Y. ./. NL U, Appl. No. 8978/80, Ser. A no 91.

ches gleich behandelt werden[1017]. Auch darin zeigt sich, dass das Diskriminierungsverbot des Art. 14 EMRK über ein rein formales Verständnis hinausgeht. Durch die Anerkennung des Anspruchs auf ungleiche Behandlung tatsächlich ungleicher Sachverhalte in der Rechtssache *Thlimmenos gegen Griechenland*[1018] sehen einzelne Kommentatoren Vorboten einer Rechtsprechung, die dereinst das Fehlen angemessener Vorkehrungen für behinderte Arbeitnehmende als diskriminierend qualifizieren wird[1019].

2.2.3 Rechtfertigung der Diskrimininierung

Eine Ungleichbehandlung bzw. Gleichbehandlung ist nicht diskriminierend, wenn sie sachlich und vernünftig begründet werden kann, verhältnismässig ist und ein legitimes Ziel verfolgt[1020]. Die Rechtfertigung muss im Lichte gemeinsamer europäischer Anschauungen überprüft werden und muss im öffentlichen Interesse sein[1021]. Bei den besonders persönlichkeitsnahen Diskriminierungsmerkmalen «Geschlecht»[1022], «sexuelle Orientierung[1023]» und «Religion[1024]» stellt der Gerichtshof besonders hohe Anforderungen an die Rechtfertigung einer Ungleichbehandlung[1025]. Nicht angewendet hat der Gerichtshof den strengen Rechtfertigungsmassstab bei behaupteten Diskriminierungen aufgrund der Rasse, was in der Lehre kritisch vermerkt kommentiert wird[1026]. Immerhin hat der Gerichtshof klar gemacht, dass eine Diskriminie-

512

[1017] EGMR v. 06.04.2000, Thlimmenos ./. GR U, Appl. No. 34369/97, ECHR 2000-IV, N. 44, EGMR v. 29.04.2002, Pretty ./. GB U, Appl. No. 2346/02, ECHR 2002-III, N 88ff., HERINGA/VAN HOOF, S. 1035.
[1018] EGMR v. 06.04.2000, Thlimmenos ./. GR U, Appl. No. 34369/97, ECHR 2000-IV.
[1019] DESCHUTTER, S. 57 f.
[1020] GRABENWARTER, S. 426ff., VILLIGER, S. 382, HAEFLIGER/SCHÜRMANN, S. 323.
[1021] EGMR v. 02.03.1987, G ./. NL E, Appl. No. 11850/85, DR 51 S. 182, EGMR v. 17.07.1986, Johnson ./. GB, Appl. No. 10389/83, DR 47 S. 72, EGMR v. 12.01.1994, X ./. CH, Appl. No. 18874/91.
[1022] EGMR v. 28.05.1985, Abdulaziz, Cabales und Balkandali ./. GB U, Appl. No. 9214/80, 9473/81, 9474/81, Ser. A no. 94, EGMR v. 22.02.1994, Burghartz ./. CH U, Appl. No. 16213/90, Ser. A no 280-B, EGMR v. 18.07.1994, Karlheinz Schmidt ./. D U, Appl. No. 13580/88, Ser. A no 291-B.
[1023] EGMR v. 21.12.1999, Salgueiro da Silva Mouta ./. P U, Appl. No. 33290/96, ECHR 1999-IX, EGMR v. 09.01.2003, S.L. ./. A U, Appl. No. 45330/99, ECHR 2003-I., EGMR v. 27.09.1999, Lustig-Prean und Beckett ./. GB U, Appl. No. 31417/96 und 32377/96, EGMR v. 27.09.1999, Smith und Grady ./. GB U, Appl. No. 33985/96 und 33986/96.
[1024] EGMR v. 23.06.1993, Hoffmann ./. A U, Appl. No. 12875/87, Ser. A no 255-C.
[1025] HERINGA/VAN HOOF, S. 1045 f.
[1026] KÖNIG/PETERS, N180.

rung aufgrund der Rasse auch eine nach Art. 3 EMRK verbotene erniedrigende Behandlung darstellen kann[1027]. Solche Fälle sind nicht rechtfertigungsfähig[1028].

2.3 Akzessorisches Diskriminierungsverbot

513 Eine Verletzung von Art. 14 EMRK ist nur in Verbindung mit den Rechten der EMRK möglich (*«Der Genuss, der in dieser Konvention anerkannten Rechte ist ohne Diskriminierung (...) zu gewährleisten»*). Das akzessorische Diskriminierungsverbot bedeutet nicht, dass Art. 14 EMRK nur verletzt sein kann, wenn zugleich auch eine der Konventionsgarantieen verletzt ist. Vielmehr stellt sich die Frage der Verletzung des Diskriminierungsverbotes gerade dann, wenn die Hauptgarantie, z.B. das Recht auf Vereinigungsfreiheit in Art. 11 EMRK oder das Recht auf Meinungsfreiheit in Art. 10 EMRK zwar nicht verletzt, aber berührt ist[1029]. Das kann bsw. der Fall sein, wenn Meinungsfreiheit in einer im Sinne von Art. 14 EMRK diskriminierenden Art und Weise eingeschränkt wird, die Einschränkung an sich jedoch im Sinne von Art. 10 Abs. 2 EMRK zulässig wäre. Steht jedoch die Verletzung eines Konventionsrechts fest, prüfen die Gerichte im Allgemeinen Art. 14 EMRK nicht mehr gesondert[1030].

514 Angesichts des akzessorischen Charakters des Diskriminierungsverbotes und der beschränkten Verpflichtung der Staaten zum Schutz vor Diskriminierung von Privaten sind die Auswirkungen von Art. 14 EMRK auf das privatrechtliche Arbeitsverhältnis alles in allem bescheiden. Nimmt man das EGMR – Urteil *Young, James und Webster*[1031] als Massstab, könnte Art. 14 EMRK eine Rolle spielen, wenn ein Staat Konventionsrechte von Arbeitnehmenden in privatrechtlichen Arbeitsverhältnissen zwar grundsätzlich schützt, diesen Schutz jedoch in diskriminierender Weise ausgestaltet, also bsw. bestimmte Gruppen unter Bezugnahme auf die verbotenen Diskriminierungsmerkmale (Rasse, Geschlecht usw.) schlechter schützt als andere. Die Schutzpflichten

---

[1027] EGMR, v. 10.05.01, Zypern ./. Griechenland, Appl. No. 25781/94, ECHR 2001-IV.
[1028] Wenn eine erniedrigende Behandlung vorliegt, entfällt jede Rechtfertigungsprüfung.
[1029] VILLIGER, N 660, HERINGA/VON HOOF, S. 1028f., KÖNIG/PETERS, N 11, EGMR v. 23.07.1968, belgischer Sprachenfall ./. B U, Appl. No. 1474/62, 1677/62, 1691/62, 1769/63, 1994/63, 2126/64, Ser. A no 6, N 9, EGMR v. 28.05.1985, Abdulaziz, Cabales und Balkandali ./. GB U, Appl. No. 9214/80, 9473/81, 9474/81, Ser. A no. 94, N 71.
[1030] TRECHSEL (Verhältnis), S. 120 mit Hinweisen auf die nicht immer kohärante Praxis des Gerichtshofes.
[1031] EGMR v. 13.08.1981, Young, James und Webster ./. GB U, Appl. No. 7601/76, 7806/77, Ser. A no 44, S. 23ff.

müssen diskriminierungsfrei erfüllt werden. Das Diskriminierungsverbot kommt allerdings wie oben ausgeführt wurde nur dann zum Tragen, wenn nicht bereits eine Verletzung des spezifischen EMRK–Rechts nachgewiesen werden kann.

2.4   Das Diskriminierungsverbot gemäss dem 12. Zusatzprotokoll

Der akzessorische Diskriminierungsschutz in Art. 14 EMRK wurde mit einem allgemeinen Diskriminierungsverbot im 12. Zusatzprotokoll zur EMRK ergänzt. Damit ist die im Vergleich zum Internationalen Pakt über bürgerliche und politische Rechte IPbpR (Art. 26 IPbpR enthält ein allgemeines Diskriminierungsverbot) erkennbare Lücke im europäischen Menschenrechtsschutz geschlossen[1032].

515

Nachdem die Hürde von mindestens zehn Ratifikationen überwunden wurde, trat das zwölfte Zusatzprotokoll am 1. April 2005 in Kraft. Die Schweiz hat das Protokoll weder unterzeichnet noch ratifiziert. Der Bundesrat ist der Auffassung, die Schweiz solle keine Abkommen unterzeichnen, deren Ratifikation noch innerstaatliche Umsetzungsschritte bedingen würde[1033].

516

Ein Textvergleich zwischen Art. 14 EMRK und Art. 1 Zusatzprotokoll Nr. 12 zeigt, dass die Diskriminierungsmerkmale unverändert übernommen wurden. Unterschiedlich ist hingegen der Geltungsbereich der Diskriminierungsverbote. In Art. 14 EMRK steht «*Der Genuss der in dieser Konvention anerkannten Rechte und Freiheiten...*», während das Zusatzprotokoll festhält «*Der Genuss eines jeden gesetzlich niedergelegten Rechtes ...*». Wie weit mit dem zwölften Zusatzprotokoll ein allgemeiner Gleichheitssatz Eingang in die EMRK gefunden hat, ist umstritten[1034]. Die Strassburger Rechtssprechungsorgane haben bereits gestützt auf Art. 14 EMRK den Anwendungsbereich erweitert. Belege für diese These liefern insbesondere die jüngeren Entschei-

517

[1032] TRECHSEL (Verhältnis), S. 121. Zur Lückenhaftigkeit des europäischen Diskriminierungsschutzes siehe HARRIS/O'BOYLE/WARBRICK, S. 463, HERINGA/VON HOOF, S. 1028. Siehe weiter zur Entstehungsgeschichte des zwölften Zusatzprotokolls PETERS (Einführung), S. 229.

[1033] Antwort des Bundesrat vom 28. Februar 2001 auf eine Motion der Nationalrätin Franziska Teuscher (Curia vista, Geschäftsdatenbank des Nationalrates, Nr. 00.3674), siehe auch die parlamentarische Inititative Paul Rechsteiner vom 23. März 2007 für ein allgemeines Gleichbehandlungsgesetz (Curia vista, Geschäftsdatenbank des Nationalrates, Nr. 07.422).

[1034] NOLTE, S. 247, DRÖGE, S. 41, VAN HOOF, S. 989.

de zu sozialrechtlich relevanten Fragestellungen[1035]. Das deutet auf eine eher geringe Ausdehnung des Diskriminierungsschutzes durch das zwölfte Zusatzprotokoll. Andererseits eröffnet sich dem Gerichtshof durch das Zusatzprotokoll die Möglichkeit, ganze generell nicht durch sachliche Motive fundierte Entscheidungen nationaler Instanzen zu rügen[1036].

3. *Drittwirkung des Diskriminierungsschutzes*

3.1 Nach Art. 14 EMRK

518 Der EGMR hat eine unmittelbare (oder direkte) Drittwirkung von Art. 14 EMRK abgelehnt. So trat er in der Rechtssache *Haughton* gar nicht auf die Beschwerde einer Arbeitnehmerin ein, die in einem Rechtsstreit gegen einen privaten Arbeitgeber eine geschlechtsdiskriminierende Entlassung rügte[1037]. Das Diskriminierungsverbot nach Art. 14 EMRK verpflichtet primär den Staat[1038].

519 Das Diskriminierungsverbot wirkt jedoch auch im Rahmen der (beschränkten) Schutzpflichten zur Verhinderung von Diskriminierung unter Privaten, die dem Staat aus den EMRK-Rechten erwachsen[1039]. Als Ausdruck dieser Schutzpflicht ist der Staat gefordert, die Diskriminierung Privater aktiv zu bekämpfen[1040]. Insoweit ist das Diskriminierungsverbot mittelbar (oder indirekt) drittwirksam. Eine einschlägige Rechtsprechung existiert bis heute nicht[1041]. Daran ändert auch das Urteil des EGMR vom 13. Juli 2004 *Pla & Puncernau gegen Andorra* nichts[1042]. In diesem Fall ging es um die Auslegung eines Testamentes, also eines *privatrechtlichen Aktes*, das 1939 abge-

---

[1035] Siehe insbesondere das Urteil EGMR v. 31.08.1996, Gaygusuz gegen Österreich, Appl. No. 17371/90, Reports 1996-IV, 1129. Zur Bedeutung von Art. 14 EMRK und von Zusatzprotokoll Nr. 12 im Bereich des europäischen und deutschen Sozialrechts siehe umfassend SCHMID, S. 178 ff.
[1036] TRECHSEL (Verhältnis), S. 133.
[1037] Eur. Com. HR., v. 08.05.1987, Haughton ./. GB, Appl. No. 12597/86.
[1038] KÖNIG/PETER, N 87, VILLIGER, N 658.
[1039] Das ist allerdings umstritten. Ablehnend WIESENBROCK, S. 27 f., zustimmend demgegenüber DRÖGE, S. 42 und wohl auch VILLIGER, N 658 sowie FROHWEIN/PEUKERT, N 18 zu Art. 14 EMRK.
[1040] FROWEIN/PEUKERT, N 18 zu Art. 14 EMRK.
[1041] Das zeigt eine Recherche in der Datenbank des Gerichtshofes und wird bestätigt in der neueren Literatur, siehe z.B. DRÖGE, S. 41, BELSER (EMRK), S. 150, KRIEGER, S. 292.
[1042] EGMR v. 13.07.2004, Pla und Puncernau ./. AND U, Appl. No. 69498/01, ECHR 2004-VIII.

fasst und 1995 vollzogen wurde. Streitig war, ob die Testamentarin mit «Sohn» nur die leiblichen Söhne meinte. Aus dem Testament liess sich dies nicht entnehmen. Die spanischen Gerichte schützten eine Auslegung, die den Adoptivsohn als Erben ausschloss. Der EGMR stellte diese Auslegung als *gerichtlich angeordneten* Entzug des Erbrechts eines adoptierten Kindes gleich. Damit liegt ein staatlicher Akt vor. Der Staat ist unmittelbar an die Konventionsrechte gebunden. Der EGMR entschied, es liege ein Verstoss gegen das Diskriminierungsverbot von Art. 14 in Verbindung mit Art. 8 EMRK vor[1043]. Der Gerichtshof hatte demzufolge nicht zu prüfen, ob eine allfällige Ungleichbehandlung zwischen leiblichen und adoptierten Kindern ausserhalb der *privatrechtlichen* Testierfreiheit liege.

3.2 Nach Zusatzprotokoll 12

Zur Frage, wieweit das Zusatzprotokoll Schutz vor Diskriminierung Privater bietet, findet sich in Art. 1 Abs. 2 ein Anhaltspunkt. *«Niemand darf von einer Behörde diskriminiert werden, insbesondere nicht aus einem der in Absatz 1 genannten Gründe».* Die Formulierung «Von einer Behörde» ist nicht so zu verstehen, dass eine Diskriminierung Privater zulässig ist. Der zusätzliche Anwendungsbereich sowohl von Art. 1 Abs. 1 wie von Art. 1 Abs. 2 Zusatzprotokoll Nr. 12 wird im so genannt «Erklärenden Bericht» (Explanatory Report) erläutert. Diskriminierung ist nicht zulässig im Zusammenhang

- mit Rechten, die das nationale Recht anerkannt,
- mit Rechten, die sich aus einer klaren Verpflichtung der Behörde ergeben,
- mit der Aufgabe einer Behörde zur Ermessensausübung,
- mit allen übrigen behördlichen Tätigkeiten.

Eine direkte Drittwirkung des Diskriminierungsverbotes gemäss Zusatzprotokoll existiert folglich nicht[1044]. Nach dem «Erklärenden Bericht» zum Zusatzprotokoll besteht eine staatliche Schutzpflicht vor Diskriminierung Privater und damit eine indirekte Drittwirkung[1045], dies aber nur in Ausnahmefällen[1046]. Die Schutzpflicht ist auf die *öffentliche Sphäre* beschränkt. Dazu ge-

---

[1043] EGMR v. 13.07.2004, Pla und Puncernau ./. AND U, Appl. No. 69498/01, ECHR 2004-VIII, N 59. Zum Entscheid siehe BESSON (humaniser), S. 23 f. und Fn 52.

[1044] PETERS (Einführung), S. 231, MJÖLL ARNARDOTTIR, S. 40, VAN HOOF, S. 990, KÖNIG/PETERS, N 88.

[1045] Draft Explanatory Report, Parl. Ass. Doc. Nr. 9490, 25.04.1999, N 24.

[1046] Draft Explanatory Report, Parl. Ass. Doc. Nr. 9490, 25.04.1999, N 25. Siehe dazu auch: SCHOKKENBROEK, S. 75.

hören nicht nur rein staatliche Akte sondern auch privatrechtliche Beziehungen etwa im Bereich von Arbeitsverhältnissen oder Gaststätten[1047]. Während also der Staat in all seinen Tätigkeiten an das Diskriminierungsverbot gebunden ist, muss bei Privaten differenziert werden zwischen einem rein privaten und einem quasi-öffentlichen Bereich. In letzterem besteht eine staatliche Schutzpflicht. Eine entsprechende Unterlassung dieser Schutzpflicht verletzt Art. 1 Abs. 1 des Zusatzprotokolls[1048].

522 Die bisherige Lehre zum Zusatzprotokoll folgt mehr oder weniger den Erläuterungen im «Ergänzenden Bericht». PETERS interpretiert den Bericht so, dass die Staaten keine allgemeine positive Schutzverpflichtung trifft. Auch besteht für Schutzpflichten bei möglichen Diskriminierungen Privater immer ein Konflikt mit der in Art. 8 EMRK verankerten Privatautonomie[1049]. DRÖGE befasst sich umfassend mit den positiven Verpflichtungen der Staaten in der EMRK. Sie kritisiert die Beschränkung des Schutzes für Private auf Diskriminierung in öffentlichen Räumen[1050].

3.3 Verletzung des Diskriminierungsverbotes durch staatliche Passivität

523 Eine direkte Drittwirkung des Diskriminierungsverbotes besteht weder nach Art. 14 EMRK noch nach dem Zusatzprotokoll. Im Lichte des vom Menschenrechtsgerichtshof anerkannten Konzepts der Schutzpflichten ist davon auszugehen, dass aus der Gewährleistungspflicht des Art. 1 Abs. 1 Zusatzprotokoll N. 12 positive Schutzpflichten bei Formen krasser Ungleichbehandlung durch Private fliessen[1051].

524 Sofern und soweit der Staat den notwendigen Schutz nicht gewährt, liegt eine Schutzpflichtverletzung vor, die im Ergebnis einer Verletzung des Diskriminierungsverbotes durch den Staat gleichkommt. MJÖLL ARNARDOTTIR hat die Rechtsfigur der *passiven Diskriminierung des Staates*[1052] dogmatisch ausgeleuchtet. Die passive Diskriminierung baut auf dem Grundsatz staatlicher Schutzpflichten auf[1053]. Der Begriff «passive Diskriminierung» zeigt auf, dass die Verletzung des Diskriminierungsverbotes nach Art. 14 EMRK bzw. Zusatzprotokoll Nr. *12 in der Verletzung der Schutzpflicht* besteht[1054]. Der Staat

---

[1047] Draft Explanatory Report, Parl. Ass. Doc. Nr. 9490, 25.04.1999, N 26-28.
[1048] PETERS (Einführung), S. 231, VAN HOOF, S. 991.
[1049] PETERS (Einführung), S. 231.
[1050] DRÖGE, S. 42.
[1051] KÖNIG/PETERS, N 89 (die Autorinnen sind jedoch sehr zurückhaltend).
[1052] MJÖLL ARNARDOTTIR, S. 95 ff., 107 ff.
[1053] MJÖLL ARNARDOTTIR, S. 96.
[1054] MJÖLL ARNARDOTTIR, S. 98.

kann auch mit Nichtstun diskriminieren. Ausgehend von der Studie MJÖLL ARNARDOTTIR[1055] liegt nach der hier vertretenen Position eine passive Diskriminierung und damit eine einklagbare Schutzpflichtverletzung des Staates vor, wenn

- der Staat keine Diskriminierungsschutzgesetzgebung kennt, die (auch) Schutz vor Diskriminierung Privater bietet und
- wenn der Staat keinen ausreichenden Rechtsschutz (Zugang zum Verfahren, Beweislasterleichterung, Entschädigung usw.) gegen Diskriminierungen Privater vorsieht.

Wie die Ergebnisse in Teil III dieser Studie deutlich machen, ist in den Mitgliedstaaten der Europäischen Union der gesetzliche Schutz vor Diskriminierung inkl. wirksamen Rechtsschutzes im Bereich Beschäftigung und Beruf durch die gemeinschaftsrechtlichen Rahmenrichtlinien gewährleistet[1056]. Da die Liste der Diskriminierungsmerkmale nach der EMRK im Gegensatz zum europäischen Gemeinschaftsrecht nicht abschliessend zu verstehen ist, könnte ein durch die gemeinschaftsrechtlichen Diskriminierungsmerkmale nicht gedeckter Schutzbedarf über den Weg der staatlichen Schutzpflicht bzw. der nicht verwirklichten staatlichen Schutzpflicht beim Europäischen Menschenrechtsgerichtshof eingeklagt werden. Voraussetzung ist jedoch, dass vorab überhaupt eine Diskriminierung im privatrechtlichen Arbeitsverhältnis vorliegt. Das ist dann der Fall, wenn eine von Arbeitnehmenden geltend gemachte diskriminierende Benachteiligung höher wiegt als die ebenfalls durch die EMRK und Zusatzprotokolle gewährte aus der Privatautonomie und dem Eigentumsschutz abgeleitete Vertragsfreiheit[1057]. Liegt eine solche Diskriminierung vor, muss zudem nachgewiesen werden, dass kein ausreichender und wirksamer gesetzlicher Schutz vor Diskriminierung im privatrechtlichen Arbeitsverhältnis besteht. Erst und nur dann liegt eine passive Diskriminierung durch den Staat vor.

Für das schweizerische Recht ist zu berücksichtigen, dass bis heute das Zusatzprotokoll Nr. 12 für die Schweiz keine Gültigkeit hat. Ausgehend vom akzessorischen Charakter des für die Schweiz gültigen Diskriminierungsverbots nach Art. 14 EMRK, kann eine passive Diskriminierung des Staates nur vorliegen, sofern und soweit ein EMRK-Recht betroffen ist. Diesen Rechten – relevant sind insbesondere das die Vereinigungsfreiheit, die Meinungsfreiheit und die Religionsfreiheit – kommt eine starke Diskriminierungsschutzfunktion zu (siehe nachfolgende Ausführungen).

[1055] MIJÖLL ARNARDOTTIR, S. 98 ff., 108.
[1056] Siehe dazu ausführlich, III. Teil, S. 303 ff.
[1057] Siehe dazu ausführlichen weiter hinten in diesem Kapitel, III. Gewährleistung der Vertragsfreiheit durch die EMRK, S. 205.

4. Arbeitnehmerdiskriminierungsschutz durch Freiheits- und Verfahrensrechte

4.1 Die Rechtsprechung zu den Freiheitsrechten in privaten Arbeitsverhältnissen

527 Fragen der Gleichbehandlung und Diskriminierung im privatrechtlichen Arbeitsverhältnis stellen sich nicht notwendigerweise «nur» im Zusammenhang mit dem Diskriminierungsverbot in Art.14 EMRK und dem Zusatzprotokoll Nr. 12. Den Freiheitsrechten bzw. der staatlichen Schutzpflicht zur Garantie der Freiheitsrechte unter Privaten kommt nach der Rechtsprechung der Strassburger Organe die Funktion eines Schutzes vor ungerechtfertigter Ungleichbehandlung aufgrund bestimmter Meinungen oder des Glaubens zu.

528 Das zeigt sich sehr deutlich beim ersten Fall, in dem sich der EGMR mit der Wirkung staatlicher Schutzpflicht auf das Verhältnis zwischen Privaten auseinandersetzen musste. Die Frage war, ob das Recht auf Vereinigungsfreiheit gemäss Art. 11 der EMRK auch verletzt sei, wenn der Staat die Verletzung dieses Rechts durch Private zulässt. Drei britische Eisenbahner, *Young, James und Webster,* weigerten sich, einer bestimmten Gewerkschaft beizutreten, worauf ihnen von der British Rail Company gekündigt wurde. Die British Rail Company hatte mit der fraglichen Gewerkschaft eine Ausschlussklausel (so genanten closed-shop Vereinbarung) vereinbart. Die Kündigungen waren nach britischem Recht rechtmässig. Der Gerichtshof erkannt eine Verletzung der Vereinigungsfreiheit[1058].

529 Nach der Leitentscheidung *Young, James und Webster* bestätigte der Gerichtshof und die Kommission[1059] diese Rechtsprechung in einer Reihe weiterer Fälle[1060]. So erinnerte die Kommission im Fall *Cabado* die spanische Regierung an ihre Pflicht zum Schutz vor Eingriffen Privater. Hintergrund des Falles bildeten Nachteile, die ein Arbeitnehmer aufgrund seiner Gewerkschaftsmitgliedschaft erleiden musste[1061].

530 Die Strassburger Organe haben in mehreren Entscheidungen signalisiert, dass es zu den staatlichen Schutzpflichten gehört, für die *Meinungsfreiheit* (Art. 10

[1058] EGMR v. 13.08.1981, Young, James und Webster ./. GB U, Appl. No. 7601/76, 7806/77, Ser. A no 44, S. 23 ff.. Der Gerichtshof ordnete die Verletzung der Vereinigungsfreiheit dem Staat zu, da dieser die Vereinigungsfreiheit nicht effektiv schützte.
[1059] Vor der Revision der Gerichtsorganisation (11. Zusatzprotokoll) bestand ein zweistufiges Rechtsschutzverfahren (Kommission und Gerichtshof).
[1060] Vgl. dazu die eingehende Auseinandersetzung mit der Strassburger Rechtsprechung zu Art. 11 EMRK bei WIESBROCK, S. 119.
[1061] Eur. Com. HR., Application No. 10182/82, Cabado v. Spain, Entscheidung vom 14. Juli 1983.

EMRK) im privaten Arbeitsverhältnis zu sorgen. Die Meinungsfreiheit der Arbeitnehmenden ist indes nur soweit zu schützen, als damit die berechtigten Arbeitgeberinteressen nicht tangiert werden[1062]. Im Fall *Fuentes Bobo* wendete der EGMR Art. 10 EMRK in einem Verfahren um eine streitige Entlassung eines kritischen Mitarbeiters des spanischen Fernsehens an. Die Fernsehanstalt ist privatrechtlich organisiert, was den Gerichtshof nicht daran hinderte, einen konventionsrechtlich relevanten Eingriff in die Meinungsfreiheit anzunehmen. Der Gerichtshof begründete seine Entscheidung damit, dass dem Staat eine Verpflichtung zukomme, die Meinungsfreiheit auch gegen Angriffe durch Private zu schützen[1063]. Die Kommission hat im Entscheid *Van der Heiden gegen die Niederlande* eine Kündigung eines Arbeitnehmers wegen Mitgliedschaft in einer ausländerfeindlichen Partei als gerechtfertigt erachtet[1064]. Der fragliche Arbeitnehmer war in einer Organisation beschäftigt, die sich für die Integration von Ausländern und Ausländerinnen einsetzte. Gerechtfertigt war auch die Entlassung von Ärzten in einem katholischen Krankenhaus aufgrund ihres Engagements für eine liberale Abtreibungsregelung (*Rommerfanger gegen Deutschland*[1065]). Im Fall *Sibson gegen Grossbritannien* wurde ein Lastwagenfahrer entlassen, nachdem er aus der Gewerkschaft ausgetreten war[1066]. Für den Gerichtshof war Art. 11 EMRK nicht verletzt, weil dem Arbeitnehmer eine Weiterbeschäftigung an einem anderen Ort angeboten worden war.

Im Fall *Stedman gegen das Vereinigte Königreich* gelangte die Beschwerdeführerin mit der Behauptung an die Strassburger Organe, die Religionsfreiheit (Art. 9 EMRK) sei durch den privaten Arbeitgeber verletzt worden, weil der Arbeitsvertrag vorsehe, dass sie auch am Sonntag arbeiten müsse. Die Kommission lehnte die Beschwerde ab. Aus der *Religionsfreiheit* in Art. 10 EMRK lasse sich kein Anspruch auf besondere (die Religionsausübung schützenden) Arbeitsbedingungen ableiten[1067]. Kommission und Gerichtshof haben in den Entscheidungen *Konttinen gegen Finnland*[1068] und *Kosteski gegen Mazedonien*[1069] diese Position aufrecht erhalten. Arbeitnehmende können weder aus Art. 9 EMRK alleine noch in Verbindung mit dem Diskrimi-

---

[1062] DRÖGE, S. 38.
[1063] EGMR v. 07.10.2002, Fuentes Bobo ./. E, Appl. No. 39293/98, N 38.
[1064] Eur. Com. HR., v. 08.03.1985, Van der Heijden ./. NL, Appl. No. 11002/84, D.R. 41, S. 264 (265).
[1065] Eur. Com. HR., v. 06.09.1989, Rommelfanger ./. D, Appl. No. 12242/86, D.R. 62, S. 151 (161).
[1066] EGMR v. 20.04.1993, Sibson ./. GB U, Appl. No. 14327/88, Ser. A no 258-A.
[1067] Eur. Com. HR., v. 09.04.1997, Stedman ./. GB, Appl. No. 29107/95.
[1068] Eur. Com. HR., v. 03.12.1996, Konttinen ./. FIN, Appl. No. 24949/94.
[1069] EGMR v. 13.04.2006, Kosteski ./. MK U, Appl. No. 55170/00.

nierungsverbot des Art. 14 EMRK einen Anspruch ableiten, an einem religiösen Feiertag nicht arbeiten zu müssen[1070].

532 In eine ähnliche Richtung zielt die Entscheidung *Pichon und Sajour gegen Frankreich*[1071]. Die als Apotheker tätigen Kläger weigerten sich, drei Frauen trotz Vorliegen eines ärztlichen Zeugnisses empfängnisverhütende Pillen zu verkaufen. Sie wurden deswegen von einem französischen Gericht zu einer Geldstrafe von 5 000 französischen Francs verurteilt. Ethische oder religiöse Gründe würden eine Verkaufsverweigerung nicht rechtfertigen. Die Kläger sahen darin eine Verletzung von Art. 9 EMRK (Recht auf Religionsfreiheit). Der Gerichtshof erkannte, solange der Verkauf empfängnisverhütender Mittel legal sei, könnten sich die Kläger nicht legitimerweise unter Berufung auf die Religionsfreiheit weigern, diese Produkte zu verkaufen. Die Kläger könnten ihren Glaubensvorstellungen ausreichend ausserhalb der beruflichen Sphäre nachleben.

533 In mehreren Entscheidungen beriefen sich Arbeitnehmende zum Schutz ihres Privatlebens erfolgreich auf Art. 8 EMRK. Das «Privatleben» im Sinne des Art. 8 EMRK umfasst auch die sexuelle Orientierung. In *Schmid and Grady v. United Kingdom*[1072] erachtete der Gerichtshof eine Entlassung aus der Royal Air Force aus Gründen der Homosexualität als eine nicht zu rechtfertigende Verletzung der Privatsphäre an. Ähnlich entschied der Gerichtshof im Fall *Lustig-Prean and Becket v. United Kingdom*[1073]. Aus dieser Rechtsprechung lässt sich schliessen, dass der Gerichtshof auch eine aus Gründen der Homosexualität verweigerte Anstellung als Verletzung von Art. 8 EMRK erachten würde[1074]. Diese These wird gestützt durch das Recht auf Schutz der persönlichen Daten vor missbräuchlicher Bearbeitung. Dieses wird aus dem Recht auf Achtung des Privatlebens abgeleitet[1075]. Das Recht auf Achtung des Privatlebens stellt auch für die Gemeinschaftsrechtsordnung der Europäischen Gemeinschaften ein geschütztes Grundrecht dar und umfasst insbesondere das Recht einer Person auf Geheimhaltung ihres Gesundheitszustandes. In der Rechtssache *X. gegen die Europäische Kommission* rechtfertigt das Arbeitgeberinteresse keine Beschränkung des Grundrechts dahingehend, dass eine medizinische Untersuchung gegen den Willen des Betroffenen vorgenommen

---

[1070] Eur. Com. HR., v. 03.12.1996, Konttinen ./. FIN, Appl. No. 24949/94, N 2, EGMR v. 13.04.2006, Kosteski ./. MK U, Appl. No. 55170/00, N 45. Siehe zu den Fällen auch: DESCHUTTER, S. 56 ff.
[1071] EGMR v. 02.10.2001, Pichon und Sajous ./. F U, Appl. No. 49853/99.
[1072] EGMR v. 27.09.1999, Smith und Grady ./. GB U, Appl. No. 33985/96, 33986/96, ECHR 1999-VI.
[1073] EGMR v. 27.09.1999, Lustig-Prean und Beckett ./. GB U, Appl. No. 31417/96 und 32377/96.
[1074] NIELSEN, S. 71.
[1075] KEILICH, S. 177.

wird. Der EuGH bejahte in diesem Fall angesichts der rechtswidrig erlangten Informationen einen Anspruch auf Anstellung[1076].

Die bisherige Strassburger Rechtsprechung lässt erkennen, dass der Schutz von Freiheitsrechten im privaten Arbeitsverhältnis besondere Beachtung verdient, wenn der wirtschaftliche Zwang wie im Falle *Young, James und Webster* stark ist. Für britische Eisenbahner galt faktisch eine Zwangsmitgliedschaft in der Gewerkschaft, was als nicht vereinbar mit Art. 11 EMRK erachtet wurde. Auf der anderen Seite gewichten die Strassburger Rechtsprechungsorgane den Schutz der Meinungs- und Religionsfreiheit im privatrechtlichen Arbeitsverhältnis weniger stark. Das mag damit zusammenhängen, dass die betroffenen Arbeitnehmenden Ausweichmöglichkeiten zu anderen Arbeitgebern haben. Hier ist allerdings zu ergänzen, dass zwischen der rechtlichen Freiheit, bei einem anderen Arbeitgeber zu arbeiten, und der faktischen Möglichkeit, tatsächlich eine Stelle zu erhalten, eine Diskrepanz besteht.

534

4.2 Bedeutung von Art. 6 EMRK für das Diskriminierungsverbot im Arbeitsverhältnis

Art. 6 EMRK garantiert einen Anspruch auf ein faires Verfahren, schafft aber nicht neue Rechte. Verfahrensrechtsschutz erhalten die Rechte, die bereits innerstaatlich anerkannt sind[1077]. Der Anspruch auf ein faires Verfahren betrifft sowohl Zivil- wie auch Strafverfahren und enthält verschiedene Teilgehalte. Auf zwei davon wird nachfolgend eingegangen.

535

Das Gebot der Waffengleichheit bedeutet im Zivilprozess, «dass alle Parteien gleichermassen Zugang zu allen Unterlagen haben und in allen Verfahrensabschnitten und zu allen Beweismitteln gleichermassen gehört werden»[1078]. Diskriminierungsvorfälle kommen oft mangels genügender rechtserheblicher Beweise nicht vor Gericht. An den innerstaatlichen Beweisregeln ändert das Gebot der Waffengleichheit grundsätzlich nichts. Das Gebot der Waffengleichheit erfordert jedoch, die Beweisnot der beweisbelasteten Partei zu berücksichtigen[1079]. Diese Ausgangslage führte das Landsarbeitsgericht Thüringen dazu, in einem Mobbing–Entscheid mit Berufung auf das Gebot der Waffengleichheit nach Art. 6 EMRK der Beweisnot der Betroffenen durch persönliche Befragung des Gerichts zu begegnen. Das Gericht hält im sechs-

536

[1076] EuGH v. 05.10.1994, Rs C-404/92, X. v. Kommission der Europäischen Gemeinschaften, Slg. 1994 I-S. 4737.
[1077] VILLIGER, N 379 zu Art. 6 EMRK.
[1078] Mantovelli v. Frankreich, Reports 1997-II, S. 424 ff., N 33-36, zit. in PETERS, S. 129.
[1079] So der Europäische Gerichtshof für Menschenrechte in EGMR v. 27.10.1993, Dombo Beheer B.V. ./. NL U, Appl. No. 14448/88, Ser. A no 274, NJW 1995, S. 1413 ff.

ten Leitsatz der Entscheidung fest: «*Die vielfach dadurch entstehende Beweisnot des Betroffenen, dass dieser allein und ohne Zeugen Verhaltensweisen ausgesetzt ist, die in die Kategorie Mobbing einzustufen sind, ist durch eine Art 6 Abs. 1 der Europäischen Menschenrechtskonvention (EMRK) und damit den Grundsätzen eines fairen und auf Waffengleichheit achtenden Verfahrens entsprechende Anwendung der §§ 286, 448, 141 Abs. 1 Satz 1 ZPO auszugleichen. Dabei muss die im Zweifel erforderliche Anhörung einer Partei bei der gerichtlichen Überzeugungsbildung berücksichtigt werden.*»[1080]

537 Im Thüringer Mobbing-Entscheid sind Wege aufgezeigt, wie der Rechtsschutz für Opfer von Diskriminierungen im privatrechtlichen Arbeitsverhältnis durch die Bezugnahme auf die EMRK verbessert werden kann.

538 In Art. 6 Abs. 2 ist ein kardinales rechtsstaatliches Prinzip verankert: Die Unschuldsvermutung. «Bis zum gesetzlichen Nachweis seiner Schuld wird vermutet, dass der wegen einer strafbaren Handlung Angeklagte unschuldig ist.» Diese Bestimmung richtet sich an alle staatlichen Behörden, wobei eine indirekte Drittwirkung in der staatlichen Schutzpflicht zur Vermeidung von vorverurteilenden Medienkampagnen anerkannt wird[1081]. Eine unmittelbare Wirkung auf das Zivilrecht hat die strafrechtliche Unschuldsvermutung der EMRK nicht[1082].

539 Die zivilrechtlichen Beweisregeln tragen diesem Grundsatz Rechnung. Deshalb rechtfertigt der blosse Verdacht, ein Arbeitnehmer habe einen Diebstahl zu Lasten des Arbeitgebers begangen, keine fristlose Entlassung[1083]. Das Genfer Appellationsgericht hat in einem Entscheid vom 4. Juni 1991 offen gelassen, ob die Unschuldsvermutung gemäss Art. 6 EMRK einen verfassungsrechtlichen Anspruch im Sinne von Art. 336 Abs. 1 Bst. b OR darstelle[1084].

540 Indirekt bewirkt auch die strafrechtliche Unschuldsvermutung einen Schutz gegen Diskriminierung im Arbeitsverhältnis. Kommen bsw. in einer Unternehmung Diebstähle vor und werden Arbeitnehmende einer bestimmten ethnisch-kulturellen Herkunft als Täter verdächtigt, ist eine fristlose Entlassung ohne ausreichenden Tatverdacht ist unzulässig[1085].

[1080] LAG Thüringen, Urteil vom 10.04.2001 – 5 Sa 403/00.
[1081] PETERS (Einführung), S. 133.
[1082] VILLIGER, N 493 zu Art. 6 Abs. 2 EMRK.
[1083] Obergericht Solothurn, Urteil vom 3. Oktober 1990, bestätigt mit Urteil des Bundesgerichts vom 1. Februar 1991, in SOG 1990, Nr. 7, in JAR 1992, S. 260.
[1084] Chambre d'appel de Genève, Urteil vom 4. Juni 1991 (Aufhebung des Urteils des Tribunal des prud'hommes vom 27. November 1990), in JAR 1992, S. 241.
[1085] Bger in JAR 1994, S. 198.

III. Gewährleistung der Vertragsfreiheit durch die EMRK

1.1 Vorbemerkungen

Die bisherigen Ausführungen behandeln ausschliesslich die Frage, welchen Schutz Arbeitnehmende aus der EMRK vor Diskriminierung durch Arbeitgebende erlangen können. An dieser Stelle folgt ein Perspektivenwechsel. Es soll untersucht werden, ob und inwiefern sich *Arbeitgebende* gegenüber staatlich verordneten Diskriminierungsschutz unter Berufung auf eine in der EMRK verankerte Vertragsfreiheit zur Wehr setzen können. Vorab ist festzustellen, dass diese Fragestellung in der Doktrin kaum bearbeitet wird. Das hängt damit zusammen, dass die naheliegende Berufung auf die Vertragsfreiheit in aller Regel in einem nationalen Kontext erfolgt. Sehr deutlich zeigt(e) sich dies im Zusammenhang mit der Umsetzung der gemeinschaftsrechtlichen Antidiskriminierungsrichtlinien[1086]. Besonders in Deutschland rief die Einführung neuer Antidiskriminierungsvorschriften die Verteidiger der Privatautonomie und Vertragsfreiheit auf den Plan. Die Auseinandersetzungen wurden mit «äusserst spitzer» Feder geführt und sie dauern weiter an. Die Privatautonomie wird jedoch «innerprivatrechtlich» und unter Berufung auf das Grundgesetz verteidigt[1087]. Eine Berufung auf die EMRK findet nicht statt[1088].

541

Die verfassungsrechtliche Grundlage der Vertragsfreiheit nach schweizerischem Recht und deren Bedeutung für die Frage der Ausgestaltung des Diskriminierungsschutzes werden im gleich anschliessenden achten Kapitel bearbeitet[1089]. Im europarechtlichen Teil III folgt eine Auseinandersetzung mit dem Verhältnis europarechtlicher Garantie der Vertragsfreiheit und Diskriminierungsschutz[1090]. An dieser Stelle erfolgt lediglich ein Blick auf mögliche Schranken des Diskriminierungsschutzes aus EMRK-Sicht.

542

[1086] Eine Übersicht findet sich in der Publikation der Europäischen Kommission «Critical review of academic literature relating to the EU-Directives to combat discrimination". Literaturhinweise auf den S. 8, 16, 17, 27, 30 und 32 (Quelle: http://ec.europa.eu/employment_social/fundamental_rights/pdf/pubst/stud/crirev.pdf, (Zugriff: 30.06.2008).
[1087] Siehe dazu Teil II, 8. Kapitel, 4. Verfassung und Diskriminierungsschutz: Die deutsche Debatte, S. 232 und PÄRLI (AGG), S. 135.
[1088] Eine Ausnahme bildet der kluge Text von SCHÖBENER/STORK, S. 54 ff.
[1089] Siehe Teil II., 8. Kapitel, II. Grundrechtliche Schranken von Diskriminierungsverboten im Arbeitsverhältnis, S. 236.
[1090] Siehe Teil III, S. 323 ff.

1.2 Privatautonomie und Vertragsfreiheit in der EMRK

543 Die Privatautonomie und die Vertragsfreiheit als solche sind in keinem EMRK-Recht ausdrücklich erwähnt. In der Lehre wird die nicht aufgeführte Vertragsfreiheit zu den Lücken im EMRK-Schutz gezählt[1091]. Anhaltspunkte für eine konventionsrechtliche Gewährung finden sich in Art. 8 EMRK (Schutz der Privatsphäre und des Familienlebens) und Art. 1 Zusatzprotokoll zur EMRK (Eigentumsfreiheit). Ein weiter Anknüpfungspunkt ist in Art. 6 EMRK zu erblicken. Die Verfahrensschutzrechte betreffen «zivilrechtliche Ansprüche», was in der neueren Lehre auch als indirekte Garantie der Vertragsfreiheit bezeichnet wird[1092].

1.2.1 Relevanter Schutzbereich von Art. 8 EMRK

544 Art. 8 EMRK gewährt das Recht auf Achtung der Privatsphäre und des Familienlebens, der Wohnung und der Korrespondenz. Ein staatlicher Eingriff in diese Rechte ist nur unter den Voraussetzungen von Art. 8 Abs. 2 EMRK möglich (Gesetzliche Grundlage, öffentliches Interesse und Verhältnismässigkeit des Eingriffs).

545 Die in Art. 8 EMRK garantierten Rechte sollen sicherstellen, das Leben nach eigener Vorstellung ohne staatliche Einwirkungen auf den individuellen Entscheidungsprozess einzurichten und führen zu können[1093]. Es liegt auf der Hand, dass eine solche Garantie unwirksam wäre, würde sie nicht auch das Recht umfassen, die zur gewünschten Lebensgestaltung notwendigen Verträge abzuschliessen[1094]. Eine allgemeine Handlungsfreiheit garantiert Art. 8 EMRK nicht[1095]. Geschützt sind vielmehr *elementare* Persönlichkeitserscheinungen[1096].

546 Nach einem jüngeren Entscheid des EGMR stellen *berufliche Beziehungen* für viele Menschen einen wichtigen Aspekt der Persönlichkeitsentfaltung dar. Das *Ergreifen* eines Berufes ist deshalb durch Art. 8 EMRK geschützt[1097]. Der

---

[1091] RICHTER, N 44, siehe auch SNIJDERS, S. 108, für den Art. 8 EMRK «undoubtedly a very comfortable basis for the right to freedom of contract" darstellt.
[1092] EMBERLAND, S. 49, RICHTER, N 38.
[1093] GRABENWARTER, S. 80, N 12
[1094] SNJIDERS, S. 105 ff., EMBERLAND, S. 49, REMIEN, S. 172 ff.
[1095] FROWEIN/PEUKERT, N 3 zu Art. 8 EMRK, RICHTER, N 5, HARATSCH, N 6.
[1096] MEYER-LAEDEWIG, N 12 Art. 8 EMRK.
[1097] EGMR v. 27.07.2004, Sidabras und Dziautas ./. LT U, Appl. No. 55480/00 und 59330/00, MARAU/MELJINK, N 37 sowie Fn 217.

Schutz der diesbezüglichen Vertragsfreiheit bildet notwendigerweise integrierter Bestandteile dieses Anspruchs.

1.2.2 Vertragsfreiheit als Teil der Berufsfreiheit

Gehört zur Berufsfreiheit auch das Recht, Verträge mit Arbeitnehmenden abzuschliessen? Kann sich ein Arbeitgeber m.a.W. auf den Schutz von Art. 8 EMRK berufen, um Stellenbewerbende und Arbeitnehmende aufgrund bestimmter Persönlichkeitsmerkmale zu benachteiligen? Es geht hier noch nicht um die Frage der Geltendmachung von Rechtfertigungsgründen für eine Einschränkung dieses Rechts im Sinne von Art. 8 Abs. 2 EMRK. Zu entscheiden ist vielmehr, ob Art. 8 EMRK überhaupt einen Schutzbereich für die *arbeitsvertragliche* Vertragsfreiheit beinhaltet. Bis heute wurde diese Frage weder vom Gerichtshof entschieden noch in der Lehre intensiv diskutiert[1098].

547

Für die Beantwortung dieser Fragen ist die durch die Rechtsprechung entwickelte Dogmatik der Grenzziehung des Schutzbereichs des «Privatlebens» heranzuziehen. Das Privatleben umfasst eine geschützte Sphäre, in der eine Person auf dem Hintergrund der ihr zustehenden Autonomie ihr Leben nach ihrer Wahl einrichten kann[1099]. Der Gerichtshof hat anerkannt, dass der Schutz des Privatlebens auch berufliche Aktivitäten umfassen kann. Davon ausgehend können zwei Positionen vertreten werden:

548

Nur die berufliche Aktivität des Individuums *an sich* ist vor staatlichem Eingriff durch Art. 8 EMRK geschützt. Wer demgegenüber als Arbeitgeber Arbeit gegen Entgelt anbietet, betritt die Sphäre der Öffentlichkeit (Produktion, Handel, Verkehr usw.). Damit wird der durch Art. 8 EMRK geschützte Privatbereich verlassen. Die arbeitsvertragliche Vertragsfreiheit ist zumindest dort nicht vom Schutzbereich von Art. 8 EMRK erfasst, wo die Arbeit in der Öffentlichkeit stattfindet. Soweit eine arbeitsvertragliche Beziehung in einem nicht-öffentlichen Bereich stattfindet, ist der Schutzbereich indes eröffnet. Zu denken ist etwa an ein Pflegearbeitsverhältnis in einem Privathaushalt. In diesem Verständnis ist die arbeitsvertragliche Vertragsfreiheit auf natürliche Personen beschränkt. Als juristische Person betritt eine Arbeitgeberin immer die öffentliche Sphäre.

549

Eine vertragsfreiheitsfreundlichere Position beschränkt den Schutz der arbeitsvertraglichen Vertragsfreiheit nicht auf Verträge innerhalb der grundsätzlich geschützten privaten Sphäre. Der Abschluss eines Arbeitsvertrages basiert auf dem Konsens der Vertragsparteien. Die übereinstimmende gegensei-

550

[1098] Siehe jedoch den Text von SCHÖBENER/STORK, S. 45 ff. und die Ausführungen von REMIEN, S. 172 ff.
[1099] EGMR v. 25.09.2001, P.G. und J.H. ./. Vereinigtes Königreich, Appl. No. 4478/98.

tige Willensäusserung ist eine privatautonome Entscheidung der Betroffenen und somit vom Schutzbereich von Art. 8 EMRK erfasst. Auch juristische Personen können sich – das hat der Gerichtshof in anderen Zusammenhängen festgestellt – auf den Schutz von Art. 8 EMRK berufen[1100]. In der Lehre ist die Grundrechtsberechtigung juristischer Personen bei Art. 8 EMRK mit Ausnahme des Teilschutzbereichs «Familie» anerkannt[1101].

551 Welche Position verdient den Vorzug? Mit einem Schutz der arbeitsvertraglichen Vertragsfreiheit soll nicht diskriminierendes Verhalten der Arbeitgebenden legitimiert werden. Hingegen soll Diskriminierungsschutz – deshalb ist eine Subsumierung der (arbeitsvertraglichen) Vertragsfreiheit unter Art. 8 EMRK zu begrüssen – auf Grundrechtsverträglichkeit überprüft werden können. Gesetzliche Normen zum Schutz vor Diskriminierung im Arbeitsverhältnis müssen, soweit sie die vertragliche Abschluss- und Inhaltsfreiheit betreffen, den Anforderungen des «Eingriffsprogramms» nach Art. 8 Abs. 2 EMRK genügen[1102].

1.3 Vertragsfreiheit als Bestandteil der Eigentumsfreiheit

552 Nach Art. 1 Zusatzprotokoll zur EMRK (Eigentumsfreiheit) hat jede natürliche oder juristische Person das Recht auf Achtung ihres Eigentums. Der EGMR legt den Begriff des Eigentums weit aus[1103]. So stellt etwa ein erworbener Kundenstamm einen durch Art. 1 Zusatzprotokoll zur EMRK (Eigentumsfreiheit) geschützten Vermögenswert dar[1104]. Gleiches gilt für die Klientel eines Rechtsanwaltes[1105].

553 Zum Schutzbereich der Eigentumsfreiheit gehört die friedliche Bewirtschaftung des Eigentums. Naheliegenderweise bilden Verträge Bestandteil der Eigentumsnutzung. In der Entscheidung *Iatridis gegen Griechenland* zeigt der Gerichtshof auf, dass die Nutzung des Eigentums einem Schadenersatz für unrechtmässig entzogenes Eigentum vorgeht. Der Beschwerdeführer war Pächter eines Kinos und machte eine Verletzung der Eigentumsgarantie geltend. Die Zwangsräumung des Kinos wurde für rechtswidrig erklärt. Die zuständigen Behörden verweigerten indes die Rückübertragung des Besitzes

---

[1100] EGMR v. 18.07.2005, Société Colas Est u.a. ./. F U, Appl. No. 37971/97, Paragraph 40 f.
[1101] MARAU/MELJINIK, N 67, BREITENMOSER, S. 276 ff. und 348.
[1102] Siehe dazu in diesem Kapitel hinten, 1.4 Diskriminierungsschutz als rechtfertigender Eingriff in die Vertragsfreiheit, S. 209.
[1103] MEYER-LAEDWIG, N 6 zu Art. 1 Zusatzprotokoll zur EMRK.
[1104] EGMR v. 25.05.1999, Olbertz ./. D E, Appl. No. 37592/97, ECHR 1999-V.
[1105] EGMR v. 06.02.2003, Wendenburg u.a. ./. D E, Appl. No. 71630/01, ECHR 2003-II.

an den Beschwerdeführer. Der EGMR hielt fest, dass Schadenersatz keine Alternative für die Rückübertragung des Besitzes an den Pächter darstelle. Daraus lässt sich ableiten: Das Recht auf Besitz schliesst ein, mit diesem Besitz arbeiten zu dürfen, also auch Verträge abschliessen zu können.

Die Nutzung von Eigentum und Eigentumsrechten bildet für jedes Unternehmen, unabhängig von Grösse und Rechtsform, eine grundlegende Voraussetzung der wirtschaftlichen Tätigkeit. Die Vertragsfreiheit als solche und insbesondere auch die arbeitsvertragliche Vertragsfreiheit zur Beschäftigung von Arbeitnehmenden bilden zweifellos nicht wegzudenkende Bestandteile des Schutzbereichs der Eigentumsfreiheit nach Art. 1 Zusatzprotokoll zur EMRK[1106]. 554

Die Schweiz hat das die Eigentumsgarantie umfassende erste Zusatzprotokoll zur EMRK weder unterzeichnet noch ratifiziert[1107]. Eine Berufung darauf ist deshalb weder vor einem innerstaatlichen Gericht noch vor den Strassburger Instanzen möglich. Wie im gleich anschliessenden achten Kapitel gezeigt wird, ist die Vertragsfreiheit nach schweizerischem Recht in der verfassungsrechtlich geschützten Wirtschaftsfreiheit enthalten. 555

1.4 Diskriminierungsschutz als rechtfertigender Eingriff in die Vertragsfreiheit

Nach der hier vertretenen Position ist der Schutzbereich von Art. 8 Abs. 1 EMRK für die arbeitsvertragliche Vertragsfreiheit eröffnet. Diskriminierungsschutzbestimmungen, namentlich betreffend der Einschränkung der vertraglichen Abschlussfreiheit, stellen einen zu rechtfertigenden Eingriff dar. 556

Einschränkungen des Anspruchs auf Achtung der Privatsphäre (und des Familienlebens) setzen nach Art. 8 Abs. 2 EMRK das Vorliegen einer ausreichenden gesetzlichen Grundlage voraus. Darüber hinaus ist Bedingung, dass der Eingriff «(...) *in einer demokratischen Gesellschaft notwendig ist für die nationale oder öffentliche Sicherheit, für das wirtschaftliche Wohl des Landes, zur Aufrechterhaltung der Ordnung, zur Verhütung von Straftaten, zum Schutz der Gesundheit oder der Moral oder zum Schutz der Rechte und Freiheiten anderer.* 557

Angesichts tatsächlicher Benachteiligungen bestimmter Gruppen beim Zugang zum Arbeitsmarkt stellt das Antidiskriminierungsrecht in einer vielfältigen Gesellschaft eine im öffentlichen Interesse liegende Notwendigkeit dar. Die Frage der Zulässigkeit des Eingriffs steht und fällt letztlich mit dem Er- 558

[1106] So auch EMBERLAND, S. 49 f.
[1107] RIVA/MÜLLER-TSCHUMI, N 5 zu Art. 26 BV.

gebnis der Verhältnismässigkeitsprüfung, die integraler Bestandteil des Rechtsfertigungsschemas bei Eingriffen in Art. 8 EMKR bildet[1108].

559 Das durch Art. 1 Zusatzprotokoll zur EMRK gewährte Recht auf Eigentum gilt ebenfalls nicht schrankenlos. Der Vertragstext differenziert zwischen den Voraussetzungen des Entzugs des Eigentums und die Nutzung des Eigentums beschränkenden Bestimmungen. Wie dargestellt wurde, ist die Vertragsfreiheit integraler Bestandteil des Eigentumsrechts. Antidiskriminierungsrecht führt nicht zu einem vollständigen Entzug der Vertragsfreiheit sondern «nur» zu deren Beschränkung. Beschränkungen der Nutzung des Eigentumsrechts bzw. hier Ausübung der arbeitsvertraglichen Vertragsfreiheit sind nach Art. 1 Abs. 2 Zusatzprotokoll zur EMRK zulässig, soweit die Beschränkungen gesetzlich vorgesehen sind und im *Einklang mit dem Allgemeininteresse* liegen. Nach der Doktrin und Rechtsprechung müssen die Einschränkungen überdies dem Grundsatz der Verhältnismässigkeit genügen[1109]. Der Gerichtshof hat in mehreren Entscheiden zur Verhältnismässigkeit von Mieterschutzvorschriften Stellung bezogen. In *Spadeo und Scalerino* wurde eine Verletzung der Eigentumsgarantie verneint. Ein Eigentümer kündigte nach dem Erwerb zweier aneinanderliegenden Wohnungen beiden Mieterinnen mit dem Ziel, die Wohnungen zusammenzulegen. Die Mieterinnen, ältere Damen mit geringem Einkommen, zogen nicht aus und kamen über viele Jahre hinweg in den Genuss staatlicher Räumungsschutzvorschriften. Der Gerichtshof erachtete die Mieterschutzmassnahmen nicht als unverhältnismässig[1110]. Bejaht wurde demgegenüber eine Verletzung der Eigentumsgarantie im Entscheid *Casa Immobiliare Saffi*. Nach erfolgter Kündigung an die Mieterschaft konnten diese insgesamt weitere elf Jahre in der Wohnung verbleiben. Für den Gerichtshof stellte dies einen unverhältnismässigen Eingriff in die Eigentumsgarantie dar. Aus diesen (und anderen) Mieterschutzentscheiden lässt sich ableiten, dass unverhältnismässige Diskriminierungsschutznormen bzw. deren Anwendung vom Gerichtshof als Verletzung der Eigentumsgarantie gerügt werden könnten[1111].

560 Zusammenfassend ist festzuhalten: Zur Rechtfertigung des Eingriffs in die durch Art. 8 EMRK innerhalb der Privatsphäre und durch das Eigentumsrecht geschützte arbeitsvertragliche Vertragsfreiheit bedarf es einer gesetzlichen Grundlage, eines öffentlichen Interesses und der Eingriff muss verhältnismässig sein.

[1108] GRABENWARTER, S. 194, N. 37.
[1109] GRABENWARTER, S. 370, N. 22.
[1110] EGMR v. 28.09.1995, Spadea und Scalabrino ./. I U, Appl. No. 23/1994/470/551, Ser. A no 315-B.
[1111] EGMR v. 28.07.1999, Immobiliare Saffi ./. I, Appl. No. 22774/93.

IV. Zwischenergebnis

An dieser Stelle folgen zusammenfassend die Antworten zu den Fragen des im vierten Kapitel entwickelten Untersuchungsrasters[1112].

- Enthält der völkerrechtliche Vertrag Bestimmungen zum Schutz der Vertragsfreiheit bzw. werden *Grenzen des Eingriffs in die Vertragsfreiheit* im Vertrag selbst geregelt?

Die EMRK schützt die (arbeitsvertragliche) Vertragsfreiheit durch Art. 8 EMRK und durch das Zusatzprotokoll Nr. 1 zum Eigentumsschutz[1113]. Eingriffe in die Vertragsfreiheit bedürfen einer gesetzlichen Grundlage, eines öffentlichen Interessens und müssen verhältnismässig ausgestaltet sein[1114].

- Welcher ist der *sachliche und persönliche* Geltungsbereich der Gleichheits- und Diskriminierungsschutznormen?

Arbeitnehmende sind über die staatliche Schutzpflicht im privatrechtlichen Arbeitsverhältnis sowohl durch Freiheits- und Verfahrensrechte, namentlich das Recht auf Familie und Privatsphäre (Art. 8 EMRK), die Religionsfreiheit (Art. 9 EMRK), die Meinungsfreiheit (Art. 10 EMRK), die Vereinigungsfreiheit (Art. 11 EMRK) wie durch den Anspruch auf ein faires Verfahren nach Art. 6 EMRK vor Diskriminierung geschützt[1115]. Selbst wenn diese Rechte nicht verletzt sind, kann das akzessorische Diskriminierungsverbot in Art. 14 EMRK verletzt sein[1116]. Mit dem Zusatzprotokoll Nr. 12 zur EMRK wird der akzessorische Diskriminierungsschutz zu einem allgemeinen Diskriminierungsverbot ausgeweitet[1117].

- Welche *Diskriminierungsmerkmale* enthält der Vertrag? Besteht innerhalb dieser Merkmale eine Hierarchie?

Art. 14 EMRK und das Zusatzprotokoll Nr. 12 zur EMRK enthalten die gleichen Diskriminierungskriterien: Geschlecht, Rasse, Hautfarbe, Sprache, Religion, politische oder sonstige Anschauung, nationale oder soziale Herkunft, Zugehörigkeit zu einer nationalen Minderheit, Vermögen, Geburt oder ein

---

[1112] Siehe S. 74 ff. Die für die Schweiz nicht anwendbare Europäische Sozialcharta wird in diesem Zwischenergebnis nicht berücksichtigt.
[1113] Siehe dazu in diesem Kapitel, III. Privatautonomie und Vertragsfreiheit in der EMRK, S. 206 und 1.3 Vertragsfreiheit als Bestandteil der Eigentumsfreiheit, S. 208.
[1114] Siehe dazu in diesem Kapitel, III. 1.4 Diskriminierungsschutz als rechtfertigender Eingriff in die Vertragsfreiheit, S. 209.
[1115] Siehe dazu in diesem Kapitel, II. 4. Arbeitnehmerdiskriminierungsschutz durch Freiheits- und Verfahrensrecht, S. 200 f.
[1116] Siehe dazu in diesem Kapitel, II. 2. Schutz vor Diskriminierung, S. 191.
[1117] Siehe dazu in diesem Kapitel, II. 2.5 Das Diskriminierungsverbot gemäss dem 12. Zusatzprotokoll, S. 195.

sonstiger Status. Zum sonstigen Status sind nach heutigem Stand der Rechtsprechung und Doktrin die sexuelle Orientierung, eine Behinderung und der genetische Status zu zählen. Eine «Schutzhierarchie» besteht insofern, als dass vom Gerichtshof bei den Kriterien Geschlecht, sexuelle Orientierung und Religion äusserst strenge Anforderungen an die Rechtfertigung einer benachteiligenden Ungleichbehandlung gestellt werden. Eine Diskriminierung aufgrund der Rasse kann eine unmenschliche Behandlung im Sinne Art. 3 EMRK darstellen und ist diesfalls keiner Rechtfertigung zugänglich[1118].

- Welche Diskriminierungsformen *(direkte und indirekte Diskriminierung)* sind erfasst?

564 Der EGMR hat bis heute lediglich Fälle direkter Diskriminierung entschieden. Die Rechtsfigur der indirekten Diskriminierung ist in der EMRK nicht etabliert[1119].

- Unter welchen Voraussetzungen sind Diskriminierungen gerechtfertigt (Rechtfertigungsgründe, Ausnahmen)?

565 Eine Ungleichbehandlung bzw. Gleichbehandlung ist nicht diskriminierend, wenn sie sachlich und vernünftig begründet werden kann, verhältnismässig ist und ein legitimes Ziel verfolgt[1120].

- Wie erfolgt die Durchsetzung der Diskriminierungsschutzbestimmungen auf *völkerrechtlicher Ebene* und wie wird von den internationalen Organen die Umsetzungsarbeit der Schweiz gewürdigt?

566 Verletzungen von EMRK-Garantien können beim Europäischen Menschenrechtsgerichtshof gerügt werden. Die Urteile des Gerichtshofes sind für die Konventionsstaaten und damit auch für die Schweiz verbindlich[1121]. Ein mit den Staatenberichtsverfahren der UN-Konventionen vergleichbares Instrumentarium kennt die EMRK nicht.

- Welche *Umsetzungspflichten* erwachsen dem Vertragsstaat (konkret der Schweiz) im Lichte der Dreischichtenkonzeption (obligations to respect, to protect, to fulfil)?
- Sieht der Vertrag vor, dass die Diskriminierungsverbote (auch) in privaten Arbeitsverhältnissen zur Geltung kommen sollen *(Drittwirkung)*?
- Sind diese Drittwirkungsbestimmungen *unmittelbar anwendbar*?

[1118] Siehe dazu in diesem Kapitel, II. 2.1 Diskriminierungsmerkmale, S. 191.
[1119] Siehe dazu in diesem Kapitel, II. 2.3 Diskriminierungsbegriff, S. 192.
[1120] Siehe dazu in diesem Kapitel, II. 2.2 Ungerechtfertigte Ungleichbehandlung vergleichbarer Sachverhalte, S. 192.
[1121] Siehe dazu in diesem Kapitel, I. 2. Die Europäische Menschenrechtskonvention, S. 187.

- Welche Verpflichtungen treffen die Schweiz zur Umsetzung der Drittwirkung der Diskriminierungsverbote ins Landesrecht?

Die EMRK verleiht unmittelbar anwendbare Rechtsansprüche, die staatliche Organe aller Stufen unmittelbar verpflichten[1122]. EMRK-Rechte sind staatgerichtet. Eine unmittelbare (direkte) Drittwirkung der Diskriminierungsverbote und der Freiheitsrechte mit Diskriminierungsschutzfunktion besteht nicht[1123]. Eine mittelbare Drittwirkung ergibt sich aus der Schutzpflicht, die den Vertragsstaaten aus den EMRK-Garantien erwächst. Zur Schutzpflicht gehört die Pflicht des Staates, den Bürgerinnen und Bürgern Schutz vor Freiheitsbeeinträchtigungen und vor Diskriminierung in privaten Verhältnissen zu gewähren. Diese Schutzpflicht betrifft insbesondere auch die Pflicht zum aktiven Schutz vor Diskriminierung im Arbeitsverhältnis. Eine nicht ausreichend wahrgenommene Schutzpflicht stellt unter engen Voraussetzungen eine (passive) Verletzung des Diskriminierungsverbotes nach Art. 14 EMRK bzw. dem Zusatzprotokoll Nr. 12 zur EMRK *durch den Staat* dar[1124].

[1122] Siehe dazu in diesem Kapitel, I. Die Europäische Menschenrechtskonvention, S. 187.
[1123] Siehe dazu in diesem Kapitel, II. 3. Drittwirkung des Diskriminierungsschutzes, S. 197.
[1124] Siehe dazu in diesem Kapitel, II.3.2 Nach Zusatzprotokoll 12, S. 196.

8. Kapitel: Verfassungsrechtliche Vertragsfreiheit und Diskriminierungsschutz

I. Ausgangslage: Die Frage der so genannten Drittwirkung der Grundrechte im Arbeitsverhältnis

1. Die Grundlagen in der Wirtschafts-, Sozial- und Arbeitsverfassung

568 Die Bundesverfassung enthält eine Reihe von direkt oder indirekt die (abhängige) Arbeit betreffenden Normen, die gemeinhin als *Arbeitsverfassung* kategorisiert werden[1125]. Andere Kommentatoren ordnen die Bundeskompetenz zum Erlass von Arbeitsschutznormen in Art. 110 BV unter der *Sozialverfassung* ein[1126].

569 In einem umfassenden Sinne verstanden zählen auch die *Grundrechte* zur Arbeitsverfassung. Unmittelbar erkennbar grundrechtlichen Bezug zur Arbeit haben insbesondere Art. 8 Abs. 3 (Satz 2 und 3), Art. 27 und Art. 28 BV. Letztere Bestimmung beinhaltet die Koalitionsfreiheit und das Streikrecht bzw. die Voraussetzungen eines rechtsmässigen Streiks. Der Anspruch auf gleichen Lohn für gleichwertige Arbeit gemäss Art. 8 Abs. 3 Satz 3 BV bildet einen Ausnahmefall einer direkten Anwendbarkeit (direkte Drittwirkung, unmittelbare Drittwirkung) eines Grundrechts im Verhältnis zwischen Privaten[1127]. Diese Bestimmung gewährt mit anderen Worten einen direkt (auch) gegenüber einem privaten Arbeitgeber einklagbaren Anspruch[1128]. Umstritten ist, ob auch das in Art. 28 Abs. 3 BV verankerte Streikrecht einen (weiteren) Anwendungsfall der direkten Drittwirkung darstellt[1129]. Auf die verschiede-

---

[1125] PORTMANN/STÖCKLI, S. 4, RHINOW (Wirtschafts- und Eigentumsverfassung), N 5, GYGI/RICHLI, S. 40 ff., MEIER-SCHATZ, N 21 zu Art. 110 BV.
[1126] MURER (Arbeit), N 2, UEBERSAX, S. 3.
[1127] HAEFELIN/HALLER/KELLER, N 793. Siehe zu Art. 8 Abs. 3 BV ausführlich in diesem Kapitel hinten, III. 5. Gleichstellungsauftrag und Lohngleichheit (Art. 8 Abs. 3 BV), S. 274.
[1128] BGE 125 III, 368, Erw. 3.
[1129] BGE 132 III 122, Erw. 4.4 (für das Bundesgericht entfaltet Art. 28 BV lediglich indirekte Drittwirkung), 111 II 244, PORTMANN (Einfluss), S. 73 ff. SCHWEIZER, N 22 zu Art. 35 BV und PULVER, S. 414, erwähnen das Streikrecht als weiteren Fall einer direkten Drittwirkung der Grundrechte. Das ist zweifelhaft, steht doch das Streikrecht nur tariffähigen Organisationen zu (dazu ausführlich PORTMANN, Streikrecht, S. 352 ff.). Der Gesetzgeber hat jedoch dafür gesorgt, dass betroffenen Arbeitnehmern auf-

nen Teilgehalte der in Art. 27 BV verankerten Wirtschaftsfreiheit wird noch ausführlich zurückgekommen. Die Arbeitswelt betreffende Inhalte prägen auch die in Art. 41 BV aufgeführten Sozialziele: Bund und Kantone setzen sich in Ergänzung zu persönlicher Verantwortung und privater Initiative dafür ein, dass Erwerbstätige ihren Lebensunterhalt durch Arbeit zu angemessenen Bedingungen bestreiten können (Art. 41 Abs. 1 Bst. d BV).

In einem weiten Verständnis wird das Arbeitsverfassungsrecht als Bestandteil des Wirtschaftsrecht und der *Wirtschaftsverfassung* verstanden. In diesem Verständnis gehören funktional all die Bestimmungen zum Wirtschaftsrecht, welche die wirtschaftliche Tätigkeit als Prozess der Produktion und Verteilung von Gütern regeln[1130].

Eine geschlossene Darstellung aller die Arbeit betreffenden Normen findet sich in der nachgeführten Bundesverfassung von 1999 nicht[1131]. Vielmehr sind die Normen zur Regelung der Arbeit in der BV verstreut. Im Teil über die Aufgabenverteilung zwischen Bund und Kantonen sind insbesondere die bereits genannte Arbeitschutzkompetenznorm in Art. 110 BV und die Gesetzesaufträge zur Schaffung der Sozialversicherungen relevant (Art. 111 ff. BV). Weiter massgebend ist die Zivilrechtskompetenz des Art. 122 BV. Der Bund hat die abschliessende Kompetenz zur Regelung des privatrechtlichen Arbeitsvertrages[1132]. Es steht ihm also auch die Kompetenz zu, Diskriminierungsschutzmassnahmen im privatrechtlichen Arbeitsverhältnis zu erlassen[1133]. Für die verfassungsrechtlichen *Grenzen des Diskriminierungsschutzes* sind überdies die Grundsätze der Wirtschaftsordnung relevant, wie sie in Art. 94 BV niedergelegt sind[1134]. Gemäss dieser Bestimmung haben Bund und Kantone den Grundsatz der Wirtschaftsfreiheit zu achten und für günstige wirtschaftliche Rahmenbedingungen zu sorgen. Abweichungen vom Grundsatz der Wirtschaftsfreiheit bedürfen einer Grundlage in der Verfassung.

---

grund eines zulässigen Streiks keine Nachteile erwachsen dürfen, insoweit liegt eine indirekte Drittwirkung vor. Siehe dazu PORTMANN (Einfluss), S. 85, AUBERT/MAHON N 11 zu Art. 35 BV und EGLI, S. 140, Fn 36.

[1130] SCHLUEP (Wirtschaftsrecht), S. 25 ff., MEIER-SCHATZ (Wirtschaftsrecht), S. 294 ff., VALLENDER/HETTICH/LEHNE, S. 22 ff.
[1131] Dazu kritisch PORTMANN (Einfluss), S. 73 f.
[1132] PORTMANN (Würdigung), S. 14.
[1133] Aus diesem Grund stützt sich das Gleichstellungsgesetz (GlG) neben Art. 8 Abs. 3 BV auch auf Art. 122 BV. Siehe dazu WALDMANN (Diskriminierungsverbot), S. 516 ff.
[1134] Siehe dazu in diesem Kapitel ausführlich II. 4. Einschränkung der Wirtschaftsfreiheit, S. 244 f.

8. Kapitel: Verfassungsrechtliche Vertragsfreiheit und Diskriminierungsschutz

2. *Grundrechte im Arbeitsverhältnis*

2.1 Die Problematik

2.1.1 Grundrechtssensiblität der Arbeitsverhältnisse

572 Das Arbeitsverhältnis zeichnet sich durch die rechtliche Unterordnung der Arbeitnehmenden im Verhältnis zu den Arbeitgebenden aus[1135]. Verpflichtungen aus einem Arbeitsverhältnis, etwa Kleider- oder Verhaltensvorschriften, können die Grundrechte beeinträchtigen. Zu denken ist namentlich an die Persönliche Freiheit, die Meinungsfreiheit und die Glaubens- und Gewissensfreiheit[1136]. Ein illustratives Beispiel dafür bietet BGE 122 III 68. Das Bundesgericht hat hier unter Berufung auf die Glaubens- und Gewissensfreiheit des betroffenen Arbeitsnehmers entschieden, dass ein zu einer Arbeitsdienstleistung verurteilter Militärdienstverweigerer aus Gewissensgründen Anspruch auf Lohnfortzahlung nach Art. 324a OR hat. Der Schuldspruch bezüglich Militärdienstverweigerung aus Gewissensgründen lasse nicht zu, die Arbeitsunfähigkeit als verschuldet zu qualifizieren. Die gesetzliche Pflicht zur Erfüllung des Arbeitsdienstes gelte daher als unverschuldet, obwohl sie insoweit «freiwillig» übernommen wurde, als sie durch die Leistung des kürzeren Militärdienstes hätte vermieden werden können[1137].

573 Die Frage der Geltung von Grundrechten im Privatrecht gibt regelmässig Anlass zu kontroversen Debatten[1138]. Für das Arbeitsverhältnis liegt die Ausgangslage auf der Hand. Sowohl Arbeitnehmende wie Arbeitgebende sind grundsätzlich Träger von Grundrechten. In einem abwehrrechtlichen Ver-

---

[1135] Das ergibt sich bereits aus Art. 319 OR: Ein Arbeitsverhältnis liegt vor, wenn Arbeit «im Dienste des Arbeitgebers» geleistet wird. Zudem steht dem Arbeitgeber im Arbeitsverhältnis die Ausübung des Weisungsrechts (Art. 321d OR) zu. Zu den gleichheitsrechtlichen Grenzen des Weisungsrechts siehe hinten, 14. Kapitel, II. 5.3.3 Anwendungsbereich des Verbots diskriminierender Ungleichbehandlung, S. 547 und III. 1.2 Entwicklung und Diskussion in der schweizerischen Lehre, S. 568.
[1136] KLEY, S. 437 f., PULVER, S. 414.
[1137] BGE 122 III 268, Erw. 3a/bb.
[1138] KLEY, S. 436, MÜLLER (Privatrecht), insb. S. 145-180. Anlass zum Doktrinstreit gab vor allem der Streikrecht-BGE 111 II 245, Erw. 4b, S. 253 ff., vgl. dazu BUCHER (Drittwirkung), S. 37-47 (insb. S. 43/44), RHINOW (Stil), S. 99/100 und SALADIN (Drittwirkung), S. 373-384. Eine ähnliche Kontroverse ist im Zusammenhang mit BGE 129 III 35 (Post ./. Verein gegen Tierfabriken) aufgeflammt, wenn auch in anderem Kontext, da hier eine privatrechtliche Kontrahierungspflicht über die Statuierung eines privatrechtlichen Grundsatzes erfolgte.

ständnis, *also innerhalb der justiziablen Schicht des Grundrechts*[1139], richten sich Grundrechte, grundsätzlich gegen den Staat[1140]. Staat und Private die staatliche Aufgaben wahrnehmen, sind durch Art. 35 Abs. 2 BV zur Einhaltung der Grundrechte verpflichtet. Eine direkte Drittwirkung der Grundrechte hätte zur Folge, dass private Arbeitgebende gegenüber den Arbeitnehmenden grundrechtsverpflichtet würden. Aus Arbeitgeberperspektive würde damit erneut der abwehrrechtliche Charakter der Grundrechte relevant. Durch die Grundrechtsverpflichtung würde nämlich in Grundrechte des Arbeitgebers, namentlich die Wirtschaftsfreiheit (Art. 27 BV, siehe sogleich ausführlich), eingegriffen.

Trotz diesen formalen Einwänden gegenüber einer Geltung der Grundrechte im Arbeitsverhältnis bleibt die Tatsache zu berücksichtigen, dass Arbeitgeberinnen im Verhältnis zu ihren Arbeitnehmenden eine *rechtliche und faktische Machtstellung* zukommt, die mit der Situation Privater gegenüber dem Staat vergleichbar ist[1141]. Gerade Grossunternehmen kommt deshalb der Charakter von «quasi-öffentlichen» Institutionen zu, die in quasi-öffentlicher Sphäre operieren. Diese Begrifflichkeiten werden auch von den Überwachungsorganen internationaler Menschenrechtsverträge verwendet[1142]. An die Vertragsstaaten geht deshalb regelmässig die Aufforderung, für wirksamen Diskriminierungsschutz auch in privaten Verhältnissen, namentlich in der Arbeitswelt, zu sorgen[1143]. 574

An die Rechtsordnung stellt sich die Herausforderung, wie das Machtgefälle zwischen Arbeitgebenden und Arbeitnehmenden durch angemessene Schutznormen auszutarieren ist. Die Unternehmen selbst könn(t)en den ihnen durch eine liberale Rechtsordnung gewährten Gestaltungsspielraum nutzen. In Teilen der betriebswirtschaftlichen Literatur der USA und Kanadas wird ein *grundrechtsorientierter* Ansatz der Führungsethik vertreten[1144]. Ähnlich den unantastbaren Rechten gegenüber dem Staat soll die Gewährleistung unantastbarer und einklagbarer Rechte der Mitarbeitenden Bestandteil der Unter- 575

[1139] Die Unterscheidung «justiziable Schicht», «programmatische Schicht» und «flankierend justiziable Schicht» geht v.a. auf JÖRG PAUL MÜLLER zurück, siehe MÜLLER (Bemerkungen), N 29.
[1140] KIENER/KÄLIN, S. 25, TSCHANNEN, N 18, AUER/MALINVERNI/HOTTELIER, N 116, MÜLLER (Bemerkungen), N 21.
[1141] KLEY, S. 435.
[1142] Siehe dazu im 6. Kapitel, III. 1.3 Schutz der Vertragsfreiheit durch den IpbpR, S. 135 ff., Fn 736, III: 3.2 Arbeitsprivatrechtliche Diskriminierungsfälle, S. 139, Fn 760, III. 3.4 Bedeutung des Diskriminierungsverbotes für die Schweiz, S. 143, V. 1.3.1 Unverzügliche Beseitigung der Benachteiligung der Frau, S. 169 und im 7. Kapitel, II.3.2 Nach Zusatzprotokoll 12, S. 197.
[1143] Siehe dazu die Ausführungen in den Kapiteln 5 bis 7.
[1144] Siehe z.B. BATES/ESTE, S. 34 ff.

nehmensverfassung bilden[1145]. Für die Probleme der Gleichbehandlung und des Diskriminierungsschutzes würde sich eine grundrechtsorientierte Unternehmensverfassung mit Diversity-Management-Ansätzen verbinden lassen[1146]. Diese Diskussion kann hier nicht vertieft geführt werden. Gerade mit Blick auf weltweit tätige transnationale Unternehmen ist sie jedoch zwingend notwendig. Der Anspruch auf Gleichbehandlung soll nicht an den Grenzen einer nationalen Rechtsordnung Halt machen.

2.1.2 Abwehrrechtliches Grundrechtsverständnis

576 Nach POSCHER sind die Gleichheitsrechte ausschliesslich staatsgerichtet. Poscher entwickelt in seiner Habilitationsschrift einen *reflexiven* Ansatz der Grundrechte und begründet damit ein neues Verständnis des klassischen grundrechtlichen Abwehrcharakters[1147]. Als solche schützen Grundrechte nicht davor, vor anderen Grundrechtsträgern ungleich behandelt zu werden. Nach Poscher diskriminiert der Staat nicht, *indem er nichtdiskriminierende Diskriminierungsmöglichkeiten für nicht grundrechtsgebundene Grundrechtsträger* einführt. Das ist zu verdeutlichen: Der Staat darf ein Vertragsrecht erlassen, dass *formal* allen Rechtssubjektiven die Möglichkeit gibt, untereinander selbst nach diskriminierenden Kriterien zu kontrahieren oder gerade nicht zu kontrahieren. Der Staat darf lediglich nicht *das Vertragsrecht selbst* nach diskriminierenden Kriterien verfassen. Unzulässig wäre, bestimmten Personengruppen die Möglichkeiten zum Vertragsabschluss zu verweigern[1148]. Zweck der verfassungsrechtlich gewährten Vertragsfreiheit ist die Selbstorganisation der Gesellschaft nach dem Grundsatz der Privatautonomie. Eine Grundrechtsbindung der Vertragspartner lehnt Poscher ab[1149].

577 Auch für Poscher bildet indes die grundrechtliche Ungebundenheit der Vertragspartner nicht ein von jedem *Grundrechtsgehalt* befreites Vertragsrecht[1150]. Die verfassungsrechtlich gewährte Vertragsfreiheit wird nach ihm durch das im deutschen Grundgesetz verankerte *Sozialstaatsprinzip inhaltlich* bestimmt. Am Beispiel der Rechtsprechung des BVerfGE zu den Bürgschaftsfällen[1151] zeigt Poscher auf, wie Privatautonomie und Sozialstaatsprinzip dogmatisch aufeinanderbezogen werden müssen. Das Bürgschaftsrecht weise für Angehörige mittelständischer Unternehmen *strukturel-*

[1145] ULRICH (Führungsethik), S. 10.
[1146] Siehe dazu PÄRLI (Diversity).
[1147] POSCHER, S. 337 ff.
[1148] POSCHER, S. 341 ff.
[1149] POSCHER, S. 361.
[1150] POSCHER, S. 359.
[1151] BVerfGE 89, 214 – Bürgschaftsverträge.

le Schwächen auf, womit die mit der Vertragsfreiheit beabsichtigte soziale Selbstorganisation der Gesellschaft nicht erreicht wird. Insoweit erweise sich das Bürgschaftsrecht als grundrechtsproblematisch. Dafür verantwortlich sind nach Poscher nicht die Bürgschaften einfordernden Banken, sondern der Staat, der aufgerufen ist, dem Sozialstaatsprinzip im Vertrag Beachtung zu schenken[1152].

Ein solch abwehrrechtliches Verständnis der Grundrechte wird in der schweizerischen Grundrechtslehre soweit ersichtlich nicht *ausdrücklich* vertreten. Die Lehre Poschers wurde bislang nicht rezipiert, zumindest nicht von den Verfassungsrechtler/innen. Gewisse Anknüpfungspunkte ergeben sich allenfalls bei den Stimmen in der Lehre, die im Entscheid BGE 129 III 35 Post ./. Verein gegen Tierfabriken Anhaltspunkte für ein (privatrechtliches) *soziales Vertragsrecht* erblicken[1153]. Das Bundesgericht verneinte in diesem Entscheid für die schweizerische Post eine Grundrechtsbindung in ihren Aktivitäten ausserhalb der Grundversorgung. Hingegen stipulierte das Bundesgericht für die Post eine *privatrechtliche* Kontrahierungspflicht. Gemeinsam ist den Ansätzen Poschers und der neueren Lehre zu einem sozialen Vertragsrecht zumindest das Verständnis des Rechts als *reflexives Recht*[1154]. Dessen Aufgabe ist (auch), die Selbststeuerung der Teilsysteme zu optimieren. Im privatrechtlichen vierten Teil dieser Untersuchung werden, ohne dem reflexiven Ansatz prinzipientreu zu folgen, die Möglichkeiten privatrechtlicher Institute zum Diskriminierungsschutz in allen Phasen des Arbeitsverhältnisses ausgeleuchtet.

2.2 Direkte Drittwirkung

Im Jahre 1950 hat in Deutschland NIPPERDEY in seinem Aufsatz «Gleicher Lohn der Frau für gleiche Leistung» die Drittwirkung von Art. 3 Grundgesetz (GG) bejaht und damit die Debatte um die Drittwirkung der Grundrechte im Arbeitsverhältnis eingeläutet[1155]. Vier Jahre später entschied das Bundesarbeitsgericht (BAG) im Sinne Nipperdeys[1156]. Das BAG führte aus, die Grundrechte würden auf weiten Gebieten wirkungslos, wenn wirtschaftliche und soziale Mächte und Einzelne im privaten Rechtsverkehr die Grundrechte nach Gutdünken einschränken dürften, ohne dabei eine Verfassungsverletzung zu

---

[1152] POSCHER, S. 364 f.
[1153] Siehe AMSTUTZ/ABEGG/KARAVAS.
[1154] Der Begriff des reflexiven Rechts geht auf GUNTHER TEUBNER und HELMUT WILLKE zurück, siehe TEUBNER, S. 13 ff. und TEUBNER/WILLKE, S. 4 ff.
[1155] NIPPERDEY, S. 121 ff.
[1156] BAG v. 03.12.1954, BAGE 1, 185.

begehen[1157]. In weiteren Entscheiden hat das BAG eine unmittelbare privatrechtliche Wirkung auch für die Meinungsfreiheit, die Berufsfreiheit und den Gleichbehandlungsgrundsatz anerkannt[1158]. Die Lehre der direkten Drittwirkung der Grundrechte blieb nicht unwidersprochen. Insbesondere DÜRIG begründete eine Gegenposition, wonach die Grundrechte nicht direkt die Privatrechtssubjekte verpflichten würden, jedoch als Auslegungsrichtlinien vor allem für die Generalklauseln des Zivilrechts zu dienen hätten[1159]. Auch das BAG ist in seiner Rechtsprechung zwischenzeitlich von einer direkten Drittwirkung der Grundrechte abgekommen[1160] und verfolgt einen Ansatz der mittelbaren Drittwirkung[1161].

580 Auf den ersten Blick scheint in der Schweiz sowohl in Lehre und Rechtsprechung unbestritten, dass den Grundrechten im Arbeitsverhältnis, von der bereits angesprochenen, noch zu erläuternden Ausnahme in Art. 8 Abs. 3 BV abgesehen, keine *direkte Drittwirkung* zukommt[1162]. Der erste Eindruck täuscht. So finden sich in der älteren Rechtsprechung Spuren direkter Drittwirkung. Es betrifft namentlich die Entscheide zur Zulässigkeit von Boykotten zwischen Privaten aus der Zeitspanne vor der Kartellgesetzgebung[1163]. Das Bundesgericht stützte seine Argumentation vornehmlich auf Art. 28 ZGB, erwähnte in BGE 86 II 365 jedoch auch ein «privates Recht auf Handels- und Gewerbefreiheit»[1164]. Eine dogmatische Debatte zur Drittwirkung der Grundrechte lösten diese Entscheide nicht aus. Eine kontroverse Diskussion löste hingegen BGE 111 II 245 aus. Das Bundesgericht hat im Zusammenhang mit der Frage der Anerkennung des Streikrechts die direkte Drittwirkung der Grundrechte zumindest nicht ausgeschlossen, was insbesondere in Teilen der Privatrechtslehre heftigen Widerstand auslöste[1165].

581 Mit Hinweis auf die Grundrechtstheorie von JÖRG PAUL MÜLLER[1166] hat das Bundesgericht in einem jüngeren, die weitergehende berufliche Vorsorge betreffenden Fall eine direkte Drittwirkung *dann* bejaht, wenn das Privatrecht einen grundrechtsrelevanten Bereich nicht regelt oder echte oder unechte

---

[1157] BAG v. 03.12.1954, BAGE 1, S. 193.
[1158] Siehe die umfassende Darstellung bei KEILICH, S. 40 f. und 89 ff.
[1159] DÜRIG, S. 157 ff.
[1160] Siehe die umfassende Darstellung bei KEILICH, S. 41 f.
[1161] BAG v. 18.02.1999.
[1162] HAEFELIN/HALLER/KELLER, N 281, AUBERT/MAHON, N 17 zu Art. 8 BV, AUER/MALINVERNI/HOTTELIER, S. 60 ff. (weitere Hinweise siehe Fn 1171).
[1163] BGE 82 II 292, 85 II 489, 86 II 365.
[1164] BGE 86 II 365, Erw. 4c.
[1165] Siehe insbesondere BUCHER (Drittwirkung) S. 37 ff. Zu den Beiträgen weiterer Autoren im Drittwirkungsstreit siehe Fn 1138.
[1166] MÜLLER (Elemente), S. 82 f.

Lücken aufweist[1167]. Im konkreten Fall lagen diese Voraussetzungen nicht vor bzw. die Lücke wurde als qualifiziertes Schweigen bewertet[1168]. Diese richterliche Kompetenz zur Korrektur von unvollständiger oder verfassungswidriger privatrechtlicher Normierung wird auch als «vermittelnde Drittwirkungslehre»[1169] oder neuerdings als «l'effet horizontal prétorien des droits fondamentaux», «horizontale richterliche Wirkung von Grundrechten»[1170] bezeichnet.

2.3 Indirekte Drittwirkung

Weitgehend unbestritten ist die so genannte mittelbare oder indirekte Drittwirkung[1171]. Die indirekte Auswirkung manifestiert sich durch die Einwirkung der Grundrechte auf die richterliche Auslegung von privatrechtlichen Normen. Vorliegend trifft dies namentlich auf Persönlichkeits-Generalklauseln im Arbeitsvertragsrecht (Art. 328 OR, Art. 324a OR und Art. 336 OR) und auf die im Bewerbungsverfahren relevanten Bestimmungen des ZGB, insbesondere die Art. 2 ZGB (Verhalten nach Treu und Glauben) und Art. 27/28 ZGB (Persönlichkeitsschutz) zu. Ein Beispiel einer verfassungskonformen Auslegung wurde weiter oben bereits erwähnt: Das Bundesgericht legte in BGE 122 III 268 den Begriff der unverschuldeten Verhinderung an der Arbeitsleistung aus Gründen, *die in der Person des Arbeitnehmers liegen* so aus, dass die Konsequenzen der Ausübung der Glaubens- und Gewissensfreiheit einem Arbeitnehmer nicht zum Nachteil gereichen dürfen. Eine solche Ausstrahlung der Grundrechte in Privatrechtsnormen entspricht dem Gebot der *verfassungskonformen Auslegung*[1172]. Es wird deshalb auch die Frage gestellt, ob die Figur der Drittwirkung nicht letztlich entbehrlich sei, da die verfassungskonforme Auslegung und Anwendung von privatrechtlichen Normen ohnehin geboten ist[1173].

582

[1167] BGE 120 V 312, Erw. 3b, siehe dazu auch MARTENET (protection), S. 430 und WALDMANN (Autorversicherungsprämien), N 49.
[1168] BGE 120 V 312, Erw. 3b, EGLI, Fn 88, S. 151.
[1169] EGLI, S. 150.
[1170] MARTENET (protection), S. 445.
[1171] BGE 111 II 245, Erw. 3b, 120 V 312 Erw. 3b,123 V 189 Erw. 4e, 125 III 277, Erw. 3c, 132 III 122, Erw. 4.4, MARTENET (protection), S. 419, KLEY, S. 433 ff. , CAMASTRAL, S. 34 f., EGLI, S. 142, WALDMANN (Diskriminierungsverbote), S. 493 ff, SCHEFER (Kerngehalte), S. 235 ff., insbes. 246f., 298 f., PULVER, S. 413 ff.
[1172] KRAMER (Methodenlehre), S. 89.
[1173] Die Position wird in Deutschland gemeinhin SCHWABE zugeschrieben, siehe SCHWABE, S. 229 ff. Im Ergebnis gleiche Positionen werden von der neueren Lehre der «Revitalisierung der Gundrechte als Abwehrrechte» vertreten, siehe dazu grundlegend POSCHER, insbes. S. 245-271.

8. Kapitel: Verfassungsrechtliche Vertragsfreiheit und Diskriminierungsschutz

583 Über die verfassungskonforme Auslegung hinaus fordert die indirekte Drittwirkung vom Gesetzgeber, im Zivil- und allenfalls Strafrecht grundrechtsschützende Bestimmungen zu erlassen. Im Bereich des Arbeitsvertragsrechts ist der Gesetzgeber dieser Verpflichtung nachgekommen, namentlich mit der Verankerung des arbeitsrechtlichen Persönlichkeitsschutzes (Art. 328 und 328b OR), den Bestimmungen über den Kündigungsschutz (Art. 336 OR) und der Verankerung der Lohnfortzahlungspflicht bei unverschuldeter Arbeitsunfähigkeit (Art. 324a OR). Der Schutz der Persönlichkeit wird zudem öffentlichrechtlich im Arbeitsgesetz verankert. Ob diese Legiferierung ausreichend vor Diskriminierung schützt, ist im vierten Teil und fünften der Studie zu prüfen[1174].

584 In der nachgeführten Bundesverfassung von 1999 hat der Verfassungsgeber das in der Lehre anerkannte Verständnis einer indirekten (mittelbaren) Drittwirkung in Art. 35 Abs. 1 und Abs. 3 BV verankert[1175] und präzisiert[1176]. Nach Art. 35 Abs. 1 müssen die Grundrechte in der ganzen Rechtsordnung zur Geltung kommen und nach Art. 35 Abs. 3 BV müssen die Behörden dafür sorgen, dass Grundrechte, soweit sie sich dafür eignen, auch unter Privaten wirksam werden.

585 Aus Art. 35 Abs. 3 BV lassen sich für die Drittwirkungsfrage zwei grundlegende Aussagen ableiten. Erstens richtet sich die Verpflichtung zur Grundrechtsverwirklichung unter Privaten an «die Behörden» und somit nicht an Private. Darin liegt eine solide Grundlage für abwehrrechtliches Verständnis der Grundrechte[1177]. Zweitens wird in Art. 35 BV der grundlegenden Wertentscheidung für eine grundrechtsorientierte Rechtsordnung Ausdruck gegeben. Insbesondere in den Fällen, in denen grundrechtlich geschützte Rechtsgüter der Einen vor Übergriffen Anderer geschützt werden sollen, kommt die *Schutzpflichtenfunktion* der Grundrechte zum Tragen (siehe dazu die folgenden Ausführungen).

[1174] Siehe Teil IV, 14. Kapitel, II. Schutz vor Diskriminierung durch Persönlichkeitsrecht, S. 502 und 16. Kapitel: Zusammenfassende Betrachtung völker-, verfassungs- und europarechtlicher Aspekte, S. 607 ff.
[1175] RHINOW, N 1050 ff., SCHWEIZER, N 19 zu Art. 35 BV.
[1176] Für EGLI, S. 154, handelt es sich um eine «Drittwirkung sui generis», massgebend für die Eigenständigkeit der Konzeption bilde der Vorbehalt der «Eignung» der Grundrechte für eine Wirkung unter Privaten.
[1177] KIENER/KÄLIN, S. 47.

2.4 Schutzpflichtenlehre

2.4.1 Allgemeines

Sowohl in Lehre wie Rechtsprechung ist heute allgemein anerkannt: Grundrechte sind nicht nur Abwehrrechte gegenüber dem Staat, aus den Grundrechten erwachsen dem Staat auch *Schutzpflichten*[1178]. In BGE 126 II 300 hielt das Bundesgericht erstmals in dieser Deutlichkeit fest: *«Nach neuerer Auffassung haben Grundrechte nicht nur eine abwehrende Funktion gegen Beeinträchtigungen durch den Staat, sondern begründen auch eine staatliche Schutzpflicht gegen Gefährdungen, die von Dritten verursacht werden»*[1179]. Das Bundesgericht nimmt dabei insbesondere auf die in Deutschland durch Bundesverfassungsgericht und Staatsrechtslehre entwickelte Schutzpflichtenkonzeption Bezug, erwähnt aber auch die Schutzpflichten, wie sie aus der EMRK fliessen[1180]. Im fraglichen Entscheid zeigt das Bundesgericht auch die Grenzen einer möglichen Schutzpflicht auf und weist einerseits auf die faktischen Schranken fehlender Mittel für den Schutz gegen jegliche Beeinträchtigungen und Risiken und andererseits auf die möglichen Kollisionen mit Rechten Dritter hin, die ebenfalls verfassungsrechtlich geschützt sind[1181].

586

Staatliche Schutzmassnahmen sind immer dann zwingend notwendig, wenn Grundrechtspositionen im Bereich des Schutz des Lebens und der persönlichen Freiheit bedroht sind[1182]. Darüber hinaus finden sich in der bundesgerichtlichen Rechtsprechung fragmentarische Entscheide «Schutzentscheide» im Bereich der Meinungsäusserungs- und Versammlungsfreiheit[1183], zur Glaubens-, Gewissens- und Kultusfreiheit[1184] und zum Schutz des Eigen-

587

[1178] MÜLLER (Bemerkungen), N 37, RHINOW (Grundzüge), N 1078 f., SCHWEIZER, N 23 zu Art. 35 BV.N 37, TSCHANNEN, S. 129 ff., KIENER/KÄLIN, S. 50. Grundlegend zur Schutzpflichten-Konzeption siehe u.a. EGLI, S. 155 ff., BESSON (obligations), S. 49 ff., PULVER, S. 413 ff., SCHEFER (Kerngehalte), S. 235 ff., zur Rechtsprechung des Bundesgerichtes über Schutzpflichten siehe die Urteile in Fn 1184.

[1179] BGE 126 II 300, Erw. 5a.

[1180] In Erw. 5a von BGE 126 II 300 führt das Bundesgericht die wichtigsten Leitentscheide des BVerfGE und deutschen Lehrmeinungen auf, bevor auch auf Befürworter/innen der Schutzpflichtenlehre in der Schweiz hingewiesen wird. Eine Begründung, ob und weshalb die deutsche Schutzpflichtenkonzeption für eine «Transformation» ins schweizersiche Recht geeignet ist, wird im Entscheid nicht dargelegt, siehe dazu kritisch BESSON (obligations), S. 54.

[1181] BGE 126 II 300, Erw. 5b.

[1182] BGE 126 II 300, Erw. 5a.

[1183] BGE 124 I 267, Erw. 3a (Gewährung eines ausreichenden Polizeischutzes als Voraussetzung für die nicht durch Dritte gestörte Demonstration).

[1184] BGE 97 I 221, Erw. 4d (Schutzpflicht des Staates, wenn eine zulässige religiöse Betätigung durch Dritte verunmöglicht wird).

tums[1185]. Eine effektive Ausübung dieser Rechte kann staatliche Schutzvorkehrungen gegen Störungen Dritter bedingen[1186].

588 Schutzpflichten erschöpfen sich dabei nicht auf Drittwirkungskonstellationen. Drittwirkungskonstellationen bilden vielmehr eine Variante der Schutzpflichten und zwar diejenige, in der die Grundrechtsgefährdung durch Private erfolgt[1187]. Nach Art. 35 BV haben Grundrechte über den subjektivrechtlichen, justiziablen Gehalt hinaus einen konstitutiv-objektivrechtlichen Teilgehalt[1188], der alle Behörden zum Schutz und zur Konkretisierung der Grundrechte verpflichtet[1189]. Daraus folgt: Zur Grundrechtsverwirklichung kann eine staatliche Schutzmassnahme auch notwendig sein, wenn die Grundrechtsgefährdung nicht durch einen privaten Dritten erfolgt[1190]. So ergibt sich etwa aus der grundrechtlichen Wirtschaftsfreiheit ein Anspruch auf gesteigerten Gemeingebrauch öffentlichen Grundes[1191]. Die zur Verfügungstellung dieses Raumes ist Ausdruck staatlicher Schutzpflicht zur Verwirklichung des Grundrechts, vorliegend der Wirtschaftsfreiheit. Aus der Schutzpflichtenkonzeption lässt sich weiter das Gebot ableiten, dass Grundrechtseingriffe möglichst schonend zu erfolgen haben, was mit dem Gebot der Verhältnismässigkeit sichergestellt wird. Je näher ein Grundrechtseingriff den Kerngehalt berührt, desto notwendiger werden flankierende grundrechtsschützende Massnahmen[1192].

2.4.2 Verhältnis Schutzpflichten und Drittwirkung

589 In welchem Verhältnis stehen nun die Schutzpflichtenkonzepte zur Drittwirkung? Schutzpflichten haben zwei Wirkungsrichtungen: Staat und Private. Ausgangspunkt bildet indes in beiden Konstellationen eine Grundrechtsge-

---

[1185] BGE 119 Ia 28, Erw. 2 (Aufforderung zur zwangsweisen Räumung eines besetzten Hauses unter Berufung auf eine aus der Eigentumsfreiheit resultierenden Schutzpflicht des Staates).
[1186] BGE 129 I 12, Erw. 8.4 (Schulausschluss aus disziplinarischen Gründen und aus Schutzpflichtmotiven zu Gunsten der Schüler/innen, die durch den Störer in ihrer Lernförderung eingeschränkt sind).
[1187] PULVER, S. 415, BESSON (obligations), S. 66 f., anders KIENER/KÄLIN, S. 34. Für die Autorin und den Autoren ist die Schutzfunktion der Grundrechte (nur) auf die Vermeidung von Übergriffen durch Private gerichtet.
[1188] RHINOW (Grundzüge), N 1050, KIENER/KÄLIN, S. 37 f., AUBERT/MAHON, N 13 zu Art. 35 BV.
[1189] MÜLLER (Bemerkungen), N 30.
[1190] RHINOW (Grundzüge), N 1087.
[1191] BGE 103 Ia 471, 108 Ia 135, 119 Ia 279.
[1192] SCHEFER (Kerngehalte), S. 259.

fährdung. In beiden Fällen ist nur der Staat *Adressat* der Schutzpflichten[1193]. Die Drittwirkungsthematik stellt einen Unterfall der Schutzpflichtenfrage dar. Die Drittwirkung der Grundrechte erfolgt im Rahmen der allen staatlichen Gewalten obliegenden Schutzpflicht.

Die rechtsanwendenden Behörden sind verpflichtet, das anwendbare Recht grundrechtskonform auszulegen[1194]. Damit bewirkt das Schutzpflichtenmodell eine verstärkte Sensibilisierung der Grundrechtsrelevanz – einschliesslich der verfassungsrechtlichen Diskriminierungsverbote – in privatrechtlichen Beziehungen[1195]. Der Gesetzgeber muss grundlegende unausweichliche Abwägungsentscheide treffen, wenn es um den Schutz der Grundrechte geht, der oft nur durch Einschränkung von Grundrechtspositionen anderer erreicht werden kann. Das wird auch am Beispiel Diskriminierungsschutz im privatrechtlichen Arbeitsverhältnis deutlich: Anspruch auf Schutz vor Diskriminierung stehen hier dem Anspruch auf Privatautonomie und Vertragsfreiheit gegenüber. 590

Bezogen auf die Diskriminierung aufgrund des Geschlechts hat der Verfassungsgeber die Abwägung vorweggenommen[1196]. In Art. 8 Abs. 3 Satz 3 BV ist der Anspruch auf gleichen Lohn für Frau und Mann für gleiche Arbeit statuiert, ein ungleicher Lohn kann nicht durch die Vertragsfreiheit gerechtfertigt werden. Und in Satz 2 von Art. 8 Abs. 3 BV wird der Gesetzgeber verpflichtet, für die *tatsächlichen Gleichstellung* vor allem in Familie, Ausbildung und Arbeit zu sorgen. Die gesetzgeberischen Massnahmen müssen im Hinblick auf das verfassungsmässige Ziel der tatsächlichen Gleichstellung der Geschlechter in Ausbildung und Beruf geeignet sein. 591

Grundrechtliche Schutzpflichten treffen weiter die Exekutive, die gesetzgeberische (grundrechtsschützende) Erlasse so vollziehen muss, dass der beabsichtigte Schutz verwirklicht werden kann[1197]. Im (vorläufigen) Leitentscheid zu den Schutzpflichten, BGE 126 II 300, hält das Bundesgericht richtig fest, dass die Tragweite der grundrechtlichen Schutzpflicht in der Regel gleichbedeutend mit der Frage nach der richtigen Anwendung des einschlägigen Gesetzesrechts sei[1198]. Im Bereich des Arbeitsrechts bedeutet dies: Gesetzlichen Schutznormen – besonders wenn sie stark auslegungsbedürftige Generalklauseln enthalten wie etwa ein Terminus wie «Vorkehrungen zum Schutz der 592

[1193] BESSON (obligations), S. 66.
[1194] SCHEFER (Schutzpflichten), S. 1143.
[1195] ARNET (Freiheit), N 133.
[1196] Auch BESSON (obligations), S. 70 f., erwähnt Art. 8 Abs. 3 BV (zusammen mit Art. 7 BV, Schutz der Menschenwürde) als Beispiel für bereits auf Verfassungsstufe ausdrücklich vorgesehene Schutzpflichtenaufträge.
[1197] EGLI, S. 323 ff.
[1198] BGE 126 II 300, Erw. 5c.

persönlichen Integrität der Arbeitnehmer in Art. 6 Abs. 1 Arbeitsgesetz (ArG)» – müssen so ausgelegt werden, dass der grundrechtliche Schutz effektiv verwirklicht wird. Bezogen auf die erwähnten Vorkehrungen zum Schutz der persönlichen Integrität sind dies die Grundrechtsgehalte des Rechts auf Leben und persönliche Freiheit (Art. 10 BV), das Grundrecht auf Privatsphäre und Datenschutz (Art. 13 BV) und das Grundrecht auf Diskriminierungsschutz (Art. 8 Abs. 2 BV).

593 Bei der Schutzpflichtenfunktion der Gerichte ist auf die Beschränkung der Verfassungsgerichtsbarkeit in Art. 190 BV hinzuweisen. Für das Bundesgericht sind das Völkerrecht und Bundesgesetze massgeblich. Im Ergebnis ist die Verfassungsgerichtsbarkeit gegenüber gesetzlichen Erlassen des Bundes ausgeschlossen, nicht jedoch gegenüber anderen Erlassen wie etwa einer Verordnung oder einem Rechtsanwendungsakt[1199]. Die fehlende Verfassungsgerichtsbarkeit gegenüber Bundesgesetzen bedeutet nicht, dass Gerichte Bundesgesetze nicht auf ihre Verfassungsmässigkeit überprüfen können[1200]. Es besteht kein Prüfverbot[1201], hingegen ein Anwendungsgebot, d.h. auch verfassungswidrige Bestimmungen eines Bundesgesetzes erheischen Anwendung, soweit sie nicht gegen Völkerrecht verstossen[1202]. Für den vorliegenden Zusammenhang bedeutet dies: Die Gerichte dürfen und müssen prüfen, ob die Bestimmungen eines Bundesgesetz, bsw. die obligationenrechtlichen Bestimmungen des Arbeitsvertragsrechts, den grundrechtlichen Garantien auf Schutz vor Diskriminierung durch Eingriffe Privater genügend Rechnung tragen.

2.4.3 Justiziabilität der Schutzpflichten

594 Die praktische Bedeutung der Schutzpflichtenkonzeption für den rechtlichen Schutz vor Diskriminierung im privatrechtlichen Arbeitsverhältnis hängt wesentlich davon ab, ob der staatlichen Schutzpflicht ein rechtlich einklagbares Recht auf Schutz gegenübersteht[1203]. Für Deutschland kommt NICKEL in seinem Plädoyer für ein erweitertes Antidiskriminierungsrecht zum Schluss, die gesetzliche Schutzpflicht sei nicht einklagbar. Zwar hätten das Sozialstaatsprinzip und die Pflicht zur Ermöglichung von Chancengleichheit sowie die Garantie der Menschenwürde eine *objektive Pflicht* des Gesetzgebers zum

---

[1199] RHINOW (Grundzüge), N 2613 f., TSCHANNEN, N 7, S. 148.
[1200] TSCHANNEN, N 10 – 11, S. 150, HAEFELIN/HALLER/KELLER, N 2089.
[1201] BGE 123 II 9, Erw. 2.
[1202] BGE 128 III 113, Erw. 3a mit Hinweisen auf die ständige Rechtsprechung des Bundesgerichts.
[1203] Siehe dazu EGLI, S. 333 ff., PULVER, S. 414 ff., SCHWEIZER, N 13 zu Art. 35 BV.

Diskriminierungsschutz zur Folge. Aus einer objektiven Pflicht würden indes keine subjektiven Rechte entstehen[1204].

In der schweizerischen Lehre wird die Justiziabilität staatlicher Schutzpflichten *grundsätzlich* bejaht[1205]. Prüfprogramm und Rechtsfolgen einer allfälligen Schutzpflichtverletzung hinsichtlich Diskriminierungsschutz im privatrechtlichen Arbeitsverhältnis sind indes dogmatisch noch nicht ausgereift. Konkret stellt sich für die vorliegende Studie die Frage, ob Private, insbesondere Arbeitnehmende, *gegenüber dem Staat* ein subjektives Recht auf Schutz vor Diskriminierung, vorliegend durch Arbeitgeber, geltend machen können. 595

Die sich aus der Verfassung ergebenden Schutzpflichten werden durch positive Verpflichtungen aus den in völkerrechtlichen Menschenrechtsverträgen verankerten Diskriminierungsverboten ergänzt. Wie im Kapitel über die Konventionsrechte der EMRK gezeigt wurde, kann nach ständiger Rechtsprechung des EGMR ein Staat die EMRK verletzen, wenn er keine oder nicht ausreichende Massnahmen zum Schutz der Konventionsgarantien durch Privatpersonen erlässt[1206]. Hinsichtlich des Diskriminierungsverbotes nach Art. 14 EMRK und dem Zusatzprotokoll Nr. 12 zur EMRK wird das «Versagen» des Staates in der Ausübung seiner Schutzpflicht vor Diskriminierung Privater auch als «passive Diskriminierung» verstanden, die im Ergebnis einer Verletzung des Diskriminierungsverbotes gleichkommt[1207]. 596

Im dem völker- und verfassungsrechtlichen Teil der Studie abschliessenden neunten Kapitel wird der Versuch unternommen, die völkerrechtlichen und verfassungsrechtlichen staatlichen Pflichten zum Schutz vor Diskriminierung im privaten Arbeitsverhältnis zu verdichten und den drei staatlichen Gewalten Legislative, Exekutive und Judikative zuzuordnen[1208]. 597

2.5 Drittwirkungseignung der Grundrechte

2.5.1 Geeignete Freiheits- und Gleichheitsrechte

Nach Art. 35 Abs. 3 BV haben die Behörden dafür zu sorgen, dass die Grundrechte im Rahmen ihrer *Eignung* unter Privaten wirksam werden. Unter «Behörden» sind sowohl der Gesetzgeber wie die Richterin und die Verwaltung 598

[1204] NICKEL, S. 148 f.
[1205] Für die Gewährung eines subjektiven Rechts: EGLI, S. 336 und PULVER, S. 413 ff., BESSON (obligations), S. 64 f., SCHEFER (Kerngehalte), S. 266 ff. (im Zusammenhang mit Kerngehaltsverletzungen).
[1206] Siehe Teil II, 6. Kapitel, 2. Schutz vor Diskriminierung, S. 191.
[1207] MJÖLL ARNARDOTTIR, S. 107 ff..
[1208] Siehe Teil II, 9. Kapitel, S. 283.

zu verstehen[1209]. Was unter dieser «Drittwirkungseignung» zu verstehen ist, geht aus dem Verfassungstext nicht hervor[1210]. Im Kontext des Themas dieser Arbeit interessiert in erster Linie die Drittwirkungseignung der Gleichheitsgrundrechte in Art. 8 BV. Auch das Willkürverbot hat eine Gleichheitsschutzfunktion[1211]. Die Drittwirkung des verfassungsrechtlichen Willkürverbotes ist von besonderer Brisanz, bildet doch die Willkür im Sinne des «gekürten Willens» ein Kernelement der Privatautonomie. Darüber hinaus können weitere Grundrechte, insbesondere die klassischen Freiheitsrechte, Schutz vor Diskriminierung im Arbeitsverhältnis gewähren. In einer vielfältigen Arbeitswelt besonders geeignet erscheinen das Grundrecht auf Glaubens- und Gewissensfreiheit (Art. 15 BV), das Recht auf Meinungs- und Informationsfreiheit (Art. 16 BV) und das Recht auf persönliche Freiheit (Art. 10 BV). Eine Diskriminierungsschutzfunktion kommt auch dem Grundrecht auf Schutz vor missbräuchlicher Verwendung persönlicher Daten nach Art. 13 Abs. 2 BV zu[1212]. Ohne Gleichheitsanspruch und ohne Anspruch auf Schutz vor Diskriminierung aufgrund bestimmter Merkmale bestünde die Gefahr, dass diese Freiheitsrechte lediglich privilegierten Gruppen zustehen würden. Die Gleichheitsrechte sichern die Verwirklichung der Freiheitsrechte für alle. Dies gilt auch für die Geltung der Grundrechte im Arbeitsverhältnis.

599 Dennoch ist zwischen den Grundrechten auf Willkürschutz, Gleichbehandlung und auf Diskriminierungsschutz nach Art. 8 BV und den Freiheitsrechten mit Diskriminierungsschutzpotenzial zu unterscheiden. Dies zeigt sich auf mehreren Ebenen. Ungleichbehandlung und Diskriminierung setzen an sich begriffslogisch mindest drei Personen bzw. Akteure voraus. Vorliegen muss erstens eine Person oder Institution, die zweitens mindestens eine Person in einer vergleichbaren Situationen schlechter behandelt als eine andere Person. Eine solche Ungleichbehandlung ist möglicherweise willkürlich und verstösst allenfalls gegen das Gleichbehandlungsgebot. Soweit die Ungleichbehandlung direkt oder indirekt an ein Diskriminierungsmerkmal von Art. 8 Abs. 2 BV knüpft, liegt ein Verstoss gegen das Diskriminierungsverbot vor. Für die Verletzung eines Freiheitsrechts genügen zwei Personen, die Verletzerin und die Verletzte. Eine Diskriminierung ist jedoch auch in einem Betrieb mit blossen einer angestellten Person möglich, dann nämlich, wenn diese eine Arbeitnehmerin wegen unter Diskriminierungsschutz stehenden Merkmalen

---

[1209] MÜLLER (Bemerkungen), N 36. Siehe auch Bger v. 20.02.2004, 4C.276/2003, Erw. 2.1.1.
[1210] SCHWEIZER, N 23 zu Art. 35 BV, HAEFELIN/HALLER/KELLER, N 287, AUBERT/MAHON, N 13 zu Art. 35 BV, TSCHANNEN, N 62, AUER/MALINVERNI/HOTTELIER, N 131 f., BIAGGINI, N 16 und N 21 zu Art. 35 BV.
[1211] SCHEFER (Kerngehalte), S. 332.
[1212] PÄRLI (Datenaustausch), S. 129.

im Vergleich zu einer fiktiven anderen Arbeitnehmerin schlechter behandelt wird[1213].

2.5.2 Bedeutung der Schrankenregelung

In der abwehrrechtlichen Funktion, also im Verhältnis Privater zum Staat, unterscheiden sich Gleichheitsrechte und Freiheitsrechte unter anderem in ihrer Prüfstruktur. Nach Art. 36 BV können Grundrechte eingeschränkt werden. Einschränkungen sind zulässig, wenn sie

- auf einer gesetzlichen Grundlage beruhen,
- durch ein öffentliches Interesse oder den Schutz der Grundrechte Dritter gerechtfertigt,
- verhältnismässig sind
- und den Kerngehalt des Grundrechts nicht verletzen.

600

Die Schrankenregelung ist nach *einem Teil der Lehre* für Gleichheitsrechte nach Art. 8 BV nicht geeignet[1214]. Es mangelt ihnen an einem identifizierbaren Schutzbereich, dessen Einschränkung in Frage stehen kann[1215]. Geprüft wird eine Gleichheitsverletzung vielmehr dadurch, dass vorab festgestellt werden muss, ob überhaupt vergleichbare Sachverhalte vorliegen und anschliessend, ob eine Ungleichbehandlung an sich vergleichbarer Sachverhalte sachlich gerechtfertigt werden kann[1216]. Eine Ungleichbehandlung, die an in Art. 8 Abs. 2 BV genannte Merkmale anknüpft (direkte Diskriminierung), muss qualifiziert gerechtfertigt werden[1217]. Gleiches gilt für die indirekte Diskriminierung.

601

Die Ablehnung der Schrankenregelung für Gleichheitsrechte erweist sich bei genauerer Betrachtung als zu eng. Das Bundesgericht[1218] und ein Teil der Lehre[1219] befürworten ein Heranziehen von Art. 36 BV auch ausserhalb der klassischen Freiheitsrechte. Namentlich SCHEFER argumentiert, je nach in Frage kommenden Grundrechten hätten die einzelnen Garantieren der Absät-

602

[1213] Siehe dazu im in Teil III., 13. Kapitel, III: 1. Diskriminierungsformen, S. 456 f.
[1214] RHINOW (Grundzüge), N 1102, AUBERT/MAHON, N 4 zu Art. 36 BV, HAEFELIN/ HALLER/KELLER, N 94.
[1215] MARTENET (Géométrie), S. 168.
[1216] Siehe dazu in diesem Kapitel hinten, S. 258.
[1217] Siehe dazu in diesem Kapitel, hinten, S. 262.
[1218] BGE 129 I 12, Erw. 6-9, 131 I 166, Erw. 5.2, 132 I 134, Erw. 2.1.
[1219] BIAGGINI, N 4 zu Art. 36 BV, TSCHANNEN, N 98, S. 140. Siehe weiter den differenzierten Ansatz von WIEDERKEHR, S. 394 ff.

ze 1 bis 3 von Art. 36 BV spezifische Ausprägungen[1220]. Für die Gleichheitsrechte gelte, dass Ungleichbehandlungen durch ein spezifisches öffentliches Interesse gerechtfertigt sein müssen, was im Ergebnis mit Art. 36 Abs. 2 BV übereinstimmt[1221]. Schefer verweist auf Entscheidungen des deutschen Bundesverfassungsgerichtes. Dieses lässt Ungleichbehandlungen, die sich besonders intensiv auswirken, nur zu, wenn sie geeignet und erforderlich sind, einen angestrebten (legitimen) Zweck zu erreichen und wenn sie für den Betroffenen zumutbar sind[1222]. Ansatzweise findet sich eine solche Konzeption in frühen Entscheiden des Bundesgerichts zur Diskriminierung aufgrund des Geschlechts[1223]. Wie bei den ausführlichen Erörterungen zum Diskriminierungsverbot noch zu zeigen sein wird, erfolgt die qualifizierte Rechtfertigung einer diskriminierenden Ungleichbehandlung auf dem Wege einer Verhältnismässigkeitsprüfung[1224].

603 Die Schrankenregelung von Art. 36 BV hat für die Frage der Grundrechtsgeltung unter Privaten keine unmittelbare Bedeutung. Wie mehrfach ausgeführt wurde: Private werden von ganz wenigen Ausnahmen abgesehen nicht direkt aus der Verfassung zu einem grundrechtskonformen Verhalten verpflichtet. Es sind vielmehr die *Behörden*, die dafür zu sorgen haben, dass die Grundrechte, wo sie sich dazu eignen, auch unter Privaten wirksam werden (Art. 35 Abs. 3 BV). Die Pflicht zu einem grundrechtskonformen Verhalten Privater ergibt sich vielmehr aus gesetzlichen Konkretisierungen der verfassungsrechtlichen Grundorientierung und durch die verfassungskonforme Auslegung der einschlägigen gesetzlichen Bestimmungen.

604 Die Schrankenregelung nach Art. 36 BV wird indes evident, soweit Gesetzgeber und Gerichte im Rahmen ihrer Kompetenzen *dem Arbeitgeber Diskriminierungsschutzlasten* auferlegen. Angesprochen ist hier die *Vertragsfreiheit*, deren Einschränkungen den Anforderungen von Art. 36 BV genügen müssen.

3. *Erstes Zwischenergebnis: Diskriminierungsschutz durch Gesetzgeber und Richter – verfassungsrechtliche Schranken*

605 Die bisherigen Ausführungen zur Grundrechtssensibilität des Arbeitsverhältnisses sowie der Drittwirkungskonzeption des schweizerischen Verfassungs-

---

[1220] SCHEFER (Kerngehalte), S. 66.
[1221] SCHEFER (Kerngehalte), S. 67.
[1222] BVerfGE 88, 87 (96), 91, 389 (401), 95, 267 (316f.).
[1223] BGE 106 Ib 182, Erw.4a., 116 V 198, Erw. 2a/bb.
[1224] Siehe dazu in diesem Kapitel, III. 4.2.3 Prüfprogramm, S. 266.

rechts lassen sich anhand des folgenden Beispieles verdeutlichen: Die Arbeitgeberin kann in Ausübung ihres Weisungsrechts (Art. 321d OR) das Tragen des islamischen Kopftuches verbieten. Das Tragen des islamischen Kopftuches fällt in den Schutzbereich der Glaubens- und Gewissensfreiheit. Diese wirkt über den in Art. 328 OR verankerten Persönlichkeitsschutz im Sinne einer indirekten (mittelbaren) Drittwirkung auf das privatrechtliche Arbeitsverhältnis ein. Der Gesetzgeber hat hier verfassungsrechtliche *Grundrechtswertungen* (Religionsfreiheit) im Privatrecht verankert. Das Kopftuchverbot tangiert aber auch das Diskriminierungsverbot aufgrund der religiösen Überzeugung (Art. 8 Abs. 2 BV), auch diese Wertung findet sich in Art. 328 OR wieder.

Nach dem Grundsatz der verfassungskonformen Auslegung und der Lehre der indirekten Drittwirkung ist die Zivilrichterin verpflichtet, die einfachgesetzlichen Bestimmungen zum Weisungsrecht des Arbeitgebers (Art. 321d OR) und zum Persönlichkeitsschutz (Art. 328 OR) im Lichte des Grundrechts auf Glaubens- und Gewissensfreiheit und des Grundrechts auf Schutz vor Diskriminierung aufgrund der religiösen Überzeugung auszulegen. Die Zivilrichterin muss die verfassungsrechtliche Dogmatik zum Diskriminierungsverbot in die Logik und Sprache des zivilrechtlichen und im Speziellen arbeitsrechtlichen Persönlichkeitsschutzes übertragen[1225]. Sie hat dabei dem Gebot der Grundrechtsverwirklichung in der ganzen Rechtsordnung gemäss Art. 35 Abs. 1 BV ebenso Rechnung zu tragen wie der Übertragspflicht der Grundrechtswirkung auf private Verhältnisse nach Art. 35 Abs. 3 BV.

606

Zwischen der rechtsfortbildenden richterlichen Gestaltungsmacht und den dem Gesetzgeber vorbehaltenen Entscheidungen besteht auf dem Hintergrund der Gewaltenteilung ein Spannungsverhältnis. Viele Bereiche des Arbeitsrechts wurden durch richterliche Rechtsschöpfung konkretisiert und weiterentwickelt[1226]. Das gilt auch für das Gleichbehandlungsrecht. Zu erinnern ist an die im Kapitel über den Einfluss der Konventionen der IAO aufgeführte Rechtsprechung zur Lohngleichheit aufgrund des Geschlechts[1227]. Das auf der Verfassung und internationalem Recht fussende richterliche «Vorpreschen» wurde später vom Gesetzgeber mit dem Bundesgesetz über die Gleichstellung von Frau und Mann (GlG) nachvollzogen[1228].

607

[1225] So auch ARNET (Freiheit), N 140.
[1226] Siehe dazu ausführlich PORTMANN (Würdigung), S. 13 ff.
[1227] BGE 103 Ia 517, siehe dazu und zu weiteren Lohngleichheitsentscheiden im Kontext des IAO-Übereinkommen Nr 100 in Teil II, 5. Kapitel, 1.5.2 Behördliche und gerichtliche Umsetzung in der Schweiz, S. 95 ff.
[1228] Siehe zum Einfluss des Richterrechts auf das GlG siehe Teil II, 5. Kapitel, 1.5.2 Behördliche und gerichtliche Umsetzung in der Schweiz, S. 95 ff.

608 Jede Berücksichtigung von Arbeitnehmergrundrechten im Arbeitsverhältnis, jede Weiterentwicklung des Diskriminierungsschutzes durch Drittwirkung bzw. staatliche Ausübung der Schutzpflichten – erfolge dies durch die Richterin auf dem Wege der Rechtsfortbildung oder durch den Gesetzgeber – berührt von der Verfassung und durch völkerrechtliche Verträge geschützte *Arbeitgeberinteressen*, namentlich die Vertragsfreiheit als Teil der Wirtschaftsfreiheit (Art. 27 BV) aber auch die durch das Grundrecht der persönlichen Freiheit (Art. 10 BV) und die durch Art. 8 EMRK geschützte Privatautonomie.

609 Es stellen sich mit anderen Worten Fragen der *verfassungsrechtlichen Schranken* des Diskriminierungsschutzes. Diese werden im übernächsten Unterkapitel dargelegt, ehe anschliessend im Einzelnen die Eignung des Willkürverbotes nach Art. 9 BV und der Gleichheitsrechte des Art. 8 BV für eine «Transformation» in das Recht des privatrechtlichen Arbeitsverhältnisses geprüft wird.

610 Vorgängig soll jedoch am Beispiel der deutschen Debatte um die Einführung neuer Diskriminierungsverbote im Zivilrecht (erneut) besonders das Spannungsfeld zwischen Privatautonomie/Vertragsfreiheit und Diskriminierungsschutz im Lichte des Verfassungsrechts (nochmals) ausgeleuchtet werden. Der Blick auf die deutsche Rechtsordnung erfolgt vor dem Hintergrund der Bedeutung deutscher (Verfassungs)lehre für die schweizerische Dogmatik.

4. *Verfassung und Diskriminierungsschutz: Die deutsche Debatte*

4.1 Grundgesetzlicher Streit über zivilrechtliche Diskriminierungsverbote

611 Die Umsetzung der europäischen Gleichbehandlungsrichtlinien 2000/78/EG und 2000/43/EG durch das Allgemeine Gleichbehandlungsgesetz (AGG) wurde (und wird) in Deutschland kontrovers diskutiert. Der Streit entfachte sich dabei weniger im Bereich des Arbeitsrechts, obwohl auch hier beachtliche Neuerungen auf die Rechtspraxis zukommen[1229], als vielmehr um die Verankerung von zivilrechtlichen Diskriminierungsverboten im Bereich Güter und Dienstleistungen.

612 Aus verfassungsrechtlicher Sicht stellen sich dabei Fragen nach der Grundrechtseinwirkung im Privatrecht, nach der Bedeutung der Figur der mittelbaren (indirekten) Drittwirkung und nach der Bedeutung der Schutzpflichten im Zusammenhang mit der europarechtlichen Forderung nach dem Abbau struk-

---

[1229] Siehe dazu PÄRLI (AGG), S. 134 ff.

tureller Diskriminierung und der Förderung tatsächlicher Gleichstellung durch positive Massnahmen. Der Spielraum für grundgesetzliche Schranken von Diskriminierungsverboten im Privatrecht wird durch höherrangiges Gemeinschaftsrecht zum Vornherein beschränkt.

Aus der Fülle von Äusserungen in der Verfassungs- und Privatrechtslehre zur Umsetzung der europäischen Diskriminierungsschutzvorgaben im AGG lassen sich im Wesentlichen drei Positionen ausmachen. Die schärfsten Kritiken stammen von Vertretern des Zivilrechts, die eine eigentliche Strangulation des Zivilrechts befürchten oder das AGG als überflüssig erachten, weil bereits mit den bestehenden Mitteln des Zivilrechts ausreichend Schutz vor Diskriminierung gewährt werden kann. Die grösste Zustimmung erfährt der verstärkte Diskriminierungsschutz von Juristinnen und Juristen aus allen Rechtsgebieten, die der europäischen Rechtsentwicklung gegenüber aufgeschlossen sind und insbesondere den bestehenden rechtlichen Schutz bei Diskriminierung nicht als ausreichend erachten. Der Grundtenor innerhalb der Verfassungsrechtslehre kann als «kritisch zustimmend» bezeichnet werden, die verfassungsrechtlichen Bedenken werden in unterschiedlichen Bereichen verortet. 613

Diskriminierungsschutz sei, so JESTAEDT[1230], nur einfachgesetzlich zu realisieren. Aus dem objektivrechtlichen Gehalt der Grundrechte und den Schutzpflichten liessen sich keine subjektivrechtlichen Ansprüche ableiten[1231]. Im Bereich der Privatsphäre nicht über die Motive des eigenen Handelns Dritten Auskunft erteilen zu müssen, sondern sein Beweggründe vor analytischer Sezierung durch Dritte abzuschirmen und geheim halten zu können, bildet nach SÄCKER den Kern des verfassungsrechtlichen Persönlichkeitsschutzes. Privatsphäre bedeute immer auch Schutz der Geheimnissphäre, Schutz von Innerlichkeit, die nicht nach aussen gekehrt werden muss. Säcker weist weiter darauf hin, dass auch die Meinungsfreiheit nicht auf moralisch wertvolle Aussagen beschränkt ist[1232]. Auch verfassungsrechtlich bedenklich erscheinen Säcker die Privilegierung einzelner Diskriminierungskriterien, insbesondere Geschlecht und Rasse. Die Verfassung sehe dies nicht vor[1233]. Auch PICKER[1234] und LADEUR[1235] sehen durch das AGG die Privatautonomie bedroht, verfassungsrechtlich in unzulässiger Weise eingeschränkt. 614

[1230] JESTAEDT, S. 332 ff.
[1231] JESTADT, S. 332, so auch NICKEL, S. 145.
[1232] SÄCKER (Vernunft), S. 288.
[1233] SÄCKER (Vernunft), S. 294.
[1234] PICKER, S. 540.
[1235] LADEUR, N 2.

8. Kapitel: Verfassungsrechtliche Vertragsfreiheit und Diskriminierungsschutz

615 Anstelle einer ideologischen Argumentation zu Gunsten der Freiheit plädiert BAER[1236] für eine angemessene grundrechtliche Bewertung des Antidiskriminierungsschutzes und der Privatautonomie, beide würden unter dem Schutz der Menschenwürde stehen. Die grundrechtlich gewährte Macht Selbstbestimmung sei eben gerade keine Macht zur Fremdbestimmung, das zeige sich daran, dass in weiten Bereichen des Zivilrechts die rechtlich gesetzte, gemeinwohlsichernde Freiheit und nicht die Selbstherrlichkeit herrsche, Freiheit sei an die Achtung der Menschenwürde anderer und an den Grundsatz der Gleichbehandlung gebunden, deshalb verfolge Antidiskriminierungsrecht verfassungsrechtlich legitime Ziele. Das Grundgesetz verlange einen sozialstaatlich abgefederten Liberalismus, was dem Zivilrecht eine Begrenzungsfunktion auferlege, die im Arbeitsrecht ohnehin anerkannt sei[1237].

616 Nach EICHENHOFER[1238] beruht die Kritik am Antidiskriminierungsrecht auf der These, in einer freiheitlichen, auf der Privatautonomie beruhenden Gesellschaft könne ein zivilrechtlicher Schutz vor Diskriminierung nur unter Beseitigung von Privatautonomie etabliert werden, Diskriminierungsschutz und Privatautonomie seien unvereinbar[1239]. Mit Verweis auf die ältere Verfassungslehre[1240] zeigt der Autor auf, dass sich aus Art. 3 Grundgesetz ein Anspruch auf privatrechtliche Teilhabegerechtigkeit ableiten lässt[1241], der nun im AGG umgesetzt werden. Für den Autor ist der Widerstand gegen die EG-Richtlinien und das AGG von Teilen der Rechtswissenschaft nahe liegend. Es gehe tatsächlich um Gesellschaftsveränderung, um die Überwindung althergebrachter sozialer Orientierungen und von Vorurteilen gegenüber dem Fremden, es gehe im Diskriminierungsschutzrecht um eine «anständige Gesellschaft», die ihre Wurzeln in der Universalität der Menschenrechte hätte[1242]. Diese bezweckten nicht die Gleichheit aller Gleichartigen, sondern die Verwirklichung der Gleichartigkeit der Lebensbedingungen angesichts der Verschiedenartigkeit der Menschen. Die Auseinandersetzung um die Diskriminierungsverbote berühre Fragen der sozialen Gestaltung der Gesellschaft. Als Mittel zur Überwindung von Diskriminierung wollten die europäischen Richtlinien nicht den staatlichen Willen anstelle des privatautonom gefassten Willens setzen, vielmehr gehe es um die Chancenerhöhung potenziell diskriminierter Personen auf Einbringung ihres Willens[1243].

[1236] BAER (Privatautonomie), S. 290.
[1237] BAER (Privatautonomie), S. 291 f.
[1238] EICHENHOFER (Diskriminierungsschutz), S. 1078 ff.
[1239] EICHENHOFER (Diskriminierungsschutz), S. 1080 ff.
[1240] SALZWEDEL, S. 339.
[1241] EICHENHOFER (Diskriminierungsschutz), S. 1082.
[1242] EICHENHOFER (Diskriminierungsschutz), S. 1084
[1243] EICHENHOFER (Diskriminierungsschutz), S. 1087.

Wieweit Antidiskriminierungsrecht aus Verfassungssicht über das Verbot irrationaler, auf Vorurteilen basierender Diskriminierung hinaus auch Distributionsfunktion übernehmen darf, ist nach BRITZ[1244] nicht ohne weiteres zu beantworten. Diskriminierungsverbote verbieten zum Teil auch rationales Verhalten, bsw. das Verbot, schwangere Arbeitnehmerinnen nicht anzustellen. Aus verfassungsrechtlicher Sicht würde sich hier das Problem stellen, dass die Soziallasten nicht alle Arbeitgeber gleichermassen treffen, vielmehr erfolgte die Verteilung ungleich und zufällig. An sich müssten ökonomisch belastende Diskriminierungsverbote aus Verfassungssicht kompensiert werden, was aber nicht sehr praktikabel zu organisieren wäre[1245].

4.2 Bedeutung der Debatte für die Schweiz

Die verfassungsrechtliche Diskussion über zivilrechtliche Diskriminierungsverbote in der Bundesrepublik unterscheidet sich von derjenigen in der Schweiz insbesondere wegen der in der Schweiz fehlenden Verbindlichkeit der europarechtlichen Vorgaben. Verbindlich sind für die Schweiz lediglich die freizügigkeitsrechtlichen Diskriminierungsverbote für europäische Wanderarbeitnehmende. Durch das Personenfreizügigkeitsabkommen der Schweiz mit der EU und den EU-Mitgliedstaaten hat die Schweiz hier die gemeinschaftsrechtliche Rechtslage übernommen[1246].

Aus der Diskussion in Deutschland können für die vorliegende Arbeit im Wesentlichen zwei Punkte aufgenommen werden. Es ist erstens die Frage, wieweit die verfassungsrechtlichen Diskriminierungsverbote und die von der Verfassung geschützte Privatautonomie tatsächlich zu einander in einem widersprüchlichen Verhältnis stehen oder ob nicht letztendlich der Anspruch darauf, von seinen Privatrechtsgenossinnen und –genossen nicht diskriminiert zu werden, Voraussetzung der Privatautonomie darstellt. Es ist hierzu aufzuarbeiten, wie weit im schweizerischen Verfassungsrecht die Frage eine andere ist, nämlich die nach dem Verhältnis der durch die Wirtschaftsfreiheit geschützten Vertragsfreiheit zum Anspruch auf Diskriminierungsschutz. Hat die aus der Wirtschaftsfreiheit fliessende Vertragsfreiheit eine andere Funktion als die Privatautonomie? Zweitens ist der von EICHENHOFER und PRITZ benannte Aspekt zu diskutieren, wonach Diskriminierungsverbote eine gesellschaftliche Veränderung bezwecken, also sozial gestaltend auf das Verhalten der Privaten einwirken und darüber hinaus auch soziale Umverteilung vor-

---

[1244] BRITZ, S. 380 ff.
[1245] BRITZ, S. 392.
[1246] Siehe dazu Teil III., 11. Kapitel, III.V. Arbeitsrechtliches Diskriminierungsverobt im Freizügigkeitsabkommen Schweiz und EU/Mitgliedstaaten, S. 369.

nehmen sollen. Diese Grundfragen sind im schweizerischen Verfassungsrecht auf der Basis der Diskriminierungsverbote nach Art. 8 Abs. 2-4 BV, der Grundrechtsverwirklichung im Sinne der Schutzpflichten- und Drittwirkungskonzeption nach Art. 35 BV aber auch unter Berücksichtigung der Wirtschaftsfreiheit nach Art. 27 BV zu diskutieren.

620 Nach dem dieser Arbeit zu Grunde liegenden Verständnis sind Grundrechte Abwehrrechte. Diskriminierungsverbote im privatrechtlichen Arbeitsverhältnis – ob sie auf dem Wege der Gesetzgebung und durch richterliche Anwendung oder Rechtsfortbildung durch Auslegung oder Lückenschliessung verwirklicht werden – berühren grundrechtliche Schutzbereiche. Es wird zu klären sein, ob «nur» die der Wirtschaftsfreiheit zugeschriebene Vertragsfreiheit betroffen ist oder ergänzend auch die persönliche Freiheit bzw. das Recht auf Privatsphäre. So oder so haben Grundrechtseingriffe in Freiheitsrechte den Anforderungen einer Grundrechtseinschränkung nach dem «Programm» von Art. 36 BV zu genügen.

II. Grundrechtliche Schranken von Diskriminierungsverboten im Arbeitsverhältnis

1. *Privatautonomie und Vertragsfreiheit: Verfassungsrechtliche Standortbestimmung*

1.1 Vorbemerkungen

621 Wenn im Folgenden der verfassungsrechtliche Schutz der Privatautonomie behandelt wird, geschieht dies nicht mit dem Anspruch, das weite Feld der Thematik umfassend auszuleuchten. Die Bearbeitung erfolgt vielmehr zugespitzt auf die Frage, inwieweit sich aus der verfassungsrechtlich geschützten Privatautonomie Elemente herausarbeiten lassen, die dem *Diskriminierungsschutz* de lege lata und de lege ferenda *Grenzen* setzen. Darüber hinaus wird die Frage aufgeworfen, ob und wie weit Diskriminierungsschutzansprüche Bestandteil des verfassungsrechtlichen Anspruchs auf Schutz der Privatautonomie und Vertragsfreiheit selbst sein können.

622 Die Auseinandersetzung mit der schuldrechtlichen, formalen Vertragsfreiheit in Art. 19/20 OR und ihrer materiellen Schranken findet im vierten Teil der Studie statt[1247].

[1247] Siehe Teil IV., S. 581 ff.

1.2 Der Status der Privatautonomie

Der Privatautonomie wird in der Privatrechtsordnung eine zentrale Bedeutung zugeschrieben. Exemplarisch bestätigen dies die folgende Aussagen aus Lehre und Praxis: «Im Zivilrecht herrscht das Prinzip der Privatautonomie»[1248] oder «der Grundsatz der Privatautonomie, der unser Vertragsrecht beherrscht (…)[1249]» oder «Die schweizerische Privatrechtsordnung baut auf dem Boden der Privatautonomie auf»[1250]. Vergleichbare Aussagen finden sich über die Vertragsfreiheit: «… ist vom Grundsatz der Vertragsfreiheit als einen der tragenden Pfeiler der privatrechtlichen Grundfreiheiten auszugehen»[1251] oder «Das schweizerische Vertragsrecht wird vom Grundsatz der *Vertragsfreiheit* (…) beherrscht[1252]». Zum «Wesen der Privatautonomie» gehört nach Lehre und Rechtsprechung auch, «selber zu bestimmen, welche Motive (für eine Ungleichbehandlung) als «sachgemäss» anzusehen sind»[1253]. Und nach der Arbeitsrechtslehre geht der Grundsatz der Vertragsfreiheit zumindest bei der Anstellung dem Diskriminierungsschutz vor[1254].

623

Dieser hohe Status der Privatautonomie steht in einem gewissen Kontrast zur verfassungsrechtlichen Fundierung der Privatautonomie und insbesondere der Vertragsfreiheit. Die *uneingeschränkte* Privatautonomie ist weitgehend ein Mythos[1255]. Das zeigt sich u.a. daran, dass die *ausdrückliche verfassungsrechtliche* Verankerung von Privatautonomie und Vertragsfreiheit in den Verfassungen des 19. Jahrhunderts weitgehend fehlte[1256]. Auch heute wird die Vertragsfreiheit meist nur aus anderen Grundrechten abgeleitet und nicht als selbständige Garantie verfassungsrechtlich verbrieft. Kaum fruchtbare Ergebnisse zeitigt weiter die Suche nach der Verankerung der privatautonomen Vertragsfreiheit in den universellen völkerrechtlichen Menschenrechtsverträgen[1257]. Einzig in der EMRK kann die Vertragsfreiheit als Element der Privatautonomie und somit als Teilgehalt der in Art. 8 Abs. 1 EMRK geschützten Privatsphäre gesehen werden. Eine gesicherte Rechtsprechung existiert dazu

624

[1248] So wörtlich FRÖHLICH, S. 15.
[1249] GAUCH (VVG), S. 19.
[1250] SULZER, S. 5.
[1251] BGE 129 III 276, Erw. 3.1.
[1252] GEISER (Gleichbehandlungsgebot), S. 38.
[1253] BGE 129 III 276, Erw. 3.1.
[1254] GEISER (Gleichbehandlungsgebot), S. 38, REHBINDER, N 8 zu Art. 328 OR.
[1255] ABEGG (Ausdifferenzierung), S. 206, WOLF E., S. 359 ff., HOFER, S. 1-5.
[1256] Siehe dazu umfassend die Untersuchung zu Verfassung und Vertragsfreiheit von RÜCKERT, S. 164 ff. Der Autor untersuchte die Verankerung von Vertragsfreiheit in Verfassungen deutscher Länder im 19. und 20. Jahrhundert. Er konstatiert «keinen Grundsatz pro Liberate», S. 167.
[1257] SCHUHMACHER, N 101, BIAGGINI, N 8. Siehe Kapitel 4-7 dieser Studie.

indes nicht. Anerkannt hat der EGMR hingegen die Vertragsfreiheit implizit aus Art. 1 des Zusatzprotokolls zum Schutz des Eigentums[1258].

625 Mangels verfassungsrechtlicher Fundierung wird die Privatautonomie von einem Teil der Lehre, z.B. von CANARIS, als eine dem positiven Recht vorausgesetzte Gestaltungsmöglichkeit bezeichnet[1259], also letztendlich naturrechtlich begründet[1260]. Auf gleichem Fundament basieren die Theorien, die Privatautonomie und Vertragsfreiheit als eigenständiges Prinzip des Privatrechts erachten. Eine verfassungsrechtliche Fundierung über Art. 122 BV hinaus wird als entbehrlich erachtet[1261]. Dieser Lehre steht die Position gegenüber, die als «staatliche Theorie der Vertragsfreiheit» bezeichnet wird. Nach diesen Lehrmeinungen legitimieren sich Privatautonomie und Vertragsfreiheit wie auch ihre Einschränkungen im Stufenbau der Rechtsordnung durch höherrangiges Recht[1262]. Sowohl Privatautonomie wie auch ihre Schranken beruhen deshalb positivrechtlich auf dem gleichen Fundament[1263]. Vertragsfreiheit ist nicht vorgegeben, sie kann nur als «delegierte und damit immanent beschränkte Macht begriffen werden»[1264]. Dieser Auffassung entspricht das Konzept der vorliegenden Studie. Sowohl Vertragsfreiheit wie ihre Einschränkung durch Diskriminierungsschutz sind rechtlich verfasst. Die in der Arbeitsrechtslehre als «common sense» verbreitete Aussage, die Vertragsfreiheit gehe dem Diskriminierungsschutz (zumindest im Bewerbungsverfahren und im Rahmen der vertraglichen Vereinbarung) vor, müsste sowohl einfachgesetzlich wie völker- und verfassungsrechtlich belegt werden können. Gleiches gilt selbstredend auch für die These, der Diskriminierungsschutz gehe der Privatautonomie vor.

[1258] EGMR, Appl.-Nr. 31107/96, RJD 1999-II/75, Iatridis/Griechenland, 69. Siehe zum Schutz der Vertragsfreiheit im Kontext des Europäischen Gemeinschaftsrechts ausführlich in Teil III, 10. Kapitel, S. 323.
[1259] CANARIS (Grundrechte), S. 218.
[1260] Siehe die Darstellung bei KRAMER, N 36 zu Art. 19/20 OR, SCHNYDER (Vertragsfreiheit), S. 35
[1261] So HUBER E.R., S. 24.
[1262] KRAMER, N 36 zu Art. 19/20 OR. Zum Verhältnis der obligationenrechtlichen und verfassungsrechtlichen Vertragsfreiheit siehe auch GRISEL (Liberté), N 363-367.
[1263] OFTINGER (Vertragsfreiheit), S. 315. Siehe dazu auch ARNET (Freiheit), N 173 und N 184.
[1264] BAUDENBACHER, S. 284.

1.3 Die Vertragsfreiheit in der BV

In der nachgeführten Bundesverfassung von 1999 taucht der Begriff der Vertragsfreiheit nicht auf[1265]. Eine eigenständige *verfassungsrechtliche* Gewährleistung der Vertragsfreiheit wird von der Mehrheit der Lehre nicht anerkannt[1266] bzw. als entbehrlich erachtet, da ohne die Vertragsfreiheit die Wirtschaftsfreiheit gar nicht denkbar wäre[1267]. Auch in der bundesgerichtlichen Rechtsprechung finden sich keine Entscheide, welche die Vertragsfreiheit als eigenständiges Grundrecht *ausdrücklich* anerkennen[1268]. Bundesgericht und Lehre leiten die Vertragsfreiheit jedoch aus der *Wirtschaftsfreiheit* (Art. 27 BV) ab[1269].

626

Die Vertragsfreiheit bildet Voraussetzung der Eigentumsfreiheit (Art. 26 BV)[1270]. Der Eigentumserwerb erfolgt i.d.R. durch Vertrag, ohne Vertragsfreiheit ist die Eigentumsgarantie sinnentleert. Zudem stellt die Vertragsfreiheit die nicht wegzudenkende Bedingung für die Wahrnehmung anderer Freiheitsrechte, wie bsw. die Kunstfreiheit (Art. 21 BV), dar. Diese Rechte umfassen über das Recht zur Gestaltung des Kunstobjektes hinaus auch das Recht zur Entscheidung darüber, ob und an wen das Objekt veräussert oder weitergegeben werden soll[1271]. Überall dort, wo die Wahrnehmung von Freiheitsrechten rechtsgeschäftliches Handeln notwendig macht, stellt die Vertragsfreiheit Voraussetzung der Wahrnehmung des Freiheitsrechtes dar. Als Grundlage der Vertragsfreiheit wird überdies ganz allgemein der Anspruch auf persönliche Freiheit genannt[1272]. Die Freiheit, Verträge abzuschliessen, inhaltlich zu bestimmen und aufzulösen ist ein wesentlicher Ausdruck der Persönlichkeitsentfaltung. Soweit jedoch die Vertragsfreiheit in einem wirtschaftlichen Kontext geltend gemacht wird, geht nach der Rechtsprechung

627

[1265] In der Botschaft zur Nachführung der Bundesverfassung wird die Vertragsfreiheit an verschiedenen Stellen als Bestandteil der Wirtschaftsfreiheit bezeichnet, siehe BBl 1997 I 77, 289 und 293.
[1266] HAEFELIN/HALLER/KELLER, N 630 und N 638, MÜLLER (Grundrechte), S. 645 und 667 f., ABEGG (INHALTSNORMEN), S. 5, 61f., 307 ff.
[1267] VALLENDER/HETTICH/LEHNE, N 58, S. 139. Für die Anerkennung der Vertragsfreiheit als eigenständiges Verfassungsrecht siehe WOLF, S. 8 ff.
[1268] Das Bundesgericht leitet die Vertragsfreiheit regelmässig aus der Wirtschaftsfreiheit ab, siehe BGE 113 Ia 136, Erw. 8, 130 I 26, Erw. 4.3 und 131 I 223, Erw. 4.1.
[1269] GRISEL (Liberté), N 361-367, HAEFELIN/HALLER/KELLER, N 630 und 638, VALLENDER, N 10 zu Art. 27 BV, WALDMANN (Autoversicherungsprämien), N 15, VALLENDER/HETTICH/LEHNE, S. 139, AUER/MALINVERNI/HOTTELIER, N 914.
[1270] Siehe die in Fn 1258 erwähnte Entscheidung des EGMR.
[1271] MÜLLER (Grundrechte), S. 309.
[1272] FAVRE G., N 454.

8. Kapitel: Verfassungsrechtliche Vertragsfreiheit und Diskriminierungsschutz

das Grundrecht auf Wirtschaftsfreiheit dem grundrechtlichen Anspruch auf persönliche Freiheit vor[1273].

1.4 Verfassungsbezug der arbeitsvertraglichen Vertragsfreiheit

628 Wie dargestellt wurde, kann die Vertragsfreiheit auch mit anderen Freiheitsrechten als demjenigen der Wirtschaftsfreiheit begründet werden. Für die Bestimmung des Schutzbereichs und der Einschränkungsvoraussetzungen der Vertragsfreiheit ist zu entscheiden, welcher Grundlage die *arbeitsvertragliche Vertragsfreiheit* zuzuordnen ist. Sollen Arbeitgebende zur Abwehr von staatlich verordneten Gleichstellungspflichten den Schutz der persönlichen Freiheit und/oder der Wirtschaftsfreiheit geltend machen können?

629 In einer freiheitlichen Rechtsordnung kommt dem Vertrag eine zentrale Stellung für die Gestaltung *wirtschaftlicher* Beziehungen zu. Das gilt auch für den Arbeitsmarkt. In der Gestalt des Gesamtarbeitsvertrags bildet der Vertrag das Mittel zur kollektiven Regelung einer Vielzahl von Arbeitsverhältnissen. Der Einzelarbeitsvertrag bildet das rechtliche Band zwischen Arbeitgeberin und Arbeitnehmerin. Ohne Vertrag entsteht kein (privatrechtliches) Arbeitsverhältnis.

630 Mit dem Eingehen eines Arbeitsvertrages entsteht ein Arbeitsverhältnis und den Parteien erwachsen als Reflex des Arbeitsvertrages im öffentlichen Arbeitsrecht festgelegte Pflichten wie etwa die AHV-rechtliche Qualifikation als unselbständig Erwerbende und die daraus fliessende Pflicht, die gesetzlich festgelegten Beiträge auf dem massgebenden Lohn der zuständigen Ausgleichskasse zukommen zu lassen. Der Arbeitsvertrag ist schon deshalb nicht mit einem x-beliebigen Kaufvertrag zu vergleichen. Dazu kommt die dem Arbeitsvertrag immanente *rechtliche Unterordnung* der Arbeitnehmerin gegenüber dem Arbeitgeber. Schliesslich ist allgemein anerkannt, dass der Arbeitnehmer in der schwächeren Position und deshalb den Schutz der Rechtsordnung vor Ausbeutung und Unterdrückung bedarf.

631 Auf diesem Hintergrund ist es folgerichtig, die arbeitsvertragliche Vertragsfreiheit (als Schranke des Diskriminierungsschutzes) einzig im Lichte der Wirtschaftsfreiheit und nicht der persönlichen Freiheit zu behandeln. Dies entspricht insoweit der bundesgerichtlichen Rechtsprechung, wonach die *Ausübung einer Erwerbstätigkeit* nur durch die Wirtschaftsfreiheit nicht aber durch die persönliche Freiheit geschützt ist[1274].

[1273] BGE 122 I 130, Erw. 2.
[1274] BGE 122 I 130, Erw. 2.

2. *Die Vertragsfreiheit als Teilgehalt der Wirtschaftsfreiheit*

2.1 Genese, Gegenstand und persönlicher Schutzbereich der Wirtschaftsfreiheit

Erstmals fand die heute in Art. 27 BV verankerte Wirtschaftsfreiheit als «Handels- und Gewerbefreiheit» (HGF) in der Verfassung von 1874 Aufnahme. Historischer Zweck der HGF war die Realisierung des eidgenössischen Binnenmarktes und Bekämpfung althergebrachter kollektiver Wirtschaftsorganisationen[1275].   632

Auch heute kommt der Wirtschaftsfreiheit in ihrer *bundesstaatlichen (interkantonalen) Funktion* die Aufgabe zu, einen einheitlichen schweizerischen Wirtschaftsraum zu ermöglichen[1276]. Im vorliegenden Zusammenhang wird dieser Aspekt der Wirtschaftsfreiheit nicht weiter beleuchtet. Es interessieren vielmehr die *grundrechtliche Dimension* der Wirtschaftsfreiheit nach Art. 27 BV als grundrechtliches Abwehrrecht und die *institutionelle Garantie* der Wirtschaftsfreiheit. Letztere ist *auch* in Art. 94 Abs. 1 BV verankert: *«Bund und Kantone halten sich an den Grundsatz der Wirtschaftsfreiheit»*. Die beiden Aspekte der Wirtschaftsfreiheit hängen eng miteinander zusammen[1277]. Der Grundsatz der Wirtschaftsfreiheit, wie er in Art. 94 Abs. 1 BV verankert und in den Absätzen 2-4 konkretisiert wird, ist wie der grundrechtliche Anspruch auf Wirtschaftsfreiheit Ausdruck einer freiheitlichen, privatwirtschaftlichen Wirtschaftsordnung[1278]. Das Bundesgericht bezeichnet die Wirtschaftsfreiheit als *«Hüterin einer privatwirtschaftlichen Ordnung»*[1279].   633

Die Interpretation der Wirtschaftsfreiheit als eine verfassungsmässige Entscheidung für eine bestimmte, freiheitliche Wirtschaftsordnung greift zu kurz[1280]. Zwar spricht sich die Verfassung für eine Privatwirtschaftsordnung im Gegensatz zu einer ausschliesslichen Planwirtschaft aus. Der Grundsatz der Wirtschaftsfreiheit ist im Lichte der ganzen Verfassung (Zweckartikel, Grundrechte, Sozialziele, Wettbewerbsordnung, Sozialordnung) auszulegen[1281]. Wirtschaftsfreiheit und privatwirtschaftliche Ordnung sind nicht   634

[1275] BIAGGINI (Wirtschaftsfreiheit), N 2, KIENER/KÄLIN, S., 300, VALLENDER/HETTICH/LEHNE, S. 117 ff.
[1276] BGE 125 I 279, 116 Ia 240.
[1277] Botschaft zur Nachführung der Bundesverfassung, BBl 1997 I 292, RHINOW (Grundzüge), N 2863, BIAGGINI, N 1 zu Art. 94 BV, KIENER/KÄLIN, S. 301, AUER/MALINVERNI/HOTTELIER, N 893.
[1278] VALLENDER/HETTICH/LEHNE, N 8, S. 119, BIAGGINI N 6 zu Art. 27 BV und N 3 zu Art. 94 BV, AUBERT/MAHON, N 2 zu Art. 94 BV.
[1279] BGE 124 I 11, Erw. 5a.
[1280] RHINOW (Grundzüge), N 2845.
[1281] RHINOW (Grundzüge), N 2849.

8. Kapitel: Verfassungsrechtliche Vertragsfreiheit und Diskriminierungsschutz

Zweck an sich, sondern solange verfassungskonform, wie sie der Verwirklichung einer sozialen, solidarischen, freiheitlichen und nachhaltigen Gesellschaft dienen[1282]. Die grundrechtliche Verankerung der Wirtschaftsfreiheit ist als Grundentscheidung für eine marktorientierte und sozialverpflichtete Wirtschaftsordnung zu verstehen[1283].

635 Art. 27 Abs. 1 BV hält in allgemeiner Form fest: *«Die Wirtschaftsfreiheit ist gewährleistet»*. Vor staatlichen Restriktionen geschützt ist damit grundsätzlich jede *privatwirtschaftliche Erwerbstätigkeit*[1284]. Geschützt ist jede private wirtschaftliche Tätigkeit, die der Erzielung eines Gewinns oder Erwerbs- bzw. Geschäftseinkommens dient[1285]. Nicht relevant ist, ob die wirtschaftliche Tätigkeit selbständig oder unselbständig[1286], haupt- oder nebenberuflich oder nur gelegentlich erfolgt[1287]. Nicht auf die Wirtschaftsfreiheit berufen konnten sich die Veranstalter, deren Werbung für einen Film über neue Abtreibungsmethoden verboten wurde. Mit der Aufführung des fraglichen Filmes würde kein Erwerbszweck verfolgt[1288]. Den Beschwerdeführerinnen stand dagegen die Berufung auf die Meinungsfreiheit zu[1289].

636 Auf die Wirtschaftsfreiheit berufen können sich natürliche Personen[1290] wie auch juristischen Personen des Privatrechts mit Sitz in der Schweiz oder einem Sitz im Ausland, sofern ein staatsvertraglicher Anspruch auf wirtschaftliche Betätigung in der Schweiz besteht[1291]. Staatliche Unternehmen können sich grundsätzlich nicht auf die Wirtschaftsfreiheit berufen[1292]. Das gilt auch für öffentliche Unternehmen, *soweit sie öffentliche Aufgaben* wahrnehmen[1293].

[1282] HAEFELIN/HALLER/KELLER, N 627, RHINOW (Grundzüge), N 2854.
[1283] GYGI, S. 268.
[1284] BGE 131 I 33, BIAGGINI, N 4 zu Art. 27 BV, KIENER/KÄHLIN, S. 306, GRISEL (Liberté), N 409 und N 414.
[1285] BGE 124 I 310, Erw. 3a.
[1286] Auch Arbeitnehmende können sich auf die Wirtschaftsfreiheit berufen: BGE 84 I 18, Erw. 2, 121 I 326 Erw. 2a, 123 I 19, Erw. 2, HAEFELIN/HALLER/KELLER, N 639, RHINOW (Grundzüge), N 2896.
[1287] BGE 109 Ia 116 Erw. 4b.
[1288] BGE 101 Ia 252, Erw. 3b.
[1289] BGE 101 Ia 252, Erw. 3b. Zur Abgrenzung zwischen Meinungsäusserungsfreiheit und Wirtschaftsfreiheit siehe auch 125 I 420, Erw. 3a und GRISEL (Liberté), N 414.
[1290] RHINOW (Grundzüge), N 2895, KIENER/KÄLIN, S. 305, BIAGGINI, N 18 zu Art. 27 BV.
[1291] BGE 131 I 223, Erw. 1.1.
[1292] MÜLLER (Grundrechte), S. 646, KIENER/KÄLIN, S. 306, VALLENDER/HETTICH/LEHNE, S. 123 f.
[1293] Das Bundesgericht hat die Frage in BGE 131 II 13 offen gelassen. Siehe zur Problematik in der Lehre BIAGGINI, N 11, RHINOW (Grundzüge), N 2899-2902, KIENER/

Ausländer/innen können sich soweit auf die Wirtschaftsfreiheit berufen, als sie auf dem schweizerischen Arbeitsmarkt zugelassen sind[1294].

2.2 Schutzbereich der arbeitsvertraglichen Vertragsfreiheit

In Art. 27 Abs. 2 BV werden drei bedeutende Teilgehalte der geschützten privatwirtschaftlichen Erwerbstätigkeit hervorgehoben: die Berufswahlfreiheit[1295], die Berufszugangsfreiheit[1296] und die Berufsausübungsfreiheit. Der Schutz der Vertragsfreiheit wird allgemein der Berufsausübungsfreiheit zugeordnet[1297]. Dazu gehört die freie Wahl der Vertragspartner, die freie Wahl der Mitarbeiter[1298] und die freie Gestaltung des Vertragsinhalts[1299] im Rahmen geschäftlicher Beziehungen[1300]. 637

Das Bundesgericht hat die *arbeitsvertragliche Vertragsfreiheit* explizit und implizit wiederholt als Teil der Wirtschaftsfreiheit anerkannt. Dazu gehört die freie Wahl der Mitarbeiterinnen und Mitarbeiter[1301], die freie Aufnahme und Regelung von Arbeitsbeziehungen[1302] und die freie Gestaltung der Betriebsverhältnisse[1303]. Namentlich hat das Bundesgericht eine kantonale Initiative für einen Mindestlohn als mit der Handels- und Gewerbefreiheit unvereinbar erachtet[1304]. 638

Wie an anderer Stelle dieser Studie gezeigt wurde, kann zwischen rationalem und irrationalem diskriminierendem Verhalten von Arbeitgebenden unterschieden werden. *Rational* ist eine Diskriminierung dann, wenn für die Verweigerung eines Vertragsabschlusses oder einer anderen Form der Diskriminierung zwar im Lichte des Diskriminierungsrechts verpönte aber aus Arbeit- 639

KÄLIN, S. 305 f., GRISEL (Liberte), N 415, VALLENDER/HETTICH/LEHNE, S. 124 f., HÄSLER, S. 217.
[1294] BGE 123 I 19, Erw. 2a.
[1295] Verboten ist z.B. eine staatliche Ausbildungslenkung nach Bedarf, siehe BGE 103 Ia 401.
[1296] Die Berufsausübungsfreiheit schützt vor staatlichen Massnahmen, die den Zugang zum Markt verhindern oder übermässig erschweren, siehe BGE 125 I 335, BGE 117 Ia 440.
[1297] KIENER/KÄLIN, S. 308, BIAGGINI, N 9 zu Art. 27 BV, VALLENDER/HETTICH/LEHNE, S. 127 f., HAFELIN/HALLER, N 630, 645.
[1298] BGE 122 I 44, Erw. 3a/cc.
[1299] BGE 124 I 107, Erw. 3, 106 Ia 355, Erw. 4d.
[1300] MÜLLER G., S 638, VALLENDER, N 19 zu Art. 27 BV.
[1301] BGE 114 Ia 307, Erw. 3b, 122 I 44, Erw. 3b/cc.
[1302] BGE 106 Ib 125, Erw. 3.
[1303] BGE 98 Ia 395, Erw. 3, 91 I 306, Erw. 6.
[1304] BGE 80 I 155, Erw. 4.

8. Kapitel: Verfassungsrechtliche Vertragsfreiheit und Diskriminierungsschutz

gebersicht sachliche Gründe geltend gemacht werden, etwa Kundenanliegen oder befürchtete Spannungen in Mitarbeiterteams. *Irrational* und in hohem Masse bar jeder ökonomischer Vernunft ist eine Diskriminierung demgegenüber dann, wenn ein diskriminierendes Verhalten die Folge von auch nicht im konkreten Fall zutreffenden Vorurteilen über Fähigkeiten und Eigenschaften einer bestimmten Person darstellt. Die Frage liegt auf der Hand, ob der verfassungsrechtliche Schutz der Vertragsfreiheit auch *irrationales diskriminierendes Verhalten eines Arbeitgebers* mitumfasst.

640 Nicht zu bezweifeln ist, dass rationale Diskriminierung in den Schutzbereich der Wirtschaftsfreiheit fällt. Eine Beschränkung der Wirtschaftsfreiheit (in casu Vertragsfreiheit) auf rationales, ökonomisches Verhalten ist angesichts des grundrechtlichen Charakters der Wirtschaftsfreiheit nicht zu rechtfertigen[1305]. Da eine klare Grenzziehung zwischen irrationaler und rationaler Diskriminierung ohnehin schwierig ist, ist es sachgerecht, auch für die irrationale Diskriminierung von Arbeitgebenden *grundsätzlich* den Schutzbereich der Wirtschaftsfreiheit zu öffnen.

641 Als Zwischenergebnis ist festzuhalten: Die *arbeitsvertragliche Vertragsfreiheit* gewährt Arbeitgebenden einen Schutz vor Einschränkungen durch staatliche Diskriminierungsschutzverbote und Gleichstellungsauflagen. Der Schutz bezieht sich sowohl auf die vertragliche Abschlussfreiheit wie die Inhalts- und Auflösungsfreiheit. Wie jedes Grundrecht, kann auch die Wirtschaftsfreiheit (und damit die arbeitsvertragliche Vertragsfreiheit) eingeschränkt werden. Wie weit Massnahmen zum Diskriminierungsschutz zulässige Einschränkungen der arbeitsvertraglichen Vertragsfreiheit darstellen, wird nachfolgend geprüft.

3. *Einschränkungen der Wirtschaftsfreiheit*

3.1 Massnahmen gegen den Grundsatz der Wirtschaftsfreiheit

642 Nach heute gängiger Terminologie ist zwischen *grundsatzwidrigen* und *grundsatzkonformen* Massnahmen (gegen die Wirtschaftsfreiheit) zu unterscheiden[1306].

643 Zum Grundsatz der Wirtschaftsfreiheit hält Art. 94 Abs. 4 BV fest, dass Abweichungen, insbesondere wenn sie sich gegen den Wettbewerb richten, nur zulässig sind, wenn sie in der Bundesverfassung vorgesehen oder durch kan-

---

[1305] So auch AUER/MALINVERNI/HOTTELIER, N 901-902.
[1306] HAEFELIN/HALLER/KELLER, N 657, BIAGGINI, N 4 zu Art. 94 BV, AUER/MALINVERNI/HOTTELIER, N 958 ff.

tonale Regalrechte begründet sind. Als *grundsatzwidrig* gelten nach dem Bundesgericht wettbewerbsbehindernde Massnahmen mit dem Ziel, gewisse Bewirtschaftungsformen oder Gewerbezweige zu sichern[1307], das Wirtschafsleben nach festem Plan zu lenken[1308] oder auch solche Massnahmen, die eine staatliche Bedürfnislenkung zum Ziel haben[1309]. *Grundsatzkonform* sind dagegen nicht wirtschaftspolitisch motivierte Massnahmen im öffentlichen Interesse wie namentlich gewerbepolizeilich oder sozialpolitisch begründete Einschränkungen[1310]. Solche Einschränkungen müssen überdies dem Schrankenprogramm von Art. 36 BV standhalten.

Von den hier nicht weiter interessierenden kantonalen Regalrechten abgesehen dürfen grundsatzwidrige Massnahmen nur durch den Bund und nur bei Vorliegen einer Verfassungsgrundlage erlassen werden. Die Bundesverfassung enthält in mehreren Artikeln solche Ermächtigungen. Das betrifft beispielsweise die Konjunkturpolitik (Art. 100 Abs. 3 BV), die Aussenwirtschaftspolitik (Art. 101 Abs. 2 BV) und, allerdings umstrittenermassen[1312], den Bereich der obligatorischen Kranken- und Unfallversicherung (Art. 117 BV). 644

Massnahmen zum Schutze vor Diskriminierung und zur Gleichstellung im Arbeitsverhältnis wären nur dann als Abweichung vom Grundsatz der Wirtschaftsfreiheit zu qualifizieren, wenn damit eine eigentliche staatliche Wirtschaftslenkung erreicht werden soll. Diskriminierungsgesetze verfolgen nicht diesen Zweck. Man kann sich höchstens fragen, ob private Arbeitgeber verpflichtende *Quoten* als grundsatzwidrige Massnahmen qualifiziert werden können. Vorgeschriebene Prozentsätze für die Anstellung von z.B. Arbeitnehmenden mit Behinderung schränken die Abschlussfreiheit der Arbeitgebenden ein. Es ist jedoch nicht ersichtlich, inwiefern mit Quotenregelungen gegen den Grundsatz der Wirtschaftsfreiheit verstossen wird. Quoten stellen ein Mittel dar, um bisher benachteiligten Gruppen von Arbeitnehmenden die Integration in den Arbeitsmarkt zu ermöglichen. Soweit die Wettbewerbsteilnehmenden grundsätzlich in gleichem Masse durch eine solche Regelung belastet werden, ist sie systemkonform und wettbewerbsneutral. Eine andere Frage ist, ob der grundsatzkonforme Eingriff in die Vertragsfreiheit entsprechend dem Schrankenprogramm gemäss Art. 36 BV gerechtfertigt werden kann. 645

Nach der hier vertretenen Position stellt jedoch massvolles, marktwirtschaftlich ausgerichtetes und von effektiven Unterstützungs- und Sensibilisierungsprogrammen begleitetes Antidiskriminierungsrecht grundsätzlich keinen Wi- 646

[1307] BGE 124 I 310 Erw. 3, 123 I 12, Erw. 2a, 125 I 335, Erw. 2a.
[1308] BGE 109 Ia 116, Erw. 4b.
[1309] BGE 131 I 223, Erw. 4.2.
[1310] BGE 130 II 87 Erw. 3, 125 I 417 Erw. 4a, 124 I 310 Erw. 3a.
[1312] BGE 130 I 26, Erw. 6.2. Zur Gegenmeinung siehe HOFMANN, S. 795.

8. Kapitel: Verfassungsrechtliche Vertragsfreiheit und Diskriminierungsschutz

derspruch zum Grundsatzentscheid für eine freiheitliche Wirtschaftsordnung und auch nicht zur Vertragsfreiheit dar.

3.2 Einschränkungsvoraussetzungen grundsatzkonformer Massnahmen

3.2.1 Übersicht und Vorbemerkungen

647 Staatliche Einschränkungen der Wirtschaftsfreiheit (und damit auch der Vertragsfreiheit) sind zulässig, wenn sie den Kerngehalt nicht verletzen, auf einer gesetzlichen Grundlage beruhen, durch ein öffentliches Interesse oder durch den Schutz von Grundrechten Dritter gerechtfertigt sowie verhältnismässig sind[1313]. Als besonderer Ausfluss des Grundsatzes der Wirtschaftsfreiheit dürfen Massnahmen gegen die Wirtschaftsfreiheit den Grundsatz der Gleichbehandlung der Konkurrenten nicht verletzen.

648 Angesichts der umfassenden Zivilrechtskompetenz des Bundes (Art. 122 BV) sind Diskriminierungsschutz- und Gleichstellungsregelungen für das *privatrechtliche Arbeitsverhältnis* von vorneherein nur auf Bundesstufe zulässig. Bei der Frage der Zulässigkeit allfälliger künftiger gesetzlicher Massnahmen zum Diskriminierungsschutz kann deshalb nicht ausser Acht bleiben, dass gemäss Art. 190 BV Bundesgesetze und das Völkerrecht für das Bundesgericht das massgebliche Recht darstellen[1314]. Eine grundsatzkonforme aber die Wirtschaftsfreiheit verletzende Antidiskriminierungsnorm bzw. ein darauf gestützter Entscheid wäre nicht vor Bundesgericht einklagbar, sofern die Vertragsfreiheit nicht auch als Verletzung eines EMRK-Rechtes gerügt werden könnte[1315].

3.2.2 Kernbereich und gesetzliche Grundlage

649 Die Vertragsfreiheit zählt zum unantastbaren *Kernbereich* der Wirtschaftsfreiheit[1316]. Damit ist nicht gemeint, dass die Vertragsfreiheit überhaupt nicht eingeschränkt werden darf. Vielmehr schützt das Grundrecht der Wirtschafts-

---

[1313] So das «Schrankenprogramm» in Art. 36 BV und die exemplarische Übernahme dessen in BGE 131 I 223, Erw. 1.
[1314] Zur eingeschränkten Verfassungsgerichtsbarkeit siehe die Ausführungen im Zusammenhang mit grundrechtlichen Schutzpflichten, siehe in diesem Kapitel I. 2.4.2 Verhältnis Schutzpflichten und Drittwirkung, S. 223, Nachweise in Fn 1200 und 1201.
[1315] Zur Frage der Verankerung der Vertragsfreiheit in EMRK-Rechten siehe im 7. Kapitel, III. Gewährleistung der Vertragsfreiheit durch die EMRK, S. 205 ff.
[1316] MÜLLER (Grundrechte), S. 647, RHINOW/SCHMID/BIAGGINI, N 212 ff., HAEFELIN/HALLER/KELLER, N 700.

freiheit davor, die *Vertragsfreiheit als solche* überhaupt abzuschaffen und an deren Stelle eine umfassende staatliche Vertragskontrolle einzuführen. Kernbereichssensibel wäre bsw. eine eigentliche staatliche Kontrolle sämtlicher Arbeitsverträge hinsichtlich diskriminierender Kriterien.

Beim Schrankenkriterium «gesetzliche Grundlage» ist zwischen schweren und weniger schweren Eingriffen in die Wirtschaftsfreiheit zu unterscheiden. Schwere Eingriffe bedürfen einer ausdrücklichen Grundlage auf Gesetzesstufe während weniger schwere Eingriffe auch auf Verordnungsstufe verankert sein dürfen. Gesetzliche Grundlagen für Einschränkungen finden sich sowohl im kantonalen wie im Bundesrecht[1317]. Die gesetzliche Grundlage muss im Interesse der Rechtssicherheit ausreichend bestimmt und klar sein[1318]. 650

Für das Diskriminierungsschutzrecht bedeutet das Erfordernis der gesetzlichen Grundlage demnach, dass rechtliche Regelungen ausreichend klar und bestimmt sein müssen, dass Arbeitgeberinnen und Arbeitnehmerinnen ihr «Verhalten danach richten und die Folgen eines bestimmten Verhaltens mit einem den Umständen entsprechenden Grad an Gewissheit erkennen (…)»[1319] können. 651

Auch die Generalklauseln zum Persönlichkeitsschutz beinhalten ein grosses Rechtsgestaltungspotenzial hinsichtlich einer Verstärkung des Schutzes vor Diskriminierung und damit verbundener Einschränkung der Vertragsfreiheit[1320]. Eine allfällige *Rechtsfortbildung* ist durch die gesetzlichen Generalklauseln und durch die Rechtsfortbildungskompetenz der Gerichte in Art. 1 ZGB gedeckt. Dies hat das Bundesgericht in BGE 129 III 35 Post ./. Verein gegen Tierfabriken entschieden. Mit Rückgriff auf den allgemeinen Rechtsgrundsatz des Verbots sittenwidriges Verhaltens hat das Bundesgericht der Post im konkreten Fall einen Kontrahierungszwang auferlegt. In der heftigen Kritik, die diesem Entscheid folgte, wurde bestritten, dass ein ungeschriebener allgemeiner privatrechtlicher Rechtsgrundsatz eine derartige Einschränkung der Wirtschaftsfreiheit zu rechtfertigen vermöge[1321]. Bei dieser Kritik wird übersehen, dass das Bundesgericht in der fraglichen Entscheidung die Vertragsfreiheit der Post und deren Einschränkung *gar nicht unter verfassungsrechtlichen Kriterien* zu beurteilen hatte. Die Vertragsfreiheit und ihre Einschränkung durch den Rechtsgrundsatz des Verbots sittenwidrigen Ver- 652

[1317] KIENER/KÄLIN, S. 316 f.
[1318] SCHWEIZER, N 11 zu Art. 36 BV.
[1319] BGE 117 Ia 471, Er. 3e.
[1320] Siehe dazu in Teil IV, 14. Kapitel, I. Schutz vor Diskriminierung durch Art. 2 ZGB, S. 484 und II. Schutz vor Diskriminierung durch Persönlichkeitsrecht, S. 502 ff.
[1321] CAMPRUBI, S. 393.

haltens wird vielmehr direkt aus der Privatautonomie beruhenden Privatrechtsordnung abgeleitet[1322].

3.2.3 Öffentliches Interesse und Schutz von Grundrechten Dritter

653 Anerkannte öffentliche Interessen zur Einschränkung der Wirtschaftsfreiheit sind insbesondere Polizeigüter wie Ruhe, Ordnung, Sicherheit, öffentliche Gesundheit, Sittlichkeit und Treu und Glauben im Geschäftsverkehr[1323]. Das Bundesgericht hat in zahlreichen Fällen auch sozialpolitische Anliegen als ausreichende Eingriffsinteressen anerkannt[1324]. Diskriminierungsschutz im privatrechtlichen Arbeitsverhältnis stellt ohne jeden Zweifel ein gewichtiges sozialpolitisches Anliegen dar. Diskriminierendes Verhalten von Arbeitgebenden kann auch gegen Polizeigüter wie die Sittlichkeit oder Treu und Glauben verstossen.

654 Die Verfassung anerkennt auch den Grundrechtsschutz Dritter ausdrücklich als schutzwürdiges Eingriffsinteresse. Allerdings ist strittig, ob der Schutz der Grundrechte Dritter nicht bereits als solches ein öffentliches Interesse darstellt[1325]. Der Verfassungsgeber will mit der ausdrücklichen Erwähnung der Grundrechtspositionen Dritter klarstellen, dass die Freiheit der Einen dort ihre Schranken findet, wo die Freiheit der Anderen beginnt[1326]. Im öffentlichen Interesse liegt die Einschränkung der Vertragsfreiheit also dann, wenn die Einschränkung dazu dient, Grundrechtspositionen Dritter wie etwas die Meinungsfreiheit oder im vorliegenden Zusammenhang relevant das Diskriminierungsverbot sicherzustellen.

3.2.4 Verhältnismässigkeit

655 Zur Geltendmachung und Durchsetzung öffentlicher Interessen ist nicht jedes staatliche Mittel zulässig. Vielmehr ist zu prüfen, ob ein bestimmter Eingriff in das Grundrecht der Vertragsfreiheit geeignet, erforderlich und zumutbar ist.

656 Sich auf private Arbeitsverhältnisse auswirkende Massnahmen zum Diskriminierungsschutz und zur Verwirklichung der Gleichstellung haben dem

---

[1322] BGE 129 III 35, Erw. 6.
[1323] HAFELIN/HALLER, N 672, AUER/MALINVERNI/HOTTELIER, N 978-980.
[1324] BGE 130 I 26 Erw. 6.2, 120 Ia 126, 97 I 499, Erw. 4c.
[1325] WEBER-DÜRLER, S. 140 ff., WYSS, S. 204 f., SCHWEIZER, N 20 zu Art. 35 BV.
[1326] Botschaft Bundesverfassung, BBl 1997 I 196, KIENER/KÄLIN, S. 101, SCHWEIZER, N 20 zu Art. 36 BV.

Verhältnismässigkeitsgrundsatz zu genügen. Dabei ist dem Kriterium «Eignung» besondere Beachtung zu schenken. Sozial- und wirtschaftswissenschaftliche Erkenntnisse über Effekte und Nutzen von Antidiskriminierungsgesetzgebung sind zu berücksichtigen. Bei der Verankerung und Umsetzung von Diskriminierungsschutzrecht geht es nicht einfach darum, «Gutes zu tun» sondern «das Richtige zu tun». Die Erforderlichkeitsschranke zwingt den Gesetzgeber, die Richterin oder die Verwaltungsbehörde zur Besonnenheit. Soweit eine für die Vertragsfreiheit mildere Massnahme den Zweck auch erreicht, ist diese vorzuziehen. Die Zumutbarkeitsschranke als dritte Stufe der Verhältnismässigkeitsprüfung verlangt, eine den Verhältnissen des Betriebes angemessene Lösung zu finden.

3.2.5 Gleichbehandlung der Konkurrenten

Staatliche Massnahmen dürfen den Wettbewerb unter direkten Konkurrenten nicht beeinträchtigen. Diese Anforderung ergibt sich aus der wirtschaftspolitischen Funktion von Art. 27 BV *und* Art. 94 Abs. 4 BV. Das Gemeinwesen muss gegenüber konkurrierenden Wettbewerbsteilnehmer/innen eine neutrale Haltung einnehmen[1327]. Das bedeutet, sowohl positive Massnahmen zur Förderung wie auch Einschränkungen der Wirtschaftsfreiheit dürfen den Wettbewerb unter direkten Konkurrenten[1328] nicht verzerren[1329]. Es besteht somit ein individualrechtlicher Anspruch darauf, im Anwendungsbereich der Wirtschaftsfreiheit bei staatlichen Massnahmen gleich wie die Konkurrenz behandelt zu werden[1330].

657

Der Grundsatz der Wettbewerbsneutralität ist für das Gleichbehandlungs- und Antidiskriminierungsrecht bindend. Staatliche Massnahmen zum Diskriminierungsschutz im privatrechtlichen Arbeitsverhältnis müssen wettbewerbsneutral ausgestaltet sein. Das kann problematisch sein, etwa wenn für bestimmte Personen ein erhöhter Diskriminierungsschutz gewährt wird bzw. de lege ferenda gewährt werden soll. Der absolute Kündigungsschutz für schwangere Arbeitnehmerinnen bsw. betrifft Unternehmen, in denen mehr weibliche Arbeitskräfte beschäftigt werden, stärker als andere Unternehmen. Da die Belegschaft bezüglich Geschlecht bei den direkten Konkurrenten häu-

658

[1327] BGE 132 I 97, 125 I 431 Erw. 4c/aa,121 I 279 Erw. 6b,119 Ia 445 Erw. 1a/cc.
[1328] Kritisch zur Beschränkung des Grundsatzes der Wettbewerbsneutralität auf «direkte Konkurrenten» ist VALLENDER. Er plädiert für eine Ausweitung auf das Kriterium des «relevanten Marktes» analog des Wettbewerbsrechts, siehe VALLENDER, N 24 zu Art. 27 BV.
[1329] BGE 123 II 16, Erw. 10, 123 II 385, Erw. 11, 121 I 129, Erw. 3b.
[1330] RHINOW (Grundzüge), N 2886. Dieser Gleichbehandlungsanspruch geht über die allgemeine Rechtsgleichheit von Art. 8 Abs. 1 BV hinaus.

fig gleich oder ähnlich zusammengesetzt ist, bleibt die Massnahme wettbewerbsneutral. Zudem kann nach der bundesgerichtlichen Rechtsprechung vom Gebot der Wettbewerbsneutralität aus gewichtigen öffentlichen Interessen abgewichen werden[1331]. Diskriminierungsschutz stellt ein solch gewichtiges öffentliches Interesse dar. Das bedeutet, Gleichbehandlungsgebote und Diskriminierungsverbote im privatrechtlichen Arbeitsverhältnis müssen *möglichst* wettbewerbsneutral ausgestaltet sein.

4. *Drittwirkung der Vertragsfreiheit*

4.1   Keine direkte Drittwirkung

659   Im einleitenden ersten Teil dieser Studie wurde herausgearbeitet, wie die Grundgedanken des *Antidiskriminierungsrechts* – Würdeschutz aber auch sozialer Ausgleich – aus der *Leitidee der Privatautonomie* selbst abgeleitet werden. Es wurde dargelegt, dass zwischen Freiheit und Gleichheit kein Widerspruch besteht, und dass die *Möglichkeit zur Freiheit* ein wichtiger Aspekt des Diskriminierungsschutzes ist[1332]. Aufbauend auf diese Grundüberlegungen steht die Frage im Raum, ob die grundrechtliche Vertragsfreiheit selbst nicht bloss als Abwehrrecht sondern auch als *Teilhaberecht* verstanden werden soll. Mit einem solchen Verständnis grundrechtlicher Vertragsfreiheit würden auch die *Bedingungen eines fairen Vertragsabschlusses* und einer *fairen Vertragsgestaltung* als Bestandteil der grundrechtlichen Vertragsfreiheit erfasst. Zu einem fairen Vertragsabschluss gehört, nicht wegen identitätsbestimmender Merkmale vom Vertragsabschluss ausgeschlossen zu werden.

660   Ein solches Verständnis der Vertragsfreiheit käme im Ergebnis einer direkten Drittwirkung der Vertragsfreiheit gleich. In einem arbeitsrechtlichen Diskriminierungsrechtsstreit könnten sich sowohl die Arbeitgeberin wie der Arbeitnehmer auf die Vertragsfreiheit berufen. Der abwehrrechtliche Gehalt des Grundrechts auf Vertragsfreiheit würde seines Sinnes entleert. Adressat der Gewährleistung der Wirtschaftsfreiheit bzw. Vertragsfreiheit (sowohl als Individualrecht wie auch als institutionelle Garantie) ist der Staat[1333]. Die Wirtschaftsfreiheit entfaltet keine direkte Drittwirkung, sie gewährt keinen unmittelbaren Schutz vor Eingriffen Privater[1334]. Das zeigt sich auch im Be-

---

[1331] BGE 125 I 129, Erw. 10b.
[1332] Siehe Teil I. 1. Kapitel, III. , S. 5 f.
[1333] VALLENDER, N 6 zu Art. 27 BV, VALLENDER/HETTICH/LEHNE N 9, S. 119, HAEFELIN/HALLER/KELLER, N 650.
[1334] RHINOW (Grundzüge), N 2891 HAEFELIN/HALLER/KELLER, N 652.

reich des Wettbewerbs. Aus der Wirtschaftsfreiheit lässt sich auch *keine positive Wettbewerbsgarantie* ableiten. Soweit Private den Wettbewerb beschränken, ist dies grundsätzlich zulässig. Das Verbot wettbewerbswidrigen Verhaltens Privater kann nicht aus der Verfassung abgeleitet werden. Vielmehr ist wettbewerbswidriges Verhalten Privater durch die Kartellgesetzgebung zu sanktionieren[1335].

Die verfassungsrechtliche Wirtschaftsfreiheit vermittelt auch kein drittwirksames Recht auf Beschäftigung[1336]. In einem abwehrrechtlichen Verständnis des Grundrechts der Wirtschaftsfreiheit (Vertragsfreiheit) kann dem Arbeitgeber nicht entgegengehalten werden, er verletze eine *verfassungsrechtliche Pflicht*, wenn er Stellenbewerber auf der Grundlage diskriminierender Motive nicht anstellt und damit *faktisch* dessen Vertragsfreiheit verletzt. In der älteren Rechtsprechung findet sich ein Entscheid, in dem ein «privates Recht auf Handels- und Gewerbefreiheit» erwähnt wird[1337]. Das Bundesgericht prüfte im fraglichen Fall die Zulässigkeit von Boykottmassnahmen jedoch aufgrund von Art. 28 ZGB.

661

4.2 Bedeutung der indirekten Drittwirkung

Im Rahmen des Verfassungsauftrages von Art. 35 Abs. 3 BV haben die *Behörden* für die Drittwirkung der Wirtschaftsfreiheit zu sorgen. Der Gesetzgeber hat im allgemeinen Teil des Obligationenrechts und insbesondere im Miet- und Arbeitsrecht zwingende Schutznormen erlassen, die im Ergebnis eine gewisse Drittwirkung der Vertragsfreiheit ermöglichen. Die rechtsanwendenden Behörden müssen die einfachgesetzlichen Vorschriften der *Gewährung und Einschränkung* der Vertragsfreiheit in den Art. 19/20 OR, die Schutznormen des Arbeitsvertragsrechts in den Art. 319 ff., die spezifischen Persönlichkeitsschutz und Schutznormen in Art. 324a, 328, 336 und 337 OR sowie die Bestimmungen des Gleichstellungsgesetzes, Datenschutzgesetzes und Arbeitsgesetzes (ArG) verfassungskonform auslegen.

662

Auch die allgemeinen Bestimmungen zum Persönlichkeitsschutz in den Artikeln 27 und 28 ZGB schützen drittwirksam vor diskriminierenden Vertragsbestimmungen oder diskriminierender Vertragsverweigerung. PORTMANN weist bei der Diskussion um die Bindung von Berufssportlern an ihren Klub auf den Zusammenhang zwischen Art. 27/28 ZGB und der Wirtschaftsfreiheit hin. Nach Lehre und Rechtsprechung stellt die *wirtschaftliche Entfaltung*

663

[1335] BIAGGINI, N 6 zu Art. 27 BV und N 5 zu Art. 96 BV, HAFELIN/HALLER, N 652, AMSTUTZ/REINERT, S. 79 f.
[1336] KLEY, S. 452.
[1337] BGE 86 II 365, Erw. 4c.

einen Bestandteil der in Art. 27/28 ZGB privatrechtlich geschützten Persönlichkeit dar. Diese Generalklauseln des Persönlichkeitsschutzes sind nach Portmann einer verfassungskonformen Auslegung besonders zugänglich. Daraus ergebe sich, dass das private Recht auf wirtschaftliche Entfaltung auch die Berufswahlfreiheit einschliesslich des Rechts auf freie Wahl des Arbeitsplatzes schütze, so wie dies für die verfassungsrechtliche Wirtschaftsfreiheit gelten würde[1338]. Der Bindung von Berufssportlern an ihren Klub sind somit *privatrechtliche* Grenzen gesetzt.

664 Der Anspruch auf Schutz der wirtschaftlichen Entfaltung durch die Bestimmungen des Persönlichkeitsschutzes in den Art. 27/28 ZGB bewirkt im Ergebnis eine indirekte Drittwirkung der Vertragsfreiheit. In einer privatrechtlichen Beziehung ergeben sich die Schranken aus der Anwendung von Art. 28 ZGB[1339]. Das gilt auch im Bereich privatrechtlicher Arbeitsverhältnisse.

III. Eignung der Gleichheitsrechte für die Drittwirkung im Arbeitsverhältnis

1. Vorbemerkungen

665 Die Grundrechte Rechtsgleichheit, Diskriminierungsverbot und Willkürverbot sowie rechtsstaatliche Grundsätze wie der Verhältnismässigkeitsgrundsatz und das Gebot des Handelns nach Treu und Glauben, sind von allen staatlichen Behörden zwingend zu befolgen. Nachfolgend wird untersucht, welche Anforderungen sich aus diesen Grundrechten und rechtsstaatlichen Grundsätzen an die Gestaltung des rechtlichen Rahmens für das privatrechtliche Arbeitsverhältnis ergeben. Es geht in diesem Kapitel um die Frage, wie sich die verfassungsrechtliche Ordnung auf das privatrechtliche Arbeitsverhältnis auswirkt. Als Konzept für die Prüfung drängt sich die in Art. 35 Abs. 3 BV verankerte Verpflichtung der Behörden auf, geeigneten Grundrechten eine Wirkung unter Privaten zu verschaffen. In Teil IV der Studie wird ein Perspektivwechsel vorgenommen. Es wird dort zu bearbeiten sein, welche Gleichbehandlungs- und Gleichstellungspotenziale sich aus dem System des Privatrechts selbst ableiten lassen.

666 Die rechtsstaatlichen Grundsätze und die Gleichheitsgrundrechte bilden die verfassungsrechtliche Orientierung für den Schutz der Arbeitnehmenden vor Ungleichbehandlung und Diskriminierung im privatrechtlichen Arbeitsverhältnis. Sie schützen *gleichzeitig* Arbeitgebende gegenüber staatlichen Ein-

---

[1338] PORTMANN (Bindung), S. 225.
[1339] ARNET (Freiheit), S. 119.

griffen durch Diskriminierungsschutz. Die grundrechtliche Optik ist je eine andere. Es geht um die Ausstrahlungswirkung verfassungsrechtlicher Gleichheitswertung auf das privatrechtliche Arbeitsverhältnis. Beim «Schutz der Arbeitgebenden vor staatlich verordnetem Diskriminierungsschutz» hingegen ist die abwehrrechtliche Dimension der Grundrechte angesprochen. Auf beide Aspekte wird im abschliessenden Syntheseteil der Studie, insbesondere bei den Vorschlägen de lege ferenda, zurückzukommen sein.

2. *Eignung von Willkürverbot, Treu und Glauben und Verhältnismässigkeitsgrundsatz*

2.1 Die verfassungsrechtliche Ausgangslage

Die BV enthält in Art. 5 allgemeine Grundsätze staatlichen Handelns. Gemäss Art. 5 Abs. 2 BV muss staatliches Handeln im öffentlichen Interesse und *verhältnismässig* sein und Art. 5 Abs. 3 BV verlangt von den staatlichen Behörden *und Privaten* ein Handeln nach *Treu und Glauben*. Bei diesen Grundsätzen handelt es nicht um Grundrechte, sondern um Verfassungsgrundsätze[1340]. Das Gebot des Handelns nach Treu und Glauben indes findet sich wieder in Art. 9 BV: Private sind vor staatlicher Willkür geschützt und haben einen Anspruch auf eine Behandlung nach Treu und Glauben. Willkürverbot und Anspruch auf Treu und Glauben haben Grundrechtsqualität, wobei nach dem Wortlaut der Bestimmung «nur» der Staat Adressat bildet. Das Gebot des Handelns nach Treu und Glauben bindet jedoch Staat und Private. Die verfassungsrechtliche Bedeutung besteht darin, dass nicht nur der Staat gegenüber Privaten nach Treu und Glauben handeln muss, sondern auch die Privaten gegenüber dem Staat ein solches Verhalten schulden[1341]. Der verfassungsrechtliche Grundsatz von Treu und Glauben bindet Private untereinander unmittelbar. Die für das Privatrecht massgebende Bestimmung findet sich in Art. 2 ZGB[1342]. Die verfassungsrechtliche Treu-und-Glauben-Doktrin ist bei der Auslegung von Privatrechtskonflikten mit zu berücksichtigen.

667

Sowohl Willkürverbot, Treu und Glauben wie Verhältnismässigkeit sind für die Gleichbehandlung und den Diskriminierungsschutz im privatrechtlichen Arbeitsverhältnis relevant. Es interessiert, wie die verfassungsrechtliche Ordnung auf die privatrechtliche Ausgestaltung des Arbeitsverhältnisses ausstrahlt bzw. ausstrahlen soll, inwieweit direkte oder indirekte Drittwirkung bzw. staatliche Schutzpflichten vorliegen.

668

[1340] HANGARTNER, N 2 zu Art. 5 B, BIAGGINI, N 4 zu Art. 5 BV.
[1341] RHINOW (Grundzüge), N 1789, ROUILLER, N 21.
[1342] HANGARTNER, N 37 zu Art. 5 BV.

2.2 Willkürverbot

669 Damit festgestellt werden kann, ob sich das verfassungsrechtliche Willkürverbot überhaupt für eine Drittwirkung im Sinne von Art. 35 BV eignet, muss vorerst kurz der Inhalt des Grundrechts erfasst werden.

670 Nach dem Bundesgericht ist ein *gesetzlicher Erlass* dann willkürlich, wenn er sich nicht auf ernsthafte, sachliche Gründe stützen kann oder sinn- und zwecklos erscheint[1343]. Ein *behördlicher Entscheid* verstösst gegen das Willkürverbot, wenn er offensichtlich unhaltbar ist, zur tatsächlichen Situation im Widerspruch steht, eine Norm oder einen unumstrittenen Rechtsgrundsatz krass verletzt oder in stossender Weise dem Gerechtigkeitsgedanken wiederläuft[1344].

671 Schon im Verfassungstext kommt zum Ausdruck, dass das Willkürverbot auf staatliche Handlungen beschränkt ist. Im sozialen Alltag ist Willkür Gang und Gäbe. Menschliches Zusammenleben ist nur beschränkt von Rationalität geprägt, vielmehr ist persönliche Entfaltung Ergebnis oft willkürlicher Entscheidungen[1345]. Das zeigt sich in der Wahl unserer Liebesbeziehungen, zum Teil im Konsumverhalten und ganz sicher in Kunst und Kreativität. Entsprechend geht die Privatrechtsordnung vom Grundsatz aus, dass die Individuen ihren Willen frei küren können sollen. Das Willkürprinzip wird jedoch durch privatrechtliche Institute, namentlich das Vertrauensprinzip zur Auslegung von Willenserklärungen, notwendigerweise ergänzt.

672 Worin besteht die verfassungsrechtliche Bedeutung der Geltung des Willkürverbotes unter Privaten? In seiner Arbeit zu den Kerngehalten der Grundrechte kommt SCHEFER zum Ergebnis, trotz des Wortlautes[1346] (Bindung nur staatlicher Behörden) finde das Willkürverbot auf *vertragliche Beziehungen* dann Anwendung, wenn das Verhältnis zwischen den Parteien durch erhebliche Machtunterschiede geprägt und die in Frage stehende vertragliche Leistung für die schwächere Vertragspartei existenziell bedeutend sei[1347]. Bei *ausservertraglichen Beziehungen* verlangt Schefer einen strengeren Massstab. Staatliches Recht dürfe einen Privaten nur soweit der Willkür des Anderen aussetzen, als dazu sachliche Gründe vorliegen[1348]. Als Orientierung für die Frage, wann eine Leistung existenzielle Bedeutung hat, nennt Schefer die

---

[1343] BGE 124 I 299, Erw. 3b.
[1344] BGE 132 III 209, Erw. 2.1, 131 I 57, Erw. 2.
[1345] UHLMANN, N 279.
[1346] SCHEFER (Kerngehalte) schreibt in Fn 343: «Dieses textliche Argument ist m.E. allerdings nicht allzu stark». Eine weitergehende Begründung liefert SCHEFER nicht.
[1347] SCHEFER (Kerngehalte), S. 333 f.
[1348] SCHEFER (Kerngehalte), S. 335 f.

Bereiche, die im UN-Sozialpakt (IPswkR)[1349], in der Sozialcharta und in den Sozialzielen nach Art. 41 BV erfasst sind[1350].

Nach den Überlegungen Schefers zur Drittwirkung des Willkürverbotes soll der privatautonomen Willkür aus verfassungsrechtlicher Sicht in sensiblen Bereichen der Existenzsicherung Grenzen gesetzt werden. Bemerkenswert ist die Konzeption Schefers insoweit, als sie gerade den Vertragsabschluss nicht in grenzenloser Willkür belässt[1351]. Daraus kann abgeleitet werden: Für die meisten (arbeitsfähigen) Menschen bildet die abhängige Arbeit die einzige Form der Existenzsicherung. Besonders beim Zugang zum Arbeitsmarkt, also in der Bewerbungsphase, darf deshalb aus verfassungsrechtlicher Sicht die stärkere Partei, das ist i.d.R. die Arbeitgeberin, nicht völlig willkürlich handeln. Zu beachten ist, dass nicht jedes unsachliche Verhalten des Arbeitgebers im Bewerbungsverfahren willkürlich ist. Wie die Rechtsprechung zum Willkürverbot zeigt, muss ein staatlicher Entscheid bsw. *in stossender Weise dem Gerechtigkeitsgedanken zuwiderlaufen,* damit Willkür verliegt. Weiter ist das Machtungleichgewicht und die existenzielle Bedeutung des Arbeitsvertrages konkret zu beachten. Bestens qualifizierte Arbeitnehmende mit guten Zugangschancen auf einem funktionierenden Arbeitsmarkt müssen sich eine willkürliche Ablehnung ihrer Bewerbung eher gefallen lassen. Voraussetzung ist, dass die Ablehnung nicht aufgrund von vor Diskriminierung geschützten Merkmalen erfolgt und damit persönlichkeitsverletzend ist (mehr dazu und zur Bedeutung des Rechtsgleichheitsgebotes im Arbeitsrecht siehe unten).

673

Eine direkte Drittwirkung des Willkürverbotes auf das privatrechtliche Arbeitsverhältnis käme dann, *und nur dann*, zum Tragen, wenn die Privatrechtsordnung selbst überhaupt keine Normen zum «Schutz Schutzbedürftiger» vor willkürlicher Ausnützung privater Gestaltungsmacht enthalten würde. Dem ist nicht so. Der *Gesetzgeber* hat im Arbeitsrecht der willkürlichen Ausübung von Gestaltungsmacht drittwirksam (Art. 35 Abs. 3 BV) Grenzen gesetzt. Der arbeitsvertragliche Persönlichkeitsschutz nach Art. 328 OR setzt der Arbeitgeberwillkür bei der Ausübung des Weisungsrechts (privatrechtlich) Schranken. Weiter enthalten die Bestimmungen zum Schutz vor missbräuchlicher Kündigung Wertungen, die mit dem verfassungsrechtlichen Verbot willkürlichen Verhaltens identisch sind. Das trifft namentlich auf die in Art. 336 Abs. 1 Bst. c–e OR aufgeführten Missbrauchsgründe zu. Es ist bsw. stossend, einer Arbeitnehmerin nur deshalb zu kündigen, um ihr zustehende Ansprüche aus dem Arbeitsverhältnis zu vereiteln (Art. 336 Abs. 1 Bst. c OR). Eine Kündi-

674

[1349] Zum IPwskR siehe Teil II, 5. Kapitel, III.Internationaler Pakt über bürgerliche und politische Rechte, S. 133 ff.

[1350] SCHEFER (Kerngehalte), S. 335 f.

[1351] Nicht überzeugend ist allerdings m.E. die Unterteilung in einen vertraglichen und ausservertraglichen Bereich. Kritisch dazu auch UHLMANN, N 285.

gung in einer Zeit, in der die Arbeitnehmerin obligatorisch einen Dienst an der Gemeinschaft entrichtet (Art. 336 Abs. 1 Bst. e OR), würde dem Gerechtigkeitsgedanken zuwiderlaufen. Überdies haben auch die Gerichte durch die Anerkennung eines arbeitsrechtlichen Gleichbehandlungsgrundsatzes den Anspruch auf Schutz vor Willkür im Arbeitsrecht umgesetzt.

675 Das Gebot der indirekten Drittwirkung verlangt, dass die für eine Willkürprüfung einschlägigen privatrechtlichen Normen verfassungskonform ausgelegt werden[1352]. Über die bereits erwähnten Bestimmungen des Arbeitsvertragsrechts und dem ungeschriebenen arbeitsrechtlichen Gleichbehandlungsgrundsatz hinaus betrifft dies das in Art. 2 ZGB verankerte Gebot des Handelns nach Treu und Glauben. Wer willkürlich handelt, verstösst dann gegen Treu und Glauben, wenn die andere Partei berechtigterweise erwarten darf, nicht willkürlich behandelt zu werden. Besondere Bedeutung kommt dieser Bestimmung im Bewerbungsverfahren zu, da hier nach nicht unumstrittener Meinung der arbeitsvertragliche Persönlichkeitsschutz nach Art. 328 OR noch keine Geltung hat[1353].

2.3 Anspruch auf Behandlung nach Treu und Glauben

676 In Art. 9 BV wird der bereits als Verfassungsgrundsatz verankerte Anspruch auf Behandlung nach Treu und Glauben zu einem Grundrechtsanspruch verdichtet. Daraus wird einerseits ein Anspruch auf Vertrauensschutz und andererseits das Verbot des Rechtsmissbrauchs abgeleitet[1354]. Letzteres findet sich in Art. 2 Abs. 2 ZGB im Privatrecht wieder[1355].

677 Das Bundesgericht hat in schöpferischer Rechtsprechung einen Schutz der Bürger und Bürgerinnen in ihr Vertrauen gegenüber behördlichen Auskünften und Entscheidungen entwickelt. Als Rechtsfolge des im Einzelfall unter bestimmten Voraussetzungen zu gewährenden Vertrauensschutzes tritt eine im Einzelfall von der massgeblichen Rechtslage abweichende Rechtsfolge ein[1356]. Eine Übertragung dieser Form verfassungsrechtlichen Vertrauensschutzes in privatrechtliche Arbeitsverhältnisse im Sinne einer direkten Drittwirkung ist nicht angebracht. Die Rechtsbeziehung zwischen Privaten und dem Staat einerseits und zwischen den Arbeitnehmenden und Arbeitgebenden sind trotz gewisser Parallelitäten nicht identisch. Die Rechtsbeziehung zum Staat beginnt mit bzw. bereits vor der Geburt und dauert lebenslänglich.

[1352] ROHNER, N 18 zu Art. 9 BV, UHLMANN, N 281, BIAGGINI, N 2 zu Art. 9 BV.
[1353] Zum Ganzen ausführlich Teil IV, S. 484 ff. und S. 502 ff.
[1354] RHONER, N 44 zu Art. 9 BV, HAEFELIN/HALLER/KELLER, N 824 und N 825.
[1355] HAEFELIN/HALLER/KELLER, N 820.
[1356] BGE 131 V 472, Erw. 5, 127 I 36, Erw. 3a, 121 V 66 Erw. 2a.

Die Beziehung zum Arbeitgeber dagegen ist temporär, auch wenn sie Jahre oder jahrzehntelang dauern kann. Im Übrigen finden sich im Privatrecht mit Art. 2 ZGB und in verschiedenen Normen des Arbeitsvertragsrecht Bestimmungen, die das geforderte Verhalten nach Treu und Glauben der Vertragsparteien konkretisieren.

2.4 Verhältnismässigkeit

Vorab ist eine Klarstellung notwendig: Das Verhältnismässigkeitsprinzip ist kein Grundrecht. Dennoch haben Bürgerinnen und Bürger *gegenüber dem Staat* ein Anrecht darauf, nach dem Grundsatz der Verhältnismässigkeit behandelt zu werden. Das ergibt sich einerseits aus der Schrankenkonzeption der Einschränkung von Grundrechten (Art. 36 Abs. 3 BV) und andererseits aus dem Verfassungsgrundsatz in Art. 5 Abs. 2 BV. Auf die grosse Bedeutung des Verhältnismässigkeitsgrundsatzes im Staats- und Verwaltungsrecht kann und soll hier nicht weiter eingegangen werden. Was an dieser Stelle interessiert ist vielmehr die Bedeutung des verfassungsrechtlichen Verhältnismässigkeitsgrundsatzes im Privatrecht und insbesondere im privatrechtlichen Arbeitsvertragsrecht. 678

Fehlt es an der Grundrechtsqualität des Verhältnismässigkeitsprinzips, kann ihm auch keine über Art. 35 Abs. 3 BV herzuleitende Drittwirkung zukommen. Private sind folglich *verfassungsrechtlich* nicht an den Grundsatz der Verhältnismässigkeit gebunden, soweit sie nicht staatliche Aufgaben i.S. von Art. 35 Abs. 2 BV wahrnehmen. Auf *Gesetzsstufe* ist dieser Grundsatz zum Teil durchbrochen. So bindet Art. 4 Abs. 3 des Bundesgesetzes über den Datenschutz (DSG) auch Private an den Grundsatz verhältnismässiger Datenbearbeitung. Auch im Arbeitsvertragsrecht kommt die im Verhältnismässigkeitsgrundsatz verankerte Pflicht zu schonender Machtausübung an verschiedenen Stellen, namentlich in der Pflicht des Arbeitgebers zum Persönlichkeitsschutz (Art. 328 OR), zum Ausdruck. 679

Als Privatrechtssubjekt ist die Arbeitgeberin verfassungsrechtlich nicht an den Verhältnismässigkeitsgrundsatz gebunden. In einer bemerkenswerten Entscheidung hat das Bundesgericht indes festgehalten, dass eine Arbeitgeberin sich dann von den rechtsstaatlichen Minimalanforderungen (Willkürverbot, Treu und Glauben, Rechtsgleichheit und Verhältnismässigkeit) leiten lassen müsse, wenn sie den ihr durch das Reglement der Vorsorgeeinrichtung eingeräumten Gestaltungsspielraum nutze[1357]. Damit hat das Bundesgericht die auch im Bereich der *weitergehenden* Vorsorge bereits für die 680

[1357] BGE 132 V 149, Erw. 5.2.6.

Vorsorgeeinrichtung geltenden Schranken der Vertragsfreiheit auf die Arbeitgeberin ausgedehnt[1358]. Diese Beschränkung der Vertragsfreiheit ist nach der hier vertretenen Position damit zu begründen, dass die Arbeitgeberin in diesen Fällen eine delegierte staatliche Aufgabe wahrnimmt (Art. 35 Abs. 2 BV) und sich für diese Fragestellung deshalb wie der Staat gar nicht auf die Vertragsfreiheit berufen kann.

3. *Eignung des Rechtsgleichheitsgebots (Art. 8 Abs. 1 BV)*

3.1 Inhalt der Rechtsgleichheit

681 Das Rechtsgleichheitsgebot (Alle Menschen sind vor dem Gesetz gleich, Art. 8 Abs. 1 BV) bindet sowohl den Gesetzgeber wie auch die Rechtsanwender[1359]. Der Anwendungsbereich dieses «allgemeinen Gleichheitssatzes» ist umfassend, er gilt im ganzen Bereich staatlichen Handelns[1360].

682 In ständiger Rechtsprechung nimmt das Bundesgericht auf die Formel Bezug, wonach Gleiches nach Massgabe seiner Gleichheit gleich und Ungleiches nach Massgabe seiner Ungleichheit ungleich zu behandeln sei[1361]. Werden rechtliche Unterscheidungen getroffen, ohne dass sich dafür aus den zu regelnden Verhältnissen sachliche Gründe ergeben, ist das Gebot der Rechtsgleichheit verletzt. Gleiches gilt, wenn Unterscheidungen nicht getroffen werden, obwohl sie sich sachlich aufgrund der Verhältnisse aufdrängen[1362]. Eine gleiche bzw. ungleiche Behandlung ist nur bei grundsätzlich vergleichbaren Verhältnissen erforderlich[1363]. Die Rechtsgleichheit ist demnach verletzt, wenn Gleiches nicht nach Massgabe seiner Gleichheit gleich oder Ungleiches nicht nach Massgabe seiner Ungleichheit ungleich behandelt wird. Art. 8 Abs. 1 BV garantiert im Ergebnis eine Differenzierung, die auf sachlich begründete Unterscheidungen abstellt[1364].

683 Die anerkannten sachlichen Gründe für eine rechtliche Unterscheidung grundsätzlich vergleichbarer Sachverhalte sind abhängig von «den herrschen-

---

[1358] Siehe die Fälle «weitergehende berufliche Vorsorge», Fälle: BGE 130 V 376, Erw. 6.4, 124 II 570, 121 II 198, Erw. 2b und Erw. 4, Erw. 2c, 115 V 109, Erw. 4b.
[1359] HAEFELIN/HALLER/KELLER, N 750, BIAGGINI, N 9 zu Art. 8 BV, AUER/MALINVERINI/HOTTELIER, N 1027 f. und 1030 f.
[1360] MARTENET (Géometrie), N 376.
[1361] Z.B. BGE 123 I 1, Erw. 6a.
[1362] BGE 123 I 1, Erw. 6a.
[1363] BGE 125 I 166, Erw. 2a.
[1364] SCHWEIZER, N 22 zu Art. 8 Abs. 1 BV.

den Anschauungen und Zeitverhältnissen»¹³⁶⁵. Die Bedeutung dieser Aussage widerspiegelt gerade die Geschichte der Lohngleichheit aufgrund des Geschlechts. Bis zur legendären Entscheidung über den Anspruch der Neuenburger Primarlehrerinnen auf gleichen Lohn wie die Neuenburger Primarlehrer im Jahre 1977, bildete Art. 4 aBV (Vorläuferin der heutigen Rechtsgleichheit in Art. 8 Abs. 1 BV) kein Hindernis für die Legitimierung der fraglichen Lohnunterschiede¹³⁶⁶.

Im öffentlichen Dienstrecht und damit im unmittelbaren Anwendungsbereich des grundrechtlichen Anspruchs auf rechtsgleiche Behandlung bildet die Rechtsgleichheit häufig Gegenstand von Gerichtsverfahren. Streitig sind sehr oft Lohneinstufungsfragen. Wie frei ist der öffentlichrechtliche Arbeitgeber in der Gestaltung der Lohneinstufungen? Welche Kriterien dürfen für die Lohneinstufung massgebend sein? Soweit nicht an das Geschlecht oder an andere identitätsbestimmende Merkmale angeknüpft wird (Art. 8 Abs. 2 und 3 BV, siehe unten) hat der Gesetzgeber Gestaltungsspielraum. Das Bundesgericht greift erst ein, wenn eine kantonale Regelung eine Unterscheidung auf eine unvernünftige Begründung stützt und in den meisten Fällen auch willkürlich ist¹³⁶⁷. 684

Gemäss Bundesgericht ist verfassungsrechtlich nicht verlangt, dass die Besoldung einzig von der Arbeitsqualität und den beruflichen Anforderungen abhängt. Vielmehr sind auch Kriterien wie das Alter, Dienstalter, Erfahrung, Familienlasten, Arbeitszeit usw. zulässig¹³⁶⁸. Das Dienstalter ist nach ständiger Rechtsprechung ein akzeptiertes Kriterium für Lohnunterschiede im öffentlichen Dienstrecht¹³⁶⁹. Sogar eine um einen Drittel tiefere Entschädigung einer Stellvertreterin im Vergleich zu festangestellten Kindergärtnerin wurde nicht als Verstoss gegen die Rechtsgleichheit qualifiziert. Die hohe Differenz erachtete das Bundesgericht zwar als nicht unproblematisch¹³⁷⁰. Im konkreten Fall war die derart grosse Lohndifferenz indes auf die grosse Unterscheidung bei den Erfahrungsstufen zurückzuführen. Bei der Stellvertreterin handelte es sich um eine Berufsanfängerin wogegen die festangestellte Stelleninhaberin schon viele Jahre im Beruf tätig war. Die beträchtliche Lohndifferenz wäre nur bei einer längerfristigen Stellvertretung nicht zu rechtfertigen¹³⁷¹. 685

---

¹³⁶⁵ BGE 123 I 1, Erw. 6a.
¹³⁶⁶ Siehe dazu ausführlich Teil II. 3. Kapitel 1.5.2 Behördliche und gerichtliche Umsetzung in der Schweiz, S. 95.
¹³⁶⁷ BGE 129 I 161, Erw. 3.2.
¹³⁶⁸ BGE 123 I 1, Erw. 6a-6c.
¹³⁶⁹ BGE 124 II 409, Erw. 9c, 123 I 1 Erw. 6c.
¹³⁷⁰ BGE 129 I 161, Erw. 3.8.
¹³⁷¹ BGE 129 I 161, Erw. 3.7.

8. Kapitel: Verfassungsrechtliche Vertragsfreiheit und Diskriminierungsschutz

686 Im Lichte des Diskriminierungsverbotes aufgrund des Alters ist fraglich, ob sich die bisherige Praxis aufrecht erhalten lässt, Lohnunterschiede und andere Differenzierungen in den Arbeitsbedingungen aufgrund des Dienstalters praktisch uneingeschränkt zuzulassen. Fragwürdig ist auch die Begründung des Bundesgerichts: «Angesichts der weiten Verbreitung von Besoldungssystem mit erheblichen Erfahrungsanteilen würde es auch der Lebenswirklichkeit widersprechen, dadurch verursachte Lohnunterschiede als verfassungswidrig zu erklären». Hier wird ohne weitere Begründung vom «Sein» auf das «Sollen» geschlossen.

3.2 Bedeutung für das privatrechtliche Arbeitsverhältnis

687 Privatautonome Entscheide zeichnen sich dadurch aus, dass sie auch nach unsachlichen Kriterien gefällt werden dürfen. Das gilt grundsätzlich auch für die Vornahme von Differenzierungen. Es steht den Privaten bsw. frei, bei einem Kaufentscheid die Anbieterin nach unsachlichen Kriterien auszuwählen. Die wohl herrschende Lehre geht deshalb davon aus, dass Art. 8 Abs. 1 BV nicht zu den Grundrechten gehört, die sich für eine Übertragung auf private Rechtsverhältnisse eignen[1372]. WALDMANN kommt in seiner Habilitationsschrift zum Schluss, dass sich aus dem allgemeinen Gleichheitssatz (Art. 8 Abs. 1 BV) keine Schutzpflicht des Staaten ableiten lasse, für die *faktische* Gleichbehandlung zwischen Privaten zu sorgen[1373].

688 Ausgehend von einem abwehrrechtlichen Verständnis der Grundrechte ist eine *unmittelbare verfassungsrechtliche Bindung* der einzelnen Arbeitgeberin an den allgemeinen Gleichheitssatz von Art. 8 Abs. 1 BV klar abzulehnen. Anders ist die Rechtslage, wenn die Arbeitgeberin *staatliche Aufgaben* im Sinne von Art. 35 Abs. 2 BV wahrnimmt. Ein Beispiel dafür bildet die Pflicht für industrielle Betriebe zum Erlass einer Betriebsordnung (Art. 37 ArG). Hier nimmt die Arbeitgeberin staatliche Aufgaben wahr und ist unmittelbar an die Grundrechte und somit auch an die Rechtsgleichheit gebunden. Ohne auf Art. 35 Abs. 2 BV Bezug zu nehmen, hat das Bundesgericht die Arbeitgeberin zudem im Bereich der weitergehenden beruflichen Vorsorge auf die Einhaltung der Rechtsgleichheit und anderer rechtsstaatlichen Grundsätze verpflichtet[1374]. Die Arbeitgeberin hat sich bei dem ihr durch das Vorsorgereglement eingeräumten Gestaltungsspielraum an die rechtsstaatlichen Mini-

---

[1372] HÄSLER, S. 9, WALDMANN (Diskriminierungsverbot), S. 184, WALDMANN (Autoversicherungsprämien), N 46, BIAGGINI, N 8 zu Art. 8 BV, A.M. GÖKSU (Drittwirkung), S. 98.
[1373] WALDMANN (Diskriminierungsverbot), S. 184.
[1374] BGE 132 V 149.

malanforderungen zu halten[1375]. Diese *direkte verfassungsrechtliche* Bindung der Arbeitgeberin an diese Prinzipien erfolgt nur, weil die Arbeitgeberin hier durch die Vorsorgeeinrichtung delegierte staatliche Aufgaben wahrnimmt. Die berufliche Vorsorge ist sowohl im obligatorischen wie weitergehenden Bereich eine staatliche Aufgabe im Sinne von Art. 35 Abs. 2 BV[1376].

Die Lehre, wonach dem allgemeinen Gleichheitssatz keine Eignung für eine Wirkung unter Privaten zukommt, greift für das privatrechtliche Arbeitsverhältnis zu kurz. Das Arbeitsverhältnis zeichnet sich u.a. durch verfassungsrechtlich gebotenen Schutz der Arbeitnehmenden und die existenzielle Bedeutung der Arbeit als einzige Erwerbsquelle für einen grossen Teil der Bevölkerung aus. Im Sinne einer indirekten Drittwirkung sind relevante Normen des Arbeitsvertragsrechts (und die übrigen arbeitsrechtlichen Normen) verfassungskonform auszulegen. Das betrifft insbesondere die Normen, die der Arbeitgeberin rechtliche Unterwerfungsmacht verleihen, namentlich das arbeitsrechtliche Weisungsrecht. Die Arbeitgeberin hat hier allfällige Differenzierung nach *sachlichen Kriterien* vorzunehmen[1377].

689

Sofern und soweit ein allgemeiner arbeitsrechtlicher Gleichbehandlungsgrundsatz als *privatrechtliches Institut* bejaht wird, muss auch dieser Rechtsgrundsatz verfassungskonform ausgelegt werden[1378]. Der arbeitsrechtliche Gleichbehandlungsgrundsatz wird oft in den Zusammenhang mit dem verfassungsrechtlichen Rechtsgleichheitsgebot gebracht. Für KLEY stellt der arbeitsrechtliche Gleichbehandlungsgrundsatz das Ergebnis einer Drittwirkung aus dem verfassungsrechtlichen Rechtsgleichheitsgebot dar. Aus der Verfassung lässt sich ein allgemeiner arbeitsrechtlicher Gleichbehandlungsgrundsatz jedoch gerade nicht ableiten. Vielmehr bedarf er einer privatrechtlichen Herleitung. Wie im vierten Teil gezeigt werden wird, beinhaltet der arbeitsrechtliche Gleichbehandlungsgrundsatz nicht einen Anspruch auf Gleichbehandlung sondern lediglich einen Schutz vor *diskriminierender* und vor *willkürli-*

690

[1375] BGE 132 V 149, Erw. 5.2.6.
[1376] Im Ergebis wohl gleicher Meinung KÄGI-DIENER (Neue Modelle), S. 1015. Zwar schreibt die Autorin: «Selbst wenn die Versicherung im überobligatorischen Bereich nicht öffentliche Aufgaben wahrnimmt (Art. 35 Abs. 2 BV), gibt es namhafte Gründe, sie mit den für sie geltenden abstrakten wie konkreten Vorgaben in die tragende grundrechtliche Auffassung von Gleichheit einzubinden.» Etwas später kommt sie indes zum Schluss: «Die Versicherungen in der Beruflichen Vorsorge können sich nicht willkürlich ihre eigenen Bedingungen schaffen, auch nicht im überobligatorischen Bereich. Das Gebot der Geschlechtergleichheit, einschliesslich des Diskriminierungsverbots, bindet sie».
[1377] Siehe dazu in Teil IV, 14. Kapitel, S. 545 f.
[1378] KLEY, S. 453.

8. Kapitel: Verfassungsrechtliche Vertragsfreiheit und Diskriminierungsschutz

cher gleichbehandlung[1379]. Es wird damit mehr eine Nähe zum verfassungsrechtlichen Willkürschutz und zum Diskriminierungsverbot erkennbar.

691 Nicht vom verfassungsrechtlichen *Rechtsgleichheitsgebot* erfasst sind die *vertraglich vereinbarten* Arbeitsbedingungen. Hier ist vom Vorrang der Vertragsfreiheit auszugehen.

4. *Eignung des Diskriminierungsverbotes nach Art. 8 Abs. 2 BV*

4.1 Das Diskriminierungsverbot als Grundrecht

692 Art. 8 Abs. 2 BV zählt in einer nicht abschliessenden Liste neun die Identität des Menschen bestimmende oder zumindest prägende Diskriminierungskriterien wie das Geschlecht, die Herkunft oder die Rasse oder die weltanschauliche oder politische Überzeugung auf[1380]. Mit der Verankerung dieser Diskriminierungsverbote in Art. 8 Abs. 2 BV hat der Verfassungsgeber im Rahmen der Nachführung der Bundesverfassung von 1999 einerseits die bisherige Rechtsprechung zur Rechtsgleichheit und zum Willkürverbot nachgezeichnet[1381] und andererseits die für die Schweiz bereits völkerrechtlich geltenden Diskriminierungsverbote ins Verfassungsrecht aufgenommen[1382].

693 Das Diskriminierungsverbot ist ein gegenüber dem Rechtsgleichheitsgebot selbständiges Grundrecht[1383]. Als Abwehrrecht entfaltet es unmittelbare Wirkung im Verhältnis der Privaten zum Staat. Das Diskriminierungsverbot enthält einen Schutzauftrag. Der Staat muss bestehende Diskriminierungen in der Rechtsordnung beseitigen und die Behörden müssen ihren Beurteilungs- und Ermessensspielraum diskriminierungsfrei ausschöpfen[1384]. Zum Schutzauftrag gehört mit geeigneten Mitteln und Verfahren für den Schutz vor Diskriminierung unter Privaten zu sorgen.

[1379] Siehe dazu in Teil IV, 14. Kapitel, S. 545 und S. 576 f.
[1380] Zu den einzelnen Kriterien und deren Bedeutung für den Diskriminierungsschutz im privatrechtlichen Arbeitsverhältnis siehe im 14. Kapitel, 4. Ergebnis: Diskriminierungsmerkmale und arbeitsrechtliche Persönlichkeitsbegriff, S. 535 f.
[1381] BGE 126 II 377, Erw. 6a., Botschaft zur nachgeführten Bundesverfassung, BBl I 1997 208.
[1382] WALDMANN (Diskriminierungsverbot), S. 32 ff., HANGARTNER (Diskriminierung), S. 98 f., SCHWEIZER, N 47 zu Art. 8 Abs. 2 BV, RHINOW (Grundzüge), N 1687, AUBERT/MAHON, N 6 zu Art. 8 BV, KIENER/KÄLIN, S. 357.
[1383] BGE 129 I 217, Erw. 1.1.
[1384] HANGARTNER (Diskriminierung), S. 120.

4.2 Die (sich entwickelnde) Diskriminierungsschutzdoktrin

4.2.1 Bundesgerichtliche Praxis

Das Bundesgericht hat seit 2000 wiederholt Entscheide gestützt auf Art. 8 Abs. 2 BV gefällt. Die wichtigsten Entscheide betrafen die Nichtverlängerung einer Aufenthaltesbewilligung eines invalid gewordenen Ausländers[1385], die Zulässigkeit einer Volksinitiative, die Schweizerinnen und Schweizer gegenüber Ausländern und Ausländerinnen generell bevorzugen wollte[1386], Einbürgerungsverfahren[1387] sowie die Frage der Einschulung eines behinderten Kindes in die Normal- oder die Sonderschule[1388].

694

Das Diskriminierungsverständnis des Bundesgerichts beinhaltet seit BGE 126 II 377 im Wesentlichen vier Elemente.

695

Eine Diskriminierung gemäss Art. 8 Abs. 2 BV liegt dann vor, «wenn eine Person rechtsungleich behandelt wird allein aufgrund ihrer Zugehörigkeit zu einer bestimmten Gruppe, die historisch und in der gegenwärtigen sozialen Wirklichkeit tendenziell ausgegrenzt oder als minderwertig behandelt wurde»[1389]. Das Bundesgericht neigt damit eher zu einem von einem Teil der Lehre, insbesondere von MÜLLER[1390] und RHINOW[1391] vertretenen asymmetrischen Diskriminierungsverständnis[1392]. Nur die Personen dürften sich demzufolge auf die Diskriminierungsverbote berufen, die zu der Gruppe der historisch und gegenwärtig Ausgegrenzten gehören. Diese Lehre wird kritisiert[1393]. HANGARTNER verweist darauf, dass ein solches Diskriminierungsverständnis unzulässigerweise den völkerrechtlichen Schutzstandard unterlaufen würde[1394]. WALDMANN verwirft das asymmetrische Diskriminierungsverständnis u.a. mit dem Argument, durch das Diskriminierungsverbot soll gerade allen Menschen Integritätsschutz zukommen[1395].

696

Der Unterschied zwischen Art. 8 Abs. 1 und Art. 8 Abs. 2 BV zeigt sich darin, dass eine Diskriminierung «eine qualifizierte Art der Ungleichbehandlung

697

[1385] BGE 126 II 377.
[1386] BGE 129 I 392.
[1387] BGE 129 I 217, 132 I 167.
[1388] BGE 130 I 352.
[1389] BGE 126 II 377, Erw. 6, 126 V 70, Erw. 4c/bb, 129 I 217, Erw. 2.1, 130 I 352, Erw. 6.1.2, 132 I 49, Erw. 8.1., 132 I 167, Erw. 3.
[1390] MÜLLER (Grundrechte), S. 411 ff.
[1391] RHINOW (Grundzüge), N 1706-1707.
[1392] So auch BIAGGINI, N 18 und N 24 zu Art. 8 BV, AUBERT/MAHON, N 14 zu Art. 8 BV.
[1393] HANGARTNER (Diskriminierung), S. 104 f., AUER/MALINVERNI/HOTTELIER, N 1077, WALDMANN (Diskriminierungsverbot), S. 238 ff.
[1394] HANGARTNER (Diskriminierung), S. 104 f.
[1395] WALDMANN (Diskriminierungsverbot), S. 238 ff.

von Personen in vergleichbaren Situationen dar (stellt), indem sie eine Benachteiligung eines Menschen bewirkt, die als Herabwürdigung oder Ausgrenzung einzustufen ist, weil sie an ein Unterscheidungsmerkmal anknüpft, das einen wesentlichen und nicht oder nur schwer aufgebbaren Bestandteil der Identität der betreffenden Person ausmacht»[1396].

698 «Das Diskriminierungsverbot des schweizerischen Verfassungsrechts macht aber die Anknüpfung an ein verpöntes Merkmal – wie Herkunft, Rasse, Geschlecht, Sprache und weitere in Art. 8 Abs. 2 BV (in nicht abschliessender Weise) aufgezählte Kriterien – nicht absolut unzulässig. Vielmehr begründet dieser Umstand zunächst den blossen «Verdacht einer unzulässigen Differenzierung», der nur durch eine genügende Rechtfertigung umgestossen werden kann. Das Diskriminierungsverbot hat also rechtlich die Bedeutung, dass ungleiche Behandlungen einer besonders qualifizierten Begründungspflicht unterstehen»[1397]. Das Diskriminierungsverbot ist im Lichte dieser bundesgerichtlichen Erwägung als prinzipielles Anknüpfungsverbot mit Rechtfertigungspflicht zu verstehen. In der Lehre wird erkannt, dass die Rechtfertigung je nach Diskriminierungskriterium unterschiedlich streng gehandhabt werden muss[1398]. Übereinstimmend wird erkannt, die Kriterien «Rasse» und «Herkunft» dürften von Förderungsmassnahmen abgesehen nie für eine unterschiedliche Behandlung hergezogen werden[1399]. Auch für das Geschlecht werden lediglich auf biologischen Unterschieden basierende Ungleichbehandlungen als mögliche Rechtfertigungsgründe akzeptiert[1400]. Für die Diskriminierungskriterien Alter und Behinderung sollen Differenzierungen eher erlaubt sein[1401].

699 Das Diskriminierungsverbot nach Art. 8 Abs. 2 BV umfasst sowohl die direkte wie die indirekte Diskriminierung. Eine «indirekte bzw. mittelbare Diskriminierung ist dann gegeben, wenn eine Regelung, die keine offensichtliche Benachteiligung von spezifisch gegen Diskriminierung geschützter Gruppen enthält, in ihren tatsächlichen Auswirkungen Angehörige einer solchen Gruppe besonders stark benachteiligt, ohne dass dies sachlich begründet wäre»[1402]. Das Bundesgericht hat noch unter Art. 4 Abs. 2 aBV den Verhältnismässigkeitsgrundsatz herbeigezogen, um die Rechtfertigung einer Ungleichbehand-

---

[1396] BGE 126 II 377, Erw. 6a, 126 V 70, Erw. 4c/bb, 129 I 217, Erw. 2.1, 132 I 49, Erw. 8.1 und 8.2, 132 I 167, Erw. 3.
[1397] BGE 126 II 377, Erw. 6a, 129 I 217, Erw. 2.1, 132 I 49, Erw. 8.1 und 8.2, 132 I 167, Erw. 3.
[1398] GRISEL, N 147 ff., SCHWEIZER, N 54 zu Art. 8 Abs. 2 BV.
[1399] KÄLIN (Kulturkonflikt), S. 108, MARTENET (Géométrie), N 886 f.
[1400] HANGARTNER (Diskriminierung), S. 114, WALDMANN (Diskriminierungsverbot), S. 331.
[1401] HANGARTNER (Diskriminierung), S. 116.
[1402] BGE 126 II 377, Erw. 6c, 129 I 217 Erw. 2.1, 132 I 167, Erw. 3.

lung zu überprüfen[1403]. Die Anwendung des Verhältnismässigkeitsgrundsatzes zur Prüfung von Rechtfertigungsgründen wird in der Lehre unterstützt[1404].

4.2.2 Diskriminierung durch Gleichbehandlung

Es stellt sich die Frage, wieweit im Blinkwinkel von Art. 8 Abs. 2 BV eine unzulässige Diskriminierung nicht bloss durch Ungleichbehandlung sondern durch eine nicht sachgemässe Gleichbehandlung vorliegen kann. Die Frage wird in der Lehre vorwiegend für den Bereich der Geschlechterdiskriminierung behandelt, ist jedoch bei allen Diskriminierungskriterien relevant. Eine Gleichbehandlung ist dann diskriminierend, wenn sie im Ergebnis dazu führt, dass persönlichkeitsbezogene (vor Diskriminierung geschützte) Merkmale ignoriert werden, ohne dass dafür ein ausreichender Rechtfertigungsgrund geltend gemacht werden kann[1405]. In BGE 132 I 167 wurde die Einbürgerung einer türkischen Staatsangehörigen mit dem Argument abgelehnt, der Frau fehle es an tatsächlichen Integrationsbemühungen und an Integrationswillen. Die Einbürgerungserfordernisse hinsichtlich erforderlicher Integrationsbemühungen wären neutral formuliert. Der Vater der Frau und ihr Bruder, beide ebenfalls praktizierende Muslime, wurden angesichts deren tatsächlichen Integrationswillens eingebürgert. Die Frau machte geltend, sie müsste für die bezüglich Einbürgerung geforderte Integration ihre Religionsausübung aufgeben. Ohne auf die Lehre von der Differenzierungspflicht Bezug zu nehmen, kam das Bundesgericht zum Schluss, andere muslimische Frauen würden die erforderlichen Integrationskriterien erfüllen und auch eingebürgert. Damit liege auch keine indirekte Diskriminierung aufgrund des Geschlechts vor[1406]. Dieses Argument ist nicht sachgerecht. Es zementiert Vorstellungen, dass ein für alle «muslimische Frauen» gleich geltender Verhaltenskodex gilt der auch von allen gleich gelebt wird. Diskriminierungsschutz hat die anspruchsvolle Aufgabe, bei der zu verwirklichenden Gleichbehandlung die reale und zu respektierende Vielfalt an Personen, Lebensentwürfen, Glaubensvorstellungen, politischen Ansichten usw. mit zu berücksichtigen[1407].

Die Pflicht zur Differenzierung zur Vermeidung von Diskriminierung erfordert nicht nur eine gruppenspezifische sondern vielmehr eine individuumsbezogene Sichtweise. Das Diskriminierungsverbot aufgrund der Religion dient

---

[1403] BGE 123 I 152, Erw. 5-7.
[1404] Namentlich von KÄLIN (Kulturkonflikt) S. 110 ff. und WALDMANN (Diskriminierungsverbot), S. 318ff.,,371.
[1405] WALDMANN (Diskriminierungsverbot), S. 379.
[1406] BGE 132 I 167, Erw. 4.3.
[1407] Siehe dazu Teil I, 1. Kapitel, 2. Gleichheit, Vielfalt, Differenz, S. 10.

letztlich der subjektiven Glaubensüberzeugung[1408]. Mit diesen Argumenten soll nicht das Ergebnis des genannten Falles in Frage gestellt werden. Das Bundesgericht hätte die mögliche Diskriminierung durch Gleichbehandlung auf ihre Verhältnismässigkeit prüfen müssen.

4.2.3 Prüfprogramm

702 Aus den dargestellten Elementen lässt sich für eine direkte Diskriminierung durch Ungleichbehandlung das folgende Prüfprogramm ableiten[1409]:
- liegt eine Ungleichbehandlung in einer vergleichbaren Situation vor?
- beruht die Ungleichbehandlung auf einem Diskriminierungsmerkmal?
- kann die Ungleichbehandlung qualifiziert gerechtfertigt werden? Als Instrument zur Rechtfertigungsprüfung eignet sich der Verhältnismässigkeitsgrundsatz, d.h., der grundsätzlich legitime Zweck der Ungleichbehandlung muss mit geeigneten, erforderlichen und den betroffenen Personen zumutbaren Massnahmen verfolgt werden.

703 Bei der Prüfung einer indirekten Diskriminierung verweist die Lehre auf das zweistufige Prüfungsprogramm wie es der EuGH in seiner Rechtsprechung zur indirekten Geschlechterdiskriminierung anwendet[1410]. Eine unterschiedliche Betroffenheit der Geschlechter muss erstens durch ein objektives Ziel gerechtfertigt sein und überdies im Hinblick auf dieses Ziel mit verhältnismässigen Massnahmen verfolgt werden[1411].

4.3 Förderauftrag – kein Egalisierungsgebot

704 Der Schutzzweck von Art. 8 Abs. 2 BV besteht im Schutz vor Erniedrigung durch ungerechtfertigte unterschiedliche Behandlung unter Anknüpfung an persönlichkeitsbestimmende oder persönlichkeitsnahe Kriterien. Art. 8 Abs. 2

[1408] WALDMANN (Diskriminierungsverbot), S. 381.
[1409] In Anlehnung an KÄLIN (Kulturkonflikt), S. 112, BIAGGINI, N 26 zu Art. 8 BV, siehe auch BGE 123 I 152, Er. 4 c.
[1410] RIEDER (Indirekte Diskriminierung), S. 160, WALDMANN (Diskriminierungsverbote), S. 361, EPINEY/DUTTWILER, S. 56.
[1411] Siehe dazu mit Hinweisen auf die EuGH-Rechtsprechung Teil III, 12. Kapitel, II. 4.4.2 Bei mittelbarer Diskriminierung, S. 400.

BV schützt sowohl das menschliche Sein wie auch menschliches Handeln[1412] und schützt vor sozialer Ausgrenzung[1413].

Das Diskriminierungsverbot nach Art. 8 Abs. 2 BV geht über ein rein formales Diskriminierungsverständnis hinaus. Das zeigt sich schon in der durch Lehre und Praxis anerkannten Figur der indirekten Diskriminierung und dem Verbot der Diskriminierung durch Gleichbehandlung. Art. 8 Abs. 2 BV verpönt nicht nur auf irrationalen Motiven und Vorurteilen basierende Diskriminierungen. Vielmehr birgt das Diskriminierungsverbot Potenzial zur Sozialgestaltung im Hinblick auf Verhältnisse, die bisher benachteiligten Gruppen gleichberechtigten Zugang zu Gütern und Chancen ermöglichen. Somit sind Förderprogramme zu Gunsten bisher Benachteiligter mit dem Diskriminierungsverbot solange zu vereinbaren, wie die Notwendigkeit zur Herstellung tatsächlicher Chancengleichheit vorhanden ist. Aus der Verfassung ergibt sich für Bund und Kantone die Pflicht, im Rahmen der jeweiligen Kompetenzen Diskriminierungen zu bekämpfen[1414]. Das gilt auch für die Kriterien, für die nicht wie bezüglich Geschlecht (Art. 8 Abs. 3 BV) und Behinderung (Art. 8 Abs. 4 BV) ein spezifischer Gesetzgebungsauftrag auf Verfassungsstufe verankert ist[1415]. 705

Aus dem Diskriminierungsverbot nach Art. 8 Abs. 2 BV allein lässt sich jedoch *kein gerichtlich durchsetzbares Egalisierungsgebot* entnehmen[1416]. Ein individualrechtlicher Anspruch auf Herstellung faktischer Gleichheit besteht nicht[1417]. Behebung und Korrektur sozialer Ungleichheiten benötigen den Impuls des Gesetzgebers[1418]. 706

4.4 Die Diskriminierungskriterien

Art. 8 Abs. 2 BV sieht vor, dass «niemand» diskriminiert werden dürfe. Die Liste der aufgeführten Diskriminierungsmerkmale ist nicht abschliessend. Das ermöglicht den rechtsanwendenden Behörden, auf neue Bedrohungen der menschlichen Würde und Wertschätzung zu reagieren. Die folgenden Kriterien sind namentlich aufgeführt: 707

- Herkunft,

[1412] WALDMANN (Diskriminierungsverbot), S. 385.
[1413] SCHWEIZER, N 59 zu Art. 8 Abs. 2 BV, HAEFELIN/HALLER/KELLER, N 742.
[1414] MÜLLER (Grundrechte), S 447, GRISEL, S. 7.
[1415] Anderer Meinung sind HAEFELIN/HALLER/KELLER, N 775.
[1416] BGE 126 II 377, Erw. 6a.
[1417] Urteil X. der II. Öffentlichrechtlichen Abteilung des Bundesgerichts vom 30. November 2000 [2P.77/2000] Erw. 4b.
[1418] WALDMANN (Diskriminierungsverbot), S. 292, BIAGGINI, N 18 zu Art. 8 BV.

8. Kapitel: Verfassungsrechtliche Vertragsfreiheit und Diskriminierungsschutz

- Rasse,
- Geschlecht,
- Alter,
- Sprache,
- Soziale Stellung,
- Lebensform,
- Religiöse, weltanschauliche oder politische Überzeugung,
- Körperliche, geistige oder psychische Behinderung.

708 Es mangelt in der Lehre nicht an Versuchen, die Kriterien nach Kategorien zu gruppieren oder eigentliche Hierarchien zu bilden. Von einer ausgereiften «Kriteriendogmatik» kann (noch) keine Rede sein. Diesem Anspruch können auch die folgenden Überlegungen nicht gerecht werden. Sie dienen mehr der Vorklärung, welche verfassungsrechtlichen Diskriminierungskriterien inwiefern im privatrechtlichen Arbeitsverhältnis relevant sind[1419].

709 In der Lehre besteht ein Konsens darüber, dass bei den Kriterien Herkunft, Rasse und Geschlecht Differenzierungen besonders stark begründungsbedürftig sind. Diese Kriterien sind Teil der Identität einer Person und nicht veränderbar[1420], sieht man von der Geschlechtsumwandlung ab. Hierarchisch auf gleicher Stufe wird zum Teil der Diskriminierungsschutz aufgrund sexueller Orientierung gesetzt. Diese ist nach den Materialien in Übterstimmung mit der Lehre und Praxis unter dem Kriterium «Lebensform» zu subsumieren. Der verfassungsrechtliche Schutz vor Diskriminierung aufgrund der sexuellen Orientierung basiert auf dem Hintergrund realer vergangener und noch gegenwärtiger tatsächlicher und rechtlicher Benachteiligungen von Menschen, die in gleichgeschlechtlichen Beziehungen leben. Der Verfassungsgeber gibt mit dem Diskriminierungsverbot aufgrund der Lebensform zum Ausdruck, dass Menschen, die homosexuelle Beziehungen leben, nicht deswegen benachteiligt werden dürfen.

710 Aus dem Kriterium «nicht veränderbar» den Schluss einer besonders starken Begründungspflicht für eine Differenzierung abzuleiten, ist nicht sachgerecht. So ist das biologische Alter nicht veränderbar. Differenzierungen aufgrund des Alters sind jedoch sehr häufig und in der Regel (aber nicht immer!) sachgerecht. Dem Integritätsschutz der Diskriminierungsverbote wird man besser gerecht durch die Frage nach der *möglichen und zumutbaren Anpassung*[1421].

[1419] Siehe dazu in diesem Kapitel, III. 4.5.3 Bedeutung der einzelnen Diskriminierungsmerkmale, S.272.
[1420] SCHWEIZER, N 65 zu Art. 8 Abs. 2 BV, GRISEL, S. 76.
[1421] Siehe dazu auch Teil I, 1. Kapitel, 2. Gleichheit, Vielfalt, Differenz, S. 10 f.

Die Antworten fallen je nach Diskriminierungskriterium, Lebens- und Sachbereich unterschiedlich gleich aus. An die Diskriminierungskriterien anknüpfende Ungleichbehandlungen sind jedoch immer begründungsbedürftig. Für die Altersgrenze 18 Jahre zum Erlernen des Autofahrens sprechen bsw. Sicherheitsüberlegungen. Diese Anpassung – im Sinne des «Wartens» auf den im Gesetz vorgesehenen frühstmöglichen Zeitpunkt der Bewilligung zum Lernfahrausweis – stellt zwar eine an das Alter anknüpfende Benachteiligung dar, die jedoch aus sachgerechten Gründen erfolgt und deshalb nicht herabwürdigend ist. Anders entschieden hat das Bundesgericht die Frage, ob eine Beschränkung des Anspruchs auf invaliditätsbedingte Abänderungen an Motorfahrzeuge auf volljährige Versicherte zulässig sei[1422]. Der Ausschluss der Minderjährigen vom (entsprechenden) Hilfsmittelangebot der Invalidenversicherung falle in den Schutzbereich des Verbotes altersbedingten Diskriminierungen von Behinderten. Eine Begrenzung der Kosten reichte dem Bundesgericht nicht aus, um diese Diskriminierung jugendlicher Behinderter zu rechtfertigen[1423]. Die *Grenzen der Anpassung* wurden in diesem Fall anders gezogen.

711

4.5 Übertragung auf privatrechtliche Arbeitsverhältnisse

4.5.1 Allgemeines

Die Eignung im Sinne von Art. 35 Abs. 3 BV des Diskriminierungsverbotes für die Übertragung auf private Verhältnisse ist in der Lehre unumstritten[1424]. Angriffe auf die Wertschätzung eines Menschen als Person gehen regelmässig nicht nur vom Staat sondern auch von Privaten aus. Das Diskriminierungsverbot wird deshalb als geradezu idealtypisch geeignetes Grundrecht zur Übertragung erachtet. Angesichts des Machtpotenzials des Arbeitgebers drängt sich die Übertragung des verfassungsrechtlichen Diskriminierungsverbotes auf das privatrechtliche Arbeitsverhältnis geradezu auf.

712

Die Übertragung hat einerseits durch die rechtsanwendenden Behörden auf dem Wege der verfassungskonformen Auslegung namentlich der Generalklauseln in Art. 2, 27/28 ZGB, Art. 324a OR, 328 OR, Art. 336 Abs. 1 Bst. a und Art. 337 OR sowie andererseits durch den Gesetzgeber durch Erlass von

713

[1422] BGE 126 V 70.
[1423] BGE 126 V 70, Erw. 2c/cc.
[1424] MARTENET (protection), S. 419 ff., WALDMANN (Diskriminierungsverbot), S. 392, KÄLIN (Kulturkonflikt), S. 179, HANGARTNER (Diskriminierung), S. 120 f., RHINOW (Grundzüge), N 1695, SCHWEIZER, N 57 zu Art. 8 Abs. 2 BV, AUBERT/MAHON, N 17, Fn 68 zu Art. 8 BV.

(weitergehenden) Diskriminierungsschutznormen zu erfolgen. Dabei haben Gesetzgeber und Richter – wie dies in diesen Kapitel durch die Herausarbeitung der verfassungsrechtlichen Grenzen von Diskriminierungsschutzmassnahmen im privaten Arbeitsverhältnis – deutlich gemacht wurde, eine Abwägung zwischen den entgegenstehenden Interessen der Arbeitnehmenden und Arbeitgebenden vorzunehmen.

714 Mit Ausnahme von WALDMANN[1425] hat sich bisher in der Lehre soweit ersichtlich niemand mit der Frage auseinandergesetzt, *wie* der Übertragungsakt, erfolge er durch Auslegung privatrechtlicher Normen oder durch den Gesetzgeber, konkret auszusehen habe. Eine direkte Übertragung scheitert zum Vornehrein am abwehrrechtlichen Charakter der Grundrechte und an der grundsätzlich anderen Ausgangslage der Verhältnisse zwischen Staat und Privaten einerseits und zwischen Privaten andererseits. Es wird deshalb nachfolgend gefragt, welche verfassungsrechtlichen Wertungen und Konzepte des Diskriminierungsverbots auf die Auslegung der das privatrechtliche Arbeitsverhältnis bestimmenden Normen auswirken sollen. Weiter wird aufgezeigt, welche Anforderungen aus dem verfassungsrechtlichen Diskriminierungsverbot an die Ausgestaltung eines arbeitsrechtlichen gesetzlichen Diskriminierungsverbotes fliessen.

4.5.2 Der Übertragungsvorgang

715 Die rechtsanwendenden Behörden müssen dem objektiven Wertgehalt des Diskriminierungsverbotes durch Auslegung der einschlägigen arbeitsrechtlichen Normen Wirkung verschaffen. Bei diesem Übertragungsvorgang stellen sich verschiedene *Grundsatzfragen*.

716 Zur Übertragung des verfassungsrechtlichen Diskriminierungsverbotes gehören sowohl die eher formalen Aspekte (Anknüpfungsverbot) als auch die eher materiellen Aspekte (Herabwürdigungs- und Benachteiligungsverbot). Dem *Herabwürdigungsverbot* wird in den Art. 28 ZGB und Art. 328 OR (Schutz der Persönlichkeit bzw. Schutz der Arbeitnehmerpersönlichkeit) enthalten. Eine Anknüpfung an die verfassungsrechtlichen Diskriminierungsmerkmale zur Vornahme Differenzierung begründet deshalb eine schwere Persönlichkeitsverletzung[1426]. Bei den Rechtfertigungsgründen (überwiegende Arbeitgeberinteressen) ist der verfassungsrechtliche Schutz der Vertragsfreiheit zu berücksichtigen.

[1425] WALDMANN (Diskriminierungsverbot), S. 391, siehe auch WALDMANN (Autoversicherungsprämien), N 49 ff.
[1426] Siehe Teil IV, Kapitel 14 II. Schutz vor Diskriminierung durch Persönlichkeitsrecht, S. 502 ff. S.

Aspekte eines *Benachteiligungsverbotes* sind in Art. 328 OR insofern enthalten, als der Arbeitgeber die Persönlichkeit nicht nur *achten* sondern auch *schützen* muss. Die grundrechtskonforme Auslegung dieser Schutzpflicht des Arbeitgebers bedeutet, dass der Arbeitgeber die Persönlichkeit der Arbeitnehmenden auch dann verletzen kann, wenn er nicht das ihm Zumutbare vornimmt, damit Arbeitnehmende nicht indirekt wegen einem von der Verfassung geschützten Merkmal diskriminiert werden. Mit anderen Worten: Art. 328 OR sowie der arbeitsrechtliche Gleichbehandlungsgrundsatz lassen sich so auslegen, dass auch die indirekte Diskriminierung erfasst ist. In Teil IV werden diese Überlegungen (aus privatrechtlicher Perspektive) vertieft[1427].

717

Zum Teil wird in der Lehre die Eignung des privatrechtlichen Persönlichkeitsschutzes (Art. 28 ZGB und Art. 328 OR) als Gefäss für eine *ausreichende* Einwirkung des verfassungsrechtlichen Diskriminierungsverbotes kritisch beurteilt[1428]. Wie gezeigt wurde und noch zu zeigen sein wird (in Teil IV) bergen die Generalklauseln zum Persönlichkeitsschutz ein beachtliches noch nicht voll entwickeltes Diskriminierungsschutzpotenzial. Diskriminierungsschutz durch Generalklauseln zum Persönlichkeitsschutz hat jedoch Grenzen. Erhebliche *sozialgestaltende* Massnahmen zum Abbau tatsächlicher Diskriminierung lassen sich daraus nicht ableiten. Aus Art. 2 und Art. 28 ZGB kann dem Arbeitgeber bsw. auch nicht qua verfassungsrechtlicher Wertung eine Pflicht zur Privilegierung bisher benachteiligter Gruppen bei der Personalauswahl auferlegt werden. Weiter sind bsw. Quoten für Arbeitnehmende mit Behinderung nicht auf diesem Wege zu realisieren.

718

Soweit solche sozial gestaltenden Massnahmen verfassungsrechtlich geboten oder zumindest zulässig sind, sind sie auf dem Wege der Gesetzgebung zu verwirklichen. Den privaten Arbeitgeber trifft kein Egalisierungsauftrag, der über die Schutzpflicht in Art. 328 OR hinausgeht.

719

Eine andere Frage ist, ob der Arbeitgeber unter Berufung auf die Vertragsfreiheit bisher benachteiligte Gruppen von Arbeitnehmenden privilegieren *darf*. Im Bereich der Gleichstellung aufgrund des Geschlechts hat der Gesetzgeber die Frage entschieden. Nach Art. 3 Abs. 3 GlG stellen angemessene Massnahmen zur Verwirklichung der tatsächlichen Gleichstellung keine Diskriminierung dar. Im Bereich der übrigen Diskriminierungskriterien fehlt eine gesetzliche Regel. Aus *verfassungsrechtlicher* Sicht kann sich ein privater Arbeitgeber, der bestimmte Arbeitnehmende aufgrund deren unter Diskriminierungsschutz stehenden Persönlichkeitsmerkmale privilegieren will, auf die verfassungsrechtliche geschützte Vertragsfreiheit berufen. Diese Privilegierung darf indessen nicht soweit gehen, dass ebenfalls unter Diskriminierungs-

720

[1427] Siehe Teil IV, 15. Kapitel, 5.2.3 Indirekte Anstellungsdiskriminierung als Persönlichkeitsverletzung, S. 543 f.
[1428] WALDMANN (Diskriminierungsverbot), S. 392, Fn 712, CAPLAZI/NAGUIB N 83.

schutz stehende Arbeitnehmende durch die Privilegierung *diskriminiert* werden.

4.5.3 Bedeutung der einzelnen Diskriminierungsmerkmale

721 Die Generalklauseln zum Persönlichkeitsschutz erlauben, sowohl die heute exemplarisch aufgeführten Diskriminierungskriterien aufzunehmen wie auch diese zu erweitern.

722 Wie dargestellt wurde, lässt sich aus der Liste der Diskriminierungskriterien gemäss Art. 8 Abs. 2 BV *keine generelle Hierarchie* entnehmen. Vielmehr entfaltet jedes einzelne Diskriminierungskriterium im Kontext eines bestimmten Lebenssachverhalts eine bestimmte normative Wirkung. Mit Art. 8 Abs. 3 und Abs. 4 BV hat der Verfassungsgeber jedoch eine Differenzierung vorgenommen. Für die Kriterien Geschlecht und Behinderung wurden besondere, d.h. über die Schutzpflichten von Art. 8 Abs. 2 BV hinausgehende, Gesetzgebungsaufträge verfasst. Zudem kommt dem Anspruch auf gleichen Lohn für gleiche Arbeit unmittelbare Drittwirkung zu.

723 Was im abwehrrechtlichen Verhältnis des Diskriminierungsverbotes, also im Verhältnis der Privaten zum Staat, gilt, hat für die Behörden beim Übertragungsvorgang auf das privatrechtliche Arbeitsverhältnis Gültigkeit: Alle Diskriminierungskriterien bezwecken der *Schutz menschlicher Würde* und Integrität und sind als solche gleichwertig. Eine unterschiedliche Behandlung, die an Diskriminierungsmerkmale anknüpft, muss wie im abwehrrechtlichen Verhältnis qualifiziert gerechtfertigt werden können. Der Rechtfertigungsmassstab ist dabei je nach Kriterium *und* konkreter Sachfrage unterschiedlich. Eine benachteiligende Differenzierung aufgrund der Rasse, der Herkunft, des Geschlechts oder der Lebensform, ist von ganz wenigen Ausnahmen abgesehen weder beim Anstellungsentscheid noch bei der Ausübung des Weisungsrechts oder des Gestaltungsrechts der Kündigung zulässig. Die Ausnahmen müssen mit den sachlich begründeten Anforderungen an die konkrete Stelle zu tun haben. Die Gültigkeit einer vertraglich vereinbarten, diskriminierenden Ungleichbehandlung ist nach den privatrechtlichen Bestimmungen in Art. 27 Abs. 2 ZGB und Art. 19/20 OR zu entscheiden. Die verfassungsrechtlichen Wertungen der Diskriminierungsverbote fliessen in die Entscheidung ein.

724 Beim Diskriminierungsmerkmal «religiöse, weltanschauliche und politische Einstellung» ist der Vertragsfreiheit bei den so genannten *Tendenzbetrieben* die angemessene Bedeutung zu schenken. In einem Tendenzbetrieb, bsw. einer politischen Partei, darf bei der Auswahl und Beförderung von Arbeit-

nehmenden auf die Einstellung der Personen als Selektionskriterium soweit abgestützt werden, wie dies die konkret zu besetzende Funktion erfordert[1429].

Die Kriterien Behinderung und Sprache haben im Kontext eines Arbeitsverhältnisses die Gemeinsamkeit, dass sie oft – aber nicht immer – die beruflichen Fähigkeiten bestimmen. Keine weitere Begründung bedarf die folgende Aussage bezüglich *Sprache*: Aus verfassungsrechtlicher Sicht spricht nichts dagegen, bei der Stellenbesetzung oder Arbeitszuteilung bei sachlicher Notwendigkeit an Sprachkenntnisse anzuknüpfen. Eine *Behinderung* stellt ein mögliches Hindernis für die Ausübung bestimmter Tätigkeit dar. Soweit behinderungsbedingt bestimmte Tätigkeiten nicht ausgeübt werden können, stellt die Anknüpfung an die Behinderung ebenfalls keine Diskriminierung dar. Eine Schutzpflicht oder Egalisierungspflicht des privaten Arbeitgebers lässt sich nicht aus der Verfassung ableiten. Bedeutung hat das Diskriminierungsverbot aufgrund einer Behinderung für die Auslegung des privatrechtlichen Begriffs der Arbeitnehmerpersönlichkeit, welche der Arbeitgeber aufgrund Art. 328 OR zu achten und zu schützen hat.

725

Der verfassungsrechtliche Diskriminierungsbegriff «Behinderung» geht über ein rein medizinisches Verständnis der Behinderung hinaus. Anerkanntermassen ist unter «Behinderung» nach Art. 8 Abs. 2 BV auch eine «sozial konstruierte Behinderung» zu verstehen[1430]. Dieses Konzept ist für eine Übertragung auf das privatrechtliche Arbeitsverhältnis geeignet. Arbeitnehmende sollen deshalb auch dann vor Diskriminierung geschützt sein, wenn sie gar nicht behindert sind, ihnen jedoch eine Behinderung zugeschrieben wird[1431].

726

Komplex(er) ist die Ausgangslage beim Kriterium «Alter». Ein Blick auf die Stellenausschreibungen in Internet und Printmedien zeigt, dass Altersbeschränkungen häufig vorkommen, ja geradezu den Normalfall darstellen. Die verfassungsrechtliche Wertung besagt, aufgrund des Alters – sowohl des Jugendalters wie der späten Lebensphase – dürfe niemand diskriminiert werden. Diese Grundentscheidung des Verfassungsgebers muss sich auf die Auslegung des Begriffs der Persönlichkeitsverletzung auswirken. Differenzierungen aufgrund des Alters sind nur zulässig, wenn sie sich sachlich rechtfertigen lassen.

727

In der Regel lassen sich Anforderungen an eine Stelle nicht mit dem Alter sondern vielmehr mit bestimmten Qualifikationen und Berufserfahrung begründen. Diese Parameter hängen regelmässig mit dem Alter zusammen. Es

728

[1429] In einem Tendenzbetrieb dürfen in Bezug auf weltanschauliche oder religiöse Ausrichtung des Arbeitnehmers erhöhte Anforderungen gestellt werden, siehe BGE 130 III 699 Erw. 4 und im 14. Kapitel, 6.2 Arbeitsplatzbezogene und überwiegende Arbeitgeberinteressen, S. 553 f.
[1430] KLEIN, S. 12 ff., PÄRLI (Behinderungsbegriff), S. 383 f.
[1431] Ausführlich dazu im Kontext HIV/Aids: PÄRLI/CAPLAZI/SUTER, S. 110 f.

ist indes verfehlt, allein aufgrund eines bestimmten Altes auf eine berufsspezifische Qualifikation und Erfahrung zu schliessen. Berufsbiographien verlaufen weniger linear als noch in früheren Zeiten, Brüche sowie freiwillige und erzwungene Berufswechsel sind nicht selten. Auch fünfzigjährige Berufsanfänger/innen stellen deshalb heute keine Seltenheit mehr dar.

729 Nimmt man die in der sozialen Wirklichkeit vorkommenden tatsächlichen Diskriminierungen als Ausgangspunkt für den Schutzbedarf, so bilden Diskriminierungen aufgrund der Sprache und des ethnisch-kulturellen Hintergrundes sowie des Alters ein gewichtiges Hindernis für eine Arbeitsmarktintegration. Hier ist der Gesetzgeber besonders gefragt.

5. *Gleichstellungsauftrag und Lohngleichheit (Art. 8 Abs. 3 BV).*

5.1 Übersicht

730 Der Gleichbehandlung des Geschlechts kommt nach der verfassungsrechtlichen Wertung eine Sonderstellung zu. Das betrifft auch das Arbeitsverhältnis. Die massgebliche Bestimmung in Art. 8 Abs. 3 BV enthält drei Sätze mit je einem anderen Regelungsgehalt. Die drei Sätze von Art. 8 Abs. 3 BV sind für das privatrechtliche Arbeitsverhältnis unterschiedlich relevant.

731 Satz 1 hält fest: Mann und Frau sind gleichberechtigt. Diese Bestimmung gewährt einen individuellen justiziablen Anspruch gegenüber staatlichen Behörden auf eine rechtsgleiche Behandlung ohne Unterschied des Geschlechts. Ziel der Bestimmung ist die Überwindung überlieferter Vorstellungen über die Rollenteilung zwischen den Geschlechtern[1432]. Frauen und Männer sind gleichermassen geschützt[1433]. In Satz 2 ist der *Gesetzgeber* aufgefordert, für die rechtliche *und tatsächliche* Gleichstellung von Mann und Frau vor allem in Familie, Ausbildung und Arbeit zu sorgen. Beim Umsetzen des Verfassungsauftrages hat der Gesetzgeber, namentlich bei der Verankerung gesetzlicher Gleichbehandlungspflichten im Privatrecht, die grundrechtlich geschützte Vertragsfreiheit mit zu berücksichtigen[1434]. Im Bereich der Arbeit hat der Gesetzgeber das Gleichstellungsgesetz (GlG) erlassen. Er hat damit die verfassungsmässige Verpflichtung zur Gleichstellung unter grundsätzlicher Wahrung des grundrechtlichen Anspruchs auf Vertragsfreiheit Arbeitgeberinteressen umgesetzt. Das GlG präzisiert, konkretisiert und erweitert den

---

[1432] KOKOTT/EGLI, S. 1487.
[1433] BGE 129 I 265, Erw. 3.2, 125 I 21 Erw. 3a, KIENER/KÄLIN, S. 373, AUER/MALINVERNI/HOTTELIER, N 1109. Kritisch zu diesem Ansatz MÜLLER (Grundrechte), S. 412 ff, BIGLER-EGGENBERGER, N 84 zu Art. 8 Abs. 3 BV.
[1434] HANGARTNER, N 19 zu Art. 5 BV.

verfassungsrechtlichen Gleichstellungsanspruch nach Art. 8 Abs. 2 Satz 2 BV. Darüber hinaus konkretisiert das GlG auch den Anspruch auf gleichen Lohn für gleichwertige Arbeit nach Art. 8 Abs. 2 Satz 3 BV. Die Erweiterung betrifft vor allem verfahrensmässige Erleichterungen. Damit kommt der Gesetzgeber seiner Schutzpflicht zur Verwirklichung der Gleichstellung nach.

5.2 Der Lohngleichheitsanspruch

Nach Art. 8 Abs. 3 Satz 3 BV haben Mann und Frau Anspruch auf gleichen Lohn für gleichwertige Arbeit. Es handelt sich gleich wie im Falle von Satz 1 um ein justiziables Grundrecht. Der Anspruch auf Lohngleichheit zwischen Frau und Mann bei gleichwertiger Arbeit gilt auch im privatrechtlichen Arbeitsverhältnis unmittelbar. Betroffen sind sowohl Lohnregelungen im Gesamtarbeitsvertrag[1435] wie einzelarbeitsvertragliche Vereinbarungen. Die Grundrechtslehre sieht Art. 8 Abs. 3 Satz 3 als einen der seltenen Fälle der direkten Drittwirkung eines Grundrechts[1436]. Die privatrechtliche Ordnung wird direkt aus der Verfassung ergänzt. Die Norm wird deshalb auch zwingende Inhaltsnorm des Privatrechts verstanden[1437].

732

Trotz Rechtsgleichheitsgebot in der Verfassung hat das Bundesgericht den Anspruch auf Lohngleichheit mit Blick auf das für die Schweiz verbindliche IAO-Abkommen Nr. 100 erst 1977 gutgeheissen[1438]. Vorerst galt dieser Anspruch nur gegenüber einem staatlichen Arbeitgeber. Erst die Aufnahme des erweiterten Gleichheitsartikel Art. 4 Abs. 2 aBV (1981) öffnete den Weg, den Anspruch auf gleichen Lohn bei gleichwertiger Arbeit gegenüber einem privaten Arbeitgeber durchzusetzen[1439].

733

Der Arbeitgeber kann mit Verfassungsbeschwerde rügen, Art. 8 Abs. 3 BV sei nicht richtig angewendet worden[1440]. Die Berufung auf die Vertragsfreiheit steht ihm nicht zu. Der Vorrang des unmittelbaren Anspruchs auf Lohngleichheit (auch) im privaten Arbeitsverhältnis vor der Vertragsfreiheit ist auf Verfassungsstufe festgelegt.

734

[1435] BIGLER-EGGENBERG, N 93 zu Art. 8 Abs. 3 BV.
[1436] BGE 131 I 105, BIGLER-EGGENBERGER, N 92 zu Art. 8 Abs 3 BV, BIAGGINI, N 33 zu Art. 8 BV, AUER/MALINVERNI/HOTTELIER, N 1123.
[1437] ABEGG (INHALTSNORMEN) S. 167, SUTTER, S. 121, GÖKSU (Rassendiskriminierung), Fn 816. Siehe zum Ganzen im 15. Kapitel, S. 599 ff.
[1438] BGE 103 Ia 517, siehe dazu Teil II, 4. Kapitel, 1.5.2Behördliche und gerichtliche Umsetzung in der Schweiz, S. 95.
[1439] BGE 113 Ia 107, Erw.1a, 125 III 368.
[1440] BGE 113 Ia 107, Erw. 1d.

735 Im privatrechtlichen Bereich hat das Bundesgericht bis zum Jahr 2007 drei auf Art. 8 Abs. 3 Satz 3 BV und Art. 3 GlG gestützte wegweisende Entscheide gefällt. Es betrifft BGE 125 III 368 (Journalistin gegenüber neu eingestelltem Kollegen), BGE 127 III 207 (Lohngleichheitsanspruch einer Kaderfrau im Vergleich zu gleich qualifiziertem, aber weniger erfahrenen Kollegen) sowie BGE 130 III 145 (Anspruch auf Lohngleichheit einer Juristin im Vergleich zu ihrem Vorgänger und weiteren Angestellten). Wesentlich mehr Entscheide betrafen öffentlichrechtliche Anstellungen. Diese Urteile sind indes auch für privatrechtliche Arbeitsverhältnisse relevant[1441].

736 Zum Lohn im Sinne von Art. 8 Abs. 3 Satz 3 BV gehören sämtliche Entgelte für Arbeitsleistungen. Dazu zählen auch Lohnbestandteile wie Familien-, Orts- und Kinderzulagen, Gratifikationen, Naturalleistungen und Boni[1442]. Nicht als Lohn gelten demgegenüber Ansprüche auf Leistungen der beruflichen Vorsorge[1443]. Auf dem Geschlecht basierende ungleiche Leistungen der obligatorischen beruflichen Vorsorge verstossen indes gegen Art. 8 Abs. 1 und 2 sowie Satz 1 von Art. 8 Abs. 3 BV. Auch in der weitergehenden beruflichen Vorsorge sind geschlechtsbezogene Unterschiede bezüglich Prämien und Leistungen unzulässig[1444].

737 Schwierigkeiten bereitet in der Praxis die Feststellung, wann eine gleichwertige Arbeit vorliegt. Das Bundesgericht verlangt, dass die Gleichwertigkeit der Arbeit von Amtes wegen geprüft werden muss, wobei je nach Umständen arbeitswissenschaftliche und statistische Untersuchungen beizuziehen sind[1445]. Anerkanntermassen enthalten Besoldungssysteme wie Bemessungsmethoden immer auch Werturteile[1446].

738 Insbesondere der jüngste Entscheid des Bundesgerichtes zum Lohngleichheitsanspruch einer Juristin im Vergleich zu ihrem Vorgänger[1447] zeigt: Die Hürden zur Rechtfertigung eines Lohnunterschiedes aufgrund des Geschlechts sind hoch. Es genügt nicht irgendeine Begründung. Vielmehr muss der Arbeitgeber beweisen, dass er mit Lohnunterschieden ein objektives Ziel verfolgt. Dieses muss einem echten unternehmerischen Bedürfnis entsprechen. Die «diskriminierenden» Massnahmen müssen zudem verhältnismässig sein. Dies ist nicht gegeben, wenn eine Arbeitnehmerin ohne hinreichende

---

[1441] Für eine Übersicht der bundesgerichtlichen Rechtsprechung zur Lohngleichheit siehe STAUBER-MOSER, S. 1353 ff.
[1442] BGE 109 Ib 87, Erw.c, 126 II 17, Erw. 8a, 130 III 145.
[1443] BGE 109 Ib 87 Erw.c, 116 V 198, ErIw. 3.
[1444] GEISER/KÄGI-DIENER, S. 4 (Gutachten Kägi-Diener).
[1445] BGE 130 III 145, Erw. 3.1.2.
[1446] BGE 131 II 393, Erw. 6.4. Kritisch zur Rolle arbeitswissenschaftlicher Gutachten in Lohngleichheitsprozessen siehe ARIOLI/EGG, S. 1299 ff.
[1447] BGE 130 III 145.

Gründe wesentlich weniger verdient als ihr Vorgänger. Plausible ökonometrische Daten, Koeffizienten und Formeln eines Experten (welche die Diskriminierung glaubhaft machen) müssen vom Arbeitgeber widerlegt werden können. Ungleicher Lohn bei grundsätzlich gleicher oder gleichwertiger Arbeit ist nur zulässig bei unterschiedlichem Alter, Dienstalter, besonderer Verantwortung, Qualifikation oder Erfahrung[1448]. Diese Kriterien dürfen ihrerseits nicht diskriminierend sein[1449]. Und beim Kriterium «Alter» ist angesichts des Diskriminierungsverbotes aufgrund des Alters ohnehin Zurückhaltung angebracht. Besonders sensibel ist die auch in Art. 8 Abs. 3 BV erfasste indirekte Diskriminierung. Vordergründig neutrale Kriterien wie Zivilstand, Ausbildung und Arbeitszeit erweisen sich regelmässig als in ihren Auswirkungen geschlechtsspezifisch. Insoweit kann eine indirekte Diskriminierung aufgrund des Geschlechts vorliegen[1450]. Der Anspruch auf Schutz vor indirekter Lohndiskriminierung ist in Art. 8 Abs. 3 Satz 3 BV enthalten[1451].

5.3 Positive Massnahmen

Zwischen dem Diskriminierungsverbot aufgrund des Geschlechts nach Art. 8 Abs. 2 BV und Art. 8 Abs. 3 Satz 1 BV sowie dem Gesetzgebungsauftrag zur Verwirklichung der tatsächlichen Gleichstellung besteht ein Spannungsfeld. Die Verwirklichung der tatsächlichen Gleichstellung bedingt allenfalls Massnahmen zur besonderen Förderung des bisher in einem bestimmten Bereich benachteiligten Geschlechts. In der Literatur werden die besonderen Förderungsmassnahmen gemeinhin unter dem Begriff «Positive Massnahmen» behandelt[1452]. 739

Politisch und rechtlich besonders brisant sind positive Massnahmen dann, wenn mit so genannten Frauenquoten die faktische Gleichstellung erreicht oder zumindest gefördert werden soll. 740

Die drei wichtigsten Bundesgerichtsentscheide dazu betrafen zwei Mal die Besetzung politischer Ämter[1453] und einmal die Besetzung einer Stelle für eine Assistenzprofessur[1454]. In letzterer Entscheidung ging es um die Besetzung einer Stelle für eine Assistenzprofessorin oder einen Oberassistenten an der Universität Freiburg. Die Juristische Fakultät schrieb die Stelle aus- 741

[1448] BIGLER-EGGENBERGER, N 96 zu Art. 8 Abs. 3 BV.
[1449] BGE 130 III 145, Erw. 5.2.
[1450] BGE 125 III 368, 135 II 285, Erw. 3a, 125 I 71, Erw. 2, 124 II 409, Erw. 7-9.
[1451] BIGLER-EGGENBERGER, N 96 zu Art. 8 Abs. 3 BV, BÜCHLER (Gender), N 54.
[1452] KOKOTT/EGLI, S. 1485 ff.
[1453] BGE 123 I 152, 125 I 21.
[1454] BGE 131 II 361.

8. Kapitel: Verfassungsrechtliche Vertragsfreiheit und Diskriminierungsschutz

schliesslich für Frauen aus und stützte sich dabei auf das Bundesprogramm zur Förderung des wissenschaftlichen Nachwuchses, das vorsah, den Frauenanteil im Lehrkörper zu erhöhen. Die Bewerbung des sich bewerbenden Mannes wurde nicht berücksichtigt. Das Bundesgericht qualifizierte die Ausschreibung als starre Quote und erachtete es als fraglich, ob die Massnahme dem Grundsatz der Verhältnismässigkeit genüge[1455]. Der fraglichen Massnahme fehlt gemäss Bundesgericht jedoch insbesondere eine genügende gesetzliche Grundlage[1456]. Die Entscheidung wurde teilweise kritisch aufgenommen[1457]. Insbesondere TOBLER und KÄGI-DIENER kritisieren die fehlende völkerrechtskonforme Auslegung von Art. 3 Abs. 3 GlG. Weiter wird argumentiert, mit dem Entscheid werde lediglich dem Gesetzgeber eine Kompetenz zur Schaffung tatsächlicher Gleichstellung zugebilligt, was eine unzulässige Einengung des Sinngehaltes von Art. 8 Abs. 3 BV darstelle[1458].

742 Der Kritik an der soweit ersichtlich einzigen personalrechtlichen bundesgerichtlichen Entscheidung ist im Ergebnis zuzustimmen. Wie die Ausführungen im völkerrechtlichen Teil der Studie gezeigt haben, lassen sich aus den völkerrechtlichen Menschenrechtsverträgen für die Vertragsstaaten umfangreiche Pflichten zur Verwirklichung der tatsächlichen Gleichstellung ableiten. Dazu sind *geeignete* Fördermassnahmen notwendig, die bei einer Privilegierung des bisher benachteiligten Geschlechtes so lange keine Diskriminierung darstellen, wie die Benachteiligung andauert[1459].

743 Keine höchstrichterliche Entscheidung ist ersichtlich hinsichtlich der Frage, ob der private Arbeitgeber zur Herstellung der tatsächlichen Gleichstellung z.B. bestimmte Kaderstellen ausschliesslich Frauen anbieten dürfe. Private Arbeitgeber sind mit Ausnahme der Lohngleichheit (Art. 8 Abs. 3 BV) nicht *direkt an das grundrechtliche Diskriminierungsverbot* gebunden. Aus verfassungsrechtlicher Sicht eröffnen sich so Gestaltungsspielräume zur Verwirklichung tatsächlicher Gleichstellung. Grenzen der privatrechtlichen Autonomie zur Verwirklichung tatsächlicher Gleichstellung finden sich im Gleichstellungsgesetz. Art. 3 Abs. 3 GlG hält fest, angemessene Massnahmen zur Verwirklichung der tatsächlichen Gleichstellung würden keine Diskriminierung aufgrund des Geschlechts darstellen. Die verfassungskonforme Auslegung dieser einfachgesetzlichen Bestimmung hat gleichwertig die Vertragsfreiheit (Art. 27 BV), das Diskriminierungsverbot aufgrund des Geschlechts (Art. 8

[1455] BGE 131 II 361, Ew. 6.
[1456] BGE 131 II 361, Erw. 7.
[1457] Befürwortend HANGARTNER (Besprechung), S. 414, kritisch zum Entscheid TOBLER (recht), KÄGI-DIENER (Besprechung), S. 111.
[1458] KÄGI-DIENER (Besprechung), S. 110.
[1459] Siehe dazu im 5. Kapitel, S. 101 f. und im 6. Kapitel, S. 168 f.

Abs. 2 und Art. 8 Abs. 3 Satz 1 BV) sowie den Gleichstellungsauftrag (Art. 8 Abs. 2 Satz 2 BV) zu berücksichtigen.

6. *Gesetzgebungsauftrag zur Gleichstellung aufgrund einer Behinderung (Art. 8 Abs. 4 BV)*

Art. 8 Abs. 4 BV verlangt, dass der Gesetzgeber Massnahmen zur Beseitigung von Benachteiligungen Behinderter erlassen müsse. Der Gesetzgebungsauftrag bedeutet, dass formelle wie materielle Gesetze stets den Gehalt des Diskriminierungsverbotes nach Art. 8 Abs. 2 BV und den Erlass benachteiligungsverhindernden Massnahmen im Sinne von Art. 8 Abs. 4 BV zu beachten haben[1460]. Der Gesetzesauftrag an Bund und Kanton wurde mit dem Erlass des Bundesgesetzes über die Beseitigung von Benachteiligungen von Menschen mit Behinderungen (Behindertengleichstellungsgesetz, BehiG) umgesetzt. Der wichtige Bereich privater Arbeitsverhältnisse ist im BehiG nicht geregelt. Hingegen enthält das BehiG in Art. 6 ein Diskriminierungsverbot für private Dienstleistungsanbieter. Diese Bestimmung bindet auch Anbieter von Zusatzversicherungen zur Krankenversicherung, Taggeld- und Lebensversicherungen[1461]. Soweit diese Versicherungsarten im Zusammenhang mit dem Arbeitsverhältnis abgeschlossen werden, wird im vierten Teil der Studie zu prüfen sein, ob der Arbeitgeber ebenfalls daran gebunden ist[1462].

744

IV. Zwischenergebnis

Die Frage des Diskriminierungsschutzes im privatrechtlichen Arbeitsverhältnis bildet einen wichtigen Aspekt der Frage der *Drittwirksamkeit von Grundrechten* in Arbeitsverhältnissen[1463]. Nach der hier vertretenen Position sind Grundrechte Abwehrrechte, eine direkte Drittwirkung wird abgelehnt[1464]. Die Ausnahme betrifft der Anspruch auf gleichen Lohn für gleiche Arbeit ohne Unterschied des Geschlechts in Art. 8 Abs. 3 BV. Hier handelt es sich bei richtigem Verständnis um eine zwingende Inhaltsnorm des Privatrechts[1465]. Nicht als direkte Drittwirkung aufzufassen sind zudem Entscheide des Bun-

745

[1460] BIGLER-EGGENBERGER, N 102 zu Art. 8 Abs. 4 BV.
[1461] Bger v. 01.06.2006, 5P.97/2006. Siehe dazu die Besprechung von PÄRLI (Verweigerter Abschluss), S. 46 ff.
[1462] Siehe dazu Teil IV, 15. Kapitel, S. 591 ff.
[1463] Siehe dazu in diesem Kapitel, S. 216.
[1464] Siehe dazu in diesem Kapitel, S. 219 .
[1465] Siehe dazu in diesem Kapitel, S. 275.

desgerichtes, die Arbeitgeber unmittelbar zur Beachtung von rechtsstaatlichen Prinzipien verpflichten. In diesen Entscheiden nimmt der Arbeitgeber staatliche Aufgaben wahr (im Bereich der beruflichen Vorsorge) und ist deshalb unmittelbar an die Grundrechte gebunden.

746 Die *arbeitsvertragliche Vertragsfreiheit* bildet Bestandteil der in Art. 27 BV geschützten Wirtschaftsfreiheit[1466]. Gesetzliche und behördliche Massnahmen zum Schutz vor Diskriminierung im privatrechtlichen Arbeitsverhältnis müssen den Anforderungen an Grundrechtseingriffe nach Art. 36 BV genügen[1467]. Die verfassungsrechtliche Vertragsfreiheit ist auch als Teilhaberecht zu verstehen. Insoweit besteht zwischen Vertragsfreiheit und Diskriminierungsverbot kein Widerspruch[1468]. Aus der Verfassung lässt sich in einem privatrechtlichen Arbeitsverhältnis indes kein diskriminierungsfreier Anspruch auf einen Vertragsabschluss und eine diskriminierungsfreie Gestaltung des Arbeitsverhältnisses ableiten. Weder die Vertragsfreiheit noch das Diskriminierungsverbot entfalten unmittelbare Drittwirkung[1469].

747 Grundrechte und damit auch das Diskriminierungsverbot tragen dem Staat *Schutzpflichten* zum Schutz und zur Verwirklichung der Grundrechte (auch) im privatrechtlichen Arbeitsverhältnis auf. Verpflichtet werden sowohl die rechtsanwendenden Behörden wie der Gesetzgeber[1470]. Bezüglich Arbeitsverhältnis sind die rechtsanwendenden Behörden zur grundrechtskonformen Auslegung und Anwendung der Generalklauseln zum Persönlichkeitsschutzrecht verpflichtet[1471]. Der Gesetzgeber muss für eine wirksame Diskriminierungsschutzgesetzgebung sorgen, sofern und soweit die bestehende Rechtsordnung ein solch wirksamer Schutz nicht gewährt. Eine Verletzung der grundrechtlichen Schutzpflicht ist nach einem Teil der Lehre gegenüber dem Staat einklagbar. Sofern und soweit die geltende Rechtsordnung keinen wirksamen Schutz gegen Diskriminierungen im privatrechtlichen Arbeitsverhältnis vorsieht und der Gesetzgeber nicht für Abhilfe sorgt, liegt eine Schutzpflichtverletzung vor[1472].

748 Das *Willkürverbot*, das Gebot des Handelns nach *Treu und Glauben* und der *Verhältnismässigkeitsgrundsatz* verpflichten primär den Staat. Die Transfor-

---

[1466] Siehe dazu in diesem Kapitel, II. Grundrechtliche Schranken von Diskriminierungsverboten im Arbeitsverhältnis, S. 236 ff., insbes. 2.2 Schutzbereich der arbeitsvertraglichen Vertragsfreiheit, S. 243.
[1467] Siehe dazu in diesem Kapitel, II. 4. Einschränkung der Vertragsfreiheit, S. 244 ff.
[1468] Siehe dazu in diesem Kapitel, II. 5. Drittwirkung der Vertragsfreiheit, S. 250.
[1469] Siehe dazu in diesem kapitel, II. 5.1 Keine direkte Drittwirkung, S. 250 f.
[1470] Siehe dazu in diesem Kapitel, I. 2.4 Schutzpflichtenlehre, S. 223 ff.
[1471] Siehe dazu in diesem Kapitel, I. 2.3 Indirekte Drittwirkung, S. 221 und 2.4.2 Verhältnis Schutzpflichten und Drittwirkung, S. 224.
[1472] Siehe dazu in diesem Kapitel, I. 2.4.3 Justiziabilität der Schutzpflichten, S. 226.

mation dieser staatlichen Pflichten auf Private in Privatrechtsverhältnissen erfolgt über Art. 2 ZGB und im Rahmen des arbeitsrechtlichen Gleichbehandlungsgrundsatzes[1473]. Die indirekte Drittwirkung des Willkürverbotes ist besonders in Situationen relevant, wenn Private ohne zumutbare Ausweichmöglichkeiten der Willkür anderer Privater ausgeliefert sind[1474]. Das *Rechtsgleichheitsgebot* nach Art. 8 Abs. 1 BV ist weder unmittelbar drittwirksam noch nach der herrschenden Lehre für eine Übertragung auf private Verhältnisse geeignet. Nach der hier vertretenen Position ist der Arbeitgeber jedoch verpflichtet, bei der Ausübung des ihm durch Art. 321d OR eingeräumten Weisungsrechts allfällige Differenzierungen zwischen einzelnen Mitarbeitenden nach sachlichen Kriterien vorzunehmen[1475].

Keine unmittelbare Drittwirkung entfaltet das verfassungsrechtliche *Diskriminierungsverbot* des Art. 8 Abs. 2 BV. Es ist jedoch unbestritten, dass das Diskriminierungsverbot zur Übertragung auf private Verhältnisse geeignet ist. Die Übertragung erfolgt einerseits durch die rechtsanwendenden Behörden durch eine verfassungskonforme Auslegung der Generalklauseln zum Persönlichkeitsschutz in den Art. 27/28 ZGB sowie Art. 328 OR und Art. 336 Abs. 1 Bst. a OR und andererseits durch den Gesetzgeber, der de lege lata für einen wirksamen Schutz vor Diskriminierung unter Privaten zu sorgen hat. Für die Kriterien Geschlecht und Behinderung ist dieser Gesetzgebungsauftrag in Art. 8 Abs. 3 und Art. 8 Abs. 4 BV konkretisiert[1476]. 749

Das verfassungsrechtliche Diskriminierungsverbot schützt vor *direkter und indirekter Diskriminierung* und hat damit nicht nur die Bekämpfung der formellen sondern auch der materiellen Diskriminierung zum Ziel[1477]. Über das Verbot der Diskriminierung hinaus, enthält Art. 8 Abs. 2 BV einen *Egalisierungsauftrag*. Während das Verbot herabwürdigender Diskriminierung aufgrund identitätsbestimmender und identitätsnaher Merkmale in den Generalklauseln zum Schutz der Persönlichkeit enthalten ist, können aus dem verfassungsrechtlichen Diskriminierungsverbot den Arbeitgebenden keine sozial gestaltenden Egalisierungsmassnahmen auferlegt werden. Solche Massnahmen bedürfen vielmehr einer Verankerung im Gesetz. Zu präzisieren ist, dass Art. 328 OR die Verpflichtung enthält, die Persönlichkeit der Arbeitnehmenden zu achten *und* zu schützen. Damit drückt der Gesetzgeber (verfassungs- 750

[1473] Siehe dazu in diesem Kapitel, III. 2. Eignung von Willkürverbot, Treu und Glauben und Verhältnismässigkeitsgrundsatz, S. 253 ff.
[1474] Siehe dazu in diesem Kapitel, III. 2.2 Willkürverbot, S. 254.
[1475] Siehe dazu in diesem Kapitel, III. 3.2 Bedeutung für das privatrechtliche Arbeitsverhältnis, S. 260.
[1476] Siehe dazu in diesem Kapitel, S. 269 ff.
[1477] Siehe dazu in diesem Kapitel, III. 4.2 Die (sich entwickelnde) Diskriminierungsschutzdoktrin, S. 263.

8. Kapitel: Verfassungsrechtliche Vertragsfreiheit und Diskriminierungsschutz

konform) aus, dass die Arbeitgebenden im Betrieb eine Pflicht trifft, durch organisatorische und personelle Massnahmen persönlichkeitsverletzende Diskriminierungen aktiv zu vermeiden[1478].

751 Die verfassungsrechtlichen Wertungen zu den Diskriminierungsmerkmalen des Art. 8 Abs. 2 BV sind für die Auslegung der Generalklauseln zum Persönlichkeitsschutz heranzuziehen. Alle Diskriminierungskriterien bezwecken den Schutz menschlicher Integrität und sind *als solche* gleichwertig. Ob für eine Ungleichbehandlung ein Anknüpfen an ein Diskriminierungsmerkmale zulässig ist, hängt von der konkreten Sachfrage und von nach der gesamten Rechtsordnung zu billigenden Rechtfertigungsgründen ab[1479].

[1478] Siehe dazu in diesem Kapitel, III. 4.5.2 Der Übertragungsvorgang, S. 270.
[1479] Siehe dazu in diesem Kapitel, III. 4.5.3 Bedeutung der einzelnen Diskriminierungsmerkmale, S. 272.

9. Kapitel: Fazit zum völker- und verfassungsrechtlichen Diskriminierungsschutz

Nachfolgend werden die Ergebnisse der vorangehenden Kapitel zusammengetragen und es werden verallgemeinerungsfähige Aussagen zu einzelnen Problemkreisen des Diskriminierungsschutzes erarbeitet. Angesichts der sehr ausführlichen bisherigen Darlegungen erfolgen die Darstellungen in grösstmöglichster Kürze und Präzision wo regelmässig auf die vorangehenden Kapitel verwiesen wird.

752

I. Legitimation und Grenzen völker- und verfassungsrechtlicher Diskriminierungsschutzpflichten

Die Europäische Union erklärt(e) das Jahr 2007 zum Jahr der Gleichbehandlung. Die Internationale Arbeitsorganisationen postulierte vier Jahre vorher bereits «It's time for equality». In der Schweiz haben diese Forderungen bislang wenig Rückhalt gefunden. Politische Forderungen nach Gleichbehandlungsgesetzen werden von der Regierung oder dem Parlament regelmässig verworfen[1480]. Die Analyse der völker- und verfassungsrechtlichen Lage jedoch hat gezeigt: Zumindest für den hier untersuchten Bereich der privatrechtlichen Arbeitsverhältnisse besteht eine *rechtliche Verpflichtung* zu einem verstärkten Schutz vor Diskriminierung aufgrund sensibler Merkmale und für die Förderung der Gleichstellung. Die Verankerung von Diskriminierungsverboten in Völker- und Verfassungsrecht ist Ausdruck eines politischen Bekenntnisses für eine vielfältige, plurale Gesellschaft und gegen die Ausgrenzung von Minderheiten. Die Konsequenzen der Verankerung von Diskriminierungsschutznormen in Völker- und Verfassungsrecht gehen weit über Lippenbekenntnisse hinaus. Aus Völker- und Verfassungsrecht erwachsen den staatlichen Behörden *konkrete rechtliche* Pflichten und für Private entstehen, wenn auch in beschränktem Ausmass und nur unter spezifischen Voraussetzungen, subjektive (Schutz)Rechte.

753

Diese aus dem Völkerrecht und der Verfassung fliessenden Aufträge an den Gesetzgeber und an die rechtsanwendenden Behörden sind in hohem Masse demokratisch legitimiert.

754

[1480] PÄRLI (AGG), S. 144, Fn 52-58. Siehe auch in diesem Text Fn 2464, 2465, 2466, 2467, 2468, 2470.

9. Kapitel: Fazit zum völker- und verfassungsrechtlichen Diskriminierungsschutz

755 Verfassungsänderungen bedürfen der Zustimmung von Volk und Ständen[1481]. Die in Art. 8 Abs. 2 BV enthaltene Liste der Diskriminierungsverbote ist deshalb demokratisch hoch legitimiert. Die vom Bundesrat unterzeichneten völkerrechtlichen Verträge bedürfen nach Art. 160 Abs. 2 BV der Genehmigung durch die Bundesversammlung. Die Genehmigung bildet Voraussetzung für die völkerrechtlich bindende Ratifikation. Soweit der völkerrechtliche Vertrag den Beitritt zu einer supranationalen Gemeinschaft oder zu einer Organisation der kollektiven Sicherheit vorsieht, muss der Souverän zustimmen. Ein fakultatives Referendum ist nach Art. 141 Abs. 1 Bst. d Ziff. 3 BV vorgesehen, wenn völkerrechtliche Verträge unbefristet und unkündbar sind, den Beitritt zu einer internationalen Organisation vorsehen oder wichtige rechtsetzende Bestimmungen enthalten oder deren Umsetzung den Erlass von Bundesgesetzen erfordern. Diese Merkmale treffen auf die meisten menschenrechtlichen Staatsverträge zu. Die Voraussetzungen der Genehmigung durch die Bundesversammlung sowie die Möglichkeit des Volksreferendums führen im Ergebnis zu einer hohen demokratischen Legitimation. Allerdings ist darauf hinzuweisen, dass das fakultative Staatsvertragsreferendum erst 1977 eingeführt wurde[1482]. Vorher mussten die Staatsverträge, die unbefristet oder für eine Dauer von mindestens 15 Jahren abgeschlossen wurden, dem Referendum unterstellt werden. Das führte bsw. dazu, dass der Beitritt zur Europäischen Menschenrechtskonvention nicht dem Referendum unerstellt wurde, da die EMRK eine Kündigungsmöglichkeit enthält und folglich der einschlägige Art. 89 Abs. 3 aBV keine Anwendung fand.

756 Die Schweiz hat die vier UN-Konventionen (IPbpR, IPwskR, RDK und FDK) allesamt erst nach 1977 ratifiziert. Der Genehmigungsbeschluss des Parlaments aller vier Konventionen hätte demzufolge mit einem fakultativen Referendum angefochten werden können. Kein Referendum war aufgrund der damals gültigen Rechtslage gegen dein Beitritt zur EMRK und zur IAO möglich.

757 Die Auseinandersetzung mit den Diskriminierungsverboten in den für die Schweiz verbindlichen völkerrechtlichen Menschenrechtsverträge zeigt, dass die *Vertragsfreiheit* als vom Gesetzgeber und den rechtsanwendenden Behörden bei der Gewährung von Diskriminierungsschutz zu wahrende Grenze nur gerade in der EMRK – als Teilgehalt der geschützten Privatsphäre und der Eigentumsfreiheit – anerkannt ist[1483]. Auch in der Bundesverfassung ist die

---

[1481] Gemäss Art. 140 Abs. 1 Bst. a BV unterstehen Verfassungsänderungen dem obligatorischen Referendum und müssen von Volk und Ständen angenommen werden.
[1482] Siehe dazu LOMBARDI/THÜRER, N 4 zu Art. 140 BV.
[1483] Siehe dazu ausführlich in den vorangehenden Kapiteln, namentlich 6. Kapitel, II. 3.3 Vertragsfreiheit als Schranke, S. 132, 6. Kapitel, III. 1.3 Schutz der Vertragsfreiheit

Vertragsfreiheit nicht als *eigenständiges Grundrecht* anerkannt, sie wird vielmehr als Teilgehalt der Wirtschaftsfreiheit betrachtet[1484].

Die Vertragsfreiheit schützt Private vor ungerechtfertigten staatlichen Eingriffen. Ein massvolles Antidiskriminierungsrecht stellt einen gerechtfertigten Eingriff in die Vertragsfreiheit dar. In Massnahmen zum Schutz vor Diskriminierung kommt zudem eine *Drittwirkung der Vertragsfreiheit* zum Ausdruck, ermöglichen diese doch faktisch von der Vertragsfreiheit ausgeschlossenen Gruppen einen verbesserten Zugang zum Arbeitsmarkt und verwirklichen die Vertragsgerechtigkeit ohne Unterscheidung nach persönlichkeitsbestimmender und persönlichkeitsnaher Merkmale. In einem weiten Sinne verstanden ist die Vertragsfreiheit Abwehrrecht gegen ungerechtfertigte, namentlich unverhältnismässige Massnahmen zum Diskriminierungsschutz einerseits und drittwirksames Teilhaberecht andererseits.

758

II. Diskriminierungsmerkmale

1. *Empirische Übersicht*

Die Aufnahme von Diskriminierungsmerkmalen in einen völkerrechtlichen Vertrag oder in die Verfassung reflektiert die Einschätzung der Staatengemeinschaft bzw. des Verfassungsstaates über tatsächliche Diskriminierung und die Notwendigkeit, dem sozialen und wirtschaftlichem Phänomen der Diskriminierung mit rechtlichen Instrumenten zu begegnen. Eine empirische Übersicht der im Völker- und Verfassungsrecht aufgenommenen Diskriminierungsmerkmale zeigt folgendes Bild:

759

---

durch den IpbpR, S. 135, 7. Kapitel, III. Gewährleistung der Vertragsfreiheit durch die EMRK, S. 205 ff..

[1484] Siehe dazu ausführlich, 8. Kapitel, II. Grundrechtliche Schranken von Diskriminierungsverboten im Arbeitsverhältnis, S. 236 ff.

9. Kapitel: Fazit zum völker- und verfassungsrechtlichen Diskriminierungsschutz

Tabelle 1: Diskriminierungsmerkmale in Völker- und Verfassungsrecht[1485]

	Universale Abkommen						Europäische Abkommen		Schweiz
	IAO 111 (1951)	IpwskR (1996)	IpbpR (1966)	RDK (1966)	FDK (1987)	BHiK[1486] (2006)	EMRK (1950)	ESC[1487] (1961)	BV (1999)
Geschlecht	X	X	X	(X)		X	X	X	X
Frau					X				
Rasse	X	X	X	X			X	X	X
Hautfarbe	X	X	X	X			X	X	
Sprache	X	X	X				X	X	X
Religion	X	X	X				X	X	X
Weltanschauung + pol. Einstellung	X	X	X				X	X	X
Nat. + soziale Herkunft	X	X	X				X	X	X
Abstammung, nat. Ursprung, Volkstum				X					
Nationale Minderheit							X	X	
Vermögen		X	X				X		
Soziale Stellung									X
Geburt		X	X				X	X	
Behinderung						X			X
Lebensform									X
Alter								X	X
Krankheit								X	
Sonstiger Status		X	X				X	X	(X)

[1485] Zur IAO siehe 4. Kapitel (inkl. IAO Ü 100 über die Entgeltgleichheit), S.77 ff . Zu IPwskR, IpbpR, RDK, FDK und BehiK siehe 5. Kapitel, S. 121 ff . EMRK und ESC siehe 6. Kapitel, S. 186 ff. Die Diskriminierungsverbote der BV werden im 8. Kapitel bearbeitet, S. 214 ff.

[1486] Die BehiK wurde von der Schweiz (noch) nicht unterzeichnet und ratifiziert. Sie stellt kein für die Schweiz verbindliches Recht dar.

[1487] Die ESC wurde von der Schweiz nicht ratifiziert und ist deshalb nicht massgebend.

Teil II: Diskriminierungsschutz und Vertragsfreiheit im Völker- und Verfassungsrecht

	Universale Abkommen						Europäische Abkommen		Schweiz
	IAO 111 (1951)	IpwskR (1996)	IpbpR (1966)	RDK (1966)	FDK (1987)	BHiK[1486] (2006)	EMRK (1950)	ESC[1487] (1961)	BV (1999)
Nicht ausdrücklich aufgeführte aber durch die Praxis anerkannte Kriterien									
Alter	X		X						(X)
Genetischer Status	X						X		
Behinderung	X		X				X		
Krankheit inkl. HIV/Aids	X								
Sexuelle Orientierung	X	X	X				X		

Quelle: Eigene Untersuchung

Überragende Bedeutung im internationalen Menschenrechtsschutz haben die Diskriminierungsmerkmale *Rasse* und *Geschlecht*. Auf das Diskriminierungsmerkmal «Geschlecht» können sich sowohl Frauen wie Männer berufen. Die Frauendiskriminierungskonvention indes schützt «nur» die Frau, die Konvention trägt damit den in vielen Bereichen nachweislich grösseren Benachteiligungen der Frauen – gerade im Arbeitsverhältnis – Rechnung.

760

Die Merkmale *Hautfarbe, nationale und soziale Herkunft, nationale Minderheit* sowie *Volkstum, nationaler Ursprung* und *Abstammung* stehen in engem Zusammenhang mit dem Merkmal «Rasse»[1488]. Auch das in zahlreichen Konventionen und in der Verfassung erwähnte Diskriminierungsmerkmal *Sprache* steht oft in direktem oder indirektem Zusammenhang mit rassistischer Diskriminierung. Innerhalb des Rechtskreises der Europäischen Union ist in Art. 13 EGV das Diskriminierungsmerkmal «Ethnische Herkunft» aufgeführt[1489]. Darunter ist die Herkunft eines Menschen oder einer bestimmten Gruppe von Menschen zu verstehen, die durch spezifische gruppenidentitätsbildende, soziokulturelle Kriterien miteinander verbunden sind. Das kann die Sprache, gemeinsame Traditionen, soziale Konventionen oder eine gemeinsame geographische und ethnische Herkunft betreffen[1490]. Das Diskriminierungsmerk-

761

[1488] Zum Begriff Rasse siehe die Ausführungen in Teil II, 5. Kapitel, S. 146.
[1489] Die ausführliche Auseinandersetzung mit Art. 13 EGV und den europarechtlichen das Arbeitsverhältnis betreffenden Diskriminierungsverbote folgt in Teil III, S. 303ff.
[1490] MAHLMANN (Gleichheitsschutz), S. 112 ff. (mit dem richtigen Hinweis, dass sich die ethnische Zugehörigkeit in einer pluralistischen Welt zunehmend auflöst, ein ethnischer Essentialismus müsse vermieden werden).

mal «Ethnische Herkunft» stellt folglich einen Sammelbegriff für Herkunft, Volkstum, Abstammung u.a. dar.

762 Der Blick auf die empirische Übersicht zeigt die breite Anerkennung der Diskriminierungsmerkmale *Religion* und *Weltanschauung/politische Einstellung*. Es besteht ein weltweiter Konsens: Niemand soll aufgrund seiner Religion oder seiner politischen und weltanschauliche Einstellung diskriminiert werden. Damit tragen die Staatengemeinschaft und der Verfassungsgeber folgender sowohl historischen wie gegenwärtigen Tatsachen Rechnung: Religiöse und politische Spannungen prägen das Zusammenleben in einer Gesellschaft und es besteht die Gefahr der Ausgrenzung von Personen, deren religiöses, weltanschauliches oder politisches Bekenntnis nicht demjenigen der Mehrheit entspricht. Folglich benötigen Staat *und* Gesellschaft Schranken und Orientierung für einen respektvollen Umgang durch Diskriminierungsverbote, Gleichbehandlungs- und Gleichstellungsgebote.

763 Während alle bisher genannten Diskriminierungsmerkmale auf eine lange Tradition völkerrechtlicher Verankerung zurückblicken können, haben die Merkmale *Behinderung* und *Alter* erst in jüngster Zeit Eingang in Diskriminierungsmerkmalskataloge gefunden. Die nicht auf ein Merkmal konzentrierten Diskriminierungskataloge der UN, des Europarates und der BV sind allesamt für Erweiterungen offen. Behinderung und Alter wurden durch die Tätigkeit der Überwachungsorgane bereits seit längerer Zeit als «ungeschriebene» Diskriminierungsmerkmale aufgenommen. Mit der UN-Konvention über die Rechte von Menschen mit Behinderung wurde der Schutz verstärkt. Im Europarecht sind die Diskriminierungsmerkmale Behinderung und Alter in Art. 13 EGV aufgeführt und haben Eingang in die arbeitsrechtliche Rahmenrichtlinie 2000/78/EG gefunden[1491].

764 Die *sexuelle Orientierung* ist weder in der BV noch in internationalen Menschenrechtsverträgen ausdrücklich als Diskriminierungsmerkmal aufgeführt. Es ist jedoch aufgrund der Materialien nicht zu bestreiten, dass der Schutz vor Diskriminierung aufgrund sexueller Orientierung unter dem in Art. 8 Abs. 2 aufgeführten Begriff «Lebensform» erfasst ist. Die Überwachungsorgane der UN-Konventionen anerkennen die sexuelle Orientierung ebenso als Diskriminierungskriterium wie der Europäische Gerichtshof für Menschenrechte, der den Schutz vor Diskriminierung aufgrund von Homosexualität unter Art. 8 EMRK fasst.

[1491] Die Bearbeitung von Art. 13 EGV und der RL 2000/78/EG erfolgt in Teil III, S. 303 ff.

2. Diskussion

Die blosse Aufzählung der Diskriminierungsmerkmale in völkerrechtlichen Abkommen und in der Verfassung sagt noch nichts über das Verhältnis untereinander sowie eine allfällige Hierarchie der Merkmale aus. Die Sonderstellung der Kriterien «Rasse» (und «dazugehörende Merkmale») und Geschlecht sind jedoch augenfällig. Gleiches gilt künftig (sobald die UN-Konvention in Kraft ist) auch für das Merkmal Behinderung. 765

Für die Rechtslage in der Schweiz bedeutet dies: Gesetzgeber und rechtsanwendende Behörden haben in ihrem jeweiligen Kompetenzbereich dieser Ausgangslage die nötige Aufmerksamkeit zu schenken. Der Gesetzgeber ist insbesondere aufgefordert, den Forderungen nach einer gesetzlichen Verankerung von Diskriminierungsschutz (u.a. im Arbeitsverhältnis) aufgrund der Rasse und der ethnischen Herkunft (endlich) umzusetzen. Die rechtsanwendenden Behörden haben bestehende zivilrechtliche und verwaltungsrechtliche Bestimmungen zum Persönlichkeitsschutz so auszulegen, dass (zumindest) die völker- und verfassungsrechtlichen Diskriminierungsverbote durch den Persönlichkeitsschutz «aufgefangen» werden können. 766

Die besondere Aufmerksamkeit gegenüber den Diskriminierungsmerkmalen «Geschlecht» und «Rasse/Ethnischer Hintergrund» darf nicht zur Folge haben, dass Diskriminierungen aufgrund anderer Merkmale auf die leichte(re) Schulter genommen werden. Diskriminierende Ungleichbehandlung aufgrund der Religion, der politischen Einstellung, einer Behinderung, des Alters oder der sexuellen Orientierung sind im Lichte der völker- und verfassungsrechtlichen Wertung genauso verpönt. 767

Unterscheide zeigen sich jedoch beim *Rechtfertigungsmassstab*. Für an Geschlecht oder Rasse anknüpfende Ungleichbehandlungen lassen sich kaum sachliche und sozial anerkannte Rechtfertigungsgründe vorbringen, während durch die Anforderungen des konkreten Arbeitsplatzes erforderliche Differenzierungen aufgrund des Alters oder einer Behinderung oft sachlich begründet werden können. Die Problematik der Diskriminierung aufgrund der Religion oder politischen bzw. weltanschaulichen Einstellung stellt sich insbesondere in Tendenzbetrieben. 768

Die Erfordernisse der heutigen Arbeitswelt und die Ausgestaltung der sozialen Sicherheit führen zu neuen Diskriminierungspotenzialen, insbesondere aufgrund von gesundheitlichen Belastungen und dem Lebensstil. So sind namentlich rauchende Arbeitnehmende zunehmend der Gefahr ausgesetzt, Arbeitsstellen gar nicht erst zu erhalten oder aber wegen des Rauchens Benachteiligungen ausgesetzt zu sein. Das ist dann problematisch, wenn die «Anti-Rauchermassnahmen» über das Mass hinaus gehen, dass erforderlich ist, um die Nichtrauchenden von Gesundheitsbeeinträchtigungen zu schützen. 769

Sowohl die BV wie auch die internationalen Menschenrechtsverträge sehen vor, dass veränderten sozialen Realitäten durch die ausdrückliche Anerkennung eines neuen Diskriminierungsmerkmals Rechnung getragen werden kann.

III. Schutzbereich, Diskriminierungsformen und Rechtfertigungsgründe

1. Sachlicher Anwendungsbereich

770 Der umfassende Anwendungsbereich des Übereinkommens Nr. 111 der IAO deckt *sämtliche Phasen* im Lebenszyklus eines privatrechtlichen Arbeitsverhältnisses ab (Bewerbungsphase, Anstellung, vertraglich vereinbarte Arbeitsbedingungen, freiwillige Leistungen des Arbeitgebers, Weisungsrecht, Entlassungen). Zu den Arbeitsbedingungen zählen insbesondere auch die vertraglich vereinbarten Sozialleistungen wie die Krankentaggeldversicherung und die (weitergehende) berufliche Vorsorge.

771 Nach den Abkommenstexten und nach Auslegung durch die zuständigen Überwachungsorgane kommt dem Schutz vor *Diskriminierung bei der Anstellung* sehr hohe Bedeutung zu. Die Vertragsstaaten werden dazu aufgefordert, die nötigen Massnahmen, wie unter anderem auch gesetzliche Diskriminierungsverbote, zu ergreifen. Diskriminierungsschutz im Bewerbungsverfahren lässt sich weiter aus der indirekten Drittwirkung der verfassungsrechtlichen Diskriminierungsverbote ableiten. Die Gründe für die Notwendigkeit des Diskriminierungsschutzes bei der Anstellung liegen auf der Hand. Das im IPwskR verankerte Recht auf Arbeit kann nur wahrgenommen werden, wenn Arbeitnehmende auch faktisch, nicht bloss rechtlich, eine faire Chance haben, in einem Bewerbungsverfahren berücksichtigt zu werden. Die Freiheitsrechte des IPbpR, der EMRK und der Bundesverfassung erweisen sich als illusorisch, wenn deren Wahrnehmung faktisch dazu führt, vom Arbeitsmarkt ausgeschlossen zu werden.

772 Hohe Priorität hat der völker- und verfassungsrechtliche Anspruch auf gleiches *Entgelt* für gleiche und vergleichbare Arbeit ohne Unterschied des *Geschlechts* zu. Der Anspruch ist in der FDK, IAO Ü 100 und mit spezieller Betonung im IPwskR verankert. Die RDK gewährt die Entgeltgleichheit aufgrund der *Rasse* und des *ethnischen Hintergrundes* (Hautfarbe, Abstammung, Volkstum). Der IPwskR garantiert den Anspruch auf Entgeltgleichheit für gleiche und gleichwertige Arbeit nach der hier vertretenen Auslegung bei allen im Pakt genannten Diskriminierungsmerkmalen.

Einen sehr weitgehenden und nicht auf ein bestimmtes Merkmal beschränkten 773
Diskriminierungsschutz vor Entlassung bietet das spezifische IAO-Übereinkommen über den Kündigungsschutz (IAO Ü Nr. 158). Das Abkommen lässt eine Kündigung nur aus triftigen Gründen zu. Da die Schweiz dieses Abkommen nicht ratifiziert hat und das Abkommen überdies nicht zu den Kernarbeitsnormen der IAO gehört, ist es für die Schweiz nicht verbindlich. Angesichts des umfassenden Anwendungsbereichs von IAO Ü 111 ist eine Entlassung unter Anknüpfung an die aufgeführten und durch die IAO-Organe erweiterten Diskriminierungskriterien ohne sachlichen Rechtfertigungsgrund diskriminierend. Einen Schutz vor willkürlicher Entlassung bietet nach nicht unumstrittener Lehre Art. 6 IPwskR: Ohne Entlassungsschutz ist das Recht, durch freigewählte Arbeit den Lebensunterhalt zu verdienen, nicht gewährleistet. Besonders vor Entlassung geschützt sind Frauen: Die einschlägigen Bestimmungen der FDK verbieten eine Entlassung wegen Schwangerschaft oder Mutterschaftsurlaub.

2. *Diskriminierungsformen*

Legaldefinitionen von Diskriminierung enthalten Art. 1 Abs. 1 Bst. a IAO 774
Ü 111, Art. 1 RDK, Art. 1 FDK und Art. 1 der neuen UN-Konvention über die Rechte von Menschen mit Behinderung (BehiK), nicht aber die EMRK, die BV und die beiden UN-Pakte (IPwskR und IPbpR).

Nach der IAO Ü 111 Definition liegt eine Diskriminierung vor bei einer Un- 775
terscheidung, Ausschliessung oder Bevorzugung aufgrund der Diskriminierungsgründe, die zu einer Beeinträchtigung der Gleichheit der Gegebenheiten oder der Behandlung in Beschäftigung und Beruf führt. Die Definitionen der RDK, FDK und BehiK verbieten die Anknüpfung an Rasse, Geschlecht oder Behinderung, wenn sie dazu führt, dass die Anerkennung, Inanspruchnahme oder Ausübung der Menschenrechte und Grundfreiheiten im politischen, wirtschaftlichen, sozialen, kulturellen, staatsbürgerlichen oder jedem sonstigen Bereich beeinträchtigt oder vereitelt wird (die RDK-Definition präzisiert «sonstigem Bereich des öffentlichen Lebens»). In diesen Legaldefinitionen wird deutlich, dass RDK, FDK und BehiK «nur» den diskriminierungsfreien Genuss bestehender Rechte gewähren.

Das Bundesgericht konkretisiert den Diskriminierungsbegriff in Art. 8 Abs. 2 776
BV dahingehend, dass Diskriminierung «eine qualifizierte Art der Ungleichbehandlung von Personen in vergleichbaren Situationen (dar)stellt, indem sie eine Benachteiligung eines Menschen bewirkt, die als Herabwürdigung oder Ausgrenzung einzustufen ist, weil sie an ein Unterscheidungsmerkmal anknüpft, das einen wesentlichen und nicht oder nur schwer aufgebbaren Be-

9. Kapitel: Fazit zum völker- und verfassungsrechtlichen Diskriminierungsschutz

standteil der Identität der betreffenden Person ausmacht»[1492]. In dieser Definition kommt der enge Bezug der Diskriminierung bzw. des Diskriminierungsverbotes zur Menschenwürde zum Ausdruck.

777 In der EMRK–Rechtsprechung kommt zum Ausdruck, dass eine *Diskriminierung* nicht nur durch Ungleichbehandlung, sondern bei einer *Gleichbehandlung* vorliegen kann. Das ist dann der Fall, wenn eine Gleichbehandlung von tatsächlich unterschiedlichen Sachverhalten vorliegt[1493].

778 Sowohl nach der bundesgerichtlichen Rechtsprechung wie auch nach der Spruchpraxis der Überwachungsorgane der UN-Abkommen erfassen die Diskriminierungsverbote auch die *mittelbare (indirekte) Diskriminierung*. Einzig der EGMR hat bis zum heutigen Zeitpunkt die mittelbare Diskriminierung nicht ausdrücklich anerkannt.

779 Keine ausreichende Grundlage findet sich aus den genannten Materialien für eine Erweiterung des Diskriminierungsbegriffs auf «Belästigung» (als eine Form der Diskriminierung) und auf den Tatbestand der «Anweisung zur Diskriminierung». Anders ist die Rechtslage in der Europäischen Union. Die für den Arbeitsbereich massgebenden Richtlinien 2000/78/EG, 2000/43/EG und 76/2007/EG beinhalten sowohl die Belästigung wie auch die Anweisung als eine Form der Diskriminierung[1494].

3. *Rechtfertigungsgründe*

3.1 Rechtfertigung und Arbeitgeberinteressen

780 Sowohl nach dem verfassungsrechtlichen Diskriminierungsverbot wie auch nach den völkerrechtlichen Diskriminierungsschutznormen ist nicht jede Anknüpfung an sensible Merkmale mit dem Ergebnis einer unterschiedlichen Behandlung unzulässig. An solche Merkmale anknüpfende Ungleichbehandlungen bei tatsächlich gleichen Voraussetzungen bzw. Gleichbehandlungen bei tatsächlich unterschiedlichen Voraussetzungen sind jedoch rechtfertigungsbedürftig. Wie bei der Darstellung der Diskriminierungsmerkmale erwähnt, ist der Rechtfertigungsmassstab je nach Merkmal unterschiedlich. Für direkte Diskriminierungen aufgrund der Rasse oder des Geschlechts sind kaum Rechtfertigungsgründe zugelassen.

[1492] BGE 126 II 377, Erw. 6a. Siehe dazu ausführlich Teil II. 8. Kapitel, S. 263.
[1493] EGMR, Urteil vom 6.04.2000, Thlimmenos, Nr. 34369/97, N 44. Siehe dazu weiter II. Teil, 6. Kapitel, S. 191.
[1494] Siehe III. Teil, 13. Kapitel, III. 1.3 Belästigung als Form der Diskriminierung, S. 461.

Nach Art. 1 Ziff. 1 Bst. c IAO Ü 11 liegt keine Diskriminierung vor, wenn die Ungleichbehandlung – in der Terminologie des Übereinkommen die «Unterscheidung, Ausschliessung oder Bevorzugung» – in den *Erfordernissen der Beschäftigung* begründet ist. Damit wird deutlich, dass nur mit der konkreten Stelle zusammenhängende Gründe allenfalls eine Ungleichbehandlung nicht als Diskriminierung erscheinen lassen. Das Abstützen auf *persönliche Präferenzen* des Arbeitgebers, die nichts mit den konkreten Erfordernissen der Beschäftigung zu tun haben, stellt keinen anerkannten Rechtfertigungsgrund dar.

781

Im Ergebnis wird die Autonomie des Arbeitgebers eingeschränkt. Er muss sein Handeln, soweit Auswirkungen auf eine Person mit einem geschützten Merkmal in Frage stehen, nach einem objektiven Massstab ausrichten. Damit wird durch Diskriminierungsschutz in Freiheitsrechte des Arbeitgebers eingegriffen. Mit der Anerkennung der Rechtfertigungsgründe «Erfordernisse der Beschäftigung» bleiben die Arbeitgeberinteressen jedoch ausreichend gewahrt. Die auf dem EMRK-Zusatzprotokoll zur Eigentumsfreiheit und auf der verfassungsrechtlichen Wirtschaftsfreiheit beruhende arbeitsvertragliche Vertragsfreiheit schützt Arbeitgebende davor, über den Diskriminierungsschutz zur Übernahme von sozialen Lasten verpflichtet zu werden.

782

3.2 Positive Massnahmen

Aus den völkerrechtlichen Diskriminierungsverboten wird deutlich: Diskriminierungsfreie gleiche Teilnahme am Arbeitsleben lässt positive Massnahmen zur Förderung der tatsächlichen Gleichstellung nicht nur als zulässig, sondern gerade zu als *notwendig* erscheinen. Sowohl die RDK, wie die FDK und neuerdings die BehiK sehen positive Massnahmen ausdrücklich vor. Positive Massnahmen sind deshalb auch nicht als Ausnahmen vom Diskriminierungsverbot zu verstehen; sie bilden vielmehr einen integralen Bestandteil desselben[1495]. Besonders hervorzuheben ist, dass sich Arbeitgebende im privatrechtlichen Arbeitsverhältnis bei der Gestaltung positiver Massnahmen auch auf die Vertragsfreiheit berufen können[1496].

783

[1495] Siehe dazu Teil II, 5. Kapitel, 1.2.4 Sondermassnahmen, S. 150.
[1496] Siehe dazu 8. Kapitel, III. 5.1.3 Positive Massnahmen, S. 277.

IV. Umsetzungspflichten und ihre Adressaten

1. Verbot rechtlicher Diskriminierung

1.1 Staatsgerichtete Verpflichtungen

784 Sowohl die Verfassung wie auch die Menschenrechtsabkommen legen verbindlich fest, dass der *Staat* sowohl bei der Ausgestaltung des Arbeitsrechts wie auch in seiner Eigenschaft als Arbeitgeber an die dort enthaltenen Diskriminierungsverbote gebunden ist. In der im vierten Kapitel eingeführten internationalen Terminologie handelt es sich hier um «obligations to respect»[1497]. In der verfassungsrechtlichen Terminologie ist damit das *Verbot rechtlicher Diskriminierung* gemeint. Für den in dieser Studie untersuchten Bereich der Arbeitsverhältnisse sind die Diskriminierungsverbote im Verhältnis zwischen Privaten und dem Staat *unmittelbar anwendbar*. Das ist an folgendem Beispiel zu verdeutlichen: IAO Ü 111 verpflichtet die *Vertragsstaaten* zur Umsetzung einer Politik der Gleichheit. Dazu gehört die Aufhebung von Gesetzesbestimmungen, die mit dieser Politik nicht im Einklang stehen. In diesem engen Sinne ist Art. 1 in Verb. mit Art. 3 IAO Ü 111 und der Empfehlung Nr. 11 unmittelbar anwendbar. Anders verhält es sich mit der Verpflichtung zum Erlass von Gesetzen und Erziehungsprogrammen zur Förderung der Gleichheitspolitik. Diese Verpflichtung ist nicht unmittelbar anwendbar. Hierzu braucht es konkrete Umsetzungsmassnahmen.

785 Das Arbeitsverhältnis wird einerseits durch *zwingende Gesetzesbestimmungen*, andererseits durch *vertragliche Vereinbarungen* sowie durch *einseitige Anordnungen* des Arbeitgebers bestimmt. Wo sich ein Regelungsbedarf aufdrängt und weder zwingende Gesetzesbestimmungen noch vertragliche Vereinbarungen vorliegen und auch kein Raum für einseitige Anordnungen seitens der Arbeitgebers besteht, wird der Arbeitsvertrag durch die dispositiven Normen des Arbeitsvertragsrechts und allenfalls Bestimmungen des allgemeinen Teil des OR ergänzt. Die völker- und verfassungsrechtlichen Vorgaben zum Diskriminierungsschutz *binden den staatlichen Gesetzgeber* beim Erlass zwingender und dispositiver Normen. Sie binden darüber hinaus die *rechtsanwendenden Behörden*. Sie haben die gesetzlichen Bestimmungen ohne Diskriminierung auszulegen und anzuwenden. Das betrifft namentlich, aber nicht nur, auf die im einfachen Gesetzesrecht enthaltenden Bestimmungen zum Persönlichkeitsschutz zu. Die verfassungs- und völkerrechtskonforme Auslegung dieser Bestimmungen verlangen von den Gerichten und der Verwaltung, die Wertungsentscheide i.S. Diskriminierungsschutz zu berücksichtigen. Die verfassungskonforme (und völkerrechtskonforme) Auslegung

---

[1497] Siehe dazu 4. Kapitel, 1.2.1 Das Verbot rechtlicher Diskriminierung, S. 59.

wird in der Lehre meist Teil der mittelbaren (indirekten) Drittwirkung und neuerdings als Unterfall der Schutzpflichtenlehre dargestellt[1498]. Die verfassungskonforme (und völkerrechtskonforme) Auslegung kann auch als integrierter Bestandteil *jeder* Auslegung auf dem Hintergrund des Stufenbaus des Rechts verstanden werden[1499].

Soweit wie vorliegend die Frage im Zentrum steht, welche Verpflichtungen sich aus den völker- und verfassungsrechtlichen Diskriminierungsverboten für die verschiedenen staatlichen Gewalten ergeben, kann die verfassungskonforme (und völkerrechtskonforme) Auslegung sowohl als Teil des Verbots rechtlicher Diskriminierung (obligations to respect) wie auch als *Teil der Schutzpflichten (*obligations to protect) gesehen werden. Sinnvollerweise wird wie folgt unterschieden: Die verfassungskonforme (und völkerrechtskonforme) Auslegung ist Teil der Ebene «obligations to respect». Auf der Ebene der Schutzpflichten wird abgehandelt, ob und unter welchen Voraussetzungen Private bei fehlendem oder nicht ausreichendem gesetzlichem Schutz einen justiziablen Anspruch auf gerichtlichen Schutz gegen Diskriminierung geltend machen können[1500].

786

1.2 Kollektivvertragsparteien

An die *unmittelbar anwendbaren* Diskriminierungsverbote gebunden sind auch die Gesamtarbeitsvertragspartner[1501]. Nach Art. 358 OR gehen die zwingenden Bestimmungen des Rechts des Bundes und der Kantone dem Gesamtarbeitsvertrag vor. Abweichende Bestimmungen zugunsten der Arbeitnehmenden sind zulässig, wenn sich aus dem zwingenden Recht nicht anderes ergibt. Unmittelbar anwendbare völkerrechtliche und verfassungsrechtliche Diskriminierungsverbote sind zwingende Bestimmungen des Bundesrechts. Die Vertragsparteien des Gesamtarbeitsvertrages, Arbeitnehmer- und Arbeitgeberverbände, sind deshalb an diese Diskriminierungsverbote gebunden[1502].

787

[1498] Siehe dazu 4. Kapitel, 1.2.2 Schutzpflichten des Staates und Verpflichtungen Privater, S. 60, 8. Kapitel, II. 2.4 Schutzpflichtenlehre, S. 223 f., IV. Zwischenergebnis, S. 279 f.
[1499] Siehe dazu 2. Kapitel, III. Rechtstheoretisches Verständnis, S. 23 ff.
[1500] Siehe dazu hinten, III. 2.2 Adressat Gerichte, S. 298 f.
[1501] Siehe dazu im 6. Kapitel, IV. 3.3.1 Diskriminierungsfreie Gewährung bestehender Rechte, S. 158 f.
[1502] So auch im Anwendungsbereich des Europäischen Gemeinschaftsrechts, siehe namentlich in Kapitel 11, IV. Drittwirkung des Diskriminierungs- und Beschränkungsverbots, 1.1 Regelungen staatlicher und kollektiver Akteure, S. 359 f.

9. Kapitel: Fazit zum völker- und verfassungsrechtlichen Diskriminierungsschutz

1.3 Unmittelbare Drittwirkung – zwingende Inhaltsbestimmungen des Privatrechts

788 *Grundsätzlich* sind die einzelnen Arbeitgeber *nicht* an die völker- und verfassungsrechtlichen Verbote rechtlicher Diskriminierung gebunden. Aus völker- und verfassungsrechtlicher Perspektive dürfen sie den ihnen von der Privatrechtsordnung gewährten Handlungsspielraum ausschöpfen. Die namentlich in den ergänzenden Materialien zur IAO Ü 111 enthaltenden Dokumente über die von Arbeitgebenden zu treffenden Massnahmen gegen Diskriminierung haben Appellcharakter. Sie sind rechtlich nicht bindend.

789 Einige wenige Normen im Völker- und Verfassungsrecht enthalten jedoch unmittelbar anwendbare *drittwirksame* Bestimmungen. Hier werden Arbeitgeber direkt aus Völker- und Verfassungsrecht verpflichtet, ohne dass es dafür noch einen innerstaatlichen Gesetzesakt bedarf. Die unmittelbar anwendbaren Völkerrechtsnormen werden zu zwingenden Inhaltsbestimmungen des Privatrechts, die vom Gericht auf privatrechtliche Arbeitsverhältnisse anzuwenden sind. Die Analyse in den vorangehenden Kapiteln zeigt, dass bei folgenden Bestimmungen die Voraussetzungen einer unmittelbaren drittwirksamen Anwendung gegeben sind:

- Art. 7 Bst. a IPwskR in Verb. mit Art. 2 IPwskR, Anspruch auf gleichen Lohn für gleichwertige Arbeit ohne Unterschied der Rasse, der Hautfarbe, des Geschlechts, der Sprache, der Religion, der politischen oder sonstigen Anschauung, der nationalen oder sozialen Herkunft, des Vermögens, der Geburt oder des sonstigen Status (gemäss CESCR: Behinderung, Gesundheitszustand einschliesslich HIV/Aids und sexuelle Orientierung)[1503],

- Art. 8 Abs. 3, Satz 3 BV, Anspruch auf gleichen Lohn für gleichwertige Arbeit (Diskriminierungsmerkmal Geschlecht)[1504],

- Art. 11 Abs. 1 Ziff. d FDK, Anspruch auf gleiches Entgelt, einschliesslich sonstiger Leistungen und auf Gleichbehandlung bei gleichwertiger Arbeit sowie Gleichbehandlung bei der Arbeitsbewertung der Arbeitsqualität (Diskriminierungsmerkmal Frau)[1505],

---

[1503] Siehe dazu ausführlich, 6. Kapitel, II. 3.2 Gewährleistung des Rechts auf gerechte und günstige Arbeitsbedingen, S. 129 f.
[1504] Siehe dazu ausführlich, 8. Kapitel, III. Der Lohngleichheitsanspruch, S. 275.
[1505] Siehe dazu ausführlich, 6. Kapitel, V. 3.2 Drittwirkung der Arbeitsrechte, S. 173.

- Art. 5 Bst. e Ziff. i RDK Anspruch auf gleiches Entgelt für gleiche Arbeit (ohne Unterschied der Rasse, der Hautfarbe, des nationalen Ursprungs oder des Volkstums)[1506].

2. Schutzpflichten

2.1 Adressat Gesetzgeber

Für die meisten Menschen bildet die Arbeit die einzige Erwerbsquelle. Diskriminierende Ungleichbehandlungen im Arbeitsverhältnis stellen schwere Unrechtserfahrungen dar, sie verletzten die Menschenwürde. Aus diesem Grund werden die staatlichen Behörden aus Völker- und Verfassungsrecht verpflichtet, Diskriminierung im (privatrechtlichen) Arbeitsbereich wirksam zu bekämpfen.

Diese Schutzpflichten sind in unterschiedlichen Formulierungen verankert. Sie haben teils mehr appellativen und teils sehr verbindlichen Charakter. So verpflichtet das Abkommen der IAO über die Entgeltgleichheit (IAO Ü 100) den Staat, bei der Erteilung von Aufträgen darauf hinzuwirken, dass die Auftragnehmer die Entgeltgleichheit einhalten. Aus IAO Ü 111 wird abgeleitet, dass ein verfassungsrechtlicher Diskriminierungsschutz alleine nicht ausreicht, um Diskriminierung im privatrechtlichen Arbeitsverhältnis wirksam bekämpfen zu können[1507]. Aus RDK und FDK lassen sich eindeutige *Verpflichtungen für einen wirksamen, gesetzlichen Diskriminierungsschutz* ableiten[1508]. Nach der hier vertretenen Position wird die Schweiz trotz des Vorbehaltes auch aus Art. 26 IPbpR zu wirksamen Schutz vor Diskriminierung Privater verpflichtet[1509]. Der Vorbehalt umfasst lediglich das Verbot jeder gesetzlicher Diskriminierung. Weitgehende Verpflichtungen für einen wirksamen Diskriminierungsschutz im privatrechtlichen Arbeitsverhältnis enthält die BehiK, die jedoch noch nicht in Kraft und von der Schweiz auch noch weder unterzeichnet noch ratifiziert ist.

Die Schutzpflichten der EMRK beschränken sich auf Schutz vor Diskriminierung in der öffentlichen und der «quasi-öffentlichen» Sphäre. Die Arbeitsver-

---

[1506] Siehe dazu ausführlich, 6. Kapitel, IV. 3.3.2 Entgeltgleichheit und V.3. Arbeitsprivatrechtliche Inhalte, S. 160 und S. 172 f.
[1507] Siehe dazu 5. Kapitel, IV. Zwischenergebnis, S. 117.
[1508] Siehe dazu 6. Kapitel, VII. Zwischenergebnis, S. 180.
[1509] Siehe dazu 6. Kapitel, III. 3.4 Bedeutung des allgemeinen Diskriminierungsverbotes für die Schweiz, S. 143f.

hältnisse werden zur letzteren Sphäre gerechnet und sind durch den Staat so zu regeln, dass Arbeitnehmende vor Diskriminierung geschützt sind[1510].

793 Das Diskriminierungsverbot nach Art. 8 Abs. 2 BV ist im Sinne von Art. 35 Abs. 3 BV für eine Übertragung auf das privatrechtliche Arbeitsverhältnis geeignet. Die Übertragung erfolgt einerseits über die verfassungskonforme Auslegung einschlägiger Normen des Arbeitsrechts. Diese Ebene betrifft das Verbot rechtlicher Diskriminierung. Andererseits erfordert der Übertragungsakt *gesetzgeberische* Massnahmen zum Schutz vor diskriminierender Ungleichbehandlung in allen Phasen des Lebenszyklusses eines Arbeitsverhältnisses[1511].

2.2 Adressat Gerichte

2.2.1 Rechtsschutz gegen passive Diskriminierung des Staates

794 Der EGMR und die neuere Lehre befürworten ein subjektives Recht auf Schutz sofern und soweit der Staat die Schutzpflichten nicht wahrnimmt[1512]. Das ist sachgerecht. Wenn der Staat durch die Ausgestaltung der Rechtsordnung den Privatrechtssubjekten, vorliegend den Arbeitgebenden, die Freiheit gibt, Stellenbewerbende oder Arbeitnehmende zu diskriminieren, ohne dass letztere adäquaten Rechtsschutz erfahren, liegt eine *passive Diskriminierung* seitens des Staates vor[1513]. Art. 8 Abs. 2 BV und Art. 14 EMRK gewähren Privaten ein justiziables Recht auf Schutz vor (aktiver) staatlicher Diskriminierung. Unter folgenden *vier Voraussetzungen* ist Privaten gegen eine *passive* Diskriminierung des Staates Rechtsschutz zu gewähren:

- in einem privatrechtlichen Arbeitsverhältnis liegt eine diskriminierende Ungleichbehandlung vergleichbarer Sachverhalte oder eine diskriminierende Gleichbehandlung nicht vergleichbarer Sachverhalte vor,
- es besteht eine eindeutige völker- und verfassungsrechtliche staatliche Pflicht, für den fraglichen Lebenssachverhalt für wirksamen Schutz vor Diskriminierung unter Privaten zu sorgen,
- es besteht keine unmittelbar auf den Fall anwendbare völker- oder verfassungsrechtliche Regel, die es dem Gericht erlauben würde, diese Re-

---

[1510] Siehe dazu 7. Kapitel, II. 3.2 Nach Zusatzprotokoll 12, S. 197 f.
[1511] Siehe dazu 8. Kapitel, III. Der Übertragungsvorgang, S. 270 f.
[1512] Siehe dazu im 4. Kapitel, 3. Innerstaatliche Justiziabilität, S. 73, 7. Kapitel, II. 3.3 Verletzung des Diskriminierungsverbotes durch staatliche Passivität, S. 198, und im 8. Kapitel, I. 2.4.3 Justiziabilität der Schutzpflichten, S. 226 f.
[1513] Siehe dazu im 7. Kapitel, II. 3.3 Verletzung des Diskriminierungsverbotes durch staatliche Passivität, S. 198.

Teil II: Diskriminierungsschutz und Vertragsfreiheit im Völker- und Verfassungsrecht

gel als zwingende Inhaltsnorm des Privatrechts anzuwenden (unmittelbare Drittwirkung),
- die völker- und verfassungskonforme Auslegung des anwendbaren einfachen Gesetzesrechts ermöglicht keine sachgerechte Lösung des Falles.

Die eben vorgestellte Lösung erinnert an die vom EuGH entwickelte Konzeption der Schadenersatzpflicht des Staates bei nicht umgesetzten Richtlinien[1514]. Ausgangspunkt bildet in beiden Fällen die nicht wahrgenommene staatliche Verpflichtung zu einem angemessenen gesetzgeberischen Tätigwerden. Die Statuierung einer staatlichen Schadenersatzpflicht trägt dem Rechtsschutzinteresse des Diskriminierungsopfers Rechnung, ohne dabei den Diskriminierungstäter für das staatliche Versagen (nicht umgesetzte Verpflichtung) in die Verantwortung zu ziehen.

795

Trotz den Parallelen zwischen den Ansprüchen privater an den Staat bei nicht umgesetzter Richtlinien und der passiven Diskriminierung als Folge nicht umgesetzter völker- und verfassungsrechtlicher Diskriminierungsschutznormen, dürfen grundsätzliche Unterschiede zwischen völker- und verfassungsrechtlicher Diskriminierungsschutzverpflichtungen einerseits und dem Gemeinschaftsrecht nicht ausser Acht bleiben. Als «Hüterin» des Integrationsgedankens ist der Europäische Gerichtshof in ganz anderem Ausmasse legitimiert, staatliche Versäumnisse bei Umsetzungsakten zu sanktionieren, als dies im vorliegenden Zusammenhang ein nationales Gericht gegenüber nationalen Gesetzgeber der Fall ist. Bei der Umsetzung der völkerrechtlichen Diskriminierungsschutzpflichten kommt den Vertragsstaaten ein ungleich grösserer Ermessensspielraum zu. Das zeigt sich gerade auch in den eher schwach ausgebauten internationalen Überwachungs- und Durchsetzungsmechanismen. Eine passive Diskriminierung seitens des Staates und die entsprechenden Rechtsfolgen sind deshalb nur unter den oben aufgeführten und *restriktiv auszulegenden* Voraussetzungen anzunehmen.

796

Die Rechtsfolge einer passiven Diskriminierung des Staates muss wie bei einer aktiven Diskriminierung auf dem Wege des Staatshaftungsrechts gelöst werden, d.h. das Diskriminierungsopfer kann für seinen Schaden Ersatz verlangen und für die erlittene Persönlichkeitsverletzung Genugtuung fordern[1515].

797

[1514] Siehe dazu ausführlich in Teil III, 10. Kapitel, I. 2. Unterschiedliche Verpflichtungen von Verordnungen und Richtlinien, S. 312 f. und 13. Kapitel, II.2.2 Unmittelbare Anwendbarkeit, S. 441 f.
[1515] Siehe dazu LANDOLT, S. 1379 ff., PÄRLI/CAPLAZI/SUTER, S. 169.

9. Kapitel: Fazit zum völker- und verfassungsrechtlichen Diskriminierungsschutz

2.2.2 (Horizontale) Richterliche Rechtsfortbildung

798 Nach einer in der jüngeren Lehre vertretenen Position kann das Gericht bei vom Gesetzgeber nicht oder nicht ausreichend wahrgenommenen völker- und verfassungsrechtlicher Pflichten zum Schutz vor Diskriminierung in privaten Verhältnissen *rechtsfortbildend* tätig werden und im konkreten Fall die Schutzlücke durch einen Einzelfallentscheid schliessen. Im Unterschied zur Staatshaftung als Folge nicht verwirklichten Schutzes werden damit *Private durch richterliche Rechtsfortbildung* verpflichtet. Diese richterliche Rechtsfortbildung ist zulässig, wenn kumulativ die folgenden *fünf Voraussetzungen* vorliegen:

- in einem privatrechtlichen Arbeitsverhältnis liegt eine diskriminierende Ungleichbehandlung vergleichbarer Sachverhalte oder eine diskriminierende Gleichbehandlung nicht vergleichbarer Sachverhalte vor,
- es besteht eine eindeutige völker- und verfassungsrechtliche staatliche Pflicht, für den fraglichen Lebenssachverhalt für wirksamen Schutz vor Diskriminierung unter Privaten zu sorgen.
- es besteht keine unmittelbar auf den Fall anwendbare völker- oder verfassungsrechtliche Regel, die es dem Gericht erlauben würde, diese Regel als zwingende Inhaltsnorm des Privatrechts anzuwenden (unmittelbare Drittwirkung),
- die völker- und verfassungskonforme Auslegung des anwendbaren einfachen Gesetzesrechts ermöglicht keine sachgerechte Lösung des Falles,
- die in Frage kommende(n) völker- oder verfassungsrechtliche Norm(en) ist (sind) zwar nicht unmittelbar anwendbar, jedoch lässt sich die richterliche Regel zur Lösung des Falles weitgehendst aus den völker- und verfassungsrechtlichen Vorgaben ableiten.

799 Die ersten vier Voraussetzungen sind mit denjenigen des Rechtsschutzes gegen die staatliche passive Diskriminierung identisch. Die hier aufgeführte fünfte Voraussetzung verdeutlicht den Unterschied zwischen den beiden Formen richterlicher Tätigkeit zum Diskriminierungsschutz im privatrechtlichen Arbeitsverhältnis.

2.2.3 Gerichtliches Vorgehen

800 Für die Feststellung einer massgeblichen völkerrechtlichen Schutzpflicht und Schutzlücken haben die Gerichte die ergänzenden Materialien des einschlägigen völkerrechtlichen Vertrages wie die «general comments» und insbesondere auch die Staatenberichte und die Bemerkungen der Überwachungsorgane zu den Staatenberichten zu konsultieren und zu beachten. Soweit der völ-

kerrechtliche Vertrag ein Individualbeschwerdeverfahren kennt, wie bei der RDK, dem IPbpR und der FDK, müssen die Gerichte auch die einschlägige Rechtsprechung der zuständigen Ausschüsse berücksichtigen[1516].

Die Untersuchung der geltenden arbeitsrechtlichen Normen auf ihre Anwendungsmöglichkeiten auf Diskriminierungskonstellationen wird zeigen, ob und in welchen Bereichen Raum für rechtsfortbildende Tätigkeit der Gerichte und für welche Form – Rechtsschutz gegen staatliche passive Diskriminierung oder horizontale richterliche Rechtsfortbildung – besteht. 801

Nach dem dieser Studie zugrunde liegenden rechtsmethodischen und rechtstheoretischen Verständnis – es wurde im ersten Kapitel eingeführt – beinhaltet auch die «normale» Auslegung rechtsfortbildende Aspekte. Die anwendbare Norm wird durch den Auslegungsvorgangs erst erzeugt. Im einen Fall bildet ein vorhandener einfachgesetzlicher Normtext die Ausgangslage während im anderen Fall gerade kein solcher Normtext einer Normschöpfung zugänglich ist. 802

[1516] Siehe dazu: 2. Kapitel, III. Rechtstheoretisches Verständnis, S. 23, 4. Kapitel, II. 2.2.1 Das Staatenberichtsverfahren, S. 62, 4. Kapitel, III. 2.2.3 Nicht unmittelbar anwendbare Normen, S. 70.

Teil III: Diskriminierungsschutz im Europäischen Arbeitsrecht

Wenn in diesem Teil von «Europäischem Arbeitsrecht» die Rede ist, ist damit immer das Gemeinschaftsrecht gemeint, das Recht der Europäischen Gemeinschaft (EG), das auch im Bereich des Arbeitsrechts zunehmend ins nationale Recht hineinwirkt[1517]. 803

Für die Schweiz als Nicht-EU-Mitglied ist die gemeinschaftsrechtliche Entwicklung in verschiedener Hinsicht relevant. Zum einen ist die Schweiz über das Personenfreizügigkeitsabkommen hinsichtlich wichtiger Bereiche der Arbeitnehmerfreizügigkeit unmittelbar an entsprechendes Gemeinschaftsrecht angebunden[1518]. Zum anderen interessiert die gemeinschaftliche Entwicklung als Ausgangspunkt für eine vergleichende Darstellung des schweizerischen Standes an Diskriminierungsschutz- und Gleichbehandlungsnormen[1519]. Die europarechtliche Ausgestaltung der Geschlechtergleichheit war Vorbild für das schweizerische Gleichstellungsgesetz[1520]. Die Zukunft wird zeigen, ob die neuere «Gleichheitsentwicklung»[1521] im Zuge von Art. 13 des Vertrages über die europäische Gemeinschaft (EGV) und der darauf basierenden Richtlinien 2000/78 und 2000/43 von der Schweiz ähnlich rezipiert wird wie seinerzeit das Bundesgesetz über die Gleichstellung von Frau und Mann (Gleichstellungsgesetz GlG). Bisherigen politischen Vorstössen in diese Richtung war noch kein Erfolg beschieden[1522]. 804

[1517] SCHLACHTER, S. 21, SCHIEK (Arbeitsrecht), N 32.
[1518] Siehe dazu umfassend PÄRLI (Diskriminierungsverbot), S. 21 ff. und im 11. Kapitel, S. 369 ff.
[1519] Das Gemeinschaftsrecht wirkt sowohl durch die EG-Rechtsetzung, die EuGH-Rechtsprechung sowie durch die Gemeinschaftsrechtsdoktrin auf das schweizerische Privatrecht ein. Siehe dazu PROBST (Rechtsprechung), S. 255 ff., AMSTUTZ, S 92 ff.
[1520] Botschaft GlG, BBl 1993 I 1249, 1294 ff., WALDMANN (Neue Ansätze), S. 5, EPINEY /DUTTWILER, S. 37 f.
[1521] Die Gleichheitsentwicklung geht über das Arbeitsrecht hinaus. Das europäische Anti-Diskriminierungsrecht entwickelt sich mehr und mehr zu einem eigenständigen Rechtsgebiet (SCHÖBENER/STORK, S. 45). Zur Bedeutung des gemeinschaftsrechtlichen Diskriminierungsschutzrechts siehe auch aus der Reihe Jus Commune Casebook for the common Law of Europe: Schiek/Waddington/Bell, Non-Discrimination. Law (Cases, Materials and Text on National, Supranation and International Non-Discrimination. Law), Oxford and Portland, Oregon, 2007.
[1522] PÄRLI (AGG), S. 144, siehe weiter die Angaben in den Fn 2464, 2465, 2466, 2467, 2468, 2470, 2471.

10. Kapitel: Gemeinschaftsrechtliche Gleichheitskonzeptionen

805 Gegenstand dieses dritten Teils der Studie bildet also die Rechtslage im Gemeinschaftsrecht bezüglich Gleichbehandlung und Diskriminierungsschutz im privatrechtlichen Arbeitsverhältnis. Wie im zweiten Teil der Arbeit (Völker- und Verfassungsrecht) interessieren dabei sowohl die unmittelbar rechtlich durchsetzbaren Gleichbehandlungsansprüche wie auch die staatlichen Verpflichtungen zur Verwirklichung der Gleichbehandlung und des Diskriminierungsschutzes im privatrechtlichen Arbeitsverhältnis. Und gleich wie im vorangehenden Teil findet auch eine Auseinandersetzung mit der (gemeinschaftsrechtlichen) Vertragsfreiheit und dem Diskriminierungsschutz statt.

806 Das arbeitsrechtliche Gleichbehandlungsrecht ist in die *allgemeine Struktur des Gleichbehandlungsrechts* eingebettet. Darauf wird im gleich folgenden zehnten Kapitel eingegangen. Hier werden zudem *in aller Kürze* Grundelemente der gemeinschaftsrechtlichen Rechtsquellen sowie Funktion und Wirkung des europäischen Arbeitsrechts dargestellt.

807 Auf dieser Grundlage aufbauend werden danach bearbeitet:

- im elften Kapitel das Diskriminierungsverbot europäischer Wanderarbeitnehmer/innen im Rahmen der grundfreiheitlichen Arbeitnehmerfreizügigkeit,

- im zwölfte Kapitel das arbeitsrechtliche Diskriminierungsverbot aufgrund des Geschlechts,

- und im dreizehnten Kapitel die «neuen» Diskriminierungsverbote in den Richtlinien 2000/78/EG und 2000/43/EG (soweit der Bereich Beschäftigung und Beruf betroffen ist).

10. Kapitel: Konzeptionen des gemeinschaftsrechtlichen Diskriminierungsschutzes

I. Einleitung

1. *Europäisches Arbeitsrecht* [1523]

Der Fokus der Studie liegt auf den *arbeitsrechtlichen* Diskriminierungsverboten des Gemeinschaftsrechts. Im EG-Vertrag ist dem Arbeitsrecht kein eigenständiges Kapitel gewidmet. Vielmehr werden Bestimmungen arbeitsrechtlicher Natur im Titel XI «Sozialpolitik» des EG-Vertrages im Kapitel «Sozialvorschriften» aufgeführt. Zu den «Sozialvorschriften» gehören ausser arbeitsrechtlichen Normen auch das Sozialrecht im Sinne des Rechts der sozialen Sicherheit und des sozialen Schutzes. 808

Die gemeinsame Subsumierung von Sozialrecht und Arbeitsrecht unter dem Obergriff «Sozialpolitik/Sozialvorschriften» ist den meisten europäischen Rechtsordnungen fremd. Während das Sozialrecht Teil des öffentlichen Verwaltungsrechts bildet, ist das Arbeitsrecht überwiegend im Zivilrecht verankert[1524]. In der Dogmatik wird denn auch zwischen Europäischem Sozialrecht und Europäischem Arbeitsrecht unterschieden[1525]. Sowohl arbeitsrechtliche wie sozialrechtliche Regelungen finden sich auch ausserhalb des Kapitels Sozialpolitik[1526]. Zu nennen sind insbesondere die arbeitsrechtliche Bestimmung zur Arbeitnehmerfreizügigkeit in Art. 39 EGV sowie die sozialrechtliche Koordinationsnorm zur Sozialen Sicherheit in Art. 42 EGV. 809

Ziele des europäischen Arbeitsrechts sind die Harmonisierung der mitgliedstaatlichen Arbeitsrechtsordnungen zum Zwecke der Aufrechterhaltung der Wettbewerbsgleichheit in der Union[1527] und zur Verbesserung der sozialen 810

[1523] Unter dem Begriff «Europäisches Arbeitsrecht» werden in der Literatur vorwiegend die arbeitsrechtlich relevanten Bestimmungen des Gemeinschaftsrechts verstanden, siehe z.B. THÜSING (Arbeitsrecht), S. 5 f und S. 12 f., FUCHS/MAROLD, S. 3 ff. Zum Teil werden die arbeitsrechtlich relevanten Bestimmungen der EMKR und der Europäischen Sozialcharta ebenfalls zum europäischen Arbeitsrecht gezählt; für eine solche umfassende Perspektive plädiert namentlich SCHIEK (Arbeitsrecht), S. 19.

[1524] KRIMPHOVE, N 16, S. 10.

[1525] Vgl. z.B. die entsprechende Unterteilung in HANAU/STEINMEYER/WANK, 4. Abschnitt, das Arbeitsrecht im Gemeinschaftsrecht, S. 337-870, 5. Abschnitt, das Sozialrecht im Gemeinschaftsrecht, S. 921-1184.

[1526] KREBBER, N 2 zu Art. 136 EGV.

[1527] KRIMPHOVE, N 82 ff., KENNER (Economic), S. 1 ff., FUCHS/MAROLD S. 8 ff. (FUCHS).

305

10. Kapitel: Gemeinschaftsrechtliche Gleichheitskonzeptionen

Rechte der Arbeitnehmenden[1528]. Inhaltliche Schwerpunkte des Europäischen Arbeitsrechts bilden die Gewährung der *Arbeitnehmerfreizügigkeit*, die *Gleichbehandlung zwischen Frauen und Männern* im Arbeitsleben, die Arbeitssicherheit und der Sozialschutz der Arbeitnehmenden[1529]. Zunehmende Wichtigkeit erlangen Diskriminierungsverbote aufgrund von Persönlichkeitsmerkmalen[1530]. Das wichtigste Instrument zur Erreichung einer Harmonisierung im Europäischen Arbeitsrecht bildet die Richtlinie[1531]. Sie erlaubt, die Rechtsangleichung unter Rücksichtnahme auf die gewachsenen Arbeitsrechtssysteme in den Mitgliedstaaten vorzunehmen[1532].

811 Nach der Rechtsprechung des EuGH bestimmt sich die Frage, wer Arbeitnehmer oder Arbeitnehmerin im Sinne der gemeinschaftsrechtlichen Vorschriften ist, nach dem Gemeinschaftsrecht und nicht nach dem Recht der Mitgliedstaaten[1533]. Einen einheitlichen *Arbeitnehmerbegriff* enthält das Gemeinschaftsrecht nicht. Vielmehr muss dieser nach dem Zweck der Vorschrift und der Regelungsmaterie ermittelt werden[1534]. Werden folglich in den drei folgenden Kapiteln Fragen der Arbeitnehmergleichheit im privatrechtlichen Arbeitsverhältnis in gemeinschaftsrechtlicher Perspektive erörtert, so muss jeweils gesondert untersucht werden, von welchem Arbeitnehmerbegriff die entsprechend Regelungsmaterie ausgeht.

812 Die *Bedeutung* des gemeinschaftsrechtlichen Arbeitsrechts wurde lange Zeit unterschätzt. Das mag damit zusammenhängen, dass die Europäische Gemeinschaft als Wirtschaftsgemeinschaft konzipiert wurde und die Funktion des europäischen Arbeitsrechts lange eher in der Unterstützung des wirtschaftlichen Zweckes der Gemeinschaftsverträge gesehen wurde[1535]. Bereits im Kontext der Schaffung des einheitlichen Binnenmarktes (Maastricht, 1992) wurde jedoch die soziale Komponente der Gemeinschaft stärker betont[1536]. Ausdruck davon bildete die in der Form eines völkerrechtlichen Vertrages durch die Regierungschefs der europäischen Mitgliedstaaten 1989 abgeschlossene «Gemeinschaftscharta der sozialen Grundrechte der Arbeit-

---

[1528] FUCHS/MARHOLD S. 20 ff.
[1529] KRIMPHOVE, N 157, S. 105, THÜSING (Arbeitsrecht), S. 20 ff., SCHIEK (Arbeitsrecht), S. 263 ff.
[1530] THÜSING (Arbeitsrecht), S. 67 ff., SCHIEK (Arbeitsrecht), S. 220 ff.
[1531] Art. 137 Abs. 2 Bst. b EVG ermächtigt nur zum Erlass von Richtlinien, siehe dazu KREBBER, N 28 zu Art. 137 EGV.
[1532] HANAU/STEINMEYER/WANK, N 20, S. 302.
[1533] Ständige Rechtsprechung seit EuGH v. 19.03.1964, Rs C-75/63, Unger, Rn 1. Siehe weitere Nachweise bei HANAU/STEINMEYER/WANK, N 1, S. 1272.
[1534] SCHIEK (Arbeitsrecht), S. 215.
[1535] FUCHS/MAROLD, S. 6 ff., KRIMPHOVE, N 20.
[1536] SCHIEK (Arbeitsrecht), S. 65, FUCHS/MAROLD, S. 32.

nehmer»[1537]. Wichtige Grundnormen des heute geltenden Europäischen Arbeitsrechts wurden 1997 in die Amsterdamer Fassung des Gemeinschaftsvertrages aufgenommen[1538] und der Vertrag von Nizza (2000) strukturierte die Handlungsbefugnisse der Gemeinschaft für die Erreichung der sozialen Ziele[1539].

2. Komplexität des Diskriminierungsschutzes

Die Ausführungen in den vorangehenden Kapiteln haben gezeigt: Dem Schutz vor Diskriminierung im Arbeitsverhältnis kommt nach der völker- und verfassungsrechtlichen Wertung eine hohe Priorität zu. Dies trifft, wie im Folgenden erläutert wird, auch auf das Europäische Gemeinschaftsrecht zu. 813

Zwischen Völker- und Verfassungsrecht einerseits und dem europäischen Gemeinschaftsrecht gilt es indes klar zu unterscheiden. Durch in Menschenrechtsverträgen verankerte Diskriminierungsverbote verpflichten sich die Ratifikationsstaaten *völkerrechtlich* dazu, innerstaatlich für verstärkten Diskriminierungsschutz zu sorgen. Das Verfassungsrecht verpflichtet *innerstaatlich* die staatlichen Organe im Rahmen ihrer Kompetenzen zu Diskriminierungsschutz. Das europäische Gemeinschaftsrecht hat demgegenüber eine eigenständige rechtliche Natur. Die Rechtsordnung der europäischen Gemeinschaft beruht zwar auf einer vertraglichen Einigung der Mitgliedstaaten. Sie hat sich aber trotz völkerrechtlicher Grundlage zu einer *autonomen Rechtsordnung* entwickelt[1540]; Gemeinschaftsrecht ist suprastaatliches Recht und hat gegenüber dem nationalen Recht Vorrang[1541]. 814

Trotz den gerade skizzierten fundamentalen Unterschieden zeigen sich zwischen völker-, verfassungs- und gemeinschaftsrechtlichen Diskriminierungsschutzkonzeptionen Bindungen und wechselseitige Abhängigkeiten[1542]. Verankert ist diese Interdependenz in Art. 6 Abs. 2 des Unionsvertrages (EUV). Dieser Bestimmung zu Folge hat die Union die Grundrechte der EMRK genau so zu achten hat wie die Grundrechte, wie sie sich aus den gemeinsamen 815

[1537] SCHIEK (Arbeitsrecht), S. 65, HILBRANDT, S. 996.
[1538] KREBBER, N 4 ff. zu Art. 136 EGV, THÜSING (Arbeitsrecht), S. 8.
[1539] BELL (Anti-Discrimination Law), S. 16 ff.
[1540] Siehe dazu den Grundsatzentscheid des Europäischen Gerichtshofes in EuGH v. 15.07.1964, Rs 6/64, Costa, Slg. 1964, 1254, siehe weiter statt vieler HERDEGEN, S. 74 ff.
[1541] EuGH v. 15.07.1964, Rs 6/64, Costa.
[1542] MAHLMANN (Gleichheitsschutz), N 2, SCHIEK (Arbeitsrecht), N 34 f., DÄUBLER (Einleitung), N 182 f.

10. Kapitel: Gemeinschaftsrechtliche Gleichheitskonzeptionen

Verfassungsüberlieferungen der Mitgliedstaaten als allgemeine Grundsätze des Gemeinschaftsrechts ergeben.

816 Der gemeinschaftsrechtliche Rechtsschutz vor Ungleichbehandlung im Arbeitsverhältnis ist vielschichtig: Die massgebenden Bestimmungen finden sich in unterschiedlichen Rechtsquellen, enthalten ein ungleiches Schutzniveau und basieren teilweise auf unterschiedlich Motiven.

817 Ein wesentlicher Unterschied des europarechtlichen Diskriminierungsschutzes im Vergleich zum Schutz im Arbeitsvölkerrecht bildet das Diskriminierungskriterium «Staatsangehörigkeit». In den mehrheitlich menschenrechtlich geprägten völkerrechtlichen Verträgen des Arbeitsvölkerrechts ist das Kriterium der Staatsangehörigkeit nicht *ausdrücklich* unter den Diskriminierungskriterien aufgeführt[1543] oder es ist sogar ausdrücklich von den Diskriminierungskriterien ausgenommen[1544]. Daraus kann nicht geschlossen werden, Vertragsstaaten dürften Ausländerinnen und Ausländer diskriminieren. Gemeint ist vielmehr, dass Vertragsstaaten in gewissen Bereichen wie Aufnahme in den öffentlichen Dienst oder Gewährung des Wahlrechts Unterscheidungen zwischen Staatsbürgerinnen und Staatsbürgern und Nichtstaatsbürger und Nichtstaatsbürgerinnen vornehmen dürfen. Nicht jede Ungleichbehandlung aufgrund der Staatsangehörigkeit ist im Lichte internationaler Menschenrechtsabkommen zulässig. So hat der EGMR im Fall Gaygusuz entschieden, dass Voraussetzung der österreichischen Staatsangehörigkeit für die Gewährung von Notstandshilfe gegen Art. 14 EMRK verstösst[1545]. In keinem Fall zulässig sind benachteiligende unterschiedliche Behandlungen, die an Persönlichkeitsmerkmale anknüpfen wie Hautfarbe, ethnische Herkunft o.ä.

818 Im europäischen Gemeinschaftsrecht bildet das Verbot der Diskriminierung aufgrund der Staatsangehörigkeit eines Mitgliedstaates den Anfang und eigentlichen Dreh- und Angelpunkt des arbeitsrechtlichen Diskriminierungsschutzes. Solange sich Arbeitnehmende aufgrund ihrer Staatsangehörigkeit nicht frei auf dem europäischen Arbeitsmarkt bewegen können, so lange lässt sich die Idee des gemeinsamen Marktes nicht verwirklichen. Das Diskriminierungsverbot offenbart sich deshalb nicht «nur» als menschenrechtliches Grundrecht sondern auch – und historisch primär – als «wirtschaftliche»

[1543] Das Diskriminierungsverbot in Art. 14 EMRK bsw. enthält das Kriterium «Staatsangehörigkeit» ebenso wenig wie die Diskriminierungsverbote in den UN-Pakten über die Menschenrechte ein solches enthalten.

[1544] So z.B. in der RDK: Nach Art. 1 Abs. 2 der RDK findet das Übereinkommen bei Ausschliessungen, Beschränkungen oder Bevorzugungen, die ein Vertragsstaat zwischen eigenen und fremden Staatsangehörigen vornimmt, keine Anwendung. Zur Bedeutung dieser Bestimmung siehe im 5. Kapitel, IV. 1.2.4 Ausnahmen, S. 149 f.

[1545] EGMR v. 31.08.1996, Gaygusuz gegen Österreich, Appl. No. 17371/90.

Grundfreiheit[1546]. Die vier Grundfreiheiten (freier Waren-, Personen-, Dienstleistungs- und Kapitalverkehr) bilden das Kernstück zur Erreichung des Gemeinsamen Marktes als eines der wichtigsten Gemeinschaftsziele. Die Personenfreizügigkeit als eine der Grundfreiheiten kann nur funktionieren, wenn die Mitgliedstaaten EU-Bürger und Bürgerinnen nicht aufgrund ihrer Staatsangehörigkeit diskriminieren dürfen. Die Personenverkehrsfreiheit hat jedoch auch eine soziale Komponente, die europäischen Wirtschaftsbürger/innen sind auch europäische Sozialbürger/innen[1547].

Die arbeitsrechtlichen Gleichbehandlungsgebote und Diskriminierungsverbote zeichnen sich durch eine wirtschaftliche *und* soziale Zielsetzung aus[1548]. Das gilt wie bereits erwähnt für die Arbeitnehmerfreizügigkeit gemäss Art. 39 EGV und für die Entgeltgleichheit nach Art. 141 EGV. Auch in den auf der Basis von Art. 13 EGV erlassenen Rahmenrichtlinien zur Verwirklichung der Gleichbehandlung in Beschäftigung und Beruf sind *soziale, menschenrechtliche wie auch wirtschaftliche Motive* erkennbar[1549].

819

II. Rechtsquellen gemeinschaftsrechtlicher Arbeitsgleichheitsrechte

1. Übersicht

Die Rechtsquellen der Europäischen Gemeinschaften[1550] werden in *primäres* und *sekundäres* Gemeinschaftsrecht unterteilt. Ausserhalb der «traditionellen» Rechtsquellen des Gemeinschaftsrechts steht die Charta der Grundrechte der Europäischen Union. Sie hat vorläufig[1551] lediglich den Charakter einer Auslegungshilfe für den Europäischen Gerichtshof[1552]; ungeachtet ihres (noch) unverbindlichen Status nimmt sie an Bedeutung zu[1553].

820

[1546] RENGELING/SZCZEKALLA, S. 78 ff.
[1547] STREINZ (Europarecht), N 653. Zum Konzept des europäischen Sozialbürger siehe auch BERCUSSON, S. 22 ff.
[1548] MEYER, S. 21, SCHIEK (Arbeitsrecht), S. 132 f.
[1549] BELL (Anti-Discrimination Law), S. 29, MAHLMANN (Gerechtigkeitsfragen), S. 48.
[1550] Zu den drei Europäischen Gemeinschaften (Europäische Gemeinschaft für Kohle und Stahl EGKS (bis 2002), der Europäischen Wirtschaftsgemeinschaft EWG bzw. später Europäische Gemeinschaft EG und der Europäischen Atomgemeinschaft EAG) vgl. statt vieler STREINZ (Europarecht), N 14 ff., S. 8.
[1551] Die Grundrechtscharta wird mit dem Inkrafttreten des Lissabonvertrages verbindlich, siehe dazu die Ausführungen weiter hinten in N 832.
[1552] EuGH v. 27.06.2006, Rs 540/03, Europäisches Parlament/Rat, Slg. 2006, I-5769, Rn 38 und 58. In diesem Urteil bezog sich der EuGH explizit auf die Grundrechtscharta

10. Kapitel: Gemeinschaftsrechtliche Gleichheitskonzeptionen

821 Zum primären Gemeinschaftsrecht gehören alle Gründungsverträge der Gemeinschaften sowie die späteren Ergänzungen und Änderungen dieser Verträge. Sekundäres Gemeinschaftsrecht bildet das von den Organen der EG nach Massgabe der ihnen zugewiesenen Kompetenzen erlassene Recht. Nach Art. 249 EGV kommen als Erlassformen Verordnungen, Richtlinien, Entscheidungen sowie Stellungnahmen und Empfehlungen in Frage.

822 Teil des ungeschriebenen primären Gemeinschaftsrechts sind die vom Europäischen Gerichtshof (EuGH) entwickelten *allgemeinen Rechtsgrundsätze*. Dazu gehören die durch den EuGH fallweise entwickelten *Gemeinschaftsgrundrechte*[1554] und rechtsstaatlich gebotene Garantien des Verwaltungsverfahrens wie das Willkürverbot, der Grundsatz der Verhältnismässigkeit sowie die Prinzipien des Vertrauensschutzes und der Rechtsicherheit[1555]. Die Qualität von Gemeinschaftsgrundrechten haben u.a. der *allgemeine Gleichheitssatz*[1556] und der *Grundsatz der Gleichbehandlung von Mann und Frau*[1557]. Die Praxis des EuGH zu den (ungeschriebenen) Gemeinschaftsgrundrechten hat in Art. 6 Abs. 2 EUV Eingang gefunden[1558]. Diese Bestimmung stellt eine eigenständige Rechtsquelle der Gemeinschaftsgrundrechte dar[1559]. Die gemeinschaftsrechtlichen Grundrechte richten sich nur an die Gemeinschaften und ihre Organe. Sie binden allerdings die Mitgliedsstaaten bei der Vollziehung von Gemeinschaftsrecht. Das gilt auch im Rahmen der Umsetzung von Richtlinien[1560].

---

als Erkenntnisquelle des europäischen Grundrechtsschutzes. Das Gericht erster Instanz hat diesen Schritt bereits früher unternommen, siehe z.B. Urteil des Europäischen Gerichts erster Instanz vom 08.07.2004 in den Rechtssachen T-67/00, T-68/00, T-70/00, T-71/00, JFE Engineering, Rn 178. Siehe dazu in der Literatur HANAU/STEINMEYER/WANK, N 47, S. 151, KINGREEN, N 41 zu Art. 6 Abs. 2 EU-Vertrag, HAKENBERG/SEYR, S. 1041.

[1553] MAHLMANN (Gleichheitsschutz), N 9, KENNER (Economic), S. 1 ff., insbes. S. 24, TEMMING (Grundrechtscharta), S. 143, BERCUSSON/CLAUWAERT/SCHÖNMANN, S. 41 ff., inbes. S. 54 f.
[1554] Zur Entwicklung der Gemeinschaftsgrundrechte durch den EuGH siehe NICOLAYSEN, N 55- 57.
[1555] Siehe dazu CALLIES, N 25 zu Art. 6 EUV (Verhältnismässigkeitsgrundsatz), N 26 zu Art. 6 EUV (Vertrauensschutz), und N 27 zu Art. 6 EUV (Rechtsicherheit), je mit Hinweisen auf die EuGH-Rechtsprechung.
[1556] EuGH v. 20.09.1988, Rs 203/86, Spanien gegen Rat, Slg 1988, S. 4563, Rn 25.
[1557] EuGH v. 15.06.1978, Rs 149/77, Defrenne III, Slg 1978, S. 1365, Rn 26/29. Siehe zur Gleichbehandlung als allgemeiner Rechtsgrundsatz des Gemeinschaftsrechts EPINEY/FREIERMUT ABT, S. 107 ff.
[1558] KINGREEN, N 32 zu Art. 6 EUV, MEYER, S. 19.
[1559] RENGELING/SZECZEKALLA, N 63 zu Art. 6 EUV.
[1560] ZIMMERLING, N 32.

Dem Gemeinschaftsrecht kommt sowohl im Verhältnis zum Völkerrecht wie 823
auch gegenüber den Rechtsordnungen der Mitgliedstaaten ein eigenständiger
Charakter zu[1561]. Damit dies auch anerkannt wird, muss das Gemeinschaftsrecht einer autonomen gerichtlichen Kontrolle durch den EuGH unterliegen[1562]. Dem EuGH kam und kommt bei der dynamischen Weiterentwicklung des Gemeinschaftsrechts und dem Integrationsprozess an sich eine sehr grosse Bedeutung zu[1563]. Gemäss Art. 220 EGV ist der EuGH zur Wahrung des Rechts bei der Auslegung und Anwendung des Vertrags verpflichtet. Angesichts des unvollkommenen Regelungsstandes im EG-Recht, beinhaltet die Wahrung des Rechts nach allerdings *stark umstrittener* Auffassung auch die Kompetenz und die Pflicht zur richterlichen Rechtsfortbildung[1564].

Für die Auslegung des Gemeinschaftsrechts bedient sich der Gerichtshof 824
grundsätzlich der gleichen Auslegungsmethoden, wie sie auch in den meisten Rechtsordnungen gebräuchlich sind[1565]. Die Auslegungselemente werden aber etwas anders gewichtet oder haben eine andere Bedeutung. Die Gemeinschaftsrechtstexte werden heute in dreiundzwanzig Sprachen übersetzt, die alle gleichrangig sind[1566]. Überragende Bedeutung kommt dem teleologischen Element zu. Der EuGH verwendet dabei den Begriff «effet utile» (Effektivitätsgrundsatz). Die einzelnen Bestimmungen des Gemeinschaftsrechts sollen so ausgelegt werden, dass sie die grösstmöglichste Wirksamkeit entfalten[1567].

[1561] Siehe dazu grundlegend EuGH v. 05.02.1963, Rs 25/62, van Gend & Loos, Slg. 1963, S. 1. Der Gerichtshof führte hier aus: «Die Europäische Wirtschaftsgemeinschaft stellt eine neue Rechtsordnung des Völkerrechts dar, zu deren Gunsten die Staaten, wenn auch in begrenztem Rahmen, ihre Souveränitätsrecht eingeschränkt haben; eine Rechtsordnung, deren Rechtssubjekte nicht nur die Mitgliedstaaten, sondern auch die Einzelnen sind. Das von der Gesetzgebung der Mitgliedstaaten unabhängige Gemeinschaftsrecht soll daher den Einzelnen, ebenso wie es ihnen Pflichten auferlegt, auch Rechte verleihen».

[1562] BIEBER/EPINEY/HAAG, N 18, S. 251.

[1563] BIEBER/EPINEY/HAAG, N 11, S. 247.

[1564] BORCHARD, N 23 zu Art. 220 EGV, CONSTANTINESCO, S. 808. Beachtlich auch FRANZEN, der die Befugnis des EuGH zur Rechtsfortbildung u.a. mit dem Grundsatz der Effektivität des Gemeinschaftsrechts begründet, siehe FRANZEN (Privatrechtsangleichung), S. 38. Zur Kritik der rechtsfortbildenden Rolle des EuGH siehe WEGENER, N 17 zu Art. 220 EGV, MOOR, S. 146 ff.

[1565] WEGENER, N 11 zu Art. 220 EGV.

[1566] WEGENER, N 11 zu Art. 220 EGV.

[1567] Vgl. z.B. EuGH v. 03.05.1996, Rs C-46/93 und Rs C-48/93, Brasserie du pécheur SA und Factortame ltd., Slg 1996, I-1029.

2. Unterschiedliche Verpflichtungen von Verordnungen und Richtlinien

825 Die sekundärrechtlichen *Verordnungen* (VO) sind generell-abstrakte Rechtssätze. Sie sind unmittelbar anwendbar[1568] und sind in allen Teilen verbindlich und gelten unmittelbar in jedem Mitgliedstaat. Für die Rechtsverwirklichung der VO bedarf es keines zusätzlichen Akts der Mitgliedstaaten[1569]. Verpflichtet werden nicht nur die Mitgliedstaaten und ihre Behörden, sondern alle Personen, die vom Tatbestand der Verordnung erfasst werden[1570]. Verordnungen verdrängen sowohl geltendes entgegenstehendes Recht der Mitgliedstaaten wie auch allenfalls später erlassenes Recht[1571].

826 *Richtlinien* (RL) sind hinsichtlich des zu erreichenden Ziels für die Mitgliedstaaten verbindlich. Die Mitgliedstaaten sind in der Wahl der Form und Mittel zur Zielerreichung frei. Die Umsetzung der Richtlinien muss in einer Art und Intensität erfolgen, die ein hohes Mass an Richtsicherheit und Rechtsklarheit für die Bürgerinnen und Bürger sicherstellt[1572]. Leitlinie des EuGH für die Umsetzung von Richtlinien bilden das Effektivitätsgebot (der so genannte «effet utile»)[1573] und die Rechtssicherheit[1574]. Die Richtlinien enthalten regelmässig eine Frist, innerhalb derer die Umsetzung erfolgt sein muss. Bereits vor Ablauf der Umsetzungsfrist dürfen die Mitgliedstaaten nichts unternehmen, was der Verwirklichung der Richtlinienziele abträglich sein könnte[1575]. Diese Pflicht betrifft auch die Gerichte der Mitgliedstaaten, sie sind während der Umsetzungsfrist verpflichtet, nationales Recht nicht in einer Art auszulegen, die den Richtlinienzielen abträglich ist[1576].

827 Bei säumigen Mitgliedstaaten kann die Kommission ein Vertragsverletzungsverfahren nach Art. 226 EGV einleiten. Nicht fristgemäss oder nicht ordentlich umgesetzte Richtlinien haben nach ständiger EuGH-Rechtsprechung

---

[1568] Die unmittelbare Anwendbarkeit bedeutet, dass Gemeinschaftsrecht ohne weiteres in das nationale Recht integriert ist.
[1569] EuGH v. 14.12.1970, Rs C-43/71, Politi, Slg. 1971, S. 1039.
[1570] Die Verordnung ist unmittelbar anwendbar und entfaltet unmittelbare Wirkung (zu den Voraussetzungen der unmittelbaren Wirkung bei Richtlinien siehe die Ausführungen hinten in N 827). Zum Ganzen siehe KLEIN, S. 3 und im arbeitsrechtlichen Kontext HANAU/STEINMEYER/WANK, N 78-80, S.1285.
[1571] BIEBER/EPINEY/HAAG, N 30, S.192.
[1572] HANAU/STEINMEYER/WANK, N 100, S. 1287.
[1573] Grundlegend EuGH v. 15.07.1964, Rs C-6/64, Costa/ENEL, Slg. 1964, 585 ff., 593 Rn 5.
[1574] Dazu ausführlich HERMANN, S. 209 ff.
[1575] RUFFERT, N 46 zu Art. 249 EGV. Siehe insbes. auch EuGH v. 22.11.2005, Rs C-144/04, Mangold, Rn 67.
[1576] EuGH v. 04.07.2006, Rs C-212/04, Adeneler, Rn 121-123, insbes. Rn 122.

dann unmittelbare Wirkung[1577], wenn die Vorschriften der Richtlinie «inhaltlich unbedingt» und «hinreichend genau formuliert» sind[1578].

Die unmittelbare Wirkung gilt im Verhältnis zum Staat. Private können grundsätzlich nicht auf der Grundlage nicht umgesetzter Richtlinien in die Pflicht genommen werden[1579]. Hingegen haben Private aus nicht fristgemäss umgesetzten Richtlinien unter Umständen einen Anspruch auf Schadenersatz *gegenüber dem Staat*. Voraussetzungen dafür bilden das Vorliegen eines aus der Nichtumsetzung der Richtlinie erwachsenen Schadens. Die fragliche Richtlinie muss zudem die Verleihung von Rechten an Einzelne zum Ziel haben und der Inhalt dieser Rechte muss auf der Grundlage der Richtlinie ermittelt werden können[1580]. Als Rechtsfolge erwachsen den säumigen Mitgliedstaaten Ersatzpflichten für die aus der nicht umgesetzten Richtlinie entstandenen Schäden[1581].

3. Drittwirkung des Gemeinschaftsrechts

Vorab ist eine Bemerkung zur Terminologie anzubringen. *Drittwirkung* im Sinne einer unmittelbaren gemeinschaftlichen Verpflichtung in privaten Rechtsverhältnissen wird in der europarechtlichen Doktrin und Praxis auch

---

[1577] Der Grundsatz der unmittelbaren Wirkung des Gemeinschaftsrechts geht auf die EuGH-Entscheidung Van Gend en Loos zurück, der Gerichtshof hielt hier fest: «Das (...) Gemeinschaftsrecht soll daher den Einzelnen, ebenso wie es ihnen Pflichten auferlegt, auch Rechte verleihen (...) und individuelle Rechte begründen, welche die staatlichen Gerichte zu beachten haben», EuGH v. 05.02.1963, Rs C-25/62, van Gend & Loos, Slg. 1963, S. 25.

[1578] EuGH v. 04.12.1974, Rs C-41/84, Van Duyn, Slg 1974, 1349 und zuletzt ausführlich EuGH v. 05.10.2004, Rs C-397/01 bis C-403/01, Pfeiffer u.a., Rn 103. Siehe weiter: HETMEIER, N 12 zu Art. 249 EGV, ELLIS, S. 47 f.

[1579] Daran ändert auch die Rechtssache Mangold nicht. Der EuGH hat eine innerstaatliche Norm aufgrund des primärrechtlichen Gleichbehandlungsgrundsatzes aufgrund des Alters nicht angewendet und nicht aufgrund RL 2000/78/EG (EuGH v. 22.11. 2005, Rs C-144/04, Rn 74, 75 u. 78). Siehe dazu PÄRLI (Mangold), S. 888 ff.

[1580] Vgl. dazu das wegweisende Urteil EuGH v. 19.11.1991, verb. Rs C-6/90, C-9/90, Francovich, Slg 1991, 5357.

[1581] EuGH v. 19.11.1991, Rs C-6/90, Francovich, Slg. 1991, 5357, Rn 33, EuGH v. 30.09.2003, Rs C-224/01, Köbler, Slg. 2003, I-20239 (Übertragung der Francovich-Rechtsprechung auf Fälle, in denen die Verletzung des Gemeinschaftsrechts durch ein Gericht erfolgt, siehe zu Herleitung die Schlussanträge des GA vom 08.04.2003 in der Köbler-Rechtssache, Rn 36-40).

10. Kapitel: Gemeinschaftsrechtliche Gleichheitskonzeptionen

als *Horizontalwirkung* oder *Privatwirkung*[1582] beschrieben. Eine unterschiedliche Bedeutung der drei Begriffe ist nicht zu erkennen. In dieser Studie wird meist der Begriff «Drittwirkung» verwendet, es sei denn, es werde ausdrücklich auf Texte in Doktrin oder Praxis Bezug genommen, die «Horizontalwirkung» oder «Privatwirkung» verwenden.

830 Eine Drittwirkung tritt dann ein, wenn das primäre Gemeinschaftsrecht zivilrechtliche Rechtsfolgen anordnet wie bsw. die Nichtigkeit von Kartellverträgen (Art. 81 Abs. 2 EGV)[1583]. Auch primärrechtliche *Diskriminierungsverbote* entfalten eine Drittwirkung, soweit sich die spezifischen Normen wegen ihres Bestimmtheitsgrades für eine unmittelbare Anwendung eignen, mit anderen Worten keine Umsetzung ins nationale Recht notwendig ist. Für die vorliegend interessierenden Arbeitsverhältnisse trifft dies zu auf Art. 141 EGV (Entgeltgleichheit)[1584] und auf das in Art. 39 Abs. 2 EVG verankerte Verbot, die Arbeitnehmerfreizügigkeit durch unterschiedliche Behandlung aufgrund der Staatsangehörigkeit zu unterlaufen[1585].

831 Verordnungen erlangen ohne weiteren Rechtsetzungsakt Geltung in den Mitgliedstaaten. Eine allfällige Drittwirkung der Verordnungen erschliesst sich aus den Verordnungen selbst[1589]. Keine unmittelbare Drittwirkung kommt hingegen wie erwähnt Richtlinien zu, auch nicht nach verpasster und nicht richtig erfolgter Umsetzung[1590]. Eine mittelbare (oder indirekte) Drittwirkung (Horizontalwirkung) entfalten Richtlinien auf dem Wege der so genannten richtlinienkonformen Auslegung[1591]. Nach einer gefestigten Praxis der EuGH

[1582] In seiner umfassenden Darstellung zur den Strukturen und Kategorien der Pflichtenstellung Privater aus dem primären Gemeinschaftsrecht schlägt Wernicke vor, die Drittwirkungsfälle unter dem Begriff «Privatwirkung» zu erfassen. Siehe WERNICKE, S. 23.
[1583] EPINEY/BIEBER/HAAG, N 68, S. 207.
[1584] Art. 141 EGV (Entgeltgleichheit für Frauen und Männer) ist unmittelbar anwendbar und verleiht den Einzelnen Arbeitnehmenden ein subjektives Recht auf gleiches Entgelt bei gleicher und gleichwertiger Arbeit. Das Verbot ungleicher Entlöhnung bei gleicher oder gleichwertiger Arbeit gilt auch bei Verträgen in einem privatrechtlichen Arbeitsverhältnissen. Zum Ganzen statt vieler COEN, N 2 zu Art. 141 EGV. Siehe weiter ausführlich 12. Kapitel: Arbeitsrechtliches Diskriminierungsverbot aufgrund des Geschlechts, S. 379 ff.
[1585] GEIGER, N 16 zu Art. 39 EGV. Siehe dazu im Detail hinten in Kapitel 11, S. 334 ff.
[1589] BIEBER/EPINEY/HAAG, N 69, S. 207.
[1590] Zur unmittelbaren Anwendbarkeit einer *nicht richtig* umgesetzten Richtlinie siehe EuGH v. 11.07.2002, Rs C-62/00, Marks & Spencer, Slg. 2002, 6325, Rn 27.
[1591] BIEBER/EPINEY/HAAG, S. 207 f., Rn 69.

haben nationale Gerichte nationales Recht «im Lichte des Wortlauts und des Zwecks der Richtlinie auszulegen», damit das Ziel der Richtlinie erreicht werden kann[1592]. Intendieren die Richtlinien eine Wirkung unter Privaten, so muss dies in der Auslegung des gesamten in Frage kommenden nationalen Rechts berücksichtigt werden[1593]. Die Verpflichtung zur richtlinienkonformen Auslegung geht indes nach einem klärenden Urteil in der Rechtssache *Adeneler* nicht soweit, eine Auslegung contra legem des nationalen Rechts herbeizuführen[1594].

III. Strukturelemente des Diskriminierungsschutzes[1595]

1. Ausgangslage

Gemeinschaftsrechtlicher Gleichheitsschutz basiert im Wesentlichen auf drei Elementen, dies sind: Erstens ein ungeschriebener *allgemeiner Gleichheitssatz*, zweitens *besondere Diskriminierungsverbote* und drittens *Gleichstellungsaufträge*[1596]. Die Charta der Grundrechte der Europäischen Union folgt der gleichen Logik. Der allgemeine Gleichheitssatz ist als Anspruch auf Rechtsgleichheit vor dem Gesetz in Art. 20 der Charta verankert und bildet den Ausgangspunkt für die weiteren Gleichheits-, Diskriminierungsschutz- und Gleichstellungsförderungsbestimmungen. Der Grundrechtscharta kommt im *gegenwärtigen* Zeitpunkt keine Rechtsverbindlichkeit zu. Mit dem Vertrag von Lissabon[1597], den die Staats- und Regierungschefs am 13. Dezember 2007 unterzeichnet haben, soll die Grundrechtscharta rechtsverbindlich werden[1598].

832

[1592] EuGH v. 10.04.1984, Rs 14/83, Von Colson und Kamann, Slg. 1984, S. 1891, Rn 15, EuGH v. 27.06.2000, Rs C-240-244/98, Océano Grupo Editorial, Slg. 2000, S.I-4941, EuGH v. 05.10.2004, Rs C-397/01-401/01, Pfeiffer u.a., Rn 110 ff.
[1593] EuGH v. 22.11.2005, Rs C-144/04, Mangold, Rn 67.
[1594] EuGH v. 04.07.2006, Rs C-212/04, Adeneler, Slg. 2006, I-6057, Rn 110-111. Siehe dazu GÄNSEWEIN, S. 438, HAKENBERG/SEYR, S. 1046 f.
[1595] Eine sehr gute Übersicht zum Diskriminierungskonzept des EU-Antidiskriminierungsrecht findet sich bei ELLIS, S. 87 – 115 (Kapitel 3, Key concepts in EU-anti-discrimination Law).
[1596] MAHLMANN (Gleichheitsschutz), N 4.
[1597] Vertrag von Lissabon zur Änderung des Vertrags über die Europäische Union und des Vertrags zur Gründung der Europäischen Gemeinschaft, unterzeichnet in Lissabon am 13. Dezember 2007, ABl. 2007/C 306/01.
[1598] Der Verweis auf die Geltung der Grundrechtscharta ist in den geänderten Art. 6 EUV eingefügt worden. Der neue Artikel 6 EUV Abs. 1 lautet: «Die Union erkennt die Rechte, Freiheiten und Grundsätze an, die in der Charta der Grundrechte der Europäischen Union vom 7. Dezember 2000 in der am 12. Dezember 2007 in Strassburg an-

10. Kapitel: Gemeinschaftsrechtliche Gleichheitskonzeptionen

Die Grundrechtscharta ist nicht Bestandteil des Vertragstextes, jedoch wird durch einen Verweis rechtsverbindlich erklärt, wobei Grossbritannien und Polen eine Sonderregel hinsichtlich Geltung der Grundrechtscharta beanspruchen[1599]. Der Vertrag von Lissabon muss von den EU-Mitgliedstaaten ratifiziert werden und es war geplant, dass er im Jahre 2009 in Kraft treten wird[1600].

833 Der allgemeine Gleichheitssatz ist weder im Primär- noch im Sekundärrecht ausdrücklich verankert. Der EuGH hat in der Rechtssache *Ruckdeschel* einen allgemeinen Gleichheitssatz als *Rechtsgrundsatz* anerkannt. Der Gerichtshof stellt fest: *«Nach diesem Grundsatz dürfen vergleichbare Sachverhalte nicht unterschiedlich behandelt werden, es sei denn, dass eine Differenzierung objektiv gerechtfertigt wäre»*[1601]. Der allgemeine Gleichheitssatz ist ein Grundprinzip des Gemeinschaftsrechts[1602]. Das grundlegende Prinzip Gleichbehandlung vergleichbarer Sachverhalte bzw. Ungleichbehandlung nicht vergleichbarer Sachverhalte» wurde vom EuGH zum Teil auch als «Diskriminierungsverbot» bezeichnet[1604]. Seit der Rechtssache *Caballero*[1605] wird das allgemeine Diskriminierungsverbot heute als eigenständige Norm des primären Gemeinschaftsrechts bezeichnet[1606]. An diese Urteile knüpft der EuGH in der berühmten Entscheidung *Mangold* an. Hier bezeichnet er das Diskriminierungsverbot aufgrund des Alters als allgemeinen Rechtsgrundsatz

---

gepassten Fassung niedergelegt sind; die Charta der Grundrechte und die Verträge sind rechtlich gleichrangig. Durch die Bestimmungen der Charta werden die in den Verträgen festgelegten Zuständigkeiten der Union in keiner Weise erweitert. Die in der Charta niedergelegten Rechte, Freiheiten und Grundsätze werden gemäss den allgemeinen Bestimmungen des Titels VII der Charta, der ihre Auslegung und Anwendung regelt, und unter gebührender Berücksichtigung der in der Charta angeführten Erläuterungen, in denen die Quellen dieser Bestimmungen angegeben sind, ausgelegt.»

[1599] Protokoll über die Anwendung der Charta der Grundrechte der Europäischen Union auf Polen und das Vereinigte Königreich, Abl. 2007/C306/157.
[1600] Nach negativen Volksabstimmung in Irland ist der weitere Verlauf des Ratifizierungsprozesses offen (Stand Juni 2008).
[1601] EuGH v. 19.10.1977, verb. Rs 117/26 und 16/77, Ruckdeschel u.a./HZA Hamburg.St.Annen, Slg 1977, S. 1770, EuGH v. 10.1.2006, Rs C- 344/04, IATA und ELFAA, Slg. 2006, I-40, Rn 95, EuGH v. 12.09.2006, Rs C-300/04, Eman und Sevinger, Slg. 2006, I-8055, Rn 57.
[1602] Schlussanträge GA Damao Ruiz-Jarabo Colmer v. 06.09.2007, Rs C-267/06, Maruko, Rn 83, siehe auch KISCHEL, S. 8, ODENDAHL (Gleichheit), N 10.
[1604] EuGH v. 12.07.2001, Rs C-189/01, Jippes.
[1605] EuGH v. 23.11.2000, Rs C-149/96, Caballero, Rn 32. Zur Terminologie des EuGH siehe auch ODENDAHL, (Gleichheit), N 1.
[1606] DÄUBLER (Einleitung), N 118.

des Gemeinschaftsrechts[1607]. Auf dieses primärrechtliche arbeitsrechtliche Gleichbehandlungsgebot wird im dreizehnten Kapitel bei der Behandlung der «neuen» Diskriminierungsverbote zurückzukommen sein[1608].

2. Besondere Diskriminierungsverbote

2.1 Terminologie

In Literatur und Rechtsprechung werden besondere Diskriminierungsverbote auch als spezielle Gleichheitssätze oder Gleichbehandlungsgebote bezeichnet. In den primären und sekundären Rechtsquellen ist die Terminologie unterschiedlich und vielfältig[1609]. Der Begriff Diskriminierung kommt primärrechtlich vor in den Artikeln 11 Abs. 1 Bst. c-e, 12, 13, 75 Abs. 1 4, 87 Abs. 2 Bst. a und Art. 141 Abs. 2 und Abs. 2 EGV vor. Diesen Bestimmungen ist gemeinsam, dass sie auf ein bestimmtes Diskriminierungskriterium wie Geschlecht (Art. 141 EGV), Staatsangehörigkeit (Art. 12 EGV) oder auf mehrere Diskriminierungskriterien (Art. 13 EGV) Bezug nehmen. Jede Diskriminierung ist untersagt im Anwendungsbereich von Art. 34 Abs. 2 und Abs. 3 EGV (Gemeinsame Organisation der Agrarmärkte). Bei verschiedenen anderen primärrechtlichen Normen handelt es sich *materiell* ebenfalls um Vorschriften, die Ungleichbehandlungen untersagen. Diese Normen nennen «gleichartige Bedingungen», «Gleichstellung (Art. 43 Abs. 2 EGV) oder sie nehmen auf «gleichartige Gegenstände» Bezug oder verbieten eine «unterschiedliche Behandlung».

834

Die Diskriminierungsschutznormen bewecken, ungleiche Behandlung aufgrund bestimmter Kriterien in bestimmten Lebensbereichen und Sachverhalten zu verhindern. Massgebend ist die Perspektive: Aus der Sicht der von einer Ungleichbehandlung betroffener Personen handelt es sich um eine (verbotene) Diskriminierung, aus der Perspektive des Unterscheidungsmachträgers handelt es sich um eine Pflicht zur Gleichbehandlung[1610].

835

[1607] EuGH v. 22.11.2005, Rs C-144/05, Mangold, Rn 75.
[1608] 13. Kapitel, 1.3 Ungeschriebene primärrechtliche Diskriminierungsverbotesatz, S. 433.
[1609] Zu den insgesamt 19 Diskriminierungsverboten im Gemeinschaftsrecht siehe ausführlich ODENDAHL (Diskriminierungsverbote), N 1 ff.; illustrativ die zusammenfassende Bewertung in N 75.
[1610] WIEDEMANN (Neuere Rechtsprechung), S. 194.

2.2 Konkretisierte Gleichbehandlung

836 Ungeachtet der Bezeichnung «besondere Gleichheitssätze» oder besondere «Diskriminierungsverbote» oder auch «Allgemeine Diskriminierungsverbote» bildet der erwähnte «Allgemeine Gleichheitssatz» Bezugspunkt und Ausgangslage für die besonderen Diskriminierungsverbote. Sie stellen eine vom europäischen Gesetzgeber gewollte *materielle Konkretisierung* des Allgemeinen Gleichheitssatzes dar[1611]. Die wichtigsten primärrechtlichen besonderen Diskriminierungsverbote betreffen das Verbot der *Diskriminierung* aufgrund der *Staatsangehörigkeit* (Art. 12 EGV) und die Kompetenznorm zum Erlass von Normen zum Schutz vor Diskriminierung aus bestimmten «sensiblen» Kriterien in Art. 13 EGV. Erfasst sind das Geschlecht, die Rasse, die ethnische Herkunft, die Religion oder die Weltanschauung, eine Behinderung, das Alter oder die sexuelle Ausrichtung. Die Liste ist abschliessend. In Art. 141 EGV sind ein geschlechtsspezifischer Anspruch auf *Entgeltgleichheit* garantiert und ein *Auftrag zur Gleichstellung der Geschlechter* formuliert. Die primärrechtlichen Diskriminierungs- bzw. Gleichbehandlungs- oder Gleichstellungsvorschriften werden im Sekundärrecht durch Verordnungen konkretisiert bzw. durch Richtlinien den Mitgliedstaaten zur Konkretisierung aufgetragen. Gemeinsam ist all diesen Normen, dass *gleiche Sachverhalte nicht oder nur mit besonderer Rechtfertigung ungleich behandelt werden dürfen*.

837 Für das Arbeitsverhältnis relevante Diskriminierungsverbote enthält weiter die Europäische Grundrechtscharta (GRC), namentlich:

- das Verbot von Diskriminierungen aufgrund des Geschlechts, der Hautfarbe, der sozialen Herkunft, der genetischen Merkmale, der Sprache, der Religion oder sonstigen Anschauung, der Zugehörigkeit zu einer nationalen Minderheit, des Vermögens, der Geburt oder der sexuellen Ausrichtung (Art. 21 GRC)[1612],

- das Gleichbehandlungsgebot von Frauen und Männern (Art. 23 GRC),

- der soziale Schutz von älteren und schwer behinderten Personen (Art. 25/26 GRC), und

- das Diskriminierungsverbot wegen einer bestehenden Schwanger- bzw. Mutterschaft (Art. 33 Abs. 2 GRC).

838 Wie bereits erwähnt, kommt der GRC vorerst keine rechtlich verbindliche Wirkung zu. Als Ausdruck des Standes gegenwärtigen verfassungsrechtlichen Grundrechtsschutzes in den Mitgliedstaaten hat die GRC aber durchaus Potenzial zur Rechtsquelle künftigen Grundrechtsschutzes in der Gemein-

---

[1611] So auch MEYER, S. 76.
[1612] Zum Verhältnis von Art. 21 GRC zu Art. 13 EGV vgl. RENGELING/SZCZEKALLA, N 893 ff. und BELL (Right to Equality), S. 93 ff.

schaft[1613] und damit möglicherweise zu einer kraftvollen Quelle wirksamen Diskriminierungsschutzes im Arbeitsverhältnis, besonders was die nicht in Art. 13 EGV aufgeführten Diskriminierungskriterien wie «genetischer Status» oder «soziale Herkunft» betrifft.

Die Diskrepanz zwischen der ausführlichen Liste an Diskriminierungsgründen in der Grundrechtscharta und der Beschränkung in Art. 13 EGV und Richtlinie 2000/78/EG wird sowohl in der Literatur wie auch im Grünbuch der Kommission Beschäftigung und Soziales «Gleichstellung sowie Bekämpfung von Diskriminierung in einer erweiterten europäischen Union» kritisiert[1614]. 839

2.3 Grundfreiheiten als Diskriminierungsverbote

Art. 12 EGV hält fest, dass «unbeschadet besonderer Bestimmungen dieses Vertrages in seinem Anwendungsbereich jede Diskriminierung aus Gründen der Staatsangehörigkeit verboten ist». Diese Bestimmung stellt im Verhältnis zum Allgemeinen Gleichheitssatz einen besonderen Gleichheitssatz dar, weil eine Differenzierung «nur» aufgrund der Staatsangehörigkeit untersagt wird. Die in der Lehre vielfach verwendete Bezeichnung «Allgemeines Diskriminierungsverbot» ist insofern richtig, als sich das Diskriminierungsverbot aufgrund der Staatsangehörigkeit nicht auf einen bestimmten Bereich wie «Waren» oder «Dienstleistungen» oder «Arbeitnehmende» bezieht, sondern auf den ganzen Anwendungsbereich des Gemeinschaftsrechts. Art. 12 EGV ist zu den präzisierenden als Grundfreiheiten normierten Diskriminierungsverboten subsidiär[1615]. Im verbleibenden Anwendungsbereich ist Art. 12 EGV unmittelbar anwendbar[1616]. Art. 12 EGV hat weiter die Funktion eines Auslegungsgrundsatzes für die Grundfreiheiten[1617]. Die Grundfreiheiten – Warenverkehrsfreiheit, Dienstleistungsfreiheit, Kapitalverkehrsfreiheit und die Personverkehrsfreiheit – haben ebenfalls gleichheitsrechtlichen Bezug. Diese auch als «Wirtschaftsfreiheiten» bezeichneten Rechte haben eine *gleichheitssichernde Struktur*[1618]. Sie stehen deshalb den grundrechtlichen Diskrimine- 840

1613 KINGREEN, N 41 zu Art. 6 Abs. 2 EUV und KENNER (Law), S. 511 ff., insbes. S. 543.
1614 EUROPÄISCHE KOMMISSION (Grünbuch), S. 16, BELL (Anti-Discrimination Law), S. 141.
1615 STREINZ, N 2 zu Art. 12 EGV, EPINEY, N 6 zu Art. 12 EGV.
1616 EPINEY, N 17f. zu Art. 12 EGV.
1617 EuGH vom 28.03.1979, Rs 175/78, Vera Ann Saunders, Slg. 1979, 1129, Rn 8.
1618 MEYER, S. 188. Siehe dazu III. Teil, 11. Kapitel, 2. Grundrechtliche Dimension, S. 335.

rungsverboten sehr nahe[1619]. Auch die Grundfreiheiten stellen in diesem Sinne besondere Diskriminierungsverbote dar. Die Abschaffung unterschiedlicher, auf der Staatsangehörigkeit beruhender Behandlung von Arbeitnehmenden nach Art. 39 EGV beschränkt die verbotene Diskriminierung auf Arbeitnehmende und auf das Kriterium Staatsangehörigkeit.

3. *Diskriminierungsbegriff*

3.1 Diskriminierungsformen

841 Eine Diskriminierung kann nicht nur bei einer an ein Diskriminierungsmerkmal anknüpfenden ungerechtfertigten Ungleich- sondern auch bei einer ungerechtfertigten Gleichbehandlung vorliegen. Gemäss EuGH liegt eine Diskriminierung (in casu aufgrund des Geschlechts) vor, «wenn unterschiedliche Vorschriften auf gleiche Sachverhalte angewandt werden oder wenn dieselbe Vorschrift auf ungleiche Sachverhalte angewendet wird»[1620]. Ein solches Diskriminierungsverständnis schliesst *materielle Elemente* ein und erfordert einen geschärften Blick auf die Lebensverhältnisse. Mit einem rein formalen Diskriminierungsverständnis bleiben subtile Diskriminierungsformen oft ausgeklammert[1621]. Das gilt erst recht für indirekte, verdeckte oder mittelbare Diskriminierungen[1622]. Diese Diskriminierungsformen sind bei allen gemeinschaftsrechtlichen Diskriminierungsverboten anerkannt[1623].

842 Bei der *unmittelbaren Diskriminierung* bildet die Anknüpfung an das im einschlägigen Erlass verbotene Unterscheidungskriterium das relevante Tatbestandselement. Bei der *mittelbaren Diskriminierung* ist nicht die Anknüpfung an ein verbotenes Kriterium tatbestandsrelevant – in diesem Falle würde gerade eine unmittelbare Diskriminierung vorliegen – vielmehr wird eine Vergleichsgruppe durch Anwendung eines neutralen Kriteriums spezifischer

---

[1619] Nach RENGELING/SZCZEKALLA, N 157, S. 93, ist eine klare Abgrenzung zwischen Grundfreiheiten und Grundrechten gar nicht möglich, das eigentliche Problem bestehe vielmehr in der Frage der Reichweite des Gemeinschaftsrechts.

[1620] EuGH v. 30.06.1998, Rs C-394/96, Brown, Slg. 1988, S. 4185 ff., EuGH v. 13.02.1990, Rs C-342/93, Gillespie, Slg. 1996, S. 475.

[1621] Die Anerkennung materieller Diskriminierung in diesem Sinne ist nicht unbestritten. Zurückhaltend PLÖTSCHER, S. 270, MÜHL, S. 86 f., zustimmend KINGGREEN (Struktur), S. 120 f.

[1622] Die Terminologie hierzu ist sowohl in der Doktrin wie in der EuGH-Rechtsprechung uneinheitlich. Im Anwendungsbereich der 2000er Beschäftigungsrichtlinien verwendet der europäische Gesetzgeber einheitlich die Termini unmittelbare bzw. mittelbare Diskriminierung.

[1623] PLÖTSCHER, S. 277, MAHLMANN (Gleichheitsschutz), N 27 f.

betroffen, ohne dass dies mit einem rechtmässigen Ziel sachliche gerechtfertigt ist und die Mittel für die Zielerreichung angemessen und erforderlich sind[1624]. Im Anwendungsbereich der Rahmenrichtlinien 2000/43/EG und 2000/78/EG werden die *Belästigung* und die *Anweisung zur Diskriminierung* als (verbotene) Form der Diskriminierung bezeichnet[1625].

Bei den wirtschaftlichen Grundfreiheiten ist über das Diskriminierungsverbot hinaus auch ein *Beschränkungsverbot* zu beachten[1626]. Der Fokus liegt beim Beschränkungsverbot auf der Wirkung einer Massnahme. Ein Beschränkungsverbot zielt darauf hin, Einschränkungen der Grundfreiheiten selbst dann zu untersagen, wenn sie im fraglichen Mitgliedstaat für In- und Ausländerrinnen gelten. Die «reinen» Diskriminierungsverbote basieren auf einem eher gleichheitsrechtlichen, die Beschränkungsverbote mehr auf einem freiheitlichen Verständnis. Die Beschränkungsverbote dienen mehr dem Ziel der Marktintegration[1627].

843

3.2 Rechtfertigungsgründe

Nicht jede Ungleichbehandlung vergleichbarer Sachverhalte, die durch Anknüpfung an unter Diskriminierungsschutz stehendes Merkmale steht, ist unzulässig. Die Ungleichbehandlung bzw. auch die Gleichbehandlung ungleicher Sachverhalte bedarf jedoch einer Rechtfertigung. Darin unterscheidet sich das gemeinschaftsrechtliche Diskriminierungsschutzrecht nicht von demjenigen im Völker- und Verfassungsrecht oder demjenigen auf Gesetzesstufe.

844

Während für die Rechtfertigung unmittelbarer Diskriminierung kaum Gründe anerkannt werden, sind mittelbare Diskriminierungen regelmässig rechtfertigungsfähig. In den arbeitsrechtlichen Richtlinien wird als Rechtfertigungsprüfschema für eine mittelbare Diskriminierung ein *mit verhältnismässigen Mitteln zu erreichendes legitimes Ziel* verlangt. Massnahmen zur Verwirklichung der tatsächlichen Gleichstellung stellen ein legitimes Ziel dar. Soweit die Realisierung mit verhältnismässigen Mitteln erfolgt, liegt keine Diskriminierung vor.

845

[1624] Vgl. etwa die Legaldefinition zur mittelbaren Diskriminierung in Art. 2 Abs. 2 lit b der RL 2000/78/EG.
[1625] Siehe dazu ausführlich III. Teil, 13. Kapitel, III. 1.3 Belästigung als Form der Diskriminierung, S. 461 f.
[1626] Siehe dazu ausführlich III. Teil, 11. Kapitel, III. 2.3 Beschränkungsverbot, S. 352.
[1627] Zu den Grundfreiheiten als Gleichheits- und Freiheitsrechte siehe ausführlich die Arbeiten von MÜHL, 3. Kapitel, S. 86 ff. und BRIGNOLA, S. 218-220 sowie EHLERS, S. 185 ff.

3.3 Rechtsfolgen

846 Bezüglich Rechtsfolgen der Diskriminierungsverbote besteht keine einheitliche gemeinschaftsrechtliche Lösung. In Frage kommen sowohl die Besserbehandlung der bisher diskriminierten Person wie auch die Schlechterstellung der zu Unrecht besser gestellten Person. Für den im Primärrecht verankerten Grundsatz der Entgeltgleichheit (Art. 141 Abs. 1 EGV) wird in der Lehre mit Bezug auf die EuGH Entscheidung in der Rechtssache *Defrenne II* vertreten, es komme nur eine Besserstellung der bislang diskriminierten Personen in Frage[1628]. Eine Schlechterstellung ist hingegen beim Verstoss gegen sekundärrechtliche Diskriminierungsverbote nur so lange nicht möglich, als der nationale Gesetzgeber noch keine Gemeinschaft konforme «Gleichheitslösung» getroffen hat. Soweit Gleichheitsrichtlinien nur die Gleichheit als solche vorsehen, kann der nationale Gesetzgeber auch eine harmonisierende Neuregelung im Sinne einer Anpassung nach unten vornehmen[1629].

IV. Drittwirkung der arbeitsrechtlich relevanten Diskriminierungsverbote

1. *Ausgangslage und Fragestellung*

847 Wie dargestellt finden sich im Gemeinschaftsrecht zahlreiche Diskriminierungsverbote, die in verschiedenen primär- und Sekundärrechtsquellen verankert sind. Für die vorliegend besonders interessierende Frage der Wirkung dieser Diskriminierungsverbote in privatrechtlichen Arbeitsverhältnissen ist auf die Grundsätze des Vorrangs und der unmittelbaren Anwendbarkeit des Gemeinschaftsrechts hinzuweisen: Es ist gerade ein Wesensmerkmal des Gemeinschaftsrechts, dass *Private* durch das Gemeinschaftsrecht unmittelbar berechtigt aber auch *verpflichtet* werden können.

848 Wenn im privatrechtlichen Arbeitsverhältnis ein gemeinschaftsrechtlich gestützter drittwirksamer Anspruch auf Nichtdiskriminierung besteht, ergibt sich ein Spannungsfeld zur Privatautonomie und zur Vertragsfreiheit. Gemeinschaftsrechtlich ist dieses Interessengegensatz nur dann von Bedeutung, wenn sich für die Privatautonomie und die Vertragsfreiheit eine *primärrechtliche* Grundlage herleiten lässt[1630].

[1628] COEN, N 29-31 zu Art. 141 EGV, siehe dazu ausführlicher im 12. Kapitel, III. 2.5 Rechtsfolgen und Sanktionen, S. 416 ff.
[1629] EuGH v. 24.02.1994, Rs C-343/92, Roks, Slg 1994, I-S.571 ff, S. 599.
[1630] Siehe sogleich 2.Durch Diskriminierungsverbote betroffene Grundrechtspositionen.

Zu klären ist anschliessend, ob den arbeitsrechtlich relevanten gemeinschaftsrechtlichen Diskrimininierungsverboten – unter Berücksichtigung der Privatautonomie und Vertragsfreiheit – Drittwirkung zukommt. Vorab interessieren die Drittwirkung des Diskriminierungsverbotes im Rahmen der Arbeitnehmerfreizügigkeit (Art. 39 EGV und Verordnung 1612/68/EWG) und der Anspruch auf Entgeltgleichheit ohne Unterschied es Geschlechts (Art. 141 EGV). Auf Einzelheiten wird im elten und zwölften Kapitel eingegangen, hier sollen lediglich die Grundsätze erläutert werden. Einzugehen ist ferner auf die in den Rahmenrichtlinien 2000/78/EG und 2000/43/EG intendierte Drittwirkung der Diskriminierungsverbote. Auch hierzu folgt eine ausführliche Diskussion in einem eigenständigen Kapitel. Weiter stellt sich die Frage, ob den in der Grundrechtscharta verankerten Diskriminierungsverboten[1631] bzw. einem ungeschriebenen allgemeinen arbeitsrechtlichen Gleichbehandlungsgebot Drittwirkung zukommt. 849

2. *Durch Diskriminierungsverbote betroffene Grundrechtspositionen*

2.1 Gemeinschaftsrechtlicher Schutz der Handlungsfreiheit und der Vertragsfreiheit

Sowohl im EU- wie im EG-Vertrag wird die grosse Bedeutung der Freiheit hervorgehoben[1632]. In Art. 6 Abs. 1 EUV wird der «Grundsatz der Freiheit» an erster Stelle genannt, gefolgt von weiteren für die Union charakterisierenden Grundsätze wie dem der «Achtung der Menschenrechte» oder der «Demokratie». Zum europäischen Freiheitsideal gehört insbesondere die Selbstbestimmung des Einzelnen[1633]. Eine *allgemeine Handlungsfreiheit* wie sie in Art. 2 Abs. 1 des deutschen Grundgesetzes garantiert ist, hat jedoch nicht ausdrücklich Eingang in die Grundrechtscharta gefunden[1634] und sie ist auch nicht im EU- oder im EG-Vertrag erwähnt. 850

Der EuGH indes erwähnt in einigen Entscheidungen die allgemeine Handlungsfreiheit als Gemeinschaftsgrundrecht. Diese Entscheidungen stehen aber immer im Zusammenhang mit anderen Grundrechten, insbesondere wirt- 851

[1631] Bis zum Inkrafttreten des Lissabonsvertrages ist die Grundrechtscharta noch nicht rechtsverbindlich, siehe dazu Fn 1598.
[1632] HARATSCH, S. 559.
[1633] Zum Freiheitsverständnis in der Union siehe CALLIESS, N 11 zu Art. 6 EUV.
[1634] MAHLMANN (Gleichheitsschutz), S. 419.

schaftlicher Art[1635]. Zumindest als Auffanggrundrecht ist die allgemeine Handlungsfreiheit ungeachtet der fehlenden Verankerung in der Grundrechtscharta[1636] anerkannt[1637].

852 Durch die das Gemeinschaftsgrund der allgemeinen Handlungsfreiheit geschützt ist jedes menschliche Tun und Unterlassen, sofern und soweit dieses nicht vom Schutzbereich eines anderes Freiheitsrecht erfasst ist[1638]. Ein Aspekt der grundrechtlich geschützten Handlungsfreiheit bildet die Vertragsfreiheit, deren Grundrechtsqualität vom EuGH in einzelnen Entscheiden implizit anerkannt wurde[1639].

853 Die Vertragsfreiheit stellt weiter eine elementare Voraussetzung der freien Marktwirtschaft dar[1640] und und ist eigentlicher Bestandteil der Grundfreiheiten[1641]. In den «Grundregeln zum Europäischen Vertragsrecht» wird in Art. 1:102, Abs. 1 sowohl die Abschluss- wie die Inhaltsfreiheit festgehalten. Diese Grundregeln sind zwar nicht unmittelbar rechtwirksam. Sie geben aber einer gemeinsamen Grundüberzeugung der Mitgliedstaaten Ausdruck[1642]. In der Lehre[1643] und durch den EuGH[1644] wird die Vertragsfreiheit deshalb als «allgemeiner Grundsatz des Gemeinschaftsrechts» anerkannt.

854 In der Grundrechtscharta wird die Vertragsfreiheit als Bestandteil der Garantie der unternehmerischen Freiheit (Art. 16 GRC) anerkannt[1645]. Der EuGH

[1635] EuGH v. 21.05.1987, verb. Rs 133 bis 136/85, Rau, Slg. 1987, 2289, Rn 15, 19, EuGH v. 21.09.1989, verb. Rs 46/87 und 227/88, Höchst/Kommission, Slg. 1989, 2859, Rn 19. Siehe auch die Nachweise bei RENGELING/SZCZEKALLA, S. 427 (Case Law).
[1636] HARATSCH, S. 561, HESELHAUS, S. 100, N 55 und S 103, N 61.
[1637] SCHÖBENER/STORK, S. 57, RENGELIN, S. 136, HARATSCH, S. 562 ff, N 11, 13, 27.
[1638] Formulierung sinngemäss nach HARATSCH, S. 563, N 12.
[1639] EuGH v. 16.1.1979, Rs 151/78, Sukkerfabriken, Slg. 1979, 1, Rn 19, EuGH v. 05.10.1997, Rs- 240/97, Spanien/Kommission, Slg. 1999, I-6571, Rn 99.
[1640] WERNICKE, S. 237.
[1641] RENGELING/SZCZEKALLA, Fn 54 in N 648, S. 441, REMIEN, S. 178 ff..
[1642] Siehe auch die Ausführungen zur Verankerung der Vertragsfreiheit in der EMRK bzw. im Zusatzprotokoll über die Eigentumsfreiheit, II. Teil, 7. Kapitel, III. Gewährleistung der Vertragsfreiheit durch die EMRK, S. 205 ff.
[1643] STREINZ, N 3 zu Art. 17 GRC, RENGELING/SZCZEKALLA, N 795, S. 624, SNIJDERS, S. 108. Siehe dazu weiter grundsätzlich CANARIS (Vertragsfreiheit), S. 890.
[1644] Vgl. z.B. die «Altöl-Entscheidung» des EuGH von 1985: «....Die Grundsätze des freien Wettbewerbs und des freien Warenverkehrs sowie die grundrechtliche Handlungsfreiheit stellen allgemeine Grundsätze des Gemeinschaftsrechts dar.» (EuGH v. 07.02.1985, Rs 240/83, Procureur de la République/Association de Défense des Brûleurs d'Huiles Usagées, Slg. 1985, 531 (548), Rn 9.
[1645] NOWAK, N 24 und 33 zu Art. 16 GRC, SCHWARZE, N 3 zu Art. 16 GRC, RENGELING/SZCZEKALLA, S. 624.

hat die die «freie Wahl des Geschäftspartners» – und damit implizit auch die Vertragsfreiheit – als Aspekt der Berufsfreiheit anerkannt[1646]. Der Europäische Menschenrechtsgerichtshof EuGMR leitet die Vertragsfreiheit aus dem Schutz des Eigentums gemäss 1. Zusatzprotokoll zur EMRK ab[1647]. Es ist davon auszugehen, dass diese Rechtsprechung auch die Auslegung von Art. 17 GRC (Schutz des Eigentums) beeinflussen wird[1648].

2.2 Einschränkungen der Vertragsfreiheit durch Diskriminierungsvorschriften

Einschränkungen von Gemeinschaftsgrundrechten unterliegen vergleichbaren Schranken wie die Einschränkung von verfassungsrechtlichen Grundrechten. Art. 52 GRC verlangt als Eingriffsvoraussetzung eine gesetzliche Grundlage und die Respektierung des Kerngehalts. Darüber hinaus muss der Eingriff unter Wahrung der Verhältnismässigkeit notwendig sein sowie einem Ziel dienen, das dem von der Union anerkannten Gemeinwohl oder «den Erfordernissen des Schutzes der Rechte und Freiheiten anderer tatsächlich» entspricht. 855

Gleichheitsvorschriften für privatrechtliche Arbeitsverhältnisse greifen in gemeinschaftsrechtliche Grundrechte wie die allgemeine Handlungsfreiheit und die Vertragsfreiheit ein[1649]. Die gesetzliche Grundlage des Eingriffes ist unbestritten, die arbeitsrechtlichen Diskriminierungsverbote finden sich im Primärrecht (Art. 39 und Art. 141 EGV) und im Sekundärrecht (VO 1612/68/EWG sowie verschiedene Gleichbehandlungsrichtlinien). Die Vertragsfreiheit stellt keine grenzenlose Freiheit zur Willkür dar[1650]. Die Vorschriften dienen dem «Unionsgemeinwohl» und zielen überdies auf den Schutz von «Teilhaberechten[1651]» der Diskriminierungsopfer[1652]. Die grund- 856

[1646] EuGH v. 10.07.1991, verb. Rs C-90/90 und C-91/90, Jean Neu u.a., Slg, 1991, I-3617 Rn 13.
[1647] EGMR, Appl.-Nr. 31107/96, RJD 1999-II, 75 (Latridis/Griechenland), siehe auch Teil II. 7. Kapitel, .1.3 Vertragsfreiheit als Bestandteil der Eigentumsfreiheit, S. 208. In der Lehre wird die Vertragsfreiheit auch als Teil der in Art. 8 EMRK geschützten Privatsphäre verstanden, siehe dazu in Teil II. 7. Kapitel, III.1.2.2 Vertragsfreiheit als Teil der Berufsfreiheit, S. 207.
[1648] SCHÖBENER/STORK, S. 59 f.
[1649] SCHÖBENER/STORK, S. 56, WERNSMANN, S. 232, HARATSCH, S. 564, Rn 20.
[1650] RENGELIN/SZCZEKALLA, S. 441/442.
[1651] Siehe dazu KINGREEN, N 27 zu Art. 51 GRC.
[1652] MAHLMANN (Privatautonomie), S. 407 f.

sätzliche Zulässigkeit des Eingriffs in die allgemeine Handlungsfreiheit und in die Vertragsfreiheit sind deshalb nicht zu bestreiten[1653].

3. Drittwirkung der Entgeltgleicheit und der Arbeitnehmerfreizügigkeit

3.1 Entgeltgleichheit

857 Das Gebot des gleichen Entgelts für Männer und Frauen gemäss Art. 141 EGV richtet sich von seinem Worlaut her an die Mitgliedstaaten (Jeder Mitgliedstaat stellt die Anwendung (...) sicher). Der EuGH hat jedoch bereits 1976 entschieden, dass sich die Bestimmung auch auf das Verhältnis zwischen (privatem) Arbeitgeber und Arbeitnehmer bezieht[1654]. Art. 141 EGV begründet ein subjektives Recht jedes Arbeitnehmers und jeder Arbeitnehmerin, das gegenüber dem Arbeitgeber vor Gericht geltend gemacht werden kann[1655]. Begründet wird die unmittelbare und drittwirksame Anwendbarkeit von Art. 141 EGV mit dem effet utile[1656] sowie vor allem aber nicht nur historisch mit dem Gebot der Wettbewerbsgleichheit[1657].

3.2 Arbeitnehmerfreizügigkeit

858 Das Diskriminierungsverbot im Rahmen der Arbeitnehmerfreizügigkeit stellt eine Konkretisierung von Art. 12 EGV dar[1658]. Das Diskriminierungsverbot nach Art. 12 EGV verpflichtet grundsätzlich die Mitgliedstaaten sowie den Gemeinschaftsgesetzgeber[1659]. Ob auch Private an Art. 12 EGV gebunden sind, war lange Zeit umstritten[1660]. Die Drittwirkung des Verbots der Diskri-

---

[1653] HUSMANN, S. 174, SCHÖBENER/STORK, S. 63.
[1654] EuGH v. 08.04.1976, Rs. 43/75, Defrenne II, Rn 21 ff, 30 ff, 38 f. , EuGH v 26.06.2001, Rs C-381/99, Brunnhofer, Slg. 2001, I-4961, EuGH v. 17.09.2002, Rs C-320/00, Lawrence, Slg. 2002, I-7325.
[1655] EPINEY/ FREIERMUTH ABT, S. 54, FUCHS/MAROLD, S. 121 f.
[1656] RENGELING/SZCZEKALLA, S. 176, WIEDEMANN (Gleichbehandlungsgebote), S. 30.
[1657] EPINEY/FREIERMUTH ABT (Recht), S. 11.
[1658] EPINEY, N 6 zu Art. 12 EGV.
[1659] EPINEY, N 41 zu Art. 12 EGV, ODENDAHL (Diskriminierungsverbote), N 12.
[1660] Zum Meinungsstand in der Literatur siehe EPINEY, N 22, Fn 66 und 67.

minierung aufgrund der Staatsangehörigkeit ist vor allem eine Frage des Anwendungsbereichs[1661].

Der EuGH hat Akteure, die kollektive Regelungen durchsetzen können im Anwendungsbereich der Dienstleistungsfreiheit und der Arbeitnehmerfreizügigkeit auf die Einhaltung des Diskriminierungsverbotes aufgrund der Staatsangehörigkeit verpflichtet[1662]. In der berühmten Angonese Rechtssache Angonese hielt der EuGH ausdrücklich fest, dass auch einzelne Privatpersonen das Diskriminierungsverbot i.S. von Art. 39 EGV zu beachten haben[1663]. Trotz Kritik an dieser Rechtssprechung[1664] hielt der EuGH in der Rechtssache Raccanelli an der Bindung privater Arbeitgeber an das Diskriminierungsverbot fest[1665].

859

Sekundärrechtlich ist die arbeitsrechtliche Drittwirkung in Art. 7 Abs. 1 VO 1612/68/EWG ausdrücklich angeordnet. Diese Bestimmung garantiert den Unionsbürger/innen, die im Hoheitsgebiet eines anderen Mitgliedstaates bei einem privaten oder öffentlichen Arbeitgeber tätig sind, die gleichen Beschäftigungs- und Arbeitsbedingungen wie den inländischen Arbeitnehmenden. An der unmittelbaren Drittwirkung dieser Bestimmung wird nicht gezweifelt[1666].

860

Der EuGH begründet die Notwendigkeit der Drittwirkung mit effet utile Argumenten und mit der einheitlichen Anwendung des Gemeinschaftsrechts[1667]. In der Lehre wird zur Begründung der Drittwirkung überdies auf Anbindung an die rechtliche oder wirtschaftliche Machtstellung verwiesen[1668].

861

[1661] Je nach Sachbereich kann die Antwort auf die Frage der Drittwirkung des Verbotes der Diskriminierung aufgrund der Staatsangehörigkeit anders ausfallen, siehe EPINEY, N 26 zu Art. 12 EGV.

[1662] Siehe die Leitentscheide im Bereich des Sport: EuGH v. 12.12.1974, Rs 36/84, Walrave/Koch, Slg. 1974, 1405, Rn 18, EuGH v. 14.07.1976, Rs 13/76, Donà, Slg. 1976, 1333, EuGH v. 15.12.1995, Rs C-415/93, Bosman, Slg. 1995, 4921 und EuGH v. 11.04.2000, verb. Rs C-51/96 und C-191/97, Deliège, Slg. 2000, I-2549. Im Jahre 2007 in den Rechtssachen Viking und Laval, dass auch Gewerkschaften an die Grundfreiheiten (in casu Niederlassungs- bzw. Dienstleistungsfreiheit) gebunden sind, siehe EuGH v. 18.12.2007, Rs. C-341/05, Laval und EuGH v. 11.12.2007, Rs. C-438/05, Viking.

[1663] EuGH v. 06.06.2000, Rs C-281/98, Angonese, Rn 36.

[1664] Zur Kritik an der Angonese-Rechtsprechung siehe PREEDY, S. 54 und KÖRBER, S. 679 sowie hinten, Rn 953.

[1665] EuGH v. 17.07.2008, Rs C-97/07, Raccanelli, Rn 41-46.

[1666] BRECHMANN, N 57 zu Art. 39 EGV, FUCHS/MAROLD, S. 48, THÜSING (Arbeitsrecht), N 9.

[1667] EuGH v. 06.06.2000, Rs C-281/98, Angonese, Rn 32 mit Verweis auf EuGH v 12.12.1974, Rs 36/84, Walrave/Koch, Slg. 1974, 1405, Rn 18 f. und EuGH v 15.12.1995, Rs C-415/93, Bosman, Slg. 1995, 4921, Rn 83 f.

[1668] WERNICKE, S. 227, mit Hinweisen in Fn 162.

10. Kapitel: Gemeinschaftsrechtliche Gleichheitskonzeptionen

862 Die Erstreckung der Grundfreiheiten auf Private, namentlich auf einzelne private Akteure wird in der Literatur zum Teil kritisiert. Mit der direkten Bindung von Privaten an die Grundfreiheiten würden diese den Mitgliedstaaten gleichgestellt, was die Privatautonomie bzw. bei kollektiven Akteuren die Verbandautonomie unzulässig beschränke und systemwidrig sei[1669].

863 Die Kritik an der Drittwirkung der Grundfreiheiten geht insofern fehl, als die gemeinschaftsrechtlichen Grundfreiheiten die Privatautonomie der Wirtschaftsteilnehmer/innen durch die Schaffung eines europäischen Binnenmarktes nicht (nur) beschränkt sondern auch erweitert. Diese erweiterte Privatautonomie kann indes nur funktionieren, wenn nicht nur die Staaten sondern auch Private den Grundgedanken der Nichtdiskriminierung aufgrund der Staatsangehörigkeit respektieren. Die Drittwirkung der Arbeitnehmerfreizügigkeit ist deshalb funktionsgerecht[1670].

4. *Drittwirkung gemeinschaftsgrundrechtlicher Diskriminierungsverbote*

4.1 Diskriminierungsverbote der Grundrechtscharta

864 In der Grundrechtscharta wird in Art. 20 die Gleichheit vor dem Gesetz gewährt, in Art. 21 werden Diskriminierungen wegen einer Reihe persönlichkeitsnaher Merkmale verboten und Art. 23 hält fest, die Gleichheit von Frauen und Männern sei in allen Bereichen, einschliesslich der Beschäftigung, der Arbeit und des Arbeitsentgeltes, sicherzustellen. Die Gleichheit von Frauen und Männern in Art. 23 GRC ist umfassend zu verstehen, geht also weit über den Erwerbsbereich hinaus[1671].

865 Nach überwiegender Lehrmeinung werden Private weder durch Art. 20 noch durch Art. 21 GRC unmittelbar in die Pflicht genommen[1672]. Insbesondere wird hervorgehoben, die für die unmittelbare Drittwirkung primärrechtlicher Rechte wie dasjenige der Arbeitnehmerfreizügigkeit und der Entgeltgleichheit

---

[1669] MÜHL, S. 313 f.
[1670] Zur Funktionsgerechtigkeit privatautonomen Verhaltens im Kontext der Grundfreiheiten siehe WERNICKE, S. 253.
[1671] ODENDAHL (Frauen und Männer), N 89, KREBBER, N 3 zu Art. 23 GRC.
[1672] ROSSI, N 12 zu Art. 20 GRC und N 5 zu Art. 21 GRC, GRASER, N 9 zu Art. 20 GRC, ODENDAHL (Frauen und Männern) N 87, ODENDAHL (Gleichheit), N 11, NOWAK (Grundrechtsberechtigte), N 49, MOOR, S. 58 ff. .A.M.: MEYER/HÖLSCHEIDT, N 12 zu Art. 20 GRC, KISCHEL (nur für besondere Diskriminierungsverbote), S. 8.

entwickelte Doktrin lasse sich nicht auf die Grundrechte übertragen[1673]. Zwischen der Drittwirkung von Diskriminierungsverboten im Primär- und Sekundärrecht und einer Drittwirkung von Gemeinschaftsrgrundrechten müsse vielmehr klar unterschieden werden[1674]. Aus diesem Grund wird auch eine Drittwirkung von Art. 23 GRC (Geschlechtergleichheit) abgelehnt[1675].

Private Arbeitgeber werden primärrechtlich gestützt auf Art. 141 EGV zur Entgeltgleichheit verpflichtet; sekundärrechtliche Gleichbehandlungsrichtlinien verpflichten die Mitgliedstaaten zum Erlass von Gleichbehandlungsvorschriften, die sich auch an private Arbeitgeber richten. Diese Drittwirkung wird durch die Verankerung der Geschlechtergleichheit in der Grundrechtscharta nicht berührt; andererseits kann daraus nicht eine generelle Drittwirkung des Gemeinschaftsgrundrechts auf Gleicheit der Geschlechter abgeleitet werden[1676].

866

In der Grundrechtscharta selbst ist für die Frage der Drittwirkung Art. 51 einschlägig. Nach Art. 51 Abs. 1 GRC gilt die Charta für die Organe und Einrichtungen der Union unter Einhaltung des Subsidiaritätsprinzips und für die Mitgliedstaaten ausschliesslich bei der Durchführung des Rechts der Union. Private sind nicht als Verpflichtungsadressaten aufgeführt. Grundsätzlich ist eine Drittwirkung der Gemeinschaftsgrundrechte – einschliesslich der gerade diskutierten Gleichheitsrechte – zu verneinen[1677]. Daran ändert nichts, dass einzelne Rechte in der GRC durchaus drittwirksam verstanden werden, so etwa Art. 24 Abs. 2 GRC (Vorrang des Kindeswohles bei Massnahmen öffentlicher und privater Einrichtungen)[1678].

867

4.2 Diskriminierungsverbote als allgemeine Rechtsgrundsätze

Gemeinschaftsrechtliche Grundrechte erlangen als allgemeine Rechtsgrundsätze Rechtsverbindlichkeit. Art. 141 EGV bildet einerseits Basis des umfassenden Entgeltgleicheitsanspruchs und darüber hinaus Anknüpfungspunkt für den ungeschriebenen allgemeinen Rechtsgrundsatz der Geschlechtergleich-

868

[1673] ODENDAHL (Frauen und Männern) N 87, ODENDAHL (Gleichheit), N 11, NOWAK (Grundrechtsberechtigte), N 49.
[1674] RENGELING/SZCZEKALLA, S. 183, ODENDAHL (Gleichheit), N 11.
[1675] Ablehnend: KREBBER, N 3zu Art. 23 GRC, ODENDAHL (Männer und Frauen), N 87; differenziert aber letztlich wohl auch ablehnend RENGELING/SZCZEKALLA. S. 183.
[1676] ODENDAHL (Männer und Frauen), N 87.
[1677] CALLIESS, N 14 zu Art. 1 GRC, KINGREEN, N 1 zu Art. 51 GRC, NOWAK (Grundrechtsberechtigte), N 58 f.
[1678] CALLIESS, N 9 zu Art. 24 GRC.

10. Kapitel: Gemeinschaftsrechtliche Gleichheitskonzeptionen

heit in allen Lebensbereichen[1679]. Der EuGH anerkennt in ständiger Rechtsprechung die Gleichbehandlung von Frau und Mann als allgemeinen Rechtsgrundsatz an[1680].

869 In der Rechtsprechung des EuGH und in der Lehre finden sich überdies Belege für die Annahme eines arbeitsrechtlichen Diskriminierungsverbotes als ungeschriebenen allgemeinen Rechtsgrundsatz. Im berühmten Urteil Mangold hat der EuGH festgehalten, das Verbot der Diskriminierung aufgrund des Alters sei als ein allgemeiner Rechtsgrundsatz des Gemeinschaftsrechts anzusehen[1681]. Für ein arbeitsrechtliches Diskriminierungsverbot aufgrund des Geschlechts wird auf die Formulierung in Art. 141 Abs. 3 EGV hingewiesen, wonach der Rat über die «Anwendung des Grundsatzes der Chancengleichheit und der Gleichbehandlung von Männern und Frauen in Beschäftigungsfragen» beschliesst[1682]. Der Verweis auf den «Grundsatz der Chancengleichheit» setzt an sich dessen Existenz voraus, dennoch wird in der Lehre bezweifelt, dass es sich um einen klassischen Rechtsgrundsatz handelt[1683]. Das arbeitsrechtliche Diskriminierungsverbot aufgrund des Geschlechts wird als «ungeschriebenes, aber implizit im Primärrecht verankertes Prinzip» bezeichnet[1684].

870 Die Frage der Drittwirkung allgemeiner Rechtsgrundsätze wird kontrovers beurteilt, wobei die Skepsis überwiegt[1685]. Es fehlt bis heute klärender Rechtsprechung durch den EuGH[1686]. Auch das Urteil Mangold kann nicht als Beleg für die Drittwirkung des allgemeinen Rechtsgrundsatzes des Verbots der Altersdiskriminierung herangezogen werden. Zwar betrifft die Rechtssache Mangold eine privatrechtliche Streitigkeit, die entscheidende Frage bildete indes die Anwendbarkeit des Teilzeitförderungsgesetzes, was belegt, dass es gerade nicht um eine Drittwirkung geht[1687].

871 Gegen eine Drittwirkung ungeschriebener arbeitsrechtlicher Diskriminierungsverbote spricht, dass es sowohl im nationalen wie im gemeinschafts-

---

[1679] KREBBER, N 75 zu Art. 141 EGV, ODENDAHL (Männer und Frauen), N 87.
[1680] EuGH v. 07.06.1972, Rs. 20/71, Sabbatini-Bertoni, Slg. 1972, 345, EuGH v. 20.02.1975, Rs 21/74, Airola, Slg. 1975, 221, EuGH v. 20.02.1975, Rs 37/74, van den Broeck, Slg. 1975, 235, EuGH v. 14.12.1979, Rs 257/78, Devred, Slg. 1979, 3767, EuGH v 15.06.1978, Rs 149/77, Defrenne III, Slg. 1978, 1365.
[1681] EuGH v. 22.11.2005, Rs C-144/04, Mangold, Rn 75. Siehe zur Kontroverse um dieses Urteil auführlich hinten, N 1133 ff.
[1682] KRAVARITOU, S. 242.
[1683] KREBBER, N 75 zu Art. 141 EGV
[1684] EPINEY/FREIERMUTH ABT (Recht), S. 112.
[1685] KINGREEN, N 18 zu Art. 51 Grundrechtscharta, RENGELING/SZCZEKALLA S. 182, NOWAK (Grundrechtsberechtigte), N 56, METZGER, S. 352.
[1686] Siehe auch die umfassenden Analysen von TRIDIMAS, S. 47 und METZGER, S. 352.
[1687] THÜSING (Diskriminierungsschutz), N 42, Siehe dazu auch vorne, N 1137 f.

rechtlichen Kontext grundsätzlich der Legislative obliegt, privaten Grundrechtsgebrauch durch den Erlass entsprechender Gesetze zu ermöglichen[1688]. Sinnvollerweise wird die Drittwirkungsproblematik ungeschriebener primärrechtlicher Diskriminierungsverbote als mittelbare Drittwirkung oder als Ausdruck der Schutzpflichten verstanden. Aus grundrechtlichen Gefährdungslagen Privater – vorliegend die Arbeitnehmende betreffende Gefahr, durch Arbeitgebende diskriminiert zu werden – erwachsen der Gemeinschaft Schutz- und Handlungspflichten (sofern und soweit Gemeinschaftsrecht überhaupt zur Anwendung kommt)[1689].

V. Fazit

1. Antidiskriminierung als Strategie

Es wäre praktisch, man könnte für in den folgenden Kapiteln zu bearbeitenden Diskriminierungsverbote auf ein einheitliches Diskriminierungskonzept zurückgreifen. Ein solches liegt nicht vor. Zu gross sind die Unterschiede zwischen den im Vertrag aufgeführten, unmittelbar wirksamen Diskriminierungsverboten im Zusammenhang mit der Arbeitnehmerfreizügigkeit (Art. 39 EGV) und mit dem Entgelt (Art. 141 EGV) einerseits und den sekundärrechtlich in drei Hauptrichtlinien konkretisierten Diskriminierungsverboten aufgrund des Geschlechts, der Rasse, des ethnisch-kulturellen Hintergrundes, des Alters, einer Behinderung und der sexuellen Orientierung andererseits. 872

Immerhin, der neue Art. 13 EGV (er wurde im Jahre 2000 in den Vertrag aufgenommen), stellt den Beginn einer neuen Ära dar[1690]. Die darauf folgenden Richtlinien lassen Grundzüge einer einheitlichen gemeinschaftsrechtlichen Antidiskriminierungspolitik erkennen[1691]. Augenfällig ist, dass die Verankerung rechtlicher Diskriminierungsverbote durch Implementierungsmassnahmen wie Aktionsprogramme, das Europäische Jahr der Chancengleichheit u.ä. ergänzt wird. Darauf wird im zwölften Kapitel, wenn die 2000er Antidiskriminierungsrichtlinien behandelt werden, einzugehen sein. 873

[1688] GRASER, N 12 zu Art. 21 Grundrechtscharta. Siehe für die Schweiz Art. 35 Abs. 3 BV und die Ausführungen im 8. Kapitel dieser Studie, 4.5Übertragung auf privatrechtliche Arbeitsverhältnisse, S. 269.
[1689] So auch NOWAK (Grundrechtsberechtigte), N 56 – N 57.
[1690] BELL (Anti-Discrimination Law), S. 216, MAHLMANN (Gerechtigkeitsfragen), S. 49, JESTAEDT, S. 307.
[1691] SCHIEK (Arbeitsrecht), S., MAHLMANN (Gleichheitsschutz), N 14.

874 Die rechtswissenschaftliche Bearbeitung der neuen Antidiskriminierungsrechte ist intensiv[1692]. Wurde Art. 13 EGV im Jahre 1999 noch als «schlafender Riese» charakterisiert[1693], kann seit der Verabschiedung der 2000er Richtlinien, den intensiven Begleitmassnahmen der Kommission und der einsetzenden EuGH-Rechtsprechung davon keine Rede mehr sein. Die Bedeutung des gemeinschaftsrechtlichen Antidiskriminierungsrechts wird künftig zunehmen, diejenige des national eigenständigen Anti-Diskriminierungsrechts hingegen wird eher an Bedeutung verlieren[1694]. Es liegt im Interesse der Schweiz, diese Entwicklung zur Kenntnis zu nehmen. Die vorliegende Arbeit, namentlich die drei folgenden Kapitel, leistet dazu einen Beitrag. Auf politischem Wege ist zu entscheiden, ob die Entwicklung auch nachvollzogen werden soll.

2. Freiheit für Ungleiche

875 Die Forderung nach Diskriminierungsschutz polarisiert. Das zeigt auch die Debatte um die Umsetzung der europäischen Antidiskriminierungsrichtlinien. Die allgemeine Aussage, wonach eine Erweiterung der Gleichheit zwangsläufig einen Abbau von Freiheit bedeutet, ist falsch oder zumindest nicht ganz richtig. Das Ziel der gemeinschaftsrechtlichen Gleichheitsvorschriften im Arbeitsverhältnis lässt sich ohne weiteres auch «freiheitsrechtlich» begründen. Die Gleichheitsnormen bezwecken nämlich, die Freiheit der bislang ungleich Behandelten überhaupt erst zu ermöglichen. Anti-Diskriminierungsrecht wirkt also nicht nur beschränkend auf die Privatautonomie ein, vielmehr ermöglicht sie diese auch[1695]. Antidiskriminierung ist so betrachtet nicht der Gegenspieler der Privatautonomie sondern ihr Verbündeter. Es zeigt sich hier eine Parallele zum Wettbewerbsrecht. Auch hier wird die Freiheit der Wettbewerbsteilnehmenden zur Aufrechterhaltung und Herstellung von Freiheitsräumen eingeschränkt[1696].

[1692] Siehe dazu die Übersicht in der Publikation der EU-Kommission für Beschäftigung und Soziales «Critical review of academic literature of the EU directives to combat discrimination», EU, Brüssel 2004. Die EU-Kommission gibt regelmässig eine Zeitschrift für Antidiskriminierungsrecht heraus, in der die aktuelle Rechtsentwicklung im Spiegel der EuGH-Entscheide und der Entscheide von Gerichten der Mitgliedstaaten reflektiert wird.

[1693] ZULEEG, (Inhalt), S. 108–109.

[1694] JESTAEDT, S. 328.

[1695] Siehe auch Teil I, 1. Kapitel, 1. Privatautonomie/Vertragsfreiheit versus Gleichbehanldung/Diskriminierungsschutz, S. 5. Vergleichbar argumentiert im deutschen Recht bsw. MAHLMANN (Gleichheitsschutz), S. 421.

[1696] WERNICKE, S. 234.

Die Pflicht zur Ermöglichung von Freiheiten durch Diskriminierungsverbote 876
kann auch mit den Schutzpflichten der Staaten begründet werden. Der EuGH
anerkennt Schutzpflichten der Mitgliedstaaten zur Verteidigung der Grundfreiheiten vor Eingriffen Privater[1697]. Mit der Schaffung von Anti-Diskriminierungsnormen kommt der Staat seiner Pflicht zum Schutz der Freiheitsrechte vor Eingriffen Privater nach[1698].

[1697] EuGH v. 19.12.1997, Rs 265/95, Kommission/Frankreich, Slg. 1997, I-6990, Rn 30-32,36.
[1698] Siehe dazu in Teil II., 9. Kapitel, 2. Schutzpflichten, S. 297.

11. Kapitel: Arbeitsrechtliches Diskriminierungsverbot aufgrund der Staatsangehörigkeit

I. Kontext und Vorgehen

1. Arbeitnehmerfreizügigkeit und Marktintegration

877 Die Integration der Arbeitsmärkte und die Freizügigkeit der Arbeitnehmenden sind seit Beginn der Europäischen Gemeinschaft untrennbar miteinander verbunden[1699]. Art. 39 Abs. 1 EGV (Art. 48 aEGV) hält deshalb fest: «Innerhalb der Gemeinschaft ist die Freizügigkeit der Arbeitnehmer gewährleistet».

878 Das Marktintegrationsziel lässt sich nicht erreichen, wenn die Mitgliedstaaten Arbeitnehmende anderer Mitgliedstaaten vom Arbeitsmarkt ausschliessen oder anderswie benachteiligen. Mit einem umfassenden Diskriminierungsverbot aufgrund der Staatsangehörigkeit soll die Ausübung ermöglicht und gesichert werden. Nach Art. 39 Abs. 2 EGV umfasst die Arbeitnehmerfreizügigkeit die Abschaffung jeder auf der Staatsangehörigkeit beruhender unterschiedlicher Behandlung in Bezug auf Beschäftigung, Entlöhnung und sonstige Arbeitsbedingungen. Die Arbeitnehmerfreizügigkeit dient damit der Verwirklichung der Personenfreizügigkeit als eine der vier Grundfreiheiten[1700]. Der EuGH betrachtet die Arbeitnehmerfreizügigkeit gar als eine der *Grundlagen der Gemeinschaft*[1701].

879 Die Legitimation der Arbeitnehmendenfreizügigkeit erschöpft sich nicht in der Marktintegration[1702]. Vielmehr verfolgt sie zusätzlich *soziale und politische Ziele*[1703]. Die durch den Gemeinschaftsvertrag durch die Ausübung der Freizügigkeit angestrebte «nachteilsfreie» Lebensgestaltung[1704] soll nicht nur den Arbeitnehmenden selbst, sondern auch ihren Familienangehörigen zahlreiche Rechte gegenüber dem Aufenthaltsstaat gewähren[1705]. Dadurch wird ein

---

[1699] SCHIEK (Arbeitsrecht), N 4, S. 189.
[1700] WÖLKER/GRILL, N 1, Vorbemerkungen zu Art. 39-41 EGV.
[1701] EuGH v. 20.02.1997, Rs C-344/95, Kommission/Belgien, Slg. 1997, I-1035, Rn 14.
[1702] SCHEURER, N 5, Vorbemerkungen zu Art. 39-41 EGV, siehe auch BLANPLAIN, S. 269.
[1703] EPINEY/BIBER/HAAG, N 1, S. 359.
[1704] KRIMPHOVE, N 229.
[1705] Die entsprechenden sekundärrechtlichen Regelungen sind im Lichte des Rechts auf Schutz des Familienlebens im Sinne von Art. 8 EMRK auszulegen, so BLANPLAIN, S. 442.

klares Zeichen gesetzt: Arbeitnehmende sind nicht einfach eine Ware, sie sind vielmehr als Personen in und mit ihren sozialen Bezügen zu respektieren.

2. Grundrechtliche Dimension

Die Grundrechtsqualität der Arbeitnehmerfreizügigkeit ist umstritten. In einigen EuGH-Urteilen wird ein «Grundrecht auf Freizügigkeit» erwähnt[1706], ohne dass sich der Gerichtshof darauf einlässt, eine Abgrenzung zwischen Grundfreiheit und Grundrecht vorzunehmen[1707]. Im Meinungsspektrum in der Literatur[1708] finden sich viele Differenzierungen, jedoch kaum Stimmen, die der Arbeitnehmerfreizügigkeit jede Grundrechtsqualität absprechen[1709]. Im Lichte der auf Verwirklichung angelegten Binnenmarktskonzeption kommt den freizügigkeitsrechtlichen Ansprüchen des europäischen Arbeitnehmers subjektivrechtlicher Gehalt zu[1710], was jedoch nicht automatisch zur Anerkennung als Grundrecht führt[1711].

880

Die Arbeitnehmerfreizügigkeit hat zusammen mit weiteren Arbeitsrechten Eingang in die Grundrechtscharta der EU (Art. 15 Abs. 2 GRC) gefunden. Dies stellt ein Indiz für die Grundrechtsqualität der Arbeitnehmerfreizügigkeit dar[1712]. Schliesslich postuliert auch Art. 18 der Europäischen Sozialcharta das Recht auf Ausübung einer Erwerbstätigkeit im Hoheitsgebiet der anderen Vertragsparteien als soziales Grundrecht. In Art. 136 EGV und in der Präambel des Unionsvertrages EUV finden sich ausdrückliche Hinweise auf die Bedeutung der Europäischen Sozialcharta für das Gemeinschaftsrecht bzw. die Union.

881

3. Arbeitsrechtlicher Fokus

Soweit das grundfreiheitliche und grundrechtliche Recht der Arbeitnehmenden auf Freizügigkeit die Mitgliedsstaaten in ihrer ausländerrechtlichen Kompetenz bezüglich *Regelung von Einreise und Aufenthaltsrecht* beschneidet (Art. 39 Abs. 3 EGV), handelt es sich nicht eigentlich um ein Diskrimi-

882

[1706] EuGH v. 15.10.1987, Rs 222/68, Unectef/Heylens, Slg. 1987, 4097 Rn 14.
[1707] Kritisch dazu RENGELING/SZCZEKALLA, N 141, S. 81.
[1708] Siehe den Überblick bei RENGELING/SZCZEKALLA, N 42, S. 82.
[1709] Sehr kritisch zur Grundrechtsqualität von Art. 39 EGV FRANZEN, N 4 zu Art. 39 EGV, FRANZEN folgend auch BRECHMANN, N 2 zu Art. 39 EGV.
[1710] MÜHL, S. 288, CHEREDNYCHENKO, S. 35.
[1711] MÜHL, S. 225.
[1712] SCHEURER, N 8, Vorbemerkungen zu Art. 39-41 EGV, VIGNEAU, S. 188.

nierungsverbot, sondern mehr um ein Freizügigkeitsrecht im engeren Sinne des Wortes[1713]. Diese ausländerrechtlichen Fragen interessieren im vorliegenden Zusammenhang nicht.

883 Trotz ausländerrechtlicher Bewilligung kann der Zugang zum Arbeitsmarkt durch den privaten oder staatlichen Arbeitgeber selbst beschränkt werden. Dem Diskriminierungsverbot und dem Beschränkungsverbot kommt die Funktion zu, diese *Zugangsbeschränkungen* zu verhindern. Zweite Säule der Gewährung der Freizügigkeit für Arbeitnehmende bildet das *Diskriminierungsverbot* aufgrund der Staatsangehörigkeit bei den *Arbeitsbedingungen*. Arbeitnehmende aus Mitgliedstaaten dürfen im Vergleich zu inländischen Arbeitnehmenden bei den Arbeitsbedingungen nicht diskriminiert werden.

884 Die folgenden Ausführungen verdeutlichen anhand primär- und sekundärrechtlichen Rechtsquellen sowie der EuGH–Rechtsprechung die Bedeutung der Freizügigkeit und des Diskriminierungs- bzw. Beschränkungsverbots für das *privatrechtliche Arbeitsverhältnis*. Dies bedingt, vorab den persönlichen und sachlichen Anwendungsbereich darzulegen (II. und III.). Darauf aufbauend folgt eine Auseinandersetzung mit der Drittwirkungsproblematik (IV.).

II. Persönlicher Anwendungsbereich

1. *Arbeitnehmerstatus*

1.1 Bedeutung des Arbeitnehmerbegriffs

885 Die *Arbeitnehmereigenschaft* bildet eine der Voraussetzungen, um in den Genuss der Freizügigkeitsrechte und des Diskriminierungsverbotes nach Art. 39 EGV und den dazugehörenden sekundärrechtlichen Erlassen zu kommen. Die Abgrenzung basiert auf dem Hintergrund, dass nur Arbeitnehmende in den Genuss der Freizügigkeitsrechte kommen sollen. Unternehmer und selbständig Dienstleistende dagegen können sich unter den Voraussetzungen der Art. 43-48 EGV auf die Niederlassungsfreiheit und auf die Dienstleistungsfreiheit nach den Art. 49-55 EGV berufen[1714].

886 Der Begriff «Arbeitnehmer» wird in Art. 39 EGV nicht weiter präzisiert. Die Konkretisierung erfolgt einerseits sekundärrechtlich in der VO 1612/68/EWG und anderseits durch die Rechtsprechung des EuGH. Dem Sekundärrecht lassen sich jedoch nur wenige Anhaltspunkte zur Definition des Arbeitneh-

---

[1713] HANAU/STEINMEYER/WANK, N 21, S. 434.
[1714] KRIMPHOVE, N 169. Grundsätzlich zum Arbeitnehmerbegriff in Art. 39 EGV siehe auch POTTSCHMID, S. 290 ff.

mers entnehmen. In der Präambel zur VO 1612/68/EWG steht lediglich, die Gleichbehandlung müsse sich rechtlich und tatsächlich auf alles erstrecken, «was mit der eigentlichen Ausübung einer Tätigkeit im Lohn- oder Gehaltsverhältnis (…) steht».

Nach der EuGH–Rechtsprechung muss der Begriff des Arbeitnehmers für die Arbeitnehmerfreizügigkeit[1715] durch Gemeinschaftsrecht autonom und einheitlich bestimmt werden[1716]. Ohne diesen einheitlichen Arbeitnehmerbegriff würde die Gefahr bestehen, dass die Mitgliedstaaten durch Anpassen des Begriffsinhalts bestimmte Personen nach Belieben vom Schutz der Arbeitnehmerfreizügigkeit ausnehmen[1717]. Mit Blick auf die praktische Wirksamkeit der Vorschriften legt der EuGH den Arbeitnehmerbegriff weit aus[1718]. 887

1.2 Die Kriterien des Arbeitnehmerbegriffs

Drei Kriterien müssen nach der Rechtsprechung[1719] für die Arbeitnehmereigenschaft erfüllt sein: 888

- das Erbringen von Leistungen im Wirtschaftsleben während einer bestimmten Zeit für einen anderen,
- das Entgeltliche Erbringung der Leistung,
- das Vorliegen eines Abhängigkeitsverhältnisses.

Beim *Erbringen eines Leistung im Wirtschaftsleben* geht es darum, wirtschaftliche von nichtwirtschaftlichen Tätigkeiten abzugrenzen. So hat der EuGH entschieden, Tätigkeiten von Berufssportlern wären wirtschaftliche Tätigkeit im Sinne des Vertrages[1720]. Gleiches gilt für die Tätigkeit eines Klempners, der als Mitglied der Bhagwan-Sekte für diese arbeitete. Der Betroffene konnte sich erfolgreich auf die Freizügigkeitsrechte gemäss Art. 39 EGV berufen. Er erhielt einen Anspruch auf Erteilung einer Aufenthaltser- 889

[1715] Einen einheitlichen Arbeitnehmerbegriff für das ganze Gemeinschaftsrecht existiert nicht. Vielmehr ist der Arbeitnehmerbegriff je nach dem unterschiedlichen Zweck der Regelungsmaterie zu erfassen. Siehe dazu KRIMPHOVE, N 169.
[1716] Ständige Rechtsprechung, vgl. erstmals EuGH v. 19.03.1964, Rs 75/63, Hoekstra, Slg. 1964, S. 379.
[1717] BLANPLAIN, S. 290.
[1718] EuGH v. 17.07.2008, Rs 94/07, Raccanelli, Rn 33, EuGH v. 07.09.2004, Rs C-456/02, Trojani, Rn 15, EPINEY/BIBER/HAAG, N 10, S. 361, BLAINPLAIN, N 457, KADDOUS/TOBLER, S. 618, PÄRLI (Arbeitsrechtliches Diskriminierungsverbot), S. 23.
[1719] Ständige Rechtsprechung seit EuGH v. 03.07.1986, Rs 66/85, Lawrie-Blum, Slg. 1986, 2121.
[1720] EuGH v. 12.12.1984, Rs 36/74, Walfrave/Koch, Slg. 974, 1405, 1420.

laubnis im anderen Mitgliedstaat[1721]. Nicht erheblich ist, wie das *Rechtsverhältnis* der Beziehung zwischen Arbeitgeber und Arbeitnehmer ausgestaltet ist. Beamte sind Arbeitnehmer im Sinne von Art. 39 EGV[1722], genau so wie bloss teilzeitlich oder unregelmässig Beschäftige[1723] oder Praktikanten[1724]. Selbst eine Beschäftigung zur Wiedereingliederung in den Arbeitsmarkt kann den Status der Arbeitennehmereigenschaft nach Art. 39 EGV erfüllen[1725]. Voraussetzung dafür ist, dass die erbrachte Leistung nicht nur der Rehabilitation oder Wiedereingliederung der Betroffenen im Wirtschaftsleben dient, sondern als «tatsächliche» und «echte» Tätigkeit qualifiziert werden kann[1726].

890 Das Kriterium der Entschädigung als *Gegenleistung für geleistete Arbeit* wird vom EuGH sehr weit ausgelegt. Die Höhe der ausgerichteten Vergütung ist unerheblich, soweit sie nicht nur symbolischen Charakter hat[1727]. Die Vergütung muss weder die Existenz sichern noch den tariflichen oder gesetzlichen Mindestlöhnen entsprechen[1728]. Auch eine Entschädigung im Rahmen eines Soziallohnprojektes[1729] oder die Gewährung von Kosten und Logis[1730] können genügen.

891 Die Feststellung des *Abhängigkeitsverhältnisses* dient der Abgrenzung zur selbständigen Erwerbstätigkeit. Eine solche liegt vor, wenn die Berufstätigkeit auf eigene Rechnung und auf eigenes Risiko erfolgt[1731]. Nicht entschei-

---

[1721] EuGH v. 05.10.1988, Rs 196/87, Steymann, Slg. 1988, 6159.
[1722] EuGH v. 12.02.1974, Rs 152/73, Sotgiu, Slg. 1974, 153.
[1723] EuGH v. 23.03.1982, Rs 53/81, Levin, Slg 1983, 1035, 1050
[1724] EuGH v. 21.11.1991, Rs C-27/91, le Manoir, Slg. 1991, I-5531.
[1725] Siehe dazu die Ausführungen in den Urteilen EuGH v. 31.05.1989, Rs 344/87, I. Bettray, Slg. 1989, S. 1621, 1645 und EuGH v. 07.09.2004, Rs C-456/02, Trojani, Slg. 2004, I-7573. Zur Rechtssache Trojani siehe KADDOUS/TOBLER, S.618.
[1726] In diesem Sinne hat der Gerichtsshof in Sachen Trojani die Frage an das vorlegende Gericht zurückgegeben – es muss prüfen, ob die fragliche Tätigkeit, 30 Stunden Arbeit in Haushalt und Garten eines Heilsarmeeheims, diesen Voraussetzungen entspricht (EuGH v. 07.09.2004, Rs C-456/02, Rn 29, Trojani, Slg. 2004, I-7573). Im Schlussantrag zur Rechtssache Trojani verneinte der GA Geeldhoed den Arbeitnehmerstatus u.a. mit dem Hinweis, die Entschädigung stelle keine Leistung für die erbrachte Arbeit dar, vielmehr habe die Arbeit den Charakter einer Gegenleistung für die empfangene Hilfe.
[1727] FRANZEN, N 27 zu Art. 39 EGV.
[1728] EuGH v. 03.06.1986, Rs 139/85, Kempf, Slg. 1986, 1714, Rn 14.
[1729] EuGH v. 26.11.1998, Rs C-1/97, Birden, Slg. 1998, 7747, Rn 26.
[1730] EuGH v. 05.10.1988, Rs 196/87, Steymann, Slg. 1988, 6159. Rn 12.
[1731] WANK, N 14, S. 384, BLANPAIN, N 483, MÜHL, S. 255, KRIMPHOVE, N 178, FRANZEN, N 19-21.

dend ist, ob dem Weisungsverhältnis nach nationalem Recht ein Arbeitsverhältnis zugrunde liegt[1732].

Auch *leitende Arbeitnehmende* fallen unter den Arbeitnehmerbegriff des Art. 39 EGV. Eine Grenze zu ziehen ist dahingegen zu Verwaltungsräten (Deutschland: Aufsichtsräten) von Gesellschaften und Geschäftsführenden, soweit diese massgebliche unternehmerische Entscheide für die jeweilige Gesellschaft zu treffen haben[1733]. Diese Personen können sich nicht auf die Arbeitnehmerfreizügigkeit, hingegen auf die Niederlassungsfreiheit nach Art. 43 Abs. 2 EGV berufen[1734]. Die Stellung als Geschäftsführer einer GmbH allein schliesst indes die Eigenschaft als Arbeitnehmender nicht zum vorneherein aus[1735]. Massgebend ist vielmehr, ob noch von einem Abhängigkeitsverhältnis gesprochen werden kann. Ein solches fällt dann weg, wenn die Gesellschaft nur vorgeschoben ist und Gesellschafter und Geschäftsführer identisch sind[1736]. 892

Die europaeinheitliche Auslegung des Arbeitnehmerbegriffs in Art. 39 EGV weicht von derjenigen der meisten Mitgliedstaaten ab[1737]. Insbesondere fehlt es am Kriterium der in vieler Rechtsordnung notwendigen «Einbettung in den Betrieb oder Betriebsablauf des Arbeitgebers»[1738]. Mit der weiten Auslegung des Arbeitnehmerbegriffs wird sichergestellt, dass Freizügigkeitsvorschriften nicht durch die Mitgliedstaaten unterlaufen werden können. Die Auslegung ermöglicht insbesondere, Arbeitnehmenden in besonders prekären Arbeitsverhältnisse (unregelmässig Beschäftige, Schein-Selbstständige usw.) von der Freizügigkeit und dem Diskriminierungsschutz profitieren zu lassen[1739]. 893

1.3   Arbeitgeber und Arbeitsvermittler

Der Begriff «Arbeitgeber» tritt in vielen primären und sekundären Gemeinschaftsrechtsquellen auf. Näher definiert wird der Begriff allerdings nicht. Im Zusammenhang mit der Arbeitnehmerfreizügigkeit interessieren die Fragen, ob sich der Arbeitgeber selbst in eigenem Namen ebenfalls auf die Arbeit- 894

1732   FRANZEN, N 19.
1733   EuGH v. 27.06.1996, Rs C-107/94, Asscher, Slg. 1996, 3089.
1734   WANK, N 16, S. 385.
1735   Siehe dazu: EuGH v. 07.05.1998, Rs C-350/96, Clean Car Autoservice, Slg. 1998, 2521, Rn 16 ff.
1736   EuGH v. 27.06.1996, Rs C-107/94, Asscher, Slg. 1996, 3089 Rn 26, EuGH v. 08.06.1999, Rs C-337/97, C.P.M. Meeusen, Slg. 1999, 3289, Rn 15.
1737   EuGH v. 03.03.2000, Rs C-178/97, Barry Banks, Slg. 2000, 2005 Rn 16f.
1738   KRIMPHOVE, N 171.
1739   PÄRLI (Arbeitsrechtliches Diskriminierungsverbot), S. 24.

nehmerfreizügigkeit berufen und/oder ob er die Freizügigkeitsrechte seiner Arbeitnehmenden geltend machen kann. Primärrechtlich finden sich zu beiden Fragen keine unmittelbaren Antworten. Sekundärrechtlich verleihen Art. 2 und 3 Abs. 2 Bst. b VO 1612/68/EWG dem Arbeitgeber Rechte, die im Zusammenhang mit den Freizügigkeitsansprüchen seiner Arbeitnehmenden stehen. Nach Art. 2 der VO 1612/68/EWG können Staatsbürger und Arbeitgeber jedes Mitgliedstaates, «(...) nach geltenden Rechts- und Verwaltungsvorschriften ihre Stellenangebote und Arbeitsgesuche austauschen sowie Arbeitsverträge schliessen und erfüllen, ohne dass sich Diskriminierungen ergeben dürfen.» Diese Rechte werden teils als «Anwerbefreiheit» bezeichnet[1740]. Es handelt sich hier um originäre Rechte der Arbeitgebenden selbst. Für die Geltendmachung *ihrer eigenen Freizügigkeit* steht ihnen die Berufung auf die Dienstleistungsfreiheit nach Art. 42 EGV oder die Niederlassungsfreiheit nach Art. 43 EGV zu.

895 Der EuGH hat im Fall *Clean Car Autoservice*[1741] entschieden, dass sich Arbeitgeber *derivativ* auf die dem Arbeitnehmer zustehenden Freizügigkeitsrechte berufen können[1742]. Hintergrund des Falles bildet ein Wohnsitzerfordernis für die Bestellung eines Geschäftsführers. Der *Arbeitgeber selbst* konnte sich unter Berufung auf die Freizügigkeit dieses Arbeitnehmers *auf Art. 39 EGV* berufen. Gerade die Möglichkeit, auch durch den Arbeitgeber die Freizügigkeit europäischer Arbeitnehmenden geltend zu machen, verhelfe Art. 39 EGV und den sekundärrechtlichen Erlassen zur vollen Wirkung[1743]. Der EuGH bejahte in der Sache selbst eine mittelbare Diskriminierung. Das Wohnsitzerfordernis stelle eine Benachteiligung dar, die vorwiegend europäische Wanderarbeitnehmende betreffe[1744].

896 Selbst *Arbeitsvermittler* stehen indirekt unter dem Schutz der Arbeitnehmerfreizügigkeit. Der EuGH hatte zu entscheiden, ob die deutschen Sozialbehörden eine Vermittlungsgebühr für die erfolgreiche Arbeitsvermittlung eines Sozialhilfeempfängers auch dann zu entrichten haben, wenn es sich bei der vermittelten Arbeitsstelle um eine Beschäftigung ausserhalb Deutschlands handelt[1745]. Eine direkte oder indirekte Diskriminierung aufgrund der Staatsangehörigkeit des Arbeitsuchenden lag nicht vor. Der Entscheid knüpfte nicht an die Staatsangehörigkeit an. Der EuGH erkannte jedoch, es liege eine nicht durch sachliche Gründe zu rechtfertigende *Beschränkung der Arbeitnehmerfreizügigkeit* vor. Der EuGH hat erkannt, den Erwägungen des Gene-

---

[1740] HANAU/STEINMEYER/WANK, N 97, S. 418.
[1741] EuGH v. 07.05.1998, Rs C-350/96, Clean Car Autoservice, Slg 1998, 2521.
[1742] KRIMPHOVE, N 268.
[1743] EuGH v. 07.05.1998, Rs C-350/96, Clean Car Autoservice, Slg 1998, 2521, Rn 19.
[1744] EuGH v. 07.05.1998, Rs C-350/96, Clean Car Autoservice, Slg 1998, 2521, Rn 35f.
[1745] EuGH v. 11.01.2007, Rs C-208/05, ITC Technology Center GmbH.

ralanwalts[1746] folgend, dass sich auch die Vermittlungsfirma selbst auf die Arbeitnehmerfreizügigkeit berufen kann[1747].

1.4 Familienangehörige

Aus den Freizügigkeitsrechten der europäischen Wanderarbeitnehmenden können deren Familienangehörigen ihrerseits Rechte ableiten. Soweit die Familienangehörigen ebenfalls Staatsangehörige eines Mitgliedstaates sind, ergibt sich dies bereits aus der unmittelbaren Anwendung von Art. 39 Abs. 2 EGV und Art. 7 Abs. 1 der VO 1612/68[1748].

897

Nach dem früheren Art. 11 der VO 1612/68 hat der Ehegatte, der selbst nicht Staatsangehöriger eines Mitgliedstaates ist, einen Anspruch darauf, im gesamten Hoheitsgebiet des fraglichen Mitgliedstaates eine abhängige Beschäftigung gegen Entgelt auszuüben. Nach dem EuGH können diese Personen die Beschäftigung zu den gleichen Bedingungen ausüben, wie der berechtige Wanderarbeitnehmer, von dem sie ihre Rechte ableiten[1749]. Die Art. 10-11 der VO 1612/68/EWG wurden durch die Rl 2004/38/EG ersetzt (Siehe Art. 38 Rl 2004/38/EG)[1750]. Diese Richtlinie trat am 29.4.2004 in Kraft und verpflichtet die Mitgliedstaaten zur Umsetzung innerhalb von zwei Jahen (Art. 40 Rl 2004/38/EG).

898

[1746] Schlussanträge vom 5. Oktober 2006, GA Léger, Rs C-208/05- ITC Technology Center GmbH, Rn 58 – 69, insbesondere Rn 61.
[1747] Siehe die Entscheidbesprechung bei PÄRLI (Arbeitnehmerfreizügigkeit), S. 76 ff. und bei TOBLER/DELLI, S. 1367 ff.
[1748] HANAU/STEINMEYER/WANK, N 223, S. 457.
[1749] EuGH v. 07.05.1986, Rs 131/85, Gül, Slg. 1986, 1573, 1590, Rn 20 f.
[1750] Richtlinie 2004/38/EG des europäischen Parlaments und des Rates vom 29. April 2004 über das Recht der Unionsbürger und ihrer Familienangehörigen, sich im Hoheitsgebiet der Mitgliedstaaten frei zu bewegen und aufzuhalten, zur Änderung der Verordnung (EWG) Nr. 1612/68 und zur Aufhebung der Richtlinien 64/221/EWG, 68/360/EWG, 72/194/EWG, 73/148/EWG, 75/34/EWG, 75/35/EWG, 90/364/EWG, 90/365/EWG und 93/96/EWG, Amtsblatt der Europäischen Union L 158/77, 30.04.2004

11. Kapitel: Arbeitsrechtliches Diskriminierungsverbot aufgrund der Staatsangehörigkeit

2. Schutz für europäische Wanderarbeitnehmer/innen

2.1 Grenzüberschreitender Sachverhalt

899 Während die Arbeitnehmereigenschaft problemlos unter den «persönlichen Anwendungsbereich» der Art. 39 EGV und den dazu gehörenden sekundärrechtlichen Erlassen eingeordnet werden kann, liegt diese beim «grenzüberschreitenden Sachverhalt» nicht ohne weiteres auf der Hand. Diese Einteilung macht jedoch Sinn. Es sind die Arbeitnehmenden als Personen, die das Kriterium «Grenzüberschreitender Sachverhalt» verwirklichen[1751].

900 Vor Diskriminierung aufgrund der Staatsangehörigkeit geschützt sind nicht einfach die ausländischen Arbeitnehmenden im Verhältnis zu den inländischen Arbeitnehmenden. Eine solche Betrachtungsweise greift zu kurz. In verschiedenen EuGH-Entscheidungen kommt zum Ausdruck, dass eine Diskriminierung *gegenüber dem eigenen Staat* geltend gemacht werden kann, dann nämlich, wenn der Sachverhalt einen ausreichenden grenzüberschreitenden Bezug aufweist[1752]. Befinden sich inländische Arbeitnehmende in einer Situation, die mit denjenigen ausländischer Wanderarbeitnehmenden vergleichbar ist, finden die Freizügigkeitsregeln und das Diskriminierungsverbot bzw. das Beschränkungsverbot Anwendung[1753]. Vor Diskriminierung geschützt sind bsw. Arbeitnehmende, die als Folge einer Tätigkeit im EU-Ausland nach Ihrer Rückkehr benachteiligt werden[1754]. Mögliche Anwendungsfälle betreffen die Nichtanerkennung von im Ausland erworbenen Dienstjahren oder im Ausland erworbenen Diplomen[1755].

901 Ein grenzüberschreitender Sachverhalt kann nicht nur durch einen Wechsel des Arbeitsplatzes ausgelöst werden. Auch ein Wohnortswechsel bei gleich bleibendem Arbeitsplatz kann einen Freizügigkeitstatbestand verwirklichen. Illustrativ dazu ist die *Hendrix*. Seit dem 1. Februar 1994 war Herr Hendrix in einem Baumarkt in den Niederlanden beschäftigt. Am 1. Juni 1999 zog er nach Belgien um, behielt jedoch seine Stelle in den Niederlanden, was den Verlust einer niederländischen Sozialleistung bewirkte. Diese Umstände verliehen Herrn Hendrix den Status eines Wanderarbeitnehmers und er konnte

---

[1751] Andere Autoren wie z.B. BRECHMANN ordnen das Element des grenzüberschreitenden Sachverhalts dem sachlichen Anwendungsbereich zu, siehe BRECHMANN, N 46 zu Art. 39 EGV.
[1752] Ständige Rechtsprechung, vgl. erstmals EuGH v. 28.03.1979, Rs 175/78, Saunders, Slg. 1979, 1129, 1135, Rn 11.
[1753] EuGH v. 07.07.1992, Rs C-370/90, Singh, Slg. 1992, 4265, 4294 f., Rn 21 ff.
[1754] PLÖTSCHER, S. 139.
[1755] Siehe die Urteile EuGH v. 31.03.1993, Rs C-19/92, Kraus, Slg 1993 I-1663 und EuGH v. 08.07.1999, Rs C-234/97, Fernandz de Bobadillia, Slg. 1999, I-4773.

die Freizügigkeitsrechte geltend machen[1756]. Unerheblich ist, ob die Benachteiligungen des Wanderarbeitnehmers oder der Wanderarbeitnehmerin vom Wohnsitzstaat oder von dem Staat ausgehen, in dem die Arbeitstätigkeit ausgeübt wird[1757].

Keine Anwendung finden die Freizügigkeitsrechte bei Sachverhalten *ohne jeden Auslandsbezug*, wenn z.B. Arbeitnehmende betroffen sind, die weder Staatsangehörige eines anderen Mitgliedstaates sind noch je in einem anderen Mitgliedstaat gearbeitet haben oder planen dies zu tun[1758]. 902

Somit wird deutlich: Die Freizügigkeitsregeln und das Diskriminierungsverbot schützen *Wanderarbeitnehmende*[1759] vor Benachteiligen als Folge einer grenzüberschreitenden beruflichen Aktivität. Der Terminus *Europäische Wanderarbeitnehmer/innen* bringt trefflich zum Ausdruck, dass der Schutz auf Angehörige von EU-Mitgliedstaaten beschränkt ist, sofern nicht ein Drittstaatenabkommen einen vergleichbaren Schutz bietet. Davon handelt der nächste Abschnitt. 903

2.2 Arbeitnehmende aus Drittstaaten

2.2.1 Schutz durch Drittstaatenabkommen

Arbeitnehmende aus Drittstaaten können sich nicht unmittelbar auf Art. 39 EGV berufen[1760]. Haben diese Drittstaaten jedoch mit der Europäischen Gemeinschaft so genannte Assoziationsabkommen abgeschlossen, so richten sich allfällige Freizügigkeitsansprüche nach den fraglichen Abkommen[1761]. Für Angehörige der EWR-Staaten Liechtenstein, Island und Norwegen be- 904

[1756] EuGH v. 11.09.2007, Rs C-287/05, Hendrix, Rn 44-45.
[1757] Schlussanträge GA Kokott v. 29.03.2007 in der Rs C-287/05, Hendrix.
[1758] HANAU/STEINMEYER/WANK, N 14, S. 398.
[1759] Der Ausdruck «Europäische Wanderarbeitnehmer» findet zunehmend Verbreitung. Die Europäische Kommission erklärte 2006 zum Jahr der Mobilität der Arbeitnehmer. In diesem Zusammenhang wurde eine Hotline für Europäische Wanderarbeitnehmer eingerichtet. Der EuGH verwendet den Begriff der Wanderarbeitnehmerin z.B. im Urteil EuGH v. 15.1.1998, Rs C-15/96, Schöning-Kougebetopoulou, Slg. 1998, I-47, Rn 47 oder EuGH v. 11.09.2007, Rs C-278/05, Hendrix, Rn 45.
[1760] FRANZEN, N 43 zu Art. 39 EGV, GEIGER, N 9 zu Art. 39 EGV, SCHEURER, N 8 zu Art. 39 EGV, SOPP, S. 117, kritisch dazu BELL (Anti-Discrimination), S. 37.
[1761] Zur Frage der unmittelbaren Anwendbarkeit von Personenfreizügigkeitsabkommen siehe ausführlich WEISS, S. 61 ff.

steht gestützt auf Art. 28 des EWR-Abkommens[1762] ein solcher Anspruch. Art. 28 EWR ist Art. 39 EGV nachgebildet. Die Europäische Gemeinschaft hat weitere die Arbeitnehmerfreizügigkeit betreffende Assoziationsabkommen abgeschlossen, so mit der Türkei[1763]. Seit dem 1. Juni 2002 ist das Abkommen über die Personenfreizügigkeit (Personenfreizügigkeitsabkommen FZA)[1764] mit der Schweiz in Kraft getreten.

905 Der fehlende Freizügigkeitsschutz für Arbeitnehmende aus Drittstaaten ohne Assoziationsabkommen ist aus einer Menschenrechtsperspektive problematisch. In der Richtlinie 2003/109/EG[1765] werden nun die Mitgliedstaaten verpflichtet, zumindest die Rechtstellung von langfristig aufenthaltsberechtigten Drittstaatenangehörigen zu verbessern.

2.2.2 Schutz durch den Status Angehörige von freizügigkeitsberechtigten Arbeitnehmenden

906 Die Problematik der fehlenden Freizügigkeitsrechte von Arbeitnehmenden aus Drittstaaten ist zu unterscheiden von der Frage, ob drittstaatsangehörige *Familienangehörige* von *freizügigkeitsberechtigten Arbeitnehmenden* Schutzansprüche haben. Wegweisend hat hierzu der EuGH in der Rechtssache *Singh* entschieden, dass «das Freizügigkeitsrecht- und Niederlassungsrecht, die dem Gemeinschaftsbürger in den Artikeln 48 [jetzt 39] und 52 [42] EWG-Vertrag gewährt werden, (…) ihre volle Wirkung nicht entfalten [können], wenn der Gemeinschaftsbürger von ihrer Ausübung durch Hindernisse abgehalten werden kann, die in seinem Herkunftsland für die Einreise und den Aufenthalt seines Ehegatten bestehen[1766].» Solche Hindernisse sind bsw. ausländerrechtliche Restriktionen für Einreise und Aufenthalt der Ehegatten, aber auch Benachteiligungen hinsichtlich sozialer Leistungen. Diese Belange werden hier

---

[1762] Abkommen über den Europäischen Wirtschaftsraum (EWR-Abkommen) vom 2. Mai 1992, ABl Nr. L 1 vom 3.1.1994, geändert durch das Anpassungsprotokoll vom 17. März 1993, ABl Nr. L 1 vom 3.1.1994, S. 572.
[1763] Das am 12. September 1963 in Ankara geschlossene Abkommen zur Gründung einer Assoziation zwischen der Europäischen Wirtschaftsgemeinschaft und der Türkei trat am 1. Dezember 1964 in Kraft, ABl vom 19.12.1964, S. 3685.
[1764] Abkommen zwischen der Europäischen Gemeinschaft und ihren Mitgliedstaaten einerseits und der Schweizerischen Eidgenossenschaft andererseits über die Freizügigkeit, ABl Nr. L 114 vom 30.04.2002, S. 6, geändert durch Beschluss Nr. 2/2003 des Gemischten Ausschusses vom 15.07.2003, ABl Nr. L 187 vom 26.07.2003, S. 55.
[1765] Richtlinie 2003/109/EG des Rates vom 25. November 2003 betreffend die Rechtsstellung der langfristig aufenthaltsberechtigten Drittstaatenangehörigen vom 25. November 2003, Abl L 16/44, 23.1.2003.
[1766] EuGH v. 07.07.1992, Rs C-370/90, Singh, Slg. 1992, 4265, 4294 f., Rn 21.

nicht weiter vertieft. Hingewiesen wird auf die Richtlinie über das Recht der Unionsbürger und ihrer Familienangehörigen, sich im Hoheitsgebiet der Mitgliedstaaten frei zu bewegen und aufzuhalten (Unionsbürger-RL). Diese Richtlinie gewährt den Drittstaatsangehörigen verschiedene Rechte, u.a. nach Art. 23 Rl 2004/38/EG das Recht auf Aufenthalt ungeachtet der Staatsangehörigkeit und das Recht zur Aufnahme einer Erwerbstätigkeit als Arbeitnehmer oder Selbständigerwerbende[1767].

2.3 Das Problem der Inländerdiskriminierung

Die Beschränkung der Anwendung der Freizügigkeitsregeln auf grenzüberschreitende Sachverhalte führt zum Problem der Inländerdiskriminierung. Die Anwendung der Personenfreizügigkeit setzt einen grenzüberschreitenden Sachverhalt voraus. Für reine Inlandssachverhalte gilt allein inländisches Recht. Die gemeinschaftsrechtliche Rechtslage verschafft den nicht inländischen europäischen Wanderarbeitnehmenden gegenüber den inländischen Arbeitnehmenden unter Umständen Vorteile. Dieses Phänomen wird in der Literatur als «umgekehrte Diskriminierung» oder «Inländerdiskriminierung» bezeichnet[1768].

Im Anwendungsbereich der Personenfreizügigkeit sind mehrere Phänomene auseinander zuhalten. Eine Inländerdiskriminierung liegt gemeinschaftsrechtlich begründet und gewollt vor, in dem Art. 12 Abs. 2 der VO 1612/68/EWG vorsieht, dass die Kinder von Wanderarbeitnehmenden schulisch besonders zu fördern sind. Ziel dieser Regelung ist weniger eine Besserstellung ausländischer Kinder als vielmehr die Ausgleichung tatsächlicher Nachteile, die sich als Folge der Migration ergeben[1769]. Die inländischen Arbeitnehmenden werden zudem dann diskriminiert, wenn ein streitiger inländischer Sachverhalt keinen Bezug zur gemeinschaftsrechtlichen Regelungsmaterie aufweist. Eine Berufung auf die Grundfreiheit der Personenfreizügigkeit geht bei fehlendem Auslandsbezug fehl. Der gleiche streitige inländische Sachverhalt kann jedoch einem ausländischen Arbeitnehmer, der Angehöriger eines Mit-

907

908

[1767] Richtlinie 2004/38/EG des europäischen Parlaments und des Rates vom 29. April 2004 über das Recht der Unionsbürger und ihrer Familienangehörigen, sich im Hoheitsgebiet der Mitgliedstaaten frei zu bewegen und aufzuhalten, zur Änderung der Verordnung (EWG) Nr. 1612/68 und zur Aufhebung der Richlinien 64/221/EWG, 27/194/EWG, 73/148/EWG, 75/34/EWG, 90/364/EWG und 93/96/EWG, ABl. L 229 vom 29.06.2004, S. 35 ff. Zu dieser Richtlinie siehe SOPP, S. 120 ff.

[1768] Zum Begriff und dessen Verwendung in der Literatur vgl. PLÖTSCHER, S. 74, inbesondere Fn 15.

[1769] HANAU/STEINMEYER/WANK, N 162, S. 439.

gliedstaates ist, die Geltendmachung des Freizügigkeitsanspruchs ermöglichen. Ein Beispiel dafür stellt eine streitige Transferregel im Fall des finnischen Basketballprofis *Lehtonen* dar[1770]. Das einschlägige Transferreglement sah eine Sperrfrist vor, in der kein Klubwechsel möglich war. Als EU-ausländischer Basketballprofis konnte sich Lehtonen erfolgreich auf die Freizügigkeitsrechte und das Diskriminierungs- bzw. Beschränkungsverbot berufen. Einem belgischen Profi war dies nicht möglich. Damit ist der inländische Arbeitnehmende im Vergleich zu seinem ausländischen Kollegen diskriminiert. Ein *Mitgliedstaat* darf seine *eigenen Staatsangehörigen diskriminieren*, soweit diese nicht Rechte aus dem Anwendungsbereich der gemeinschaftsrechtlichen Vorschriften geltend machen können[1771]. Die Bekämpfung solcher Formen der Diskriminierung muss solange und soweit nationalstaatlich erfolgen, als keine gemeinschaftsrechtliche Regelung Anwendung erheischt[1772].

3. Ausnahmen für Beschäftigte der öffentlichen Verwaltung

909 Nach Art. 39 Abs. 4 EGV finden die Freizügigkeitsrechte keine Anwendung auf «Beschäftigungen in der öffentlichen Verwaltung». Der Anwendungsvorbehalt greift nur, wenn es sich um eine Stelle handelt, deren Ausübung typischerweise staatliche Hoheitsfunktion beansprucht[1773]. Art. 39 Abs. 4 EGV wird vom EuGH nach gemeinschaftsrechtlichen Grundsätzen[1774] eng ausgelegt[1775]. Die Nichtanwendung der gemeinschaftsrechtlichen Freizügigkeitsgrundsätze soll eine Ausnahme darstellen[1776].

910 Der EuGH folgt einem funktionellen Verständnis der öffentlichen Verwaltung[1777] und prüft die Geltendmachung von Art. 39 Abs. 4 EGV in zwei Schritten[1778]. In einem ersten Schritt verlangt der EuGH, dass eine hoheitliche Tätigkeit ausgeübt wird und diese mit der Verantwortung für die Wahrung

---

[1770] EuGH v. 13.04.2000, Rs C-176/96, Lehtonen.
[1771] So GA Fennelly in den Schlussanträgen zur Rechtssache C-281-/98, Angonese, Rn 26 unter Bezugnahme auf die gefestigte EuGH-Rechtsprechung.
[1772] STREINZ (Europarecht), N 685, mit der passenden Formulierung: Die Inländerdiskriminierung widerspricht zwar dem Binnenmarktgedanken, nicht aber dem Binnenmarktrecht.
[1773] HANAU/STEINMEYER/WANK, N 139, S. 431.
[1774] HANAU/STEINMEYER/WANK, N 133, S. 429.
[1775] EuGH v. 17.12.1980, Rs 149/79, Kommission der Europäischen Gemeinschaften gegen Königreich Belgien, Slg 1980, S. 3881.
[1776] EuGH v. 16.09.2004, Rs C-465/01, Kommission gegen Österreich, Rn 39.
[1777] EuGH v. 12.02.1974, Rs 152/73, Sotgiu, Slg. 1974, 163, Rn 4.
[1778] FRANZEN, N 159 zu Art. 39 EGV.

der allgemeinen Belange des Staates verbunden ist[1779]. Gestützt darauf muss anschliessend geprüft werden, ob die Besetzung der konkreten Stelle ein besonderes Treueverhältnis zum Staat voraussetzt[1780]. Die Erfordernisse müssen auf eine bestimmte Stelle zutreffen[1781]. Innerhalb der gleichen Dienststelle sind deshalb Funktionen denkbar, die unter den Vorbehalt von Art. 39 Abs. 4 EGV fallen und andere nicht. In der EuGH–Rechtsprechung werden die Tätigkeiten von Architekten der Stadtverwaltung, Nachwächtern und ganz allgemein Tätigkeiten mit Kontrollfunktionen in einer Stadtverwaltung als von Art. 39 Abs. 4 EGV erfasst qualifiziert[1782]. Nach der Kommission fallen die klassischen Bereiche öffentlicher Verwaltung wie die Rechtspflege (nicht aber Rechtsanwälte[1783]), Armee- und Polizeidienst, Steuerverwaltung und der diplomatische Dienst unter den Begriff «öffentliche Verwaltung» im Sinne von Art. 39 Abs. 4 EGV[1784].

Nicht der Ausnahmeregelung für die öffentliche Verwaltung unterstehen diejenigen Verwaltungseinrichtungen, die *kommerzielle* Dienstleistungen erbringen. So sind öffentliche Unternehmen im Verkehrswesen, in der Telekommunikation und im Bereich des Gesundheitswesens an die Gewährung der Freizügigkeitsrechte gebunden[1785]. Weiter nicht zur öffentlichen Verwaltung zählen Tätigkeiten wie diejenige von Fremdsprachelektoren an Universitäten[1786], Forschern ohne Leitungs- und Lenkungsaufgaben in einem nationalen Forschungsrat[1787] sowie Lehrern[1788]. 911

[1779] EuGH, v. 02.07.1996, Rs C 473/93, Kommission gegen Luxemburg, Slg. 3381, Rn 10, EuGH v. 30.09.2003, Rs C47/02, Anker, Rn 61-65.
[1780] EuGH v. 26.05.1982, Rs 149/79, Kommission gegen Belgien, Slg 1982, 1845 ff, Rn 7 ff.
[1781] EuGH v. 02.07.1996, Rs C-290/94, Kommission gegen Griechenland, Slg. 1996, 3285, 3327, Rn 37.
[1782] EuGH v. 26.05.1982, Rs 149/79, Kommission gegen Belgien, Slg. 1982, 1845.
[1783] EuGH v. 21.06.1974, Rs 2/74, Reyners, Slg. 1974, 631, Rn 51.
[1784] ABl. C 72/2 v. 18.03.1988.
[1785] EuGH v. 02.07.1996, Rs C-290/94, Kommission gegen Griechenland, Slg. 1996, 3285, 3327, Rn 34 ff, EuGH v. 02.07.1996, Rs C-173/94, Kommission gegen Belgien, Slg 1996, 3265, 3283, Rn 24.
[1786] EuGH v. 30.05.1989, Rs 33/88, Allué I, Slg. 1989, 151. 1610, Rn 10.
[1787] EuGH v. 16.06.1987, Rs 225/85, Kommission, gegen Italien, Slg. 1987, 2625, 2639, Rn 9 f.
[1788] EuGH v. 03.07.1986, Rs 66/85, Lawrie-Blum, Slg. 1986, 2121. GA Lenz hielt allerdings fest, für Stellen, die mit der grundlegenden Ausgestaltung des Schulunterrichts und der schulischen Leistungsbewertung etwas zu tun hätten, könne etwas anderes gelten. Siehe weiter EuGH v. 11.01.2007, Rs C-40/05, Lyyski, Rn 36: «Es ist unbestritten, dass eine unbefristete Anstellung als Lehrer allen Angehörigen der Mitgliedstaaten offen steht, die über die zum Unterrichten erforderliche Qualifikationen verfügen.»

912 Aus der funktionalen Betrachtungsweise der Bestimmung, wer unter die Ausnahmebestimmung des Art. 39 Abs. 4 EGV fallen soll, folgt die Frage, ob ehemals staatliche und heute privatisierte Dienste oder Private, die mit hoheitlichen Aufgaben ausgestattet werden, ebenfalls zur öffentlichen Verwaltung im Sinne Art. 39 Abs. 4 EVG zu zählen sind. Der EuGH hat zu dieser Frage entschieden, dass private Wachbedienstete nicht zur öffentlichen Verwaltung gehörten und deshalb Art. 39 Abs. 4 EGV auf sie nicht anwendbar sei, unabhängig von den Aufgaben, die der Beschäftigte zu erfüllen habe[1789]. Weiter entschied der Gerichtshof, beim Kapitän eines Hochseeschiffes würden die hoheitlichen Befugnisse nur einen kleinen Teil seiner Aufgaben ausmachen, weshalb er nicht unter die Ausnahmebestimmung falle[1790].

913 Im Ergebnis unterstehen wohl die Mehrheit der staatlichen Stellen den allgemeinen Freizügigkeitsregeln[1791]. Fällt eine öffentliche Stelle gemäss den durch den EuGH entwickelten Kriterien der funktionalen Bestimmung nicht unter den Vorbehalt von Art. 39 Abs. 4 EVG, stehen diesen Arbeitnehmenden in der öffentlichen Verwaltung die gleichen Rechte zu wie allen Übrigen[1792]. Die Stellen sind diskriminierungs- und beschränkungsfrei zu besetzen und auszugestalten[1793] und den Arbeitnehmenden stehen sämtliche «Begleitrechte» (Familiennachzug, soziale Vergünstige usw.) zu.

III. Sachlicher Anwendungsbereich

1. Vorbemerkungen

914 Die Verwirklichung eines europäischen Arbeitsmarktes kann durch staatliche Zugangsrestriktionen beeinträchtigt werden. Aus diesem Grunde ist der Abbau ausländerrechtlicher Schranken erforderlich. Darüber hinaus erleichtern gleiche Chancen im Bewerbungsverfahren und diskriminierungsfreie Arbeitsbedingungen eine nachteilsfreie Ausübung der grenzüberschreitenden Mobilität. Als Grundfreiheit ist die Arbeitnehmerfreizügigkeit in die Logik

---

[1789] EuGH v. 31.05.2001, Rs C-283/99, Kommission gegen Italien, Slg. 2001, I-4363.
[1790] EuGH v. 30.09.2003, Rs C-47/02, Anker/Ras/Snoek, Rn 63.
[1791] KOM (2002), 694 endgültig, S. 22 (Mitteilung der Kommission – Freizügigkeit der Arbeitnehmer – Volle Nutzung der Vorteile und Möglichkeiten – Brüssel, 11.12.2002).
[1792] FRANZEN, N 155 zu Art. 39 EGV.
[1793] Das betrifft insbesondere die Anerkennung von Vorbeschäftigungszeiten in einem anderen Mitgliedstaat, siehe EuGH v. 12.03.1998, Rs C-187/96, Kommission gegen Griechenland, Slg. 1998, I 1095, EuGH v. 15.1.19985, Rs C-15/96, Schöning-Kougebetopoulou, Slg. 1998, I-47.

grundfreiheitlicher Dogmatik eingebettet. Über das Verbot unmittelbarer und mittelbarer Diskriminierung hinaus setzt ein Beschränkungsverbot den staatlichen und privaten Regelungen Grenzen, die der Arbeitnehmerfreizügigkeit hinderlich sind.

Die Darstellung des sachlichen Anwendungsbereichs der Arbeitnehmerfreizügigkeit und dem damit zusammenhängenden Diskriminierungs- und Beschränkungsverbot (2) erfolgt vor diesem Hintergrund problemorientiert, das heisst, es werden die gemeinschaftsrechtliche Rechtslage des Zugangs zum Arbeitsmarkt an sich (3) und anschliessend das Diskriminierungsverbot im Beschäftigungsverhältnis einschliesslich dem Einstellungsverfahren dargestellt (4). Beeinträchtigungen der Arbeitnehmerfreizügigkeit können sowohl von staatlichen Stellen wie von Privaten ausgehen. Der Frage der Drittwirkung des Diskriminierungs- und Beschränkungsverbot beim Zugang zum Arbeitsmarkt und bei den Beschäftigungsbedingungen wird besondere Aufmerksamkeit geschenkt (5). Abschluss dieses Kapitels bildet eine Auseinandersetzung mit dem Freizügigkeitsabkommen der Schweiz mit der EG und den Mitgliedstaaten (6). 915

2. *Diskriminierungs- und Beschränkungsverbot*

2.1 Verbot unmittelbarer Diskriminierung

Art. 39 Abs. 2 EGV und Art. 7 VO 1612/68/EWG verbieten jede auf der Staatsangehörigkeit beruhende unterschiedliche Behandlung der europäischen Wanderarbeitnehmenden in Bezug auf Beschäftigung, Entlöhnung und sonstige Arbeitsbedingungen. 916

Eine unmittelbare Diskriminierung liegt dann vor, wenn der Tatbestand einer rechtlichen Regelung oder Vertragsbestimmung im sachlichen Anwendungsbereich des Diskriminierungsverbotes an die inländische Staatsangehörigkeit anknüpft. Nicht zulässig ist deshalb bsw. die Begrenzung des besonderen Kündigungsschutzes für Schwerstbehinderte auf inländische Arbeitnehmende[1795]. Knüpft eine diskriminierende Ungleichbehandlung in der *Ausgestaltung des Arbeitsverhältnisses ausschliesslich an die Staatsangehörigkeit* an – liegt also eine unmittelbare Diskriminierung aufgrund der Staatsangehörigkeit vor – besteht grundsätzlich kein Raum für die Geltendmachung von Rechtfer- 917

[1795] EuGH v. 13.02.1972, Rs 44/72, Marsmann, Slg. 1972, 1243, Rn 4.

tigungsgründen[1796]. Die Rechtfertigungsgründe gemäss Art. 39 Abs. 3 EGV sind hierzu nicht relevant, diese betreffen den diskriminierenden Zugang zum Arbeitsmarkt an sich.

2.2 Verbot mittelbarer Diskriminierung

918 Das Diskriminierungsverbot des Art. 39 Abs. 2 EGV verbietet nach der Rechtsprechung des Gerichtshofes auch die mittelbare Diskriminierung. Eine solche liegt vor, wenn Rechtsvorschriften, kollektive oder individuelle Arbeitsbedingungen in ihrer tatsächlichen Auswirkung vorwiegend EU-Wanderarbeitnehmende benachteiligen[1797]. Präzedenzfall dazu bildet die Rechtssache *Sotgiu*, in der der EuGH festhielt, eine Diskriminierung liege auch dann vor, wenn eine unterschiedliche Regelung nicht auf der Staatsangehörigkeit sondern auf den Wohnsitz in einem anderen Mitgliedstaat Bezug nehme[1798]. Eine solche Auslegung sei im Lichte der Präambel zur VO 1612/68/EWG, die eine «rechtliche und tatsächliche Gleichbehandlung der Arbeitnehmer verlange», geboten[1799].

919 Das Unterscheidungskriterium Wohnsitz birgt die Gefahr, dass sich für Angehörige anderer Mitgliedstaaten Nachteile ergeben[1800]. Wanderarbeitnehmende haben viel häufiger Wohnsitz im Ausland als Inländer. Unterscheidungskriterien mit geographischen Anknüpfungspunkten wie «Herkunftsort», «Ort des Qualifikationserwerbs» oder «Geburtsort» sind geeignet, eine mittelbare Diskriminierung aufgrund der Staatsangehörigkeit hervorzurufen[1801]. Nicht mit dem Diskriminierungsverbot gemäss 39 EGV und Art. 7 Absätze 1 und 4 zu vereinbaren ist deshalb eine Regelung im deutschen Bundesangestelltentarifvertrag (BAT), die für den Lohnstufenaufstieg Beschäftigungszeit, die in einem anderen Mitgliedstaat erworben worden ist, ausser Betracht lässt[1802]. Darin lag eine mittelbare Diskriminierung aufgrund der Staatsange-

---

[1796] HANAU/STEINMEYER/WANK, N 151, S. 435, BRECHMANN, N 49 zu Art. 39 EGV. Siehe auch EuGH v. 18.1.2001, Rs. C-162/99, Italien ./. Kommission, Rn 32.
[1797] In der neueren Rechtsprechung des EuGH wird eine mittelbare Diskriminierung auch erkannt, wenn sie nicht durch Ungleichbehandlung verursacht wird, sondern durch eine ungerechtfertigte Gleichbehandlung, EuGH v. 16.09.2004, Rs C-400/02, Merida, Rn 22. Siehe dazu TOBLER (Indirect Discrimination), S. 220.
[1798] EuGH v. 12.02.1974, Rs 152/73, Sotgiu/Deutsche Bundespost, Slg. 1974, 153, Rn 11.
[1799] EuGH v. 12.2.1974, Rs 152/73, Sotgiu/Deutsche Bundespost, Slg. 1974, 153, Rn 12.
[1800] EuGH v. 14.12.1995, Rs C/279/93, Schumacker, Slg. 1995, 115,159, Rn 28, EuGH v. 07.05.1998, Rs 350/96, Clean Car Autoservie, Slg. 1998, 2521,2547, Rn 29.
[1801] HANAU/STEINMEYER/WANK, N 156, S. 436.
[1802] EuGH v. 15.1.1998, Rs C-15/96, Kalliope Schöning – Kougebetobpolou gegen Freie und Hansestadt Hamburg, Slg. 1998, Rn 25f.

hörigkeit vor, da typischerweise europäische Wanderarbeitnehmende die Nachteile dieser Regelung in Kauf nehmen mussten[1803]. Ebenfalls eine mittelbare Diskriminierung erblickte der EuGH darin, dass innerstaatliche Rechtsvorschriften zwingend vorsahen, dass Arbeitsverträge von Fremdsprachelektoren befristet sein mussten, während auf vergleichbare andere Berufsgruppen diese einschränkende Regel nicht vorgesehen war[1804].

Aus der EuGH Rechtsprechung lassen sich keine klaren Kriterien ableiten, wie gross der Anteil der nachteilig betroffenen europäischen Wanderarbeitnehmenden im Vergleich sein muss, damit eine mittelbare Diskriminierung aufgrund der Staatsangehörigkeit vorliegt. In Fall der Fremdsprachelektoren erachtete der EuGH eine mittelbare Diskriminierung als gegeben, wenn «im wesentlichen» Arbeitnehmende anderer Mitgliedstaaten von einer Regelung betroffen sind[1805]. In einer anderen Entscheidung lag für den EuGH die mittelbare Diskriminierung vor, wenn «oft» europäische Wanderarbeitnehmer betroffen waren[1806]. Nach anderer, eher neuerer EuGH–Rechtsprechung genügt bereits, wenn die fragliche Vorschrift ganz generell zur Diskriminierung geeignet ist[1807]. Der Nachweis einer höheren Betroffenheit der Arbeitnehmenden eines ausländischen Mitgliedstaats muss nicht erfolgen[1808]. In der Rechtssache *Merida* genügte dem Gerichtshof, wenn eine in Frage stehende Vorschrift sich «ihrem Wesen nach eher auf Wanderarbeitarbeitnehmer als auf inländische Arbeitnehmer auswirken kann (…)[1809]».

920

Im Gegensatz zu den Formen der unmittelbaren Diskriminierung sind bei mittelbaren Diskriminierungen nach der Rechtsprechung Rechtfertigungsgründe zulässig. Mittelbar diskriminierende Vorschriften sind dann zulässig, wenn sie einen berechtigten Zweck zum Schutz zwingender Gründe des Allgemeininteresses verfolgen und der Grundsatz der Verhältnismässigkeit gewahrt wird. Für den EuGH sind beispielsweise der Schutz der öffentlichen

921

[1803] BRIGOLA, S. 101.
[1804] EuGH v. 30.05.1989, Rs 33/88, Allue, Slg. 1989, 1591, Rn 19.
[1805] EuGH v. 30.05.1989, Rs 33/88, Allue, Slg. 1989, 1591, Rn 19, Rn 12, EuGH v. 20.10.1993, Rs C-272/92, Spotti, Slg. 1993, I-5185, Rn 18.
[1806] EuGH v. 08.05.1990, Rs C-175/88, Biehl, Slg. 1990, 1779, 1793, Rn 14.
[1807] BRECHMANN, N 50 zu Art. 39 EGV.
[1808] EuGH v. 23.05.1995, Rs C-237/94, O'Flynn, Slg. 1996, 2617, 26338 und 2639, Rn 20 und 21.
[1809] EuGH v. 16.09.2004, Rs C-400/02, Merida, Rn 21.

Gesundheit[1810] oder die Aufrechterhaltung eines wirtschaftlichen Gleichgewichts unter Sportvereinen[1811] zu billigende Rechtfertigungsgründe.

2.3 Beschränkungsverbot

922 Das Recht der Freizügigkeit erschöpft sich nicht im Verbot unmittelbarer und mittelbarer Diskriminierung. Der EuGH entwickelte darüber hinaus für die Grundfreiheiten ein spezifisches Beschränkungsverbot. Unter das Beschränkungsverbot der Arbeitnehmerfreizügigkeit fallen unterschiedslos auf inländische und EU-ausländische Arbeitnehmende treffende Bestimmungen, «die einen Arbeitnehmer, der Staatsangehöriger eines Mitgliedstaats ist, daran hindern oder davon abhalten, sein Herkunftsland zu verlassen, um von seinem Recht auf Freizügigkeit Gebrauch zu machen»[1812]. Solche Bestimmungen «stellen daher Beeinträchtigungen dieser Freiheit dar, auch wenn sie unabhängig von der Staatsangehörigkeit der betreffenden Arbeitnehmer angewandt werden»[1813].

923 Aus dem Vertragstext lässt sich ein Beschränkungsverbot nicht ohne weiteres ableiten[1814]. Der EuGH hat die Figur des Beschränkungsverbots vorerst für die Warenverkehrsfreiheit entwickelt. In der Rechtssache *Dassonville* entschied der EuGH, jede mitgliedstaatliche Handelsregelung, die geeignet sei, den innergemeinschaftlichen Handel unmittelbar oder mittelbar, tatsächlich oder potenziell zu behindern, sei als Massnahme mit gleicher Wirkung wie eine mengenmässige Einfuhrbeschränkung anzusehen[1815]. Über weitere Rechtsprechung zur Dienstleistungsfreiheit[1816] und zur Niederlassungsfrei-

---

[1810] EuGH v. 10.03.1993, Rs C-111/91, Kommission/Luxemburg, Slg. 1979, 817, 843, Rn 11.
[1811] EuGH v. 15.12.1995, Rs C-415/93, Bosman, Slg. 1995, 4921, Rn 106 (im Fall Bosman lag allerdings keine mittelbare Diskriminierung sondern eine Beschränkung der Personenfreizügigkeit vor).
[1812] EuGH v. 17.03.2005, Rs C-109/04, Kranemann, Rn 26.
[1813] EuGH v. 17.03.2005, Rs C-109/04, Kranemann, Rn 26.
[1814] MÜHL, S. 203.
[1815] EuGH v. 11.07.1974, Rs 8/74, Procureur du Roi gegen Benoît and Gustave Dassonville, Slg. 1974, 837, Rn 5. In der Rechtssache Keck hat der Gerichtshof seine Dassonville-Rechtsprechung entschärft. Der EuGH hielt fest, dass keine Beschränkungen vorliegen, soweit nationale Bestimmungen für alle betroffenen Wirtschaftsteilnehmer gelten, die ihre Tätigkeit im Inland ausüben und sofern diese Bestimmungen den Absatz der inländischen Erzeugnisse aus anderen Mitgliedstaaten in gleicher Weise berührten, siehe EuGH v. 24.11.1993, Rs C-267/91 und C-268/91, Keck, Slg. 1993, 6097.
[1816] EuGH v. 3.12.1974, Rs 33/74, van Binsberger, Slg. 1974, 1299, Rn 10/12.

heit[1817] hat der EuGH schliesslich in der Rechtssache *Bosman* ein Beschränkungsverbot im Anwendungsbereich der Arbeitnehmerfreizügigkeit erkannt.

In der Rechtsache *Bosman* ging es einerseits um die Zulässigkeit von Ablösesummen für die Einstellung von Profifussballern und andererseits um Klauseln über die Begrenzung von bei Mannschaftswettkämpfen einzusetzenden Spielern. Der EuGH hielt fest, die Verpflichtung zur Zahlung einer Übernahmesumme durch den neuen Verein beeinflusse unmittelbar den Zugang eines Arbeitnehmers zum Arbeitsmarkt anderer Mitgliedstaaten[1818]. Noch während des Verfahrens wurde die Transferregel geändert. Ein Spieler hätte bei Ausbleiben der Transfersumme im neuen Verein eingesetzt werden können. Nur der nicht zahlende Verein hätte sanktioniert werden sollen. Für den EuGH bildete aber auch diese Regel ein wirksames Hindernis zum Zugang zum ausländischen Arbeitsmarkt und ist somit nicht haltbar[1819]. Auch der Fall *Lehtonen*[1820] betrifft den Profisport, diesmal den Basketballsport. Wie im Fall Bosman war eine Transferregel strittig. Ein Vereinswechsel ausserhalb bestimmter Fristen hatte verbandsrechtliche Sanktionen zur Folge. Arbeitsrechtlich durften die Spieler zwar angestellt, jedoch nicht eingesetzt werden. Der EuGH stellte fest, dass weder eine unmittelbare noch eine mittelbare Diskriminierung ausländischer Basketballspieler vorlag. Für die belgischen Spieler galten sogar noch strengere Transfereinschränkungen[1821]. Dennoch erachtete der EuGH eine Beschränkung der Freizügigkeit als gegeben, da die Transferregel die Möglichkeit, in einem anderen Mitgliedstaat tätig zu werden, einschränke[1822].

In den Rechtssachen Bosman und Lehtonen wird die Doktrin des EuGH sichtbar, das Beschränkungsverbot auf alle faktischen, den Zugang zum Arbeitsmarkt als solchen hindernde Massnahmen anzuwenden[1823]. Das Beschränkungsverbot stellt insoweit eine Erweiterung der Diskriminierungsverbote nach Art. 39 Abs. 2 EGV dar, als Arbeitsbestimmungen, auch wenn sie weder unmittelbar noch mittelbar diskriminierend sind, einen Effekt auf die Ausübung der Freizügigkeit an sich haben können. Nach der EuGH-Rechtsprechung können beschränkende Massnahmen gerechtfertigt sein, soweit sie dem Schutz des zwingenden Allgemeininteressens dienen und

---

[1817] EuGH v. 31.03.1993, Rs C-19/92, Kraus, Slg. 1993, S. 1663, 1697, Rn 32.
[1818] EuGH v. 15.12.1995, Rs C-415/93, Bosman, Slg. 1995, 4921, Rn 100.
[1819] EuGH v. 15.12.1995, Rs C-415/93, Bosman, Slg. 1995, 4921, Rn 101 f.
[1820] EuGH v. 13.04.2000, Rs C 176/96, Lehtonen, Slg. 2000, 2714.
[1821] EuGH v. 13.04.2000, Rs C 176/96, Lehtonen, Slg. 2000, 2714, Rn 48.
[1822] EuGH v. 13.04.2000, Rs C-176/96, Lehtonen, Slg. 2000, 2714, Rn 47.
[1823] HANAU/STEINMEYER/WANK, N 241, S. 462.

11. Kapitel: Arbeitsrechtliches Diskriminierungsverbot aufgrund der Staatsangehörigkeit

verhältnismässig sind[1824]. Auch Privaten steht, soweit sie durch das Beschränkungsverbot in die Pflicht genommen werden, die Berufung auf Rechtfertigungsgründe zu[1825].

926 Kernfrage der Rechtssache *Graf*[1826] war, ob der Verlust einer Abfindung bei einer durch den Arbeitnehmer erfolgten Kündigung eine Behinderung der Freizügigkeit darstelle und damit dem Beschränkungsverbot unterliege. Der österreichische Arbeitgeber hatte sich geweigert, dem deutschen Staatsangehörigen Volker Graf nach dessen Kündigung eine Abgangsentschädigung auszurichten. Das österreichische Angestelltengesetz sah vor, von einer Abgangsentschädigung könne abgesehen werden, wenn der Angestellte ohne wichtigen Grund vorzeitig austritt. Diese Bestimmung war unterschiedslos auf in- und ausländische Arbeitnehmende anwendbar. Ausländische Arbeitnehmende waren von der Regel nicht stärker betroffen. Es lag somit weder eine unmittelbare noch eine mittelbare Diskriminierung vor.

927 Der Gerichtshof erläuterte, gestützt auf die Rechtssache Bosman, auch unabhängig von der Staatsangehörigkeit anwendbare nationale Regeln könnten die Freizügigkeit beeinträchtigen[1827]. Er prüfte, ob die fragliche Regel zu einer Beschränkung der Freizügigkeit führen könne. Die Frage wurde verneint. Die Vorschriften des Österreichischen Angestelltengesetzes wären nicht geeignet, die Arbeitnehmenden daran zu hindern, ihr Arbeitsverhältnis zu beenden und eine Tätigkeit in einem anderen Mitgliedstaat aufzunehmen. Unterschiedslos anwendbare Bestimmungen führen nur dann zu einer Beeinträchtigung der Arbeitnehmerfreizügigkeit, wenn sie den Zugang zum Arbeitsmarkt beeinträchtigen. Dies sei im vorliegenden Fall zu ungewiss[1828].

928 Mit dem Beschränkungsverbot eröffnen sich dem EuGH vielfältige Möglichkeiten, die Eignung nationaler Rechtsvorschriften zur Vereitelung der Arbeitnehmerfreizügigkeit zu überprüfen[1829]. Dem EuGH genügt die theoretische Möglichkeit, dass einzelne Massnahmen oder Regelungen zu einer Störung

---

[1824] EuGH v. 30.11.1995, Rs C-55/ 94, Gebhard, Slg. 1995, 4165, 4197 Rn 37, EugH v. 15.12.1995, Rs C-415/93, Bosman, Slg. 1995, 4921, Rn 105, EuGH v. 13.04.2000, Rs C-176/96, Lehtonen, Slg. 2000, 2714, Rn 51 ff.
[1825] EuGH v. 15.12.1995, Rs C-415/93, Bosman, Slg. 1995, 4921, Rn 86 und 104. Siehe BRIGNOLA, S. 100, 1088, HONEGGER, S. 261 f.
[1826] EuGH v. 16.05.2000, Rs C-190/98, Graf, Slg. 2000, 493.
[1827] EuGH v. 16.05.2000, Rs C-190/98, Graf, Slg. 2000, 493, Rn 17f., 22 f.
[1828] EuGH v. 16.05.2000, Rs C-190/98, Graf, Slg. 2000, 493, Rn 24.
[1829] Die Ausdehung der Freizügigkeit zu einem umfassenden Beschränkungsverbot wird in der Lehre begrüsst, siehe die Hinweise bei BRECHMANN, N 49 zu Art. 39 EGV.

der Inanspruchnahme der Freizügigkeit führen können[1830]. Mit der Entscheidung in der Rechtssache Graf hat der EuGH eine Untergrenze der Einwirkung angegeben. Regelungen und Massnahmen, die zwar unterschiedslos auf In- und Ausländer anwendbar sind, sich jedoch durch ein zeitliches Element wie Dienstjahre für die Anrechnung bestimmter Leistungen oder auch Sperrklauseln, Konkurrenzverbote u.ä. auszeichnen, sind im Lichte des Beschränkungsverbots zumindest «verdächtig» und müssen einer Verhältnismässigkeitsprüfung standhalten[1831].

3. Diskriminierungs- und beschränkungsfreier Zugang zum Arbeitsmarkt

In Art. 39 Abs. 1 EGV wird die Freizügigkeit der Arbeitnehmenden «innerhalb der Gemeinschaft» ganz allgemein gewährleistet. Den europäischen Wanderarbeitnehmenden ist der Zugang zum Arbeitsmarkt diskriminierungsfrei zu gewährleisten. Die Konkretisierung der Freizügigkeit bezüglich Zugang zum Arbeitsmarkt erfolgt in Art. 39 Abs. 3 EGV, den Art. 1-6 der VO 1612/68/EWG sowie in einer Reihe von Richtlinien zum Einreise- und Aufenthaltsrecht[1832]. 929

Die Freizügigkeit wird inhaltlich ausgefüllt durch: 930

- das Recht sich um tatsächliche Stellen zu bewerben[1833],
- die freie Bewegung zum Zwecke der Bewerbung auf dem Hoheitsgebiet des Mitgliedstaates[1834],
- der Aufenthalt im Mitgliedstaat zum Zwecke der Arbeitsuche und Ausübung einer Beschäftigung[1835],
- das Verbleiberecht der europäischen Arbeitnehmenden nach Beendigung einer Beschäftigung im Hoheitsgebiet eines Mitgliedstaates[1836].

Die Freizügigkeitsrechte nach Art. 39 Abs. 3 EGV stehen unter dem Vorbehalt der aus «Gründen der öffentlichen Ordnung, Sicherheit und Gesundheit 931

[1830] Für einen Anwendungsfall der benachteiligenden (beschränkenden) Auswirkungen einer Sozialversicherungsregelung siehe den Fall EuGH v. 26.1.1999, Rs 18/95, Terhoeve, Slg. 1999, I-345.
[1831] REICHOLD (Arbeitsrechtsstandards), S. 449.
[1832] KRIMPHOVE, S. 118.
[1833] Art. 39 Abs. 3 Bst. a EGV und Art. 5 VO 1612/68, vgl. dazu SCHEURER, N 62 zu Art. 39 EGV.
[1834] Art. 39 Abs. 3 Bst. b EGV.
[1835] Art. 39 Abs. 3 Bst. b und c EGV siehe auch Rl 2004/38/EG.
[1836] Art. 39 Abs. 3 Bst. d EGV, siehe auch Rl 2004/38/EG.

gerechtfertigten Beschränkungen» (so genannter «Ordre-Public-Vorbehalt»[1837]). Die Ausnahmen von der Freizügigkeit sind eng auszulegen[1838].

932 Ausdruck des menschenrechtlichen Gehalts des Grundrechts der Arbeitnehmenden auf Freizügigkeit bildet ein ganzes Bündel von Rechten, das den Wanderarbeitnehmenden erlaubt, ihr Freizügigkeitsrecht in Begleitung ihrer Familienangehörigen wahrnehmen zu können[1839].

933 Wie die Ausführungen zum Beschränkungsverbot gezeigt haben, wird der Zugang zum Arbeitsmarkt auch durch das in Art. 39 Abs. 2 verankerte Diskriminierungs- und Beschränkungsverbot gesichert.

4. *Diskriminierungsverbot im Beschäftigungsverhältnis*

4.1 Gleiche Einstellungschancen

934 Das *primärrechtliche* Diskriminierungsverbot des Art. 39 Abs. 2 EGV greift bereits in der Phase der Stellenbewerbung[1840]. Der Gerichtshof entschied in der Rechtssache *Angonese*, es sei mit dem Diskriminierungsverbot des Art. 48 EGV (heute Art. 39 EGV) nicht vereinbar, wenn die Teilnahme an einem Auswahlverfahren von einer amtlichen Bescheinigung abhängig gemacht werde, welche die Kenntnis einer am Ort benutzten Sprache nachweist[1841]. Strittig war nicht der Nachweis der Sprachkenntnis an sich, sondern die Vorschrift, dass der Nachweis nur in einer bestimmten Form als zulässig erachtet wurde, ohne dass dafür sachliche Gründe geltend gemacht werden konnten[1842].

935 *Sekundärrechtlich* hält Art. 6 Abs. 1 der VO 1612/68 das Gebot gleicher Einstellungschancen fest. Es ist den Mitgliedstaaten nicht erlaubt, bei Wanderarbeitnehmenden aus EU-Mitgliedstaaten andere Qualifikationsmassstäbe oder andere Anforderungen an den Gesundheitszustand anzulegen, als bei inländischen Arbeitnehmenden. Weiter dient Art. 3 Abs. 1 der VO 1612/68/EWG dem Schutz europäischer Wanderarbeitnehmenden vor Ungleichbehandlung. Die Bestimmung untersagt «Rechts- und Verwaltungsvorschriften, die das

---

[1837] So BRECHMANN, N 89 zu Art. 39 EGV.
[1838] KRIMPHOVE, N 189, S. 123, BRECHMANN, N 90 zu Art. 39 EGV.
[1839] Vgl. HANAU/STEINMEYER/WANK, N 67-83, S. 415-416.
[1840] So auch HANAU im Zusammenhang seiner Begründung der Drittwirkung des Diskriminierungsverbots bei der Einstellung, vgl. HANAU/STEINMEYER/WANK, N 203, S. 451.
[1841] EuGH v.0 6.06.2000, Rs C-281/98, Angonese, Slg. 2000, 4139.
[1842] EuGH v. 06.06.2000, Rs C-281/98, Angonese, Rn 44 – 45, WERNICKE, S. 223.

Stellenangebot und das Arbeitsgesuch, den Zugang zur Beschäftigung und deren Ausübung von Bedingungen abhängig machen, die für Inländer nicht gelten».

Der Nachweis eines gewissen Niveaus an Sprachkenntnissen für eine bestimmte Beschäftigung stellt keine Behinderung der Freizügigkeit dar. Art. 3 Abs. 1 Satz 2 VO 1612/68/EWG bestimmt, angemessene Sprachkenntnisse dürfen verlangt werden, wenn dies in Anbetracht der zu vergebenden Stelle erforderlich ist. Zulässig war für den Gerichtshof etwa, dass ein Mitgliedstaat mit mehreren Amtssprachen eine Politik zum Schutz und zur Förderung seiner National- und Amtssprache betreibt[1843]. Der Gerichtshof hat jedoch festgestellt, dass die verlangten Sprachkenntnisse angemessen und für die betreffende Stelle erforderlich sein müssen und nicht als Vorwand dienen dürfen, um Arbeitnehmer aus anderen Mitgliedstaaten auszuschliessen[1844]. Nach Ansicht der Kommission ist die Anforderung an Stellen, die Bewerbenden müssten eine bestimmte Muttersprache sprechen, unzulässig[1845]. 936

Es bleibt die Frage offen, welche *Rechtsfolgen* eine *diskriminierende Einstellungspraxis* nach sich zieht. Gemeinschaftsrechtlich lässt sich kein Einstellungsanspruch ableiten[1846]. Dagegen sprechen allein gemeinschaftsgrundrechtliche Vertragsfreiheitskonzepte[1847]. Nach der EuGH-Rechtsprechung sind die Mitgliedstaaten jedoch verpflichtet, *Massnahmen mit hinreichender Wirksamkeit für die Beseitigung der Diskriminierung* zu ergreifen[1848]. 937

4.2 Ausgestaltung des Arbeitsverhältnisses

Primärrechtlich legt Art. 39 Abs. 2 EGV fest, dass die Freizügigkeit der Arbeitnehmer jede auf der Staatsangehörigkeit beruhende unterschiedliche Behandlung der Arbeitnehmer der Mitgliedstaaten in Bezug auf Beschäftigung, Entlöhnung und sonstige Arbeitsbedingungen verbietet. 938

In den Art. 7 bis 9 der VO 1612/68/EWG werden die Gleichbehandlungsansprüche der EU-Wanderarbeitnehmenden gegenüber den inländischen Arbeitnehmenden konkretisiert. Verboten ist nach Art. 7 Abs. 1 VO 1612/68/EWG die *arbeitsrechtliche* Schlechterstellung. Alle staatlichen Regelungen 939

[1843] EuGH v. 28.11.1989, Rs C-379/87, Groener, Slg. 1989, 3967, Rn 19.
[1844] EuGH v. 28.11.1989, Rs C-379/87, Groener, Slg. 1989, 3967, Rn 19.
[1845] Kom. 2002, 649 (Mitteilungen der Kommission, Freizügigkeit der Arbeitnehmer – Volle Nutzung der Vorteile und Möglichkeiten).
[1846] IMHOF (Arbeitsvertrag), S. 338.
[1847] CHEREDNYCHENKO, S. 41.
[1848] EuGH v. 10.04.1984, Rs 14/83, van Colson u. Kamann, Slg. 1984, 1891, 1970, Rn 19, EuGH v. 10.04.1984, Rs 79/83, Harz, Slg. 1984, 1921, Rn 19.

11. Kapitel: Arbeitsrechtliches Diskriminierungsverbot aufgrund der Staatsangehörigkeit

der Arbeitsbedingungen müssen europäischen Wanderarbeitnehmenden und inländischen Arbeitnehmenden unterschiedslos zukommen[1849]. Der Begriff der Arbeitsbedingungen wird nach der Rechtsprechung des EuGH weit verstanden. Dazu zählen bsw. Vorschriften über Beförderungsvoraussetzungen[1850] oder die Anrechnung von Wehrdienstzeiten auf die Dauer der Betriebszugehörigkeit[1851].

940 Nach Art. 7 Abs. 3 VO 1612/68/EWG besteht gleicher Anspruch auf die Inanspruchnahme von Berufsschulen und Umschulungszentren. Art. 7 Abs. 2 VO 1612/68/EWG garantiert dem europäischen Wanderarbeitnehmer die gleichen sozialen und steuerlichen Vergünstigungen wie den inländischen Arbeitnehmenden. Der Gerichtshof hat festgestellt, dass der Begriff «soziale und steuerliche Vergünstigungen» alle Vergünstigungen abdeckt, die – ob sie an einen Arbeitsvertrag anknüpfen oder nicht – den inländischen Arbeitnehmenden hauptsächlich wegen ihrer objektiven Arbeitnehmereigenschaft oder einfach wegen ihres Wohnorts im Inland gewährt werden. Bedingung ist, dass die Ausdehnung dieser Leistungen auf Arbeitnehmende, die Staatsangehörige eines anderen Mitgliedstaates sind, geeignet sind, deren Mobilität innerhalb der Gemeinschaft zu erleichtern[1852]. Nach der Rechtsprechung fallen darunter bsw. Fahrpreisermässigungskarten für kinderreiche Familien[1853], Erziehungsgeld[1854], Bestattungsgeld[1855] wie auch Leistungen zur Sicherung des Existenzminimums[1856].

941 Der Begriff der «sozialen Vergünstigung» führt zu schwierigen Auslegungs- und besonders auch Abgrenzungsfragen zur VO 1408/71/EWG über das koordinierende europäische Sozialrecht[1857]. Nach dem EuGH sind indes beide Bestimmungen, Art. 7 Abs. 2 VO 1612/68/EWG und die VO 1408/71/EWG, nebeneinander anwendbar. Der Regelungszweck ist jedoch je ein anderer[1858]. Zu den sozialen Vergünstigen zählen auch Leistungen, die vom Arbeitgeber ausgerichtet werden, wie die Lohnfortzahlung bei Krankheit[1859].

[1849] HANAU/STEINMEYER/WANK, N 170, S. 441.
[1850] EuGH v. 16.06.1987, Rs 225/85, Kommission/Italien, Slg. 1987, 2625, 2640, Rn 13 ff.
[1851] EuGH v. 15.10.1969, Rs 15/69 Württembergische Milchverwertung/Ugliola, Slg. 1969, 363, 369 f., Rn 6 f.
[1852] EuGH v. 12.05.1998, Rs C-85/96, Martinez Sala, Slg. 1998, 2691.
[1853] EuGH v. 30.09.1975, Rs 32/85, Cristini gegen SNCF, Slg. 1975, 1085.
[1854] EuGH v. 12.05.1998, Rs C-85/96, Marinez Sala, Slg. 1998, 2691.
[1855] EuGH v. 23.05.1996, Rs C-237/94, O'Flynn, Slg. 1996, 2617.
[1856] EuGH v. 19.03.1964, Rs 75/63, Hoekstra, Slg. 1964, 177, EuGH v. 27.03.1985, Rs 122/84, Scrivner, Slg. 1985, 1027.
[1857] HANAU/STEINMEYER/WANK, N 181, S. 445, FUCHS, N 29, S. 10.
[1858] EuGH v. 10.03.1993, Rs. C-111/91, Kommission ./. Luxenburg, Slg. 1993, I-817, Rn 21, EuGH v. 12.05.1998, Rs C-86/96, Martinez Sala, Slg. 1998, I 2691, Rn 27.
[1859] PÄRLI (Gleichbehandlungsansprüche), N 84.

Zu den *Rechtsfolgen*: Nach Art. 7 Abs. 4 der VO 1612/68/EWG sind sämtliche Bestimmungen in Tarif- oder Einzelarbeitsverträgen oder sonstigen Kollektivvereinbarungen *nichtig*, wenn sie betreffend Zugang zur Beschäftigung, Entlöhnung und aller übrigen Arbeits- und Kündigungsbedingungen für europäische Wanderarbeitnehmende schlechtere Bedingungen vorsehen als für inländische Arbeitnehmende. Diese Vorschrift gilt für alle Arbeitsverhältnisse, unabhängig von der Frage, ob es sich um einen privaten, staatlichen oder quasistaatlichen Arbeitgeber handelt[1860]. 942

IV. Drittwirkung des Diskriminierungs- und Beschränkungsverbots

1. Die relevanten Fragen

Die bisherigen Ausführungen haben gezeigt: Das Gemeinschaftsrecht gewährt europäischen Wanderarbeitnehmenden inkl. ihren Familienangehörigen umfassende Rechte. Diese beziehen sich auf den Zugang zum Arbeitsmarkt an sich und auf gleiche Einstellungschancen sowie auf gleiche Arbeitsbedingungen. 943

In diesem Abschnitt ist zu prüfen, inwiefern diese Rechte *private Arbeitgeber verpflichten*, m.a.W. drittwirksam sind. Zu differenzieren gilt es im Lichte der Bosmann–Rechtsprechung zwischen Drittwirkung von kollektiven Akteuren wie Verbänden und jener von einzelnen Arbeitgebenden. Weiter interessiert, wie weit die Drittwirkung beim Zugang zum Arbeitsmarkt, bei der Einstellung und im Rahmen der Beschäftigung wirkt. Untersucht wird weiter die Drittwirkung des Beschränkungsverbotes. 944

2. Regeln staatlicher und kollektiver Akteure

Der Staat, sei es in seiner Rolle als Arbeitgeber oder als Gestalter des arbeitsrechtlichen Umfeldes, ist unmittelbar an die gemeinschaftsrechtlichen Vorschriften der Arbeitnehmerfreizügigkeit und des damit zusammenhängenden Diskriminierungsverbotes gebunden. Handeln von Privaten wird dann dem Staat zugerechnet, wenn diese Privaten eine vergleichbare Kompetenz zur Normsetzung haben[1861]. Im Zusammenhang mit neuen Formen der Bewälti- 945

[1860] HANAU/STEINMEYER/WANK, N 197, S. 449.
[1861] Ein erstes Mal betrat der EuGH das Gebiet der Zurechnung Privater zum Staat im Urteil «Kommission gegen Irland», EuGH vom 24.11.1982, Kommission gegen Ir-

gung staatlicher Aufgaben, insbesondere durch die Auslagerung an Private, ist eine präzise Zuordnung sehr wichtig[1862]. Arbeitgebende, die zwar privatrechtlich organisiert sind, jedoch rechtlich und faktisch vom Staat abhängig sind, werden dem Staat zugerechnet. Die Frage der Drittwirkung stellt sich in diesen Fällen gar nicht.

946 Soweit das Handeln Privater nicht ohnehin dem Staat zuzurechnen ist, erfolgt die unmittelbare Wirkung des Gemeinschaftsrechts über die Drittwirkung. Nach der Rechtsprechung des EuGH binden Grundfreiheiten private Akteure, soweit ihrem Handeln normative Kraft zukommt. Die Bindung an das Gemeinschaftsrecht kann in gemeinschaftsrechtlichen Erlassen ausdrücklich vorgesehen sein oder durch die Rechtsprechung bestimmt werden. Gewerkschaften und Arbeitgeberverbände, also private Akteure, werden in Art. 7 Abs. 4 der VO 1612/68/EWG direkt an das Gemeinschaftsrecht gebunden. Alle in Tarifverträgen im Rahmen der Tarifautonomie festgelegten Arbeitsbedingungen haben den Anforderungen der Arbeitnehmerfreizügigkeit zu genügen.

947 Der EuGH erkannte erstmals im Urteil *Walrave/Koch*[1863], das Diskriminierungsverbot des Artikels 39 EGV gelte nicht nur für staatliche Regeln[1864]. Hintergrund des Falles bildete das Reglement des internationalen Radsportverbandes Union Cycliste Internationale (UCI), das vorschrieb, Schrittmacher und Rennfahrer hätten ab 1973 demselben Staat anzugehören. Zwei niederländische Schrittmacher klagten gegen diese Regelung, da sie fast ausschliesslich mit nicht-niederländischen Rennfahrern zusammenarbeiteten und mit der neuen Regelung in ihrer Arbeits- und Dienstleistungsfreiheit eingeschränkt würden.

948 Auch in den Urteilen *Donà*[1865] und Bosman[1866] musste der Gerichtshof die Vereinbarkeit privatrechtliche Satzungen mit der Arbeitnehmerfreizügigkeit überprüfen. Im Fall Donà ging es um Art. 16 i. V. mit Art. 28 g der damaligen Personalordnung des italienischen Fussballverbandes. Nur Mitglieder des Verbandes durften in Spielen eingesetzt werden. Die Aufnahme in den Fussballverband stand aber nur italienischen Spielern offen. Für den EuGH war diese Satzung nicht mit der in (damals) Art. 48 EGV verankerten Freizügigkeit der Arbeitnehmenden zu vereinbaren. Wie schon in der Rechtssache Walrave/Koch begründete der EuGH seinen Entscheid auch in der Rechtssa-

---

land «Buy Irish», 1982, 4005, vgl. weiter die Leitentscheidung EuGH v. 12.07.1990, Rs C-188/89, Foster gegen British Gas plc., Slg. 1990, 3313.
[1862] Vgl. zum ganzen Problemkreis ausführlich WERNICKE, S. 19-28, 143-197.
[1863] EuGH v. 12.12.1974, Rs 36/84, Walrave/Koch, Slg. 1974, 1405.
[1864] EuGH v. 12.12.1974, Rs 36/84, Walrave/Koch, Slg. 1974, 1405, Rn 16-19.
[1865] EuGH v. 14.07.1976, Rs 13/76, Donà, Slg. 1976, 1333.
[1866] EuGH v. 15.12.1995, Rs C-415/93, Bosman, Slg. 1995, 4921.

che Donà mit der unmittelbaren Drittwirkung für kollektive Regelungen[1867]. Solche bildeten ebenfalls Gegenstand des Verfahrens des belgischen Fussballspielers Bosman. Die Transferregelungen des belgischen Fussballverbandes machten einen Vereinswechsel zu einem französischen Klub praktisch unmöglich. Der Gerichtshof hob hervor, dass «die Beseitigung der Hindernisse für die Freizügigkeit zwischen den Mitgliedstaaten gefährdet wäre, wenn die Abschaffung der Schranken staatlichen Ursprungs durch Hindernisse zunichte gemacht werden könnte, die sich daraus ergeben, dass nicht dem öffentlichen Recht unterliegende Vereinigungen und Einrichtungen von ihrer rechtlichen Autonomie Gebrauch machen»[1868]. Die Grenze der Privatautonomie (hier jener der privatrechtlich verfassten Fussballverbände) sieht der Gerichtshof wie folgt: ...(sie) darf nicht die Ausübung der dem einzelnen durch den Vertrag verliehenen Rechte einschränken*[1869]*». Interessant an der Begründung im Urteil Bosman ist weiter das Argument des Gerichtshofes, auch Private könnten sich auf die Rechtfertigungsgründe des Art. 39 (vormals 48) EGV berufen[1870].

Die mit Walrave/Koch, Donà und Bosman begonnene Rechtsprechung der unmittelbaren Drittwirkung der Arbeitnehmerfreizügigkeitsrechte gegenüber Regeln kollektiver Akteure wurde mehrfach bestätigt[1871]. Sie wurde auch im Geltungsbereich von Assoziationsabkommen angewendet[1872]. Offen blieb lange Zeit nur noch die Frage, ob die unmittelbare Drittwirkung der Personenfreizügigkeit auch gegenüber Akteuren nicht kollektiver Regeln Wirkung entfalte[1873].

949

3. Massnahmen einzelner Arbeitgebender

Mit dem Urteil in der Rechtssache *Angonese*[1874] hat der Gerichtshof wegweisend entschieden, die Drittwirkung der Arbeitnehmerfreizügigkeit gelte auch gegenüber den Massnahmen eines einzelnen Arbeitgebers[1875]. Mit diesem

950

[1867] So im Schlussantrag der Rechtssache Donà GA Trabucchi, vgl. EuGH v. 14.07.1976, Rs 13/76, Donà, Slg. 1976, 1345.
[1868] EuGH v. 15.12.1995, Rs C-415/93, Bosman, Slg. 1995, 4921, Rn 47.
[1869] EuGH v. 15.12.1995, Rs C-415/93, Bosman, Slg. 1995, 4921, Rn 81.
[1870] EuGH v. 15.12.1995,, Rs C-415/93, Bosman, Slg. 1995, 4921, Rn 86.
[1871] Vgl. bsw. EuGH, Rs C 186/96, Lehtonen, Slg. 2714.
[1872] EuGH v. 08.05.2003, Rs C-438/00, Kolpak, Slg. 2003, 4135.
[1873] JAENSCH, S. 45, GANTEN, S. 49.
[1874] EuGH v. 06.06.2000, Rs C-281798, Angonese, Slg. 2000, 4139.
[1875] Bereits in der Entscheidung »Clean Car Autoservice» liess der Gerichtshof erkennen, dass er vom Kriterium der kollektiven Machtstellung als Voraussetzung für die Drittwirkung absehen will, dazu WERNICKE, S. 215 und zum Fall «Clean Car Auto-

Entscheid legte der EuGH den Grundstein für eine uneingeschränkte Drittwirkung der Freizügigkeitsrechte[1876].

951 Der Entscheidung lag folgender Sachverhalt zu Grunde: Ein sowohl Deutsch wie Italienisch sprechender italienischer Staatsbürger hatte an der Universität Wien Sprachen studiert und bewarb sich in der Provinz Bozen für eine Stelle bei der Bozener Bankgesellschaft, die in privater Rechtsform betrieben wird. Die Bank machte die Teilnahme am Auswahlverfahren gestützt auf den Tarifvertrag über Sparkassen vom Nachweis der Zweisprachigkeit (Italienisch/Deutsch) abhängig. Die amtliche Bescheinigung der Zweisprachigkeit hätte nur in der Region Bozen erworben werden können. Obwohl deutscher Muttersprache und trotz Studiums in Österreich, wurde der Kläger wegen dem fehlenden Nachweis der Zweisprachigkeit nicht zum Verfahren zugelassen.

952 Der Gerichtshof legt in seinen Entscheidgründen dar, das Diskriminierungsverbot sei ohne einschränkende Voraussetzungen auf Privatpersonen anwendbar. Die Begründung nahm Bezug auf die Rechtssache *Defrenne*[1877], in der im Anwendungsbereich der Lohngleichheit aufgrund der Geschlechter entschieden wurde, das Diskriminierungsverbot gelte für alle die abhängige Arbeit kollektiv regelnden Tarifverträge und alle Verträge zwischen Privatpersonen[1878]. Was für das Diskriminierungsverbot aufgrund des Geschlechts im Bereich des Entgelts wirksam sei, müsse erste recht für Artikel 39 (damals 48) EGV gelten[1879]. Nach der Feststellung, das Diskriminierungsverbot (vorliegend bei der Einstellung) binde auch den privaten Arbeitgeber, wurde die Massnahme der Bozener Bankgesellschaft als diskriminierend qualifiziert. Für Personen ausserhalb der Provinz Bozen ist der Nachweis der Zweisprachigkeit durch die amtliche Bescheinigung nur mit erheblichem Aufwand zu erlangen. Diese Regelung wurde vom Gerichtshof als unverhältnismässig angesehen. Im Ergebnis werden durch diese Massnahme potenziell eher aus-

---

service»: EuGH v. 07.05.1998, Rs C-350/96, Clean Car Autoservice GmbH gegen Landeshauptmann von Wien, Slg. 1998, 2521, Rn 16 ff.

[1876] WERNICKE, S. 221, PREEDY, S. 54. Der EuGH hat die unmittelbare Drittwirkung von Art. 39 Abs. 2 EGV auch gegenüber einzelnen Arbeitgebern im Entscheid Raccanelli bestätigt, siehe EuGH v. 17.07.2008, Rs C-94/07, Raccanelli, Rn 48.

[1877] EuGH v. 08.04.1976, Rs 43/75, Defrenne, Slg. 1976, 455. Zur Entgeltgleichheit siehe 12. Kapitel, II. Anspruch auf Entgeltgleichheit nach Art. 141 EGV und Richtlinien, S. 384 ff.

[1878] EuGH v. 06.06.2000, Rs C-281/98, Angonese, Slg. 2000, 4139, Rn 34, mit einem Verweis auf EuGH, Rs 43/75, Defrenne, Slg. 1976, 455, Rn. 39.

[1879] EuGH v. 06.06.2000, Rs C-281/98, Angonese, Slg. 2000, 4139, Rn 34.

ländische Arbeitnehmende benachteiligt, was einer mittelbaren Diskriminierung aufgrund der Staatsangehörigkeit gleichkommt[1880].

Die Entscheidung Angonese stiess in der Lehre nicht auf ungeteilte Zustimmung. Kritisiert wurde, der Wortlaut und die systematische Stellung im Vertragsgefüge des Art. 39 EGV seien grundsätzlich staatsgerichtet[1881]. Weiter wird kritisiert, die *Drittwirkung der Arbeitnehmerfreizügigkeit* greife zu stark in die *Privatautonomie* ein und *verhindere damit gerade die Verwirklichung der Marktfreiheit*[1882]. Hingewiesen wird auch auf die fehlende Vornahme einer Interessensabwägung zwischen der «Privatautonomie des Arbeitgebers» einerseits und dem «Grundfreiheitsanspruch» andererseits[1883]. Mit dem Argument, die Mobilität der Arbeitnehmenden wäre ohne Anwendbarkeit des Art. 39 EGV auf private Arbeitsverhältnisse gefährdet, wird die Angonese–Rechtsprechung von anderen Stimmen in der Literatur begrüsst[1884].

953

Im Lichte der Bosman–Rechtsprechung ist die Entscheidung Angonese konsequent. Eine Beschränkung der Arbeitnehmerfreizügigkeitsgrundfreiheit auf die Abwehr gegen staatliche und durch Machträger kollektiv verfasster Regelungen, würde der Vielfalt an Arbeitsbeziehungen und der darin enthaltenen Machtungleichgewichten nicht Rechnung tragen. Die einheitliche Anwendung des Gemeinschaftsrechts erfordert deshalb die mit der Angonese–Rechtsprechung indizierte Drittwirkung des Diskriminierungsverbotes auf private Arbeitgeber. Deren Interessen bleiben dabei ausreichend gewahrt. Wie der Gerichtshof in der Rechtssache Bosman ausgeführt hat, können sich auch die Arbeitgeber grundsätzlich auf Rechtfertigungsgründe berufen. Mitunter ist eine Interessensabwägung zwischen dem grundfreiheitlichen Diskriminierungs- bzw. Beschränkungsverbot und dem grundrechtlichen Anspruch auf Privatautonomie bzw. Vertragsfreiheit vorzunehmen. Genau diese Interessensabwägung hat der EuGH allerdings im Urteil Angonese nicht vorgenommen.

954

[1880] Zustimmend, BRIGNOLA, S. 106.
[1881] FRANZEN, N 97 zu Art. 39 EGV.
[1882] STREINZ (Europarecht), N 707, WEISS, S. 108 f., IKEN, S. 167. Kritisch zur Angonese–Rechtsprechung weiter KÖRBER, S. 932.
[1883] CHEREDNYCHENKO, S. 59.
[1884] So BRIGNOLA, S. 90, HANAU/STEINMEYER/WANK, N 194, S. 449. Zustimmend zur Angonese–Rechtsprechung weiter BRECHMANN, N 51 zu Art. 39 EGV, FORSTHOFF, S. 389.

4. Die Drittwirkung des Diskriminierungsverbots

4.1 Beim Zugang zum Arbeitsmarkt und im Bewerbungsverfahren

955 Der Drittwirkung unterliegen die Bestimmungen des Art. 39 Abs. 3 EGV und die konkretisierenden Bestimmungen in der VO 1612/68/EWG, soweit diese überhaupt von Privaten verletzt werden können. Das trifft namentlich zu auf Art. 4 Abs. 1 der VO 1612/68, der den Mitgliedstaaten verbietet, auf Staatsangehörige der anderen Mitgliedstaaten Quotenregelungen anzuwenden, die den Zugang von Ausländern zu bestimmten Beschäftigungen zahlen- oder anteilmässig beschränken würden. Art. 4 Abs. 1 der VO 1612/68/EWG ist von seinem Wortlaut her staatsgerichtet. Im Lichte der Bosman–Rechtsprechung ist jedoch davon auszugehen, dass die Drittwirkung auch Quotenregelungen mit erfasst[1885]. Angesichts der uneingeschränkten Drittwirkung der Arbeitnehmerfreizügigkeit betrifft dies die Quotenregelungen alle privaten Arbeitgeber und nicht etwa nur diejenigen von Akteuren mit kollektiven Regelungen. Gleiches gilt für den Anwendungsbereich des Art. 6 der VO 1612/68/EWG, wonach Staatsangehörigen eines Mitgliedstaates bei der Einstellung oder Anwerbung für eine Beschäftigung hinsichtlich des Gesundheitszustands, des Berufs oder sonstiger Anforderungen keinen anderen Massstab angelegen dürfen als gegenüber inländischen Arbeitnehmenden.

956 Die VO 1612/68/EWG enthält kein ausdrückliches drittwirksames Diskriminierungsverbot, das den privaten Arbeitgeber in seiner Autonomie für den Anstellungsentscheid einschränkt. Der arbeitsrechtliche relevante Art. 7 der VO 1612/68/EWG ist systematisch in Titel II «Ausübung der Beschäftigung und Gleichbehandlung» aufgeführt. Erfasst in Art. 7 Abs. 4 VO 1612/68/EWG sind jedoch allfällige vertragliche Verpflichtungen gegenüber Dritten, europäische Wanderarbeitnehmende nicht einzustellen. Denkbar wäre eine Bestimmung in einem Tarifvertrag, nur inländische Arbeitnehmende einzustellen[1886]. Eine solche Regelung wäre von Rechts wegen nichtig.

957 Die Beschränkung der Freiheit des Einstellungsentscheid eines privaten Arbeitgebers durch das Gemeinschaftsrecht ergibt sich im Lichte der Entscheidung in der Rechtssache Angonese direkt gestützt auf Art. 39 Abs. 2 EGV. Eine Einstellungsdiskriminierung aufgrund der Staatsangehörigkeit liegt dann vor, wenn der europäische Wanderarbeitnehmende aufgrund der Einstellungskriterien hätte eingestellt werden können, jedoch unter Bezugnahme auf das Kriterium «Staatsangehörigkeit» nicht eingestellt wird, ohne dass dafür sachliche Gründe vorliegen, die dem Gebot der Verhältnismässigkeit genügen. Vom Diskriminierungsverbot bei der Einstellung sind selbst Stellenaus-

---

[1885] EuGH v. 15.12.1995, Rs C-415/93, Bosman, Slg. 1995, 4921, 5074, Rn 118.
[1886] HANAU/STEINMEYER/WANK, N 201, S. 451.

schreibungen erfasst. In der Rechtssache Angonese drückt dies Generalanwalt Fenelly in seinen Schlussantrag anschaulich aus: *«Es ist schwer vorstellbar, dass Stellenausschreibungen z.B. nur für Bewerber einer bestimmten Staatsangehörigkeit oder, vielleicht noch schlimmer, bei denen eine bestimmte Staatsangehörigkeit ausgeschlossen wäre, nicht unter das Verbot des Art. 48 EG-Vertrag (heute Art. 39 EG-Vertrag) fallen würden»*[1887].

4.2 Bei den Beschäftigungsbedingungen

Sekundärrechtlich hält Art. 7 Abs. 4 in Verbindung mit Abs. 1 der VO 1612/68/EWG die Drittwirkung ausdrücklich fest. Sämtliche Bestimmungen in Tarif- oder Einzelarbeitsverträgen oder sonstigen Kollektivvereinbarung über den Zugang zur Beschäftigung und die Bedingungen der Beschäftigung sind nichtig, wenn sie für europäische Wanderarbeitnehmende diskriminierende Bestimmungen vorsehen oder zulassen. Auch die privatautonome Zustimmung zu diskriminierenden Beschäftigungsbedingungen im Rahmen eines Vertrages wird nach dieser Rechtsordnung nicht gebilligt[1888]. Nichtig sind weiter den europäischen Wanderarbeitnehmer diskriminierende Kündigungen. 958

Der EuGH hat die Drittwirkung des freizügigkeitsrechtlichen Diskriminierungsverbots zudem unmittelbar auf Art. 39 Abs. 2 EGV gestützt[1889]. Damit ist sichergestellt, dass die Gleichbehandlungspflicht aller Arbeitgeber nicht nur für vertragliche Leistungen (wie in der VO 1612/68 vorgesehen), sondern darüber hinaus für freiwillige Leistungen des Arbeitgebers gilt[1890]. 959

Art. 7 Abs. 2 der VO 1612/68/EWG beinhaltet einen *sozialrechtlichen Gleichbehandlungsanspruch* der europäischen Arbeitnehmenden. Diese Bestimmung enthält ebenfalls eine Drittwirkungsdimension. Soweit nämlich soziale Vergünstigungen durch den Arbeitgeber selbst gewährt werden, sei es vertraglich oder freiwillig, bilden sie Bestandteil des Arbeitsverhältnisses und unterstehen somit dem Gleichbehandlungsgrundsatz. 960

Die Konsequenzen der Drittwirkung des Diskriminierungsverbotes bei der Ausgestaltung des Arbeitsverhältnisses sind weit reichend. *Jegliche Regelung der Arbeitsbedingungen* müssen auf *europäische (Wander)Arbeitnehmende* 961

[1887] EuGH v. 06.06.2000, Rs C-281/98, Angonese, Slg. 2000, S. 4139, Rn 41.
[1888] Zum Problemkreis «Zustimmung zur Diskriminierung?» siehe PREEDY, S. 192 ff.
[1889] KÖRBER, S. 680, EuGH v. 06.06.2000, C-281798, Angonese, Slg. 2000, 4139, EuGH v. 12.12.1974, Rs 36/4, Walrave/Koch, Slg. 1974, 1405, 1419, Rn 16 ff., EuGH v. 14.07.1976, Rs 13/76, Donà, Slg. 1976, 1333, 1340, Rn 17 f.
[1890] HANAU/STEINMEYER/WANK, N 198, S. 449-450, mit Verweis auf EuGH, Rs 152/73, Sotgiu, 1984, 153, 164, Rn 9.

im Vergleich zu den inländischen Arbeitnehmenden *unterschiedslos anwendbar sein*. Erfasst sind dabei sowohl Formen der unmittelbaren Diskriminierung wie auch solche mittelbarer Diskriminierung.

5. *Drittwirkung des Beschränkungsverbots*

962 Der EuGH hat die Drittwirkung des Beschränkungsverbotes für Verbände anerkannt. Mit der Angonese–Rechtsprechung wurde die Drittwirkung des Diskriminierungsverbotes auf private Arbeitgeber ausgedehnt. Ob daraus auch eine *Ausdehnung des Beschränkungsverbotes* auf *einzelne Arbeitgeber* erblickt werden kann, ist fraglich[1891]. In der Literatur überwiegen eher die skeptischen Stimmen gegenüber einer Ausdehnung des Beschränkungsverbotes auf einzelne Private[1892]. Vorgeschlagen wird, die Bindung Privater dürfe nicht so streng sein, wie diejenige für den Staat, da Art. 39 EGV primär gegen den Staat gerichtet sei.

963 Dieser Position ist nicht zuzustimmen. Auch einzelne Arbeitgeber haben ein grosses Gestaltungspotenzial. Wenn ein einzelner Arbeitgeber in seinem Handlungsrahmen unterschiedslos anwendbare Bestimmungen erlässt, die sich im Ergebnis in einer Beschränkung des Zugangs zum Arbeitsmarkt für europäische Wanderarbeitnehmer auswirken, ist mit Blick auf die volle Verwirklichung der Grundfreiheit nicht einzusehen, weshalb dieser Sachverhalt anders behandelt werden sollte, als wenn die Beschränkung vom Staat oder von kollektiven Akteuren ausgeht.

6. *Drittwirkung des Diskriminierungsverbots in Assoziationsabkommen*

964 Vor allem in der deutschen Literatur war und ist die Drittwirkung der Diskriminierungsverbote in Assoziationsabkommen umstritten. Argumentiert wird namentlich, Assoziationsabkommen wären als völkerrechtliche Verträge typischerweise staatsgerichtet, was einer direkten Drittwirkung entgegenstehe[1893]. Ablehnend sind inbesondere Autoren, die der Drittwirkung von Art. 39 EGV ohnehin kritisch gegenüberstehen[1894]. Als Argumente gegen eine unmit-

---

[1891] KLUTH, S. 557, KÖRBER, S. 684, CHEREDNYCHENKO, S. 39.
[1892] Dagegen u.a. STREINZ/LEIBLE, S. 464, FRANZEN, N 96 zu Art. 39 EGV, BRECHMANN, N 51 zu Art. 39 EGV. Dafür BRIGNOLA, S. 91, HANAU/STEINMEYER/WANK, N 253, S. 465.
[1893] FRANZEN, N 97 zu Art. 39 EGV, WEISS, S. 110 f.
[1894] So KÖRBER, S. 795.

telbare Drittwirkung wird weiter ins Feld geführt, Assoziationsabkommen sollten nicht als Primärrecht verstanden werden. Vielmehr hätten diese Richtliniencharakter und würden Private gerade nicht direkt verpflichten[1895]. Im Anwendungsbereich des Assoziationsabkommen der EG mit der Türkei[1896] wird differenziert argumentiert: eine Drittwirkung des Diskriminierungsverbotes sei bei benachteiligenden Arbeitsbedingungen, jedoch beim benachteiligenden Zugang zum Arbeitsplatz zu verneinen[1897].

Mit den Entscheidungen *Kolpak*[1898] und *Simutenkov*[1899] hat der Gerichtshof klar gestellt, dass die Bosman-Rechtsprechung bezüglich Drittwirkung auch auf Assoziationsabkommen Anwendung findet.

965

In der Rechtssache *Kolpak* stand die Auslegung von Art. 38 Abs. 1 des Assoziationsabkommen der Gemeinschaften mit der Slowakei in Frage. Die Bestimmung lautet: «Vorbehaltlich der in den einzelnen Mitgliedstaaten geltenden Bedingungen und Modalitäten wird den Arbeitnehmern mit Staatsangehörigkeit der Slowakischen Republik, die im Gebiet eines Mitgliedstaates rechtmässig beschäftigt sind, eine Behandlung gewährt, die hinsichtlich der Arbeitsbedingungen, der Entlöhnung oder der Entlassung keine auf der Staatsangehörigkeit beruhende Benachteiligung gegenüber eigenen Staatsangehörigen bewirkt». Der slowakische Staatsbürger Maros Kolpak war rechtmässig in Deutschland als Berufshandballspieler beschäftigt. Gestützt auf seine Staatsangehörigkeit erhielt er vom Deutschen Handballverband einen so genannten Spielerausweis A. Nach der Regelung des Deutschen Handballverbandes dürfen bei Meisterschafts- und Pokalspielen jeweils höchstens zwei Spieler mit Spielerausweis A eingesetzt werden. Der EuGH bejahte mit Bezug auf die Rechtssache *Pokrzeptowic-Meyer*[1900] die unmittelbare Wirkung von Art. 38 des Assoziationsabkommen der EG mit der Slowakei. Das Verbot der Benachteiligung aufgrund der Staatsangehörigkeit in Art. 38 Abs. 1 des Abkommens sei ausreichend klar und unbedingt formuliert[1901]. Bezüglich Drittwirkung der Bestimmung verwies der EuGH auf seine ständige Rechtsprechung, wonach das Diskriminierungsverbot in Art. 39 EGV (früher Art. 48 EGV) nicht nur behördliche Massnahmen sondern vielmehr auch Vorschriften, die zur kollektiven Regelung unselbständiger Arbeit dienen, umfas-

966

[1895] WEISS, S. 112.
[1896] Zum Abkommen mit der Türkei siehe Fn 1763.
[1897] HANAU/STEINMEYER/WANK, N 305, S. 480.
[1898] EuGH v. 08.05.2003, Rs C-438/00, Kolpak.
[1899] EuGH v. 12.04.2005, Rs C-265/03, Simutenkov.
[1900] EuGH v. 29.01.2002, Rs C-162-00, Pokrzeptowicz-Meyer.
[1901] EuGH v. 08.05.2003, Rs C-438/00, Kolpak, Rn 42.

11. Kapitel: Arbeitsrechtliches Diskriminierungsverbot aufgrund der Staatsangehörigkeit

se[1902] und prüfte, ob diese Auslegung auch für Art. 38 Abs. 1 des Assoziationsabkommen Gültigkeit hat. Er bejahte diese Frage. Eine Regelung wie diejenige des deutschen Handballverbandes stelle klarerweise ein Hindernis für die Freizügigkeit dar, das für Staatsangehörige der EWR-Vertragsparteien nicht gelte, womit eine nach dem Abkommen verbotene Diskriminierung slowakischer Staatsangehöriger vorliege[1903].

967 Die Ausgangslage in der Rechtssache *Simutenkov* ist vergleichbar. Igor Simutenkov ist russischer Staatsangehöriger mit Aufenthalts- und Arbeitserlaubnis im Königreich Spanien und erbringt aufgrund eines Arbeitsvertrags mit dem Club Deportivo Teneriffa seine Dienste als Berufsfussballspieler. Er besitzt die Verbandslizenz für nicht der Gemeinschaft oder dem EWR angehörende Spieler. Nach den Regeln des spanischen Fussballverbandes dürfen lediglich drei solcher Spieler pro Spiel eingesetzt werden. Der Gerichtshof musste prüfen, ob diese Norm mit Art. 23 des so genannten Partnerschaftsabkommens zwischen den Europäischen Gemeinschaften und der Russischen Föderation vereinbar sei. Der EuGH stellte fest, der Text von Art. 23 des Abkommens mit Russland sei im Vergleich zu demjenigen in Art. 38 Abs. 1 des Assoziierungsabkommens EWG-Slowakei lediglich minimal anders, eine andere Bedeutung sei nicht ersichtlich. Das Partnerschaftsabkommen der Gemeinschaften mit Russland verfolge im Gegensatz zu demjenigen mit der Slowakei nicht das Ziel einer schrittweisen Integration in die Europäische Gemeinschaft. Daraus könne nicht abgeleitet werden, dass das Verbot der Diskriminierung aufgrund der Staatsangehörigkeit anders auszulegen wäre[1904].

968 Mit den Entscheidungen Kolpak und Simuntov hat der Gerichtshof klar gestellt, dass Bestimmungen in *Assoziationsabkommen* durchaus *Drittwirkung* zukommen können. Am Anwendungsbereich der Assoziationsabkommen stellen Ausländerregelungen im Lichte der Bosman-Deliege-Lehtonen Entscheide eine Diskriminierung dar. Die diskriminierenden Regelungen wurden von Akteuren mit kollektiver Gestaltungsmacht (Deutscher Handballverband bzw. Spanischer Fussballverband) erlassen. Im Raum steht die Frage, ob auch die Angonese-Rechtsprechung auf Assoziationsabkommen angewendet werden wird, oder mit anderen Worten, ob die Drittwirkung auch gegenüber diskriminierenden Bestimmungen von Einzelarbeitgebern gilt. Dazu ist bis heute keine EuGH-Entscheidung ergangen. Es ist jedoch nicht einzusehen, weshalb der EuGH die Angonese-Rechtsprechung nicht auch im Anwen-

---

[1902] EuGH v. 08.05.2003, Rs C-438/00, Kolpak, Rn 46, mit Verweis auf die Bosman-Rechtsprechung (EuGH v. 15.12.1995, Rs C-415/93, Bosman, Slg. 1995, I-4921).
[1903] EuGH v. 08.05.2003, Rs C-438/00, Kolpak, Rn 51, siehe auch Rn 58–62 der Schlussanträge zur Rs Kolpak.
[1904] EuGH v. 12.04.2005, Rs C-265/03, Simutenkov.

dungsbereich von Drittstaatenabkommen anwenden sollte. Dies zumindest dann, wenn die Arbeitnehmerfreizügigkeitsrechte im Drittstaatenabkommen mit denjenigen des Gemeinschaftsrechts identisch oder zumindest vergleichbar sind.

V. Arbeitsrechtliches Diskriminierungsverbot im Freizügigkeitsabkommen Schweiz und EU/Mitgliedstaaten

1. Das FZA und die wichtigsten arbeitsrechtlichen Inhalte

Das «Abkommen zwischen der Schweizerischen Eidgenossenschaft und der Europäischen Gemeinschaft und ihren Mitgliedstaaten über die Freizügigkeit (Freizügigkeitsabkommen, FZA), wurde am 21. Juni 1999 unterzeichnet und trat am 1. Juni 2002 in Kraft[1905]. Durch ein Zusatzprotokoll vom 1. April 2006 wurden die zehn neuen EU-Mitgliedstaaten ebenfalls zu Vertragsparteien[1906]. Gleichzeitig mit dem FZA trat das revidierte EFTA-Abkommen in Kraft[1907]. Es beinhaltet dem FZA entsprechende Bestimmungen zur Personenfreizügigkeit zwischen der Schweiz, Norwegen, Liechtenstein und Island.

969

Art. 2 FZA enthält ein Diskriminierungsverbot aufgrund der Staatsangehörigkeit[1908]. Es beschränkt sich auf die Anwendung des Abkommens «gemäss den Anhängen I, II und III» und setzt voraus, dass sich die Staatsangehörigen einer Vertragspartei «rechtmässig im Hoheitsgebiet einer anderen Vertragspartei aufhalten». Art. 2 FZA bildet das «Pendant» zum Verbot der Diskriminierung aufgrund der Staatsangehörigkeit in Art. 12 des EG-Vertrages[1909].

970

Die Freizügigkeitsregelungen im engeren Sinne finden sich in den Art. 3-6 des FZA. Für Arbeitnehmende relevant ist das Einreiserecht (Art. 3 FZA) sowie das Recht auf Aufenthalt und Zugang zu einer Erwerbstätigkeit in den Schranken der Übergangsregelungen nach Art. 10 FZA. Diese Bestimmungen sind *staatsgerichtet*. Sie betreffen den äusseren rechtlichen Rahmen, im dem sich die Arbeitnehmerfreizügigkeit abspielen können soll. Dies alleine genügt

971

[1905] Abkommen zwischen der Europäischen Gemeinschaft und ihren Mitgliedstaaten einerseits und der Schweizerischen Eidgenossenschaft andererseits über die Freizügigkeit, ABl Nr. L 114 vom 30.04.2002, S. 6, geändert durch Beschluss Nr. 2/2003 des Gemischten Ausschusses vom 15.07.2003, ABl Nr. L 187 vom 26.07.2003, S. 55.
[1906] ABl L 89 vom 28.03.2006, S. 30.
[1907] SR. 0.632.31.
[1908] IMHOF (bilaterale Abkommen), S. 23. Der Autor schreibt von einem «generellen Diskriminierungsverbot». Das ist inbesondere konkretisierungsbedürftig, als dass das Diskriminierungsverbot «nur» die Staatsangehörigkeit umfasst.
[1909] EPINEY/MOSTERS/THEUERKAUF, S. 90 f, IMHOF (bilaterale Abkommen), S. 24.

11. Kapitel: Arbeitsrechtliches Diskriminierungsverbot aufgrund der Staatsangehörigkeit

nicht, damit die Freizügigkeitsrechte auch tatsächlich wahrgenommen werden können. Die Vertragsparteien konkretisieren deshalb in Art. 7 FZA eine Reihe von mit der Freizügigkeit zusammenhängenden Rechten. Unter anderen und vorliegend relevant ist Art. 7 Bst. a FZA, der das Recht auf *Gleichbehandlung* mit den Inländern in Bezug auf den Zugang zur einer Erwerbstätigkeit und deren Ausübung sowie die Lebens-, Beschäftigungs- und Arbeitsbedingungen garantiert.

972 Die *Konkretisierung des Diskriminierungsverbots* aufgrund der Staatsangehörigkeit im Arbeitsverhältnis erfolgt in Art. 9 Anhang I FZA. Nach Art. 9 Abs. 1 Anhang I FZA wird die Gleichbehandlung des ausländischen mit dem inländischen Arbeitnehmer verlangt «bei den «Beschäftigungs- und Arbeitsbedingungen, insbesondere im Hinblick auf Entlöhnung, Kündigung und, falls er arbeitslos geworden ist, im Hinblick auf berufliche Wiedereingliederung oder Wiedereinstellung». Die Inländergleichbehandlung ist weiter vorgesehen bei «steuerlichen und sozialen Vergünstigungen» (Art. 9 Abs. 2 Anhang I FZA) und bei der Inanspruchnahme von Berufsschulen und Umschulungszentren (Art. 9 Abs. 3 Anhang I FZA). Art. 9 Abs. 4 Anhang I FZA sieht vor, dass «alle Bestimmungen in Tarif- oder Einzelarbeitsverträgen oder sonstigen Kollektivvereinbarungen betreffend Zugang zur Beschäftigung, Entlöhnung und alle übrigen Arbeits- und Kündigungsbedingungen von Rechts wegen nichtig (sind), soweit sie für Arbeitnehmer, die Staatsangehörige anderer Mitgliedstaaten sind, diskriminierende Bedingungen vorsehen oder zulassen». Das Gleichbehandlungsgebot aufgrund der Staatsangehörigkeit umfasst auch den Anspruch auf gleiche Ausübung der gewerkschaftlichen Rechte (Art. 9 Abs. 5 Anhang I FZA).

973 Die arbeitsrechtlichen Gleichbehandlungsansprüche und Freizügigkeitsrechte nach FZA entsprechen weitgehend denjenigen in Art. 39 EGV und der VO 1612/68 EWG[1910]. Umstritten ist jedoch die grundsätzliche Frage, ob das FZA über ein Diskriminierungsverbot hinaus auch ein Beschränkungsverbot beinhaltet[1911]. Zumindest ein genereller Ausschluss des Beschränkungsverbots wird abgelehnt[1912]. Hinzuweisen bleibt, dass es gerade im Anwendungsbereich von Personenfreizügigkeitsfreiheiten oft schwierig ist, zwischen einer

---

[1910] Siehe dazu PÄRLI (Gleichbehandlungsansprüche), N 6 – 13.
[1911] Weiterführend: IMHOF (Beschränkungsverbot), S. 425 ff, DELLI/TOBLER, S. 1367 ff. In der Entscheidung der Europäischen Kommission vom 5.12.2003 in der Sache TREN/AMA/11/03 (Deutsche Massnahmen bezüglich An-/Abflüge zum und vom Flughafen Zürich, ABl. L 4 vom 8.01.2004, S. 13 ff.) hat die Kommission die Rechtsprechung zum Beschränkungsverbot im EuGH-Urteil Malpensa (EuGH v. 18.01.2001, Rs C-361/98, Malpensa) nicht auf das Luftverkehrsabkommen der Schweiz mit der EG anwendet. Zu diesem Urteil siehe: IMHOF (Beschränkungsverbot), S. 429, CARDINAUX ,S. 380 ff.
[1912] IMHOF (Beschränkungsverbot), S. 435.

verbotenen mittelbaren Diskriminierung und einer verbotenen Beschränkung zu unterscheiden[1913].

2. Das FZA als Teil des Gemeinschaftsrechts

2.1 Rechtsnatur und Auslegung des FZA[1914]

Beim FZA handelt es sich um ein Assoziationsabkommen gemäss Art. 310 EGV[1915] und es gehört demzufolge zum Bestand gemeinschaftsrechtlicher Rechtsakte[1916]. Da sich das Abkommen auch auf Bereiche erstreckt, die ausserhalb der Zuständigkeit der Gemeinschaft liegen, wurde das FZA sowohl von der Gemeinschaft als auch den Mitgliedsstaaten abgeschlossen. Somit handelt sich um ein gemischtes Abkommen[1917].

974

In der Rechtssache *Demirel* hat der Gerichtshof schon 1987 klargestellt, dass er zur Auslegung der Vorschriften von gemischten Abkommen in Bereichen des originären Rechtes befugt ist, da sie einen Bestandteil der Gemeinschaftsrechtsordnung bilden[1918]. Daran ändert auch die Tatsache nichts, dass mit dem gemischten Ausschuss ein besonderer institutioneller Rahmen geschaffen worden ist[1919]. Die Rechtsgrundlage für diese Befugnis liegt in Art. 220 EGV, wonach der Gerichtshof die Wahrung des Gemeinschaftsrechts sichert[1920]. Im Anwendungsbereich der Assoziationsabkommen bildet die am Effet-Utile orientierte Auslegung von Gemeinschaftsrecht jedoch nur einen, wenn auch einen wichtigen Aspekt. Auch aus der Perspektive der EG handelt es sich bei den Assoziationsabkommen gleichzeitig um einen völkerrechtlichen Vertrag. Das führt zur Frage, wie weit ergänzend oder alternativ die Auslegungsregeln gemäss Art. 31 der Wiener Vertragsrechtskonvention VRK Anwendung finden sollen[1921]. Assoziationsabkommen liegen im *Schnittpunkt zwischen Völ-*

975

[1913] Dazu grundsätzlich TOBLER (indirect discrimination), S. 371 ff.
[1914] Zur Auslegung des FZA siehe umfassend IMHOF (Freizügigkeitsabkommen), S. 157 ff, S. 207 ff.
[1915] FRANZEN, N 53 zu Art. 39 EGV, IMHOF (Freizügigkeitsabkommen), S. 159.
[1916] MÖGELE, N 23 zu Art. 310 EGV.
[1917] FUCHS/HÖLLER, S. 688, KAHIL-WOLFF, S. 83.
[1918] EuGH v. 30.09.1987, Rs 12/86, Demirel, Slg. 1987, 3719, Rn 6-12.
[1919] Schlussanträge des GA vom 6. Juni 2006 in der Rs C-339/05, Zentralbetriebsrat der Landeskrankenhäuser Tirols, Rn 29.
[1920] PETROVIC, S. 155.
[1921] Zur Auslegung völkerrechtlicher Verträge siehe im 4. Kapitel, 2.2.4 Auslegung der Abkommen, S. 64 ff. Zu fragen ist allerdings, wie weit die VRK-Regeln nur *analog* anwendbar sind, da es sich bei der EG nicht um einen Staat im klassischen Sinne

kerrecht und Gemeinschaftsrecht und haben einen eigenständigen Charakter als Recht sui generis[1922].

976 Der EuGH hat Regeln entwickelt, wie Assoziationsabkommen auszulegen sind. Je näher die Ziele des Abkommens mit denjenigen der EG identisch sind, desto stärker fallen die gemeinschaftsrechtlichen Auslegungsregeln ins Gewicht[1923]. Auf die Wortwahl innerhalb der Abkommen allein kommt es nicht an. 1991 hat der EuGH aber in einem Gutachten zum EWR dargelegt, dass auch die wörtliche Übereinstimmung der Bestimmung eines Abkommens mit der gemeinschaftsrechtlichen Bestimmung nicht notwendigerweise eine deckungsgleiche Auslegung nach sich zieht[1924]. Diese Auffassung hat der EuGH in ständiger Rechtsprechung bestätigt[1925]. Statt auf die Wortwahl stützt sich der EuGH in verschiedenen Urteilen bei sprachlich vergleichbaren, ähnlichen oder übereinstimmenden Bestimmungen eines Assoziationsabkommens auf den Zweck, den diese Bestimmungen im Verhältnis zu denjenigen des EG-Vertrages in sich tragen[1926]. Soweit eine Bestimmung des FZA den gleichen Zweck wie die gleiche oder vergleichbare Norm im EGV verfolgt, ist aus gemeinschaftsrechtlicher Perspektive die EuGH-Rechtsprechung massgeblich[1927].

2.2 Unmittelbare Anwendbarkeit und Drittwirkung des FZA

977 Das FZA bildet Teil des Gemeinschaftsrechts. Angehörige von EU-Mitgliedstaaten und Angehörige der Schweiz können sich im Anwendungsbereich des Gemeinschaftsrechts auf das FZA berufen. Bis heute musste der EuGH noch keine Entscheidung zu den arbeitsrechtlichen Gleichbehandlungsansprüchen nach FZA fällen. Die Rechtssache *Zentralbetriebsrat der Landeskrankenhäuser Tirols gegen Land Tirol* wurde zurückgezogen[1928]. Die

---

handelt und die VRK-Regeln für die Auslegung von Staatsverträgen konzipiert sind, siehe dazu EPINEY (Bedeutung), S. 8, Fn 13.

[1922] COTTIER/DZAMKO/EVTIMOV, S. 24.
[1923] HAILBRONNER, S. 48, FUCHS/HÖLLER, S. 690.
[1924] EuGH, Gutachten 1/91, Slg. 1991, I-6884, Rn 14.
[1925] EuGH v. 29.1.2002, Rs C-162-00, Pokrzeptowicz-Meyer, EuGH v. 09.02.1982, Rs 270/80, Polydor und RSO, Slg. 1982, 329, Rn 14 bis 21, EuGH v. 26.10.1982, Rs 104/81, Kupferberg, Slg. 1982, 3641, Rn 29 bis 31, EuGH v. 1. 7. 1993, Rs C-312/91, Metalsa, Slg. 1993, I-3751, Rn 11 – 20.
[1926] EuGH v. 29.1.2002, Rs C-162-00, Pokrzeptowicz-Meyer, Rn 39, 41, EuGH v. 30.09.2004, Rs C-275/02, Ayaz, Rn 45, 47.
[1927] EuGH, Rs C-339-05, Zentralbetriebsrat, Schlussanträge des GA v. 6. Juni 2006, Rn 43-45.
[1928] Mit Beschluss vom 4. August 2006 wurde die Rechtssache gestrichen.

bereits vorliegenden aufschlussreichen Schlussanträge des Generalanwaltes lassen Schlüsse zu, wie der EuGH die arbeitsrechtlichen Gleichbehandlungsansprüche nach dem FZA auslegen und anwenden wird. In der Sache selbst ging es um die Frage, ob vor Inkrafttreten des Abkommens in schweizerischen Gesundheitseinrichtungen absolvierte Beschäftigungszeiten für die Bestimmung des Dienstalters einer gegenwärtig in Österreich ausgeübten beruflichen Tätigkeit anzurechnen sind. Zur Beantwortung dieser Frage erörterte der Schlussanwalt die Frage der unmittelbaren Wirkung verschiedener Abkommensbestimmungen und deren zeitliche Geltung.

Der Generalanwalt kommt mit Blick auf die bisherige Rechtsprechung zu Freizügigkeitsabkommen mit Drittstaaten[1929] zum Schluss, der arbeitsrechtliche Gleichbehandlungsgrundsatz in Art. 9 des Anhangs I des Abkommens sei unmittelbar anwendbar, begründe eine eindeutige Verpflichtung und räume Staatsangehörigen der Mitgliedstaaten der Gemeinschaft und der Schweiz Rechte ein, «deren unmittelbaren Schutz die Richter der Europäischen Union gewährleisten müssen»[1930]. Der Generalanwalt stellte Identität zwischen dem EG-Recht und dem Abkommen fest, beide würden den gleichen Zweck verfolgen: «die Abschaffung der Ungleichbehandlung von Arbeitnehmern aufgrund der Staatsangehörigkeit, um die Freizügigkeit in den in Frage stehenden Gebieten zu verwirklichen»[1931]. Mit Verweis auf bisherige Rechtsprechung des EuGH zur Übergangsproblematik bei neu der EG beitretenden Mitgliedstaaten schlug der Generalanwalt vor, auch die vor Inkrafttreten des Abkommens in der Schweiz zurückgelegten Beschäftigungszeiten anzuerkennen[1932].

978

3. Das FZA als Teil des schweizerischen Rechts

3.1 Auslegung des FZA

Etwas anders präsentiert sich die Ausgangslage beim FZA für den Assoziationsvertragspartner Schweiz. Für die Schweiz handelt es sich beim FZA um einen völkerrechtlichen Staatsvertrag, womit vordergründig ohne weiteres

979

[1929] EuGH v. 06.06.2006, Rs C-339/05, Schlussanträge des GA vom 6. Juni 2006.
[1930] EuGH, Schlussanträge des GA vom 6. Juni 2006 in der Rechtssache C-339/05 Zentralbetriebsrat der Landeskrankenhäuser Tirols, Rn 37.
[1931] EuGH, Schlussanträge des GA vom 6. Juni 2006 in der Rechtssache C-339/05 Zentralbetriebsrat der Landeskrankenhäuser Tirols, Rn 44.
[1932] EuGH, Schlussanträge des GA vom 6. Juni 2006 in der Rechtssache C-339/05 Zentralbetriebsrat der Landeskrankenhäuser Tirols, Rn 60.

«nur» die Auslegungsregeln der VRK Anwendung finden[1933]. Das ist so falsch oder zumindest nicht ganz richtig. Beim FZA handelt es sich gerade nicht um einen «gewöhnlichen» völkerrechtlichen Vertrag. Das betrifft zum einen die Vertragspartner. Nicht nur die Mitgliedstaaten sondern auch die Europäische Gemeinschaft als suprastaatliche Institution sind Vertragspartner der Schweiz[1934]. Die zweite Besonderheit betrifft die Verpflichtung der Vertragspartner zur Berücksichtigung der EuGH-Rechtsprechung bis zum Zeitpunkt der Vertragsunterzeichnung (Art. 16 Abs. 2 FZA). Urteile nach dem 21. Juni 1999 gelten indes nur dann als neue und somit nicht von Rechts wegen zwingend zu berücksichtigende Rechtsprechung, wenn es sich um eine tatsächlich *neue* Rechtsentwicklung handelt. Geht es hingegen lediglich um eine Präzisierung bereits in den Grundzügen entschiedener Fragen, ist ein EuGH-Urteil, das nach dem 21. Juni 1999 ergangen ist, trotzdem zu berücksichtigen[1935]. Über die Geltung der (neuen) EuGH-Rechtsprechung nach Inkrafttreten des Abkommens haben sich die Vertragsparteien im gemischten Ausschuss zu einigen. Gleiches gilt für die Entwicklung von Rechtsvorschriften durch eine Vertragspartei, soweit dabei der Anwendungsbereich des Abkommens berührt ist (Art. 17 FZA)[1936].

980 Art. 9 Anhang I FZA nimmt in weiten Teilen wortwörtlich auf gemeinschaftsrechtliche Begriffe in Art. 39 EGV und der VO 1612/68 EWG Bezug. Das hat zur Folge, dass die Begriffe «Arbeitnehmer», «Beschäftigungs- und Arbeitsbedingungen» oder «Tarif- und Einzelarbeitsverträge oder sonstige Kollektivvereinbarungen», «Zugang zur Beschäftigung», «Entlöhnung», «soziale Vergünstigungen» usw. auch vom schweizerischen Rechtsanwender gemeinschaftsrechtlich auszulegen sind. Gleiches gilt für den Diskriminierungs- und Gleichbehandlungsbegriff wie er in den Art. 2 und 7 Bst. a FZA vorkommt.

981 Die gerade dargestellte Ausgangslage verlangt für die Auslegung des FZA eine stärkere Bedeutung des Zwecks der in Frage stehenden Bestimmungen. Zwar ist die dem Effet utile verpflichtete EuGH-Auslegungsdoktrin nicht direkt auf das FZA anwendbar. Die Auslegung hat aber den starken integrationsrechtlichen Charakter des FZA angemessen zu berücksichtigen[1937]. Diese Überlegungen fallen insbesondere bei der Auslegung von Art. 16 FZA (Be-

---

[1933] So BREITENMOSER/ISLER, S. 1011 und HAILBRONNER, S. 48.
[1934] Die VRK-Auslegungskriterien finden deshalb nur analog Anwendung, siehe EPINEY (Bedeutung), S. 8, Fn 13.
[1935] Dazu ausführlich IMHOF (Freizügigkeitsabkommen), S. 217 ff., PÄRLI (Gleichbehandlungsansprüche), N14, EPINEY (Bedeutung), S. 6 ff.
[1936] Siehe dazu umfassend IMHOF (Freizügigkeitsabkommen), S. 155 ff. und S. 217 ff.
[1937] COTTIER/DZAMKO/EVTIMOV, S. 25 f., BREITENMOSER/ISLER, S. 1011, IMHOF (Freizügigkeitsabkommen), S. 163 f.

zugnahme auf das Gemeinschaftsrecht) ins Gewicht. Bei der Auslegung von Bestimmungen des FZA ist immer zu prüfen, ob in der einschlägigen Sachfrage relevante Rechtsprechung des EuGH zu berücksichtigen ist[1938].

3.2 Unmittelbare Drittwirksamkeit des FZA im schweizerischen Recht

Hinsichtlich vertraglicher Arbeitsbedingungen ergibt sich die unmittelbare Drittwirkung des FZA ohne weiteres aus dem Vertragstext. Art. 9 Abs. 4 Anhang I FZA sieht vor, dass «alle Bestimmungen in Tarif- oder Einzelarbeitsverträgen oder sonstigen Kollektivvereinbarungen betreffend Zugang zur Beschäftigung, Beschäftigung, Entlöhnung und alle übrigen Arbeits- und Kündigungsbedingungen sind von Rechts wegen nichtig (sind), soweit sie für Arbeitnehmer, die Staatsangehörige anderer Mitgliedstaaten sind, diskriminierende Bedingungen vorsehen oder zulassen».

Mit dem Urteil in der Rechtssache Angonese hat der Gerichtshof wegweisend entschieden, die primärrechtliche Arbeitnehmerfreizügigkeit nach Art. 39 Abs. 2 schütze auch vor Massnahmen eines einzelnen Arbeitgebers[1939]. Mit diesem Entscheid legte der EuGH den Grundstein für eine uneingeschränkte Drittwirkung der Freizügigkeitsrechte. Das Urteil Angonese stammt aus dem Jahr 2000, wurde also nach Unterzeichnung des FZA am 21. Juni 1999 erlassen. Daraus folgt die Frage, ob es sich beim Urteil Angonese um eine auch materiell neue Rechtsprechung handelt, die nicht gestützt auf Art. 16 Abs. 2 FZA berücksichtigt werden muss, oder ob die Angonese-Rechtsprechung lediglich frühere Rechtsprechung präzisiert.

Folgende Gründe sprechen dafür, dass es sich bei der Entscheidung Angonese nicht um «neue» Rechtsprechung Sinne von Art. 16 Abs. 2 FZA handelt, sondern vielmehr um eine Präzisierung bisheriger Rechtsprechung. Bereits in der Walrave- und Bosman-Rechtsprechung hatte der EuGH erkannt, dass vom EGV untersagte Beschränkungen der Freizügigkeit nicht dadurch wieder errichtet werden können sollen, dass Private in Ausnützung ihrer Vertragsfreiheit diese Schranken wieder aufbauten[1940]. Zwar betrafen die genannten gegen die Freizügigkeit verstossenden Regelungen kollektive Akteure. In den genannten Urteilen und mehr noch in der – die allgemeinen Tarifbestimmung eines Versicherers betreffenden – Rechtssache Haug-Adrion liess der EuGH jedoch durchblicken, dass er die Drittwirkung nicht auf kollektive Akteure

---

[1938] COTTIER/DZAMKO/EVTIMOV, S. 380.
[1939] Zur Rechtssache Angonese siehe vorne in diesem Kapitel, Fn 1878, 1879, 1841, 1842, 1874, 1878, 1879, 1882, 1887, 1889.
[1940] Zu den Rechtssachen Walrave und Bosman siehe vorne in diesem Kapitel, 1.1Regeln staatlicher und kollektiver Akteure, S. 359 f.

beschränkt haben will[1941]. In der genannten Rechtssache hat der Gerichtshof das Vorliegen einer Diskriminierung direkt gestützt auf Art. 12 EGV geprüft (und abgelehnt), die unmittelbare Drittwirkung dieser Bestimmung aber nicht weiter problematisiert[1942]. Das in Art. 2 und Art 7 FZA enthaltene und Art. 39 Abs. 2 EGV nachgebildete Diskriminierungsverbot entfaltet damit auch gegenüber dem privaten Arbeitgeber Wirkung[1943].

VI. Zusammenfassendes Ergebnis

1. Diskriminierungsschutz für europäische Wanderarbeitnehmende nach EU-Recht

985 Europäische Wanderarbeitnehmende sind durch das Gemeinschaftsrecht und durch Assoziationsabkommen umfassend vor Diskriminierung aufgrund der Staatsangehörigkeit geschützt[1944]. Die grundfreiheitliche Arbeitnehmerfreizügigkeit und das Diskriminierungsverbot dienen der Verwirklichung eines gemeinsamen Arbeitsmarktes[1945]. Darin erschöpft sich der Schutzzweck der Freizügigkeitsrechte und des Diskriminierungsverbotes jedoch nicht. Die Arbeitnehmenden sind vielmehr auch als Personen in und mit ihren sozialen Bezügen geschützt[1946].

986 Zur Drittwirkung hat der EuGH in mehreren Leitentscheiden verdeutlicht, dass Private, sowohl kollektive Akteure wie Verbände wie einzelne Arbeitgeber, an das Diskriminierungsverbot gebunden sind[1947].

987 Verboten ist die direkt an die Staatsangehörigkeit anknüpfende unterschiedliche Behandlung (*unmittelbare Diskriminierung*)[1948]. Eine *mittelbare Diskriminierungen* liegt insbesondere bei unterschiedlicher Behandlung unter Anknüpfung an Kriterien wie «Wohnsitz», «Aufenthaltsort», «Dienstjahre» oder

---

[1941] EuGH v. 13.12.1984, Rs 251/83, Haug-Adrion, Slg. 1984, 4277.
[1942] Zu Entscheidung Haug-Adrion siehe PÄRLI (Gleichbehandlungsansprüche), N72, WEISS, S. 108, JANESCH, S. 37 ff., PREEDY, S. 204, GRABER, S. 158, HONEGGER, S. 258.
[1943] Dazu ausführlich PÄRLI (Gleichbehandlungsansprüche), N74 – 75.
[1944] Siehe dazu vorne in diesem Kapitel, III. Sachlicher Anwendungsbereich, S. 348 ff.
[1945] Siehe dazu vorne in diesem Kapitel, I. 1. Arbeitnehmerfreizügigkeit und Marktintegration, S. 335.
[1946] Siehe dazu vorne in diesem Kapitel, I., 2. Grundrechtliche Dimension, S. 335.
[1947] Siehe dazu vorne in diesem Kapitel, IV. Drittwirkung des Diskriminierungs- und Beschränkungsverbots, S. 359 ff.
[1948] Siehe dazu vorne in diesem Kapitel, III. 2.1 Verbot unmittelbarer Diskriminierung, S. 349.

«Ort des Qualifikationserwerbs» vor[1949]. Mittelbare Diskriminierungen sind rechtfertigungsfähig[1950].

Beim *Beschränkungsverbot* ist massgeblich, ob eine Massnahme geeignet ist, Staatsangehörige eines Mitgliedstaates davon abzuhalten, die Arbeitnehmerfreizügigkeit in Anspruch zu nehmen. Das Beschränkungsverbot verschafft dem EuGH die Möglichkeit, nationale Rechtsvorschriften und Regelungen von Verbänden auf «freizügigkeitshemmende Auswirkungen» zu überprüfen[1951]. Auch kollektive Akteure unterstehen dem Beschränkungsverbot. Noch offen ist die Drittwirkung des Beschränkungsverbots für einzelne Arbeitgeber[1952].

988

Diskriminierungs- und Beschränkungsverbot entfalten ihre Wirkung beim Zugang zum Arbeitsmarkt ganz generell und entlang des ganzen Lebenszyklusses eines Arbeitsverhältnisses (Einstellung, Beschäftigung, Entlassung)[1953]. Erfasst sind vertraglich vereinbarte diskriminierende Bestimmungen, freiwillige Leistungen der Arbeitgeber und von diesem angeordnete Weisungen. Mit dem Arbeitsverhältnis zusammenhängende Sozialleistungen können sowohl unter Art. 39 EGV und VO 1612/68/EWG als auch teilweise unter die VO 1408/71/EWG fallen[1954].

989

2. *Diskriminierungsschutz nach dem FZA*

Die arbeitsrechtlichen Gleichbehandlungsgebote des FZA stimmen im Grundsatz mit dem «Gleichbehandlungskanon» der gemeinschaftsrechtlichen Arbeitnehmerfreizügigkeit überein[1955]. Im FZA sind nicht bloss die Gleichbehandlungsansprüche in Art. 9 Anhang I des FZA hinsichtlich Beschäftigungs- und Arbeitsbedingungen einschliesslich Kündigungsbedingungen enthalten,

990

[1949] Siehe dazu vorne in diesem Kapitel, III. 2.2 Verbot mittelbarer Diskriminierung, S. 350.
[1950] Siehe dazu vorne in diesem Kapitel, III. 2.2 Verbot mittelbarer Diskriminierung, S. 350.
[1951] Siehe dazu vorne in diesem Kapitel, III. 2.3 Beschränkungsverbot, S. 352.
[1952] Siehe dazu vorne in diesem Kapitel, IV. 2.2 Drittwirkung des Beschränkungsverbotes, S. 366.
[1953] Siehe dazu vorne in diesem Kapitel, IV. 2.1.1 Beim Zugang zum Arbeitsmarkt und im Bewerbungsverfahren,
S. 364, IV. 2.1.2 Bei den Beschäftigungsverhältnissen, S. 365f.
[1954] Siehe dazu vorne in diesem Kapitel, III. 4.2 Ausgestaltung des Arbeitsverhältnisses, 357 f.
[1955] Siehe dazu vorne in diesem Kapitel, V. 1. Das FZA und die wichtigsten arbeitsrechtlichen Inhalte, S. 369.

sondern darüber hinaus basierend auf Art. 2 und Art. 7 Abs. 1 FZA und gestützt auf die Angonese-Rechtsprechung des Gerichtshofes[1956] ein Gleichbehandlungsanspruch im Rahmen des Bewerbungsverfahrens. Weder dürfen europäische Wanderarbeitnehmer/innen unter Bezugnahme auf das Kriterium «Staatsangehörigkeit» vom Bewerbungsverfahren überhaupt ausgeschlossen werden, noch darf der finale Selektionsentscheid des Arbeitgebers durch die Staatsangehörigkeit der Bewerbenden motiviert sein[1957]. Alle arbeitsrechtlichen Gleichbehandlungsansprüche des FZA verpflichten sowohl staatliche wie private Arbeitgeber[1958].

991 Die arbeitsrechtlichen Gleichbehandlungsgebote des FZA gehen damit über den «traditionellen» arbeitsrechtlichen Gleichbehandlungsgrundsatz[1959] hinaus. Mit dem FZA wird die arbeitsvertragliche Vertragsfreiheit (Abschluss, Inhalts- und Beendigungsfreiheit) eingeschränkt. Die gemeinschaftsrechtliche Grundfreiheit der Arbeitnehmerfreizügigkeit ist nicht zum Nulltarif zu haben. Gerade Arbeitgeber sind auch Nutzer der Personenfreizügigkeit. Die Vertragsfreiheit wird nicht bloss eingeschränkt, sie wird durch das FZA sowohl für Arbeitgebende wie Arbeitnehmende rechtlich (Wegfall der ausländerrechtlichen Beschränkungen) wie faktisch (Zugang zum europäischen Arbeitsmarkt) erweitert.

[1956] Siehe dazu vorne in diesem Kapitel, Fn 1939 und V. 3.2 Unmittelbare Drittwirksamkeit des FZA im schweizerischen Recht, V. S. 375.

[1957] Siehe dazu vorne in diesem Kapitel, V. 1. Das FZA und die wichtigsten arbeitsrechtlichen Inhalte, S. 369.

[1958] Siehe dazu vorne in diesem Kapitel, IV. 2.3 Drittwirkung des Diskriminierungs- und Beschränkungsverbots in Assoziationsabkommen, S. 366 und V. 1. Das FZA und die wichtigsten arbeitsrechtlichen Inhalte, S. 369.

[1959] Zum arbeitsrechtlichen Gleichbehandlungsgrundsatz siehe 14. Kapitel, III. Der arbeitsrechtliche Gleichbehandlungsgrundsatz, S. 567 ff.

12. Kapitel: Arbeitsrechtliches Diskriminierungsverbot aufgrund des Geschlechts

I. Einleitung

1. Übersicht zu den Gleichheitsrechtsquellen

Das Postulat der Geschlechtergleichbehandlung im Arbeitsleben findet sich in verschiedenen primär- und sekundärrechtlichen Rechtsquellen. 992

Die Beseitigung der auf dem Geschlecht beruhenden Diskriminierungen beim Arbeitsentgelt gehört nach der Rechtsprechung des EuGH[1960] zu den Gemeinschaftsgrundrechten bzw. hat, abgeleitet aus dem ungeschriebenen allgemeinen Gleichbehandlungsgebot[1962], den Charakter eines *allgemeinen Rechtsgrundsatzes*[1963]. 993

In der *Grundrechtscharta* (GRC) ist in Art. 21 GRC «Geschlecht» als einer der Gründe aufgeführt, aufgrund derer Diskriminierungen verboten sind. Der Anspruch auf *Gleichheit von Frauen und Männern* in allen Bereichen, einschliesslich der *Beschäftigung*, der *Arbeit* und des *Arbeitsentgeltes* sicher zu stellen, ist in Art. 23 Abs. 1 der Grundrechtscharta (GRC) enthalten. Art. 23 Abs. 2 GRC präzisiert, dass die Beibehaltung oder Einführung unterrepräsentierter Geschlechter dem Gleichheitsgrundsatz nicht entgegenstehen würden und eröffnet damit staatlichen wie privaten Arbeitgebern Handlungsspielraum für spezielle Fördermassnahmen. Die GRC ist nicht rechtsverbindlich. Sie dient dem EuGH als Rechtserkenntnisquelle für die Ermittlung von Gemeinschaftsgrundrechten[1964]. 994

Die *Gemeinschaftscharta der sozialen Grundrechte der Arbeitnehmer* enthält in Art. 16 den Grundsatz der Gleichbehandlung von Frauen und Männern. Diese Bestimmung verpflichtet die Mitgliedstaaten zur Gewährleistung der 995

[1960] EuGH v. 15. 6. 1978, Defrenne III, Rs 149/77, Slg. 1978, 1365, Rn 27, siehe in der Lehre RENGELING/SZCZEKALLA, S. 727 ff., COEN, N 3 zu Art. 141 EGV, KENNER (Law) S. 430, BLANPLAIN, N 657.
[1962] EuGH v. 3.10.2006, Rs C-17/05, Cadman, Rn 28.
[1963] EPINEY/BIBER/HAAG, N 66, S. 503, KREBBER, N 75 zu Art. 141 EGV. Siehe dazu auch vorne, N 868 und N 869.
[1964] Siehe dazu 10. Kapitel, II. Rechtsquellen gemeinschaftsrechtlicher Arbeitsgleichheitsrechte, S. 309.

Gleichbehandlung von Frauen und Männern und zur Verwirklichung der Gleichheit betreffend Zugang zu Beschäftigung, Arbeitsentgelt, sozialem Schutz, allgemeiner und beruflicher Bildung sowie hinsichtlich des beruflichen Aufstiegs. Trotz des rechtlich nicht unmittelbar bindenden Charakters der Charta besteht nach der EuGH-Rechtsprechung[1965] die Verpflichtung für die einzelstaatlichen Gerichte, solche nicht bindenden Rechtsakte bei der Auslegung des positiven Rechts zu berücksichtigen[1966].

996 Im *EG-Vertrag* finden sich mehrere zentrale Bestimmungen zur Geschlechtergleichheit. Nach Art. 2 EGV bildet die Gleichstellung von Frauen und Männern eines der Ziele der Gemeinschaft und Art. 3 Abs. 2 EGV enthält einen die Gemeinschaft bei allen Aktivitäten verpflichtenden spezifischen Förderauftrag. Art. 137 Abs. 1 Bst. h und i EGV schreiben vor, dass die Gemeinschaft die Mitgliedstaaten im Bereich der Chancengleichheit von Männern und Frauen im Arbeitsmarkt und am Arbeitsplatz unterstützt. Zur Erreichung dieses Ziels können nach Art. 137 Abs. 2 EGV Mindestvorschriften erlassen werden. In Art. 141 EGV werden die Mitgliedstaaten zur Anwendung des Grundsatzes des gleichen Entgelts bei gleicher oder gleichwertiger Arbeit verpflichtet. In Abs. 1 ist die Anwendung des Entgeltgleichheitsgrundsatzes festgehalten, in Abs. 2 wird der Begriff «Entgelt» näher präzisiert, Abs. 3 enthält eine Kompetenzvorschrift zum Erlass weiterer Gleichbehandlungsrechtsnormen und in Abs. 4 werden Massnahmen zur Verwirklichung der tatsächlichen Gleichstellung als zulässig erklärt. Art. 141 EGV ist die zentrale Bestimmung zur Geschlechtergleichbehandlung im Arbeitsrecht und bildet Grundlage für die Annahme eines allgemeinen arbeitsrechtlichen ungeschriebenen Gleichheitsgebotes der Geschlechter[1967]. Art. 13 EGV enthält eine Kompetenznorm zum Schutz vor Diskriminierung aufgrund (u.a.) des Geschlechts in allen Lebensbereichen. Der Rat kann nur «unbeschadet der sonstigen Bestimmungen des Vertrages» auf Art. 13 EGV zurückgreifen. Im Verhältnis zu Art. 141 EGV ist diese Bestimmung folglich subsidiär[1968].

997 *Sekundärrechtlich* dien(t)en verschiedene Richtlinien der Verwirklichung der in Art. 2, 3 Abs. 2 und 141 EGV festgelegten Ziele. Mit der neu gefassten Gleichbehandlungsrichtlinie 2006/54/EG[1969] wurden die nachfolgend genannten Richtlinien bzw. deren spätere Änderungsrichtlinien (2002/73/EG, 96/97/

[1965] EuGH v. 13.12.1989, Rs C-322/88, Grimaldi, Slg. 1989, 4407, Rn 18 f.
[1966] PREIS/MALLOSSEK, N 34.
[1967] KREBBER, N 1 zu Art. 141 EGV.
[1968] EPINEY, N 3 zu Art. 13 EGV, BLANPAIN, S. 386 f.
[1969] Richtlinie 2006/54/EG des europäischen Parlaments und des Rates vom 5. Juli 2006 zur Verwirklichung des Grundsatzes der Chancengleichheit und Gleichbehandlung von Männern unFrauen in Arbeits- und Beschäftigungsfragen (Neufassung), ABl. 26.07.2007, L 204/23.

EG, 98/52/EG) unter Berücksichtigung der dazu ergangenen Rechtsprechung des EuGH in einer einzigen Richtlinie zusammengefasst[1970]:

- RL 75/117/EWG[1971] zur Angleichung der Rechtsvorschriften der Mitgliedstaaten über die Anwendung des Grundsatzes des gleichen Entgelts für Männer und Frauen,
- RL 76/207/EWG zur Verwirklichung des Grundsatzes der Gleichbehandlung von Männern und Frauen hinsichtlich des Zugangs zur Beschäftigung, zur Berufsbildung und zum beruflichen Aufstieg sowie in Bezug auf die Arbeitsbedingungen[1972],
- RL 86/378/EWG[1973] zur Verwirklichung des Grundsatzes der Gleichbehandlung von Männern und Frauen bei den betrieblichen Systemen der sozialen Sicherheit und
- RL 97/80/EG[1974] über die Beweislast bei Diskriminierung aufgrund des Geschlechts.

Die genannten Richtlinien werden mit Wirkung vom 15. August 2009 aufgehoben (Art. 34 RL 2006/54/EG).

998

[1970] Die RL 2006/54/EG enthält im Anhang II eine Konkordanztabelle, in der auf einen Blick ersichtlich ist, in welche Artikel der Rl 2006/54/EG die einzelnen Bestimmungen der bisherigen Richtlinien eingeflossen sind.

[1971] RL 75/117/EWG des Rates v.10.02.1975 zur Angleichung der Rechtsvorschriften der Mitgliedstaaten über die Anwendung des Grundsatzes des gleichen Entgelts für Männer und Frauen, ABl. v. 19.02.1975, S. 19.

[1972] Richtlinie 76/207/EWG des Rates vom 09.02.1976 zur Verwirklichung des Grundsatzes der Gleichbehandlung von Männern und Frauen hinsichtlich des Zugangs zur Beschäftigung, zur Berufsbildung und zum beruflichen Aufstieg sowie in Bezug auf die Arbeitsbedingungen, ABl. L 39 vom 14.02.1976, S. 40, geändert durch die RL 2002/73/EG des Europäischen Parlaments und des Rates, ABl. L 269 v. 05.10.2002, S. 15.

[1973] Richtlinie 86/378/EWG des Rates vom 24.07.1986 zur Verwirklichung des Grundsatzes der Gleichbehandlung von Männern und Frauen bei den betrieblichen Systemen der sozialen Sicherheit, ABl. L 225 v.12.08.1986, S. 40, geändert durch die RL 96/97/EG, ABl. L 46 v. 17.02.1997, S. 20.

[1974] Richtlinie 97/80/EG des Rates vom 15.12.1997 über die Beweislast bei Diskriminierung aufgrund des Geschlechts, ABl L 14 vom 20.01.1998, S. 6, geändert durch die Richtlinie 98/52/EG, ABl. L 205 v. 22.07.1998, S. 66.

2. Bedeutung und Begründung der Geschlechtergleichheit im Arbeitsleben

999 Das Europäische Arbeitsrecht hat sich an die Normen des Arbeitsvölkerrechts[1975] zu halten[1976]. Das Ziel der Geschlechtergleichheit im Arbeitsleben und im Speziellen der Entgeltgleichheit verfolgen unter anderen die Übereinkommen Nr. 111 und 100 der Internationalen Arbeitsorganisation sowie die Menschenrechtspakte der UN und die Europäische Sozialcharta. Diese Übereinkommen verpflichten die Vertragsstaaten zu gesetzgeberischen Massnahmen zur Verwirklichung der Entgeltgleichheit und zur Gleichbehandlung bei den übrigen Arbeitsbedingungen einschliesslich des Zugangs zum Arbeitsverhältnis und bei der Kündigung. Die europarechtlichen Normen zur Verwirklichung der Entgeltgleichheit und der weitergehenden Geschlechtergleichheit dienen damit auch der Verwirklichung der IAO-Übereinkommen und UN-Abkommen[1977].

1000 Die Gleichbehandlung zwischen Frauen und Männern ist seit Beginn der Europäischen Gemeinschaft ein *zentraler Pfeiler der Gemeinschaftsrechtsordnung*[1978]. Das gemeinschaftsrechtliche Fallrecht zur Geschlechtergleichheit findet weltweit Beachtung. Trotz beeindruckender Normenfülle ist es (auch) nicht innerhalb der EU gelungen, an das Geschlecht anknüpfende Ungleichheiten in den tatsächlichen Arbeitsbedingungen vollständig zu eliminieren[1979].

1001 Die Gleichbehandlung zwischen Frauen und Männern im Arbeitsleben war vor allem in der ersten Phase der Gemeinschaft fast ausschliesslich *wirtschaftlich motiviert*. Ausgangspunkt für die Verankerung des Grundsatzes der Entgeltgleichheit bilde(te)n wirtschaftlicher Überlegungen[1980]. Die Lohngleichheit zwischen Frauen und Männern in den einzelnen Mitgliedstaaten war – und ist teilweise noch immer – unterschiedlich verwirklicht. Dies führt(e) zu einer Wettbewerbsverzerrung, können (konnten) doch Unternehmen in Staaten ohne Gleichbehandlungspflicht tiefere Frauenlöhne ausrichten und damit Kosten einsparen. Die Wettbewerbsverzerrung betrifft nicht nur

---

[1975] Zum Arbeitsvölkerrecht siehe 4. Kapitel: Arbeitsvölkerrecht, S. 53 ff.
[1976] SCHIEK (Arbeitsrecht), N 33 ff.
[1977] KREBBER, N 2 zu Art. 141 EGV, KRIMPHOVE, N 296, KENNER (Law), N 657. Ausführlich zum Verhältnis IAO-Übereinkommen und Gemeinschaftsrecht siehe BÖHMERT, 175 ff. und SCAVARDA-TAESLER, S. 32 ff.
[1978] EuGH v. 08.04.1976, Rs. 43/75, Defrenne II, Slg. 1976, Rn 12, EuGH v. 06.12.2007, Rs C-300/06, Voss, Rn 24. MAHLMANN (Gleichheitsschutz), N 56.
[1979] KRAVARITOU, S. 220.
[1980] PREIS/MALLOSSEK, N 2 ff., HANAU/STEINMEYER/WANK, N 2, S. 544, KENNER (Law), S. 458 f., SCHLACHTER, S. 48.

Unternehmen, sondern durch das Verhältnis der Mitgliedstaaten untereinander. Standortvorteile durch fehlende Entgeltgleichheitsvorschriften können (konnten) die gleichmässige Entwicklung des Europäischen Binnenmarktes stören[1981]. Die Gleichstellung von Frauen und Männer im Arbeitsleben hingegen fördert die Vereinheitlichung der Wirtschaftsbedingungen auf dem gesamten Europäischen Markt[1982] und dient damit letztlich den Integrationszielen[1983].

Der EuGH nahm in vielen Entscheidungen auf die *sozialpolitische* Zielrichtung der arbeitsrechtlichen Gleichstellung zwischen Frauen und Männern Bezug. Der Gerichtshof hat in der Rechtsache Defrenne III[1984] den doppelten Zweck (wirtschaftlich und sozial) bekräftigt. Fast 25 Jahre später kam der Gerichtshof in der Rechtssache Sievers/Schrage zum Schluss, die wirtschaftliche Zielsetzung von Art. 119 EGV (heute Art. 141 EGV) sei gegenüber dem sozialen Zweck sekundär[1985].   1002

Die Verpflichtung der Gemeinschaft zur Förderung der Gleichstellung in Art. 2 und Art. 3 Abs. 2 EGV, die jüngere Rechtsprechung des Gerichtshofs sowie die voranschreitende Bedeutung der Grundrechtscharta zeigen auf, dass die Gleichstellung zwischen Frauen und Männern im Arbeitsleben über die wirtschaftliche und sozialpolitische hinaus auch eine *menschenrechtliche Dimension* hat[1986]. In der gemeinschaftsrechtlichen Entwicklung der Geschlechtergleichheit im Arbeitsbereich widerspiegelt sich somit eine generell zu beobachtende Tendenz vom Paradigma der europäischen Wirtschaftsbürgern/innen hin zu den Sozialbürgern/innen[1987].   1003

[1981] Besonders Frankreich, das schon seit 1957 den Grundsatz der Entgeltgleichheit kennt, befürchtete wirtschaftliche Nachteile, siehe dazu PREIS/MALLOSSEK, N 5.
[1982] EuGH v. 08.04. 1976, Rs 43/75, Defrenne II, Slg. 1976, S. 455, Rn 8-11.
[1983] KRIMPHOVE, N 296.
[1984] EuGH v. 15.06.1978, Rs 149/77, Defrenne III, Slg. 1978, 1365, Rn 27.
[1985] EuGH v. 10.02.2000, Rs C-270/90 und Rs C-270/91, Sievers/Schrage, Rn 57, EuGH v. 10.02.2000, Rs C 50/96, Schröder, Slg. 2000, I-00743, Rn 57. Siehe dazu SCHIEK (Arbeitsrecht), S. 126.
[1986] Ähnlich COEN, N 1 zu Art. 141 EGV, KENNER (Law), S. 458, BELL, S. 49. Siehe auch BLANPAIN, S. 388.
[1987] KENNER (Economic), S. 5 ff., ELLIS, S. 7 ff.

II. Anspruch auf Entgeltgleichheit nach Art. 141 EGV und Richtlinien

1. Persönlicher und räumlicher Anwendungsbereich

1.1 Arbeitnehmer- und Arbeitgebereigenschaft

1004 Aus 141 Abs. 2 EGV wird deutlich, dass der Entgeltgleichheitsgrundsatz zwischen Frauen und Männern nur dann angewendet werden muss, wenn eine *Arbeitnehmereigenschaft* vorliegt[1988]. Eine allgemein gültige europarechtliche Definition des Arbeitnehmers fehlt[1989]. Weder Art. 141 EGV noch die RL 75/117/EG definieren die Arbeitnehmereigenschaft. Nach den zur Arbeitnehmerfreizügigkeit entwickelten Grundsätzen[1990] ist der Arbeitnehmerbegriff im Lichte des Gemeinschaftsrechts autonom auszulegen. Der Arbeitnehmerbegriff des Art. 39 EGV ist jedoch wegen der grundsätzlich anderen Ausgangsfragestellung (grundfreiheitliches Diskriminierungsverbot) nicht voll identisch mit demjenigen des Art. 141 EGV[1991].

1005 Nach Art. 141 Abs. 1 EGV müssen die Mitgliedstaaten die Anwendung des Grundsatzes des gleichen Entgelts für Männer und Frauen bei gleicher und gleichwertiger *Arbeit* sicherstellen. Dies würde einer Ausdehnung des Geltungsbereichs auf die nicht abhängige Arbeitsleistung nicht entgegenstehen. Der Begriff *«Entgelt»* bezieht sich jedoch typischerweise auf ein Arbeitsverhältnis, an dem Arbeitnehmer und Arbeitgeber beteiligt sind. Art. 141 Abs. 2 EGV präzisiert den Begriff Entgelt und nimmt dabei auf Vergütungen Bezug, die aufgrund eines *Dienstverhältnisses* ausgerichtet werden.

1006 Bedeutsam ist die Abgrenzung der Arbeitnehmereigenschaft zum Status selbständigerwerbend. Im Bereich der Entgeltgleichheit sind selbständig Erwerbende, anders als im Anwendungsbereich der RL 76/207/EWG, nicht erfasst[1992]. In der Rechtssache *Allonby* stellte der EuGH klar, selbständige Erb-

---

[1988] SCHIEK (Arbeitsrecht), N 15.
[1989] HANAU/STEINMEYER/WANK, N 1, S. 379, RUST, N 276 zu Art. 141 EGV.
[1990] Siehe dazu im 11. Kapitel, II. 1. Arbeitnehmerstatus, S. 336 ff.
[1991] KREBBER, N 17 zu Art. 141 EGV.
[1992] Vgl. aber die Richtlinie 86/613/EWG des Rates vom 11.12.1986 zur Verwirklichung des Grundsatzes der Gleichbehandlung von Männern und Frauen, die eine selbständige Tätigkeit – auch in der Landwirtschaft – ausüben, sowie über den Mutterschutz, ABl. 1986, Nr. L 359, S. 56. Einen wichtigen Entscheid zur Auslegung dieser Richtlinie fällte der EuGH in der Rs C-226/98 v. 06.04.2000, Joergensen, Slg. 2000, 2447, Rn 26, 35-36. Beim Rechstsreit ging es u.a. um die Frage, ob ein durch sozialpolitische Überlegungen motiviertes Modell für die Umwandlung von Arztpraxen im Ergebnis Frauen mittelbar diskriminiere. Der EuGH befand, bei der Prüfung der mittelbaren Diskriminierung seien mit Blick auf die Betroffenheit einer signifikanten An-

ringer von Dienstleistungen, die gegenüber dem Empfänger der Dienstleistung nicht in einem Unterordnungsverhältnis stehen, würden nicht als Arbeitnehmer im Sinne von Art. 141 EGV gelten. Der EuGH wies jedoch darauf hin, *die formale Einstufung als Selbständiger* nach innerstaatlichem Recht *schliesse nicht aus*, dass jemand *als Arbeitnehmer im Sinne von Art. 141 Abs. 1 EGV* einzustufen sei. Den nationalen Gerichten werden in dieser Entscheidung Prüfkriterien zur Feststellung des Status «Arbeitnehmer» in die Hand gegeben. Für Lehrkräfte – in der Rechtssache Allonby ging es um eine «ausgelagerte» Teilzeitdozentin an einem College – betreffen diese Prüfkriterien insbesondere die Freiheit bei der Wahl von Zeit, Ort und Inhalt der Arbeit[1993].

Der Arbeitgeberbegriff des Art. 141 EGV ergibt sich unmittelbar durch das Feststellen der Arbeitnehmereigenschaft[1994]. Wird durch eine Arbeitnehmerin oder einen Arbeitnehmer abhängige Arbeit im Sinne von Art. 141 EGV geleistet, trifft den Arbeitgeber die Pflicht zur Gewährung der Entgeltgleichheit.   1007

1.2 Räumlicher Anwendungsbereich

Der Entgeltgleichheitsgrundsatz nach Art. 141 EGV entfaltet (unmittelbare) Wirkung auf dem ganzen Unionsgebiet, unabhängig davon, ob es sich um einen rein inländischen oder grenzüberschreitenden Sachverhalt handelt[1995]. Voraussetzung ist, dass das Arbeitsverhältnis einen hinreichend engen Bezug zum Recht eines Mitgliedstaates aufweist[1996]. Eine EuGH-Rechtsprechung zum räumlichen Anwendungsbereich von Art. 141 EGV fehlt[1997].   1008

2. *Unmittelbare Anwendbarkeit*

2.1 Staatsgerichtete Anwendbarkeit

Die Bestimmung zur Entgeltgleichheit in Art. 141 Abs. 1 EGV richtet sich an die Mitgliedstaaten («jeder Mitgliedstaat stellt die Anwendung …sicher»). Aus dem Wortlaut von Art. 141 EGV geht damit nicht klar hervor, ob die Bestimmung lediglich die Mitgliedstaaten zur Sicherstellung des Entgelt-   1009

---

zahl von Personen sämtliche Merkmale der in der streitigen Regelung augestellten Bedingungen für die Ausübung eines Berufes gesondert zu prüfen.
[1993] EuGH v. 13.1.2004, Rs C-256/01, Allonby, Rn 43 und 62.
[1994] KREBBER, N 16 zu Art. 141 EGV.
[1995] SCHLACHTER, S. 48.
[1996] KREBBER, N 20 zu Art. 141 EGV.
[1997] Einen möglichen Anwendungsfall beschreibt RUST, N 250 zu Art. 141 EGV.

12. Kapitel: Arbeitsrechtliches Diskriminierungsverbot aufgrund des Geschlechts

gleichheitsgrundsatzes verpflichtet oder ob die Bestimmung auch im Verhältnis zwischen Arbeitgebern und Arbeitnehmenden unmittelbare Wirkung entfaltet.

1010 Erstmals hat der EuGH in der Rechtssache *Defrenne II* klar gestellt, auf den Grundsatz der Gleichheit des Arbeitsentgelts für männliche und weibliche Arbeitnehmer könnten sich die Betroffenen vor den innerstaatlichen Gerichten berufen[1998]. Der unmittelbare Anspruch beinhaltet die Beseitigung von ungerechtfertigter, gesetzlich verankerter Entgeltungleichheit[1999]. In diesem Sinne hat der Entgeltgleichheitsgrundsatz für die Einzelnen gegenüber dem Mitgliedstaat unmittelbare, vertikale Wirkung[2000]. Über Art. 141 EGV hinaus hat der Gerichtshof Art. 1 und 6 der RL 75/117/EWG (Entgeltgleichheitsrichtlinie) unmittelbar angewandt[2001]. Art. 1 RL 75/117/EWG verpflichtet die Mitgliedstaaten zur Verwendung von Systemen der beruflichen Einstufung, die jede Diskriminierung aufgrund des Geschlechts ausschliessen und Art. 6 der RL 75/117/EWG fordert erforderliche Massnahmen und wirksame Mittel zur Einhaltung des Entgeltgrundsatzes. Adressat der Richtlinienverpflichtung ist der Staat in seiner Eigenschaft sowohl als Gesetzgeber wie auch als Arbeitgeber. Ist die Richtlinie hinreichend konkret formuliert und ist sie nicht fristgemäss umgesetzt, so kommt ihr unmittelbare Wirkung in vertikaler Richtung zu[2002].

2.2   Bindung privater Arbeitgeber

1011 Das Gebot der Entgeltgleichheit bindet unmittelbar auch private Arbeitgeber, hat somit unmittelbare Horizontalwirkung. Der EuGH liess diese Sichtweise bereits im Urteil Defrenne II durchblicken. Die im Verfahren von Frau Defrenne beklagte belgische Fluggesellschaft Sabena war eine Aktiengesellschaft privaten Rechts, die mit einer Konzession des belgischen Staates versehen war. Ohne ausdrücklich auf den privatrechtlichen Status der Beklagten Bezug zu nehmen, betonte der EuGH in seinem Urteil die Ergebnisverpflich-

---

[1998] EuGH v. 08.04.1976, Rs 43/75, Defrenne II, Slg. 1976, S. 455.
[1999] EuGH v. 20.02.1974, Rs 21/74, Ariola, Slg. 1975, S. 221, EuGH v. 30.01.1985, Rs 143/83, Kommission ./. Dänemark, Slg. 1985, S. 427.
[2000] EICHENHOFER, N 8 zu Art. 141 EGV.
[2001] EuGH v. 01.07.1986, Rs 237/85, Rummler, Slg. 1986, 2101, EuGH v. 17.10.1989, Rs 109/88, Danfoss, Slg. 1989, S. 3199 ff. Zur Aufhebung der RL 75/117/EWG siehe N 997 und N 998.
[2002] RUST, N 231 zu Art. 141 EGV. Zur unmittelbaren Wirkung von Richtlinien siehe 10. Kapitel, 2. Unterschiedliche Verpflichtunen von Verordnungen und Richlinien, S. 312.

tung von Art. 119 EGV²⁰⁰³ (heute Art. 141 EGV), womit er klar machte, dass es auf den Charakter des Arbeitsverhältnisses, privatrechtlich oder öffentlich-rechtlich, nicht ankomme²⁰⁰⁴. Generalanwalt Trabucchi wies in seinem Schlussantrag auf die grundrechtsgleiche Qualität von Art. 119 EGV (heute Art. 141 EGV) hin und zog dieses Argument als Begründung der Drittwirkung bei²⁰⁰⁵.

Der EuGH hat die Gleichsetzung privater mit staatlichen Arbeitgebern in ständiger Rechtsprechung bestätigt²⁰⁰⁶. Aufgrund der horizontalen Wirkung von Art. 141 EGV besteht für die einzelnen Arbeitnehmenden ein unmittelbarer Anspruch auf Entgeltgleichheit gegenüber jedem Arbeitgeber. Dieser Anspruch ist vor jedem nationalen Gericht einklagbar²⁰⁰⁷. 1012

3. *Vergleichbarkeit, Gleichwertigkeit und Entgelt*

3.1 Vergleichbarkeit

Das Gebot der Entgeltgleichheit gilt nicht absolut. Frauen und Männer müssen nur unter der Bedingung der Vergleichbarkeit gleich bezahlt werden, es handelt sich mit anderen Worten um eine relative Gleichbehandlung. Parameter der Vergleichbarkeit sind gleiche Arbeit oder gleichwertige Arbeit bei einem identischen Arbeitgeber. Ist das Entgelt in einem Gesamtarbeitsvertrag (Tarifvertrag) oder in einer Rechtsvorschrift festgelegt, bildet der jeweilige Wirkungsraum den Vergleichshorizont²⁰⁰⁸. Gleiche Arbeit liegt nicht bloss bei völlig identischer Arbeit vor. Massgebend ist vielmehr, ob die von Frauen bzw. Männern geleistete Arbeit *vergleichbar* ist. Nach der Rechtsprechung des EuGH liegt vergleichbare Arbeit vor, wenn Arbeitnehmende unter Beachtung einer Gesamtheit von Faktoren (Art der Arbeit, Ausbildungsanforderungen, Arbeitsbedingungen) als in einer vergleichbaren Situation befindlich angesehen werden können²⁰⁰⁹. Nicht erforderlich ist, dass die Vergleichspersonen 1013

[2003] EuGH v. 08.04.1976, Rs 43/75, Defrenne II, Slg. 1976, Rn 30/34.
[2004] So WERNICKE, S. 199.
[2005] Schlussanträge von GA Trabucchi vom 10.03.1976 im EuGH-Urteil v. 08.04.1976 in der Rs 43/85, Defrenne II, Slg. 1976, 490, Rn 8.
[2006] EuGH v. 09.02.1982, Rs 12/81, Garland, Slg. 1982, S. 359, EuGH v. 31.03.1981, Rs 96/80, Jenkins, Slg. 1981, S. 911, EuGH v. 17.05.1990, Rs C-262/88, Barber, Slg. 1990, S. 1889.
[2007] KRIMPHOVE, N 346, EPINEY/FREIERMUTH/ABT (Grundlagen), S. 54.
[2008] HANAU/STEINMEYER/WANK, S. 588, N 183.
[2009] EuGH v.11.05.1999, Rs C-309/97, Angestellten-Betriebsrat, Slg. 1999, 2865, Rn 17.

gleichzeitig bei ein- und demselben Arbeitgeber tätig sind[2010]. So entschied der Gerichtshof in der Rechtssache *Macarthy,* dass der Entgeltgleichheitsgrundsatz gelte, «wenn nachgewiesen wird, dass eine Arbeitnehmerin unter Berücksichtigung der Art ihrer Tätigkeit ein geringeres Entgelt erhalten hat als ein Arbeitnehmer, der vor ihrer Einstellungszeit eingestellt war und der für den Arbeitgeber die gleiche Arbeit geleistet hat»[2011].

1014 Die Bedeutung der Vergleichbarkeit von Sachverhalten zeigt sich vor allem auch bei der mittelbaren Diskriminierung. Darauf wird noch zurückzukommen sein[2012].

3.2 Gleichwertige Arbeit

1015 Der heutige Art. 141 EGV enthielt bis zur Fassung im Vertrag von Amsterdam «nur» das Verbot des ungleichen Entgelts für gleiche, nicht aber für gleichwertige Arbeit. Im Gegensatz dazu enthält die Entgeltrichtlinie 75/117/EWG von 1975 unter Anknüpfung an das Übereinkommen Nr. 100 der Internationalen Arbeitsorganisation[2013] in Art. 1 den Grundsatz des gleichen Entgelts für gleiche Arbeit und für Arbeiten, «die als gleichwertig anerkannt werden». Die Vorschriften der am 15. August 2009 aufgehobenen Entgeltrichtlinie 75/117/EWG sind heute in der neu gefassten Gleichbehandlungsrichtlinie 2006/54/EG integriert[2014].

1016 Das Verhältnis zwischen der Entgeltrichtlinie zur primärrechtlichen Entgeltbestimmung in Art. 119 EGV (heute Art. 141 EGV) war lange Zeit umstritten[2015]. Der EuGH hat bereits in der Rechtssache *Jenkins*[2016] klargestellt und in mehreren Entscheiden[2017] bestätigt, dass der Entgeltgrundsatz auch für gleichwertige Arbeit Gültigkeit habe. Der heutige Art. 141 EGV hält unter Anknüpfung an die Rechtsprechung den Anspruch auf gleiches Entgelt bei

---

[2010] EPINEY/FREIERMUTH/ABT (Grundlagen), S. 58.
[2011] EuGH v. 27.03.1980, Rs 129/79, Macarthys, Slg. 1980, 1275, Rn 26.
[2012] In diesem Kapitel, 4.3 Mittelbare Diskriminierung, S. 395.
[2013] HANAU/STEINMEYER/WANK, S. 588, N 181.
[2014] Siehe dazu vorne, N 997. Der Begriff Entgelt ist in Art. 2 Abs. 1 Bst.e Rl 2006/54/EG definiert, Art. 4 enthält ein Verbot der unmittelbaren und mittelbaren Diskriminierung bezüglich des Entgelts.
[2015] EPINEY/FREIERMUTH ABT (Recht), S. 64. Zur Kontroverse vgl. KREBBER, N 10 zu Art. 141 EGV (mit zahlreichen Hinweisen).
[2016] EuGH v. 31.03.1981, Rs 96/80, Jenkins, Slg. 1981, S. 911, Rn 22.
[2017] EuGH v. 27.10.1993, Rs C-127/92, Enderby, Slg. 1993, 5535 ff., EuGH v. 01.07.1986, Rs 237/85, Rummler, Slg. 1986, S. 2101 ff.

gleicher und gleichwertiger Arbeit ausdrücklich fest. Die frühere Kontroverse ist deshalb nicht mehr relevant.

Für die Festlegung von Kriterien für die Bestimmung gleichwertiger Arbeit mangelt es an einem gemeinschaftsrechtlichen Konzept[2018]. Weder Art. 141 EGV noch der RL 75/117/EWG[2019] noch der EuGH-Rechtsprechung können verlässliche Kriterien entnommen werden[2020]. Dennoch ist von einem gemeinschaftsrechtlichen Begriff der «gleichwertigen Arbeit» auszugehen. Eine rein mitgliedstaatliche Auslegung steht im Widerspruch zum Charakter der Geschlechtergleichheit als Gemeinschaftsrechtsgrundrecht[2021]. In der Entscheidung zur Rechtssache *Murphy* lässt der EuGH immerhin erkennen, dass er von einem *weiten Beurteilungs- und Vergleichsmassstab* der Gleichwertigkeit ausgeht[2022]. Der Arbeitgeber von Frau Murphy und ihren Kolleginnen richtete an Fabrikarbeiterinnen einen geringeren Lohn aus als an die männlichen Lagerarbeiter. Die Tätigkeiten der Fabrikarbeitnehmerinnen waren *unbestritten* höherwertig als diejenigen der Lagerarbeiter. Der Arbeitgeber argumentierte vergeblich, den Gleichbehandlungsgrundsatz könne nicht anrufen, wer eine höherwertige Arbeit verrichte. Der EuGH erteilte diesem Versuch, dem Gleichbehandlungsanspruch durch formaljuristische Argumentation zu entgehen, eine klare Absage. Zwar treffe es zu, dass Artikel 119 EWG-Vertrag (heute Art. 141 EGV) nach seinem Wortlaut die Anwendung des Grundsatzes des gleichen Entgelts für Männer und Frauen nur für den Fall gleicher oder nach der ständigen Rechtsprechung des Gerichtshofes gleichwertiger Arbeit und nicht für den Fall nicht gleichwertiger Arbeit vorschreibe. Wenn es dieser Grundsatz jedoch verbiete, Arbeitnehmern eines bestimmten Geschlechts, die eine der von den Arbeitnehmern des anderen Geschlechts ausgeübten Tätigkeit gleichwertige Arbeit verrichten, aufgrund des Geschlechts ein niedrigeres Entgelt zu zahlen, so stehe er einem solchen unterschiedlichen Entgelt erst recht entgegen, wenn die niedriger entlohnte Gruppe von Arbeitnehmern eine höherwertige Arbeit verrichte[2023].

1017

Die Überprüfung der Gleichwertigkeit von Tätigkeiten hat sich nicht notwendigerweise auf *Tätigkeiten gleicher Natur* zu beschränken. In der Rechtssache *Enderby* erachtete der Gerichtshof die Vergleichbarkeit der Arbeit von Logopäden/innen – mehrheitlich handelt es sich um *Logopädinnen* – mit Spital-

1018

[2018] RUST, N 447 zu Art. 141 EGV, KREBBER, N 6 und N 58 zu Art. 141 EGV.
[2019] Die RL 75/117/EWG wurde in die neugefasste Gleichbehandlungsrichtlinie 2006/54/EG integriert, siehe dazu vorne, N 997.
[2020] Vgl. jedoch den Bericht des EU-Ausschusses für die Rechte der Frau und Chancengleichheit über gleiches Entgelt, A5.0275/2001.
[2021] RUST, N 277 zu Art. 141 EGV.
[2022] EuGH v. 04.02.1986, Rs 157/86, Murphy, Slg. 1988, 673 ff.
[2023] EuGH v. 04.02.1986, Rs 157/86, Murphy, Slg. 1988, Rn 9.

psychologen/innen und Spitalapothekern/innen – hier waren mehrheitlich *Männer* tätig – als zulässig. Das Entgelt für Logopädiestellen war erheblich niedriger als jenes für die Apothekerstellen. Damit bestand der Verdacht einer mittelbaren Diskriminierung aufgrund des Geschlechts. Nach dem EuGH hat der Arbeitgeber demzufolge den Nachweis zu erbringen, dass die ungleiche Bezahlung zweier gleichwertiger Tätigkeiten durch Faktoren gerechtfertigt ist, die nichts mit einer Diskriminierung aufgrund des Geschlechts zu tun haben[2024]. Würde dem Arbeitgeber dieser Nachweis nicht gelingen, müssten die Löhne der Logopädinnen auf das Niveau der Apothekerstellen angehoben werden. Damit wären nun die Logopäden gegenüber den Logopädinnen unmittelbar aufgrund ihres Geschlechts diskriminiert, womit im Ergebnis sowohl die Löhne der Logopädinnen wie auch diejenigen der Logopäden auf das Niveau der Apothekerstellen angehoben werden müssten[2025].

1019 Der Gerichtshof hat schliesslich die Grenzen der Vergleichbarkeit von Arbeit aufgezeigt[2026]. Als nicht gleichwertig wurden die Tätigkeit von Psychotherapeuten/innen mit ärztlicher Ausbildung und diejenige von Psychotherapeuten/innen ohne solche Grundlagenausbildung erachtet. In der ersten Gruppe sind mehr Männer und in der zweiten Gruppe mehr Frauen vertreten. Der Gerichtshof stützte sich in seinem Urteil auf die (unterschiedliche) Berufsausbildung. Diese stelle nicht nur einen Umstand dar, der eine unterschiedliche Vergütung rechtfertigen könne. Die therapeutische Tätigkeit von Ärzten und Psychologen würden sich weiter u.a. dadurch entscheiden, dass die Ärzte auch noch andere Tätigkeiten (als die Psychotherapie) ausüben dürften. Es liege deshalb insgesamt keine gleichwertige Tätigkeit vor[2027].

3.3 Der Engeltbegriff

3.3.1 Leistungen aus einem Arbeitsvertrag

1020 Der Entgeltbegriff wird durch den europäischen Gesetzgeber in Art. 141 Abs. 2 EGV präzisiert. Unter Entgelt sind «die üblichen Grund- oder Mindestlöhne und -gehälter sowie alle sonstigen Vergütungen zu verstehen, die der Arbeit-

---

[2024] EuGH v. 27.10.1993, Rs C-127/92, Enderby, Slg. 1993, 5535.
[2025] Zu den Rechtsfolgen der Entgeltdiskriminierung siehe in diesem Kapitel hinten, 7.2 Rechtsfolgen der Entgeltdiskriminierung, S. 408.
[2026] EuGH v. 11.05.1999, Rs C-309/97, Angestelltenbetriebsrat, Slg. 1999, 2865 ff. Die Entscheidung hat auch deshalb einen hohen Bekanntheitsgrad, weil der Gerichtshof Arbeitsmarktargumente als Rechtfertigungsgrund für die ungleiche Bezahlung zweier grundsätzlich gleichwertigen Tätigkeiten zuliess.
[2027] EuGH v. 11.05.1999, Rs C-307/97, Angestelltenbetriebsrat, Slg. 1999, I-2885, Rn 20-21.

geber auf Grund des Dienstverhältnisses dem Arbeitnehmer unmittelbar oder mittelbar in bar oder in Sachleistungen zahlt»[2028]. Über den Grundlohn hinaus sind somit alle Arten von Zulagen erfasst[2029].

Im Sinne des «effet utile» legt der EuGH in seiner Rechtsprechung den Entgeltbegriff weit aus[2030]. Mittelbare Entgeltleistungen stellten Arbeitgeberleistungen an Familienangehörige[2031] oder Hinterbliebene[2032] dar. Weiter haben Entgeltcharakter die Vorschriften über eine automatische Beförderung in eine höhere Vergütungsgruppe[2033], die Fortzahlung des Arbeitsentgelts während krankheitsbedingter Abwesenheit[2034], Leistungen, die bei Kündigung aus wirtschaftlichen Gründen gewährt werden[2035], die Vergütung, die Betriebsratsmitgliedern in Form von bezahlter Arbeitsfreistellung oder in Form der Bezahlung von Überstunden wegen ihrer Teilnahme an Schulungsveranstaltungen gewährt wird[2036], die Abfindung, bezahlter Mutterschaftsurlaub[2037] und die Bereitstellung von Kindertagesstätten durch den Arbeitgeber für die Kinder seiner Arbeitnehmenden[2038]. 1021

Aus den genannten Urteilen lassen sich die folgenden gemeinsamen Elemente ableiten: Entgelt im Sinne von Art. 141 EGV stellt eine gesetzlich oder vertraglich vereinbarte oder freiwillig ausgerichtete jetzige oder zukünftige Bar- oder Sachleistung dar, die Arbeitgebende den Arbeitnehmenden unmittelbar oder mittelbar aus einem bestehenden oder bereits beendeten Arbeitsverhältnis ausrichten[2039]. 1022

3.3.2 Betriebliche Altersvorsorge

Bei der Anwendung von Art. 141 EGV auf Renten aus betrieblichen Altersvorsorgesystemen ist zwischen rein gesetzlichen Systemen der Altersvorsorge 1023

[2028] Im zweiten Teil von Art. 141 Abs. 2 erfolgen unter Bst. a und b weitere Präzisierungen des Entgeltbegriffs (Anspruch auf gleichen Akkord- und Zeitlohn).
[2029] HANAU/STEINMEYER/WANK, S. 586, N 175.
[2030] SCHIEK (Arbeitsrecht), S. 195 f.
[2031] EuGH v. 09.02.1982, Rs 12/81, Garland, Slg. 1982, S. 359.
[2032] EuGH v. 06.10.1993, Rs C-109/91, Ten Oever, Slg. 1993, S. 4892 ff.
[2033] EuGH v. 07.02.1991, Rs C-184/89, Nimz, Slg. 1991, S. 322, EuGH v. 2.10.1997, C-1/95, Gerster, Slg. 1997, S. 5288.
[2034] EuGH v. 13.07.1989, Rs C-171/88, Rinner-Kühn, Slg. 1989, 2743.
[2035] EuGH v. 17.10.1990, Rs C-262/88, Barber, Slg. 1990, 1889 ff.
[2036] EuGH v. 04.06.1992, Rs C-360/90, Bötel, Slg. 1992, I-3589.
[2037] EuGH v. 13.02.1996, Rs 342/93, Gillespie, Slg. 1996, S. 475.
[2038] EuG v. 29.1.1997, Rs T-297/94, Vanderhaeghen, Slg. 1997, II-13.
[2039] So GA Ruiz-Jarabo Colomer in den Schlussanträgen vom 06.09.2007 zur Rs C-267/06, Maruko, Rn 57.

und solchen zu unterscheiden, die einen Bezug zu einem Arbeitsverhältnis haben[2040]. Vom Entgeltbegriff des Art. 141 EGV ausgeschlossen sind *unmittelbar durch das Gesetz* geregelte Altersleistungen, soweit sie keiner Vereinbarung zwischen Arbeitgebenden und Arbeitnehmenden zugänglich sind[2041]. Die Leistungen im Zusammenhang mit betrieblichen Systemen sozialer Sicherheit sind also von Leistungen rein gesetzlicher Systeme sozialer Sicherheit abzugrenzen[2042]. Diese stellen kein Entgelt im Sinne von Art. 141 EGV dar, auch dann nicht, wenn der Arbeitgeber aus dem Arbeitsverhältnis Beiträge an diese Systeme zu leisten hat[2043].

1024 Zwischen gesetzlicher und betrieblicher Sozialversicherung wird auch sekundärrechtlich unterschieden. Die «Richtlinie 79/7/EWG des Rates zur schrittweisen Verwirklichung der Gleichbehandlung von Männern und Frauen im Bereich der sozialen Sicherheit[2044]» ist auf die gesetzlichen Sozialversicherungen beschränkt. Dagegen umfasst die «Richtlinie 86/378 des Rates vom 24.7.1986 zur Verwirklichung des Grundsatzes der Gleichbehandlung von Männern und Frauen bei den betrieblichen Systemen der sozialen Sicherheit»[2045] *alle* betrieblichen Sicherungssysteme, die anstelle der gesetzlichen Sozialversicherung treten oder diese ergänzen und kumulativ oder alternativ Risiken der Krankheit, Invalidität, des Alters, von Arbeitsunfällen und Berufskrankheiten und der Arbeitslosigkeit abdecken. Die RL 86/37/EWG verbietet jede Ungleichbehandlung unter Anknüpfung an das Geschlecht. Die europarechtliche gewollte Unterscheidung zwischen gesetzlichen und betrieblichen Altersvorsorgesystemen führt zu Friktionen mit mitgliedstaatlichen Altersversorgungssystemen, in denen betriebliche und gesetzliche Alterssicherung inhaltlich aufeinander bezogen sind[2046].

1025 Leistungen im Rahmen eines *betrieblichen Systems* der sozialen Sicherheit stellen nach der reichhaltigen EuGH-Rechtsprechung Entgelt im Sinne von

---

[2040] EuGH v. 09.02.1982, Rs 12/81, Garland, Slg. 1982, 359, Rn 10, EuGH v. 13.02.1996, Rs C-342/93, Gillespie, Slg. 1996, I-475, Rn 12, EuGH v. 30.03.2004, Rs C-147/02, Alabaster, Slg. 2004, I-3101, Rn 42, EuGH v. 23.10.2003, Rs C-4/02 und Rs C-5/02, Schönheit und Becker, Slg. I-12575, Rn 56.
[2041] EuGH v. 08.04.1976, Rs 43/75, Defrenne II, Slg. 1976, 455, GA Ruiz-Jarabo Colomer in den Schlussanträgen vom 06.09.2007 zur Rs C-267/06, Maruko, Rn 59.
[2042] RUST, N 386 zu Art. 141 EGV.
[2043] EuGH v. 18.09.1984, Rs 23/83, Liefting, Slg. 1984, S. 3225 ff., Rn 12.
[2044] Richtlinie 86/613/EWG des Rates vom 11. Dezember 1986 zur Verwirklichung des Grundsatzes der Gleichbehandlung von Männern und Frauen, die eine selbständige Erwerbstätigkeit – auch in der Landwirtschaft – ausüben, sowie über den Mutterschut, ABl. Nr. L 359 S. 56.
[2045] Die RL 86/37/EWG ist per 15.09.2009 aufgehoben, sie wurde in die neugefasste Gleichbehandlungsrichtlinie 2006/54/EG integriert, siehe dazu vorne, N 997.
[2046] SCHLACHTER, S. 160 f.

Art. 141 EGV dar, insbesondere Alters- und Hinterbliebenenrenten[2047], aber auch vom Arbeitgeber bezahlte Beiträge an betriebliche Systeme der sozialen Sicherheit[2048] und die von den Arbeitnehmenden zwangsweise zu leistenden Beiträge an ein solches System[2049]. *Kein Entgelt* stellen demgegenüber freiwillige Beiträge der Arbeitnehmenden an solche Systeme dar[2050].

Einen Meilenstein stellt die Entscheidung des EuGH in der Rechtssache *Barber* dar[2051]. Das betriebliche Altersversorgungssystem der Guardian Royal Exchange Assurance Group gewährte männlichen Arbeitnehmenden Rentenzahlungen fünf Jahre später als weiblichen Arbeitnehmenden. Der Gerichtshof bejahte den Entgeltcharakter der Leistung und erachtete die ungleichen Voraussetzungen für den Bezug der Rente als Diskriminierung aufgrund des Geschlechts. Nach der Barber-Rechtsprechung haben Frauen und Männer Anspruch auf gleichen Zugang zur betrieblichen Altersvorsorge und eine Differenzierung der Leistungsvoraussetzungen und der Leistungshöhe ist unzulässig[2052].

1026

4. *Diskriminierungsformen*

4.1 Anknüpfungskriterium «Geschlecht»

Im Bereich des Entgelts verbietet Art. 141 EGV jede Diskriminierung aufgrund des Geschlechts. Der Begriff «Geschlecht» wird in Art. 141 EGV nicht definiert, doch ist grundsätzlich vom biologischen Geschlecht auszugehen[2053]. Unzulässig sind diskriminierende Entgeltleistungen unter Anknüpfung an das Geschlecht. Nicht erfasst vom Diskriminierungsverbot aufgrund des Geschlechts ist dagegen die sexuelle Orientierung. Die in der Rechtssache *Grant* zu entscheidende Frage war, ob der Arbeitgeber, die Eisenbahngesellschaft «South West Trains Ltd.», Fahrvergünstigungen auch an gleichgeschlechtliche Partner/innen von Mitarbeitenden ausrichten müsse. Der EuGH lehnte es ab, «Diskriminierung aufgrund sexueller Orientierung» unter die Geschlechterdiskriminierung im Sinne von Art. 141 EGV und RL 75/117/EWG zu sub-

1027

[2047] EuGH v. 12.09.2002, Rs C-351/00, Niemi, Slg. 2002, S. 7007 ff.
[2048] EuGH v. 11.03.1981, Rs 69/80, Worringham, Slg. 1981, S. 809.
[2049] EuGH v. 22.12.1993, Rs C-152/91, Neath, Slg. 1993, S. 6964.
[2050] EuGH v. 28.09.1994, Rs C-200/91, Colorell Pension Trustees Ltd., S. 4389 ff. Rn 92.
[2051] EuGH v. 17.10.1990, Rs C-262/88, Barber, Slg. 1990, 1889 ff.
[2052] KRIMPHOVE, N 371.
[2053] REBHAHN, N 20 zu Art. 141 EGV.

sumieren[2054]. Diskriminierungen aufgrund sexueller Orientierung sind jedoch unter Art. 13 EGV und im Bereich «Beschäftigung und Beruf» durch die RL 2000/78/EG erfasst[2055].

1028 Unstreitig ist weiter, dass Ungleichbehandlungen unter Bezugnahme auf *Schwangerschaft und Mutterschaft* eine *Diskriminierung aufgrund des Geschlechts* darstellen[2056]. Eine Ungleichbehandlung aufgrund der Schwangerschaft lag auch in der Rechtssache *Mahlburg* vor[2057]. Silke-Karin Mahlburg machte eine Anstellungsdiskriminierung aufgrund der Schwangerschaft geltend, womit keine Entgeltgleichheitsstreitigkeit vorlag. Die fragliche EuGH-Entscheidung ist für Art. 141 EGV dennoch relevant. Der EuGH hielt fest, die RL 76/207/EWG ziele auf eine inhaltliche (materielle), nicht formelle Gleichheit[2058]. Das trifft auch auf die Entgeltgleichheit zu; Ausdruck davon bildet die Anerkennung der mittelbaren Diskriminierung[2059].

4.2 Unmittelbare Diskriminierung

1029 Die primärrechtliche Vorschrift zur Entgeltgleichheit erfasst zunächst jede Form der unmittelbaren (direkten) Diskriminierung aufgrund des Geschlechts. Eine solche Diskriminierung liegt vor, wenn eine das Entgelt betreffende unterschiedliche Regelung direkt an das Geschlecht anknüpft. Deshalb ist beispielsweise ein gesetzliches Nachtarbeitsverbot «nur» für Frauen unzulässig[2060]. Einen (weiteren) typischen Fall einer unmittelbaren Entgeltdiskriminierung aufgrund des Geschlechts entschied der EuGH in der Rechtssache *Garland*. Die British Rail Engeneering Ltd. gewährte ihren ausgeschiedenen Mitarbeitern verschiedene Reisevergünstigungen. Die männlichen ehemaligen Arbeitnehmenden erhielten dabei weiterhin die Vergünstigungen für ihre Angehörigen während den Angehörigen weiblicher Arbeitnehmenden im Ruhestand diese Vergünstigungen verwehrt blieben. Diese ungleiche Einbeziehung von Angehörigen in die Vergünstigung stellte für den

---

[2054] EuGH v.17.02.1998, Rs C-249/96, Grant, Slg. 1998, S. 621. Siehe zu dieser Entscheidung BELL (Anti-Discrimination Law), S. 109–112, SCHIEK (Allgemeiner Teil), N 29 sowie die Schlussanträge von GA Ruiz-Jarabo Colomer v. 06.09.2007 in der Rs C-267/06, Markuko, Rn 88-92.
[2055] Siehe dazu Kapitel 13, S. ff.
[2056] EuGH v. 08.11.1990, Rs C-177/88, Dekker, Slg. 1990, S. 3968, Rn 12, 17.
[2057] EuGH v. 03.02.2000, Rs. C-207/98, Mahlburg.
[2058] EuGH v. 03.02.2000, Rs. C-207/98, Mahlburg, Rn. 26.
[2059] Siehe sogleich, 4.3 Mittelbare Diskriminierung, S. 395.
[2060] EuGH v. 13.03.1997, Rs C-197/96, Kommission./.Frankreich, Slg. 1997, 1489.

EuGH eine nach Art. 119 EGV (heute 141) unzulässige Entgeltdiskriminierung dar[2061].

Regelmässig musste sich der EuGH im Zusammenhang mit Fragen von betrieblichen Rentensystemen mit der unmittelbaren Geschlechtsdiskriminierung befassen[2062]. Diskriminierungsverdächtig sind ein höheres Rentenalter für Männer oder die Schlechterstellung von Witwern im Vergleich zu Witwen in betrieblichen Sozialsystemen[2063]. In der Rechtssache *Barber* gewährte das Altersversorgungssystem männlichen Arbeitnehmenden Rentenzahlungen ab Vollendung des 62igsten Lebensjahres während Frauen bereits mit Vollendung des 57igsten Lebensjahres in den Genuss einer Rente kamen. Für den EuGH ist eine solche ungleiche Festsetzung des Rentenalters mit Art. 141 EGV und der Richtlinie 75/117/EWG unvereinbar[2064].

Als unmittelbare Diskriminierung erachtete der EuGH in der Rechtssache *Lewen* eine Sonderzuwendung (Weihnachtsgeld), die für die Berechnung des Anspruches Mutterschutzzeiten nicht anrechnet[2065]. Vergleichbar ist die Ausgangslage in der Rechtssache *Alabaster*, wo es um die Nichtberücksichtigung der Lohnerhöhung der Klägerin bei der Festsetzung der Höhe des gesetzlichen Mutterschaftsgeldes ging. Im vorliegenden Fall wurde Frau Alabaster die kurz vor Antritt des Mutterschaftsurlaubes gewährte Lohnerhöhung nicht für die Berechnung des Mutterschaftsgeldes berücksichtigt. Der EuGH legte in der Rechtssache Alabaster fest, der Entgeltgleichheitsgrundsatz gebiete, dass diese Lohnerhöhung berücksichtigt werden müsse[2066].

4.3 Mittelbare Diskriminierung

4.3.1 Herleitung und Prüfung einer mittelbaren Diskriminerung

Der Text in Art. 141 EGV enthält keine Differenzierung zwischen mittelbarer und unmittelbarer Diskriminierung. Der EuGH entschied zuerst in den Rechtssachen Defrenne II und Macarthy nur die unmittelbare Diskriminie-

---

[2061] EuGH v. 09.02.1982, Rs 12/81, Garland, Slg. 1982, 359.
[2062] EuGH v. 28.09.1994, Rs C-200/91, Colorell Pension Trustees Ltd., Slg. 1994, S. 4389, EuGH v. 06.10.1994, Rs C-109/91, G.C. Ten Oever, Slg. 1993, 4926.
[2063] Vgl. dazu Art. 6 Bst. e und Bst. f der RL 86/378 (Richtlinie des Rates vom 24. Juli 1986 zur Verwirklichung des Grundsatzes der Gleichbehandlung von Männern und Frauen bei den betrieblichen System der sozialen Sicherheit, ABB L 225 vom 12.08.1986).
[2064] EuGH v. 07.05.1990, Rs C-262/88, Barber, Slg. 1990, S. 1889, Rn 36.
[2065] EuGH v. 21.10.1999, Rs C-333/97, Lewen, Rn 42.
[2066] EuGH v. 30.03.2004, Rs C-147/02, Alabaster, Rn 44.

12. Kapitel: Arbeitsrechtliches Diskriminierungsverbot aufgrund des Geschlechts

rung sei vom Anwendungsbereich des Art. 119 EGV (heute Art. 141 EGV) erfasst[2067]. In der Rechtssachen *Worringham* verzichtete der EuGH auf diese Differenzierung[2068] und stellte in den Rechtssachen *Jenkins*[2069] und *Bilka*[2070] klar, dass auch die mittelbare Diskriminierung eine *primärrechtliche Verankerung* in Art. 141 EGV findet. Das Konzept der mittelbaren Diskriminierung basiert auf einem materiellen Diskriminierungsverständnis[2071]. Das zeigt sich bsw. in der EuGH-Entscheidung *Danfoss*[2072]. Das Entgeltsystem der dänischen Firma Danfoss sah für die Ausrichtung von Zulagen u.a. das Kriterium Flexibilität vor. Dies könne dann nicht als neutrales Kriterium akzeptiert werden, wenn über die Flexibilität Anpassungsfähigkeit der Arbeitnehmenden an unterschiedliche Arbeitszeiten und –orte berücksichtigt würden[2073]. Das materielle Diskriminierungsverständnis zeigt sich darin, dass Frauen «aufgrund der häufig ihnen obliegenden Aufgaben in Haushalt und Familie ihre Arbeitszeit weniger leicht als männliche Arbeitnehmer flexibel gestalten können»[2074].

1033 Aus der EuGH-Rechtsprechung[2075] und der Literatur[2076] zur mittelbaren Diskriminierung im Bereich der Entgeltgleichheit lassen sich die folgenden Kriterien fest machen:

- Eine sich für das eine Geschlecht nachteilig auswirkende Regelung im Anwendungsbereich der Entgeltgleichheit ist geschlechtsneutral ausgestaltet, knüpft also nicht unmittelbar an das Geschlecht an,

- die nachteilige Regelung betrifft erheblich mehr Angehörige eines Geschlechts,

- es können keine Rechtfertigungsgründe geltend gemacht werden.

[2067] EuGH v. 08.04.1976, Rs 43/75, Defrenne II, Slg. 1976, S. 474, EuGH v. 27.03.1980, Rs 129/79, Macarthy, Slg 1275 ff.
[2068] EuGH v. 11.03.1981, Rs 69/80, Worringham, Slg., 792.
[2069] EuGH v. 31.03.1981, Rs 96/80, Jenkins, Slg. 1981, 911 ff.
[2070] EuGH v. 13.05.1986, Rs 170/84, Bilka, Slg. 1986, 1607, Rn 31.
[2071] Schlussanträge GA Maduro v. 18.05.2006 in der Rs C-17/05, Cadman, Rn 23.
[2072] EuGH v. 17. 10.1989, Rs 109/88, Danfoss, Slg. 1989, 3199.
[2073] EuGH v. 17. 10.1989, Rs. 109/88, Danfoss, Slg. 1989, 3199, Rn 21.
[2074] EuGH v. 17. 10.1989, Rs 109/88, Danfoss, Slg. 1989, 3199, Rn 23.
[2075] EuGH v. 31.03.1981, Rs 96/80, Jenkins, Slg. 1981, 911, Rn 14 und 15, EuGH v. 27.05.2004, Rs C-285/02, Elsner-Lakeberg, Slg. 2004, I 5861, Rn 12, EuGH v. 3.10.2006, Rs C-17/05, Cadman, Rn 30.
[2076] EPINEY/FREIERMUTH ABT (Recht), S. 73 ff., LANGENFELD, S. 114 ff., TOBLER (Indirect Discrimination), S. 190 194.

4.3.2 Die Vergleichbarkeit als Hürde

Schwierigkeiten bietet die Klärung der Frage, welche Arbeitnehmenden in den Vergleich einzubeziehen sind. Die Entscheidung darüber, welche Tatbestände in den Vergleich einzubeziehen sind, ist in hohem Masse wertungsabhängig[2077]. Dies zeigte sich exemplarisch in der Entscheidung des EuGH zur Rechtssache *Allonby*[2078]. Hintergrund dieses Falles bildete das «Outsourcing», die Verlagerung öffentlichrechtlicher Arbeitsverhältnisse in die Privatwirtschaft. Die Klägerin arbeitete ursprünglich als teilzeitbeschäftigte Dozentin für ein College im Vereinigten Königreich. Aus Kostengründen kündigte das College das Teilzeitverhältnis und bot der Klägerin über eine Vermittlungsagentur eine neue Beschäftigung als selbständig Erwerbende an. Frau Allonby wollte nun die von ihr verrichtete Arbeit mit derjenigen eines Mannes verglichen haben, der nach wie vor beim College beschäftigt ist. Für den Gerichtshof fehlte es für eine Vergleichbarkeit an einer für die Ungleichbehandlung verantwortlichen Einheit[2079].

1034

Die Prüfung der Vergleichbarkeit von Sachverhalten stellt also ein Mittel dar, um dem Anwendungsbereich des Diskriminierungsverbotes, insbesondere das Verbot mittelbarer Diskriminierung, zu entgehen. Dies zeigt sich am Beispiel der Rechtssache *Lewen*[2080]. Der EuGH musste sich mit der Frage befassen, ob Arbeitnehmenden während des Erziehungsurlaubes die Weihnachtsgratifikation anteilsmässig gekürzt werden darf. Die Klägerin machte eine mittelbare Diskriminierung geltend, da der Erziehungsurlaub überwiegend von Frauen beansprucht wird. Der Gerichtshof kam zum Schluss, die Situation im Erziehungsurlaub sei nicht mit derjenigen im Beschäftigungsverhältnis zu vergleichen. Da gar keine vergleichbaren Sachverhalte vorliegen würden, brauche die Frage der mittelbaren Diskriminierung gar nicht geprüft zu werden[2081].

1035

Ist der Vergleich zulässig, stellt sich die Frage, welche Personen oder Gruppen in den Vergleich einzubeziehen sind. Der Gerichtshof präzisierte in der genannten Rechtssache Allonby der Kreis der Personen, die in den Vergleich einbezogen werden sollen, werde grundsätzlich durch den Anwendungsbereich der in Frage stehenden Regel bestimmt. Betrifft eine Regelung nur ein Unternehmen, so bilden unternehmensbezogene Daten die Vergleichsgrundlage, ob «prozentual erheblich mehr Frauen als Männer» nachteilig betroffen sind. Handelt es sich um eine gesetzliche Regelung auf nationaler Ebene, sind

1036

[2077] TOBLER (Diskriminierungsbegriff), S. 40 f.
[2078] EuGH v. 13.1.2004, Rs C-256/01, Allonby.
[2079] EuGH v. 13.1.2004, Rs C-256/01, Allonby, Rn 46.
[2080] EuGH v. 21.10.1999, Rs C-333/97, Lewen, Slg. 1999, I-7243.
[2081] Siehe weiter EuGH v. 08.06.2004, Rs C-220/02, ÖGB-Abfertigung. Kritisch zu dieser Rechtsprechung SCHIEK (Arbeitsrecht), S. 207.

Statistiken über die Zahl der Arbeitnehmer und Arbeitnehmerinnen auf nationaler Ebene massgeblich»[2082].

4.3.3 Grad der Betroffenheit

1037 Steht der Vergleichsoperation an sich nichts mehr im Wege, bleibt die Frage zu klären, wie hoch der Anteil des einen Geschlechts sein muss, damit *erheblich mehr Angehörige eines Geschlechts* betroffen sind. Eindeutige Regeln über den notwendigen Prozentanteil lassen sich der EuGH-Rechtsprechung[2083] nicht entnehmen. Eine Grenze der erheblichen Betroffenheit hat der Gerichtshof in der Rechtssache *Seymour-Smith* gezogen. Im vorliegenden Fall waren 77,4 Prozent Männer und 68.9 Prozent Frauen von einer begünstigenden Regel (Kündigungsschutzklausel) betroffen. Für den EuGH ist diese Differenz nicht «erheblich»[2084]. Das Begehren der Arbeitnehmerinnen wurde zurückgewiesen.

1038 Schematisch zeigt der EuGH das Vorgehen in der Rechtssache *Voss*: «Ergibt sich aus den verfügbaren statistischen Daten, dass der Prozentsatz der Teilzeitbeschäftigten in der Gruppe der weiblichen Beschäftigten erheblich höher ist als in der Gruppe der männlichen Beschäftigten, ist davon auszugehen, dass dem ersten Anschein nach eine Diskriminierung aufgrund des Geschlechts vorliegt (…)»[2085].

1039 Dem Vorgehen des EuGH zur Feststellung der Betroffenheit einer Regelung wird entgegengehalten, der Gerichtshof verkenne den individualrechtlichen Charakter des Entgeltgleichheitsanspruchs nach Art. 141 EGV. Eine Diskriminierung liege unabhängig davon vor, ob und wie viele andere Personen betroffen sind[2086]. Problematisch an der Hürde des statistischen Nachweises ist, dass es auch von Zufälligkeiten abhängt, ob eine sich benachteiligend auswirkende neutrale Behandlung als mittelbare Diskriminierung erkannt wird[2087]. Sinnvollerweise wird deshalb auf die Gefahr abgestellt, dass sich

---

[2082] EuGH v. 13.01.2004, Rs C-256/01, Allonby, Rn 74.75.

[2083] Beispielshaft EuGH v. 31.03.1981, Rs 96/80, Jenkins, Slg. 1981, Rn 15 («…wenn Gruppe der Teilarbeitnehmer ausschliesslich oder überwiegend aus weiblichen Personen besteht»), EuGH v. 17.06.1998, Rs C-243/95, Hill und Stapleton, Slg. 1998, S. 3939, Rn 24 («…prozentual viel mehr Frauen als Männer benachteiligt»).

[2084] EuGH v. 09.02.1999, Rs C-167/97, Seymour-Smith/Perrez, Slg. 1999, 623 ff., Rn 64. Siehe auch die Entscheidung EuGH v. 10.02.2000, Rs 50/96, Schröder, Slg. 2000, I-473, Rn 28.

[2085] EuGH v. 06.12.2007, Rs C-300/06, Voss, Rn 41.

[2086] KINGREEN (Gleichheitsgrundrechte), S. 496, N 8, BARNARD/HEPPLE, N 37, LANGENFELD, S. 117, Fn 38.

[2087] ELLIS, S. 97, LANGENFELD, S. 117, Fn 38.

eine Behandlung besonders auf das eine Geschlecht nachteilig auswirkt[2088]. Diesem Konzept folgte der Gesetzgeber in der Gleichbehandlungsrichtlinie RL 76/207/EWG. Art. 1 Ziff. 2 der RL 76/207/EWG bezeichnet den Ausdruck «mittelbare Diskriminierung»: «wenn dem Anschein nach neutrale Vorschriften, Kriterien oder Verfahren Personen, die jenem Geschlecht angehören, in besonderer Weise gegenüber Personen des anderen Geschlechts benachteiligen können (...)». Die gleiche Definition der mittelbaren Diskriminierung findet sich in den Beschäftigungsrichtlinien 2000/78/EG und 2000/43/EG[2089]. Bis heute liegen keine Entscheidungen des EuGH zur mittelbaren Entgeltdiskriminierung vor, die auf eine Übernahme der Formulierung der RL 76/207/ EWG hindeuten.

4.4 Rechtfertigungsgründe

4.4.1 Bei unmittelbarer Diskriminierung

Ob unmittelbare Entgeltdiskriminierungen überhaupt rechtfertigungsfähig sind, ist umstritten[2090]. Ein Teil der Lehre erachtet auch die unmittelbare Entgeltdiskriminierung als im Prinzip rechtfertigungsfähig[2091]. Auch der EuGH anerkennt in der Rechtssache *Brunnhofer*, dass «der Arbeitgeber eine Entlöhnung durch objektive Faktoren, die nichts mit einer Diskriminierung aufgrund des Geschlechts zu tun haben, rechtfertigen (könne), indem er beweist, dass die Zahlung einer höheren monatlichen Zulage an den zum Vergleich herangezogenen männlichen Kollegen der betroffenen Arbeitnehmerin auf einem geschlechtsunabhängigen Unterschied beruht»[2092]. Schon früher hat der EuGH implizit Rechtfertigungsgründe zugelassen. Im Fall *Abdoulaye* ging es um nur an Arbeitnehmerinnen gewährte Mutterschaftsbeihilfen. Der EuGH erkannte, mit dieser Leistung werde ein Ausgleich für die beruflichen Nachteile der Frauen geschaffen (entgangene Beförderung, entgangener Anspruch auf leistungsbezogene Lohnerhöhungen usw.). Die Situation von Frauen und Männern sei unterschiedlich, ein Verstoss gegen den Grundsatz der Gleichbehandlung liege demnach nicht vor[2093]. In dieser Entscheidung hat der EuGH die Kategorie der Vergleichbarkeit benutzt, um im Ergebnis eine Sonderleistung für Frauen zuzulassen. In vielen anderen Fällen benutzt der

1040

[2088] EPINEY/FREIERMUTH/ABT (Grundlagen), S. 80 f.
[2089] Siehe dazu im 13. Kapitel, III. 1.2 Mittelbare Diskriminierung, S. 458.
[2090] Dazu REBHAN, N 61 zu Art. 141 EGV, COEN, N 25 zu Art. 141 EGV.
[2091] So EPINEY/FREIERMUTH/ABT (Grundlagen), S. 63 f., EPINEY/FREIERMUT/ABT (Recht), S. 86 f., KREBBER, N 61 zu Art. 141 EGV.
[2092] EuGH v. 26.06.2001, Rs C-381/99, Brunnhofer, Rn 62.
[2093] EuGH v. 16.09.1999, Rs C-218/98, Abdoulaye, Slg. 1999, 5723.

12. Kapitel: Arbeitsrechtliches Diskriminierungsverbot aufgrund des Geschlechts

Gerichtshof die (fehlende) Vergleichbarkeit, um die Lebenssituation von Frauen gerade nicht zu berücksichtigen, etwa in dem er die Zeit des Erziehungsurlaubes als nicht vergleichbar mit einer Beschäftigungszeit erachtet[2094].

4.4.2 Bei mittelbarer Diskriminierung

1041 Unstreitig ist, dass mittelbare Diskriminierungen gerechtfertigt sein können. Sich für das Entgelt des einen Geschlechts nachteilig auswirkende Massnahmen des Arbeitgebers – unabhängig davon, ob es sich um einen privaten oder öffentlichen Arbeitgeber handelt – können seit dem Grundentscheid in der Rechtssache Bilka gerechtfertigt werden, wenn die «... *gewählten Mitteln einem wirklichen Bedürfnis des Unternehmens dienen und für die Erreichung dieses Ziels geeignet und erforderlich sind ....*»[2095]. Gehen die Massnahmen vom Mitgliedstaat aus, verlangt der EuGH, dass legitime Ziele der Sozialpolitik vorliegen müssen[2096].

1042 Damit verlangt der EuGH eine zweistufige Prüfung. *Erstens* muss die im Ergebnis ungleiche Behandlung durch objektive Gründe (die nicht mit einer Diskriminierung des Geschlechts zu tun haben) gerechtfertigt werden können (durch *wirkliche Bedürfnisse des Unternehmens* bzw. durch *legitime sozialpolitische Ziele*). Zweitens müssen die gewählten Massnahmen dem Gebot der Verhältnismässigkeit standhalten. Die Verhältnismässigkeit der Massnahme muss substantiiert dargelegt werden[2097]. Die Prüfung der Rechtfertigungsgründe weist der EuGH grundsätzlich dem nationalen Gericht zu. Dieses hat genau so zu prüfen, welche objektiven Gründe akzeptiert werden können, ob die Voraussetzungen im konkreten Fall vorliegen[2098] und ob die Massnahmen verhältnismässig sind[2099]. Angesichts der Tatsache der relativen Autonomie der Mitgliedstaaten in der Sozialpolitik, gesteht der EuGH den nationalen Gerichten dabei einen weiten Entscheidungsspielraum zu[2100].

[2094] EuGH v. 21.10.1999, Rs C-333/97, Lewen, Slg. 1999, I-7243, siehe auch in diesem Kapitel 3.1 Vergleichbarkeit, S. 387 und 4.3.1 Herleitung und Prüfung einer mittelbaren Diskriminierung, S. 395.
[2095] EuGH v. 13.05.1986, Rs 170/84, Bilka, Slg. 1986, 1607.
[2096] EuGH v. 14.12.1995, Rs C-317/93, Nolte, Slg. 1995, I-4625, Rn 28, EuGH v. 14.12.1995, Rs C-444/93, Megner, Slg. 1995, I-4741, Rn 24, EuGH v. 09.02.1997, Rs. 167/97, Seymour Smith, Slg. 1999-I-623, Rn 69.
[2097] EuGH v. 09.02.1999, Rs C-167/97, Seymour-Smith, Slg. 1999, I-623, Rn 76.
[2098] EuGH v. 09.02.1997, Rs 167/97, Seymour Smith, Slg. 1999-I-623, Rn 67 ff.
[2099] EuGH v. 06.02.1996, Rs C-457/93, Lewark, Slg. 1996 I 243, Rn 38.
[2100] EuGH v. 19.09.1999, Rs C-281/97, Krüger, Slg. 1999 I 243, Rn 28, EuGH v. 14.12.1995, Rs C-317/93, Nolte, Slg 1995, I-4625, Rn 33.

Als legitime *sozial- oder beschäftigungspolitische Ziele* anerkannte der Gerichtshof im Fall *Nolte* Gründe wie «Sicherung der Strukturprinzipien des nationalen Sozialversicherungssystems und die Gewährleistung der Beitragsgerechtigkeit»[2101]. Den Mitgliedsstaaten kommt in Bezug auf die Festlegung solcher Ziele ein weiter Beurteilungsspielraum zu. Unternehmen ist die Berufung auf solche Gründe verwehrt. Das zeigt sich in der EuGH-Entscheidung in der Rechtssache *Krüger*[2102]. Der massgebliche Tarifvertrag gestand Frau Krüger aufgrund ihrer geringfügigen Beschäftigung keine Weihnachtsgratifikation zu. Da wesentlich mehr Frauen als Männer von der Regelung betroffen sind, lag eine mittelbare Diskriminierung vor. Eine Rechtfertigung unter Berufung auf sozialpolitische Zwecke liess der EuGH nicht zu[2103].

1043

Als die mittelbare Ungleichbehandlung rechtfertigende *wirkliche Bedürfnisses des Unternehmens* wurden durch die Rechtsprechung u.a. arbeitsmarktliche Argumente[2104] und der Umstand, dass Teilzeitbeschäftigung allenfalls nur ein Nebeneinkommen darstellt[2105], akzeptiert.

1044

Liegen (anerkannte) objektive Gründe vor, muss die Mittel-Zweck-Relation geprüft werden. Es ist substantiiert zu begründen, dass die unterschiedliche Behandlung zur Erreichung des Ziels geeignet und erforderlich ist[2106]. Der EuGH hat sich in der Rechtssache *Cadman*[2107] soweit ersichtlich zum ersten Mal ausdrücklich im Zusammenhang mit Art. 141 EGV zur Verhältnismässigkeitsprüfung geäussert[2108]. In Frage stand der Rückgriff auf das Dienstalter zur Rechtfertigung einer mittelbaren Diskriminierung aufgrund des Geschlechts. In der Regel sei das Kriterium Dienstalter gerechtfertigt, um Berufserfahrung zu honorieren, doch bei Zweifeln an der Eignung sei es am Arbeitgeber, «*dass das, was in der Regel gilt, nämlich, dass das Dienstalter mit einer Berufserfahrung einhergeht und dass diese den Arbeitnehmer befähigt, seine Arbeit besser zu verrichten, auch in Bezug auf den fraglichen Ar-*

1045

[2101] EuGH v. 14.12.1995, Rs C-317/93, Nolte, Slg. 1995, I-4625.
[2102] EuGH v. 19.09.1999, Rs C-281/97, Krüger, Slg. 1999, 5127 ff.
[2103] EuGH v. 19.09.1999, Rs C-281/97, Krüger, Slg. 1999, 5127, Rn 27-30.
[2104] EuGH v. 17.10.1993, Rs C-127/93, Enderby, Slg. 1993, 5535 ff.
[2105] EuGH v. 27.06.1990, Rs C-33-/89, Kowalska, Slg. 1990, 2591, EuGH v. 13.12.1994, Rs C-297/93, Grau-Hupka, Slg. 1994, Rn 16.
[2106] EuGH v. 09.02.1997, Rs C-167/97, Seymour-Smith, Slg. 1999, I-623, Rn 76.
[2107] EuGH v. 03.10.2006, Rs C-17/ 05, Cadman.
[2108] Z.B. schreibt Krebber «Zur Verhältnismässigkeit fehlen jegliche Vorgaben». (KREBBER, N 62 zu Art. 141 EGV). Der EuGH hat sich jedoch verschiedentlich im Zusammenhang mit RL 79/7/EWG zur Verhältnismässigkeitsprüfung geäussert, so z.B. in EuG v. 11.06.1987, Rs 30/85, Teuling, Slg. 1987, 2497, Rn 18, EuGH v. 07.05.1991, Rs 229/89, Kommission/Belgien, Slg. 1991, I-2205, Rn 20 ff., EuGH v. 19.11.1992, Rs C-226/91, Molenbroek, Slg. 1992, I-5493, Rn 17 ff.

beitsplatz zutrifft»[2109]. Kontext und Auswirkungen der Cadman-Entscheidung werden sogleich noch näher beleuchtet (siehe 5.2 Dienstalter).

5. *Problemfelder*

5.1 Teilzeitbeschäftige

1046 Teilzeitangestellte sind im Vergleich zu Vollzeitangestellten oft schlechter entlöhnt. Die Unterscheidung «Teilzeitangestellte/Vollzeitangestellte» nimmt nicht direkt auf das verbotene Anknüpfungskriterium «Geschlecht» Bezug. Hingegen ist empirisch nachgewiesen, dass Frauen sehr viel häufiger in Teilzeitarbeitsverhältnissen beschäftigt sind als Männer. So beträgt in der Schweiz der Frauenanteil in Teilzeitbeschäftigungsverhältnissen fast 80 Prozent (von 1'305'000 Teilzeitbeschäftigten sind 1'039' 000 Frauen[2110]).

1047 In der Rechtssache *Jenkins* entschied der Gerichtshof, die Tatsache, dass Teilzeitarbeitnehmende bei der Firma Kingsgate im Vergleich zu den Vollzeitkollegen/innen einen 10 Prozent niedrigen Stundenlohn erhielten, stelle eine mittelbare Diskriminierung aufgrund des Geschlechts dar. Bei «Kingsgate» waren überwiegend Frauen als Teilzeitangestellte und überwiegend Männer als Vollzeitangestellte tätig[2111]. Das Kaufhaus Bilka gewährte ihren Mitarbeitenden eine Leistung aus dem betrieblichen Altersrentensystem dann, wenn sie während einer Betriebszugehörigkeit von 20 Jahren mindestens 15 Jahre als Vollzeitbeschäftigte tätig waren. Auch hier entschied der EuGH, dass eine mittelbare Diskriminierung vorliege, sofern das Unternehmen nicht darlegen könnte, dass seine Lohnpolitik auf Faktoren beruhe, die objektiv gerechtfertigt seien und nichts mit einer Diskriminierung aufgrund des Geschlechts zu tun hätten[2112]. Streitig war in der Rechtssache *Bötel* die Frage der Vergütung für Betriebsratsschulungen von Teilzeitangestellten[2113]. Die ge-

---

[2109] EuGH v. 3.10.2006, Rs C-17/05, Cadman, Rn 38.
[2110] Wichtigste Ergebnisse der Schweizerischen Arbeitskräfteerhebung. SAKE 2006 in Kürze, S. 7, zu finden unter: http://www.bfs.admin.ch/bfs/portal/de/index/infothek/erhebungen__quellen/blank/blank/enquete_suisse_sur/anhang/publikationen.Document.88892.pdf (Zugriff: 30.06.2008).
[2111] EuGH v. 31.03.1981, Rs 96/80, Jenkins, Slg. 1981, S. 911 ff.
[2112] EuGH v. 13.05.1986 Rs 170/84, Bilka, Slg. 1985, S. 1627 ff. Zur Rechtfertigung mittelbarer Diskriminierungen siehe in diesem Kapitel, 2.4 Untersagte Diskriminierungsformen, 4.4 Rechtfertigungsgründe, 4.4.2 Bei mittelbarer Diskriminierung, S. 400.
[2113] EuGH v. 04.06.1992, Rs 360/90, Bötel, Slg. 1991, S. 3589 ff.

setzliche Regel sah vor, dass Teilzeitbeschäftigte Betriebsratsmitglieder für ihre in der Freizeit absolvierte Betriebsratsschulung weder einen Ausgleich in Geld noch in Arbeitszeit erhielten. Die Ungleichbehandlung gegenüber den vollzeitlich beschäftigten Betriebsratsmitgliedern bestand darin, dass diese die Betriebsratschulungen in der normalen Arbeitszeit besuchen konnten. Da im fraglichen Betrieb erheblich mehr Frauen teilzeitbeschäftigt waren als Männer, war für den EuGH ein Verstoss gegen Art. 141 EGV gegeben[2114].

Verneint hat der Gerichtshof das Vorliegen einer mittelbaren Diskriminierung im Rechtsstreit *Helmig*[2115]. Eine Tarifregel sah vor, dass Überstundenentschädigung nur bei Überschreiten der ordentlichen Arbeitszeit geschuldet war. Mehrere zu 18 Stunden wöchentlich beschäftigten Arbeitnehmerinnen wollten die Überstundenentschädigung mit Blick auf die Entgeltgleichheit auch bei Überschreiten der vertraglichen (Teilzeit) Arbeitszeit angewendet haben. Für den EuGH lag keine mittelbare Diskriminierung vor. Eine teilzeitbeschäftigte Arbeitnehmerin mit einer vertraglichen Arbeitszeit von 18 Stunden pro Woche erhalte für die 19. gearbeitete Stunde gleichviel Lohn wie eine Vollzeitarbeitnehmerin für die 19. gearbeitete Stunde erhalte. Auch bestehe für Teilzeitarbeitnehmende der gleiche Anspruch auf Überstundenvergütung wie für Vollzeitangestellte. Das beiden Gruppen gemeinsame Kriterium bestehe im Überschreiten der Regelarbeitszeit[2116]. Anders waren die Umstände im EuGH-Fall *Elsner-Lakeberg*[2117]. Die klagende Teilzeitstudienrätin wehrte sich gegen eine gesetzliche Verpflichtung zur Mehrarbeit, die sie als Teilzeitbeschäftigte proportional mehr belastete als Vollzeitangestellte. Die in Frage stehende Regel führte dazu, dass auch bei rein formaler Betrachtungsweise eine Ungleichbehandlung vorlag[2118].

1048

In die gleiche Richtung zielt die Entscheidung in der Rechtssache *Voss*[2119]. Streitig war im Ausgangsverfahren die Höhe der Bezahlung von Mehrarbeitsstunden der teilzeitbeschäftigten Lehrerin Ursula Voss. Das ordentliche Arbeitspensum von Frau Voss betrug 23 Stunden pro Woche, dasjenige einer Vollzeit beschäftigte Lehrkraft 26.5 Wochenstunden. Für beide Beschäftigungsformen (Vollzeit und Teilzeit) wurde die Mehrarbeit zu einem geringeren Stundenansatz vergütet. Damit erzielte die teilzeitbeschäftigte Frau Voss

1049

[2114] EuGH v. 04.06.1992, Rs 360/90, Bötel, Slg. 1991, Rn 4. Die Entscheidung «Bötel» wurde bestätigt in der Entscheidung EuGH v. 06.02.1996, Rs C-457/93, Lewark, Slg. 1996, S. 243 ff.
[2115] EuGH v. 15.12.1994, verbundende Rs C-399/92, C-409/92, C-425/92, C-34/93, C-50/93 und C-78/93, Helmig/SchmidtHerzog/Lange/Kussfeld/Ludewige, Slg. 1994 S. I-05727, Rn 26-30.
[2116] EuGH v. 15.12.1994, verbundene Rs C-399/92, C-409/92, C - 34/93, C-78/93, Rn 28
[2117] EuGH v. 27.05.2004, Rs C-285/02, Lakeberg, Slg. 2004, I-5861, Rn 12.
[2118] Dazu SCHIEK (Arbeitsrecht), S. 206, N 36.
[2119] EuGH v. 06.12.2007, Rs C-300/06, Voss, Rn 29.

für 3.5 Stunden ein geringeres Entgelt als eine Vollzeitlehrkraft. 88 Prozent der im fraglichen Bundesland Berlin beschäftigten Teilzeitlehrkräfte sind Frauen. Die niedrigere Vergütung von Teilzeitbeschäftigten liess sich nicht auf Gründe zurückführen, die nichts mit einer Geschlechterdiskriminierung zu tun haben[2120]. Für den Gerichtshof stellt die angegriffene Lehrkraftbesoldungsregel deshalb einen Verstoss gegen Art. 141 EGV dar.

5.2 Dienstalter

1050 Das Arbeitsentgelt ist bei den Entschädigungssystemen aller Mitgliedstaaten in der einen oder anderen Form an das Dienstalter geknüpft. Damit liegt eine unmittelbare Anknüpfung an das Merkmal Alter vor. Vom Dienstalter abhängige Arbeitsentgelte sind deshalb auch im Lichte des in RL 2000/78/EG verankerten arbeitsrechtlichen Diskriminierungsverbotes aufgrund des Alters zu beurteilen[2121]. Das geschieht im dreizehnten Kapitel[2122].

1051 Ein vom Dienstalter abhängiges Entgelt (das Anciennitätsprinzip) kann eine mittelbare Diskriminierung aufgrund des Geschlechts darstellen. Eine solche liegt dann vor, wenn das Anciennitätsprinzip dazu führt, dass ein Geschlecht überwiegend von Nachteilen des Systems betroffen ist. Mittelbare Diskriminierungen sind jedoch rechtfertigungsfähig. Der Gerichtshof hat in der Entscheidung *Danfoss*[2123] im Jahre 1989 das Anciennitätsprinzip geschützt. Er stellte fest: «Da ... die Anciennität mit der Berufserfahrung einhergeht und diese den Arbeitnehmer im Allgemeinen befähigt, seine Arbeit besser zu verrichten, steht es dem Arbeitgeber frei, die Anciennität bei der Entlöhnung zu berücksichtigen, ohne dass er ihre Bedeutung für die Ausführung der dem Arbeitnehmer übertragenen spezifischen Aufgaben darlegen muss»[2124]. Im Ergebnis wurde damit das Dienstalter als mögliches Kriterium für das Vorliegen einer indirekten Diskriminierung aufgrund des Geschlechts ausgeschlossen.

1052 Nach der Danfoss-Rechtsprechung braucht der Arbeitgeber das Abstützen auf das Dienstalter nicht zu rechtfertigen. Aus mehreren Entscheidungen in der Zeit nach dem Danfoss-Urteil ist erkennbar, dass diese Aussage zu absolut

---

[2120] EuGH v. 06.12.2007, Rs C-300/06, Voss, Rn 42, 43.
[2121] Das Diskriminierungsverbot aufgrund des Alters ist nach dem EuGH-Urteil «Mangold» ein allgemeiner Grundsatz des Gemeinschaftsrechts, EuGH v. 22.11.2005, Rs C-144/04, Mangold, Rn 75.
[2122] Siehe dazu Kapitel 13, II. Diskriminierungsgründe, 2. Alter, S. 445 f.
[2123] EuGH v. 17.10.1989, Rs C-109/88, Danfoss, Slg. 1989, 3199.
[2124] EuGH v. 17.10.1989, Rs C-109/88, Danfoss, Slg. 1989, 3199, Rn 24.

ist[2125]. So kam der EuGH in der Rechtssache *Nimz* zum Schluss, eine Beförderungsregel bezüglich nachteiliger Anrechnung von Beschäftigungszeiten in Teilzeitanstellungen sei nach Art. 141 EGV nur zulässig, wenn der Arbeitgeber nach objektiven Kriterien den Zusammenhang zwischen der Dauer der tatsächlichen Leistung und der dadurch gewonnenen Erfahrung nachweise[2126]. Dieses Ergebnis bestätigte der EuGH in der Rechtssache *Hill/Stapleton*: Der Arbeitgeber muss nachweisen, dass tatsächlich geleisteter Dienst als Anknüpfungskriterium für ungleiches Entgelt durch objektive Faktoren gerechtfertigt ist, die nichts mit Diskriminierung aufgrund des Geschlechts zu tun haben[2127].

Einen eigentlichen Wendepunkt stellt das Urteil in der Rechtssache *Cadman*[2128] dar. Das Entgeltsystem der englischen Institution «Health and Safety Executive» führte bei Frau Cadman zu einem im Vergleich zu vier männlichen Kollegen tieferen Entgelt trotz gleichwertiger Arbeit. Die vier männlichen Kollegen wiesen eine längere Dienstzeit auf. Ausgehend von der Danfoss-Rechtsprechung stellte sich die Frage, ob die Arbeitgeberin das Dienstalter als Entschädigungsgrundlage überhaupt zu rechtfertigen habe. Der Gerichtshof bestätigte dies im Grundsatz, weicht ihn aber an entscheidender Stelle auf. Der Rückgriff auf das Kriterium «Dienstalter» sei in der Regel geeignet, die Berufserfahrung zu honorieren, die den Arbeitnehmer befähige, seine Arbeit besser zu verrichten. Der Arbeitgeber habe deshalb diesen Rückgriff nicht besonders zu rechtfertigen, es sei denn, der Arbeitnehmer liefere Anhaltspunkte, die geeignet seien, ernstliche Zweifel in dieser Hinsicht aufkommen zu lassen[2129]. Damit zeigt der Gerichtshof auf, dass die Annahme, Berufserfahrung führe automatisch zu besserer Leistung und somit zum Anspruch auf mehr Entgelt, entkräftet werden kann. Durch die Cadman-Entscheidung werden besonders die Entgeltsysteme unter Druck geraten, die auch bei weniger qualifizierten Tätigkeiten die Entgelthöhe vom Dienstalter abhängig machen[2130].

1053

6. *Bedeutung, Inhalt und Wirkung der Entgeltrichtlinie 75/117/EWG*

Die «RL 75/117 vom 10. Februar 1975 zur Angleichung der Rechtsvorschriften der Mitgliedstaaten über die Anwendung des Grundsatzes des gleichen

1054

2125 MAYR, S. 512 ff.
2126 EuGH v. 07.02.1991, Rs C-184/89, Nimz, Slg. 1991, I 297, Rn 15.
2127 EuGH v. 17.06.1998, Rs C-243/95, Hill und Stapleton, Slg. 1998, I-3739, Rn 43.
2128 EuGH v. 3.10.2006, Rs C-17/05, Cadman.
2129 EuGH v. 3.10.2006, Rs C-17/05, Cadman, Rn 40.
2130 MAYR, S. 515.

Entgelts für Männer und Frauen» stellt(e) ein erstes wichtiges Instrument der Sozialpolitik der Europäischen Gemeinschaft dar[2131] und bildete zusammen mit den Defrenne-Urteilen des EuGH einen wichtigen Meilenstein auf dem Entwicklungsweg der europäischen Regelungen über die Gleichbehandlung von Frau und Mann[2132]. Die RL 75/117/EWG stützt sich auf den heutigen Art. 141 Abs. 3 EGV, der eine Kompetenzgrundlage für «Massnahmen zur Gewährleistung der Anwendung des Grundsatzes der Chancengleichheit und der Gleichbehandlung von Männern und Frauen in Arbeits- und Beschäftigungsfragen, einschliesslich des Grundsatzes des gleichen Entgelts bei gleicher oder gleichwertiger Arbeit» darstellt. Die RL 75/117/EWG ist in die neu gefasste umfassende Gleichbehandlungsrichtlinie 2006/54/EG integriert worden und wird per 15. August 2009 aufgehoben[2133].

1055 Der Entgeltbegriff und der persönliche Anwendungsbereich der RL 75/117/EWG stimmen mit der primärrechtlichen Vorschrift in Art. 141 EGV überein. Inhaltlich hält Art. 1 der RL 75/117[2134] den Anspruch sowohl auf gleiche wie auch auf gleichwertige Arbeit fest und Art. 2 der RL 75/117/EWG[2135] verpflichtet die Mitgliedstaaten zur Öffnung des Rechtsweges für die Geltendmachung von Klagen wegen Verletzung des Rechtswegs. Weiter müssen die Mitgliedstaaten gewährleisten, dass alle Vorschriften, die mit dem Grundsatz des gleichen Entgelts zwischen Männer und Frauen unvereinbar sind, beseitigt werden (Art. 3 RL 75/117/EWG). Diskriminierende Bestimmungen in Tarifvorverträgen, Lohn- und Gehaltstabellen, Vereinbarungen oder Einzelarbeitsverträgen müssen als nichtig erklärt werden (Art. 4 RL 75/117/EWG[2136]). Die Richtlinie enthält in Art. 5[2137] die Verpflichtung, Arbeitnehmenden, die sich auf die Entgeltgleichheit berufen, Schutz vor Rachekündigung zu gewährleisten. Schliesslich müssen die Mitgliedstaaten für wirksame Mittel zur Einhaltung des Entgeltgleichheitsgrundsatzes sorgen (Art. 6 RL 75/117/EWG).

1056 Die RL 75/117/EWG bildete bei mehreren wegweisenden Gleichstellungsurteilen des EuGH eine wichtige Auslegungshilfe, Konkretisierung und Ergänzung der primärrechtlichen Entgeltgleichheitsgrundlage[2138]. Eine Auslegungsvorschrift der Richtlinie im Zusammenhang mit einem auf undurchsich-

---

[2131] HANAU/STEINMEYER/WANK, S. 589, N 184.
[2132] RUST, N 158 zu Art. 141 EGV.
[2133] Siehe dazu vorne, N 997.
[2134] Siehe neu Art. 4 RL 2006/54/EG.
[2135] Siehe neu Art. 17 RL 2006/54/EG.
[2136] Siehe neu Art. 23 Bst. b RL 2006/54/EG.
[2137] Siehe neu Art. 24 RL 2006/54/EG.
[2138] So bsw. in den Rechtssachen EuGH v. 08.04.1976, Defrenne II, Slg. 1976, 455, Rn 52, 60, 62, EuGH v. 31.03.1981, Rn 96/80, Slg. 1981, 111, Jenkins, Rn 19, 22.

tigen Kriterien basierenden Lohnsystem legte der EuGH auch in der Rechtssache *Forbund* dar. Liege ein solch undurchsichtiges Entlöhnungssystem vor, obliege dem Arbeitgeber der Beweis, dass seine Lohnpolitik nicht diskriminierend sei, sofern die klagende Arbeitnehmerin auf der Grundlage einer relativ hohen Zahl von Arbeitnehmenden das durchschnittlich niedrigere Entgelt der weiblichen Arbeitnehmenden im Vergleich zu den männlichen belegen könne[2139].

Die RL 75/117/EWG verpflichtet ihrem Charakter nach nur den Staat. Die Richtlinie ist ausreichend klar formuliert, um unmittelbare Anwendbarkeit zu erlangen. Der Gerichtshof hat dies zumindest zu den Artikeln 1 und 6 bestätigt[2140]. Die unmittelbare Anwendbarkeit entfaltet überall dort Wirkung, wo es sich um einen staatlichen Arbeitgeber handelt oder das Handeln des Arbeitgebers dem Staat zuzurechnen ist[2141].   1057

7. *Verfahrensfragen und Rechtsfolgen*

7.1 Beweislastrichtlinie

Nach den allgemeinen Beweislastregeln müssen Arbeitnehmende den Beweis der diskriminierenden Entgeltungleichheit aufgrund des Geschlechts erbringen. Nach der Rechtsprechung des EuGH und nach Art. 4 Abs. 1 der «Richtlinie 97/80/EG des Rates über die Beweislast bei Diskriminierung auf Grund des Geschlechts»[2142] genügt es, dass die Diskriminierung *glaubhaft* gemacht wird. Das ist insbesondere dann der Fall, wenn einem Entgeltsystem jede Durchschaubarkeit fehlt[2143].   1058

Der Nachweis einer Diskriminierung stellt eine wesentliche Hürde der Wirksamkeit des Diskriminierungsschutzes dar. Beweislasterleichterungen sind deshalb notwendig. Gelingt der klagenden Partei die Glaubhaftmachung einer Diskriminierung, obliegt es der beklagten Arbeitgeberin, den Beweis zu   1059

[2139] EuGH v. 17.10.1989, Rs 109/88, Danfoss, Slg. 1989, 3199.
[2140] EuGH v. 01.07.1986, Rs 237/85, Rummler, Slg. 1986, 2101, EuGH v. 17.10.1989, Rs 109/88, Danfoss, Slg. 1989, 3199, EuGH v. 31.05.1995, Rs C-400/93, Royal Copenhagen, Slg. 1995, 1275.
[2141] RUST, N 234 zu Art. 141 EGV.
[2142] Die Beweistlastrichtlinie 97/80/EG ist in die neu gefasste Gleichbehandlungsrichtlinie 2006/54/EG integriert worden und wird per 15. August 2009 aufgehoben, siehe dazu vorne, N 997.
[2143] EuGH v. 17.10.1989, Rs 109/88, Danfoss, Slg. 1989, 3199, Rn 13.

erbringen, dass keine Diskriminierung vorliegt. Für diesen Beweis gelten wiederum die allgemeinen Beweislastregeln[2144].

7.2 Rechtsfolgen der Entgeltdiskriminierung

1060 Bei mittelbarer oder unmittelbarer Entgeltdiskriminierung hat die diskriminierte Person oder Personengruppe Anspruch auf die gleichen Leistungen wie die nichtdiskriminierte Person oder Personengruppe[2145]. Dieser Anspruch stützt sich ungeachtet nationaler Vorschriften unmittelbar auf Art. 141 EGV[2146]. Dem Arbeitgeber ist zumindest für die Gegenwart und Vergangenheit verwehrt, die bislang privilegierten Entgelte auf das Niveau der bisher benachteiligten Entgelte herabzusetzen[2147]. Einer Anpassung des Entgelts nach unten für die Zukunft steht der gemeinschaftsrechtliche Entgeltgleichheitsgrundsatz nicht im Wege.

1061 In der Rechtssache *Kowalska* hat der Gerichtshof dargelegt, dass bei mittelbaren Entgeltdiskriminierungen die Entgeltregelung der privilegierten Gruppe solange das Bezugssystem bilde, wie Art. 119 Abs. 1 und 2 EGV (heute Art. 141 Abs. 1 und 2 EGV) nicht ordnungsgemäss ins nationale Recht umgesetzt sei[2148]. Gehaltsabbaumassnahmen zum Zwecke der Gewährung der Entgeltgleichheit haben die mitgliedstaatlich verfassten Gebote des Vertrauensschutzes zu beachten[2149].

1062 Angesichts des weiten Entgeltsbegriffs liegen die Schwierigkeiten, die sich insbesondere bei rückwirkend auszurichtenden Rentenleistungen oder der rückwirkenden Senkung des Rentenalters ergeben, auf der Hand[2150]. Zulässig ist nach der Rechtsprechung zur Beseitigung einer Entgeltdiskriminierung auch die Anhebung des weiblichen Rentenalters[2151].

[2144] PREIS/MALLOSEK, N 13.
[2145] Ständige Rechtssprechung seit EuGH v. 08.04.1976, Rs 43/75, Defrenne II, Slg. 1976, 455, Rn 14/15. Dieser Grundsatz gilt allerdings nicht absolut. In der Rechtssache «Kowalska» hat der Gerichtshof den mitgliedstaatlichen Handlungsspielraum bei der Umsetzung der Entgeltrichtlinie dargelegt.
[2146] KRIMPHOVE, N 411 mit Hinweisen auf die EuGH-Rechtsprechung.
[2147] KREBBER, N 68 zu Art. 141 EGV, PREIS/MALLOSEK, N 74, HANAU/STEINMEYER/WANK, S. 592, N 193.
[2148] EuGH v. 27.06.1989, Rs 33/89, Kowalska, Slg. 1990, 2591 ff.
[2149] PREIS/MALLOSEK, N 75.
[2150] Vgl. dazu die Entscheidung des EuGH in der Rechtssache EuGH v. 17.05.1990, Rs C-262/88, Barber, Slg. 1990, I-2889, Rn 44/45.
[2151] EuGH v. 28.09.1994, Rs C-408/92, Smith, Slg. 1994, S. 4435, Rn 20-22.

III. Anspruch auf (übrige) arbeitsrechtliche Gleichbehandlung

1. Primärrechtliche Verankerung eines arbeitsrechtlichen Gleichbehandlungsgrundsatzes aufgrund des Geschlechts

Wie im zweiten Teil dieser Studie nachgewiesen wird, ist das arbeitsrechtliche Gebot der Gleichbehandlung Gegenstand zahlreicher internationaler Konventionen[2152]. Art. 141 Abs. 3 EGV bietet eine spezifische Rechtsgrundlage für den Erlass von Gemeinschaftsmassnahmen zur Sicherstellung des Grundsatzes der Chancengleichheit und Gleichbehandlung in Arbeits- und Beschäftigungsfragen einschliesslich des gleichen Entgelts für gleiche und gleichwertige Arbeit[2153].

1063

Der Grundsatz der Chancengleichheit und Gleichbehandlung findet sich im Vertragstext in Art. 141 Abs. 3 EGV. Der Hinweis ist so zu verstehen, dass ein *arbeitsrechtlicher Gleichbehandlungsgrundsatz* aufgrund des Geschlechts bereits als *allgemeiner Rechtsgrundsatz* besteht[2154]. Der Inhalt dieses spezifischen Gleichbehandlungsgrundsatzes muss indes primär- und/oder sekundärrechtlich konkretisiert werden[2155].

1064

Für den Bereich des Entgelts ist die Konkretisierung weitgehend bereits mit Art. 141 EGV und den sekundärrechtlichen Regelungen erfolgt. Für die möglichen Anwendungsfelder arbeitsrechtlicher Gleichheit *ausserhalb des Entgelts* enthält der Vertrag keine unmittelbar anwendbare Bestimmung[2156]. Die Konkretisierung erfolg vielmehr ausschliesslich sekundärrechtlich, namentlich durch die Gleichbehandlungsrichtlinie 2006/54/EG[2157].

1065

Der besondere arbeitsrechtliche Gleichbehandlungsgrundsatz ausserhalb des Entgeltbereichs entfaltet mangels primärrechtlicher Konkretisierung keine

1066

[2152] Siehe Teil II. 10. Kapitel, II. Diskriminierngsmerkmale, S. 285 ff.
[2153] Erwägungsgrund Nr. 4 zur RL 2006/54/EG.
[2154] Siehe dazu die Ausführungen im 10. Kapitel, 4.2 Diskriminierungsverbote als allgemeine Rechtsgrundsätze, S. 329. Bezüglich eines allgemeinen Rechtsgrundsatzes über ein Verbot der Diskriminierung aufgrund des Alters siehe EuGH v. 22.11.2005, Rs C-144/04, Mangold, Rn 75. Siehe dazu die kritischen Bemerkungen des GA Mazak in den Schlussanträgen zur Rs C-411/05, Palacios de Villa vom 15.02.2007 und der GA Sharpston in den Schlussanträgen der Rs C-227/04 P, Lindorfer, v. 30.11.2006.
[2155] EPINEY/FREIERMUTH ABT, S. 112.
[2156] Art. 141 Abs. 3 EGV enthält lediglich eine Kompetenzgrundlage zum Erlass von Massnahmen zur Gewährleistung der Gleichbehandlung.
[2157] Die RL 2006/54/EG löst die noch bis zum 15.09.2009 in Kraft stehende RL 76/2007/EG und die RL2002/73/EG zur Änderung der RL 76/3007/EG ab.

unmittelbare Horizontalwirkung[2158]. Auch die RL 2006/54/EG verpflichtet unmittelbar nur die Mitgliedstaaten. Private Arbeitgeber sind jedoch mittelbare Adressaten der Richtlinie. Die Mitgliedstaaten müssen gemäss Art. 14 EL 2006/54/EG dafür sorgen, dass Diskriminierungen in allen Phasen des Arbeitsverhältnisses einschliesslich der Bewerbung im öffentlichen und im privaten Sektor verboten sind.

2. *Die Gleichbehandlungsrichtlinie 2006/54/EG*

2.1 Vorbemerkungen

1067 In der RL 2006/54/EG sind verschiedene Gleichbehandlungsrichtlinien zusammengefasst[2159], u.a. die Gleichbehandlungsrichtlinie 76/207/EWG und die RL 2002/73/EG zur Änderung der RL 76/207/EWG. Die Rechtsprechung des EuGH und die meiste Literatur beziehen sich noch auf RL 76/207/EWG, die bis zum 15. August 2009 in Kraft ist. Aus diesem Grund wird beim nachfolgenden Text jeweils auf RL 76/207/EWG in der geänderten Fassung von 2002 Bezug genommen, punktuell werden Verweise auf die einschlägigen Bestimmngen in der neu gefassten Gleichbehandlungsrichtlinie 2006/54/EG angefügt[2160].

2.2 Ziele

1068 Die Mitgliedstaaten werden in Art. 1 RL 76/207/EWG verpflichtet, den Grundsatz der Gleichbehandlung von Männern und Frauen beim Zugang zu Beschäftigung, einschliesslich Aufstiegsmöglichkeiten, Zugang zur Berufsbildung sowie in Bezug auf die Arbeitsbedingungen zu verwirklichen. Gefordert ist eine aktive Gleichstellungspolitik, die auch positive Massnahmen einschliesst. Nach Art. 1a RL 76/207/EWG haben die Mitgliedstaaten aktiv das Ziel der Gleichstellung von Frauen und Männern bei der Formulierung und Umsetzung der Rechts- und Verwaltungsvorschriften, Politiken und Tätigkeiten im Anwendungsbereich der Richtlinie zu berücksichtigen.

[2158] EPINEY/FREIERMUTH ABT, S. 114, ODENDAHL (Männer und Frauen), N 13, siehe zum Ganzen weiter vorne, N 967 ff.
[2159] Siehe dazu vorne, N 997.
[2160] Die RL 2006/54/EG enthält in Anhang II eine Konkordanztabelle, hier wird auf einen Blick ersichtlich, in welche Artikel der RL 2006/54/EG eine bestimmte Bestimmung der RL 76/07/EWG eingeflossen ist.

Zur Verwirklichung der Gleichstellung der Geschlechter im Arbeitsbereich 1069
müssen die Mitgliedstaaten Förderstellen einzurichten (Art. 8a RL 76/207/
EWG). Diese sollen die Gleichstellung fördern, analysieren und unterstützen.
Die Art. 8b und 8c RL 76/207/EWG sehen weiter vor, dass die Mitgliedstaaten
den sozialen Dialog zwischen Sozialpartnern und den Nichtregierungsorganisationen
fördern sollen.

Die in der RL 76/207/EWG aufgeführten Ziele und Massnahmen bilden einen 1070
wichtigen Aspekt des «Gender Mainstreaming», d.h. dem Konzept, dass die
Gleichheit der Geschlechter sämtliche Politikbereiche und gesellschaftliche
Lebensbereiche durchdringen soll[2161]. Der Gender Mainstreaming Ansatz im
Beschäftigungsbereich stützt sich u.a. auf die Empfehlung 2000/164/EG des
Rates vom 14. Februar 2000 zur Durchführung der Beschäftigungspolitik der
Mitgliedstaaten. Erwägungsgrund Nr. 12 führt ausdrücklich auf, dass *«geschlechtsspezifische
Unterschiede auf dem Arbeitsmarkt, insbesondere bei
Beschäftigung, Arbeitslosigkeit und Entgelt, sowie nach Sektoren und Tätigkeiten,
umfassende Mainstreaming-Strategien und Regelungen erfordern, die
eine bessere Vereinbarkeit von Beruf und Familie ermöglichen».*

2.3 Persönlicher und sachlicher Anwendungsbereich

2.3.1 Umfassender Diskriminierungsschutz

Vom persönlichen Geltungsbereich der RL 76/207/EWG sind sämtliche Erwerbstätige 1071
erfasst[2162]. Nicht massgeblich ist, ob es sich um privatrechtliche
oder öffentliche Arbeitsverhältnisse handelt[2163]. Auch die selbständige Erwerbstätigkeit
fällt darunter[2164]. Zur Respektierung des Gleichbehandlungsgrundsatzes
aufgrund des Geschlechts verpflichtet sind sämtliche Arbeitgeber
und Personen und Institutionen, die an selbstständig Erwerbende Aufträge
erteilen.

[2161] Einen guten Überblick zum «Mainstreaming Gender Equality» bietet KENNER (Law), S. 328 – 334.
[2162] EPINEY/FREIERMUTH/ABT (Grundlagen), S. 71.
[2163] Vgl. Art. 3 Abs. 1 RL 76/207 («... dass es im öffentlichen und privaten Bereich einschliesslich öffentlicher Stellen ... keine unmittelbare oder mittelbare Diskriminierung aufgrund des Geschlechts geben darf»).
[2164] Vgl. Art. 3 Abs. 1 Bst. a RL 76/207 («die Bedingungen – einschliesslich Auswahlkriterien und Einstellungsbedingungen – für den Zugang zu unselbständiger oder selbständiger Erwerbstätigkeit ...»).

1072 Nach Art. 3 Abs. 1 Bst. a bis d RL 76/207/EWG[2165] gehören die folgenden vier Bereiche zum sachlichen Anwendungsbereich des Gleichbehandlungsgrundsatzes:

- die Bedingungen einschliesslich Auswahlkriterien und Einstellungsbedingungen für den Zugang zu unselbständiger oder selbständiger Erwerbstätigkeit, unabhängig vom Tätigkeitsfeld und beruflicher Position, einschliesslich des beruflichen Aufstiegs,
- der Zugang zu allen Formen und allen Ebenen der Berufsberatung, der Berufsausbildung, der beruflichen Weiterbildung und der Umschulung, einschliesslich der praktischen Berufserfahrung,
- die Beschäftigungs- und Arbeitsbedingungen, einschliesslich der Entlassungsbedingungen sowie das Arbeitsentgelt nach Massgabe der RL 75/117/EWG,
- die Mitgliedschaft und Mitwirkung in einer Arbeitnehmer- oder Arbeitgeberorganisation oder einer Organisation, deren Mitglieder einer bestimmten Berufsgruppe angehören, einschliesslich der Inanspruchnahme der Leistungen solcher Organisationen.

1073 Der Verwirklichung des Gleichbehandlungsgrundsatzes dienen weiter das in Art. 7 RL 76/207/EWG verankerte Verbot der Viktimisierung (Schutz vor Rachekündigungen wegen Einleitung eines Verfahrens) und die in Art. 8 RL 76/207/EWG verankerte Pflicht der Mitgliedstaaten, dafür zu sorgen, dass die Arbeitnehmenden in geeigneter Form über die Gleichstellungsrechte informiert werden.

1074 Zu Wahrung des Gleichbehandlungsgrundsatzes haben die Mitgliedstaaten die erforderlichen Massnahmen zu treffen (Art. 3 Abs. 2 Bst. a-b RL 76/207/EWG). Das bedeutet die Aufhebung der Rechts- und Verwaltungsvorschriften, die dem Gleichbehandlungsgrundsatz zuwiderlaufen. Weiter müssen gleichbehandlungswidrige Bestimmungen in Arbeits- und Tarifverträgen, Betriebsordnungen und Statuten freier Berufe und der Arbeitgeber- und Arbeitnehmerorganisationen nichtig erklärt werden können oder geändert werden.

2.3.2 Ausgewählte EuGH-Entscheide

1075 Die wichtigste Entscheidung hinsichtlich *Zugang zur Beschäftigung* fällte der EuGH in der Rechtssache *Dekker*[2166]. Frau Dekker hatte sich um eine Stelle

---

[2165] Neu Art. 14 Abs. 1 RL 2006/54/EG.
[2166] EuGH v. 08.11.1990, Rs C-177/88, Dekker, Slg. 1990, 3941 ff.

als Erzieherin beworben und teilte noch im Bewerbungsverfahren ihre Schwangerschaft mit. Trotz bester Eignung erhielt sie darauf hin die Stelle mit dem Argument nicht, dass die durch die Schwangerschaft verursachten Fehlzeiten nicht zu Lasten der Sozialversicherung, sondern zu Lasten des Arbeitgebers gefallen wären. Der EuGH argumentierte, eine Verweigerung der Anstellung wegen Schwangerschaft komme nur Frauen gegenüber in Betracht, insofern liege eine geschlechtsbedingte Benachteiligung vor[2167]. Eine solche Diskriminierung könne auch nicht mit den finanziellen Nachteilen gerechtfertigt werden[2168]. Im Ergebnis stellte die verweigerte Anstellung von Frau Dekker eine unmittelbare Diskriminierung aufgrund des Geschlechts dar. Auf das Verschulden des Arbeitgebers an der Diskriminierung komme es nicht an[2169]. Noch weiter ging der Gerichtshof in der Rechtssache *Habermann-Beltermann*[2170]. Frau Habermann-Beltermann wurde als Nachtwächterin in einem Altersheim angestellt. Ihre Schwangerschaft, von der sie 12 Tage vor Vertragsbeginn erfahren hatte, verschwieg sie. Daraufhin wollte die Arbeitgeberin den Vertrag mit dem Argument rückgängig machen, Schwangere dürften in der Nacht gar nicht beschäftigt werden. Der EuGH verwarf diese Argumentation. Das Nachtarbeitsverbot gelte nur während der Schwangerschaft, der Vertrag sei jedoch auf unbestimmte Zeit abgeschlossen.

Verschiedene EuGH-Entscheide handeln von *geschlechtsdiskriminierenden Entlassungen*. Der Rechtssache *Burton* lag ein Auslegungsstreit um den Begriff «Entlassung» zu Grunde. Der EuGH entschied, der Begriff «Entlassung» sei weit auszulegen, auch eine Regelung über freiwilliges Ausscheiden aus dem Betrieb falle darunter[2171]. In der Rechtssache *Webb* verneinte der EuGH die Möglichkeit gegenüber einer schwangeren Arbeitnehmerin, die als Schwangerschaftsvertretung eingestellt worden war, die Kündigung auszusprechen[2172]. Unzulässig ist die Entlassung einer schwangeren Arbeitnehmerin nach der Rechtssache *Tele Danmark* selbst dann, wenn es sich um ein befristetes Arbeitsverhältnis handelt und wenn feststeht, dass sie aufgrund ihrer Schwangerschaft während eines wesentlichen Teils der Vertragszeit nicht würde arbeiten können[2173]. 1076

Die EuGH-Rechtsprechung zum Umgang mit schwangeren Bewerberinnen hat zur Folge, dass *jede Selektion aufgrund der Schwangerschaft* unzulässig 1077

[2167] EuGH v. 08.11.1990, Rs C-177/88, Dekker, Slg. 1990, Rn 17.
[2168] EuGH v. 08.11.1990, Rs C-177/88, Dekker, Slg. 1990, Rn 12.
[2169] EuGH v. 08.11.1990, Rs C-177/88, Dekker, Slg. 1990, Rn 22-25.
[2170] EuGH v. 05.05.1994, Rs C-421/92, Habermann-Beltermann, Slg. 1994, 1657 ff.
[2171] EuGH v. 16.02.1982, Rs 19/81, Burton, Slg. 1982, 555.
[2172] EuGH v. 14. 07.1994, Rs C-32/93, Webb, Slg. I-3567, Rn 27.
[2173] EuGH v. 04.10.2001, Rs 109/00, Tele Danmark. Diese Entscheidung wurde in der Literatur kritisch aufgenommen, vgl. HANAU/STEINMEYER/WANK, S. 606, N 238.

12. Kapitel: Arbeitsrechtliches Diskriminierungsverbot aufgrund des Geschlechts

ist und gestützt darauf bereits die Frage nach der Schwangerschaft im Bewerbungsverfahren nicht statthaft ist. Das gilt sowohl für befristete wie unbefristete Arbeitsverhältnisse.

1078 In der Rechtssache *Herrero* entschied der EuGH, das Gemeinschaftsrecht stehe einer nationalen Regelung entgegen, die für die Berechnung des Dienstalters keine Rücksicht auf die Situation von Frauen nimmt, die sich zum Zeitpunkt der Ernennung zur Beamtin im Mutterschaftsurlaub befinden[2174]. Der Gerichtshof bekräftigte dabei, dass die RL 76/207/EWG eine inhaltliche und nicht bloss eine formelle Gleichheit anstrebe. Die Richtlinie sei dahingehend auszulegen, dass sie jede Benachteiligung einer Arbeitnehmerin aufgrund oder im Zusammenhang mit ihrem Mutterschaftsurlaub verbiete[2175].

2.4 Untersagte Diskriminierungsformen

1079 Die RL 76/207/EWG untersagt sowohl die unmittelbare wie auch die mittelbare Diskriminierung aufgrund des Geschlechts. In Art. 2 Abs. 2 RL 76/207/EWG werden beide Diskriminierungsformen definiert. Eine unmittelbare Diskriminierung liegt vor, wenn eine Person aufgrund des Geschlechts eine weniger günstige Behandlung erfährt als eine andere Person erfährt, erfahren hat oder erfahren würde[2176]. Mit dieser Formulierung kann eine Diskriminierung auch unter Berufung auf eine hypothetische Vergleichsperson geltend gemacht werden[2177].

1080 Eine mittelbare Diskriminierung liegt nach Art. 2. Abs. 2 RL 76/207EWG in der geänderten Fassung dann vor, wenn «dem Anschein nach neutrale Vorschriften, Kriterien oder Verfahren Personen, die einem Geschlecht angehören, in besonderer Weise gegenüber Personen des anderen Geschlechts benachteiligen können, es sei denn, die betreffenden Vorschriften, Kriterien oder Verfahren sind durch ein rechtmässiges Ziel gerechtfertigt und die Mittel sind zur Erreichung dieses Ziels angemessen und erforderlich»[2178].

1081 Die Definition der mittelbaren Diskriminierung lässt Rechtfertigungsgründe zu, sofern die mittelbar zu Ungleichbehandlung führenden Kriterien, Vorschriften oder Verfahren durch ein rechtmässiges Ziel sachlich gerechtfertigt und die Mittel zur Erreichung dieses Ziels angemessen und erforderlich sind.

[2174] EuGH v. 16.02.2006, Rs C-294/04, Herrero, Slg. 2006, I-1513.
[2175] EuGH v. 16.02.2006, Rs C-294/04, Herrero, Slg. 2006, I-1513, Rn 40-42.
[2176] Identisch lautet die Formulierung in Art. 2 Abs. 1 Bst. a RL 2006/54/EG.
[2177] SCHIEK (Arbeitsrecht), S. 216, N 63.
[2178] Identische Formulierung in Art. 2 Abs. 1 Bst. b RL 2006/54/EG.

Einen Anwendungsfall der mittelbaren Diskriminierung bildet die Rechtssache *Thibault*[2179]. Eine betriebliche Beförderungsregel sah vor, dass eine jährliche «Beurteilung» erforderlich ist. Der Arbeitgeber verweigerte diese Frau Thibault mit dem Argument, dass sie (unbestrittenermassen) weniger als sechs Monate im Betrieb anwesend gewesen war. Die Fehlzeiten waren jedoch wesentlich auf den Mutterschaftsurlaub zurückzuführen. Für den EuGH stellte die Weigerung der «Beurteilung» eine unmittelbare Diskriminierung aufgrund des Geschlechts dar, für die keine Rechtfertigungsgründe anerkannt wurden.

1082

Über die unmittelbare und mittelbare Diskriminierung hinaus sind in Art. 2 Abs. 2 RL 76/207/EWG als weitere untersagte Diskriminierungsformen aufgeführt:

1083

- die Belästigung,
- die sexuelle Belästigung,
- die Anweisung zur Diskriminierung,
- ungünstigere Behandlung einer Frau im Zusammenhang mit Schwangerschaft oder Mutterschaftsurlaub[2180].

Die RL 76/207/EWG sieht jedoch auf Tatbestandsebene Ausnahmen vom Gleichbehandlungsgrundsatz vor. Nach Art. 2 Abs. 6 RL 76/207/EWG können die Mitgliedstaaten im Hinblick auf den Zugang zur Beschäftigung vorsehen, dass eine geschlechtsmotivierte Ungleichbehandlung keine Diskriminierung darstellt, wenn das Geschlecht aufgrund der Art einer bestimmten beruflichen Tätigkeit oder der Bedingungen ihrer Ausübung eine wesentliche und entscheidende berufliche Anforderung darstellt, sofern es sich um einen rechtmässigen Zweck und eine angemessene Anforderung handelt.

1084

[2179] EuGH v. 30.04.1998, Rs C-136/95, Thibault, Slg. 1998, 2011.
[2180] Der Schutz schwangerer Arbeitnehmerinnen bildet weiter Gegenstand der Richtlinie des Rates vom 19. Oktober 1992 über die Durchführung von Massnahmen zur Verbesserung der Sicherheit und des Gesundheitsschutzes von schwangeren Arbeitnehmerinnen, Wöchnerinnen und stillenden Arbeitnehmerinnen am Arbeitsplatz (RL 92/85/EG).

12. Kapitel: Arbeitsrechtliches Diskriminierungsverbot aufgrund des Geschlechts

2.5   Rechtsfolgen und Sanktionen

2.5.1   Vorgaben der RL 76/207/EWG[2181]

1085 Kernstück jeder Richtlinie bilden die Bestimmungen über den Rechtsschutz. Erst dadurch entfalten die übrigen Richtlinieninhalte ihre volle Wirkung. Im Rahmen des Arbeitsverhältnisses sind diskriminierende Massnahmen ungeachtet davon, ob sie auf Gesetz- oder Verwaltungsvorschriften oder auf Bestimmungen von Tarifverträgen oder Einzelarbeitsverträgen oder Betriebsreglementen beruhen, grundsätzlich nichtig. Die RL 76/207/EWG fordert, dass die Nichtigkeit im nationalen Recht wirksam festgestellt und sanktioniert werden kann.

1086 Art. 6 Abs. 1 RL 76/207/EWG verlangt von den Mitgliedstaaten sicherzustellen, dass Ansprüche wegen verletzter Gleichbehandlung auf dem Gerichts- und/oder Verwaltungsweg geltend gemacht werden können. Im Ermessen der Mitgliedstaaten liegt, ob Schlichtungsverfahren vorgesehen sein sollen. Die Geltendmachung von Ansprüchen muss auch dann möglich sein, wenn das Arbeitsverhältnis, in dessen Rahmen die Diskriminierung vorgekommen ist, bereits beendet ist. Im Rahmen ihrer nationalen Rechtsordnungen müssen die Mitgliedstaaten nach Art. 6 Abs. 2 RL 76/207/EWG die erforderlichen Massnahmen treffen, damit ein Diskriminierungsschaden tatsächlich und wirksam ausgeglichen oder ersetzt wird. Darüber hinaus wird in Art. 8a RL 76/207/EWG von den Mitgliedstaaten verlangt, wirksame verhältnismässige und abschreckende Sanktionen vorzusehen.

1087 Die Vorgaben in der revidierten RL 76/207/EWG reflektieren die massgebende EuGH-Rechtsprechung der letzten Jahre[2182].

1088 In der Rechtssache *Marshall II* zeigte der EuGH auf, was er unter einem angemessenen Schadenersatz versteht[2183]. Frau Marshall klagte gegen ihren früheren Arbeitgeber auf Ersatz des Schadens, den sie aufgrund einer – unstreitigen – diskriminierenden Entlassung erlitten hatte. Der Schaden wurde gerichtlich auf fast 20'000 Britische Pfund festgelegt. Nach dem einschlägigen britischen Sex Discrimination Act von 1975 galt jedoch eine Obergrenze von damals 6'250 Pfund. Der EuGH kam zum Schluss, feste Obergrenzen für Schadenersatz seien nicht mit dem Richtlinienziel eines wirksamen Rechts-

---

[2181] In der neu gefassten Gleichbehandlungsrichtlinie 2006/54/EG finden sich die Bestimmungen zur den Rechtsfolgen und Sanktionen in Teil III in den Art. 17 (Rechtsschutz) und Art. 18 (Schadenersatz und Entschädigung).
[2182] Siehe EuGH v. 10.04.1984, Rs 14/83, Colson, Slg. 1984, S. 1891 ff., EuGH v. 10.04.1984, Rs 79/83, Harz, Slg. 1984, 192, EuGH v. 22.04.1997, Rs 180/95, Draehmpaehl, Slg. 1997, 2195 ff.
[2183] EuGH v. 02.08.1993, Rs C-271/91, Marshall II, Slg. 1993, I-4367.

schutzes zu vereinbaren²¹⁸⁴. Der Generalanwalt Van Gerven hatte dabei eine Begrenzung des Schadenersatzes nicht ausgeschlossen, der Schadenersatz müsse hoch genug sein, «um als wirksame, verhältnismässige und abschreckende Sanktion wirken zu können»²¹⁸⁵. Das sei, so der Generalanwalt, von einem vollständigen Schadenersatz zu unterscheiden. Der Gerichtshof folgte diesem Vorschlag nicht. Bei einer diskriminierenden Entlassung könne vielmehr lediglich eine vollständige Wiedereinstellung der diskriminierten Person oder der vollständige Ersatz des Schadens eine Gleichstellung gewährleisten und der gemeinschaftsrechtlich geforderten angemessenen Sanktion Rechnung tragen²¹⁸⁶.

In der Rechtssache *Draempaehl* liess der EuGH erkennen, eine gesetzliche Beschränkung des Schadenersatzes sei in den Fällen einer Anstellungsdiskriminierung zulässig, in denen der Arbeitgeber beweisen könne, dass er die diskriminierte Person auch ohne Diskriminierung nicht eingestellt hätte²¹⁸⁷. In diesem Fall bildete die Diskriminierung aufgrund des Geschlechts nicht die einzige Ursache der Nichtanstellung. Dadurch erscheint eine Beschränkung des Schadenersatzes eher als zulässig²¹⁸⁸.

1089

2.5.2 Kontrahierungszwang und Nichtigkeit der Kündigung

Die «übliche» Rechtsfolge bei geschlechtsspezifischer Diskriminierung im Zusammenhang mit dem Zugang zur Beschäftigung ist *tatsächlicher und wirksamer* Schadenersatz im Sinne des Art. 6 Abs. 2 RL 76/207/EWG. Bei einer Anstellungsdiskriminierung aufgrund des Geschlechts ist auch die Anstellung als Rechtsfolge denkbar. Weder im Primärrecht noch in der RL 76/207/EWG sind diese Rechtsfolgen vorgesehen. Auch aus der EuGH-Rechtsprechung ist bisher nur ein einziger Fall ersichtlich, indem ein Anspruch auf (Zwangseinstellung) beim diskriminierenden Arbeitgeber bejaht wurde. In der Rechtssache *X. gegen Kommission der Europäischen Gemeinschaft* hatte die Kommission (!) bei einem Stellenbewerber unzulässigerweise einen HIV-Test machen lassen (der positiv ausfiel). Der EuGH bejahte in diesem Fall angesichts der rechtswidrig erlangten Informationen einen Anspruch auf Anstellung²¹⁸⁹.

1090

[2184] EuGH v. 02.08.1993, Rs C-271/91, Marshall II, Slg. 1993, I-4367, Rn 32.
[2185] Schlussanträge GA Van Gerben in der Rs Marshall II vom 26.1.1993.
[2186] EuGH v. 02.08.1993, Rs C-271/91, Marshall II, Slg. 1993, I-4367, Rn 30.
[2187] EuGH v. 22.04.1997, Rs C-180/95, Draehmpaehl, Slg. 1997, I-2195, Rn 37.
[2188] TOBLER (Rechtsbehelfe), S. 50.
[2189] EuGH v. 05.10.1994, Rs C-404/92 P, X v. Kommission der Europäischen Gemeinschaften, Slg. 1994 I-S. 4737.

3. Positive Massnahmen

3.1 Begriff und Problematik

1091 Der Begriff «positive Massnahmen» wird für Massnahmen verwendet, die im Interesse der faktischen Gleichstellung (vorliegend der Geschlechter) die Rechtsposition des benachteiligten Geschlechts im Vergleich zum anderen Geschlecht privilegieren[2190]. Im Anwendungsbereich der Geschlechtergleichheit bei Arbeit und Beschäftigung handelt es sich beim benachteiligten Geschlecht meistens um Frauen und beim nicht benachteiligten Geschlecht in der Regel um Männer.

1092 Die Problematik der positiven Massnahmen besteht darin, dass diese zu unmittelbar an das Geschlecht anknüpfenden Ungleichbehandlungen führen und somit bei einer rein formalen Betrachtungsweise des Gleichbehandlungsgrundsatzes unzulässig sind[2191]. Ein zweiter Problembereich besteht in der Gefahr, dass positive Massnahmen dem Ziel der Gleichstellung gerade zuwiderlaufen, da die Gefahr besteht, dass Vorstellung über das andere Geschlecht zementiert und damit tradierte Geschlechterrollen aufrecht erhalten werden[2192].

3.2 Wegweisende EuGH-Entscheidungen

1093 Ein Mittel zur Herstellung tatsächlicher Gleichheit besteht in der Einführung von so genannten Frauen-Quoten, die einen Arbeitgeber so lange verpflichten, bei gleichwertiger Qualifikation Frauen zu bevorzugen, bis ein bestimmten Anteil Frauen in einem Betrieb und/oder auf einer Hierarchiestufe erreicht ist. Gemeinschaftsrechtlich war (und ist) umstritten, ob und, wenn ja, unter welchen Voraussetzungen solche Quoten zulässig sind.

1094 Der EuGH sprach sich in der berühmten *Kalanke*-Entscheidung dagegen aus[2193]. Gegenstand des Urteils bildete die Bewerbung von Herr Kalanke und diejenige einer gleichwertig qualifizierten Mitbewerberin. Gestützt auf die einschlägige Vorschrift, wonach bei gleicher Qualifikation Frauen zu bevorzugen wären, entschied sich der Arbeitgeber (die Stadt Bremen) gegen die

---

[2190] Eine einheitliche Begriffsdefinition ist weder der Literatur noch der EuGH-Rechtsprechung zu entnehmen, siehe zum Begriff ARIOLI, S. 203 ff., KOKOTT/EGLI, S. 1486, EPINEY/FREIERMUTH/ABT (Recht), S. 197.
[2191] EPINEY/FREIERMUTH/ABT (Recht), S. 199.
[2192] Siehe dazu die grundsätzlichen Überlegungen in Teil I, 1. Kapitel, 2. Gleichheit, Vielfalt, Differenz, S. 10, in Teil II 9. Kapitel, 3.2 Positive Massnahmen, S. 293.
[2193] EuGH v. 17.10.1995, Rs C-450/93, Kalanke, Slg. 1995, I-3051.

Bewerbung von Herrn Kalanke. Nach dem EuGH überschreitet der absolute und unbedingte Vorrang von Frauen gegenüber gleichqualifizierten Männern die Grenzen des Art. 2 Abs. 4 der RL 76/207/EWG (in der Fassung von 1976)[2194]. Der Kalanke-Entscheidung erwuchs nicht zuletzt wegen ihrer äusserst knappen Begründung Kritik[2195].

In den Entscheidungen *Marschall*[2196], *Badeck*[2197] und *Lommers*[2198] wurde die Quotenfragen konkretisiert. Quoten sind dann zulässig, wenn diese im Unterschied zu absoluten Frauenquoten keine automatische Frauenbevorzugung enthielten, sondern eine so genannte Öffnungsklausel beinhalten. Eine solche bedeutet, so der EuGH in der Rechtssache Marschall, dass Frauen bevorzugt werden dürfen, «sofern nicht in der Person des Mitbewerbers liegende Gründe überwiegen»[2199]. Implizit geht es dem EuGH um eine Überprüfung der positiven Massnahmen anhand des Verhältnismässigkeitsgrundsatzes[2200]. Das zeigt sich in der Entscheidung Badeck: Hier hat der EuGH verschiedene Frauenförderungsmassnahmen der hessischen Verwaltung als mit dem Diskriminierungsverbot aufgrund des Geschlechts vereinbar erklärt, u.a. eine Quotenregelung für Ausbildungsplätze[2201]. Hier wurde dem Umstand Rechnung getragen, dass den allenfalls für die Ausbildungsplätze nicht berücksichtigten Männern Alternativen in der Privatwirtschaft offen stehen.

1095

In der Rechtssache *Abrahamsson*[2202] war streitig, ob ein (öffentlicher oder privater) Arbeitgeber bei der Einstellung, Beförderung oder Ausbildung eine weniger qualifizierte Person auswählen darf, wenn dies im Rahmen der Förderung der Gleichheit der Geschlechter erfolgt. Für den EuGH lag darin eine unzulässige automatische Bevorzugung des unterrepräsentierten Geschlechts[2203].

1096

3.3 Primärrechtliche Verankerung positiver Massnahmen

Noch in der Abrahmsson-Entscheidung stützte sich der EuGH auf Art. 2 Abs. 4 der RL 76/207/EWG in ihrer damaligen Fassung. Die grundsätzliche

1097

[2194] EuGH v. 17.10.1995, Rs C-450/93, Kalanke, Slg. 1995, I-3051, Rn 16.
[2195] NUMHAUSER-HENNING, S. 217, KRIMPHOVE, N 401.
[2196] EuGH v. 11.11.1997, Rs C-409/95, Marschall, Slg. 1997, 6363 ff.
[2197] EuGH v. 28.03.2000, Rs C-158/97, Badeck, Slg. 2000, S. 1875 ff.
[2198] EuGH v. 19.03.2002, Rs C-476/99, Lommers.
[2199] EuGH v. 11.11.1997, Rs C-409/95, Marschall, Slg. 1997, Rn 35.
[2200] SCHACHTER, S. 181.
[2201] EuGH v. 28.03.2000, Rs C-158/97, Badeck, Slg. 2000, Rn 25,38,55,63.
[2202] EuGH v. 06.07.2000, Rs C-407/98, Abrahamsson, Slg. 2000, I-5539.
[2203] EuGH v. 06.07.2000, Rs C-407/98, Abrahamsson, Slg. 2000, Rn 43.

Zulässigkeit positiver Massnahmen wurde mit dem Amsterdamer-Vertrag in Art. 141 Abs. 4 EGV und damit ins Primärrecht integriert. Diese Bestimmung ermöglicht im Hinblick auf die «effektive Gewährleistung der vollen Gleichstellung von Männern und Frauen im Arbeitsleben» vom Grundsatz der Gleichbehandlung dann abzuweichen, wenn dies der Erleichterung der Berufstätigkeit des unterrepräsentierten Geschlechts dient. Auch Vergünstigungen zur Verhinderung bzw. zum Ausgleich von Benachteiligungen in der Karriere sollen möglich sein. Nach Erklärung Nr. 28 zum Amsterdamer-Vertrag zielt diese generelle Regel auf die Bevorzugung von Frauen im Arbeitsleben[2204]. Nach Ansichten in der Lehre wäre Männerförderung in typischen Frauenberufen demnach unzulässig[2205]. Das ist zu eng gedacht. Die Erklärung Nr. 28 ist vielmehr so zu lesen, dass die Gleichstellung von Frauen im Erwerbsleben im Lichte der tatsächlichen Ungleichheit eine besonders hohe Priorität hat.

1098 Diese Öffnungsklausel i.S. einer Ausnahme des Gleichbehandlungsgrundsatzes richtet sich an die Mitgliedstaaten. Sie verleiht demzufolge kein subjektives Recht auf positive Massnahmen[2206]. Die positiven Massnahmen zur effektiven Gewährleistung der vollen Gleichstellung können durch den Staat, die Tarifpartner und durch Regelungen auf der Ebene einzelner Betriebe beschlossen werden.

1099 Nach Art. 141 Abs. 4 EGV sind positive Massnahmen dann zulässig, wenn sie direkt an eine bestimmte benachteiligende Situation anknüpfen und zum Ziel haben, diese (und nur diese) auszugleichen. Unzulässig wären bsw. generalklauselartige Formulierungen[2207]. Weiter ist die Wahrung der Verhältnismässigkeit erforderlich[2208].

IV. Bilanz

1100 Im Anwendungsbereich des Gemeinschaftsrechts sind Arbeitnehmende sowohl in privatrechtlichen wie in öffentlichrechtlichen Arbeitsverhältnissen während des *ganzen Lebenszyklusses eines Arbeitsverhältnisses* – Bewerbungsphase, Einstellungsentscheid, Entgelt, übrige Arbeitsbedingungen, Entlassung – umfassend vor Diskriminierung aufgrund des Geschlechts geschützt. Darüber hinaus sind die Mitgliedstaaten zur *Verwirklichung der*

[2204] ABl 1997 C 340.
[2205] EICHENHOFER, N 23 zu Art. 141 EGV.
[2206] KREBBER, N 81 zu Art. 141 EGV.
[2207] MEYER, S. 176.
[2208] EPINEY/FREIERMUT/ABT (Grundlagen), S. 80.

Gleichstellung von Frauen und Männern im Arbeitsleben verpflichtet[2209]. Der Anspruch auf gleiches Entgelt für gleiche Arbeit war anfangs vorwiegend wirtschaftlich motiviert. Insbesondere die EuGH-Rechtsprechung ebnete den Weg zu einem breiteren Verständnis. Heute haben der Entgeltgleichheitsanspruch wie auch die übrigen Arbeitsgleichheitsrechte sowohl wirtschaftliche, soziale wie menschenrechtliche Ziele[2210].

Der Stellenwert geschlechtsspezifischer Arbeitsgleichheitsrechte ist ausserordentlich hoch. Arbeitsspezifische Gleichheitsrechte sind in der (noch) unverbindlichen Europäischen Grundrechtscharta und in der unverbindlichen Gemeinschaftscharta der sozialen Grundrechte der Arbeitnehmer verankert. Der Anspruch auf Entgeltgleichheit hat gar den Charakter eines Gemeinschafsgrundrechts. Der Anspruch auf gleiches Entgelt bei gleicher und gleichwertiger Arbeit ist primärrechtlich in Art. 141 EGV verankert und unmittelbar in öffentlichen wie in privaten Arbeitsverhältnissen anwendbar. Die Verwirklichung der Gleichbehandlung und Gleichstellung in den Bereichen *ausserhalb des Entgeltes* obliegt den Mitgliedstaaten, die entsprechende Richtlinien umzusetzen haben[2211]. 1101

Sowohl beim Entgelt wie bei den übrigen Arbeitsbedingungen sind unmittelbar an das Geschlecht anknüpfende wie auch mittelbare Diskriminierungen untersagt. Der EuGH behandelt die «Schwangerschaftsfälle» als unmittelbare Diskriminierungen. Rechtfertigungsgründe werden bei diesen Fällen unmittelbarer Diskriminierung vom EuGH nicht anerkannt. Hingegen billigt der Gerichtshof Arbeitgebenden zu, eine festgestellte unterschiedliche Entlöhnung durch den Nachweis nicht auf dem Geschlecht basierender Unterscheidungskriterien zu rechtfertigen. Mittelbare Diskriminierungen sind generell rechtfertigungsfähig. Im Bereich des Entgelts muss das vom Arbeitgeber gewählte System einem «wirklichen Bedürfnis» des Unternehmens dienen und für die Erreichung des Zieles müssen geeignete und erforderliche Mittel verwendet werden[2212]. 1102

Die häufigsten Probleme mittelbarer Diskriminierung betreffen Entgelt- und Arbeitsbedingungen von Teilzeitbeschäftigten[2213]. Zunehmend in den Blickpunkt des Interesses geraten Entgeltsysteme und Arbeitsbedingungen, die an das Dienstalter anknüpfen. Die frühere Rechtsprechung, dass Arbeitgeber an das Dienstalter anknüpfende Ungleichbehandlung überhaupt nicht zu recht- 1103

[2209] Siehe dazu in diesem Kapitel, 2.3.1 Umfassender Diskriminierungsschutz, S. 411 f.
[2210] Siehe dazu in diesem Kapitel, 2. Bedeutung und Begründung der Geschlechtergleichheit im Arbeitsleben, S. 381 f.
[2211] Siehe dazu in diesem Kapitel, III. Anspruch auf (übrige) arbeitsrechtliche Gleichbehandlung, S. 409 ff.
[2212] Siehe dazu in diesem Kapitel, 4.4 Rechtfertigungsgründe, S. 399 ff.
[2213] Siehe dazu in diesem Kapitel, 5.1 Teilzeitbeschäftigte, S. 402 .

fertigen brauchen, ist überholt. Der EuGH hat aufgezeigt, dass er hier künftig einen strengeren Massstab anwenden wird. Es wird sich zeigen, welchen Einfluss hierzu das arbeitsrechtliche Verbot der Diskriminierung aufgrund des Alters spielen wird.

1104 In prozessualer Hinsicht stellt die Beweislastumkehr ein wirksames Mittel zur Durchsetzung der Ansprüche auf Entgeltgleichheit und Diskriminierungsschutz dar. Bezüglich Rechtsfolgen ist zwischen der Entgeltgleichheit und den übrigen Arbeitsbedingungen zu unterscheiden. Bei der Entgeltgleichheit bedeutet Gleichbehandlung Anpassung an das Entgelt der Vergleichsperson bzw. Vergleichsgruppe, zumindest was die Vergangenheit und Gegenwart betrifft. Für die Zukunft ist eine Anpassung nach unten zulässig. Bei Diskriminierungen, die nicht auf einer Entgeltungleichheit beruhen, besteht nach der Rechtssprechung Anspruch auf vollständigen Schadenersatz. Eine gesetzliche Begrenzung des Schadenersatzes ist nur für die Fälle zulässig, in denen der Arbeitgeber den Nachweis erbringen kann, er hätte die fragliche Kandidatin oder den fraglichen Kandidaten auch ohne Geschlechtsdiskriminierung nicht angestellt. Noch kein klares Bild ergibt sich aus der bisherigen Rechtsprechung zur Frage, was der EuGH unter den in der Gleichbehandlungsrichtlinie 76/207/EWG geforderten wirksamen, abschreckenden und verhältnismässigen Sanktionen versteht. Diese Frage wird sich künftig auch bei den «neuen» arbeitsrechtlichen Diskriminierungsverboten in den RL 2000/78/EG und 2000/43/EG stellen.

1105 Die gemeinschaftsrechtlich geforderten und zulässigen, so genannten positiven Massnahmen zur Herstellung der Gleichstellung zwischen Frauen und Männern im Arbeitsleben haben den EuGH im Zusammenhang mit Quotensystemen meist öffentlicher Arbeitgeber beschäftigt. Die bisherigen Quoten-Entscheide sind Ausdruck eines eher formalen Gleichheitsverständnisses. Insbesondere eine starre Quote ohne Öffnungsklausel hat vor dem Gerichtshof keine Chance. Hingegen sind zielgerichtete und verhältnismässige Fördermassnahmen, die auch zeitlich limitierte Quoten beinhalten können, kein Verstoss gegen den Grundsatz der Geschlechtergleichheit im Arbeitsleben.

1106 Die arbeitsrechtlichen Diskriminierungsschutz- und Gleichstellungsnormen haben für private Arbeitgeber weit reichende Folgen. Der Entgeltgleichheitsgrundsatz ist unmittelbar auf alle Arbeitsverhältnisse anwendbar und die Mitgliedstaaten werden durch die Gleichbehandlungsrichtlinie 76/207/EWG zu umfassenden, auch in privaten Arbeitsverhältnissen wirkenden gesetzlichen Diskriminierungsschutznormen verpflichtet. In der bisherigen Rechtsprechung des EuGH wurde die Frage, ob eine gemeinschaftsgrundrechtliche garantierte Vertragsfreiheit eine Grenze des Diskriminierungsschutzes darstelle, nicht ausdrücklich behandelt.

V. Auswirkungen auf die Schweiz

1. Autonomer Nachvollzug des EG-Gleichstellungsrechts

Weder Art. 141 EGV noch die Gleichbehandlungsrichtlinien sind in der Schweiz unmittelbar anwendbar. Die Rechtssprechung des Schweizerischen Bundesgerichts zum Gleichstellungsrecht ist dennoch massgeblich durch die gemeinschaftsrechtliche Rechtslage zur Geschlechtergleichheit geprägt worden[2214]. In der bundesrätlichen Botschaft zum Bundesgesetz über die Gleichstellung von Mann und Frau vom 24. März 1995 (Gleichstellungsgesetz) verweist der Bundesrat wiederholt an verschiedenen Stellen auf einzelne EWG-Richtlinien und auf die Rechtsprechung des Europäischen Gerichtshofes[2215]. Historischen Hintergrund bildet der vorerst beabsichtigte EWR-Beitritt, der eine Anpassung der schweizerischen Gleichstellungsrechtslage erforderlich gemacht hätte. Die Gleichstellungsrichtlinie 76/202/EWG ist im EWR in Anhang XVIII aufgeführt[2216]. Im Falle eines EWR-Beitrittes wäre diese Richtlinie für die Schweiz verbindlich geworden[2217]. Auch nach dem Nichtbeitritt zum EWR hielt der Bundesrat an diesen Zielen fest[2218].

1107

Erkennbar ist eine Orientierung an EuGH-Entscheiden zur Geschlechtergleichheit im Erwerbsleben auch in der Rechtsprechung des Schweizerischen Bundesgerichts zu Art. 8 Abs. 3 BV und zum Gleichstellungsgesetz[2219]. So nahm das Bundesgericht bei der Auslegung des Begriffs «indirekte Diskriminierung» ausdrücklich auf die Rechtssache *Bilka*[2220] Bezug[2221]. Im Zusammenhang mit den Entscheidungen zu den so genannten Quoteninitiativen referenzierte das Bundesgericht die *Kalanke*-Entscheidung[2222] genau so wie die Nachfolgeentscheidungen, in der die strenge Kalanke-Praxis relativiert wurde[2223].

1108

[2214] KAUFMANN (Hintergrund), N 50 ff., EPINEY/FREIERMUTH/ABT (Recht), S. 38, KLETT (Inspiration), S. 135.
[2215] Botschaft des Bundesrates zum Bundesgesetz über die die Gleichstellung von Mann und Frau, BBl 1993, I 1246, 1279, 1287, 1296, 1300, 1318 (ab hier: Botschaft GlG).
[2216] Vertrag über den Europäischen Wirtschaftsraum EWR, Amtsblatt der Europäischen Gemeinschaften, Abl. Nr. L 001 vom 2.1.1994, 30-36, 21994A01(03).
[2217] Botschaft GlG, BBl 1993, I 1249, KLETT (Inspitration), S. 136.
[2218] Botschaft GlG, BBl 1993, I 1246, 1294 f., KAUFMANN, N 18 zu Art. 1 GlG.
[2219] Zur Rechtsprechung des Bundesgerichts zur Gleichstellung von Frau und Mann siehe umfassend BIGLER-EGGENBERGER (Justitias Waage).
[2220] Siehe Fn 2070.
[2221] BGE 124 III 409, Erw. 5b.
[2222] Siehe Fn 2193.
[2223] BGE 123 I 125, Erw. 5b, 125 I 21, Erw. 3d.

12. Kapitel: Arbeitsrechtliches Diskriminierungsverbot aufgrund des Geschlechts

2. Die Anwendung von autonom nachvollzogenem EG-Recht im Allgemeinen

1109 Das Gleichstellungsgesetz ist zu jenen Rechtserlassen zu zählen, die vom schweizerischen Gesetzgeber u.a. mit dem Willen erlassen worden sind, eine materielle Angleichung oder zumindest Annäherung an den gemeinschaftsrechtlichen Gleichstellungsstandard zu erreichen. Soweit im schweizerischen Gleichstellungsrecht auf gemeinschaftsrechtliche Vorbilder Bezug genommen wird, steht die Frage im Raum, wieweit die Rechtsprechung des EuGH vom schweizerischen Richter berücksichtigt werden muss. Diese Problematik stellt sich bei allen Rechtserlassen, die als «autonom nachvollzogenes EU-Recht» verstanden werden können.

1110 Das Bundesgericht hat zur Frage der Bedeutung der EuGH-Rechtsprechung bei autonom nachvollzogenem EU-Recht in BGE 129 III 335 wegweisend festgehalten: «... Nachvollzogenes Binnenrecht ist im Zweifel europarechtskonform auszulegen. Es ist harmonisiertes Recht und als solches im Ergebnis – wie das Staatsvertragsrecht – Einheitsrecht. Zwar ist es nicht Einheitsrecht in Form von vereinheitlichtem Recht. Wird aber die schweizerische Ordnung einer ausländischen – hier der europäischen – angeglichen, ist die Harmonisierung nicht nur in der Rechtssetzung, sondern namentlich auch in der Auslegung und Anwendung des Rechts anzustreben, soweit die binnenstaatlich zu beachtende Methodologie eine solche Angleichung zulässt. ... Die Angleichung in der Rechtsanwendung darf sich dabei nicht bloss an der europäischen Rechtslage orientieren, die im Zeitpunkt der Anpassung des Binnenrechts durch den Gesetzgeber galt. Vielmehr hat sie auch die Weiterentwicklung des Rechts, mit dem eine Harmonisierung angestrebt wurde, im Auge zu behalten.»[2224]

1111 Aus dieser Entscheidung – ihr folgten weitere mit gleichem Tenor[2225] – lassen sich drei Regeln zur Bedeutung der EuGH-Rechtsprechung bei nachvollzogenem EU-Recht ableiten:

- nachvollzogenes Binnenrecht ist im Zweifel europarechtskonform auszulegen (in dubio pro interpretatione europaea)[2226],
- die europarechtskonforme Auslegung ist dynamisch zu verstehen, sowohl legislative wie auch jurisprudentielle *Entwicklungen* sind zu berücksichtigen[2227],

---

[2224] BGE 129 III 335, Erw. 6.
[2225] BGE 130 I 96, Erw. 3.4, 130 III 182, Erw. 5.5.1, 132 III 32, Erw. 4.1, Bger 4C.434/2004 v. 05.08.2005, Erw.5.1, 4P 299/2004 vom 14.04.2005, Erw. 3.1.
[2226] PROBST (Rechtsprechung), S. 237.
[2227] AMSTUTZ, S. 107.

- die Regeln 1 und 2 stehen unter dem Vorbehalt der Grenzen der innerstaatlichen Methodologie[2228].

Der fragliche Bundesgerichtsentscheid wie auch die Nachfolgeentscheidungen wurden in der Lehre unterschiedlich aufgenommen. PROBST weist auf die Gefahr einer eigentlichen Spaltung zwischen einem harmonisierten und nicht harmonierten Privatrecht hin. Als Alternativen bieten sich an, entweder den Einfluss der EuGH-Rechtsprechung auch auf nicht autonom nachvollzogene Gesetze auszuweiten oder aber sich der gemeinschaftsrechtlichen Entwicklung auch im Bereich der Auslegung des autonom nachvollzogenen Rechts zu entsagen[2229]. Für den Autoren sind über diese grundsätzlichen mehr rechtspolitischen Fragen hinaus auch methodologische Fragen zu klären. Der Grundsatz in «dubio pro interpretatione europaea» sei noch reichlich unklar und müsse daher von Lehre und Rechtsprechung noch näher ausgeleuchtet werden[2230].

WIEGAND weist darauf hin, dass sich die Auslegungsfragen bei autonom nachvollzogenem EU-Recht für die Schweiz nicht wesentlich anders darstellen, als für die EU-Mitgliedstaaten bei der Umsetzung von Richtlinien ins nationale Recht. Hier wie dort geht es darum, dass Ziel der Harmonisierung der Rechtslage, durch ein zielgerichtetes Auslegungsvorgehen zu erreichen[2231]. Daraus zieht Wiegand den Schluss, auch der schweizerische Richter habe in einem ersten Schritt «die der fraglichen Norm zu Grunde liegende Richtlinie unter Anwendung der vom EuGH entwickelten Interpretationsmethodik auszulegen, um über die Freilegung von Wertungen und Motiven des Richtliniengebers zum Normsinn zu gelangen»[2232]. In einem zweiten Schritt müsse nun der Richter, so Wiegand, die nationale Regelung richtlinienkonform auslegen: «Damit wird der vorgängig festgestellte Normsinn der Richtlinie zu einer bestimmenden Wertungsgrundlage der nachvollzogenen, nationalen Norm»[2233]. Eine Änderung des Auslegungskanons ist für dieses Vorgehen nach Wiegand entbehrlich. Die Berücksichtigung der zuweilen dynamischen EuGH-Rechtsprechung könne allenfalls zu Schwierigkeiten hinsichtlich der unter dem Begriff der «Rechtsfortbildung» diskutierten Probleme Anlass geben[2234].

Unter dem Titel «Interpretatio multiplex» erörtert AMSTUTZ die Fragen, die sich bei der Europäisierung des schweizerischen Privatrechts im Spiegel von

---

[2228] PROBST (Rechtsprechung), S. 237.
[2229] PROBST (Rechtsprechung), S. 257 f.
[2230] PROBST (Rechtsprechung), S. 253.
[2231] WIEGAND, N12 -13.
[2232] WIEGAND, N28.
[2233] WIEGAND, N38.
[2234] WIEGAND, N41.

BGE 129 III 335 stellen[2235]. Amstutz kritisiert, dass das Bundesgericht der Europakompatiblität lediglich «Hilfsstatus» einräumt, man gewinne den Eindruck, dass das Gericht eine Bindung des Schweizerrichters an das Gemeinschaftsrecht nur für gewisse Fälle unterstelle. Vielmehr solle, so Amstutz, BGE 129 III 335 als Ausgangspunkt für eine «interlegale Methodentheorie» dienen. Europakonformität solle als verbindliche und vor allem primäre methodologische Vorgabe verstanden werden[2236]. Eine Grenze europakonformer Auslegung autonom nachvollzogenen Richtlinienrechts sieht Amstutz dann, wenn in einem fraglichen Erlass ein politischer Wille (des Gesetzgebers) erkennbar ist, der die Rezeption gemeinschaftsrechtlicher Richtlinienziele begrenze. Soweit ein solcher Wille *nicht* erkennbar sei, begründe das Gebot der Europakonformität eine Zuständigkeit des Gerichts, «gegen den Sinn» einer nachvollzogenen Norm («Contra legem») eine europakonforme Lösung zu konstruieren, ohne dass damit aber die dogmatische Konstruktion europarechtlich vorgegeben wäre, dafür ist die schweizerische Rechtskultur «massgeblich[2237].»

1115 Auch wenn von einer gefestigten Praxis im Umgang mit nachvollzogenem Gemeinschaftsrecht noch keine Rede sein kann, steht doch ausser Zweifel, dass die Rechtsprechung zu nachvollzogenem Gemeinschaftsrecht sich der meist dynamischen Entwicklung des EU-Rechts durch den EuGH und durch die Änderung und Erweiterung von Richtlinien nicht verschliessen soll. Dies trifft auch auf das Gleichstellungsgesetz zu, zu dessen hauptsächlichsten Zielsetzungen gerade die Harmonisierung mit der gemeinschaftsrechtlichen Rechtslage gehört[2238].

3. *Die Anwendung von nachvollzogenem EG-Gleichstellungsrecht*

3.1 Übersicht

1116 Das schweizerische Recht der Gleichstellung von Mann und Frau im Vergleich zum europäischen Gemeinschaftsrecht bildetete Gegenstand einer Studie von EPINEY/DUTTWILER. Die Autorin und der Autor sehen dabei sowohl Konvergenzen wie auch Divergenzen.

[2235] AMSTUTZ, S. 92 ff.
[2236] AMSTUTZ, S. 111.
[2237] AMSTUTZ, S. 118.
[2238] KAUFMANN (Hintergrund), N 50 ff., EPINEY/FREIERMUTH/ABT (Recht), S. 38, KLETT (Inspiration), S. 135, Botschaft GlG, BBl 1993, I 1246, 1294 f., KAUFMANN, N 18 zu Art. 1 GlG.

In *beiden Rechtsordnungen* sind Gleichbehandlungsgebote bzw. Diskriminierungsverbote grundsätzlich als Anknüpfungsverbote zu verstehen, von denen nur unter bestimmten Voraussetzungen abgewichen werden darf[2239]. An Divergenzen wird vorweg festgestellt, dass die Gleichstellung der Geschlechter hinsichtlich Entgelt in der EU vorerst primär wettbewerbspolitisch motiviert war, während in der Schweiz das Diskriminierungsverbot aufgrund des Geschlechts – wie die übrigen Diskriminierungsverbote in Art. 8 Abs. 2 BV auch – als Ausfluss der Menschenwürde angesehen wird[2240]. Wie weiter oben aufgezeigt wurde, überwiegt heute auch im EU-Gleichstellungsrecht die sozialpolitische und menschenrechtliche Begründung[2241]. Unterschiede zeigen sich weiter bei der *indirekten Diskriminierung*, der Frage der *Zulässigkeit der Quoten* und der *Beweislast*. Das Autorenteam WERRO/VIRET zeigt eine weitere Divergenz des schweizerischen zum gemeinschaftsrechtlichen Gleichstellungsrecht auf: Die schweizerische rechtliche Regelung und die entsprechende Praxis der *Rechtsfolgen einer Diskriminierung* aufgrund des Geschlechts sind nicht europakompatibel[2242].

Nachfolgend wird eine Divergenz aufgegriffen: Die Problematik der indirekten Diskriminierung und ihrer Rechtfertigung.

3.2   Indirekte Diskriminierung und Rechtfertigung

Es wurde weiter oben erwähnt: Mit dem Gleichstellungsgesetz (GlG) wollte der Gesetzgeber das schweizerische Recht hinsichtlich Gleichstellung der Geschlechter europafähig (EWR-fähig) machen. Die Aufnahme des Verbots der indirekten Diskriminierung in Art. 3 GlG erfolgte auf diesem Hintergrund[2243].

Das GlG enthält keine Begriffsdefinition der indirekten Diskriminierung. Primärrechtlich hatte der EuGH den Begriff der indirekten Diskriminierung bereits im Entstehungszeitpunkt des GlG (1994) in einer langjährigen Praxis entwickelt. Das Bundesgericht folgt bei der Auslegung des Begriffs der indirekten Diskriminierung einem ähnlichen Ansatz wie der EuGH, namentlich

---

[2239] EPINEY/DUTTWILER, S. 42.
[2240] EPINEY/DUTTWILER, S. 40.
[2241] Siehe in diesem Kapitel, I. 2. Bedeutung und Begründung der Geschlechtergleichheit im Arbeitsleben, S. 381.
[2242] WERRO/VIRET, S. 89 ff.
[2243] Botschaft GlG, BBl 1991 I, 1246, 1295 f.

was den erforderlichen Grad der grösseren Betroffenheit des einen Geschlechts angeht[2244].

Sekundärrechtlich hat der Gesetzgeber den Begriff der indirekten Diskriminierung in Art. 2 Abs. 2 RL 97/80/EWG und in Art. 2 Abs. 2 RL 76/207/EWG definiert. In der geänderten Fassung ist nicht mehr ein «wesentlich höherer Anteil» der Angehörigen des einen Geschlechts verlangt. Entscheidend ist vielmehr, dass gewählte Differenzierungskriterien Personen des einen Geschlechts in besonderer Weise gegenüber Personen des anderen Geschlechts benachteiligen[2245]. Folgt man der Doktrin, wonach sich mit dem Ziel der Harmonisierung autonom nachvollzogenes Gemeinschaftsrecht auch die Pflicht zur Berücksichtigung der EuGH-Rechtsprechung und sekundärrechtlichen Anpassungen ergibt, muss das Bundesgericht seine Rechtssprechung entsprechend anpassen und künftig auf die Gefahr einer Benachteiligung für das eine Geschlecht abstützen[2246].

1121 Die Rechtfertigung einer mittelbaren Diskriminierung ist sowohl im Gemeinschaftsrecht wie im schweizerischen Recht anerkannt. Bei der Prüfung der Rechtfertigung zeigen sich indes Unterschiede. Der EuGH verlangt eine zweigestufe Prüfung: Erstens muss ein objektiver Grund vorliegen und zweitens muss die fragliche Massnahme verhältnismässig sein[2247]. Das Bundesgericht lässt demgegenüber häufig bereits sachliche Gründe für die Rechtfertigung von Lohnunterschieden genügen und führt nicht noch eine Verhältnismässigkeitsprüfung durch[2248]. Nur aus einzelnen Entscheiden lässt sich he-

---

[2244] Z.B. BGE 124 II 529, Erw. 5a und 5g. Zum Ganzen ausführlich EPINEY/DUTTWILER, S. 48 ff., BIGLER-EGGENBERGER (Justitias Waage), N 532, 533.
[2245] Siehe dazu in diesem Kapitel, II. 4.3 Mittelbare Diskriminierung, S. 395 f. und III. 2.4 Untersagte Diskriminierungsformen, S. 414 f.
[2246] Zu diesem Ergebnis kommen auch EPINEY/DUTTWILER, S. 52 und S. 57.
[2247] Siehe dazu in diesem Kapitel, III. 4.4 Rechtfertigungsgründe, 4.4.2 Bei mittelbarer Diskriminierung, S. 400 f.
[2248] BGE 124 II 529, Erw. 3, 3c, 124 II 409, Erw. 7, 125 I 71, Erw. 2a.

rauslesen, dass das Bundesgericht im Ergebnis über die Prüfung des Sachlichkeitsgebotes hinaus eine Verhältnismässigkeitsprüfung vornimmt[2249]. In der Lehre wird gefordert, das Bundesgericht habe das zweistufige Prüfkonzept des EuGH konsequent anzuwenden[2250]. Dieser Position ist zuzustimmen. Genügt als Rechtfertigungsgrund ein sachlicher Grund ohne zusätzliche Schranke der Verhältnismässigkeit, besteht die Gefahr, dass Argumente zugelassen werden, die letztlich die Geschlechterungleichheit zementieren.

[2249] BGE 125 III 368, Erw. 5.
[2250] KLETT (Inspiration), S. 141, EPINEY/DUTTWILER, S. 57, BIGLER-EGGENBERGER (Justitias Waage), N 577.

13. Kapitel: Arbeitsrechtliche Diskriminierungsverbote nach RL 2000/78/EG und 2000/43/EG

I. Konzeption und Legitimation der Richtlinien

1. Die primärrechtliche Grundlagen

1.1 Art. 13 EGV

1122 Art. 13 EGV Abs. 1 lautet:

«Unbeschadet der sonstigen Bestimmungen dieses Vertrages kann der Rat im Rahmen der durch den Vertrag auf die Gemeinschaft übertragenen Zuständigkeiten auf Vorschlag der Kommission und nach Anhörung des Europäischen Parlaments einstimmig geeignete Vorkehrungen treffen, um Diskriminierungen aus Gründen des Geschlechts, der Rasse, der ethnischen Herkunft, der Religion oder der Weltanschauung, einer Behinderung, des Alters oder der sexuellen Ausrichtung zu bekämpfen.»

1123 Durch Art. 13 EGV wird eine Rechtsgrundlage der Gemeinschaft zum Erlass von Bestimmungen zum Diskriminierungsschutz geschaffen[2251]. Das Ziel von Art. 13 ist die *Bekämpfung* der Diskriminierung augrund der aufgeführten Merkmale. Dieses Ziel muss mit *geeigneten Massnahmen* erreicht werden. Daraus ist zu schliessen, dass auf Art. 13 EGV beruhende gemeinschaftsrechtliche Diskriminierungsverbote über ein formelles Diskriminierungsverständnis hinausgehen müssen[2252]. Mit einem rein formalen Diskriminierungskonzept kann Diskriminierung nicht wirksam bekämpft werden[2253]. Der Diskriminierungsbegriff in Art. 13 EGV ist folglich materiell zu verstehen, d.h. auf die Lebenswirklichkeit gerichtet.

1124 Diskriminierungen gehen regelmässig nicht nur vom Staat, sondern auch von Privaten aus. Diskriminierungsbekämpfung bedingt Diskriminierungsverbote, die auch in Privatrechtsverhältnissen Wirkung entfalten. Art. 13 EGV schliesst deshalb die Kompetenz zum Erlass von Anti-Diskriminierungsbestimmungen mit Horizontalwirkung mit ein[2254]. Weiter eröffnen sich mit

---

[2251] LENZ, N 11 zu Art. 13 EGV, STREINZ N 17 zu Art. 13 EGV, ELLIS, S. 13 f.
[2252] Siehe 10. Kapitel, 3.1 Diskriminierungsformen, S. 320.
[2253] SCHIEK (Einleitung), N 54, ALLEN, S. 49.
[2254] KENNER (Law), S. 394, ZULEEG, N 14 zu Art. 13 EGV, DÄUBLER (Einleitung), N 108, HOLOBEK, N 5 zu Art. 13 EGV.

der genannten Formulierung Möglichkeiten zum Erlass positiver Massnahmen[2255].

Mit dem Erlass der Gleichbehandlungsrahmenrichtlinien hat sich der europäische Gesetzgeber dafür entschieden, in Sachen Gleichbehandlung einen für alle EU-Mitgliedstaaten verbindlichen Standard zu setzen. Nur so lässt sich die Schaffung diskriminierungsfreier Ausgangsbedingungen realisieren[2256]. Den Mitgliedstaaten ist indes nicht vorgeschrieben, *wie* sie die (verbindlichen) Ziele der Richtlinien umsetzen wollen. Damit ist der Grundsatz der Subsidiarität im Sinne von Art. 5 Abs. 2 und 3 EGV gewahrt[2257]. Dafür spricht auch, dass die Form der Richtlinien zur Diskriminierungsbekämpfung keineswegs zwingend ist. Nach Art. 13 EGV hätte der Rat auch eine Antidiskriminierungs*verordnung* erlassen können[2258], was die Mitgliedstaaten in ihrer Souveränität mehr eingeschränkt hätte.

1125

Die Formulierung «unbeschadet der sonstigen Bestimmungen des Vertrages» bedeutet, dass Art. 13 EGV nur dann relevant ist, wenn die übrigen Rechtsgrundlagen des Vertrages keine vergleichbar deutlich formulierte Kompetenz zum Erlass von Diskriminierungsmassnahmen vorsehen[2259]. Dies führt zum Vorrang der Regelung der Geschlechterdiskriminierung im Arbeitsleben in Art. 141 EGV im Verhältnis zu Art.13 EGV[2260].

1126

Eine Einschränkung erfährt Art. 13 EGV durch die Formulierung «im Rahmen der durch den Vertrag auf die Gemeinschaft übertragenen Zuständigkeiten». Der Gemeinschaftsgesetzgeber darf nur in Bereichen Anti-Diskriminierungsmassnahmen erlassen, für die ihm auch sonst eine Rechtssetzungszuständigkeit zukommt[2261]. Die Kompetenz zur Diskriminierungsbekämpfung im Arbeitsleben ist durch die Kompetenznormen zur Sozialpolitik in den Artikeln 136 ff. EGV gegeben. Art. 13 EGV ist aber nicht auf das Gebiet der Sozial- und Beschäftigungspolitik beschränkt. Die Bekämpfung von Diskriminierung berührt vielmehr auch die «Binnenmarktkompetenz» der Gemeinschaft[2262].

1127

Selbst wenn eine ausdrückliche Kompetenz der Gemeinschaft nicht vorliegt, bedeutet dies nicht zwingend die Nichtanwendung von Gleichbehandlungsvorschriften. Die Rechtsprechung des EuGH zur Gleichbehandlung beim

1128

[2255] HOLOBEK, N 12 zu Art. 13 EGV.
[2256] Erwägungsgrund Nr. 37 RL 2000/78/EG.
[2257] MOHR, S. 186.
[2258] SCHÖBENER/STORK, S. 47.
[2259] BOUCHOUAF/RICHTER, S. 652.
[2260] PLÖTSCHER, S. 260, REBHAN, N 38 zu Art. 141 EGV.
[2261] DÄUBLER (Einleitung), N 111.
[2262] PLÖTSCHER, S. 261, BELL (Anti-Discrimination Law), S. 191 ff., ALLEN, S. 45 ff., HOLOUBEK, N 5-6 zu Art. 13 EGV.

Zugang zur Armee zeigt, dass die Gleichbehandlung aufgrund des Geschlechts *grundlegend* im Gemeinschaftsrecht verankert ist. Trotz fehlender Gemeinschaftsrechtskompetenz in der Organisation der Landesverteidigung und Wehrpflicht wurde in den Rechtssachen *Sirdar*[2263] und *Kreil*[2264], der gleiche Zugang von Frauen und Männern zu den fraglichen Arbeitsplätzen anerkannt[2265].

1129 Nach herrschender Meinung verschafft Art. 13 EGV keine subjektiven Rechte[2266]. Art. 13 EGV enthält kein selbstständiges Diskriminierungsverbot, sondern lediglich eine Kompetenznorm zum Ergreifen geeigneter Massnahmen zur von Diskriminierung aus bestimmten Gründen[2267]. Für HOLOUBEK müssen sekundärrechtlich lediglich die geeigneten Massnahmen zur Bekämpfung der Diskriminierung aktiviert werden, nicht das Diskriminierungsverbot selbst. Daraus leitet er entgegen der herrschenden Meinung die These ab, Art. 13 EGV könne durchaus als unmittelbar anwendbares Diskriminierungsverbot verstanden werden[2268].

1130 Im Ergebnis trifft zu, dass Art. 13 EGV keine subjektiven Ansprüche verleiht. Die Bestimmung ist als Kompetenznorm ausgestaltet. Daraus ist jedoch gerade nicht der Schluss zu ziehen, *primärrechtlich* bestehe kein Schutz vor Diskriminierung aus den in Art. 13 EGV genannten Gründen. Vielmehr ist ein Schutz vor ungerechtfertigter Ungleichbehandlung bereits nach dem allgemeinen Gleichheitssatz gewährleistet[2269].

1.2 Art. 136/137 EGV

1131 Der innere Zusammenhang zwischen der Kompetenznorm zum Erlass geeigneter Diskriminierungsschutzmassnahmen und den im Kapitel über «Sozialpolitik» in Art. 136 EGV dargelegten sozialen Ziele der Gemeinschaft ist offensichtlich: Nach Art. 136 EGV verfolgen die Gemeinschaft und die Mit-

---

[2263] EuGH v. 21.01.2000, Rs C-285/98, Kreil.
[2264] EuGH v. 26.10.1999, Rs C-273/97, Sirdar.
[2265] MAHLMANN (Gleichheitsschutz), N 55.
[2266] Vgl. EPINIEY, N 1 zu Art. 13 EGV, LENZ, N 11 und 28 zu Art. 13 EGV, STREINZ, N 17 zu Art. 13 EGV, RUST (Vorbemerkungen), S. 31, gleicher Ansicht weiter BELL (Anti-Discrimination Law), S. 125 und wohl auch KENNER (Law), S. 393. Anderer Ansicht CIRKEL, S. 3332 und HOLOUBEK, N 9 zu Art. 13 EGV. Siehe auch Schlussanträge GA Mazak in der Rs C-411/05, Palacios de Villa vom 15.02.2007, Rn 36.
[2267] STREINZ (Kompetenz), S. 23 f.
[2268] HOLOUBEK, Rn 9 zu Art. 13 EGV.
[2269] BOUCHOUAF/RICHTER, S. 654 f. Siehe dazu ausführlich weiter hinten in diesem Kapitel, Ungeschriebene primärrechtliche Diskriminierungsverbote, S. 433.

gliedstaaten im Geiste der sozialen Grundrechte u.a. die Ziele «Bekämpfung von Ausgrenzungen» und «angemessenen sozialen Schutz». Zur Erreichung dieser Ziele kann die Gemeinschaft gemäss Art. 137 Abs. 2 EGV unter Berücksichtigung der in den einzelnen Mitgliedstaaten bestehenden Bedingungen und technischen Regelungen durch Richtlinien Mindestvorschriften erlassen, die schrittweise anzuwenden sind. Im Unterschied zu Art. 13 EGV ist bei den Massnahmen nach Art. 137 EGV nicht Einstimmigkeit verlangt. Diskriminierungsschutzmassnahmen der Gemeinschaft im Bereich Beschäftigung und Beruf wären deshalb im Prinzip gestützt auf die Art. 136/137 Abs.1 in Verbindung mit Art. 137 Abs. 2 EGV möglich. Hier käme nicht das Einstimmigkeitsverfahren zur Anwendung.

Für die Abgrenzung der beiden möglichen Kompetenznormen Art. 13 und Art. 137 Abs. 2 EGV ist massgeblich, dass der europäische Gesetzgeber mit Art. 13 EGV einen allgemeinen Rahmen für die Bekämpfung der Diskriminierung explizit genannter Diskriminierungsmerkmale verankern wollte. Aus diesem Grund ist davon auszugehen, dass Art. 13 EGV und damit das erforderliche Einstimmigkeitsverfahren im Bereich Beschäftigung und Beruf zumindest für die hier genannten Diskriminierungsgründe vorgeht[2270]. Das schliesst nicht aus, dass im Anwendungsbereich des Art. 137 EGV zu anderen sensiblen Merkmalen Massnahmen nach dem dort vorgesehenen Verfahren beschlossen werden könnten[2271].

1132

1.3 Ungeschriebene primärrechtliche Diskriminierungsverbote

In der Rechtssache *Mangold*[2272] gab der EuGH zu bedenken, dass der Grundsatz der Gleichbehandlung in Beschäftigung und Beruf nicht in der RL 2000/78/EG selbst verankert sei. Bezweckt werde lediglich die Schaffung eines *allgemeinen Rahmens zur Diskriminierungsbekämpfung*. Das Diskriminierungsverbot habe seinen Ursprung in verschiedenen völkerrechtlichen Verträgen und gemeinsamen Verfassungstraditionen der Mitgliedstaaten. Daraus zog der EuGH folgenden Schluss: «Das Verbot der Diskriminierung wegen des Alters ist somit als ein allgemeiner Grundsatz des Gemeinschaftsrechts anzusehen»[2273].

1133

2270 DÄUBLER (Einleitung), N 106, Schlussanträge GA Geeldhoed in der Rs C-13/05, Chacon Navas, vom 16.03.2006, Rn 45.
2271 ELLIS, S. 15. Im Ergebnis wohl ähnlich EPINEY, N 3 zu Art. 13 EGV.
2272 EuGH v. 22.11.2005, Rs C-144/04, Mangold.
2273 EuGH v. 22.11.2005, Rs C-144/04, Mangold, Rn 75.
2275 Siehe die Hinweise bei PÄRLI (Mangold), S. 891.

1134 Die Entscheidung wurde in der Rechtswissenschaft mehrheitlich negativ aufgenommen[2275]. Kritisiert wurde u.a., das Diskriminierungsverbot aufgrund des Alters sei lediglich in ganz wenigen Verfassungen der Mitgliedstaaten verankert und auch an einer prominenten Verankerung in den völkerrechtlichen Diskriminierungsverboten fehle es, der noch unverbindlichen Grundrechtscharta könne nicht quasi Vorwirkung zugesprochen werden[2276]. Die im jetzigen Zeitpunkt erst wenigen «Nach-Mangold Entscheidungen» des EuGH vermögen die Frage der Existenz und Bedeutung eines ungeschriebenen arbeitsrechtlichen Diskriminierungsverbotes noch nicht befriedigend zu klären. Immerhin zeigen sich erste Konturen. Die «Nach-Mangold-Entscheidungen» zeigen, dass der EuGH bezüglich Altersdiskriminierung *keinem besonders progressiven Diskriminierungsverständnis* verhaftet ist. Ferner nimmt der EuGH eine rechtsfortbildende richterliche Erweiterung der Diskriminierungsgründe nach Art. 13 EGV bewusst nicht vor[2277]. Generalanwältin Sharpstone hält in der Rechtssache *Lindorfer* fest, ein Verbot der unsachlichen Differenzierung aufgrund des Alters stelle keinen neuen primärrechtlichen Rechtsgrundsatz dar, sondern sei schon immer durch den allgemeinen Gleichheitsgrundsatz erfasst gewesen[2278]. In der Rechtssache *Palacios de Villa* kommt der Generalanwalt zum Ergebnis, die Schlussfolgerungen in der Rechtssache Mangold hinsichtlich eines primärrechtlichen ungeschriebenen arbeitsrechtlichen Diskriminierungsverbot seien keineswegs zwingend[2279].

1135 Ein primärrechtliches arbeitsrechtliches Diskriminierungsverbot muss vom allgemeinen Gleichheitssatz her konzipiert werden[2280]. Nach gefestigter Rechtsprechung verbietet der allgemeine Gleichheitssatz eine Ungleichbehandlung vergleichbarer Sachverhalte oder eine Gleichbehandlung nicht vergleichbarer Sachverhalte, sofern dafür nicht objektive Gründe geltend gemacht werden können. Der EuGH hat in der Mangold-Entscheidung das Verbot der Diskriminierung aufgrund des Alters als eine besondere Ausformung des allgemeinen Gleichbehandlungsgrundsatzes bezeichnet. Darauf aufbauend sind sämtliche in Art. 13 EGV aufgeführten Diskriminierungskriterien als besondere Ausprägungen des allgemeinen Gleichbehandlungsgrundsatzes zu

---

[2276] TEMMING (Grundrechtscharta), S. 134 f., KREBBER, N 75 zu Art. 141 EGV, THÜSING (Diskriminierungsschutz), N 79.
[2277] Schlussanträge GA Geelhoed v. 16.03.2006 in der Rs C-13/05, Chacon Navas, Rn 53-55.
[2278] Schlussanträge GA Sharpstone v. 30.11.2006 in der Rs C-227/04 P, Lindorfer, Rn 58.
[2279] Schlussanträge GA Mazak v.15.02.2007 in der Rs C-411/05, Palacio de Villa, Rn 94. Der EuGH folgte mit Urteil den Schlussanträgen (EuGH v. 16.10.2007, Rs C-411/05, Palacio de Villa).
[2280] So auch MAHLMANN (Gleichheitsschutz), N 45.

verstehen[2281]. Die Gemeinschaft hat durch die ausdrückliche Aufnahme in den Vertrag ein Bekenntnis abgegeben, bei genau diesen Kriterien die Bekämpfung der Diskriminierung aktiv anzugehen. Art. 13 EGV ist damit eine Kompetenznorm zur Grundrechtskonkretisierung[2282]. Eine solche Politik ist in hohem Masse konform mit den Integrationszielen: Diskriminierung stellt gerade in den Bereichen Beschäftigung und Beruf ein Integrationshindernis dar. Dass nicht alle in den internationalen Menschenrechtsverträgen und in den Verfassungen der Mitgliedstaaten aufgeführten Diskriminierungsmerkmale in Art. 13 EGV aufgenommen worden sind, ist Ausdruck des politischen Willens im Entstehungszeitpunkt. Es widerspiegelt auch das erfolgreiche Wirken von Lobbygruppen im Hinblick auf die Aufnahme bestimmter Merkmale in das Vertragswerk[2283].

1.4 Drittwirkung der primärrechtlichen Diskriminierungsverbote

Die Art. 39 und 141 EGV enthaltenen Diskriminierungsverbote sind nach zwar nicht ganz unumstrittener, jedoch gefestigter Rechtsprechung des EuGH *unmittelbar drittwirksam*, auf Art. 13 EGV trifft dies nicht zu[2284]. Bei Art. 13 EGV handelt es sich um eine *Kompetenznorm* zur Bekämpfung der Diskriminierung. Art. 13 EGV sieht aber auch nicht vor, die zu erlassenden Diskriminierungsschutzvorschriften dürften keine Drittwirkung enthalten.

1136

Der *allgemeine gemeinschaftsrechtliche Gleichheitssatz* richtet sich *grundsätzlich* an die Organe und Einrichtungen der Union und im Rahmen des Vollzuges von EU-Recht an die Mitgliedstaaten[2285]. In der Mangold-Entscheidung wird vereinzelt eine Anerkennung der unmittelbaren Drittwirkung des Gleichheitsgrundsatzes gesehen[2286]. Das trifft so nicht zu. Zwar handelt es sich bei der Mangold-Rechtssache um eine Streitigkeit aus einem privatrechtlichen Arbeitsverhältnis. Die Klage des Herrn Mangold richtet sich gegen die Befristung seines Arbeitsvertrages. Der EuGH hat nicht drittwirksam dieser vertraglichen Bestimmung die Anwendung versagt, sondern viel-

1137

2281 DÄUBLER (Einleitung), N 118. Siehe auch die Schlussanträge GA Sharpstone in der Rs C-427/06, Bartsch, vom 22.05.2008, Rn 42 und die Schlussanträge GA Maduro in der Rs C-303/06, Coleman, vom 31.01.2006, Rn 8.
2282 MOHR, S. 180.
2283 Zur Entstehungsgeschichte siehe MAHLMANN (Gerechtigkeitsfragen), S. 51, LINDSCHEIDT, S. 129 ff.
2284 MEYER, S. 213, LINDSCHEIDT, S. 25.
2285 HÖLSCHEIDT, N 17 zu Vorbemerkungen zu Art. 20 GRC, KINGREEN, N 18 zu Art. 51 GRC.
2286 So MAHLMANN (Gleichheitsschutz), N 49.

mehr dem eine solche Bestimmung ermöglichenden Teilzeitförderungsgesetz. Unmittelbar in die Pflicht genommen wird in casu deshalb der Staat[2287].

1138 Anders ist die Ausgangslage in der Rechtssache *Bartsch*. Hier stand eine Regelung der betrieblichen Altersvorsorge in Frage, die in einem privatrechtlichen Arbeitsverhältnis Witwen- und Witwerrenten von verstorbenen Arbeitnehmenden nur dann ausrichtet, wenn der Altersabstand weniger als 15 Jahre beträgt. Während im Fall Mangold wegen einer staatlichen Regelung eine (ungerechtfertigte) Differenzierung aufgrund des Alters vorlag, stammt im Fall Bartsch die Regelung vom privaten Träger des betrieblichen Altersvorsorgesystems. Folgt man der Prämisse in der Rechtssache Mangold, wonach das Verbot der Altersdiskriminierung bereits primärrechtlich, als allgemeiner Rechtsgrundsatz bzw. spezifischer Ausfluss des allgemeinen Gleichheitssatzes gilt, so stellt sich die Frage, ob dieser *primärrechtliche* Grundsatz des Verbotes der Altersdiskriminierung auch private Akteure bindet. Anknüpfungspunkte für eine solche Drittwirkung primärrechtlicher Diskriminierungsverbote bilden die Drittwirkungsurteile im Zusammenhang mit der Arbeitnehmerfreizügigkeit (Walrave/Koch und Angonese) und die Drittwirkung der arbeitsrechtlichen Vorschriften zur Geschlechtergleichheit. Auch die Generalanwältin schliesst in ihren Schlussanträgen zu Rechtssache Bartsch die Drittwirkung des bereits primärrechtlich geltenden Diskriminierungsverbotes aufgrund des Alters nicht aus[2289].

1139 Der Europäische Gesetzgeber hat sich bei der Ausgestaltung der RL 2000/78/EG und RL 2000/43/EG entschieden, eine umfassende *Drittwirkung* der arbeitsrechtlichen Diskriminierungsverbote vorzuschreiben[2290]. Er hat insbesondere auch nicht kleine Unternehmen vom Geltungsbereich der Diskriminierungsschutz-Rahmenrichtlinien ausgenommen. Damit wird deutlich, dass im Anwendungsbereich des Gemeinschaftsrecht keine Freiheit des Arbeitgebers bestehen soll, Arbeitnehmende unter Bezugnahme auf Persönlichkeitsmerkmale zu benachteiligen.

[2287] THÜSING (Diskriminierungsschutz), N 42.
[2289] Schlussanträge GA Sharpstone in der Rs C-427/06, Bartsch, vom 22.05.2008, Rn 82, Rn 84 (Hinweise auf die Urteile Walrave/Koch und Angonese), Rn 85. Der EuGH hat mit Entscheid vom 23.09.2008 die Existenz eines Diskriminierungsverbotes verneint, das auch ohne gemeinschaftsrechtlichen Bezug gilt, siehe EuGH v. 23.09.2008, Rs C 42/06, BARTSCH, Rn 25.
[2290] EPINEY, N 13 zu Art. 13 EGV, HOLOUBEK, N 6 und N 12 zu Art. 13 EGV.

2. Konzept und Umsetzung der Rahmenrichtlinien

2.1 Ein allgemeiner Rahmen zur Diskriminierungsbekämpfung

Nur kurze Zeit nach der Einfügung der Kompetenzbestimmung zur Bekämpfung der Diskriminierung aus bestimmten Gründen in den Vertrag, brachte die Kommission im Jahre 1999 zwei Richtlinienvorschläge zur Bekämpfung der Diskriminierung im Bereich Beschäftigung und Beruf in den politischen Prozess ein. Besonders gross war der politische Gestaltungswille im Bereich der Diskriminierung aufgrund ethnischer und rassistischer Diskriminierung[2291]. Die Vorschläge der Kommission wurden vom Rat am 27.11.2000 durch die Verabschiedung der Richtlinien 2000/78/EG und 2000/43/EG umgesetzt.

1140

Nach Art. 1 RL 2000/78/EG Wird die Schaffung eines allgemeinen Rahmens zur Verwirklichung des Grundsatzes der Gleichbehandlung in Beschäftigung und Beruf bezweckt[2292]. In den Erwägungsgründen zur RL 2000/78/EG zeigt sich der *ganzheitliche Ansatz* des Diskriminierungsschutzes im Arbeitsbereich. Diskriminierungsschutz ist sowohl wirtschaftlich wie menschenrechtlich motiviert und ist ein *Grundsatz des Gemeinschaftsrechts*. Die Erwägungsgründe Nr. 1-3 verweisen auf die Bedeutung der Bekämpfung der Ungleichheit allgemein und im Besonderen zwischen den Geschlechtern, wobei hervorgehoben wird, dass häufig Frauen Opfer von Diskriminierungen sind. Die Erwägungsgründe Nr. 4-6 nehmen Bezug auf die Diskriminierungsverbote in internationalen Menschenrechtsverträgen und in der Gemeinschaftscharta der sozialen Grundrechte der Arbeitnehmer. Nach Erwägungsgrund Nr. 11 wird erkannt, dass Diskriminierung dem Ziel eines hohen *Beschäftigungsniveaus* zuwiderläuft. Auch die Erwägungsgründe Nr. 7-9 tragen *wirtschaftspolitische Motive* in sich. Sie thematisieren Diskriminierungsschutz im Kontext einer koordinierten Beschäftigungspolitik und eines Arbeitsmarktes, der die soziale Eingliederung sowie den Zusammenhang zwischen wirtschaftlicher und gesellschaftlicher Teilhabe fördert.

1141

Die Konzeption der Richtlinien folgt in vielen Teilen den im Arbeitsrecht der USA verankerten Diskriminierungsverboten[2293]. Namentlich ist das Diskriminierungsmerkmal «Alter» bereits seit 1967 im amerikanischen Arbeitsrecht

1142

[2291] KENNER (Law), S. 400, MAHLMANN (Gleichheitsschutz), N 13.
[2292] Bei der RL 2000/43/EG ist der Zweck nicht auf den Bereich Beschäftigung und Beruf beschränkt.
[2293] THÜSING (Employment), S. 187 ff., WADDINGTON, S. 14 ff.

als verbotener Diskriminierungsgrund anerkannt[2294]. Auch das Konzept der Verpflichtung an die Arbeitgeber zu angemessenen Vorkehrungen zu Gunsten von Arbeitnehmenden mit Behinderung (reasonable accomodation) geht auf amerikanische Vorbilder zurück[2295]. Für die Auslegung des Diskriminierungsmerkmales «Alter» und das Konzept der «reasonable accomodation» können die US-amerikanischen Erfahrungen beigezogen werden.

2.2 Auslegung der Richtlinien

1143 Trotz zum Teil sehr weitgehendem Detaillierungsgrad führen die Richtlinien zu erheblichem Auslegungsbedarf. Namentlich sind die verpönten Diskriminierungsmerkmale und die Ausnahmetatbestände nicht präzise umschrieben.

1144 Die inhaltliche und konzeptionelle Nähe der gemeinschaftsrechtlichen Diskriminierungsverbote für Beschäftigung und Beruf zu menschenrechtlichen Diskriminierungsverboten – namentlich in der Europäischen Sozialcharta, dem UN-Pakt über wirtschaftliche, soziale und kulturelle Rechte und dem Abkommen Nr. 111 über Diskriminierung in Arbeit und Beschäftigung der Internationalen Arbeitsorganisation IAO und der UN-Konvention über die Rechte von Menschen mit Behinderung – hat sich in der Auslegung der Begriffe der Richtlinien niederzuschlagen[2296].

1145 Bei der Auslegung der Richtlinien ist zudem vom Grundsatz auszugehen, dass sekundäres Gemeinschaftsrecht «primärrechtskonform» ausgelegt werden muss[2297]. Vorliegend bedeutet dies, dass auch auf das primärrechtliche Diskriminierungsverbot aufgrund des Geschlechts und das ebenfalls primär-

---

[2294] Zum US-Age-Discrimination Act von 1967 (ADEA) siehe MACNICOL, S. 209 ff., und zum Einfluss des ADEA auf die Rahmenrichtlinie 2000/78/EG siehe HAHN, S. 65 f., insbes. 75 (synoptische Darstellung der beiden Erlasse).

[2295] Die Verpflichtung des Arbeitgebers zu «reasonable accomodation» wird ausdrücklich im Americans with Disabilities Act (ADA) von 1990 geregelt (siehe Americans with Disabilites Act of 1990, Titel I, Subkapitel I, Sektion 12111(8), Quelle: http://www.eeoc.gov/policy/ada.html (Zugriff: 30.06.2008)). Siehe zum Ganzen PÄRLI/LICHTENAUER/CAPLAZI, N 3.50 ff.

[2296] Der EuGH hat in vereinzelten Urteilen auf Diskriminierungsverbote in internationalen Menschenrechtsverträgen Bezug genommen, so namentlich in EuGH v. 17.02.1998, Rs C-249/96, Grant, Rn 44: «Der Internationale Pakt über bürgerliche und politische Rechte gehört zu den völkerrechtlichen Übereinkünften zum Schutz der Menschenrechte, denen der Gerichtshof bei der Anwendung der allgemeinen Grundsätze des Gemeinschaftsrechts Rechnung trägt. Zur Bedeutung der EMRK und ESC für die Auslegung der RL 2000/78/EG und 2000/78/EG siehe umfassend EUROPÄISCHE KOMMISSION (Diskriminierungsverbot), S. 3 ff.

[2297] HANAU/STEINMEYER/WANK, N 207 ff., S. 179.

rechtlich verankerte Verbot der Diskriminierung europäischer Wanderarbeitnehmenden Bezug genommen werden muss. Weiter zu berücksichtigen ist der allgemeine Rechtsgrundsatz des «effektiven Rechtsschutzes», den der EuGH im Zusammenhang mit Art. 6 der Gleichbehandlungsrichtlinie 706/207/EWG entwickelt hat[2298].

Aus der Perspektive des Gemeinschaftsrechts ist weiter erforderlich, dass zentrale Begriffe der Richtlinie – wie namentlich die Diskriminierungsmerkmale – *autonom und einheitlich* ausgelegt werden[2299]. Anders ist die Schaffung eines «allgemeinen Rahmens» der Diskriminierungsbekämpfung schwer vorstellbar. So hat der EuGH in der Rechtssache *Chacon Navas* den Begriff «Behinderung» für den Anwendungsbereich der RL 2000/78/EG autonom und einheitlich ausgelegt[2300].

1146

2.3 Mitgliedstaatliche Umsetzung

Die Mitgliedstaaten werden in Art. 18 RL 2000/78/EG und in Art. 16 RL 2000/43/EG aufgefordert, die erforderlichen Rechts- und Verwaltungsvorschriften zu erlassen oder den Sozialpartnern auf deren gemeinsamen Antrag die Durchführung der Richtlinien zu übertragen, soweit Tarifverträge betroffen sind. Die Frist für die Umsetzung lief am 2. Dezember 2003 ab, für die Diskriminierungskriterien Alter und Behinderung konnte eine dreijährige Verlängerung der Umsetzungsfrist beansprucht werden. Mit Verzögerungen – es kam zu einzelnen Verfahren wegen Vertragsverletzungen – haben 2007 alle Mitgliedstaaten Rechts- und Verwaltungsvorschriften zur Umsetzung der Richtlinien erlassen[2301].

1147

Die Ziele der Rahmenrichtlinien sind im Sinne eines Mindestmasses an Diskriminierungsschutz verbindlich. Die Mitgliedstaaten dürfen strengere Normen einführen. Die Umsetzung der Richtlinien darf nicht dazu benutzt werden, um ein bisheriges Niveau an Diskriminierungsschutz abzubauen[2302]. Bezüglich Wahl der Umsetzungsmittel erlauben die Richtlinien Spielräume. Das erlaubt, bei der Verankerung neuer arbeitsrechtlicher Diskriminierungsverbote die Besonderheiten der jeweiligen Rechtsordnungen angemessen zu

1148

[2298] EuGH v. 22.09.1998, Rs C-185/97, Coote, Rn 22 – Rn 27.
[2299] DÄUBLER, Einleitung, N 1 123.
[2300] EuGH v. 11.07.2006, Rs C-13/05, Chacon Navas, Rn 39-43. Dazu PÄRLI (Behinderungsbegriff), S. 383 f.
[2301] Für einen Überblick zu den gesetzlichen Umsetzungsaktivitäten der Mitgliedstaaten siehe EUROPÄISCHE KOMMISSION (Jahresbericht 2006), S. 14.
[2302] Art. 8 Abs. 2 RL 2000/78/EG und Art. 9 Abs. 2 RL 2000/43/EG.

berücksichtigen. Entsprechend vielfältig präsentieren sich die gewählten Vorgehen in den 27 Mitgliedstaaten.

1149 Zum Umsetzungsauftrag an die Mitgliedstaaten gehört das Gebot der richtlinienkonformen Auslegung. Nationales Recht muss so ausgelegt werden, dass Ergebnisse im Widerspruch zu Gemeinschaftsrecht vermieden werden. Nach der Rechtsprechung des EuGH ist innerstaatliches Recht «soweit als möglich» anhand des Wortlautes und Zwecks der einschlägigen Richtlinie zu interpretieren[2303]. Von mehreren möglichen Auslegungsergebnissen muss dasjenige mit der grösstmöglichsten Richtlinienübereinstimmung gewählt werden. Die Pflicht zur richtlinienkonformen Auslegung betrifft das gesamte in Frage kommende nationale Recht und nicht etwa nur diejenigen Bestimmungen, die zur Umsetzung der Richtlinie neu erlassen wurden[2304].

1150 In der Rechtssache Mangold hat der Gerichtshof eine innerhalb der Umsetzungsfrist erlassene arbeitsrechtliche Bestimmung über unbeschränkt zulässige befristete Anstellungen für Arbeitnehmende ab dem 52. Altersjahr mit dem Diskriminierungsverbot nicht vereinbar erklärt. Innerhalb der Umsetzungsfrist dürften keine Bestimmungen erlassen werden, die mit dem Richtlinienziel nicht zu vereinbaren sind[2305].

1151 Es handelte sich um eine arbeitsprivatrechtliche Streitigkeit zwischen Herrn Mangold und seinem Arbeitgeber. Gestützt auf die einschlägige Bestimmung des Teilzeitförderungsgesetzes wurde Herr Mangold nur befristet beschäftigt. Der EuGH entschied, es obliege dem nationalen Gericht, die fragliche Bestimmung des Teilzeitförderungsgesetzes schon vor Ablauf der Umsetzungsfrist nicht anzuwenden. Mit dieser Entscheidung hat der EuGH nicht etwa eine Kehrtwendung bezüglich der unmittelbaren Anwendbarkeit von Richtlinien *vor Ablauf der Umsetzungsfrist* vollzogen. Die Nichtanwendbarkeit der fraglichen arbeitsrechtlichen Bestimmungen begründete der EuGH vielmehr mit dem arbeitsrechtlichen Grundsatz der Gleichbehandlung aufgrund des Alters[2306].

[2303] EuGH v. 05.10.2004, Rs C-397/01, Pfeiffer, Rn 110-115, EuGH v. 04.07.2006, Rs C-212/04, Adeneler, Rn 108.
[2304] EuGH v. 04.07.2006, Rs C-212/04, Adeneler, Rn 108.
[2305] EuGH v. 22.11.2005, Rs C-144/04, Mangold, Rn 67.
[2306] EuGH v. 22.11.2005, Rs C-144/04, Mangold, Rn 74-77, PÄRLI (Mangold), S. 880. Siehe zudem vorne, 1.3 Ungeschriebene primärrechtliche Diskriminierungsverbote, S. 433.

2.4 Unmittelbare Anwendbarkeit

Die Bestimmungen zum Diskriminierungsschutz im Bereich Beschäftigung und Beruf sind *nach Ablauf der Umsetzungsfrist* und bei *nicht oder nicht vollständig erfolgter Umsetzung* im vertikalen Verhältnis zwischen Staat und Privaten unmittelbar anwendbar. Staatliche Arbeitgeber und solche Arbeitgeber, die dem Staat zugerechnet werden, sind deshalb unmittelbar an die arbeitsrechtlichen Diskriminierungsverbote der RL 2000/43/EG und RL 2000/78/EG gebunden[2307].

1152

Keine unmittelbare Wirkung entfalten die Richtlinien unter Privaten, selbst dann nicht, wenn die Umsetzungsfrist abgelaufen ist und ein Mitgliedstaat seinen Umsetzungspflichten nicht nachgekommen ist. Die arbeitsrechtlichen Diskriminierungsverbote der beiden Richtlinien sind somit in einem privaten Arbeitsverhältnis nicht drittwirksam[2308]. Das ändert jedoch nicht daran, dass die in den Richtlinien enthaltenen Bestimmungen zum Diskriminierungsschutz auf eine *Verwirklichung im privaten Arbeitsverhältnis* abzielen[2309]. Die Mitgliedstaaten sind unmissverständlich verpflichtet, für einen umfassenden Diskriminierungsschutz im öffentlichen wie im privaten Arbeitsverhältnis zu sorgen. Unterlässt ein Mitglied entsprechend zu legiferieren und ist es den Gerichten trotz richtlinienkonformer Auslegung sämtlicher in Frage kommender Erlasse des nationalen Rechts nicht möglich, eine befriedigende Lösung eines Diskriminierungsproblems zu finden, bleibt den diskriminierten Privaten in einem arbeitsprivatrechtlichen Streit nur der Weg über eine Klage auf Schadenersatz gegenüber dem fehlbaren Mitgliedstaat[2310].

1153

II. Diskriminierungsmerkmale

1. *Rasse, ethnische Herkunft*

RL 2000/43/EG nimmt die Diskriminierungsmerkmale Rasse und ethnische Herkunft auf[2311]. Während die Bezeichnung «Rasse» auch den internationalen Menschenrechtsverträgen zu finden ist, stellt die Bezeichnung «Ethnische

1154

[2307] LINDSCHEIDT, S. 283, DÄUBLER (Einleitung), Rn 93, THÜSING (Diskriminierungsschutz), N 39.
[2308] MEYER, S. 213, MOHR, S. 347.
[2309] MEYER, S. 217, EPINEY, N 13 zu Art. 13 EGV. Siehe auch die Schlussanträge GA Sharpstone v. 22.05.2008 in der Rs C-427/06, Bartsch, Rn 91.
[2310] Siehe dazu Kapitel 10, S. 313.
[2311] Zu den Hintergründen und zum Kontext des EU-Antirassismuskonzepts siehe BELL (anti-racism), S. 178 ff. und ELLIS, S. 29 f.

Herkunft» eine gemeinschaftsrechtliche Eigenwortschöpfung dar[2312]. Die in den internationalen Menschenrechtsverträgen verwendeten Begriffe «Hautfarbe, Abstammung, nationaler Ursprung und Volkstum» gehen in den Begriffen «Rasse» und «Ethnische Herkunft» auf.

1155 Der EuGH hat klar gestellt, dass der Begriff «Behinderung» autonom und einheitlich ausgelegt werden muss[2313]. Das gilt auch für die Begriffe «Rasse» und «Ethnische Herkunft»[2314]. Mit RL 2000/43/EG soll ein allgemeiner Rahmen der Diskriminierungsbekämpfung geschaffen werden. Unterschiedliche Definitionen der Diskriminierungsmerkmale wären geeignet, das Ziel eines europäischen Minimalstandards an Diskriminierungsschutz zu vereiteln.

1156 Angesichts der hohen Priorität der Bekämpfung rassistischer Diskriminierung ist davon auszugehen, dass der Gemeinschafsrechtsgeber die beiden Begriffe weit verstanden haben will[2315]. Vom Schutzbereich sind namentlich auch Arbeitnehmende zu erfassen, denen die genannten Merkmale bloss zugeschrieben werden[2316]. Eine weite Auslegung sollte darüber hinaus erlauben, auch Arbeitnehmenden Diskriminierungsschutz zu gewähren, wenn sie aufgrund der «Rasse» oder «ethnischen Herkunft» ihres Partners bzw. ihrer Partnerin Benachteiligungen ausgesetzt sind[2317]. Für ein offenes und weites Verständnis der Diskriminierungsmerkmale sprechen einerseits die realen Diskriminierungen im Arbeitsbereich von Menschen unterschiedlichster ethnischer Herkunft und andererseits der (auch) menschenrechtliche Hintergrund der Diskriminierungsverbote.

1157 In der Richtlinie selbst sind weder die Begriffe «Rasse» noch «ethnische Herkunft» definiert. In den Erwägungsgründen Nr. 2 und 3 wird der enge Bezug zur internationalrechtlich verbotenen Rassendiskriminierung deutlich und in Erwägungsgrund Nr. 6 wird klargestellt, dass die EU Theorien zurückweist, die eine Existenz von Rassen zu belegen versuchen. Das Diskriminierungsverbot aufgrund der «Rasse» meint nach kaum bestrittener Doktrin Schutz vor durch Vorurteile geprägte Vorstellungen über Rassen und deren spezifischen Eigenheiten[2318]. Sinnvollerweise hätte dieses Verständnis sprachlich in der Richtlinie selbst Ausdruck gefunden. Die Diskriminierungsgesetze

---

[2312] Siehe dazu Kapitel 9, II. Diskriminierungsmerkmale, S. 285.
[2313] EuGH v. 11.07.2006, Rs C-13/05, Chacon Navas, Rn 40.
[2314] So auch ELLIS, S. 31.
[2315] DÄUBLER (Einleitung), N 26.
[2316] LINDSCHEIDT, 122 f.
[2317] Siehe dazu bezüglich Merkmal Behinderung: EuGH v. 17.07.2008, Rs C-303/06, Colemann, Rn 56. Im Ergebnis gleicher Ansicht MAHLMANN (Gleichheitsschutz), N 83.
[2318] Siehe die jeweiligen Ausführungen in den Kapiteln 4-9, namentlich S.106, S. 146, S. 262 und S. 285.

einzelner Mitgliedstaaten sind hier vorbildlich, so verbietet etwa das belgische Gleichbehandlungsgesetz Diskriminierung wegen einer angeblichen Rasse («une race prétendue»)[2319].

Der EuGH hat sich bislang nur zur Auslegung des Diskriminierungsmerkmals «Behinderung» *ausdrücklich* geäussert (Rechtssachen *Chacon Navas*[2320] und *Coleman*[2321]). In der bislang einzigen Entscheidung zur RL 2000/43/EG, der Rechtssache *Feryn,* bildete die Auslegung der Merkmale «Rasse» und «ethnische Herkunft» nicht Gegenstand der Vorabentscheidungsfragen. Der EuGH entschied, die öffentliche Erklärung eines Arbeitgebers, seine Kunden wollten keine Marokkaner als Angestellten und er stelle deshalb keine Personen marokkanischer Herkunft ein, stelle eine unmittelbare Diskriminierung dar. Dass keine konkreten Personen eine Diskriminierung geltend gemacht hätten, ist für den EuGH unerheblich. Ohne weitere Ausführungen zu den Begriffen zu machen, geht der Gerichtshof offensichtlich davon aus, dass «Marokkaner» unter den Begriff der ethnischen Herkunft oder Rasse fallen würde.

1158

In der Literatur finden sich zahlreiche Meinungen darüber, welche Menschen bzw. Gruppen von Menschen unter die Diskriminierungsmerkmale «Rasse» bzw. «ethnische Herkunft» fallen würden. Erwähnt werden Juden, Sinti und Roma, Türken, Polen, Sorben, Kurden, Basken, Tschetschenen usw. Fraglich ist, nach welchen Kriterien solche Einteilungen vorgenommen werden. Nach DÄUBLER[2322] und ELLIS[2323] sprechen die folgenden Merkmale für eine Ethnie:

1159

- eine lange gemeinsame Geschichte der Gruppe, die das Bewusstsein der Gruppe prägt,
- eine eigene kulturelle Tradition,
- und spezifische familiäre und soziale Gebräuche und Sitten.

Solche sozio-kulturellen Kriterien erlauben, den Begriff der «Ethnischen Herkunft» zu begrenzen. Im schweizerischen Kontext wären deshalb bsw. zwar die Gruppe der Walser/innen, die Räthier/innen oder die Jenischen, nicht aber generell Appenzeller/innen oder die italienischsprachige Bevölkerung als eine vor Diskriminierung aufgrund ethnischer Zugehörigkeit zu

1160

[2319] WILLEKENS, S. 156. Die fragliche Bestimmung findet sich im belgischen Antidiskriminierungsgesetz vom 17. März 2003.
[2320] Siehe jedoch den *Beschluss* des EuGH vom 6.10.2005 in Rs C-328/04. Der Gerichtshof verneinte die Frage, ob das Verbot des Tragens eines fünfzackigen Sterns in der Öffentlichkeit unter das Diskriminierungsverbot aufgrund der RL 2000/43/EG falle.
[2321] EuGH v. 17.07.2008, Rs C-303/06, Coleman, Rn 50 und Rn 56.
[2322] DÄUBLER (Einleitung), N 28 mit Verweisen auf die englische Rechtsprechung, die gestützt auf diese Kriterien Sikhs und Juden, nicht aber Rastafaris als eigenständige Ethnie erklärt hätten.
[2323] ELLIS, S. 31 f.

schützende Gruppe zu bezeichnen. Auch in der deutschen Lehre wird bestritten, dass Sachsen, Ostdeutsche, Schwaben oder gar Düsseldorfer oder Kölner eine ethnische Gruppe bilden würden[2324].

1161 Problematisch ist eine Anknüpfung für eine unterschiedliche und benachteiligende Behandlung an das Kriterium der *Staatsangehörigkeit*. Nach Art. 3 Abs. 2 RL 2000/43/EG ist eine unterschiedliche Behandlung aus Gründen der Staatsangehörigkeit vom Anwendungsbereich ausgeschlossen und die staatlichen ausländerrechtlichen Regelungen werden ebenfalls nicht von der Richtlinie berührt. Daraus ist keinesfalls der Schluss zu ziehen, Diskriminierungen aufgrund der Staatsangehörigkeit wären zulässig. Zweck der fraglichen RL-Bestimmung ist die Aufrechterhaltung der mitgliedstaatlichen Autonomie in der Ausländerpolitik. Die Regelung stellt insbesondere auch keine Rechtfertigungsmöglichkeit privater (oder staatlicher) Arbeitgeber dar, Arbeitnehmende mit ausländischer Staatsangehörigkeit bei der Bewerbung oder bei den Arbeitsbedingungen zu beachteiligen[2325]. Eine Stellenausschreibung mit dem Hinweis «Keine Türken» stellt eine *unmittelbare Diskriminierung* aufgrund der ethnischen Herkunft dar[2326]. Eine Konstruktion über die Figur der mittelbaren Diskriminierung aufgrund der Staatsangehörigkeit ist hier entbehrlich, da die «Türken» als Gruppe im Sinne einer Ethnie angesprochen sind.

1162 Die Auslegung der Diskriminierungsmerkmale «Rasse» und «ethnische Herkunft» muss mit Blick auf soziale Realitäten erfolgen. Massgebend ist, welche Personen und Personengruppen inwiefern und weswegen benachteiligende Ungleichbehandlungen im Arbeitsleben erleben. Der Blick auf die sozialen Realitäten erfordert dabei von der Rechtswissenschaft einen inter- oder vielmehr transdisziplinären Dialog mit anderen Sozialwissenschaften[2327]. Mit einem solchen Vorgehen kann den Gefahren eines *ethnischen Essentialismus* begegnet werden. Diskriminierungsschutz darf gerade nicht dazu führen, dass tradierte Vorstellungen über Personen und Personengruppen nicht nur aufrechterhalten bleiben sondern sogar verstärkt werden. In einer pluralisierten Welt werden sich Fragen der ethnischen Zugehörigkeit möglicherweise ohnehin zunehmend auflösen[2328].

[2324] MAHLMANN (Gleichheitsschutz), N 79, THÜSING (Diskriminierungsschutz), N 181. Zurückhaltender DÄUBLER (Einleitung), N 43.
[2325] SKIDMORE, S. 126.
[2326] DÄUBLER (Allgemeiner Teil), N 34, A.M. SCHIEK (Einleitung), N 18, LINDSCHEIDT, N 123 f. Siehe auch den Entscheid EuGH v. 10.07.2008, Rs. C-54/07, Feryn, Rn 25 und die Schlussanträge GA Maduro v. 12. 3.2008 in der (gleichen) Rs C-54/07, Rn 3 und Rn 15.
[2327] Siehe dazu am Beispiel Gender Studies BAER (Kompetenz), S. 143 ff.
[2328] MAHLMANN (Gleichheitsschutz), N 78.

2. Alter

Zum Diskriminierungsmerkmal «Alter» finden sich weder in der RL 2000/78/EG noch in den dazu gehörenden Erwägungen Anhaltspunkte für eine Auslegung des Begriffs[2329]. Das Merkmal «Alter» findet sich auch nicht in der Liste der völkerrechtlichen Diskriminierungsverbote. Allerdings hat der Menschenrechtsausschuss in einem Beschwerdeverfahren zwangspensionierter australischer Piloten das «Alter» als Diskriminierungsgrund unter «other status» erfasst[2330]. Der Weg für Diskriminierungsklagen aufgrund des Alters ist somit auch internationalrechtlich offen.

1163

Eingang gefunden hat das Diskriminierungsmerkmal «Alter» in die EU-Grundrechtscharta (Art. 25 Abs. 1 GRC). Auch dazu fehlt eine Gerichtspraxis, die für Altersdiskriminierungsfälle im Bereich Beruf und Beschäftigung Anhaltspunkte liefern könnte, wie das Merkmal «Alter» ausgelegt werden soll.

1164

Ausgangslage bilden wie bei allen Diskriminierungsmerkmalen die realen benachteiligenden Ungleichheiten – die oft auf stereotypen Vorstellungen über z.B. abnehmende Leistungskraft älterer Arbeitnehmender beruhen[2331] – und der normative Anspruch auf Gleichbehandlung als ein der Menschenwürde immanenter Wert. Im Bereich des Arbeitslebens hat somit *jeder Punkt auf der Altersskala* im ganzen Erwerbsleben eines Arbeitnehmenden *Diskriminierungspotenzial*. Wird bsw. für eine bestimmte Tätigkeit ohne sachliche Rechtfertigung eine langjährige Berufserfahrung vorausgesetzt, sind jüngere Bewerbende benachteiligt. Sieht eine gesetzliche Regel die uneingeschränkte Möglichkeit zu befristeten Arbeitsverhältnissen ab dem 52igsten Altersjahr vor, werden ältere Arbeitnehmende in der Möglichkeit, die Vorteile einer unbefristeten Arbeitsstelle zu geniessen, benachteiligt[2332]. Es sind jedoch auch Altersdiskriminierungen der «mittleren» Generation möglich, bsw. der Ausschluss von über 35-Jährigen von bestimmten Stellen oder eine betriebliche Regel, die den Aufstieg in eine bestimmte Kaderposition erst am dem 45igsten Altersjahr vorsieht.

1165

Das gemeinschaftsrechtliche Verbot der Diskriminierung aufgrund des Alters im Arbeitsleben verbietet jegliche Differenzierung aufgrund des Alters bzw. setzt die Differenzierung unter Rechtfertigungszwang[2333]. Zu beachten gilt es indes, dass nach Art. 6 Abs. 1, Ziff. i RL 2000/78/EG Ungleichbehandlungen

1166

[2329] ELLIS, S. 35.
[2330] HRC, Communication No 983/2001, Love et al. v. Australia. Siehe dazu weiter in Kapitel 5, 3.2Arbeitsprivatrechtliche Diskriminierungsfälle, S. 139.
[2331] FREDMAN (age), S. 22 ff.
[2332] EuGH v. 22.11.2005, Rs C-144/04, Mangold.
[2333] SCHIEK (Allgemeiner Teil), N 47.

aufgrund des Alters keine verbotene Diskriminierung darstellen «sofern sie objektiv und angemessen sind und im Rahmen des nationalen Rechts durch ein legitimes Ziel, worunter besondere rechtmässige Ziele aus den Bereichen Beschäftigungspolitik, Arbeitsmarkt und berufliche Bildung zu verstehen sind, gerechtfertigt sind und die Mittel zur Erreichung dieses Zieles angemessen und erforderlich sind»[2334].

3. Behinderung

1167 Es wurde bereits erwähnt: Der EuGH hat in seiner zweiten Entscheidung zur RL 2000/78/EG entschieden, der Behinderungsbegriff sei *autonom und einheitlich* auszulegen. Hintergrund des fraglichen Falles Chacon Navas bildete die Frage der Zulässigkeit der Kündigung einer erkrankten Arbeitnehmerin nach spanischem Arbeitsrecht. Der Gerichtshof erkannte, eine Krankheit sei von der Behinderung abzugrenzen. Eine Behinderung besteht nach dem EuGH in einer Einschränkung – insbesondere aufgrund physischer, geistiger oder psychischer Beeinträchtigungen – «die ein Hindernis für die Teilhabe des Betreffenden am Berufsleben bildet»[2335].

1168 Als eigentliches «Nadelöhr» für den Eintritt in den Schutzbereich des Diskriminierungsverbotes aufgrund einer Behinderung stellt sich das Kriterium der *Dauer der Beeinträchtigung* heraus. Da die Richtlinie in Erwägung Nr. 16 die Massnahmen zur Anpassung des Arbeitsplatzes an die Bedürfnisse von Menschen mit Behinderung als wichtiges Mittel zur Bekämpfung verankere, sei von einer gewissen Dauer der Beeinträchtigung auszugehen[2336]. Die in der fraglichen Erwägung angesprochenen Massnahmen zur Anpassung des Arbeitsplatzes betreffen die vom Arbeitgeber zu Gunsten behinderter Arbeitnehmenden zu ergreifenden so genannten «angemessenen Vorkehrungen» (Art. 5 RL 2000/78/EG).

1169 In der Doktrin wird allgemein ein weiter und offener Behinderungsbegriff gefordert[2337]. Dem ist zuzustimmen. Beim Behinderungsbegriff kann von einem eigentlichen Paradigmenwechsel gesprochen werden: Weg von einem stark medizinischen engen Behinderungsbegriff, der Behinderung als Schädigung einer Person begreift, hin zu einem umfassenden Behinderungsbegriff,

---

[2334] Siehe zu den Rechtfertigungsgründen gemäss RL 2000/78/EG näheres in diesem Kapitel III, 3. Ausnahmebestimmungen, S. 470 ff.
[2335] EuGH v. 11.07.2006, Rs C-13/05, Chacon Navas, Rn 43.
[2336] EuGH v. 11.07.2006, Rs C-13/05, Chacon Navas, Rn 45.
[2337] DEGENER (Definition), S. 11, WELLS, S. 253, WHITTLE, S. 303, ELLIS S. 35, KUMMER, S. 77, MOHR, S. 205, MEYER, S. 71, LINDSCHEIDT, S. 189, S. PÄRLI (Behinderungsbegriff), S. 388 f.

der Behinderung als Beeinträchtigung der Funktionsfähigkeit üblicher Aktivitäten und als Ausschluss von/als Einschränkung des Zugangs zu der gesellschaftlichen Teilhabe einer Person sieht und dabei explizit Umweltfaktoren und personenbezogene Faktoren mit einbezieht[2338]. Dieser Wandel zeigt sich in der geänderten Definition des Behinderungsbegriffs der Weltgesundheitsorganisation (WHO). Die neue Definition der Weltgesundheitsorganisation (WHO) aus dem Jahre 2001, die «International Classification of Functioning, Disabilities and Health» (ICF), berücksichtigt ein erweitertes Verständnis einer Diskriminierung[2339]. Die neue WHO-Definition löst die alte «International Classification of Impairments, Disabilities and Handicaps» (ICIDH) aus dem Jahre 1980 ab. Diese war noch stark einem dreistufigen «bio-psychosozialen Modell» verhaftet, das zwischen Schädigung, Funktionsbeeinträchtigung und Behinderung unterschied und vor allem defizitorientiert und personenbezogen war[2340]. Inhaltlich zwar nicht vollumfänglich identisch aber zeitlich parallel verliefen und verlaufen soziologische Diskussionen um die Behinderung als soziale Konstruktion. Diese sehen *Behinderung als sozial konstruierte Tatsache* an, als Produkt der «kollektiven, unaufhörlich in den Individualgeschichten reproduzierte Geschichte, die in den Denk-, Wahrnehmungs- und Handlungsschemata einer Vielzahl von Menschen eingeschrieben ist und aus diesem Grund den Anschein einer natürlichen Selbstverständlichkeit hat»[2341]. Beim sozialen Modell einer Behinderung ist der Blick nicht auf die individuelle Beeinträchtigung einer Person sondern auf die *ausgrenzenden Bedingungen,* dem eingeschränkten Zugang zu gesellschaftlicher Teilhabe und den massiven Vorurteilen gegenüber Behinderung gerichtet. Dieses Anliegen soll auch im Diskriminierungsverbot aufgrund einer Behinderung nach Art.13 EGV bzw. RL 2000/78/EG zum Ausdruck kommen[2342].

Für die künftige Auslegung des gemeinschaftsrechtlichen Diskriminierungsbegriffs ist zudem auf die UN-Konvention für die Rechte von Menschen mit Behinderung zurückzugreifen. Auch die dortige Legaldefinition von Behinderung basiert auf einem menschenrechtlichen Ansatz und geht weit über ein rein medizinisches Behinderungsverständnis heraus[2343]. Schliesslich ist noch auf Erwägungsgrund Nr. 11 der Richtlinie 2000/78/EG hinzuweisen: Diskriminierung wegen u.a. einer Behinderung könne die Verwirklichung der im EG-Vertrag festgelegten Ziele der Erreichung eines hohen Beschäftigungsniveaus, des wirtschaftlichen und sozialen Zusammenhaltes und der Solidarität unterminieren. Eine offene und weite Definition der Behinderung im Sinne

1170

[2338] DEGENER (Definition), S. 11, DOOSE, S. 4, PÄRLI (Behinderungsbegriff), S. 38.
[2339] PÄRLI (Behinderungsbegriff), Fn 30.
[2340] DOOSE, S. 4.
[2341] PRIESTLY, S. 23 ff.
[2342] WELLS, S. 253, WHITTLE, S. 303, QUINN, S. 243 f.
[2343] Siehe dazu Kapitel 6, 2.2 Behinderungsbegriff, S. 177.

eines sozialen Behinderungsbegriffs ist der Erreichung dieser Ziele förderlich[2344]. Dazu gehört ein Schutz für Personen, die zwar nicht selbst behindert sind, jedoch aufgrund ihrer nahen Beziehung zu einer behinderten Person vom Arbeitgeber benachteiligt werden[2345].

1171 Begriffsdefinitionen zeichnen sich u.a. dadurch aus, dass sinnvolle Abgrenzungen vorgenommen werden. Der EuGH hat in der Entscheidung eine Abgrenzung des Begriffs Behinderung vom Begriff Krankheit vorgenommen. Weitere präzisierende Entscheide werden folgen, namentlich was chronische Krankheiten betrifft[2346]. In einzelnen Mitgliedstaaten finden sich in den einschlägigen Antidiskriminierungs- oder auch Behindertengesetzen Definitionen von Behinderung, die bestimmte chronische Erkrankungen ausdrücklich einschliessen, bsw. ist im britischen «Disability Discrimination Act» (DDA) von 2005 festgehalten, dass chronische Krankheiten wie Krebs, Multiple Sklerose und die HIV-Infektion eine Behinderung im Sinne des DDA darstellen[2347]. Diskriminierungsgesetze können nicht nur Einschlüsse bestimmter gesundheitlicher Beeinträchtigungen vorsehen, auch ausdrückliche Ausschlüsse sind ein geeignetes Mittel zur Präzisierung des Behindertenbegriffs. Im «Americans with Disability Act» sind Pädophilie, Exhibitionismus, Kleptomanie u.a. Phänomene ausdrücklich vom Anwendungsbereich des Gesetzes ausgenommen[2348].

1172 Abgrenzungsfragen stellen sich weiter zum Diskriminierungsgrund «Genetische Merkmale», der in der RL 2000/78/EG nicht aufgeführt ist. In der GRC ist dieser Diskriminierungsgrund ausdrücklich aufgeführt. Zu erwähnen ist überdies das Europäische Übereinkommen vom 4. April 1997 über Menschenrechte und Biomedizin. Art. 11 verbietet «Jede Form von Diskriminierung einer Person wegen ihres genetischen Erbgutes». Nach dem Abkommen sind u.a. grundsätzlich keine prädiktiven Tests im Rahmen von Einstellungsuntersuchungen im Arbeitsbereich zulässig, soweit diese Tests nicht ausschliesslich durch den Gesundheitsschutz betroffener Arbeitnehmer/innen bedingt sind. Mit einer weiten Auslegung des Begriffes «Behinderung» können auch benachteiligende Ungleichbehandlungen unter Bezugnahme auf den genetischen Status von Arbeitnehmenden erfasst werden[2349].

[2344] Im Ergebnis gleich THÜSING (Diskriminierungsschutz), N 205.
[2345] EuGH v. 17.07.2008, Rs C-303/06, Coleman, Rn 50, Rn 56.
[2346] THÜSING (Diskriminierungsschutz), N 200.
[2347] Disability Discrimination Act DDA (Amendment) Regulations Act 2005, section 6A: «A person who has cancer, HIV infection or multiple sclerosis is to be deemed to have a disability, and hence to be a disabled person.»
[2348] Siehe Americans with Disability Act, Sec. 12211 (Quelle: http://www.usdoj.gov/crt/ada, Zugriff: 30.06.2008).
[2349] PÄRLI (GUMG), S. 79 ff.

4. Sexuelle Ausrichtung

Weder RL 2000/78/EG noch mitgliedstaatliche Antidiskriminierungsgesetze definieren den Begriff «Sexuelle Ausrichtung». In einzelnen Antidiskriminierungserlassen der Mitgliedstaaten ist ausdrücklich aufgeführt, dass unter sexueller Ausrichtung *Heterosexualität, Homosexualität* oder *Bisexualität* zu verstehen sei[2350]. Es erscheint sinnhaft, diese Trias möglicher sexueller Ausrichtungen auch für RL 2000/78/EG gelten zu lassen. Nach der EuGH-Rechtsprechung fällt *Transsexualität*[2351] unter das Diskriminierungsmerkmal «Geschlecht»[2352]. Dazu ist auch die *Intersexualität*[2353] zu zählen[2354].

1173

Damit ist nicht alles geklärt. Die Lebenswirklichkeit ist komplex und erfordert entsprechende rechtliche Antworten. Die sexuelle Identität muss nicht ein Leben lang die gleiche sein. Dies ändert jedoch hinsichtlich des Bedarfs an Diskriminierungsschutz nicht. Auch die *geänderte* sexuelle oder sich ändernde *Identität* muss durch das Recht geschützt werden.

1174

In der Antidiskriminierungsgesetzgebung einzelner Mitgliedstaaten ist *Transvestismus* erfasst[2355]. Einigkeit besteht weitgehend darüber, dass *Pädophilie* oder *Sadomasochismus* nicht unter das Diskriminierungsmerkmal sexuelle Ausrichtung fallen sollen[2356]. Eine solche Sichtweise widerspiegelt unreflektierte Moralvorstellungen. Selbstverständlich soll drittschädigendes, strafrechtlich verbotenes Verhalten nicht diskriminierungsrechtlich gebilligt werden. Soweit keine Drittschädigung vorliegt, ist jedoch nicht einzusehen, weshalb Personen mit den genannten Neigungen und Vorlieben nicht auch vor Diskriminierung bei Beschäftigung und Beruf geschützt werden sollen. Der Ausnahmetatbestand «Berufliche Anforderungen» (Art. 4 RL 2000/78/EG) ermöglicht die angemessene Berücksichtigung der Arbeitgeber- und weiterer Interessen. Lehnt eine sozialpädagogische Kinderbetreuungsinstitution die Bewerbung eines Mitarbeiters mit pädophilen Neigungen ab, liegt keine Diskriminierung vor. Keine pädophile Neigungen zu haben, stellt hier eine «wesentliche und entscheidende berufliche Anforderung» dar. Solche Institutionen sind im Übrigen nicht nur berechtigt, sondern sogar verpflichtet, Bewer-

1175

[2350] EUROPÄISCHE KOMMISSION (report), S. 83 ff.
[2351] Bei Transsexualität liegt eine eindeutige biologische Geschlechtszugehörigkeit vor, es besteht jedoch das Gefühl, dem anderen Geschlecht anzugehören.
[2352] EuGH v. 27.04.2006, Rs C-423/04, Slg. 2006, I 3585, EuGH v. 07.01.2004, Rs C-117/01, K.B., Slg. 2004, I-541.
[2353] Intersexuelle Menschen haben sowohl weibliche wie männliche Geschlechtsmerkmale, erscheinen äusserlich aber eindeutig als Frau oder als Mann.
[2354] SCHIEK (Allgemeiner Teil), N 25.
[2355] So in Dänemark, siehe dazu BAATRUP, S. 149.
[2356] SCHIEK (Allgemeiner Teil), N 31, THÜSING (Diskriminierungsschutz), N 214.

bende nach pädophilen Neigungen zu fragen bzw. Strafregisterauszüge zu verlangen. Hingegen wäre es verfehlt, z.B. Personen mit pädophilen Neigungen oder sadomasochistischen Vorlieben durch die Nichteinbeziehung in den Schutzbereich einer Diskriminierung aufgrund sexueller Ausrichtung *jeglichen Diskriminierungsschutz* zu verweigern. In diesem Sinne hat das schweizerisches Bundesgerichts entschieden, eine fristlose Entlassung eines wegen Kindsmissbrauchs strafrechtlich zu einer bedingten Gefängnisstrafe verurteilten Mitarbeiters sei rechtsmissbräuchlich, solange das Delikt nicht im Zusammenhang mit der beruflichen Tätigkeit des Mitarbeiters stehe[2357]. Im weitesten Sinne vergleichbar ist der Fall eines Krankenpflegers, der sich in einer Talkshow zu sadomasochistischen Sexualpraktiken bekannte und daraufhin entlassen wurde. Die Kündigung wurde vom Arbeitsgericht als unwirksam erklärt[2358].

1176 Die Aufnahme des Diskriminierungsmerkmals «Sexuelle Ausrichtung» in die Liste der verbotenen Gründe für eine Ungleichbehandlung erfolgt auf dem Hintergrund realer Diskriminierung homosexueller Arbeitnehmenden in der Arbeitswelt. Durch die Verankerung in Art. 13 EGV und in der RL 2000/78/EG wird klargestellt, dass gemeinschaftsrechtlich Diskriminierung homosexueller Arbeitnehmenden nicht geduldet wird und aktiv bekämpft werden soll[2359]. Zu diesem «Commitment» besteht ein Spannungsfeld zu Art. 4 Abs. 2 Satz 3 RL 2000/78/EG, wonach Kirchen und andere ethisch oder religiös motivierte Institutionen von ihren Arbeitnehmenden verlangen können, dass sie sich loyal und aufrichtig im Sinne des Ethos der Organisation *verhalten*. Das Einfordern des Verhaltens ist indes nach Art. 4 Abs. 2 Satz 3 RL 2000/78/EG nur zulässig, soweit «die Bestimmungen dieser Richtlinie im übrigen eingehalten werden». Auf diesem Hintergrund versuchen nun gewichtige Stimmen in der Doktrin zu behaupten, die RL 2000/78/EG enthalte einen immanenten *Unterschied* zwischen *sexueller Orientierung* und *sexuellem Verhalten*[2360]. Diese Aufspaltung basiert auf den Stellungnahmen der katholischen aber auch evangelischen Kirche zur Homosexualität. Homosexuelles Verhalten gilt als sündhaftes Verhalten. Würde RL 2000/78/EG tatsächlich nur homosexuelle Ausrichtung und nicht auch Verhalten schützen, wären diskriminierende Nichtanstellungen oder Kündigungen von homosexuellen Mitarbeitenden mit homosexuellem Verhalten in kirchlichen Einrichtungen/Institutionen (weiterhin) zulässig. Eine solche Auslegung des Begriffs

---

[2357] Bger v. 31.01.2006, 4C.431/2005. Siehe zu diesem Entscheid auch in Kapitel 14. 6.3.2 Rechtfertigungsgründe bei Kündigungen, S. 556 f.
[2358] Arbeitsgericht Berlin, Entscheidung vom 07.07.1999 – 36 CA 30545/97.
[2359] So auch GA Ruiz in den Schlussanträgen v. 06.09.2007, RS C-267/06, Maruko, Rn 85-86.
[2360] THÜSING (Diskriminierungsschutz), N 216.

«sexuelle Ausrichtung» würde dem Sinn des Diskriminierungsschutzes diametral zuwiderlaufen.

Fraglich bleibt bei dieser Auslegung der Sinn der erwähnten Ausnahmebestimmung in Art. 4 Abs. 2 Satz 3 RL 2000/78. Nach der hier vertretenen Position ist diese die Tendenzbetriebe schützende Bestimmung im Zusammenhang mit Art. 4 Abs. 1 RL 2000/78/EG zu verstehen. Zu den «wesentlichen und entscheidenden beruflichen Anforderungen» einer Tätigkeit in einer kirchlichen Institution kann ein Verhalten im Sinne des Ethos der Organisation verlangt werden. Der Verzicht auf homosexuelles Verhalten gehört nicht dazu[2361]. Ausnahmen sind, wenn überhaupt, auf kirchliche Würdenträger zu beschränken. Die Richtlinie 2000/78/EG verbietet damit religiösen Organisationen in gleicher Weise wie anderen Arbeitgebern eine Diskriminierung aus Gründen der sexuellen Orientierung einschliesslich sexuellen Verhaltens[2362].

1177

5. *Religion oder Weltanschauung*

RL 2000//78/EG verbietet die Diskriminierung von Beschäftigten aufgrund einer «bestimmten Religion oder Weltanschauung». Diskriminierungen aufgrund innerer religiöser oder weltanschaulicher Einstellungen dürften kaum vorkommen. Im arbeitsrechtlichen Kontext manifestieren sich Konflikte jedoch dann, wenn eine Religion oder eine Weltanschauung äussere Verhaltenspflichten wie z.B. Kleidungsvorschriften mit sich bringt. Besonders bei kirchlichen Arbeitgebern stellen sich Fragen, wie weit von den Mitarbeitenden ein mit dem Ethos der Kirche zu vereinbarendes Verhalten gefordert werden kann und ob die Teilung der religiösen Überzeugung des Arbeitgebers eine erlaubte Voraussetzung für Selektionsentscheide darstellen darf. Auf diese Fragen wird im Zusammenhang mit den Ausnahmen für kirchliche Organisationen eingegangen. Der EuGH wird in den nächsten Jahren gefordert sein, zu den genannten Brennpunkten Stellung zu beziehen. Dies bedingt die Vornahme einer wertenden Abwägung zwischen den Arbeitnehmer- und Arbeitgeberinteressen. Es muss jedoch auch entschieden werden, welche Phänomene als «Religion» oder «Weltanschauung» im Sinne der RL 2000/78/EG gelten können.

1178

Ausgangslage ist: Weder Art. 13 EGV noch die RL 2000/78/EG noch die Erwägungsgründe bieten Anknüpfungspunkte für die Auslegung der beiden Begriffe. Wie bei den übrigen Diskriminierungsmerkmalen der RL

1179

[2361] A.M. insbesondere mit Blick auf das deutsche Arbeitsrecht, LINDSCHEIDT, S. 256 ff., MOHR, S. 203.
[2362] G.A. REICHEGGER, S. 216 f., TRIEBEL, S. 174 ff.

2000/78/EG ist eine autonome und einheitliche Begriffsbestimmung notwendig. Im Anwendungsbereich der Richtlinie ist deshalb gemeinschaftsrechtlich zu entscheiden, ob bsw. Mitglieder der Scientology-Church Schutz durch die RL 2000/78/EG erfahren sollen. Die Mitgliedstaaten dürfen einen weitergehenden Diskriminierungsschutz vorsehen, nicht aber den gemeinschaftsrechtlichen Standard unterlaufen.

1180 Für die Auslegung der Begriffe Religion und Weltanschauung ist mit Blick auf Art. 6 Abs. 2 EUV auf die völkerrechtlichen und verfassungsrechtlichen Diskriminierungsverbote zurück zu greifen. Insbesondere der EMRK kommt dabei eine hohe und praktische Bedeutung zu. Der EGMR hat sich in zahlreichen Entscheidungen mit der Religionsfreiheit und dem Diskriminierungsverbot aufgrund der Religion und Weltanschauung auseinandergesetzt und die Glaubensvorstellungen von Organisationen wie dem «Divine Light Zentrum»[2363], der «Scientology Church»[2364], der «Moon Sekte»[2365] als «Religion» bezeichnet. Aus diesen Entscheidungen und aus Lehrmeinungen lassen sich verschiedene Indizien für die Bestimmung eines Glaubensbekenntnisses als Religion zusammentragen. Eine Religion bietet Antworten auf die grossen Fragen des Lebens, sie stellt eine umfassende, «subjektiv die Persönlichkeit wesentlich ergreifende Vorstellung vom Sinn des Ganzen der Welt und der Existenz der Menschen, die durch transzendente Bezüge gekennzeichnet ist»[2366] dar. Erforderlich ist, dass eine relevante Anzahl von Menschen die Religion teilt. Nicht notwendiges Merkmal ist ein Glaube an irgendeinen Gott[2367], auch Atheisten können sich auf das Diskriminierungsverbot aufgrund der Religion berufen. Zu einer Religion gehört das Recht, die eigene Lebensführung an den Prinzipien der Religion auszurichten[2368], individuelle Vorstellungen dieser Prinzipien sind ebenfalls schützenswert. Religion umfasst letztlich eine religiöse Überzeugung in ihrer individuellen Ausprägung.

1181 Für die Bestimmung des Begriffs «Weltanschauung» bietet sich ebenfalls ein Rückgriff auf die EMRK an. Art. 14 EMRK differenziert zwischen «Religion» und «politischen oder sonstigen Anschauung». Es ist somit fraglich, ob der Begriff Weltanschauung in Art. 13 EGV und RL 2000/78/EG eine Art Oberbegriff für «politische und sonstige Anschauung» darstellt oder ob der europäische Gesetzgeber vielmehr bewusst die «politische Überzeugung»

[2363] EGMR v. 19.03.1981, Omkaranada and the Divine Light Zentrum v. UK, App. No. 8188/77, 25 D&R 105 (1981).
[2364] EGMR v. 05.05.1979, X and Church of Scientology v. Schweden, App. No. 7805/77, 16 D & R 68 (1978).
[2365] EGMR, v. 15.10.1981, X v. Austria, App. No 8652/79, 26 D&R 89 (1981).
[2366] MAHLMANN (Gleichheitsschutz), N 98.
[2367] THÜSING (Diskriminierungsschutz), N 192.
[2368] DÄUBLER (Einleitung), N 55.

nicht in die Diskriminierungsverbotsliste aufnehmen wollte. Die Antwort fällt differenziert aus. Wie eine Religion beinhaltet auch eine Weltanschauung ein umfassendes und grundlegendes System von Annahmen zu gewichtigen Fragen menschlicher Existenz. In diesem Blinkwinkel haben politische Überzeugungen wie Pazifismus, Anarchismus, Marxismus o.ä. den Stellenwert einer Weltanschauung. Nicht unter diesen Begriff fallen demgegenüber «einfache» politische Meinungen zu bestimmten Sachfragen. Einer Parteimitgliedschaft kommt dann der Stellenwert einer geäusserten Weltanschauung gleich, wenn die betreffende Person ihre Vorstellungen über die Welt aus den politischen Zielen und Programmen der fraglichen Partei ableitet. Parteipolitische Überzeugungen sind deshalb im Diskriminierungsmerkmal «Weltanschauung» enthalten und dürfen nicht Grundlage einer diskriminierenden Ungleichbehandlung von Arbeitnehmenden bilden.

6. Unzulängliche Auflistung

6.1 Hierarchie der Merkmale

In den rechtswissenschaftlichen wie politischen Diskussionen taucht immer wieder die Frage nach einer Hierarchie der Diskriminierungsmerkmale auf. Vorweg ist eines klar zustellen. *Allen Diskriminierungsmerkmalen* in Art. 13 EGV ist gemeinsam, dass den betreffenden Personen die Änderung dieser Merkmale nicht möglich oder nach den Wertungsentscheidungen des europäischen Gesetzgebers nicht zumutbar ist. Die Merkmale haben einen engen Bezug zur Menschenwürde. Benachteiligungen von Arbeitnehmenden aufgrund ihres Geschlechts, Alters, ihrer sexuellen Orientierung, Behinderung, religiösen oder weltanschaulichen Überzeugung stehen somit im Verdacht, die Menschenwürde der betroffenen Personen zu verletzen.

1182

Die unterschiedliche Bedeutung der Merkmale zeigt sich bei der Entscheidung des europäischen Gesetzgebers, unter welchen Voraussetzungen Abweichungen vom Grundsatz der Gleichbehandlung zulässig sind. Hier manifestieren sich beträchtliche Unterschiede, auf die noch im Einzelnen eingegangen wird. Schon an dieser Stelle ist festzuhalten, dass eine benachteiligende Ungleichbehandlung aufgrund der Rasse oder ethnischer Herkunft höhere Rechtfertigungshürden stellt als eine Diskriminierung aufgrund der Religion oder Weltanschauung. Die Vornahme der Abgrenzung der beiden Merkmale hat deshalb weit reichende Konsequenzen. Das wird anhand der folgenden Problematik deutlich: Unter welches Merkmal sind Diskriminierungen unter Bezugnahme auf den jüdischen Glauben zu qualifizieren? Nahe liegend erscheint das Merkmal «Religion». Gleichzeitig gehört eine gemeinsame Religion zu den Merkmalen einer ethnischen Gruppe. Somit ist eher

1183

von einer rassistischen bzw. ethnisch motivierten Diskriminierung auszugehen[2369]. Allgemein sind Diskriminierungen gegen Mitglieder religiöser Gemeinschaften dann als rassistisch oder ethnisch zu behandeln, wenn die Diskriminierung aufgrund von Vorurteilen über «Die Juden sind so» oder «Die Muslime sind so» erfolgt. Die Diskriminierung ist diesfalls nur vordergründig eine religiöse, tatsächlich aber eine rassistische[2370].

6.2 Verhältnis zum Merkmal Geschlecht und Mehrfachdiskriminierungen

1184 Benachteiligende Ungleichbehandlungen lassen sich oft nicht eindeutig als durch ein bestimmtes Merkmal motiviert begründen. Regelmässig erfahren z.B. Frauen Benachteiligungen nicht «nur» aufgrund ihrer «Rasse» oder ihrer «ethnischen Herkunft» sondern zusätzlich wegen ihres Geschlechts. Gleiche Phänomene zeigen sich bei den übrigen Diskriminierungsmerkmalen.

1185 Es stellt sich die Frage der rechtlichen Bedeutung von Mehrfachdiskriminierungen. Nach welchem Diskriminierungsmerkmal soll z.B. ein Fall wie der folgende entschieden werden? Eine Unternehmung sucht Aussendienstmitarbeitende. Bei gleicher Qualifikation werden die Bewerbungen älterer Frauen anders als diejenigen jüngerer Frauen und jüngerer und älterer Männer abgelehnt. Jüngere Frauen und jüngere Männer werden gleich behandelt. Ältere Frauen werden sowohl gegenüber jüngeren Frauen wie auch gegenüber älteren Männern diskriminiert, es liegt demzufolge eine Mehrfachdiskriminierung vor. Angesichts der äusserst hohen Bedeutung, die der Bekämpfung der Geschlechterdiskriminierung im Gemeinschaftsrecht zukommt, ist vorrangig eine Diskriminierung des Geschlechts relevant. Selbst für die Besetzung einer Stelle für die eine für Frauen und Männern gleichermassen geltende Altersgrenze von z.B. 35 Jahren festgesetzt wird, liegt nicht nur eine unmittelbare Diskriminierung aufgrund des Alters sondern darüber hinaus möglicherweise ein mittelbare Diskriminierung aufgrund des Geschlechts vor. Durch die infolge Kinderbetreuung und Haushaltsaufgaben meist bei Frauen entstandene mehrjährige Lücke in der Erwerbstätigkeit wirkt sich eine Altersgrenze für den beruflichen Wiedereinstieg nachteilig aus.

1186 In den Erwägungsgründen zu den RL 2000/78/EG und RL 2000/43/EG wird die Problematik der Mehrfachdiskriminierung von Frauen ausdrücklich aufgegriffen (Erwägungsgründe Nr. 3 bzw. 14). Sowohl die Europäische Kommission wie das Parlament und der Rat sind sich der Problematik der Mehrfachdiskriminierungen bewusst und haben diese zum Thema verschiedenster

---

[2369] SCHIEK (Allgemeine Bestimmungen), N 16.
[2370] Zum Problemkreis siehe z.B. MALIK, N 30.

Aktivitäten gemacht[2371]. So bildete die Thematik der Mehrfachdiskriminierung ein Teilaspekt des europäischen Jahrs der Chancengleichheit (2007)[2372]. In einzelnen Mitgliedstaaten hat die Mehrfachdiskriminierung Eingang in die Antidiskriminierungsgesetzgebung gefunden. In Deutschland sieht das «Allgemeine Gleichbehandlungsgesetz AGG»[2373] in Paragraph 4 vor, dass bei einer unterschiedlichen Behandlung aufgrund mehrerer Gründe alle Gründe der Rechtfertigungsprüfung standhalten müssen. Soweit ersichtlich ist noch keine Gerichtsentscheidung zu diesem Paragraphen ergangen. Auch der EuGH konnte sich bislang nicht mit der Problematik beschäftigen.

6.3 (Kein) Freipass für Diskriminierung aus anderen Gründen

Die Liste der Diskriminierungsmerkmale nach Art. 13 EGV ist abschliessend. 1187
Aus der Rechtsquellenhierarchie folgt das Verbot der sekundärrechtlichen Korrektur primärrechtlicher Vorgaben. Nur für Diskriminierung aus den in Art. 13 EGV bzw. RL 2000/78/EG, RL 2000/43/EG (und RL 76/207/EWG) besteht der entsprechende Schutz. Daraus den Schluss zu ziehen, z.B. kranke Arbeitnehmende, die nicht unter den Status «behindert» fallen, dürften diskriminiert werden, ist falsch. Sie können sich lediglich nicht auf den besonderen Schutz der RL 2000/78/EG berufen. Die Kritik, die 2000er Richtlinien führten zu «Diskriminierung durch selektiven Diskriminierungsschutz» greift zu kurz[2374]. Wer nicht Schutz der RL 2000/78/EG oder RL 2000/43/EG geniesst, darf nicht einfach diskriminiert werden. Ein solcher Fehlschluss war in den Medien zu lesen, nachdem der irische Callcenter-Betreiber Dotcom Directories in einer Stellenanzeige geschrieben hatte: «Raucher brauchen sich nicht zu bewerben». EU-Kommissar Vladimir Spila beantwortete daraufhin die Anfrage der britischen Europa abgeordneten Cathrine Stihler dahingehend, dass Raucher nicht unter den speziellen Schutz der in Art. 13 EGV und Richtlinie 2000/78 aufgeführten Diskriminierungskriterien fallen würden[2375]. Die Kommission sah sich darauf hin veranlasst, präzisierend festzuhalten, auch wenn die EU-Gesetzgebung den Schutz der Diskriminierung von Rauchern nicht explizit berücksichtige, bedeutete dies im Umkehrschluss nicht,

---

[2371] EUROPÄISCHE KOMISSION (Grünbuch), S. 11, 33.
[2372] Beschluss Nr. 771/2006/EG des Europäischen Parlaments und des Rates vom 17. Mai 2006 zur Einführung des Europäischen Jahres der Chancengleichheit für alle (2007), Ziffer 14.
[2373] Allgemeines Gleichbehandlungsgesetz (AGG) vom 14. August 2006 (BGBl I. S. 1897, geändert durch Art. 8 des Gesetzes zur Änderungs des Betriebsrentengesetzes und anderer Gesetze vom 2. Dezember 2006 (BGBl. I S. 2742).
[2374] So LINDSCHEIDT, S. 286.
[2375] Der Spiegel, Ausgabe vom 7. August 2006.

dass die EU-Kommission die Diskriminierung von Raucherinnen und Rauchern für rechtmässig halte. Wie die EU-Kommission in ihrer Pressemitteilung schreibt, sollen Personen generell auf der Grundlage ihrer Fähigkeiten beschäftigt werden. Aus der Grundrechtscharta der Europäischen Union gehe eindeutig hervor, dass die EU jede Art von Diskriminierung ablehnt[2376].

III. Inhalt und Reichweite der arbeitsrechtlichen Diskriminierungsverbote

1. Diskriminierungsformen

1.1 Unmittelbare Diskriminierung

1188 RL 2000/78/EG und RL 2000/43/EG enthalten Legaldefinitionen der unmittelbaren und mittelbaren Diskriminierung. Die Begriffsbildung basiert auf dem Hintergrund der langjährigen Diskriminierungsrechtsprechung im Anwendungsbereich der Entgeltgleichheit und der Grundfreiheiten[2377].

1189 Eine unmittelbare Diskriminierung liegt in beiden RL (je in Art. 2 Abs. 2 Bst. a) vor, wenn eine Person wegen eines (oder mehreren) Diskriminierungskriteriums (-kriterien) «in einer vergleichbaren Situation eine weniger günstige Behandlung erfährt, als eine andere Person erfährt, erfahren hat oder erfahren würde». Die weniger günstige Behandlung kann in der Vergangenheit liegen gegenwärtig oder auch hypothetisch sein. Hier knüpft der europäische Gesetzgeber an die EuGH-Rechtsprechung zur Entgeltgleichheit an, wo die Berufung auf das Gehalt eines Vorgängers einer Beschäftigten zulässig war[2378].

1190 Die Formulierung «weniger günstige Behandlung» macht deutlich, dass dem Diskriminierungsbegriff ein *Gleichheitsanspruch* zugrunde liegt. Das zeigt sich sehr anschaulich in der Rechtssache *Maruko*. Eine Einrichtung der beruflichen Vorsorge gewährt lediglich den Ehepartnern verstorbener Mitarbeitenden einen Anspruch auf Hinterbliebenenleistungen, nicht aber den gleichgeschlechtlichen Partnern. Die Ehe ist im fraglichen Staat (Deutschland) nur in gegengeschlechtlichen Beziehungen möglich. Damit erfahren homosexuelle überlebende Lebenspartner gegenüber überlebenden Ehepartnern eine weniger günstige Behandlung. Es liegt somit eine unmittelbare Diskriminierung

---

[2376] Quelle: http://ec.europa.eu/employment_social/emplweb/news/news_de.cfm?id=171 (Zugriff: 30.06.2008).
[2377] PLÖTSCHER, S. 262.
[2378] EuGH v. 04.02.1988, Rs 157/86, Murphy, Slg. 1988, 673.

aufgrund der sexuellen Ausrichtung vor²³⁷⁹. Voraussetzung ist jedoch, dass sich die überlebenden Lebenspartner, die auf die Hinterbliebenenversorgung Anspruch erheben, in einer vergleichbaren Situation wie die überlebenden Ehegatten befinden²³⁸⁰.

Bei einer unmittelbaren Diskriminierung sind nach beiden Richtlinien *keine Rechtfertigungsgründe* möglich. Es handelt sich folglich um *absolute Anknüpfungsverbote*²³⁸¹. Auch eine Berufung auf Kundenwünsche zur Rechtfertigung eines Ausschlusses von Personen mit einer bestimmter ethnischen Herkunft aus dem Bewerbungsverfahren ist *kein* gemeinschaftsrechtlich anerkannter Rechtfertigungsgrund. Wer Kunden- oder Mitarbeitendenanliegen nach diskriminierender Behandlung bestimmter Personen(gruppen) geltend macht, begeht selbst eine unmittelbare Diskriminierung²³⁸². So hat auch der EuGH in der Rechtssache Feryn im Ergebnis entschieden²³⁸³, in dem er die folgende Aussage des Arbeitgebers nicht als Rechtfertigung für eine marokkanische Monteure diskriminierende Einstellungspolitik anerkannte: 1191

«Ich muss die Forderungen meiner Kunden erfüllen». Wenn Sie mir sagen, «Ich möchte dieses bestimmte Erzeugnis oder ich will dies und das», und ich dann entgegne, «Ich mache das nicht, ich lasse diese Leute doch kommen», dann sagen Sie, «Ich brauche diese Tür nicht unbedingt von Ihnen». Damit ruiniere ich mein eigenes Geschäft. Wir müssen den Forderungen unserer Kunden nachkommen. Nicht ich bin für dieses Problem in Belgien verantwortlich. Ich will, dass die Firma floriert und dass wir am Ende des Jahres unseren Umsatz erreichen, und wie ich das schaffe ... nun, ich muss ihn erreichen, indem ich mich an den Willen des Kunden halte!»²³⁸⁴.

Für Generalanwalt Maduro belegen diskriminierende Kundenanliegen gerade die Notwendigkeit regulierender Eingriffe, Märkte wären gerade kein Heilmittel gegen Diskriminierung²³⁸⁵. 1192

2379 EUGH v. 01.04.2008, Rs C-267/06, Maruko, Rn 72.
2380 EUGH v. 01.04.2008, Rs C-267/06, Maruko, Rn 73. Die Frage der Vergleichbarkeit der Ehe mit der eingetragenen Partnerschaft bildet den eigentlichen «Knackpunkt» der Maruko-Entscheidung. Wenn indes die Vergleichbarkeit der beiden Rechtsinstitute verneint wird, so stellt sich die Frage, ob die fragliche Hinterbliebenenregelung eine mittelbare Diskriminierung aufgrund der sexuellen Ausrichtung dastellt, da die Ehe nur heterosexuellen Paaren offensteht.
2381 SCHIEK (Allgemeiner Teil), S. 112.
2382 THÜSING (Diskriminierungsverbote), N 334-336.
2383 EuGH v. 10.07.2008, Rs C-54/07, Feryn.
2384 EuGH v. 10.07.2008, Rs C-54/07, Feryn , Rn 17.
2385 Schlussanträge GA Maduro v. 12.03.2008, Rs C-54/07, Feryn, Rn 18.

1193 Zu beachten sind jedoch die verschiedenen *Ausnahmetatbestände*, bei deren Vorhandensein keine Diskriminierung vorliegt, auf diese wird noch vertieft eingegangen. Weiter erfährt der Anwendungs- und somit Schutzbereich der unmittelbaren Diskriminierung eine Einschränkung durch das Kriterium der *Vergleichbarkeit der Situationen*. Durch eine (zu) weite Auslegung der Vergleichbarkeit wird das eigentliche Ziel des europäischen Antidiskriminierungsrechts – Überwindung von Ausgrenzung und überlieferter wie überkommener Rollenmuster – untergraben[2386]. Indizien für eine solche Tendenz zeigen sich bei vereinzelten Entscheiden des EuGH zur Geschlechtergleichheit, in denen Ungleichbehandlungen angesichts angeblich fehlender Vergleichbarkeit nicht erfasst wurden[2387].

1.2 Mittelbare Diskriminierung

1194 Sowohl RL 2000/78/EG und RL 2000/43/EG verbieten die mittelbare Diskriminierung. Eine mittelbare Diskriminierung liegt gemäss der Legaldefinition vor, «wenn dem Anschein nach neutrale Vorschriften, Kriterien oder Verfahren Personen mit einer bestimmten Religion oder Weltanschauung, einer bestimmten Behinderung, eines bestimmten Alters oder mit einer bestimmten sexuellen Ausrichtung gegenüber anderen Personen in besonderer Weise benachteiligen» (Art. 2 Abs. 2 Bst. b Ziff. i 2000/78/EG). Die RL 2000/43/EG enthält die gleiche Bestimmung für die Merkmale «Rasse» und «ethnische Gruppe».

1195 Mit der Erwähnung der Trias «Vorschriften, Kriterien oder Verfahren» wird deutlich, dass nicht nur generell-abstrakte Normen sondern auch eine konkrete Rechtspraxis zu einer indirekten Diskriminierungen führen kann[2388]. Im Bereich des Arbeitsverhältnisses betrifft dies angesichts des grundsätzlich drittwirksamen Ansatzes der Richtlinien somit auch *einseitige Anordnungen des Arbeitgebers und vertragliche Bestimmungen*.

1196 Der Tatbestand der Bestimmung beinhaltet die Notwendigkeit eines *Gruppenvergleichs*. Verglichen werden müssen einerseits eine Gruppe von Personen, auf die ein vor Diskriminierung geschütztes Merkmal zutrifft und andererseits eine Gruppe von Personen, auf die kein Diskriminierungsmerkmal zutrifft. In den Gruppenvergleich müssen alle Personen einbezogen werden, die von einer Massnahme erfasst werden und vergleichbare Arbeit leisten[2389]. Die Gruppe, auf die das Diskriminierungsmerkmal zutrifft, muss durch die

---

[2386] SCHIEK (Allgemeiner Teil), S. 113.
[2387] Siehe 12. Kapitel, S. 399.
[2388] PLÖTSCHER, S. 264.
[2389] MOHR, S. 290.

Massnahme *in besonderer Weise benach*teiligt werden. Dabei ist nicht erforderlich, dass alle aus der Gruppe der Benachteiligten die Benachteiligung erfahren. Gleiches gilt für die Gruppe der Bevorzugten: Eine Regelung kann auch nachteilig für einzelne Mitglieder der bevorzugten Gruppe sein.

Folgendes Beispiel soll die vorangehenden Ausführungen veranschaulichen: Eine Unternehmung verlangt für eine bestimmte Hierarchiestufe mindestens zehn Jahre Betriebserfahrung. Dieses Anknüpfungskriterium ist vordergründig neutral, es benachteiligt höchstens ganz junge Arbeitnehmende unmittelbar, soweit sie rein aus Altersgründen noch gar keine zehn Jahre Betriebstreue vorweisen können. Für alle übrigen Personen stellt sich die Frage, ob eine mittelbare Diskriminierung aufgrund eines der geschützten Diskriminierungsmerkmale vorliegt. Die sexuelle Ausrichtung ist nicht relevant, weil es keinen ersichtlichen Zusammenhang zur Betriebstreue gibt. Für alle anderen Kriterien kann indes eine mittelbare Diskriminierung vorliegen. Jüngere Arbeitnehmende haben im Vergleich zu älteren Arbeitnehmenden schlechtere Möglichkeiten, das Erfordernis der zehnjährigen Betriebstreue zu erfüllen. Das trifft auch auf Arbeitnehmende mit Migrationshintergrund zu, deren Berufsbiographie durch die Flucht und Migration Zäsuren mit sich bringt. Zumindest soweit ein bestimmter ethnischer Hintergrund oder eine bestimmte «Rasse» betroffen ist, kann in dieser Konstellation eine mittelbare Diskriminierung aufgrund der Rasse bzw. der ethnischen Herkunft vorliegen. Die fragliche Regel – zehn Jahre Betriebszugehörigkeit als Hürde für eine bestimmte Funktionsstufe – muss lediglich *geeignet sein*, vor Diskriminierung geschützte Personen «benachteiligen zu können». Ein präziser Gruppenvergleich mit statistischen Methoden ist nach dem Richtlinientext zulässig aber nicht notwendig.

Hält sich eine Arbeitnehmerin oder hält sich ein Arbeitnehmer für diskriminiert, muss lediglich der «erste Anschein» einer (mittelbaren) Diskriminierung vorgelegt werden[2390]. Mit dem ersten Anschein einer Diskriminierung, kommen die *Rechtfertigungsgründe* ins Spiel. Beide RL sehen Rechtfertigungsgründe vor. Die zur benachteiligenden Ungleichbehandlung führenden Vorschriften, Kriterien oder Verfahren – bsw. die Hürde der zehnjährigen Betriebszugehörigkeit für eine bestimmte Funktionsstufe – müssen durch ein rechtmässiges Ziel sachlich gerechtfertigt sein und die Mittel zur Erreichung des Zieles müssen angemessen und erforderlich sein. Kein rechtmässiges Ziel liegt logischerweise dann vor, wenn die fraglichen Massnahmen gerade dazu dienen, tradierte Rollenmuster aufrechtzuerhalten. Die Beweise für die Rechtmässigkeit des Ziels und die Verhältnismässigkeit müssen vom Arbeitgeber bzw. vom Gesetzgeber erbracht werden. Der Arbeitgeber muss beim vorliegenden Beispiel beweisen können, dass eine zehnjährige Betriebszuge-

---

[2390] MOHR, S. 294.

hörigkeit eine sachliche Notwendigkeit darstellt, um die fragliche Funktion ausüben zu können. Die Dienstalter-Rechtsprechung des EuGH, namentlich die Entscheidung Cadman[2391] im Zusammenhang mit der Geschlechtergleichheit[2392], wird vermutlich auch bei den anderen Diskriminierungskriterien massgebend sein. *Wer länger im Betrieb ist, arbeitet noch nicht notwendigerweise besser.* Zudem stellen sich heikle Fragen, wie das Dienstalter zu berechnen ist. Ist die Anzahl Jahre im Betrieb massgebend oder darüberhinaus auch die tatsächlich dort verbrachte Arbeitszeit? Ist letzteres massgebend, werden Teilzeitbeschäftigte benachteiligt. Mehrheitlich arbeiten Frauen teilzeit, überproportional vertreten sind unter der Gruppe der Teilzeitbeschäftigten auch Behinderte.

1199 Eine *besondere Rechtfertigungsvariante* enthält die RL 2000/78/EG im Zusammenhang mit dem Diskriminierungsmerkmal *Behinderung*. Soweit der Arbeitgeber für Arbeitnehmende mit Behinderung *angemessene Vorkehrungen* trifft, sind neutrale Kriterien mit benachteiligender Auswirkung für Arbeitnehmende keine mittelbare Diskriminierung (Art. 2 Abs. 2 Bst. b, Ziff. ii)[2393]. Verlangt ein Arbeitgeber für eine bestimmte Tätigkeit die Beherrschung eines bestimmten Softwareprogramms, schliesst dies möglicherweise Arbeitnehmende mit Sehbehinderung aus. Sofern und soweit die Arbeitgeberin als angemessene Vorkehrung eine geeignete Anpassung der Software auf Sehbehinderte vornimmt, liegt keine mittelbare Diskriminierung vor.

1200 Die Rechtsfigur der «mittelbaren» oder «indirekten» Diskriminierung stammt aus dem US-amerikanischen Recht[2394]. In den völkerrechtlichen Diskriminierungsschutzbestimmungen ist das Verbot mittelbarer Diskriminierung zwar nicht ausdrücklich enthalten, jedoch durch die Überwachungsorgane anerkannt. Der EuGH schliesslich hat die mittelbare Diskriminierung bei der Arbeitnehmerfreizügigkeit und der Geschlechtergleichheit ins europäische Arbeitsrecht eingeführt[2395], ohne dass ein stringentes Konzept dieser Rechtsfigur vorlag[2396].

1201 Einigermassen Klarheit besteht jedoch im *Zweck* der mittelbaren Diskriminierung. Vorab kann mit der mittelbaren Diskriminierung verhindert werden, dass Arbeitgeber das Verbot der unmittelbaren Diskriminierung leicht umge-

---

[2391] EuGH v. 3.10.2006, Rs C-17/05, Cadman.
[2392] Siehe dazu ausführlicher in Kapitel 12, 5.2Dienstalter, S. 404.
[2393] Die Bedeutung dieser Bestimmung ist umstritten, es sei fraglich, so MOHR, S. 307, ob überhaupt ein Unterschied zur «normalen» Rechtfertigung besteht. Differenzierter dazu TOBLER (Indirect Discrimination), S. 294.
[2394] THÜSING (employment), S. 187 ff.
[2395] Siehe dazu je in Kapitel 11, S. 350 und in Kapitel 12, S. 395.
[2396] TOBLER (Indirect Discrimination), S. 89 ff., SCHIEK (Allgemeiner Teil), S. 123 ff., PLÖTSCHER, S. 263 ff.

hen können, etwa in dem von der Arbeitgeberin bewusst Kriterien aufgestellt werden, die von unerwünschten Gruppe gar nicht oder weniger einfach erfüllt werden können[2397]. Durch die mittelbare Diskriminierung sollen unbeabsichtigte, auf Stereotypen beruhende Massnahmen als Diskriminierung erfasst werden[2398]. Selektionskriterien wie eine bestimmte Körpergrösse, landessprachliche Kenntnisse oder bestimmte Studienabschlüsse sind neutrale Parameter. Sie sind jedoch geeignet, Personen aus vor Diskriminierung geschützten Gruppen zu diskriminieren. Mit dem Verbot mittelbarer Diskriminierung sollen Ungleichheiten in der sozialen Wirklichkeit überwunden werden[2399]. Eine Verpflichtung zu proaktiven Massnahmen ist dem Verbot der mittelbaren Diskriminierung jedoch nicht immanent. Darin besteht eine wichtige Unterscheidung zur Verpflichtung zu angemessenen Vorkehrungen und auch zu positiven Massnahmen (siehe unten).

Die jetzt vorliegende Legaldefinition der mittelbaren Diskriminierung lässt noch viele Fragen offen, die letztendlich vom EuGH geklärt werden müssen. Bis heute liegt z.B. noch keine Entscheidung des Gerichtshofs vor, die sich zur Frage äussert, wann eine Vergleichsgruppe durch eine Massnahme «in besonderer Weise benachteiligt wird». Der Gerichtshof wird hierzu Kriterien entwickeln müssen. Es ist davon auszugehen, dass nicht jede denkbare Auswirkung genügt, um den «Tatbestand der Benachteiligung in besonderer Weise» zu erfüllen.

1202

1.3 Belästigung als Form der Diskriminierung

Der Diskriminierungstatbestand der Belästigung wird in beiden Richtlinien als unerwünschte Verhaltensweisen definiert, die im Zusammenhang mit der Rasse oder der ethnischen Herkunft, der Religion oder Weltanschauung, einer Behinderung, dem Alter oder der sexuellen Ausrichtung stehen und «bezwecken oder bewirken, dass die Würde der betreffenden Person verletzt und ein von Einschüchterungen, Anfeindungen, Erniedrigungen, Entwürdigungen oder Beleidigungen gekennzeichnetes Umfeld geschaffen wird» (Art. 2 Abs. 3 RL 2000/78/EG und Art. 2, Abs. 3 RL 2000/43/EG). Die Richtlinien beschränken das Belästigungsverbot nicht auf Handlungen der Arbeitgeber oder höhergestellter Arbeitnehmerinnen gegenüber ihren Untergebenen. Es ist auch keine Belästigungsabsicht notwendig (siehe den Richtlinientext «... bezwecken oder bewirken»...).

1203

[2397] Schlussanträge vom 18.05.2006, GA Maduro, Rs C-17/05, Cadman, Rn 23.
[2398] EuGH v. 28.03.2000, Rs C-158/97, Badeck, Rn 21.
[2399] SCHIEK (Allgemeiner Teil), N 21, S. 125.

1204 Die Tatbestandselemente widerspiegeln die mehrfache Bedeutung des Diskriminierungsschutzes des Art. 13 EGV allgemein und der Beschäftigungsrichtlinien im Besonderen. Mit dem Würdeschutz wird die menschenrechtliche Dimension sichtbar. Eine Belästigung unter Bezugnahme auf Identitätsmerkmale einer Person stellt eine Verletzung der Menschenwürde dar. Ein von Einschüchterungen, Anfeindungen, Erniedrigungen oder Beleidigungen geprägtes Arbeitsumfeld ist schliesslich der Produktivität des Unternehmens höchst abträglich[2400]. Insofern enthält das Belästigungsverbot auch eine wirtschaftliche Dimension.

1205 Der Zusammenhang zwischen Belästigung und Diskriminierung und damit ein Teil des Konzepts der Rahmenrichtlinien wird in Frage gestellt. THÜSING erachtet es als systemwidrig und dem europäischen Recht fremd, wenn der legitime Schutz vor Belästigung durch ein Diskriminierungsverbot realisiert werden soll. Das Eine habe, so Thüsing, mit dem Anderen nichts zu tun. Diskriminierungsverbote würden versuchen, Unrecht zu vermeiden, das als Folge gleichheitswidriger Unterscheidung geschehe. Belästigungen wären demgegenüber grundsätzlich verpönt, auf eine Belästigung aus einem bestimmten Grund komme es nicht an. «Das Unrecht liegt in der Handlung selbst, nicht im Vergleich zu anderen Handlungen»[2401].

1206 Dieser Position ist aus hauptsächlich zwei Gründen nicht zuzustimmen. *Erstens* verlangt die Richtlinie nicht, dass die mitgliedstaatlichen Arbeitsrechtsordnungen einen bestehenden unterschiedslos anwendbaren Belästigungsschutz abschaffen. Belästigungsschutz für alle Arbeitnehmenden ist zudem integraler Bestandteil der gemeinschaftsrechtlichen Gesundheitsvorschriften für das Arbeitsverhältnis. Die RL 89/391/EWG[2402] verpflichtet die Mitgliedstaaten anerkanntermassen zu gesetzlichen Massnahmen zum Schutz vor Mobbing[2403]. *Zweitens* und hier liegt der springende Punkt ist die Belästigung, die im Zusammenhang mit den Diskriminierungsmerkmalen steht, in der Regel Ausdruck eines *Machtungleichgewichts*. Belästigungen aufgrund der Rasse oder ethnischen Herkunft oder aufgrund einer Behinderung stehen nicht immer aber oft in einem unmittelbaren Zusammenhang mit einem asymmetrischen Machtverhältnis. Belästigungen haben deshalb sehr wohl eine Gleichheitsdimension[2404]. Die Belästigungsverbote der RL 2000/78/EG

[2400] Siehe dazu statt vieler HOEL/COOPER.
[2401] THÜSING (Diskriminierungsschutz), N 278.
[2402] Richtlinie 89/391/EWG des Rates vom 12. Juni 1989 über die Durchführung von Massnahmen zur Verbesserung der Sicherheit und des Gesundheitsschutzes der Arbeitnehmer bei der Arbeit (ABl. L 183 vom 29.06.1989, S.1).
[2403] BLANKE, S. 365 f.
[2404] Dazu im Bereich der sexuellen Belästigung am Arbeitsplatz bereits 1995 BAER (Würde), inbes. S. 48.

und RL 2000/43/EG werden sinnvollerweise als spezifische Belästigungsverbote verstanden. Die Spezifität besteht im unmittelbaren Zusammenhang zu den Diskriminierungsverboten. Soll der besondere Belästigungsschutz ausgebaut werden, führt der Weg über die Erweiterung der Diskriminierungsmerkmale.

1.4 Fehlende angemessene Vorkehrungen als Diskriminierung

Nach Art. 5 der RL 2000/78/EG müssen Arbeitgebende «geeignete und im konkreten Fall erforderliche Massnahmen» ergreifen, um Arbeitnehmenden mit Behinderung den Zugang zur Beschäftigung, die Ausübung eines Berufes, der berufliche Aufstieg und die Teilnahme an Aus- und Weiterbildungsmassnahmen zu ermöglichen. Zweck dieser Regelung ist, Arbeitnehmende mit einer Behinderung gleiche Chancen im Arbeitsmarkt und im konkreten Arbeitsverhältnis zu bieten wie nicht behinderten Arbeitnehmenden[2405]. Die damit verbundenen Kosten werden durch die RL 2000/78/EG den Arbeitgebern auferlegt. Kritischen Stimmen merken an, die Arbeitsintegration von Arbeitnehmenden mit Behinderung sei eine originär staatliche Aufgabe. Mit der Verpflichtung zu sozial ausgleichenden Massnahmen zu Gunsten behinderter Arbeitnehmer würden den Arbeitgebern originär staatliche Aufgaben auferlegt[2406]. Diesen Einwänden ist u.a. entgegen zu halten, dass sozialstaatliche Massnahmen im Endeffekt von den Arbeitgebenden zumindest mitfinanziert werden. Zudem wird den Arbeitgeberinteressen Rechnung getragen: Die in Frage kommenden «angemessenen Vorkehrungen» (so der Titel zu Art. 5 RL 2000/78/EG) dürfen für den Arbeitgeber keine *unverhältnismässige Belastung* darstellen.

1207

Die «angemessenen Vorkehrungen» sind in Art. 5 RL 2000/78/EG nur sehr allgemein umschrieben. In Erwägungsgrund Nr. 20 wird näher ausgeführt, was darunter zu verstehen ist, nämlich «wirksame und praktikable Massnahmen, um den Arbeitsplatz der Behinderung entsprechend einzurichten». Es folgen Beispiele wie die «Anpassung der Räumlichkeiten und der Arbeitsgeräte», «Arbeitsrhythmus», «Aufgabenverteilung» oder «Angebot an Ausbildungs- und Einarbeitungsmassnahmen». Zur Prüfung, ob der Arbeitgeber durch die zu treffenden Vorkehrung unverhältnismässig belastet wird, muss zwischen den Interessen des Arbeitnehmenden und derjenigen des Arbeitgebers abgewogen werden[2407]. Massgebend sind dafür nach Erwägungsgrund 21 der mit den Massnahmen verbundene finanzielle und sonstige Aufwand, die

1208

[2405] EUROPÄISCHE KOMMISSION (experts), S. 13.
[2406] So MOHR, S. 324.
[2407] EUROPÄISCHE KOMISSION (experts), S. 17.

Grösse, die finanziellen Ressourcen und der Gesamtumsatz des Unternehmens sowie die Verfügbarkeit von öffentlichen Mitteln und anderen Unterstützungsmöglichkeiten. Unverhältnismässig sind die Belastungen des Arbeitgebers dann nicht, «wenn sie durch geltende Massnahmen im Rahmen der [nationalen] Behindertenpolitik» ausreichend kompensiert werden (Art. 5, Satz 3 RL 2000/78/EG). In der Praxis werden häufig Einzelfalllösungen gefunden werden müssen[2408]. Die angemessenen Vorkehrungen müssen im Dialog mit der betroffenen Person eruiert werden[2409].

1209 Angemessene Vorkehrungen für Menschen mit Behinderung stellen eine rechtlich verbindliche Verpflichtung der Arbeitgeberin dar. Welche Rechtsfolge tritt bei nicht ergriffenen verhältnismässigen Massnahmen ein? Nach Art. 5 Satz 1 RL 2000/78/EG sind angemessene Vorkehrungen zu treffen, um «die Anwendung des Gleichbehandlungsgrundsatzes auf Menschen mit Behinderung zu gewährleisten». Die fehlende Gewährleistung stellt folglich eine verbotene Diskriminierung dar. In der Rechtssache Chacon Navas hat der EuGH festgehalten, dass eine Entlassung einer behinderten Arbeitnehmerin nur zulässig sei, soweit der Arbeitgeber die notwendigen angemessenen Vorkehrungen getroffen hat und die fragliche Arbeitnehmerin dennoch nicht in der Lage ist, ihre Aufgabe am Arbeitsplatz zu erfüllen[2410]. Wäre die betroffene Arbeitnehmerin mit angemessenen Vorkehrungen in der Lage, ihre Aufgabe zu erfüllen und hat der Arbeitgeber diese Vorkehrungen nicht getroffen, stellt die Entlassung eine Diskriminierung dar. Dabei handelt es sich nicht um eine unmittelbare oder mittelbare Diskriminierung. Es fehlt an der Vergleichbarkeit. Eine Person, die eine Anpassung am Arbeitsplatz benötigt ist nicht in einer vergleichbaren Situation wie die Person, für die keine Anpassungen getroffen werden muss. Erst die angemessenen Vorkehrungen führen zu einer gleichen Ausgangssituation für Menschen mit Behinderung. Die nicht erfüllte Verpflichtung zu angemessenen Vorkehrungen ist deshalb als eine Diskriminierung sui generis zu verstehen[2411].

[2408] WADDINGTON, S. 8.
[2409] EUROPÄISCHE KOMMISSION (experts), S. 17.
[2410] EuGH v. 11.07.2006, Rs C-13/05, Chacon Navas, Rn 51.
[2411] In RL 2000/78/EG ist die Verweigerung angemessener Vorkehrungen nicht ausdrücklich als Form der Diskriminierung aufgeführt. Im Vorschlag der Kommission vom 4. Juli 2008 für eine Richtlinie Anwendung des Grundsatzes der Gleichbehandlung ungeachtet der Religion oder der Weltanschauung, einer Behinderung, des Alters oder der sexuellen Ausrichtung ist jedoch in Art.2 Abs. 5 ausdrücklich erwähnt, dass die Verweigerung angemessener Vorkehrungen eine Diskriminierung darstellt.

2. Geltungsbereich

2.1 Persönlicher Geltungsbereich

In den Erwägungsgründen 4 und 12 der RL 2000/78/EG[2412] kommt deutlich zum Ausdruck, dass der geforderte Diskriminierungsschutz nicht nur EU-Staatsangehörigen sondern auch Angehörigen von Drittstaaten zukommen soll[2413]. Diese Erwägungen basieren auf dem Hintergrund des menschenrechtlichen Charakters von Art. 13 EGV. Weiter stützt sich der Schutz für Drittstaatenangehörige auf die Kompetenz der EG zum Erlass von sozialpolitischen Richtlinien mit dem Ziel, arbeits- und sozialrechtlicher Standards *unabhängig von den Grundfreiheiten* zu setzen[2414]. Wie bereits im Zusammenhang mit den Diskriminierungsmerkmalen «Rasse» und «ethnische Herkunft» ausgeführt wurde, hat die Ausnahmeklausel in Art. 3 Abs. 2 beider RL, wonach eine unterschiedliche Behandlung aus Gründen der Staatsangehörigkeit zulässig sei, nicht zur Folge, dass Drittstaatenangehörige in bezug auf die Arbeits- und Kündigungsbedingungen und die Chancen im Bewerbungsverfahren nicht durch die RL 2000/78/EG geschützt sind. Mit den fraglichen Ausnahmeklauseln sichern sich die Mitgliedstaaten einzig ihre ausländerrechtliche Kompetenzen gegenüber Drittstaatenangehörigen.

1210

Sowohl RL 2000/78/EG wie auch RL 2000/43/EG bezwecken einen allgemeinen Rahmen zum Diskriminierungsschutz «in Beschäftigung und Beruf». Der Anwendungsbereich ist deshalb sehr weit gesteckt, geht insbesondere klar über die abhängige Arbeit hinaus. Sämtliche Bestimmungen der RL 2000/78/EG und alle die Beschäftigung betreffenden Bestimmungen der RL 2000/43/EG sind sowohl auf Arbeitnehmende wie auch auf Selbständigerwerbende und arbeitnehmerähnliche Personen anwendbar[2415]. Eingegangen wird im Folgenden entsprechend dem Gesamtkonzept der Studie nur auf die abhängige Arbeit, wobei der Fokus auf das privatrechtliche Arbeitsverhältnis gelegt wird.

1211

[2412] Siehe auch Erwägungsgründe 3 und 12 der RL 2000/43/EG.
[2413] POTTSCHMIDT, S. 306.
[2414] EICHENHOFER, S. 77.
[2415] POTTSCHMIDT, S. 313.

2.2 Sachlicher Anwendungsbereich

2.2.1 Übersicht

1212 Nach Art. 3 Abs. 1 Bst. a-d von RL 2000/78/EG und RL 2000/43/EG werden sämtliche Phasen eines Arbeitsverhältnisses vom Diskriminierungsverbot erfasst: Die Bewerbungsphase (Auswahlkriterien und Einstellungsbedingungen), die Arbeitsbedingungen inkl. Entgelt und Entlassungsbedingungen und der berufliche Aufstieg. Nicht relevant ist, ob die Arbeitsbedingungen vertraglich vereinbart oder durch die Arbeitgeberin alleine bestimmt werden. Ein Diskriminierungsschutz steht den Beteiligten nicht zur Disposition[2416]. Vom sachlichen Anwendungsbereich ausgenommen sind Leistungen der gesetzlichen Systeme und der ihnen gleichgestellten Systeme der Sozialen Sicherheit oder des Sozialen Schutzes (Art. 3 Abs. 2 RL 2000/78/EG).

1213 Die 2000er Richtlinien sind in die bisherige arbeitsrechtliche Gleichheitsdogmatik im Rahmen der Arbeitnehmerfreizügigkeit sowie der Entgeltgleichheit und erweiterten Geschlechtergleichheit (RL 76/2000) eingebettet. Das bedeutet:

- die Rechtsprechung des EuGH zur Entgeltgleichheit aufgrund des Geschlechts ist für die Diskriminierungsmerkmale der 2000er Richtlinien anwendbar[2417], das betrifft insbesondere auch den Entgeltbegriff und damit zusammenhängend die EuGH-Rechtsprechung zur Abgrenzung der betrieblichen Systeme sozialer Sicherheit von staatlichen Systemen der Altersvorsorge[2418],

- die EuGH-Anstellungsdiskriminierungs- und Kündigungsfälle im Bereich der Diskriminierung aufgrund des Geschlechts können auf die Diskriminierungsmerkmale der Richtlinien übertragen werden[2419], soweit nicht die besonderen Ausnahmetatbestände (siehe dazu sogleich unten) Anwendung finden.

[2416] DÄUBLER (Benachteiligungsverbot), N 12.
[2417] DÄUBLER (Benachteiligungsverbot), N 107 ff., siehe auch MOHR, S. 240, der darauf hinweist, die durch das Gemeinschaftsrecht geschützte Tarifautonomie erlaube den Tarifpartnern einen Beurteilungsspielraum.
[2418] MOHR, S. 279. Erwägungsgrund Nr. 13 der RL 2000/78/EG verweist auf die Geltung des Entgeltbegriffs des Art. 141 EGV. Siehe auch Schlussanträge GA Ruiz Calaber Colomer vom 06.09.2007 in der Rs C-267/06, Tadao Maruko, Rn 54 ff.
[2419] Siehe dazu in Kapitel 12, 2.3.1 Umfassender Diskriminierungsschutz, S. 411.

2.2.2 Bewerbungsphase

Die Geltung des Diskriminierungsverbotes aufgrund der in RL 2000/78/EG und RL 2000/43/EG geschützten Merkmale in den Bewerbungsverfahren wirkt sich sowohl auf die Ausgestaltung des Bewerbungsverfahrens an sich wie auf die Freiheit der Arbeitgeberin im Selektionsentscheid aus. Unzulässig sind unmittelbar oder mittelbar diskriminierende Stellenausschreibungen, Bewerbungsprozeduren und Anstellungsentscheide. Noch fehlt es in diesem Bereich an massgebender EuGH-Judikatur. Aus den EU-Mitgliedstaaten werden indes zunehmend Urteile zu Anstellungsdiskriminierung bekannt, die gestützt auf die umgesetzten RL 2000/78/EG erlassen werden. So hat das Arbeitsgericht Frankfurt einer 46jährigen Flugbegleiterin eine Entschädigung in der Höhe von drei Monatsgehältern gewährt. Die befristet angestellte Stewardess hatte sich auf eine unbefristete Stelle beworben, wurde jedoch wegen ihres Alters von 46 Jahren abgelehnt. Nach dem Entscheid des Gerichts verstösst diese Argumentation des Konzerns gegen das Allgemeine Gleichbehandlungsgesetz. Das wirtschaftliche Risiko möglicher Lohnfortzahlung im Krankheitsfall dürfe bei der Auswahl von Bewerbenden nicht als Entscheidkriterium gelten[2420]. In Dänemark wurden in einer Wochenzeitung in einem Stelleinserat Mitarbeiter mit dänischer Staatsangehörigkeit zwischen 18 und 30 Jahren gesucht. Das Unternehmen wurde mit einer Busse von umgerechnet 950 Euro sanktioniert. Gebüsst wurde auch eine Malerfirma in Ungarn, die in einer Testbewerbung einer Antidiskriminierungsstelle der Diskriminierung von Romas überführt wurde[2421].

1214

2.2.3 Arbeitsbedingungen

Das Diskriminierungsverbot bei den *übrigen Arbeitsbedingungen* betrifft alle Rechte und Pflichten, die sich aus dem Arbeitsverhältnis ergeben. Dazu zu zählen sind etwa gesetzliche wie betriebliche Arbeitszeitvorschriften, betriebliche und ausserbetriebliche Verhaltensregelungen, Weisungen über Arbeitsinhalte, Arbeitsort und Arbeitsleistung. Leitentscheidungen des EuGH sind insbesondere bezüglich unmittelbarer und mittelbarer Diskriminierung aufgrund der Religion zu erwarten. Namentlich das durch einen Arbeitgeber ausgesprochene Verbot des Tragens eines islamischen Kopftuches ist nicht mit dem Diskriminierungsverbot zu vereinbaren. Wieweit dies für den Bereich staatlicher Schulen auch treffend ist, kann dahingestellt werden. Die

1215

[2420] ArbG Frankfurt am Main, Urteil vom 25.06.2007, Az. 11 Ca 8952/06.
[2421] Sowohl der dänische wie der ungarische Fall sind dem Jahresbericht 2006 «Gleichbehandlung und Antidiskriminierung» entnommen, siehe EUROPÄISCHE KOMMISSION (Jahresbericht), S. 21-22.

Frage wird in dieser Studie wegen des fehlenden Bezugs zum Diskriminierungsschutz im privatrechtlichen Arbeitsverhältnis nicht vertieft.

2.2.4 Abgrenzung zur Sozialen Sicherheit

1216 Die Abgrenzung der von den Diskriminierungsrichtlinien erfassten betrieblichen Systemen sozialer Sicherheit von den staatlichen und ihnen gleichgestellten Systemen ist besonders auf dem Hintergrund des Verbots der Diskriminierung aufgrund der sexuellen Ausrichtung relevant. Viele Einrichtungen der beruflichen Vorsorge gewähren Leistungen aus der Hinterbliebenenversorgung lediglich an Ehegatten, nicht aber an gleichgeschlechtliche Partner/innen, so auch das Versorgungswerk deutscher Bühnen (VddB).

1217 In der Rechtssache Maruko hat der EuGH klar gestellt, dass Witwen- und Witwerrentenansprüche eines betrieblichen Vorsorgesystems in den Geltungsbereich der Richtlinie 2000/78/EG fallen[2422]. Das Gericht folgte dabei wesentlich den Begründungen in den Schlussanträgen des Generalanwaltes (GA). Der streitige Witwerrentenanspruch des VddB stellt *Entgelt* im Sinne von Art. 3 Abs. 1 Bst. c RL 2000/78/EG und *keine Leistung eines Systems staatlicher sozialer Sicherheit* im Sinne von Art. 3 Abs. 3 RL 2000/78/EG dar[2423]. Leistungen der Sozialen Sicherheit würden sich durch drei Merkmale auszeichnen: Es sei *erstens* Sache der öffentlichen Gewalt, die Mittel zum Sozialschutz unmittelbar oder mittelbar bereitzustellen, *zweitens* werde die Anspruchsberechtigung durch den blossen Besitz der Staatsangehörigkeit erworben und *drittens* solle Vorsorge für unvermeidbare Schadensfälle getroffen und diesen abgeholfen werden[2424]. Diese drei Merkmale würden die Autonomie der sozialen Sicherheit gegenüber dem Arbeitsrecht kennzeichnen[2425]. Für die Qualifikation des Entgeltsbegriffs nimmt der GA auf die Beschreibung des Entgelts in Art. 141 EG und der darauf gestützten Rechtsprechung Bezug. In verschiedenen Urteilen zeige sich, dass «Entgelt» eine jetzige oder zukünftige, vertraglich festgelegte, freiwillige oder gesetzlich vorgeschriebene Bar- oder Sachleistung des Arbeitgebers an den Arbeitnehmer darstelle[2426]. Renten sind nach der EuGH-Rechtsprechung dann zum Entgelt zu zählen, wenn ein Bezug zum Beschäftigungsverhältnis vorliegt[2427]. Für die Subsumierung des Witwerrentenanspruchs gegenüber der VddB als «Entgelt»

[2422] EuGH v. 01.04.2008, Rs C-267/06, Maruko.
[2423] Schlussanträge GA Ruiz-Jarabo Colmer, v. 06.09.2007, Rs C-267/06, Maruko, Rn72.
[2424] Schlussanträge GA Ruiz-Jarabo Colmer, v. 06.09.2007, Rs C-267/06, Maruko, Rn49.
[2425] Schlussanträge GA Ruiz-Jarabo Colmer, v. 06.09.2007, Rs C-267/06, Maruko, Rn51.
[2426] Schlussanträge GA Ruiz-Jarabo Colmer, v. 06.09.2007, Rs C-267/06, Maruko, Rn 56-57.
[2427] Schlussanträge GA Ruiz-Jarabo Colmer, v. 06.09.2007, Rs C-267/06, Maruko, Rn 62.

sei massgeblich, dass die Finanzierung durch Arbeitgeber und Arbeitnehmer ohne Zuschüsse durch Bund und Länder erfolge[2428]. Nicht relevant ist für den Gerichtshof schliesslich, dass es sich beim fraglichen Versorgungswerk um eine öffentliche Anstalt handelt[2429].

Zu klären war im Fall Maruko auch die Bedeutung von Erwägung Nr. 22 der RL 2000/78/EG. Die Bestimmung lautet: «Diese Richtlinie lässt die einzelstaatlichen Rechtsvorschriften über den Familienstand und davon abhängige Leistungen unberührt». Nach den Schlussanträgen des Generalanwaltes kommt den Erwägungsgründen *keine Bindungswirkung* zu, es handle sich lediglich um Auslegungsmittel. Innerstaatliche Konzeptionen von Familie und Ehe dürften nicht gegen das Gemeinschaftsrecht verstossen[2430]. Die Diskriminierung aufgrund sexueller Ausrichtung verstosse nach Entscheiden des Europäischen Menschenrechtsgerichtshofes gegen Art. 14 EMRK und Art. 21 der Charta der Grundrechte der EU. Zudem beziehe sich der Nachteil, den der Kläger rüge, auf das Verbot der Diskriminierung wegen der sexuellen Orientierung beim Arbeitsentgelt. Bei der fraglichen Hinterbliebenenversorgung handle es sich um «Entgelt», das dem Arbeitsverhältnis und nicht dem Familienstand entspringe[2431]. Der EuGH stützt diese Auslegung[2432].

1218

2.3 Private Arbeitgeber als Adressaten

Adressaten des Verbots ungleicher Behandlung im «Lebenszyklus» eines Arbeitsverhältnisses sind sämtliche staatlichen Instanzen und Behörden einschliesslich staatlicher Arbeitgeber, private Arbeitgeber und Kollektivvertragsparteien (Tarifvertragspartner).

1219

Der europäische arbeitsrechtliche Diskriminierungsschutz verpflichtet private Arbeitgeber aus unterschiedlichen Rechtsquellen. Den unmittelbar drittwirksamen Diskriminierungsverboten gegenüber europäischen Wanderarbeitnehmenden (Art. 39 EGV und VO 1612/68 EWG) und im Bereich der Entgeltgleichheit aufgrund des Geschlechts (Art. 141 EGV) stehen die auf der Stufe von Richtlinien verankerten Diskriminierungsverbote gegenüber. Den Richtlinien selbst, das wurde bereits an anderen Stellen hervorgehoben, kommt im privatrechtlichen Arbeitsverhältnis keine unmittelbare Drittwirkung zu. So-

1220

[2428] Schlussanträge GA Ruiz-Jarabo Comer, v. 06.09.2007, Rs C-267/06, Maruko, Rn 67.
[2429] EuGH v. 01.04.2008, Rs C-267/06, Maruko, Rn 57.
[2430] Schlussanträge GA Ruiz-Jarabo Colmer, v. 06.09.2007, Rs C-267/06, Maruko, Rn 77.
[2431] Schlussanträge GA Ruiz-Jarabo Colmer, v. 06.09.2007, Rs C-267/06, Maruko, Rn 79.
[2432] EuGH v. 01.04.2008, Rs C-267/06, Maruko, Rn 58-61.

wohl RL 2000/78/EG und RL 2000/43/EG verpflichten jedoch die Mitgliedstaaten zum Erlass gesetzlicher Regelungen, die auch und insbesondere Arbeitnehmende in privatrechtlichen Arbeitsverhältnissen umfassend vor Diskriminierung aufgrund der einschlägigen Diskriminierungsmerkmale schützen. Zudem sind alle Behörden der Mitgliedstaaten, also namentlich Gesetzgeber und Gerichte, verpflichtet, schon vor Ablauf der Umsetzungsfrist durch richtlinienkonforme Auslegung des gesamten in Frage kommenden nationalen Rechts die Verwirklichung der Richtlinienziele zu sichern.

1221 Die Grundentscheidung, wonach private Arbeitgeber in ihrer Diskriminierungsfreiheit im Interesse eines gemeinschaftsgrundrechtlich verankerten Anspruchs auf «diskriminierungsfreie Freiheitswahrnehmung der Arbeitnehmenden» eingeschränkt sind, steht durch die Entscheide des europäischen Gesetzgebers nicht mehr zur Disposition. Die ebenfalls gemeinschaftsgrundrechtlich gesicherten Arbeitgeberinteressen – Unternehmensfreiheit und Vertragsfreiheit – wurden vom europäischen Gesetzgeber durch verschiedenste Ausnahmetatbestände berücksichtigt.

3. *Ausnahmebestimmungen*

3.1 Übersicht der Ausnahmetatbestände

1222 Die arbeitsrechtlichen Diskriminierungsverbote der RL 2000/78/EG und RL 2000/43/EG gelten nicht absolut. Zwar führt die Legaldefinition des Begriff der Diskriminierung in den Art. 2 RL 2000/78/EG und RL 2000/43/EG nur bei der mittelbaren Diskriminierung Rechtfertigungsgründe auf. Der Anschein, unmittelbare Diskriminierungen wären in keinem Fall rechtfertigungsfähig, täuscht. In den drei unterschiedlichen Konstellationen ist eine unterschiedliche Behandlung trotz Anknüpfung an ein Diskriminierungsmerkmal zulässig.

1223 *Erstens* dann, «wenn das betreffende Merkmal aufgrund der Art einer bestimmten beruflichen Tätigkeit oder der Bedingungen ihrer Ausübung eine wesentliche und entscheidende berufliche Anforderung darstellt, sofern es sich um einen rechtmässigen Zweck und eine angemessene Anforderung handelt» (Art. 4 RL 2000/78/EG und RL 2000/43/EG). Die Mitgliedstaaten können damit in ihrer nationalen Antidiskriminierungsgesetzgebung eine Interessenabwägung zwischen den Gleichbehandlungsinteressen der Arbeitnehmenden und der unternehmerischen Freiheit der Arbeitgeber vornehmen. Nach Erwägungsgrund Nr. 23 zur RL 2000/78/EG dürfen die Ausnahmen vom Diskriminierungsverbot aufgrund *wesentlicher und entscheidender beruflichen Anforderungen* nur «in sehr begrenzten Bedingungen» erfolgen. Mit dem Erfordernis der «*wesentlicher und* entscheidenden beruflichen Anforderungen» orientiert sich der europäische Gesetzgeber am US-amerikanischen Antidiskriminierungsrecht. Hier darf der Gleichbehandlungsgrundsatz durch die «bona fide occupational qualification defense» durchbrochen werden. In der US-amerikanischen Rechtsprechung wird die Klausel streng gehandhabt. Die benachteiligende Ungleichbehandlung mit der Rechtfertigung des Fehlens «entscheidender beruflichen Voraussetzungen» soll nur als ultima ratio in Frage kommen[2433]. Die Ausnahmeklausel «Entscheidende berufliche Anforderungen» gilt für alle Diskriminierungsmerkmale der RL 2000/78/EG und RL 2000/43/EG.

Zweitens ist für die Merkmale *Religion und Weltanschauung* Art. 4 Abs. 2 und 3 RL 2000/78/EG beachtlich. Kirchen und andere Organisationen, deren Ethos auf religiösen Grundsätzen oder Weltanschauungen beruht, sind Ungleichbehandlungen aufgrund der Religion oder Weltanschauung erlaubt. Voraussetzung ist, dass die in Frage stehende berufliche Tätigkeit die Übereinstimmung mit der Religion oder dem Ethos der Organisation verlangt («wesentliche, rechtmässige und gerechtfertige berufliche Anforderung angesichts des Ethos der Organisation»). Weiter muss die Ungleichbehandlung die verfassungsrechtlichen Grundsätzen und Bestimmungen der Mitgliedstaaten und den allgemeinen Rechtsgrundsätzen des Gemeinschaftsrechts beachten und es darf keine Diskriminierung aus einem anderen Grund vorliegen. Diese Sonderbestimmung wurde wesentlich auf Druck von Kirchen eingeführt, namentlich in Deutschland stand die Verteidigung des verfassungsrechtlich garantierten kirchlichen Selbstbestimmungsrechts in Frage[2434]. Das Ergebnis stellt einen politischen Kompromiss dar. Die Kirchen und ähnliche Organisationen erhalten für die Vornahme von Ungleichbehandlungen aufgrund der Religion oder der Weltanschauung einen grösseren Spielraum: So genügt, wenn die Religion oder Weltanschauung eine wesentliche berufliche Anforderung darstellt. Alle anderen Arbeitgeber müssen eine entscheidende berufliche Anforderung nachweisen können, wollen sie Ungleichbehandlungen aufgrund von geschützten Merkmalen vornehmen. Überdies steht den Kirchen und anderen Organisationen das Recht zu, von ihren Angestellten zu verlangen, «dass sie sich loyal und aufrichtig im Sinne des Ethos der Organisation verhalten». Die Problematik dieser Bestimmung in Bezug auf das Diskriminierungsmerkmal «sexuelle Ausrichtung» wurde bei der Erörterung der Diskriminierungsmerkmale behandelt[2435].

1224

[2433] THÜSING (Diskriminierungsschutz), N 324 und 327, mit Hinweisen auf die US-amerikanische Rechtslage und Rechtsprechung.
[2434] REICHEGGER, S. 128.
[2435] Siehe in diesem Kapitel oben II 4. Sexuelle Ausrichtung, S. 449.

1225 *Drittens* erlaubt Art. 6 RL 2000/78/EG den Mitgliedstaaten Erleichterungen für das Diskriminierungsmerkmal «Alter». Ungleichbehandlungen aufgrund des Alters stellen keine Diskriminierung dar, wenn sie «objektiv und angemessen sind». In Frage kommen insbesondere rechtmässige Ziele hinsichtlich Beschäftigungspolitik, Arbeitsmarkt und berufliche Bildung. Einzelne Beispiele werden aufgeführt, so etwa besondere Integrations- und Schutzmassnahmen zu Gunsten älterer Arbeitnehmer und Personen mit Fürsorgepflichten. Darunter sind z.B. längere Ferienansprüche für ältere Arbeitnehmende zu verstehen.

1226 Bei betrieblichen Systemen der sozialen Sicherheit sind nach Art. 6 Abs. 2 RL 2000/78/EG zudem u.a. versicherungsmathematischen Kriterien zulässig, «solange dies nicht zur Diskriminierungen wegen des Geschlechts führt».

1227 In der Rechtssache *Mangold* hat der EuGH entschieden, eine gesetzliche Regelung über die erleichterte Möglichkeit für befristete Arbeitsverträge ab einem bestimmten Altersjahr mit dem Ziel der Verbesserung von Arbeitsmarktchancen älterer Arbeitnehmenden stelle grundsätzlich ein rechtmässiges Ziel der Beschäftigungspolitik dar. Die Regelung wurde dennoch als nicht verhältnismässig erachtet, die Festlegung einer Altersgrenze unabhängig von anderen Erwägungen gehe über das hinaus, was zur Erreichung des verfolgten Zieles angemessen und erforderlich sei[2436].

1228 Wie in der Rechtssache Mangold war auch in der Rechtssache *Palacios de Villa* eine Altersgrenze streitig[2437]. In diesem Fall war zu prüfen, ob ein nationales Gesetz, das Klauseln in Tarifverträgen über die Beendigung von Arbeitsverträgen bei Erreichung des Pensionierungsalters zulässt, im Lichte des Diskriminierungsverbots aufgrund des Alters erlaubt sei. Ziel der Regelung ist u.a. die Eindämmung der Arbeitslosigkeit und die Beschäftigungsförderung, was für den EuGH mit Verweis auf seine frühere Rechtsprechung[2438] ein legitimes Ziel der Sozial- oder Beschäftigungsförderungspolitik der Mitgliedstaaten darstellt[2439]. Die fragliche Regelung erlaube den zuständigen spanischen Stellen zudem, sich auf die jeweilige Beschäftigungslage abzustützen[2440].

1229 Die Palacios de Villa-Entscheidung wird in der Lehre kritisch aufgenommen[2441]. Mit der Bemerkung «Blankoscheck für pauschale Altersgrenzen» charakterisiert etwa REICHOLD die Entscheidung und kritisiert die kaum ernsthaft vorgenommene Verhältnismässigkeitsprüfung, eine ernsthafte Wir-

---

[2436] EuGH v. 22.11.2005, Rs C-144/04, Mangold, Rn 65.
[2437] EuGH v. 16.10.2007, Rs C-411/05, Palacios de Villa.
[2438] Namentlich EuGH v. 11.01.2007, Rs C-208/05, ITC, Slg. 2007, I-181, Rn 39.
[2439] EuGH v. 16.10.2007, Rs C-411/05, Palacios de Villa, Rn 65.
[2440] EuGH v. 16.10.2007, Rs C-411/05, Palacios de Villa, Rn 74.
[2441] TEMMING (The Palacios Case), S. 382 ff., JUNKER/ZÖLTSCH, S. 883 f.

kungsanalyse arbeitsmarktentlastender Altersgrenzenregelungen verlange der EuGH offenbar nicht[2442].

3.2 Ausgewählte Problemzonen

Über die Frage, welche Sachverhalte als «entscheidende berufliche Anforderungen» gelten und somit als Ausnahme vom Diskriminierungstatbestand anerkannt werden, wird dereinst der EuGH auf dem Wege der Vorabentscheidung zu bestimmen haben. Der Konfliktfelder sind viele. Als besonders «anfällig» für eine Vorlage an den EuGH dürften sich Fälle erweisen, in denen Arbeitgebende mit Berufung auf die *Anliegen ihrer Kunden* Personen, auf die ein geschütztes Merkmal zutrifft generell nicht anstellen wollen oder für bestimmte Funktionen nicht berücksichtigen. Zu denken ist bsw. an ein Restaurant, dass mit Küche und Kochkunst einer bestimmten Region oder eines bestimmten Landes wirbt, z.B. ein indisches Restaurant. Diskriminierungsrechtlich problematisch ist, wenn der Inhaber für dieses indische Restaurant ausschliesslich indisches Servierpersonal beschäftigen will und damit im Bewerbungsverfahren unmittelbar an den ethnischen Hintergrund der Bewerbenden anknüpft. Die Bewerbungen aller Nichtinder/innen oder nicht indisch aussehenden Kandidaten/innen hätten demnach keine Chancen. Hinter dem Selektionskriterium «Inder/in» steckt die Absicht des Arbeitgebers, dem Restaurant durch indisch aussehendes Personal eine gewisse Authentizität zu vermitteln, was Umsatz- und Gewinnchancen erhöht. Somit wird der Selektionsentscheid an das Aussehen einer Person geknüpft, was unter dem an sich problematischen Diskriminierungsmerkmal «Rasse» zu subsumieren ist[2443]. Es stellt sich jetzt die Frage, ob sich das fragliche indische Restaurant auf *«Authentizitätsschutz»* berufen kann. Ob «indisches Aussehen» als «entscheidende berufliche Voraussetzung» anerkennt werden soll, ist eine komplexe Wertungsfrage. Eine unterschiedliche Behandlung aufgrund des Aussehens einer Person sollte zumindest nicht leichtfertig zugelassen werden. Antidiskriminierungsschutz soll nicht rein wirtschaftlichen Interessen weichen[2444]. Antidiskriminierungsrecht soll vielmehr bewirken, dass stereotype Vorstellungen über Aussehen, Eigenschaften und Verhalten von Personen überwunden werden. In diesem Lichte betrachtet müssen auch nichtindisch aussehen-

1230

[2442] REICHOLD (Gleichbehandlung), S. 51 f.
[2443] Der Begriff «Rasse» wird zwar sowohl in den internationalen Menschenrechtsverträgen und in RL 2000/43/EG verwendet. Es besteht jedoch Einigkeit darüber, dass es Rassen biologisch betrachtet gar nicht gibt. Der Diskriminierungsbegriff «Rasse» wird verwendet, um Menschen davor zu schützen, aufgrund physionomischer Merkmale und behaupteter Rassenzugehörigkeit diskriminiert zu werden.
[2444] BRORS, N 4.

de Personal im indischen Restaurant angestellt werden können[2445]. Im Ergebnis soll also nach der hier vertretenen Position Authentizitätsschutz nur in engen Ausnahmen gewährt werden.

1231 Der Authentizitätsschutz hängt mit der Problematik der «Diskriminierung aufgrund von Kundenanliegen» eng zusammen. Können Kundenanliegen ausserhalb des Authentizitätsschutzes eine «entscheidende berufliche Anforderungen» darstellen? In der Lehre besteht Einigkeit, dass *diskriminierende* Kundenwünsche nicht erheblich sind. Angenommen, ein Arbeitgeber macht geltend, seine Kunden würden es ablehnen, von den muslimischen Kopftuch tragenden Frauen bedient zu werden. Die Benachteiligung von das islamische Kopftuch tragenden Arbeitnehmerinnen kann in dieser Konstellation nicht mit der Begründung legitimiert werden, das (fehlende) Kopftuch stelle eine entscheidende berufliche Anforderung dar. Diskriminierende Kundenanliegen dürfen nicht zur Maxime arbeitgeberischen Handelns werden[2446]. In diesem Sinne hat auch der EuGH in der Rechtssache Feryn entschieden[2447].

3.3 Positive Massnahmen

1232 Zur gemeinschaftsrechtlich geforderten Überwindung von sozialer Ungleichheit im Arbeitsleben genügen Diskriminierungsverbote alleine nicht. Beide Richtlinien ermöglichen deshalb den Mitgliedstaaten, zur Gewährleistung völliger Gleichstellung im Berufsleben Massnahmen zu Gunsten Personengruppen beizubehalten oder zu ergreifen, mit denen Benachteiligungen verhindert oder ausgeglichen werden können. Bei einem rein formalen Diskriminierungsverständnis bedeuten solche so genannte positive Massnahmen zwangsläufig eine Diskriminierung der bisher privilegierten Personen. Insofern stellen positive Massnahmen eine Rechtfertigung einer Diskriminierung dar.

1233 Der Richtlinientext ist äusserst knapp gehalten. Immerhin steht fest, dass zwischen den positiven Massnahmen und der faktischen Benachteiligung ein kausaler Zusammenhang bestehen muss. Aus Begründungserwägung Nr. 26 zur RL 2000/78/EG lässt sich wenig über die Schranken zulässiger positiver Massnahmen herauslesen. Zulässig sind nur solche Massnahmen, die tatsächliche, mitunter auch empirisch festgestellte Benachteiligungen ausgleichen sollen. Die EuGH-Rechtsprechung zur Zulässigkeit positiver Massnahmen zwecks Förderung der Gleichstellung der Geschlechter bildet für die positiven

---

[2445] BRORS, N 42.
[2446] THÜSING, N 336, (Diskriminierungsschutz), BRORS, N 43, TYSON, S. 126.
[2447] EuGH v. 10.07.2008, Rs C-54/07, Feryn. Siehe zu diesem Entscheid auch weiter oben in diesem Kapitel, III. 1.1 Unmittelbare Diskriminierung, S. 456 f..

Massnahmen der 2000er Richtlinien den Referenzrahmen[2448]. Positive Massnahmen müssen dem Gebot der Verhältnismässigkeit entsprechen.

Für Arbeitnehmende mit Behinderung haben einerseits die weiter oben diskutierten «angemessenen Vorkehrungen» einen Gleichstellungseffekt. Darüber hinausgehende positive Massnahmen der Mitgliedstaaten sind zulässig. Besonders ermächtigt werden die Mitgliedstaaten in Art. 7 Abs. 2 RL 2000/78/EG «Bestimmungen zum Schutz der Gesundheit und der Sicherheit am Arbeitsplatz beizubehalten oder zu erlassen (…)». Solche Bestimmungen sollten sich nicht als Hindernis für die Teilhabe behinderter Arbeitnehmenden am Arbeitsmarkt auswirken[2449].

1234

4. *Verfahren, Rechtsfolgen, Sanktion*

4.1 Diskriminierungsschutz durch Verfahren

Die Richtlinien sehen verschiedene Verfahrensvorschriften vor, die der effektiven Durchsetzung des Antidiskriminierungsgedankens förderlich sind. Erfahrungen in Staaten mit langer Diskriminierungsschutztradition zeigen, dass verfahrensrechtliche Hürden ein beträchtliches Hindernis darstellen, damit von Diskriminierung Betroffene die ihnen zustehenden Rechte auch wahrnehmen[2450].

1235

Die Mitgliedstaaten müssen sicherstellen, dass Diskriminierungsklagen vor Gerichten, Verwaltungsstellen oder allenfalls vorgängig Schlichtungsstellen eingereicht werden können (Art. 9 Abs. 1 RL 2000/78/EG). Interessenverbände sollen sich im Namen der Diskriminierungsopfer für die Rechte von diskriminierten Personen einsetzen oder diese unterstützen dürfen (Art. 9 Abs. 2 RL 2000/78/EG). Ein eigentliches Verbandsklagerecht schreibt das Gemeinschaftsrecht nicht vor[2451].

1236

Zur Durchsetzung des Diskriminierungsschutzes sind die Mitgliedstaaten gehalten, die nötigen Regelungen betreffend *Beweislastverteilung* im Verfahren zu erlassen. Nach Art. 10 Abs. 1 RL 2000/78/EG müssen diese Bestimmungen sicherstellen, dass Personen, die den Gleichbehandlungsgrundsatz für verletzt halten, bei einem Gericht oder anderen zuständigen Stellen lediglich Tatsachen glaubhaft machen müssen, die das Vorliegen einer unmittelbaren

1237

[2448] Siehe dazu in Kapitel 12, 3. Positive Massnahmen, S. 418.
[2449] PÄRLI/CAPLAZI/SUTER, S. 204.
[2450] PÄRLI/CAPLAZI/SUTER, S. 266 (insbesondere zur Situation in Frankreich).
[2451] MAHLMANN (Gleichheitsschutz), N 128.

oder mittelbaren Diskriminierung vermuten lassen[2452]. Den Beklagten obliegt der Beweis, dass keine Verletzung des Gleichbehandlungsgrundsatzes vorliegt. Kennen die Mitgliedstaaten für die (vorliegend relevanten) arbeitsgerichtlichen Streitigkeiten die Ermittlung des Sachverhaltes von Amtes wegen, kann auf diese Beweisregeln verzichtet werden (Art. 10 Abs. 5 RL 2000/78/EG).

Weiter sind die Mitgliedstaaten verpflichtet, Personen, die eine Beschwerde wegen Diskriminierung einlegen, angemessen vor *Viktimisierung* oder anderen Repressalien zu schützen, die sie andernfalls von einer Durchsetzung ihres Rechtes auf Gleichbehandlung abhalten würden (Art. 11 der RL 2000/78/EG).

4.2 Rechtsfolgen und Sanktionen

1238 Nach Art. 16 der RL 2000/78/EG und Art. 14 RL 2000/43/ EG haben die Mitgliedstaaten die erforderlichen Massnahmen zur Sicherheit der Durchsetzung des Gleichbehandlungsgrundsatzes zu ergreifen. Das bedeutet die Aufhebung der den Grundsatz verletzenden Rechts- und Verwaltungsvorschriften. Weiter müssen mit dem Gleichbehandlungsgrundsatz nicht kompatible Bestimmungen in Arbeits- und Tarifverträgen, Betriebsordnungen und Statuten freier Berufe sowie Regelungen der Arbeitgeber- und Arbeitnehmerorganisationen für nichtig erklärt werden können.

1239 Die Richtlinien schreiben den Mitgliedstaaten nicht vor, wie die Sanktionen nicht gerechtfertiger Diskriminierung auszusehen haben. Vorgeschrieben ist jedoch, dass die bei Diskriminierung verhängten Sanktionen «wirksam, verhältnismässig und abschreckend» sind (Art. 16 der RL 2000/78/EG und 15 RL 2000/43/EG). Das bedeutet: Die Strafen für diskriminierendes Verhalten sollen in einem angemessenen Verhältnis zum angerichteten Schaden stehen und als Abschreckung gegen derartige Verhaltensweisen dienen.

1240 Der EuGH musste sich bis Juni 2008 erst einmal zu einer Frage der Wirksamkeit von Sanktionen äussern. Im Fall Feryn war zu prüfen, welche Sanktion gegenüber einem Arbeitgeber angemessen ist, der öffentlich bekannt gibt Personen mit bestimmter Herkunft nicht einzustellen. Als Besonderheit des Falles ist die Tatsache anzusehen, dass es an konkreten Diskriminierungsop-

---

[2452] In der Rechtssache *Feryn* genügten dem EuGH die öffentlichen Äusserungen eines Arbeitgebers, er werde keine Arbeitnehmer einer bestimmten ethnischen Herkunft oder Rasse beschäftigen, für das vermutungsweise Vorliegen einer Diskriminierung. Der Arbeitgeber muss beweisen, dass seine tatsächliche Einstellungspolitik diesen Äusserungen nicht entspricht, EuGH v. 10.07.2008, Rs C-54/07, Feryn, Rn 34.

fern fehlte. Dennoch müssten, so der EuGH, gegen einen solchen Arbeitgeber wirksame, verhältnismässige und abschreckende Sanktionen ergriffen werden, in Frage kämen die Anordnung einer adäquaten Veröffentlichung der Diskriminierungsfeststellung unter Kostenfolge für den Arbeitgeber oder auch die Auferlegung eines Zwangsgeldes[2453].

5. *Umsetzungsmassnahmen*

Mit einem umfangreichen und aufwendigen Aktionsprogramm will die Gemeinschaft die Bekämpfung von Diskriminierungen über die Verankerung von Diskriminierungsverboten hinaus bekämpfen[2454]. Dieses Programm deckt alle in Art. 13 EGV niedergelegten Diskriminierungsgründe ab mit Ausnahme der Diskriminierungen aufgrund des Geschlechts, mit denen sich eigens das Programm der Europäischen Gemeinschaft zur Gleichstellung von Frauen und Männern befasst[2455]. Mit einem Aktionsprogramm anerkennt die Gemeinschaft, dass die Verabschiedung von Rechtsvorschriften nur einen Teil der Aktivitäten zur Bekämpfung von Diskriminierungen darstellen kann. Vielmehr müssen rechtliche Vorschriften durch ein breites Spektrum weiterer Massnahmen unterstützt werden[2456]. In der Antidiskriminierungsrahmenstrategie legt die Kommission dar, dass sie einen «integrierten Ansatz» im Sinne eines eigentlichen *Anti-Diskriminierungs-Mainstreamings* fördern will. Das bedeutet, es sind gezielt rechtliche und politische Massnahmen der Gemeinschaft zu ergreifen. Die Kommission erhofft sich durch diesen integrierten Ansatz ein gezielteres Vorgehen gegen Mehrfachdiskriminierungen[2457].

1241

IV. Bilanz

Die RL 2000/78/EG und RL 2000/43/EG bauen auf den Entwicklungen im Bereich der Geschlechtergleichheit auf. Mit der revidierten RL 76/207/EWG

1242

[2453] EuGH v. 10.07.2008, Rs. 54/07, Feryn, Rn 38-41. Siehe auch den Entscheid des EuGH v. 04.07.2006, Rs C-212/04, Adeneler, Rn 76.
[2454] Beschluss des Rates 2000/750/EG vom 27. November 2000 über ein Aktionsprogramm der Gemeinschaft zur Bekämpfung von Diskriminierungen (2001-2006) (ABl. 02.12.2000, L 303/23).
[2455] Quelle: http://europa.eu.int/comm/employment_social/equ_opp/fund_de.html (Zugriff: 30.06.2008).
[2456] Die vielfältigen Aktivitäten werden auf der Antidiskriminierungswebseite http://www.stop-discrimination.info/ laufend dokumentiert (Zugriff: 30.06.2008).
[2457] EUROPÄISCHE KOMMISSION (Nichtdiskriminierung).

gelang die Harmonisierung im sekundärrechtlichen das Arbeitsverhältnis betreffenden Diskriminierungsschutzstandard. In allen Phasen des Arbeitsverhältnisses besteht ein einheitlicher gemeinschaftsrechtlicher Anspruch auf Schutz vor benachteiligender Ungleichbehandlung wegen den Merkmalen Geschlecht, Rasse, ethnische Herkunft, Religion und Weltanschauung, Behinderung, Alter und sexuelle Orientierung. Eine Sonderrolle nimmt nach wie vor die Entgeltgleichheit aufgrund des Geschlechts ein, die primärrechtlich in Art.141 EGV verankert ist.

1243 Die Richtlinien schaffen einen gemeinsamen europäischen Standard an arbeitsrechtlichem Gleichheitsschutz, der insbesondere vor den Toren privatrechtlicher Vertragsfreiheit nicht halt macht bzw. die Vertragsfreiheit durch Diskriminierungsschutz für bisher benachteiligte Personengruppen ermöglichen will. Mit den Antidiskriminierungsrichtlinien will der europäische Gesetzgeber sozial gestaltend in den Arbeitsmarkt und in die Arbeitsbeziehungen einwirken. Vorurteile sollen abgebaut, Arbeitgeber zur Übernahme von sozialen Umverteilungslasten verpflichtet werden. Dabei geht es nicht um eine Verordnung zur Gleichheit. Vielmehr sollen durch die in der Richtlinie erfassten Diskriminierungsverbote die Menschen in ihrer Verschiedenartigkeit und spezifischen Würde in der Gesellschaft und namentlich in der Arbeitswelt anerkannt werden.

1244 Zur Verwirklichung dieses Ziels lassen es der europäische Gesetzgeber und die europäischen Behörden nicht beim Erlass gesetzlicher Diskriminierungsverbote, Verfahrensvorschriften und Verpflichtung zu abschreckenden Sanktionen bewenden. Die Richtlinien fordern zudem die Schaffung von nationalen Gleichbehandlungsstellen. Die Zielsetzung einer diskriminierungsfreien Gesellschaft und vorliegend relevant einer diskriminierungsfreien Arbeitswelt wird mit vielfältigen Aktivitäten auf Gemeinschaftsebene ergänzt (z.B. Europäisches Jahr der Chancengleichheit 2007, Europäische Vernetzung von Diskriminierungsrechtsexperten/innen, begleitende Forschung). Mit einer *strukturellen Gleichbehandlungspolitik* soll die Wirkung des Antidiskriminierungsrechts optimiert werden.

1245 Dem umfassenden Ansatz im Sinne eines eigentlichen Antidiskriminierungsmainstreamings wird vereinzelt vorgeworfen, es handle sich um ein typisch bürokratisches, im Kern zutiefst antiliberales Konzept, das der innergesellschaftlichen Freiheit in den Mitgliedstaaten mit grossem Misstrauen begegne[2458]. Diese Kritik ist insofern ernst zu nehmen, als staatlicher angeordneter Schutz vor Diskriminierung unter Privaten tatsächlich in einer Weise verankert und durchgeführt werden könnte, dass liberale Grundwerte gefährdet würden. Das würde dann zutreffen, wenn staatliche Kontrollorgane die Bürgerinnen und Bürger hinsichtlich ihres diskriminierenden Verhaltens oder gar

---

[2458] SÄCKER (Vernunft), S. 286.

schon wegen ihrer diskriminierenden Einstellung überwachen, kontrollieren und sanktionieren dürften. Solche Schreckensszenarien werden indes mit den neuen Diskriminierungsverboten nicht eintreten. Die neuen Regeln schaffen vielmehr die Möglichkeit, dass durch Ausgrenzung und Diskriminierung benachteiligte Arbeitnehmende ihre Rechte auf Gleichbehandlung gerichtlich einfordern können. Die blosse Existenz von Diskriminierungsschutznormen kann Stellensuchende und Arbeitnehmende in ihrem Selbstvertrauen stärken. Arbeitgebende sind gezwungen, bisherige Selektions-, Beförderungs- und Entlassungspraktiken auf die Vereinbarkeit mit den Diskriminierungsverboten zu überdenken. Das kann durchaus auch zum Vorteil der Arbeitgebenden sein, wie neuere Erkenntnisse aus der Personalführung und namentlich aus Diversity-Management-Ansätzen zeigen.

Aus der bisherigen Rechtsprechung lassen sich noch keine klaren Konturen herauslesen, in welche Richtung der Gerichtshof die europäische Gleichheitsentwicklung leiten wird. Die spektakuläre Aussage in der Rechtssache Mangold, wonach den Richtlinien ein bereits primärrechtlich verankertes Diskriminierungsverbot aufgrund des Alters vorausgehe[2459], wurde in den Nachfolgeentscheidungen Palacios de Villa[2460] und Lindorfer[2461] relativiert. Einer eher restriktiven Auslegung der RL 2000/78/EG ist die Entscheidung Chacon Navas zuzuordnen, insbesondere wurde vom Generalanwalt auf die Kosten hingewiesen, die der Diskriminierungsschutz auslösen würde[2462]. In den Entscheiden in den Rechtssachen Feryn, Coleman und Maruko ist wiederum ein Trend erkennbar, den Diskriminierungsschutz auszudehnen bzw. zu stärken. In der Entscheidung Feryn reicht eine öffentlich gegenüber Personen bestimmter ethnischer Herkunft geäusserte negative Einstellung aus, um gegen das Verbot der (in casu unmittelbaren) Diskriminierung zu verstossen bzw. dem Arbeitgeber die Beweislast der nichtdiskriminierenden tatsächlichen Einstellungspraxis aufzuerlegen. Im Coleman-Urteil wird klar gestellt, dass auch Angehörige von Behinderten unter den Diskriminierungsschutz aufgrund einer Behinderung fallen. Das Urteil Maruko schliesslich kann als eigentlicher Meilenstein auf dem Weg zur Gleichbehandlung gleichgeschlechtlicher Paare bei Einrichtungen der beruflichen Vorsorge gesehen werden.

1246

[2459] EuGH v. 22.11.2005, Rs C-144/04, Mangold, Rn 75.
[2460] EuGH v. 16.10.2007, Rs C-411/05, Palacio de Villa, siehe insbesondere die Schlussanträge des GA Mazak, Rs C-411/05, Rn 95 f.
[2461] Schlussanträge GA Eleanor Sharpstone, Rs C-227/04 P, Rn 58 f.
[2462] Schlussanträge GA Geeldhoed in der Rs C-13/05, Chacon Navas, vom 16.03.2006, Rn 55 f.

V. Auswirkungen auf die Schweiz

1247 Als Nicht-EU Mitglied sind die 2000er Richtlinien für die Schweiz nicht anwendbar. Während etwa Norwegen als Nicht-EU-Mitglied die Antidiskriminierungsrichtlinien freiwillig umgesetzt hat[2463], ist ein solcher autonomer Nachvollzug von der Schweiz in absehbarer Zukunft nicht zu erwarten.

1248 Keine Chance fanden die Motionen von Nationalrat Josef Zysisdis für ein Bundesgesetz gegen Diskriminierung[2464] und von Nationalrätin Cécile Bühlmann für ein Gesetz gegen rassistische Diskriminierung in der Arbeitswelt[2465]. Abschlägig beantwortet wurden weiter eine einfache Anfrage von Nationalrat Paul Rechsteiner über Massnahmen gegen Diskriminierung aufgrund des Alters[2466] und ein Postulat von Nationalrätin Susanne Leutenegger-Oberholzer mit dem Inhalt, die Schweiz solle sich am Europäischen Jahr der Chancengleichheit 2007 beteiligen[2467]. Abgelehnt wurde auch eine parlamentarische Initiative zur Änderung des Arbeitsvertragsrechts zum Schutz der Arbeitnehmer gegen Mobbing[2468]. Noch offen ist das Schicksal eines Vorstosses von Natioanlrat Paul Rechsteiner, der für die Schweiz ein Allgemeines Gleichbehandlungsgesetz nach europäischem Vorbild fordert.[2469]

1249 Der Bundesrat begründet die Ablehnung eines verstärkten Diskriminierungsschutzes u.a. damit, die bestehende Rechtslage, namentlich die Bestimmungen zum Persönlichkeitsschutz im Zivilgesetzbuch und im Arbeitsvertragsrecht sowie im Arbeitsgesetz, würde ausreichend Schutz vor (rassistischer)

[2463] The Act on prohibition of discrimination based on ethnicity, religion, etc. (the Anti-Discrimination Act), 03.06.2006 No. 33. Quelle: www.regjeringen.no/en/dep/aid/doc/lover_regler/reglement/2005/The-Anti-Discrimination-Act.html?id=420606 (Zugriff : 30.06.2008).

[2464] Motion NR Josef Zysisdis vom 22.03.06, Erklärung des Bundesrates vom 17.05.06, Geschäft Nr. 06.3084.

[2465] Motion NR Cécile Bühlmann, «Gesetz gegen die rassistische Diskriminierung in der Arbeitswelt», Geschäfts Nr. 04.3791, Erklärung des Bundesrates vom 23.05.2005. Siehe auch schon die Interpellation von NR Cécile Bühlmann in der gleichen Angelegenheit und die Stellungnahme des Bundesrates vom 10.09.2003, Geschäft Nr. 03.3372.

[2466] Einfache Anfrage NR Paul Rechsteiner vom 21.08.2002, Antwort des Bundesrates vom 21.08.2002, Geschäft Nr. 02.1050.

[2467] Postulat NR Susanne Leutenegger-Oberholzer vom 6.10.2006, Erklärung des Bundesrates vom 15.12.2006, Geschäft Nr. 06.3628.

[2468] Die Parlamentarische Initiative verlangte einen Kündigungsschutz im Verfahren, ein Kündigungswiderrufsrecht und die Beweislasterleichterung für Opfer von Mobbing. Die Initiative wurde abgelehnt. Amtl. Bulletin 02.416, Thanei, Anita, eingereicht 21.03.02.

[2469] Parlamentarische Initiative NR Paul Rechsteiner, Geschäfts-Nr. 07.422.

Diskriminierung bieten. Die rasche Entwicklung des Antidiskriminierungsrechts in der EU nimmt der Bundesrat zur Kenntnis, er will sie «aufmerksam verfolgen und deren Auswirkungen auf die Schweiz und insbesondere die schweizerische Wirtschaft prüfen, um rechtzeitig entsprechende Massnahmen ergreifen zu können». Der Bundesrat möchte zudem «den von den Sozialpartnern erarbeiteten und frei vereinbarten Instrumenten Priorität einräumen, bevor er den Erlass zwingender Normen in Erwägung zieht». «Diese müssten nicht unbedingt im Sinne der Motion ausfallen», gibt der Bundesrat der Motionärin zu bedenken, die ein Anti-Diskriminierungsgesetz fordert[2470].

1250 In der schweizerischen Arbeitsrechtsdoktrin wird die neuere Gleichheitsentwicklung im europäischen Arbeitsrecht nur von wenigen Autorinnen und Autoren wahrgenommen. Das Abseitsstehen der Schweiz in der europarechtlichen Gleichheitsentwicklung wird unterschiedlich beurteilt[2471]. Pointiert äussert bsw. MARTENET: «De plus, la Suisse s'éloigne des pays de l'Union européenne, tous tenus de transposer, dans leur ordre juridique plusieurs directives sur la lutte contre les discriminations, y compris dans les relations entre particuliers. Un jour viendra – s'il n'est pas déjà venu – ou le *Sonderfall* suisse ne suscitera plus aucune sympathie»[2472].

1251 Während im Bereich der arbeitsrechtlichen Geschlechtergleichheit das Gleichstellungsgesetz massgeblich durch die europarechtlichen Vorbilder beeinflusst war, geht der schweizerische Gesetzgeber bei den Diskriminierungsverboten aufgrund anderer Kriterien eigene Wege bzw. eine Legiferierung wird als entbehrlich betrachtet. Die europarechtliche Gleichheitsentwicklung wird indes nicht spurlos an der Schweiz vorübergehen. Wie in dieser Studie aufgezeigt wird, fussen die gemeinschaftsrechtlichen Diskriminierungsverbote auf den in internationalen Menschenrechtsverträgen und in den Verfassungstraditionen der Mitgliedstaaten verankerten Diskriminierungsverboten. Trotz ihres Abseitsstehens in der EU und fehlenden politischen Willens, die EU-Entwicklung autonom nachzuvollziehen, besteht auf einer ganz grundsätzlichen Ebene kein Wertedissens zwischen dem Gemeinschaftsrecht und der schweizerischen Rechtslage. Aus den in völkerrechtlichen Verträgen verankerten menschenrechtlichen Diskriminierungsverboten resultieren für die Schweiz verbindliche Umsetzungspflichten, die sich an alle Behörden je in ihrem Zuständigkeitsbereich richten. Die Pflicht zur Verankerung von

---

[2470] Aus den Stellungnahmen des Bundesrates zur Interpellation und Motion von NR Cécile Bühlmann, siehe Fn 2465.
[2471] Kritisch zum Abseitsstehen der Schweiz siehe jedoch z.B.CAPLAZI/NAGUIB, N115 ff., GLOOR, S. 15, MARTENET (protection), S. 419 ff. und PÄRLI (Persönlichkeitsschutz), S. 231. Keinen gesetzgeberischen Handlungsbedarf sieht demgegenüber JAUN, S. 484 ff.
[2472] MARTENET (protection), S. 458.

gesetzlichen Diskriminierungsverboten leitet sich zudem auch aus Art. 8 Abs. 2 in Verbindung mit Art. 35 Abs. 1 und 3 BV ab.

1252 Auf diesem Hintergrund bildet für die Schweiz die Konkretisierung und Weiterentwicklung des europäischen arbeitsrechtlichen Gleichheitsrechts, namentlich durch Rechtsprechung des EuGH, eine hilfreiche Rechtserkenntnisquelle. Die sozialen Realitäten der Diskriminierung und deren wirtschafts- wie sozial- und menschenrechtlich motivierten und notwendigen Bekämpfung präsentieren sich in der Schweiz nicht grundlegend anders als in anderen europäischen Staaten. Alle durch die 2000er Richtlinien geschützten Diskriminierungsmerkmale finden sich auch in der Liste der Diskriminierungsverbote in Art. 8 Abs. 2 BV. Namentlich aus der EuGH-Rechtsprechung zum Diskriminierungsverbot aufgrund des Alters und der sexuellen Ausrichtung kann die schweizerische Rechtspraxis zurückgreifen, um Auslegungsfragen zu entscheiden. Mit Spannung darf zudem der Entwicklung der in RL 2000/78/EG geforderten «angemessenen Vorkehrungen» für Arbeitnehmende mit Behinderung entgegengesehen werden. Im gleich folgenden vierten Teil der Studie wird untersucht, wieweit sich solche Verpflichtungen aus dem Anspruch auf Persönlichkeitsschutz des Arbeitnehmers ableiten lassen.

Teil IV: Privatrechtliche Vertragsfreiheit und ihre Schranken durch Gleichbehandlungs- und Diskriminierungsschutzrecht

Im vierten Teil der Studie stehen die privatrechtlichen Normen zur (arbeitsvertraglichen) Vertragsfreiheit und des Gleichbehandlungs- und Diskriminierungsschutzes im Zentrum des Interesses. Im Zentrum der Untersuchung stehen einerseits die Generalklauseln zum Persönlichkeitsschutz in den Art. 2, 27 und 28 ZGB, die arbeitsrechtliche Konkretisierung in den Art. 328 und 328b OR sowie in Art. 336 Abs. 1 Bst. a OR und andererseits die Konzeption der Vertragsfreiheit und ihrer Schranken in den Art. 19/20 OR und die Bestimmung in Art. 342 OR über den Vorbehalt und die Wirkung des Öffentlichen Rechts im Bereich des Arbeitsvertragsrecht. Sowohl die Generalklausen zum Persönlichkeitsschutz wie auch die obligationenrechtlichen Bestimmungen zur Vertragsfreiheit haben eine eigentliche Scharnierfunktion zwischen dem öffentlichen und privaten Recht. Die in den vorangehenden Teilen der Studie erarbeiteten völker- und verfassungsrechtlichen Normen und Wertungen zum Diskriminierungsschutz wirken über die Generalklauseln und durch die Konzeption der Vertragsfreiheit und ihrer Schranken mittelbar, durch völker- und verfassungskonforme Auslegung oder auch unmittelbar, als zwingende Inhaltsnormen des Privatrechts, auf das privatrechtliche Arbeitsverhältnis ein.

1253

Im gleich folgenden 14. Kapitel werden Aufgabe und Bedeutung des Rechts der Persönlichkeit und der Pflicht zu einem Verhalten nach Treu und Glauben beim Schutz vor Diskriminierung und Anspruch auf Gleichbehandlung untersucht. Ausgangspunkt bildet Art. 2 ZGB als an die Rechtsunterworfenen gerichtete Verhaltensnorm und als Ermächtigungsnorm an das Gericht. Es wird dargestellt, wie die Rechtspraxis aus Art. 2 ZGB Regeln entwickelt wie bsw. das Gebot der schonenden Rechtsausübung und welche Rolle diesen Regeln beim Diskriminierungsschutz zukommen. Untersucht wird weiter der Einfluss von Art. 2 ZGB auf in Lehre und Praxis umstrittene, jedoch für den Diskriminierungsschutz wichtige Rechtsinstitute wie das Notwehrrecht auf Lüge und den arbeitsrechtlichen Gleichbehandlungsgrundsatz. Den Blankettnormen zum Persönlichkeitsschutz in Art. 28 ZGB und den Bestimmungen zum arbeitsrechtlichen Persönlichkeitsschutz (Art. 328, 328b und Art. 336 OR) wohnt Potenzial zum Diskriminierungsschutz inne. Diese allgemeine und als solche ziemlich unbestrittene These wird im Rahmen dieses Kapitels eingehend auf mehreren Ebenen geprüft. Es interessiert die Frage, ob die in den

1254

483

völker- und verfassungsrechtlichen Diskriminierungsschutznormen enthaltenen Diskriminierungsmerkmale im Begriff der Persönlichkeit enthalten sind. Weiter ist zu fragen: Wann stellt eine Persönlichkeitsverletzung eine Diskriminierung dar? Ist eine Diskriminierung immer auch eine Persönlichkeitsverletzung? Lässt sich auch eine indirekte Diskriminierung als Persönlichkeitsverletzung fassen? Wie verhält sich der arbeitsrechtliche Gleichbehandlungsgrundsatz zum Persönlichkeitsschutz und wann ist eine Verletzung des Gleichbehandlungsgrundsatzes eine Diskriminierung? Lässt sich bei einer diskriminierenden Anstellungsverweigerung eine Kontrahierungspflicht rechtfertigen? Die Auseinandersetzung mit diesen Fragen bildet den Schwerpunkt des vorliegenden Kapitels. Andere Fragen wie die Rechtsfolgen einer diskriminierenden Persönlichkeitsverletzung sowie Verfahrensaspekte werden demgegenüber nur rudimentär behandelt. Hier bleibt Raum und besteht Notwendigkeit für künftige Forschung.

1255 Das 15. Kapitel nimmt die Regelung der Vertragsfreiheit und ihrer Schranken gegenüber diskriminierenden Vertragsinhalten ins Blickfeld (Art. 19/20 OR). Die Inhaltsfreiheit ist in den Art. 19 und 20 OR sowie in Art. 27 ZGB geregelt. Zum Zusammenwirken dieser Normen finden sich in der Lehre viele Kontroversen. Einige davon werden aufgegriffen und es wird anknüpfend an vorhandene Ansätze eine eigene Position zum Zusammenwirken dieser Normen dargestellt. Darauf aufbauend wird ein eigener Ansatz entwickelt, wie diskriminierende Vertragsinhalte bestimmt und beseitigt werden können.

14. Kapitel: Treu und Glauben und Persönlichkeitsrecht als arbeitsrechtlicher Gleichbehandlungs- und Diskriminierungsschutz

I. Schutz vor Diskriminierung durch Art. 2 ZGB

1. Neuere Gerichtspraxis

1256 Das in Art. 2 Abs. 1 ZGB enthaltene Gebot des Verhaltens nach Treu und Glauben verpflichtet die Parteien im Bewerbungsverfahren zu erhöhten Sorgfalts- und Rücksichtspflichten. Die Bedeutung dieses Grundsatzes wird in einem Urteil des Arbeitsgerichts Zürich deutlich. Das Gericht hatte folgenden Sachverhalt zu beurteilen:

> Eine Reinigungsfirma mit breit gefächertem Kundenprofil, meldete im Juni 2004 beim Regionalen Arbeitsvermittlungszentrum (RAV) eine offene Teilzeit-Reinigungsstelle mit dem Hinweis, wegen der Kundschaft

und dem Firmenprofil wolle man keine «Leute aus dem Balkan». Auf Vorschlag ihrer RAV-Beraterin bewarb sich die Klägerin X., eine Schweizerin mazedonischer Abstammung, bei der Beklagten, was diese im Prozess bestreitet. Unbestritten ist die Meldung des RAV an Y. über das Interesse von X. an der fraglichen Stelle. In einer E-Mail vom 31. August 2004 teilte Y. dem RAV mit: «Wir stellen keine Leute aus dem Balkan ein und meine Firma verträgt solche Leute nicht, wie wir in der ganzen Schweiz auch nicht! (...) Kopftücher, Moslems etc. gehören nicht hier her! (...) Bin stinksauer, dass Sie nicht lesen können, dass wir keine Kopftücher einstellen (...).» Der Name der Klägerin X. war in der Betreffzeile der E-Mail aufgeführt.

Das Arbeitsgericht Zürich kam zum Schluss, rassistische Äusserungen müsse sich eine stellensuchende Person nicht gefallen lassen, dies gelte «noch mehr während des Selektionsverfahrens, bei welchem aufgrund der culpa in contrahendo eine erhöhte Sorgfalts- und Rücksichtspflicht gilt». Im Ergebnis erkannte das Gericht, es liege eine schwere Persönlichkeitsverletzung vor und verpflichtete die Arbeitgeberin zu einer Leistung von CHF 5000.– Genugtuung an die Klägerin[2473]. 1257

Aus Art. 2 ZGB wird auch das *Gebot der schonenden Rechtsausübung* abgeleitet[2474]. Nach einem Bundesgerichtsentscheid verletzte ein Arbeitgeber dieses Gebot krass, als er einen Arbeitnehmer nach 44 Dienstjahren «ohne jegliches Vorgespräch unter sofortiger Freistellung entliess»[2475]. Der Vorinstanz warf das Bundesgericht vor, sie hätte verkannt, dass die jahrzehntelange Treue des Klägers für denselben Betrieb auch die Fürsorgepflicht der Arbeitgeberin erhöhte. Diese erhöhte Fürsorgepflicht bedeute, dass eine Kündigung zwar aus sachlichen Gründen möglich sei. Jedoch erfordere die aus Art. 2 ZGB abgeleitete Pflicht ein schonendes Vorgehen[2476]. Die Verletzung des Gebots der schonenden Rechtsausübung bildete eine von mehreren Gründen, aufgrund derer das Bundesgericht die Kündigung als missbräuchlich erachtete[2477]. Auch wenn das Bundesgericht im fraglichen Entscheid den Begriff «Altersdiskriminierung» nicht ausdrücklich erwähnt hat: Die Entscheidung ist in den Kontext der *Diskriminierung aufgrund des Alters* zu stellen. 1258

Bereits eine erste Annäherung an diese beiden Fälle zeigt auf, dass sich die Gerichte bei der Suche nach Antworten auf Diskriminierungsprobleme (auch) 1259

[2473] Urteil des Arbeitsgerichts Zürich vom 13. Januar 2006, AN 050401/U1, Erw. 5.6 c. Siehe zu diesem Urteil PÄRLI (Anstellungsdiskriminierungen), S. 23 ff.
[2474] BAUMANN, N 22 zu Art. 2 ZGB.
[2475] Bger 4C. 215/2005, Erw. 5.4. Siehe dazu weiter hinten in diesem Kapitel, I. 3.3.2 Zusammenhang Art. 2 ZGB und Art. 336 OR, S. 499.
[2476] Bger 4C. 215/2005 v. 20.12.2005, Erw. 5.4.
[2477] Zur Kritik an diesem Urteil siehe SENTI CH., 611 ff.

auf Art. 2 ZGB abstützen können. Nachfolgend wird das Potenzial von Art. 2 ZGB für den Diskriminierungsschutz in allen Phasen des Arbeitsverhältnisses herausgearbeitet.

2. Die Grundidee(n) des Artikels 2 ZGB

2.1 Definitionen

1260 Nach Art. 2 Abs. 1 ZGB hat jedermann in der Ausübung seiner Rechte und in der Erfüllung seiner Pflichten nach Treu und Glauben zu handeln und nach Art. 2 Abs. 2 ZGB findet der offenbare Missbrauch eines Rechts keinen Rechtsschutz. Das Verhältnis von Art. 2 Abs. 1 zu Art. 2 Abs. 2 ZGB ist umstritten. Nach der heute wohl herrschenden Lehre haben die beiden Absätze unterschiedliche Funktionen, Abs. 1 dient der Auslegung und Ergänzung von Rechtsgeschäften und Gesetzen während Abs. 2 dem Gericht eine (lückenfüllende) Normkorrektur ermöglicht[2478]. Die alternative Auffassung zu Art. 2 ZGB betont dessen innere Einheit. Rechtsmissbräuchlich ist nach dieser durch ältere wie neuere Bundesgerichtsentscheide[2479] gestützten Theorie jede Handlung, die zweckwidrig ist und damit objektiv gegen Treu und Glauben verstösst[2480].

2.2 Potenzial und Grenze der Bestimmung

1261 Art. 2 ZGB gibt einen Grundsatz allgemeinster Art im Sinne eines Leitsterns der Gesetzesanwendung, einer «Schranke aller Rechtsausübung»[2481] wieder[2482]. Im Ergebnis wirkt die Bestimmung als notwendige Beschränkung und Korrektur des subjektiven Rechts. Die Beschränkungen des subjektiven Rechtes kommen dabei nicht nachträglich dazu, sie sind dem subjektiven Recht vielmehr bereits immanent[2483].

[2478] HAUSHEER/JAUN, N 11 ff., BAUMANN, N 20 zu Art. 2 ZGB, DESCHENAUX, S. 147 ff. Diese Auslegung von Art. 2 ZGB geht auf MERZ zurück, siehe MERZ, N 25 ff. zu Art. 2 ZGB.
[2479] BGE 72 II 39, 78 II 375, 86 II 221, Erw.6. Siehe aber auch BGE 120 II 105, Erw. 3.
[2480] HUWILER, S. 57, 74 ff., LANZ, S. 16 ff., differenziert CARONI (Einleitungstitel), S. 193 f.
[2481] BGE 45 II 398.
[2482] HAUSHEER/JAUN, N 3 zu Art. 2 ZGB.
[2483] CARONI (Einleitungstitel), S. 195. Vgl. dazu auch MERZ, N 28 zu Art. 2 ZGB, DESCHENAUX, S. 146 und HONSELL, N 25 zu Art. 2 ZGB.

Die Schranken des Art. 2 ZGB zielen auf das Verhalten der Rechtsteilnehmenden. Das Bundesgericht bezeichnet Art. 2 ZGB in BGE 116 Ia 162 denn auch als *Verhaltensnorm*[2484]. Als Generalklausel allgemeinster Art erfährt Art. 2 ZGB in hohem Masse richterliche Konkretisierung[2485]. Das Begriffspaar «Treu und Glauben» ist keiner abschliessenden Definition des rechtlich zulässigen Verhaltens zugänglich[2486]. Allgemein anerkannt ist, dass von den Teilnehmenden des Rechtsverkehrs ein redliches, korrektes und loyales Verhalten verlangt werden darf[2487]. Diese Begriffe sind ihrerseits wiederum wertungsabhängig und auslegungsbedürftig. Nach der Doktrin verlangt Art. 2 ZGB keine «ethische Höchstleistung»[2488]. Schon gar nicht erlaube die Bestimmung den Gerichten einen Freiraum zur Etablierung einer parallelen, ausschliesslich ethisch-sozial motivierten Rechtsordnung[2489]. Eine allgemeine Vertragsgerechtigkeit sei ebenfalls nicht Zweck des Grundsatzes von Treu und Glauben und auch nicht des Verbots des Rechtsmissbrauchs[2490].

Die gerade aufgeführte Beschränkung der Tragweite von Art. 2 ZGB schmälert die Bedeutung der Bestimmung keineswegs. Sie ist eine Grundschutznorm menschlichen Zusammenlebens und als solche für den gesamten Rechtsverkehr zentral. Die Forderung nach einem Verhalten nach Treu und Glauben dient der Aufrechterhaltung der öffentlichen Ordnung und Sittlichkeit[2491]. Die Regeln von Treu und Glauben haben indes nicht den unmittelbaren Zweck, die Persönlichkeitsrechte der Beteiligten vor sittenwidrigen Vertragsinhalten zu schützen[2492]. Insoweit ist Art. 2 ZGB von den Art. 27/28 ZGB abzugrenzen. Schutzziel dieser Bestimmungen ist die Persönlichkeit, Schutzziel des Art. 2 ZGB bildet das Funktionieren des Rechtsverkehrs an sich[2493]. Die Persönlichkeitsgüter der am Rechtsverkehr Teilnehmenden werden dadurch *mittelbar* geschützt[2494].

1262

[2484] BGE 116 Ia 162, Erw. 2 (S. 169).
[2485] DESCHENAUX, S. 149, MERZ, N 29-30 zu Art. 2 ZGB.
[2486] BAUMANN, N 16 zu Art. 2 ZGB. Mit dem klugen Verweis auf Wittgenstein wagt BAUMANN die Aussage «Der Inhalt von Art. 2 ZGB ist seine Anwendung im Recht». Siehe zur Bedeutung Wittgensteins für die Auslegung des Rechts die Ausführungen im Einleitungsteil, namentlich 1. Bedeutung des Begriffs «Diskriminierung und die Literaturhinweise in den Fn 157, 158, 159.
[2487] BAUMANN, N 3, N 6 und N 26 zu Art. 2 ZGB HONSELL, N 3 zu Art. 2 ZGB.
[2488] BAUMANN, N 8 zu Art. 2 ZGB.
[2489] DESCHENAUX, S. 150, HAUSHEER/JAUN, N 14 zu Art. 2 ZGB, BAUMANN, N 8 zu Art. 2 ZGB.
[2490] BGE 115 II 232, Erw. 4d.
[2491] KELLER/GABI, S. 39.
[2492] DESCHENAUX, S. 156.
[2493] BAUMANN, N 3, N 11 und N 48 zu Art. 2 ZGB. Das Funktionieren des Rechtsverkehrs ist auch dann gefährdet, wenn der Verstoss gegen die Regeln von Treu und

14. Kapitel: Treu und Glauben und Persönlichkeitsrecht

In *besonders krassen Fällen* stellt diskriminierendes Verhalten von Arbeitgebenden eine Gefahr für die öffentliche Ordnung und Sittlichkeit dar. Das Arbeitsgericht Zürich hält dazu im weiter oben geschilderten Fall fest: «Das Vorgehen der Beklagten, eine freie Stelle auszuschreiben, dem RAV zu melden, aber gewisse Ethnien, Nationen oder Volksstämme nicht vermittelt haben zu wollen, verstösst gegen die von der Schweiz ratifizierte Rassendiskriminierungskonvention (RDK; SR 0.104), weshalb sie widerrechtlich und somit nichtig ist». Das Arbeitsgericht erachtete die fragliche Stellenausschreibung als teilnichtig im Sinne von Art. 20 Abs. 2 OR und korrigierte die Ausschreibung dahingehend, dass die von der Arbeitgeberin nicht gewünschten Personen ins Bewerbungsverfahren eingeschlossen wurden[2495]. Damit war der Weg für ein arbeitsgerichtliches Verfahren nach Art. 343 OR offen[2496].

1263 Mit diesem Entscheid zeigte das Arbeitsgericht Zürich das Potenzial von Art. 2 ZGB (auch) für den Diskriminierungsschutz auf[2497]. Nach der älteren Rechtsprechung wohnt Art. 2 ZGB ein grosses *Potenzial zur Sozialgestaltung* inne. In BGE 72 II 39 Erw. 2 hielt das Bundesgericht fest: «Zweck dieser Bestimmung ist, die formelle Gültigkeit positiver Rechtssätze zu beschränken oder aufzuheben, wo immer der Richter das im Interesse der materiellen Gerechtigkeit als geboten erachtet».

1264 Eine solch weit reichende richterliche Kompetenz wird in der Lehre kritisiert[2498] und das Bundesgericht liess es denn auch bei einigen wenigen Ausnahmeentscheidungen dieser Art bewenden. In BGE 108 II 165 liess das Bundesgericht erkennen, das *Rechtsmissbrauchsverbot* könne nicht Anlass dazu geben, irgendwelchen *Gerechtigkeitsvorstellungen und rechtspolitischen Zielsetzungen* zum Durchbruch zu verhelfen[2499]. In die gleiche Richtung zielt der nur wenige Jahre später erlassene Entscheid des Bundesgerichtes (BGE 111 II 242): Ein Schlafwagenbegleiter wurde entlassen, nachdem seine zwölf Jahre vor der Anstellung zurückliegende Freiheitsstrafe bekannt wurde. Das

---

Glauben unverschuldet erfolgt. Aus diesem Grund plädiert ein Teil der Lehre für ein verschuldensunabhängiges Eintreten der Rechtsfolgen bei Missachtung der Verhaltensvorschriften des Art. 2 ZGB, siehe MERZ, N 105, DESCHENAUX, S. 153. A.M. HONSELL, N 79 zu Art. 2 ZGB.

[2494] DESCHENAUX, S. 156. Siehe zur Abgrenzung von Art. 2 ZGB zu Verstössen gegen die guten Sitten auch HONSELL, N 32 und 33 zu Art. 2 ZGB.
[2495] Zu Art. 19 und 20 OR im Zusammenhang mit vertraglich vereinbarter Diskriminierung siehe im 15. Kapitel, II. Inhaltsschranken nach Art. 19/20 OR und Art. 27 ZGB, S. 581 ff.
[2496] Siehe dazu PÄRLI (Anstellungsdiskriminierungen), S. 23 ff.
[2497] PÄRLI (Anstellungsdiskriminierungen), S. 23 ff.
[2498] BAUMANN, N 8 zu Art. 2 ZGB, HAUSHEER/JAUN, N 14 zu Art. 2 ZGB, MERZ, N 21 f. zu Art. 2 ZGB. Zustimmend jedoch CARONI, S. 196.
[2499] BGE 108 II 165.

Bundesgericht erachtete die Entlassung als nicht rechtsmissbräuchlich im Sinne von Art. 2 ZGB. Vergeblich machte der Kläger geltend, mit dieser Kündigung werde die gesetzlich vorgesehene Resozialisierung von Straftätern erschwert. Die Resozialisierung sei, so das Bundesgericht, eine staatliche Aufgabe, «die nicht Reflexwirkungen auf vertragliche Pflichten zwischen Privatpersonen entfalten könne»[2500].

2.3 Anwendungsbereich

Der Grundsatz von Treu und Glauben und der des Rechtsmissbrauchsverbots gelten heute anerkanntenmassen in der ganzen Rechtsordnung[2501]. Insbesondere ist der Grundsatz auch im Öffentlichen Recht massgebend und bindet sämtliche staatliche Organe[2502]. An verschiedenen Stellen hat der Gesetzgeber den Grundsatz konkretisiert. Beispielsweise gilt nach Art. 156 OR eine Bedingung als erfüllt, wenn ihr Eintritt von einem Vertragspartner wider Treu und Glauben verhindert worden ist. Wo eine gesetzliche Konkretisierung des Treu- und Glaubensgedankens vorliegt, geht diese der Generalklausel in Art. 2 ZGB vor[2503]. 1265

Historischer Ausgangspunkt des Treu- und Glaube-Gebotes ist das Vertragsverhältnis, das auf gegenseitigem Vertrauen aufbaut[2504], wobei auch die vorvertragliche Phase mit erfasst ist[2505]. Nach der bundesgerichtlichen Rechtsprechung setzt die Anwendung von Art. 2 ZGB grundsätzlich eine rechtliche Sonderverbindung voraus. Nur in sehr engen Grenzen könne eine Pflicht zu einem Verhalten nach Treu und Glauben *ausserhalb vertraglicher oder gesetzlicher* Pflichten abgeleitet werden[2506]. Wie bereits aus der bundesgerichtlichen Rechtsprechung erkennbar, kann vom Erfordernis der rechtlichen Sonderbindung abgesehen werden. Nach BAUMANN genügt bereits, dass jemand das rechtliche Parkett betritt, sich in rechtlich relevanter Weise verhält, damit 1266

[2500] BGE 111 II 242, Erw. 2d.
[2501] HONSELL, N 4 zu Art. 2 ZGB, HAUSHEER/JAUN, N 156 zu Art. 2 ZGB, BAUMANN, N 14 zu Art. 2 ZGB; siehe zum Rechtsmissbauch im öffentlichen Recht auch GÄCHTER, S. 4 ff.
[2502] Siehe dazu die Ausführungen im 8. Kapitel, III. 2. Eignung von Willkürverbot, Treu und Glauben und Verhältnismässigkeitsgrundsatz, S. 253 f.
[2503] Siehe z.B. das Verhältnis von Art. 28 OR zu Art. 2 ZGB bei SCHMIDLIN, N 14 zu Art. 28 OR.
[2504] DESCHENAUX, S. 145.
[2505] HAUSHEER/JAUN, N 70 und 71 zu Art. 2 ZGB. Siehe dazu unten, 3.1 Im Bewerbungsverfahren, S. 490 f.
[2506] Erstmals BGE 108 II 305, Erw. 2, siehe weiter BGE 116 Ib 376 Erw. 6c, 121 III 354 Erw. 6b und 124 III 297, Erw. 5c.

Art. 2 ZGB Anwendung finden kann[2507]. Mit Blick auf das Arbeitsverhältnis ist demnach das Bewerbungsverfahren vom Anwendungsbereich des Art. 2 ZGB erfasst. Dies gilt auch für so genannte Spontanbewerbungen, sofern sie sich an einen tatsächlich existierenden Arbeitgeber richten. Wer sich in der Öffentlichkeit als (potenzieller) Arbeitgeber zu erkennen gibt, betritt, um die Worte von BAUMANN zu benutzen, das *rechtliche Parkett* und schuldet allen potenziellen Bewerberinnen ein Verhalten nach Treu und Glauben. Das gilt selbstverständlich auch für die Bewerbenden gegenüber den potenziellen Arbeitgebenden.

3. *Bedeutung von Art. 2 ZGB im Lebenszyklus eines Arbeitsverhältnisses*

3.1 Im Bewerbungsverfahren

3.1.1 Die Rechtsfigur der Culpa in contrahendo

1267 Im Vertragsverhandlungsverhältnis finden die Bestimmungen des Vertragsrechts grundsätzlich noch keine Anwendung. Aus dem in Art. 2 Abs. 1 ZGB verankerten Grundsatz von Treu und Glauben ergeben sich jedoch Verhaltenspflichten bei Vertragsverhandlungen, deren schuldhafte Verletzung gegebenenfalls zur Haftung aus culpa in contrahendo[2508] (cic) führt[2509].

1268 Aus der Pflicht zu einem Verhalten nach Treu und Glauben ergeben sich für die Verhandlungspartner verschiedene konkrete Einzelpflichten, namentlich die Pflicht zu einem ernsthaften Verhandeln[2510], die Pflicht zur Rücksichtnahme[2511], die Pflicht, den Verhandlungspartner nicht zu täuschen[2512], und die Pflicht jedes Verhandlungspartners, die Rechtsgüter des anderen nicht zu

---

[2507] BAUMANN, N 5 zu Art. ZGB.
[2508] Zum Ausdruck Culpa in contrahendo siehe bereits JHERING, S. 1 ff., insbes. S. 327 ff.
[2509] HAUSHEER/JAUN, N 71 zu Art. 2 ZGB, HONSELL, N.17 zu Art. 2 ZGB, MERZ, (Vertrag), N.119, BAUMANN, N 14c und 144 zu Art. 2 ZGB, HUGUENIN (Obligationenrecht), N 921.
[2510] GAUCH/SCHLUP/SCHMID/REY, N 950 – 954. Dazu gehört auch, Vertragsverhandlungen nicht grundlos plötzlich abzubrechen, siehe dazu Bger v. 17. 11. 2005, 4C.247/2005 und die Besprechung dazu von ROUILLIER, insbes. N. 8.
[2511] GAUCH/SCHLUP/SCHMID/REY, N 955.
[2512] GAUCH/SCHLUP/SCHMID/REY, N 956 – 960. Zu dieser Pflicht gehört, den Verhandlungspartner auf Sachverhalte aufmerksam zu machen, welche die Gegenpartei nach Treu und Glauben nicht zu kennen verpflichtet ist (GAUCH/SCHLUP/SCHMID/REY, N 957 mit Hinweisen auf die Rechtsprechung).

verletzen[2513]. In schöpferischer Rechtsprechung hat das Bundesgericht im Swissair-Fall aus der culpa in contrahendo eine Haftung für erwecktes Konzernvertrauen entwickelt[2514]. Gegenstand dieser Haftung ist die Haftung eines vertragfremden Dritten, die dann zum Tragen kommt, wenn der Dritte zunächst schutzwürdiges Vertrauen erweckt und danach treuwidrig enttäuscht[2515].

Ein Verstoss gegen die aufgeführten Verhaltenspflichten zieht eine Haftung für den entstandenen Schaden nach sich. Die *Rechtsnatur* dieser culpa in contrahendo Haftung ist umstritten[2516]. In praktischer Hinsicht stellten sich Fragen, ob die Regeln der ausservertraglichen oder vertraglichen Haftung Anwendung finden sollen. Das Bundesgericht wendet in Übereinstimmung mit einem Teil der Lehre die Verjährungsbestimmungen der ausservertraglichen Haftung an[2517]. Die Hilfspersonenhaftung wird in der Lehre überwiegend nach vertraglichen Gesichtspunkten (Art. 101 OR) behandelt[2518]. Die cic wird auch als «quasi-vertragliche Haftung» bezeichnet[2519]. Richtig ist, die Haftung aus culpa in contrahendo als eine «Haftung zwischen Vertrag und Delikt» zu bezeichnen, weil «eine Vertragshaftung nicht vorliegt und die Deliktshaftung nicht ausreicht»[2520]. 1269

3.1.2 Diskriminierung als Verstoss gegen Treu und Glauben

Unter dem Gesichtspunkt des Diskriminierungsschutzes ist aus den Verhaltenspflichten nach Treu und Glauben insbesondere die *Pflicht zum Schutz der Rechtsgüter des Verhandlungspartner* relevant. 1270

Wer als Arbeitgeber das rechtliche Parkett betritt, ist gestützt auf Art. 2 Abs. 1 ZGB gehalten, Stellenbewerbende nicht *allein aufgrund bestimmter Persön-* 1271

[2513] GAUCH/SCHLUP/SCHMID/REY, N 961-962. Diese Pflichten beinhalten insbesondere, im eigenen Machtbereich alles zu unternehmen, um die die Rechtsgüter des potenziellen Vertragspartners zu schützen, z.B. im Eingangsbereich eines Verkaufsgeschäfts die notwendigen Sicherheitsvorkehrungen zu treffen.
[2514] BGE 120 II 336.
[2515] Zur Vertrauenshaftung nach dem Swissair-Entscheid siehe BGE 133 III 449, Erw. 4.1 und die dort aufgeführte Rechtsprechung und Doktrin.
[2516] HAUSHEER/JAUN, N 71 zu Art. 2 ZGB, HONSELL, N 17 zu Art. 2 ZGB, MERZ (Vertrag), N 118.
[2517] BGE 101 II 269 Erw. 4c, 104 II 94, Erw. 3a, 108 II 422, Erw. 5.
[2518] BAUMANN, N 188 zu Art. 2 ZGB, GAUCH/SCHLUP/SCHMID/REY, N 973, BUCHER (Obligationenrecht), S. 288. A.M. MERZ (Vertrag), N 155.
[2519] STREIFF/VON KAENEL, N 14 zu Art. 320 OR.
[2520] GAUCH/SCHLUP/SCHMID/REY, N 978.

lichkeitsmerkmale vom Bewerbungsprozess *auszuschliessen*[2521]. Die Treu- und Glaubenpflichten gebieten den Verhandlungspartnern weiter, sich *diskriminierender Äusserungen und Verhaltensweisen zu enthalten*. Diese Pflichten gelten im Bewerbungsverfahren auch gegenüber den Stellenbewerbenden, die der Arbeitgeber gar nicht anstellen will[2522]. Die gleichen Verpflichtungen, dies sei der Vollständigkeit halber erwähnt, trifft selbstverständlich auch Stelleninteressierte gegenüber einem Arbeitgeber. Eine Ablehnung eines Stellenangebotes, weil der Arbeitgeber bzw. ein Vorgesetzter eine bestimmte Hautfarbe hat, stellt ebenfalls einen Verstoss gegen Art. 2 Abs. 1 ZGB dar.

1272 Wie aufgezeigt wurde, bezweckt das Gebot zum Verhalten nach Treu und Glauben in erster Linie das Funktionieren des Rechtsverkehrs und nur mittelbar den Schutz der Persönlichkeitsrechte[2523]. Demzufolge ist *nur solches diskriminierendes Verhalten* von Art. 2 Abs. 1 ZGB erfasst, das im Ergebnis als *Störung des Rechtsverkehrs* zu qualifizieren ist.

1273 Mit dieser Feststellung ist nichts darüber ausgesagt, *welche diskriminierenden Verhaltensweisen* einen Schweregrad aufweisen, der sich negativ auf das Funktionieren des Rechtsverkehrs auswirkt. Als negative Abgrenzung ist festzuhalten, dass *nicht jedes diskrimierende Verhalten* sich gleichermassen störend auf die Funktion des Rechtsverkehrs auswirkt. Ein Verhalten kann sich als eine Verletzung der Persönlichkeitsrechte der Stellenbewerbenden erweisen, ohne dass gleichzeitig Art. 2 ZGB verletzt wird. Auf der anderen Seite stellt eine Stellenausschreibung, die Angehörige bestimmter Ethnien, Nationen oder Menschen bestimmter Hautfarbe zum vornherein ausschliesst, eine Störung des Rechtsverkehrs dar. Dafür sprechen die folgenden Belege: Das Verbot der Rassendiskriminierung ist in zahlreichen internationalen Konventionen verankert, bildet Gegenstand des Diskriminierungsverbotes in Art. 8 Abs. 2 BV, ist strafrechtlich in Art. 261bis StGB abgesichert[2524] und eine Rassendiskriminierung kann überdies eine Persönlichkeitsverletzung im Sinne von Art. 28 ZGB und Art. 328 OR darstellen[2525].

[2521] PÄRLI/CAPLAZI/SUTER, S. 135.
[2522] Urteil des Arbeitsgerichts Zürich vom 13. Januar 2006, AN 050401/U1, Erw. 5.6 f. Siehe zu diesem Urteil PÄRLI (Anstellungsdiskriminierungen), S. 23 ff.
[2523] Siehe in diesem Kapitel, I. Schutz vor Diskriminierung durch Art. 2 ZGB, 2.2 Potenzial und Grenze der Bestimmung, S. 486 f.
[2524] Siehe im 6. Kapitel, 3.2.1 Beschränkter Schutz durch das schweizerische Strafrecht, S. 154 ff.
[2525] Siehe 4. Ergebnis: Diskriminierungsmerkmale und arbeitsrechtlicher Persönlichkeitsbegriff, S. 535 ff.

3.1.3 Das so genannte «Notwehrrecht der Lüge» als Diskriminierungsschutz

Zu einem Verhalten nach Treu und Glauben im Bewerbungsverfahren gehört, den Vertragspartner nicht zu täuschen, namentlich keine unwahren Angaben zu machen und von sich aus auf Umstände hinzuweisen, die für das Arbeitsverhältnis relevant sind, jedoch von der anderen Partei nicht ohne weiteres hätten erfragt werden können. Werden diese Pflichten verletzt, kann das Arbeitsverhältnis entweder fristlos aufgelöst werden oder aber es kann gestützt auf Art. 28 OR die anfängliche Ungültigkeit des Arbeitsvertrages geltend gemacht werden[2526].

Der Art. 328b OR beschränkt das Recht des Arbeitgebers zur Datenbearbeitung auf Fragen, die für die Eignung der Arbeitnehmenden relevant sind und für die Durchführung des Arbeitsvertrages notwendig sind. Lehre[2527] und Praxis[2528] wenden diese Bestimmung bereits im Bewerbungsverfahren an. Fragen des Arbeitgebers an die Stellenbewerbenden sind nur zulässig, soweit sie die Eignung für das Arbeitsverhältnis betreffen. Es stellt sich die praktische Frage, wie Stellenbewerbende mit unzulässigen Fragen umzugehen haben. Eine blosse Verweigerung der Beantwortung unzulässiger Fragen würde regelmässig die Bewerbungschancen massiv verringern. Die Mehrheit der juristischen Lehre gewährt Stellenbewerbenden in solchen Konstellationen ein so genanntes *Notwehrrecht der Lüge*[2529]. Dies bedeutet, dass die Stellen-

---

[2526] STREIFF/VON KAENEL, N 12 zu Art. 328b OR, PORTMANN/STÖCKLI, N 78, PORTMANN (Einzelarbeitsvertrag), N 133, REHBINDER (Arbeitsrecht), S.45 f., STAHELIN, N 33 ff. zu Art. 320 OR, VISCHER, S. 68 ff., WEBER-SCHERRER, S. 73 ff., PÄRLI (Diss), S.116 ff. Ein (seltenes) Beispiel einer zulässigen Täuschungsanfechtung wegen Falschauskunft nach Art. 28 OR: Entscheid des Arbeitsgerichts Zürich vom 3. November 1999, JAR 2002, S. 151 (wahrheitswidrig hatte ein Bewerber für eine Stelle im Service im Personalbewerbungsblatt eine dreijährige Tätigkeit in einem Hotel angegeben). Nach BGE 132 II 161 stellt das Verschweigen eines laufenden Strafverfahrens einen Grund dar, der zur vorzeitigen Auflösung des Vertrages berechtigt.

[2527] PORTMANN, N 34 zu Art. 328b OR, STREIFF/VON KAENEL, N 4 zu Art. 328b OR, RIESSELMANN-SAXER, S. 7, RUDOLPH, S. 18, PÄRLI (Datenaustausch), S. 160.

[2528] BGE 132 II 161, Erw. 4.2, 122 V 167, Erw. 3, Bger vom 24. Mai 2005, U18/05, Erw. 6.1.

[2529] STREIFF/VON KAENEL, N 19 zu Art. 328b OR, STAEHELIN, N 39 zu Art. 320 OR, BRUNNER/BÜHLER/WAEBER, N 9 zu Art. 320 OR, REHBINDER, N 42 zu Art. 320 OR, PORTMANN/STÖCKLI, N 78, RUDOLPH, S. 18 und 119, PELLEGRINI, S. 123, PÄRLI (Diss.), S. 119 ff. A.M. BRÜHWILER, N 8b zu Art. 320 OR, WYLER, S. 229 (Droit de travail 2002, in der Neuauflage des Buches im Jahre 2008 schliesst sich Wyler der wohl herrschenden Lehre an, siehe S. 315, 2. Auflage 2008). Kritisch zum Notwehrrecht der Lüge auch: WEBER-SCHERRER, S. 61-71. Das Bundesgericht hat in BGE 122 V 267, Erw. 4b und 4c ein Notwehrrecht der Lüge indirekt anerkannt (im frag-

bewerbenden unzulässige Fragen des Arbeitgebers wahrheitswidrig beantworten dürfen, ohne dass der Arbeitgeberin deswegen ein Anfechtungsrecht bzw. Recht auf fristlose Kündigung des Arbeitsvertrages zusteht.

1276 Zur *dogmatischen Begründung* wird in der Lehre Art. 52 OR (Notwehr) oder Art. 2 ZGB (Rechtsmissbrauch) aufgeführt. Nach Art. 52 OR muss der Schaden, der bei berechtigter Notwehr gegen einen Angriff dieser Person zugefügt wird, nicht ersetzt werden. Die unzulässigen Arbeitgeberfragen stellen bei der dogmatischen Konstruktion der Notwehr den Angriff, die wahrheitswidrige Beantwortung der Fragen berechtigte Notwehrhandlung dar[2530]. Die dogmatische Begründung über Art. 2 ZGB geht dahingehend, dass die Berufung auf absichtliche Täuschung (Art. 28 OR) rechtsmissbräuchlich ist, wenn die unrichtige Beantwortung der Frage die Folge der Rechtswidrigkeit der Fragen darstellt[2531]. Für diese Konstruktion spricht die Rechtsfolge: die Berufung auf Täuschung findet im Sinne von Art. 2 Abs. 2 ZGB keinen Rechtsschutz. Zum gleichen Ergebnis kommt man auch über Art. 2 Abs. 1 ZGB in Verbindung mit Art. 25 OR. Will sich ein Arbeitgeber wegen falschen Angaben der Stellenbewerbenden auf Irrtum gemäss Art. 25 Abs. 1 OR berufen, kann ihm entgegengehalten werden, dieses Verhalten widerspreche Treu und Glauben, da die falschen Angaben lediglich die Konsequenz der unzulässigen Fragen darstellen.

1277 Der Zusammenhang zwischen dem Notwehrrecht der Lüge und dem Diskriminierungsschutz liegt auf der Hand. Anerkanntermassen unzulässige Arbeitgeberfragen – weil in der Regel nicht mit der Eignungsabklärung für das Arbeitsverhältnis im Zusammenhang stehend – sind namentlich Fragen nach der politischen Einstellung, den religiösen Gepflogenheiten oder bestimmten Persönlichkeitseigenschaften. Indem Stellenbewerbenden gestützt auf Art. 2 ZGB das Recht zugestanden wird, solche Fragen wahrheitswidrig zu beantworten, bewirkt dies einen, allerdings nur beschränkten, Diskriminierungsschutz.

---

lichen Fall stand keine arbeitsgerichtliche Streitigkeit zur Diskussion, das Eidg. Versicherungsgericht verneinte jedoch arbeitslosenversicherungsrechtliches Fehlverhalten, wenn eine Stellensuchende in einem Personalfragebogen persönlichkeitsverletzende Fragen nicht beantwortet hatte).

[2530] STREIFF/VON KAENEL, N 19 zu Art. 328b OR, STAEHELIN, N 39 zu Art. 320 OR.
[2531] PORTMANN, N 9 und N 36 zu Art. 320 OR, PÄRLI (Datenaustausch), S. 119.

3.1.4 Diskriminierende Ablehnung einer Offerte als Verstoss gegen das Rechtsmissbrauchsverbot

Kann die diskriminierende Ablehnung der Bewerbung eines Stellenbewerbers bzw. einer Stellenbewerberin *rechtsmissbräuchlich* sein und welche Rechtsfolgen lassen sich daraus ableiten? Ausgangslage bildet die Vertragsfreiheit, die auch die Freiheit beinhaltet, eine Offerte anzunehmen oder abzulehnen.

1278

In Ihrer Habilitationsschrift «Freiheit und Zwang beim Vertragsabschluss» kommt ARNET zum Schluss, die Ablehnung einer Offerte sei dann rechtsmissbräuchlich, wenn ein krasses Missverhältnis der Interessen vorläge[2532]. Arnet stützt sich dabei auf die bisherige Lehre zur Interessendisparität in bestehenden gesetzlichen oder vertraglichen Rechtsverhältnissen[2533] und erblickt darin «erhebliches Potenzial» für den Diskriminierungsschutz beim Vertragsabschluss. In Frage stehen das Interesse des Interessenten am Vertragsabschluss einerseits und das Interesse des Kontrahenten am Nichtabschluss des Vertrages andererseits. Soweit der Nichtvertragsabschluss für den Interessenten zu Folgen führt, die in krassem Missverhältnis zu den Interessen am Nichtvertragsabschluss des Kontrahenten stehen, ist eine Ablehnung der Vertragsofferte gemäss dieser Konzeption rechtsmissbräuchlich[2534]. Im Unterschied zur reinen Schikane oder unnützen bzw. zweckwidrigen Verweigerung eines Vertragsabschlusses ist nicht die Absicht sondern das objektive Interessenmissverhältnis massgeblich. Die Abgrenzung zu einer die Persönlichkeit verletzenden Vertragsverweigerung sieht ARNET im Schweregrad des Interessenmissverhältnisses; «die Interessen des Interessenten müssen die Interessen des Kontrahenten ganz deutlich und offensichtlich überwiegen»[2535].

1279

Wird diese Konzeption auf das Bewerbungsverfahren im Arbeitsverhältnis übertragen, gilt es die Interessen der Stellenbewerbenden am Vertragsabschluss und die Interessen der Arbeitgebenden am Nichtvertragsabschluss gegen einander abzuwägen. Von vornherein geschützt sind die Arbeitgeberinteressen dort, wo arbeitsplatzbezogene Gründe (bestimmte Fähigkeiten, Ausbildung, Erfahrung usw.) für die Ablehnung geltend gemacht werden können. Angesichts des Erfordernisses eines *krassen Interessenmissverhältnisses*, ist eine Ablehnung einer Bewerbung selbst dann nicht rechtsmissbräuchlich, wenn die Motive oder Art und Weise der Ablehnung eine Persönlichkeitsverletzung begründen. Eine rechtsmissbräuchliche Ablehnung der Offerte eines Stellenbewerbers oder einer Stellenbewerberin ist also wenn überhaupt nur in

1280

[2532] ARNET (Freiheit), N 441 ff.
[2533] MERZ, N 371 zu Art. 2 ZGB, DESCHENAUX, S. 180 f., BAUMANN, N 302 ff. zu Art. 2 ZGB.
[2534] ARNET (Freiheit), N 448.
[2535] ARNET (Freiheit), N 449.

ganz krassen Ausnahmefällen anzunehmen, etwa dann, wenn ein Arbeitgeber *ohne jedes erkennbare arbeitsplatzbezogenes Interesse* Bewerbende aus einem bestimmten Kulturkreis prinzipiell und ohne jegliche individuelle Prüfung ablehnt.

1281 Die unmittelbare *Rechtsfolge* eines rechtsmissbräuchlichen Verhaltens ergibt sich aus Art. 2 Abs. 2 ZGB: Der offenbare Missbrauch eines Rechts *findet keinen Rechtsschutz*. Im vorliegenden Kontext hat dies die *Ungültigkeit* der rechtsgeschäftlichen Ablehnungserklärung zur Folge. Nicht geklärt sind im Gesetz allfällige *weitere* Folgen dieser Ungültigkeit. ARNET erblickt darin eine offene Lücke (prater verba legis), die «modo legislatoris» auszufüllen sei. Für die Autorin ist diese Lücke durch eine analoge Anwendung von Art. 6 OR zu schliessen. Nach Art. 6 OR kann ein Vertrag auch durch Stillschweigen auf eine Offerte zustande kommen. Dieser Bestimmung komme die Funktion zu, einer (berechtigten) Erwartungshaltung zum Durchbruch zu verhelfen. Die Abgabe einer rechtsmissbräuchlichen und das Unterlassen der Abgabe einer *gültigen* Ablehnungserklärung stellen einen *dem Schweigen verwandten Sachverhalt* dar. Die Bindungswirkung trete dann ein, wenn der Offerent mit der *rechtsmässigen* Ablehnung der Offerte hätte rechnen dürfen[2536]. Aus der Sicht Arnets hat diese Konzeption, die sie noch mit dem Konzept eines Konsenses auf der Grundlage des Vertrauensprinzipes ergänzt[2537], den Vorteil, dass der Rechtsschutz des Vertragsinteressenten wesentlich gestärkt wird, kann doch so direkt mit einer Erfüllungsklage die vertragliche Leistung eingefordert werden[2538].

1282 Wie erwähnt, ist nach der hier vertretenen Position die Ablehnung einer Bewerbungsofferte nur *in extremen Fällen* rechtsmissbräuchlich. Zu prüfen ist, ob sich in diesen Konstellationen die von ARNET entwickelte Konzeption einer Kontrahierungspflicht für Arbeitsverhältnisse eignet. Grundsätzlich spricht das für das Arbeitsverhältnis sehr wichtige Vertrauensverhältnis zwischen den Arbeitsvertragsparteien gegen einen zwangskontrahierten Arbeitsvertrag. Aus guten Gründen verzichtet selbst der grundsätzlich diskriminierungschutzfreundliche gemeinschaftsrechtliche Gesetzgeber auf die Kontrahierungspflicht als Rechtsfolge einer Diskriminierung[2539]. Immerhin sind aber Fälle nicht gänzlich ausgeschlossen, in denen durch analoge Anwendung von Art. 6 OR ein Arbeitsvertrag gültig zustande kommen kann, weil der Arbeitgeber die Offerte rechtsmissbräuchlich abgelehnt hat. Zu denken ist etwa an einen Betrieb, der regelmässig eine Vielzahl von Stellen zu besetzen hat und einen Bewerber oder eine Bewerberin aus einem bestimmten Kulturkreis trotz

---

[2536] ARNET (Freiheit), N 454 – N 480.
[2537] ARNET (Freiheit), N 481 – N 485.
[2538] ARNET (Freiheit), N 488.
[2539] Siehe dazu in Teil III. 13. Kapitel, 4.2 Rechtsfolgen und Sanktionen, S. 476.

seiner bzw. ihrer unbestrittenen fachlichen Qualifikation für die fragliche Tätigkeit für keine der offenen Stellen berücksichtigen will. Eine dergestalte Ablehnungserklärung wäre angesichts der krassen Interessendisparität als rechtsmissbräuchlich zu werten und der Arbeitsvertrag käme in Analogie zu Art. 6 OR durch Schweigen zustande («Schweigen», weil kein gültiges «Reden» vorliegt).

Es ist allerdings äusserst fraglich, ob eine solche Konzeption für Arbeitsverträge Sinn macht. Der zwangskontrahierte Arbeitsvertrag kann von der Arbeitgeberin sogleich mit der Berufung auf die Kündigungsfreiheit wieder gekündigt werden. Zwar wäre eine solche Kündigung nach Art. 336 Abs. 1 Bst. a und insbesondere Bst. d (Rachekündigung) rechtsmissbräuchlich, dies würde indes an der Gültigkeit der Kündigung nichts ändern. Im Ergebnis würde die Kontrahierungspflicht damit in vermutlich den meisten Fällen[2540] lediglich auf eine *Entschädigungspflicht der Arbeitgeberin* hinauslaufen. Ein solches Ergebnis kann, wie der diskutierte Fall des Arbeitsgerichts Zürich zeigt, auch ohne die vorgängige Kontrahierungspflicht erzielt werden[2541].

1283

3.2 Während des Arbeitsverhältnisses

Soweit während eines Arbeitsverhältnisses Vertragsänderungen vorgenommen werden, treffen die Vertragsparteien auch hier die Pflichten zu einem Verhandeln nach Treu und Glauben. Überdies kommt Art. 2 ZGB während des Arbeitsverhältnisses in den Bereichen Bedeutung zu, in denen der Arbeitgeberin *rechtliche Gestaltungsmacht* zukommt. Dies betrifft die Ausübung des Weisungsrechts und den Bereich freiwilliger, also nicht vertraglich vereinbarter Leistungen. Das Gebot des Verhaltens nach Treu und Glauben verbietet bsw. einem Arbeitgeber von einem gekündigten und freigestellten Arbeitnehmer zu verlangen, sich während der Freistellungszeit viermal täglich zu bestimmten Zeiten melden zu müssen[2542].

1284

Aus Art. 2 ZGB lässt sich auch die Verpflichtung ableiten, bei der Ausübung des Weisungsrechts und bei freiwilligen Leistungen die Mitarbeitenden nicht ohne sachliche Gründe ungleich zu behandeln[2543]. Angesprochen ist hier der

1285

[2540] Immerhin ist denkbar, dass sich ein Arbeitgeber wegen der Sanktionsandrohung motivieren lässt, den gegen seinen Willen zustande gekommenen Arbeitsvertrag nicht gleich zu künden, sondern sich mit der Situation abzufinden.
[2541] Auch das Arbeitsgericht Zürich lehnte im fraglichen Fall eine Kontrahierungspflicht ab, siehe Urteil des Arbeitsgerichts Zürich vom 13. Januar 2006, AN 050401/U1, Erw. 5.8/a-e. Siehe zu diesem Urteil PÄRLI (Anstellungsdiskriminierungen), S. 23 ff.
[2542] GewGer ZH ZR 1975, 211.
[2543] STAEHELIN (Gleichbehandlung), S. 72.

so genannte *arbeitsrechtliche Gleichbehandlungsgrundsatz*, der sowohl auf Art. 328 OR wie auch auf Art. 2 ZGB zurückgeführt wird. Dem arbeitsrechtlichen Gleichbehandlungsgrundsatz wird ein eigenständiges Unterkapitel gewidmet[2544].

3.3 Bei Kündigungen

3.3.1 Ausgangslage

1286 Die *Kündigungsfreiheit* gilt als ein zentrales Merkmal des schweizerischen Arbeitsrechts; für die Rechtmässigkeit einer Kündigung bedarf es grundsätzlich keiner besonderen Gründe[2545]. Das Gesetz nennt in Art. 336 Abs. 1 und 2 OR seit 1988[2546] eine nicht abschliessende Reihe von Gründen, bei deren Vorliegen eine Kündigung zwar gültig aber missbräuchlich ist und zu einer Entschädigungspflicht der kündigenden Partei führt. Zu den verpönten Kündigungsmotiven gehört nach Art. 336 Abs. 1 Bst. a OR eine Kündigung, die erfolgt wegen «einer Eigenschaft, die der anderen Partei kraft ihrer Persönlichkeit zusteht (...)». Im nächsten Unterkapitel zum Recht des Persönlichkeitsschutzes wird das entsprechende Diskriminierungsschutzpotenzial herausgearbeitet[2547]. *Vorliegend* geht es darum, Art. 2 ZGB für den Diskriminierungsschutz bei Kündigungen dogmatisch auszuleuchten.

1287 Der Zusammenhang zwischen dem heutigen Kündigungsschutzrecht und Art. 2 ZGB ist ein mehrfacher. Zum einen bildete das Rechtsmissbrauchsverbot in Art. 2 Abs. 2 ZGB vor der Revision von 1988 einen Anknüpfungspunkt, um Kündigungen aus stossenden Motiven die Wirkung zu entsagen bzw. Sanktionszahlungen auszusprechen[2548], wobei die Gerichte von dieser Mög-

---

[2544] Siehe dazu hinten in diesem Kapitel, III. Der arbeitsrechtliche Gleichbehandlungsgrundsatz, S. 567 ff.
[2545] BGE 132 III 115, Erw. 2., 131 III 535, Erw. 4.1, 127 III 86, Erw. 2a, 125 III 70, Erw. 2a.
[2546] Die Revision des Kündigungsrecht von 1988 erfolgte vordem Hintergrund einer Volksinitiative des Christlich Nationalen Gewerkschaftsbundes CNG, die einen weitergehenden Kündigungsschutz vorsah. Bundesrat und Parlament lehnten die CNG-Initiative ab, veranlassten indes als indirekten Gegenvorschlag die Revision des Kündigungsrechts, siehe BBl 1984 II 551 ff. Zu den Hintergründen der Revision des Kündigungsrechts von 1988 siehe weiter: STREIFF, S. 334, GEISER (Kündigungsschutz), S. 170, HUMBERT, S. 5 ff.,ZOSS, S. 25 ff.
[2547] Siehe dazu weiter hinten in diesem Kapitel, II. 5.4 Diskriminierende (missbräuchliche) Kündigungen, S. 551f.
[2548] ZOSS, S. 25 ff., VOEGELI, S. 101 ff., HUMBERT, S. 5 ff., GEISER (Kündigungsschutz), S. 170, STREIFF, S. 334, STREIFF/VON KAENEL, N 2 zu Art. 336 OR.

lichkeit nur sehr zurückhaltend Gebrauch machten[2549]. Zum anderen ist Art. 2 ZGB auch nach der Revision von 1988 für die Beurteilung der Rechtmässigkeit von Kündigungen relevant[2550].

Bei dieser Ausgangslage interessieren – immer mit Blick auf die Wirkung hinsichtlich Schutz vor diskriminierenden Entlassungen - die unterschiedlichen Rechtsfolgen in Art. 336 OR (Pönalentschädigung) einerseits und in Art. 2 Abs. 2 ZGB (Nichtigkeit des missbräuchlich geltenden gemachten Rechts) andererseits. Weiter ist das Potenzial von Art. 2 ZGB für den Schutz vor diskriminierenden Kündigungen ausserhalb bzw. ergänzend zu Art. 336 OR herauszuarbeiten.

1288

3.3.2   Zusammenhang Art. 2 ZGB und Art. 336 OR

Nach der Rechtsprechung und in Übereinstimmung mit dem Grossteil der Lehre hat der Gesetzgeber mit Art. 336 Abs. 1 und 2 OR das allgemeine Rechtsmissbrauchsverbot konkretisiert und «mit für den Arbeitsvertrag geeigneten Rechtsfolgen» ausgestaltet[2551]. Der Hinweis auf die arbeitsvertragsspezifischen Rechtsfolgen ist entscheidend. Die *Rechtsfolge* einer missbräuchlichen Kündigung ist *nicht,* wie dies die Nähe zu Art. 2 Abs. 2 ZGB vermuten liessen, die *Ungültigkeit* der Kündigung. Vielmehr entfalten auch eine missbräuchliche Kündigung im Sinne von Art. 336 und eine missbräuchliche fristlose Kündigung nach Art. 337 OR die beabsichtigte Wirkung; *das Arbeitsverhältnis ist* auf den vertraglichen (bei missbräuchlicher ordentlicher Kündigung)[2552] bzw. per sofort (bei missbräuchlicher fristloser Kündigung) *aufgelöst*[2553]. Die Rechtsfolgen einer missbräuchlichen Kündigung bestehen gemäss Art. 336a OR in der Ausrichtung einer Entschädigung an die missbräuchlich gekündigte Partei. Der missbräuchliche Kündigungsschutz ist paritätisch ausgestaltet, wobei in der Gerichtspraxis soweit erkennbar ausschliesslich Fälle zu entscheiden waren, in denen eine missbräuchliche Kün-

1289

[2549]   Siehe BGE 111 II 242 (Entlassung eines vorbestraften Schlafwagenschaffners nach 12 klaglos erfüllten Dienstjahren ist nicht missbräuchlich), STREIFF/VON KAENEL, N 4 zu Art 336 OR.

[2550]   BGE 132 III 115, Erw. 2.2, 131 III 535, Erw. 4.2, 125 III 70, Erw. 2a. STREIFF/VON KAENEL, N 3 zu Art. 336 OR, PORTMANN, N 21 zu Art. 336 OR.

[2551]   BGE 132 III 115 Erw. 2.2, REHBINDER (Arbeitsrecht), N 329, WYLER, S. 531, STAEHELIN, N 7 zu Art. 336 OR, PORTMANN, N 9 zu Art. 336 OR.

[2552]   Die mit der Kündigung beabsichtigte Rechtsfolge, die Auflösung des Arbeitsverhältnisses, tritt auch bei einer missbräuchlichen Kündigung auf das Ende des vertraglichen bzw. gesetzlichen Kündigungstermins ein.

[2553]   Bei einer fristlosen Kündigung ist, selbst wenn diese sich als missbräuchlich herausstellt, das Arbeitsverhältnis ab dem Zeitpunkt des Kündigungsempfangs augelöst.

digung einer Arbeitgeberin zu beurteilen war[2554]. Die Entschädigung stellt nicht Schadenersatz dar (solcher kann vielmehr zusätzlich gefordert werden[2555]), sie dient sowohl der Bestrafung des missbräuchlich Kündigenden als auch der Wiedergutmachung[2556].

1290 Trotz terminologischer Nähe – Art. 2 Abs. 2 ZGB enthält den Begriff «Missbrauch» und Art. 336 OR verwendet die Worte «missbräuchlich kündigt» – und trotz entsprechenden Hinweisen in den Materialien[2557] und Verweisen in Lehre[2558] und Praxis[2559] sind Zweifel angebracht, ob eine Kündigung überhaupt einen Rechtsmissbrauch darstellen kann.

1291 MERZ hat dies, noch vor der Revision des OR im Jahre 1988, bestritten. Sofern mit der Kündigung die Beendigung des Arbeitsverhältnisses bezweckt werde, könne dies keinen Rechtsmissbrauch darstellen, da dieser Zweck im Gesetz vorgesehen sei. Eine Kündigung könne jedoch eine unerlaubte Handlung darstellen und zu einer Schadenersatzpflicht nach Art. 41 Abs. 2 OR führen[2560]. Soweit indes mit der Kündigung gar nicht die Beendigung des Arbeitsverhältnisses sondern bsw. die Verhinderung der Entstehung arbeitsvertraglicher Ansprüche bezweckt werde, liege eine blosse Scheinkündigung vor, die mittels teleologischer Interpretation als unwirksam qualifiziert werden könne[2561]. GEISER hat diese Gedanken aufgenommen[2562]. Die «missbräuchliche» Kündigung stelle zumindest *im Regelfall keinen Anwendungsfall des Rechtsmissbrauchs* dar, weder werde das Rechtsinstitut zweckentfremdet noch handle es sich um eine unnütze Rechtsausübung oder um ein widersprüchliches Verhalten. Das Verbot der missbräuchlichen Kündigung bezwecke zu verhindern, dass ein Arbeitgeber (sanktionslos) seine wirtschaftliche Macht in einer Weise ausüben könne, die gesellschaftlichen Wertvorstellun-

---

[2554] Zu Recht weist GEISER darauf hin, dass die paritätische Ausgestaltung am Ziel des Arbeitsrechts, Schutz der schwächeren Vertragspartei, vorbeizielt, siehe GEISER (Kündigungsschutz), S. 190.
[2555] Art. 336a Abs. 2 Satz 2, siehe dazu STREIFF/VON KAENEL, N 8 zu Art. 336a OR.
[2556] Zur Rechtsnatur der Entschädigung nach Art. 336a OR hat sich das Bundesgericht in BGE 123 III 391 geäussert, siehe BGE 123 III 391, Erw. 3b/cc und Erw. 3c mit Hinweisen auf die Materialien und BGE 132 III 115, Erw. 5.6.
[2557] BBl 1984 II 599, Prot. NRK 335 f, Prot. StRG 162, StenBull StR 1987 612, StenBull 1988 2.
[2558] STREIFF/VON KAENEL, N 3 zu Art. 336 OR, STAEHLIN, N 7 zu Art. 336 OR, ZOSS, S. 262, HUMBERT, S. 25 f.
[2559] BGE 132 III 115, Erw. 2.1, 134 III 108, Erw. 7.1.
[2560] MERZ, N 316 zu Art. 2 ZGB.
[2561] MERZ, N 333 zu Art. 2 ZGB.
[2562] GEISER (Kündigungsschutz), S. 171

gen widerspreche. Im Ergebnis handle es sich um ein *Machtmissbrauchsverbot und nicht um ein Rechtsmissbrauchsverbot*[2563].

Auf die Kontroverse um die Rechtsnatur der missbräuchlichen Kündigung, soweit von einer solchen überhaupt gesprochen werden kann, soll hier nicht weiter eingegangen werden. Festzuhalten bleibt nur soviel: Unbestrittenermassen hat der Gesetzgeber mit Art. 336 OR die Kündigung aus gesellschaftlich verpönten Motiven einer spezialgesetzlichen Regelung zugeführt. *Im Anwendungsbereich* der Bestimmungen zum Schutz vor missbräuchlicher Kündigung nach Art. 336 OR ist deshalb die Unwirksamkeit als Rechtsfolge einer Kündigung ausgeschlossen. Soweit die Praxis weitere, auf Art. 2 ZGB basierende Gründe zu den verpönten Kündigungsgründen im Sinne von Art. 336 OR anerkennt, ist die Pönalentschädigung auch für diese Fälle die einzig adäquate Rechtsfolge. Fraglich ist indes, ob die gesetzlich vorgesehene Maximalsanktion von sechs Monatslöhnen ausreicht, um die beabsichtigte Abschreckungswirkung erzielen zu können[2564].

1292

3.3.3 Weitere missbräuchliche Kündigungsgründe

Wiederholt hat das Bundesgericht die Bedeutung von Art. 2 ZGB für die Beurteilung der Rechtmässigkeit von Kündigungen festgehalten. Eine aus *blosser persönlicher Annehmlichkeit* ausgesprochene Kündigung kann im Blickwinkel des Verbots zweckwidriger Rechtsausübung missbräuchlich sein[2565]. Auch die *Art und Weise, wie die Kündigung ausgesprochen* wird, kann mit auf Art. 2 ZGB gestützten Pflichten kollidieren. So verletzt ein Arbeitgeber das Gebot der schonenden Rechtsausübung krass, wenn er einen Arbeitnehmer entlässt, der 44 Dienstjahre im Wesentlichen klaglos für eine einzige Arbeitgeberin tätig war und wenn die Kündigung «ohne jegliches Vorgespräch und ohne auch nur den Versuch einer sozial verträglicheren Lösung zu unternehmen und unter sofortiger Freistellung» ausgesprochen wurde[2566]. Die Rechtsmissbräuchlichkeit einer Kündigung kann ferner in einer *krassen Interessendisparität* bestehen. Einen solchen Fall nahm das Bundesgericht an, als einem langjährig Beschäftigten kurz vor der Pensionierung gekündigt wurde, ohne dass dem Arbeitnehmerinteresse an der Aufrechterhaltung des Arbeitsvertrages ein schützenswertes Arbeitgeberinteresse entgegenstand[2567]. Festzustellen bleibt: auch in diesem Fall blieb die Kündigung

1293

[2563] GEISER (Kündigungsschutz), S. 171, so auch BRÜHWILER N 1 zu Art. 336 OR.
[2564] REITER (Reformbedürftigkeit), S. 1087 ff., PÄRLI/CAPLAZI/SUTER, S. 392.
[2565] BGE 131 III 535, Erw. 4.2.
[2566] BGE 132 III 115, Erw. 5.4.
[2567] BGE 132 III 115, Erw. 5.5.

wirksam, es kamen einzig die in Art. 336a OR vorgesehenen Sanktionszahlungen zur Anwendung.

1294 Der Vorwurf der Missbräuchlichkeit setzt voraus, dass die geltend gemachten Gründe eine Schwere aufweisen, die mit jener in Art. 336 OR vergleichbar ist[2568], Art. 336 OR lässt dabei wenig Spielraum für die Anwendung des allgemeinen Rechtsmissbrauchsverbotes nach Art. 2 Abs. 2 ZGB[2569]. So genügt gemäss Bundesgericht ein bloss unanständiges, einem geordneten Geschäftsverkehr unwürdiges Verhalten des Arbeitgebers nicht, damit eine Kündigung als missbräuchlich qualifiziert wird[2570].

II. Schutz vor Diskriminierung durch Persönlichkeitsrecht

1. Vorbemerkungen

1295 Ein *ganzes Normenbündel* bezweckt den Schutz der Arbeitnehmerpersönlichkeit im ganzen Lebenszyklus eines Arbeitsverhältnisses[2571]. Im Zentrum stehen Art. 27 und 28 ZGB, Art. 328 und Art. 328b OR sowie Art. 336 Abs. 1 lit. a OR. Dazu zu zählen sind weiter die Art. 6 ArG und Art. 82 UVG; diese Bestimmungen auferlegen dem Arbeitgeber Pflichten zum Schutz der Gesundheit und Persönlichkeit der Arbeitnehmenden. In einem weiten Sinne können auch die Bestimmungen zur Lohnfortzahlungspflicht des Arbeitgebers nach Art. 324a/b OR und zum zeitlichen Kündigungsschutz zu den Persönlichkeitsschutzbestimmungen gezählt werden. Auch diese Normen bilden Ausdruck davon, dass Arbeitnehmende im Arbeitsprozess nicht nur als «Ware Arbeitskraft» behandelt werden dürfen, sondern als Persönlichkeiten in und mit ihren sozialen Bezügen respektiert werden müssen.

1296 Art. 27 und 28 ZGB stehen unter dem Titel «Schutz der Persönlichkeit». Nach Art. 27 Abs. 1 kann niemand ganz oder zum Teil auf die Handlungsfähigkeit verzichten und Art. 27 Abs. 2 ZGB bestimmt, dass sich niemand seiner Freiheit entäussern oder sie in ihrem Gebrauch das Recht oder die Sittlichkeit verletzenden Grade beschränken darf. Auch wenn im Wortlaut von Art. 27 ZGB der Begriff «Persönlichkeit» nicht auftaucht, ist Schutz der Persönlichkeit doch wesentlicher Zweck der Bestimmung. Normzweck von Art. 27 ZGB bildet der Schutz der Person vor rechtsgeschäftlichen Bindun-

---

[2568] BGE 131 III 535, Erw. 4.2/3.
[2569] Bger v. 20.03.2006, 4C.320, Erw. 4, BGE 121 III 60, Erw. 3d.
[2570] BGE 131 III 535, Erw. 4.2., 128 III 129, Erw. 3 (nicht puplizert).
[2571] PÄRLI (Persönlichkeitsschutz), S. 235.

gen, die übermässig und besonders «persönlichkeitsnah» sind[2572]. Nach Art. 28 ZGB kann das Gericht anrufen, wer in seiner Persönlichkeit widerrechtlich verletzt ist; die Verletzung ist widerrechtlich, sofern sie nicht durch Einwilligung des Verletzten, durch ein überwiegendes privates oder öffentliches Interesse oder durch Gesetz gerechtfertigt werden kann. Im Gegensatz zu Art. 27 ZGB geht es in Art. 28 ZGB nicht um rechtsgeschäftliche sondern um faktische Beeinträchtigungen der Persönlichkeit[2573].

Sowohl Art. 27 wie Art. 28 ZGB sind für den Schutz vor Diskriminierung bedeutsam. *Art. 27 ZGB* ist als Bestandteil des Vertragsrechts zu betrachten[2574], die Bestimmung stellt zusammen mit Art. 19/20 OR das Terrain dar, auf dem die Schranken vertraglich vereinbarter Diskriminierungen bestimmt werden können. Die relevanten Fragen werden im 15. Kapitel aufgegriffen und vertieft bearbeitet[2575]. Im vorliegenden Kapitel interessieren der Begriff der Persönlichkeit und sein Verhältnis zum Diskriminierungsbegriff. Der *Schutz vor widerrechtlicher Persönlichkeitsverletzung nach Art. 28 ZGB* ist für die *Phase der Stellenbewerbung* relevant; in diesem Zeitpunkt ist die Persönlichkeit der Stellenbewerbenden für widerrechtliche Verletzungen besonders anfällig[2576]. Dabei ist festzustellen, dass die in Art. 328 OR verankerte Pflicht des Arbeitgebers, die Persönlichkeit des Arbeitnehmers zu achten und zu schützen, grundsätzlich erst während des Arbeitsverhältnisses gilt[2577]. Allerdings wird die Bestimmung zum Teil auch bereits im Bewerbungsverfahren angewendet[2578].

1297

Es wird herauszuarbeiten sein, ob sich der Persönlichkeitsbegriff nach Art. 28 ZGB eins zu eins auf Art. 328 OR übertragen lässt oder ob sich vielmehr Elemente eines spezifischen Begriffs der zu schützenden Arbeitnehmerpersönlichkeit herausarbeiten lassen. In diese Analyse ist Art. 336 Abs. 1 Bst. c OR einzubeziehen. Diese Bestimmung erklärt eine Kündigung als missbräuchlich, die ausgesprochen wird «wegen einer Eigenschaft, die der anderen Partei kraft ihrer Persönlichkeit zusteht (...)».

1298

[2572] AEBI-MÜLLER, N 1 zu Art. 27 ZGB.
[2573] AEBI-MÜLLER, N 1 zu Art. 28 ZGB, BUCHER, N 6 zu Art. 27 ZGB.
[2574] BUCHER, N 4 der Vorbemerkungen zu Art. 27 ZGB.
[2575] Siehe dazu im 15. Kapitel, II.Inhaltsschranken nach Art. 19/20 OR und Art. 27 ZGB, S. 581 ff.
[2576] PÄRLI/CAPLAZI/SUTER, S. 389.
[2577] STREIFF/VON KAENEL, N zu Art. 328 OR, REHBINDER, N 9 zu Art. 328 OR, GEISER (Diskriminierung), S. 14, ders. (Gleichbehandlung), S. 46, STAEHELIN (Gleichbehandlung), S. 68.
[2578] So das «Tribunal de Prud'Hommes de l'arrondissement de Lausanne» in seiner Entscheidung vom 1. Juni 2005, T304.021563, siehe dazu PÄRLI (Anstellungsdiskriminierung), S. 23 ff.

Das Verhältnis einer Diskriminierung zur arbeitsrechtlich relevanten Persönlichkeitsverletzung ist noch wenig ausgeleuchtet. Nachfolgend wird der Versuch unternommen, die *Persönlichkeitsschutznormen* in Art. 28 ZGB, Art. 328 und 328b OR sowie Art. 336 OR in einen *systematischen Zusammenhang* zu stellen und daraus Bestandteile eines Konzeptes für einen Schutz vor Diskriminierung – im Sinne einer an verpönte Merkmale anknüpfende benachteiligende Ungleichbehandlung – in allen Phasen eines Arbeitsverhältnisses einschliesslich der Bewerbungsphase zu entwickeln.

1299 Wie bereits angesprochen wurde, liegt der Fokus in diesem Kapitel auf Diskriminierungen, die sich im (formalen) Machtbereich des Arbeitgebers verwirklichen können. In sachlicher Hinsicht betrifft dies die Bewerbungsphase einschliesslich des Selektionsentscheids der Arbeitgeberin, die Kündigung sowie während des Arbeitsverhältnisses das Weisungsrecht und die Gewährung freiwilliger Leistungen. Die Grenzen *vertraglich vereinbarter Diskriminierungen* werden erst im nächsten Kapitel bearbeitet. Dieses Vorgehen ist wie folgt zu begründen: Die Grenze der Vertragsfreiheit bildet nach Art. 19 Abs. 2 OR u.a. «das Recht der Persönlichkeit». Die Ergebnisse des vorliegenden Kapitels bereiten so das Terrain vor, auf dem die Grenzen der arbeitsvertraglichen Vertragsfreiheit bearbeitet werden können.

2. *Das Konzept des Persönlichkeitsschutzes in Art. 27 und 28 ZGB*

2.1 Ein wegweisendes Konzept

1300 Die Genese des Persönlichkeitsschutzes in Art. 27/28 liegt in Art. 55 des OR von 1881[2579]. Der Schutz der Persönlichkeit bildete auch ein wichtiges Anliegen von Eugen Huber, dem «Vater» des ZGB[2580]. Die Bestimmung kann als eigenständige Neuschöpfung betrachtet werden. In keiner anderen Kodifikationen fanden sich Vorbilder[2581]. Entsprechend begegnete die Norm *insbesondere in der deutschen Lehre* Skepsis: die Norm sei keiner klaren Abgrenzung zugänglich[2582]. Die Bestimmungen zum Persönlichkeitsschutz werden auch in

---

[2579] Siehe dazu die Erläuterungen von Eugen Huber zum Vorentwurf des Eidgenössischen Jusitz- und Polizeidepartements bei REBER/HURNI, N 167, S. 68.
[2580] SIMONIUS (Erinnerung), S. 311.
[2581] LIVER, S. 80 ff. Zum Hintergrund von Art. 27/28 ZGB siehe weiter AEBI-MÜLLER (Informationen), N 10 –N 11, DUNAND, S. 71.
[2582] ZWEIGERT/KÖTZ, S. 696.

der schweizerischen Lehre als die weitesten Blankettnormen des ZGB bezeichnet[2583].

Die Geburtsstunde des ZGB fällt in die Zeit *nach* der Hochblüte des Liberalismus[2584]. Zwar waren der Schutz der Autonomie des Individuums und insbesondere die Freiheit der wirtschaftlichen Betätigung wesensbestimmende Merkmale des ZGB[2585]. Eine Klassifizierung des ZGB als einseitig liberale Ordnung greift jedoch eindeutig zu kurz[2586]. Mit der Verankerung von Blankettnormen in Art. 2 ZGB und Art. 27/28 ZGB wird der Richter ermächtigt und beauftragt, sozial unerwünschte Auswüchse des freien wirtschaftlichen Lebens zu korrigieren[2587]. Die ersten Kommentatoren des ZGB erkannten in den Art. 27/28 ZGB Potenzial für einen umfassenden Persönlichkeitsschutz. Insbesondere wurden auch wirtschaftliche Interessen als schutzwürdig erachtet[2588] und im Persönlichkeitsrecht wurde über den abwehrrechtlichen Charakter hinaus auch ein Anspruch auf persönliche Entfaltung erkannt[2589].

1301

Die Praxis hat das Potenzial der Persönlichkeitsrechtsschutzbestimmungen in unterschiedlicher Intensität ausgeschöpft. Insbesondere in der Zeit vor dem Kartellgesetz von 1962 wurden die *Probleme des Boykotts* einzelner Wirtschaftsteilnehmer auf der Grundlage von Art. 28 ZGB gelöst[2590]. Das Bundesgericht entschied dabei erstmals in BGE 22, 175 – noch auf der Grundlage von Art. 55 des OR von 1881 – die Rechtsordnung anerkenne ein *persönliches Recht auf freie Ausübung des Gewerbes*[2591]. Der Entscheid wurde mehrfach bestätigt[2592]. In anderen Entscheiden erachtete das Bundesgericht hingegen den Boykott als zulässig, soweit dadurch nicht direkt die wirtschaftliche

1302

[2583] EGGER, N 9 zu Art. 28 ZGB, AEBI-MÜLLER (Informationen), N 10, TRACHSLER, S. 4.
[2584] Gemeinhin wird die Geburtsstunde des ZGB als eine Zeit der Hochblüte des Liberalismus bezeichnet, so etwa CARONI (Privatrecht), S. 62 ff. Historisch ist dies jedoch nicht richtig, die Hochblüte des Liberalismus war zur Zeit der Entstehung des ZGB bereits vorbei, die grosse Wirtschaftskrise führte bereits ab 1873 dazu, dass unter Beibehaltung ökonomisch-liberaler Ziele die Politik vermehrt gestaltend in das Wirtschaftsleben eingriff, siehe dazu ABEGG (Rechtsfolgen), S. 1115 f., ders. (Ausdifferenzierung), S. 201 f.
[2585] DUNAND, S. 66 ff., TRACHSLER (Gleichbehandlungsgebot), S. 3 ff.
[2586] Grundsätzlich dazu CARONI (Privatrecht).
[2587] EGGER, N 3 zu Art. 27 ZGB.
[2588] SPECKER, S. 40 ff., HAFTER, N 9 zu Art. 28 ZGB. Siehe zur frühen Entwicklung des Persönlichkeitsschutzes weiter DUNAND, S. 71, YUNG, S. 39, TRACHSLER, S. 146.
[2589] So bei EGGER, N 22 zu Art. 28 ZGB.
[2590] Dazu grundlegend: PEDRAZZINI/OBERHOLZER, S. 141 ff.; zum Verhältnis von Art. 28 ZGB zu den heutigen kartellrechtlichen Bestimmungen siehe ARNET (Freiheit), S. 185 f.
[2591] BGE 22, 175.
[2592] BGE 32 II 367, 33 II 118, 52 II 383, 82 II 299.

Existenz des Boykottierten betroffen war[2593]. Schliesslich erkannte das Bundesgericht in der Leitentscheidung BGE 86 II 365, zwar stehe es jedem frei, «sich des Abschlusses von Rechtsgeschäften zu enthalten (...)». Ein gegen Art. 28 ZGB verstossender Boykott liege jedoch dann vor, wenn ein Gewerbetreibender oder Arbeitnehmer in organisierter Form gemieden werde, um damit ein bestimmtes Tun oder Unterlassen zu erreichen. Aufschlussreich an der Entscheidung des Bundesgerichts ist der Rückgriff auf den verfassungsmässigen Anspruch auf die Handels- und Gewerbefreiheit. Dieser Rückgriff wurde in der Lehre sowohl kritisiert[2594] wie als Beleg für eine von einigen Autoren gewünschte Grundrechtswirkung im Privatrecht herangezogen[2595]. Bei richtigem Verständnis ist auch diese Entscheidung *kein Fall der direkten Drittwirkung von Grundrechten*[2596]. Vielmehr wird deutlich, dass die staatliche Grundentscheidung für eine auf Wettbewerb beruhende Wirtschaftsordnung auch durch das Handeln Privater bedroht ist. Das Recht, am wirtschaftlichen Wettbewerb teilzunehmen, bildet Ausdruck der *privatrechtlich geschützten Persönlichkeit*; ein Boykott macht dieses Recht zunichte[2597].

1303 Wenige Jahre vor der wegweisenden Boykottentscheidung in BGE 86 II 365 entschied das Bundesgericht im berühmten Fall *Selig*, es stelle keine Persönlichkeitsverletzung nach Art. 28 ZGB dar und verstosse nicht gegen die privatrechtliche Presse- und Informationsfreiheit sowie das (privatrechtliche) Diskriminierungsverbot, wenn ein privates Kino einem Filmkritiker den Einlass verwehre[2598]. Eine Widerrechtlichkeit könne nur beim Bestehen einer Leistungspflicht vorliegen, eine solche Pflicht zum Handeln bedürfe regelmässig einer Grundlage im Gesetz. Art. 28 ZGB biete eine solche Grundlage nicht, der Grundsatz der Vertragsfreiheit gelte auch im Bereich der Persönlichkeitsgüter»[2599].

[2593] BGE 44 II 397, 62 II 97.
[2594] So insbesondere BUCHER (Drittwirkung), S. 40.
[2595] TRACHSLER (Gleichbehandlungsgebot), S. 179, MÜLLER (Privatrecht), S. 152 und 156, GÖKSU (Drittwirkung), S. 95.
[2596] Siehe dazu im achten Kapitel, 2.1.2 Abwehrrechtliches Grundrechtsverständnis, S. 218 f.
[2597] GROSSEN, S. 376.
[2598] BGE 80 II 26.
[2599] BGE 80 II 26, Erw. 5.

Die Selig-Entscheidung fiel nicht auf vorbehaltslose Zustimmung[2600]. Aus grundrechtlicher Sicht wurde der Entscheid wegen der fehlenden Berücksichtigung der Verletzung der verfassungsrechtlich garantierten Meinungsfreiheit in Frage gestellt[2601]. Kritisiert wurde weiter, das Bundesgericht habe in dieser Entscheidung letztlich einem Verständnis der Vertragsfreiheit als «Ellenbogenfreiheit der Mächtigen» die Absolution erteilt[2602]. Fast ein halbes Jahrhundert später sieht dagegen das Bundesgericht im viel beachteten *BGE 129 III 35 (Post gegen Verein gegen Tierfabriken)* in der Weigerung der Schweizerischen Post, eine Massensendung des Vereins gegen Tierfabriken zu verteilen, ein widerrechtliches Verhalten[2603]. Mit Blick auf den Meinungsstand in der Literatur sei «seit dem Entscheid Selig (BGE 80 II 26) eine Tendenz zur Ausweitung von Kontrahierungspflichten feststellbar»[2604]. Das Bundesgericht begründet die widerrechtliche Vertragsverweigerung nicht mit Art. 28 ZGB. Eine Kontrahierungspflicht könne sich vielmehr auch aus «allgemeinen Prinzipien des Privatrechtes wie dem Verbot sittenwidrigen Verhaltens ergeben»[2605].

In der Konzeption von Art. 27/28 ZGB ist seit Beginn ein soziales Privatrecht angedacht. Wie gezeigt wurde, haben die Gerichte das Gestaltungspotenzial dieser Bestimmungen in unterschiedlicher Intensität genutzt. Nach anfänglichem Zögern kann die Boykottrechtsprechung als eigentliche Blütezeit bezeichnet werden. Die spätere Zurückhaltung ist auf verschiedene Gründe zurückzuführen. Falsch ist, in der zurückhaltenden Gerichtspraxis ein Indiz für ein unsoziales Privatrecht zu erblicken. Vielmehr ist darauf hinzuweisen, dass insbesondere in der Zeit nach dem zweiten Weltkrieg bis zum Ende des 20. Jahrhunderts der Gesetzgeber in verschiedenen Bereichen, namentlich im Bereich des Miet-, Arbeits- und Konsumentenschutzrechts, legiferiert hat, sei es durch den stetigen Ausbau der Sozialversicherungen oder durch verschie-

1304

[2600] Zustimmend BUCHER (Drittwirkung), S. 37 ff., wohl auch A.BUCHER, N 459-461, allerdings mit dem richtigen Hinweis, dass im Bereich der Arbeitsverhältnisse die Verpflichtung zu einem Tun in Art. 328 OR enthalten ist (N 461). Kritik äusserte insbesondere JÄGGI, S. 353 ff. Gemäss diesem Autor wäre die Einlassungsverweigerung nur zulässig gewesen, wenn der Kinobesitzer mit einer unsachlichen Kritik hätte rechnen müssen.

[2601] MÜLLER (Elemente), S. 50, SALADIN (Wandel), S. 72 und 86.

[2602] TRACHSEL, S. 172, mit Verweisen auf die frühere ZGB-Lehre und EGGER (Freiheitsidee), S. 39.

[2603] Zum Post-Entscheid BGE 129 III 35 siehe BUCHER (Kontrahierungspflicht), S. 101 ff., CAMPRUBI, S. 384 ff., ARNET (Post), S. 593 ff., HANGARTNER (BGE 129 III 35), S. 644 ff., AMSTUTZ/ABEGG/KARAVAS, S. 1 ff., KLETT (Vertragsfreiheit), S. 161.

[2604] BGE 129 III 35, Erw. 6.3.

[2605] BGE 129 III 35, Erw. 6.3.

dene Teilrevisionen des Miet- und, vorliegend relevant, des Arbeitsrechts[2606]. Durch diese aktive sozialgestaltende Phase des Gesetzgebers blieb weniger Notwendigkeit für sozialgestaltend korrigierende Eingriffe der Gerichte. Wenn sich heute in der Arbeitswelt neue Bedrohungslagen wie Diskriminierungen von Arbeitnehmenden aufgrund von Persönlichkeitsmerkmalen zeigen, wird solange und soweit die Ausübung richterlicher Gestaltungsmacht durch Art. 27/28 ZGB notwendig, bis entweder eine ausdrückliche gesetzliche Regelung zum Diskriminierungsschutz geschaffen wird oder die Politik durch andere, namentlich sozialstaatliche Instrumente, die Folgeprobleme der Diskriminierung auffängt.

2.2 Die Bedeutung der Grundrechte und Menschenrechte für die Konkretisierung des privatrechtlichen Persönlichkeits- und Diskriminierungsschutzes

1305 Sowohl in der Privatrechtslehre wie auch bei Verfassungsrechtler/innen wird ein enger Zusammenhang zwischen dem zivilrechtlichen und verfassungsrechtlichen Persönlichkeitsschutz betont[2607]. Nach einer insbesondere von BRÜCKNER vertretenen Position ist die zu schützende Persönlichkeit allerdings weder ein Phänomen des Privatrechts noch ein solches des öffentlichen Rechts[2608]. Der Schutzbereich des Persönlichkeitsrechts habe vielmehr naturrechtliche Wurzeln, der persönlichkeitsrechtliche geschützte Freiraum sei deshalb nicht als das Werk des staatlichen Gesetzgebers zu verstehen[2609]. Dieser Freiraum stehe dem Menschen deshalb um seines Menschseins willen zu, «vor und unabhängig von aller staatlichen Gesetzgebung»[2610].

1306 Diese *naturrechtliche Begründung* der Persönlichkeitsrechte wird durch die *Lehre der indirekten Drittwirkung von Grundrechten* in Frage gestellt[2611].

[2606] Für einen Überblick der Entwicklung des schweizerischen Sozialstaates siehe DEGEN, S. 17 ff.
[2607] Aus verfasssungsrechtlicher Sicht siehe u.a. MÜLLER (Privatrecht), S. 173, WALDMANN (Diskriminierungsverbot), S. 201 f., ders. (Autoversicherungsprämien), N 56, HANGARTNER (Grundrecht), S.. 55 ff. Aus privatrechtlicher Perspektive siehe u.a. OFTRINGER (Privatrecht), S. 225 ff., GEISER (Persönlichkeitsverletzung), S. 10 f., ARNET (Freiheit), S. 113 ff., GÖKSU (Rassendiskriminierung), N 226, ders. (Drittwirkung), S. 89 ff.
[2608] BRÜCKNER, N 377.
[2609] BRÜCKNER, N 372.
[2610] BRÜCKNER, N 372.
[2611] Ausdrücklich ARNET (Freiheit), S. 118: «Folgt man der hier vertretenen Auffassung, wonach die Grundrechte – übertragen auf die Ebene des Privatrechts – in den Persönlichkeitsrechten gemäss Art. 28 ZGB eine Entsprechung finden, so löst sich der Beg-

Nach dieser Vorstellung werden die Wertungen der Grundrechte ins Privatrecht transportiert. Die privatrechtlichen Persönlichkeitsrechte in Art. 28 ZGB sollen dabei als «Tor» funktionieren, durch welches der Gehalt der Grundrechte ins Privatrecht fliesst[2612] bzw. als «Bindeglied zwischen den beiden Rechtskreisen»[2613] wirken. Besonders nahe liegend ist der Zusammenhang zwischen dem zivilrechtlichen Persönlichkeitsschutz und der verfassungsrechtlich geschützten Menschenwürde (Art. 7 BV)[2614]. Zu Recht wird darauf hingewiesen, dass der zivilrechtliche Persönlichkeitsschutz über reinen Menschenwürdeschutz hinausgeht[2615].

Über die verfassungsrechtlichen Grundrechte hinaus wird zur Konkretisierung des privatrechtlichen Persönlichkeitsschutzes in der älteren wie auch in der neueren Privatrechtslehre auch ausdrücklich auf die Allgemeine Erklärung der Menschenrechte vom 10. Dezember 1948 Bezug genommen[2616]. Die Menschenrechte hätten mit den Persönlichkeitsrechten viel Gemeinsames, sie würden den gleichen Geist atmen und demselben kulturellen Erbe entstammen[2617]. In der neueren Lehre werden die Grundrechte der Bundesverfassung und der Kantonsverfassungen, die Europäische Menschenrechtskonvention und die UN-Abkommen über den Menschenrechtsschutz als massgeblich für die Konkretisierung des Persönlichkeitsbegriffs nach Art. 28 ZGB bezeichnet[2618].

1307

Die Vorstellungen, wonach der verfassungsrechtliche Persönlichkeitsschutz und der internationale Menschenrechtsschutz u.a. über Art. 27/28 ZGB ins Privatrecht eindringen, sind klärungsbedürftig. Festzustellen ist vorab: Der privatrechtliche Persönlichkeitsschutz ging dem verfassungsrechtlichen Persönlichkeitsschutz voraus[2619]. Weder die Bundesverfassung von 1848 noch diejenige von 1874 enthielten eine entsprechende Garantie. Das Bundesgericht hat erst 1963 ein ungeschriebenes Grundrecht auf persönliche Freiheit

1308

---

riff der Persönlichkeit von seiner bisherigen Konzeption, welche die privatrechtlichen Persönlichkeitsrechte aus sich selbst heraus interpretiert (...)».

[2612] MÜLLER (Privatrecht), S. 18, 173.
[2613] GÖKSU (Drittwirkung), S. 95.
[2614] GROSSEN, S. 355, inbes. auch die Hinweise auf die deutsche Lehre in Fussnote 3, GÖKSU (Rassendiskriminierung), N 221 ff., insbes. N 226 und N 227, AEBI-MÜLLER (Persönlichkeit), S. 102 ff., GUILLOD, S. 123.
[2615] AEBI-MÜLLER (Informationen), N 17.
[2616] SIMONIUS (Freiheitsrecht), S. 261 ff., TRACHSEL (Gleichbehandlungsgebot), S. 9 ff, ARNET (Freiheit), N 152, PÄRLI/CAPLAZI/MÜLLER, S. 133, AEBI-MÜLLER (Informationen), N 371 ff.
[2617] GROSSEN, S. 357.
[2618] ARNET (Freiheit), N 152 f.
[2619] AEBI-MÜLLER (Informationen), S. 345 f., PÄRLI (Datenaustausch), S. 135.

anerkannt[2620] und erst nach und nach zu einer umfassenden Garantie gegenüber Eingriffen des Staates entwickelt[2621]. Der *zivilrechtliche Persönlichkeitsschutz* dagegen stammt aus dem ZGB von 1911. Wie im oberen Abschnitt zur Entstehung der Art. 27/28 ZGB gezeigt wurde, wohnt diesen Bestimmungen ein grosses *Potenzial zur Hemmung privater Machtausübung* inne, das in unterschiedlicher Intensität von den Gerichten genutzt wurde. Insoweit lässt sich dadurch eine Parallele zur Funktion der Grundrechte ziehen. Auch diese dienen der Machtbändigung, jedoch gegenüber staatlicher Macht.

1309 Abzulehnen sind indes Vorstellungen wie diejenige, dass die Grundrechte in den Begriff der Persönlichkeit übertragen werden und diese damit «zum Bestandteil der Privatrechtsordnung» werden[2622]. Vielmehr gilt es *wesentliche Unterscheidungen* zwischen privat- und dem öffentlichrechtlichem Persönlichkeitsschutz zu erkennen. So sind Persönlichkeitsverletzungen im öffentlichrechtlichen Verhältnis naheliegenderweise nicht über Art. 28 ZGB, sondern immer als Grundrechtsverletzungen entsprechend dem Schrankenprogramm von Art. 36 BV zu lösen[2623]. Das *Schrankenprogramm nach Art. 36 BV* ist mit den *Rechtfertigungsgründen in Art. 28 Abs. 2 ZGB nicht identisch*[2624].

1310 Als Grundrechtsverletzer kann der Staat nur öffentliche, keinesfalls eigene Interessen geltend machen. Das bedeutet bsw., dass einem öffentlichrechtlichen Arbeitgeber in einem Konflikt um eine Anstellungsdiskriminierung nicht das Recht zusteht, sich auf die *Vertragsfreiheit* zu berufen. Einem priva-

---

[2620] BGE 89 I 92, Erw. 3.
[2621] Siehe die Formulierung in BGE 114 Ia 286, Erw. 6a: «toutes les libertés élémentaires dont l'excercie est indispensable à l'éoanousement de la persone humaine» oder später in BGE 118 Ia 305, Erw. 4a: «alle Freiheiten, die elementare Erscheinungen der Persönlichkeitsentfaltung darstellen».
[2622] So aber ARNET (Freiheit), N 354. Für die Autorin verschaffen die Grundrechte den Persönlichkeitsrechten nicht nur Gehalt sondern auch Grenzen. So wirke sich die Beschränkung der verfassungsrechtlichen Wirtschaftsfreiheit auf Schweizerbürger/innen und niedergelassene Ausländer/innen aus rechtssystematischen Gründen auch beschränkend auf den Begünstigtenkreis des privatrechtlichen Anspruchs auf wirtschaftliche Entfaltung (als Teilaspekt) des Persönlichkeitsrechts nach Art. 28 ZGB aus (ARNET, N 354). Diese Vorstellung ist abzulehnen, da es in einem Fall um das Verhältnis zwischen Privaten und dem Staat und im anderen Fall um das Verhältnis zwischen Privaten geht. Ein wirtschaftlich tätiger Asylsuchender kann sich gegenüber einem Privatrechtsverkehrsteilnehmer auf den in Art. 28 ZGB verankerten Anspruch auf wirtschaftliche Entfaltung auch dann berufen, wenn ihm aus grundrechtlicher Sicht gegenüber dem Staat die Berufung auf die Wirtschaftsfreiheit versagt bleibt.
[2623] AEBI-MÜLLER (Informationen), N 344.
[2624] Siehe dazu in Kapitel 8. I. 2.5.2 Bedeutung der Schrankenregelung, S. 229 f.

ten Arbeitgeber demgegenüber steht dieses Recht über die Anrufung von Rechtfertigungsgründen gestützt auf Art. 28 Abs. 2 ZGB *grundsätzlich*[2625] zu. Auch der Verhältnismässigkeitsgrundsatz als Schranke des Grundrechtseingriffs lässt sich nicht ohne weiteres auf Konstellationen einer Persönlichkeitsverletzung im Privatrechtsverkehr übertragen. Private sind, anders als der Staat, *grundsätzlich* nicht zu verhältnismässigem Handeln verpflichtet. Eine äussere Schranke unverhältnismässigen Handelns bildet das aus Art. 2 ZGB abgeleitete Gebot der schonenden Rechtsausübung. Zudem sind im positiven Recht, namentlich im hier besonders interessierenden Arbeitsrecht, Pflichten normiert, die dem Verhältnismässigkeitsprinzip entsprechen. Besondere Erwähnung verdient dabei der Grundsatz der verhältnismässigen Datenbearbeitung, an den Private ganz generell gestützt auf Art. 4 Abs. 2 des Datenschutzgesetzes (DSG) gebunden sind[2626]. Für den Bereich des Arbeitsvertragsrechts beschränkt Art. 328b OR das Gebot der zulässigen Bearbeitung von Arbeitnehmerpersonendaten auf solche betreffend der Eignung der Arbeitnehmenden und solche, die für die Durchführung des Arbeitsverhältnisses notwendig sind. Die Datenbearbeitung entgegen dieser Grundsätze stellt eine Persönlichkeitsverletzung dar.

Nach der hier vertretenen Position dringt der Persönlichkeitsschutz nicht erst oder nur über Drittwirkungsvorstellungen aus der Verfassung bzw. den Menschenrechten in das Privatrecht ein. Vielmehr bildet der Persönlichkeitsschutz wie historisch belegt ist, *notwendiger Teil des Privatrechts* selbst. Unbestrittenermassen wirkt sich der verfassungs- und völkerrechtliche Freiheitsschutz auf den privatrechtlichen Persönlichkeitsschutz aus; gleiches gilt auch vice versa. Die Regeln des privatrechtlichen Persönlichkeitsschutzes haben auch die Tragweite des verfassungsrechtlichen Freiheitsschutzes beeinflusst[2627]. Einigkeit besteht insoweit mit der Lehre der indirekten Drittwirkung, als zur notwendigerweise *wertungsabhängigen* Auslegung die Grundrechte und international rechtlich verankerten Menschenrechte herbeizuziehen sind. Die Konzeption der indirekten Drittwirkung ist hierzu an sich entbehrlich, da die Auslegung einfachgesetzlicher Normen immer im Lichte der ganzen Rechtsordnung vorzunehmen ist[2628]. 1311

Für die Konkretisierung der offenen Normen des Persönlichkeitsschutzes bedeutet dies, dass die Wertungen der ganzen Rechtsordnung einzubeziehen 1312

[2625] Siehe dazu weiter hinten in diesem Kapitel, 6. Rechtfertigungsgründe, S. 552 ff.
[2626] Siehe dazu PÄRLI (Datenaustausch), S. 147.
[2627] GUILLOD, S. 126 f., SAXER, S. 88 ff., siehe z.B. BGE 102 Ia 516, Erw. 3b.
[2628] Siehe dazu in Teil I, 2. Kapitel, 3. Methodisches Vorgehen, S. 27 f.

sind[2629]. Konkret bedeutet dies: Wenn der Verfassungsgeber mit der Nachführung der Bundesverfassung von 1999 in Art 8 Abs. 2 BV einen offenen Katalog von verbotenen Diskriminierungsmerkmalen erlassen hat, bleibt dies nicht ohne Einfluss auf die Bestimmung des Begriffs der Persönlichkeit, die vor widerrechtlicher Handlung (anderer) Privater geschützt werden soll. Gleiches gilt für die Entwicklung im internationalrechtlichen Diskriminierungsschutz; auch diese ist für die Auslegung des Begriffs der (diskriminierenden) Persönlichkeitsverletzung und ihrer allfälligen Rechtfertigung zu berücksichtigen.

3. *Die Bestimmung der Diskriminierungsmerkmale im Begriff «Persönlichkeit» bzw. der «Arbeitnehmerpersönlichkeit»*

3.1 Persönlichkeitsrechte nach Art. 28 ZGB

1313 Die Bestimmung zum Persönlichkeitsschutz in Art. 28 ZGB wird zusammen mit Art. 2 ZGB als die weiteste Blankettnorm des Zivilgesetzbuches bezeichnet[2630]. Der Gesetzgeber hat bewusst auf eine Legaldefinition des Begriffs «Persönlichkeit» verzichtet[2631]. In der Lehre sind zahlreiche Versuche unternommen worden, die «Persönlichkeit» einer Definition zugänglich zu machen. Häufig werden dabei drei Kategorien an Persönlichkeitsrechten[2632] gebildet[2633]:

- Rechte der physischen Persönlichkeit (z.B. Recht auf Leben, auf psychische und physische Integrität, sexuelle Freiheit),
- Rechte der emotionalen oder affektiven Persönlichkeit (z.B. Recht auf Beziehungen zu nahen Angehörigen, auf Achtung der persönlichen Gefühlswelt und Integrität des Seelenlebens),
- Rechte der sozialen Persönlichkeit (z.B. Recht auf Namen, am eigenen Bild, auf Ehre, auf wirtschaftliche Entfaltung).

[2629] GEISER (Persönlichkeitsverletzung), N 1.41, BUCHER A. , S. N 415 mit dem Hinweis, dass der verfassungsrechtliche auch vom privatrechtlichen Persönlichkeitsschutz beeinflusst wird.
[2630] AEBI-MÜLLER (Informationen), N 33, TRACHSLER, S. 7.
[2631] BBl 1982 II, S. 658.
[2632] In der Lehre finden sich verschiedene Bezeichnungen, schreibt GEISER (Persönlichkeitsverletzung), S. 27, von «Aspekten der Persönlichkeit», AEBI-MÜLLER (Informationen), N 82 ff, verwendet den Begriff «Persönlichkeitsgüter».
[2633] So bei DESCHENAUX/STEINAUER, N 537, SCHMID, N 836 ff., HAUSHEER/AEBI-MÜLLER, N 12.42., BUCHER A., N 466, GEISER (Persönlichkeitsverletzung), S. 27 ff.

Mehr als eine deklaratorische Bedeutung hat diese Einteilung indes nicht[2634]. 1314
In älteren Entscheiden des Bundesgerichts wird Persönlichkeit als Inbegriff
der Rechte definiert, die «untrennbar mit seiner Person verknüpft (sind), um
deretwillen sie ihm zustehen»[2635] oder die Umschreibung lautet, zur Persönlichkeit gehöre alles, «was zur Individualisierung einer Person dient und im
Hinblick auf die Beziehung zu den einzelnen Individuen und im Rahmen der
guten Sitten als schutzwürdig erscheint»[2636]. Diese Formulierungen beantworten nicht, *welche* Rechte untrennbar mit der Person verknüpft sind[2637]. Was
als besonders schützenswerte Merkmale einer Person anzusehen ist, ist je
nach Ort und Zeit verschieden[2638]. Veränderungen in der gesellschaftlichen
Einstellung zum Schutzbedarf von Persönlichkeitsmerkmalen finden in rechtliche Grundentscheide Eingang. Wenn der Verfassungsgeber bsw. 1999 ein
Diskriminierungsverbot aufgrund des Alters verankert hat, so ist diese Wertung auch für die Auslegung des Begriffs der Persönlichkeit beachtlich, eine
Ungleichbehandlung unter Bezugnahme auf das Merkmal «Alter» kann, sofern keine Rechtfertigungsgrund vorliegt, eine Persönlichkeitsverletzung
darstellen.

3.2 Recht auf diskriminierungsfreie Behandlung als Persönlichkeitsrecht

3.2.1 Lehrmeinungen

In der Lehre haben sich verschiedene Autoren und Autorinnen über das Potenzial von Art. 28 ZGB zum Diskriminierungsschutz geäussert. 1315

Für AEBI-MÜLLER muss der Persönlichkeitsbegriff sowohl die Grundlagen 1316
der Existenz des Einzelnen wie auch dessen konkrete Ausdrucksformen einbeziehen. Zu schützen sei sowohl das «Dasein» im Sinne der blossen menschlichen Existenz ungeachtet der konkreten Fähigkeiten und Möglichkeiten wie
das «Sosein» als zu gewährender Entfaltungsfreiraum[2639]. Ausgehend von
dieser Grundprämisse legt die Autorin weniger Wert auf die Erfassung und
Systematisierung von bestimmten Persönlichkeitsgütern als vielmehr auf die
Frage, wann eine Beeinträchtigung der konkreten «Daseins- und Soseins-Interessen» für die Betroffenen mehr als geringfügig und deshalb persönlich-

---

[2634] ROBERTO/HRUBESCH-MILLAUER, S. 231, BRÜCKNER, N 462, GEISER (Persönlichkeitsverletzung), S. 27.
[2635] BGE 84 II 507, Erw. a.
[2636] BGE 70 II 127 Erw. 2.
[2637] AEBI-MÜLLER (Informationen), N 81.
[2638] PEDRAZZINI-OBERHOLZER, S. 112, A. BUCHER, N 463, PÄRLI (Persönlichkeitsschutz), S. 227.
[2639] AEBI-MÜLLER (Persönlichkeit), S. 113-115, dieselbe (Informationen), N 35 ff.

keitsverletzend ist[2640]. Ausgehend vom Recht auf «Sosein» erwähnt die Autorin einen Anspruch auf ein Rollenverhalten jenseits gängiger Schemata. Der «unvernünftige» Patient, der zurückgezogene Kauz, der religiöse Fundamentalist usw. wären einer besonderen Gefahr ausgesetzt, Opfer von Persönlichkeitsverletzungen zu werden. Daraus zieht Aebi-Müller den Schluss, bei Art. 28 ZGB gehe es «wesentlich auch um *Minoritäten- bzw. Diskriminierungsschutz*»[2641].

1317 GEISER will den Diskriminierungsschutz über den Ehrenschutz als Teilgehalt der sozialen Persönlichkeitsrechte erfassen[2642]. Ehrverletzend sind insbesondere Beschimpfungen. Für den Autoren ist es zivilrechtlich unzulässig, dass bsw. eine dunkelhäutige Person aufgrund ihrer Hautfarbe am Arbeitsplatz regelmässig besonderen Kontrollen unterzogen würde. In einer solchen Haltung würde der Arbeitgeber zum Ausdruck bringen, «dass er *dieser* Person ohne konkreten Anlass nicht die Würde entgegenbringt, die er allen anderen Personen gegenüber respektiert»[2643]. Bezüglich Anstellungsdiskriminierung hält Geiser entgegen, dass der Grundsatz der Vertragsverletzung grundsätzlich vorgehe, dass keine «rechtliche Handhabe gegen einen Arbeitgeber oder eine Arbeitgeberin (besteht), welche grundsätzlich Personen einer bestimmten Rasse, Ethnie oder Religion ablehnen». Eine Persönlichkeitsverletzung sei dann gegeben, wenn dem Bewerber oder der Bewerberin in einer herabwürdigenden Art mitgeteilt würde, warum keine Anstellung erfolgte[2644].

1318 GÖKSU definiert die Persönlichkeit als «Gesamtheit derjenigen Werte, die dem Menschen inhärent sind, als schutzwürdig erscheinen und Gegenstand einer Verletzung bilden können»[2645]. Nach dieser Definition prüft der Autor, ob Art. 28 ZGB vor Diskriminierung im privaten Verkehr schütze. Der Autor bejaht diese Frage. Erstens stelle eine auf verpönten Unterscheidungsmerkmalen beruhende Ungleichbehandlung[2646] im privaten Verkehr, eine Diskriminierung *und damit* einen Angriff auf die Menschenwürde dar, die dem Menschen inhärent sei»[2647]. Zweitens sei der Wert «Schutz vor auf die Würde zielender Diskriminierung (auch) im Privatrechtsverkehr» sowohl subjektiv wie objektiv schutzwürdig. Der Autor nennt als Beleg für die Schutzwürdigkeit des Rechts auf diskriminierungsfreie Behandlung die in den internationa-

---

[2640] AEBI-MÜLLER (Informationen), N 96.
[2641] AEBI-MÜLLER (Informationen), N 43.
[2642] GEISER (Diskriminierung), S. 16.
[2643] GEISER (Diskriminierung), S. 16.
[2644] GEISER (Diskriminierung), S. 20.
[2645] GÖKSU (Rassendiskriminierung), N 236.
[2646] Zur Feststellung der verpönten Unterscheidungsmerkmale zieht der Autor die verfassungsrechtlichen Kriterien heran, siehe GÖKSU (Rassendiskriminierung), N 215.
[2647] GÖKSU (Rassendiskriminierung), N 219 - 223.

len Menschenrechtsverträgen verankerten Diskriminierungsverbote[2648]. Diskriminierungen wären alltäglich und seien ohne Zweifel geeignet, Gegenstand einer Persönlichkeitsverletzung zu sein[2649]. Die Konzeption von Göksu sieht Diskriminierung in erster Linie als Verletzung der Menschenwürde, entsprechend ordnet er das Recht auf diskriminierungsfreie Behandlung der Kategorie der affektiven Persönlichkeit zu[2650].

Für TRACHSLER zeigt sich die Notwendigkeit privatrechtlichen Gleichheitsschutzes dort, wo Einzelne mit sozialer Machtausübung konfrontiert sind. Er weist darauf hin, dass «die Ausbildung nicht staatlicher Macht erst auf den vom Staat geschaffenen Grundlagen des Gesellschafts- und Rechtssystems möglich ist»[2651]. Der Person komme auch im privatrechtlichen Verhältnissen ein Anspruch auf autonome Teilhabe am sozialen Sein (Existenz, Entfaltung, Freiheit) zu. In Fällen privater Willkür oder Missbrauch privater Macht müsse sich der Einzelne deshalb auf einen aus dem Persönlichkeitsrecht fliessenden Anspruch gegen den Verletzer berufen können. Daher sei im Zusammenhang mit existenziellen Grundbedürfnissen, namentlich auch in Arbeitsverhältnissen, sowohl im vertraglichen wie ausservertraglichen Bereich ein Anspruch des Individuums auf willkürfreie oder nicht diskriminierende Behandlung gefordert. Dieses Ziel lasse sich mit einer breiten Auslegung von Art. 28 ZGB oder mit einer Gesetzesnovelle verwirklichen[2652]. Als Diskriminierungsmerkmale nennt der Autor «Rasse», «Hautfarbe», «Abstammung», «Bürgerrecht», «Geschlecht», «Glaube», «Familienstand», «Ausübung verfassungsmässiger Rechte», «Alter», «Vorstrafen» und «sexuelle Ausrichtung»[2653], wobei die Liste der Diskriminierungsmerkmale offen ist[2654].

1319

Für ARNET wirkt der Persönlichkeitsschutz gemäss Art. 28 ZGB wie ein «*mittelbares privatrechtliches Diskriminierungsverbot*»[2655]. Die mittelbare Diskriminierungsschutzwirkung ergibt sich für die Autorin daraus, dass Ungleichbehandlungen, die auf vom Persönlichkeitsrecht geschützten Merkmalen beruhen, Persönlichkeitsverletzungen darstellen können. Soweit zur Beseitigung dieser Persönlichkeitsverletzung eine Gleichbehandlung erforderlich sei, werde das Persönlichkeitsrecht indirekt zu einem Gleichbehand-

1320

[2648] GÖKSU (Rassendiskriminierung), N 239 - 240.
[2649] GÖKSU (Rassendiskriminierung), N 242.
[2650] GÖKSU (Rassendiskriminierung), N 247.
[2651] TRACHSLER (Gleichbehandlung), S. 43.
[2652] TRACHSLER (Gleichbehandlung), S. 192.
[2653] TRACHSLER (Gleichbehandlung), S. 196 ff.
[2654] Die Liste der vom Autor vorgeschlagenen Diskriminierungsmerkmale ist mit «insbesondere» eingeleitet, siehe TRACHSLER (Gleichbehandlung), S. 194.
[2655] ARNET (Freiheit), N 356.

lungsgebot. Einen unmittelbar auf Art. 28 ZGB gestützten privatrechtlichen Gleichbehandlungsanspruch lehnt Arnet hingegen ab[2656].

3.2.2 Materialien und Gerichtspraxis

1321 In der Zeit der Entstehung des ZGB war der Begriff «Diskriminierung» verstanden als benachteiligende Ungleichbehandlung aus verpönten Motiven nicht bekannt. Das Problem der Ungleichbehandlung in privaten Verhältnissen unter missbräuchlicher Ausschöpfung privater Macht jedoch war durchaus erkannt, ja bildete das eigentliche Motiv für die Schaffung der Bestimmungen zum Persönlichkeitsschutz[2657].

1322 In der Botschaft zum Gleichstellungsgesetz (GlG) findet sich im Zusammenhang mit der Verankerung eines Verbots von geschlechtsbedingten Anstellungsdiskriminierungen der Hinweis, Diskriminierungen würden auch Verletzungen des Persönlichkeitsrechts nach Art. 28 ZGB und widerrechtliche Handlungen nach den Art. 41 ff. OR darstellen[2658].

1323 In zwei jüngeren kantonalen Gerichtsentscheidungen kommt der Zusammenhang zwischen Diskriminierungen und Persönlichkeitsverletzungen nach Art. 28 ZGB deutlich zum Ausdruck. Im bereits angesprochenen Fall des *Arbeitsgerichtes Zürich* hatte sich ein Arbeitgeber im Bewerbungsverfahren gegenüber einer Bewerberin rassistisch geäussert[2659]. Dies allein genügte für das Vorliegen einer Persönlichkeitsverletzung. Für den Arbeitgeber bildeten zudem die Herkunft und die vermutete Religionszugehörigkeit der Bewerberin die Gründe, die Bewerberin vom Bewerbungsverfahren auszuschliessen und gar nicht auf ihre fachlichen Qualifikationen zu prüfen. Damit liegt eine benachteiligende Ungleichbehandlung aufgrund der Herkunft und Religion der Bewerberin vor. Ein *Waadtländer Gericht* sprach einer ausschliesslich aufgrund ihrer Hautfarbe abgewiesenen Klägerin eine Entschädigung wegen schwerer Persönlichkeitsverletzung zu. Das Gericht stützte den Anspruch auf Art. 328 OR, der bereits im Anstellungsverfahren zur Anwendung komme[2660].

[2656] ARNET (Freiheit), N 356.
[2657] Siehe dazu die Ausführungen vorne in diesem Kapitel, II. 2.1 Ein wegweisendes Konzept, S. 504
[2658] BBl 1993 I 1300.
[2659] Urteil des Arbeitsgerichts Zürich vom 13. Januar 2006, AN 050401/U1, Erw. 5.6c. Siehe zu diesem Urteil vorne in diesem Kapitel, I. 1. Neuere Gerichtspraxis, S. 484 ff.
[2660] Jugement du 1 juin 2005, Tribunal de Prud'Hommes de l'arrondissement de Lausanne T304.021563, siehe zu diesem Urteil auch PÄRLI (Anstellungsdiskriminierungen), S. 23 ff.

In der Leitentscheidung zur *Tragweite des arbeitsrechtlichen Gleichbehand-* 1324
lungsgrundsatzes hält das Bundesgericht fest, «eine unsachliche und willkürliche Entscheidung des Arbeitgebers (stelle) nur dann eine Persönlichkeitsverletzung und damit einen Verstoss gegen das individuelle Diskriminierungsverbot dar, wenn darin eine den Arbeitnehmer verletzende Geringschätzung seiner Persönlichkeit zum Ausdruck kommt»[2661]. Es wird darauf zurückzukommen sein, ob das Bundesgericht damit dem arbeitsgerichtlichen Gleichbehandlungsgrundsatz *ausserhalb eigentlicher Persönlichkeitsverletzungen* jede Grundlage entzogen hat[2662]. An dieser Stelle ist die Aussage zentral, dass eine Ungleichbehandlung entwürdigend sein kann. Darin zeigt sich eine gewisse Nähe zur Herabwürdigungstheorie, wie sie bei den verfassungsrechtlichen Diskriminierungsverboten vertreten wird. Übersetzt in die privatrechtliche Terminologie bedeutet dies: Eine (benachteiligende) *Ungleichbehandlung (in vergleichbaren Situationen)* stellt dann eine *Persönlichkeitsverletzung* dar, wenn eine benachteiligende Ungleichbehandlung auf *Merkmalen beruht, die den Arbeitnehmenden kraft ihres Persönlichkeitsrechts* zustehen.

Im genannten Bundesgerichtsentscheid ging es um freiwillige Leistungen des 1325
Arbeitgebers; mit anderen Worten um die Frage, wie weit *im laufenden Arbeitsverhältnis* der Bereich autonomer Entscheidungen des Arbeitgebers durch Persönlichkeitsrechte eingeschränkt ist. Es besteht indes kein Zweifel, dass eine an Persönlichkeitsmerkmale anknüpfende Ungleichbehandlung eine widerrechtliche Persönlichkeitsverletzung im Sinne von Art. 28 ZGB darstellt.

3.3 Schutz vor Diskrimnierung durch das Persönlichkeitsrecht auf wirtschaftliche Entfaltung

Das Persönlichkeitsrecht auf wirtschaftliche Entfaltung stützt sich sowohl auf 1326
Art. 27 Abs. 2 ZGB (Schutz vor übermässiger vertraglicher Bindung) wie auf Art. 28 ZGB. Die Problematik *diskriminierender vertraglicher Bindungen* werden im nächsten Kapitel im Zusammenhang mit der grundsätzlichen Auseinandersetzung mit der arbeitsvertraglichen Vertragsfreiheit und ihrer Einschränkungen behandelt[2663].

[2661] BGE 129 III 276, Erw. 3.1.
[2662] Siehe weiter hinten in diesem Kapitel, III. Der arbeitsrechtliche Gleichbehandlungsgrundsatz, S. 567 ff.
[2663] Siehe dazu im Kapitel 15. 3. Gleichbehandlungsvorschriften als zwingende Inhaltsnormen, S. 591 ff. und 4. Generalklauseln des Art. 19 Abs. 2 OR als Schranke vertraglicher Diskriminierung, S. 600 ff.

Soweit ersichtlich betraf die Rechtsprechung zum auf Art. 28 ZGB gestützten Anspruch auf wirtschaftliche Entfaltung noch nie eine diskriminierende Nichtanstellung einer Arbeitnehmerin oder eines Arbeitnehmers. Wie insbesondere TERCIER darauf hingewiesen hat, bietet das Recht auf freie wirtschaftliche Betätigung erhebliches Entfaltungspotenzial, das von der Rechtswissenschaft noch kaum aufgedeckt wurde[2664]. Es ist deshalb zu prüfen, ob eine Nichtanstellung aufgrund persönlichkeitsrelevanter Merkmale den *Anspruch auf wirtschaftliche Entfaltung* verletzen kann.

1327 Gerichtspraxis zum Persönlichkeitsrecht auf wirtschaftliche Entfaltung findet sich im Zusammenhang mit der Tätigkeit von selbständig Erwerbenden und bei Sportler/innen. Selbständig Erwerbende, namentlich im Bereich der freien Berufe, sind regelmässig in berufsständischen Vereinen organisiert und die Mitgliedschaft ist für die Berufsausübung existenziell notwendig. In mehreren Entscheiden hat das Bundesgericht die Vereinsautonomie (Art. 72 Abs. 1 und 2 ZGB) im Lichte des Persönlichkeitsrechts der Vereinsmitglieder auf wirtschaftliche Entfaltung eingeschränkt[2665]. Voraussetzung ist, dass der in Frage stehende Verein in der Öffentlichkeit wie auch gegenüber Behörden oder etwa potentiellen Kunden seiner Mitglieder als massgebende Organisation des betreffenden Berufsstandes oder Wirtschaftszweigs auftritt. Eine Ausschliessung ist in solchen Fällen nur beim Vorliegen eines wichtigen Grundes möglich; die Interessen des Vereins an der Ausschliessung und die Interessen des Mitgliedes an der Mitgliedschaft sind dabei gegeneinander abzuwägen[2666]. Grenzen setzt das Persönlichkeitsrecht auf wirtschaftliche Entfaltung auch den in Vereinsform organisierten Spitzensportinstitutionen[2667].

1328 Ein auf Art. 28 ZGB gestützter Anspruch auf wirtschaftliche Entfaltung spielte – wie bereits weiter vorne erwähnt wurde – eine wichtige Rolle im Zusammenhang mit der Boykottrechtsprechung in der Zeit vor der Kartellgesetzgebung[2668]. In der Lehre wird eine strikte Trennung des früheren engen Zusammenhangs zwischen Persönlichkeits- und Wettbewerbsrecht befürwor-

---

[2664] TERCIER, N 495, siehe auch PEDRAZZINI/OBERHOLZER, S. 133.
[2665] BGE 131 III 97, Erw. 3, 123 III 193, Erw. 2c/cc.
[2666] Bger, Urteil vom 3. Juli 2006, 5C.64/2006, Erw. 3.
[2667] BGE 120 II 369, Erw. 2. Siehe zu weiteren «Sportfällen» SCHERRER, S. 289 ff. Im Entscheid des bernischen Richteramtes III vom 12.12.1987 erachtete das Gericht die Persönlichkeit einer Spitzensportlerin durch eine durch den Sportverband ausgesprochene zweijährige Sperre wegen angeblichem Dopingmissbrauch als eine Persönlichkeitsverletzung, u.a. wegen Verletzung des Anspruchs auf wirtschaftliche Entfaltung, siehe SJZ 84 (1988) N. 13.
[2668] Siehe dazu weiter oben in diesem Kapitel 2. Das Konzept des Persönlichkeitsschutzes in Art. 27 und 28 ZGB, S. 504 f. und insbesondere die Leitentscheidung BGE 86 II 365.

tet[2669]. Nach anderer Auffassung ist die Rechtsprechung des Bundesgerichtes zum Recht auf wirtschaftliche Entfaltung auch in wettbewerbsrechtlichen Konstellationen nicht obsolet geworden[2670]. Das Recht, am freien Wettbewerb teilzunehmen und mit anderen Bewerbenden zu konkurrieren, ist Ausfluss des Persönlichkeitsrechts. Wird der *freie Wettbewerb ausgeschaltet*, so bedeutet dies eine *Verletzung des Persönlichkeitsrechts*.

Der freie Wettbewerb wird auch dann berührt, wenn Menschen einzig aufgrund persönlicher Merkmale an der Teilnahme am Arbeitsmarkt behindert werden, ohne dass dafür sachliche Rechtfertigungsgründe wie die fachliche Eignung geltend gemacht werden können. Wie an mehreren Stellen dieser Studie darlegt wurde, lässt sich der arbeitsrechtliche Schutz vor Diskriminierung sowohl menschenrechtlich wie auch ökonomisch begründen[2671]. Wirksamer Schutz vor Diskriminierung, gerade bei der Anstellung, führt dazu, dass Arbeitnehmende nach ihren Fähigkeiten eingestellt werden und nicht aufgrund von Vorurteilen gar keine Chancen haben, ihre Fähigkeiten einzusetzen. In diesem Sinne kann Diskriminierungsschutz auch als Beitrag zu einem fairen Wettbewerb verstanden werden. 1329

Das Persönlichkeitsrecht auf wirtschaftliche Entfaltung kann nur dann verletzt sein, wenn Arbeitnehmende vom Zugang zum Arbeitsmarkt durch Gebrauch oder vielmehr Missbrauch privater Gestaltungsmacht an sich ausgeschlossen werden. Dies wäre dann der Fall, wenn sich ein faktischer Monopolbetrieb oder Arbeitgebende einer ganzen Branche durch formelle oder informelle Absprache gegen bestimmte Kategorien von Arbeitnehmenden aussprechen würden, z.B. mittels Empfehlungen über Höchstalter oder durch Hinweise auf die Nichteignung Angehöriger bestimmter Herkunft. Diese Voraussetzungen werden nur in Ausnahmefällen zutreffen. Sofern und soweit indes die betroffenen Arbeitnehmenden trotz diskriminierender Nichtanstellung des einen Arbeitgebers weiterhin Zugangschancen auf dem für sie in Frage kommenden Arbeitsmarkt haben, ist das Persönlichkeitsrecht auf wirtschaftliche Entfaltung nicht verletzt. Es bleibt jedoch die Verletzung des Anspruchs auf diskriminierungsfreie Behandlung. Die praktische Bedeutung dieser beiden unterschiedlichen Konstellationen zeigt sich bei den Rechtsfolgen. Eine Verletzung des Anspruchs auf diskriminierende Behandlung führt zu einem Schaden- und Genugtuungsanspruch. Wird zusätzlich das Recht auf wirtschaftliche Entfaltung verletzt, stellt sich die Frage einer Kontrahierungspflicht, da nur so der Anspruch durchgesetzt werden kann. Wie bereits bei der Darstellung der Rechtsfolgen eines Verstosses gegen Art. 2 ZGB dargestellt 1330

[2669] ARNET (Freiheit), N 376, BRÜCKNER, N 639, AEBI-MÜLLER (Informationen), N 83, Fn 229.
[2670] GÖKSU (Rassendiskriminierung), N 95.
[2671] Siehe dazu in Teil I in Kapitel 1. III. Gleichheitsrechtliche Grundfragen, S. 5 ff.

wurde, ist eine Kontrahierungspflicht bei diskriminierender Nichtanstellung in der Regel keine geeignete Rechtsfolge[2672].

3.4 Diskriminierende Persönlichkeitsmerkmale in den Bestimmungen zum arbeitsrechtlichen Persönlichkeitsschutz

3.4.1 Sonderregelung im Bereich der Diskriminierung aufgrund des Geschlechts

1331 Im Gleichstellungsgesetz (GlG) ist jede direkte oder indirekte Diskriminierung aufgrund des Geschlechts, namentlich unter Berufung auf Zivilstand, familiäre Situation oder Schwangerschaft (Art. 3 GlG) untersagt. Das GlG verbietet die Diskriminierung bei der Anstellung, beim Entgelt und bei den übrigen Anstellungsbedingungen sowie im Zusammenhang mit Kündigungen. Weiter sieht das GlG Beweislasterleichterungen vor. Im Ergebnis wird der Schutz vor diskriminierender Persönlichkeitsverletzung durch benachteiligende Ungleichbehandlung aufgrund des Geschlechts im Vergleich zu Art. 28 ZGB (Anstellung), Art. 328 OR (während des Arbeitsverhältnisses) und Art. 336 OR (bei Kündigungen) verstärkt[2673].

1332 Während des Arbeitsverhältnisses ist die Persönlichkeit der Arbeitnehmenden in verschiedener Hinsicht bedroht. Insbesondere in hierarchischen Strukturen, wie sie in Arbeitsverhältnissen üblicherweise vorherrschen, besteht die Gefahr der Bedrohung der Persönlichkeit durch *sexuelle Belästigung*. Eine sexuelle Belästigung stellt einen Angriff auf die Persönlichkeit der betroffenen Person, namentlich auf die sexuelle Freiheit und Würde, dar. Arbeitnehmende waren bereits vor dem Gleichstellungsgesetz durch Art. 328 OR vor sexueller Belästigung geschützt[2674]. Der Gesetzgeber verstärkte diesen Schutz durch die Aufnahme eines Verbotes der sexuellen Belästigung im Gleichstellungsgesetz und ergänzte darüber hinaus Art. 328 Abs. 1 OR mit einem zweiten Satz: Er (der Arbeitgeber) muss insbesondere dafür sorgen, dass Arbeitnehmerinnen und Arbeitnehmer nicht sexuell belästigt werden und dass den Opfern von Belästigungen keine Nachteile entstehen. In Art. 328 Abs. 2 OR wurde zudem die Schutzpflichten des Arbeitgebers ergänzt. Zur Pflicht zum Schutz

---

[2672] Siehe dazu weiter vorne in diesem Kapitel, 3.1.4, S. 495 ff.
[2673] STREIFF/VON KAENEL, N 9 zu Art. 328 OR, GEISER (Anstellungsdiskriminierung), S. 555 ff., Botschaft GlG, BBl 1993 I 1294.
[2674] STREIFF/VON KAENEL, N 5 zu Art. 328 OR, VÖGELI N., S. 27 ff., KAUFMANN, N 15 zu Art. 4 GlG, PÄRLI (Persönlichkeitsschutz), S. 233, Fn 55 und 56.

von Leben und Gesundheit wurde neu die *persönliche Integrität* aufgeführt[2675].

Nach Art. 4 GlG ist «jedes belästigende Verhalten sexueller Natur oder ein anderes Verhalten aufgrund der Geschlechtszugehörigkeit, das die Würde von Frauen und Männern am Arbeitsplatz beeinträchtigt» diskriminierend. Nach dem Gesetzeswortlaut fallen darunter «insbesondere Drohungen, das Versprechen von Vorteilen, das Auferlegen von Zwang und das Ausüben von Druck zum Erlangen eines Entgegenkommens sexueller Art». Der zweite Satz des Art. 4 GlG bringt zum Ausdruck, dass sexuelle Belästigung regelmässig durch Ausnützung eines Machtgefälles erfolgt[2676]. In einer mehrheitlich (noch immer) von Männern dominierten Arbeitswelt sind Frauen potenziell einem höheren Risiko sexueller Belästigung ausgesetzt. Es ist deshalb sachgerecht, sexuelle Belästigung als eine Form der Geschlechterdiskriminierung im Gleichstellungsgesetz zu verankern[2677]. Ziel des Gleichstellungsgesetzes ist, die tatsächliche Gleichstellung von Männern und Frauen im Berufsleben zu fördern. Der Schutz vor sexueller Belästigung dient einer ungestörten Entfaltungs- und Entwicklungsmöglichkeit und ist deshalb unerlässlich[2678].

1333

3.4.2 Art. 28 ZGB, Art. 328 OR und 336 OR: Unterschiede und Gemeinsamkeiten

Die Bestimmung zum Schutz der Persönlichkeit nach Art. 328 OR stellt wie auch Art. 6 ArG[2679] eine Konkretisierungen des Persönlichkeitsschutzes nach den Art. 27/28 ZGB dar[2680]. Einen unmittelbaren Bezug zu Art. 28 ZGB ha-

1334

[2675] Nach Staehelin (STAEHELIN, N 5 zu Art. 328 OR) hat der Gesetzgeber den Schutzbereich von Art. 328 OR mit dieser Novelle nicht erweitert, sondern lediglich im Bereich der sexuellen Belästigung konkretisiert. Diese Auslegung ist zu eng. Die persönliche Integrität besteht nicht «nur» in der sexuellen Identität.

[2676] GEISER (Sexuelle Belästigung), S. 432. Vgl. dazu die differenzierten Ausführungen von VÖGELI N, S. 51 ff.

[2677] Kritisch dazu REHBINDER, N 231.

[2678] KAUFMANN, N 56 zu Art. 4 GlG.

[2679] Nach Art. 6 ArG ist der Arbeitgeber verpflichtet, u.a. die erforderlichen Massnahmen zum Schutz der *persönlichen Integrität* der Arbeitnehmer treffen. Damit wird der Persönlichkeitsschutz nach Art. 328 OR auch im öffentlichen Arbeitsrecht abgebildet. Dies bestätigt sich in der Rechtsprechung: In BGE 130 II 425, Erw. 6.5 erwähnt das Bundesgericht, dass in casu keine massgebliche Beeinträchtigung der *Persönlichkeit des Arbeitnehmers* vorliege.

[2680] Zu Art. 328 OR siehe BBl 1967 II 104, STREIFF/VON KAENEL, N 2 zu Art. 328 OR, BRUNNER/BÜHLER/WAEBER, N 1 zu Art. 328 OR.

ben weiter die Bestimmungen in Art. 336 Abs. 1 Bst. a und 336 Abs. 1 Bst. b OR zum Schutz vor missbräuchlicher Kündigung aufgrund von «Eigenschaften, die einer Person kraft ihrer Persönlichkeit zustehen» oder wegen der Ausübung verfassungsmässiger Rechte. In der Lehre wird dieser Terminus «persönliche Eigenschaften» zum Teil weiter verstanden, als die positiv geschützten Aspekte der Persönlichkeit im Sinne von Art. 28 ZGB[2681]. Andere Autoren wiederum wollen den Persönlichkeitsbegriff nach Art. 336 Abs. 1 Bst. a OR gerade einschränken, da sonst der Kündigungsschutz uferlos würde[2682]. Überzeugender ist, den Persönlichkeitsbegriff *in Art. 28 ZGB, in 328 OR und in Art. 336 Abs. 1 Bst. a OR* weit zu fassen. In der bundesrätlichen Botschaft zum Persönlichkeitsschutz nach Art. 328 OR wird betont, es gehe um «die ganze menschliche Persönlichkeit des Arbeitnehmers». Das ist richtig so, Beschränkungen sind über die Rechtfertigungsgründe des Arbeitgebers vorzunehmen[2683].

1335 Ausgangspunkt bildet sowohl für den Begriff der «Persönlichkeit des Arbeitnehmers» in Art. 328 OR wie auch für den Begriff der «Eigenschaften», die den Arbeitnehmenden «kraft ihrer Persönlichkeit zukommen» die *Unbestimmtheit* der Begriffe. Hier wie dort hat der Gesetzgeber bewusst auf eine nähere Präzisierung der Begriffe verzichtet[2684]. Welche persönlichen Eigenschaften bzw. welche Persönlichkeitsrechte als schützenswert zu bezeichnen sind, ist Ergebnis einer Wertungsentscheidung und untersteht ständigem Wandel[2685]. Es ist Aufgabe der Rechtspraxis und der Rechtswissenschaft, die Persönlichkeitsbegriffe zu schärfen, bzw. im vorliegenden Zusammenhang zu erarbeiten, nach welchen Kriterien Persönlichkeitsmerkmale zu bestimmen sind, aufgrund derer eine Ungleichbehandlung unzulässig bzw. rechtfertigungsbedürftig ist.

1336 Eine Kündigung ist nach Art. 336 Abs. 1 Bst. b OR missbräuchlich, «wenn eine Partei sie ausspricht, weil die andere Partei ein verfassungsmässiges Recht ausübt, es sei denn, die Rechtausübung verletze eine Pflicht aus dem Arbeitsverhältnis oder beeinträchtige wesentlich die Zusammenarbeit im Betrieb». Auch diese Bestimmung schützt im Ergebnis vor diskriminierender Ungleichbehandlung bei einer Kündigung. Eine Kündigung wird bsw. ausgesprochen, weil eine Arbeitnehmerin ein islamisches Kopftuch trägt[2686]. Damit wird das verfassungsmässige Recht auf Religionsausübung verletzt, es liegt jedoch auch eine Diskriminierung aufgrund der religiösen Überzeugung vor.

[2681] STREIFF/VON KAENEL, N 5 zu Art. 336 OR, TROXLER, S. 47-49, BARBEY, S. 80 f.
[2682] So HUMBERT, S. 68.
[2683] So auch STREIFF/VON KAENEL, N 5 zu Art. 336 OR.
[2684] Art. 328 OR: BBl 1967 I 344, Art. 336 OR: BBl II 1984 II 597.
[2685] HUMBERT, S. 67 f., TSCHUDI (Verstärkung), S. 14.
[2686] Bezirksgericht Arbon, Urteil vom 17. Dezember 1990, JAR 1991, S. 254 ff.

Zudem gehört die Religionszugehörigkeit zu den schützenswerten Eigenschaften, die einer Person kraft ihrer Persönlichkeit zukommen[2687]. Auch im Rahmen von Art. 328 OR hat der Arbeitgeber die Pflicht, die Arbeitnehmenden nicht aufgrund ihrer religiösen Überzeugung zu diskriminieren[2688]. Die Gründe, wegen denen gestützt auf Art. 336 Abs. 1 Bst.b OR eine Kündigung missbräuchlich ist, stellen ebenfalls diskriminierende Gründe im Sinne von Art. 328 OR dar.

Im Ergebnis ist eine *einheitliche Anwendung der Diskriminierungsmerkmale in Art. 328 OR und Art. 336 OR* anzustreben. Welches diese Merkmale sind, wird im Folgenden herausgearbeitet. 1337

3.4.3 Materialien

Nach der bundesrätlichen Botschaft zu Art. 328 OR gehören zu den geschützten Persönlichkeitsgütern im damaligen Zeitpunkt «Leib und Leiben, körperliche und geistige Integrität, persönliche, geschlechtliche und berufliche Ehre, Stellung und Ansehen im Betrieb, private Geheimsphäre, Freiheit der Meinungsäusserungen und die Freiheit der beruflichen Organisation»[2689]. Aus dieser Aufzählung lässt sich für die Bestimmung bezüglich Ungleichbehandlung sensibler Persönlichkeitsmerkmale wenig ableiten. Mit Blick auf die spätere Weiterentwicklung des Persönlichkeitsschutzes im Bereich der Gleichstellung des Geschlechtes wird jedoch erkennbar, dass eine an das Geschlecht anknüpfende Ungleichbehandlung eine Persönlichkeitsverletzung darstellt[2690]. Eine Ungleichbehandlung aufgrund anderer identitätsbestimmender Merkmale berührt die Ehre und je nach Ausmass die geistige Integrität. Ungleichbehandlungen aufgrund der Äusserung bestimmter Meinungen oder aufgrund von gewerkschaftlichen Aktivitäten stellen ebenfalls diskriminierende Persönlichkeitsverletzungen dar. 1338

Die Botschaft zur Revision des Kündigungsschutz nennt als persönliche Eigenschaften, aufgrund derer eine Kündigung missbräuchlich ist «den Familienstand, die Herkunft, die Rasse und das Bürgerrecht (Nationalität)» sowie «Alter, Homosexualität oder Vorstrafen»[2691]. Zu Art. 336 Abs. 1 Bst. b OR 1339

[2687] So auch GLOOR, S. 14.
[2688] Siehe dazu den Entscheid des Bezirksgerichts St. Gallen vom 8. November 1999, JAR 2000, 178 (in casu hatte sich ein Angestellter jüdischen Glaubens vergeblich bei seinem Arbeitgeber darüber beschwert, dass fehlerhafte Malerarbeiten als «Juden» bezeichnet werden).
[2689] BBl 1967 II 344.
[2690] Botschaft zum Gleichstellungsgesetz, BBl 1993 I 1300.
[2691] BBl 1984 II 599.

werden in der Botschaft das Glaubensbekenntnis, die Zugehörigkeit zu einer politischen Vereinigung, die rechtmässige Ausübung einer politischen Tätigkeit oder die Freizeitgestaltung gezählt[2692].

1340 Gleichzeitig mit dem Inkrafttreten des Gleichstellungsgesetzes (GlG) wurde der Schutzbereich von Art. 328 OR verstärkt. Ausdrücklich gehören seit dem 1.7.1996 der Schutz vor sexueller Belästigung und der Schutz der persönlichen Integrität zu den Arbeitgeberpflichten[2693].

3.4.4 Lehre und Praxis: Übersicht

1341 In den Kommentierungen zu Art. 328 OR werden folgende Persönlichkeitsmerkmale genannt, die vor Verletzung geschützt sind: körperliche, sexuelle und geistige Integrität, persönliche und berufliche Ehre, Stellung und Ansehen im Betrieb, die private Geheimsphäre einschliesslich die Information über den HIV-Test, die Freiheit der persönlichen Meinungsäusserung, die Organisationsfreiheit und weitere Freiheiten wie die Glaubens- und Gewissensfreiheit[2694]. Einzelne Autoren erwähnten ausdrücklich, der arbeitsrechtliche Persönlichkeitsschutz nach Art. 328 OR beinhalte einen Schutz vor Diskriminierung aufgrund der Religion, Rasse oder Ethnie[2695] oder aufgrund einer Behinderung[2696].

1342 Aus der Praxis zu Art. 328 OR lassen sich kaum (weitere) Anhaltspunkte gewinnen, welche Merkmale der Arbeitnehmenden vor diskriminierender Persönlichkeitsverletzung geschützt sind bzw. geschützt sein sollen. Das Bundesgericht erwähnte in einem Entscheid zur Tragweite der Arbeitgeberpflicht zum Schutz vor Passivrauchen, die Massnahmen des Arbeitgebers zum Schutze der Nichtraucher dürften die *Raucher im Betrieb nicht diskrimi-*

[2692] BBl 1984 II 600.
[2693] Die Verstärkung des Schutzes vor sexueller Belästigung im OR erfolgte auf Initiative des Ständerates, siehe AmtlBullStR 1994 808 f. In der bundesrätlichen Botschaft zum GlG war diese Ergänzung nicht vorgesehen, BBl I, 1248. Siehe zum Verhältnis des GlG zu Art. 328 OR und Art. 336 OR weiter hinten in diesem Kapitel, 3.4.1 Sonderregung im Bereich der Diskriminierung aufgrund des Geschlechts, S. 520 und 5.4 Diskriminierende (missbräuchliche) Kündigung, S. 551 f.
[2694] STREIFF/VON KAENEL, N 7 zu Art. 328 OR, BRUNNER/BÜHLER/WAEBER/BRUCHEZ, N 2 zu Art. 328 OR, TOBLER/FABRE/MUNOZ/EHM, N 1.1 zu Art. 328 OR, REHBINDER, N 4 zu Art. 328 OR, STAEHELIN, N 3 – N 9 zu Art. 328 OR, PÄRLI (Persönlichkeitsschutz), S. 227.
[2695] PORTMANN, N 45 zu Art. 328 OR, STREIFF/VON KAENEL, N 7 zu Art. 328 OR.
[2696] PORTMANN, N 43 zu Art. 328 OR. Siehe dazu auch die Botschaft zum Behindertengleichstellungsgesetz, BBl 2001, 1830.

nieren, wobei die Verhängung eines Rauchverbotes stets zulässig ist, sofern dieses der Arbeitssicherheit oder dem Schutz des Nichtrauchers dient[2697].

Klagen wegen Verletzungen des Persönlichkeitsrechts *während* des Arbeitsverhältnisses sind relativ selten[2698]. MEIER begründet dies pointiert: «Jede Klage eines Arbeitnehmers wegen Verletzung des Persönlichkeitsrechts ist reine Selbstzerstörung, endet mit Sicherheit mit dem Verlust des Arbeitsplatzes, bestenfalls mit einer Genugtuung von wenigen 100 Franken und dafür grossen Kosten»[2699]. Regelmässig wird indes eine Verletzung von Art. 328 OR im Zusammenhang mit Kündigungen bzw. missbräuchlichen Kündigungen geltend gemacht[2700], namentlich bei Mobbingfällen[2701] und in Fällen sexueller Belästigung[2702].

1343

Nach Bundesgericht und Lehre gehören zu den Eigenschaften, die einer Person im Sinne von Art. 336 Abs. 1 Bst. a OR kraft ihrer Persönlichkeit zukommen: alle angeborenen oder erworbenen Eigenschaften, welche den Träger als Individuum kennzeichnen, insbesondere Rasse[2703], Nationalität, sexuelle Orientierung, Alter, Religion, Vorstrafen, Betreibungen, Krankheiten einschliesslich positiver HIV-Befund[2704]. Als weitere Gründe, die eine Kündigung gemäss Art. 336 Abs. 1 Bst. a OR als missbräuchlich erscheinen lassen, werden in der Lehre und in der kantonalen Gerichtspraxis aufgeführt:

1344

[2697] BGE 132 III 257, Erw. 5.4.3.
[2698] HUMBERT, S. 83, PÄRLI (Persönlichkeitsschutz), S. 224.
[2699] MEIER, S. 167.
[2700] Siehe z.B. Bger v. 05.09.2003, 4C.129/2003. Die Arbeitnehmerin stellte berechtigterweise eine Restrukturierungsmassnahme in Frage und wurde dennoch bzw. gerade deswegen entlassen. Die Arbeitgeberin hatte dadurch das Persönlichkeitsrecht der Arbeitnehmer verletzt und die Kündigung war missbräuchlich im Sinne von Art. 336 Abs. 1 Bst. d OR (Erw. 4.2) .
[2701] Siehe dazu die Mobbing-Rechtsprechung des Bundesgerichtes BGE 125 III 70, Erw. 2a, 127 III 351 ff. Abgrenzung: Ein schlechtes Arbeitsklima aufgrund von Meinungsverschiedenheit zwischen Arbeitgeber und Arbeitnehmer stellt kein Mobbing dar (Bger v.15.10.2007, IC_156/2007/fzc).
[2702] Siehe zur Abgrenzung von Art. 328 OR und dem GlG BGE 126 III 395, Bger v. 05.03.2007, 4C.289/2006/ech.
[2703] Das Bundesgericht beurteilte die Entlassung von drei afrikanischen Angestellten wegen Verdachts auf Diebstahl als missbräuchlich; dabei spielte keine Rolle, ob der Arbeitgeber die Entlassung wegen der Hautfarbe aussprach oder die Mitarbeitenden wegen der Hautfarbe des Diebstahls verdächtigte, so oder so lag eine rassendiskriminierende Kündigung vor, siehe Bger in JAR 1994, S. 198.
[2704] BGE 130 III 699, Erw. 4.1, 127 III 68, Erw. 2a, Bger v. 22.05.2006, 4C.326/2006, Erw. 4.1, v. 20.03.2006, 4C.320/2005, Erw. 3 ff. In der Lehre namentlich STREIFF/VON KAENEL, N 5 zu Art. 336 OR, STAEHELIN, N 9 zu Art. 336 OR, ZOSS, S. 162, FAVRE/MUNOZ/TOBLER, N 1.15 zu Art. 336 OR, GIRARDIN, S. 65 f.

14. Kapitel: Treu und Glauben und Persönlichkeitsrecht

Partner- oder Verwandtschaft zu einer bestimmten Person[2705], Behinderung[2706], der Bezug einer halber Invalidenrente[2707] oder das feministische Engagement einer Mitarbeiterin[2708].

3.4.5 Erhöhte Sensibilität gegenüber dem Merkmal «Alter»

1345 Im europäischen Gemeinschaftsrecht und im internationalen Menschenrechtsschutz erfährt die *Diskriminierung* aufgrund des *Alters* seit einigen Jahren eine erhöhte Aufmerksamkeit[2709]. Auch im schweizerischen Arbeitsrecht finden sich vereinzelte Anhaltspunkte, die auf eine erhöhte Sensibilität gegenüber Diskriminierungen aufgrund des Alters hinweisen. Weitgehend Konsens besteht indes darin, dass eine Kündigung des Arbeitsverhältnisses wegen Erreichen des gesetzlichen oder vertraglich vereinbarten Pensionsalters keine missbräuchliche Kündigung darstellt[2710].

1346 Keine Altersdiskriminierung erblickte das Obergericht Zürich noch 1993 darin, dass im Zusammenhang mit Restrukturierung vorwiegend ältere Mitarbeitende entlassen wurden[2711]. Keine Altersdiskriminierung aber eine Diskriminierung aufgrund des Geschlechts lag vor, weil eine Spitalangestellte nicht über die Pensionierungszeit hinaus arbeiten konnte, um ihre berufliche Vorsorge aufzubessern[2712].

1347 Das Genfer Appellationsgericht entschied am 22. März 2005: Die Kündigung, die alleine wegen des fortgeschrittenen Alters des Arbeitnehmers ausgespro-

---

[2705] STREIFF/VON KAENEL, N 5 zu Art. 336 OR; anders noch der Entscheid des Appellationshofs Bern, JAR 1985 (Kündigung einer Bankangestellten wegen deren bevorstehenden Heirat mit einem ehemaligen Mitarbeiter der sowjetischen Nachrichtenagentur Novosti).
[2706] BRUNNER/BÜHLER/WAEBER/BRUCHEZ, N 4 zu Art. 336 OR.
[2707] Chambre d'Appel Genève, Nachweis bei AUBERT (700), Nr. 385.
[2708] Bezirksgericht Bülach in ZR 1996 Nr. 74, siehe auch JAR 1995, S. 169.
[2709] Siehe dazu in Kapitel 13 II. Diskriminierungsmerkmale, 2. Alter, S. 445.
[2710] BGE 114 II 394: Die Vereinbarung einer derartigen Befristung des Arbeitsverhältnisses auf den Zeitpunkt des Erreichens einer bestimmten Altersgrenze durch den jeweiligen Mitarbeiter ist grundsätzlich zulässig. Siehe in der Lehre: BARBEY, S. 81, STREIFF/VON KAENEL, N 5 zu Art. 336 OR, STAEHELIN N 14 zu Art. 336 OR, ZOSS, S. 186, BRÜHWILER, N 2 zu Art. 336 OR. A.M. REHBINDER, N 3 zu Art 336 OR. Für Rehbinder hat der Gesetzgeber vergessen, für den Fall einer Kündigung wegen Erreichens des AHV-Alters einen Vorbehalt der Missbräuchlichkeit anzubringen, zudem weist der Autor darauf hin, die unterschiedliche Altersgrenze könnte Anlass zu Klagen nach dem Gleichstellungsgesetz bilden.
[2711] Obergericht Zürich v. 06.09.1993 (OG ZH I. ZK), siehe plädoyer 6/93, S. 63 ff.
[2712] Appellationsgericht Basel Stadt. Urteil v. 19.11.2002, JAR 2004, S. 430 f.

chen wurde, war missbräuchlich, da «Alter» unter die Eigenschaften falle, die einer Person «kraft ihrer Persönlichkeit» zusteht[2713]. Das Bundesgericht erhöhte in BGE 132 III 115 die *Fürsorgepflicht* des Arbeitgebers gegenüber *Arbeitnehmenden, die einen wesentlichen Teil ihres Berufslebens in einem Betrieb verbrach*t haben[2714]. Damit hat das Bundesgericht indirekt den Schutz älterer Arbeitnehmenden verstärkt: Wer wesentliche Teile seines Berufslebens in ein- und demselben Betrieb verbracht hat, steht regelmässig in fortgeschrittenem Alter. In einem Nachfolgeentscheid zu BGE 132 III 115 hat das Bundesgericht den Entscheid der Vorinstanz gestützt, die entschieden hatte, die Entlassung eines 58Jährigen Arbeitnehmers, der 33 Jahre im Betrieb verbracht habe, sei missbräuchlich[2715]. Die Arbeitgeberin erwähnte in der schriftlichen Kündigungsbegründung, der Mitarbeiter sei «certes ancien, mais malheureusement inefficace»[2716]. Die Vorinstanz begründete die Missbräuchlichkeit der Kündigung wie folgt: «le congé était derechef abusif puisqu'il avait été décidé pour une raison inhérente à la personnalité du demandeur (cf. art. 336 al. 1 let. a CO), soit l'âge de ce dernier, proche de celui de la retraite, et son salaire élevé, cela sans que la défenderesse ait pu démontrer que le licenciement était absolument nécessaire dans le cadre de la réorganisation interne qu'elle a mise sur pied dès novembre 2002»[2717]. Die ausgesprochene Entschädigung über 55 000 Franken war «très proche du maximum prévu par la loi»[2718]. Geschützt hat das Bundesgericht demgegenüber die Kündigung aus wirtschaftlichen Gründen eines 57jährigen Arbeitnehmers, der ebenfalls 33 Dienstjahre vorweisen konnte. Es sei unbestritten, so das Bundesgericht, dass die Kündigung aus wirtschaftlichen Gründen erfolgt sei und somit als solche nicht missbräuchlich wäre. Eine Analogie zu BGE 132 III 115 sei ausgeschlossen[2719].

Materialien, Lehrmeinungen und Praxis zeigen, dass insbesondere die *Entlassung älterer Arbeitnehmenden* zumindest den *Verdacht einer missbräuchlichen Kündigung* intendiert. Aus den wenigen Gerichtsfällen und der spärlichen Auseinandersetzung in der Lehre lassen sich jedoch noch nicht einmal

1348

[2713] Chambre d'appel des prud'hommes du Canton de Genève, Urteil vom 10. November 2005 (Aufhebung des Urteils des Tribunal des prud'hommes vom 22. März 2005), JAR 2006, S. 469 f.
[2714] Kritisch dazu SENTI CH., S. 611 ff., STÖCKLI (Hindernis), S. 121 ff.
[2715] Bger v. 22.05.2007, 4C.326/2006, Erw. 4.2.1.
[2716] Bger v. 22.05.2007, 4C.326/2006, Sachverhalt.
[2717] Bger v. 22.05.2007, 4C.326/2006, Erw. 2.
[2718] Bger v. 22.05.2007, 4C.326/2006, Erw. 2.
[2719] Bger v. 02.04.2008, 4A_72/2008. Siehe auch Bger v. 05.03.2007, 4C.388/2006, in dieser Entscheidung hält das Bundesgericht fest, das Alter alleine stelle keinen Grund für die Missbräuchlichkeit einer Kündigung dar (Erw. 4.2 der genannten Entscheidung).

Anzeichen eines kohärenten Konzeptes «Schutz vor diskriminierender Persönlichkeitsverletzung aufgrund des Alters» ausmachen. Insbesondere fehlt auch jede Vorstellung darüber, welches «Alter» denn vor Diskriminierung geschützt sein soll.

3.4.6 Krankheit und krankheitsbedingte Arbeitsunfähigkeit

1349 Krankheit wird in der Lehre übereinstimmend zu den geschützten Eigenschaften im Sinne von Art. 336 Abs. 1 Bst. a OR gezählt[2720]. Nach der hier vertretenen Position gehört Krankheit auch zu den Persönlichkeitsmerkmalen, die *durch Art. 328 OR* vor diskriminierender Verletzung geschützt werden[2721].

1350 Das Arbeitsrecht kennt *keine Legaldefinition* des Begriffs Krankheit. Im Sozialversicherungsrecht ist der Begriff «Krankheit» im Bundesgesetz über den Allgemeinen Teil des Sozialversicherungsrechts (ATSG) definiert. Nach Art. 3 ATSG liegt eine Krankheit vor bei einer «Beeinträchtigung der körperlichen, psychischen oder geistigen Gesundheit, die nicht Folge eines Unfalles ist und die eine medizinische Untersuchung oder Behandlung erforderlich macht». Diese Legaldefinition stellt die *Voraussetzung für den Leistungsbezug* in der Sozialversicherung dar[2722], sie bildet allenfalls ein Indiz für das Vorliegen ein Krankheit als geschützter Aspekt der Persönlichkeit im Sinne von Art. 328 OR oder 336 Abs. 1 Bst. a OR[2723]. Eine schützenswerte gesundheitliche Beeinträchtigung kann jedoch auch dann vorliegen, wenn weder eine medizinische Untersuchung noch eine Behandlung notwendig ist. Hinzuweisen ist an dieser Stelle auch auf das Diskriminierungsverbot aufgrund des Erbgutes, wie es im Bundesgesetz über die genetische Untersuchung am Menschen (GUMG) verankert ist[2724]. Darauf wird im 15. Kapitel bei der Behandlung der (spezial)gesetzlichen arbeitsrechtlichen Diskriminierungsverbote zurückgekommen[2725].

1351 Der Kündigungsschutz wegen Krankheit entfällt, wenn die Krankheit oder die Folgen der Krankheit dazu führen, dass die Arbeitgeberin die in Art. 336 Abs.

[2720] STREIFF/VON KAENEL, N 5 zu Art. 336 OR, BRÜHWILER, N 2 zu Art. 336 OR, PORTMANN, N 6 zu Art. 336 OR, NORDMANN, S. 88 ff., GEISER (Kündigungsschutz), S. 340.
[2721] Siehe dazu ausführlich PÄRLI/MÜLLER/SPYCHER, S. 131, PETERMANN, S. 5 f.
[2722] Zum Krankheitsbegriff in der Sozialversicherung siehe KIESER (Sozialversicherungsrecht), S. 147 ff.
[2723] Im Zusammenhang mit Art. 324a/b OR und Art. 336c OR: STREIFF/VON KAENEL, N 10 zu Art. 324a/b OR, VON KAENEL/WYLER, S. 154 f.
[2724] Zum Diskriminierungsverbot im GUMG siehe PÄRLI (GUMG), S. 83.
[2725] Siehe dazu in Kapitel 15. 3.4 Diskriminierungsverbot im Gesetz über genetische Untersuchung am Menschen, S. 597f.

1 Bst. a vorgesehenen Rechtfertigungsgründe geltend machen kann. Die beiden Gründe sind: «wesentliche Beeinträchtigung der Zusammenarbeit» oder ein «Zusammenhang mit dem Arbeitsverhältnis». Führt die Krankheit zu einer Arbeitsunfähigkeit, so stellt dies einen Rechtfertigungsgrund (Zusammenhang mit dem Arbeitsverhältnis) dar und nach *Ablauf des zeitlichen Kündigungsschutzes* gemäss Art. 336c OR darf das Arbeitsverhältnis gekündigt werden[2726].

Anders ist die Rechtslage allerdings dann, wenn die Arbeitgeberin infolge *fehlender oder unzureichender Wahrnehmung ihrer Fürsorgepflicht* den Grund für die krankheitsbedingte Arbeitsunfähigkeit zu verantworten hat[2727]. 1352

In mehreren Fällen entschied das Bundesgericht, dass eine Kündigung wegen Leistungsabfall missbräuchlich sei, wenn der Leistungsabfall auf *Mobbing* zurückführen ist[2728]. Mobbing kann nicht nur zu Leistungsabfall sondern auch zu Krankheit und Arbeitsunfähigkeit führen. Die Missbräuchlichkeit ist dann gegeben, wenn die Arbeitgeberin Ihre Pflichten zum Persönlichkeitsschutz nach Art. 328 OR nicht oder nicht ausreichend wahrgenommen hat[2729]. In die gleiche Kategorie kann auch der *Raucherfall* in *BGE 132 III 257* eingeteilt werden[2730]. Ein unter Rauchallergie leidender Mitarbeiter versuchte vergeblich, von seinem Arbeitgeber die Durchsetzung eines allgemeinen Rauchverbotes im Betrieb zu verlangen. Das Bundesgericht prüfte die wegen häufigen gesundheitlich bedingten Absenzen erfolgte Kündigung dieses Mitarbeiters im Lichte der Fürsorgepflicht des Arbeitgebers. Es würde eine verpönte Treuwidrigkeit des Arbeitgebers vorliegen, wenn die für die Kündigung verantwortlichen zahlreichen krankheitsbedingten Absenzen auf die unterlassene oder nicht ausreichend wahrgenommene Pflicht zum Gesundheitsschutz (Art. 328 OR) zurückzuführen wäre[2731]. 1353

Als *missbräuchlich* erkannte das Bundesgericht die Kündigung eines Mitarbeiters, der als Folge eines durch den Arbeitgeber verursachten Betriebsunfalls nur noch 50 Prozent arbeiten konnte, was ihm vom Arbeitgeber verwei- 1354

[2726] BGE 123 III 246, Erw. 5 b., Bger v. 05.08.2004, 4C.174/2004, Erw. 2.2.2.
[2727] GEISER (Kündigungsschutz), N 3.8, GSGE vom 03.02.2000 in Sachen B. gegen Z. AG (BS), BJM 203, S. 324 ff. A.M. ist das Kantonsgericht St. Gallen, III. Zivilkammer, Entscheid vom 3. Januar 2008, Erw. III. 2. Das Urteil wurde beim Bundesgericht angefochten. Das Verfahren ist hängig (Stand: Juni 2008).
[2728] BGE 125 III 70, Erw. 2a, Bger v. 20.03.2006, 4C.320/2005, Erw. 3, v. 12.10.2004, 4C.276/2004, Erw. 5.
[2729] Bger v. 31.05.2006, 4C.109/2005, Erw. 4 (zur Definition von Mobbing).
[2730] Der Entscheid wurde nur teilweise in die amtliche Sammlung der Bundesgerichtsentscheide aufgenommen (ab Erwägung 5), Sachverhalt und die vorangehenden Erwägungen finden sich unter Bger v. 08.02.2006, 4C.354/2005.
[2731] Bger v. 08.02.2006, 4C.354/2005, Erw. 2.3.

gert wurde[2732]. Der Arbeitnehmer hätte in casu gemäss Bundesgericht gestützt auf Art. 328 OR berechtigterweise eine *Rücksichtsnahme auf seinen Gesundheitszustand* fordern können. Das Bundesgericht stützte deshalb die Entscheidung der Vorinstanz, die von einer missbräuchlichen Kündigung im Sinne von Art. 336 Abs. 1 Bst. d OR (Missbräuchlichkeit der Rachekündigung) ausgegangen war[2733]. Im Ergebnis hat das Bundesgericht damit die Kündigungsfreiheit gegenüber einem erkrankten Mitarbeiter über den zeitlichen Kündigungsschutz (dieser war im konkreten Fall bereits abgelaufen) hinaus eingeschränkt. Das gilt zumindest dann, wenn der Arbeitgeber die Erkrankung wie im vorliegenden Fall (mit) zu verantworten hat.

1355 Unzulässig ist nach der Gerichtspraxis, Arbeitnehmende wegen krankheitsbedingter Arbeitsunfähigkeit im Rahmen der Ausrichtung *freiwilliger Leistungen schlechter* zu stellen[2734]. Gegen das Recht der Persönlichkeit verstösst weiter eine Betriebsordnung, die Arbeitnehmende mit einem *Bonus* belohnt, wenn sie in einer definierten Zeitspanne *nicht krank* werden und demgegenüber Arbeitnehmende mit einem Malus belastet, falls sie krank werden; das zuständige Freiburger Gericht erkannte ein solches System als *Verletzung der guten Sitten und der Persönlichkeit*[2735]. Der Gesundheitszustand an sich darf demzufolge nicht Gegenstand einer *vertraglichen* Schlechterstellung bilden. In diesem Sinne hat das Freiburger Gericht in dieser Entscheidung ein Diskriminierungsverbot aufgrund des Gesundheitszustandes stipuliert.

3.4.7 Charaktereigenschaften als geschützte Persönlichkeitsmerkmale?

1356 Zählt man *Charaktereigenschaften* zu den im Sinne von Art. 336 Abs. 1 Bst. a OR geschützten *persönlichen Eigenschaften*, so wird der Arbeitgeber für das Vorhandensein des Rechtfertigungsgrundes beweispflichtig. Problematische Charaktereigenschaften wirken sich regelmässig negativ auf das Arbeitsverhältnis aus, was in der Regel der Arbeitgeberin erlaubt, den Rechtfertigungsgrund «Beeinträchtigung der Zusammenarbeit im Betrieb» geltend zu

---

[2732] Bger v. 27.05.2008, 4A.102/2008.
[2733] Bger v. 27.05.2008, 4A.102/2008, Erw. 2.
[2734] Siehe dazu das Urteil des Gerichtskreises VIII Bern-Laupen vom 11. Juni 2001, JAR 2002, S. 220. Eine von vier entlassenen Mitarbeiterinnen wurde eine freiwillige Abgangsentschädigung u.a. mit dem Argument langer krankheitsbedingter Abwesenheiten verweigert, was vom Gericht nicht gutgeheissen wurde: «Schliesslich hat es die Klägerin nicht zu verantworten, dass sie krank war. Der Klägerin daraus einen Strick zu drehen, geht nicht an und muss als diskriminierend angesehen werden».
[2735] Tribunal cantonal de l'Etat de Fribourg, Urteil vom 11. November 2002, Erw. 3 (Bestätigung des Urteils der Chambre des prud'hommes de l'arrondissement de la Sarine vom 21. Mai 2002), JAR 2003, S. 253.

machen. Die Arbeitgeberin trägt allerdings dafür die Beweislast. Ob Charakterzüge zu den persönlichen Eigenschaften zu zählen sind, gilt es deshalb sorgfältig zu prüfen.

Nach einem Teil der Lehre und gemäss einzelnen Gerichtsentscheiden sind auch individuelle Verhaltensmuster zu den nach Art. 336 abs. 1 Bst. a OR geschützten persönlichen Eigenschaften zu zählen, genannt werden etwa «Verschlossenheit», «Erregbarkeit», «Pedanterie»[2736], oder «soziale Einstellung»[2737]. Gemäss Bundesgericht ist eine Entlassung mit Begründung eines schwierigen Charakters eines Mitarbeiters dann nicht missbräuchlich, wenn aufgrund dieser Eigenschaften Probleme im Betrieb auftreten und wenn der Arbeitgeber die ihm zumutbaren Massnahmen zur Problemlösung ergriffen hat[2738]. Damit hat das Bundesgericht im Ergebnis anerkannt, dass Charaktereigenschaften zur geschützten Persönlichkeit gehören.

1357

Für STREIFF/VON KAENEL und FARNER geht es in dieser Frage darum, unveränderbare von veränderbaren «Eigenschaften» abzugrenzen, wobei zu Recht darauf hingewiesen wird, dies sei eine sehr heikle Aufgabe. Vorgeschlagen wird, *wesensmässige Grundkonstanten* wie das *Aussehen* zu den geschützten Eigenschaften im Sinne von Art. 336 Abs. 1 Bst. a OR zu zählen, hingegen *bewusst beeinflussbaren und veränderbaren* Eigenschaften wie der Höflichkeit bzw. wohl eher der Unhöflichkeit diesen Schutz zu verwehren[2739]. Diese auf den ersten Blick sinnvolle und pragmatische Vorgehensweise führt indes bei näherer Betrachtung zu der schwierigen und heiklen Grundfrage, welche Eigenschaften den veränder- bzw. unveränderbar sind. Weder aus der medizinischen Wissenschaft noch aus Soziologie oder Psychologie lassen sich gesicherte Erkenntnisse ableiten, letztendlich handelt es sich um *Wertungsentscheide*, die je nach Zeit und Ort anders ausfallen können.

1358

3.4.8 Persönlichkeitschutz durch Beschränkung der zulässigen Datenbearbeitung

Art. 328b OR beschränkt die zulässige Datenbearbeitung im Arbeitsverhältnis auf Arbeitnehmerpersonendaten, soweit diese die Eignung für das Arbeitsverhältnis betreffen oder zur Durchführung des Arbeitsvertrages erforderlich sind. Im Zusammenhang mit den Ausführungen zum Notwehrrecht der Lüge wurde bereits auf die Funktion dieser Bestimmung für den Schutz vor Dis-

1359

[2736] So STAEHELIN, N 9, NORDMANN, S. 87 f, TROXLER, S. 87. A.M. HUMBERT, S. 68 f.
[2737] So in GSG BS, Entscheid vom 17.06.1999, BJM 2001, S. 81.
[2738] BGE 132 III 115, Erw. 2.2, Bger v. 21.03.2006, 4C.25/2006, Erw. 2, v. 05.11.2002, 4C.274/2002, Erw. 2.1, v. 18.12.2001, 4C.253/2001, Erw. 2b.
[2739] FARNER, S. 711, STREIFF/VON KAENEL, N 5 zu Art. 336 OR.

kriminierung im Bewerbungsverfahren hingewiesen[2740]. Als arbeitsrechtliche Datenschutznorm dient Art. 328b OR und das auf Arbeitsverhältnisse darüber hinaus anwendbare Bundesgesetz über den Datenschutz (DSG) dem *Schutz der Persönlichkeit*[2741] der Arbeitnehmenden *in allen Phasen* des Arbeitsverhältnisses.

1360 Die Arbeitnehmerpersönlichkeit wird insbesondere durch den Grundsatz geschützt, dass die Bearbeitung von Arbeitnehmerdaten verhältnismässig sein muss. Sowohl im Bewerbungsverfahren wie während des Arbeitsverhältnisses sind Arbeitnehmende deshalb davor geschützt, persönlichkeitsnahe Informationen preisgeben zu müssen, soweit die Arbeitgeberin dafür nicht ein überwiegendes Interesse geltend machen kann. Ein blosses allgemeines Arbeitgeberinteresse genügt dabei nicht. Vielmehr ist erforderlich, dass die Informationen *objektiv* zur Eignungsabklärung des Arbeitnehmers erforderlich sind[2742].

1361 In der Lehre wird unter Berücksichtigung der spärlichen Gerichtspraxis Art. 328b OR vor allem im Zusammenhang mit der Frage zulässiger und unzulässiger Arbeitgeberfragen im Bewerbungsverfahren erörtert. Als *zulässige Fragen* werden namentlich erachtet:

- die Gewerkschaftsgehörigkeit nach erfolgter Anstellung zwecks Erhebung von GAV-Beiträgen[2743],
- akute Krankheiten und absehbare zukünftige Gesundheitsschädigungen mit Auswirkungen auf die Arbeitsfähigkeit[2744],
- Suchterkrankungen, welche die Arbeitstauglichkeit tangieren können[2745],
- Raucher/Nichtraucherstatus[2746],
- Vorstrafen und laufende Strafverfahren soweit am Arbeitsplatz relevant[2747],
- HIV-Infektion einer Krankenschwester[2748],

[2740] Siehe weiter vorne in diesem Kapitel, 3.1.3 Das so genannte «Notwehrrecht der Lüge» als Diskriminierungsschutz, S. 493 f.
[2741] Portmann spricht von einer «besonderen Art von Persönlichkeitsschutz», siehe PORTMANN, N 5 zu Art. 328b OR.
[2742] STREIFF/VON KAENEL, N 4 zu Art. 328b OR, PÄRLI (Datenaustausch), S.159, RUDOLPH, S. 19 f., PORTMANN, N 8 zu Art. 328b OR.
[2743] BGE 123 III 129, Erw. 3b/cc. Siehe dazu weiter RUDOLPH, S. 108, VISCHER, S. 70, Portmann, N 11 zu Art. 320 OR.
[2744] STREIFF/VON KAENEL, N 9 zu Art. 328b OR, STAEHELIN, N 35 zu Art. 320 OR.
[2745] AUBERT (Protection), S. 158, RUDOLPH, S. 71 f.
[2746] STREIFF/VON KAENEL, N 9 zu Art. 328b OR.
[2747] AUBERT (Protection), S. 157, RUDOLPH, S. 71 f., REHBINDER, N 36 zu Art. 320.

- Politische Ausrichtung für «Tendenzträger» in Tendenzbetrieben, nicht aber für «gewöhnliches» Personal[2749],
- Bestehende Schwangerschaft soweit der fragliche Arbeitsplatz für die schwangere Frau oder das Kinder eine Gesundheitsgefahr darstellt[2750].

Als unzulässige Fragen werden u.a. genannt:
- sexuelle Ausrichtung[2751],
- allgemeine Angaben zum Gesundheitszustand, soweit die aktuelle und voraussehbare Arbeitstauglichkeit nicht betroffen ist[2752],
- Behinderungen, soweit nicht die Arbeitsfähigkeit betroffen ist,[2753]
- HIV-Status, soweit kein Infektionsrisiko für Drittpersonen besteht,[2754]
- Vorstrafen ohne Arbeitsplatzbezug[2755],
- zukünftige militärische Dienstleistungen[2756],
- Urin- oder Bluttests soweit kein ausreichender Arbeitsplatzbezug gegeben ist[2757].

Richtig weist STAEHELIN darauf hin, Fragen an den Stellenbewerber bzw. die Stellenbewerberin seien dann unzulässig, «wenn sie den nach Art. 28 ZGB geschützten Persönlichkeitsbereich des Bewerbers betreffen[2758]». Dazufügen muss man nach der vorliegend vertretenen Position «und wenn die Fragen nach einem objektiven Massstab betrachtet nicht zur Eignungsabklärung der Stellenbewerberin oder des Stellenbewerbers erforderlich sind». Eine weitere Richtschnur ergibt sich aus dem Schutz vor missbräuchlicher Kündigung. Die Persönlichkeitsmerkmale bzw. ausgeübten verfassungsmässigen Rechte, die nach Art. 336 Abs. 1 Bst. a und b OR vor missbräuchlicher Kündigung schützen, stellen auch im Bewerbungsverfahren unzulässige Selektionskriterien

1362

[2748] STAEHELIN, N 38 zu Art. 320 OR, STREIFF/VON KAENEL, N 5, N 9 und N 10 zu Art. 328b OR, VISCHER, S. 72.
[2749] STREIFF/VON KAENEL, N 5 zu Art. 328b OR, RUDOLPH, S. 43 f.
[2750] STREIFF/VON KAENEL, N 9 zu Art. 328b OR, STAEHELIN (für ein noch weitergehendes Fragerecht), N 36 zu Art. 320 OR, RIESELMANN-SAXER, S. 98 f., RUDOLPH, S. 81.
[2751] HEUSSER, S. 1280, STREIFF/VON KAENEL, N 5 zu Art. 328b OR.
[2752] HEUSSER, S. 1280, STREIFF/VON KAENEL, N 10 zu Art. 328b OR, AUBERT (Protection), S. 156, RUDOLPH, S. 60.
[2753] REHBINDER (Arbeitsrecht), N 29, STREIFF/VON KAENEL, N 10 zu Art. 328b OR.
[2754] STAEHELIN, N 36 zu Art. 320 OR.
[2755] AUBERT (Protection), S. 156, STAEHLIN, N 35 zu Art. 320 OR, RUDOLPH, S. 66 ff., STREIFF/VON KAENEL, N 10 zu Art. 328b OR.
[2756] PORTMANN, N 12 zu Art. 320 OR.
[2757] Entscheid der Eidg. Datenschutzkommission v. 29. August 2003, VPB 68.68.
[2758] STAEHELIN, N 35 zu Art. 320 OR.

dar, entsprechende Informationen dienen deshalb nicht der (zulässigen) Eignungsabklärung.

1363 Nicht immer überzeugen indes die in der Lehre vorgebrachten Fälle und Konstellationen *zulässiger bzw. unzulässiger Datenbearbeitung*. So wird regelmässig erwähnt, die HIV-Infektion müsse gegenüber einem Arbeitgeber erwähnt werden, sofern die fragliche Tätigkeit das Risiko einer HIV-Übertragung beinhalte. Beispielhaft werden Berufe wie Krankenschwester oder Chirurg aufgeführt[2759]. In diesen Fragen liegt die herrschende Lehre falsch. Die Frage nach dem HIV-Testergebnis ist auch in den genannten Berufen bzw. Tätigkeiten unzulässig. Bei Einhaltung der einschlägigen Sicherheits- und Vorsichtsmassnahmen besteht auch in Tätigkeiten mit Blutkontakt kein Übertragungsrisiko. Ein Arbeitgeber darf, ja muss vielmehr im Rahmen der Eignungsabklärung prüfen, ob Stellenbewerbende sorgfältig arbeiten, trifft dies zu, dann besteht auch kein HIV-Übertragungsrisiko[2760].

1364 Die Bedeutung der Einschränkung des Fragerechts erschliesst sich mit einer vertieften Analyse der Gründe, *weshalb* bestimmte Fragen nicht zulässig sind. Eine Frage nach der sexuellen Orientierung eines Bewerbers wird i.d.R. vor dem Hintergrund gestellt, dass Arbeitnehmende mit einer bestimmten sexuellen Orientierung vom Arbeitgeber nicht gewünscht sind (offene Ablehnung). Eine Frage nach dem allgemeinen Gesundheitszustand ist durch die Befürchtungen künftiger Arbeitsunfähigkeit und damit entstehender finanzieller Lasten motiviert. Aus einem jüngeren Entscheid des Bundesgerichtes ist zu schliessen, dass Fragen nach bestehenden und früheren Krankheiten nur dann wahrheitsgemäss zu beantworten sind, wenn diese wie etwa bei chronischen Leiden die aktuelle Arbeitsfähigkeit des Bewerbers beeinträchtigen oder mit einer künftigen Beeinträchtigung zu rechnen ist, die *das übliche Mass an krankheitsbedingten* Absenzen übersteigt[2761]. Im Ergebnis werden somit Krankheitsträger/innen vor einem unzulässigen Ausschluss aus dem Kreis geeigneter Bewerber/innen geschützt.

1365 Die vorangehenden Ausführungen zeigen: Im Ergebnis kommt Art. 328b OR (auch) die Funktion zu, Arbeitnehmende vor Ungleichbehandlung aufgrund persönlichkeitssensibler Merkmale zu schützen: *Datenschutz bewirkt Diskriminierungsschutz*.

[2759] So namentlich STAHELIN, N 36 zu Art. 320 OR.
[2760] Siehe dazu ausführlich PÄRLI/CAPLAZI/SUTER, S. 140 f, PÄRLI/MÜLLER/SPYCHER, S. 147 ff., PÄRLI (Datenaustausch), 118 ff., je mit Hinweisen auf abweichende Literaturmeinungen.
[2761] Bger v. 27.09.2002, 4C.189/2002, Erw. 1.3.

4. Ergebnis: Diskriminierungsmerkmale und arbeitsrechtlicher Persönlichkeitsbegriff

4.1 Völker- und verfassungsrechtliche Wertungen als Ausgangspunkt und Orientierung

Im neunten Kapitel dieser Studie wurde der heutige Kanon an Diskriminierungsmerkmalen in völkerrechtlichen Menschenrechtsverträgen und in Art. 8 Abs. 2 BV zusammenfassend dargestellt und gewürdigt[2762]. Es wurde dargelegt, dass den rechtsanwendenden Behörden die Verpflichtung zukommt, bei der Auslegung des Begriffs «Persönlichkeit» die völker- und verfassungsrechtlichen Diskriminierungsverbote zu berücksichtigen. Die *völker- und verfassungsrechtlichen Diskriminierungsmerkmale* stellen deshalb *verbindliche Kriterien* für die *Wertungsentscheide* dar, aufgrund welcher persönlicher Eigenschaften Arbeitnehmenden Schutz vor missbräuchlicher Kündigung zu gewähren und wann eine Ungleichbehandlung im Sinne von Art. 328 OR oder Art. 28 ZGB diskriminierend ist.

1366

Es wurde gezeigt[2763]: Geschlecht und Rasse sowie die mit dem Begriff zusammenhängenden Merkmale Hautfarbe, nationale und soziale Herkunft, nationale Minderheit, Volkstum, nationaler Ursprung und Abstammung bilden die «Sperrspitze» des völkerrechtlichen Diskriminierungsschutzes. Erhebliche Bedeutung kommt auch dem Merkmal «Sprache» zu. Breit abgestützt sind weiter die Merkmale «Religion und Weltanschauung» sowie «politische Einstellung». Erst in jüngerer Zeit und (noch) nicht durch einen weltweiten Konsens gestützt sind die Diskriminierungsmerkmale «Alter», «Behinderung» und «sexuelle Orientierung». Vergleichsweise wenig erwähnt werden in den völker- und verfassungsrechtlichen Dokumenten der «Gesundheitszustand» oder eine «Krankheit». Das gilt es zu relativieren. Die HIV-Infektion weist ein besonders hohes Diskriminierungspotenzial auf. Im Zusammenhang mit Abkommen Nr. 111 der Internationalen Arbeitsorganisation wird die HIV-Infektion deshalb regelmässig als Diskriminierungsmerkmal aufgeführt[2764].

1367

Die Aufnahme in den Kriterienkatalog verpönter Diskriminierungen erfolgt nicht immer oder nicht nur entlang einer rationalen Logik. Wie im europarechtlichen Teil der Studie gezeigt wurde, bildet die Aufnahme oder Nichtaufnahme in eine Liste verbotener Diskriminierungsgründe auch Ergebnis der

1368

[2762] Siehe dazu in Kapitel 9 II. Diskriminierungsmerkmale, S. 285 ff.
[2763] Siehe in Kapitel 9 II.Diskriminierungsmerkmale, 2. Diskussion, S. 289 f.
[2764] Siehe dazu PÄRLI/CAPLAZI/SUTER, S. 94 f.

14. Kapitel: Treu und Glauben und Persönlichkeitsrecht

politischen Einflussnahme relevanter politischer Akteure[2765]. Dieser Einfluss mag reale Ungleichbehandlung und somit den effektiven Bedarf an Diskriminierungsschutz widerspiegeln. Dabei darf nicht vergessen werden: Ungleichbehandlungen, die nicht von einer entsprechenden Lobbygruppe thematisiert werden, bleiben Unrecht und erfordern die Sensibilität der Gerichte durch Ergänzung offener Diskriminierungsmerkmalslisten oder durch eine weitere Auslegung einzelner Diskriminierungsmerkmale[2766].

1369 In der schweizerischen und ausländischen «Gleichheitsliteratur» wurden und werden verschiedentlich Versuche unternommen, die einzelnen Diskriminierungsmerkmale nach Kriterien wie «veränderbar» bzw. «nicht veränderbar» oder «nur schwer aufgebbar» zu unterscheiden. Weitere Einteilungen gehen dahin, «sichtbare» von «unsichtbaren Merkmalen» zu unterscheiden und daraus unterschiedliches Diskriminierungsschutzniveau abzuleiten[2767]. All diesen Versuchen, durch Kategorien sinnvolle Abgrenzungen an Schutzbedarf zu formulieren, haftet der Nachteil an, dass nicht objektiv feststeht, welche Merkmale veränderbar oder zumutbarerweise veränderbar sind[2768]. Unbefriedigend ist auch, wenn nicht sichtbare Merkmale ein weniger an Diskriminierungsschutz zur Folge haben sollen[2769]. Bestimmte Krankheiten oder Krankheitsdispositionen wie bsw. die HIV-Infektion oder psychiatrische Diagnosen sind in der Regel nicht sichtbar während eine religiöse Einstellung durch das Tragen religiöser Symbole sichtbar wird. Diese Unterscheidung kann nicht sinnvollerweise ein Kriterium für mehr oder weniger Diskriminierungsschutz sein.

1370 Nach einer neueren Lehrmeinung wird die Persönlichkeit nach Art. 336 Abs. 1 Bst. a und Bst. b OR in eine interne Dimension (Geschlecht, Hautfarbe, Ethnizität, physische Befähigung, sexuelle Orientierung, Alter) sowie eine externe Dimension (Regionale Herkunft, Einkommen, Hobbys, Religion, Ausbildung, Aussehen und Familienstand) unterteilt und durch eine organisationsspezifische Schicht (Hierarchische Position, Arbeitsinhalt, Abteilung,

---

[2765] Siehe dazu in Kapitel 13, 6.3 (Kein) Freipass für Diskriminierung aus anderen Gründen, S. 455.
[2766] Z.B. ist «Krankheit» nicht in der Liste verbotener Diskriminierungsgründe nach Art. 13 EGV und RL 2000/78/EG erwähnt. Durch eine weite Auslegung des Begriffs «Behinderung» (der in der Liste enthalten ist) lassen sich zumindest chronische Erkrankungen unter dem Behinderungsbegriff subsumieren, siehe dazu PÄRLI (Behinderungsbegriff), S. 383 ff. Zur Problematik eines selektiven Diskriminierungsschutzes siehe auch DAMM, S. 510 f.
[2767] Siehe z.B. in der Schweiz KÄLIN (Kulturkonflikt), S. 107 und in Deutschland SCHIEK (Gerechtigkeit), S. 26 ff.
[2768] DAMM, S. 514 ff.
[2769] YOSHINO, S. 485 ff., DAMM, S. 516 f.

Seniorität, Arbeitsort und Gewerkschaftszugehörigkeit) ergänzt[2770]. Für die nähere Bestimmung relevanter Diskriminierungsmerkmale bringt diese Unterteilung keinen Erkenntnisgewinn.

Richtig weisen SOMEK und DAMM in je ihren umfassenden Untersuchungen zur Rationalität der Diskriminierung bzw. zur Komplexität des Gleichheitsschutzes darauf hin, dass Diskriminierungsschutz im Wesentlich (auch) bedeutet, eine *Grenze zumutbarer Anpassung* zu ziehen[2771]. Wer vor Benachteiligung durch Ungleichbehandlung bedroht ist, kann sich durch Anpassung der Benachteiligung entziehen, bsw. die Homosexualität verbergen, das religiöse Bekenntnis am Arbeitsplatz unterdrücken, eine Krankheit nicht erwähnen oder gar nicht erst diagnostizieren zu lassen oder die Herkunft verschweigen, um dadurch den zu erwartenden Nachteilen zu entgehen. Wer in einem Arbeitsverhältnis steht und grundsätzlich jeder Arbeit abgeneigt ist ohne dass dafür sozial anerkannte Gründe wie krankheits- oder unfallbedingte Arbeitsunfähigkeit vorliegen, kann sich den drohenden Nachteilen durch persönliche Überwindung der Arbeitsscheu entziehen. Es ist ein Werturteil darüber zu fällen, in welchen Konstellationen eine Anpassung und damit ein Zurückstellen persönlicher Vorlieben oder Eigenschaften zugemutet werden kann. Soweit Anpassungen als für die Betroffenen unzumutbar bezeichnet werden müssen, rechtfertigt sich ein gleich intensiver Diskriminierungsschutz wie aufgrund von Persönlichkeitsmerkmalen, die einer Veränderung gar nicht zugänglich sind bzw. die sich nicht oder nur schlecht verstecken lassen wie die Hautfarbe und, von Geschlechtumwandlungen abgesehen, das Geschlecht.

1371 Nicht beantwortet ist damit die Frage, nach *welchen Kriterien die Grenzen zumutbarer Anpassung gezogen* werden sollen. Wiederum ist auf die Wertungsentscheide in den völkerrechtlichen Diskriminierungsverboten hinzuweisen. Zudem ist je nach konkreten Umständen das erzwungene Verbergen von Unterschieden um bsw. eine Arbeitsstelle zu erhalten oder zu behalten, bereits mit Blick auf die *Menschenwürde* problematisch. Darüber hinaus gilt es auch *soziale Folgekosten der erzwungenen Anpassung* nicht aus dem Blickfeld zu verlieren. Wenn bsw. die Angst vor Ausgrenzung aus dem Arbeitsprozess dazu führt, dass sich Arbeitnehmende gar nicht erst medizinisch untersuchen oder behandeln lassen oder trotz gesundheitlicher Beeinträchtigung aus Furcht vor Nachteilen aufgrund von Krankheitsabsenzen weiterarbeiten, besteht die Gefahr, dass Krankheiten nicht entdeckt, nicht behandelt oder verschleppt werden. Kurzfristig schützt dies die betroffenen Personen vor Nachteilen, mittelfristig entstehen hohe soziale Folgekosten[2772].

[2770] REITER (Führungsmangel), S. 545.
[2771] SOMEK (Rationalität), S. 398 f, DAMM, S. 517 ff.
[2772] Diese Aspekte werden bei den Diskussionen um die Absenzen und Arbeitsunfähigkeit vernachlässigt, entsprechend wird der Schwerpunkt bei Gesetzrevisionen in der

14. Kapitel: Treu und Glauben und Persönlichkeitsrecht

Zusammenfassend lässt sich festhalten: Die völker- und verfassungsrechtlichen anerkannten Diskriminierungsschutzmerkmale bilden einen aktuellen globalen bzw. nationalen Wertekonsens ab und stellen dadurch verlässliche Kriterien zur Bestimmung der vor Diskriminierung zu schützenden Arbeitnehmerpersönlichkeit dar. Diese Wertungen betreffen sowohl den Schutz vor Anstellungsdiskriminierung durch Art. 28 ZGB und Art. 328b OR wie auch den Schutz vor diskriminierender Persönlichkeitsverletzung nach Art. 328 OR und den Schutz vor diskriminierender Kündigung nach Art. 336 OR. Die Kategorisierung nach den Merkmalen «veränderbar»/«nicht veränderbar», «sichtbar»/«nicht sichtbar» wird mangels Mehrwertes für die Diskriminierungsschutzdogmatik abgelehnt. Vorgeschlagen wird, die Persönlichkeitsmerkmale dahingehend zu bewerten, wieweit das Verbergen oder Überwinden von Persönlichkeitsmerkmalen zum Zwecke der Vermeidung von Nachteilen als zumutbare Anpassungsleistung gefordert werden kann oder nicht. Dass auch hierzu wieder Wertungen notwendig sind, für die nicht auf vorgegebene Kriterien zurückgegriffen werden kann, gilt es zu anerkennen.

4.2 Arbeitsrechtliche Präzisierungen und Verweis auf die Rechtfertigungsgründe

1372 Aus den bisherigen Ausführungen zu den verfassungs- und völkerrechtlichen Diskriminierungsmerkmalen ergibt sich: Die Rechtsbehelfe des Persönlichkeitsschutzes im ZGB und OR schützen vor Diskriminierung unter Anknüpfung an Geschlecht, Rasse und damit zusammenhängende Merkmale, Religion, Weltanschauung und politische Einstellung, soziale Stellung, Alter, Behinderung, sexuelle Orientierung, Krankheit, Krankheitsdispositionen sowie genetischen Status.

1373 Nach der arbeitsrechtlicher Doktrin und Judikatur sind auch *Vorstrafen, charakterliche Eigenschaften* und *Rauchen* «diskriminierungssensibel». Im Rahmen von Stellenbewerbungsverfahren sind Fragen nach *Vorstrafen* nicht zulässig, sofern die Art des Delikts nicht die Eignung des fraglichen Arbeitnehmers oder der fraglichen Arbeitnehmerin betrifft. Die Entlassung eines Arbeitnehmers, weil er ein Delikt begangen hat, das nicht im Zusammenhang mit dem Arbeitsverhältnis steht, ist unzulässig[2773]. Straftaten, auch solche die

---

Invalidenversicherung gerade anders gelegt: Den Versicherten werden immer mehr Anpassungsleistungen zugemutet, namentlich werden die Grenzen zumutbarer Arbeitstätigkeit weiter gesteckt. Siehe zu diesem Problem die Studie von Pärli und Imhof zur fünften IV-Revision, PÄRLI (Wirksamkeit), Rz 7 ff. und IMHOF (Internationalrechtliche Kritik), Rz 25 ff.

[2773] Bger 4C.431/2005 v. 31. 1. 06.

gesellschaftlich schwer geächtet werden, gehören demnach zum geschützten Bereich der Persönlichkeit des Arbeitnehmers. Die Problematik der Anknüpfung an *charakterliche Eigenschaften* wurde bereits angesprochen. Ergänzend ist anzumerken, dass es hier um die Frage geht, welche charakterlichen Anpassungen die Rechtsordnung von Arbeitnehmenden zumutbarerweise erwarten darf. Meines Erachtens ist die Frage primär über die Rechtfertigungsgründe zu beantworten. Grundsätzlich begründet die an eine Charaktereigenschaft anknüpfende Ungleichbehandlung eine Persönlichkeitsverletzung. Die Widerrechtlichkeit dieser Persönlichkeitsverletzung ist indes nur dann gegeben, wenn die Arbeitgeberin keine Rechtfertigungsgründe geltend machen kann. Das gleiche Vorgehen führt auch bei rauchenden Arbeitnehmenden zu einem vernünftigen Ergebnis. Das *Verbot des Rauchens* am Arbeitsplatz berührt einen Raucher oder eine Raucherin in ihren persönlichen Verhältnissen. Es lässt sich jedoch mit Sicherheitsargumenten und in jedem Fall mit dem Schutz der nichtrauchenden Arbeitnehmenden rechtfertigen. Zu prüfen ist auch, wie weit die Raucher/innen Anspruch darauf haben, dass Einschränkungen des Rauchens dem Verhältnismässigkeitsgebot entsprechen.

5. *Persönlichkeitsverletzung durch Diskriminierung*

5.1 Fragestellungen und Vorgehen

Im Folgenden interessiert, welche *Handlungen und allenfalls Unterlassungen* der Arbeitgebenden als diskriminierende Persönlichkeitsverletzung im Sinne von Art. 28 ZGB, Art. 328 OR bzw. als missbräuchliche Kündigungen nach Art. 336 Abs. 1 Bst. a und b OR zu qualifizieren sind. Die Bearbeitung folgt den einzelnen Phasen im «Lebenszyklus» des Arbeitsverhältnisses (Bewerbung, Einstellungsentscheid, Vertragsdauer, Entlassung).

1374

Die Darstellung der diskriminierenden Persönlichkeitsverletzung erfolgt in diesem, die Bearbeitung der Rechtfertigungsgründe im nächsten Unterkapitel[2774]. Dieses zweistufige Vorgehen ist bei Art. 336 Abs. 1 Bst. a und Bst. b OR und bei Art. 28 ZGB bereits im Gesetzestext vorgegeben[2775] und für Art. 328 OR liegt das Vorgehen ebenfalls auf der Hand. Nach der in der Schweiz wohl vorherrschenden Erfolgsunrechtstheorie ist jede Persönlichkeitsverletzung grundsätzlich rechtswidrig, wobei die Rechtswidrigkeit entfällt, wenn kein Rechtfertigungsgrund vorliegt[2776]. In einem ersten Schritt wird *einseitig*

1375

[2774] Siehe dazu weiter hinten in diesem Kapitel 6.Rechtfertigungsgründe, S. 552 ff.
[2775] So auch ARNET (Freiheit), N 364.
[2776] Zur Erfolgsunrechtstheorie siehe namentlich Aebi-MÜLLER (Informationen), 104 ff., GEISER (Persönlichkeitsverletzung), N 8.7, SCHÖNENBERGER, S. 3 ff.

aus der Perspektive des Verletzten geprüft, ob dessen Persönlichkeit durch die andere Partei in rechtlich relevanter Weise berührt worden ist. *Erst danach* folgt die Prüfung von Rechtfertigungsgründen. Dieser als Erfolgsunrechtstheorie bezeichneten Theorie wird eine Theorie entgegengestellt, die nicht das verletzte Rechtsgut (die Persönlichkeit) in den Vordergrund stellt, sondern die Rechtswidrigkeit der Verletzungshandlung (Theorie des Verhaltensunrechts)[2777]. Die zweistufige Prüfung entfällt dadurch, eine Persönlichkeitsverletzung liegt nur bei einer *rechtswidrigen Verletzungshandlung* vor. Für die Befürworter dieser Theorie können so unnötige lebensfremde gedankliche Konstrukte (feststellen einer Persönlichkeitsverletzung, Heilung der Verletzung durch Rechtfertigungsgründe) vermieden werden[2778]. Die Argumente der Vertreterinnen und Vertreter der Verhaltensunrechtstheorie sind nicht von der Hand zu weisen. Dennoch werden in der vorliegenden Arbeit die Verletzungshandlungen im Interesse grösserer systematischer Klarheit entsprechend der Konzeption des Erfolgsunrechts geprüft.

5.2 Diskriminierende Persönlichkeitsverletzungen im Bewerbungsverfahren

5.2.1 Kein Diskriminieren nach Belieben, keine Vorwirkung von Art. 328 OR

1376 Nach der wohl herrschenden Lehre kann der Arbeitgeber gestützt auf den Grundsatz der Vertragsfreiheit bei der Einstellung *nach Belieben diskriminieren*, die Anwendbarkeit von Art. 328 OR setze ein Vertragsverhältnis voraus[2779]. Diese Lehre überzeugt nicht. Es wird ausgeblendet, dass dem Belieben der Arbeitgeberin, Stellenbewerbende zu diskriminieren, bereits durch Art. 2 und 28 ZGB Grenzen gesetzt sind.

1377 Richtig ist demgegenüber zu fragen, ob *Art. 328 OR eine Vorwirkung* auf das Bewerbungsverhältnis zukommt. Ein Lausanner Gericht hat in einem Diskriminierungsfall gestützt auf einen Teil der Lehre[2780] zu Art. 328 OR festgehalten, die Arbeitgeberin habe bereits während des Bewerbungsverfahrens die Persönlichkeit des Arbeitnehmers zu respektieren, es wäre unbillig, wenn die Verletzung dieser Verpflichtung nur deshalb nicht vor Arbeitsgericht einge-

---

[2777] Dazu ausführlich ROBERTO (Haftpflichterecht), LOSER, N 1089.
[2778] ROBERTO (Persönlichkeitsschutz), S. 185.
[2779] REHBINDER, N 9 zu Art. 328 OR, GEISER (Diskriminierung), S. 14, ders. (Gleichbehandlung), S. 46, STAEHELIN (Gleichbehandlung), S. 68.
[2780] BRUNNER/BÜHLER/WAEBER/BRUCHEZ, N 1 zu Art. 328 und N 1 zu Art. 320 OR.

klagt werden könnte, weil es an einem Arbeitsvertrag fehle[2781]. Im Ergebnis ist diesem Urteil zuzustimmen. Eine *Vorwirkung von Art. 328 OR* auf das Bewerbungsverfahren ist indes *entbehrlich*. Aus Art. 2 und 28 ZGB und aufgrund des bereits im Bewerbungsverfahrens anwendbaren Art. 328b OR lässt sich ein Verbot, Stellenbewerbende unter Anknüpfung an persönlichkeitsrelevante Merkmale zu diskriminieren, ableiten[2782].

5.2.2 Vertragsverweigerung als diskriminierende Persönlichkeitsverletzung

Eine Nichtberücksichtigung eines Stellenbewerbers oder einer Stellenbewerberin stellt dann eine diskriminierende Persönlichkeitsverletzung nach Art. 28 ZGB dar, wenn das *für die Abschlussverweigerung massgebliche Motiv* ein von den Persönlichkeitsinteressen geschütztes Merkmal betrifft[2783]. Bezüglich der Liste der vor Diskriminierung geschützten Merkmale ist auf die Ausführungen weiter oben zu verweisen[2784]. Zu ergänzen ist, dass bezüglich der Merkmale «Geschlecht», «Erbgut» und «EU-Wanderarbeitnehmer/in» gesetzliche bzw. staatsvertragliche Diskriminierungsverbote den Schutz vor Anstellungsdiskriminierung nach Art. 28 ZGB konkretisieren[2785].

1378

Wie im ersten Teil dieser Studie gezeigt wurde, ist das Vorliegen bestimmter «Rassen/Ethnischer Herkunft», «Behinderungen und Krankheiten» sowie ein vorgerücktes «Alter» besonders geeignet, Personen den Zugang zum Arbeitsmarkt zu erschweren[2786]. Nach der hier vertretenen Position sind die Diskriminierungsmerkmale weit auszulegen bzw. bei Bedarf zu ergänzen. Wird bsw. eine Bewerberin oder ein Bewerber einzig aufgrund der Körperfülle oder anderen Aspekten des Aussehens im Bewerbungsverfahren benachteiligt, erfüllt dies den Tatbestand der Persönlichkeitsverletzung. Der offene

1379

[2781] Tribunal d'arrondissement de Lausanne, Entscheidung vom 1. Juni 2005, T304.021563, siehe dazu PÄRLI (Anstellungsdiskriminierung), S. 23 ff.
[2782] Siehe dazu PÄRLI (Persönlichkeitsschutz), S. 229, VISCHER, S. 74. Siehe dazu auch TRACHSLER (Gleichbehandlungsgebot), S. 211 f.
[2783] So ARNET (Freiheit), N 77, GÖKSU (Rassendiskriminierung), N 666.
[2784] Siehe weiter vorne in diesem Kapitel 4. Ergebnis: Diskriminierungsmerkmale und arbeitsrechtlicher Persönlichkeitsbegriff, S. 535 f.
[2785] Siehe dazu im 15. Kapitel, 3.Gleichbehandlungsvorschriften als zwingende Inhaltsnormen, S. 591 f. Zum Diskriminierungsverbot gegenüber europäischen Wanderarbeitnehmenden im Rahmen des Freizügigkeitsabkommens Schweiz EU und Mitgliedstaaten siehe ausführlich. 11. Kapitel: Arbeitsrechtliches Diskriminierungsverbot aufgrund der Staatsangehörigkeit, S. 334 ff.
[2786] Siehe dazu die Ausführungen in Teil I, 3. Kapitel II. Formen und Häufigkeit von Diskriminierungen, S. 34 ff.

Persönlichkeitsbegriff erlaubt, auf neue Ausgrenzungsgefährdungen bestimmter Personen oder ganzer Personengruppen zu reagieren. So stellt bsw. die grundsätzliche Nichtberücksichtigung von rauchenden Stellenbewerbenden eine Persönlichkeitsverletzung dar.

1380 Der Schutz vor diskriminierender Persönlichkeitsverletzung bezieht sich auf *sämtliche Aspekte des Bewerbungsverfahrens* und nicht nur auf den finalen Selektionsentscheid. Nach der hier vertretenen Position liegt auch dann eine diskriminierende Persönlichkeitsverletzung vor, wenn bei einer Stellenausschreibung Personen mit diskriminierungssensiblen Merkmalen gar nicht ins Bewerbungsverfahren eingeschlossen werden. Das Arbeitsgericht Zürich qualifizierte den Ausschluss bestimmter Personen aus einem Bewerbungsverfahren als teilnichtige Offerte. Die durch den Arbeitgeber vom Verfahren ausgeschlossenen Bewerber/innen wurden durch den richterlichen Entscheid hypothetisch wieder ins Verfahren integriert[2787]. Noch weitergehend ist der Schutz vor Anstellungsdiskriminierung im Europäischen Gemeinschaftsrecht. Gemäss der Beschäftigungsrichtlinie 2000/78/EG stellt bereits die öffentliche Äusserung eines Arbeitgebers, Personen aus einem bestimmten Kulturkreis nicht anstellen zu wollen, eine verbotene Diskriminierung dar. Die entsprechende Äusserung bewirke, dass sich die entsprechenden Personen gar nicht bewerben würden[2788].

1381 Im Lichte der bisherigen Ausführungen wird offensichtlich, dass die in der Schweiz noch immer gängige und kaum rechtlich kritisierte Praxis, bei Stellenausschreibungen und Stellenbesetzungen nur Personen innerhalb eines bestimmten Alterssegments zu berücksichtigen, Persönlichkeitsverletzungen darstellen[2789]. Die abgelehnten bzw. benachteiligten Bewerberinnen und Bewerber werden im Ergebnis auf ihr «Alter» reduziert und nicht aufgrund ihrer fachlichen und persönlichen Fähigkeiten beurteilt. Darin besteht die diskriminierende Persönlichkeitsverletzung, deren Widerrechtlichkeit nur durch die wirksame Geltendmachung von Rechtfertigungsgründen[2790] aufgehoben werden kann.

1382 Keine (direkt) diskriminierende Persönlichkeitsverletzung aufgrund des Alters liegt demgegenüber dann vor, wenn für die Stellenbesetzung ein bestimmtes Qualifikationsniveau verlangt wird. Auch das Verlangen von berufs- und fachspezifischen Erfahrungen stellt keine Persönlichkeitsverletzung dar, selbst wenn damit indirekt ebenfalls an das Alter der Bewerber/innen

---

[2787] Arbeitsgericht Zürich, Urteil des Arbeitsgerichts Zürich vom 13. Januar 2006, AN 050401/U1. Siehe zu diesem Urteil PÄRLI (Anstellungsdiskriminierungen), S. 23 ff.
[2788] Schlussanträge GA Maduro v. 12. März 2008 in der Rs C-54/07, Feryn, N 15.
[2789] Siehe zur Vertragsverweigerung unter Berufung auf das «Alter» allgemein, nicht spezifisch den Arbeitsvertrag betreffend: GAUCH/SCHLUP/SCHMID/REY, N 1111.
[2790] Siehe dazu weiter hinten in diesem Kapitel, 6. Rechtfertigungsgründe, S. 552 ff.

angeknüpft wird. Allerdings kann hier eine indirekte Diskriminierung aufgrund des Alters vorliegen, da ein solch vordergründiges neutrales Kriterium im Ergebnis jüngere Arbeitnehmende benachteiligt. Zwar ist die Berufserfahrung in der Regel ein geeignetes Rechtfertigungskriterium. Zumindest im Anwendungsbereich des gemeinschaftsrechtlichen Gleichbehandlungsrechts wird dieses Credo in Frage gestellt. Der EuGH hat in der Aufsehen erregenden Entscheidung *Cadman* hervorgehoben, wer länger im Betrieb sei, arbeite nicht notwendigerweise besser[2791].

5.2.3 Indirekte Anstellungsdiskriminierung als Persönlichkeitsverletzung

Im Bereich geschlechtsbedingter Diskriminierungen verbietet Art. 3 GlG nicht nur die direkte sondern auch die indirekte Diskriminierung. Auch im Völker- und Verfassungsrecht sind sowohl die direkte wie die indirekte Diskriminierung anerkannt. 1383

Im *schweizerischen Recht* fehlt eine *Legaldefinition* dieser Rechtsfigur. Nach Praxis und Lehre liegt eine indirekte Diskriminierung dann vor, wenn eine Regelung, die keine offensichtliche Benachteiligung von spezifisch gegen Diskriminierung geschützter Gruppen enthält, in ihren tatsächlichen Auswirkungen Angehörige solcher Gruppen besonders stark benachteiligt, ohne dass dies sachlich begründet und verhältnismässig wäre[2792]. Im Anwendungsbereich der *europarechtlichen Gleichbehandlungsrichtlinien* ist die indirekte Diskriminierung (verwendet wird der Terminus «mittelbare Diskriminierung) legal definiert: Ein mittelbare Diskriminierung liegt vor, «wenn dem Anschein nach neutrale Vorschriften, Kriterien oder Verfahren Personen mit (... es folgt die Aufzählung der Diskriminierungsmerkmale) gegenüber anderen Personen in besonderer Weise benachteiligen». In der gemeinschaftsrechtlichen Definition (Vorschriften, Kriterien, Verfahren) kommt zum Ausdruck, dass nicht nur staatliche sondern auch vertragliche Vereinbarungen und Anordnungen des einzelnen Arbeitgebers vom Verbot der mittelbaren Diskriminierung erfasst sind[2793]. 1384

Im schweizerischen arbeitsrechtlichen Gleichstellungsrecht spielte die indirekte Diskriminierung bisher fast ausschliesslich im Bereich Lohndiskriminierung eine Rolle[2794]. Gerichtsfälle indirekter Anstellungsdiskriminierungen sind äusserst selten, was u.a. auf die fehlende Beweislasterleichterung bei 1385

[2791] EuGH v. 3.10.2006, Rs C-17/05, Cadman, Rn 38. Siehe dazu im 13. Kapitel, S. 402.
[2792] Siehe dazu im 8. Kapitel, 4.2 Die (sich entwickelnde) Diskriminierungsschutzdoktrin, S. 263 ff.
[2793] Siehe dazu im Detail im 13. Kapitel, S. 458 f.
[2794] Siehe hierzu v.a. BGE 127 III 207, Erw. 3c.

Anstellungsdiskriminierungen zurückzuführen ist[2795]. Wie die Erfahrungen mit dem Konzept der indirekten Diskriminierung namentlich im Gemeinschaftsrecht zeigen, ist das Feld möglicher indirekter Anstellungsdiskriminierungen weit[2796]. Die Rechtsfigur der indirekten Diskriminierung erlaubt, solche *strukturell bedingte Ungleichheiten* in der sozialen Wirklichkeit zu erfassen, die bei einem rein formalen, auf das Verbot der direkten Diskriminierung beschränkten Diskriminierungsrecht, nicht berücksichtigt werden[2797].

1386 Bis jetzt wurde soweit ersichtlich noch nie der Versuch unternommen, die Rechtsfigur der *indirekten Diskriminierung* konzeptionell in den *arbeitsrechtlichen Persönlichkeitsschutz zu integrieren*. Wenn indes eine diskriminierende Verweigerung der Anstellung oder eine an Diskriminierungsmerkmale anknüpfende anderweitige Benachteiligung eine Persönlichkeitsverletzung im Sinne von Art. 28 ZGB darstellen, so ist nicht einzusehen, weshalb dieses Diskriminierungsverbot nur die direkte und nicht auch die indirekte Diskriminierung umfassen sollte. Andernfalls wäre ein aus Art. 28 ZGB abgeleitetes Verbot der Anstellungsdiskriminierung aus diskriminierungssensiblen Merkmalen leicht zu umgehen. Ein direkt an das Alter anknüpfendes Selektionskriterium «nicht älter als 40» könnte mit dem Hinweis «Berufs- und Studienabschluss liegt nicht mehr als zehn Jahre zurück» umgangen werden. Damit würde aber gerade eine indirekte Diskriminierung aufgrund des Alters vorliegen. Ein Anstellungskriterium «Schweizerdeutschkenntnisse» stellt vordergründig keine Diskriminierung aufgrund der ethnischen Herkunft oder der Nationalität dar. Im Ergebnis werden jedoch mehrheitlich nicht ortsässige Arbeitnehmende bei der Bewerbung benachteiligt. Somit liegt möglicherweise eine indirekte Diskriminierung aufgrund der Nationalität oder der ethnischen Herkunft vor[2798]. Zum gleichen Ergebnis gelangt man auch, wenn man ein solches Selektionskriterium als eine direkte Diskriminierung aufgrund der Sprache qualifiziert.

5.2.4 Zusammenfassende Würdigung

1387 Die vorangehenden Ausführungen stellen Zeugnis des grossen Gestaltungspotenzials dar, das Art. 28 ZGB innewohnt. Die Gerichte können – im Lichte staatsvertraglicher Verpflichtungen zur Verstärkung des Diskriminierungs-

---

[2795] STEINER, S.111, FREIVOGEL, S. 1344.
[2796] Siehe dazu im 10. Kapitel, S. 320 f., 11. Kapitel, S. 350 f., 12. Kapitel, S. 395 f. und im 13. Kapitel, S. 458 f.
[2797] SCHIEK (indirect discrimination), S. 328.
[2798] Betroffen ist auch das Verbot der direkten und indirekten Diskriminierung europäischer Wanderarbeitnehmer/innen im Rahmen des FZA, siehe dazu im 11. Kapitel, 2. Diskriminierungsschutz nach dem FZA, S. 377 f.

schutzes *müssen* sie dies auch – die wirtschaftlich und sozialpolitisch schädlichen unerwünschten Hindernisse für bestimmte Gruppen von Arbeitnehmenden beim Zugang zum Arbeitsmarkt durch eine schöpferische Nutzung von Art. 28 ZGB beheben.

In zweifacher Hinsicht gilt es *Grenzen* zu beachten. Zum einen sind die Arbeitgeberinteressen im Rahmen der *Rechtfertigungsgründe* angemessen zu würdigen. Dazu kann auf die bisherige Konzeption der Rechtfertigung zurückgegriffen werden. Zum anderen stellt sich das evident praktische Problem der *Beweislastverteilung*. Beide Aspekte werden weiter hinten behandelt[2799].

1388

5.3 Diskriminierende Persönlichkeitsverletzungen im laufenden Arbeitsverhältnis

5.3.1 Verhältnis der willkürlichen Ungleichbehandlung zur Diskriminierung

Im «leading case» zum arbeitsrechtlichen Gleichbehandlungsgrundsatz, BGE 129 III 276, hält das Bundesgericht fest, die ungerechtfertigte *Ungleichbehandlung* eines Arbeitnehmers stelle unter Umständen *eine Diskriminierung und damit eine Persönlichkeitsverletzung* dar. Eine Diskriminierung stellt demzufolge eine Persönlichkeitsverletzung dar. Nicht beantwortet ist damit die Frage, *wann* eine Ungleichbehandlung *diskriminierend* ist. Gemäss der fraglichen Leitentscheidung ist dies dann der Fall, wenn eine Arbeitnehmerin oder ein Arbeitnehmer gegenüber einer Vielzahl von anderen Arbeitnehmenden sachlich ungerechtfertigt deutlich ungünstiger gestellt wird *und dadurch* eine die Persönlichkeit verletzende Geringschätzung zum Ausdruck kommt[2800].

1389

Nach dieser Definition besteht die *Diskriminierung* in der *willkürlichen* Schlechterstellung einzelner Arbeitnehmenden. Im Ergebnis postuliert das Bundesgericht[2801] im Einklang mit der herrschenden Lehre[2802] damit einen *arbeitsrechtlichen Willkürschutz* im – wie später zu zeigen sein wird – sehr

1390

[2799] Siehe weiter hinten in diesem Kapitel, 6. Rechtfertigungsgründe, S. 552 ff. und 7.2 Der (schwierige) Beweis der Diskriminierung, S. 561 ff.
[2800] BGE 129 III 276, Erw. 3.1. Das Bundesgericht beruft sich hier vor allem auf GEISER (Gleichbehandlung), S. 48. Siehe auch den Entscheid des Kantonsgerichts St. Gallen v. 08.04.2008, Erw. 4c (Quelle: http://www.gerichte.sg.ch/home/dienstleistungen/rechtsprechung/kantonsgericht/ents cheide_2008/bz_2007_77.html, Zugriff: 30.06.2008).
[2801] BGE 129 III 276, Erw. 3.1.
[2802] STAEHELIN, N 10 zu Art. 328 OR, REHBINDER, N 8 zu Art. 328 OR, WYLER, S. 744.

beschränkten sachlichen Anwendungsbereich des arbeitsrechtlichen Gleichbehandlungsgrundsatzes. Während des Arbeitsverhältnisses schützt demnach der arbeitsrechtliche Persönlichkeitsschutz vor willkürlicher Ungleichbehandlung. Dieser Willkürschutz ist nach der hier vertretenen Position trennscharf von einer Diskriminierung abzugrenzen. Besteht eine willkürliche Schlechterstellung *ohne Anknüpfung* an persönlichkeitsrelevante bzw. diskriminierungssensible Merkmale, liegt zwar eine Persönlichkeitsverletzung durch *willkürliche* Ungleichbehandlung, jedoch nicht notwendigerweise eine *diskriminierende* Persönlichkeitsverletzung vor. Eine diskriminierende Persönlichkeitsverletzung ist nur dann – dann aber immer – gegeben, wenn die Ungleichbehandlung an diskriminierungssensible Persönlichkeitsmerkmale anknüpft.

5.3.2 Ungleichbehandlung aus bestimmten Gründen als Diskriminierung

1391 Die gerade skizzierte *Unterscheidung* zwischen willkürlicher und diskriminierender Ungleichbehandlung ist vor dem Hintergrund der bisherigen Erkenntnisse für das weitere Vorgehen zentral. Die Rechtstatsachen und die völker- und verfassungsrechtlichen Diskriminierungsschutzpflichten erfordern sowohl de lege lata wie auch de lege ferenda eine stärkere arbeitsrechtliche Diskriminierungsschutzorientierung[2803]. Solange der Gesetzgeber kein umfassendes arbeitsrechtliches Diskriminierungsschutzgesetz erlässt bzw. erlassen will, kommt den Gerichten die Aufgabe zu, den Diskriminierungsschutz im Rahmen der bestehenden Persönlichkeitsschutzkonzeptionen zu verwirklichen. Dies geschieht durch eine entsprechende Auslegung und Anwendung von Art. 328 OR und den Normen zum Schutz vor missbräuchlicher Kündigung. Indes gilt es, den *Diskriminierungsschutz von einem generellen Gleichbehandlungsanspruch* abzugrenzen. In privatrechtlichen Arbeitsverhältnissen sind Ungleichbehandlungen dann zu unterbinden, wenn die Ungleichbehandlung an Diskriminierungsmerkmale anknüpft. Ob darüber hinaus ein allgemeiner arbeitsrechtlicher Gleichbehandlungsgrundsatz besteht, kann an dieser Stelle offen bleiben. Diese Frage wird im nächsten Unterkapitel (III.) bearbeitet. Eine dringende sozialpolitische Notwendigkeit oder eine völker- bzw. verfassungsrechtliche staatliche Schutzpflicht besteht – anders als im Bereich diskriminierender Ungleichbehandlung – nicht.

1392 Nach Art. 328 OR muss der Arbeitgeber die Persönlichkeit des Arbeitnehmers *achten und schützen*. Eine Ungleichbehandlung durch Anknüpfung an diskriminierungssensible Merkmale stellt eine Missachtung der Arbeitneh-

---

[2803] Siehe dazu die zusammenfassende Ergebnisse der ersten beiden Teile der Studie in 9. Kapitel, S. 283 ff.

merpersönlichkeit dar. Art. 328 OR auferlegt dem Arbeitgeber darüber hinaus eine Schutzpflicht («...zu achten und zu schützen...»). In Art. 328 Abs. 2 OR werden diese Schutzpflichten *erweitert* und *konkretisiert*. Geschützt werden muss auch die *persönliche Integrität*. Der Arbeitgeber muss die Massnahmen ergreifen, die nach der Erfahrung notwendig, nach dem Stand der Technik anwendbar und den Verhältnissen des Betriebes oder Haushaltes angemessen sind, soweit die Massnahmen dem Arbeitgeber mit Rücksicht auf das einzelne Arbeitsverhältnis und die Natur der Arbeitsleistung billigerweise zugemutet werden können. Die Arbeitgeberin muss Arbeitnehmende vor Diskriminierung durch Vorgesetzte, Mitarbeitende, aber auch Kunden oder Kundinnen schützen[2804].

5.3.3 Anwendungsbereich des Verbots diskriminierender Ungleichbehandlung

Der *sachliche Anwendungsbereich* des auf Art. 328 OR gestützten arbeitsrechtlichen Verbots diskriminierender Ungleichbehandlung umfasst sämtliche Bereiche *autonomer Entscheidungsgewalt* der Arbeitgeberin, namentlich die Ausübung des Weisungsrechts, die Ausrichtung nicht vertraglich vereinbarter Entschädigungen[2805], Beförderungsentscheide oder die Bewilligung von Weiterbildungen[2806]. 1393

Einen *Sonderfall* diskriminierender Ungleichbehandlung stellt die *sexuelle Belästigung* dar[2807]. Die Arbeitgeberin muss vorab jede sexuelle Belästigung seiner Mitarbeitenden unterlassen. Darüber hinaus verpflichtet das Gleichstellungsgesetz die Arbeitgeberin, die notwendigen, angemessenen und zumutbaren Massnahmen zur Verhinderung sexueller Belästigung zu treffen[2808]. Kommt es zu (diskriminierenden) sexuellen Belästigungen und kann die Ar- 1394

[2804] STREIFF/VON KAENEL, N 3 zu Art. 328 OR, SCHEIDEGGER/PITTELOUD, N 14 zu Art. 6 ArG, PORTMANN, N 45 zu Art. 328 OR, STAEHELIN, N 7 zu Art. 328 OR, GLOOR, S. 12 f. Auch in der Botschaft zum Behindertengleichstellungsgesetz wird zu Recht darauf hingewiesen, dass die Arbeitgeberin gestützt auf Art. 328 OR verpflichtet ist, Verhaltensweisen entgegen zu treten und zu unterbinden, die gegenüber Menschen mit Behinderungen verletzend, abwertend und ausgrenzend wirken (BBl 2001, 1830).
[2805] So auch BRUNNER/BÜHLER/WAEBER/BRUCHEZ, N 8 zu Art. 328 OR.
[2806] Vergleiche dazu auch den Anwendungsbereich des Diskriminierungsverbotes in Art. 3 GlG. Im GlG sind vertragliche Ungleichbehandlungen ausdrücklich erfasst.
[2807] Siehe dazu weiter vorne in diesem Kapitel, 3.4.1 Sonderregelung im Bereich der Diskriminierung aufgrnd des Geschlechts, S. 520.
[2808] Art. 5 Abs. 3 GlG.

beitgeberin die Erfüllung der Schutzpflicht nicht nachweisen, wird sie entschädigungspflichtig[2809].

1395 Schwierig ist das Verhältnis von Art. 328 OR zu den an Diskriminierungsmerkmale anknüpfenden *vertraglich vereinbarten* Ungleichbehandlungen. Soweit eine vertragliche Regelung vorliegt, ist gemäss Bundesgericht und der Lehre vom Grundsatz der *Vertragsfreiheit* auszugehen, demnach seien *beliebige Differenzierungen* zwischen den einzelnen Arbeitnehmenden erlaubt. Verhandle ein Arbeitnehmer schlechter als seine Kollegen, so habe er die sich daraus ergebenden Arbeitsbedingungen grundsätzlich hinzunehmen[2810]. Der bundesgerichtlichen These vom Vorrang der Vertragsfreiheit gegenüber vertraglich vereinbarter Ungleichbehandlung ist soweit zuzustimmen, als die Vertragsfreiheit im Sinne von Art. 19 Abs. 1 OR verstanden wird; die Vertragsfreiheit gilt *in den Schranken des Gesetzes*. Wie PORTMANN richtig hinweist, können sich Beschränkungen der Vertragsinhaltsfreiheit aus gesetzlichen Diskriminierungsverboten wie dem Gleichstellungsgesetz oder aus dem Verbot sittenwidriger Verträge nach Art. 19/20 OR ergeben. Die entscheidende Frage ist indes, ob Art. 328 OR eine solche gesetzliche Schranke vertraglich vereinbarter Ungleichbehandlung darstellt. Aus der Rechtsprechung und Lehre lassen sich keine eindeutigen Schlüsse ziehen.

1396 GEISER weist in seinem Text zum arbeitsrechtlichen Gleichbehandlungsgebot auf mögliche Schranken von Art. 328 OR gegenüber vertraglich vereinbarten diskriminierenden Bestimmungen hin[2811]. Der Arbeitnehmer könne jedoch in die Persönlichkeitsverletzung einwilligen. Die rechtfertigende Wirkung der Einwilligung sei nur dann ausgeschlossen, wenn sie als unsittlich oder ihrerseits persönlichkeitsverletzend angesehen werden müsse[2812]. Zu einem anderen Ergebnis kommt das Obergericht Zürich in einem Entscheid aus dem Jahre 1982. Die Vorinstanz hatte eine vertragliche Klausel in einem Arbeitsvertrag als nichtig erklärt, die vorsah, dass der Arbeitnehmer «sich jederzeit auf Wunsch der Arbeitgeberin einer vertrauensärztlichen Untersuchung zu unterziehen und den Vertrauensarzt der Arbeitgeberin in Hinsicht auf die Diagnose von der ärztlichen Schweigepflicht zu entbinden (habe)»[2813]. Das Obergericht verneinte zwar mit Blick auf die Arbeitgeberinteressen die Nichtigkeit der vertraglichen Klausel. Es anerkannt jedoch mit Hinweis auf die

---

[2809] Für eine Übersicht zu Literatur und Praxis zur sexuellen Belästigung siehe STREIFF/VON KAENEL, N 5 zu Art. 328 OR.
[2810] BGE 129 III 276, Erw. 3.1, PORTMANN, N 30 zu Art. 328 OR, REHBINDER, N 8 zu Art. 328 OR, STREIFF/VON KAENEL, N 20 zu Art. 322 OR, N 5 zu Art. 322 OR und N 12 zu Art. 328 OR, VISCHER, S. 144.
[2811] GEISER (Gleichbehandlung), S. 46.
[2812] GEISER (Diskriminierung), S. 16. A.M. GÖKSU (Rassendiskriminierung), N 433 ff.
[2813] Urteil des Obergerichts Zürich vom 15. Mai 1981, JAR 1982, S. 129.

Lehre[2814] und *unter ausdrücklicher Bezugnahme auf Art. 328 OR*, dass der Arbeitnehmer auch *vor Vertragsbestimmungen geschützt* sei, die seine *Persönlichkeit in ungehöriger Weise oder in zu weit gehendem Umfang beschränken würden*[2815].

Die Zulässigkeit vertraglich vereinbarter Ungleichbehandlungen, die auf einem Diskriminierungsmerkmal beruhen, ist im Lichte des Persönlichkeitsschutzes zu beurteilen. Nach der hier vertretenen Position steht Art. 328 OR einer Vertragsinhaltsdiskriminierung nicht *unmittelbar* entgegen. Die Anwendung von Art. 328 OR setzt das Bestehen eines Arbeitsvertrages voraus[2816]. Wie GÖKSU in seiner grundlegenden Studie zur rassendiskriminierenden Persönlichkeitsverletzung richtig feststellt, sind *Vertragsinhaltsdiskriminierungen* nach Art. 19/20 OR in Verbindung mit Art. 27 Abs. 2 ZGB unter dem Blickwinkel von rechtswidrigem, persönlichkeitsverletzendem oder sonstwie sittenwidrigem Vertragsinhalt zu prüfen. Im Detail wird auf das komplexe Zusammenspiel dieser Normen im 15. Kapitel bei der Frage der Schranken vertraglicher Inhaltsfreiheit eingegangen[2817].

1397

5.3.4 Bisherige Gerichtspraxis zum Schutz vor Diskriminierung durch Art. 328 OR

Aus der bisherigen Gerichtspraxis zu Art. 328 OR lässt sich zeigen, dass die Gerichte bereits heute ein Verbot *diskriminierender* Ungleichbehandlung durch die Arbeitgeberin – sei es durch fehlende Achtung oder fehlenden Schutz der Arbeitnehmerpersönlichkeit – bejahen.

1398

Das Bezirksgericht Arbon qualifizierte eine Weisung des Arbeitgebers, *keine religiösen Kleider* zu tragen, als persönlichkeitsverletzend[2818]. Die Arbeitnehmerin war entlassen worden, weil sie die Weisung nicht eingehalten hatte. Die Entlassung wurde folglich als missbräuchlich im Sinne von Art. 336 Abs. 1 Bst. b OR (Ausübung eines verfassungsmässigen Rechts) qualifiziert. Aufschlussreich sind die Ausführungen des Gerichts zur Gleichbehandlung. Im fraglichen Betrieb erlaubte der Arbeitgeber zwei Frauen das Tragen des Kopftuches, der Klägerin hingegen nicht. Begründet wurde diese Privilegierung damit, dass es sich bei den Betreffenden um langjährige Mitarbeiterin-

1399

[2814] VON THUR/PETER, S. 259 f.
[2815] Urteil des Obergerichts Zürich vom 15. Mai 1981, JAR 1982, S. 129.
[2816] REHBINDER, N 9 zu Art. 328 OR, GEISER (Diskriminierung), S. 14, ders. (Gleichbehandlung), S. 46, STAEHELIN (Gleichbehandlung), S. 68.
[2817] Siehe zum Ganzen ausführlich im 15. Kapitel, II.Inhaltsschranken nach Art. 19/20 OR und Art. 27 ZGB, S. 581ff.
[2818] Bezirksgericht Arbon, Urteil vom 17. Dezember 1990, JAR 1991, S. 254 ff.

nen gehandelt habe. Das Gericht hielt dazu fest[2819]: «Bei der Zulassung der Ausübung eines religiösen Brauches bzw. einer religiösen Vorschrift geht es nicht an, aufgrund des Dienstalters (an der Qualität der Arbeit konnte es wohl nicht liegen, war die Beklagte doch offensichtlich mit der Klägerin zufrieden; im übrigen wäre auch eine solche Rechtfertigung nicht stichhaltig) Unterschiede zu machen».

1400 Die Begründung des Gerichts ist für den genannten Fall angemessen. Die fragliche Weisung wäre jedoch auch dann in diskriminierender Art persönlichkeitsverletzend, wenn sie sich an alle Mitarbeitenden richten würde. Das Verbot, ein Kopftuch zu tragen, wirkt sich im Ergebnis für die Arbeitnehmenden muslimischen Glaubens als diskriminierende Ungleichbehandlung aus. Arbeitnehmende nicht muslimischen Glaubens sind vom Verbot des Kopftuchtragens nicht in einem geschützten Persönlichkeitsmerkmal betroffen.

1401 Das Bezirksgericht St. Gallen entschied, aufgrund des Persönlichkeitsschutzes dürfte der Vorgesetzte eines Arbeitnehmers trotz Branchenüblichkeit Fehlstellen in Malerarbeiten nicht als «Juden» bezeichnen. Der Arbeitgeber habe gestützt auf seine Pflicht zum Persönlichkeitsschutz dafür zu sorgen, dass entsprechende Äusserungen unterbleiben[2820]. Ein Arbeitnehmer jüdischen Glaubens muss sich die Verwendung des Namens seiner Religion für fehlerhafte Malerarbeiten nicht gefallen lassen. Auch in diesem Fall liegt ein Gleichbehandlungsproblem verborgen. Nach dem im Gemeinschaftsrecht massgeblichen arbeitsrechtlichen Diskriminierungsverbot stellt auch die *diskriminierende Belästigung eine Form der Diskriminierung* dar. Nach Art. 2 Abs. 3 der RL 2000/78/EG liegt eine diskriminierende Belästigung vor bei unerwünschten Verhaltensweisen, die mit den Diskriminierungsmerkmalen in einem Zusammenhang stehen und «bezwecken oder bewirken, dass die Würde der betreffenden Person verletzt wird»[2821]. Der St. Galler Gerichtsentscheid zeigt, dass *Art. 328 Abs. 1 und 2 OR ein Verbot diskriminierender Belästigung* enthält. Auch die Belästigung ist im Ergebnis eine diskriminierende Ungleichbehandlung. Die *nichtjüdischen Mitarbeiter* werden durch die genannte Äusserung *nicht in ihrer Persönlichkeit verletzt*. Art. 328 OR, das zeigt dieser Fall sehr deutlich, verpflichtet die Arbeitgeberin, Arbeitnehmende vor rassistischen Anfeindungen, schwulenfeindlichen Äusserungen, abfälligen Bemerkungen über Arbeitnehmende mit Behinderungen, Spott über bestimmte Religionen usw. zu schützen. Selbstverständlich hat sich die Ar-

---

[2819] Bezirkgsgericht Arbon, Urteil vom 17. Dezember 1990, JAR 1991, S. 254 ff., Erw. 3b.
[2820] Bezirksgericht St. Gallen, Urteil vom 8. November 1999, JAR 2000, S. 179 ff.
[2821] Siehe dazu ausführlich im 13. Kapitel III.Inhalt und Reichweite der arbeitsrechtlichen Diskriminierungsverbote 1.3Belästigung als Form der Diskriminierung, S. 461 f.

beitgeberin selbst jeden diesbezüglichen Aktivitäten und Äusserungen zu enthalten. Wie beim in Art. 3 GlG verankerten Verbot sexueller Belästigung[2822] liegt die Begründung für diese Norm im Schutz der *Würde der Arbeitnehmenden*.

Einen engen Bezug zum Diskriminierungsverbot hat ferner die *Mobbingthematik*. In Lehre und Praxis hat sich die folgende Definition von Mobbing durchgesetzt: «ein systematisches, feindliches, über einen längeren Zeitraum anhaltendes Verhalten, mit dem eine Person an ihrem Arbeitsplatz isoliert, ausgegrenzt oder gar von ihrem Arbeitsplatz entfernt werden soll»[2823]. Auch bei Mobbing geht es letztendlich um den *Schutz der Würde der Arbeitnehmenden*. Nach jahrelangem Mauerblümchendasein hat «Mobbing» in den letzten Jahren im Schrifttum und in der Gerichtspraxis einen prominenten Platz eingenommen[2824]. Hier ist nicht der Ort, diese Debatte wiederzugeben oder grundsätzlich aufzurollen. Hinzuweisen ist lediglich auf den inneren Zusammenhang zwischen Mobbing und Diskriminierung. Dieser ist dann gegeben, wenn das Mobbing im Zusammenhang mit Diskriminierungsmerkmalen der betroffenen Arbeitnehmenden steht[2825].

1402

5.4 Diskriminierende (missbräuchliche) Kündigungen

Auf das in Art. 336 OR verankerte Verbot missbräuchlicher Kündigung wurde bereits bei der Diskussion des Diskriminierungsschutzpotenzials von Art. 2 ZGB[2826] und im Zusammenhang mit der Erarbeitung der Zusammenhänge zwischen Persönlichkeitsverletzung und Diskriminierung ausführlich eingegangen[2827].

1403

Als wichtigste Erkenntnis kann zusammenfassend festgehalten werden: Sowohl Art. 336 Abs. 1 Bst. a (persönliche Eigenschaften) wie Art. 336 Abs. 1

1404

[2822] Siehe dazu weiter oben in diesem Kapitel, II. 3.4.1 Sonderregelung im Bereich der Diskriminierung aufgrund des Geschlechts, S.520 f.

[2823] BGer, v. 22. April 2005, 2A.312/2004, E. 6.2.

[2824] Siehe nur die jüngere Bundesgerichtspraxis Bger v. 20.03.2005, 4C.320/2055, v. 20.12.2004, 4C.276/2004, BGE 125 III 70. Für einen Überblick der Literatur siehe die Zusammenstellung hier: http://www.mobbing-zentrale.ch/literatur.htm (Zugriff: 30.06.2008).

[2825] In der Studie «Recht gegen HIV/Aids-Diskriminierung» wird feindliches Verhalten gegenüber Arbeitnehmenden, die mit HIV/Aids leben, als durch Art. 328 OR verbotenes «HIV-Mobbing» bezeichnet, siehe dazu PÄRLI/CAPLAZI/SUTER, S. 150.

[2826] Siehe weiter vorne in diesem Kapitel 3.3.2 Zusammenhang Art. 2 ZGB und Art. 336 OR, S. 499 f.

[2827] Siehe weiter vorne in diesem Kapitel, S. 521 ff.

Bst. b OR (Ausübung verfassungsmässiger Rechte) schützen Arbeitnehmende vor einer Kündigung unter Anknüpfung an Diskriminierungsmerkmale. Der Schutz geht nur soweit, als nicht Rechtfertigungsgründe (Zusammenhang mit dem Arbeitsverhältnis, wesentliche Beeinträchtigung der Zusammenarbeit im Betrieb) geltend gemacht werden können.

1405 Zu ergänzen ist ein Dreifaches: *Erstens* hat das Bundesgericht in schöpferischer Rechtsprechung weitere nicht in Art. 336 OR aufgeführte Missbrauchstatbestände anerkannt, die zum Teil im Ergebnis einen Diskriminierungsschutz bewirken. Exemplarisch ist auf *BGE 132 III 115* hinzuweisen, in dem das Bundesgericht eine erhöhte Fürsorgepflicht gegenüber Arbeitnehmenden mit langer Diensttreue postuliert[2828]. *Zweitens* schützt auch Art. 336 Abs. 1 Bst. d OR vor Diskriminierung, namentlich bei Arbeitnehmenden mit gesundheitlich bedingter eingeschränkter Arbeitsfähigkeit. Dies trifft dann zu, wenn der Arbeitgeber seine Pflicht zum Persönlichkeits- und Gesundheitsschutz nicht oder nicht ausreichend wahrgenommen hat und damit die eingeschränkte Arbeitsfähigkeit mit verantwortet hat[2829]. *Drittens* ist hinzuweisen auf den Sonderschutz für gewählte Arbeitnehmervertreter (Art. 336 Abs. 2 Bst. b OR) und auf die Missbräuchlichkeit von Kündigungen wegen Mitgliedschaft bzw. Nichtmitgliedschaft in Gewerkschaften oder wegen der Ausübung rechtmässiger gewerkschaftlicher Tätigkeit (Art. 336 Abs. 2 lit. a OR).

6. *Rechtfertigungsgründe*

6.1 Ausgangslage

1406 Nach den bisherigen Ausführungen schützen im Bewerbungsverfahren Art. 28 ZGB, Art. 328b OR, während des Arbeitsverhältnisses Art. 328 OR und bei Kündigungen Art. 336 OR vor Diskriminierung. Ergänzt wird dieser Schutz in allen Phasen des Arbeitsverhältnisses durch Art. 2 ZGB. *Vertragsinhaltsdiskriminierungen* fallen in den Anwendungsbereich von Art. 19/20 OR und Art. 27 Abs. 2 ZGB, soweit nicht bereits spezialgesetzliche Diskriminierungsverbote der vertraglichen Inhaltsfreiheit Grenzen setzen.

1407 Eine diskriminierende Persönlichkeitsverletzung liegt vor, soweit für eine benachteiligende Ungleichbehandlungen an Diskriminierungsmerkmale angeknüpft wird und für die Ungleichbehandlung *keine Rechtfertigungsgründe* geltend gemacht werden können. Die gesetzliche Ausgestaltung der Rechtfer-

---

[2828] BGE 132 III 115.
[2829] Bger v. 27.05.2008, 4A.102/2008, v. 08.02.2006, 4C.354/2005.

tigungsgründe ist für die genannten Diskriminierungsschutznormen nicht einheitlich.

6.2 Arbeitsplatzbezogene und überwiegende Arbeitgeberinteressen

Nach *Art. 28 Abs. 2 ZGB* wird die Widerrechtlichkeit der Persönlichkeitsverletzung aus drei Gründen ausgeschlossen, bei Vorliegen 1408

- einer Einwilligung des Verletzten,
- überwiegender privater oder öffentlicher Interessen,
- einer gesetzlichen Vorschrift.

Für eine Diskriminierung im Bewerbungsverfahren kommt in erster Linie der Rechtfertigungsgrund des *überwiegenden (privaten) Arbeitgeberinteressens* in Frage. Bei der Berücksichtigung des überwiegenden Arbeitgeberinteressens ist auf die spezifische Interessenlage von so genannten *Tendenzbetrieben* Rücksicht zu nehmen. So stellt das Erfordernis einer bestimmten politischen oder religiösen Einstellung in einer ideellen politischen oder religiösen Organisation ein überwiegendes Arbeitgeberinteresse dar, sofern und soweit die fragliche Einstellung Voraussetzung für die erfolgreiche Ausübung der fraglichen Tätigkeit ist[2830]. 1409

Gegen die Gültigkeit einer *Einwilligung* spricht bereits die eingeschränkte Freiwilligkeit angesichts der faktischen Abhängigkeit der Stellenbewerbenden zum potenziellen Arbeitgeber[2831]. Gesetzliche Beschäftigungsverbote können demgegenüber die diskriminierende Vertragsabschlussverweigerung rechtfertigen, etwa wenn ausländerrechtliche Regelungen oder Gesundheitsvorschriften einer Anstellung entgegenstehen. In diesen Konstellationen wird für den Anstellungsentscheid zwar unmittelbar an ein Diskriminierungsmerkmal (Herkunft, Ausländerstatus bzw. Gesundheitszustand) angeknüpft. Damit liegt eine diskriminierende Persönlichkeitsverletzung vor, die durch eine *gesetzliche Vorschrift gerechtfertigt* ist. Der Nachweis eines zusätzlichen überwiegenden Arbeitgeberinteressens ist diesfalls nicht erforderlich[2832]. 1410

[2830] In einem Tendenzbetrieb dürfen in Bezug auf weltanschauliche oder religiöse Ausrichtung des Arbeitnehmers erhöhte Anforderungen gestellt werden, siehe BGE 130 III 699. Siehe dazu auch in Kapitel 8., 4.5.3.3 Bedeutung der einzelnen Diskriminierungsmerkmale, S. 272 f.

[2831] HAAS, N 737 ff. Auch GÖKSU (Rassendiskriminierung), N 145 und TRACHSLER (Gleichbehandlungsgebot), S. 218 verneinen die Möglichkeit einer Einwilligung in eine Persönlichkeitsverletzung im Rahmen eines Vertragsabschlussverfahrens.

[2832] GÖKSU (Rassendiskriminierung), N 141.

14. Kapitel: Treu und Glauben und Persönlichkeitsrecht

1411 *Art. 328b OR erlaubt* die Bearbeitung von Personendaten der Arbeitnehmenden nur dann, wenn die Datenbearbeitung die Eignung des Arbeitsverhältnisses betrifft oder für die Durchführung des Arbeitsvertrages erforderlich ist. Eine darüber hinausgehende Datenbearbeitung ist nicht rechtfertigungsfähig, da Art. 328b OR zu den Bestimmungen des Arbeitsvertragsrechts gehört, von denen nicht zuungusten der Arbeitnehmerin oder Arbeitnehmers abgewichen werden darf (relativ zwingende Bestimmungen, Art. 362 OR). Die Beschränkung der zulässigen Datenbearbeitung bewirkt bereits im Bewerbungsverfahren einen Schutz vor Diskriminierung.

1412 Auch *Art. 328 OR* ist relativ zwingend ausgestaltet. Das hat zur Folge, dass in eine Persönlichkeitsverletzung nicht eingewilligt werden kann[2833]. Der Schutz der Persönlichkeitsgüter der Arbeitnehmenden (und damit auch der Anspruch, nicht aufgrund von Persönlichkeitsmerkmalen ungleich behandelt oder belästigt zu werden) ist nicht absolut[2834]. Zu berücksichtigen sind auch die Arbeitgeberinteressen an der Ungleichbehandlung bzw. am Eingriff in die Persönlichkeit. Namentlich die arbeitsvertragliche Treuepflicht (Art. 321d OR) verpflichtet die Arbeitnehmenden, sich Eingriffe in ihr Persönlichkeitsrecht gefallen zu lassen. Das Eingriffsinteresse des Arbeitgebers muss indes dem Persönlichkeitsschutz bzw. dem Gleichbehandlungsinteresse des Arbeitnehmers *überwiegen*[2835]. Zu präzisieren ist, dass nach der vertretenen Meinung willkürliche Ungleichbehandlungen von diskriminierenden Ungleichbehandlungen zu unterscheiden sind[2836]. Das zeigt sich insbesondere im Rechtfertigungsmassstab. An die Rechtfertigung diskriminierender Ungleichbehandlung sind höhere Anforderungen zu stellen als bei «bloss willkürlicher» Ungleichbehandlung[2837].

1413 Bei *diskriminierenden Kündigungen* sind für die Tatbestände in *Art. 336 Abs. 1 Bst. a und b OR* ausdrücklich Rechtfertigungsgründe enthalten (Zusammenhang mit dem Arbeitsverhältnis bzw. wesentliche Beeinträchtigung der Zusammenarbeit im Betrieb). Hinzuweisen ist, dass angesichts des absolut zwingenden Charakters von Art. 336 Abs. 1 OR und des relativ zwingenden

---

[2833] BBl 1967 II 104, TSCHUDI (Verstärkung), S. 15.
[2834] STREIFF/VON KAENEL, N 7 zu Art. 328 OR.
[2835] Das ergibt sich bereits aus dem klaren Wort von Art. 28 ZGB, der mit Art. 328 OR ins Arbeitsvertragsrecht «transformiert» wurde. Siehe allerdings BGE 126 III 306, Erw. 4a und Bger v. 07.02.2002, 5C.248/01, Erw. 2a: In diesen Entscheiden verwendet das Bundesgericht die Formel «mindestens gleichwertiges Intresses». Das ist abzulehnen, siehe dazu AEBI-MÜLLER (Privatsphäre), S. 34 und insbes. Fn 94.
[2836] Siehe dazu weiter vorne in diesem Kapitel, 5.3.1 Verhältnis der willkürlichen Ungleichbehandlung zur Diskriminierung, S. 545.
[2837] Siehe dazu weiter hinten in diesem Kapitel, III. Der arbeitsrechtliche Gleichbehandlungsgrundsatz, S. 567 ff.

Charakters von Art. 336 Abs. 2 OR der Kündigungsschutz auch *nicht durch Einwilligung* aufgehoben oder eingeschränkt werden kann[2838].

6.3 Gerichtspraxis

Der bisherige Verlauf der Untersuchung hat gezeigt, dass trotz Fehlen eines allgemeinen arbeitsrechtlichen Diskriminierungsverbotes die Gerichte schon heute auf der Grundlage des geltenden Rechtes verschiedentlich Entscheide (anti)diskriminierungsrechtlicher Natur gefällt haben. Aus diesen Entscheiden lassen sich erste Konturen abzeichnen, welche *überwiegenden Arbeitgeberinteressen* eine diskriminierende Persönlichkeitsverletzung im Bewerbungsverfahren und während der Anstellung oder eine diskriminierende Kündigung zu rechtfertigen vermögen.

1414

6.3.1 Rechtfertigung von Anstellungdiskriminierungen

Gerichtsfälle zu Anstellungsdiskriminierungen sind äusserst selten. Dies trifft selbst auf den Anwendungsbereich des Gleichstellungsgesetzes (GlG) zu[2839]. Entsprechend lassen sich auch erst sehr vage Aussagen zur gerichtlichen Anerkennung von Rechtfertigungsgründen machen.

1415

In einem der seltenen Anstellungsdiskriminierungsfälle im Anwendungsbereich des *Gleichstellungsgesetzes* hat ein Solothurner Gericht den Rechtfertigungsgrund einer Arbeitgeberin zu prüfen, einer Mutter mit vorschulpflichtigen Kindern wolle man eine Stelle mit voraussehbarer Überzeit, Abend- Wochenendarbeit nicht zumuten. Das Gericht wies diese Begründung zurück. Die Begründung sei Ausdruck einer *stereotypen Vorstellung* über Geschlechterrollen. Damit könne eine ungleiche Behandlung nie gerechtfertigt werden[2840].

1416

[2838] Eine über Art. 336 OR hinausgehende vertragliche Erweiterung des Kündigungsschutzes ist hingegen zulässig. Die Unabänderlichkeit der Bestimmung bezieht sich auf die (systematisch unsinnige) paritätische Ausgestaltung des Verbotes missbräuchlicher Kündigung, zu Gunsten der Arbeitnehmenden darf der Kündigungsschutz gesamt- oder einzelarbeitsvertraglich erweitert werden.

[2839] STREIFF/VON KAENEL, N 9 zu Art. 328 OR. Das weitgehende Fehlen von Gerichtsurteilen zu Anstellungsdiskriminierungen zeigt sich auch in den Ergebnissen der Evaluation des Gleichstellungsgesetzes aus Anlass seines zehnjährigen Bestehens im Jahre 2006, siehe FREIVOGEL, S. 1343 ff.

[2840] Obergericht Solothurn, Entscheid vom 31.08.1998, SOG 1999, Nr. 1.

14. Kapitel: Treu und Glauben und Persönlichkeitsrecht

1417 Ein Waadtländer Gericht musste sich mit dem Einwand der Arbeitgeberin (Privates Alterspflegeheim) auseinandersetzen, die Ablehnung einer Bewerberin schwarzer Hautfarbe als Nachtwache sei dadurch zu rechtfertigen, dass einige Patienten an Verwirrung leiden würden und sich in der Nacht vor einer schwarzen Pflegerin fürchten würden. Eine rassistische Vertragsabschlussdiskriminierung könne auch *nicht durch die Vertragsfreiheit* gerechtfertigt werden[2841]. Das Gericht ging jedoch insoweit auf die Rechtfertigung der Arbeitgeberin ein, als es Vertreterinnen und Vertreter anderer Institutionen nach allfälligen Schwierigkeiten zwischen Patienten und Pflegenden schwarzer Hautfarbe befragte. Unter Würdigung der Zeugenbefragungen kam das Gericht zum Schluss, der Einwand der Arbeitgeberin sei unbehelflich. Im Ergebnis *verneinte* das Gericht das Vorliegen *sachlicher Gründe für die Vertragsverweigerung*[2842]. Bemerkenswerterweise werden indes als sachliche Gründe für die Rechtfertigung einer direkten Diskriminierung Vorbehalte der Patienten und Patientinnen gegenüber Pflegepersonal mit schwarzer Hautfarbe nicht ausdrücklich ausgeschlossen (die Arbeitgeberin konnte lediglich den Nachweis nachteiliger Auswirkungen auf das Arbeitsverhältnis nicht nachweisen)[2843].

1418 Im Anstellungsdiskriminierungsfall des Zürcher Arbeitsgerichts machte die Arbeitgeberin geltend, Kundschaft, die in Villen wohne, möchte keine «Leute aus dem Balkan» als Reinigungspersonal. Sinngemäss machte die Firma damit einen möglichen Kundenverlust geltend. Die blosse Befürchtung, einen Kundenverlust hinnehmen zu müssen, genügt als Rechtfertigungsgrund für die Anstellungsdiskriminierung nicht. Ein *überwiegendes betriebliches Interesse* würde nur dann vorliegen, wenn die Arbeitgeberin einen *erheblichen Kundenverlust nachweisen* könnte[2844].

6.3.2 Rechtfertigungsgründe bei Kündigungen

1419 In mehreren jüngeren Entscheiden des Bundesgerichts zeigt sich eine Tendenz, bei *diskriminierenden Kündigungen* die Rechtfertigungshürden für den Arbeitgeber hoch anzusetzen.

[2841] Jugement du 1 juin 2005, Tribunal de Prud'Hommes de l'arrondissement de Lausanne T304.021563, Erw. B/g. Auch das Zürcher Arbeitsgericht verneinte, dass die Vertragsfreiheit ein überwiegendes Arbeitgeberinteresse darstellt, siehe das Urteil des Arbeitsgerichts Zürich vom 13. Januar 2006, AN 050401/U1, Erw. 5.5b.
[2842] Jugement du 1 juin 2005, Tribunal de Prud'Hommes de l'arrondissement de Lausanne T304.021563, Erw. B/b.
[2843] Siehe dazu PÄRLI (Anstellungsdiskriminierungen), S. 26.
[2844] Arbeitsgericht Zürich, Urteil des Arbeitsgerichts Zürich vom 13. Januar 2006, AN 050401, Erw. 5.4/b.

Kündigungen sind insbesondere nur dann rechtmässig, wenn der Arbeitgeber seiner Pflicht zum Schutz der Persönlichkeit und Gesundheit des zu kündigenden Arbeitnehmers erfüllt hat[2845]. Diese Pflichten können sehr weit gehen. So ist im Lichte von *BGE 132 III 257* eine Kündigung infolge gesundheitlichen Beeinträchtigungen der Arbeitsfähigkeit nach Ablauf der Sperrfristen nach Art. 336c OR nur dann gerechtfertigt, wenn der Arbeitgeber alles Notwendige und Zumutbare im Sinne von Art. 328 OR geleistet hat, um die Aufrechterhaltung des Arbeitsplatzes für den gesundheitlich beeinträchtigten Arbeitnehmer zu ermöglichen[2846]. Hier zeigt sich eine erstaunliche Parallele zur Zulässigkeit von Rechtfertigungsgründen bei Diskriminierungen aufgrund einer Behinderung nach dem Europäischen Gemeinschaftsrecht. Ungleichbehandlungen von behinderten Arbeitnehmenden sind nur unter dem Vorbehalt zulässig, dass diese entscheidende und wesentliche berufliche Anforderungen trotz *erforderlichen, angemessenen und dem Arbeitgeber zumutbaren Vorkehrungen* nicht erfüllen[2847].

1420

Eine klare Absage erteilte das Bundesgericht der Begründung einer fristlosen Kündigung wegen einer strafrechtlichen Verurteilung, die nicht im Zusammenhang mit dem Arbeitsverhältnis steht[2848]. Der fragliche Mitarbeiter war wegen Sexualdelikten an Minderjährigen strafrechtlich verurteilt worden. Dass solche Delikte *gesellschaftlich schwer missbilligt* werden, ändert nach Auffassung des Bundesgerichts nichts daran, dass die Verurteilung zum durch Art. 336 Abs. 1 Bst. a OR geschützten Persönlichkeitsrecht gehört. Nach dem Entscheid darf der Arbeitgeber, wenn es zu Problemen am Arbeitsplatz kommt, nicht einfach den vorbestraften Mitarbeiter entlassen, sondern hat zunächst dessen Arbeitskollegen zu korrekter Zusammenarbeit anzuhalten. Der Arbeitgeber muss auch hinnehmen, dass er bei Bekanntwerden der Vorkommnisse einzelne Kunden verliert[2849]. Auch eine ordentliche Kündigung wäre missbräuchlich gewesen[2850]. Im Ergebnis hat das Bundesgericht in diesem Entscheid, anders noch als in BGE 111 II 242 (Entlassung eines Schlafwagenschaffners wegen lange zurückliegender Delikte war nicht missbräuch-

1421

[2845] Siehe dazu insbesondere Bger v. 08.02.2006, 4C_357/2005, Erw. 2.3 (Raucherfall) aber auch Bger 4C. 215/2005 v. 20.12.2005, Erw. 5.4 (Entlassung nach 44 Dienstjahren). Zum Ganzen siehe auch weiter vorne in diesem Kapitel 3.4 Diskriminierende Persönlichkeitsmerkmale in den Bestimmungen zum arbeitsrechtlichen Persönlichkeitsschutz, 3.4.7 Krankheit und krankheitsbedingte Arbeitsunfähigkeit, S.528 f.
[2846] Bger v. 08.02.2006, 4C_357/2005, Erw. 2.3.
[2847] Siehe dazu weiter unten in diesem Kapitel, 6.4 Vergleich: Rechtfertigungsgründe und Ausnahmen vom Diskriminierungsverbot im EU-Recht, S. 558.
[2848] Bger v. 31.01.2006, 4C.431/2005.
[2849] Bger v. 31.01.2006, 4C.431/2005, Erw. 2.2.
[2850] Bger v. 31.01.2006, 4C.431/2005, Erw. 2.2.

14. Kapitel: Treu und Glauben und Persönlichkeitsrecht

lich[2851]), dem Arbeitgeber einen Teil der Resozialisierungslast aufgetragen, er muss sowohl Kundenverluste hinnehmen wie innerhalb des Betriebes ihm zumutbare Konfliktbearbeitungen vornehmen.

6.4 Vergleich: Rechtfertigungsgründe und Ausnahmen vom Diskriminierungsverbot im EU-Recht

1422 Das Europäische Gemeinschaftsrecht kennt einen einheitlichen Diskriminierungsbegriff für Diskriminierungen bei der Bewerbung, im Arbeitsvertrag, während des Arbeitsverhältnisses und im Zusammenhang mit der Auflösung des Arbeitsverhältnisses. Unmittelbare Diskriminierungen sind nicht rechtfertigungsfähig. *Mittelbare Diskriminierungen* sind indessen gerechtfertigt, sofern ein *rechtmässiges* und *sachlich gerechtfertigtes Ziel* verfolgt wird und die Mittel zur Erreichung dieses Ziels *angemessen* und *erforderlich* sind[2852].

1423 Für die Diskriminierungsmerkmale «Alter», «Behinderung», «sexuelle Ausrichtung», «Rasse und ethnischer Hintergrund», «Religion oder Weltanschauung» sehen die Rahmenrichtlinien (RL 2000/78/EG und RL 2000/43/EG) zudem *Ausnahmeregelungen* vor. Die Mitgliedstaaten können vorsehen, dass eine Ungleichbehandlung aufgrund der genannten Merkmale dann keine Diskriminierung darstellt, wenn das betreffende Merkmal eine *wesentliche und entscheidende berufliche Anforderung* darstellt. Betreffend dem Merkmal Behinderung gilt es anzumerken, dass eine Ungleichbehandlung nur dann unter die Ausnahmeregelung fällt, wenn die Arbeitgeberin die im konkreten Fall e*rforderlichen Massnahmen* ergreift, um den Menschen mit Behinderung den Zugang zur und die Ausübung der Beschäftigung zu ermöglichen. Die Arbeitgeberverpflichtungen zu erforderlichen Massnahmen stehen unter dem Vorbehalt, dass sie für den Arbeitgeber nicht eine unverhältnismässige Belastung bewirken[2853].

[2851] Die Resozialisierung sei Aufgabe des Staates, Privaten dürften hier keine Lasten auferlegt werden, siehe BGE 111 II 242, Erw. 2d.

[2852] Siehe dazu in Kapitel 12, 2. Die Gleichbehandlungsrichtlinie, 2.4 Untersagte Diskriminierungsformen, S. 414 f. und in Kapitel 13, 1.2 Mittelbare Diskriminierung, S. 458 f.

[2853] Art. 5 Rl 2000/78/EG. Siehe zum Ganzen in Kapitel 13. II. Diskriminierungsmerkmale 3. Behinderung, S. 446f., und III. Inhalt und Reichweite der arbeitsrechtlichen Diskriminierungsverbote, 1.4 Fehlende angemessene Vorkehrungen als Diskriminierung, S. 463 f.

6.5 Ergebnis

Der Blick auf die Ausgestaltung des Systems der Rechtfertigungsgründe für Diskriminierungen bei Anstellung, Dauer und Beendigung des Arbeitsverhältnisses im schweizerischen Recht zeigt, dass keine Wertungsdiskrepanz vorliegt. In persönlichkeitsverletzende Anstellungsdiskriminierungen und in Diskriminierungen während des Arbeitsverhältnisses und bei Kündigungen kann *nicht eingewilligt* werden. Eine andere Frage ist, ob in vertraglich vereinbarte Diskriminierungen eingewilligt werden kann, diese Frage wird im nächsten Kapitel beantwortet[2854]. Weiter vermögen nur *überwiegende Interessen des Arbeitgebers* eine diskriminierende Persönlichkeitsverletzung des Arbeitnehmers zu rechtfertigen. Schliesslich kommen nur diejenigen Arbeitgeberinteressen für eine Rechtfertigung in Frage, die einen *Zusammenhang mit dem Arbeitsverhältnis* aufweisen. Für die Bewerbungsphase und den Anstellungsentscheid ergibt sich diese Beschränkung aus der Datenschutznorm in Art. 328b OR[2855], bei der Kündigung ist die Rechtfertigung auf den «Zusammenhang mit dem Arbeitsverhältnis» oder die «Beeinträchtigung der Zusammenarbeit im Betrieb» beschränkt. Auch die Rechtfertigung von Persönlichkeitsverletzungen während des Arbeitsverhältnisses muss einen Arbeitsplatzbezug aufweisen. Damit zeigt sich, dass blosse *persönliche Vorlieben* eines Arbeitgebers nicht als Rechtfertigungsgrund für eine *diskriminierende Nichtanstellung, diskriminierende Behandlung während des Arbeitsverhältnisses* oder eine *diskriminierende Kündigung* in Frage kommen[2856].

1424

Im Anwendungsbereich des EU-Rechts werden die geschützten Arbeitgeberinteressen auf «entscheidende und wesentliche berufliche Anforderungen» reduziert. Zudem bestehen auch für mittelbare Diskriminierungen strenge Rechtfertigungshürden (doppelte Prüfung: einerseits sachliche Gründe für ein rechtmässiges Ziel und andererseits Verhältnismässigkeit der Mittel zur Zielerreichung). *De lege late* ist die genannte Rechtslage nicht im Massstab eins zu eins auf die schweizerischen Verhältnisse übertragbar[2857]. Die dynamische

1425

[2854] Siehe 15. Kapitel, S. 579 ff.
[2855] Jedes Bewerbungsprozedere ist naturgemäss mit der Bearbeitung von Personendaten verbunden.
[2856] Noch weiter geht Tarkan Göksu, wenn er die Partnerwahlfreiheit (als Teilaspekt der Vertragsfreiheit) nur dann gelten lassen will, soweit die *Leistungsfähigkeit* des Partners in Frage steht, weitergehende Kriterien würden dagegen in der Partnerwahlfreiheit keinen Schutz finden, auch nicht die vermeintliche Rassenzugehörigkeit des Vertragspartners, sieh GÖKSU (Rassendiskriminierung), N 368.
[2857] Allenfalls ist die revidierte Gleichbehandlungsrichtlinie 76/207/EWG (revidiert durch die RL 202/73/EG) im Bereich der Diskriminierung aufgrund des Geschlechts bei der Auslegung des GlGzwingend zu berücksichtigen, vgl. dazu die Kontroverse

gemeinschaftsrechtliche Diskriminierungsrechtsentwicklung stellt für die schweizerischen Gerichte jedoch eine wichtige *Rechtserkenntnis- und Inspirationsquelle* dar[2858].

1426 Wie in Teil II der Studie gezeigt wurde, ergibt sich aus dem Völker- und Verfassungsrecht die eindeutige Pflicht, Arbeitnehmende (verstärkt) vor Diskriminierung zu schützen[2859]. Diese Pflicht schliesst ein, dass die *Gerichte* ihren Wertungsspielraum bei der Anerkennung von Rechtfertigungsgründen so ausschöpfen, dass Diskriminierungsopfer geschützt werden[2860].

7. *Verfahrensfragen und Rechtsfolgen einer Diskriminierung*

7.1 Vorbemerkungen

1427 Verfahrensfragen und Rechtsfolgen sind für die Verwirklichung von Diskriminierungsschutzpostulaten von zentraler Bedeutung. Das gilt insbesondere für den Schutz vor Diskriminierung im Privatrecht und namentlich auch im privatrechtlichen Arbeitsverhältnis. Erfahrungen in vielen Staaten zeigen, dass trotz eindrücklicher Normenfülle der Verwirklichung des (Diskriminierungs)rechts Grenzen gesetzt sind[2861]. Die Auseinandersetzung mit den Ursachen der fehlenden oder nicht ausreichenden Wirksamkeit des Diskriminierungsrechts ist Aufgabe der Rechtstatsachenforschung, die zumindest in der Schweiz nicht den ihr gebührenden Stellenwert hat[2862]. Diese Erkenntnislücke kann auch mit der vorliegenden Studie aus nahe liegenden Gründen nicht geschlossen werden. Auch eine *vertiefte rechtsdogmatische Auseinandersetzung* mit den zahlreichen Verfahrens- und Rechtsfolgefragen würde den Rahmen der vorliegenden, ohnehin schon umfassenden Studie bei weitem sprengen.

---

um das GlG als autonom nachvollzogenes EU-Recht, 13. Kapitel, 3. Die Anwendung von nachvollzogenem EG-Gleichstellungsrecht, S. 426 f.

[2858] Siehe dazu 13. Kapitel, V. Auswirkungen auf die Schweiz, S. 480 f.
[2859] Siehe dazu in die zusammenden Ergebnisse in Kapitel 9, IV. Umsetzungspflichten und ihre Adressaten, S. 294 ff.
[2860] Siehe dazu im 9. Kapitel, IV. Umsetzungspflichten und ihre Adressaten, 2.2 Adressat Gerichte, S. 298 f.
[2861] Dies zeigen am Beispiel der Wirksamkeit des Rechts gegen HIV/Aids-Diskriminierung PÄRLI/CAPLAZI/SUTER, S. 373 f.
[2862] Zum Zustand der Rechtssoziologie in Deutschland siehe WRASE, S. 289 ff., zu den Grenzen der Sozialforschung in der Rechtspflege siehe REHBINDER (Rechtssoziologie), S. 23.

Die *Verfahrensfragen* im Diskriminierungsprozess sind äusserst vielschicht 1428
und komplex. Dies betrifft namentlich Fragen des Gerichtsstandes, der Beweislast und der Kostentragung. Weiter sind die spezialgesetzlichen Regelungen zu beachten, namentlich die Art. 6 (Beweislasterleichterung), 11 (Schlichtungsverfahren) und 12 (Verfahrensvorschriften an die Kantone) des GlG. Bei Anstellungsdiskriminierung stellt sich die Frage, ob Art. 343 OR und damit die erleichterten Verfahrensbestimmungen (Wegfall der Gerichtskosten, Untersuchungsmaxime und freie Beweiswürdigung) zur Anwendung kommen. Die (wenigen) bisherigen Prozesse um Anstellungsdiskriminierungen zeigen, dass die Gerichte gewillt sind, Art. 343 OR anzuwenden, auch wenn der Arbeitsvertrag nicht zustande kommt[2863].

7.2   Der (schwierige) Beweis der Diskriminierung

7.2.1   Die Grundregel und ihre Anwendung im Diskriminierungsprozess

Nach Art. 8 ZGB hat diejenige Partei das Vorhandensein einer Tatsache zu 1429
beweisen, die daraus Rechte ableitet.

Für die Anstellungsdiskriminierung bedeutet dies, dass die klagenden Arbeit- 1430
nehmenden den Beweis zu erbringen haben, dass eine diskriminierende Persönlichkeitsverletzung vorliegt[2864]. Ist die Persönlichkeitsverletzung bewiesen, liegt die Widerrechtlichkeit vor. Es obliegt dem Persönlichkeitsverletzer, zu beweisen, dass die Persönlichkeitsverletzung im konkreten Fall rechtmässig war[2865]. Sofern und soweit die klagende Partei Schadenersatz- und Genugtuungsansprüche geltend macht, muss sie die entsprechenden Anspruchsvoraussetzungen beweisen. Auch im Anwendungsbereich des GlG gilt für Anstellungsdiskriminierungen keine Beweislastumkehr. Immerhin sieht Art. 8 Abs. 1 GlG vor, dass Personen, deren Einstellung nicht berücksichtigt worden ist, eine schriftliche Begründung der Einstellungsverweigerung verlangen können[2866].

Auch diskriminierende Persönlichkeitsverletzungen während des Arbeitsver- 1431
hältnisses und diskriminierende Kündigungen müssen von den Arbeitnehmenden bewiesen werden[2867]. Der Mechanismus bleibt dabei derselbe: Die

---

[2863] Bejahend auch STREIFF/VON KAENEL, N 5 zu Art. 343 OR.
[2864] GÖKSU (Rassendiskriminierung), N 194.
[2865] PEDRAZZINI/OBERHOLZER, S. 129, AEBI-MÜLLER (Informationen), N 110, GÖKSU (Rassendiskriminierung), N 195.
[2866] PORTMANN, N 5 zu Art. 320 OR.
[2867] Hinzuweisen ist auf die paritätische Ausgestaltung des Schutzes vor missbräuchlicher Kündigung, insofern wäre korrekter, von der Beweispflicht der klagenden *Partei* zu

Klägerinnen müssen beweisen, dass ihre Persönlichkeit verletzt wurde bzw. die Kündigung missbräuchlich ist. Den Beklagten obliegt der Beweis der Rechtfertigungsgründe. Damit der Nachweis einer missbräuchlichen Kündigung leichter fällt, wurde in Art. 335 Abs. 2 OR eine (schriftliche) Begründungspflicht der Kündigung eingeführt[2868]. Weder die Begründungspflicht noch die Verfahrenserleichterungen, die bei Verfahren nach Art. 343 OR gewährt werden (Sachverhaltsabklärung von Amtes wegen) ändern etwas daran, dass der Beweis einer missbräuchlichen Kündigung regelmässig schwer fällt. Zu Recht ist es deshalb nach der Praxis zulässig, Indizien darzulegen, die eine Kündigung aus missbräuchlichen Motiven in hohem Grade als wahrscheinlich werden lassen[2869].

7.2.2 Beweislasterleichterung und Beweislastumkehr

1432 Unter dem Titel «Beweislasterleichterung» sieht Art. 6 GlG vor: »Bezüglich der Aufgabenzuteilung, Gestaltung der Arbeitsbedingungen, Entlöhnung, Aus- und Weiterbildung, Beförderung und Entlassung wird eine Diskriminierung vermutet, wenn diese von der betroffenen Person glaubhaft gemacht wird». Nach der Rechtsprechung wird eine Diskriminierung vermutet, «wenn aufgrund objektiver Anhaltspunkte eine gewisse Wahrscheinlichkeit für sie spricht, ohne dass die Möglichkeit bereits auszuschliessen wäre, dass eine solche letztlich doch nicht besteht»[2870]. Die Beweislasterleichterung besteht darin, dass *Glaubhaftmachung* ausreicht um eine *Beweislastumkehr* herbeizuführen. Ist die Diskriminierung glaubhaft gemacht, muss die Arbeitgeberin beweisen, dass die Ungleichbehandlung nicht diskriminierend ist; gelingt ihr dies nicht, liegt eine geschlechtsspezifische Diskriminierung vor[2871].

1433 Der Entwurf zum GlG hatte noch keine Ausnahme von der Beweislasterleichterung vorgesehen[2872]. In den parlamentarischen Debatten wurden jedoch die Anstellung und die sexuelle Belästigung von der Beweislasterleichterung ausgenommen[2873]. Chancenlos war auch im Jahre 2006 ein Vorstoss, die Be-

---

sprechen, in der Realität kommen jedoch Arbeitgeberklagen wegen diskriminierenden Kündigungen von Arbeitnehmenden nicht vor.

[2868] STREIFF/VON KAENEL, N 13 zu Art. 335 OR, PORTMANN, N 25 zu Art. 335 OR.
[2869] BGE 125 III 277, Erw. 3c, 123 III 246 Erw. 4, 121 III 60 Erw. 3c und 3d. Siehe mit zahlreichen weiteren Hinweisen STREIFF/VON KAENEL, N 16 zu Art. 336 OR.
[2870] Bger v. 25.02.2008, 2A.91/2007.
[2871] BGE 125 III 368, Erw. 4.
[2872] BBl 1993 I 1274.
[2873] Zu Hintergrund und Entstehung des Gesetzes siehe KAUFMANN (Hintergrund), N 84.

weislasterleichterung auf alle Formen der Diskriminierung auszuweiten[2874]. Der Bundesrat bewertete die Beweisnot der Arbeitgebenden als zu hoch, um auch hier die Beweislast umzukehren[2875]. Das Parlament folgte dem Votum des Bundesrates und lehnte die Motion ab[2876].

Die Evaluation des Gleichstellungsgesetzes zeigt, dass es in den ersten zehn Jahren des Bestehens des GlG nur zu wenigen Gerichtsurteilen wegen Anstellungsdiskriminierungen gekommen ist[2877]. Die fehlende Beweislasterleichterung stellt eine, wenn auch nicht die einzige plausible Erklärung dafür dar. 1434

Im zweiten und dritten Teil dieser Studie wurde gezeigt, dass international-rechtlich der Beweislasterleichterung eine grosse Bedeutung für die Wirksamkeit des Diskriminierungsrechts zugesprochen wird[2878]. Im schweizerischen Recht wird der Forderung nach Beweislasterleichterung und Beweislastumkehr für den Diskriminierungsprozess nicht vollumfänglich entsprochen. 1435

7.3 (Keine) Wirksame Sanktionen gegen Diskriminierung

Ebenfalls sehr komplex sind die Rechtsprobleme, die sich im Zusammenhang mit den *Rechtsfolgen einer Diskriminierung* stellen. Das Europäische Gemeinschaftsrecht verlangt, dass Diskriminierungsopfer angemessen entschädigt werden und dass Sanktionen gegen die Diskriminierer wirksam, verhältnismässig und abschreckend sein müssen. Die Schwierigkeiten bei der Umsetzung dieser Prämissen manifestiert sich in der Fülle an EuGH-Entscheidungen zur Sanktionsproblematik[2879]. Zwar sind die Vorgaben des Gemeinschaftsrechts für das schweizerische Recht nicht bindend[2880]; die Grundfragen nach adäquaten Rechtsfolgen einer Diskriminierung sind indes dieselben. So wird bsw. bezweifelt, dass die *Beschränkung der Pönalentschädi-* 1436

[2874] Siehe die Motion der Nationalrätin Maria Roth-Bernasconi v. 08.03.2006, Geschäfts-Nr. 06.3028.
[2875] Antwort des Bundesrates zur Motion Roth-Bernasconi v. 17.05.2006, Geschäfts-Nr. 06.3028.
[2876] ABL NR 2007 N 146.
[2877] FREIVOGEL, S. 1343.
[2878] Siehe dazu im 5. Kapitel 2.4 Entwicklung des Übereinkommens durch die IAO-Organe, 2.4.1 Forderung an die Umsetzung der Diskriminierungsverbote, S. 104 und im 7. Kapitel 3.3 Verletzung des Diskriminierungsverbotes durch staatliche Passivität, S. 198 f.
[2879] Siehe dazu exemplarisch im Bereich der Entgeltdiskriminierung in Kapitel 13. 7.2 Rechtsfolgen der Entgeltdiskriminierung, S. 408. und bei III. Anspruch auf (übrige) arbeitsrechtliche Gleichbehandlung, 2.5 Rechtsfolgen und Sanktionen, S. 416.
[2880] Siehe jedoch Kapitel 11, 12 und 13.

gung auf sechs Monatslöhne bei (diskriminierenden) missbräuchlichen Kündigungen ausreicht, um Arbeitgeber vor missbräuchlichen Kündigungen abzuhalten[2881]. Weiter ist fraglich, ob der schweizerische Kündigungsschutz Gewerkschafter/innen ausreichend vor diskriminierender Entlassung schützt[2882]. Bei Anstellungsdiskriminierungen ist lediglich im Anwendungsbereich des GlG eine Sanktionszahlung des Arbeitgebers vorgesehen. Diskriminierungsopfer können nur, aber immerhin, auf dem Wege der Ausrichtung einer *Genugtuung* entschädigt werden. Regelmässig wird es bei Anstellungsdiskriminierungen an einem Vermögensschaden fehlen, der über die nicht weiter ins Gewicht fallenden Bewerbungskosten hinausgeht. Hingegen stellt eine diskriminierende Behandlung im Bewerbungsverfahren eine *schwere Persönlichkeitsverletzung* dar, die einen Anspruch auf Genugtuung nach sich zieht[2883]. Die bisher von den Gerichten gesprochenen Genugtuungssummen haben jedoch *kaum eine abschreckende Wirkung* auf potenzielle Diskriminierer[2884].

7.4 Kontrahierungspflicht bei diskriminierender Anstellungsverweigerung

1437 Im Grundsatz ist unbestritten, dass die Rechtsfolge einer die Persönlichkeit verletzenden Vertragsverweigerung in einer Kontrahierungspflicht bestehen

---

[2881] REITER (Reformbedürftigkeit), S. 1087 ff., PÄRLI/CAPLAZI/SUTER, S. 376 und S. 392 (Vorschlag für einen neuen Abs. 4 von Art. 336a OR). Zu einer insgesamt positiven Einschätzung der heutigen Regelung beim Schutz vor missbräuchlicher Kündigung kommen dagegen STREIFF/VON KAENEL, N 18 zu Art. 336 OR. Das Kündigungsschutzrecht ist Gegenstand zahreicher parlamentarischer Initiativen, siehe den Vorstoss für die Nichtigerklärung der Entlassung bei missbräuchlicher Kündigung (Geschäft 03.426 n) oder denjenigen für Beweislasterleichterung bei missbräuchlicher Kündigung (Geschäft 98.440). Beide Vorstösse wurden von Regierung und Parlament abgelehnt.

[2882] Siehe dazu II. Die Internationale Arbeitsorganisation IAO7.2 Die Schweiz im Spiegel der IAO-Normenkontrolle, 87 f., insbes. Fn 492 und Fn 493.

[2883] Zu den Voraussetzungen der Ausrichtung einer Genugtuung bei Persönlichkeitsverletzungen siehe z.B. BGE 129 III 715, Erw. 4.2.

[2884] PÄRLI (Anstellungsdiskriminierungen), S. 26. Etwas höhere Genugtuungssummen werden teilweise in Prozessen wegen sexueller Belästigung ausgesprochen, siehe z.B. Bger v. 17.1.2008, 4A_330/2007: In dieser Entscheidung stützte das Bundesgericht die Vorinstanz, die eine Entschädigung nach Art. 5 GlG von CHF 25'230.-- und zusätzliche eine Genugtuung von CHF 15'000.-- Franken gesprochen hatte (Siehe zur Begründung die genannte Bundesgerichtsentscheidung, Erw. 3).

kann[2885]. Mit dem Vertragsabschluss lässt sich die Persönlichkeitsverletzung wirksam beseitigen.

Wird die Kontrahierungspflicht prozessual durchgesetzt, liegt ein eigentlicher *Kontrahierungszwang* vor[2886]. Zur gerichtlichen Durchsetzung wird gestützt Art. 28a Abs. 1 Ziff. 2 ZGB eine Leistungsklage (Abgabe einer Willenserklärung) zur Beseitigung der noch andauernden Beeinträchtigung der Persönlichkeitsrechte erhoben[2887]. Zweck einer Beseitigungsklage ist, die Beeinträchtigung aufzuheben, sofern und soweit dies noch möglich ist[2888]. Das Gericht verurteilt die verpflichtete Partei zur Abgabe der geforderten Willenserklärung[2889], mit dem rechtskräftigen Urteil gilt der Vertrag als abgeschlossen[2890]. 1438

In der Lehre wird eine Kontrahierungspflicht bzw. ein Kontrahierungszwang bei Arbeitsverträgen nur vereinzelt diskutiert. Mit Hinweis auf BGE 86 II 373 bejaht ZÄCH einen Kontrahierungszwang bei wegen des Geschlechts, der nationalen Herkunft, der Rasse oder der Religionszugehörigkeit verweigerten Anstellungen. GÖKSU befürwortet den zwangskontrahierten (Arbeits)vertrag bei rassendiskriminierender Verweigerung[2891] und weist darauf hin, dass auch der Vertragsinhalt des zwangskontrahierten Vertrages nicht diskriminierend sein dürfe. Die Parteien und gegebenenfalls die Gerichte hätten sich bei der Inhaltsbestimmung an Art. 13 lit. b KG zu orientieren, das heisst am Abschluss marktgerechter und branchenüblicher Verträge[2892]. Zur Sicherung des zwangskontrahierten Arbeitsvertrages soll das Gericht gemäss Göksu präventiv und auf ensprechendes Begehren die Wirksamkeit einer Kündigung ausschliessen, sei es, dass eine allfällige Kündigung missbräuchlich im Sinne von Art. 336 OR ist und die entsprechenden Rechtsfolgen eintreten oder sei es, dass im zwangskontrahierten Vertrag eine Abrede enthalten ist, dass im Falle einer missbräuchlichen Kündigung die Weiterführung des Vertrages vereinbart wird[2893]. Mit Blick auf die Bedeutung der Person und des gegensei- 1439

[2885] GAUCH/SCHLUP/SCHMID/REY, N 111, KRAMER, N112 zu Art. 19/20 OR, MERZ (Vertrag), N 283, ZÄCH, S. 25, GÖKU (Rassendiskriminierung), N 268 ff., ARNET (Freiheit), N 367 ff.
[2886] Zur Terminologie der Kontrahierungspflichten bzw. Kontrahierungszwang siehe GÖKSU (Rassendiskriminierung), N 648.
[2887] GEISER (Persönlichkeitsverletzung), S. 187 ff., ARNET (Freiheit), N 418.
[2888] AEBI-MÜLLER (Informationen), N 293.
[2889] GAUCH/SCHLUP/SCHMID/REY, N 1105.
[2890] Zur Rechtslage nach dem Kartellgesetz siehe WALTER, N 18 zu Art. 13 KG.
[2891] GÖKSU (Rassendiskriminierung), N 621 ff.
[2892] Göksu (Rassendiskriminierung), N 713.
[2893] GÖKSU (Rassendiskriminierung), N 735.

tigen Vertrauens sind für ARNET Verträge ad personam und damit auch der Arbeitsvertrag[2894] nicht für einen Kontrahierungszwang geeignet[2895].

1440 Aus drei Gründen ist eine Kontrahierungspflicht bzw. ein Kontrahierungszwang als Rechtsfolge diskriminierender Verweigerung des Arbeitsvertrages abzulehnen[2896]. *Erstens* wird die Vertragsabschluss- bzw. die Partnerwahlfreiheit der Arbeitgeberin durch den zwangskontrahierten Vertrag übermässig betroffen. Nichts einzuwenden ist gegen eine *faktische Kontrahierungspflicht*, in dem eine diskriminierende Vertragsverweigerung mit hohen Entschädigungszahlungen sanktioniert wird. *Zweitens* kann der zwangskontrahierte Vertrag durch eine Kündigung sogleich wieder aufgelöst werden. Zwar wäre eine solche Kündigung regelmässig missbräuchlich im Sinne von Art. 336 OR. Auch ein vertraglich vereinbarter Bestandesschutz des Arbeitsverhältnisses ist keine tatsächliche Garantie vor der Auflösung des Arbeitsverhältnisses. Ein Arbeitsverhältnis kann jederzeit auch durch Übereinkunft aufgelöst werden, sofern die Arbeitgeberin eine Arbeitnehmerin oder einen Arbeitnehmer aus diskriminierenden Gründen nicht in ihrem Betrieb beschäftigt haben will, wird sie eine solche Lösung forcieren und einen entsprechende Abgeltung zur Aufhebung vereinbaren[2897]. Im Ergebnis ist der Kontrahierungszwang so nicht geeignet, das beabsichtigte Ziel eines Arbeitsverhältnisses zu realisieren. *Drittens* sprechen *rechtspolitische Überlegungen* gegen einen Kontrahierungszwang. Diskriminierungsschutzpostulate fallen in der schweizerischen Politik regelmässig auf steinigen Boden, reflexartig werden, wenn auch zum Teil ideologisch überhöht, die Vertragsfreiheit als quasi sakrosanter Wert bemüht. Ein durch Richterecht geschaffener zwangskontrahierter Arbeitsvertrag würde solche Reflexe verstärken.

[2894] Die Autorin befürwortet im Allgemeinen eine Kontrahierungspflicht bzw. einen Kontrahierungszwang bei persönlichkeitsverletzender Vertragsverweigerung, siehe ARNET (Freiheit), N 351 ff.

[2895] ARNET (Freiheit), N 412. Ablehnend gegenüber einem zwangskontrahierten Arbeitsvertrag auch VISCHER, S. 43, PÄRLI/CAPLAZI/SUTER, S. 138.

[2896] Siehe dazu auch die Ausführungen zur auf Art. 2 ZGB gestützten Kontrahierungspflicht in Kapitel 14, 3.1.4 Diskriminierende Ablehnung einer Offerte als Verstoss gegen das Rechtsmissbrauchsverbot, S. 495 f.

[2897] Die Bestandesschutzregeln im deutschen Kündigungsrecht führen in der Praxis häufig zu einer (höheren) Abfindung, siehe aus der ökonomischen Forschung zum deutschen Kündigungsrecht statt vieler KITTNER/KOHLER, S. 20 ff.

III. Der arbeitsrechtliche Gleichbehandlungsgrundsatz

1. Herleitung, Inhalt und Anwendungsbereich

1.1 Anerkennung des Grundsatzes im deuschen Arbeitsrecht

In *Deutschland* geht die Anerkennung des Grundsatzes der Gleichbehandlung im Arbeitsverhältnis auf die Rechtsprechung des Reichsarbeitsgerichts im Jahr 1938 zurück. In einem Pensionsansprüche betreffenden Urteil hielt das Gericht fest, für die Arbeitnehmer ergebe sich aus der *Betriebsgemeinschaft* «das zum Inhalt gewordene Recht, unter denselben Voraussetzungen in derselben Weise behandelt zu werden wie die übrigen auch»[2898]. Diese als *Gemeinschaftstheorie* bezeichnete Begründung der Geltung des arbeitsrechtlichen Gleichbehandlungsgrundsatzes wird heute zu Recht abgelehnt[2899]. Hinter der Idee des Arbeitsverhältnisses als Gemeinschaftsverhältnis stehen die auf den nationalsozialistischen Theoretiker CARL SCHMITT zurückgehenden Gedanken der rechtsbildenen Kraft sozialer Ordnungen[2900]. Nach der *Normvollzugstheorie* ist der Gleichbehandlungsgrundsatz in der *Gestaltungsmacht des Arbeitgebers* begründet[2901]. Nach neuerem Verständnis ist der Gleichbehandlungsgrundsatz gewohnheitsrechtlich anerkannt, so dass sich die Frage seiner Legitimation nicht (weiter) stellt[2902].

1441

Nach ständiger Rechtsprechung des Bundesarbeitsgerichts ist es dem Arbeitgeber nicht erlaubt, «in seinem Betrieb einzelne oder Gruppen von Arbeitnehmern ohne sachlichen Grund von allgemein begünstigenden Regelungen des Arbeitsverhältnisses auszunehmen und schlechter zu stellen»[2903]. Weiter gebietet der Gleichbehandlungsgrundsatz, «dass der Arbeitgeber bei freiwilligen Leistungen die Leistungsvoraussetzungen so abzugrenzen hat, dass kein Arbeitnehmer seines Betriebes hiervon aus sachfremden oder willkürlichen Gründen ausgeschlossen bleibt»[2904]. Der Anwendungsbereich des arbeitsrechtlichen Gleichbehandlungsgrundsatzes ist auf eine *Beschränkung des*

1442

[2898] RAG, ARS 33, S. 172, 176.
[2899] FREY, S. 302, SCHIEK (Gerechtigkeit), S. 118, RÜTHERS, S. 379.
[2900] SCHMITT.
[2901] Die Theorie geht auf Bötticher zurück, siehe BÖTTICHER, S. 161 ff. Siehe auch WIEDEMANN (Gleichbehandlungsgebote), S. 11.
[2902] Vgl. dazu SCHIEK (Gerechtigkeit), mit Hinweisen, S. 117, Fn 25.
[2903] BAG, Urteil vom 28.04.1982 - 7 AZR 1139/79, Erw. 1c.
[2904] BAG, Urteil vom 28.04.1982 - 7 AZR 1139/79, Erw. 1c. Siehe weiter BAG 33, 204 = AP Nr. 44 zu § 242 BGB Gleichbehandlung, BAG vom 11. September 1974, AP Nr. 39 zu § 242 BGB Gleichbehandlung [zu I a und b der Gründe m. w. N.], BAG vom 4. Februar 1976 - 5 AZR 83/75 - AP Nr. 40 zu § 242 BGB Gleichbehandlung [zu 2 a der Gründe]).

Weisungsrechts der Arbeitgeberin und auf die Ausrichtung *nicht ausdrücklich vertraglich vereinbarter Leistungen* beschränkt[2905].

1.2 Entwicklung und Diskussion in der schweizerischen Lehre

1443 Im Gegensatz zu Deutschland wurde in der schweizerischen Arbeitsrechtslehre die Auseinandersetzung mit dem arbeitsrechtlichen Gleichbehandlungsgrundsatz erst spät und anfänglich nur vereinzelt diskutiert. Erstmals setzten sich in den sechziger Jahren MERZ[2906] und REHBINDER[2907] mit dem arbeitsrechtlichen Gleichbehandlungsgrundsatz auseinander und billigten diesem einen *beschränkten Anwendungsbereich* zu. In den siebziger und achtziger Jahren folgten die Dissertationen von HUBER[2908] und MEYER[2909] sowie zwei grundlegende Beiträge der Autoren NEF[2910] und STAEHELIN[2911]. Im Jahre 2002 kam GEISER in seiner Reflexion der bisherigen Doktrin und Praxis zum Schluss, das Gleichbehandlungsgebot habe im schweizerischen Arbeitsrecht eine bloss geringe Tragweite und Bedeutung[2912]. Geiser kommt der Verdienst zu, die geringe Bedeutung des arbeitsrechtlichen Gleichbehandlungsgrundsatzes zu erkennen und zu *relativieren*. Zwar sind Anwendungsbereich und Tragweite des allgemeinen arbeitsrechtlichen Gleichbehandlungsanspruchs bescheiden, indes schützen verschiedene zum Teil weitgehende gesetzliche Gleichbehandlungsnormen die Arbeitnehmenden vor Ungleichbehandlung[2913].

1444 Sämtliche Autoren stellen dem Gleichbehandlungsanspruch den *Vorrang der Vertragsfreiheit* gegenüber, womit der Anwendungsbereich der Gleichbehandlung beschränkt bleibt[2914]. Aus dem Vorrang der Vertragsfreiheit wird geschlossen, bei Anstellungen finde der Gleichbehandlungsanspruch keine

---

[2905] Die Anwendung des arbeitsrechtlichen Gleichbehandlungsgebotes setzt voraus, dass der Arbeitgeber nach einem generalisierbaren Prinzip vorgeht, siehe BAG, Urteil vom 27.07.1998, AP Nr. 83 zu § 242 BGB.
[2906] MERZ, N 2 zu Art. 2 ZGB.
[2907] REHBINDER (Arbeitsrecht 1972), S. 73.
[2908] HUBER G., S. 161 ff.
[2909] MEYER D.
[2910] NEF (Gleichbehandlungsgrundsatz).
[2911] STAEHELIN (Gleichbehandlung), S. 57 ff.
[2912] GEISER (Gleichbehandlung), S. 37 ff.
[2913] GEISER (Gleichbehandlung), S. 39 ff.
[2914] STAEHELIN (Gleichbehandlung), S. 58 ff., ders., N 10 zu Art. 328 OR, PORTMANN, N 29 zu Art. 328 OR, STREIFF/VON KAENEL, N 12 zu Art. 328 OR, GEISER (Gleichbehandlung), S. 38, REHBINDER, N 8 zu Art. 328 OR.

Anwendung[2915]. Auch bei Kündigungen sieht die Lehre für die Anwendung des Gleichbehandlungsgrundsatzes keinen Raum[2916]. Dennoch wird anerkannt, dass sich im Bereich des *Weisungsrechts* des Arbeitgebers und bei *freiwilligen Leistungen* eine Verpflichtung zur Gleichbehandlung der von den Entscheiden des Arbeitgebers betroffenen Arbeitnehmer ergebe[2917]. Als Anwendungsfälle freiwilliger Leistungen werden die Gratifikation nach Art. 322d OR (auch Bonus), Abgangsentschädigungen oder ganz generell freiwillige Sozialleistungen anerkannt[2918].

Die *rechtliche Grundlage* der Pflicht zur Gleichbehandlung bei Weisungen wird mehrheitlich in Art. 2 ZGB und in Art. 328 OR erkannt[2919] während ein Teil der Lehre, namentlich STAEHELIN, den Gleichbehandlungsgrundsatz bei freiwilligen Leistungen direkt aus dem Arbeitsvertrag herleiten will. Der Anspruch auf Gleichbehandlung ergibt sich gemäss dieser Lehre aus dem Einzelarbeitsvertrag, der nach dem Vertrauensprinzip ausgelegt, dazu führt, dass die Arbeitnehmenden mangels einer ausdrücklichen vertraglichen Regelung auf eine Gleichbehandlung vertrauen dürfen[2920].

1445

Nach fast einhelliger Lehre verbietet der Gleichbehandlungsgrundsatz in seinem ohnehin beschränkten Anwendungsbereich nur die *willkürliche Ungleichbehandlung*. Willkürlich ist eine *spürbare* Ungleichbehandlung gleichliegender Fälle aus sachfremden Gründen[2921]. Als Persönlichkeitsverletzung gilt die Ungleichbehandlung jedoch nur dann, wenn mit der Schlechterstellung eine Missachtung der Persönlichkeit verbunden ist[2922]. Eine willkürliche Ungleichbehandlung soll gemäss herrschender Lehre nur dann vorliegen, wenn einzelne Arbeitnehmende im Verhältnis zur Mehrzahl der Arbeitnehmenden schlechter gestellt sind. Die willkürliche Besserstellung einzelner

1446

[2915] REHBINDER, N 9 zu Art. 328 OR, STAEHELIN (Gleichbehandlung), S. 69, ders., N 10 zu Art. 328 OR, GEISER (Gleichbehandlung), S. 40 f., ders. (Diskriminierung), S. 17.

[2916] GEISER (Gleichbehandlung), S. 48, STAEHELIN (Gleichbehandlung), S. 69, ders, N 41 zu Art. 337 OR, REHBINDER, N 9 zu Art. 328 OR und N 15 zu Art. 337 OR, HEIZ, S. 92, BRUNNER, S. 33. A.M. MEYER D., S. 313 f.

[2917] REHBINDER, N 8 zu Art. 328 OR, MEYER D., S. 109 ff, S. 127 f., S. 299, STREIFF/VON KAENEL, N 12 zu Art. 328 OR

[2918] STREIFF/VON KAENEL, N 5 zu Art. 322d OR, STAEHELIN, N 13 zu Art. 322d OR, REHBINDER, N 9 zu Art. 322d OR, PORTMANN, N 6 zu Art. 322d OR.

[2919] REBHINDER, N 8 zu Art. 328 OR, PORTMANN, N 29 zu Art. 328 OR, STREIFF/VON KAENEL, N 12 zu Art. 328 OR, WYLER, S. 567 f.

[2920] STAEHELIN (Gleichbehandlung), S. 71 ff., MEYER D., S. 145, BRÜHWILER, N 6 zu Art. 322d OR, CRAMER, N 308. Siehe dazu auch GEISER (Gleichbehandlng), S. 47.

[2921] REHBINDER, N 8 zu Art. 328 OR, VISCHER, S. 144, WYLER, S. 559 f.

[2922] GEISER (Gleichbehandlung), S. 45. Eine *offensichtliche* Ungleichbehandlung verlangt STAEHELIN, N 13 zu Art. 322d OR.

Arbeitnehmender sei hingegen (aus der Sicht der Nichtbessergestellten) nicht persönlichkeitsverletzend[2923].

2. Gerichtspraxis

2.1 Übersicht

1447 Der Gleichbehandlungsgrundsatz wird regelmässig bei der Geltendmachung von *Gratifikationen* und *Boni* nach Art. 322d OR angerufen. In mehreren kantonalen Fällen entschieden die Gerichte, es sei unstatthaft, solche Sondervergütungen einzelnen Mitarbeitenden zu verweigern, ohne dass dafür besonderere Gründe wie ernsthafte Pflichtverletzungen vorlägen[2924]. Der Gleichbehandlungsgrundsatz wurde weiter angewendet auf *freiwillige Abgangsentschädigungen*[2925] und auf einen von der Arbeitgeberin beschlossenen *Sozialplan*[2926]. Auf dem Gleichbehandlungsgebot kann sich weiter ein Anspruch auf *vorzeitige Pensionierung* ergeben, sofern diese den übrigen Mitarbeitenden aufgrund eines Sozialplanes gewährt wird[2927]. *Analog angewendet* wurde der arbeitsrechtliche Gleichbehandlungsgrundsatz in einer *vorsorgerechtlichen Streitigkeit*[2928]. Offen gelassen wurde die Anwendung des Gleichbehandlungsgrundsatzes bei einer *ausserordentlichen Kündigung* nach Art. 337 OR. Das Kantonsgericht St. Gallen liess jedoch erkennen, bei sinngemässer Anwendung der vom Bundesgericht und der Lehre entwickelten Grundsätze zu freiwilligen Zulagen und Sozialleistungen könnte eine Verletzung des Gleichbehandlungsgrundsatzes bei ausserordentlichen Kündigungen bejaht werden, «wenn eine Arbeitnehmerin im Gegensatz zu einer Vielzahl von anderen Arbeitnehmerinnen fristlos entlassen wird, es für die Ungleichbe-

---

[2923] REHBINDER, N 9 zu Art. 322d OR, STREIFF/VON KAENEL, N 12 zu Art. 328 OR.
[2924] Siehe z.B Chambre d'appel des prud'hommes du canton de Genève, Urteil v. 05. 12. 2000, JAR 2001, S. 206 und Urteil v. 05.10.1993 JAR 1994, S. 145. Siehe weiter Arbeitsgericht Zürich, Urteil v. 28.04.2000, Kommentar von VÖGELI (Bemerkungen), S. 1293, Obergericht Zürich, Urteil v. 18.11.2002, I. Zivilkammer, ZR 102-5, S. 23 ff.
[2925] Bger v. 06.08.2007, 4A.62/2007, Gerichtskreis VIII Bern-Laupen, Urteil v. 11.06. 2001, JAR 2002, plädoyer 5/2001, S. 68, Gewerbliches Schiedsgericht Basel, Urteil vom 18.06.1990, BJM 1991, S. 245.
[2926] Zivilgericht Basel-Stadt, Urteil v. 08.12.1997, JAR 1999, S. 193 ff.
[2927] Tribunal des prud'hommes du Canton de Genève, Urteil v. 22.10.2001, JAR 2002, S. 213 ff.
[2928] Obergericht Zürich, Urteil v. 03.03.1989, II. Zivilkammer, ZR 89, S. 82. Die ungleiche Behandlung des Klägers hinsichtlich Ausrichtung der vollen Freizügigkeitsleistung nach Entlassung stellte im Ergebnis keine unsachliche Ungleichbehandlung dar.

handlung keine sachlichen Gründe gibt und dadurch eine Geringschätzung der Persönlichkeit der Arbeitnehmerin zum Ausdruck kommt»[2929].

Auch zur Bedeutung des arbeitsrechtlichen Gleichbehandlungsgrundsatzes bei *Weisungen* finden sich einige bemerkenswerte Urteile. So entscheid das Appellationsgericht des Kantons Tessin, dass keine Verletzung des Gleichbehandlungsgrundsatzes von Art. 328 OR vorlag, da der Vorgesetzte zum Teil schikanierende Weisungen *gegenüber sämtlichen Mitarbeitenden* durchsetzte[2930]. Unzulässig war dagegen nach dem Bezirksgericht Arbon, einer Mitarbeiterin das Tragen des islamischen Kopftuches zu verweigern, dies hingegen zwei anderen Mitarbeiterinnen zu erlauben[2931].

1448

2.2 Begründung der Gleichbehandlungspflicht

Ein kantonales Gericht führte zur Begründung der Gleichbehandlungspflicht noch im Jahre 1974 den *Gemeinschaftscharakter* des Arbeitsverhältnisses an[2932]. Diese zum Teil in Deutschland vertretene Theorie wird jedoch in der Schweiz zu Recht abgelehnt[2933].

1449

In den meisten anderen Entscheiden wird zur Begründung der Pflicht zur Gleichbehandlung auf *Art. 2 ZGB und Art. 328 OR* verwiesen. Es finden sich auch Urteile, die den Anspruch des Arbeitnehmers auf Gleichbehandlung bei Sondervergütungen mit einer *stillschweigenden vertraglichen Vereinbarung* begründen[2934]. Das Bundesgericht anerkennt in BGE 129 III 276 einen vertraglichen Anspruch auf Gleichbehandlung bei Sondervergütungen insoweit an als «ein nur einzelne Arbeitnehmer begünstigendes Verhalten des Arbeitgebers zur Folgen haben (kann), dass auch davon nicht erfasste Arbeitnehmer nach Treu und Glauben auf eine stillschweigende Vertragsänderung zu ihren Gunsten schliessen dürfen»[2935]. Ein starkes Indiz für das berechtigte Vertrauen in die Gleichbehandlung ist indes eine betriebliche Übung[2936]. In der Praxis dürfte es Arbeitnehmenden regelmässig nicht einfach fallen, eine solche

1450

[2929] Kantonsgericht St. Gallen, Urteil v. 08. 4.2008, III. Zivilkammer, BZ 2007.77.
[2930] Tribunale d'appello del Cantone Ticino, Urteil v. 12.09.2003, JAR 2004, S. 551.
[2931] Bezirksgericht Arbon, Urteil vom 17. Dezember 1990, JAR 1991, S. 254 ff.
[2932] Obergerichts des Kantons Aargau, Urteil v. 31.10.1974, AGVE 1974, S. 46 ff.
[2933] MEYER D., S. 63 ff. Zur Theorie des Arbeitsverhältnisses als Gemeinschaftsverhältnis siehe weiter oben in diesem Kapitel, 1.1Anerkennung des Grundsatzes im deuschen Arbeitsrecht, S. 567 f.
[2934] Bger v. 06.08.2007, 4A.63/2007, Erw. 4.4., BGE 129 III 276, Erw. 3.1 und 3.2. Siehe weiter Zivilgericht Basel-Stadt, Urteil v. 08.12.1997, JAR 1999, S. 193 ff.
[2935] BGE 129 III 276, Erw. 3.1.
[2936] CRAMER, N 297.

nachzuweisen, da die Unternehmensleitung in der Regel Sondervergütungen nicht transparent macht[2937].

2.3 BGE 129 III 276: Analyse und Kritik

1451 Ausführlich nahm das Bundesgericht in BGE 129 III 276 zum Inhalt und zur Tragweite des Gleichbehandlungsgrundsatzes Stellung. In Frage stand der Anspruch auf eine Gratifikation im Sinne von Art. 322d OR.

1452 Das Bundesgericht stellte in der entscheidenden Erwägung 3.1 vorab klar, dass mit Bezug auf den vereinbarten Vertragsinhalt *beliebige Differenzierungen* zwischen einzelnen Arbeitnehmenden erlaubt seien. Diese Aussage trifft *so* nicht zu. Zum einen schränken verschiedene gesetzliche *besondere Gleichbehandlungsbestimmungen* die Vertragsinhaltsfreiheit ein und zum anderen steht die Vertragsinhaltsfreiheit auch unter dem Vorbehalt, dass eine Ungleichbehandlung nicht gegen das Recht der Persönlichkeit, die öffentliche Ordnung oder gegen die guten Sitten verstösst (Art. 19/20 OR in Verbindung mit Art. 27 Abs. 2 ZGB).

1453 Das Bundesgericht hält in der fraglichen Erwägung 3.1 sodann fest, dass sich Einschränkungen gegenüber ungleicher Behandlung im Bereich freiwilliger Sozialleistungen und Zulagen nur sehr zurückhaltend rechtfertigen lassen. Insbesondere bedeute das Argument, der Arbeitgeber habe sich von sachfremden Motiven leiten lassen, nicht ohne weiteres, dass eine rechtswidrige Ungleichbehandlung vorliege. Es gehöre zum *Wesen der privatautonomen Vertragsfreiheit*, selber zu bestimmen, welche Motive als sachgemäss anzusehen seien. Diese Aussage ist in zweifacher Hinsicht zu kritisieren.

1454 *Erstens* geht der Hinweis auf die «privatautonome Vertragsfreiheit» im Zusammenhang mit «freiwilligen Sozialleistungen und Zulagen» fehl, stellen doch *freiwillige* Leistungen gerade *nicht vertragliche* Leistungen dar. Sind die Leistungen vertraglich vereinbart, kann es sich begriffslogisch gar nicht um freiwillige Leistungen handeln. Nach welchen Kriterien eine Arbeitgeberin freiwillige Leistungen erbringen will, hat mit dem «Wesen der Vertrags(inhalts)freiheit» nichts zu tun. In Frage steht vielmehr eine innerhalb eines Arbeitsverhältnisses über den vereinbarten Vertragsinhalt hinaus vereinbarte freiwillig ausgerichtete Leistung. Es geht mit anderen Worten *nicht*

[2937] So vermochte der Kläger gemäss BGE 129 III 276 nicht darzulegen, «dass er aus der Ausrichtung von Gratifikationen oder Abgangsentschädigungen an andere Arbeitnehmende im gekündigten Arbeitsverhältnis auf eine entsprechende Vertragsänderung hätte schliessen dürfen».

um die Vertragsfreiheit sondern um die *Freiheit in der Ausübung der Gestaltungsmacht der Arbeitgeberin*.

Zweitens ist festzustellen, dass es ein selbstkompetentes «Wesen der privatautonomen Vertragsfreiheit» so nicht gibt. Soweit das Bundesgericht damit sagen will, die Arbeitgeberin selbst könnte den Massstab sachlicher Unterscheidungskriterien festlegen, ist die Aussage ebenfalls fragwürdig. Pointiert formuliert PORTMANN die Kritik so: «Es kann nicht der Sinn einer Willkürprüfung sein, dass man dem Handelnden die Bestimmung des Massstabes überlässt, nach dem sein Verhalten beurteilt werden soll»[2938]. Portmann schlägt überzeugend vor, die Überprüfung der Sachlichkeit von Differenzierungskriterien aus der Perspektive eines vernünftig und korrekt handelnden Arbeitgebers vorzunehmen.

1455

Weiter steht in Erwägung 3.1, eine unsachliche und willkürliche unterschiedliche Behandlung stelle nur dann eine Persönlichkeitsverletzung und einen *Verstoss gegen das individuelle Diskriminierungsverbot* dar, wenn damit eine den Arbeitnehmer verletzende Geringschätzung seiner Persönlichkeit zum Ausdruck komme. Aus dieser Teilaussage lässt sich ein Diskriminierungsverbot im Sinne eines Anknüpfungsverbotes herauslesen. Soweit eine Arbeitgeberin für Ungleichbehandlungen an Diskriminierungsmerkmale anknüpft, stellt dies regelmässig eine Geringschätzung der Persönlichkeit dar. Allerdings schränkt das Bundesgericht das Anknüpfungsverbot sogleich wieder ein, indem es schreibt: «Eine solche (Geringschätzung seiner Persönlichkeit) kann von vorneherein nur gegeben sein, wenn ein Arbeitnehmer gegenüber einer Vielzahl von anderen Arbeitnehmenden deutlich ungünstiger gestellt wird, nicht jedoch, wenn der Arbeitgeber bloss einzelne Arbeitnehmer besser stellt).

1456

Das Bundesgericht setzt den Gleichbehandlungsanspruch unter einen *absoluten Vorbehalt der Schlechterstellung weniger gegenüber einer Besserstellung vieler Arbeitnehmenden*. Wie bereits weiter oben herausgearbeitet wurde, stellt eine nicht sachlich gerechtfertigte Ungleichbehandlung unter Anknüpfung an ein Diskriminierungsmerkmal immer eine diskriminierende Persönlichkeitsverletzung dar. Die Schwäche der Argumentation des Bundesgerichts, den Anspruch auf Gleichbehandlung auf die Konstellationen der Schlechterstellung zu beschränken, zeigt sich an folgendem Beispiel: In einem Betrieb oder in einer Abteilung erhält die Minderheit der schweizerischen Arbeitnehmenden eine freiwillige Zulage und der übrigen überwiegend ausländischen Belegschaft wird diese Leistung ohne sachliche Gründe verweigert. Nach der bundesgerichtlichen Formel der Schlechterstellung besteht hier kein Anspruch auf Gleichbehandlung der mehrheitlich ausländisch Be-

1457

[2938] PORTMANN, N 34 zu Art. 328 OR.

schäftigten gegenüber der schweizerischen Minderheit. Ein solches Ergebnis ist durch das in Art. 328 OR enthaltende arbeitsrechtliche Diskriminierungsverbot nicht gedeckt. Die Verweigerung der Zulage an die Mehrheit der ausländischen Arbeitnehmenden stellt vielmehr eine diskriminierende Persönlichkeitsverletzung dar, weil für die unterschiedliche Behandlung an ein Diskriminierungsmerkmal angeknüpft wird und sich die unterschiedliche Behandlung nicht durch arbeitsplatzbezogene Gründe wie bsw. geringere Leistung rechtfertigen lässt. *Pointiert formuliert* lässt sich sagen, dass nach der bundesgerichtlichen Formel der Zulässigkeit der Besserstellung einzelner Arbeitnehmenden selbst eine eigentliche *betriebliche Apartheidpolitik* nicht einen Verstoss gegen den arbeitsrechtlichen Gleichbehandlungsgrundsatz bedeuten würde. Ein solches Ergebnis wäre stossend und kann auch nicht ernsthaft der Absicht des Bundesgerichts entsprechen.

1458 Die Formel der Zulässigkeit der Besserstellung einzelner Arbeitnehmenden ist folglich präzisierungsbedürftig. Eine Besserstellung einzelner Arbeitnehmenden im Verhältnis zur Mehrheit der Arbeitnehmenden ist zulässig, soweit die *Gründe für die Unterscheidung nicht überwiegend auf einem Diskriminierungsmerkmal* beruhen. Diese Formel erlaubt den Arbeitgebenden weiterhin, bei freiwilligen Leistungen sachgerechte Differenzierungen vorzunehmen. Auch die willkürliche Bevorzugung Einzelner ist nach wie vor möglich, soweit damit nicht die Mehrheit der Arbeitnehmenden diskriminiert wird.

3. *Notwendige Klarstellungen*

3.1 Zusammenfassende Darstellung der (herrschende) Lehre und Rechtsprechung

1459 Folgt man der *herrschenden Lehre und Rechtsprechung*, lassen sich Inhalt und Tragweite des arbeitsrechtlichen Gleichbehandlungsgrundsatzes so darstellen: Vorab geht die Vertragsfreiheit dem Gleichbehandlungsanspruch vor, vertraglich vereinbarte Ungleichbehandlungen werden durch den Gleichbehandlungsgrundsatz ebenso wenig berührt wie die Abschlussfreiheit des Arbeitgebers oder die Kündigungsfreiheit. Das schweizerische Arbeitsrecht kennt auch *keinen allgemeinen Gleichbehandlungsgrundsatz* in Bereichen *autonomer Gestaltungsmacht* der Arbeitgeberin. Einzig beim Weisungsrecht und bei freiwilligen Zulagen und Sozialleistungen wird die Differenzierungsfreiheit gestützt auf Art. 2 ZGB und Art. 328 OR eingeschränkt. Eine verpönte Ungleichbehandlung liegt nur dann vor, wenn ein Arbeitnehmer gegenüber einer Vielzahl anderer Arbeitnehmenden sachlich ungerechtfertigt deutlich ungünstiger gestellt wird und so eine den Angestellten verletzende Geringschätzung seiner Persönlichkeit zum Ausdruck kommt. Die Besserstellung einzelner Angestellter stellt keine Missachtung der Persönlichkeit der anderen Mitarbeiter dar.

Ein Teil der Lehre votiert für eine *vertragliche* Grundlage eines Gleichbehandlungsanspruches. Auch das Bundesgericht anerkennt, dass ein nur einzelne Arbeitnehmende begünstigendes Verhalten des Arbeitgebers von den übrigen Arbeitnehmenden als stillschweigende Vertragsänderung zu ihren Gunsten geltend gemacht werden kann.

1460

Der aufgrund der vorangehenden Äusserungen entstehende Eindruck, im schweizerischen Arbeitsrecht existiere lediglich ein schwacher Anspruch auf Gleichbehandlung, täuscht. Sowohl in der herrschenden Lehre wie in der Rechtsprechung ist anerkannt, dass Arbeitgebende ausserhalb des sehr beschränkten Anwendungsbereiches eines allgemeinen Gleichbehandlungsgrundsatzes zahlreiche *besondere gesetzliche Gleichbehandlungsvorschriften* zu beachten haben[2939].

1461

3.2 Die Schwächen der gegenwärtigen Gleichbehandlungsdogmatik

3.2.1 Übersicht

Wie in der Analyse von BGE 129 III 276 herausgearbeitet wurde, leidet die Gleichbehandlungsdogmatik der herrschenden Lehre und Praxis an konzeptionellen und inhaltlichen Schwächen. *Erstens* betrifft dies die nicht immer klar erkennbare Unterscheidung zwischen dem Verbot, Arbeitnehmende aufgrund persönlichkeitsnaher Merkmale zu diskriminieren, dem Verbot, Arbeitnehmende willkürlich ungleich zu behandeln und einem Anspruch auf Gleichbehandlung. *Zweitens* vermag die von Bundesgericht und Lehre postulierte Beschränkung der Gleichbehandlungspflicht auf Fälle der willkürlichen Schlechterstellung Einzelner im Verhältnis zur Mehrheit der Arbeitnehmenden nicht zu überzeugen, da im Endeffekt mit einer solchen Formel auch eine betriebliche Apartheidspolitik akzeptiert würde. *Drittens* ist die Zweckmässigkeit des Terminus «freiwillige Leistungen» zumindest dort zu hinterfragen, wo sich ein Anspruch auf Gleichbehandlung solcher «freiwilliger Leistungen» allenfalls als konkludent vertraglich vereinbart ergibt.

1462

[2939] BGE 129 III 276, Erw. 3.1, GEISER (Gleichbehandlung), S. 39 ff., STAEHELIN (Gleichbehandlung), S. 62 ff.

3.2.2 Schutz vor Diskriminierung und Willkür – (kein)Anspruch auf Gleichbehandlung

1463 In den vorangehenden Ausführungen wurde herausgearbeitet, dass diskriminierende Ungleichbehandlungen des Arbeitgebers, soweit sie nicht durch ein überwiegendes, sachlich mit dem Arbeitsverhältnis zusammenhängendes Arbeitgeberinteresse gerechtfertigt sind, einen Verstoss gegen das Recht der Persönlichkeit darstellen[2940]. Das schweizerische Recht kennt demzufolge ein *arbeitsrechtliches Diskriminierungsverbot*. Das Diskriminierungsverbot ist *allgemein* in dem Sinne, als es auf sämtliche Phasen eines Arbeitsverhältnisses Anwendung findet. Es stützt sich im Bewerbungsverfahren auf Art. 2 und 28 ZGB und Art. 328b OR, während des Arbeitsverhältnisses auf Art. 328 OR und bei Kündigungen auf Art. 336 OR und Art. 2 ZGB. Betroffen sind der Anstellungsentscheid, die Kündigung und alle Bereiche autonomer Gestaltungsmacht des Arbeitgebers während des Arbeitsverhältnisses. *Besonders* ist das Diskriminierungsverbot insoweit, als es die Ungleichbehandlung aus bestimmten Gründen (Diskriminierungsmerkmalen) verbietet[2941]. Das Diskriminierungsverbot ist nicht absolut, unterschiedliche Behandlungen aufgrund von Diskriminierungsmerkmalen bedürfen aber des Nachweises eines überwiegenden Arbeitgeberinteressens, wofür regelmässig nur arbeitsplatzbezogene Gründe in Frage kommen[2942].

1464 Ein solches arbeitsrechtliches Diskriminierungsverbot ist nach der hier vertretenen Position vom Verbot, Arbeitnehmende *willkürlich ungleich* zu behandeln zu unterscheiden[2943]. Nach der bundesgerichtlichen Rechtsprechung ist eine Ungleichbehandlung dann willkürlich, wenn einzelne Mitarbeitende im Verhältnis zur Mehrheit der Arbeitnehmenden schlechter gestellt werden, ohne dass dafür sachliche Gründe geltend gemacht werden können. Nach der vorliegend vertretenen Meinung ist für die Feststellung einer diskriminierenden Ungleichbehandlung nicht entscheidend, ob bloss einzelne Arbeitnehmende, eine Minderheit oder auch die Mehrheit der Arbeitnehmenden ungleich behandelt werden. Entscheidend ist vielmehr, ob für die Unterscheidung an ein Diskriminierungsmerkmal angeknüpft wird.

[2940] Siehe dazu weiter vorne in diesem Kapitel, II. Schutz vor Diskriminierung durch Persönlichkeitsrecht, S. 502 ff.

[2941] Im öffentlichen Recht wird zwischen allgemeinen und besonderen Gleichheitssätzen unterschieden, einen allgemeinen Gleichheitssatz stellt z.B. Art. 8 Abs. 1 BV dar während Art. 8 Abs. 2 BV als besonderer Gleichheitssatz bezeichnet wird. Siehe dazu illustrativ WALDMANN (Gleichheitssatz), S. 252 ff.

[2942] Siehe dazu weiter vorne in diesem Kapitel, 6. Rechtfertigungsgründe, S. 552 ff.

[2943] Siehe dazu weiter vorne in diesem Kapitel, 5.3.1 Verhältnis der willkürlichen Ungleichbehandlung zur Diskriminierung, S. 545 f.

Folgt man der Prämisse, das schweizerische Arbeitsrecht kenne ein *gesetzlich* 1465
verankertes Diskriminierungsverbot, das u.a. die Ausübung des Weisungsrechts und die Arbeitgeberautonomie hinsichtlich der Gewährung freiwilliger Zulagen und Sozialleistungen beschränke, fragt sich, welche Bedeutung *darüber hinaus* einem arbeitsrechtlichen Gleichbehandlungsgrundsatz noch zukomme. Ein diesbezüglicher Gleichbehandlungsanspruch – hier deckt sich die vorliegende Position mit derjenigen des Bundesgerichts – kommt dann zum Tragen, wenn ein einzelner Arbeitnehmer ohne sachliche Gründe schlechter gestellt wird als eine Mehrheit seiner Kollegen und Kolleginnen, ohne dass der Grund für die Ungleichbehandlung in einem Diskriminierungsmerkmal begründet liegt. Eine solche Ungleichbehandlung ist *willkürlich und damit persönlichkeitsverletzend* (aber nicht diskriminierend, siehe die obigen Ausführungen).

Für einen über den Diskriminierungs- und über den Willkürschutz hinausgehenden Anspruch auf Gleichbehandlung fehlt es an einer gesetzlichen Grundlage und auch an einer sozialpolitisch zu begründenden Notwendigkeit für eine richterliche Rechtsfortbildung. 1466

3.2.3 Stillschweigende vertragliche Vereinbarung der Gleichbehandlung

Wie bereits erwähnt, kann sich ein Anspruch auf Gleichbehandlung auch aus stillschweigender vertraglicher Vereinbarung ergeben. Dieser Ansatz überzeugt. Das Arbeitsverhältnis beruht auf gegenseitigem Vertrauen, was sich u.a. in weitgehenden Informationspflichten im Rahmen des Bewerbungsverfahrens niederschlägt[2944]. Ausdruck des gegenseitigen Vertrauensverhältnisses ist weiter die Fürsorgepflicht der Arbeitgeberin einerseits und die Treuepflicht der Arbeitnehmerin andererseits. Mangels anders lautender vertraglicher Abrede darf eine Arbeitnehmerin oder ein Arbeitnehmer deshalb damit rechnen, dass die Arbeitgeberin die Arbeitnehmenden des Betriebes in der Ausübung ihrer Gestaltungsmacht grundsätzlich gleich behandelt bzw. Ungleichbehandlungen nach sachlichen Kriterien vornimmt. Mit anderen Worten: Mit einem nicht ausdrücklich vereinbarten Willkürvorbehalt muss nicht gerechnet werden[2945]. 1467

Zu klären ist das Verhältnis eines *stillschweigend vertraglich vereinbarten Gleichbehandlungsanspruchs* zu *vertraglich vereinbarter Ungleichbehandlung*. Die Problematik lässt sich an folgendem Beispiel aufzeigen: Eine Arbeitgeberin vereinbart mit einem oder mehreren Mitarbeitenden bestimmte 1468

[2944] Siehe dazu weiter vorne in diesem Kapitel, 3.1.1 Die Rechtsfigur der Culpa in contrahendo, S. 490 f.
[2945] So auch CRAMER, N 297.

Zulagen, mit anderen Arbeitnehmenden wurden solche Zulagen nicht vereinbart. Für eine solche Ungleichbehandlung ist vom Vorrang der Vertragsfreiheit auszugehen, sofern diese vertragliche Ungleichbehandlung nicht gegen gesetzliche Gleichbehandlungsansprüche verstösst, sittenwidrig ist oder das Persönlichkeitsrecht verletzt. Bei dieser Ausgangslage besteht ein stillschweigend vertraglich vereinbarter Gleichbehandlungsanspruch nur, aber immerhin, innerhalb der Gruppe der Arbeitnehmenden, die keine Zulagen vertraglich vereinbart haben. Der stillschweigend vereinbarte Gleichbehandlungsanspruch zwingt die Arbeitgeberin infolgedessen, bei der Ausübung ihrer Gestaltungsmacht Differenzierungen nach sachlichen Kriterien vorzunehmen.

15. Kapitel: Zwingende Inhaltsnormen und Generalklauseln als Schranke vertraglicher Diskriminierung

I. Ausgangslage

Im vorangehenden Kapitel wurde herausgearbeitet, dass sich aus dem Art. 2 und 28 ZGB, Art. 328/328b OR und Art. 336 OR verankerten *Recht der Persönlichkeit* ein in sämtlichen Phasen des Arbeitsverhältnisses, einschliesslich der Bewerbungsphase, geltendes *arbeitsrechtliches Diskriminierungsverbot* ableiten lässt oder, anders formuliert, dass die genannten Bestimmungen je für ihren Anwendungsbereich ein Diskriminierungsverbot beinhalten. Dieses arbeitsrechtliche Diskriminierungsverbot hemmt die Ausübung der rechtlichen und faktischen Gestaltungsmacht der Arbeitgeberin, namentlich beim Anstellungsentscheid, der Ausübung des Weisungsrechts, bei freiwillige Zulagen und Sozialleistungen sowie bei Kündigungen. 1469

In diesem Kapitel steht die Auseinandersetzung mit dem Spannungsfeld zwischen Diskriminierungsverbot und arbeitsvertraglicher Vertragsinhaltsfreiheit im Zentrum. Ist eine *vertragliche* Verpflichtung, auf das Tragen des islamischen Kopftuches zu verzichten, zulässig? Kann in einem Arbeitsvertrag mit einem ausländischen Arbeitnehmer gültig ein Lohn verabredet werden, der trotz gleicher bzw. gleichwertiger Arbeit geringer ist derjenige seiner schweizerischen Kollegen? Inwieweit sind vertragliche vereinbarte Unterschiede bei Arbeitsbedingungen zulässig, wenn als Unterscheidungsmerkmal an das Alter angeknüpft wird? 1470

Es wird zu prüfen sein, ob und inwieweit besondere Gleichbehandlungs- und Diskriminierungsschutznormen die Vertragsfreiheit einschränken. Ausgangspunkt bildet Art. 19 Abs. 1 OR, wonach der Inhalt des Vertrages in den Schranken des Gesetzes beliebig festgestellt werden kann. Die vertragliche Inhaltsfreiheit gilt grundsätzlich auch im Bereich der Vereinbarung von Arbeitsleistungen[2946]. Trotz zahlreicher öffentlichrechtlicher Arbeitsschutznormen und absolut oder relativ zwingender OR-Bestimmungen handelt es sich beim Arbeitsvertrag um einen privatrechtlichen Vertrag. Ausdruck der auch im Arbeitsvertrag massgebenden Vertragsfreiheit ist, dass die Parteien den 1471

[2946] Bger v. 17.08.01, 4C.369/2000, Erw. 6a.

15. Kapitel: Zwingende Inhaltsnormen und Generalklauseln als Schranke

ihnen *durch die Rechtsordnung gewährten Handlungsspielraum* nutzen können[2947].

1472 Rechtliche Regelungen beschränken den Handlungsspielraum nicht nur, sie können ihn gleichzeitig auch erweitern. So erlaubt das Personenfreizügigkeitsabkommen die bewilligungsfreie Beschäftigung von Arbeitnehmenden aus EU-Staaten, europäische Wanderarbeitnehmende haben aber im Verhältnis zu inländisch Beschäftigten einen der Vertragsfreiheit vorgehenden Gleichbehandlungsanspruch[2948]. Die Vertragsfreiheit ist wie der Diskriminierungsschutz auch persönlichkeitsrechtlich legitimiert[2949]; die Persönlichkeit begründet, sichert und begrenzt die Vertragsfreiheit[2950].

1473 Vorliegend interessieren diejenigen rechtlichen Schranken, die der *vertraglichen Vereinbarung diskriminierender Ungleichbehandlung* Grenzen setzen. Hinzuweisen bleibt, dass die Grenzen zwischen den Schranken der Vertragsabschluss- und Vertragsinhaltsfreiheit fliessend sind. Ein Verbot der Vereinbarung diskriminierender Vertragsinhalte zum Schutze der Arbeitnehmenden bedeutet im Ergebnis eine Beeinträchtigung der Vertragsabschlussfreiheit der Arbeitgebenden. Ein fehlendes Verbot vertraglicher Inhaltsdiskriminierung beschränkt demgegenüber die faktische Ausübung der Vertragsabschlussfreiheit der diskriminierten Arbeitnehmenden, sie können einen Vertrag nur zum Preis der Inkaufnahme der Inhaltsdiskriminierung abschliessen[2951].

1474 In Art. 19 Abs. 2 OR ist das methodische Vorgehen für die Bestimmung der einschränkenden (Gleichbehandlungs)normen vorgezeichnet: Die Parteien dürfen von den gesetzlichen Vorschriften abweichen, aber nur soweit « ... das Gesetz nicht eine unabänderliche Vorschrift aufstellt oder die Abweichung nicht einen Verstoss gegen die öffentliche Ordnung, gegen die guten Sitten oder gegen das Recht der Persönlichkeit in sich schliesst». In diesem Kapitel wird folgedessen Existenz, Inhalt und Tragweite besonderer *gesetzlicher Diskriminierungsschutzvorschriften* zu prüfen sein und es wird untersucht, ob und wann eine vertraglich vereinbarte Diskriminierung gegen die guten Sitten, die öffentliche Ordnung oder gegen das Recht der Persönlichkeit verstos-

---

[2947] Nach staatlichen Theorie der Vertragsfreiheit beruhen Privatautonomie und Schranken positivrechtlich auf dem gleichen Fundament, siehe dazu KRAMER, N 40 zu Art. 19/20 OR.
[2948] Siehe dazu ausführlich in Kapitel 11, S. 369 ff.
[2949] KRAMER, N 40 zu Art. 19/20 OR, PEDRAZZINI/OBERHOLZER, S. 119, MERZ (Vertrag), N 82.
[2950] HUGUENIN, N 1 zu Art. 27 ZGB.
[2951] Zur fliessenden Grenze zwischen Vertrags*abschluss*- und Vertrags*inhalts*diskriminierung siehe GÖKSU, N 202 ff. Göksu erwähnt die Konstellationen, dass ein Vertragsabschlussangebot einen diskriminierenden Vertragsinhalt aufweist. Diesfalls liegt eine faktische Vertragsverweigerung vor.

sen. Weiter interessieren die Rechtsfolgen diskriminierender Inhaltsbestimmungen (Art. 19 Abs. 2 bzw. Art. 20 Abs. 1 und 2 OR).

II.   Inhaltsschranken nach Art. 19/20 OR und Art. 27 ZGB

1.   Inhaltsfreiheit in den Schranken des Gesetzes

1.1   Die Grundregel in Art. 19 Abs. 1 OR

Das Obligationenrecht bestimmt in Art. 19 Abs. 1 OR nur die Vertrags*inhaltsfreiheit* ausdrücklich. Der Inhalt des Vertrages kann von den Parteien frei vereinbart werden. Zur Vertragsinhaltsfreiheit gehören indes auch die Abschlussfreiheit, die Partnerwahlfreiheit, die Aufhebungs- oder Änderungsfreiheit und die Formfreiheit[2952]. 1475

Die nach Art. 19 Abs. 1 OR den Parteien überlassene Bestimmung des Vertragsinhaltes wird, wie noch im gleich Satz präzisiert wird, durch die «Schranken des Gesetzes» beschränkt[2953]. Die Rechtsordnung kennt zahlreiche Schranken, welche die Vertragsfreiheit in der einen oder anderen Form beschränken. Selbst bei Kontrahierungspflichten, wie sie sich etwa aus dem Bundessozialversicherungsrecht ergeben und die regelmässig auch weite Teile des Inhaltes des Vertrages bestimmen, verliert der Vertrag seinen privatrechtlichen Charakter nicht[2954]. 1476

In den Art. 19 Abs. 2 und 20 OR werden die allgemeinen Schranken der Vertragsfreiheit konkretisiert. Nach Art. 19 Abs. 2 OR darf ein Vertrag nicht gegen eine unabänderliche Vorschrift, die öffentliche Ordnung, die guten Sitten oder gegen das Recht der Persönlichkeit verstossen. Art. 20 Abs. 1 OR bestimmt, dass ein Vertrag, der einen unmöglichen oder widerrechtlichen Inhalt hat oder gegen die guten Sitten verstösst, nichtig bzw. teilnichtig (Art. 20 Abs. 2 OR) ist. Die zur Inhaltsfreiheit des Vertrages aufgeführten Schranken werden von der Lehre und Rechtsprechung über den Vertrag hinaus auch auf einseitige oder mehrseitige obligationenrechtliche Rechtsgeschäfte als 1477

[2952]   HUGUENIN, N 4 ff. zu Art. 19/20 OR, GAUCH/SCHLUEP/SCHMID/REY, N 613 ff., KRAMER, N 42 ff. zu Art. 19/20 OR.
[2953]   GAUCH/SCHLUEP/SCHMID/REY, N 628.
[2954]   BGE 123 V 324, Erw. 3b, 124 III 44, Erw. 1 bb.

15. Kapitel: Zwingende Inhaltsnormen und Generalklauseln als Schranke

anwendbar erachtet[2955]. Vorliegend steht die Vertragsinhaltsfreiheit im Zentrum.

1.2 Zusammenhang zwischen Art. 19/20 OR und Art. 27 ZGB

1.2.1 Übersicht und Hinweise auf Kontroversen

1478 Sowohl in Art. 19 wie in Art. 20 OR geht es um das Verhältnis zwischen Vertragsfreiheit und ihren Schranken[2956]. Für eine gewisse Verwirrung sorgt der Gesetzgeber, indem er in Art. 19 Abs. 2 OR vier Kriterien der Schranken der Vertragsfreiheit aufführt, nämlich «unabänderliche Vorschrift», «Verstoss gegen die öffentliche Ordnung», «die guten Sitten» und «das Recht der Persönlichkeit» und in Art. 20 OR einen Vertrag als nichtig erklärt, der einen «unmöglichen oder widerrechtlichen Inhalt hat» oder «gegen die guten Sitten verstösst».

1479 In der Lehre besteht Einigkeit darüber, dass die Art. 19 und 20 OR in einem untrennbaren inneren Zusammenhang stehen[2957]. Streitig ist indes, *wie* der Zusammenhang genau aussieht. Umstritten ist weiter das Verhältnis zwischen den «guten Sitten» und dem Persönlichkeitsschutz nach den Art. 19/20 OR und dem Persönlichkeitsschutz in Art. 27 Abs. 2 ZGB. Eine weitere Kontroverse betrifft die Frage der Bedeutung des Begriffs der «öffentlichen Ordnung». Im Folgenden werden diese Problembereiche in angemessener Kürze dargestellt. Gestützt darauf wird ein adäquates methodisches Vorgehen zur Bestimmung diskriminierungsrechtlicher Schranken der arbeitsvertraglichen Vertragsfreiheit entwickelt.

1.2.2 Rechtsfolgen bei Verstössen gegen die Inhaltsfreiheit

1480 Nach der wohl herrschenden Lehre sind in *Art. 19 OR die Schranken* der Vertragsfreiheit und in *Art. 20 OR die Rechtsfolgen* des Verstosses gegen diese Schranken festgelegt[2958]. Die beiden Normen zählen die massgeblichen

---

[2955] KRAMER, N 9 ff zu Art. 19/20 OR, ARNET (Freiheit), N 434. Arbeitsgericht Zürich, Urteil des Arbeitsgerichts Zürich vom 13. Januar 2006, AN 050401/U1. Siehe zu diesem Urteil PÄRLI (Anstellungsdiskriminierungen), S. 23 ff.

[2956] ABEGG (Inhaltsnormen) S. 177.

[2957] KRAMER, N 2 zu Art. 19/20 OR, HUGUENIN, N 1 zu Art. 19/20 OR, GAUCH/SCHLUP/SCHMID/REY, N 629, PETITPIERRE, S. 73 ff., GIGER, S. 17 ff., ABEGG (Inhaltsnormen), S. 177 ff.

[2958] GAUCH/SCHLUP/SCHMID/REY, N 645 f. und N 655, GUHL/KOLLER/SCHNYDER/DRUEY, § 7, N 21, HUGUENIN, N 52 f., KRAMER, N 4 zu Art. 19/20 OR.

Kriterien mit unterschiedlicher Wortwahl und Überschneidungen auf[2959]. Es wird deshalb vorgeschlagen, die «Schrankenmerkmale» der beiden Bestimmungen so zusammenzufassen, dass ein Vertrag weder einen *widerrechtlichen* noch einen *sittenwidrigen* noch einen *unmöglichen Vertragsinhalt* haben darf. Dabei werden die «unabänderlichen Vorschriften» und die «öffentlich Ordnung» der «Widerrechtlichkeit» und das «Recht der Persönlichkeit» der «Sittenwidrigkeit» zugeordnet[2960].

Ein Vertrag mit einem unmöglichen, widerrechtlichen oder sittenwidrigen Inhalt ist nichtig oder teilnichtig. Die Nichtigkeit ist von Amtes wegen zu beachten und kann von allen Vertragsparteien jederzeit geltend gemacht werden[2961]. Nichtigkeit bedeutet, dass der Vertrag bzw. die fragliche Vertragsbestimmung ex tunc keine rechtsgeschäftliche Wirkung entfalten kann[2962]. Lehre und Rechtsprechung anerkennen, dass die strenge Nichtigkeitsfolge nur eintritt, wenn diese Rechtsfolge im fraglichen Gesetz vorgesehen ist oder sich aus der ratio legis der verletzten Norm ableiten lässt[2963]. Bei teilnichtigen Verträgen wird der Vertrag unter den Voraussetzungen des Art. 20 Abs. 2 OR durch den Richter nach dem hypothetischen Parteiwillen ergänzt[2964].

1481

Ein Teil der Lehre versteht unter den «unabänderlichen Vorschriften» nach Art. 19 Abs. 2 OR ausschliesslich zwingende Normen des *Privatrechts*[2965]. Der Vorteil dieser Auslegung zeigt sich bei den Rechtsfolgen. Die Nichtbeachtung einer zwingenden Privatrechtsnorm hat nicht gemäss Art. 20 Abs. 1 und Abs. 2 die Nichtigkeit bzw. Teilnichtigkeit des Vertrages zur Folge, vielmehr tritt die zwingende gesetzliche Regel von Vertragsbeginn weg anstelle der vertraglichen Abmachung[2966]. Bezogen auf diskriminierende Inhalte eines Arbeitsvertrages bedeutet dies: Vereinbart eine Arbeitnehmerin mit ihrer Arbeitgeberin einen das Geschlecht diskriminierenden Lohn, wird diese vertragliche Bestimmung *von Vertragsbeginn weg* ersetzt durch die auf Art. 8 Abs. 3 Satz 3 BFV sowie auf Art. 3 und Art. 5 Abs. 1 Bst. d GlG gestützte

1482

[2959] Dazu ZUFFEREY-WERRO, S. 51 f.
[2960] HUGUENIN, N 13 zu Art. 19/20 OR, GAUCH/SCHLUP/SCHMID/REY, N 645 ff.
[2961] Bger v. 19.1.2001, 4C.305/1999, Erw. 4a, BGE 127 V 441 f., Erw. 4.a
[2962] BGE 97 II 108, Erw. 4., KRAMER, N 309 ff. zu Art. 19/20 OR.
[2963] BGE 119 II 222, Erw. 2, 117 II 286, Erw. 4a., KRAMER, N 321 ff., GAUCH/SCHLUP/SCHMID/REY, N 684. Für einen flexiblen Umgang mit der Nichtigkeitsfolge plädiert HUGUENIN, N 55 zu Art. 19/20 OR.
[2964] GAUCH/SCHLUP/SCHMID/REY, N 700 ff. Für ein Beispiel aus dem Arbeitsvertragsrecht siehe BGE 130 III 67, Erw. 1.3. In casu wurde eine Kündigungsfrist festgesetzt, nachdem die Parteien eine gesetzeswidrige Dauer der Probezeit vereinbart hatten.
[2965] So namentlich BUCHER (Obligationenrecht), S. 239 f. und ABEGG (Inhaltsnormen), S. 176 ff.
[2966] ABEGG (Inhaltsnormen), S. 193 ff., GIGER, S. 81 f., und S. 128 f., BUCHER (Obligationenrecht), S. 245.

15. Kapitel: Zwingende Inhaltsnormen und Generalklauseln als Schranke

zwingende Regel des Anspruchs auf gleichen Lohn für gleichwertige Arbeit ohne Unterschied des Geschlechts. Gleiches gilt es für allfällige andere Diskriminierungsschutznormen, denen ein Stellenwert als «unabänderliche Vorschriften» im Sinne von Art. 19 Abs. 2 OR zukommt.

1483 Noch einen Schritt weiter geht ABEGG. Er schlägt in seiner innovativen Untersuchung zu den zwingenden Inhaltsnormen des Schuldvertragsrechts vor, bei den Rechtsfolgen in Art. 19 Abs. 1 und 2 OR einerseits und in Art. 20 Abs. 1 und 2 OR klar zu trennen. Einerseits verdrängen die zwingenden Inhaltsnormen des Privatrechts entgegenstehende Parteiabreden, was sich unmittelbar aus Art. 19 Abs. 2 OR ergibt. Andererseits hält Art. 19 Abs. 2 OR gemäss Abegg auch die Rechtsfolgen von Parteiabreden fest, die zwar nicht gegen unabänderliche Vorschriften jedoch gegen die öffentliche Ordnung, die guten Sitten oder gegen das Recht der Persönlichkeit verstossen. Bei Verstössen gegen diese Generalklauseln will Abegg nicht die Nichtigkeitsfolgen nach Art. 20 OR eintreten lassen, vielmehr trete eine dispositive Norm an die Stelle der unzulässigen Parteiabrede[2967].

1.2.3 Verhältnis Art. 19/20 OR zu Art. 27 ZGB

1484 Nach Art. 27 Abs. 2 ZGB kann sich niemand seiner Freiheit entäussern oder sich in ihrem Gebrauch in einem das Recht oder die Sittlichkeit verletzenden Grade beschränken. Die Bestimmung versagt rechtsgeschäftlichen Bindungen, die gegen das Recht der Persönlichkeit verstossen, die Bindung[2968]. Nach der herrschenden Lehre handelt es sich bei der Persönlichkeitswidrigkeit von Rechtsgeschäften um einen Unterfall der in Art. 27 Abs. 2 ZGB und den Art. 19/20 OR geregelten Sittenwidrigkeit[2969]. Nach der insbesondere von BUCHER vertretenen Position ist indes Art. 27 ZGB von den Art. 19/20 OR strikte abzugrenzen[2970]. Nach Bucher liegt bei den Tatbeständen der Art. 19/20 OR die Sittenwidrigkeit im vertragsgemässen Verhalten, zu dem sich die Parteien verpflichten. Ein solches Verhalten wäre auch ausserhalb eines Vertrages sittenwidrig. Massstab für das Erkennen einer diesbezüglichen Sittenwidrigkeit sind objektive Gesichtspunkte. Anders verhält es sich gemäss Bucher bei Art. 27 ZGB. Hier ist nicht der eigentliche Inhalt des Vertrages das Problem, vielmehr steht die vertragliche Bindung als solche bzw. die Dauer der vertraglichen Bindung in Frage[2971].

[2967] ABEGG (Inhaltsnormen), S. 197, ders. (Rechtsfolgen), S. 1124.
[2968] HUGUENIN, N 8 zu Art. 27 ZGB.
[2969] RIEMER, N 318 ff., BUCHER A., N 427, GAUCH/SCHLUP/SCHMID/REY, N 656 ff.
[2970] BUCHER (Obligationenrecht), S. 240 f., ders. N 162-166 zu Art. 27 ZGB.
[2971] BUCHER, N 162 zu Art. 27 ZGB.

Das Bundesgericht hat sich im Jahre 2002 zumindest teilweise der Minderheitsmeinung angeschlossen[2972]. Liege durch eine rechtsgeschäftliche Bindung ein Verstoss im *höchstpersönlichen Kernbereich einer Person* vor, bedeute dies einen Verstoss gegen die von Amtes wegen zu beachtenden guten Sitten. Wenn demgegenüber die Bindung an sich zulässig sei und nur das Mass der Bindung als übermässig zu qualifizieren sei, liege zwar ein Verstoss gegen das Recht der Persönlichkeit, nicht aber gegen die guten Sitten im Sinne von Art. 19/20 OR vor. Im Ergebnis soll die Unverbindlichkeit des Vertrages nur eintreten, wenn die betroffene Person den Schutz in Anspruch nehmen will[2973]. Das Bundesgericht unterscheidet somit zwischen dem *Individualinteresse*, das im Rahmen von Art. 27 ZGB geschützt ist und dem *öffentlichen Interessen*, die durch die Androhung der von Amtes wegen zu beachtenden Nichtigkeit von sittenwidrigen Verträgen in Art. 20 OR durchgesetzt werden. Der Entscheid trägt wesentlich zur Klärung des Unterschiedes zwischen Art. 20 OR und Art. 27 ZGB bei. Ein im Sinne von Art. 27 ZGB übermässig bindender Vertrag *kann* einen sittenwidrigen Inhalt haben, muss aber nicht. Nicht jeder im Sinne von Art. 20 OR sittenwidrige Vertrag stellt gleichzeitig einen übermässigen Eingriff in das Persönlichkeitsrecht nach Art. 27 ZGB dar[2974].

1485

1.2.4 Bedeutung des Terminus «öffentliche Ordnung»

Streitig ist, was unter dem Terminus «öffentliche Ordnung» erfasst sein soll. Einzelne Autoren sehen das Merkmal auch bloss als Auslegungshilfe und sprechen ihm einen eigenständigen Stellenwert ab[2975]. Hauptstreitfrage ist indes, ob mit dem Terminus «nur» die öffentlichrechtlichen Bestimmungen von Bund und Kantonen erfasst sind[2976] oder ob die «öffentliche Ordnung» als Sammelbegriff für die der gesamten Rechtsordnung immanenten Wertungs- und Ordnungsprinzipien zu verstehen ist[2977]. Hingewiesen wird auf die Bedeutungslosigkeit des Streites, da der Rechtsordnung immanente Wer-

1486

[2972] BGE 129 III 209. Kritisch zu diesem Entscheid HUGUENIN, N 20f. zu Art. 27 ZGB, KRAMER (recht), S. 27 ff. Zustimmend LEU/VON DER CRONE, S. 222 ff.
[2973] BGE 129 III 209, Erw. 2.2.
[2974] LEU/VON DER CRONE, S. 228.
[2975] So KELLER/SCHÖBI, S. 143.
[2976] GAUCH/SCHLUP/SCHMID/REY, N 648 ff., OSER-SCHÖNENBERGER, N 11 zu Art. 19 OR, GUHL/KOLLER/SCHNYDER/DRUEY, § 7, N 224.
[2977] KRAMER, N 155 zu Art. 19/20 OR.

tungs- und Ordnungsprinzipien auch dem Begriff der guten Sitten zugeordnet werden könnten[2978].

1.3 Eigene Position

1487 Ausgangspunkt bildet die in Art. 19 Abs. 1 OR *in den Schranken der Rechtsordnung* gewährte Vertragsfreiheit der Parteien. Diese Schranken ergeben sich *entweder* aus Art. 19 Abs. 2 OR *oder* aus Art. 20 OR *oder* aus Art. 27 ZGB in Verbindung mit Art. 19 Abs. 2 OR bzw. Art. 20 OR.

1488 Art. 20 Abs. 1 OR bedroht Verträge mit unmöglichem, widerrechtlichem oder sittenwidrigem Inhalt mit Nichtigkeit. *Widerrechtlich* ist ein Vertragsinhalt, der gegen öffentlichrechtliche Vorschriften des Bundes und der Kantone verstösst, *sittenwidrige* Verträge sind solche, die zwar nicht widerrechtlich sind, deren Inhalt jedoch gegen anerkannte Moralvorstellungen verstösst[2979].

1489 Art. 19 Abs. 2 OR handelt von der «Bestimmung des (Vertrags)inhaltes» (so die Marginalie zu Art. 19 OR). Ausgangspunkt des Vertragsinhaltes bildet die privatautonome Einigung der Parteien. Sofern die Parteien nicht etwas Gegenteiliges vereinbart haben, gelangen die dispositiver Normen zur Anwendung[2980]. Der Gesetzgeber hält deshalb fest, von den gesetzlichen Vorschriften, gemeint sind die Privatrechtsnormen, dürfe abgewichen werden. Die Abweichung ist indes nur zulässig, wenn sie nicht zwingende Privatrechtsnormen beschlägt oder die Abweichung gegen die Generalklauseln (öffentliche Ordnung, die guten Sitten, das Recht der Persönlichkeit) verstösst. Auch die Rechtsfolgen sind aus Art. 19 Abs. 2 OR abzuleiten. Verstösst das vertraglich Vereinbarte gegen eine *zwingende (Vertragsinhalts)Norm des Privatrechts*, verdrängt diese die fragliche Vertragsbestimmung ab Vertragsbeginn. Wenn die vertragliche Abrede zwar nicht gegen eine zwingende Inhaltsnorm verstösst aber doch im Widerspruch zu den genannten Generalklauseln steht, gilt die *dispositive Norm*, von der unzulässigerweise abgewichen wird[2981]. Fehlt es auch an einer dispositiven Norm, ist der Vertrag nach *dem hypothetischen Parteiwillen* zu ergänzen. Massgebend ist dabei nicht der wirkliche Wille der Parteien, massgebend ist vielmehr, was die Parteien nach dem Grundsatz von Treu und Glauben vereinbart hätten. Für die Bestimmung des

---

[2978] GÖKSU (Rassendiskriminierung), N 395, Fn 769. Siehe dazu auch BELSER (Freiheit), S. 413 und BESSON (L'égalité), N 1299 ff.
[2979] BGE 133 II 167, Erw. 4.3, 129 III 604, Erw., 123 III 101, Erw. 2. 115 II 232, Erw. 4a, BUCHER (Obliationenrecht), S. 255, GAUCH/SCHLUP/SCHMID/REY, N 668.
[2980] Siehe dazu eingehend (wenn auch nicht mit Fokus auf das Arbeitsvertragsrecht) ABEGG (Inhaltsnormen), S. 159, S. 176 ff.
[2981] ABEGG (Inhaltsnormen), GAUCH/SCHLUP/SCHMID/REY, N 647.

hypothetischen Parteiwillens orientieren sich die Gerichte «am Denken und Handeln vernünftiger und redlicher Vertragspartner sowie an Wesen und Zweck des konkret in Frage stehenden Vertrages (...)»[2982].

Art. 27 ZGB präzisiert den *Schutz der Persönlichkeit* im Rahmen *vertraglicher Bindungen*. Soweit eine übermässige Bindung vorliegt, ist der Vertrag von der übermässig gebundenen Partei anfechtbar. Eine von Amtes wegen zu berücksichtigende sittenwidrige und damit nichtige vertragliche Bindung (Art. 20 Abs. 1 OR) ist nur anzunehmen, wenn durch die fragliche Bindung der Kernbereich der Persönlichkeit in unzulässiger Weise betroffen ist[2983]. 1490

Bei diesem Verständnis des Zusammenwirkens der Art. 19 und 20 OR sowie Art. 27 ZGB ist ein Arbeitsvertrag, der einen Arbeitnehmender aufgrund eines Diskriminierungsmerkmals bsw. beim Lohn benachteiligt, nicht widerrechtlich im Sinne von Art. 20 OR. Der eigentliche Vertragszweck, das Vereinbarte, nämlich das Erbringen einer Arbeitsleistung gegen Entgelt, ist nicht verboten, es ist auch nicht verboten, zu einem tiefen Lohn zu arbeiten. Widerrechtlichkeit im Sinne eines Verstosses gegen die öffentlichen Vorschriften des Bundes oder der Kantone wäre demgegenüber eine Anstellung entgegen ausländerrechtlichen oder Jugendschutzvorschriften[2984] oder die Vereinbarung einer verbotenen Tätigkeit[2985]. Möglicherweise verstösst der diskriminierende Lohn gegen eine «unabänderliche Vorschrift» oder aber der diskriminierende Lohn steht im Widerspruch zu den Generalklauseln in Art. 19 Abs. 2 OR. Auf die Bedeutung der einzelnen Generalklauseln als Schranke vertraglich vereinbarter Diskriminierung wird zurückzukommen sein[2986]. 1491

[2982] Bger v. 28.03.2007, 4C.41/2007, Erw. 4.2., BGE 115 II 484, Erw. 4
[2983] BGE 129 III 209, Erw. 2.2, GAUCH (Vertrag), S. 362.
[2984] Die Nichtigkeitsfolgen werden im Arbeitsvertragsrecht durch Art. 320 Abs. 2 OR gemildert, unter den dort geschilderten Voraussetzungen wird der Vertrag solange als gültig erachtet, bis er von der einen oder anderen Partei wegen der Ungültigkeit aufgehoben wird. Siehe zudem BGE 114 II 279 wonach das Beschaffen der Arbeitsbewilligung zum Unternehmerrisiko gehört und sich der Arbeitgeber folglich nicht auf die erleichterte Kündigungsmöglichkeit nach Art. 320 Abs. 3 OR berufen kann.
[2985] STREIFF/VON KAENEL, N 9 zu Art. 320 OR, HUGUENIN, N 17 zu Art. 19/20 OR.
[2986] Siehe weiter hinten in diesem Kapitel, 4. Generalklauseln des Art. 19 Abs. 2 OR als Schranke vertraglicher Diskriminierung, S. 600 f.

2. *Zwischenergebnis: Modell zur Beseitigung diskriminierender Vertragsinhalte*

2.1 Methodisches Vorgehen

1492 Gestützt auf die vorangehenden Ausführungen wird nachfolgend ein methodisches Vorgehen für die Beantwortung der eingangs dieses Kapitels aufgeworfenen Fragen nach der Zulässigkeit vertraglich vereinbarter Diskriminierungen entworfen.

1493 *Erstens* ist festzustellen, ob überhaupt ein diskriminierender Vertragsinhalt vorliegt. Dies ist dann der Fall, wenn eine vertragliche Regelung Mitarbeitende benachteiligt und diese Benachteiligung in einem Diskriminierungsmerkmal begründet liegt, ohne dass die Arbeitgeberin für die Ungleichbehandlung arbeitsplatzbezogene, überwiegende Arbeitgeberinteressen geltend machen kann[2987].

1494 Die fragliche diskriminierende Vertragsbestimmung ist *zweitens* darauf hin zu untersuchen, ob ihr eine zwingende Inhaltsnorm entgegensteht. Zwingende Arbeitsvertragsinhaltsnormen finden sich im OR AT und in den Art. 319 ff. OR[2988]. Zwingende Inhaltsnormen können sich ausnahmsweise auch aus unmittelbar auf Privatrechtsverhältnisse anwendbaren Völkerrechts- und Verfassungsbestimmungen[2989] oder aus anderen öffentlichrechtlichen Normen ergeben. Letztere Aussage mag erstaunen, sie ist jedoch im Zusammenhang mit der so genannten Rezeptionsklausel in Art. 342 Abs. 2 OR zu verstehen. Nach dieser Bestimmung führen öffentlichrechtliche Vorschriften des Bundes oder der Kantone, die dem Arbeitgeber (oder dem Arbeitnehmer) öffentlich-

---

[2987] Zu diesem Diskriminierungsbegriff siehe eingehend im 14. Kapitel, II. Schutz vor Diskriminierung durch Persönlichkeitsrecht, 3.2 Recht auf diskriminierungsfreie Behandlung als Persönlichkeitsrecht, II. Schutz vor Diskriminierung durch Persönlichkeitsrecht, S. 513 und 4. Ergebnis: Diskriminierungsmerkmale und arbeitsrechtlicher Persönlichkeitsbegriff, S. 535.

[2988] STREIFF VON KAENEL, N 3 zu Art. 360 OR und N 6 zu Art. 362 OR. Zu den zwingenden Normen des Privatrechts im allgemeinen siehe HUGUENIN, N 20 zu Art. 19/20 OR, KRAMER, N 146 zu Art. 19/20 OR. Zur historischen Entwicklung zwingender Inhaltsnormen des Schudlvertragsrechts siehe eingehend ABEGG (Informationen), S. 61 ff.

[2989] So besteht unmittelbar gestützt auf Art. 8 Abs. 3 BV Anspruch auf Lohngleichheit ohne Unterschied des Geschlechts, siehe BGE 125 III 370 und ausführlich in Kapitel 8, S. 274. Zu unmittelbar auf private Arbeitsverhältnis anwendbare Diskrimnierungsschutznormen völkerrechtlicher Menschenrechtsverträge siehe in Kapitel 9, S. 296 und zu unmittelbar auf privatrechtliche Arbeitsverhältnisse anwendbaren zwingenden Inhaltsbestimmungen aus dem Personenfreizügigkeitsabkommen der Schweiz mit der EU und ihren Mitgliedstaaten siehe im 11. Kapitel, S. 372 f.

rechtliche Verpflichtungen auferlegen, zu einem privatrechtlichen Erfüllungsanspruch, sofern die entsprechenden Pflichten Inhalt eines Einzelarbeitsvertrages sein könnten[2990]. In gleichheitsrechtlicher Hinsicht relevant ist dabei namentlich der früher auf Art. 9 der Verordnung über die Zahl und Begrenzung der Ausländer (BVO) und heute auf Art. 22 des Ausländergesetzes (AuG) gestützte Anspruch des ausländischen Arbeitnehmers auf die orts-, berufs- und branchenüblichen Lohn- und Arbeitsbedingungen. Nach der Rechtsprechung des Bundesgerichtes wurde die Arbeitgeberin durch Art. 9 BVO unmittelbar verpflichtet[2991]. Daran wird sich auch nach der neuen Rechtslage nichts ändern[2992]. Eine anders lautende fragliche Regelung wird damit von Vertragsbeginn weg durch Art. 22 AuG als zwingende Inhaltsnorm verdrängt. Soweit es um die Abrede eines geschlechtsdiskriminierenden Lohnes geht, wird diese Vertragsbestimmung durch den in Art. 3 und 5 GlG sowie Art. 8 Abs. 3 BV verankerten Anspruch auf gleichen Lohn für gleichwertige Arbeit verdrängt[2993].

Fehlt eine zwingende Inhaltsnorm des Privatrechts, ist *drittens* zu prüfen, ob die diskriminierende Vertragsbestimmung gegen die Generalklauseln in Art. 19 Abs. 2 OR in Verbindung mit Art. 27 Abs. 2 ZGB verstösst. Dies soll am Beispiel eines vertraglich vereinbarten Verbotes, während der Arbeitszeit eine   1495

[2990] PORTMANN, N 5-7 zu Art. 342 OR, STREIFF/VON KAENEL, N 6 zu Art. 342 OR. GLOOR wirft die Frage auf, ob aufgrund der Rezeptionsklausel nicht (auch) die Grundrechte direkt zur Anwendung kommen und einklagbar sein müssten, siehe GLOOR, S. 8, Fn 66. Diese Auffassung ist abzulehnen, nicht weil das vom Autoren vermutlich gewünschte Ergebnis, mehr Diskriminierungsschutz de lege lata, in Frage gestellt wird. Die Rezeptionsklausel steht indes nach Art. 342 Abs. 2 OR ausdrücklich auch den Arbeitgebenden zu (... so steht der anderen Vertragspartei ...); damit könnten sich auch die Arbeitgeber auf die Grundrechte, namentlich die Wirtschaftsfreiheit, berufen, was zu heiklen Abwägungsentscheidungen führt. In dieser Studie wird von einem primär abwehrrechtlichen, staatsgerichteten Verständnis der Grundrechte ausgegangen, siehe dazu ausführlich in Kapitel 8, 2.1.2 Abwehrrechtliches Grundrechtsverständnis, S. 218 f. Diskriminierungsschutz ist nicht über Drittwirkungskonzeptionen sondern «innerprivatrechtlich» zu verwirklichen.
[2991] Bger v. 24.05.2005, 4C.54/2005, Erw. 2.1, v. 30.07.2003, 4C.128/2003, Erw. 3.2, BGE 129 III 618, Erw. 5.1, 122 III 112. Das Ausländergesetz (AuG) und die Verordnung über Zulassung, Aufenthalt und Erwerbstätigkeit (VZAE) traten am 1.01.2008 in Kraft.
[2992] Art. 9 BVO wurde ins AuG übernommen (BBl 2002, 3728, 3748) und in Art. 21 der Verordnung über Zulassung, Aufenthalt und Erwerbstätigkeit (VZAE) konkretisiert.
[2993] Siehe dazu im 8. Kapitel, S. 275 f. und weiter hinten in diesem Kapitel 3. Gleichbehandlungsvorschriften als zwingende Inhaltsnormen, 3.1 Das Gleichstellungsgesetz, S. 591 f.

Kopfbedeckung zu tragen, untersucht werden[2994]. Eine solche vertragliche Bestimmung wirkt sich auf diejenigen Mitarbeitenden benachteiligend aus, für die das Tragen einer bestimmten Kopfbedeckung eine religiöse Pflicht darstellt. Somit liegt eine vertraglich vereinbarte, *indirekte Diskriminierung*[2995] aufgrund der Religion vor. Es stellt sich nun die Frage, ob im Rahmen eines Arbeitsvertrages gültig auf das Tragen einer Kopfbedeckung verzichtet werden kann. Es gibt keine Inhaltsnorm, die einem solchen Verzicht entgegensteht. Auch Art. 328 OR ist in dem Sinne *keine zwingende Inhaltsnorm*, als damit ein Vertragsinhalt bestimmt werden könnte[2996]. Die Frage der Gültigkeit des Verzichts muss demzufolge im Lichte der Generalklauseln in Art. 19 Abs. 2 OR geprüft werden. Ein arbeitsvertraglich vereinbarter Verzicht auf das Tragen religiöser Kopfbedeckung kann gegen die guten Sitten, das Recht der Persönlichkeit oder gegen die öffentliche Ordnung verstossen. Vorliegend ist von einem Verstoss gegen das Recht der Persönlichkeit auszugehen[2997]. Als *dispositive Norm* tritt nun Art. 321d OR (Weisungsrecht) an die Stelle der diskriminierenden vertraglichen Regelung[2998]. Demnach darf der Arbeitgeber betriebliche Kleidervorschriften erlassen, dies indes nur in den *Schranken* des *betrieblich Notwendigen* und soweit die *Persönlichkeitsrechte der betroffenen Arbeitnehmenden* gewahrt werden[2999]

[2994] Soweit das Verbot «nur» das muslimische Kopftuch betreffen würde, läge auch eine Diskriminierung aufgrund des Geschlechts vor, da das fragliche Verbot nur Frauen nicht jedoch Männer betreffen würde. Aus diesem Grund ist im Beispiel generell von einem Verbot etwelcher Kopfbedeckung die Rede. Deshalb können sowohl Frauen wie Männer (Kipa, Turban) in religiöser Hinsicht betroffen sein.

[2995] Zur Frage, wie weit das Persönlichkeitsrecht auch vor indirekter Diskriminierung schützt siehe in Kapitel 14. 5.2.3 Indirekte Anstellungsdiskriminierung als Persönlichkeitsverletzung, S. 543.

[2996] Bei Art. 328 OR handelt es sich um eine vertragliche Pflicht des Arbeitgebers, die Persönlichkeit der Arbeitnehmenden zu achten und zu schützen, diese Pflicht kann mit Blick auf Art. 362 OR nicht wegbedungen werden. Wie Art. 28 ZGB ist Art. 328 OR auf den Schutz vor faktischen Beeinträchtigungen und nicht vor vertraglich vereinbarter Diskriminierung ausgerichtet. Siehe dazu BUCHER, N 13 zu Art. 27 ZGB und ausführlich im 14. Kapitel, 5.3.3 Anwendungsbereich des Verbots diskriminierender Ungleichbehandlung, S. 547 f.

[2997] So auch GLOOR, S. 14 und Bezirksgericht Arbon, Urteil vom 17. Dezember 1990, JAR 1991, S. 254 ff.

[2998] Art. 321d OR ist weder in Art. 361 (absolut zwingende Normen) noch in Art. 362 OR (relativ zwingende Normen) aufgeführt. Auch aus dem Wortlaut von Art. 321d OR ergibt sich nicht, dass die Vertragsparteien das Weisungsrecht nicht näher bestimmen könnten.

[2999] Bildet das Verbot des Tragens von Kopfbedeckung nicht mehr Vertragsbestandteil sondern wird es im Rahmen der Ausübung des Weisungsrechts der Arbeitgeberin an-

2.2 Offene Fragen

Das gerade skizzierte Modell der Bestimmung diskriminierender Inhalte von Arbeitsverträgen und der entsprechenden Rechtsfolgen ermöglicht, die Nichtigkeits- und Teilnichtigkeitsfolgen, wie sie in Art. 20 Abs. 1 und Abs. 2 OR vorgesehen und sind, zu vermeiden. Dabei wird von vorneherein anerkannt, dass auch das diesem Modell zu Grunde liegende Verständnis des Zusammenwirkens von Art. 19 und 20 OR sowie Art. 27 ZGB nicht widerspruchsfrei ist. Auch wurden viele Fragen ausgespart, namentlich Verfahrensaspekte. Das Modell ist demzufolge nur, aber immerhin, als Diskussionsvorschlag zu verstehen. 1496

Auf zwei Fragen soll in der Folge vertieft eingegangen werden. Zum einen interessiert ein systematischer Überblick über diejenigen Bestimmungen in der schweizerischen Rechtsordnung, die als «unabänderliche Vorschriften» im Sinne von Art. 19 Abs. 2 OR gelten und so eine diskriminierende Vertragsbestimmung verdrängen können. Zum anderen soll mit Blick auf die bisherige Rechtsprechung und Lehre untersucht werden, ob und wann *arbeitsvertraglich vereinbarte Diskriminierung* einen Verstoss gegen die *Generalklauseln in Art. 19 Abs. 2 OR* in Verbindung mit *Art. 27 Abs. 2 ZGB* darstellt. Mit anderen Worten lautet die Frage: (Wann) sind diskriminierende Bestimmungen in Arbeitsverträgen Verstösse gegen die guten Sitten, gegen das Recht der Persönlichkeit oder gegen die öffentliche Ordnung? 1497

3. *Gleichbehandlungsvorschriften als zwingende Inhaltsnormen*

3.1 Das Gleichstellungsgesetz[3000]

Das Gleichstellungsgesetz (GlG) verbietet in Art. 3 Abs. 1 GlG jede direkte und indirekte Diskriminierung aufgrund des Geschlechts. Dieses Diskriminierungsverbot gilt nach Art. 3 Abs. 2 GlG «insbesondere für die Anstellung, Aufgabenzuteilung, Gestaltung der Arbeitsbedingungen, Entlöhnung, Aus- und Weiterbildung, Beförderung und Entlassung». 1498

---

geordnet, entfaltet Art. 328 OR wiederum seine Schutzfunktion gegen die überschiessende Gestaltungsmacht der Arbeitgeberin.

[3000] Mit den folgenden Zeilen wird der Bedeutung des GlG in keiner Weise gerecht, es geht hier auch nicht um eine umfassende Darstellung des GlG. Eine solche findet sich im Kommentar zum Gleichstellungsgesetz der im Jahr 2009 in zweiter Auflage erscheinen wird (KAUFMANN CLAUDIA, STEIGER-SACKMANN SABINE, Kommentar zum Gleichstellungsgesetz, 2. Auflage, Basel, erscheint 2009).

15. Kapitel: Zwingende Inhaltsnormen und Generalklauseln als Schranke

Bereits aus dem Wortlaut dieser Bestimmung ist ersichtlich, dass auch *vertraglich vereinbarte* Diskriminierungen vom Verbot der Ungleichbehandlung aufgrund des Geschlechts erfasst sind. Zudem könnte der Gesetzeszweck, die Förderung der tatsächlichen Gleichstellung zwischen Frau und Mann, nicht erreicht werden, wenn vertraglich vereinbarte Diskriminierungen vom Anwendungsbereich des GlG ausgeschlossen wären[3001].

1499 Soweit ein das Geschlecht diskriminierender Lohn vereinbart ist, kann gestützt auf Art. 5 Abs. 1 Bst. b GlG die Beseitigung der Diskriminierung bzw. die Zahlung des geschuldeten Lohnes eingeklagt werden. Das Gleichstellungsgesetz ist im Bereich vertraglicher Diskriminierung eine lex perfecta. GEISER formuliert es präzis: «Liegt eine Diskriminierung vor, so wird der diskriminierende Vertragsinhalt durch einen nicht diskriminierenden ersetzt»[3002]. Die Lohndiskriminierung aufgrund des Geschlechts muss lediglich glaubhaft gemacht werden (Art. 6 GlG). Für die Glaubhaftmachung genügt, wenn eine gewisse Wahrscheinlichkeit besteht, dass eine Lohndifferenz bei gleichwertiger Tätigkeit vorliegt die nur durch das Geschlecht erklärt werden kann[3003]. Die erfolgreiche Glaubhaftmachung bewirkt eine Beweislastumkehr. Die Arbeitgeberin hat den vollen Beweis zu erbringen, dass die unterschiedliche Entlöhnung nicht geschlechtsdiskriminierend sondern durch objektive Kriterien sachlich gerechtfertigt ist[3004]. Das Bundesgericht hat den Arbeitgebenden weitreichende Rechtfertigungsgründe für geschlechtsspezifische Lohnunterschiede zugestanden, so namentlich «Ausbildung», «Dienstalter» und «Qualifikation»[3005] oder «Marktsituation» und «Konjunktur»[3006]. Diese Rechtsprechung wird von einem Teil der Lehre gleichstellungspolitisch kri-

---

[3001] In der Botschaft zum Gleichstellungsgesetz wird die Wirtschaftsfreiheit (in damaliger Terminologie: Handels- und Gewerbefreiheit) als mögliche Schranke des Gleichstellungsgesetz erörtert, die Einschränkungen der Gewerbefreiheit werden als notwendig erachtet, wie folgendes Zitat belegt: «Wenn man sich ferner die bestehende Ungleichheit der Geschlechter im Arbeitsbereich und die Schwierigkeiten von Frauen, die ihre Rechte wahrnehmen wollen, vergegenwärtigt, so muss man die im Gesetz vorgesehenen Massnahmen als für die Erreichung des Ziels notwendig und geeignet bezeichnen (...)» (BBl 1993, S. 1322).
[3002] GEISER (Gleichbehandlung), S. 40.
[3003] STEIGER-SACKMANN, N 55 zu Art. 6 GlG, STAUBER-MOSER, S. 1359.
[3004] STAUBER-MOSER, S. 1360.
[3005] BGE 130 III 373, 130 III 145 Erw. 5.2.
[3006] BGE 126 II 217. Siehe aber die Entscheide BGE 130 III 145 Erw. 5.2 und 125 III 368 Erw. 5c: Hier setzt das Bundesgericht dem «Marktargument» enge Grenzen, i.d.R. sei spätestens innert eines Jahres eine Lohnanpassung vorzunehmen.

tisch beurteilt[3007], insbesondere auch mit Blick auf die einschlägige EuGH-Rechtsprechung[3008].

Das Gleichstellungsgesetz beschränkt nicht nur die vertragliche Inhaltsfreiheit, vielmehr sind auch die Bereiche autonomer Gestaltungsmacht der Arbeitgeberin, namentlich der Anstellungsentscheid und die Kündigung, vom Verbot der Diskriminierung aufgrund des Geschlechts erfasst. Bei einer geschlechtsdiskriminierenden Anstellungsverweigerung besteht kein Anspruch auf Einstellung sondern lediglich ein Anspruch auf eine Entschädigung von maximal drei Monatslöhnen[3009]. Diskriminierende Kündigungen können angefochten werden, wenn die Kündigung innert sechs Monaten nach einem Verfahren wegen einer Diskriminierung ausgesprochen wird.

3.2 Arbeitsrechtliche Gleichbehandlungsvorschriften für ausländische Arbeitnehmende

3.2.1 Motive für Gleichbehandlungsschutz

Nach dem Leitentscheid des Bundesgerichts zum arbeitsrechtlichen Gleichbehandlungsgrundsatz sind vertraglich vereinbarte beliebige Differenzen erlaubt, wer schlechter verhandle als seine Kollegen, habe die sich daraus ergebenen schlechteren Arbeitsbedingungen grundsätzlich hinzunehmen[3010]. Ein gutes Verhandlungsergebnis basiert auf präziser Kenntnis des eigenen Marktwertes und der Lohnstruktur der Branche bzw. des Unternehmens. Insbesondere nicht ortsansässige ausländische Arbeitnehmende sind deshalb in besonderem Masse der Gefahr ausgesetzt, schlechtere Arbeitsbedingungen (vertraglich) zu akzeptieren. Der Gesetzgeber schützt deshalb ausländische Arbeitnehmende vor Ungleichbehandlung gegenüber Inländer/innen auch hinsichtlich vertraglich vereinbarter Ungleichbehandlung. Zweck dieser Bestimmungen ist jedoch nicht «nur» der Schutz der ausländischen Arbeitnehmenden vor Ungleichbehandlung, mindestens ebenbürtig ist auch der Schutz der einheimischen Arbeitskräfte vor Lohndumping durch billige ausländische Konkurrenz[3011]. Damit wird auch der wirksame Wettbewerb geschützt[3012], womit sich (einmal mehr) zeigt, dass Gleichbehandlungs- und Diskriminie-

---

[3007] STAUBER-MOSER, S. 1361. A.M. STREIF/VON KAENEL, N 20 zu Art. 322 OR.
[3008] Siehe dazu ausführlich in Kapitel 12, S. 427 f.
[3009] Siehe dazu im 14. Kapitel, S. 520 f.
[3010] BGE 129 III 282, Erw. 3.1.
[3011] Botschaft zum Bundesgesetz über die Ausländerinnen und Ausländer vom 8. März 2002 BBl 2002, 3782.
[3012] Darauf weisen auch STREIFF/VON KAENEL, N 2 zu Art. 360a OR und REHBINDER, N 9 zu Art. 322 OR hin.

rungsschutzvorschriften sowohl eine menschenrechtliche wie auch eine wirtschaftliche Dimension haben.

1502 Nicht alle ausländischen Arbeitnehmenden erfahren den gleichen Schutz. Zu unterscheiden ist vorab zwischen Beschäftigte aus EU- und EFTA-Staaten und aus übrigen Staaten. Weiter unterscheidet der Gesetzgeber zwischen ausländischen Arbeitnehmenden, die von einem ausländischen Arbeitgeber in die Schweiz entsandt werden und solchen, die von einem Arbeitgeber in der Schweiz beschäftigt werden.

3.2.2 Diskriminierungsverbot nach FZA

1503 Arbeitnehmende aus EU- und EFTA-Staaten haben gegenüber inländisch Beschäftigten einen arbeitsrechtlichen Gleichbehandlungsanspruch, der auch das *Verbot vertraglich vereinbarter Ungleichbehandlung* beinhaltet. Grundlage dieses Gleichbehandlungsanspruchs bildet das Personenfreizügigkeitsabkommen (FZA) der Schweiz mit der EU und ihren Mitgliedstaaten[3013]. Das Abkommen wurde auf die EFTA-Staaten ausgedehnt. Die Gleichbehandlung zwischen (EU/EFTA) ausländischen und inländischen Arbeitnehmenden wird nach Art. 9 Abs. 1 Anhang I FZA verlangt «bei den «Beschäftigungs- und Arbeitsbedingungen, insbesondere im Hinblick auf Entlöhnung, Kündigung und, falls er arbeitslos geworden ist, im Hinblick auf berufliche Wiedereingliederung oder Wiedereinstellung». Art. 9 Abs. 4 Anhang I FZA sieht vor, dass «alle Bestimmungen in Tarif- oder Einzelarbeitsverträgen oder sonstigen Kollektivvereinbarungen betreffend Zugang zur Beschäftigung, Entlöhnung und alle übrigen Arbeits- und Kündigungsbedingungen von Rechts wegen nichtig (sind), soweit sie für Arbeitnehmer, die Staatsangehörige anderer Mitgliedstaaten sind, diskriminierende Bedingungen vorsehen oder zulassen». Diese Bestimmung ist unmittelbar auch in privatrechtlichen Arbeitsverhältnissen anwendbar[3014]. Demnach sind *vertragliche Vereinbarungen*, die EU- oder EFTA-Arbeitnehmende gegenüber inländischen Arbeitnehmenden benachteiligen, bsw. bei der Entlöhnung, so zu ändern, dass der Gleichbehandlungsanspruch gewahrt bleibt.

1504 Das Diskriminierungsverbot in Art. 9 Abs. 1 Anhang I FZA ist umfassend in seinem sachlichen Anwendungsbereich, insbesondere ist der Gleichbehandlungsanspruch der Arbeitnehmenden aus EU- und EFTA-Staaten nicht nur auf vertraglich vereinbarte Diskriminierungen beschränkt. Auch ein diskriminierender Anstellungs- oder Kündigungsentscheid der Arbeitgeberin stellt

---

[3013] Siehe dazu umfassend in Kapitel 11, S. 369 ff.
[3014] VON KAENEL, S. 111 ff., PÄRLI (Gleichbehandlungsansprüche), N 71 ff, GEISER (Gleichbehandlung), S. 44.

einen Verstoss gegen das in Art. 9 Abs. 1 Anhang I FZA verankerte Diskriminierungsverbot dar[3015].

3.2.3 Gleichbehandlung im Ausländergesetz

Das Ausländergesetz (AuG) regelt u.a. die Bewilligungspflicht der Beschäftigung ausländischer Arbeitnehmenden. Der Begriff «Ausländer» bezieht sich im AuG weitgehend nur auf Personen ausserhalb der EU und EFTA[3016]. Gemäss Art. 22 AuG, dürfen Ausländerinnen und Ausländer nur zur Ausübung einer Erwerbstätigkeit zugelassen werden, wenn die orts-, berufs- und branchenüblichen Lohn- und Arbeitsbedingungen eingehalten werden. In Art. 22 VZAE konkretisiert der Verordnungsgeber, dass sich die orts- und berufsüblichen Arbeitsbedingungen nach den gesetzlichen Vorschriften, Gesamt- und Normalarbeitsverträgen sowie den Lohn- und Arbeitsbedingungen für die gleiche Arbeit im selben Betrieb und in derselben Branche bestimmen würden. Der Arbeitsvertrag muss der zuständigen Behörde vorgelegt werden (Art. 22 Abs. 2 VZAE). Wie bereits ausgeführt wurde, führt die öffentlich-rechtliche Verpflichtung des Arbeitgebers zur Gewährung der Lohngleichheit der ausländischen Arbeitnehmenden für gleiche Arbeit durch die Rezeptionsklausel in Art. 342 OR zu einem zivilrechtlichen Anspruch[3017]. Die Gerichtspraxis anerkennt die zivilrechtliche Durchsetzung des bewilligten Lohnes[3018] und schützte auch einen höheren als den bewilligten Lohn, damit der Anspruch auf gleiche Entlöhnung für gleiche Arbeit gewahrt werden konnte[3019].

1505

Anders als beim Diskriminierungsverbot nach dem FZA enthält das AuG «nur» einen zivilrechtlich durchsetzbaren Anspruch auf gleiche Lohn- und Arbeitsbedingungen. Aus Art. 22 AuG und Art. 22 VZAE lassen sich keine Gleichbehandlungsgebote bei der Anstellung oder im Zusammenhang mit Kündigungen ableiten.

1506

[3015] Siehe dazu im 11. Kapitel, S. 369 ff. und bei PÄRLI (Gleichbehandlungsansprüche), N 102, ders. (Arbeitsrechtliches Diskriminierungsverbot), S. 21 ff.
[3016] Botschaft zum Ausländergesetz, BBl 2002 3776.
[3017] Bis Ende 2007 stützte sich der Anspruch auf Art. 9 BVO. Die BVO wurde mit dem Inkraftsetzen des AuG und der VZAE aufgehoben.
[3018] BGE 122 III 110, Erw. 4d., 129 III 618, Erw.5.1.
[3019] BGE 122 III 110, Erw. 4e, Bger v. 15.09.1999, JAR 2000, S. 91. Siehe dazu GEISER (Mindestlohn), S. 813 f., STREIFF/KAENEL, N 8 zu Art. 322 OR, PORTMANN, N 8 zu Art. 322,

15. Kapitel: Zwingende Inhaltsnormen und Generalklauseln als Schranke

3.2.4 Diskriminierungsverbot im Entsendegesetz

1507 Das *Entsendegesetz (EntsG)* wurde als Teil der so genannten flankierenden Massnahmen zum FZA mit dem Ziel erlassen, den einheimischen Arbeitsmarkt vor billigen Arbeitskräfte zu schützen[3020]. Hintergrund bildet die Befürchtung von Lohndumping durch den Wegfall der Kontrolle der Arbeitsverträge bei EU- und EFTA-Arbeitnehmenden[3021]. Nach Art. 121 Abs. 3 IPRG haben die Arbeitsvertragsparteien die Möglichkeit, den Einzelarbeitsvertrag dem Recht des Staates zu unterstellen, in dem der Arbeitnehmer seinen *gewöhnlichen Aufenthalt* hat. Aus diesem Grund hält das Entsendegesetz in Art. 2 EntsG fest, dass die Arbeitgeber den entsandten Arbeitnehmenden *minimale Arbeits- und Lohnbedingungen* garantieren. Diese Pflicht ist indes nach Rechtsquellen und nach Sachgebieten beschränkt. An Rechtsquellen nennt der Gesetzgeber Bundesgesetze, Verordnungen, allgemein verbindlich erklärte Gesamtarbeitsverträge und Normalarbeitsverträge nach Art. 360a OR. Zu den abschliessend aufgeführten Sachgebieten erwähnt der Gesetzgeber die «Nichtdiskriminierung, namentlich Gleichbehandlung von Frau und Mann». Weder in der Botschaft zum Entsendegesetz[3022] noch in der Literatur[3023] wird diese Bestimmung eingehend kommentiert. Im Kontext einer Entsendung ist damit wohl gemeint, dass der entsendende Arbeitgeber seine entsandten Arbeitnehmenden untereinander nicht diskriminieren darf und insbesondere an die *Vorschriften des Gleichbehandlungsgesetzes* GlG gebunden ist.

1508 Für die Durchsetzung eines allfälligen auf das EntsG gestützten Anspruchs auf Gleichbehandlung ist Art. 5 Abs. 2 i.V.m. Satz 1 Halbs. 2 EntsG einschlägig, wonach der Arbeitgeber «zivilrechtlich für die Nichteinhaltung der Mindestbedingungen nach Art. 2» haftet. Zwar beschränkt sich diese Haftung nach dem Gesetzestext auf Subunternehmen doch ist nach PORTMANN nicht einzusehen, weshalb dieselbe Haftung nicht auch für alle anderen Arbeitgeber gelten muss[3024].

[3020] DIETRICH, S. 19, PORTMANN (Freizügigkeitsabkommen), S. 15.
[3021] DIETRICH, S. 19, PORTMANN, (Freizügigkeitsabkommen), S. 16, STREIFF/VON KAENEL, N 8 zu Art. 322 OR, VON KAENEL, S. 111 f.
[3022] Botschaft zur Genehmigung der sektoriellen Abkommen zwischen der Schweiz und der EG, BBl 1999, 6121 ff.
[3023] Weder PORTMANN (Freizügigkeitsabkommen), S. 3 ff. noch DIETRICH, S. 14 ff. gehen auf diesen Punkt näher ein.
[3024] PORTMANN (Freizügigkeitsabkommen), S. 19.

3.3 Anspruch auf gleichen Lohn nach dem Heimarbeitsgesetz

Gemäss Art. 4 Abs. 1 des Heimarbeitsgsetzes (HArG) richtet sich der Lohn für Heimarbeit nach den im eigenen Betrieb für gleichwertige Arbeit geltenden Ansätzen oder nach den im betreffenden Wirtschaftszweig üblichen regionalen Ansätzen für ähnliche Arbeiten. Vor ungleicher Entlöhnung geschützt sind nur Heimarbeitende im Vergleich zu dem beim gleichen Arbeitgeber im Betrieb tätigen Arbeitgeber. Differenzierungen innerhalb der Heimarbeitenden schliesst das Gesetz nicht aus[3025].

Die Bestimmung wird in der Lehre[3026] und auch vom Bundesgericht regelmässig als Beispiel eines gesetzlichen Gleichbehandlungsgebotes aufgeführt[3027]. Die Bedeutung der Bestimmung darf nicht überschätzt werden. Soweit ersichtlich fehlt es vollständig an einschlägiger Rechtsprechung. Das mag auch damit zu tun haben, dass der Anwendungsbereich des Heimarbeitsgesetzes auf die gewerbliche und industrielle Heimarbeit beschränkt ist. Die heute verbreitete Bildschirmarbeit zu Hause ist somit nicht erfasst.

1509

1510

3.4 Diskriminierungsverbot im Gesetz über genetische Untersuchung am Menschen

Das Bundesgesetz über genetische Untersuchungen am Menschen (GUMG) regelt u.a. unter welchen Voraussetzungen genetische Untersuchungen im Arbeits-, Versicherungs- und Haftpflichtbereich durchgeführt werden dürfen (Art. 1 Abs. 1 GUMG). Der Geltungsbereich umfasst sowohl privat- als auch öffentlichrechtliche Arbeits- und Versicherungsverhältnisse

1511

Nach Art. 4 GUMG darf niemand aufgrund seines Erbgutes diskriminiert werden. Aus den Materialien wird erkennbar, dass es sich hier um eine Umsetzung des verfassungsrechtlichen Diskriminierungsverbotes und um eine Konkretisierung grundrechtlicher Schutzpflichten handelt[3028]. Der sachliche Anwendungsbereich des Diskriminierungsverbotes betrifft sämtlich Lebensbereiche und insbesondere Arbeits- und Versicherungsverhältnisse. Das Diskriminierungsverbot verbietet Arbeitgebenden, ganz generell, Arbeitnehmende aufgrund des Erbgutes zu diskriminieren[3029]. Darüber hinaus statuiert Art. 21 GUMG ein strenges Untersuchungs-, Offenlegungs- und Verwertungsver-

1512

[3025] GEISER (Gleichbehandlung), S. 42.
[3026] STREIFF/VON KAENEL, N 5 zu Art. 353a OR und N 6 zu Art. 342 OR, GEISER (Gleichbehandlung), S. 42, PORTMANN, N 2 zu Art. 322 OR und N 6 zu Art. 342 OR.
[3027] BGE 122 III 110, Erw. 4c.
[3028] Siehe zur Entstehungsgeschichte des Gesetztes PÄRLI (GUMG), S. 82.
[3029] MUND, S. 293 und Botschaft GUMG, BBl 2002, 7396.

bot. Von engen Ausnahmen[3030] abgesehen darf die Arbeitgeberin weder eine genetische Untersuchung verlangen noch muss der Arbeitnehmer über die Ergebnisse genetischer Untersuchungen informieren. Erfährt die Arbeitgeberin den genetischen Status doch, darf sie dieses Wissen nicht verwerten. Verstösse gegen diese Verbote werden verwaltungs- und strafrechtlich sanktioniert[3031].

1513 Das Diskriminierungsverbot aufgrund des Erbgutes gilt sowohl im Bereich autonomer Gestaltungsmacht der Arbeitgeberin (Anstellungsentscheid, Weisungsrecht, freiwillige Leistungen, Kündigung) wie für vertragliche Vereinbarungen, d.h., *jede vertragliche Schlechterstellung* eines Arbeitnehmers aufgrund seines *Erbgutes* ist unzulässig. Das Schlechterstellungsverbot betrifft insbesondere auch die regelmässig durch Kollektivkrankentaggeldversicherungen abgedeckte *Lohnfortzahlungspflicht bei krankheitsbedingter Arbeitsunfähigkeit* (Art. 324a Abs. 1-4 OR) und die *weitergehende berufliche Vorsorge*. Das GUMG regelt die Bedingungen, unter denen Versicherungen Informationen über den genetischen Status von Antragsstellenden verwerten dürfen. Art. 27 GUMG hält fest, Versicherungseinrichtungen dürften von antragsstellenden Personen weder die Offenlegung von Ergebnissen aus früheren präsymptomatischen genetischen oder pränatalen genetischen Untersuchungen noch solche Untersuchungen verlangen. Das Nachforschungs- und Verwertungsverbot gilt gestützt auf Art. 27 Abs. 1 Bst. b und c GUMG auch für Versicherungen, die *Lohnfortzahlungspflichten des Arbeitgebers bei Krankheit und Mutterschaft* betreffen sowie die *berufliche Vorsorge im obligatorischen und überobligatorischen* Bereich. Diese Verbotsnormen richten sich einerseits an die Versicherer andererseits aber auch an die Arbeitgebenden, soweit im Arbeitsvertrag bei der Taggeldversicherung oder in der weitergehenden beruflichen Vorsorge Risikoausschlüsse oder Leistungseinschränkungen aufgrund des genetischen Status vorgesehen sind.

[3030] Ausnahmen sind möglich, wenn eine bestimmte berufliche Tätigkeit mit einer genetischen Disposition wegen Selbst- oder Drittgefährdung nicht vereinbar ist, im Einzelnen siehe Art. 22 bis 25 GUMG.

[3031] Art. 25 GUMG sieht vor, dass die Durchführungsorgane des Arbeitsgesetzes bei Verstössen von Amtes wegen einschreiten müssen. Nach Art. 39 GUMG wird mit Gefängnis oder Busse bestraft, wer im Arbeitsbereich vorsätzlich gegen die Untersuchungsverbote oder gegen das Offenlegungs- und Verwertungsgebot verstösst.

3.5 Gleichbehandlungsansprüche aus unmittelbar anwendbaren Völkerrechts- und Verfassungsbestimmungen

Unumstrittenermassen kommt dem in Art. 8 Abs. 3 BV garantierten Anspruch auf gleichen Lohn für gleiche Arbeit unmittelbare Wirkung auch in privatrechtlichen Arbeitsverhältnissen zu[3032]. Art. 8 Abs. 3 BV ist deshalb als zwingende Inhaltsnorm des Privatrechts zu betrachten[3033] und verdrängt jede anderslautende vertragliche Abrede.

1514

Zu den zwingenden Inhaltsnormen des Privatrechts gehören nach der hier vertretenen Position auch diejenigen Diskriminierungsverbote in völkerrechtlichen Verträgen, denen unmittelbare Wirkung in privatrechtlichen Arbeitsverhältnissen zukommt. Wie im sechsten und neuen Kapitel herausgearbeitet wurde, lässt sich aus dem Internationalen Pakt über wirtschaftliche, soziale und kulturelle Recht (IPwskR) ein unmittelbarer und drittwirksamer Anspruch auf *gleiches Entgelt für gleiche Arbeit ohne Unterschied* aufgrund *der Rasse, der Hautfarbe, des Geschlechts, der Sprache, der Religion, der politischen oder sonstigen Anschauung, der nationalen oder sozialen Herkunft, des Vermögens, der Geburt oder des sonstigen Status* ableiten[3034]. Aus Art. 5 Bst. e Ziff. i der Rassendiskriminierungskonvention (RDK) ergibt ein ebenfalls ein unmittelbar anwendbarer drittwirksamer Anspruch auf gleiches Entgelt für gleiche Arbeit *ohne Unterschied der Rasse, der Hautfarbe, des nationalen Ursprunges oder des Volkstum*[3035]. Ein unmittelbar drittwirksamer Anspruch auf gleiches Entgelt für gleiche Arbeit für die Frauen lässt sich aus Art. 11 Abs. 1 Bst. d FDK ableiten[3036].

1515

Da es sich bei den gerade aufgeführten völkerrechtlichen Normen um zwingende Inhaltsbestimmungen des schweizerischen Privatrechts handelt, wird die vertragliche Vereinbarung eines diskriminierenden Lohnes mit Wirkung ab Vertragsbeginn durch den Anspruch auf gleichen Lohn ohne Unterschied der genannten Diskriminierungsmerkmale ersetzt.

1516

[3032] 8. Kapitel, 5.2Der Lohngleichheitsanspruch, S. 275 f.
[3033] So auch SUTTER, S. 121. Von Teilnichtigkeit der geschlechterdiskriminierenden Lohnabrede sprechen STREIFF/VON KAENEL, N 20 zu Art. 322 OR, STAEHLIN, N 30 zu Art. 322 OR,
[3034] Siehe dazu ausführlich im 6. Kapitel, II. Internationaler Pakt über wirtschaftliche, soziale und kulturelle Rechte, 3.2.2 Unmittelbarer und drittwirksamer Anspruch auf diskriminierungsfreies Entgelt und diskriminierungsfreie Arbeitsbedingungen, S. 130 f.
[3035] Siehe dazu ausführlich im 6. Kapitel, IV. Internationales Übereinkommen zur Beseitigung jeder Form von Rassendiskriminierung, 3.3.2 Entgeltgleichheit, S. 160 f.
[3036] Siehe dazu ausführlich im 6. Kapitel, V. Das Übereinkommen zur Beseitigung jeder Form von Diskriminierung der Frau, 3.2 Drittwirkung der Arbeitsrechte,. 173.

15. Kapitel: Zwingende Inhaltsnormen und Generalklauseln als Schranke

4. *Generalklauseln des Art. 19 Abs. 2 OR als Schranke vertraglicher Diskriminierung*

4.1 Die guten Sitten und die öffentliche Ordnung

4.1.1 Gemeinsamkeiten und Abgrenzung

1517 Die Generalklausel «die guten Sitten» enthält einen Verweis auf ausserrechtliche Werte[3037]. Das Bundesgericht bezeichnet Verträge als sittenwidrig, die gegen die herrschende Moral, d.h. «gegen das allgemeine Anstandsgefühl oder die der Gesamtrechtsordnung immanenten ethischen Prinzipien und Wertmassstäbe verstosse»[3038]. Die guten Sitten verweisen demzufolge auf grundlegende ethische Werte und Ansprüche, die das funktionierende Zusammenleben in einer Gesellschaft erfordern[3039]. Mit rechtlichen Normen allein lässt sich indes wünschbares ethisches Verhalten nicht durchsetzen[3040]. Die Vertragsparteien sind deshalb in ihrer Befugnis, den Inhalt eines Vertrages zu bestimmen, nicht nur durch Rechtsnormen, sondern auch durch Sozialnormen beschränkt[3041]. Die Respektierung der «guten Sitten» stellt eine solche *Sozialnorm* dar[3042]. Sozialnormen sind von der «öffentlichen Ordnung» abzugrenzen, die nach der hier vorliegenden Position ein eigenständiges Kontrollkriterium für die Bestimmung der Inhaltsschranken eines Vertrages darstellt. Unter der «öffentlichen Ordnung» sind Wertungsprinzipien der Rechtsordnung zu verstehen, die gesetzlich nicht explizit normiert oder nicht ausdrücklich klar konkretisiert sind[3043]. Eine vertragliche Vereinbarung ist demzufolge nichtig, wenn sie zwar nicht gegen eine ausdrücklich gesetzlich verankerte zwingende Norm verstösst, jedoch «rechtsimmanenten Ordnungsgedanken»[3044] widerspricht[3045].

[3037] ZUFFREY-WERRO, S. 39 ff.
[3038] BGE 132 III 455, Erw. 4.1, 129 III 604, Erw. 5.3, 123 III 101, Erw. 2, 115 II 232, Erw. 4a.
[3039] GAUCH/SCHLUP/SCHMID/REY, N 668, BUCHER (Obligationenrecht), S. 255.
[3040] HÜRLIMANN, S. 174.
[3041] HUGUENIN, N 33 zu Art. 19/20 OR.
[3042] HUGUENIN, N 34 zu Art. 19/20 OR.
[3043] BROGGINI, S. 93 ff., KRAMER, N 155 ff., KRAMER, N 24 zu Art. 19/20 OR:
[3044] KRAMER, N 155 zu Art. 19/20 OR.
[3045] BROGINI, S. 93 ff., ZUFFREY-WERRO, S. 114 ff, KRAMER, N 155.

4.1.2 Diskriminierung als Verstoss gegen die guten Sitten

Bei der Beurteilung der Frage, ob in einem Arbeitsvertrag vereinbarte Diskriminierung gegen die guten Sitten verstösst ist in einem ersten Schritt auf soziologische Studien abzustellen und im zweiten Schritt müssen die ermittelten Sitten *bewertet* werden; Grenze der Vertragsinhaltsfreiheit sind nicht die Sitten an sich, sondern die *guten* Sitten (die Sitte kann «Unsitte» sein[3046])[3047], es ist mit anderen Worten die relevante *Sozialnorm* zu ermitteln. Wie im dritten Kapitel dieser Studie gezeigt wurde, kommt Diskriminierung im Arbeitsbereich häufig vor[3048]. Die Europäische Union erhebt regelmässig Daten zur Wahrnehmung von Diskriminierung. Der grösste Teil der Befragten ist dabei der Ansicht, Diskriminierung sei ein sehr häufiges Phänomen[3049]. Weiter zeigt die Forschung auf, dass Vorurteile im Zusammenhang mit Diskriminierungsmerkmalen langlebig sind[3050]. Diskriminierung in der Arbeitswelt kann also durchaus als eine «Sitte» bezeichnet werden. Eine andere Frage ist, ob frei von Willensmängeln eingegangenen diskriminierenden Vertragsbestimmungen wegen eines Verstosses gegen die «guten Sitten» die Gültigkeit versagt werden solle. Verstösst solche Diskriminierung gegen «das allgemeine Anstandsgefühl»? Die Ungleichbehandlung aufgrund persönlicher Eigenschaften wird zweifellos von den meisten Menschen als ungerecht empfunden. Europäische Studien zeigen, dass diskriminierende Behandlung im Arbeitsleben von einer klaren Mehrheit der Bevölkerung abgelehnt wird[3051]. Wie weit dieses Unrechtsempfinden auch *vertraglich vereinbarte* Ungleichbehandlung umfasst, muss indessen offen bleiben[3052].

1518

4.1.3 Diskriminierung als Verstoss gegen die öffentliche Ordnung

Die Generalklausel «öffentliche Ordnung» bildet das Tor für die Berücksichtigung der Wertungen völker- und verfassungsrechtlicher Diskriminierungsschutzpotenziale für die Beurteilung diskriminierender Arbeitsverträge. Wie

1519

[3046] OSER/SCHÖNENBERGER, N 28 zu Art. 20 OR.
[3047] BUCHER (Obligationenrecht), S. 256, GÖKSU, N 578.
[3048] Siehe dazu im 3. Kapitel, S. 30 ff.
[3049] EUROPÄISCHE KOMMISSION (Eurobarometer 263), 4 ff.
[3050] Siehe z.B. zum Zusammenhang Vorurteile gegenüber älteren Menschen und Diskriminierung HÖPFLINGER/STUCKELBERGER, S. 14.
[3051] EUROPÄISCHE KOMMISSION (Eurobarometer 263), S. 20 ff.
[3052] So auch GÖKSU (Rassendiskriminierung), N 420, Fn 826. Göksu bejaht die Sittenwidrigkeit rassendiskriminierenden Vertragsinhaltes, wobei er auch Bezug nimmt auf die der Rechtsordnung immanenten Wert- und Ordnungsprinzipien. Nach der vorliegend vertretenen Position gehören diese zur öffentlichen Ordnung.

15. Kapitel: Zwingende Inhaltsnormen und Generalklauseln als Schranke

gezeigt wurde, sind völker- und verfassungsrechtliche Diskriminierungsverbote auf dieser Normstufe nur ganz ausnahmsweise unmittelbar in privaten Arbeitsverhältnissen anwendbar[3053]. Mit dem Abschluss und der Ratifikation völkerrechtlicher Menschenrechtsverträge hat sich die Schweiz in vielfältiger Weise zu einer aktiven Politik gegen Diskriminierung verpflichtet[3054]. Aus den meisten dieser Verpflichtungen lassen sich für die Individuen zwar keine unmittelbaren Rechte ableiten. Sowohl aus Art. 8 Abs. 2-4 BV[3055], den Übereinkommen Nr. 100 und 111 der IAO[3056] wie aus den beiden UN-Menschenrechtspakten[3057] (IPwskR und IPbpR), der RDK[3058], der FDK[3059] und der EMRK[3060] lässt sich indes ableiten, dass *Diskriminierung*[3061] *einem rechtsimmanenten Ordnungsgedanken* fundamental widerspricht.

1520 Es lässt sich demnach *ganz allgemein* festhalten: Arbeitsverträge mit diskriminierenden Inhalten stellen einen Verstoss gegen die «öffentliche Ordnung» dar. Der fragliche Vertragsinhalt wird von Vertragsbeginn weg mit der einschlägigen dispositiven Norm bzw. dem hypothetischen Parteiwillen ergänzt.

1521 Die obigen Ausführungen sind als Beitrag zu einem Konzept rechtlicher Bewältigung vertraglicher Diskriminierung zu verstehen. Es versteht sich von selbst, dass dieser Ansatz weiterer Operationalisierung bedarf.

[3053] Siehe dazu in den Kapiteln 5-8 und zusammenfassend im 9. Kapitel 1.3 Unmittelbare Drittwirkung – zwingende Inhaltsbestimmungen des Privatrechts, S. 296 f.
[3054] Siehe dazu zusammenfassend im 9. Kapitel, 1.1 Staatsgerichtete Verpflichtungen, S. 294 f.
[3055] Siehe dazu im 8. Kapitel, 4.1 Das Diskriminierungsverbot als Grundrecht, S. 262 ff. und 4.5 Übertragung auf privatrechtliche Arbeitsverhältnisse, S. 269 f.
[3056] Siehe dazu im 5. Kapitel, III. Gleichbehandlungs- und Diskriminierungsschutz der IAO, S. 91 ff.
[3057] Siehe dazu im 6. Kapitel, II. Internationaler Pakt über wirtschaftliche, soziale und kulturelle Rechte, S. 123 und III. Internationaler Pakt über bürgerliche und politische Rechte, S. 133 ff.
[3058] Siehe dazu im 6. Kapitel, IV. Internationales Übereinkommen zur Beseitigung jeder Form der Rassendiskriminierung, S. 145 ff.
[3059] Siehe dazu im 6. Kapitel, V. Das Übereinkommen zur Beseitigung jeder Form von Diskriminierung der Frau, S. 165 ff.
[3060] Siehe dazu im 7. Kapitel, II. Bedeutung der EMRK für den arbeitsrechtlichen Diskriminierungsschutz, S. 189 f.
[3061] Auch Diskriminierung in privaten Arbeitsverhältnissen.

4.2 Das Recht der Persönlichkeit

Das «Recht der Persönlichkeit» steht Verträgen entgegen, die eine *Bindung in einem höchstpersönlichen Bereich*[3062] oder eine *übermässige Bindung in zeitlicher und sachlicher Hinsicht* vorsehen. Dieses Schrankenmerkmal eignet sich besonders zur Feststellung, ob eine vertragliche Bindung, im Arbeitsverhältnis in diskriminierender Weise auf die Ausübung höchstpersönlicher Rechte zu verzichten, gegen die Inhaltsfreiheit verstösst.

1522

Gegen das Recht der Persönlichkeit der Arbeitnehmenden verstösst nach einem Urteil des Freiburger Kantonsgerichts eine Betriebsordnung, die bei krankheitsbedingter Arbeitsunfähigkeit ein Bonus-Malus-System vorsah. Arbeitnehmende, die während eines Jahres nicht krank waren, erhielten einen Bonus von 300 Franken, Arbeitnehmende mit mehr als drei Tagen Arbeitsunfähigkeit wurden mit einem Lohnabzug bestraft[3063]. Das Gericht kam zum Schluss, diese Bestimmung sei mit Blick auf Art. 27/28 ZGB und Art. 328 OR nichtig. Die Unzulässigkeit der Bindung kann darin gesehen werden, dass eine aus dieser Regelung folgende faktische Verpflichtung, nicht krank zu werden, einer Bindung gar nicht zugänglich ist. Alternativ kann in der Regelung auch eine übermässige Bindung in sachlicher Hinsicht gesehen werden. Eine *Diskriminierung* liegt in dieser Konstellation deshalb vor, weil gesundheitlich angeschlagene Arbeitnehmende im Vergleich zu gesunden Arbeitnehmenden wegen ihres Gesundheitszustandes benachteiligt werden.

1523

Weitere einschlägige arbeitsrechtliche Gerichtspraxis zu diskriminierenden Vertragsinhalten fehlt soweit ersichtlich. Aufschlussreich ist die Auseinandersetzung mit sozialversicherungsrechtlichen Entscheiden zur Frage zumutbarer Anpassung an die Erfordernisse eines Arbeitsplatzes. Das Eidgenössische Versicherungsgericht (EVG) erkannte in einem Entscheid im Jahre 1997, die arbeitslosenversicherungsrechtliche Pflicht zur Schadenminderung,- die Pflicht, eine vom Arbeitsamt zugewiesene zumutbare Arbeit anzunehmen - müsse hinter die Religionsfreiheit zurücktreten. Im konkreten Fall hatte die Versicherte bei der fraglichen Beschäftigung aus Sicherheitsgründen kein Kopftuch tragen dürfen[3064]. Gleich wurde entschieden bei einer Arbeitnehmerin brahmanischen Glaubens, der eine Arbeit zugewiesen wurde, bei der sie in Kontakt mit Fleisch und Fisch gekommen wäre, was ihr aus religiösen Grün-

1524

[3062] Zur Abgrenzung zwischen Art. 27 Abs. 2 ZGB und Art. 20 Abs. 1 siehe BGE 129 III 209, Erw. 2.2 und weiter vorne in diesem Kapitel, II. 1.2.3 Verhältnis Art. 19/20 OR, zu Art. 27 ZGB, S. 584 f.

[3063] Tribunal cantonal de l'Etat de Fribourg, Urteil vom 11. November 2002, JAR 2003, S. 235.

[3064] EVG, Urteil v. 02.06.1997, C 366/96 (ARV 1998 Nr. 47 S. 276).

15. Kapitel: Zwingende Inhaltsnormen und Generalklauseln als Schranke

den nicht erlaubt ist³⁰⁶⁵. Nicht geschützt hat das Bundesgericht demgegenüber den Taggeldanspruch eines Versicherten in der Invalidenversicherung, der sich im Rahmen einer Umschulung zum Masseur geweigert hatte, beim Patientenkontakt ein Hakenkreuz abzudecken. Der Mann machte geltend, er gehöre der Glaubensgemeinschaft des Jainismus an und das Hakenkreuz sei deren wichtigstes Zeichen. Das Bundesgericht entschied, das vom Beschwerdeführer erwartete Verhalten, nämlich das Abdecken der Tätowierungen während der Arbeitszeit, stelle lediglich eine geringe Einschränkung der Religionsfreiheit dar und könne deshalb von ihm verlangt werden³⁰⁶⁶.

1525 Die geschilderten Fälle beinhalten eine evident *sozial- und rechtspolitische Dimension*. In der Arbeitslosen- und Invalidenversicherung stellt sich die Frage, ob die staatliche Sozialversicherung ihre Leistungen einstellen darf, wenn eine Anstellung deshalb nicht zustande kommt, weil ein privater Arbeitgeber Anforderungen stellt, die eine versicherte Person aus religiösen oder weltanschaulichen Gründen nicht erfüllen will bzw. nicht erfüllen kann. Setzt man die Grenzen vertraglicher Inhaltsdiskriminierung eng, werden dem Arbeitgeber insoweit soziale Lasten aufgebürdet, als er bsw. negative Kundenreaktionen auf bestimmte Äusserlichkeiten seiner Mitarbeitenden zu tragen verpflichtet wird. Werden demgegenüber die Inhaltsschranken weit ausgesteckt, hat der Staat für die Folgekosten aufzukommen, sofern und soweit nicht die Freiheitssphäre der Individuen durch Erhöhung des Anpassungsdruckes eingeschränkt werden sollen.

4.3 Exkurs: Übervorteilung als Diskriminierungsschranke

1526 Merkmal eines Arbeitsvertrages mit diskriminierendem Inhalt besteht bsw. darin, dass mit Arbeitnehmenden bestimmter Herkunft schlechtere Bedingungen vereinbart werden. Nach Art. 21 OR kann ein Vertrag bei einem offenbaren Missverhältnis zwischen Leistung und Gegenleistung angefochten werden³⁰⁶⁷. Über dass offenbare Missverhältnis zwischen Leistung und Gegenleistung hinaus muss die benachteiligte Partei einen Schwächezustand aufweisen (Notlage, Unerfahrenheit oder Leichtsinn) und der Vertragspartner muss diese Schwächezustände ausbeuten. Das Eingehen eines Arbeitsvertra-

---

³⁰⁶⁵ EVG, Urteil v. 27.09.1996, C 145/94 (SVR 1997 ALV Nr. 90 S. 278)
³⁰⁶⁶ BGer v. 02.07.2008, 9C_301/2008, Erw. 5.1.
³⁰⁶⁷ Diese Bestimmung wird deshalb ebenfalls zu den Schranken der Inhaltsfreiheit gezählt. GAUCH/SCHLUP/SCHMID/REY, N 629, KRAMER, N 129 zu Art. 19/20 OR.

ges mit diskriminierendem Inhalt wird in der Regel eine Notlage darstellen[3068] und auch den Tatbestand der «Ausbeutung» erfüllen[3069].

Die kumulativ zu erfüllenden Voraussetzungen (offenbares Missverhältnis, Ausbeutung eines Schwächezustandes) nach Art. 21 OR ist dennoch nur in extremen Fällen geeignet, vertraglicher Inhaltsdiskriminierung einen Riegel zu schieben[3070]. In diesen Fällen wird indes regelmässig ohnehin ein sittenwidriger oder persönlichkeitsverletzender Vertragsinhalt vorliegen.

1527

[3068] Siehe Bger v. 26.03.2001, 4C.368/2000, Erw. 6.
[3069] GÖKSU (Rassendiskriminierung), N 391.
[3070] GÖKSU (Rassendiskriminierung), N 392.

Teil V: Zusammenfassende Ergebnisse

Im abschliessenden fünften Teil der Studie werden die wichtigsten Ergebnisse der vorangehenden Teile in angemessener Kürze zusammenfassend dargestellt. Auf Quellenangaben wird an dieser Stelle weitgehendst verzichtet und auf die umfangreichen Belege in den vorangehenden Kapiteln verwiesen.

16. Kapitel: Zusammenfassende Betrachtung völker-, verfassungs- und europarechtlicher Aspekte

I. Völkerrechtliche Verpflichtungen zum Schutz vor Diskriminierung

1. Die untersuchten Menschenrechtsverträge[3071]

Der Schutz vor Diskriminierung und der Anspruch auf Gleichbehandlung bildet seit Ende des Zweiten Weltkrieges fester Bestandteil des internationalen Menschenrechtsschutzes. Für das Arbeitsverhältnis relevante Diskriminierungsverbote finden sich *hauptsächlich* in folgenden multilateralen Menschenrechtsverträgen:

- Internationaler Pakt über die bürgerlichen und Politischen Rechte (IPbpR) vom 16. Dezember 1966,
- Internationalen Pakt über die wirtschaftlichen, sozialen und kulturellen Rechte (IPwskR) vom 16. Dezember 1966,
- Übereinkommen zur Beseitigung jeder Form von Diskriminierung der Frau (FDK) vom 18. Dezember 1979,
- Rassendiskriminierungskonvention (RDK) vom 21. Dezember 1965,
- Konvention über die Rechte von Menschen mit Behinderung vom 13. Dezember 2006,
- Internationale Konvention zum Schutz der Wanderarbeitnehmer und ihrer Familien vom 18. Dezember 1990,

---

[3071] Siehe 5. bis 7. Kapitel, S. 77 ff.

16. Kapitel: Betrachtung völker-, verfassungs- und europarechtlicher Aspekte

- Europäische Menschenrechtskonvention (EMRK) vom 4. November 1950,
- Zusatzprotokoll Nr. 12 zur EMRK vom 4.11.2000 (beinhaltet ein allgemeines Diskriminierungsverbot),
- die Europäische Sozialcharta (ESC) vom 18. Dezember 1961,
- Übereinkommen der Internationalen Arbeitsorganisation IAO Nr. 100 über die Gleichheit des Entgelts zwischen Frauen und Männern für gleichwertige Arbeit vom 29. Juni 1951 (IAO-Ü 100) und Nr. 111 über die Diskriminierung in Beschäftigung und Beruf vom 25. Juni 1958 (IAO-Ü 111).

1530 Mit Ausnahme der Europäischen Sozialcharta, dem Zusatzprotokoll Nr. 12 zur EMRK, der Konvention über die Rechte von Menschen mit Behinderung und der Konvention zum Schutz der Wanderarbeitnehmer und ihrer Familien hat die Schweiz alle genannten Abkommen ratifiziert.

2. *Diskriminierungsmerkmale*[3072]

1531 Der in den genannten völkerrechtlichen Verträgen verankerte Anspruch auf Gleichbehandlung ist Ausdruck der Konkretisierung menschlicher Würde, die gemäss Art. 1 der Allgemeinen Menschenrechtserklärung von 1948 allen Menschen gleichermassen zusteht.

1532 Die Analyse der verschiedenen Abkommenstexte zeigt die überragende Bedeutung der Diskriminierungsmerkmale *Rasse* und *Geschlecht*. Das Verbot der Rassendiskriminierung ist als Verbot, die Existenz von Menschenrassen zu konstruieren und zu verstehen und folglich als Absage an den biologischen Rassenbegriff. Männer wie Frauen können sich auf das Diskriminierungsmerkmal Geschlecht berufen. Die FDK dagegen schützt ausschliesslich die Frauen und trägt damit der gerade im Arbeitsbereich nachweislich grösseren Benachteiligung der Frauen Rechnung. Die Diskriminierungsmerkmale *Hautfarbe, nationale und soziale Herkunft, nationale Minderheit, Volkstum, nationaler Ursprung, Abstammung* und *Sprache* stehen regelmässig in engem Zusammenhang mit dem Merkmal Rasse. Seit langem anerkannt sind auch die Verbote der Diskriminierung aufgrund der *Religion* und *Weltanschauung* während die Merkmale *Alter, Behinderung* und *sexuelle Orientierung* erst in jüngerer Zeit Eingang in den internationalen Diskriminierungsschutzkanon gefunden haben. Einzig die Europäische Sozialcharta nennt ausdrücklich den Gesundheitszustand als verbotenes Diskriminierungsmerkmal. Besondere

---

[3072] Siehe dazu zusammenfassend im 9. Kapitel, S. 285 ff.

Erwähnung findet in verschiedenen Dokumenten der UN-Überwachungsorgane und der IAO-Ausschüsse jedoch die Notwendigkeit, Arbeitnehmende vor Diskriminierung aufgrund des *HIV-Status* zu schützen.

3. Diskriminierungsformen, Rechtfertigung und Anwendungsbereich der Diskriminierungsverbote[3073]

Die Diskriminierungsverbote sind als *Anknüpfungsverbote* ausgestaltet. Verpönt ist eine benachteiligende Ungleichbehandlung, die auf einem Diskriminierungsmerkmal gründet. Nach der Legaldefinition im Abkommen Nr. 111 der IAO (IAO-Ü 111) liegt eine Diskriminierung vor *bei einer Unterscheidung, Ausschliessung oder Bevorzugung aufgrund der Diskriminierungsgründe, die zu einer Beeinträchtigung der Gleichheit der Gegebenheiten oder der Behandlung in Beschäftigung und Beruf führt*. Anerkannt ist das Verbot sowohl der direkten wie der indirekten Diskriminierung und eine Diskriminierung kann sowohl durch Ungleichbehandlung wie auch durch die Gleichbehandlung tatsächlich unterschiedlicher Sachverhalte erfolgen. *Zulässig* und notwendig sind so genannte *positive Massnahmen* zur Förderung der tatsächlichen Gleichstellung. 1533

Nicht jede unterschiedliche Behandlung unter Anknüpfung an diskriminierungssensible Merkmale ist unzulässig. Die unterschiedliche Behandlung muss indes in den *Erfordernissen der Beschäftigung* begründet sein (so nach Art. 1 Ziff. 1 Bst. c IAO-Ü 111). Persönliche Präferenzen der Arbeitgeberin stellen keine anerkannten Rechtfertigungsgründe dar. 1534

Aus der Gesamtheit der Abkommen lässt sich eine Verpflichtung zu umfassendem Diskriminierungsschutz der Arbeitnehmenden in *sämtlichen Phasen eines privatrechtlichen Arbeitsverhältnisses* ableiten (Bewerbungsphase, Anstellung, vertraglich vereinbarte Anstellungsbedingungen, freiwillige Leistungen des Arbeitgebers, Weisungsrecht, Beförderungen, Entlassungen). Für die Überwachungsorgane der verschiedenen Menschenrechtsverträge hat der *Schutz vor Diskriminierung bei der Anstellung* eine besonders hohe Bedeutung. Die Vertragsstaaten müssen hierfür die notwendigen Massnahmen einschliesslich gesetzlicher Diskriminierungsverbote ergreifen. Ausdrücklich formuliert ist in den Vertragstexten der *Anspruch auf gleiches Entgelt für gleiche Arbeit ohne Unterschied* des *Geschlechts* (FDK, IPwskR) und ohne Unterschied der *Rasse* (RDK, IPwskR). 1535

[3073] Siehe dazu zusammenfassend im 9. Kapitel, S. 290ff.

4. Die staatliche Verpflichtungen[3074]

1536 Aus den völkerrechtlichen Verträgen erwachsen den Staaten Pflichten zu Umsetzung der (jeweiligen) Diskriminierungsverbote. Die internationale Menschenrechtsliteratur unterteilt diese Pflichten in drei Schichten:

- die Pflicht des Staates, die Menschenrechte nicht zu verletzen (obligations to respect),
- die Pflicht des Staates, die Menschenrechte zu schützen (obligations to protect),
- die Pflicht des Staates, die Menschenrechte zu verwirklichen (obligations to fulfil).

1537 Die völkerrechtlichen Diskriminierungsverbote untersagen den Vertragsstaaten die Vornahme jeder rechtlicher Diskriminierung («obligations to respect»). Als Arbeitgeber ist der Staat *unmittelbar* an die Diskriminierungsverbote gebunden. Weiter darf der *staatliche Gesetzgeber* beim Erlass zwingender und dispositiver Normen keine diskriminierenden Unterscheidungen vornehmen. Auch die Vertragspartner von Gesamtarbeitsverträgen sind unmittelbar an die Diskriminierungsverbote gebunden. Verpflichtet werden weiter die *rechtsanwendenden Behörden*. Sie haben die gesetzlichen Bestimmungen ohne Diskriminierung auszulegen und anzuwenden. Das betrifft namentlich, aber nicht nur, auf die im einfachen Gesetzesrecht enthaltenen Bestimmungen zum Persönlichkeitsschutz zu.

1538 Zu den «obligations to protect» gehört das Ergreifen wirksamer Massnahmen gegen die Diskriminierung in privatrechtlichen Arbeitsverhältnissen. Insofern müssen die *Staaten* für die *Drittwirkung der Diskriminerungsschutzbestimmungen* sorgen. Namentlich ist der Staat durch Art. 2 Abs. 1 Bst. d RDK verpflichtet, *unverzüglich* dafür zu sorgen, dass Private andere Private nicht bei der Ausübung der ihnen grundsätzlich zustehenden Arbeitsrechte aus rassendiskriminierenden Motiven stören bzw. ihnen die Ausübung dieser Rechte verweigern. Die Verankerung eines verfassungsrechtlichen Diskriminierungsverbotes genügt diesen Anforderungen nicht. Aus der Gesamtheit der für die Schweiz verbindlichen Menschenrechtsverträgen lässt sich klar ableiten, dass Arbeitnehmende in privaten Arbeitsverhältnissen umfassend vor Diskriminierung zu schützen sind.

1539 Bezüglich der «obligations to fulfil» ist der Staat gefordert, strukturgestaltend darauf hinzuwirken, dass Diskriminierung gar nicht entsteht bzw. die Folgen der Diskriminierung gemildert werden. Besonders stark ist die Verpflichtung

---

[3074] Siehe dazu zusammenfassend im 9. Kapitel, II. Umsetzungspflichten und ihre Adressaten, S. 294 ff.

in der FDK verankert; diese fordert von den Vertragsstaaten die unverzügliche Verwirklichung *materieller Gleichheit* der Frauen.

5. Durchsetzung und Umsetzung völkerrechtlicher Diskriminierungsverbote[3075]

Die von der Schweiz ratifizierten völkerrechtlichen Abkommen stellen geltendes Recht dar, das von Behörden aller Stufen angewendet werden muss. Wieweit *innerstaatlich* der in den völkerrechtlichen Abkommen verankerte Schutz vor Diskriminierung gerichtlich durchgesetzt werden kann, hängt davon ab, ob die einschlägige völkerrechtliche Bestimmung *unmittelbar anwendbar* oder *nicht unmittelbar anwendbar* ist (self-executing oder non-self-executing). Nach ständiger Rechtsprechung des Bundesgerichts ist eine Bestimmung unmittelbar anwendbar, die hinreichend klar und bestimmt ist, um im Einzelfall Grundlage eines Entscheides zu bilden. Nicht unmittelbar anwendbar sind dagegen Normen, die lediglich ein Programm beschreiben oder Richtlinien für die Gesetzgebung der Vertragsstaaten oder einen ausdrücklichen Gesetzesauftrag beinhalten. Nicht unmittelbar anwendbare Programmnormen für einen wirksamen Diskriminierungsschutz behalten ihren verbindlichen Charakter, die Staaten sind verpflichtet, die völkerrechtlichen Programmnormen in ihrem nationalen Recht umzusetzen. Bei einem *säumigen Gesetzgeber* postuliert die Lehre eine *innerstaatliche Justiziabilität* dieser Gesetzgebungsaufträge. Das Versäumen des Gesetzgebers wird auch als passive Diskriminierung bezeichnet und es wird daraus ein *subjektives Recht auf Schutz* abgeleitet.

1540

Die innerstaatliche Geltung völkerrechtlicher Normen ist von der rechtlichen *Durchsetzung innerhalb der Völkerrechtsgemeinschaft* zu trennen. Zur Durchsetzung völkerrechtlicher Gleichheits- und Diskriminierungsschutznormen hat die Staatengemeinschaft ein komplexes Kontrollsystem entwickelt (Staatenbeschwerden, Staatenberichtsverfahren, Individualbeschwerdeverfahren). Bei den Abkommen IAO-Ü 100 und 111 erfolgt die völkerrechtliche Durchsetzung durch ein Staatenberichtsverfahren. Die zuständigen Überwachungsorgane der IAO haben sich wiederholt *kritisch zum Stand der Umsetzung* der beiden Abkommen geäussert. Sämtliche UN-Konventionen und die ESC kennen das Staatenberichtsverfahrens, bei der RDK, der FDK und dem IPbpR haben Rechtsuchende die Möglichkeit, ihre Sache dem zuständigen Ausschuss vorzulegen (Individualbeschwerdeverfahren). Die Überwachungsorgane der UN-Konventionen bedauern den Vorbehalt gegen-

1541

[3075] Siehe dazu zusammenfassend im 9. Kapitel, II. Umsetzungspflichten und ihre Adressaten, S. 294 ff.

16. Kapitel: Betrachtung völker-, verfassungs- und europarechtlicher Aspekte

über dem allgemeinen Diskriminierungsverbot in Art. 26 IPbpR und äussern eine gewisse Unzufriedenheit mit dem Niveau der gesetzlichen Verankerung des Diskriminierungsschutzes in der Schweiz.

6. Schutz der Vertragsfreiheit als Schranke der Diskriminierungsverbote[3076]

1542 Der Schutz der Vertragsfreiheit ist in keinem der untersuchten Menschenrechtsabkommen ausdrücklich verankert. Einzig aus der EMRK lässt sich ein Schutz der arbeitsvertraglichen Vertragsfreiheit aus Art. 8 EMRK und aus dem Zusatzprotokoll Nr. 1 zum Eigentumsschutz ableiten. Eingriffe in die Konventionsgarantie der Vertragsfreiheit bedürfen daher einer gesetzlichen Grundlage, eines öffentlichen Interesses und müssen verhältnismässig ausgestaltet sein.

II. Verfassungsrechtliche Dimension: Dynamisches Verhältnis zwischen Vertragsfreiheit und Diskriminierungsschutz[3077]

1543 Art. 8 Abs. 2 BV enthält eine nicht abschliessende Liste mit neun die Identität des Menschen bestimmenden oder zumindest prägenden Merkmalen wie dem Geschlecht, der Herkunft, der Rasse oder der weltanschaulichen oder politischen Überzeugung. Eine Diskriminierung liegt nach der bundesgerichtlichen Rechtsprechung vor bei *einer qualifizierten Art der Ungleichbehandlung* von Personen in *vergleichbaren Situationen*, die eine *Benachteiligung* eines Menschen bewirkt, die als *Herabwürdigung* oder *Ausgrenzung* einzustufen ist, weil sie an ein Unterscheidungsmerkmal anknüpft, das einen wesentlichen und nicht oder nur schwer aufgebbaren Bestandteil der Identität der betreffenden Person ausmacht[3078]. Alle Diskriminierungskriterien bezwecken den Schutz menschlicher Integrität und sind *als solche* gleichwertig. Ob für eine Ungleichbehandlung ein Anknüpfen an ein Diskriminierungsmerkmale zulässig ist, hängt von der konkreten Sachfrage und von nach der im Lichte der gesamten Rechtsordnung zu prüfenden Rechtfertigungsgründen ab.

[3076] Siehe dazu im 7. Kapitel, III. Gewährleistung der Vertragsfreiheit durch die EMRK, S. 205 ff.
[3077] Siehe dazu das 8. Kapitel, S. 214 ff.
[3078] BGE 126 II 377, Erw. 6a. Siehe dazu ausführlich Teil II. 7. Kapitel, 4.2 Die (sich entwickelnde) Diskriminierungsschutzdoktrin, S. 263.

Über das in Art. 8 Abs. 2 BV verankerte *Diskriminierungsverbot* hinaus sind 1544
auch einzelne *Freiheitsrechte* wie das Recht auf Meinungsfreiheit oder die
Religionsfreiheit sowie das Recht auf Datenschutz geeignet, Arbeitnehmenden *Schutz vor benachteiligender Ungleichbehandlung* zu gewähren.

Soweit sich Arbeitnehmende unmittelbar auf diese Grundrechtspositionen 1545
berufen können sollen, stellt sich die Problematik der *Drittwirkung* verfassungsrechtlicher Grundrechte. Sowohl Arbeitnehmende wie auch Arbeitgebende sind grundsätzlich Träger von Grundrechten. Eine direkte Drittwirkung der Grundrechte hätte zur Folge, dass private Arbeitgebende gegenüber den Arbeitnehmenden grundrechtsverpflichtet würden. Aus Arbeitgeberperspektive würde damit der abwehrrechtliche Charakter der Grundrechte relevant. Durch die Grundrechtsverpflichtung würde nämlich in Grundrechte des Arbeitgebers, namentlich die Wirtschaftsfreiheit (Art. 27 BV, siehe sogleich ausführlich), eingegriffen. Nach der in dieser Studie vertretenen Position sind Grundrechte *Abwehrrechte*, eine direkte Drittwirkung wird abgelehnt. Ein vermeintliche Ausnahme betrifft den Anspruch auf gleichen Lohn für gleiche Arbeit ohne Unterschied des Geschlechts (Art. 8 Abs. 3 BV). Bei richtigem Verständnis handelt es sich hier um eine *zwingende Inhaltsnorm des Privatrechts*. Der Verfassungsgeber hat die Privatrechtsordnung ergänzt. Bei diesem Verständnis ist die Drittwirkungsterminologie entbehrlich. Auch der Begriff der mittelbaren Drittwirkung der Grundrechte ist entbehrlich. Das darin enthaltende Postulat der grundrechtskonformen Auslegung ergibt sich bereits aus der verfassungskonformen Auslegung.

Nach Art. 35 Abs. 3 BV sorgen die Behörden dafür, dass Grundrechte, soweit 1546
sie sich dazu eignen, auch unter Privaten wirksam werden. Das Diskriminierungsverbot ist für die Übertragung auf private Verhältnisse und namentlich auch auf das Arbeitsverhältnis grundsätzlich geeignet. Die Übertragung hat einerseits durch die rechtsanwendenden Behörden auf dem Wege der verfassungskonformen Auslegung namentlich der Generalklauseln in Art. 2, 27/28 ZGB, Art. 324a OR, 328 OR, Art. 336 Abs. 1 Bst. a und Art. 337 OR und andererseits durch den Gesetzgeber durch Erlass von (weitergehenden) Diskriminierungsschutznormen zu erfolgen. Die Verpflichtung zum Diskriminierungsschutz ergibt sich auch aus den grundrechtlichen *Schutzpflichten*. Eine Verletzung der grundrechtlichen Schutzpflicht ist nach einem Teil der Lehre gegenüber dem Staat einklagbar. Sofern und soweit die geltende Rechtsordnung keinen wirksamen Schutz gegen Diskriminierungen im privatrechtlichen Arbeitsverhältnis vorsieht und der Gesetzgeber nicht für Abhilfe sorgt, liegt eine *Schutzpflichtverletzung* vor.

Zu beachten gilt es indes die Vertragsfreiheit. Die *arbeitsvertragliche Ver-* 1547
tragsfreiheit ist Teil der in Art. 27 BV geschützten Wirtschaftsfreiheit. Gesetzliche und behördliche Massnahmen zum Schutz vor Diskriminierung im privatrechtlichen Arbeitsverhältnis dürfen dem *Grundsatz der Wirtschafts-*

freiheit nicht widersprechen, müssen wettbewerbsneutral ausgestaltet sein und den *Anforderungen an Grundrechtseingriffe nach Art. 36 BV* genügen. Massnahmen zum Schutze vor Diskriminierung und zur Gleichstellung im Arbeitsverhältnis wären dann als Abweichung vom Grundsatz der Wirtschaftsfreiheit zu qualifizieren, wenn damit eine staatliche Wirtschaftslenkung bezweckt werden sollte. Quotenregelungen verstossen nicht gegen den Grundsatz der Wirtschaftsfreiheit, da Quoten ein Mittel darstellen, um bisher benachteiligten Gruppen von Arbeitnehmenden die Integration in den Arbeitsmarkt zu ermöglichen. Soweit die Wettbewerbsteilnehmenden grundsätzlich in gleichem Masse durch eine solche Regelung belastet werden, ist sie systemkonform und wettbewerbsneutral. Grundsatzkonforme und wettbewerbsneutrale Diskriminierungsschutzmassnahmen bedürfen einer ausreichenden gesetzlichen Grundlage, müssen im öffentlichen Interesse und verhältnismässig sein und dürfen den Kerngehalt der Wirtschaftsfreiheit nicht verletzen. Ein massvolles, marktwirtschaftlich ausgerichtetes und von effektiven Unterstützungs- und Sensibilisierungsprogrammen begleitetes Antidiskriminierungsrecht steht nicht im Widerspruch zum Grundsatzentscheid für eine freiheitliche Wirtschaftsordnung und auch nicht zur Vertragsfreiheit.

III. Die wichtigsten Erkenntnisse aus der völker- und verfassungsrechtlichen Analyse

1. Unmittelbar anwendbar und drittwirksame völkerrechtliche Diskriminierungsbestimmungen

1548 Aus den völkerrechtlichen Menschenrechtsverträgen und aus der Verfassung werden den einzelnen Arbeitgebenden *nur ganz ausnahmsweise* justiziable Pflichten zum Schutz vor Diskriminierung auferlegt. Hinreichend klar und bestimmt um im Einzelfall Grundlage eines Entscheides bilden zu können (Formel des Bundesgerichts zur Bestimmung der unmittelbaren Anwendbarkeit einer völkerrechtlichen Norm) sind die folgenden Bestimmungen:
- Art. 7 Bst. 1 IPwskR in Verb. mit Art. 2 IPwskR, Anspruch auf gleichen Lohn für gleichwertige Arbeit ohne Unterschied der Rasse, der Hautfarbe, des Geschlechts, der Sprache, der Religion, der politischen oder sonstigen Anschauung, der nationalen oder sozialen Herkunft, des Vermögens, der Geburt oder des sonstigen Status,
- Art. 5 Bst. e Ziff. i RDK, Anspruch auf gleiches Entgelt bei gleicher Arbeit ohne Unterschied der Rasse, der Hautfarbe, des nationalen Ursprunges oder des Volkstums,

- Art. 11 Abs. 1 Ziff. d FDK, Anspruch auf gleiches Entgelt einschliesslich sonstiger Leistungen und Gleichbehandlung der Arbeitsqualität.

Anerkanntermassen handelt es sich bei Art. 8 Abs. 3 Satz 3 (Anspruch auf gleichen Lohn für Mann und Frau bei gleichwertiger Arbeit) ebenfalls um eine unmittelbar in privatrechtlichen Arbeitsverhältnissen anwendbare Bestimmung.

Diese unmittelbar anwendbaren Normen ergänzen die Privatrechtsordnung, es handelt sich somit um *zwingende Inhaltsnormen des Arbeitsvertragsrechts*.

2. *Rechtsfolgen passiver Diskriminierung*

Sofern und soweit der Staat durch die Ausgestaltung der Rechtsordnung den Arbeitgebenden die Freiheit gibt, Stellenbewerbende und Arbeitnehmende zu diskriminieren, ohne dass letztere adäquaten Rechtsschutz erfahren, liegt eine dem Staat zurechenbare *(passive) Diskriminierung* vor. Unter den folgenden vier restriktiv auszulegenden Voraussetzungen ist Privaten gegen eine *passive* Diskriminierung des Staates Rechtsschutz zu gewähren:

- in einem privatrechtlichen Arbeitsverhältnis liegt eine diskriminierende Ungleichbehandlung vergleichbarer Sachverhalte oder eine diskriminierende Gleichbehandlung nicht vergleichbarer Sachverhalte vor,
- es besteht eine eindeutige völker- und verfassungsrechtliche, staatliche Pflicht, für den fraglichen Lebenssachverhalt für wirksamen Schutz vor Diskriminierung unter Privaten zu sorgen,
- es besteht keine unmittelbar auf den Fall anwendbare völker- oder verfassungsrechtliche Regel, die es dem Gericht erlaubten würde, diese Regel als zwingende Inhaltsnorm des Privatrechts anzuwenden (unmittelbare Drittwirkung),
- die völker- und verfassungskonforme Auslegung des anwendbaren einfachen Gesetzesrechts ermöglicht keine sachgerechte Lösung des Falles.

Sind diese vier Voraussetzungen erfüllt, liegt eine Verletzung von Art. 8 Abs. 2 BV vor. Mit einer staatlichen Schadenersatzpflicht ist dem Rechtsschutzinteresse des Diskriminierungsopfers Rechnung getragen, ohne dass dabei die Diskriminierungstäter für das staatliche Versagen (nicht umgesetzte Verpflichtung) in die Verantwortung zu ziehen sind.

Nach einer in der jüngeren Lehre vertretenen Position kann das Gericht bei vom Gesetzgeber nicht oder nicht ausreichend wahrgenommenen völker- und verfassungsrechtlicher Pflichten zum Schutz vor Diskriminierung in privaten Verhältnissen *rechtsfortbildend* tätig werden und im konkreten Fall die

Schutzlücke durch einen Einzelfallentscheid schliessen. Im Unterschied zur Staatshaftung als Folge nicht verwirklichten Schutzes werden damit *Private durch richterliche Rechtsfortbildung* verpflichtet. Diese richterliche Rechtsfortbildung ist zulässig, wenn die oben erwähnten vier Voraussetzungen staatlicher Haftung bei passiver Diskriminierung gegeben sind und darüber hinaus die folgende fünfte Voraussetzung vorliegt:

- die in Frage kommende(n) völker- oder verfassungsrechtliche Norm(en) ist (sind) zwar nicht unmittelbar anwendbar, jedoch lässt sich die richterliche Regel zur Lösung des Falles weitgehendst aus den völker- und verfassungsrechtlichen Vorgaben ableiten.

1554 Die im nächsten Kapitel zusammenfassend dargestellte Untersuchung der Ausgestaltung des heute geltenden privatrechtlichen Diskriminierungsschutzes wird zeigen, ob Raum und Notwendigkeit für eine staatliche Haftpflicht wegen passiver Diskriminierung bzw. für eine richterliche Rechtsfortbildung bestehen.

IV. Diskriminierungsschutzrecht des Europäischen Gemeinschaftsrechts

1. *Übersicht zum arbeitsrechtlichen Diskriminierungsschutz*[3079]

1555 Die für das privatrechtliche Arbeitsverhältnis massgebenden Gleichheitsrechte sind im Gemeinschaftsrecht in unterschiedlichen Rechtsquellen verankert, garantieren ungleiches Schutzniveau vor Ungleichbehandlung und basieren auf unterschiedlichen Motiven. Ein wichtiger Unterschied des europarechtlichen Diskriminierungsschutzes im Vergleich zum Schutz im Arbeitsvölkerrecht bildet das Diskriminierungskriterium «Staatsangehörigkeit». Im mehrheitlich menschenrechtlich geprägten völkerrechtlichen Verträgen des Arbeitsvölkerrechts ist das Kriterium der Staatsangehörigkeit nicht unter den Diskriminierungskriterien aufgeführt oder sogar ausdrücklich von den Diskriminierungskriterien ausgenommen. Im Gemeinschaftsrecht dagegen bildet das *Verbot der Diskriminierung aufgrund der Staatsangehörigkeit* den Anfang und eigentlichen Dreh- und Angelpunkt des Diskriminierungsschutzes. Das Diskriminierungsverbot gestaltet sich hier nicht «nur» als menschenrechtliches Grundrecht sondern als «wirtschaftliche» Grundfreiheit. Die vier Grundfreiheiten (freier Waren-, Personen-, Dienstleistungs- und Kapitalverkehr) bilden das Kernstück zur Erreichung des Gemeinsamen Marktes als eines der wichtigsten Gemeinschaftsziele. Die Personenfreizügigkeit als eine

---

[3079] Siehe dazu im 10. Kapitel, S. 305 ff.

der Grundfreiheiten kann nur funktionieren, wenn die Mitgliedstaaten EU-Bürger und Bürgerinnen nicht aufgrund ihrer Staatsangehörigkeit diskriminieren dürfen. Die Personenverkehrsfreiheit hat jedoch auch eine soziale Komponente, die europäischen Wirtschaftsbürger/innen sind auch europäische Sozialbürger/innen.

Alle arbeitsrechtlichen Gleichbehandlungsgebote und Diskriminierungsverbote zeichnen sich durch *wirtschaftliche und soziale Zielsetzung* aus. Das gilt sowohl für die Arbeitnehmerfreizügigkeit gemäss Art. 39 EGV wie auch für die Entgeltgleichheit nach Art. 141 EGV. In den gestützt auf Art. 13 EGV erlassenen Rahmenrichtlinien zur Verwirklichung der Gleichbehandlung in Beschäftigung und Beruf sind soziale, *menschenrechtliche* und auch wirtschaftliche Motiven erkennbar. 1556

2. Diskriminierungsschutz im Rahmen der Arbeitnehmerfreizügigkeit[3080]

Europäische Wanderarbeitnehmende sind durch das Gemeinschaftsrecht und Assoziationsabkommen mit Drittstaaten umfassend vor Diskriminierung aufgrund der Staatsangehörigkeit sowohl durch staatliche Behörden wie Arbeitgeber geschützt. Gemäss der Rechtsprechung des EuGH sind Private, sowohl kollektive Akteure wie Verbände als auch einzelne Arbeitgeber an das Diskriminierungsverbot gebunden. Verboten sind die unmittelbare und die mittelbare Diskriminierung. Bei *unmittelbarer Diskriminierung* erfolgt eine unterschiedliche Behandlung unter direkter Anknüpfung an die Staatsangehörigkeit. Eine *mittelbare Diskriminierungen* liegt insbesondere bei unterschiedlicher Behandlung unter Anknüpfung an Kriterien wie «Wohnsitz», «Aufenthaltsort», «Dienstjahre» oder «Ort des Qualifikationserwerbs» vor. Mittelbare Diskriminierungen sind *rechtfertigungsfähig*. Über das Diskriminierungsverbot hinaus sind Massnahmen verboten, die geeignet sind, Staatsangehörige eines Mitgliedstaates davon abzuhalten, die Arbeitnehmerfreizügigkeit in Anspruch zu nehmen. Dieses *Beschränkungsverbot* verschafft dem EuGH die Möglichkeit, nationale Rechtsvorschriften und Regelungen von Verbänden auf «freizügigkeitshemmende Auswirkungen» zu überprüfen. 1557

Diskriminierungs- und Beschränkungsverbot entfalten ihre Wirkung beim Zugang zum Arbeitsmarkt und im Lebenszyklus eines Arbeitsverhältnisses (Einstellung, Beschäftigung, Entlassung). Erfasst sind vertraglich vereinbarte diskriminierende Bestimmungen, freiwillige Leistungen der Arbeitgeber und von diesem angeordnete Weisungen. 1558

[3080] Siehe dazu im 11. Kapital, S. 334 ff.

Die arbeitsrechtlichen Gleichbehandlungsgebote des Freizügigkeitsabkommen der Schweiz mit der EU und ihren Mitgliedstaaten (FZA) stimmen im Grundsatz mit dem «Gleichbehandlungskanon» der gemeinschaftsrechtlichen Arbeitnehmerfreizügigkeit überein. In der Schweiz tätige Arbeitgeber dürfen europäische Wanderarbeitnehmer/innen weder vom Bewerbungsverfahren ausschliessen noch darf der finale Selektionsentscheid des Arbeitgebers durch die (EU und EFTA) Staatsangehörigkeit der Bewerbenden motiviert sein. Auch während des Arbeitsverhältnisses und im Zusammenhang mit Kündigungen ist jede Benachteiligung der EU-Arbeitnehmenden im Verhältnis zu inländischen Arbeitnehmenden untersagt.

3. Schutz vor Diskriminierung aufgrund des Geschlechts[3081]

1559 Der Stellenwert *geschlechtsspezifischer Arbeitsgleichheitsrechte* ist ausserordentlich hoch. Arbeitsspezifische Gleichheitsrechte finden sich in der (noch) unverbindlichen Europäischen Grundrechtscharta und in der unverbindlichen Gemeinschaftscharta der sozialen Grundrechte der Arbeitnehmer und die Entgeltgleichheit stellt ein Gemeinschaftsgrundrecht dar. Primärrechtlich ist der Anspruch auf gleiches Entgelt bei gleicher und gleichwertiger Arbeit in Art. 141 EGV verankert und unmittelbar in öffentlichen wie in privaten Arbeitsverhältnissen anwendbar. Die Verwirklichung der Gleichbehandlung und Gleichstellung in den Bereichen *ausserhalb des Entgeltes* obliegt den Mitgliedstaaten, die entsprechende Richtlinien umzusetzen haben. Damit sind Arbeitnehmende sowohl in privatrechtlichen wie in öffentlichrechtlichen Arbeitsverhältnissen während des *ganzen Lebenszyklusses eines Arbeitsverhältnisses* – Bewerbungsphase, Einstellungsentscheid, Entgelt, übrige Arbeitsbedingungen, Entlassung – umfassend vor Diskriminierung aufgrund des Geschlechts geschützt. Darüber hinaus sind die Mitgliedstaaten zur *Verwirklichung der Gleichstellung* von Frauen und Männern im Arbeitsleben verpflichtet.

1560 Die *Beweislastumkehr* ist ein wirksames Mittel zur Durchsetzung der Ansprüche auf Entgeltgleichheit und Diskriminierungsschutz. Noch kein klares Bild ergibt sich aus der bisherigen Rechtsprechung zur Frage, was der EuGH unter den in der Gleichbehandlungsrichtlinie 76/207/EWG geforderten wirksamen, abschreckenden und verhältnismässigen Sanktionen versteht. Diese Frage wird sich künftig auch bei den «neuen» arbeitsrechtlichen Diskriminierungsverboten in den RL 2000/78/EG und 2000/43/EG stellen. Die bisherigen *Quotenentscheide* des EuGH sind Ausdruck eines eher formalen Gleichheitsverständnisses. Eine starre Quote ohne Öffnungsklausel hat vor dem Ge-

---

[3081] Siehe dazu im 12. Kapitel, S. 379 ff.

Teil V: Zusammenfassende Ergebnisse

richtshof keine Chance. Zulässig sind zielgerichtete und verhältnismässige Fördermassnahmen, die auch zeitlich limitierte Quoten beinhalten können.

Die *arbeitsrechtlichen Diskriminierungsschutz- und Gleichstellungsnormen* haben für private Arbeitgeber weit reichende Folgen. Der Entgeltgleichheitsgrundsatz ist unmittelbar auf alle Arbeitsverhältnisse anwendbar und die Mitgliedstaaten werden durch die Gleichbehandlungsrichtlinie 76/207/EWG zu umfassenden, auch in privaten Arbeitsverhältnissen wirkenden gesetzlichen Diskriminierungsschutznormen verpflichtet. 1561

Weder Art. 141 EGV noch die Gleichbehandlungsrichtlinien sind in der *Schweiz unmittelbar anwendbar.* Die Rechtssprechung des Schweizerischen Bundesgerichts zum Gleichstellungsrecht ist dennoch massgeblich durch die gemeinschaftsrechtliche Rechtslage zur Geschlechtergleichheit geprägt worden. In *beiden Rechtsordnungen* sind Gleichbehandlungsgebote bzw. Diskriminierungsverbote grundsätzlich als Anknüpfungsverbote zu verstehen, von denen nur unter bestimmten Voraussetzungen abgewichen werden darf. Unterschiede zeigen sich weiter bei der *indirekten Diskriminierung*, der Frage der *Zulässigkeit der Quoten* und der *Beweislast*. Die Rechtfertigung einer *indirekten Diskriminierung* ist sowohl im Gemeinschaftsrecht wie im schweizerischen Recht anerkannt. Unterschiede zeigen sich bei der Prüfung der Rechtfertigung. Der EuGH verlangt eine zweistufige Prüfung: Erstens muss ein objektiver Grund vorliegen und zweitens muss die fragliche Massnahme verhältnismässig sein. Das Bundesgericht lässt demgegenüber häufig bereits sachliche Gründe für die Rechtfertigung von Lohnunterschieden genügen und führt nicht noch eine Verhältnismässigkeitsprüfung durch. 1562

4. *Diskriminierungsschutz nach den Beschäftigungsrichtlinien 2000/78/EG und 2000/43/EG*[3082]

Mit dem Amsterdamer Vertrag wurde in Art. 13 EGV eine ausdrückliche Rechtsgrundlage der Gemeinschaft zum Erlass von Bestimmungen zum Diskriminierungsschutz geschaffen. Die Beschäftigungsrichtlinien 2000/78/EG und 2000/43/EG bauen auf den Entwicklungen im Bereich der Geschlechtergleichheit auf. Mit der revidierten RL 76/207/EWG gelang die Harmonisierung im sekundärrechtlichen das Arbeitsverhältnis betreffenden Diskriminierungsschutzstandard. In *allen Phasen des Arbeitsverhältnisses* besteht ein einheitlicher gemeinschaftsrechtlicher Anspruch auf Schutz vor benachteiligender Ungleichbehandlung wegen den Merkmalen *Geschlecht, Rasse, ethnische Herkunft, Religion und Weltanschauung, Behinderung, Alter und sexuel-* 1563

[3082] Siehe dazu im 13. Kapitel, S. 430 ff.

le Orientierung. Die Richtlinien schaffen einen *gemeinsamen europäischen Standard an arbeitsrechtlichem Gleichheitsschutz, der insbesondere vor den Toren privatrechtlicher Vertragsfreiheit nicht halt macht* bzw. die Vertragsfreiheit durch Diskriminierungsschutz für bisher benachteiligte Personengruppen ermöglichen will.

1564 Als Nicht-EU-Mitglied sind die 2000er Richtlinien für die Schweiz nicht anwendbar. Während etwa Norwegen als Nicht-EU-Mitglied die Antidiskriminierungsrichtlinien freiwillig umgesetzt hat, ist ein solcher autonomer Nachvollzug von der Schweiz angesichts der starken politischen Widerstände gegen eine Verstärkung des Diskriminierungsschutzes in absehbarer Zukunft nicht zu erwarten.

17. Kapitel: Inhalt und Grenzen des arbeitsrechtlichen Diskriminierungsverbotes

I. Allgemeines Diskriminierungsverbot

1. Herleitung und Inhalt[3083]

Ausgangspunkt der Studie bildete die Frage, wie Arbeitnehmende im privatrechtlichen Arbeitsverhältnis vor Diskriminierung geschützt sind und welche Tragweite dem arbeitsrechtlichen Gleichbehandlungsgrundsatz zukommt. Eine Diskriminierung liegt dann vor, wenn Arbeitnehmende aufgrund eines bestimmten Persönlichkeitsmerkmals in vergleichbaren Situationen benachteiligt werden, ohne dass für diese unterschiedliche Behandlung Rechtfertigungsgründe geltend gemacht werden können.

Die bisherigen Ausführungen, namentlich im 14. und 15. Kapitel, führen zur Feststellung, dass das schweizerische Recht ein *allgemeines arbeitsrechtliches Diskriminierungsverbot* kennt, dass sich auf Art. 2 und 28 ZGB, Art. 328 und 328b OR sowie auf Art. 336 OR stützt und damit Arbeitnehmende im ganzen Lebenszyklus eines Arbeitsverhältnisses vor Diskriminierung schützt. Allgemein ist das Diskriminierungsverbot insofern, als es an den Begriff der *Persönlichkeit* anknüpft und somit nicht (nur) eine bestimmte gesellschaftliche Gruppe vor Diskriminierung schützt. Ergänzt wird dieses allgemeine Diskriminierungsverbot mit *besonderen Diskriminierungsverboten*, die sich auf eine spezifische gesetzliche Grundlage stützen und zum Teil einen eingeschränkten sachlichen Anwendungsbereich haben.

Das allgemeine arbeitsrechtliche Diskriminierungsverbot lässt sich in erster Linie aus dem privatrechtlichen Persönlichkeitsschutz ableiten. Wenn diskriminierendes Verhalten als eigentliche *Störung des Rechtsverkehrs* zu qualifizieren ist, liegt ein Verstoss gegen Art. 2 ZGB vor. Dies ist indes nur selten der Fall. Art. 2 ZGB wird auch im Zusammenhang mit der *Einschränkung des Fragerechts* der Arbeitgeberin und dem so genannten *Notwehrrecht der Lüge* diskutiert. Auch diese Konzepte schützen Arbeitnehmende vor Diskriminierung. Die Einschränkung des Fragerechts ergibt sich bereits aus Art. 328b OR. Eine Berufung auf Art. 2 ZGB erübrigt sich. Eine gewisse Rolle spielt Art. 2 ZGB im Kündigungsrecht. Die Gerichte haben wiederholt über die in Art. 336 aufgeführten Missbrauchstatbestände hinaus weitere miss-

---

[3083] Siehe dazu im 14. Kapitel, II. Schutz vor Diskriminierung durch Persönlichkeitsrecht, S. 502 ff.

bräuchliche Kündigungsmotive anerkannt und sie haben dabei auf Art. 2 ZGB Bezug genommen. Hinzuweisen ist jedoch, dass auch eine missbräuchliche Kündigung gültig ist und der Hinweis auf Art. 2 ZGB insoweit zu präzisieren ist, dass die rechtsmissbräuchliche Kündigung gerade nicht die in Art. 2 ZGB vorgesehene Rechtsfolgen, nämlich die Ungültigkeit der rechtlichen Handlung, nach sich zieht. Auch eine missbräuchliche Kündigung entfaltet die vom Kündigenden beabsichtigte Wirkung: Das Arbeitsverhältnis ist aufgelöst.

1568 Das allgemeine arbeitsrechtliche Diskriminierungsverbot stützt sich auf Art. 28 ZGB und die arbeitsvertraglichen Bestimmungen zum Persönlichkeitsschutz. Eine *an ein Diskriminierungsmerkmal anknüpfende benachteiligende Ungleichbehandlung* stellt eine *Persönlichkeitsverletzung* dar, die der Rechtfertigung durch *überwiegende Arbeitgeberinteressen* bedarf. Es sind lediglich *arbeitsplatzbezogene Arbeitgeberinteressen* zu anerkennen. Die Persönlichkeit kann auch durch eine indirekte Diskriminierung verletzt werden. Nicht jede Persönlichkeitsverletzung stellt eine Diskriminierung dar, jede Diskriminierung hingegen verletzt die Persönlichkeit.

1569 Das allgemeine arbeitsrechtliche Diskriminierungsverbot umfasst auch das *Verbot diskriminierender Belästigung,* wie es in den gemeinschaftsrechtlichen Gleichbehandlungsrechtlinien verankert ist. Mobbing oder ähnliche Belästigungen sind dann diskriminierend, wenn die betroffenen Arbeitnehmenden belästigt werden, weil auf sie ein Diskriminierungsmerkmal zutrifft.

1570 Die *völker- und verfassungsrechtlich anerkannten Diskriminierungsmerkmale* bilden den aktuellen Wertekonsens darüber ab, welche Persönlichkeitsmerkmale arbeitsrechtlich vor Diskriminierung geschützt werden sollen. Das allgemeine arbeitsrechtliche Diskriminierungsverbot schützt demnach vor Diskriminierung wegen

- des Geschlechts,
- der Rasse und weiterer damit zusammenhängender Merkmale (Hautfarbe, ethnische Herkunft usw.),
- der Weltanschauung und politischen Einstellung,
- der sozialen Stellung,
- einer Behinderung,
- der sexuellen Orientierung,
- einer Krankheit oder Krankheitsdispositionen,
- des genetischen Status.

1571 Zu ergänzen ist diese Liste mit aus der arbeitsrechtlichen Judikatur und Doktrin gewonnenen Erkenntnissen, dass auch *Vorstrafen* und *Charaktereigenschaften* «diskriminierungssensibel» sind. Sowohl bei der Bestimmung der

Persönlichkeitsmerkmale, die als Diskriminierungsmerkmale zu gelten haben wie auch bei der Anerkennung legitimer Arbeitgeberinteressen als Rechtfertigungsgründe geht es letztendlich um die Frage, welche Anpassung den Individuen zugemutet werden soll. Die Antwort stellt eine Wertungsentscheidung dar, die zeitlich und örtlich anders ausfallen kann.

2. *Abgrenzung*

2.1 Arbeitsrechtliches Gleichbehandlungsgebot[3084]

Das allgemeine arbeitsrechtliche Diskriminierungsverbot ist vom arbeitsrechtlichen *Gleichbehandlungsgrundsatz* abzugrenzen. Das Gleichbehandlungsgebot kommt nach der restriktiven Praxis des Bundesgerichts nur bei freiwilligen Leistungen des Arbeitgebers und nur dann zur Anwendung, wenn *einzelne Arbeitnehmende* im Verhältnis zur *Mehrzahl der Arbeitnehmenden willkürlich schlechter gestellt* werden, nicht jedoch dann, wenn einzelne Arbeitnehmende willkürlich besser gestellt werden. Mit diesem Konzept liesse sich auch eine eigentlich betriebliche Apartheidpolitik rechtfertigen. Nach der in dieser Studie vertretenen Position stellt eine an Persönlichkeitsmerkmale anknüpfende Ungleichbehandlung auch bei freiwilligen Leistungen immer eine diskriminierende Persönlichkeitsverletzung dar, also unabhängig von der Frage, ob eine Minderheit oder die Mehrheit der Arbeitnehmenden benachteiligt wird. Liegt der Grund für die Ungleichbehandlung nicht in einem Diskriminierungsmerkmal, kann am arbeitsrechtlichen Gleichbehandlungsgrundsatz im Verständnis des Bundesgerichts und der herrschender Lehre festgehalten werden. Gleichbehandlungspotenzial bietet auch der *vertrauenstheoretisch Ansatz*. Demnach können Arbeitnehmende darauf vertrauen, bei freiwilligen Leistungen des Arbeitgebers gleich behandelt zu werden, sofern nicht vertraglich ein «Ungleichbehandlungsvorbehalt» vereinbart worden ist.

1572

2.2 Vertragsinhaltsdiskriminierungen[3085]

Ein allfälliger vertraglich vereinbarter «Ungleichbehandlungsvorbehalt» ist nur in den Schranken der vertraglichen Inhaltsfreiheit zulässig. Er darf mit anderen Worten nicht gegen eine zwingende Inhaltsbestimmung oder gegen

1573

[3084] Siehe dazu im 14. Kapitel, III. Der arbeitsrechtliche Gleichbehandlungsgrundsatz, S. 567 ff.
[3085] Siehe dazu im 15. Kapitel: Zwingende Inhaltsnormen und Generalklauseln als Schranke vertraglicher Diskriminierung, S. 579 ff.

die guten Sitten, das Recht der Persönlichkeit oder die öffentliche Ordnung verstossen (Art. 19 Abs. 2 OR). Soweit die Ungleichbehandlung an ein Diskriminierungsmerkmal anknüpft, ist die Zulässigkeit zu verneinen.

1574 Die Inhaltsschranken nach Art. 19 Abs. 2 OR gelten für alle vertraglich vereinbarten diskriminierenden Ungleichbehandlungen. Die *vertragliche Vereinbarung eines diskriminierenden Lohnes* scheitert am zwingenden Anspruch auf Lohngleichheit für gleiche Arbeit. Bei den einschlägigen Bestimmungen der RDK, FDK und IPwskR sowie Art. 8 Abs. 3 Satz 3 BV handelt es sich um «unabänderliche Vorschriften» im Sinne von Art. 19 Abs. 2 OR und somit zwingende Inhaltsnormen des Arbeitsvertragsrechts.

1575 Andere vertraglich vereinbarten diskriminierenden Ungleichbehandlungen stellen nach der hier vertretenen Position i.d.R. keinen Verstoss gegen die «guten Sitten» dar. Die guten Sitten reflektieren die Sozialordnung. Diskriminierung kommen im Arbeitsbereich häufig vor, sind also «Sitte» und es besteht noch kein ausreichend gesicherter sittlicher Wertekonsens darüber, wann *vertraglich vereinbarte Diskriminierungen* gegen die guten Sitten verstossen. Indessen steht die vertraglich vereinbarte Diskriminierung im Widerspruch zur «öffentlichen Ordnung».

3. Rechtsfolgen[3086]

1576 Bei den *Rechtsfolgen* eines Verstosses gegen das allgemeine arbeitsrechtliche Diskriminierungsverbot gilt es zwischen Anstellung, Arbeitsverhältnis und Kündigung zu differenzieren.

1577 Eine diskriminierende Persönlichkeitsverletzung im Zusammenhang mit der *Anstellung* führt zu einem Anspruch auf Schadenersatz und Genugtuung. Eine *diskriminierende* Nichtanstellung erfüllt regelmässig die Hürde einer schweren Persönlichkeitsverletzung als Voraussetzung an die Ausrichtung einer Genugtuung. Das geltende Recht erlaubt dabei keine eigentliche Sanktionen im Sinne einer Entschädigung, wie sie bei missbräuchlicher Kündigung geschuldet ist. Vereinzelt wird in der Lehre eine Kontrahierungspflicht bzw. ein Kontrahierungszwang als Rechtsfolge einer Anstellungsdiskriminierung gefordert. Vorliegend wird diese Rechtsfolge als ungeeignet erachtet und sowohl de lege lata wie de lege ferenda abgelehnt. Indessen wird erkannt, dass die heutigen Rechtsfolgen kaum abschreckend sind. De lege ferenda ist hier Abhilfe erforderlich.

[3086] Siehe dazu im 14. Kapitel, 7. Verfahrensfragen und Rechtsfolgen einer Diskriminierung, S. 560 ff.

Während des Arbeitsverhältnisses kann die diskriminierende Persönlichkeitsverletzung in der Form einer *diskriminierenden Weisung* erfolgen. Diesfalls ist die Weisung als ungültig zu erachten und der betroffene Arbeitnehmer hat überdies allenfalls Anspruch auf eine Genugtuung. Besteht die diskriminierende Persönlichkeitsverletzung in einer an Persönlichkeitsmerkmale anknüpfenden Ungleichbehandlung des Arbeitgebers bei freiwilligen Leistungen, haben die Diskriminierten Anspruch auf die gleichen Leistungen wie die privilegierten Arbeitnehmer.

1578

Die Rechtsfolgen diskriminierender Kündigungen sind in Art. 336a OR festgehalten. Unter den dort aufgeführten Voraussetzungen besteht bei missbräuchlicher Kündigung ein Anspruch auf eine Entschädigung von bis zu sechs Monatslöhnen. Die Entschädigung hat Strafcharakter und kommt damit dem im internationalen Diskriminierungsrecht geforderten Postulat, Diskriminierung mit wirksamen und abschreckenden Sanktionen zu bekämpfen, vom Ansatz her entgegen. Die Praxis schöpft den Sanktionsrahmen allerdings selten aus und de lege ferenda wird von (Teilen) der Lehre die Forderung erhoben, die maximale Sanktion zu erhöhen.

1579

4. *Verfahrensaspekte*[3087]

In verfahrensrechtlicher Hinsicht ist bemerkenswert, dass nach der (bescheidenen) Gerichtspraxis Anstellungsdiskriminierungen als *arbeitsgerichtliche Streitigkeiten im Sinne von Art. 343 OR* gelten. Bei arbeitsgerichtlichen Verfahren bis zu einer Streitsumme von CHF 30'000.— werden keine Gerichtskosten erhoben und der Sachverhalt wird von Amtes wegen abgeklärt. Dies stellt für potenzielle Diskriminierungsopfer eine Erleichterung dar. Der *Beweis für das Vorliegen einer Diskriminierung* muss von den *Arbeitnehmenden* erbracht werden. Eine Beweislasterleichterung sieht das geltende Recht nicht vor. Gelingt der Beweis einer (diskriminierenden) Persönlichkeitsverletzung, obliegt der Arbeitgeberin der Nachweis der Rechtfertigungsgründe. Nach der hier vertretenen Position können nur *arbeitsplatzbezogene überwiegende Arbeitgeberinteressen* eine diskriminierende Persönlichkeitsverletzung rechtfertigen. Kundenpräferenzen haben zwar einen Arbeitsplatzbezug, sind aber in der Regel kein anerkannter Rechtfertigungsgrund. Das gleiche Konzept liegt Art. 336 OR zu Grunde. Das Vorliegen eines diskriminierenden Grundes für eine Kündigung muss von den Arbeitnehmenden bewiesen werden, der Arbeitgeberin obliegt der Beweis der hier im Gesetz vorgesehenen Rechtfertigungsgründe («Beeinträchtigung der Zusammenarbeit im Betrieb» oder

1580

[3087] Siehe dazu im 14. Kapitel, 7. Verfahrensfragen und Rechtsfolgen einer Diskriminierung, S. 560 ff.

17. Kapitel: Inhalt und Grenzen des arbeitsrechtlichen Diskriminierungsverbotes

«Zusammenhang mit dem Arbeitsverhältnis»). Eine gewisse Erleichterung stellt das Recht dar, eine Begründung der Kündigung zu verlangen. Die Kündigungsbegründung kann Hinweise auf ein diskriminierendes Kündigungsmotiv enthalten.

5. *Grenzen des arbeitsrechtlichen Diskriminierungsverbotes*

1581 Zwar bietet das *allgemeine arbeitsrechtliche Diskriminierungsverbot* erhebliches Potenzial zur rechtlichen Bekämpfung von Diskriminierung im Arbeitsverhältnis, insbesondere auch im Bewerbungsverfahren und bei der Anstellung. Die Arbeitgeberinteressen werden im Rahmen der Prüfung der Rechtfertigungsgründe gewürdigt. Indessen zeigt das allgemeine arbeitsrechtliche Diskriminierungsverbot de lege late auch klare Schwächen. Entgegen den internationalrechtlichen Anforderungen fehlt die Beweislastumkehr als entscheidende prozessuale Erleichterung zur Geltendmachung einer Diskriminierung. Unbefriedigend gelöst sind nach geltendem Recht auch die Rechtsfolgen einer Diskriminierung. In den wenigen Fällen, in denen ein diskriminierendes Verhalten einer Arbeitgeberin sanktioniert wurde, wurden lediglich bescheidene Genugtuungssummen ausgesprochen. Bei Anstellungsdiskriminierungen fehlt es an einer Rechtsgrundlage für Sanktionszahlungen.

1582 Wie im zweiten Teil der Studie gezeigt wurde, ist die Schweiz völkerrechtlich und auch verfassungsrechtlich verpflichtet, für wirksamen Diskriminierungsschutz in allen Phasen eines privatrechtlichen Arbeitsverhältnisses zu sorgen. Angesichts der festgestellten Lücken, insbesondere hinsichtlich fehlender Beweislastumkehr und mangelhafter Sanktionen, haben die Gerichte in einem konkreten Diskriminierungsfall zu prüfen, ob die Voraussetzungen für eine *staatliche Schadenersatzpflicht wegen passiver Diskriminierung* oder aber für eine *richterliche Rechtsfortbildung* gegeben sind. Diese im neunten Kapitel dieser Studie entwickelten Vorschläge müssen indes zur Anwendung auf die Beweislast- und Sanktionsfragen operationalisiert werden.

II. Besondere Diskriminierungsverbote

1. Das GlG als einziges umfassendes Diskriminierungsverbot[3088]

Das allgemeine arbeitsrechtliche Diskriminierungsverbot wird im Bereich der Diskriminierung aufgrund des Geschlechts vollständig durch das *Gleichstellungsgesetz GlG* verdrängt bzw. konkretisiert. Das GlG ist nur anwendbar, wenn eine *Diskriminierung aufgrund des Geschlechts* vorliegt. Das GlG verbietet die direkte und die indirekte Diskriminierung. Für die Geltendmachung einer Lohndiskriminierung, diskriminierenden übrigen Anstellungsbedingungen und einer diskriminierender Entlassung genügt, wenn die *Diskriminierung glaubhaft gemacht* wird. Bei Anstellungsdiskriminierungen und bei sexuellen Belästigungen sind diese Beweiserleichterungen nicht vorgesehen. Im Unterschied zum allgemeinen arbeitsrechtlichen Diskriminierungsverbot sieht das GlG Sanktionszahlungen bei Anstellungsdiskriminierung (drei Monatslöhne) vor. 1583

Das GlG beschränkt sowohl die Vertragsabschluss-, Inhalts- und Aufhebungsfreiheit der Parteien wie die autonome Gestaltungsmacht der Arbeitgeberin. Vertragliche Bestimmungen, die eine Diskriminierung aufgrund des Geschlechts darstellen, werden durch die zwingenden Bestimmungen des GlG verdrängt. Eine diskriminierende Vertragsverweigerung führt nicht zu einem Kontrahierungszwang, die fehlbare Arbeitgeberin muss indes die im Gesetz vorgesehene Entschädigung ausrichten. 1584

2. Partielle Diskriminierungsverbote

2.1 Schutz ausländischer Arbeitnehmender[3089]

Das Freizügigkeitsabkommen der Schweiz mit der EU und ihren Mitgliedstaaten (FZA) verbietet die *Diskriminierung europäischer Wanderarbeitnehmender* bei den Beschäftigungs- und Arbeitsbedingungen einschliesslich Anstellung. Wie das GlG hat auch das arbeitsrechtliche Diskriminierungsverbot des FZA einen weiten Anwendungsbereich, umfasst sind sämtliche Phasen eines Arbeitsverhältnisses einschliesslich der Bewerbung. Im Unterschied zum GlG sind im FZA keine Verfahrensvorschriften (Beweislasterleichterungen) und keine Sanktionsnormen enthalten. Das FZA schreibt lediglich 1585

[3088] Siehe dazu an verschiedenen Stellen im 14. Kapitel, S. 484 ff. und im 15. Kapitel, S. 579 ff.
[3089] Siehe dazu im 11. Kapitel, S. 334 und im 15. Kapitel, 3.2.3 Gleichbehandlung im Ausländergesetz, S. 595 f.

17. Kapitel: Inhalt und Grenzen des arbeitsrechtlichen Diskriminierungsverbotes

vor, dass diskriminierende Arbeitsbedingungen in Kollektiv- und Einzelarbeitsverträgen nichtig sind. Dennoch ist davon auszugehen, dass im Anwendungsbereich des FZA jede Diskriminierung bei Arbeits- und Beschäftigungsbedingungen untersagt ist, unabhängig davon, ob sie vertraglich vereinbart wurde oder Ergebnis autonomer Arbeitgeberentscheidung ist.

1586 Das FZA wurde auf die EFTA-Staaten ausgeweitet. Im Ergebnis haben damit Arbeitnehmende aus sämtlichen EU- und EFTA-Staaten Anspruch auf Gleichbehandlung mit den inländisch Beschäftigten.

1587 Die Beschäftigung von Arbeitnehmenden ausserhalb des EU/EFTA-Raumes ist gestützt auf die einschlägigen ausländerrechtlichen Bestimmungen bewilligungspflichtig. Die Bewilligungsbehörden kontrollieren dabei auch, ob die ausländischen Arbeitnehmenden mit den betriebs- und branchenüblichen Lohn und übrigen Arbeitsbedingungen angestellt werden (Art. 22 Ausländergesetz AuG). Dieser verwaltungsrechtliche Gleichheitsanspruch ist gestützt auf die Rezeptionsklausel in Art. 342 OR zivilrechtlich durchsetzbar. Im Ergebnis stellt Art. 22 AuG eine zwingende Inhaltsnorm des Arbeitsvertragsrechts dar.

2.2 Schutz vor Diskriminierung aufgrund des Erbgutes[3090]

1588 Umfassend ist der Anwendungsbereich des *Verbotes der Diskriminierung aufgrund des Erbgutes* gemäss dem Bundesgesetz über genetische Untersuchungen am Menschen (GUMG). Das GUMG enthält spezifische Bestimmungen zum Schutz vor Bekanntgabe von Informationen über das Erbgut an die Arbeitgeber und an Versicherungen (Untersuchungs-, Offenbarungs- und Offenlegungsverbote). Darüber hinaus enthält das GUMG ein sehr allgemein gehaltenes Diskriminierungsverbot (Niemand darf aufgrund seines Erbgutes diskriminiert werden).

1589 Insbesondere wegen der umfassenden Untersuchungs-, Offenbarungs- Offenlegungsverbote geht der arbeitsrechtliche Schutz vor Diskriminierung aufgrund vererbten Krankheiten weiter als der Schutz vor Diskriminierung aufgrund erworbener Krankheiten. Verstösse gegen die einschlägigen GUMG-Bestimmungen sind mit verwaltungs- und strafrechtlichen Sanktionen bedroht.

[3090] Siehe dazu im 15. Kapitel, 3.4 Diskriminierungsverbot im Gesetz über genetische Untersuchung am Menschen, S. 597 f.

2.3 Lohngleichheitsschutz für Heimarbeitende[3091]

Gemäss Art. 4 Abs. 1 des Heimarbeitsgsetzes (HArG) richtet sich der Lohn für Heimarbeit nach den im eigenen Betrieb für gleichwertige Arbeit geltenden Ansätzen oder nach den im betreffenden Wirtschaftszweig üblichen regionalen Ansätzen für ähnliche Arbeiten. Der Anwendungsbereich des Heimarbeitsgesetzes ist auf die gewerbliche und industrielle Heimarbeit beschränkt.

3. Strafrechtlicher Diskriminierungsschutz[3092]

Ein partielles Diskriminierungsverbot beinhaltet auch Art. 261bis Abs. 5 StGB. Diese Bestimmung stellt folgende Handlungen unter Strafandrohung: «Wer eine von ihm angebotene Leistung, die für die Allgemeinheit bestimmt ist, einer Person oder einer Gruppe von Personen wegen ihrer Rasse, Ethnie oder Religion verweigert».

Nach der hier vertretenen Position handelt es sich bei einer Stellenausschreibung um eine Leistung im Sinne von Art. 261bis Abs. 5 StGB. Richtet sich die Stellenausschreibung ohne Einschränkung an die Allgemeinheit und wird darauf hin einem Bewerber oder einer Bewerberin die Stelle ausschliesslich aus Gründen der Rasse, der Ethnie oder Religion verweigert, ist der Straftatbestand erfüllt. Keine Anwendung finden die Strafnormen bei Spontanbewerbungen und anschliessenden rassistisch motivierten Absagen. Diesfalls fehlt es am Kriterium des Anbietens der Leistung für die Allgemeinheit.

III. Schlussbetrachtungen

Die Ausführungen im dritten Kapitel legen Zeugnis über die tatsächliche und alltägliche Diskriminierung in der Arbeitswelt ab. Staat und Gesellschaft sind gefordert, Diskriminierung wirksam zu bekämpfen. Die Rechtsordnung muss mit adäquaten Massnahmen auf das soziale Phänomen Diskriminierung reagieren. Die Herausforderung besteht darin, das Machtgefälle zwischen Arbeitgebenden und Arbeitnehmenden durch angemessene Schutznormen auszutarieren.

[3091] Siehe dazu im 15. Kapitel, 3.3 Anspruch auf gleichen Lohn nach dem Heimarbeitsgesetz, S. 597 f.
[3092] Siehe dazu im 6. Kapitel, 3.2.1 Beschränkter Schutz durch das schweizerische Strafrecht, S. 154 f.

1594 Die umfassende Analyse der schweizerischen Rechtsordnung bringt den nicht unbedingt zu erwartenden Befund eines auf den zivilrechtlichen Persönlichkeitsschutz gestützten *allgemeinen arbeitsrechtlichen Diskriminierungsverbotes,* das durch besondere gesetzliche Diskriminierungsverbote ergänzt wird. Die Gerichte haben deshalb bereits de lege lata die Möglichkeit, diskriminierten Arbeitnehmenden Rechtsschutz zu gewähren. Dies bedingt indes, dass die Gerichte die *völker- und verfassungsrechtlichen Verpflichtungen zum Diskriminierungsschutz* berücksichtigen und das im *Privatrecht selbst enthaltende Potenzial für Diskriminierungsschutz* nutzen.

1595 In der deutschen Debatte um die Einführung des Allgemeinen Gleichbehandlungsgesetzes AGG – sie wurde im 8. Kapitel in groben Zügen nachgezeichnet – votierte namentlich Picker gegen neue gesetzliche Gleichbehandlungsvorschriften. Sittenwidrigkeit und Strafrecht würden für die Diskriminierungsbekämpfung ausreichen. Zudem würden die in der geltenden Privatrechtsordnung enthaltenen *Generalklauseln* den *Gerichten erlauben*, sich bei neuen Problemlagen *an die richtige Lösung heranzutasten*, was einer starren gesetzlichen Lösung vorzuziehen sei. Picker kommt zum Schluss, die europäischen Gleichbehandlungsrichtlinien wären bei richtiger Auslegung bereits im deutschen Recht enthalten[3093].

1596 Die Schweiz muss die europäischen Gleichbehandlungsrichtlinien nicht umsetzen. Politische Vorstösse für eine freiwillige Umsetzung bleiben bislang allesamt chancenlos. Die Ergebnisse der vorliegenden Studie zeigen, dass die *Diskrepanz* zwischen dem *gemeinschaftsrechtlichen Diskriminierungsschutzrecht* und dem im *schweizerischen Recht* enthaltenen *Potenzial zum Schutz vor Diskriminierung* weniger gross ist, als gemeinhin angenommen wird. Im europäischen Gemeinschaftsrecht wird etwa den Arbeitgebenden die Pflicht auferlegt, Arbeitnehmenden mit Behinderung durch dem Betrieb zumutbaren «angemessene Vorkehrungen» die Integration in die Arbeitswelt zu ermöglich. Diese Anpassungsleistung muss vom Betrieb ausgehen, nur wenn trotz angemessener Vorkehrungen ein behinderter Arbeitnehmer nicht für eine Stelle tauglich ist, darf die Arbeitgeberin die Bewerbung des fraglichen Arbeitnehmers ablehnen oder einen behinderten Arbeitnehmer entlassen. Das schweizerische Arbeitrecht kennt keine solche Bestimmung. Aus der bundesgerichtlichen Praxis zur missbräuchlichen Kündigung lassen sich jedoch ähnliche Tendenzen erkennen. Entlassungen von erkrankten Arbeitnehmenden sind nur zulässig, wenn der Arbeitgeber im Rahmen der Erfüllung seiner Fürsorgepflicht das ihm Zumutbare unternommen hat, die Entlassung zu vermeiden. Dies kann auch beinhalten, mit technischen und organisatorischen Massnahmen die Weiterbeschäftigung eines Arbeitnehmers zu ermöglichen.

[3093] PICKER, S. 545 f.

Trotz einer grundsätzlich *vorsichtig* positiven Einschätzung zum Stand des Diskriminierungsschutzes im schweizerischen Arbeitsrecht genügt das geltende Recht aus hauptsächlich zwei Gründen nicht. Zum einen betrifft dies die *fehlende Beweislastumkehr* und zum anderen die kaum *abschreckenden Sanktionen* gegen diskriminierendes Verhalten. Die Beweislastumkehr bildet nach übereinstimmender Wertung im Völker- und Gemeinschaftsrecht das eigentliche «pièce de résistance» eines wirksamen Diskriminierungsschutzes. Gleiches gilt für die abschreckenden Sanktionen. Ohne solche lassen sich die durch Diskriminierungsrecht erwünschten Verhaltensänderungen kaum durchsetzen.

1597

Lücken im Diskriminierungsschutz sind nach traditioneller Auffassung grundsätzlich durch den Gesetzgeber zu schliessen. Sofern und soweit der Gesetzgeber den ihm aus Völker- und Verfassungsrecht auferlegten Verpflichtungen zu gesetzlichem Diskriminierungsschutz nicht nachkommt, besteht Raum und Notwendigkeit für *richterliche Rechtsfortbildung*.

1598

Auf lange Sicht vermag richterlich ergänzter Diskriminierungsschutz nicht zu befriedigen. Mit einem Diskriminierungsschutzgesetz werden wichtige Signale ausgesendet, dass bestimmte Verhaltensweisen verpönt sind. Zudem bietet eine gesetzliche Regelung im Vergleich zur punktuellen richterrechtlichen Ergänzung der Rechtsordnung mehr Rechtssicherheit. Der Gesetzgeber ist also gefordert, die «Zeichen der Zeit» zu erkennen. Gerade mit Blick auf das europäische Umfeld kann sich fehlender oder nicht ausreichender Diskriminierungsschutz auf dem internationalen Arbeitsmarkt als Standortnachteil erweisen, wie jüngst eine europäische Studie zu einem europäischen «Integrationsindex» ergab[3094].

1599

Die Chancen einer politischen Einigung über eine Verstärkung des Diskriminierungsschutzes hängen im Wesentlichen von einer Entkrampfung der Diskussion ab. Wird die Verstärkung des Diskriminierungsschutzes gefordert, folgt reflexartig die These des Untergangs der Vertragsfreiheit und der Privatautonomie. Vergessen wird dabei, dass sowohl Vertragsfreiheit wie Diskriminierungsschutz auf dem gleichen liberalen Fundament aufbauen. Menschen sollen aufgrund ihrer Fähigkeiten und ihrer Leistungen beurteilt und behandelt werden, nicht aufgrund von Vorurteilen und zugeschriebenen Eigenschaften. Schutz vor Diskriminierung führt zu einem Freiheitsgewinn der bisher Diskriminierten.

1600

[3094] In der Studie «Integrationindex» mussten die Befragten u.a. die Diskriminierungsschutzpolicy der einzelnen Staaten bewerten. Die Schweiz schnitt dabei sehr schlecht ab, sie figuriert unter 28 europäischen Ländern an fünfletzter Stelle (Quelle: http://www.integrationindex.eu/integrationindex/2602.html)

Sachregister

Die Zahlen verweisen auf die Seitenzahlen des vorliegenden Bandes. Sie beziehen sich sowohl auf Hinweise im Haupttext als auch in den Fussnoten.

Angemessene Vorkehrungen 179, 460, 463, 630
Arbeitnehmerbegriff 306, 336, 337, 339, 384
Arbeitnehmerfreizügigkeit 22, 305, 306, 309, 323, 326, 327, 331, 334, 617, 618
Arbeitsrecht
– Arbeitsrechtliche Schutzvorschriften 4
– Arbeitsprivatrecht 153, 172, 189
– Arbeitsvölkerrecht 53
– Europäisches Arbeitsrecht 305
– Internationales Arbeitsrecht 53
Arbeitsverhältnis
– Lebenszyklus 179, 180, 291, 298, 377, 420, 469, 502, 539, 617
Arbeitswelt 4, 20
Autonomer Nachvollzug 22, 423, 480
Betriebliche Altersvorsorge 393
Belästigung 415
– als Form der Diskriminierung 292, 321, 461, 550
– als Verletzung der Menschenwürde 462
– sexuelle Belästigung 520, 521, 562, 627
– Verbot diskriminierender Belästigung 550
Berufliche Vorsorge 44, 101, 220, 258, 261, 290, 526, 598
Beschränkungsverbot 321, 346, 349, 352, 353, 354, 356, 617
Betriebliche Altersvorsorge 391
Beweis
– Beweislast 407, 422, 427, 475, 479, 520, 531, 543, 545, 561

– Beweislasterleichterung 199, 407, 561, 562, 625, 627
– Beweislastumkehr 562, 618
– Beweismittel 203
Bewerbungsverfahren 28, 46, 154, 290, 348, 364, 378, 413, 457, 473, 484, 503, 516, 532, 618
Datenschutz 17, 33, 48, 160
– als Diskriminierungsschutz 117, 534
– Europäische Datenschutzkonvention 186
– Grundrecht auf Datenschutz 226
Die guten Sitten
– als Sozialordnung 624
– Diskriminierung als Verstoss gegen 601
Diskriminierung
– Anstellungsdiskriminierung 64, 70, 108, 154, 157, 394, 417, 466, 510, 538, 555, 624
– direkte Diskriminierung 15, 266, 292
– durch Gleichbehandlung 265, 267
– indirekte Diskriminierung 37, 98, 107, 138, 147, 168, 177, 264, 340, 423, 520, 543, 590, 622
– passive Diskriminierung 198, 199, 298, 299, 301, 611, 615
Diskriminierungsbegriff 14, 167, 168, 174, 179, 182, 192, 212, 273, 291, 320, 397, 430, 447, 456, 473, 503, 558, 588
Diskriminierungsmerkmal 16, 19, 124, 130, 132, 146, 191, 285, 471, 535
– Alter 438, 445, 535
– Ausländerstatus 553
– Behinderung 536

Sachregister

- Genetischer Status 191
- Geschlecht 173, 449, 608, 618
- Gleichwertigkeit der Merkmale 181, 268, 272, 289
- HIV-positiv 118, 535
- nicht abschliessende Liste 267
- Pädophilie (kein) 449
- Rasse und ethnische Herkunft 441, 473
- sexuelle Ausrichtung 450
- soziale Herkunft 16, 99, 108, 121, 181, 212, 288, 319
- Veränderbare/unveränderbare Merkmale 537

Drittwirkung
- direkte Drittwirkung 60, 61, 198, 215, 220, 251, 256, 613
- indirekte Drittwirkung 60, 197, 203, 221
- indirekte Drittwirkung der Vertragsfreiheit 252
- Privatwirkung 18, 27, 314
- Vermittelnde Drittwirkungslehre 221

Erbgut
- Schutz im Arbeitsverhältnis 598
- Schutz im GUMG 628
- Schutz nach Biomedizinabkommen 448
- Schutz nach GUMG 597

Erfolgsunrecht 539
Gender Mainstreaming 411
Genugtuung
- bei Anstellungsdiskriminierung 564
- bei diskriminierender Anstellungsverweigerung 485, 519
- bei Persönlichkeitsverletzung 299, 525, 625

Grundrecht
- Grundrechtsorientierte Personalführung 217
- Grundrechtsorientierte Unternehmensverfassung 218
- Schutzpflichten 613

Gleichbehandlungsgrundsatz
- allgemeiner Rechtsgrundsatz 409
- Anspruch der europäischen Wanderarbeitnehmer 365
- arbeitsrechtlicher 261, 281, 517, 545, 567, 568
- aufgrund des Geschlechts 409, 411
- bei autonomer Gestaltungsmacht der Arbeitgeberin 574
- bei freiwilligen Leistungen des Arbeitgebers 570
- Drittwirkung 220, 256
- Gemeinschaftstheorie 567
- im Verhältnis zu positiven Massnahmen 418
- Mangoldentscheidung (EuGH) 434
- nach FZA 373
- Rechtsfolgen bei Verletzung 476
- verfassungskonforme Auslegung 261
- Verhältnis zur Vertragsfreiheit 593
- Verletzung bei Kündigungen 570
- Verwirklichung 412

Gleichheit 11, 537
- allgemeine Gleichheitsgebote 14
- allgemeiner Gleichheitssatz 14, 195, 260, 315, 434
- Anspruch auf faktische Gleichheit 267
- Arbeitsgleichheitsrechte 175
- arbeitsrechtlicher Gleichheitsschutz 56, 67, 332
- besondere Gleichheitssätze 317, 319
- Chancengleichheit 56, 99, 174, 226, 267, 380, 409, 480
- Entgeltgleichheit 56, 91, 118
- formelle Gleichheit 414
- gemeinschaftsrechtlicher Gleichheitsschutz 315

634

- Gleichheitsformel 258
- Gleichheitsgrundrechte 228
- Gleichheitskonzeption 167
- Gleichheitspolitik 102, 294
- Gleichheitsrichtlinien 322
- Gleichheitsschutz als Schutz vor Anpassung 537
- Lohngleichheit 33, 39, 96, 274, 599
- materielle Gleichheit 175, 394
- menschenrechtlicher Gleichheitsanspruch 63
- privatrechtlicher Gleichheitsschutz 515
- Rechtsgleichheit 18, 94, 114, 151, 158, 252
- Spannungsfeld zu Vielfalt und Differenz 11
- tatsächliche Gleichheit 418
- Verhältnis zur Freiheit 250, 332
- völkerrechtlicher Gleichheitsschutz 51, 58, 68
- Waffengleichheit im Zivilprozess 203
- Wettbewerbsgleichheit 305

Grundrecht
- abwehrrechtliches Grundrechtsverständnis 218, 223, 589
- Europäische Grundrechtscharta 191
- Grundrecht auf Diskriminierungsschutz 28
- Grundrechte der Arbeitnehmerinnen und Arbeitnehmer 84
- Grundrechte im Arbeitsverhältnis 217
- grundrechtskonforme Auslegung 613
- Grundrechtsposition 613
- Grundrechtstotalitarismus 8
- Grundrechtsverwirklichung 31
- mittelbare Drittwirkung 613
- soziale Grundrechte 618
- wirtschaftliche, soziale und kulturelle Grundrechte 123

Homosexualität
- als sexuelle Ausrichtung 449
- Diskriminierungsgrund 202
- geschätzt in Art. 8 EMRK 288
- geschützte Persönlichkeit 523
- verbergen der Homosexualität 537

Intersexualität 449
kollektive Akteure 375, 376, 377, 617
Kontrahierungszwang 565, 566, 624, 627
Krankheit
- Abgrenzung zur Behinderung 448
- als Persönlichkeitsmerkmal 525, 528, 557
- Begriff, Abgrenzung zur Behinderung 446
- Bonus-Malus-System bei Krankheit 603
- chronische Kankheiten als Behinderungen 448
- Informationspflicht im Bewerbungsverfahren 532
- Kündigungsschutz bei Krankheit 528
- Legaldefinition 528
- Nachteile wegen Krankheitsabsenzen 537

Mehrfachdiskriminierung 107, 454, 477
Meinungsäusserungsfreiheit 144, 183, 243
öffentliche Ordnung
- Bedeutung des Begriffs 585
- diskriminierendes Verhalten als Verstoss gegen 488
- Diskriminierung als Verstoss gegen 601
- Verhältnis zu den guten Sitten 600
- vertragliche Vereinbarung gegen die öffentliche Ordnung 580

Öffentlichkeit 148, 154, 207, 443, 490, 518
- quasi-öffentlich 136, 140, 144, 170, 198, 217, 297

635

Öffentlichrechtliche Arbeitsverhältnisse 118, 160, 161, 259, 276, 387, 397, 420, 618
Persönliche Freiheit 135, 228, 236, 239, 240, 509
Persönlichkeitsbegriff
- Dasein und Sosein 513
- nach ZGB und Verhältnis zu Art. 328 OR 503
- Persönlichkeits des Arbeitnehmers 522
Persönlichkeitsschutz
- Anspruch auf wirtschaftliche Entfaltung 252
- Diskriminierungsschutzpotenzial 247, 271, 480, 483, 498
- mittelbares privarechtliches Diskriminierungsverbot 515
- Schutz vor indirekter Diskriminierung 544
- verfassungskonforme Auslegung 221, 231, 251, 252, 281, 289, 294
- verfassungsrechtlicher Persönlichkeitsschutz 233
- Verhältnis Art. 27/28 ZGB zu Art. 328 OR 521
- Verhältnis zum arbeitsrechtlichen Gleichbehandlungsgrundsatz 484
Positive Massnahmen
- Frauenquoten 278
- im Rahmen RL 2000/78/EG u. RL 2000/43/EG 474
- im Rahmen völkerrechtlicher Diskriminierungsabkommen 294
- kein subjektives Recht 420
- Verwirklichung tatsächlicher Gleichstellung 233
- Zulässigkeit 420
- zur Verwirklichung tatsächlicher Gleichstellung 176, 418
Privatautonomie
- Definition 6
- Leitidee 250

- Schutz nach Art. 8 EMRK 132, 135, 198, 206, 232
- Spannungsfeld zum Diskriminierungsschutz 232
- staatliche Theorie der Vertragsfreiheit 238
- verfassungsrechtlicher Schutz 235, 236
- Verhältnis zum Diskriminierungsschutz 332
- Verhältnis zum Sozialstaatsprinzip 218
privatrechtliche Arbeitsverhältnisse 17, 27, 93, 256, 269, 296, 325
Rassismus
- Eidg. Kommission gegen Rassismus 36
- Europäische Kommission gegen Rassismus und Intoleranz 30
- Rassismusstrafnorm 163
Religionsfreiheit 107, 135, 144, 183, 199, 201, 203, 231, 452, 603, 613
Schutzpflichten 9, 52, 122, 133, 141, 160, 184, 190, 200, 224, 233, 237, 247, 273, 281, 296, 331, 520, 547, 597
- obligations to protect 60, 74
sittenwidrig
- Verbot sittenwidriges Verhaltens 247
- von Amtes wegen zu berücksichtigen 587
Streikrecht 87, 123, 125, 188, 214, 220
Transsexualität 449
Treu und Glauben
- als Verfassungsgrundsatz 253
- Auslegung 487
- culpa in contrahendo 490
- Diskriminierung als Verstoss gegen Treu und Glauben 491
- Funktionieren des Rechtsverkehrs 492
- im Bewerbungsverfahren 494
- im Geschäftsverkehr 248
- indirekte Drittwirkung 221
- stillschweigende Vertragsänderung 571

– Verpflichtung im Bewerbungsverfahren 484
– während des Arbeitsverhältnisses 497
– Zweck 487
Unmittelbare Anwendbarkeit 67, 72, 125, 130, 170, 407
– EMRK 70
– IPwskR 128
Vereinigungsfreiheit 82, 87, 187, 194, 200, 211
Völkerrecht 136, 171
– Auslegung 64, 71
– Massgeblichkeit 66, 226
– self-executing 61, 69
– Verhältnis zu Bundesgesetzen 65
– Verhältnis zum Gemeinschaftsrecht 311
– Verhältnis zum Landesrecht 65
– völkerrechtliche Bestimmungen als zwingende Privatrechtsnormen 297
– völkerrechtliche Diskriminierungsschutzabkommen 30
– völkerrechtliche Diskriminierungsverbote 54, 55
– völkerrechtliche Durchsetzungsmechanismen 126, 152, 171
– Vorrang des Völkerrechts 65
Willkür 253, 254, 310
– Drittwirkung des Willkürverbotes 255
– Freiheit zur Willkür 325
– Grundrecht auf Willkürschutz 228
– private Willkür 515
– Willkürverbot unter Privaten 254
– Willkürprüfung 573
– Willkürschutz 262, 545, 577
– Willkürverbot 228, 232, 257, 262

Wirtschaftsfreiheit 209, 215, 224, 232, 239, 241, 244
– arbeitsvertragliche Vertragsfreiheit 243
– Beschränkung der Wirtschaftsfreiheit 244
– Drittwirkung der Wirtschaftsfreiheit 251
– Grundsatz der Wirtschaftsfreiheit 244
– und Antidiskriminierungsrecht 614
– Vertragsfreiheit als Teilgehalt 241

Entscheidregister

Nachfolgend werden sämtliche im Text verarbeiteten nationalen und internationalen Gerichtsentscheide aufgelistet. Die markierten Fundstellen bezeichnen die Randnoten. Die publizierten Bundesgerichtsentscheide sind nach Bänden, die unpublizierten nach Dossiernummer resp. Aktenzeichen, die Entscheide des EGMR, der UN-Instanzen des EuGH und EUG chronologisch (Datum, Aktennummer und teilweise Parteinamen) geordnet. Die Auflistung weiterer Entscheide (kantonale, ausländische) erfolgt nach dem Namen des Gerichts und ebenfalls chronologisch.

1. Bundesgerichtsentscheide

a)   Amtliche Sammlung

22
BGE 22 ....175   1302

32
BGE 32 II 367   1302

33
BGE 33 II 118   1302

44
BGE 44 II 397   1302

45
BGE 45 II 398   1261

52
BGE 52 II 383   1302

62
BGE 62 II 97   1302

70
BGE 70 II 127   1314

72
BGE 72 II .... 39 ....   1260, 1263

78
BGE 78 II 375   1260

80
BGE 80 I..........155   638
BGE 80 II 26   1303

82
BGE 82 II 292   580
BGE 82 II 299   1302

639

84
BGE 84 I 18	635
BGE 84 II 507	1314

85
BGE 85 II 489	580

86
BGE 86 II 221	1260
BGE 86 II 365	580, 661, 1303
BGE 86 II 373	1439

89
BGE 89 I 92	1308

91
BGE 91 I 306	638

94
BGE 94 I 669	167

95
BGE 95 I 330	65

97
BGE 97 I 221	587
BGE 97 I 499	653
BGE 97 II 108	1481

98
BGE 98 Ia 395	638
BGE 98 Ib 385	163, 166

99
BGE 99 Ia 630	65
BGE 99 Ib 39	155

100
BGE 100 Ib 226	166

101
BGE 101 Ia 252	635
BGE 101 II 269	1269

102
BGE 102 Ia 516	1311
BGE 102 IV ... 153	65

103
BGE 103 Ia 253	288
BGE 103 Ia 401	637
BGE 103 Ia 517	214, 226, 231 ff., 288, 607, 733

104
104 II 94	1269

105
BGE 105 Ia 120	232
BGE 105 II 51	143

106
BGE 106 Ia 355	637
BGE 106 Ib 16	167

BGE 106 Ib......125	638
BGE 106 Ib......182	288 f., 602

107

BGE 107 V 214	65

108

BGE 108 II 165	1264
BGE 108 II 305	1266
BGE 108 II 422	1269

109

BGE 109 Ia......116	635, 643
BGE 109 Ib...... 87	736

111

BGE 111 Ib...... 68	165
BGE 111 II 242	1264, 1287, 1421
BGE 111 II 245	573, 582

112

BGE 112 I........183	166

113

BGE 113 Ia......107	733 f.
BGE 113 Ia......136	626

114

BGE 114 Ia 196	55
BGE 114 Ia......286	1308
BGE 114 Ia......307	642
BGE 114 II 279	1491
BGE 114 II 394	1345

115

BGE 115 II 163	55
BGE 115 II 193	65
BGE 115 II 232	1261, 1488, 1517
BGE 115 II 484	1489
BEG 115 V 109	680

116

BGE 116 Ia......162	1261
BGE 116 Ia......240	633
BGE 116 Ib......376	1266
BGE 116 V 198	602, 736

117

BGE 117 Ia......440	637
BGE 117 Ia......471	651
BGE 117 Ib......367	64
BGE 117 II 286	1481

118

BGE 118 Ia......305	1308
BGE 118 Ia......473	64
BGE 118 Ib......277	64
BGE 118 V 305	215

119

BGE 119 Ia 28	587
BGE 119 Ia 445	657
BGE 119 II 222	1481
BGE 119 V 171	215

120

BGE 120 Ia 1	166, 170, 324
BGE 120 Ia 126	653
BGE 120 II 105	1260
BGE 120 II 336	1268
BGE 120 II 369	1327
BGE 120 V 312	581 f.

121

BGE 121 I 129	657
BGE 121 I 279	657
BGE 121 I 326	635
BGE 121 II 198	680
BGE 121 III 60	1294, 1431
BGE 122 III 112	1494
BGE 121 III 219	57
BGE 121 III 224	55
BGE 121 III 354	1266
BGE 121 V 66	677
BGE 121 V 246	324

122

BGE 122 I 44	637 f.
BGE 122 I 101	324
BGE 122 I 130	627, 631
BGE 122 II 234	155
BGE 122 II 485	64
BGE 122 III 110	47, 1505, 1510
BGE 122 III 268	572, 582
BGE 122 V 167	1275
BGE 122 V 267	1275

123

BGE 123 I 1	682 ff
BGE 123 I 12	643
BGE 123 I 19	635 f.
BGE 123 I 97	350
BGE 123 I 125	1108
BGE 123 I 152	699 ff, 741
BGE 123 II 9	593
BGE 123 II 16	657
BGE 123 II 385	657
BGE 123 III 101	1488, 1517
BGE 123 III 193	1327
BGE 123 III 246	1351, 1431
BGE 123 III 391	1289
BGE 123 III 445	172
BGE 123 V 189	582
BGE 123 V 301	55
BGE 123 V 324	1476

124

BGE 124 I........ 11	633
BGE 124 I........107	637
BGE 124 I........267	587
BGE 124 I........299	670
BGE 124 I........310	635, 643
BGE 124 III..... 44	1476
BGE 124 II 409	685, 738
BGE 124 II 529	1120 f.
BGE 124 II 570	680
BGE 124 III..... 90	163 f.
BGE 124 III.....297	1266
BGE 124 III.....321	65
BGE 124 III.....409	1108
BGE 124 V 225	216

125

BGE 125 I........ 21	451, 731, 741, 1108
BGE 125 I........ 71	738, 1121
BGE 125 I........113	350
BGE 125 I........166	682
BGE 125 I........257	164
BGE 125 I........279	633
BGE 125 I........335	637, 643
BGE 125 I........417	643
BGE 125 I........431	657
BGE 125 II 417	64, 155, 163, 167
BGE 125 III..... 70	1286 f., 1343, 1353, 1402
BGE 125 III.....277	64, 582, 1431
BGE 125 III.....368	569, 735, 738, 1121, 1432, 1499
BGE 125 V 356	55

126

BGE 126 I........ 50	350
BGE 126 I........240	163, 166, 324
BGE 126 II 17	736, 1499
BGE 126 II 300	586 ff.,
BGE 126 II 377	692 ff, 706, 776, 1543
BGE 126 III..... 49	57
BGE 126 III.....306	1412
BGE 126 III.....395	1343
BGE 126 V 70	696 ff, 711

127

BGE 127 I........ 6	350
BGE 127 I........ 36	677
BGE 127 III..... 68	1344
BGE 127 III..... 86	1286
BGE 127 III.....207	735, 1385
BGE 127 III.....351	1343
BGE 127 V 441	1481

128

BGE 128 I........ 34	57
BGE 128 I........ 63	163
BGE 128 III.....113	64, 593

Bundesgerichtsentscheide

BGE 128 III 129	1294

129

BGE 129 I........ 12	587, 602
BGE 129 I........161	684 f.
BGE 129 I........217	693 ff
BGE 129 I........265	731
BGE 129 I........392	694
BGE 129 II 114	167
BGE 129 III 35	573, 578, 652, 1303
BGE 129 III 209	1485, 1490, 1522
BGE 129 III 276	7, 12, 623, 1324, 1389 f., 1395, 1450 ff.
BGE 129 III 282	7, 1501
BGE 129 III 335	1110, 1114
BGE 129 III 350	51
BGE 129 III 604	1488, 1517
BGE 129 III 618	1494, 1505
BGE 129 III 715	1436

130

BGE 130 I........ 26	626, 644, 653
BGE 130 I........ 96	1111
BGE 130 I........113	163, 166
BGE 130 I........312	167
BGE 130 I........352	694 ff
BGE 130 II 87	643
BGE 130 II 425	1334
BGE 130 III 67	1481
BGE 132 III 115	1293
BGE 130 III 145	237, 735 ff, 1499
BGE 130 III 182	1111
BGE 130 III 145	80
BGE 130 III 373	1499
BGE 133 III 449	1268
BGE 130 III 699	724, 1344, 1409
BGE 130 IV 111	410
BGE 130 V 376	680

131

BGE 131 I........ 33	635
BGE 131 I........ 57	670
BGE 131 I........105	732
BGE 132 III 115	1357
BGE 131 I........166	602
BGE 131 I........223	626, 636, 643, 647
BGE 131 II 13	57, 60, 636
BGE 132 II 161	1274
BGE 131 II 361	451, 741
BGE 131 II 393	237, 737
BGE 131 III 97	1327
BGE 131 III 535	1286 f., 1293 f.
BGE 131 V 472	677

132

BGE 132 I........ 49	696 ff

BGE 132 I 97	657
BGE 132 I 134	602
BGE 132 I 167	694 ff.
BGE 132 II 161	40
BGE 132 III 32	1111
BGE 132 III 115	1286 ff., 1357, 1405
BGE 132 III 122	569, 582
BGE 132 III 209	670
BGE 132 III 257	1342, 1353, 1420
BGE 132 III 455	1517
BGE 132 V 149	680, 688

133

BGE 133 II 167	1488
BGE 133 V 233	219
BGE 133 V 367	155

134

BGE 134 III 108	1290

135

BGE 135 II 285	738

b) *Unpublizierte Urteile des Bundesgerichts*

1991

Bger v. 01.02.1991, JAR 1992, S. 260	539

1994

Bger v. 11.11.1993, JAR 1994, S. 198	1344

1999

Bger v. 15.09.1999, JAR 2000, S. 91	1505

2000

Bger v. 08.03.2000, 1A.74/2000	155
Bger v. 30.11.2000, 2P.77/2000	325, 706

2001

Bger v. 19.01.2001, 4C.305/1999	1481
Bger v. 26.03.2001, 4C.368/2000	1526
Bger v. 17.08.2001, 4C.369/2000	1471
Bger v. 18.12.2001, 4C.253/2001	1357

2002

Bger v. 07.02.2002, 5C.248/2001	1412
Bger v. 27.09.2002 , 4C.189/2002	1364
Bger v. 05.11.2002 , 4C.274/2002	1357

2003

Bger v. 30.07.2003, 4C.128/2003	1494
Bger v. 05.09.2003, 4C.129/2003	1343
Bger v. 26.11.2003, 4C.233/2003	51
Bger v. 22.12.2003, 4C.383/2002	237

Bundesgerichtsentscheide

2004

Bger v. 20.02.2004, 4C.276/2003	598
Bger v. 05.08.2004, 4C.174/2004	1351
Bger v. 12.10.2004, 4C.276/2004	1353
Bger v. 20.12.2004, 4C.276/2004	1402

2005

Bger v. 20.03.2005, 4C.320/2055	1402
Bger, v. 22.04.2005, 2A.312/2004	1402
Bger v. 24.05.2005, 4C.54/2005	1494
Bger v. 31.05.2006, 4C.109/2005	1353
Bger v. 05.08.2005, 4C.434/2004	1111
Bger v. 20.12.2005, 4C. 215/2005	1258, 1420
Bger v. 17.11.2005, 4C.247/2005	1268
Bger v. 14.04.2005, 4P.299/2004	1111

2006

Bger v. 31.01.2006, 4C.431/2005.	1373, 1421
Bger v. 08.02.2006, 4C.354/2005	1353, 1405
Bger v. 08.02.2006, 4C.357/2005	1420
Bger v. 20.03 2006, 4C.320/2005	1294, 1344, 1353
Bger v. 21.03.2006, 4C.25/2006	1357
Bger v. 22.05.2006, 4C.326/2006	1344
Bger v. 03.07.2006, 5C.64/2006	1327

2007

Bger v. 05.03.2007, 4C.289/2006/ech	1343
Bger v. 05.03.2007, 4C.388/2006	1347
Bger v. 28.03.2007, 4C.41/2007	1489
Bger v. 22.05.2007, 4C.326/2006	1347
Bger v. 06.08.2007, 4A.63/2007	1450
Bger v.15.10.2007, IC.156/2007/fzc	1343

2008

Bger v. 17.01.2008, 4A.330/2007	1436
Bger v. 25.02.2008, 2A.91/2007	1432
Bger v. 02.04.2008, 4A.72/2008	1347
Bger v. 27.05.2008, 4A.102/2008	1354, 1405
BGer v. 02.07.2008, 9C.301/2008	1524

c) *Entscheide des eidgenössichen Versicherungsgerichtes*

EVG v. 27.09.1996, C 145/94 (SVR 1997 ALV Nr. 90 S. 278)	1524
EVG v. 02.06.1997, C 366/96 (ARV 1998 Nr. 47 S. 276)	1524
EVG v. 24.05.2005, U18/05	1275
EVG v. 31.08.2006, B 63/05	219
EVG v. 31.01.2006, 4C.431/2005	1175
EVG v. 01.06.2006, 5P.97/2006	744

2. Entscheide des Europäischen Gerichtshofs für Menschenrechte und der Kommission für Menschenrechte[1]

a) Europäischer Gerichtshof für Menschenrechte (EGMR)

EGMR v. 23.07.1968, belgischer Sprachenfall, Appl. No 1474/62	510 f., 513
EGMR v. 05.05.1979, X. and Church of Scientology ./. Schweden, Appl. No. 7805/77	1180
EGMR v. 07.12.1971, Handyside ./. GB, Appl. No 5493/72	511
EGMR v. 19.03.1981, Omkaranada and the Divine Light Zentrum ./. UK, App 8188/77	1180
EGMR, v. 15.10.1981, X ./. Austria, App. No 8652/79	1180
EGMR v. 13.08.1981, Young, James und Webster ./. GB, Appl. No. 7601/76, 7806/77	514, 528 f.
EGMR v. 05.11.1981, X. ./. GB, Appl. No 7215/75	511
EGMR v. 27.10.1993, Dombo Beheer B.V. ./. NL, Appl. No 14448/88	536
EGMR v. 26.03.1985, X. und Y. ./. NL, Appl. No 8978/80	505
EGMR v. 28.05.1985, Abzualziz ./. GB, Appl. No 9214/80	505, 512 f.
EGMR v. 28.05.1985, Cabales ./. GB, Appl No 9473/81	505, 512 f.
EGMR v. 28.05.1985, Balkandali ./. GB, Appl. No 9474/81	505, 512 f.
EGMR v. 17.07.1986, Johnson ./. GB, Appl. No 10389/83	512
EGMR v. 02.03.1987, G. ./. NL, Appl. No. 11850/85	512
EGMR v. 18.02.1991, Fredin ./. S, Appl. No 12033/86	511
EGMR v. 20.04.1993, Sibson ./. GB, Appl. No 14327/88	530
EGMR v. 23.06.1993, Hoffmann ./. A, Appl. No 12875/87	512
EGMR v. 12.01.1994, X. ./. CH, Appl No 18874/91	512
EGMR v. 22.02.1994, Burghartz ./. CH, Appl. No 16213/90	512
EGMR v. 18.07.1994, Schmidt ./. D, Appl. No 13580/88	512
EGMR v. 28.09.195, Spadea u. Scalabrino ./. I, Appl. No 23/1994/470/551	559
EGMR v. 31.08.1996, Gaygusuz ./. A, Appl. No 17371/90	517, 817
EGMR v. 24.02.1998, Botta ./. I, Appl. No 153/1996/772/973	507
EGMR v. 25.03.1999, Latridis ./. GR, Appl. No 31107/96	624, 627, 854
EGMR v. 25.05.1999, Olbertz ./. D, Appl. No 37592/97	552
EGMR v. 28.07.1999, Immobiliare Saffi ./. I, Appl. No 22774/93	559
EGMR v. 27.09.1999, Lustig-Prean ./. GB, Appl. No 31417/96	512, 533
EGMR v. 27.09.1999, Beckett ./. GB, Appl. No 32377/96	512, 533
EGMR v. 27.09.1999, Smith ./. GB, Appl. No 33985/96	512, 533
EGMR v. 27.09.1999, Grady ./. GB, Appl. No 33986/96	512, 533
EGMR v. 21.12.1999, Salgueiro da Silva ./. P, Appl. No 33290/96	507, 512
EGMR v. 06.04.2000, Thlimmensos ./. GR, Appl. No 34369/97	511, 777
EGMR v. 10.05.2001, Zypern ./. GR, Appl. No 25781/94	512
EGMR v. 25.09.2001, P.G. u. J.H. ./. GB, Appl. No 4478/98	548
EGMR v. 2.10.2001, Pichon u. Sajous ./. F, Appl. No 49853/99	532
EGMR v. 29.04.2002, Pretty ./. GB, Appl. No 2346/02	507
EGMR v. 07.10.2002, Fuentes Bobo ./. E, Appl No 39293/98	530

---

[1] Die Entscheide des Gerichtshofs und Kommission (bis zu ihrer Auflösung im Jahre 1998) finden sich in der HUDOC-Datenbank unter http://www.echr.coe.int/ECHR/EN/Header/Case-Law/HUDOC/HUDOC+database/

EGMR v. 09.01.2003, S.L. ./. A, Appl. No 45330/99	512
EGMR v. 06.02.2003, Wendenurg u.a. ./. D, Appl. No 71630/01	552
EGMR v. 13.07.2004, Pla u. Puncerau ./. AND, Appl. No 69498/01	519
EGMR v. 27.07.2004, Sidabras ./. LT, Appl. No 55480/00	546
EGMR v. 27.07.2004, Dziautas ./. LT, Appl No 59330/00	546
EGMR v. 18.07.2005, Soc. Colas Est u.a. ./. F, Appl. No 37971/97	550
EGMR v. 03.04.2006, Kosteski ./. MK, Appl. No 55170/00	531
EGMR v. 18.03.1997, Mantovanelli ./. F, Reports 1997-II, S. 424 ff., N 33-36	536

b) Europäische Kommission für Menschenrechte

EKfM v. 14.07.1983, Cabado ./. Spain, Appl. No 10182/82	530
EKfM v. 08.03.1985, Van der Heijden ./. NL, Appl. No 11002/84	530
EKfM v. 08.05.1987, Haughton ./. GB, Appl. No 12597/86	518
EKfM v. 06.09.1989, Rommelfanger ./. D, Appl. No 12242/86	530
EKfM v. 03.12.1996, Konttinen ./. FIN, Appl. No 24949/94	531
EKfM v. 09.04.1997, Stedman ./. GB, Appl. No 29107/95	531

3. UN-Instanzen

a) UN-Menschenrechtsausschuss

CCPR v. 25.03.1987, No. 209/1986 „F.G.G."	364
CCPR v. 09.04.1987, No. 172/1984 „Broeks"	360
CCPR v. 09.01.2987, No. 182/1984 „Zwaan-de Fries"	360
CCPR v. 29.09.1988, No. 1/1984 „Ylmaz Dogan"	433 f.
CCPR v. 19.08.1996, No. 608/1995 „Nahlik"	365
CCPR v. 06.04.1999, No. 10/1997 „Habassi"	388
CCPR v. 15.08.2001, No. 14/1998 „D.S."	418, 421 f.
CCPR v. 31.03. 2002, No. 998/2001 „Althammer"	361
CCPR v. 04.04.2002, No. 965/2000 „Karakurt"	363
CCPR v. 16.04.2003, No. 25/2002 „Sadic"	391
CCPR v. 28.04.2003, No. 983/2001 „Love"	366 f., 376, 492, 1163

b) UN-RDK-Ausschuss

CERD v. 17.08.1998, No. 9/1997 „D.S."	418
CERD v. 10.08.2001, No. 14/1998 „D.S."	418
CERD v. 10.08.2001, No. 21/2001 „D.S."	418
CERD v. 22.08.2003, No. 28/2003 „Danish foremann"	418 ff.

c) Internationale Arbeitsorganisation

ILO v. 16.07.2003, case 2265	211

4. EG-Gemeinschaftsorgane

a) Entscheide des EuGH

1960

EuGH v. 05.02.1963, Rs 25/62, van Gend & Loos	823, 827
EuGH v. 19.03.1964, Rs 75/63 Unger	811
EuGH v. 19.03.1964, Rs 75/63, Hoekstra	887, 940
EuGH v. 15.07.1964, Rs 6/64, Costa/ENEL	814, 826
EuGH v. 15.10.1969, Rs 15/69 Württembergische Milchverwertung ./. Ugliola	939

1970

EuGH v. 14.12.1970, Rs C-43/71, Politi	825
EuGH v. 13.02.1972, Rs 44/72, Marsmann	917
EuGH v. 07.06.1972, Rs. 20/71, Sabbatini-Bertoni	868
EuGH v. 12.02.1974, Rs 152/73, Sotgiu	889, 918, 959
EuGH v. 20.02.1974, Rs 21/74, Ariola	1010
EuGH v. 21.06.1974, Rs 2/74, Reyners	910
EuGH v. 11.07.1974, Rs 8/74, Procureur du Roi ./. Benoît and Gustave Dassonville	923
EuGH v. 03.12.1974, Rs 33/74 van Binsberger	923
EuGH v. 04.12.1974, Rs C-41/84, Van Duyn	827
EuGH v. 12.12.1974, Rs 36/84, Walrave/Koch	859, 861, 889, 945 ff., 959, 984
EuGH v. 20.2.1975, Rs 21/74, Airola	868
EuGH v. 20.2.1975, Rs 37/74, van den Broeck	868
EuGH v. 30.09.1975, Rs 32/85, Cristini ./. SNCF	940
EuGH v. 08.04.1976, Rs. 43/75, Defrenne II	846, 857, 952, 1000 f., 1010 f., 1023, 1032, 1056, 1060
EuGH v. 14.07.1976, Rs 13/76, Donà	859, 948 f., 959
EuGH v. 19.10.1977, verb. Rs 117/26 u. 16/77, Ruckdeschel u.a. ./. HZA Hamburg, St.Annen	833
EuGH v. 15.06.1978, Rs 149/77, Defrenne III	822, 868, 993, 1002
EuGH v. 16.01.1979, Rs 151/78, Sukkerfabriken	852
EuGH v. 28.03.1979, Rs 175/78, Vera Ann Saunders	840, 900
EuGH v. 14.12.1979, Rs 257/78, Devred	868

1980

EuGH v. 27.03.1980, Rs 129/79, Macarthys	1013, 1032
EuGH v. 17.12.1980, Rs 149/79, KOM ./. B	909
EuGH v. 11.03.1981, Rs 69/80, Worringham	1025, 1032
EuGH v. 31.03.1981, Rs 96/80, Jenkins	1012, 1016, 1032 f., 1037, 1047, 1056
EuGH v. 09.02.1982, Rs 270/80, Polydor und RSO	976
EuGH v. 09.02.1982, Rs 12/81, Garland	1012, 1021, 1023, 1029
EuGH v. 16.02.1982, Rs 19/81, Burton	1076
EuGH v. 23.03.1982, Rs 53/81, Levin	889

649

EuGH v. 26.05.1982, Rs 149/79, KOM ./. B	910
EuGH v. 26.10.1982, Rs 104/81, Kupferberg	976
EuGH v. 24.11.1982, Rs 249/81, KOM ./. IRL	945
EuGH v. 10.04.1984, Rs 14/83, Von Colson und Kamann	831, 937, 1087
EuGH v. 10.04.1984, Rs 79/83, Harz	937, 1087
EuGH v. 18.09.1984, Rs 23/83, Liefting	1024
EuGH v. 13.12.1984, Rs 251/83, Haug-Adrion	984
EuGH v. 30.01.1985, Rs 143/83, KOM ./. DK	1010
EuGH v. 07.02.1985, Rs 240/83, Brûleurs d'Huiles Usagées	853
EuGH v. 27.03.1985, Rs 122/84, Scrivner	940
EuGH v. 04.02.1986, Rs 157/86, Murphy	1017
EuGH v. 07.05.1986, Rs 131/85, Gül	898
EuGH v. 13.05.1986, Rs 170/84, Bilka	1032, 1041, 1047
EuGH v. 03.06.1986, Rs 139/85, Kempf	890
EuGH v. 01.07.1986, Rs 237/85, Rummler	1010, 1016, 1057
EuGH v. 03.07.1986, Rs 66/85, Lawrie-Blum	888, 911
EuGH v. 21.05.1987, verb. Rs 133 bis 136/85, Rau	851
EuGH v. 16.06.1987, Rs 225/85, KOM ./. I	911, 939
EuGH v. 30.09.1987, Rs 12/86, Demirel	975
EuGH v. 15.10.1987, Rs 222/68, Unectef/Heylens	880
EuGH v. 04.02.1988, Rs 157/86, Murphy	1189
EuGH v. 20.09.1988, Rs 203/86, E ./. Rat	822
EuGH v. 05.10.1988, Rs 196/87, Steymann	889 f.
EuGH v. 30.05.1989, Rs 33/88, Allué I	911, 919 f.
EuGH v. 31.05.1989, Rs 344/87, I. Bettray	889
EuGH v. 13.07.1989, Rs C-171/88, Rinner-Kühn	1021
EuGH v. 21.09.1989, verb. Rs 46/87 und 227/88, Höchst ./. KOM	851
EuGH v. 17.10.1989, Rs 109/88, Danfoss	1010, 1032, 1051, 1056 ff.
EuGH v. 28.11.1989, Rs C-379/87, Groener	936
EuGH v. 13.12.1989, Rs C-322/88, Grimaldi	995

1990

EuGH v. 13.02.1990, Rs C-342/93, Gillespie	841
EuGH v. 08.05.1990, Rs C-175/88, Biehl	920
EuGH v. 17.05.1990, Rs C-262/88, Barber	1012, 1021, 1030, 1062
EuGH v. 27.06.1990, Rs C-33-/89, Kowalska	1044, 1060 f.
EuGH v. 12.07.1990, Rs C-188/89, Foster ./. British Gas plc	945
EuGH v. 17.10.1990, Rs C-262/88, Barber	1026
EuGH v. 08.11.1990, Rs C-177/88, Dekker	1028, 1075
EuGH v. 07.02.1991, Rs C-184/89, Nimz	1021, 1052
EuGH v. 07.05.1991, Rs 229/89, Kommission ./. B	1045
EuGH v. 10.07.1991, verb. Rs C-90/90 u. C-91/90, Jean Neu u.a.	854
EuGH v. 19.11.1991, verb. Rs C-6/90 u. C-9/90, Francovich	828
EuGH v. 21.11.1991, Rs C-27/91, le Manoir	889
EuGH v. 04.06.1992, Rs C-360/90, Bötel	1021, 1047
EuGH v. 07.07.1992, Rs C-370/90, Singh	900, 906
EuGH v. 19.11.1992, Rs C-226/91, Molenbroek	1045
EuGH v. 10.03.1993, Rs C-111/91, KOM ./. L	921, 941
EuGH v. 31.03.1993, Rs C-19/92, Kraus	900, 923
EuGH v. 01.07.1993, Rs C-312/91, Metalsa	976
EuGH v. 02.08.1993, Rs C-271/91, Marshall II	1088
EuGH v. 06.10.1993, Rs C-109/91, Ten Oever	1021

EuGH v. 17.10.1993, Rs C-127/93, Enderby	1044
EuGH v. 20.10.1993, Rs C-272/92, Spotti	920
EuGH v. 27.10.1993, Rs C-127/92, Enderby	1016, 1018
EuGH v. 24.11.1993, Rs C-267/91 u. C-268/91, Keck	923
EuGH v. 22.12.1993, Rs C-152/91, Neath	1025
EuGH v. 24.2.1994, Rs C-343/92, Roks	846
EuGH v. 05.05.1994, Rs C-421/92, Habermann-Beltermann	1075
EuGH v. 05.10.1994, Rs C-404/92 P, X ./. KOM	1090
EuGH v. 14. 07.1994, Rs C-32/93, Webb	1076
EuGH v. 28.09.1994, Rs C-200/91, Colorell Pension Trustees Ltd	1025, 1030
EuGH v. 28.09.1994, Rs C-408/92, Smith	1062
EuGH v. 05.10.1994, Rs C-404/92, X. ./. KOM	533
EuGH v. 06.10.1994, Rs C-109/91, G.C. Ten Oever	1030
EuGH v. 13.12.1994, Rs C-297/93, Grau-Hupka	1044
EuGH v. 15.12.1994, Rs C-399/92, C-409/92, Helmig	1048
EuGH v. 23.05.1995, Rs C-237/94, O'Flynn	920, 940
EuGH v. 31.05.1995, Rs C-400/93, Royal Copenhagen	1057
EuGH v. 17.10.1995, Rs C-450/93, Kalanke	1094
EuGH v. 30.11.1995, Rs C-55/ 94, Gebhard	925
EuGH v. 14.12.1995, Rs C-279/93, Schumacker	919
EuGH v. 14.12.1995, Rs C-317/93, Nolte	1041 ff.
EuGH v. 14.12.1995, Rs C-444/93, Megner	1041
EuGH v. 15.12.1995, Rs C-415/93, Bosman	859, 861, 921, 924 f., 948 f., 955, 966, 984
EuGH v. 06.02.1996, Rs C-457/93, Lewark	1042, 1047
EuGH v. 13.02.1996, Rs 342/93, Gillespie	1021, 1023
EuGH v. 03.05.1996, Rs C-46/93, Brasserie du pécheur SA u. Factortame ltd.	824
EuGH v. 27.06.1996, Rs C-107/94, Asscher	892
EuGH v. 02.07.1996, Rs C 473/93, KOM ./. L	910
EuGH v. 02.07.1996, Rs C-290/94, KOM ./. GR	910 f.
EuGH v. 02.07.1996, Rs C-173/94, KOM ./. B	911
EuGH v. 09.02.1997, Rs. 167/97, Seymour Smith	1041 f., 1045
EuGH v. 20.02.1997, Rs C-344/95, KOM ./. B	878
EuGH v. 13.03.1997, Rs C-197/96, KOM ./. F	1029
EuGH v. 22.04.1997, Rs 180/95, Draehmpaehl	1087, 1089
EuGH v. 17.07.1997, Rs C-354/95, National Farmer's Union	916
EuGH v. 02.10.1997, C-1/95, Gerster	1021
EuGH v. 05.10.1997, Rs- 240/97, E ./. KOM	852
EuGH v. 11.11.1997, Rs C-409/95, Marschall	1095
EuGH v. 19.12.1997, Rs 265/95, KOM ./. F	876
EuGH v. 15.01.1998, Rs C-15/96, Schöning-Kougebetopoulou	903, 913, 919
EuGH v. 17.02.1998, Rs C-249/96, Grant	1027, 1144.
EuGH v. 12.03.1998, Rs C-187/96, KOM ./. GR	913
EuGH v. 30.04.1998, Rs C-136/95, Thibault	1082
EuGH v. 07.05.1998, Rs C-350/96, Clean Car Autoservice	892, 895, 919, 950
EuGH v. 12.05.1998, Rs C-85/96, Martinez Sala	940 f.
EuGH v. 17.06.1998, Rs C-243/95, Hill und Stapleton	1037, 1052
EuGH v. 30.06.1998, Rs C-394/96, Brown	841
EuGH v. 22.09.1998, Rs C-185/97, Coote	1145
EuGH v. 26.11.1998, Rs C-1/97, Birden	890
EuGH v. 26.01.1999, Rs 18/95, Terhoeve	928
EuGH v. 09.02.1999, Rs C-167/97, Seymour-Smith/Perrez	1037
EuGH v. 11.05.1999, Rs C-309/97, Angestellten-Betriebsrat	1013, 1019

EuGH v. 08.06.1999, Rs C-337/97, C.P.M. Meeusen 892
EuGH v. 08.07.1999, Rs C-234/97, Fernandez de Bobadillia 900
EuGH v. 16.09.1999, Rs C-218/98, Abdoulaye 1040
EuGH v. 19.09.1999, Rs C-281/97, Krüger.. 1042 f.
EuGH v. 21.10.1999, Rs C-333/97, Lewen 1031, 1035, 1040
EuGH v. 26.10.1999, Rs C-273/97, Sirdar 1128

2000

EuGH v. 21.01.2000, Rs C-285/98, Kreil... 1128
EuGH v. 3.02.2000, Rs. C-207/98, Mahlburg 1028
EuGH v. 10.02.2000, Rs C-270/90 und Rs C-270/91, Sievers/Schrage   1002, 1037
EuGH v. 10.02.2000, Rs C 50/96, Schröder... 1002
EuGH v. 03.03.2000, Rs C-178/97, Barry Banks 893
EuGH v. 28.03.2000, Rs C-158/97, Badeck 1095, 1201
EuGH v. 06.04.2000, Rs C-226/98, Joergensen 1006
EuGH v. 11.04.2000, verb. Rs C-51/96 und C-191/97, Deliège 859
EuGH v. 13.04.2000, Rs C-176/96, Lehtonen....................................... 908, 924 f., 949
EuGH v. 16.05.2000, Rs C-190/98, Graf... 926 f.
EuGH v. 06.06.2000, Rs C-281/98, Angonese 859, 861, 934, 950, 952,
                                                                                                         957, 959, 983
EuGH v. 27.06.2000, Rs C-240-244/98, Océano Grupo Editorial......... 831
EuGH v. 06.07.2000, Rs C-407/98, Abrahamsson................................ 1096
EuGH v. 23.11.2000, Rs C-149/96, Caballero 833
EuGH v. 18.01.2001, Rs. C-162/99, I ./. KOM 917
EuGH v. 18.01.2001, Rs C-361/98, Malpensa 973
EuGH v. 31.05.2001, Rs C-283/99, KOM ./. I 912
EuGH v. 26.06.2001, Rs C-381/99, Brunnhofer 857, 1040
EuGH v. 12.07.2001, Rs C-189/01, Jippes.. 833
EuGH v. 04.10.2001, Rs 109/00, Tele Danmark 1076
EuGH v. 29.01.2002, Rs C-162-00, Pokrzeptowicz-Meyer 966, 976
EuGH v. 19.03.2002, Rs C-476/99, Lommers....................................... 1095
EuGH v. 11.07.2002, Rs C-62/00, Marks & Spencer............................ 831
EuGH v. 12.09.2002, Rs C-351/00, Niemi 1025
EuGH v. 17.09.2002, Rs C-320/00, Lawrence 857
EuGH v. 08.05.2003, Rs C-438/00, Kolpak 949, 966
EuGH v. 30.09.2003, Rs C-224/01, Köbler... 828
EuGH v. 30.09.2003, Rs C-47/02, Anker/Ras/Snoek............................ 910, 912
EuGH v. 23.10.2003, verb. Rs C-4/02 und Rs C-5/02, Schönheit
        und Becker 1023
EuGH v. 07.01.2004, Rs C-117/01, K.B 1173
EuGH v. 13.01.2004, Rs C-256/01, Allonby... 1006, 1034, 1036
EuGH v. 30.03.2004, Rs C-147/02, Alabaster....................................... 1023, 1031
EuGH v. 27.05.2004, Rs C-285/02, Elsner-Lakeberg 1033, 1048
EuGH v. 08.06.2004, Rs C-220/02, ÖGB-Abfertigung 1035
EuGH v. 16.09.2004, Rs C-465/01, KOM ./. A.................................... 909
EuGH v. 16.09.2004, Rs C-400/02, Merida 916, 920
EuGH v. 30.09.2004, Rs C-275/02, Ayaz.. 976
EuGH v. 05.10.2004, Rs C-397/01 bis C-403/01, Pfeiffer u.a. 827, 831, 1149
EuGH v. 07.09.2004, Rs C-456/02, Trojani 887, 889
EuGH v. 17.03.2005, Rs C-109/04, Kranemann 922
EuGH v. 12.04.2005, Rs C-265/03, Simutenkov................................... 966 f.

EuGH v. 22.11.2005, Rs C-144/04, Mangold	826, 828, 831, 833, 869, 1050, 1064, 1133, 1150 f., 1165, 1227, 1246
EuGH v. 10.01.2006, Rs C- 344/04, IATA und ELFAA	833
EuGH v. 16.02.2006, Rs C-294/04, Herrero	1078
EuGH v. 27.04.2006, Rs C-423/04, Richards	1173
EuGH v. 27.06.2006, Rs 540/03, Europäisches Parlament ./. Rat	820, 1133
EuGH v. 04.07.2006, Rs C-212/04, Adeneler	826, 831, 1149, 1240
EuGH v. 11.07.2006, Rs 13/05, Chacon Navas	100, 1146, 1155, 1167 f., 1209
EuGH v. 12.09.2006, Rs C-300/04, Eman und Sevinger	833
EuGH v. 03.10.2006, Rs C-17/05, Cadman	993, 1033, 1045, 1053, 1198, 1382
EuGH v. 11.01.2007, Rs C-208/05, ITC Technology Center GmbH	896, 1228
EuGH v. 11.01.2007, Rs C-40/05, Lyyski	911
EuGH v. 11.09.2007, Rs C-287/05, Hendrix	901, 903
EuGH v. 16.10.2007, Rs C-411/05, Palacio de Villa	1134, 1228, 1246
EuGH v. 06.12.2007, Rs C-300/06, Voss	1000, 1038, 1049
EuGH v. 11.12.2007, Rs. C-438/05, Viking	859
EuGH v. 18.12.2007, Rs. C-341/05, Laval	859
EUGH v. 01.4.2008, Rs C-267/06, Maruko	1190, 1217 f.
EuGH v. 10.07.2008, Rs. C-54/07, Feryn	1161, 1191, 1231, 1237, 1240
EuGH v. 17.07.2008, Rs C-97/07, Raccanelli	859, 887, 950
EuGH v. 17.07.2008, Rs C-303/06, Coleman	1156, 1158, 1170

b) Entscheide des EUG

EuG v. 11.06.1987, Rs 30/85, Teuling	1045
EuG v. 29.01.1997, Rs T-297/94, Vanderhaeghen	1021
EuG v. 08. 07.2004, Rs T-67/00, T-68/00, T-70/00, T-71/00, JFE Engineering Corp	822

c) Schlussanträge GA

Schlussanträge GA Trabucchi v. 10.03.1976 in EuGH v. 08.04.1976, Rs 43/85, Defrenne II	1011
Schlussanträge GA Trabucchi v. 06.07.1976 in EuGH v. 14.07.1976, Rs 13/76, Donà	948
Schlussanträge GA Lenz v. 29.04.1986 in EuGH v. 03.07.1986, Rs 66/85, Lawrie-Blum .	911
Schlussanträge GA Van Gerven v. 26.01.1993 in EuGH v. 02.08.1993, Rs C-271/91, Marshall II	1088
Schlussanträge GA Fennelly v. 25.11.1999 in EuGH v. 06.06.2000, Rs C-281/98, Angonese	908
Schlussanträge des GA Léger v. 08.04.2003 in EuGH v. 30.09.2003, Rs C-224/01, Köbler	828
Schlussanträge GA Geelhoed v. 19.02.2004 in EuGH v. 07.09.2004, Rs C-456/02, Trojani	889
Schlussanträge GA Maduro v. 31.01.2006 in EuGH v. 17.07.2008, Rs C-303/06, Coleman	1135

Schlussanträge GA Geeldhoed v. 16.03.2006 in EuGH v. 11.07.2006,
      Rs 13/05, Chacon Navas 1132, 1134, 1246
Schlussanträge GA Maduro v. 18.5.2006 in EuGH v. 03.10.2006,
      Rs C-17/05, Cadman 1032, 1201
Schlussanträge GA Colomer v. 06.06.2006 in der Rs C-339/05,
      Zentralbetriebsrat der Landeskrankenhäuser Tirols .... 975 ff.
Schlussanträge GA Léger v. 05.10.2006 in EuGH v. 11.01.2007,
      Rs C-208/05, ITC Technology Center GmbH 896
Schlussanträge GA Sharpston v. 30.11.2006 in der Rs C-227/04,
      Lindorfer 1064, 1134
Schlussanträge GA Mazak v. 15.02.2007 in EuGH v. 16.10.2007,
      Rs C-411/05, Palacio de Villa 1064, 1129, 1134, 1246
Schlussanträge GA Colomer v. 06.09.2007 in EUGH v. 01.04.2008,
      Rs C-267/06, Maruko 833, 1021, 1023, 1027,
                                                                                                                  1176, 1213, 1217 f.
Schlussanträge GA Maduro v. 12.03.2008 in EuGH v. 10.07.2008,
      Rs. C-54/07, Feryn 1161, 1192, 1380
Schlussanträge GA Sharpstone v. 22.05.2008 in der Rs C-427/06,
      Bartsch 1135, 1138, 1153, 1246

d) Beschlüsse, Gutachten u.ä. der Gemeinschaftsorgane

Beschluss des Rates 2000/750/EG v. 27. November 2000 über ein
      Aktionsprogramm der Gemeinschaft zur Bekämpfung von
      Diskriminierungen 1241
Entscheidung der Europäischen Kommission v. 05.12.2003 in der
      Sache TREN/AMA/11/03 (Deutsche Massnahmen bezüglich
      An-/Abflüge zum und vom Flughafen Zürich, ABl. L 4
      vom 08.01.2004, S. 13 ff.) 973
EuGH, Gutachten 1/91, Slg. 1991, I-6884 976
Beschluss des EuGH v. 06.10.2005 in Rs C-328/04 1158

5. Weitere

a) Kantonale Entscheide

Obergerichts des Kantons Aargau v. 31.10.1974, AGVE 1974,
      S. 46 ff. 1449
Gewerbegericht ZH, ZR 1975 1284
Obergerichts Zürich v. 15.05.1981, JAR 1982, S. 129 1396
Appellationshof Bern, JAR 1985 1344
Bernisches Richteramt III v. 12.12.1987 1327
Obergericht Zürich v. 03.03.1989, II. Zivilkammer, ZR 89, S. 82 1447
Verwaltungsgericht Solothurn v. 01.12.1989 221
Gewerbliches Schiedsgericht Basel v. 18.06.1990, BJM 1991, S. 245.. 1447
Obergericht Solothurn v. 03.10.1990 539
Bezirksgericht Arbon v. 17.12.1990, JAR 1991, S. 254 ff. 1336, 1399, 1448, 1495
Chambre d'appel de Genève v. 04.06.1991 539
Obergericht Zürich v. 06.09.1993 (OG ZH I. ZK), siehe
      plädoyer 6/93, S. 63 ff. 1346
Urteil v. 05.10.1993 JAR 1994 1447

Bezirksgericht Bülach, ZR 1996 Nr. 74, JAR 1995 1344
Zivilgericht Basel-Stadt, Urteil v. 08.12.1997, JAR 1999, S. 193 ff. 1447, 1450
Obergericht Solothurn v. 31.08.1998, SOG 1999, Nr. 1. 1416
GSGE BS v. 17.06.1999, BJM 2001, S. 81 1357
GSGE BS v. 03.02.2000 in Sachen B. gegen Z. AG (BS),
    BJM 203, S. 324 ff. 1352
Bezirksgericht St. Gallen v. 08.11.1999, JAR 2000, S. 178 .... 1336, 1401
Arbeitsgericht Zürich vom 03.11.1999, JAR 2002, S. 151 1274
Arbeitsgericht Zürich, v. 28.04.2000 1447
Chambre d'appel des prud'hommes du canton de Genève v. 05.12. 2000,
    JAR 2001, S. 206 1447
Gerichtskreis VIII Bern – Laupen v. 11.06.2001, JAR 2002 .... 7, 1355, 1447
Tribunal des prud'hommes du Canton de Genève, Urteil v. 22.10.2001,
    JAR 2002, S. 213 ff. 1447
Appellationsgericht Basel Stadt v. 19.11.2002, JAR 2004, S. 430 f. 1346
Tribunal cantonal de l'Etat de Fribourg v. 11.11.2002,
    JAR 2003, S. 253 .... 1355, 1523
Ober gericht Zürich v. 18.11.2002, I. Zivilkammer, ZR 102-5, S. 23 ff. 1447
Chambre d'appel des prud'hommes Genève v. 18.04.2003 340
Tribunale d'appello del Cantone Ticino v. 12.09.2003,
    JAR 2004, S. 551 1448
Eidgenössische Personalrekurskommission v. 26.03.2004 155
Tribunal de Prud'Hommes de l'arrondissement de Lausanne
    v. 1. Juni 2005, T304.021563 .... 1297, 1323, 1377, 1417
Chambre d'appel des prud'hommes du Canton de Genève,
    v. 10. November 2005, JAR 2006, S. 469 f. 1347
Arbeitsgericht Zürich vom 13. Januar 2006, AN 050401/U1 .... 1271, 1283, 1323, 1380,
    1417 f., 1477
Kantonsgericht St. Gallen, III. Zivilkammer v. 03.01.2008 1352
Kantonsgericht St. Gallen v. 08.04.2008 .... 1389, 1447
Chambre d'Appel Genève, Nachweis bei Aubert (700), Nr. 385 1344

b) *Nationale Entscheide*

Entscheid der Eidg. Datenschutzkommission v. 29. August 2003,
    VPB 68.68 1361

c) *Ausländische Entscheide*

„Virgina v. Rives", 100 US. 313 (1879). 28
„Strauder v. West Virginia, Case 100 US. 303 (1879) 28
„civil rights cases 109", US. 3 (1883). 28
Südafrikanischer Vefassungsgerichtshof v. 28.10.2000 280
BAG v. 03.12.1954, BAGE 1, 185 579
BAG vom 11. September 1974, AP Nr. 39 1442
BAG vom 4. Februar 1976 - 5 AZR 83/75 - AP Nr. 40 1442
BAG, Urteil vom 27.07.1998, AP Nr. 83 1442
BAG, Urteil vom 28.04.1982 - 7 AZR 1139/79 1442
BAG v. 18.02.1999 579
BAG 33, 204 = AP Nr. 44 1442
BVerfGE 89, 214 577
BVerfGE 88,87 (96) 602

BVerfGE 91, 389 (401)	602
BVerfGE 95, 267 (316 f.)	602
OLG Frankfurt (NJW 1985)	439
Arbeitsgericht Berlin, Entscheidung vom 07.07.1999 – 36 CA 30545/97	1175
Appellationshof Paraguay v. 26.05.2000	276
LAG Thüringen v. 10.04.2001	536
RAG, ARS 33, S. 172, 176	1441